2025 시나공

기출문제집

컴퓨터활용능력

1급 필기

길벗알앤디 지음 길벗

지은이 **길벗알앤디**

강윤석, 김용갑, 김우경, 김종일

IT 서적을 기획하고 집필하는 출판 기획 전문 집단으로, 2003년부터 길벗출판사의 IT 수험서인 〈시험에 나오는 것만 공부한다!〉 시리즈를 기획부터 집필 및 편집까지 총괄하고 있다.

30여 년간 자격증 취득에 관한 교육, 연구, 집필에 몰두해 온 강윤석 실장을 중심으로 IT 자격증 시험의 분야별 전문가들이 모여 국내 IT 수험서의 수준을 한 단계 높이기 위한 다양한 연구와 집필 활동에 전념하고 있다.

컴퓨터활용능력 1급 필기 기출문제집 – 시나공 시리즈 ⑱

초판 발행 · 2024년 11월 18일

발행인 · 이종원
발행처 · (주)도서출판 길벗
출판사 등록일 · 1990년 12월 24일
주소 · 서울시 마포구 월드컵로 10길 56(서교동)
주문 전화 · 02)332-0931 팩스 · 02)323-0586
홈페이지 · www.gilbut.co.kr 이메일 · gilbut@gilbut.co.kr

기획 및 책임 편집 · 강윤석(kys@gilbut.co.kr), 김미정(kongkong@gilbut.co.kr), 임은정(eunjeong@gilbut.co.kr), 정혜린(sunriin@gilbut.co.kr)
디자인 · 강은경, 윤석남 제작 · 이준호, 손일순, 이진혁 마케팅 · 조승모, 유영은
영업관리 · 김명자 독자지원 · 윤정아

편집진행 및 교정 · 길벗알앤디(강윤석 · 김용갑 · 김우경 · 김종일) 일러스트 · 윤석남
전산편집 · 예다움 CTP 출력 및 인쇄 · 예림인쇄 제본 · 예림원색

ISBN 979-11-407-1168-0 13000
(길벗 도서번호 030944)

가격 17,000원

독자의 1초까지 아껴주는 길벗출판사

(주)도서출판 길벗 | 교육서, IT단행본, 경제경영서, 어학&실용서, 인문교양서, 자녀교육서 www.gilbut.co.kr
길벗스쿨 | 국어학습, 수학학습, 어린이교양, 주니어 어학학습, 학습단행본 www.gilbutschool.co.kr

인스타그램 • @study_with_sinagong

초단타 합격 전략을 아시나요? 기출문제를 확실하게 이해하세요.

시·나·공 기출문제집은 실력 테스트용이 아닙니다. 짧은 시간 안에 시험에 나온 내용을 파악하고, 나올 내용을 공부하는 초단타 합격 전략집입니다. 전문가의 조언을 통해 기출문제와 주변 지식만 확실히 습득해도 초단타 합격의 주인공은 내가 될 수 있습니다.

동영상 강의 시청 방법 혼자 공부하다가 어려운 부분이 나와도 고민하지 마세요!

'기출문제 & 전문가의 조언'에서 어렵고 까다로운 문제나 '핵심요약'에서 중요한 내용은 동영상 강의를 준비했습니다. 동영상 아이콘이 있는 내용이나 문제는 다음의 세 가지 방법을 이용하면 시나공 저자의 속 시원한 강의를 바로 동영상으로 확인할 수 있습니다.

하나 스마트폰으로 QR코드를 찍어보세요!

1. 스마트폰으로 QR코드 리더 앱을 실행하세요.
2. 동영상 강의 QR코드를 스캔하세요.
3. 스마트폰을 통해 동영상 강의가 시작됩니다.

둘 시나공 홈페이지에서 토막강의 번호를 입력하세요!

1. 시나공 홈페이지에 접속한 후 [컴퓨터활용능력] → [1급 필기] → [동영상 강좌] → [토막강의]를 클릭하세요.
2. '강의번호'에 토막강의 번호를 입력하면 강의목록이 표시됩니다.
3. 강의명을 클릭하면 토막강의를 볼 수 있습니다.

셋 유튜브에서는 이렇게 이용하세요!

1. 유튜브 검색 창에 "시나공" + 동영상 강의 번호를 입력하세요.

시나공03240121

2. 검색된 항목 중 원하는 토막강의를 클릭하여 시청하세요.

목차 CONTENTS

※ 핵심요약은 PDF 파일로 제공됩니다. 핵심요약 PDF 사용을 위한 회원 가입 절차는 9쪽을 참고하세요.

준비운동

기출문제 & 전문가의 조언
구성 미리보기

최신기출문제 20회
실제 시험을 보는 기분으로 혼자 풀어 보고 정답을 확인하세요. 기출문제를 풀어보고 전문가의 조언을 읽어 보면 무엇을 공부해야 할지 턱! 감이 잡힙니다.

동영상 강의
어렵고 까다로운 문제는 동영상 강의를 준비했습니다.

전문가의 조언
기출문제만 이해해도 합격할 수 있도록, 왜 답이 되는지 명쾌하게 결론을 내려 줍니다.

01회 2024년 상시01 기출문제

1과목 컴퓨터 일반

0324012?

등급 C

1. 다음 중 GPU에 대한 설명으로 옳지 않은 것은?
① GPU는 그래픽 처리를 위한 장치이다.
② GPU는 대량의 연산을 직렬로 처리하기 때문에 CPU보다 속도가 빠르며, CPU보다 저렴한 가격에 구현할 수 있다.
③ GPU는 메인보드에 장착된다.
④ GPU는 게임, 딥러닝, 블록체인 등의 다양한 분야에서 사용된다.

● 전문가의 조언
GPU는 대량의 연산을 병렬로 처리하며, CPU보다 가격이 비쌉니다.

등급 B

2. 다음 중 '캡처 및 스케치'에 대한 설명으로 옳지 않은 것은?
① 화면의 특정 부분 또는 전체를 캡처하여 JPG, PNG, GIF 파일로 저장할 수 있다.
② 눈금자 또는 각도기 도구를 이용하여 이미지에 직선이나 아치를 그릴 수 있다.
③ 캡처 유형에는 사각형 캡처, 원형 캡처, 자유형 캡처 세 가지가 있다.
④ 캡처한 이미지를 다른 프로그램으로 열기하여 추가 작업을 할 수 있다.

전문가의 조언
'캡처 및 스케치'의 캡처 유형에는 사각형 캡처, 자유형 캡처, 창 캡처, 전체 화면 캡처 네 가지가 있습니다.

등급 C

3. 다음 중 빅 데이터에 대한 설명으로 옳지 않은 것은?
① 기존의 관리 방법이나 분석 체계로는 처리하기 어려운 막대한 양의 정형 또는 비정형 데이터 집합이다.
② 많은 데이터로부터 가치를 추출하고 분석하는 기술이다.
③ 스마트 단말의 확산, 소셜 네트워크 서비스의 활성화 등으로 인해 데이터 폭발이 가속화되고 있다.
④ 미래 예측의 활성화로 인해 빅 데이터에 대한 의존성을 강화할 필요가 있다.

전문가의 조언
빅 데이터를 기반으로 미래 예측의 활성화 방안을 모색하기는 하지만, 빅 데이터에 대한 의존성을 강화할 필요는 없습니다.

등급 A

4. 다음 중 IPv6에 대한 설명으로 옳지 않은 것은?
① IPv4 주소 체계의 주소 부족 문제를 해결하기 위해서 개발되었다.
② 16비트씩 8부분으로 총 128비트로 구성된다.
③ 모바일 IP나 웹 캐스팅용으로는 사용이 어렵지만 등급별, 서비스별로 패킷을 구분할 수 있어 품질 보장이 용이하다.
④ IPv6 주소는 16진수의 숫자를 콜론(:)으로 구분하여 표시한다.

전문가의 조언
IPv6는 모바일 IP나 웹 캐스팅이 용이하며, 등급별, 서비스별로 패킷을 구분할 수 있어 품질 보장도 용이합니다.

정답 1.② 2.③ 3.④ 4.③

'기출문제 & 전문가의 조언' 기출문제에도 등급이 있다!

기출문제라고 다 같은 기출문제가 아닙니다. 모든 문제는 출제 빈도에 따라 등급이 분류되어 있어
시험에 자주 출제되는 문제만을 선별하여 공부할 수 있습니다.

단 한 번에 합격할 수 있는 비법!
구성 미리보기

2024년 상시01 컴퓨터활용능력 1급 필기

등급 **C**

5. 다음 중 OLED(Organic Light Emitting Diodes)에 대한 설명으로 옳지 않은 것은?

① 전류가 흐르면 스스로 빛을 내는 자체 발광형 유기물질을 이용하여 화면을 표시한다.
② 고전력이 사용되나 색재현율이 뛰어나다.
③ OLED는 백라이트를 사용하지 않는다.
④ 구분 방식에 따라 수동형 구동 방식과 능동형 구동 방식으로 구분한다.

전문가의 조언
OLED는 전력이 적게 사용됩니다.

등급 **B**

6. 다음 중 [설정] → [시스템] → [저장소]에 대한 설명으로 옳지 않은 것은?

① 하드디스크에서 불필요한 앱이나 임시 파일 등을 제거하여 사용 공간을 확보할 때 사용한다.
② 휴지통과 다운로드 폴더에 보관된 파일의 삭제 기준일을 지정할 수 있다.
③ 저장 공간 센스를 켜면 드라이브의 단편화 제거로 인해 컴퓨터를 효율적으로 사용할 수 있다.
④ 파일 정리를 바로 실행할 수 있다.

전문가의 조언
저장 공간 센스는 하드디스크 공간이 부족할 때 자동으로 실행되어 임시 파일이나 휴지통의 파일 등 불필요한 파일을 삭제하는 것으로 드라이브의 단편화를 제거하지는 않습니다.

등급 **B**

7. 다음 중 한글 Windows 10의 [글꼴]에 관한 설명으로 옳지 않은 것은?

① [글꼴 설정]을 이용하여 글꼴을 설치 및 삭제할 수 있다.
② 글꼴이 설치되어 있는 폴더의 위치는 C:\Windows\Fonts이다.

③ 글꼴 파일은 .ttf 또는 .ttc의 확장자를 가지고 있다.
④ ClearType 텍스트 조정을 사용하면 가독성을 향상시켜 준다.

전문가의 조언
• [제어판] → [글꼴] → [글꼴 설정]에서는 글꼴의 설치 및 삭제를 할 수 없습니다.
• [제어판] → [글꼴] → [글꼴 설정]에서는 글꼴의 표시 및 숨기기를 지정하거나 공간 절약을 위해 글꼴 파일 대신 글꼴 파일에 대한 바로 가기 설치 여부를 지정할 수 있습니다.

등급 **A**

8. 다음 중 한글 Windows 탐색기에서 수행한 작업 결과가 다른 것은?

```
> 🖥 내 PC
  > ⬇ 다운로드
  > 🎬 동영상
  > 📄 문서
  > 🖥 바탕 화면
  > 🖼 사진
  > 🎵 음악
  ∨ 💾 로컬 디스크 (C:)
    > 📁 STUDY
  ∨ 💾 SYSTEM (D:)
    > 📁 COM
  ∨ 💾 USB 드라이브 (E:)
    > 📁 DATA
  > 🖧 네트워크
```

① 'COM' 폴더에 있는 파일을 Shift를 누른 채 '바탕 화면'으로 드래그한다.
② 'STUDY' 폴더에 있는 파일을 '바탕 화면'으로 드래그한다.
③ '다운로드'에 있는 파일을 Shift를 누른 채 '문서'로 드래그한다.
④ 'DATA' 폴더에 있는 파일을 '사진'으로 드래그한다.

전문가의 조언
①, ②, ③번을 수행하면 파일이 이동되고, ④번을 수행하면 파일이 복사됩니다.

정답 5.② 6.③ 7.① 8.④ ● **13**

등급

모든 문제는 출제 빈도에 따라 A, B, C, D로 등급이 분류되어 있습니다.

출제 빈도

A : 두 번 시험 보면 한 번은 꼭 나오는 문제

B : 세 번 시험 보면 한 번은 꼭 나오는 문제

C : 네 번 시험 보면 한 번은 꼭 나오는 문제

D : 출제 가능성이 낮은 문제

정답

기출문제에 대한 답을 바로 표시해서 초단기 합격 전략으로 공부하는 수험생의 편의를 최대한 배려했습니다.

수험생을 위한 합격 보장 서비스

1등만이 드릴 수 있는 1등 혜택!

서비스 하나
핵심요약
합격에 필요한 내용만 담은

합격에 꼭 필요한 핵심 개념 240개를 수록했습니다. 최근 10년간 출제된 기출문제를 철저히 분석한 핵심 개념 240개만 공부하면 문제의 답이 저절로 보입니다.

서비스 둘
시험 정보 제공!
시나공 홈페이지

IT 자격증 시험, 혼자 공부하기 막막하다고요? 시나공 홈페이지에서 대한민국 최대, 50만 회원들과 함께 공부하세요.

지금 sinagong.co.kr에 접속하세요!

시나공 홈페이지에서는 최신기출문제와 해설, 선배들의 합격 수기와 합격 전략, 책 내용에 대한 문의 및 관련 자료 등 IT 자격증 시험을 위한 모든 정보를 제공합니다.

핵심요약 PDF 이용 방법

1. 시나공 홈페이지에서 [컴퓨터활용능력] → [1급 필기] → [자료실] → [도서자료실]을 클릭하세요.
2. '2025 시나공 컴퓨터활용능력1급 필기 기출문제집' 교재를 찾아 클릭하세요.
3. 등록된 PDF 파일을 다운받아 학습하세요.

서비스 셋
무엇이든 물어보세요!
수험생 지원센터

공부하다 답답하거나 궁금한 내용이 있으면, 시나공 홈페이지 도서별 '책 내용 질문하기' 게시판에 질문을 올리세요. 길벗알앤디의 전문가들이 빠짐없이 답변해 드립니다.

시나공 시리즈는 단순한 책 한 권이 아닙니다. 여러분이 시나공 시리즈 책 한 권을 구입한 순간, Q&A 서비스부터 최신기출문제, 각종 학습 자료까지 IT 자격증 최고 전문가들이 제공하는 온라인&오프라인 합격 보장 교육 프로그램이 함께합니다.

서비스 넷 — 실기 시험 대비
온라인 특강 서비스

(주)도서출판 길벗에서는 실기 시험 준비를 위한 온라인 특강을 제공하고 있습니다. 다음과 같은 방법으로 이용하세요.

실기 특강 온라인 강좌는 이렇게 이용하세요!

1. 길벗출판사 홈페이지(gilbut.co.kr)에 접속하여 로그인하세요!
2. 상단 메뉴 중 [동영상 강좌] → [IT자격증] → [컴퓨터활용능력]을 클릭하세요!
3. '[2025] 컴활1급실기 [실제시험장을 옮겨놓았다]'를 클릭하여 시청하세요.

서비스 다섯 — 시나공 만의
동영상 강좌

독학이 가능한 친절한 교재가 있어도 준비할 시간이 부족하다면?

길벗출판사의 '동영상 강좌(유료)' 이용 안내

1. 길벗출판사 홈페이지(gilbut.co.kr)에 접속하여 로그인하세요.
2. 상단 메뉴 중 [동영상 강좌]를 클릭하세요.
3. 'IT자격증' 카테고리에서 원하는 강좌를 선택하고 [수강 신청하기]를 클릭하세요.
4. 우측 상단의 [마이길벗] → [나의 동영상 강좌]로 이동하여 강좌를 수강하세요.

※ 기타 동영상 이용 문의 : 독자지원(02-332-0931)

시나공 서비스 이용을 위한
회원 가입 방법

1. 시나공 홈페이지(sinagong.co.kr)에 접속하여 우측 상단의 〈회원가입〉을 클릭하고 〈이메일 주소로 회원가입〉을 클릭합니다.
   ※ 회원가입은 소셜 계정으로도 가입할 수 있습니다.
2. 가입 약관 동의를 선택한 후 〈동의〉를 클릭합니다.
3. 회원 정보를 입력한 후 〈이메일 인증〉을 클릭합니다.

가입 정보 입력를 입력해주세요.
서비스 이용에 사용되는 정보입니다. 정확하게 입력해주세요.

이메일 주소
sinagong@gilbut.co.kr
✔ 사용가능한 이메일입니다.

비밀번호
●●●●●●●●●●
✔ 사용가능한 비밀번호 입니다.

비밀번호 확인
●●●●●●●●●●

이름
시나공

생년월일
1990 | 12월 ∨ | 24

성별
| 남성 | 여성 |

휴대전화(선택)
선택사항이지만 서비스 이용이 더 편리해집니다.

휴대전화번호 (-제외) | 인증번호 받기

이메일 인증

4. 회원 가입 시 입력한 이메일 계정으로 인증 메일이 발송됩니다. 수신한 인증 메일을 열어 이메일 계정을 인증하면 회원가입이 완료됩니다.

MEMO

기출문제 & 전문가의 조언

기출문제를 확실하게 이해하세요! 시나공 기출문제집에 들어 있는 기출문제는 실력 테스트용이 아닙니다. 짧은 시간 안에 시험에 나왔던 내용을 파악하고, 나올 내용을 공부하는 초단타 합격 전략 문제입니다. 전문가의 조언을 통해 기출문제와 주변 지식만 확실히 습득해도 초단타 합격의 주인공은 내가 될 수 있습니다.

2024년 상시이 기출문제

1과목 컴퓨터 일반

등급 C

1. 다음 중 GPU에 대한 설명으로 옳지 않은 것은?

① GPU는 그래픽 처리를 위한 장치이다.
② GPU는 대량의 연산을 직렬로 처리하기 때문에 CPU보다 속도가 빠르며, CPU보다 저렴한 가격에 구현할 수 있다.
③ GPU는 메인보드에 장착된다.
④ GPU는 게임, 딥러닝, 블록체인 등의 다양한 분야에서 사용된다.

전문가의 조언
GPU는 대량의 연산을 병렬로 처리하며, CPU보다 가격이 비쌉니다.

등급 C

3. 다음 중 빅 데이터에 대한 설명으로 옳지 않은 것은?

① 기존의 관리 방법이나 분석 체계로는 처리하기 어려운 막대한 양의 정형 또는 비정형 데이터 집합이다.
② 많은 데이터로부터 가치를 추출하고 분석하는 기술이다.
③ 스마트 단말의 확산, 소셜 네트워크 서비스의 활성화 등으로 인해 데이터 폭발이 가속화되고 있다.
④ 미래 예측의 활성화로 인해 빅 데이터에 대한 의존성을 강화할 필요가 있다.

전문가의 조언
빅 데이터를 기반으로 미래 예측의 활성화 방안을 모색하기는 하지만, 빅 데이터에 대한 의존성을 강화할 필요는 없습니다.

등급 B

2. 다음 중 '캡처 및 스케치'에 대한 설명으로 옳지 않은 것은?

① 화면의 특정 부분 또는 전체를 캡처하여 JPG, PNG, GIF 파일로 저장할 수 있다.
② 눈금자 또는 각도기 도구를 이용하여 이미지에 직선이나 아치를 그릴 수 있다.
③ 캡처 유형에는 사각형 캡처, 원형 캡처, 자유형 캡처 세 가지가 있다.
④ 캡처한 이미지를 다른 프로그램으로 열기하여 추가 작업을 할 수 있다.

전문가의 조언
'캡처 및 스케치'의 캡처 유형에는 사각형 캡처, 자유형 캡처, 창 캡처, 전체 화면 캡처 네 가지가 있습니다.

등급 A

4. 다음 중 IPv6에 대한 설명으로 옳지 않은 것은?

① IPv4 주소 체계의 주소 부족 문제를 해결하기 위해서 개발되었다.
② 16비트씩 8부분으로 총 128비트로 구성된다.
③ 모바일 IP나 웹 캐스팅용으로는 사용이 어렵지만 등급별, 서비스별로 패킷을 구분할 수 있어 품질 보장이 용이하다.
④ IPv6 주소는 16진수의 숫자를 콜론(:)으로 구분하여 표시한다.

전문가의 조언
IPv6는 모바일 IP나 웹 캐스팅이 용이하며, 등급별, 서비스별로 패킷을 구분할 수 있어 품질 보장도 용이합니다.

③ 글꼴 파일은 .ttf 또는 .ttc의 확장자를 가지고 있다.

④ ClearType 텍스트 조정을 사용하면 가독성을 향상시켜 준다.

전문가의 조언
• [제어판] → [글꼴] → [글꼴 설정]에서는 글꼴의 설치 및 삭제를 할 수 없습니다.
• [제어판] → [글꼴] → [글꼴 설정]에서는 글꼴의 표시 및 숨기기를 지정하거나 공간 절약을 위해 글꼴 파일 대신 글꼴 파일에 대한 바로 가기 설치 여부를 지정할 수 있습니다.

등급 C

5. 다음 중 OLED(Organic Light Emitting Diodes)에 대한 설명으로 옳지 않은 것은?

① 전류가 흐르면 스스로 빛을 내는 자체 발광형 유기물질을 이용하여 화면을 표시한다.

② 고전력이 사용되나 색재현율이 뛰어나다.

③ OLED는 백라이트를 사용하지 않는다.

④ 구분 방식에 따라 수동형 구동 방식과 능동형 구동 방식으로 구분한다.

전문가의 조언
OLED는 전력이 적게 사용됩니다.

등급 A

8. 다음 중 한글 Windows 탐색기에서 수행한 작업 결과가 다른 것은?

```
∨ 💻 내 PC
  > ⬇ 다운로드
  > 🎞 동영상
  > 📄 문서
  > 🖥 바탕 화면
  > 🖼 사진
  > ♪ 음악
  ∨ 💽 로컬 디스크 (C:)
    > 📁 STUDY
  ∨ 💽 SYSTEM (D:)
    > 📁 COM
  ∨ 💽 USB 드라이브 (E:)
    > 📁 DATA
  > 🖧 네트워크
```

① 'COM' 폴더에 있는 파일을 Shift를 누른 채 '바탕 화면'으로 드래그한다.

② 'STUDY' 폴더에 있는 파일을 '바탕 화면'으로 드래그한다.

③ '다운로드'에 있는 파일을 Shift를 누른 채 '문서'로 드래그한다.

④ 'DATA' 폴더에 있는 파일을 '사진'으로 드래그한다.

전문가의 조언
①, ②, ③번을 수행하면 파일이 이동되고, ④번을 수행하면 파일이 복사됩니다.

등급 B

6. 다음 중 [설정] → [시스템] → [저장소]에 대한 설명으로 옳지 않은 것은?

① 하드디스크에서 불필요한 앱이나 임시 파일 등을 제거하여 사용 공간을 확보할 때 사용한다.

② 휴지통과 다운로드 폴더에 보관된 파일의 삭제 기준일을 지정할 수 있다.

③ 저장 공간 센스를 켜면 드라이브의 단편화 제거로 인해 컴퓨터를 효율적으로 사용할 수 있다.

④ 파일 정리를 바로 실행할 수 있다.

전문가의 조언
저장 공간 센스는 하드디스크 공간이 부족할 때 자동으로 실행되어 임시 파일이나 휴지통의 파일 등 불필요한 파일을 삭제하는 것으로, 드라이브의 단편화를 제거하지는 않습니다.

등급 B

7. 다음 중 한글 Windows 10의 [글꼴]에 관한 설명으로 옳지 않은 것은?

① [글꼴 설정]을 이용하여 글꼴을 설치 및 삭제할 수 있다.

② 글꼴이 설치되어 있는 폴더의 위치는 C:\Windows\Fonts이다.

9. 다음 중 컴퓨터 및 정보기기에서 사용하는 펌웨어 (Firmware)에 관한 설명으로 옳은 것은?

① 주로 하드디스크의 부트 레코드 부분에 저장된다.
② 인터프리터 방식으로 번역되어 실행된다.
③ 운영체제의 일부로 입출력을 전담한다.
④ 소프트웨어의 업그레이드만으로도 기능을 향상시킬 수 있다.

10. 다음 중 컴퓨터에서 중앙처리장치와 입출력장치 사이의 속도 차이로 인한 문제점을 해결해 주는 것은?

① 범용 레지스터　　　　② 콘솔
③ 인터럽트　　　　　　④ 채널

11. 다음 중 JPEG 파일 형식에 대한 설명으로 옳지 않은 것은?

① 24비트 컬러를 사용하여 트루 컬러로 이미지를 표현한다.
② 사진과 같은 정지 영상을 표현하기 위한 국제 표준 압축 방식이다.
③ Windows에서 기본적으로 사용하는 벡터 파일 형식이다.
④ 사용자가 압축률을 지정해서 이미지를 압축하는 압축 기법을 사용할 수 있다.

12. 다음 중 한글 Windows 10의 [설정] → [네트워크 및 인터넷]에 대한 설명으로 옳지 않은 것은?

① 네트워크 문제를 진단하고 해결할 수 있다.
② 컴퓨터 이름과 작업 그룹의 이름을 변경할 수 있다.
③ 내 컴퓨터에서 사용 가능한 네트워크를 표시한다.
④ [어댑터 옵션 변경]을 통해 네트워크 어댑터의 연결 설정을 변경할 수 있다.

13. 다음 중 스마트폰을 모뎀처럼 활용하는 방법으로, 컴퓨터나 노트북 등의 IT 기기를 스마트폰에 연결하여 무선 인터넷을 사용할 수 있게 하는 기능은?

① 와이파이(WiFi)　　　　② 블루투스(Bluetooth)
③ 테더링(Tethering)　　　④ 와이브로(WiBro)

14. 한글 Windows 10에서 프린터 스풀(SPOOL) 기능에 대한 설명으로 올바른 것은?

① 스풀링 단위는 인쇄할 문서 전체 단위로만 스풀링이 가능하다.
② 프린터가 인쇄중이라도 다른 응용 프로그램 실행이 가능하다.

③ 스풀링은 인쇄할 내용을 프린터로 직접 전송한다.
④ 저속의 프린터 사용 시 컴퓨터 효율이 크게 저하된다.

스풀링에 대한 설명으로 올바른 것은 ②번입니다.
① 스풀링은 인쇄할 문서 전체 또는 한 페이지 단위로 스풀링할 수 있습니다.
③ 스풀링은 인쇄할 내용을 먼저 하드디스크에 저장합니다.
④ 스풀은 저속의 프린터와 고속의 중앙처리장치 사이에서 컴퓨터 효율을 증가시키기 위해 사용합니다.

③ 사용자 몰래 스스로 복제하여 다른 프로그램을 감염시키고, 정상적인 프로그램이나 다른 데이터 파일 등을 파괴한다.
④ 주로 복제품을 사용하거나 통신 매체를 통하여 다운받은 프로그램에 의해 감염된다.

바이러스는 소프트웨어뿐만 아니라 하드웨어의 성능에도 영향을 미칠 수 있습니다.

등급 A

15. 다음 중 시스템 보안을 위해 사용하는 방화벽(Firewall)에 대한 설명으로 적절하지 않은 것은?

① IP 주소 및 포트 번호를 이용하거나 사용자 인증을 기반으로 접속을 차단하여 네트워크의 출입로를 단일화한다.
② '명백히 허용되지 않은 것은 금지한다'라는 적극적 방어 개념을 가지고 있다.
③ 방화벽을 운영하면 바이러스와 내/외부의 새로운 위험에 효과적으로 대처할 수 있다.
④ 로그 정보를 통해 외부 침입의 흔적을 찾아 역추적 할 수 있다.

방화벽은 외부의 불법적인 침입은 막을 수 있지만 내부로부터의 불법적인 위험은 막지 못합니다.

등급 B

17. 다음 중 한글 Windows 10에서 바로 가기 아이콘에 관한 설명으로 옳지 않은 것은?

① 바로 가기 아이콘을 실행하면 연결된 원본 파일이 실행된다.
② 파일, 폴더뿐만 아니라 디스크 드라이브나 프린터에도 바로 가기 아이콘을 만들 수 있다.
③ 일반 아이콘과 비교하여 왼쪽 아랫부분에 화살표가 포함되어 표시된다.
④ 하나의 바로 가기 아이콘에 여러 개의 원본 파일을 연결할 수 있다.

하나의 바로 가기 아이콘에는 하나의 원본 파일만 연결할 수 있습니다.

등급 C

18. 다음 중 시스템 소프트웨어에 대한 설명으로 옳지 않은 것은?

① 사용자가 컴퓨터를 이용하여 특정 업무를 처리할 수 있게 개발된 프로그램이다.
② 시스템 소프트웨어는 제어 프로그램과 처리 프로그램으로 구분된다.
③ 컴퓨터 시스템을 효율적으로 운영해 주는 소프트웨어이다.
④ 대표적인 시스템 소프트웨어로는 운영체제가 있다.

①번은 응용 소프트웨어에 대한 설명입니다.

등급 B

16. 다음 중 바이러스에 대한 설명으로 옳지 않은 것은?

① 컴퓨터 하드웨어와 무관하게 소프트웨어에만 영향을 미친다.
② 감염 부위에 따라 부트 바이러스와 파일 바이러스로 구분한다.

19. 다음 중 컴퓨터 메인보드의 버스(Bus)에 관한 설명으로 옳지 않은 것은?

① 내부 버스는 CPU와 주변장치 간의 데이터 전송에 사용되는 통로이다.
② 컴퓨터에서 데이터를 주고받는 통로로 사용 용도에 따라 내부 버스, 외부 버스, 확장 버스로 구분된다.
③ 외부 버스는 전달하는 신호의 형태에 따라 데이터 버스, 주소 버스, 제어 버스로 구분된다.
④ 확장 버스는 메인보드에서 지원하는 기능 외에 다른 기능을 지원하는 장치를 연결하는 부분으로 끼울 수 있는 형태이기에 확장 슬롯이라고도 한다.

전문가의 조언
· 내부 버스는 CPU 내부에서 레지스터 간의 데이터 전송에 사용되는 통로입니다.
· ①번은 외부 버스에 대한 설명입니다.

20. 다음 중 컴퓨터에서 사용하는 자료의 표현에 관한 설명으로 옳지 않은 것은?

① 실수형 데이터는 정해진 크기에 부호(1bit)와 가수부(7bit)로 구분하여 표현한다.
② 2진 정수 데이터는 실수 데이터 보다 표현할 수 있는 범위가 작으며 연산 속도는 빠르다.
③ 숫자 데이터 표현 중 10진 연산을 위하여 "팩(Pack)과 언팩(Unpack)" 표현 방식이 사용된다.
④ 컴퓨터에서 뺄셈을 수행하기 위해서는 보수와 덧셈 연산을 이용한다.

전문가의 조언
실수형 데이터는 정해진 크기에 부호(1비트), 지수부(7비트), 가수부(소수부)로 구분하여 표현합니다.

---

2 과목 스프레드시트 일반

03240121

21. 워크시트의 [A1] 셀에 "가나다라마바사"가 입력되어 있고, [A2] 셀에 수식 =MID(CONCAT(LEFT(A1, 3), RIGHT(A1, 3)), FIND("다", A1), 3)을 입력한 결과는?

① 가나다　　　　② 마바사
③ 다마바　　　　④ 다라마

전문가의 조언
[A2] 셀에 입력된 수식의 결과는 **다마바**입니다.
=MID(CONCAT(LEFT(A1, 3), RIGHT(A1, 3)), FIND("다", A1), 3)

❶ LEFT(A1, 3) : [A1] 셀에 입력된 "가나다라마바사"의 왼쪽에서 세 글자를 추출한 "가나다"를 반환합니다.
❷ RIGHT(A1, 3) : "가나다라마바사"의 오른쪽에서 세 글자를 추출한 "마바사"를 반환합니다.
❸ CONCAT(❶, ❷) → CONCAT("가나다", "마바사") : 주어진 텍스트를 모두 연결한 "가나다마바사"를 반환합니다.
❹ FIND("다", A1) : "가나다라마바사"에서 "다"의 위치인 3을 반환합니다.
❺ =MID(❸, ❹, 3) → =MID("가나다마바사", 3, 3) : "가나다마바사"의 3번째 자리에서부터 세 글자를 추출한 "다마바"를 반환합니다.

22. 다음 중 데이터가 입력된 셀에서 채우기 핸들을 드래그하여 데이터를 채우는 경우에 대한 설명으로 옳지 않은 것은?

① 문자 데이터가 입력된 셀을 선택하고 채우기 핸들을 드래그하면 그대로 복사되어 채워진다.
② 숫자 데이터가 입력된 셀을 선택하고 [Ctrl]을 누른 채 채우기 핸들을 드래그하면 1씩 증가하면서 채워진다.
③ 1개의 숫자와 문자가 조합된 데이터가 입력된 셀을 선택하고 [Ctrl]을 누른 채 채우기 핸들을 드래그 하면 숫자만 1씩 증가하면서 채워진다.
④ 숫자가 입력된 두 개의 셀을 선택하고 채우기 핸들을 드래그하면 두 값의 차이만큼 증가/감소하며 채워진다.

등급 A

24. 아래의 시트에서 횟수에 따른 택배비를 계산하려고 한다. 횟수가 5 이하면 2000, 5 초과 9 이하면 3000, 9 초과면 무료로 표시하기 위해 [C2] 셀에 입력해야 할 수식으로 옳지 않은 것은?

	A	B	C
1	이름	횟수	택배비
2	홍길동	3	2000
3	이숙희	8	3000
4	양종국	10	무료
5	김호명	7	3000
6			

① =IF(B2<=5, 2000, IF(B2<9, 3000, "무료"))
② =IF(B2>9, "무료", IF(B2>5, 3000, 2000))
③ =IF(B2<=5, 2000, IF(OR(B2>5, B2<=9), 3000, "무료"))
④ =IF(B2<=5, 2000, IF(AND(B2>5, B2<=9), 3000, "무료"))

등급 A

23. 고급 필터에서 다음과 같은 조건을 설정하였을 때, 이 조건에 의해 선택되는 데이터들로 옳은 것은?

	A	B	C
1	부서	직위	근속년수
2	홍보부	과장	
3	영업부		>=9
4		대리	<9
5			

① 부서가 홍보부이면서 직위가 과장이거나 부서가 영업부이면서 근속년수가 9년 이상이거나 직위가 대리이면서 근속년수가 9년 미만인 데이터
② 부서가 홍보부나 영업부이면서 직위가 과장이거나 대리이면서 근속년수가 9년 이상이거나 9년 미만인 데이터
③ 부서가 홍보부이면서 직위가 과장이고 부서가 영업부이면서 근속년수가 9년 이상이고 직위가 대리이면서 근속년수가 9년 미만인 데이터
④ 부서가 홍보부나 영업부이고 직위가 과장이거나 대리이고 근속년수가 9년 이상이거나 9년 미만인 데이터

등급 B

25. 다음 중 조건부 서식에 대한 설명으로 옳지 않은 것은?

① 조건부 서식의 조건은 결과가 TRUE(1) 또는 FALSE(0)가 나오도록 작성한다.
② 같은 통합 문서의 특정 셀을 이용하여 조건을 지정할 수 있다.
③ 수식을 이용하여 조건을 지정할 경우, 워크시트의 특정 셀을 클릭하면 상대 참조로 작성된다.
④ 이동 옵션을 이용하여 조건부 서식이 지정된 셀을 찾을 수 있다.

26. 다음 중 아래의 워크시트를 이용한 수식에 대해서 그 결과가 옳지 않은 것은?

	A	B	C	D
1	이름	국어	영어	수학
2	김원	87	97	72
3	정영희	74	98	100
4	남궁정훈	85	91	70
5	이수	80	80	88
6	김용훈	81	87	70
7	김근태	84	82	80
8				

수식	결과
① =HLOOKUP("영어", A1:D7, 2)	97
② =OFFSET(B2, 3, 2)	88
③ =INDEX(A1:D7, 3, 2)	74
④ =AREAS(A1:D7)	28

27. 아래는 워크시트 [A1] 셀에서 [매크로 기록]을 클릭하고 작업을 수행한 과정을 VBA의 코드 창에서 확인한 결과이다. 다음 중 이에 대한 설명으로 옳지 않은 것은?

	A	B	C
1		성적현황	
2	학번	학과	이름
3			
4			

```
Sub 매크로2( )
' 매크로2 매크로

    ActiveCell.Offset(0, 1).Range("A1").Select
    ActiveCell.FormulaR1C1 = "성적현황"
    ActiveCell.Offset(1, -1).Range("A1").Select
    ActiveCell.FormulaR1C1 = "학번"
    ActiveCell.Offset(0, 1).Range("A1").Select
    ActiveCell.FormulaR1C1 = "학과"
    Range("C2").Select
    ActiveCell.FormulaR1C1 = "이름"
    Range("A3").Select
End Sub
```

① 매크로의 이름은 '매크로2'이다.
② '성적현황', '학번', '학과'는 상대 참조로 기록되었다.
③ [A3] 셀을 클릭하고 매크로를 실행한 후의 셀 포인터 위치는 [A5] 셀이다.
④ [B3] 셀을 클릭하고 매크로를 실행한 후의 [C3] 셀의 값은 '성적현황'이다.

• 매크로를 하나하나 살펴보면 아래와 같습니다.

```
Sub 매크로2( )
'
① ' 매크로2 매크로
'
② ActiveCell.Offset(0, 1).Range("A1").Select
③ ActiveCell.FormulaR1C1 = "성적현황"
④ ActiveCell.Offset(1, −1).Range("A1").Select
⑤ ActiveCell.FormulaR1C1 = "학번"
⑥ ActiveCell.Offset(0, 1).Range("A1").Select
⑦ ActiveCell.FormulaR1C1 = "학과"
⑧ Range("C2").Select
⑨ ActiveCell.FormulaR1C1 = "이름"
⑩ Range("A3").Select
End Sub
```

① 홑 따옴표(')가 있는 문장은 프로그램을 설명하는 주석문으로, 실행되지 않습니다. 매크로 이름이 '매크로2'임을 알려줍니다.
② 활성화된 셀에서 아래쪽으로 0칸, 오른쪽으로 1칸 이동한 후 그 셀을 기준으로 첫 번째 열(A), 첫 번째 행(1)을 선택합니다.
  • Offset : 지정된 범위에서 떨어진 범위
  • Range("A1") : [A1] 셀을 의미하는 것이 아니라 첫 번째 열(A), 첫 번째 행(1)을 의미입니다. 'Range("A2")'로 지정하면 첫 번째 열(A), 두 번째 행(2)을 의미합니다.
  ※ 'ActiveCell.Offset(0, 1).Select'로 작성해도 결과는 동일합니다.
③ 활성화된 셀에 성적현황을 입력합니다.
④ 활성화된 셀에서 아래쪽으로 1칸, 왼쪽으로 1칸 이동한 후 그 셀을 기준으로 첫 번째 열(A), 첫 번째 행(1)을 선택합니다.
⑤ 활성화된 셀에 학번을 입력합니다.
⑥ 활성화된 셀에서 아래쪽으로 0칸, 오른쪽으로 1칸 이동한 후 그 셀을 기준으로 첫 번째 열(A), 첫 번째 행(1)을 선택합니다.
⑦ 활성화된 셀에 학과를 입력합니다.
⑧ [C2] 셀을 선택합니다.
⑨ 활성화된 셀에 이름을 입력합니다.
⑩ [A3] 셀을 선택합니다.

등급 C

28. 다음 중 윗주에 대한 설명으로 옳지 않은 것은?

① 데이터를 삭제해도 윗주는 그대로 표시되어 있다.
② 윗주의 서식을 변경할 수 있다.
③ 문자열 데이터가 입력되어 있는 셀에만 윗주를 표시할 수 있다.
④ 윗주는 셀에 대한 주석을 설정하는 것이다.

전문가의 조언
윗주가 삽입된 셀의 데이터를 삭제하면 윗주도 함께 삭제됩니다.

03220339
등급 A

29. 다음의 피벗 테이블에 대한 설명으로 옳지 않은 것은?

	A	B	C	D	E	F
1	모집구분	(모두)				
2						
3			단과대학			
4	성별	값	공과대학	사범대학	인문대학	자연과학대학
5	남					
6		평균 : 영어	80	75	70	99
7		평균 : 국어	72	98	75	74
8	여					
9		평균 : 영어	83	79	85	87.5
10		평균 : 국어	83	97	79	90.5
11	전체 평균 : 영어		81	77	77	93.25
12	전체 평균 : 국어		78	97	77	82.25

① 피벗 차트를 추가하면 열 레이블에 표시된 항목은 범례(계열)로 표시된다.
② 값 영역에 2개의 필드를 지정하여 생긴 Σ 값 필드가 행 영역에 표시되어 있다.
③ 열의 총합계만 표시되어 있다.
④ 피벗 테이블이 선택된 상태에서 [삽입] → [차트] 그룹에서 세로 막대형 차트를 추가하면 Chart 시트에 피벗 차트가 작성된다.

전문가의 조언
피벗 테이블이 선택된 상태에서 [삽입] → [차트] 그룹에서 세로 막대형 차트를 추가하면 피벗 테이블이 작성된 시트에 피벗 차트가 삽입됩니다.

① 피벗 차트를 작성하면 피벗 테이블 보고서의 열 영역에 표시된 '단과대학'이 피벗 차트의 범례로 표시됩니다.

② • Σ 값 필드가 열 영역에 있는 경우

• Σ 값 필드가 행 영역에 있는 경우

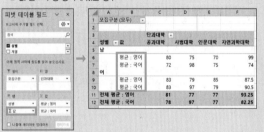

③ • 열의 총합계만 있는 경우

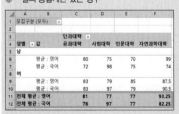

• 행의 총합계만 있는 경우

30. 다음 중 워크시트 이름으로 적절하지 않은 것은?

① _매출실적　　　　② 매출실적?
③ #매출실적　　　　④ 매출실적&

전문가의 조언
워크시트 이름에 * / : ? [ ] 등의 문자는 사용할 수 없습니다.

31. 다음 중 [보기] 탭의 [페이지 나누기 미리 보기]에 대한 설명으로 옳지 않은 것은?

① 페이지 나누기는 구분선을 이용하여 인쇄를 위한 페이지 나누기를 빠르게 조정하는 기능이다.
② 행 높이와 열 너비를 변경하면 자동 페이지 나누기의 위치도 변경된다.
③ [페이지 나누기 미리 보기]에서 수동으로 삽입된 페이지 나누기는 파선으로 표시되고 자동으로 추가된 페이지 나누기는 실선으로 표시된다.
④ 용지 크기, 여백 설정, 배율 옵션 등에 따라 자동 페이지 나누기가 삽입된다.

전문가의 조언
[페이지 나누기 미리 보기]에서 수동으로 삽입된 페이지 나누기는 실선으로 표시되고 자동으로 추가된 페이지 나누기는 파선으로 표시됩니다.

03240132

등급 **A**

32. 아래 워크시트와 같이 시상내역[A13:D16] 표를 이용하여 시상내역[D2:D10]을 계산하였다. 다음 중 [D2] 셀에 입력된 배열 수식으로 옳은 것은?

	A	B	C	D
1	이름	공모대상	점수	시상내역
2	김남희	독창	91	대상
3	남궁민	창작동화	65	-
4	이수남	독창	75	-
5	서수남	독창	50	-
6	홍길동	독창	88	최우수상
7	이숙희	창작동화	69	-
8	양종국	창작동화	87	차상
9	김호명	독창	79	-
10	김영희	창작동화	93	장원
11				
12	시상내역			
13	점수	0	80	90
14		80	90	100
15	독창	-	최우수상	대상
16	창작동화	-	차상	장원
17				

① {=INDEX($B$15:$D$16, MATCH(B2, $A$15:$A$16, 0), MATCH(C2, $B$13:$D$13, −1))}
② {=INDEX($B$15:$D$16, MATCH(B2, $A$15:$A$16, 0), MATCH(C2, $B$13:$D$13, 1))}
③ {=INDEX($B$15:$D$16, MATCH(B2, $A$15:$A$16, 0), MATCH(C2, $B$14:$D$14, −1))}
④ {=INDEX($B$15:$D$16, MATCH(B2, $A$15:$A$16, 0), MATCH(C2, $B$14:$D$14, 1))}

전문가의 조언
[D2] 셀에 입력된 배열 수식으로 옳은 것은 ②번입니다.
{=INDEX($B$15:$D$16, MATCH(B2, $A$15:$A$16, 0), MATCH(C2, $B$13:$D$13, 1))}

❸

❶ MATCH(B2, $A$15:$A$16, 0) : [A15:A16] 영역에서 [B2] 셀, 즉 "독창"과 동일한 값을 찾은 후 상대 위치인 1을 반환합니다.
❷ MATCH(C2, $B$13:$D$13, 1) : [B13:D13] 영역에서 [C2] 셀, 즉 91보다 작거나 같은 값 중에서 가장 근접한 값(90)을 찾은 후 상대 위치인 3을 반환합니다.
❸ =INDEX($B$15:$D$16, ❶, ❷) → =INDEX($B$15:$D$16, 1, 3) : [B15:D16] 영역에서 1행 3열, 즉 [D15] 셀의 값 "대상"을 반환합니다.

등급 **C**

33. 다음 중 아래 그림과 같이 목표값 찾기를 지정했을 때의 설명으로 옳은 것은?

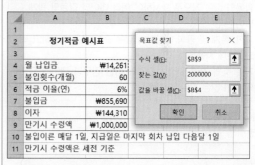

① 만기시 수령액이 2,000,000원이 되려면 월 납입금은 얼마가 되어야 하는가?
② 만기시 수령액이 2,000,000원이 되려면 적금 이율(연)이 얼마가 되어야 하는가?
③ 불입금이 2,000,000원이 되려면 만기시 수령액은 얼마가 되어야 하는가?
④ 월 납입금이 2,000,000원이 되려면 만기시 수령액은 얼마가 되어야 하는가?

전문가의 조언
그림은 만기시 수령액(B9)이 2,000,000원이 되려면 월 납입금(B4)이 얼마가 되어야 하는지를 구하는 목표값 찾기입니다.

34. 다음 중 아래 설명에 해당하는 차트 종류는?

- 항목의 값을 점으로 표시하여 여러 데이터 값들의 관계를 보여준다.
- 과학, 통계 및 공학 데이터와 같은 숫자 값을 표시하고 비교하는데 사용된다.
- 가로 축의 값이 일정한 간격이 아닌 경우나 데이터 요소의 수가 많은 경우 사용된다.

① 분산형 차트   ② 도넛형 차트
③ 방사형 차트   ④ 혼합형 차트

전문가의 조언
항목의 값을 점으로 표시하여 여러 데이터 값들의 관계를 보여주는 차트는 분산형 차트입니다.
- **도넛형 차트** : 전체에 대한 각 부분의 관계를 비율로 나타내어 각 부분을 비교할 때 사용됨
- **방사형 차트** : 많은 데이터 계열의 집합적인 값을 나타낼 때 사용됨
- **혼합형 차트** : 두 개 이상의 데이터 계열을 갖는 차트에서 특정 데이터 계열을 강조하고자 할 경우 해당 데이터 계열을 다른 차트로 표시하는 것

35. 다음 중 Visual Basic Editor에 대한 설명으로 틀린 것은?

① Alt + F11 을 누르면 실행된다.
② Visual Basic Editor에서 F5 를 눌러 매크로를 실행할 수 있다.
③ 매크로를 단계별로 실행할 수는 없으나 중간에 중단할 수 있다.
④ 기록된 매크로의 내용을 수정할 수 있다.

전문가의 조언
'매크로' 대화상자에서 〈한 단계씩 코드 실행〉 단추를 이용하여 매크로를 단계별로 실행할 수 있습니다.

36. 다음 중 [페이지 설정] 대화상자에 대한 설명으로 옳지 않은 것은?

① [페이지] 탭에서 '자동 맞춤'의 용지 너비와 용지 높이를 각각 1로 지정하면 여러 페이지가 한 페이지에 인쇄된다.
② [머리글/바닥글]의 여백은 [머리글/바닥글] 탭에서 '머리글'과 '바닥글'의 여백을 mm 단위로 지정할 수 있다.
③ [여백] 탭에서 '페이지 가운데 맞춤'의 가로 및 세로를 체크하면 인쇄 내용이 용지의 가운데에 맞춰 인쇄된다.
④ [시트] 탭에서 '눈금선'의 표시 여부를 지정할 수 있다.

전문가의 조언
'머리글'과 '바닥글'의 여백은 '페이지 설정' 대화상자의 '여백' 탭에서 지정할 수 있습니다.

37. 숫자 −246000을 입력한 후 아래의 표시 형식을 적용했을 때 표시되는 결과로 옳은 것은?

#0.0,"천원";(#0.0,"천원");0.0;@"님"

① 246.0천원   ② 246,000
③ (−246.0천원)   ④ (246.0천원)

전문가의 조언
숫자 −246000을 입력한 후 지문의 표시 형식을 지정하면 −246000이 음수이므로 (#0.0,"천원") 서식이 적용되어 (246.0천원)으로 표시됩니다.
- **#0.0,"천원"** : 양수일 때 적용되는 서식으로, #0.0,"천원" 형식으로 표시됩니다.
  ▣ 246000 → 246.0천원
  ※ #0.0,에서 콤마(,)는 천 단위를 생략할 때 사용합니다.
- **(#0.0,"천원")** : 음수일 때 적용되는 서식으로, #0.0,"천원" 형식으로 표시하되 음수 표시는 ( )로 나타납니다. ▣ −246000 → (246.0천원)
- **0.0** : 0일 때 적용되는 서식으로, 0.0으로 표시됩니다. ▣ 0 → 0.0
- **@"님"** : 텍스트일 때 적용되는 서식으로, 해당 텍스트 다음에 "님"을 표시합니다.
  ▣ 합격 → 합격님

38. 아래와 같이 통합 문서 보호를 설정했을 경우에 대한 설명으로 옳지 <u>않은</u> 것은?

① 워크시트를 이동하거나 삭제할 수 없다.
② 새 워크시트 또는 차트 시트를 삽입할 수 없다.
③ 시나리오 요약 보고서를 만들 수 없다.
④ 워크시트에 작성된 차트를 다른 시트로 이동할 수 없다.

통합 문서 보호는 통합 문서의 시트 삽입, 삭제, 이동, 숨기기, 이름 바꾸기 등을 할 수 없도록 보호하는 것으로, 통합 문서 보호를 실행해도 워크시트에 작성된 차트를 다른 시트로 이동할 수 있습니다.

39. 다음 그림과 같이 "표" 기능을 사용하여 이자율에 따른 이자액을 계산하려고 한다. 이때 실행하여야 할 작업 내용에 대한 설명으로 옳지 <u>않은</u> 것은?

	A	B	C	D	E	F
1	이자율에 따른 이자액 계산					
2	원금	이자율	이자액			
3	1,500	4%	60			
4				이자율		
5		60	5%	10%	15%	20%
6	원금	2,000	100	200	300	400
7		3,500	175	350	525	700
8		4,000	200	400	600	800
9		5,500	275	550	825	1,100

① '데이터 테이블' 대화상자가 표시되면 "행 입력 셀"은 [B3] 셀, "열 입력 셀"은 [A3] 셀을 지정한 후 〈확인〉을 선택한다.
② 표의 범위([B5:F9])를 설정한 후 [데이터] → [예측] → [가상 분석] → [데이터 표]를 선택한다.
③ 수식이 입력되어야 하는 [C6] 셀을 선택하고 수식 "=A3*B3"를 입력한다.
④ 자동으로 결과가 구해진 셀을 하나 선택해서 살펴보면 "{=TABLE(B3,A3)}"과 같은 배열 수식이 들어 있다.

수식이 입력되어야 하는 셀은 [C6] 셀이 아니라 [B5] 셀입니다.

40. 다음 중 매크로를 작성하고 사용하는 방법에 대한 설명으로 옳지 <u>않은</u> 것은?

① 매크로를 기록하는 경우 기본적으로 셀은 절대 참조로 기록되며, 상대 참조로 기록하고자 할 경우 '상대 참조로 기록'을 선택한 다음 매크로 기록을 실행한다.
② 매크로에 지정된 바로 가기 키가 엑셀 고유의 바로 가기 키와 중복될 경우 엑셀 고유의 바로 가기 키가 우선한다.
③ 매크로를 기록하는 경우 실행하려는 작업을 완료하는 데 필요한 모든 단계가 매크로 레코더에 기록되며, 리본 메뉴에서의 탐색은 기록된 단계에 포함되지 않는다.
④ 개인용 매크로 통합 문서에 저장한 매크로는 엑셀을 시작할 때마다 자동으로 로드되므로 다른 통합 문서에서도 실행할 수 있다.

매크로에 지정된 바로 가기 키가 엑셀 고유의 바로 가기 키와 중복될 경우 매크로에 지정된 바로 가기 키가 우선합니다.

전문가의 조언
• 이미지, 엑셀 파일, 텍스트 파일 등 다양한 형식의 파일을 필드에 삽입할 때 알맞은 형식은 '첨부 파일' 형식입니다.
• **하이퍼링크** : 웹 사이트나 파일의 특정 위치로 바로 이동하는 하이퍼링크를 입력할 수 있는 형식
• **긴 텍스트** : 짧은 텍스트 형식과 비슷한 기능을 제공하며, 최대 64,000자까지 입력할 수 있는 형식
• **일련 번호** : 레코드가 추가될 때마다 번호를 하나씩 증가시켜 주는 형식

등급 B

41. 〈제품〉 테이블의 "제품명" 필드는 기본키가 아니지만 중복된 값이 입력될 수 없도록 관련 속성을 설정하려고 한다. 이를 위한 방법으로 옳은 것은?

① 인덱스 속성을 '예(중복 불가능)'으로 설정한다.
② 인덱스 속성을 '예(중복 가능)'으로 설정한다.
③ 인덱스 속성을 '예(Null 허용)'으로 설정한다.
④ 필수 속성을 '예'로 설정한다.

전문가의 조언
특정 필드에 중복된 값이 입력되지 않도록 하려면, 인덱스 속성을 '예(중복 불가능)'으로 설정하면 됩니다.

등급 C

44. 데이터베이스 암호 설정에 대한 설명으로 옳은 것은?

① 데이터베이스를 MDE 형식으로 저장한 후 파일을 열어야 파일 암호를 설정할 수 있다.
② [데이터베이스 압축 및 복구] 도구에서 파일 암호를 설정할 수 있다.
③ [Access 옵션] 창의 보안 센터에서 파일 암호를 설정할 수 있다.
④ 데이터베이스를 단독 사용 모드로 열어야 암호를 설정할 수 있다.

전문가의 조언
액세스 파일에 암호를 설정하거나 해제하려면 [파일] → [열기] → [찾아보기]를 선택한 후 〈열기〉 대화상자에서 파일을 선택하고 〈열기〉 단추 옆의 화살표를 클릭한 다음 [단독으로 열기]를 선택해야 합니다. 그런 다음 [파일] → [정보] → [데이터베이스 암호 설정]에서 지정하면 됩니다.

등급 C

42. 다음 중 매크로에 대한 설명으로 옳지 않은 것은?

① 매크로는 작업을 자동화하고 폼, 보고서 및 컨트롤에 기능을 추가하는 데 사용되는 도구이다.
② 매크로를 컨트롤의 이벤트 속성에 포함시킬 수 있다.
③ 컨트롤에 포함된 매크로를 포함하여 모든 매크로가 '탐색' 창의 매크로 개체에 표시된다.
④ 데이터베이스 파일이 열릴 때 자동으로 실행되는 매크로를 정의하려면, 매크로 이름을 AutoExec로 지정한다.

전문가의 조언
• '탐색' 창에 표시되는 매크로는 [만들기] → [매크로 및 코드] → [매크로] 메뉴를 이용해 이름을 지정하여 만든 매크로만 표시됩니다.
• 특정 컨트롤에 포함된 매크로는 '탐색' 창에 표시되지 않습니다.

등급 B

45. 다음 중 테이블의 [디자인 보기]에서 설정 가능한 작업에 해당하지 않는 것은?

① 폼 필터를 적용하여 조건에 맞는 레코드만 표시할 수 있다.
② 필드의 '설명'에 입력한 내용은 테이블 구조에 영향을 미치지 않고, 폼에서 해당 필드를 선택할 때 상태 표시줄에 표시된다.
③ 컨트롤 표시 속성은 텍스트 상자, 목록 상자, 콤보 상자 중 선택할 수 있다.
④ 한 개 이상의 필드를 선택하여 기본키로 설정할 수 있다.

전문가의 조언
폼 필터는 폼의 여러 필드에 필터를 적용할 때 사용하는 것으로 테이블의 '디자인 보기'가 아니라 폼의 '디자인 보기'에서 설정이 가능합니다.

등급 C

43. 테이블의 필드에 엑셀 파일을 삽입하려고 할 때 가장 적합한 데이터 형식은?

① 첨부 파일   ② 하이퍼링크
③ 긴 텍스트   ④ 일련 번호

등급 B

46. 다음 중 테이블에서의 필드 이름 지정 규칙에 대한 설명으로 옳지 않은 것은?

① 최대 64자까지 입력할 수 있다.
② 공백을 이름의 첫 문자로 사용할 수 없다.
③ 한 테이블 내에 동일한 이름의 필드를 2개 이상 지정할 수 없다.
④ 모든 특수문자, 문자, 숫자, 공백을 포함하여 이름을 지정할 수 있다.

전문가의 조언
. ! [ ]를 제외한 특수 문자, 공백, 숫자, 문자를 조합하여 필드 이름으로 사용할 수 있습니다.

등급 A

47. 다음 중 폼에 대한 설명으로 옳지 않은 것은?

① '레코드 원본' 속성에 지정된 테이블의 필드는 컨트롤 없이도 폼 머리글의 배경에 표시할 수 있다.
② 컨트롤과 여러 도구 모음을 이용하여 시각적으로 다양한 작업 화면을 작성할 수 있다.
③ 폼에 레이블이나 명령 단추만을 추가하여 언바운드 폼을 만들어 사용할 수 있다.
④ 폼을 사용하여 데이터베이스의 보안성과 사용자의 편의성을 높일 수 있다.

전문가의 조언
폼의 '레코드 원본' 속성에 지정된 테이블의 필드 내용을 폼에 표시하려면 반드시 컨트롤을 사용해야 합니다.

등급 A

48. 다음 중 폼 작성 시 사용하는 컨트롤에 대한 설명으로 옳지 않은 것은?

① 바운드 컨트롤 : 폼이나 보고서에서 테이블이나 쿼리의 필드를 컨트롤 원본으로 사용하는 컨트롤이다.
② 탭 컨트롤 : 탭 형식의 대화상자를 작성하는 컨트롤로, 다른 컨트롤을 탭 컨트롤로 복사하거나 추가할 수 있다.

③ 레이블 컨트롤 : 날짜나 시간을 표시하는 용도로 사용하는 컨트롤이다.
④ 계산 컨트롤 : 원본 데이터로 필드를 사용하지 않고 식을 사용하는 컨트롤이다.

전문가의 조언
• 날짜나 시간은 함수를 사용해서 표시하는데, 이와 같이 함수의 결과 값을 표시하려면 텍스트 상자를 사용해야 합니다.
• 레이블은 제목이나 캡션, 설명 등을 표시하는 용도로 사용됩니다.

등급 B

49. 〈도서〉 테이블에 대해 다음과 같은 결과를 표시하는 SQL문은?

도서명	저자	출간년도	출판사
70세의 마음	이신호	2020	길벗
어른의 걸음으로	김용갑	2019	길벗
혼자 남는 기분	최미경	2020	오직북
성공의 법칙	김종일	2018	오직북
70세의 마음	김선길	2019	한마음
어른의 걸음으로	김용갑	2018	한마음

① select * from 도서 order by 출판사 asc, 저자 desc;
② select * from 도서 order by 출판사, 출간년도 desc;
③ select * from 도서 order by 도서명, 출간년도 desc;
④ select * from 도서 order by 저자, 출판사 desc;

전문가의 조언
문제의 그림은 '출판사'를 기준으로 오름차순 정렬(ASC 또는 생략)하고, '출판사'가 같은 경우에는 '출간년도'를 기준으로 내림차순 정렬(DESC)한 결과입니다.
• 나머지 보기로 제시된 SQL문의 결과는 다음과 같습니다.

① 쿼리

도서명	저자	출간년도	출판사
70세의 마음	이신호	2020	길벗
어른의 걸음으로	김용갑	2019	길벗
혼자 남는 기분	최미경	2020	오직북
성공의 법칙	김종일	2018	오직북
어른의 걸음으로	김용갑	2018	한마음
70세의 마음	김선길	2019	한마음

③ 쿼리

도서명	저자	출간년도	출판사
70세의 마음	이신호	2020	길벗
어른의 걸음으로	김용갑	2019	길벗
혼자 남는 기분	최미경	2020	오직북
성공의 법칙	김종일	2018	오직북
어른의 걸음으로	김용갑	2018	한마음
70세의 마음	김선길	2019	한마음

정답 46.④ 47.① 48.③ 49.②

④

도서명	지자	출간년도	출판사
70세의 마음	김선길	2019	한마음
어른의 걸음으로	김용갑	2018	한마음
어른의 걸음으로	김용갑	2019	길벗
성공의 법칙	김종일	2018	오직북
70세의 마음	이신호	2020	길벗
혼자 남는 기분	최미경	2020	오직북

등급 A

50. 다음 중 보고서에 대한 설명으로 옳지 않은 것은?

① 보고서에 포함할 필드가 모두 한 테이블에 있는 경우 해당 테이블을 레코드 원본으로 사용한다.

② [보고서 디자인]을 이용하면 별도의 정보 입력 과정 없이 테이블이나 쿼리를 이용하여 보고서를 바로 작성할 수 있다.

③ 보고서에서도 폼에서와 같이 이벤트 프로시저를 작성할 수 있다.

④ [보고서 마법사]를 이용하는 경우 마법사가 진행되는 순서에 따라 설정 사항을 지정하면 자동으로 보고서가 작성된다.

등급 A

51. 다음은 보고서 보기 형태에 대한 내용이다. ㉠, ㉡에 알맞은 형태는 무엇인가?

> • ㉠ : 보고서로 출력될 실제 데이터를 보면서 컨트롤의 크기 및 위치를 변경할 수 있다.
> • ㉡ : 컨트롤 도구를 이용하여 보고서를 만들거나 수정할 수 있는 형태로, 실제 데이터는 표시되지 않는다.

① ㉠ 레이아웃 보기, ㉡ 디자인 보기

② ㉠ 인쇄 미리 보기, ㉡ 레이아웃 보기

③ ㉠ 디자인 보기, ㉡ 보고서 보기

④ ㉠ 레이아웃 보기, ㉡ 보고서 보기

등급 C

52 아래의 [상황]에서 두 테이블에 변경된 내용을 적용하기 위한 방법으로 가장 적절한 것은?

[상황]

> • 〈제품〉 테이블의 '분류코드'는 〈분류〉 테이블의 '분류코드'를 참조한다.
> • '분류코드' 체계를 변경하기 위해 〈분류〉 테이블의 '분류코드' 필드 값을 변경하려 하였더니 '관련 레코드가 '제품' 테이블에 있으므로 레코드를 삭제하거나 변경할 수 없습니다.'라는 오류 메시지가 나타났다.

① 두 테이블 간의 관계를 해제하고 〈분류〉 테이블의 '분류코드' 필드 값을 수정한다.

② 〈제품〉 테이블의 '분류코드'를 먼저 수정한 후, 〈분류〉 테이블의 '분류코드' 필드 값을 수정한다.

③ 관계 편집 창에서 '관련 필드 모두 업데이트'를 체크한 후, 〈분류〉 테이블의 '분류코드' 필드 값을 수정한다.

④ 관계 편집 창에서 '관련 필드 모두 업데이트'를 체크한 후, 〈제품〉 테이블의 '분류코드' 필드 값을 수정한다.

등급 C

53. 〈제품〉 테이블의 데이터는 모두 표시되고 〈판매내역〉 테이블의 데이터는 '제품.제품코드' 필드와 일치하는 데이터만 표시되는 조인은?

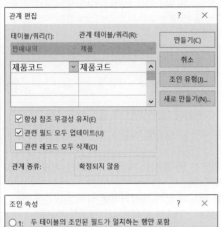

① 왼쪽 외부 조인　　② 오른쪽 외부 조인
③ 카테션 조인　　④ 내부 조인

등급 B

54. 다음 중 조건부 서식에 대한 설명으로 옳지 않은 것은?

① 첫 번째 조건을 만족하면 해당 조건의 서식이 적용되고, 이후 조건들은 무시된다.
② 폼이나 보고서를 다른 파일 형식으로 변환하면 조건부 서식이 유지된 상태로 변환된다.

③ 필드 값이나 식, 포커스를 가지고 있는 컨트롤을 기준으로 조건부 서식을 설정할 수 있다.
④ 조건을 만족하지 않으면 적용된 서식이 해제되고 기본 서식이 적용된다.

등급 A

55. 다음 중 연산자 사용에 대한 설명으로 옳지 않은 것은?

① Like "김?" : "김"으로 시작하거나 "김"을 포함하는 모든 자료를 표시한다.
② Between 20 and 60 : 20에서 60 사이인 자료를 표시한다.
③ Not "0" : 널 문자가 아닌 자료를 표시한다.
④ 3〈〉3 Or 2〈1 : 화면에 표시되는 내용이 없다.

등급 A

56. 다음 중 문자열 함수에 대한 결과로 옳지 않은 것은?

① Len("Blossom") = 7
② Mid("Blossom", 3, 2) = os
③ Left("Blossom", 3) = Blo
④ Instr("Blossom", "son") = Null

57. 다음 중 아래의 이벤트 프로시저에 대한 설명으로 옳지 않은 것은?

```
Private Sub cmd재고_Click( )
    txt재고수량 = txt입고량 − txt총주문량
    DoCmd.OpenReport "제품별재고현황", _
        acViewDesign, , "제품번호 = '" & cmb조회 & "'"
End Sub
```

① 'cmd재고' 컨트롤을 클릭했을 때 실행된다.
② 'txt재고수량' 컨트롤에는 'txt입고량' 컨트롤에 표시되는 값에서 'txt총주문량' 컨트롤에 표시되는 값을 차감한 값으로 표시된다.
③ '제품별재고현황' 보고서가 즉시 프린터로 출력된다.
④ '제품별재고현황' 보고서가 출력될 때 '제품번호' 필드 값이 'cmb조회' 컨트롤 값과 일치하는 데이터만 표시된다.

등급 B

58. 다음 중 보고서에 대한 설명으로 옳지 않은 것은?

① 디자인 보기 상태에서 업무 양식 보고서나 우편 레이블 보고서로 변경이 용이하다.
② 보고서에 포함할 필드가 모두 한 테이블에 있는 경우 해당 테이블을 레코드 원본으로 사용한다.
③ 둘 이상의 테이블을 이용하여 보고서를 작성하는 경우 쿼리를 만들어 레코드 원본으로 사용한다.

④ '보고서' 도구를 사용하면 정보를 입력하지 않아도 바로 보고서가 생성되므로 매우 쉽고 빠르게 보고서를 만들 수 있다.

등급 B

59. 다음 중 그룹화에 대한 설명으로 옳지 않은 것은?

① 그룹으로 지정된 필드의 정렬 기준은 기본적으로 오름차순으로 정렬된다.
② 숫자 데이터는 첫 문자나 처음 두 문자를 기준으로 그룹화할 수 있다.
③ 그룹화 할 필드가 날짜 데이터이면 실제 값(기본) · 일 · 주 · 월 · 분기 · 연도를 기준으로 그룹화할 수 있다.
④ 그룹을 만들려면 머리글 구역 표시나 바닥글 구역 표시 중 하나 이상을 설정해야 한다.

등급 A

60. 다음 중 SQL문에 대한 설명으로 옳지 않은 것은?

① DROP을 이용하여 조건에 맞는 레코드를 삭제할 수 있다.
② INSERT를 이용하여 조건에 맞는 레코드를 추가할 수 있다.
③ SELECT를 이용하여 조건에 맞는 레코드를 검색할 수 있다.
④ UPDATE를 이용하여 조건에 맞는 레코드를 수정할 수 있다.

등급 **C**

1. 다음 중 한글 Windows의 '실행' 창을 이용하여 실행할 수 있는 프로그램으로 옳은 것은?

① taskmgr – 시스템 정보
② winver – 작업 관리자
③ msconfig – 시스템 구성 유틸리티
④ msinfo32 – 레지스트리 편집기

등급 **B**

2. 다음 중 OSI 참조 모델의 7계층에서 사용하는 주소에 대한 설명으로 옳지 않은 것은?

① IP 주소는 호스트에 대한 식별자로, 네트워크 계층의 IP 프로토콜에서 사용하며, 송신자 IP 주소와 수신자 IP 주소로 구분한다.
② MAC 주소(물리적 주소)는 NIC(Network Interface Card)에 대한 식별자로 물리 계층에서 사용한다.
③ 메일 주소는 응용 계층의 메일 시스템에서 사용자를 구분하려고 사용한다.
④ 포트(Port) 번호는 전송 계층에서 사용하며, 호스트에서 실행되는 프로세스를 구분해 주고 TCP와 UDP가 독립적으로 포트 주소를 관리한다.

등급 **C**

3. 다음 중 입력장치에 대한 설명으로 옳은 것은?

① OMR – 특정 글꼴로 인쇄된 문자에 빛을 비추어 반사된 빛의 차이를 이용하여 문자를 판독하는 장치이다.
② OCR – 굵기가 서로 다른 선에 빛을 비추어 반사된 값을 코드화하여 판독하는 장치이다.
③ BCR – 컴퓨터용 수성 사인펜으로 표시한 카드에 빛을 비추어 표시 여부를 판독하는 장치이다.
④ MICR – 자성을 띤 특수 잉크로 인쇄된 문자나 기호를 판독하는 장치이다.

등급 **A**

4. 다음 중 소프트웨어의 성능을 검사하기 위해 실제로 사용되는 조건에서 처리 능력을 테스트하는 것은?

① 번들   ② 알파 버전
③ 베타 버전   ④ 벤치마크

5. 다음 중 보안 위협의 유형 중 위협 보안 요건으로 옳은 것은?

① 수정(Modification) – 무결성 저해
② 가로채기(Interception) – 무결성 저해
③ 가로막기(Interruption) – 기밀성 저해
④ 위조(Fabrication) – 가용성 저해

전문가의 조언
수정(Modification)은 무결성을 저해하는 보안 위협의 유형입니다.
- **가로채기(Interception)** : 기밀성 저해
- **가로막기(Interruption)** : 가용성 저해
- **위조(Fabrication)** : 무결성 저해

6. 다음 중 윈도우의 저장소 설정에 대한 설명으로 옳은 것은?

① 절전 모드를 설정할 수 있다.
② 컴퓨터에 설치되어 있는 하드웨어의 종류 및 작동 여부를 확인하고 속성을 변경할 수 있다.
③ 저장 공간 센스는 임시 파일이나 휴지통의 콘텐츠 등과 같은 필요하지 않은 파일을 제거함으로써 자동으로 공간을 확보한다.
④ 시스템에 연결된 장치 및 Windows 사양을 확인할 수 있다.

전문가의 조언
윈도우의 저장소 설정에 대한 설명으로 옳은 것은 ③번입니다.
① 절전 모드는 [⚙(설정)] → [시스템] → [전원 및 절전]에서 설정할 수 있습니다.
② 하드웨어의 종류 및 작동 여부 확인 등은 [⊞(시작)]의 바로 가기 메뉴에서 [장치 관리자]를 선택하여 수행할 수 있습니다.
④ 시스템에 연결된 장치 및 Windows 사양은 [⚙(설정)] → [시스템] → [정보]에서 확인할 수 있습니다.

7. 다음 중 디지털 이미지에 대한 설명으로 옳지 않은 것은?

① 그래픽 데이터 표현 방식에는 비트맵 방식과 벡터 방식이 있다.
② 벡터 이미지는 화면을 확대하면 테두리가 매끄럽지 못하고 계단 현상이 발생한다.
③ 비트맵 이미지는 픽셀(Pixel)로 이미지를 표현한다.
④ 비트맵 이미지는 다양한 색상을 이용하기 때문에 사실적 표현이 용이하다.

전문가의 조언
- 벡터 이미지는 이미지를 확대해도 테두리가 거칠어지지 않고, 매끄럽게 표현됩니다.
- 이미지를 확대하면 테두리가 매끄럽지 못하고 계단 현상이 발생하는 것은 비트맵 이미지입니다.

8. 다음 중 한글 Windows 10의 [설정] → [개인 설정]에서 지정할 수 있는 바탕 화면 아이콘의 종류가 아닌 것은?

① 컴퓨터   ② 네트워크
③ 문서   ④ 즐겨찾기

전문가의 조언
[⚙(설정)] → [개인 설정] → [테마] → [바탕 화면 아이콘 설정]에서 설정할 수 있는 바탕 화면 아이콘의 종류에는 '컴퓨터, 휴지통, 문서, 제어판, 네트워크'가 있습니다.

9. 다음 중 컴퓨터 운영체제(OS) 대한 설명으로 옳지 않은 것은?

① 컴퓨터 하드웨어와 응용 프로그램을 사용하고자 하는 사용자 사이에 위치하여 인터페이스 역할을 해주는 소프트웨어이다.
② 운영체제는 컴퓨터가 동작하는 동안 주기억장치에 위치하며, 프로세스, 기억장치, 입·출력장치, 파일 등의 자원을 관리한다.
③ 운영체제의 종류에는 COMPILER, UNIX, LINUX 등이 있다.
④ 운영체제의 목적에는 처리 능력의 향상, 응답 시간의 단축, 사용 가능도의 향상, 신뢰도 향상 등이 있다.

전문가의 조언
- 운영체제의 종류에는 Windows, UNIX, LINUX, MS–DOS 등이 있습니다.
- 컴파일러(Compiler)는 고급 언어로 작성된 프로그램을 기계어로 번역하는 언어번역 프로그램입니다.

등급 C

10. 다음 중 한글 Windows 10의 가상 데스크톱에 대한 설명으로 옳지 않은 것은?

① 시스템을 재시작하면 가상 데스크톱은 모두 제거된다.

② 가상 데스크톱 화면을 닫으려면 +[F4]를 누른다.

③ 가상 데스크톱을 제거하면 제거된 가상 데스크톱에서 작업 중이던 앱은 이전 가상 데스크톱으로 이동된다.

④ 작업 보기 상단에 표시된 데스크톱에 마우스를 가져가면 해당 데스크톱에서 현재 작업 중인 앱이 표시된다.

전문가의 조언
시스템을 재시작하더라도 가상 데스크톱은 제거되지 않고 남아 있습니다.

등급 C

11. 다음 중 작업 표시줄에 대한 설명으로 옳지 않은 것은?

① 작업 표시줄에 표시된 앱을 마우스 오른쪽 단추로 클릭하면 점프 목록이 표시된다.

② 작업 표시줄의 위치를 마우스를 이용하여 상하좌우 원하는 위치에 배치할 수 있다.

③ 작업 표시줄에 고정된 앱의 바로 가기 메뉴에서 '시작 화면에 고정'을 선택하여 시작 화면에 표시할 수 있다.

④ 작업 표시줄에서 현재 실행중인 앱 위에 마우스 포인터를 놓으면 해당 앱을 통해 열린 창들의 미리 보기가 표시되며 이 중 하나를 클릭하면 해당 창이 활성화된다.

전문가의 조언
작업 표시줄에 고정된 앱을 시작 메뉴에 표시하려면 작업 표시줄에 고정된 앱의 바로 가기 메뉴 중 앱의 바로 가기 메뉴에서 '시작 화면에 고정'을 선택해야 합니다.

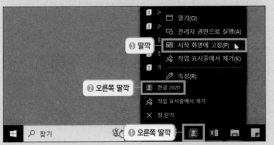

등급 A

12. 다음 중 컴퓨터에서 사용하는 가상 메모리에 관한 설명으로 옳은 것은?

① 중앙처리장치와 주기억장치 사이에 위치하여 컴퓨터의 처리 속도를 향상시키는 역할을 한다.

② 보조기억장치의 일부를 주기억장치처럼 사용하는 메모리 사용 기법으로, 주기억장치보다 큰 프로그램을 로드하여 실행할 경우에 유용하다.

③ CPU가 데이터를 처리하는 동안 미리 CPU가 필요로 하는 데이터를 저장해 두는 기억장치이다.

④ 디스크와 같은 보조기억장치의 기억 공간을 가상으로 확장하는 기억장치이다.

전문가의 조언
가상 메모리는 보조기억장치의 일부를 주기억장치처럼 사용하는 메모리 기법입니다.

등급 A

13. 다음 중 컴퓨터에서 사용하는 EBCDIC 코드에 대한 설명으로 옳지 않은 것은?

① 4비트의 존 부분과 4비트의 디지트 부분으로 구성된다.

② 특수 문자 및 소문자 표현이 가능하다.

③ 확장 이진화 10진 코드로 BCD 코드를 확장한 것이다.

④ 최대 64개의 문자 표현이 가능하다.

전문가의 조언
EBCDIC 코드는 8비트이므로 최대 256(2^8)개의 문자 표현이 가능합니다.

등급 B

14. 다음 중 [드라이브 조각 모음 및 최적화]를 수행할 수 있는 대상으로 옳은 것은?

① 외장 하드디스크 드라이브

② 네트워크 드라이브

③ CD-ROM 드라이브

④ Windows가 지원하지 않는 형식의 압축 프로그램

등급 **B**

15. 프로그램을 실행하는 도중에 예기치 않은 상황이 발생할 경우 현재 실행중인 작업을 일시 중단하고, 발생된 상황을 우선 처리한 후 실행중이던 작업으로 복귀하여 계속 처리하는 것을 의미하는 용어는?

① 채널   ② 인터럽트
③ DMA   ④ 레지스터

등급 **A**

17. 다음 중 컴퓨터 보안 기법의 하나인 방화벽에 관한 설명으로 옳지 않은 것은?

① 전자 메일 바이러스나 온라인 피싱 등을 방지할 수 있다.
② 해킹 등에 의한 외부로의 정보 유출을 막기 위해 사용하는 보안 기법이다.
③ 외부 침입자의 역추적 기능이 있다.
④ 내부의 불법 해킹은 막지 못한다.

등급 **A**

16. 다음 중 RAID(Redundant Array Of Inexpensive Disk)에 대한 설명으로 옳지 않은 것은?

① 여러 개의 하드디스크를 하나의 저장장치처럼 관리하는 기술이다.
② 미러링(Mirroring) 방식은 데이터를 두 개의 하드디스크에 동일하게 기록하는 방법으로 한쪽 하드디스크의 데이터 손상 시 다른 한쪽 하드디스크를 이용하여 복구한다.
③ 스트라이핑(Striping) 방식은 데이터를 여러 개의 하드디스크에 나누어 저장하므로 장애 시 복구가 용이하나 데이터 입출력이 느리다.
④ RAID는 RAID 컨트롤러를 이용하여 하드웨어적인 방법으로 구성하거나 OS나 RAID 소프트웨어를 사용하여 구성한다.

등급 **A**

18. 다음 중 정보 통신에 사용되는 네트워크 장비인 라우터(Router)에 관한 설명으로 옳은 것은?

① 네트워크를 구성할 때 각 회선을 통합적으로 관리하여 한꺼번에 여러 대의 컴퓨터를 연결하는 장치이다.
② 디지털 신호의 장거리 전송을 위해 수신한 신호를 재생시키거나 출력 전압을 높여주는 장치이다.
③ 네트워크에서 통신을 위해 가장 최적의 경로를 설정하여 전송하고 데이터의 흐름을 제어하는 장치이다.
④ 다른 네트워크로 데이터를 보내거나 받아들이는 역할을 하는 장치이다.

등급 B

19. 다음 중 니블(Nibble)에 대한 설명으로 옳은 것은?

① 자료 표현의 최소 단위이다.
② 1바이트를 반으로 나눈 4비트로 구성된 단위이다.
③ 문자를 표현하는 최소 단위이다.
④ CPU가 한 번에 처리할 수 있는 명령 단위이다.

등급 B

20. 다음 중 OTT(Over The Top) 서비스에 대한 설명으로 옳지 않은 것은?

① Over The Top에서 Top는 TV의 셋톱박스를 의미하며, 현재도 샛톱박스를 사용해야 서비스 이용이 가능하다.
② 전파나 케이블이 아닌 범용 인터넷망으로 방송 프로그램, 영화 등의 영상 콘텐츠를 제공한다.
③ 기존 방송 콘텐츠와 달리 사용자가 자신이 선호하는 콘텐츠를 검색하거나 알고리즘을 통해 콘텐츠를 추천받을 수 있다.
④ 실시간으로 재생되는 스트리밍 기술을 기반으로 한다.

2 과목 스프레드시트 일반

등급 B

21. 다음 중 통합에 관한 설명으로 옳지 않은 것은?

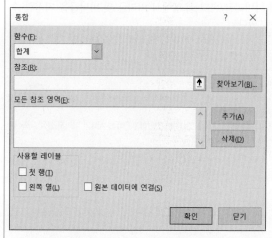

① 모든 참조 영역 : 참조 영역에 범위를 지정한 후 〈추가〉 단추를 클릭하면 '모든 참조 영역'에 표시된다.
② 사용할 레이블 : '첫 행'과 '왼쪽 열'을 이용하여 원본 데이터에 표시된 순서와 상관없이 통합할 수 있다.
③ 원본 데이터에 연결 : 통합 영역의 데이터 변경 시 원본 영역의 데이터도 자동으로 변경된다.
④ 함수 : 합계, 평균, 개수 등 사용할 함수를 선택한다.

22. 다음 중 선택된 차트의 페이지 설정에 관한 설명으로 옳지 않은 것은?

① [페이지] 탭에서 '확대/축소 배율'을 지정할 수 없다.
② [여백] 탭에서 '페이지 가운데 맞춤'을 지정할 수 없다.
③ [머리글/바닥글] 탭에서 머리글 및 바닥글을 지정할 수 있다.
④ [차트] 탭에서 '간단하게 인쇄'를 선택하면 차트를 제외한 시트를 인쇄할 수 있다.

전문가의 조언
• 차트의 '페이지 설정' 대화상자의 '차트' 탭에서는 '초안'과 '흑백으로 인쇄'만 지정할 수 있습니다.
• 차트를 제외한 시트를 인쇄하는 '간단하게 인쇄'는 시트의 '페이지 설정' 대화상자의 '시트' 탭에서 지정할 수 있습니다.

23. 다음 중 김철수의 성적표에서 컴퓨터 과목들의 점수 변경에 따른 평균 점수의 변화를 한 번의 연산으로 빠르게 계산할 수 있는 도구는?

① 데이터 표
② 목표값 찾기
③ 시나리오
④ 피벗 테이블

전문가의 조언
특정값들(컴퓨터 과목들의 점수)의 변화에 따른 결과값(평균 점수)의 변화 과정을 한 번의 연산으로 빠르게 계산할 수 있는 도구는 데이터 표입니다.
• **목표값 찾기** : 수식에서 원하는 결과(목표)값은 알고 있지만 그 결과값을 계산하기 위해 필요한 입력값을 모를 경우에 사용하는 도구
• **시나리오** : 다양한 상황과 변수에 따른 여러 가지 결과값의 변화를 가상의 상황을 통해 예측하여 분석하는 도구
• **피벗 테이블** : 많은 양의 데이터를 한눈에 쉽게 파악할 수 있도록 요약·분석하여 보여주는 도구

24. 다음 중 표면형 차트에 대한 설명으로 옳은 것은?

① 두 개의 데이터 집합에서 최적의 조합을 찾을 때 사용한다.
② 워크시트의 여러 열이나 행에 있는 데이터에서 시간에 따른 변동의 크기를 강조하여 합계 값을 추세와 함께 살펴볼 때 사용된다.
③ 여러 열이나 행에 있는 데이터에서 전체에 대한 각 부분의 관계를 비율로 나타내어 각 부분을 비교할 때 사용된다.
④ 여러 데이터 계열에 있는 숫자 값 사이의 관계를 보여준다.

전문가의 조언
표면형 차트는 두 개의 데이터 집합에서 최적의 조합을 찾을 때 사용합니다.
• ②번은 영역형 차트, ③번은 도넛형 차트, ④번은 분산형 차트에 대한 설명입니다.

25. 다음 중 '셀 서식' 대화상자의 가로 텍스트 맞춤에 대한 설명으로 틀린 것은?

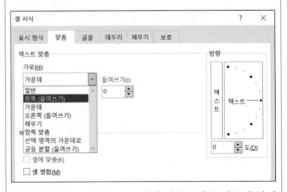

① 양쪽 맞춤 : 여러 줄로 표시된 경우 글자를 양쪽에 붙여 표시한다.
② 선택 영역의 가운데로 : 병합하지 않은 상태에서 선택한 영역의 가운데로 정렬한다.

③ 균등 분할 (들여쓰기) : 셀의 너비보다 데이터의 길이가 긴 경우 열의 너비에 맞게 여러 줄로 표시한 후 글자 간의 간격을 조절한다.

④ 채우기 : 선택한 영역의 가장 왼쪽 셀의 내용을 반복하여 표시하고 나머지 셀의 내용은 삭제된다.

전문가의 조언

가로 텍스트 맞춤을 '채우기'로 지정하면 선택한 영역의 각 셀의 내용을 셀의 너비에 맞게 반복하여 표시합니다.

등급 **A**

03240226

26. 다음 조건을 이용하여 사용자 지정 표시 형식을 설정할 경우 옳은 것은?

- 셀의 값이 2000 이상이면 '빨강', 2000 미만 500 이상이면 '파랑', 500 미만이면 색을 지정하지 않고, 천 단위 구분 기호를 표시하시오.
- 0과 텍스트는 아무것도 표시하지 마시오.

[표시 예]

- 3000 : 3,000   • 1000 : 1,000
- 300 : 300   • 0 :
- 상공 :

① [빨강][〉=2000]#,###:[파랑][〉=500]#,###;#,###
② [빨강][〉=2000]#,###:[파랑][〉=500]#,###;#,###;
③ [〉=2000]〈빨강〉#,###:[〉=500]〈파랑〉#,###;#,###
④ [〉=2000]〈빨강〉#,###:[〉=500]〈파랑〉#,###;#,###;

전문가의 조언

문제 지문에 제시된 조건을 올바로 설정한 사용자 지정 표시 형식은 ②번입니다.

- 사용자 지정 표시 형식에 조건이 있을 경우 '조건1;조건2;두 조건을 만족하지 않을 경우;텍스트' 순으로 지정하며, 조건이나 글꼴색은 대괄호([ ]) 안에 입력합니다.
- 천 단위 구분 기호를 표시하는데 0이면 아무것도 표시하지 않음 : #,###
- 셀의 값이 2000 이상이면 '빨강' : [빨강][〉=2000]#,###
- 2000 미만 500 이상이면 '파랑' : [파랑][〉=500]#,###
- 500 미만이면 색을 지정하지 않음 : #,###
- 텍스트는 아무것도 표시하지 않음 :
- ∴ 표시 형식을 모두 합치면 **[빨강][〉=2000]#,###:[파랑][〉=500]#,###;#,###;**입니다.

등급 **A**

27. 다음 중 매크로에 대한 설명으로 옳지 않은 것은?

① 매크로가 포함된 통합 문서를 열 때, '보안 경고'가 표시되면 '보안 경고'에 표시된 '이 콘텐츠 사용'을 클릭해야 매크로를 실행할 수 있다.

② 매크로를 실행할 바로 가기 키로 영문 소문자를 지정하면 [Ctrl]이 [Ctrl] + [Shift]로 자동 변경된다.

③ 절대 참조로 매크로를 작성하면 매크로를 실행할 때 현재 셀의 위치에 상관없이 매크로를 기록할 때 지정한 셀로 매크로가 실행된다.

④ 리본 메뉴에 [개발 도구] 탭을 추가하려면 'Excel 옵션' 대화상자의 [리본 사용자 지정] 탭에서 '개발 도구'를 선택하여 체크 표시를 한다.

전문가의 조언

매크로의 바로 가기 키는 기본적으로 [Ctrl]과 영문 소문자를 조합하여 사용하고, 대문자로 지정하면 [Ctrl] + [Shift]로 자동 변경됩니다.

등급 **A**

28. 다음 중 콤보 차트에 대한 설명으로 틀린 것은?

① 데이터 계열에 따라 세로 축과 보조 축으로 지정하여 차트를 작성할 수 있다.

② 차트의 그림 영역에서 데이터 계열을 선택하여 차트 종류를 변경할 수 있다.

③ '3차원 묶은 세로 막대형'과 '표식이 있는 꺾은선형' 차트를 혼합하여 차트를 만들 수 있다.

④ 데이터 계열이 2개가 있어야 콤보 차트를 작성할 수 있다.

전문가의 조언

3차원 묶은 세로 막대형 차트는 콤보 차트로 구현할 수 없습니다.

29. 다음 중 아래의 워크시트에서 [B6] 셀에 입력된 수주번호의 담당자를 구하고자 할 때, [B7] 셀에 입력할 수식으로 옳지 않은 것은?

	A	B	C
1	수주번호	담당자	수주금액
2	D12-001	양미숙	1,500
3	D12-002	이숙희	1,000
4	D12-003	김일동	2,300
5			
6	수주코드	D12-002	
7	담당자		
8			

① =INDEX(A2:C4, MATCH(B6, A2:A4, 0), 2)
② =VLOOKUP(B6, OFFSET(A2, 0, 0, COUNTA(A:A)−3, 3), 2, 0)
③ =DGET(A1:C4, 2, A6:B6)
④ =LOOKUP(B6, A2:A4, B2:B4)

전문가의 조언
· ③번 수식의 경우 DGET 함수의 조건이 올바르지 않아 오류 메시지(#VALUE!)가 표시됩니다.
· DGET(범위, 열 번호, 조건)은 해당 '범위'의 '열'에서 '조건'과 일치하는 단일 값을 반환하는 함수로, '조건' 지정 시 첫 번째 셀에는 조건이 포함되어 있는 필드의 필드명을 입력하고 그 아래 셀에 조건을 입력해야 합니다. 이 문제에서 조건은 '수주번호가 D12-002'인 것이므로 다음과 같이 조건을 지정해야 합니다.

수주번호
D12-002

① =INDEX(A2:C4, MATCH(B6, A2:A4, 0), 2)
                   ❶
  ❷

❶ MATCH(B6, A2:A4, 0) : [A2:A4] 영역에서 [B6] 셀, 즉 "D12-002"와 동일한 값을 찾은 후 상대 위치인 2를 반환합니다.
❷ =INDEX(A2:C4, ❶, 2) → =INDEX(A2:C4, 2, 2) : [A2:C4] 영역에서 2행, 2열에 있는 "이숙희"를 반환합니다.

② =VLOOKUP(B6, OFFSET(A2, 0, 0, COUNTA(A:A)−3, 3), 2, 0)
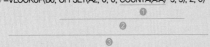

❶ COUNTA(A:A) : A 열에서 데이터가 입력되어 있는 셀의 개수인 6을 반환합니다.

② OFFSET(A2, 0, 0, ❶−3, 3) → OFFSET(A2, 0, 0, 3, 3) : [A2] 셀에서 0행, 0열 떨어진 셀 주소(A2)를 찾은 후 이 주소를 기준으로 3행, 3열의 범위(A2:C4)를 반환합니다.
③ =VLOOKUP(B6, ❷, 2, 0) → =VLOOKUP(B6, A2:C4, 2, 0) : [A2:C4] 영역의 첫 번째 열에서 "D12-002"와 정확히 일치하는 값을 찾은 후 이 값이 있는 행에서 2열에 있는 "이숙희"를 반환합니다.
④ =LOOKUP(B6, A2:A4, B2:B4) : [A2:A4] 영역에서 "D12-002"와 같은 값을 찾은 후 [B2:B4] 영역에서 같은 행에 있는 "이숙희"를 반환합니다.

30. [A1:K20] 영역에 데이터가 입력되어 있고, 한 페이지에 인쇄되는 범위가 [A1:J12] 영역일 때 모든 내용을 한 페이지에 출력하도록 하기 위한 속성 설정으로 올바른 것은?

① [축소 확대/배율]을 100%로 한다.
② [자동 맞춤]의 '용지 너비'를 1로 하고 '용지 높이'를 공백으로 한다.
③ [자동 맞춤]의 '용지 너비'를 공백으로 하고 '용지 높이'를 1로 한다.
④ [자동 맞춤]의 '용지 너비'와 '용지 높이'를 1로 한다.

전문가의 조언
한 페이지에 인쇄되는 범위가 [A1:J12] 영역일 때 [A1:K20] 영역에 입력된 모든 내용을 한 페이지에 출력하려면, '페이지 설정' 대화상자의 '페이지' 탭에서 '자동 맞춤'의 '용지 너비'와 '용지 높이'를 1로 지정하면 됩니다.

31. 아래의 시트에서 횟수에 따른 택배비를 계산하려고 한다. 횟수가 5 이하면 2000, 5 초과 9 이하면 3000, 9 초과면 무료로 표시하기 위해 [C2] 셀에 입력해야 할 수식으로 옳지 않은 것은?

	A	B	C
1	이름	횟수	택배비
2	홍길동	3	2000
3	이숙희	8	3000
4	양종국	10	무료
5	김호명	7	3000
6			

① =IF(B2<=5, 2000, IF(B2<=9, 3000, "무료"))
② =IF(B2>9, "무료", IF(B2>5, 3000, 2000))
③ =IF(B2<5, 2000, IF(OR(B2>5, B2<=9), 3000, "무료"))
④ =IF(B2<5, 2000, IF(AND(B2>5, B2<=9), 3000, "무료"))

등급 **A**

32. 다음 중 아래와 같은 피벗 테이블을 작성하기 위한 작업으로 옳지 않은 것은?

	A	B	C	D	E
1	성별	(모두)			
2	졸업자	(모두)			
3					
4	단과대학 ▼	학과 ▼	개수 : 진학자	개수 : 창업자	평균 : 취업률
5	사범대학		8	7	65%
6		영어 교육과	2	2	79%
7		국어교육과	1	1	64%
8		교육학과	2	2	64%
9		수학교육과	3	2	55%
10	사회과학대학		9	10	60%
11	인문대학		9	8	62%
12	총합계		26	25	62%
13					

① 행에 단과대학과 학과를 표시하고, 단과대학에 필터를 적용했다.
② 필터에 성별과 졸업자가 표시되어 있다.
③ 확장/축소 단추와 부분합을 표시하지 않았다.
④ 학과는 취업률을 기준으로 내림차순 정렬되어 있다.

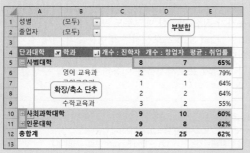

등급 **C**

33. 다음 중 공유된 통합 문서에 대한 설명으로 옳지 않은 것은?
① 공유 통합 문서를 여러 사용자가 동시에 편집할 수 있도록 설정할 수 있다.
② 공유된 통합 문서에서는 조건부 서식을 추가하거나 변경할 수 없다.
③ 사용자별로 공유된 통합 문서를 열기 위한 암호를 다르게 설정할 수 있다.
④ 필요시 공유 통합 문서에서 특정 사용자의 연결을 끊을 수 있다.

등급 **B**

34. 대출 원금 3천만원을 연 이자율 6.5%로 3년 동안 매월 말에 상환하는 경우 매월의 불입 금액을 계산하는 함수식으로 옳은 것은? (단, 결과가 양수로 출력되도록 함수의 인수를 설정하시오.)
① =PMT(6.5%/12, 3*12, −30000000)
② =PMT(6.5%, 3*12, −30000000)
③ =IPMT(6.5%/12, 3*12, −30000000)
④ =IPMT(6.5%, 3*12, −30000000)

35. 다음 중 조건부 서식에 대한 설명으로 옳지 않은 것은?

① 수식을 이용하여 조건을 지정할 경우, 다른 통합 문서에 대한 외부 참조를 사용할 수 있다.

② 조건부 서식의 조건은 결과가 TRUE(1) 또는 FALSE(0)가 나오도록 작성한다.

③ 특정한 조건을 만족하는 경우에만 서식이 적용되도록 하는 기능이다.

④ 동일한 셀 범위에 둘 이상의 조건부 서식 규칙이 True로 평가되어 충돌하는 경우 [조건부 서식 규칙 관리자] 대화상자의 규칙 목록에서 가장 위에 있는, 즉 우선순위가 높은 규칙 하나만 적용된다.

> **전문가의 조언**
> 조건부 서식의 조건으로 다른 시트의 셀은 참조할 수 있으나 다른 통합 문서의 셀은 참조할 수 없습니다.

04180240 등급 A

36. 아래 워크시트의 [C3:C15] 영역을 이용하여 출신지역별로 인원수를 [G3:G7] 영역에 계산하려고 한다. 다음 중 [G3] 셀에 수식을 작성한 뒤 채우기 핸들을 사용하여 [G7] 셀까지 수식 복사를 할 경우 [G3] 셀에 입력할 수식으로 옳은 것은?

	A	B	C	D	E	F	G
1							
2		성명	출신지역	나이		⧅	인원
3		김광철	서울	32		서울 지역	3
4		김다나	경기	35		경기 지역	2
5		고준영	서울	36		호남 지역	3
6		성영주	호남	38		영남 지역	3
7		김철수	경기	38		제주 지역	2
8		정석중	호남	42			
9		이진주	영남	44			
10		박성수	제주	45			
11		최미나	영남	48			
12		강희수	제주	50			
13		조광식	서울	52			
14		원준배	호남	52			
15		지민주	영남	54			
16							

① =SUM(IF($C$3:$C$15=LEFT(F3, 2), 1, 0))

② {=SUM(IF($C$3:$C$15=LEFT(F3, 2), 1, 0))}

③ =SUM(IF($C$3:$C$15=LEFT(F3, 2), 1, 1))

④ {=SUM(IF($C$3:$C$15=LEFT(F3, 2), 1, 1))}

> **전문가의 조언**
> [G3] 셀에 입력할 수식으로 옳은 것은 ②번입니다.
> • 조건이 하나일 때 배열 수식을 이용하여 개수를 구하는 방법은 다음의 3가지 방법이 있습니다.
>
> > • 방법1 : {=SUM(조건1) * 1)}
> > • 방법2 : {=SUM(IF(조건1, 1))}
> > • 방법3 : {=COUNT(IF(조건1, 1))}
>
> 1. 조건 찾기 : 출신지역별이란 조건은, 비교 대상이 될 출신지역이 있는 범위(C3:C15)와 비교 기준이 되는 [F3] 셀의 왼쪽 두 글자(LEFT(F3, 2))를 "="으로 연결하여 적어주면 됩니다(C3:C15=LEFT(F3, 2)).
> 2. 위의 조건을 개수 구하기 배열 수식에 대입하면 다음과 같습니다.
>
> > • 방법1 : =SUM(C3:C15=LEFT(F3, 2) * 1)
> > • 방법2 : =SUM(IF(C3:C15=LEFT(F3, 2), 1))
> > • 방법3 : =COUNT(IF(C3:C15=LEFT(F3, 2), 1))
>
> • SUM은 합계를 구하는 함수로 방법2를 =SUM(IF(C3:C15=LEFT(F3, 2), 1 ,0))으로 입력해도 결과는 동일합니다. 이 문제는 여러 셀에 결과를 구하는 수식이므로 범위는 절대 참조로 지정해야 하고, 수식을 입력한 후 Ctrl + Shift + Enter를 눌러야 중괄호 { }가 표시되는 배열 수식으로 입력됩니다.

37. 다음 중 VBA에서 프로시저(Procedure)에 대한 설명으로 옳지 않은 것은?

① 특정한 기능을 수행할 수 있는 명령문들의 집합이다.

② 사용자가 직접 기록한 매크로도 프로시저로 기록된다.

③ Sub ~ End Sub 프로시저는 명령문들의 실행 결과를 반환한다.

④ 하나 이상의 프로시저들을 이용하여 모듈을 구성할 수 있다.

> **전문가의 조언**
> • Sub ~ End Sub 프로시저는 결과값을 반환하지 않습니다.
> • 결과값을 반환하는 것은 Function ~ End Function 프로시저입니다.

등급 **B**

38. 다음 중 고급 필터 실행을 위한 조건 지정 방법에 대한 설명으로 옳지 않은 것은?

① 함수나 식을 사용하여 조건을 입력하면 셀에는 비교되는 현재 대상의 값에 따라 TRUE나 FALSE가 표시된다.

② 함수를 사용하여 조건을 입력하는 경우 원본 필드명과 동일한 필드명을 조건 레이블로 사용해야 한다.

③ 다양한 함수와 식을 혼합하여 조건을 지정할 수 있다.

④ 텍스트 데이터를 필터링할 때 대/소문자는 구분되지 않으나 수식으로 대/소문자를 구분하여 검색할 수 있다.

등급 **B**

39. 다음 중 통합 문서 저장 시 사용하는 [일반 옵션]에 관한 설명으로 옳지 않은 것은?

① [백업 파일 항상 만들기]는 통합 문서를 저장할 때마다 백업 복사본을 저장하는 기능이다.

② [열기 암호]는 암호를 모르면 통합 문서를 열어 사용할 수 없도록 암호를 지정하는 기능이다.

③ [쓰기 암호]는 암호를 모르더라도 읽기 전용으로 열어 열람이 가능하나 원래 문서 및 복사본으로 통합 문서를 저장할 수 없도록 암호를 지정하는 기능이다.

④ [읽기 전용 권장]은 문서를 열 때마다 통합 문서를 읽기 전용으로 열도록 대화상자를 나타내는 기능이다.

등급 **A**

40. 다음 중 [찾기 및 바꾸기] 대화상자에 대한 설명으로 옳지 않은 것은?

① 찾을 내용에 '*수정*', 바꿀 내용에 '*변경*'으로 입력하고, [모두 바꾸기] 단추를 클릭하면 '수정'이라는 모든 글자를 '*변경*'으로 바꾼다.

② '=A1*B1'과 같은 수식을 검색하려면 찾는 위치를 '수식'으로 선택한 후 찾을 내용에 '=A1~*B1'으로 입력한다.

③ 찾을 내용과 바꿀 내용은 입력하지 않고, 찾을 서식과 바꿀 서식으로 설정할 수 있다.

④ 셀 포인터 위치를 기준으로 앞에 위치한 데이터를 찾으려면 Shift를 누른 상태에서 [다음 찾기] 단추를 클릭한다.

	A
1	일시수정
2	전체수정
3	수정내역
4	수정현황발표
5	

→

	A
1	*변경*
2	*변경*
3	*변경*
4	*변경*
5	

3 과목 **데이터베이스 일반**

03230149

등급 **A**

41. 다음 중 아래 〈학생〉 테이블에 대한 SQL문의 실행 결과로 옳은 것은?

학생 ×

학번	전공	학년	나이
1002	영문	SO	19
1004	통계	SN	23
1005	영문	SN	21
1008	수학	JR	20
1009	영문	FR	18
1010	통계	SN	25

```
SELECT AVG([나이]) FROM 학생
WHERE 학년="SN" GROUP BY 전공
HAVING COUNT( * ) >= 2;
```

① 21　　　　　　② 22

③ 23　　　　　　④ 24

SQL문의 실행 결과는 24입니다. 질의문은 각 절을 분리하여 이해하면 쉽습니다.
- SELECT AVG([나이]) FROM 학생 : 〈학생〉 테이블에서 '나이' 필드의 평균을 검색합니다.
- WHERE 학년="SN" : '학년' 필드의 값이 "SN"인 레코드만을 대상으로 검색합니다.

학번	전공	학년	나이
1002	영문	SO	19
1004	통계	SN	23
1005	영문	SN	21
1008	수학	JR	20
1009	영문	FR	18
1010	통계	SN	25

- GROUP BY 전공 : '전공' 필드를 기준으로 그룹을 지정합니다.

학번	전공	학년	나이
1004	통계	SN	23
1010	통계	SN	25
1005	영문	SN	21

- HAVING COUNT(*)>=2 : 그룹별로 레코드의 개수가 2개 이상인 그룹만을 대상으로 검색합니다.

학번	전공	학년	나이
1004	통계	SN	23
1010	통계	SN	25

※ 질의문의 수행 결과 나이의 평균은 (23+25)/2 = 24입니다.

등급 C

42. 다음 중 현재 폼에서 'cmd숨기기' 단추를 클릭하는 경우, DateDue 컨트롤이 표시되지 않도록 하기 위한 이벤트 프로시저로 옳은 것은?

① Private Sub cmd숨기기_Click( )
    Me.[DateDue]!Visible = False
  End Sub
② Private Sub cmd숨기기_DblClick( )
    Me!DateDue.Visible = True
  End Sub
③ Private Sub cmd숨기기_Click( )
    Me![DateDue].Visible = False
  End Sub
④ Private Sub cmd숨기기_DblClick( )
    Me.DateDue!Visible = True
  End Sub

DateDue 컨트롤이 표시되지 않도록 하기 위한 이벤트 프로시저로 옳은 것은 ③번입니다.
- 특정 컨트롤을 마우스로 클릭했을 때 발생하는 이벤트는 Click 이벤트입니다. 'cmd숨기기' 단추를 클릭했을 때 발생하는 이벤트 프로시저는 **Private Sub cmd숨기기_Click( )**으로 시작해야 합니다.
- 폼, 보고서 컨트롤 등의 표시 여부를 결정하는 속성은 Visible이며, **Visible = False**와 같이 Visible 속성을 'False'로 설정하면 표시하지 않고 'True'로 설정하면 표시합니다.
- 개체명과 컨트롤명은 느낌표(!)로 구분하고, 컨트롤에 속성을 지정할 때는 점(.)으로 연결합니다.

04210444   등급 B

43. 다음 중 참조 무결성에 대한 설명으로 옳지 않은 것은?

① 참조 무결성은 참조하고 참조되는 테이블 간의 참조 관계에 아무런 문제가 없는 상태를 의미한다.
② 다른 테이블을 참조하는 테이블, 즉 외래 키 값이 있는 테이블의 레코드 삭제 시에는 참조 무결성이 위배될 수 있다.
③ 다른 테이블을 참조하는 테이블의 레코드 추가 시 외래 키 값이 널(Null)인 경우에는 참조 무결성이 유지된다.
④ 다른 테이블에 의해 참조되는 테이블에서 레코드를 추가하는 경우에는 참조 무결성이 유지된다.

- 레코드 삭제 시 참조 무결성이 깨질 수 있는 경우는 다른 테이블에 의해 참조되는 테이블의 레코드를 삭제할 때입니다.
- 다른 테이블을 참조하는 테이블의 레코드를 삭제하는 것은 참조 무결성에 영향을 주지 못합니다.

등급 C

44. 다음 중 정규화에 대한 설명으로 옳지 않은 것은?

① 대체로 더 작은 필드를 갖는 테이블로 분해하는 과정이다.
② 데이터 중복을 최소화하기 위한 작업이다.
③ 정규화를 통해 테이블 간의 종속성을 높이기 위한 것이다.
④ 추가, 갱신, 삭제 등 작업 시의 이상(Anomaly) 현상이 발생하지 않도록 하기 위한 것이다.

전문가의 조언
정규화는 릴레이션(테이블)의 속성들 사이의 종속성 개념에 기반을 두고 이들 종속성을 제거하는 과정이라고 할 수 있습니다.

등급 A

45. 다음 중 폼 작성 시 사용하는 컨트롤에 대한 설명으로 옳지 않은 것은?

① 바운드 컨트롤 : 폼이나 보고서에서 테이블이나 쿼리의 필드를 컨트롤 원본으로 사용하는 컨트롤이다.
② 탭 컨트롤 : 탭 형식의 대화상자를 작성하는 컨트롤로, 다른 컨트롤을 탭 컨트롤로 복사하거나 추가할 수 있다.
③ 레이블 컨트롤 : 날짜나 시간을 표시하는 용도로 사용하는 컨트롤이다.
④ 계산 컨트롤 : 원본 데이터로 필드를 사용하지 않고 식을 사용하는 컨트롤이다.

전문가의 조언
• 날짜나 시간은 함수를 사용해서 표시하는데, 이와 같이 함수의 결과 값을 표시하려면 텍스트 상자를 사용해야 합니다.
• 레이블은 제목이나 캡션, 설명 등을 표시하는 용도로 사용됩니다.

등급 A

46. 다음 중 액세스의 보고서에 대한 설명으로 옳은 것은?

① 보고서의 레코드 원본으로 테이블, 쿼리, 엑셀과 같은 외부 데이터, 매크로 등을 지정할 수 있다.
② 보고서 머리글과 보고서 바닥글의 내용은 모든 페이지에 출력된다.

③ 보고서에서도 폼에서와 같이 이벤트 프로시저를 작성할 수 있다.
④ 컨트롤을 이용하지 않고도 보고서에 테이블의 데이터를 표시할 수 있다.

전문가의 조언
보고서에 대한 설명으로 옳은 것은 ③번입니다.
① 보고서의 레코드 원본으로 테이블과 쿼리는 사용할 수 있으나 엑셀과 같은 외부 데이터나 매크로는 사용할 수 없습니다.
② 보고서 머리글은 보고서의 첫 페이지 상단에, 보고서 바닥글은 보고서의 맨 마지막 페이지에 한 번씩만 표시됩니다.
④ 보고서에 테이블의 데이터를 표시하려면, 반드시 컨트롤을 이용해야 합니다.

등급 A

47. 다음 중 데이터 형식에 대한 설명으로 옳지 않은 것은?

① '첨부 파일'은 jpg, xlsx 등 원하는 파일 형식으로 첨부되도록 할 수 있다.
② 'Yes/No'는 성별이나 결혼 여부 등 두 값 중 하나만 입력하는 경우에 사용한다.
③ '짧은 텍스트'는 최대 255자까지 저장할 수 있다.
④ '일련 번호'는 레코드가 추가될 때마다 1씩 증가하는 값이 자동으로 입력되며, 필드 크기는 정수(Long)이다.

전문가의 조언
'첨부 파일' 형식은 다양한 형식의 파일을 첨부할 수 있지만 원하는 파일 형식만 첨부되도록 설정할 수는 없습니다.

등급 C

48. 다음 중 Access의 개체에 대한 설명으로 옳지 않은 것은?

① 매크로는 모듈에 비해 복잡한 작업을 처리하기 위해 프로그램을 직접 작성하는 것이다.
② 쿼리는 폼이나 보고서의 원본 데이터로 사용할 수 있다.
③ 폼은 테이블이나 쿼리 데이터의 입출력 화면을 작성한다.
④ 테이블은 데이터를 저장하는 데 사용하는 데이터베이스 개체로, 레코드 및 필드로 구성된다.

전문가의 조언
모듈이 매크로에 비해 복잡한 작업을 처리하기 위해 프로그램을 직접 작성하는 것입니다.

49. 다음 VBA에서 변수 선언(Option Explicit)에 대한 설명으로 옳지 않은 것은?

① Dim, Static, Private, Public 키워드로 변수를 선언한다.
② 변수는 반드시 Option Explicit문 이전에 선언해야 한다.
③ 변수를 선언하지 않고 사용하면 에러가 발생한다.
④ 'Option Base 1'을 선언하면 배열의 위치는 1부터 시작한다.

50. 다음 중 보고서 보기에 대한 설명으로 옳지 않은 것은?

① 보고서 보기를 종료하지 않고 보고서에 직접 필터를 적용하거나 해제할 수 있다.
② 탐색 단추를 이용하여 보고서 페이지를 순차적으로 넘겨보거나 원하는 페이지로 이동할 수 있다.
③ 보고서 데이터를 클립보드에 복사할 수 있다.
④ 보고서 보기는 종이 출력용이 아니라 화면 출력용이다.

51. 다음 중 기본키(Primary Key)에 대한 설명으로 옳은 것은?

① 모든 테이블에는 기본키를 반드시 설정해야 한다.
② 액세스에서는 단일 필드 기본키와 일련 번호 기본키만 정의 가능하다.
③ 데이터가 이미 입력된 필드도 기본키로 지정할 수 있다.
④ OLE 개체나 첨부 파일 형식의 필드에도 기본키를 지정할 수 있다.

52. 다음 중 아래의 VBA 코드를 실행한 결과 메시지 상자에 표시되는 내용은 무엇인가?

```
Private Sub Form_Load( )
    Dim SampleString
    SampleString = "대한상공회의소"
    Mid(SampleString, 3, 2) = "활용"
    MsgBox (SampleString)
End Sub
```

① 대한상공회의소   ② 상공
③ 대한활용회의소   ④ 활용

등급 B

53. 다음 중 하위 쿼리(Sub Query)의 설명으로 옳지 않은 것은?

① 하위 폼이나 하위 보고서는 반드시 하위 쿼리를 사용해야 한다.
② 주 쿼리에서 IN 조건부를 사용하여 하위 쿼리의 일부 레코드에 동일한 값이 있는 레코드만 검색할 수 있다.
③ SELECT 문의 필드 목록이나 WHERE 또는 HAVING 절에서 식 대신에 하위 쿼리를 사용할 수 있다.
④ 주 쿼리에서 ALL 조건부를 사용하여 하위 쿼리에서 검색된 모든 레코드와 비교를 만족시키는 레코드만 검색할 수 있다.

전문가의 조언
하위 폼이나 하위 보고서는 테이블, 쿼리, 폼, 다른 보고서를 이용하여 작성할 수 있습니다.

등급 A

54. 다음 중 사원 테이블(사원번호, 이름, 직급, 연봉, 호봉)에서 호봉이 6인 사원의 연봉을 3%씩 인상하는 SQL문이다. 각 괄호에 들어갈 알맞은 명령어를 순서대로 나열한 것은?

```
Update 사원
(      ) 연봉 = 연봉 * 1.03
(      ) 호봉 = 6;
```

① From, Where   ② Set, From
③ Set, Where   ④ From, Set

전문가의 조언
업데이트 쿼리의 일반적인 구문 형태는 'UPDATE ~ SET ~ WHERE'입니다.

등급 B

55. 다음 중 동아리 회원 목록을 표시하는 [동아리회원] 폼에서 성별이 여자인 본문의 모든 컨트롤의 글꼴 서식을 굵게, 기울임꼴로 표시하는 방법으로 적절한 것은?

① 본문 영역에서 '성별' 컨트롤을 선택한 후 조건부 서식에서 규칙으로 필드 값이 다음 값과 같음, 값을 '여자'로 지정한 후 서식을 설정한다.
② 본문 영역의 모든 컨트롤들을 선택한 후 조건부 서식에서 규칙으로 조건 식을 [성별]='여자'로 지정한 후 서식을 설정한다.
③ 본문 영역의 모든 컨트롤들을 선택한 후 조건부 서식에서 규칙으로 필드 값이 다음 값과 같음, 값을 '여자'로 지정한 후 서식을 설정한다.
④ 테이블의 데이터시트 보기에서 여자 회원 레코드들을 모두 선택한 후 서식을 설정한다.

전문가의 조언
성별이 여자인 본문의 모든 컨트롤에 서식을 설정하는 방법으로 옳은 것은 ②번입니다.
① 본문의 '성별' 필드에만 서식이 지정됩니다.
③ 모든 컨트롤을 선택한 상태에서 조건부 서식을 지정했지만 규칙으로 '필드 값'을 지정하고 서식을 지정했으므로 모든 필드가 아닌 '성별' 필드에만 서식이 지정됩니다.
④ 데이터시트 보기 상태에서는 조건에 맞는 서식을 지정할 수 없습니다.

등급 C

56. 다음 중 데이터베이스 설계 순서로 옳은 것은?

㉠ 요구 조건 분석	㉡ 물리적 설계
㉢ 개념적 설계	㉣ 구현
㉤ 논리적 설계	

① ㉢ → ㉠ → ㉤ → ㉣ → ㉡
② ㉠ → ㉢ → ㉤ → ㉡ → ㉣
③ ㉢ → ㉤ → ㉡ → ㉠ → ㉣
④ ㉠ → ㉤ → ㉢ → ㉡ → ㉣

전문가의 조언
데이터베이스 설계는 '요구 조건 분석 → 개념적 설계 → 논리적 설계 → 물리적 설계 → 구현' 순으로 진행됩니다.

57. 다음 〈보기〉와 같이 거래처별 수금액의 합계를 표시하려고 할 때 가장 적합한 보고서 영역은?

〈보기〉

| 수금액 합계 | =Sum([수금액]) |

```
■ · · 1 · · 2 · · 3 · · 4 · · 5 · · 6 · ·
  ✦ 보고서 머리글
  ✦ 페이지 머리글
  ✦ 거래처명 머리글
  ✦ 본문
  ✦ 거래처명 바닥글
  ✦ 페이지 바닥글
  ✦ 보고서 바닥글
```

① 보고서 머리글   ② 페이지 바닥글
③ 거래처명 바닥글   ④ 본문

전문가의 조언

거래처별 수금액의 합계와 같이 그룹별로 구분되는 자료는 그룹 머리글이나 그룹 바닥글에 표시합니다.

---

58. 아래 내용 중 하위 폼에 대한 옳은 설명만을 나열한 것은?

ⓐ 하위 폼에는 기본 폼의 현재 레코드와 관련된 레코드만 표시된다.
ⓑ 하위 폼은 단일 폼으로 표시되며 연속 폼으로는 표시될 수 없다.
ⓒ 기본 폼과 하위 폼을 연결할 필드의 데이터 형식은 같거나 호환되어야 한다.
ⓓ 여러 개의 연결 필드를 지정하려면 콜론(:)으로 필드명을 구분하여 입력한다.

① ⓐ, ⓑ, ⓒ   ② ⓐ, ⓒ
③ ⓑ, ⓒ, ⓓ   ④ ⓑ, ⓓ

전문가의 조언

하위 폼에 대한 옳은 설명은 ⓐ, ⓒ입니다.
• ⓑ 하위 폼은 주로 연속 폼으로 표시됩니다.
• ⓓ 여러 개의 연결 필드를 지정하려면 세미콜론(;)으로 필드명을 구분하여 입력해야 합니다.

---

59. 다음 지문의 SQL문과 결과가 동일한 것은?

```
Select * From 고객
Where 고객.등급 = 'A'
UNION
Select * From 고객
Where 고객.등급 = 'B';
```

① Select * From 고객 Where 고객.등급 = 'A' Or 'B';
② Select * From 고객 Where 고객.등급 = 'A' And 'B';
③ Select * From 고객 Where 고객.등급 = 'A' Or 고객.등급 = 'B';
④ Select * From 고객 Where 고객.등급 = 'A' And 고객.등급 = 'B';

전문가의 조언

UNION(통합) 질의는 두 개의 질의 내용을 합쳐서 하나의 테이블을 만드는 질의입니다. 지문의 SQL문은 〈고객〉 테이블의 '등급' 필드가 "A"이거나 "B"인 레코드를 모두 추출하는 질의문으로, 이는 Where 조건으로 '등급' 필드의 값 "A"와 "B"를 OR 연산자로 연결하여, **고객.등급 = 'A' Or 고객.등급 = 'B'**와 같이 적용한 결과와 동일합니다.

03210560

60. 보고서 머리글의 텍스트 박스 컨트롤에 다음과 같이 컨트롤 원본을 지정하였다. 보고서 미리 보기를 하는 경우 어떠한 결과가 나타나는가? (단, 현재 날짜와 시간이 2023년 1월 2일 오후 3시 4분 5초라고 가정한다.)

```
=Format(Now( ), "mmmm ampm h:n")
```

① Jan 3:4   ② January 오후 3:4
③ Jan pm 3:4:5   ④ January pm 3:4:5

전문가의 조언

보고서 미리 보기의 결과는 **January 오후 3:4**입니다.
• Format(식, 형식)은 계산 결과에 표시 형식을 지정하는 함수입니다.
• 날짜 형식을 mmmm으로 지정하였고, 날짜가 2023-01-02이므로 **January**로 표시됩니다.
• 시간 형식을 ampm h:n으로 지정하였고, 시간이 오후 3시 4분 5초이므로 **오후 3:4**로 표시됩니다.

1과목 컴퓨터 일반

1. 다음 중 한글 Windows 10의 바로 가기 키에 대한 설명으로 옳은 것은?

① ⊞+A : 알림 센터 열기
② ⊞+B : 설정 열기
③ ⊞+, : 이모지 열기
④ ⊞+I : 바탕 화면 임시 미리 보기

전문가의 조언
⊞+A는 알림 센터를 표시하는 바로 가기 키입니다.
• ⊞+B : 알림 영역으로 포커스 옮기기
• ⊞+I : 설정 창 열기
• ⊞+. / ⊞+; : 이모지(그림 문자) 열기
• ⊞+, : 바탕 화면 임시 미리 보기

2. 다음 중 PNG에 대한 설명으로 옳지 않은 것은?

① GIF를 대체하여 인터넷에서 사용할 수 있는 형식이다.
② 애니메이션은 표현할 수 없다.
③ 트루 컬러와 CMYK 색상 모드를 지원한다.
④ 무손실 압축 기법을 사용한다.

전문가의 조언
PNG는 트루 컬러는 지원하지만 CMYK 색상 모드는 지원하지 않습니다.

3. 다음 중 레지스터(Register)에 대한 설명 중 옳지 않은 것은?

① 레지스터는 CPU 내부에서 처리할 명령어나 연산 결과 값을 일시적으로 저장하는 기억장치이다.
② 전원공급이 없어도 저장 내용이 계속 유지된다.

③ 구조는 플립플롭(Flip-Flop)이나 래치(Latch)를 직렬 또는 병렬로 연결한다.
④ 레지스터는 메모리 중에서 가장 속도가 빠르다.

전문가의 조언
레지스터는 전원이 공급되지 않으면 저장된 내용이 지워집니다.

4. 다음 중 [설정] → [개인 설정] → [잠금 화면]에서 설정할 수 있는 항목이 아닌 것은?

① 화면 보호기 작동 여부를 설정할 수 있다.
② 로그인 화면에 잠금 화면 배경 그림을 표시할 수 있다.
③ 잠금 화면의 미리 보기 배경을 사진이나 슬라이드 쇼로 설정할 수 있다.
④ 잠금 화면에 세부 상태를 표시할 앱을 여러 개 설정할 수 있다.

전문가의 조언
잠금 화면에 세부 상태를 표시할 앱은 하나만 설정할 수 있습니다.

5. 다음 중 한글 Windows 10의 '폴더 옵션' 대화상자에서 설정할 수 있는 작업으로 옳지 않은 것은?

① 알려진 파일 형식의 파일 확장명 숨기기를 설정할 수 있다.
② 숨김 파일이나 폴더의 표시 여부를 설정할 수 있다.
③ 공유 폴더에 액세스 할 때 필요한 계정과 암호를 설정할 수 있다.
④ 모든 폴더에 현재 보기(자세히 또는 아이콘)를 적용할 수 있다.

전문가의 조언
'폴더 옵션' 대화상자에서는 공유 폴더에 액세스 할 때 필요한 계정과 암호는 설정할 수 없습니다.

6. 다음 중 컴퓨터에서 사용하는 ASCII 코드에 관한 설명으로 옳지 않은 것은?

① 총 128개의 문자를 표현할 수 있다.
② 모든 문자를 표현할 수 있는 표준화된 국제 코드이다.
③ 데이터 처리 및 통신 시스템 상호 간의 정보 교환을 위해 사용된다.
④ 확장 ASCII 코드는 8비트를 사용하여 문자를 표현한다.

전문가의 조언
모든 문자를 표현할 수 있는 표준화된 국제 코드는 유니코드(Unicode)입니다.

등급 A

7. 네트워크 관련 장비 중 브리지(Bridge)에 관한 설명으로 옳은 것은?

① 주로 LAN에서 다른 네트워크에 데이터를 보내거나 다른 네트워크로부터 데이터를 받아들이는데 사용되는 장치이다.
② 데이터 전송을 위해 가장 최적의 경로를 설정하는데 사용되는 장치이다.
③ 네트워크를 구성할 때 한꺼번에 여러 대의 컴퓨터를 연결하는 장치로, 각 회선을 통합적으로 관리한다.
④ 두 개의 근거리 통신망(LAN)을 상호 접속할 수 있도록 하는 통신망 연결 장치로, OSI 참조 모델의 데이터 링크 계층에 속한다.

전문가의 조언
브리지(Bridge)는 두 개의 근거리 통신망(LAN)을 상호 접속할 수 있도록 하는 통신망 연결 장치입니다.
• ①번은 게이트웨이(Gateway), ②번은 라우터(Router), ③번은 허브(Hub)에 대한 설명입니다.

등급 C

8. 저전력, 저비용, 저속도와 2.4GHz를 기반으로 하는 홈 자동화 및 데이터 전송을 위한 무선 네트워크 규격은?

① 와이파이
② 지그비
③ RFID
④ 와이브로

전문가의 조언
저전력, 저비용, 저속도와 2.4GHz를 기반으로 하는 무선 네트워크 규격은 지그비(Zigbee)입니다.
• 와이파이(WiFi) : 2.4GHz대를 사용하는 무선 랜(WLAN) 규격(IEEE 802.11b)에서 정한 제반 규정에 적합한 제품에 주어지는 인증 마크
• RFID(Radio Frequency IDentification) : 사물에 전자 태그를 부착하고 무선 통신을 이용하여 사물의 정보 및 주변 정보를 감지하는 센서 기술
• 와이브로(Wibro) : 무선 광대역을 의미하는 것으로, 휴대폰, 노트북 등의 모바일 기기를 이용하여 언제 어디서나 이동하면서 고속으로 무선 인터넷 접속이 가능한 서비스

등급 C

9. 실행 가능한 로드 모듈에 기억공간의 번지를 지정하여 메모리에 적재하고, 컴퓨터에서 실행해야 할 프로그램이나 파일을 메모리로 옮겨주는 프로그램은?

① 로더
② 링커
③ 컴파일러
④ 인터프리터

전문가의 조언
실행 가능한 로드 모듈에 기억공간의 번지를 지정하여 메모리에 적재하는 프로그램은 로더(Loader)입니다.
• 링커(Linker) : 여러 개의 목적 프로그램에 시스템 라이브러리를 결합해 하나의 실행 가능한 로드 모듈로 만들어 주는 프로그램
• 컴파일러(Compiler) : C, C++, Java, C# 등의 고급 언어로 작성된 프로그램을 기계어로 번역하는 프로그램
• 인터프리터(Interpreter) : 원시 프로그램을 줄 단위로 번역하여 바로 실행해 주는 프로그램으로, 대화식 처리가 가능함

등급 B

10. 다음 중 정보 통신망의 구성 형태 중 버스형에 대한 설명으로 옳지 않은 것은?

① 하나의 통신 회선에 여러 대의 컴퓨터를 연결한 형태이다.
② 단말장치의 추가와 제거가 용이하다.
③ 단말장치가 고장나더라도 통신망 전체에 영향을 주지 않는다.
④ 기밀이 보장되며 통신 회선의 길이에 제한이 없다.

전문가의 조언
버스형은 하나의 통신 회선에 여러 대의 단말장치가 연결된 형태로, 기밀 보장이 어렵고 통신 회선의 길이에 제한이 있습니다.

등급 A

11. 다음 중 시스템 버스에 대한 설명으로 옳지 않은 것은?

① 시스템 버스는 CPU와 주변장치 간의 데이터 전송에 사용되는 통로로, 전달하는 신호 형태에 따라 제어 버스, 주소 버스, 데이터 버스로 구분된다.

② 제어 버스는 CPU가 메모리와 주변장치에 제어 신호를 보내기 위해 사용한다.

③ 주소 버스는 메모리 주소 레지스터와 연결된 버스로, 메모리나 주변장치에 데이터를 읽거나 쓸 때 위치 정보를 보내기 위해 사용하는 양방향 통로이다.

④ 데이터 버스는 메모리 버퍼 레지스터와 연결된 버스로, 각 장치별로 필요한 데이터를 전달하기 위해 사용한다.

전문가의 조언
제어 버스와 데이터 버스는 양방향 통로이고, 주소 버스는 단방향 통로입니다.

등급 A

12. 다음 중 아날로그 컴퓨터와 디지털 컴퓨터에 대한 설명으로 옳은 것은?

① 아날로그 컴퓨터는 숫자, 문자 등 이산적인 데이터를 처리한다.

② 디지털 컴퓨터는 전압, 온도 등 연속적으로 변하는 데이터를 처리한다.

③ 아날로그 컴퓨터는 정밀도가 제한적이고 프로그래밍을 필요로 하지 않는다.

④ 디지털 컴퓨터의 주요 구성 회로는 증폭 회로이다.

전문가의 조언
아날로그 컴퓨터는 정밀도가 제한적이고 프로그래밍을 필요로 하지 않습니다.
① 아날로그 컴퓨터는 전압, 온도 등 연속적으로 변하는 데이터를 처리합니다.
② 디지털 컴퓨터는 숫자, 문자 등 이산적인 데이터를 처리합니다.
④ 디지털 컴퓨터의 주요 구성 회로는 논리 회로, 아날로그 컴퓨터의 주요 구성 회로는 증폭 회로입니다.

등급 C

13. 다음 중 한글 Windows 10의 시작 메뉴에 대한 설명으로 옳지 않은 것은?

① 시작 메뉴에 있는 앱의 바로 가기 메뉴에서 [제거]를 이용하면 해당 앱을 제거할 수 있다.

② 시작 화면에 있는 앱이 설치되어 있는 실제 위치를 확인하려면 앱의 바로 가기 메뉴에서 '파일 위치 열기'를 클릭한다.

③ 시작 화면에 있는 앱의 크기를 조절하거나 타일을 이동하고 앱을 그룹화 할 수 있다.

④ [시작] → [설정] → [개인 설정] → [시작]에서 '전체 시작 화면 사용'을 켜면 화면 전체에 시작 메뉴가 표시된다.

전문가의 조언
• 시작 메뉴에 있는 앱의 바로 가기 메뉴에서 [자세히] → [파일 위치 열기]를 선택하면 앱이 실제 설치된 폴더가 아닌 바로 가기 아이콘이 설치되어 있는 폴더가 열립니다.
• 이 폴더에 있는 바로 가기 아이콘의 바로 가기 메뉴에서 [파일 위치 열기]를 선택해야 앱이 실제 설치되어 있는 폴더가 열립니다.

등급 B

14. 다음 중 CISC와 RISC에 대한 설명으로 옳은 것은?

① RISC는 명령어의 종류가 많아 복잡한 회로를 이용한다.

② RISC는 명령어 집합이 복잡하고, 가변 길이의 다양한 명령어를 가진다.

③ CISC는 생산가가 비싸고 전력 소모가 많아 열이 많이 발생한다.

④ CISC는 RISC 프로세서 보다 수행 속도가 빠르다.

전문가의 조언
CISC는 생산가가 비싸고 전력 소모가 많아 열이 많이 발생합니다.
①, ②번은 CISC에 대한 설명입니다.
④ CISC는 RISC 프로세서 보다 수행 속도가 느립니다.

15. 다음 중 인터넷 주소 체계인 IPv6(Internet Protocol version 6)에 관한 설명으로 옳지 않은 것은?

① 주소의 확장성, 융통성, 연동성이 뛰어나며 실시간 흐름 제어로 향상된 멀티미디어 서비스를 제공할 수 있다.
② 16비트씩 4부분, 총 64비트의 주소를 사용하여 IP 주소의 부족 문제를 해결할 수 있다.
③ 주소 체계는 유니캐스트(Unicast), 애니캐스트(Anycast), 멀티캐스트(Multicast) 등 세 가지로 나뉜다.
④ 인증 서비스, 비밀성 서비스, 데이터 무결성 서비스를 제공함으로써 보안 문제를 해결할 수 있다.

전문가의 조언
IPv6은 16비트씩 8부분, 총 128비트의 주소를 사용합니다.

16. 다음 중 컴퓨터에서 사용하는 그래픽 파일의 형식에 관한 설명으로 옳지 않은 것은?

① JPEG는 손실 압축 기법과 무손실 압축 기법을 사용하며, 사용자가 임의로 압축률을 지정할 수 있다.
② BMP는 Windows에서 기본적으로 지원하는 포맷으로 압축을 사용하여 파일의 크기가 작다.
③ GIF는 인터넷 표준 그래픽 형식으로, 무손실 압축 기법을 사용하여 선명한 화질을 제공한다.
④ PNG는 트루 컬러의 지원과 투명색 지정이 가능하다.

전문가의 조언
Windows의 표준 비트맵 파일 형식으로, 압축을 하지 않으므로 파일의 크기가 큽니다.

17. 다음 중 방화벽에 대한 설명으로 적절하지 않은 것은?

① 보안이 필요한 네트워크의 통로를 단일화하여 관리한다.
② 방화벽 시스템은 내부와 외부로부터 불법적인 해킹을 완전히 차단할 수 있다.
③ 권한이 없는 사용자가 네트워크를 통해 컴퓨터에 액세스 하는 것을 방지한다.
④ 역추적 기능으로 외부 침입자의 흔적을 찾을 수 있다.

전문가의 조언
방화벽 시스템은 내부로부터의 불법적인 해킹은 막지 못합니다.

18. 다음 중 컴퓨터의 장치를 교체할 때 고려해야 할 사항으로 옳지 않은 것은?

① 하드디스크의 용량(Gb)은 클수록 좋다.
② 모니터가 지원하는 해상도(dpi)는 클수록 좋다.
③ CPU 코어의 수는 많을수록 좋다.
④ DRAM의 데이터 접근 속도(ns)는 클수록 좋다.

전문가의 조언
DRAM의 데이터 접근 속도(ns)는 작을수록 좋습니다.

19. 다음 중 핀테크(FinTech)의 활용 분야에 대한 설명으로 옳지 않은 것은?

① 네트워크 등을 통해 다수의 개인으로부터 자금을 모으는 크라우드 펀딩(Crowd funding)
② 알고리즘이나 빅 데이터 등을 분석하여 고객에게 투자 자문을 수행하는 로보 어드바이저(Robo Advisor)
③ 비트코인, 이더리움 등의 가상화폐의 암호화를 위한 데이터 분산 처리
④ 사용자의 편의성에 맞춘 송금 및 간편 결제 기능

전문가의 조언
③번은 블록체인(Block Chain)에 대한 설명입니다.

등급 A

20. 다음 중 컴퓨터의 CMOS에서 설정할 수 있는 항목으로 옳지 않은 것은?

① 하드디스크의 타입
② 하드디스크나 USB 등의 부팅 순서
③ 멀티부팅 시 사용하려는 BIOS의 종류
④ 시스템 암호 설정

전문가의 조언
· CMOS에서 BOIS의 종류는 변경할 수 없습니다.
· CMOS에서 설정할 수 있는 항목에는 '시스템의 날짜와 시간, 칩셋, 부팅 순서, 하드디스크 타입, 시스템 암호, 전원 관리, PnP, Anti-Virus' 등이 있습니다.

2 과목 **스프레드시트 일반**

등급 B

21. 다음 중 데이터를 분포 내의 빈도에 따라 보여주는데 적합하며, 측정 값에 존재하는 몇 개의 계급 구간을 차트의 각 열로 변경하여 데이터를 보다 세부적으로 분석하여 보여주는 차트는?

① 히스토그램 차트   ② 트리맵 차트
③ 선버스트 차트   ④ 분산형 차트

전문가의 조언
데이터를 분포 내의 빈도에 따라 보여주는데 적합한 차트는 히스토그램 차트입니다.
· **트리맵 차트** : 계층 간의 상대적 크기를 비교할 때 사용하며, 계층 간의 비율을 사각형으로 표시함
· **선버스트 차트** : 계층 간의 관계를 비교할 때 사용하며, 계층 간의 비율을 고리 또는 원으로 표시함
· **분산형 차트** : X · Y 좌표로 이루어진 한 계열로 두 개의 숫자 그룹을 나타내며, 주로 과학 · 공학용 데이터 분석에 사용됨

등급 A

22. 고급 필터에서 조건을 다음과 같이 설정했을 때 이에 대한 설명으로 올바른 것은?

부서	직책	경력
영업부		>=7
개발부	과장	
	주임	<10

① 영업부이거나 개발부이면서 과장이거나 주임이면서 경력이 7년 이상 10년 미만인 직원
② 영업부이면서 경력이 7년 이상이고 개발부이면서 과장이고 주임이면서 10년 미만인 직원
③ 영업부이면서 경력이 7년 이상이거나 개발부이면서 과장이거나 주임이면서 10년 미만인 직원
④ 영업부이거나 경력이 7년 이상이고 개발부이거나 과장이고 주임이거나 10년 미만인 직원

전문가의 조언
고급 필터의 조건을 같은 행에 입력하면 AND 조건(~이고), 다른 행에 입력하면 OR 조건(~이거나)으로 연결되며, AND 조건을 먼저 처리하므로 고급 필터를 실행했을 때의 결과로 옳은 것은 ③번입니다.

등급 C

23. 다음 중 '페이지 설정' 대화상자에서 머리글과 바닥글을 지정할 때 사용되는 단추를 클릭했을 때 표시되는 값으로 틀린 것은?

① 🖼 : &[그림]
② 📄 : &[전체 페이지 수]
③ 📊 : &[탭]
④ 📁 : &[경로]&[파일]

전문가의 조언
· 📊 단추를 클릭하면 '&[파일]'이 표시됩니다.
· '&[탭]'을 표시하는 단추는 🎛입니다.

24. 다음 조건을 이용하여 사용자 지정 표시 형식을 설정할 경우 옳은 것은?

> • 양수와 음수 모두에 천 단위 구분 기호 표시
> • 음수인 경우 음수 기호(−) 없이 빨강색으로 표시
>
> [표시 예]
> • 1500 : 1,500.00
> • −2450 : 2,450.00
> • 50.1 : 50.10
> • 0 : 0.00

① #,###.00;[빨강]#,###.00
② #,##0.00;[빨강]#,##0.00
③ [빨강]#,###.00;#,###.00
④ [빨강]#,##0.00;#,##0.00

등급B

25. 다음 중 정렬에 대한 설명으로 옳지 않은 것은?

① 표 스타일이 적용된 데이터 영역을 왼쪽에서 오른쪽 방향으로 정렬하려면 정렬하기 전에 '범위로 변환'을 실행해야 한다.
② 숨겨진 행이나 열도 정렬에 포함되어 정렬되나 머리글 행은 정렬되지 않는다.

③ 숫자, 날짜 등과 같이 셀에 입력된 값으로 정렬할 때는 정렬 기준을 '셀 값'으로 지정하고, 셀에 지정된 서식으로 정렬하려면 정렬 기준을 '셀 색'이나 '글꼴 색', '조건부 서식 아이콘'으로 지정해야 한다.
④ 사용자 지정 목록을 사용하여 사용자가 정의한 순서대로 정렬할 수 있다.

등급C

26. 다음 중 참조의 대상 범위로 사용하는 이름 정의 시 이름의 지정 방법에 대한 설명으로 옳지 않은 것은?

① 'A1'처럼 셀 주소와 같은 형태의 이름을 사용할 수 있다.
② 대소문자를 구분하지 않는다.
③ 같은 통합 문서에서 동일한 이름을 중복하여 사용할 수 없다.
④ 이름 상자의 화살표 단추를 누르고 정의된 이름 중 하나를 클릭하면 해당 셀 또는 셀 범위가 선택된다.

등급B

27. 다음 그림과 같이 "표" 기능을 사용하여 단가(C7:E7)와 판매량(B8:B11)에 따른 판매금액(C8:E11)을 계산하려고 한다. 이 때 실행하여야 할 작업 내용에 대한 설명으로 옳지 않은 것은?

	A	B	C	D	E
1	제품명	연필			
2	판매량	35			
3	단가	1,200			
4	판매금액	42,000			
5					
6				단가	
7			42,000	1,000	1,200	1,400
8		10	10,000	12,000	14,000
9	판매량	30	30,000	36,000	42,000
10		50	50,000	60,000	70,000
11		70	70,000	84,000	98,000

① '데이터 테이블' 대화상자가 표시되면 "행 입력 셀"은 [B3] 셀과, "열 입력 셀"은 [B2] 셀을 지정한 후 〈확인〉을 선택한다.
② [C8:E11] 영역을 블록으로 설정한 후 [데이터] → [예측] → [가상 분석] → [데이터 표]를 선택한다.
③ 수식이 입력되어야 하는 [B7] 셀을 선택하고 수식 "=B2*B3"을 입력한다.
④ 자동으로 결과가 구해진 셀을 하나 선택해서 살펴보면 "{=TABLE(B3,B2)}"와 같은 배열 수식이 들어 있다.

등급 A

28. 다음 중 아래 차트에 대한 설명으로 옳지 않은 것은?

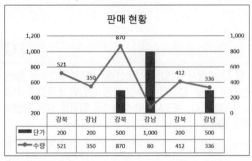

① '판매 현황'이라는 차트 제목이 표시되어 있다.
② '수량' 계열을 보조 축으로 지정하였다.
③ 데이터 테이블에 범례 표지가 표시되어 있다.
④ '수량' 계열에 데이터 레이블이 '가운데'로 표시되어 있다.

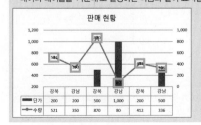

등급 A

29. 다음 중 수식과 그 실행 결과 값의 연결이 옳지 않은 것은?
① =DAYS("2023-11-1", "2023-10-1") → 31
② =ROUNDDOWN(45.6789, 2) → 45.67
③ =SUMPRODUCT({1,2,3}, {5,6,7}) → 32
④ =SQRT(4) * (INT(-2) + POWER(2, 3)) → 12

등급 A

30. 다음 중 워크시트에 데이터를 입력하는 방법에 대한 설명으로 옳지 않은 것은?
① 숫자 데이터를 입력하면 기본적으로 셀의 오른쪽에 정렬된다.
② '3과 같이 숫자 앞에 작은따옴표(')를 입력하면 기본적으로 셀의 오른쪽에 정렬된다.
③ 수식 또는 함수 식을 입력할 때는 = 기호를 붙여 입력한다.
④ Ctrl + Enter를 이용하여 여러 개의 셀에 동일한 데이터를 한번에 입력할 때 범위는 연속적으로 지정하지 않아도 된다.

31. 아래 워크시트에서 [B13:D14] 영역에는 직책별 부서별 목표액의 합계를 함수를 이용하여 계산하였다. 함수가 아닌 분석 도구를 이용하여 계산할 경우 가장 알맞은 도구는?

등급 **B**

	A	B	C	D
1	이름	직책	부서	목표액
2	김사원	사원	영업부	35,200
3	김흥부	사원	인사부	12,500
4	노지심	부장	영업부	101,200
5	송치윤	부장	인사부	62,533
6	이관우	사원	총무부	32,560
7	이봉주	부장	영업부	64,250
8	이수진	부장	총무부	45,850
9	이양양	사원	인사부	90,400
10	이인상	부장	영업부	54000
11				
12		영업부	인사부	총무부
13	부장	219,450	62,533	45,850
14	사원	35,200	102,900	32,560
15				

① 목표값 찾기　　　② 통합
③ 피벗 테이블　　　④ 시나리오

등급 **B**

32. 다음 중 [페이지 설정] 대화상자에 대한 설명으로 옳지 않은 것은?

① 용지 방향, 용지 크기, 인쇄 품질을 설정할 수 있다.
② '머리글/바닥글' 탭의 '머리글' 영역에서 행/열 머리글의 인쇄 여부를 설정한다.
③ 여백은 사용자가 직접 값을 입력할 수 있다.
④ 워크시트에서 차트를 마우스로 선택한 후 [페이지 설정] 메뉴를 선택하면, '시트' 탭이 '차트' 탭으로 바뀐다.

등급 **C**

33. 워크시트에서 [파일] → [옵션]을 선택하여 'Excel 옵션' 대화상자의 '고급' 탭에서 소수점 자동 삽입의 소수점 위치를 '-2'로 지정하였다. 워크시트의 셀에 1을 입력할 경우 화면에 표시되는 값은?

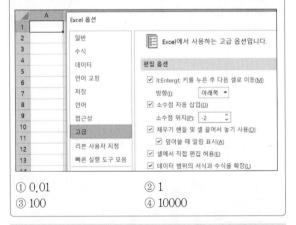

① 0.01　　　② 1
③ 100　　　④ 10000

등급 **B**

34. 아래의 워크시트에서 [A1:C1] 영역이 블록으로 지정된 상태에서 채우기 핸들을 끌었을 때 [F1] 셀에 입력되는 값으로 올바른 것은?

	A	B	C	D	E	F	G
1	5		1				
2							

① 1
② −3
③ −7
④ 0

전문가의 조언

[A1:C1] 영역이 블록으로 지정된 상태에서 채우기 핸들을 드래그하면 두 셀 간의 차이인 4씩 감소되어 입력되므로 [F1] 셀에는 −7이 입력됩니다.

	A	B	C	D	E	F	G
1	5		1	−3		−7	−11
2							

03230224 등급 **A**

35. 다음 매크로를 [F9] 셀을 선택한 상태에서 실행했을 경우 실행 결과에 대한 설명으로 틀린 것은?

```
Sub 매크로1( )
    ActiveCell.FormulaR1C1 = "=SUM(RC[−4]:RC[−2])"
    Range("F2").Select
    Selection.AutoFill Destination:=Range("F2:F5"),_
    Type:=xlFillDefault
    Range("F2:F5").Select
End Sub
```

① [F9] 셀에 합계를 구한다.
② [F9] 셀에 입력된 수식은 '=SUM(F5:F8)'과 같은 의미이다.
③ [F2:F5] 영역은 자동 채우기로 입력된다.
④ [F2:F5] 영역이 선택된 상태로 매크로가 종료된다.

전문가의 조언

ActiveCell.FormulaR1C1 = "=SUM(RC[−4]:RC[−2])"은 현재 셀, 즉 [F9] 셀에서 4열 왼쪽(B9)과 2열 왼쪽(D9)의 합계를 의미하므로 "=SUM(B9:D9)"와 같은 의미입니다.

등급 **A**

36. 다음 중 매크로를 작성하고 사용하는 방법에 대한 설명으로 옳지 않은 것은?

① 매크로 기록 도중에 선택한 셀은 절대 참조로 기록할 수도 있고 상대 참조로 기록할 수도 있다.
② 매크로에 지정된 바로 가기 키가 엑셀 고유의 바로 가기 키와 중복될 경우 매크로 실행의 바로 가기 키가 우선한다.
③ ActiveX 컨트롤의 '명령 단추'를 추가하면 [매크로 지정] 대화상자가 자동으로 표시되어 실행할 매크로를 바로 지정할 수 있다.
④ Visual Basic Editor에서 코드 편집을 통해 매크로의 이름이나 내용을 바꿀 수 있다.

전문가의 조언

ActiveX 컨트롤의 '명령 단추'가 아니라 양식 컨트롤의 '단추'를 추가하면 '매크로 지정' 대화상자가 자동으로 표시되어 실행할 매크로를 바로 지정할 수 있습니다.

03230323 등급 **A**

37. [A1:D11] 영역의 데이터를 이용하여 성별별 근무년수의 최대값을 [G2:G3] 영역에 계산하려고 한다. [G2] 셀에 수식을 작성한 뒤 [G3] 셀에 복사하고 셀 포인터를 [G2]에 위치시켰을 때 수식 입력줄에 나타나는 배열 수식으로 틀린 것은?

	A	B	C	D	E	F	G
1	이름	직위	성별	근무년수		성별	근무년수
2	백수인	대리	여	26		남	29
3	장재근	대리	남	14		여	26
4	이성만	과장	남	19			
5	김유신	부장	여	24			
6	이덕화	사원	남	7			
7	공재룡	사원	남	9			
8	이현성	부장	남	22			
9	홍록기	차장	남	17			
10	신동엽	이사	남	29			
11	김한석	이사	여	12			
12							

① {=MAX(IF($C$2:$C$11=F2, $D$2:$D$11))}
② {=MAX(IF($C$2:$C$11=$F2, $D$2:$D$11))}
③ {=MAX(IF(C$2:C$11=F2, D2:D$11))}
④ {=MAX(IF(C$2:C$11=$F2, $D2:$D11))}

등급 A

38. 다음과 같은 시트에서 [A8] 셀에 아래의 수식을 입력했을 때 계산 결과로 올바른 것은?

=COUNT(OFFSET(D6, −5, −3, 2, 2))

	A	B	C	D
1	성명	중간	기말	합계
2	김나희	100	80	180
3	금근석	90	95	185
4	배정희	80	63	143
5	탁지연	95	74	169
6	한정희	55	65	120
7				

① 4   ② 1
③ 120   ④ 74

등급 C

39. 다음 중 아래 그림 [보기] 탭 [창] 그룹의 각 명령에 대한 설명으로 옳지 않은 것은?

① [새 창]을 클릭하면 새로운 빈 통합 문서가 표시된다.
② [모두 정렬]은 현재 열려 있는 통합 문서를 바둑판식, 계단식, 가로, 세로 등 4가지 형태로 배열한다.
③ [숨기기]는 현재 활성화된 통합 문서 창을 보이지 않도록 숨긴다.
④ [나누기]를 클릭하면 워크시트를 최대 4개의 창으로 분할하여 멀리 떨어져 있는 여러 부분을 한 번에 볼 수 있다.

등급 C

40. 다음 중 시트 보호 시 '워크시트에서 허용할 내용'으로 저 정할 수 있는 내용이 아닌 것은?

① 시나리오 편집
② 개체 편집
③ 시트 이름 바꾸기
④ 자동 필터 사용

3 과목   데이터베이스 일반

03240341 등급 B

41. 다음 중 [사원] 테이블에서 '나이' 필드의 값이 30 이상 35 이하인 사원의 '부서'와 '이름' 필드를 검색하는 SQL 문으로 틀린 것은?

① Select 부서, 이름 From 사원 Where 나이 Between 30 And 35;
② Select 부서, 이름 From 사원 Where 나이 In(30, 31, 32, 33, 34, 35)
③ Select 부서, 이름 From 사원 Where 나이 >= 30 And <=35;
④ Select 부서, 이름 From 사원 Where 사원.나이 >= 30 And 사원.나이 <=35;

전문가의 조언
And나 Or 연산자를 이용해 한 필드에 여러 조건을 지정할 때는 '나이 >= 30 And 나이 <=35'와 같이 각 조건을 필드명과 함께 지정해야 합니다.

등급 B

42. 다음 중 아래 그림과 같이 '성명' 필드가 'txt검색' 컨트롤에 입력된 문자를 포함하는 레코드만을 표시하도록 하는 프로시저의 코드로 옳은 것은?

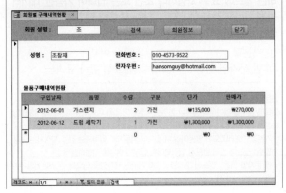

① Me.Filter = "성명 = '*' & txt검색 & '*'"
  Me.FilterOn = True
② Me.Filter = "성명 = '*' & txt검색 & '*'"
  Me.FilterOn = False
③ Me.Filter = "성명 like '*' & txt검색 & '*'"
  Me.FilterOn = True
④ Me.Filter = "성명 like '*' & txt검색 & '*'"
  Me.FilterOn = False

전문가의 조언
프로시저의 코드로 옳은 것은 ③번입니다. 포함하는 데이터를 조회하려면 특수 연산자 Like와 만능 문자(와일드 카드)를 사용해야 합니다.

❶ Me.Filter = "성명 like '*' & txt검색 & "*'"
❷ Me.FilterOn = True

❶ 성명이 'txt검색' 컨트롤에 입력된 값을 포함하는 레코드를 현재 폼의 Filter 속성으로 정의합니다.
❷ 현재 개체의 Filter 속성에 정의된 Filter를 적용합니다.

등급 C

43. 다음 중 데이터베이스의 장점이 아닌 것은?
① 데이터의 일관성을 유지할 수 있다.
② 데이터의 중복을 최소화할 수 있다.
③ 데이터의 무결성을 유지할 수 있다.
④ 데이터 유실 시 파일 회복이 쉽다.

전문가의 조언
데이터베이스는 데이터 유실 시 파일 회복이 어렵습니다.

등급 C

44. 정규화 과정 중 릴레이션에 속한 모든 도메인이 원자값(Atomic Value)만으로 되어 있는 릴레이션은 어떤 정규형의 릴레이션인가?
① 제1정규형   ② BCNF 정규형
③ 제2정규형   ④ 제3정규형

전문가의 조언
릴레이션에 속한 모든 도메인이 원자값(Atomic Value)만으로 되어 있는 릴레이션은 제1정규형의 릴레이션입니다.

- **2NF(제2정규형)** : 릴레이션 R이 1NF이고, 키가 아닌 모든 속성이 기본키에 대하여 완전 함수적 종속 관계를 만족함
- **3NF(제3정규형)** : 릴레이션 R이 2NF이고, 키가 아닌 모든 속성이 기본키에 대해 이행적 종속 관계를 이루지 않도록 제한한 릴레이션
- **BCNF(Boyce-Codd 정규형)** : 릴레이션 R에서 결정자가 모두 후보키인 릴레이션

등급 A

45. 다음 중 개체나 필드 이름 지정 규칙으로 옳지 않은 것은?

① 공백을 이름의 첫 문자로 사용할 수 없다.
② 최대 64자까지 입력할 수 있다.
③ 마침표(.), 느낌표(!), 대괄호([ ])를 포함한 모든 특수 문자를 사용할 수 없다.
④ 하나의 테이블 내에서 필드 이름이 중복될 수 없다.

전문가의 조언
마침표(.), 느낌표(!), 대괄호([ ])를 제외한 특수 문자를 사용할 수 있습니다.

등급 B

46. 다음과 같은 식을 입력하였을 때의 설명으로 틀린 것은?

> =Format(Now( ), "m/d")

① Format은 계산 결과에 표시 형식을 지정하는 함수이다.
② Now는 현재 날짜와 시간을 표시해 주는 함수이다.
③ 컨트롤에 입력되는 식은 =로 시작해야 한다.
④ 오늘 날짜가 '2024-06-03'이면 06/03으로 표시된다.

전문가의 조언
Format 함수의 표시 형식이 **m/d**와 같이 월과 일이 모두 한 자리로 지정되었으므로 오늘 날짜가 2024-06-03인 경우 6/3으로 표시됩니다.

등급 A

47. 다음 중 아래 〈학과〉 테이블의 '학과코드' 필드에 대한 설명으로 옳지 않은 것은?

필드 이름	데이터 형식
학과코드	숫자

일반 조회

필드 크기	바이트
형식	
소수 자릿수	자동
입력 마스크	999;0;0
캡션	
기본값	10
유효성 검사 규칙	<=200
유효성 검사 텍스트	
필수	예
인덱스	예(중복 불가능)
텍스트 맞춤	일반

① 학과코드는 반드시 입력되어야 한다.
② 필드의 값은 최대 255까지 입력할 수 있다.
③ 동일한 학과코드는 입력될 수 없다.
④ 레코드가 새로 생성되는 경우, 10이 자동으로 입력된다.

전문가의 조언
필드의 형식이 바이트이므로 255까지 입력할 수 있지만 유효성 검사 규칙(<=200)으로 인해 200을 초과하는 값은 입력할 수 없습니다.

등급 A

48. 테이블에 잘못된 데이터가 입력되면 이후 많은 문제가 발생한다. 이런 문제를 해결하기 위한 방안으로 점검을 필요로 하는 필드에 요구 사항이나 조건 또는 입력이 가능한 데이터 등을 미리 지정한 후 데이터 입력 시 이를 점검하도록 하는 기능은 다음 중 어느 것인가?

① 기본값
② 필수 여부
③ 빈 문자열 허용
④ 유효성 검사 규칙

전문가의 조언
필드에 입력할 데이터의 종류나 범위를 지정하여 입력 데이터를 제한할 때 사용하는 속성은 유효성 검사 규칙입니다.
- **기본값** : 새 레코드가 만들어질 때 필드에 자동으로 입력되는 값을 지정하는 속성
- **필수** : 필드에 값이 반드시 입력되어야 할지의 여부를 지정하는 속성
- **빈 문자열 허용** : 필드에 문자열의 길이가 0인 문자열을 입력할 수 있는지의 여부를 지정하는 속성

등급 C

49. 다음 중 테이블에서 내보내기가 가능한 파일 형식에 해당하지 않는 것은?

① HTML
② Excel
③ Outlook
④ ODBC 데이터베이스

등급 B

50. 다음 중 업데이트 쿼리에 대한 설명으로 옳지 않은 것은?

① 하나 이상의 테이블에 데이터를 추가할 수 있다.
② 여러 테이블의 값을 한 번에 변경할 수 있다.
③ 기존 데이터의 값을 널(Null) 값으로 변경할 수 있다.
④ 레코드의 모든 데이터를 변경할 수 있다.

등급 A

51. 다음 중 보고서에 대한 설명으로 옳지 않은 것은?

① 필드와 바운딩된 컨트롤을 사용하여 원본 데이터를 편집하거나 표시할 수 있다.
② 보고서를 PDF, XPS 형식으로 내보낼 수 있다.
③ 레코드 원본에 SQL 문장을 입력하면 질의 결과를 대상으로 하는 보고서를 작성할 수 있다.
④ 둘 이상의 테이블을 이용하여 보고서를 작성하는 경우 쿼리를 만들어 레코드 원본으로 사용한다.

등급 A

52. 다음 중 보고서의 그룹화에 대한 설명으로 옳지 않은 것은?

① 그룹 머리글과 그룹 바닥글에는 그룹별 요약 정보를 삽입할 수 있다.
② 그룹화 기준이 되는 필드는 데이터가 정렬되어 표시된다.
③ 보고서 마법사를 이용하여 기본적인 그룹화 보고서를 작성할 수 있다.
④ 그룹화 기준은 한 개의 필드로만 지정할 수 있다.

등급 A

53. 다음 중 연산자 사용에 대한 설명으로 옳지 않은 것은?

① Like "김?" : "김"으로 시작하거나 "김"을 포함하는 모든 자료를 표시한다.
② Between 20 and 60 : 20에서 60 사이인 자료를 표시한다.
③ Not "0" : 널 문자가 아닌 자료를 표시한다.
④ 3〈〉3 Or 2〈1 : 화면에 표시되는 내용이 없다.

등급 A

54. 다음의 〈학과〉 테이블에 대한 SQL문의 실행 결과로 표시되는 값은?

〈학과〉

학과코드	학과명	수강인원	강의실코드
1001	인공지능	40	C101
1002	빅데이터	20	C204
1003	데이터보안	30	C308
1004	반도체	10	C405

〈SQL문〉

```
Select Count(*)
From 학과
Where 수강인원 〉
    (Select Avg(수강인원) From 학과);
```

① 1   ② 2
③ 3   ④ 4

등급 C

55. 다음 중 [페이지 설정] 대화상자에서 설정할 수 없는 것은?

① 프린터 선택   ② 머리글/바닥글
③ 인쇄 여백   ④ 용지 방향

등급 B

56. 다음 중 Access의 DoCmd 개체의 메서드가 아닌 것은?

① OpenReport   ② GoToRecord
③ RunSQL   ④ SetValue

등급 B

57. 다음 중 분할 표시 폼에 대한 설명으로 옳지 않은 것은?

① 상단의 단일 폼에서만 데이터의 변경이 가능하며, 하단의 데이터시트에서는 변경된 내용을 바로 확인할 수 있다.
② 분할 표시 폼은 데이터시트 보기와 폼 보기를 동시에 표시하는 기능이며, 이 두 보기는 같은 데이터 원본에 연결되어 있어 항상 상호 동기화된다.
③ 레이아웃 보기에서는 컨트롤의 크기 조정이나 이동이 가능하다.
④ 분할 표시 폼은 [만들기] 탭의 [폼] 그룹에서 [기타 폼] → [폼 분할]을 클릭하여 만들 수 있다.

등급 B

58. 폼 보기 상태에서 다음과 같이 폼이 나타나도록 폼 속성을 설정하였다. 가장 옳지 않은 것은?

진급정보조회 ×				
진급예정일자	**입사일자**	**이름**	**직위**	**부서**
2025-04-01	2006-06-01	김구완	이사	기획부
2024-10-01	2009-10-01	김미향	차장	기획부
2024-02-01	2017-07-01	김진국	사원	기획부
2024-03-01	2015-06-01	마소희	주임	기획부
레코드: ◄ ◄ 1/93 ► ►► ▼ 필터링되지 않음 검색				

① 탐색 단추 : 예
② 스크롤 막대 : 세로만
③ 레코드 선택기 : 예
④ 구분 선 : 아니요

전문가의 조언
문제의 폼에는 레코드 선택기가 설정되어 있지 않습니다.
• 보기로 제시된 폼의 각 구성 요소는 다음과 같습니다.

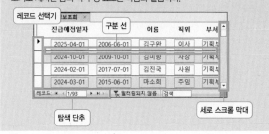

등급 C

59. 다음 중 폼에서 컨트롤의 탭 순서를 변경하는 방법으로 옳지 않은 것은?

① 마법사 또는 레이아웃과 같은 도구를 사용하여 폼을 만든 경우 컨트롤이 폼에 표시되는 순서(위쪽에서 아래쪽 및 왼쪽에서 오른쪽)와 같은 순서로 탭 순서가 설정된다.
② 기본적으로는 컨트롤을 작성한 순서대로 탭 순서가 설정되며, 레이블에는 설정할 수 없다.

③ [탭 순서] 대화상자를 이용하면 컨트롤의 탭 순서를 컨트롤 이름 행을 드래그해서 조정할 수 있다.
④ 탭 순서에서 컨트롤을 제거하려면 컨트롤의 탭 정지 속성을 '예'로 설정한다.

전문가의 조언
탭 순서에서 컨트롤을 제거하려면, 즉 Tab을 사용하여 포커스를 이동시킬 수 없도록 하려면 컨트롤의 '탭 정지' 속성을 '아니요'로 설정해야 합니다.

등급 C

60. 다음 중 아래 보고서에 대한 설명으로 옳지 않은 것은? 단, 이 보고서는 전체 4페이지이며, 현재 페이지는 2페이지이다.

거래처별 제품목록

거래처명	제품번호	제품이름	단가	재고량
㈜맑은세상	15	아쿠아렌즈	₩50,000	22
	14	바슈롬렌즈	₩35,000	15
	20	C-BR렌즈	₩50,000	3
	제품수:	3	총재고량 :	40

거래처명	제품번호	제품이름	단가	재고량
참아이㈜	9	선글래스C	₩170,000	10
	7	선글래스A	₩100,000	23
	8	선글래스B	₩120,000	46

2 / 4

① '거래처명'을 표시하는 컨트롤은 '중복 내용 숨기기' 속성이 '예'로 설정되어 있다.
② '거래처명'을 기준으로 그룹이 설정되어 있다.
③ 그룹 바닥글의 '제품수'는 Sum 함수를 이용하여 계산되었다.
④ '거래처별 제품목록'이라는 제목은 페이지 머리글 영역에 만들어져 있다.

전문가의 조언
그룹 바닥글의 '제품수'는 개수를 계산하는 Count 함수를 이용하여 계산되었습니다.

1과목 컴퓨터 일반

등급 B

1. 다음 중 시스템 보안을 위해 사용하는 방화벽(Firewall)의 기능에 대한 설명으로 옳지 않은 것은?

① 인증(Authentication) 및 데이터 암호화 기능 제공
② 모든 방식에 투명성 보장 및 규칙 검증 가능
③ 외부 네트워크 접근 제어
④ 로깅(Logging)과 감사 추적(Audit Trail) 기능

전문가의 조언
방화벽의 기능에는 인증(Authentication), 데이터 암호화, 접근 제어(Access Control), 로깅(Logging)과 감사 추적(Audit Trail) 등이 있습니다.

등급 A

2. 다음 중 전기적으로 데이터를 지우거나 다시 기록할 수 있는 기억장치로, 스마트폰, 디지털 카메라 등에 사용되는 메모리는?

① Flash Memory   ② Buffer Memory
③ Virtual Memory   ④ Cache Memory

전문가의 조언
전기적으로 데이터를 지우거나 다시 기록할 수 있는 기억장치는 플래시 메모리(Flash Memory)입니다.
- **버퍼 메모리(Buffer Memory)** : 두 개의 장치가 데이터를 주고받을 때 두 장치 간의 속도 차이를 해결하기 위해 중간에 데이터를 임시로 저장해 두는 공간으로, 키보드 버퍼, 프린터 버퍼 등이 있음
- **가상 메모리(Virtual Memory)** : 보조기억장치(하드디스크)의 일부를 주기억장치처럼 사용하는 메모리 기법으로, 주기억장치보다 큰 프로그램을 불러와 실행해야 할 때 유용하게 사용됨
- **캐시 메모리(Cache Memory)** : 중앙처리장치(CPU)와 주기억장치 사이에 위치하여 컴퓨터의 처리 속도를 향상시키는 역할을 함

등급 C

3. 다음 중 한글 Windows의 [설정] → [접근성]에 대한 설명으로 옳지 않은 것은?

① 키보드의 숫자 키패드를 이용하여 마우스 포인터를 움직이도록 설정할 수 있다.
② 모든 사용자에 대해 로그인 전 내레이터를 사용하도록 설정할 수 있다.
③ 로그인 후 돋보기가 자동으로 실행되도록 설정할 수 있다.
④ 텍스트 커서 및 마우스 포인터의 크기나 색을 변경할 수 있다.

전문가의 조언
- 마우스 포인터의 크기나 색은 변경할 수 있지만 텍스트 커서는 모양만 변경할 수 있고 크기나 색은 변경할 수 없습니다.
- [접근성] → [텍스트 커서]에서 크기나 색을 변경할 수 있는 대상은 커서가 아니라 커서 표시기입니다.

등급 B

4. 다음 중 한글 Windows 10의 바로 가기 키에 대한 설명으로 옳은 것은?

① Alt + PrintScreen : 전체 활성 창을 클립보드로 복사
② Alt + F4 : 활성 창을 닫거나 활성 앱을 종료
③ F3 : 파일 이름 바꾸기
④ Shift + F4 : 활성 문서 닫기

전문가의 조언
Alt + F4 는 활성 창을 닫거나 활성 앱을 종료하는 바로 가기 키입니다.
- Alt + PrintScreen : 현재 작업 중인 활성 창을 클립보드로 복사함
- PrintScreen : 화면 전체를 클립보드로 복사함
- F2 : 폴더 및 파일의 이름을 변경함
- F3 : 파일 탐색기의 '검색 상자'를 선택함

등급 C

5. 다음 중 MIDI(Musical Instrument Digital Interface)에 대한 설명으로 옳지 않은 것은?

① 전자악기 간의 디지털 신호에 의한 통신이나 컴퓨터와 전자악기 간의 통신 규약이다.
② 파형 정보를 저장하지 않으므로 미디 신호를 재생하려면 미디 신호를 재생할 수 있는 전자악기를 사용해야 한다.
③ 조명 제어, 무대 회전 등과 다른 장비는 제어할 수 없다.
④ 게임 사운드 트랙과 스튜디오 녹음 등에 사용된다.

전문가의 조언
MIDI 신호를 이용해 조명을 제어하거나 무대를 회전하는 것과 같이 전자악기 외의 다른 장비도 제어할 수 있습니다.

등급 A

6. 다음 중 RAID(Redundant Array Of Inexpensive Disk)에 대한 설명으로 옳지 않은 것은?

① RAID 0은 여분의 디스크가 포함되지 않지만 동일한 RAID 볼륨을 추가로 구성하며, 추가된 볼륨은 원래의 볼륨과 동일하기 때문에 미러링 모드라고 한다.
② 하드디스크의 모음뿐만 아니라 자동으로 복제해 백업 정책을 구현해 주는 기술이다.
③ RAID 5는 RAID 4의 패리티 볼륨에 대한 병목현상을 개선한 것이다.
④ RAID는 여러 개의 디스크를 하나로 묶어 하나의 논리적 디스크로 작동하게 하는데, 하드웨어적 방법과 소프트웨어적 방법이 있다.

전문가의 조언
• RAID 0은 두 개 이상의 디스크를 사용하여 두 개 이상의 볼륨을 구성한 구조로, 하나의 데이터를 여러 디스크에 분산 저장하기 때문에 스트라이핑(Striping) 모드라고 합니다.
• ①번은 RAID 1에 대한 설명입니다.

등급 B

7. 다음 중 프로그래밍 기법에 대한 설명으로 옳지 않은 것은?

① 객체지향 프로그래밍은 객체를 중심으로 한 기법으로, 소프트웨어의 재사용과 유지보수가 용이하다.
② 구조적 프로그래밍은 지정된 문법 규칙에 따라 일련의 처리 절차를 순서대로 기술해 나가는 기법이다.
③ 비주얼 프로그래밍은 Windows의 GUI 환경에서 아이콘과 마우스를 이용하여 대화형으로 좀 더 쉽게 프로그래밍할 수 있다.
④ 하향식 프로그래밍은 프로그램 구조의 상위 모듈에서 하위 모듈로 작성하는 기법이다.

전문가의 조언
• 구조적 프로그래밍은 입력과 출력이 각각 하나씩 이루어진 구조로, GOTO문을 사용하지 않으며, 순서, 선택, 반복의 3가지 논리 구조를 사용하는 기법입니다.
• ②번은 절차적 프로그래밍에 대한 설명입니다.

등급 B

8. 다음 중 사물 인터넷(Iot)에 대한 설명으로 옳지 않은 것은?

① 모든 사물을 네트워크로 연결하여 소통하는 정보통신 환경을 의미한다.
② 스마트 센싱 기술과 무선 통신 기술을 융합하여 실시간으로 데이터를 주고받는 기술이다.
③ 개방형 정보 공유에 대한 부작용을 최소화하기 위해 정보보안 기술의 적용이 필요하다.
④ 통계적 기법, 수학적 기법과 인공지능을 이용하여 방대한 양의 데이터들로부터 유용한 정보를 추출하는 기술이다.

전문가의 조언
④번은 데이터 마이닝(Data Mining)에 대한 설명입니다.

정답 5.③ 6.① 7.② 8.④   **61**

9. 다음 중 [설정] → [시스템] → [디스플레이]에 대한 설명으로 옳지 않은 것은?

① 화면의 방향을 가로, 세로, 가로(대칭 이동), 세로(대칭 이동) 중에서 선택하여 변경할 수 있다.
② 청색광을 조절하는 야간 모드의 켜고 끄는 예약 시간을 설정할 수 있다.
③ 화면의 밝기 및 기타 전원 설정을 조정할 수 있다.
④ 화면에 표시되는 텍스트, 앱 및 기타 항목의 크기를 변경할 수 있다.

전문가의 조언
기타 전원 설정은 [⚙️(설정)] → [시스템] → [전원 및 절전]이나 [제어판] → [전원 옵션]에서 조정할 수 있습니다.

10. 다음 중 전자우편(E-mail)에서 메일을 주고 받는데 사용되는 프로토콜로 올바르게 짝지어진 것은?

① ARP, SNMP, POP3
② UDP, ICMP, SMTP
③ SMTP, POP3, MIME
④ MIME, ARP, UDP

전문가의 조언
전자우편에서 메일을 주고 받는데 사용되는 프로토콜에는 SMTP, POP3, MIME가 있습니다.

11. 다음 중 캐시 메모리(Cache Memory)에 관한 설명으로 옳은 것은?

① 중앙처리장치와 주기억장치 사이에 위치하여 컴퓨터의 처리 속도를 향상시킨다.
② 캐시 메모리는 주로 DRAM을 사용한다.
③ 보조기억장치의 일부를 주기억장치처럼 사용한다.
④ 주기억장치보다 큰 프로그램을 불러와 실행해야 할 때 유용하다.

전문가의 조언
캐시 메모리는 중앙처리장치와 주기억장치 사이에 위치하여 컴퓨터의 처리 속도를 향상시키는 역할을 합니다.
• ② 캐시 메모리는 접근 속도가 빠른 정적 램(SRAM)을 사용합니다.
• ③, ④ 가상 메모리(Virtual Memory)에 대한 설명입니다.

12. 다음 중 전자우편(E-mail)에 대한 설명으로 옳지 않은 것은?

① 한 사람이 동시에 여러 사람에게 전자우편을 보낼 수 있다.
② 전체 회신은 받은 메일에 대한 답장을 발송자는 물론 참조인들에게도 전송하는 기능이다.
③ IMAP는 로컬 서버에서 프로그램을 이용하여 전자우편을 액세스하기 위한 표준 프로토콜이다.
④ SMTP는 메일 서버에 도착한 이메일을 사용자 컴퓨터로 가져올 수 있도록 메일 서버에서 제공하는 프로토콜이다.

전문가의 조언
• SMTP(Simple Mail Transfer Protocol)는 사용자의 컴퓨터에서 작성한 메일을 다른 사람의 계정이 있는 곳으로 전송해 주는 프로토콜입니다.
• ④번은 POP3(Post Office Protocol3)에 대한 설명입니다.

13. 다음 중 자료 구성 단위에 대한 설명으로 옳지 않은 것은?

① 8개의 비트(Bit)가 모여 1바이트(Byte)를 구성한다.
② 레코드(Record)는 하나 이상의 관련된 필드가 모여서 구성되는 자료 처리 단위이다.
③ 필드(Field)는 파일 구성의 최소 단위, 여러 개의 필드가 모여서 레코드(Record)가 된다.
④ 워드(Word)는 문자를 표현하는 최소 단위이다.

전문가의 조언
• 워드(Word)는 CPU가 한 번에 처리할 수 있는 명령 단위입니다.
• 문자를 표현하는 최소 단위는 바이트(Byte)입니다.

등급 B

14. 다음 중 [파일 탐색기]의 검색 도구에 대한 설명으로 옳지 않은 것은?

① 수정한 날짜를 이용하여 지난 주에 수정한 파일들을 검색할 수 있다.
② 파일의 크기를 선택하여 검색할 수 있다.
③ 파일의 종류를 선택하여 검색할 수 있다.
④ 파일 특성이 '읽기 전용'인 파일들을 검색할 수 있다.

등급 A

15. 다음 중 한글 Windows에서 사용하는 USB(Universal Serial Bus)에 대한 설명으로 옳은 것은?

① USB는 범용 병렬 장치를 연결할 수 있게 해 주는 컴퓨터 인터페이스이다.
② USB 3.0은 이론적으로 최대 5Gbps의 전송속도를 가지며, PC 및 연결기기, 케이블 등의 모든 USB 3.0 단자는 파랑색으로 되어 있어 이전 버전과 구분이 된다.
③ 허브를 이용하여 하나의 USB 포트에 여러 개의 주변기기를 연결할 수 있으며, 최대 256개까지 연결할 수 있다.
④ 핫 플러그인(Hot Plug In) 기능은 지원하지 않으나 플러그 앤 플레이(Plug & Play) 기능은 지원한다.

등급 A

16. 다음 중 개인용 컴퓨터의 바이오스(BIOS)에 관한 설명으로 옳지 않은 것은?

① 컴퓨터의 기본 입출력장치나 메모리 등 하드웨어 작동에 필요한 명령들을 모아 놓은 프로그램이다.
② 바이오스는 하드디스크에 저장되어 있는 운영체제의 일부이다.
③ 바이오스는 부팅할 때 POST를 통해 컴퓨터를 점검한 후에 사용 가능한 장치를 초기화한다.
④ 하드디스크 타입이나 부팅 순서와 같이 바이오스에서 사용하는 일부 정보는 CMOS에서 설정이 가능하다.

등급 C

17. 다음 중 객체 지향 프로그래밍 언어에 대한 설명으로 옳지 않은 것은?

① 대표적인 객체 지향 언어로 C++, Java 등이 있다.
② 소프트웨어의 재사용으로 프로그램의 개발 시간을 단축할 수 있다.
③ 상속성, 캡슐화, 추상화, 다형성 등의 특징이 있다.
④ 순차적인 처리가 중요시되며 프로그램 전체가 유기적으로 연결되도록 작성한다.

등급 B

18. 다음 중 네트워크 관련 장비로 브리지(Bridge)에 관한 설명으로 옳지 않은 것은?

① 두 개의 근거리 통신망을 상호 접속할 수 있도록 하는 통신망 연결 장치이다.
② 통신량을 조절하여 데이터가 다른 곳으로 가지 않도록 한다.
③ OSI 참조 모델의 물리 계층에 속한다.
④ 통신 프로토콜을 변환하지 않고도 네트워크를 확장한다.

19. 다음 중 컴퓨터의 소프트웨어 관련 용어에 대한 설명으로 옳은 것은?

① 베타(Beta) 버전은 제작 회사 내에서 테스트할 목적으로 제작하는 소프트웨어이다.
② 셰어웨어(Shareware)는 기능과 사용 기간에 제한 없이 무료로 사용할 수 있는 소프트웨어이다.
③ 패치(Patch) 버전은 이미 제작하여 배포된 프로그램의 오류 수정이나 성능 향상을 위해 프로그램 일부를 변경해 주는 소프트웨어이다.
④ 알파(Alpha) 버전은 프로그램을 출시하기 전에 테스트를 목적으로 일반인에게 공개하는 소프트웨어이다.

등급 **C**

20. 다음 중 운영체제의 구성인 제어 프로그램에 대한 설명으로 옳지 않은 것은?

① 자원의 할당 및 시스템 전체의 작동 상태를 감시한다.
② 작업이 정상적으로 처리될 수 있도록 작업의 순서와 방법을 관리한다.
③ 작업에 사용되는 데이터와 파일의 표준적인 처리 및 전송을 관리한다.
④ 사용자가 고급 언어로 작성한 원시 프로그램을 기계어 형태의 목적 프로그램으로 변환시킨다.

등급 **A**

21. 다음 중 조건부 서식에 대한 설명으로 옳지 않은 것은?

① 조건부 서식에 지정된 서식이 셀에 이미 지정된 서식보다 우선시 된다.
② 둘 이상의 조건부 서식이 참일 경우 지정된 서식이 모두 적용된다.
③ '조건부 서식 규칙 관리자' 대화상자에서 열려 있는 다른 통합 문서에 지정된 서식도 확인할 수 있다.
④ 수식을 사용하여 조건을 지정할 경우 다른 규칙과 다르게 조건을 만족하는 전체 행 또는 전체 열에 서식을 적용할 수 있다.

등급 **B**

22. 다음 중 부분합 실행 결과에 대한 설명으로 옳지 않은 것은?

			A	B	C	D
1						
2			도서코드	도서명	분류	금액
8					소설 최대	34,200
9					소설 개수	5
14					시/에세이 최대	32,800
15					시/에세이 개수	4
23					인문 최대	35,000
24					인문 개수	7
31					정치/경제 최대	35,400
32					정치/경제 개수	6
33					전체 최대값	35400
34					전체 개수	22
35						

① 개요 기호 '3'을 클릭하여 3수준 상태로 표시되었다.
② 분류별 금액의 최대를 구한 후 개수를 구했다.
③ 데이터 아래에 요약이 표시되었다.
④ 분류를 기준으로 오름차순 정렬하였다.

등급 A

23. 다음은 [A1:F29] 영역에 입력된 데이터의 일부다.
[A1:F29] 영역의 데이터를 이용하여 작성한 다음 피벗 테이블
에 대한 설명으로 옳지 않은 것은?

	A	B	C	D	E	F
1	고객	담당	수량	단가	할인율	금액
2	제일 백화점	김승진	18	200	13%	3,132
3	제일 백화점	이소라	49	530	7%	24,152
4	제일 백화점	최승엽	30	530	13%	13,833
5	제일 백화점	이유리	95	760	3%	70,034

	A	B	C
1	고객	(다중 항목) ▼	
2			
3	행 레이블 ▼	합계 : 금액	합계 : 부가세
4	강민석	52,452	5,245
5	김영식	80,966	8,097
6	박동수	10,814	1,081
7	박상민	45,192	4,519
8	이철호	70,157	7,016
9	총합계	259,581	25,958

① 필터 영역에 '고객'을 지정하고, 모든 데이터가 표시되
도록 지정했다.
② 행 레이블에 '담당'을 지정하고 열 레이블에는 아무것도
지정하지 않았다.
③ '부가세' 필드는 금액의 10%인 계산 필드이다.
④ 피벗 테이블은 '새 워크시트'에 작성하였다.

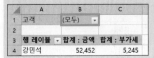

	A	B	C
1	고객	(모두) ▼	
2			
3	행 레이블 ▼	합계 : 금액	합계 : 부가세
4	강민석	52,452	5,245

등급 C

24. 다음 중 외부 데이터를 불러오기 위해 [데이터] → [데이
터 가져오기 및 변환] → [데이터 가져오기] → [기타 원본에
서] 메뉴에서 선택할 수 없는 메뉴는?

① Active Directory에서 ② OData 피드에서
③ Microsoft Query에서 ④ Microsoft Word에서

등급 A

25. 다음 '매크로' 대화상자에 대한 설명으로 옳지 않은 것은?

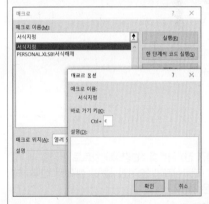

① '서식지정' 매크로는 열려 있는 모든 통합 문서에서 사
용할 수 있다.
② '서식지정' 매크로는 바로 가기 키를, 데이터를 복사하
는 Ctrl + c로 지정하였기 때문에 바로 가기 키로 사
용할 수 없다.
③ '서식해제' 매크로는 '개인용 매크로 통합 문서'로 저장
하였다.
④ '서식해제' 매크로는 엑셀을 실행할 때마다 사용할 수
있다.

26. 다음 중 윗주에 대한 설명으로 옳지 않은 것은?

① 셀의 데이터를 삭제하면 윗주도 함께 삭제된다.
② 데이터가 입력되지 않은 셀에 윗주를 삽입할 수 없다.
③ 숫자가 입력된 셀에 윗주를 삽입하면 화면에 윗주가 표시된다.
④ 윗주는 셀에 대한 주석을 설정하는 것이다.

전문가의 조언
윗주는 문자 데이터에만 삽입할 수 있으므로 숫자가 입력된 셀에는 윗주를 삽입할 수 없습니다.

27. 다음의 〈변경 전〉 차트를 〈변경 후〉 차트로 변경할 때 '데이터 원본 선택' 대화상자의 '숨겨진 셀/빈 셀'에서 선택해야 할 항목으로 옳은 것은?

〈변경 전〉

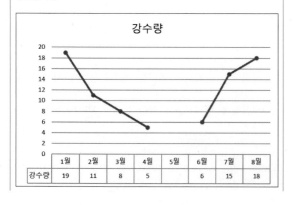

〈변경 후〉

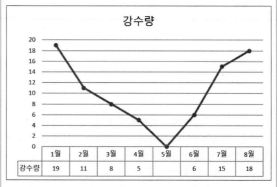

① '빈 셀 표시 형식'을 '간격'으로 지정한다.
② '빈 셀 표시 형식'을 '0으로 처리'로 지정한다.
③ '빈 셀 표시 형식'을 '선으로 데이터 요소 연결'로 지정한다.
④ '숨겨진 행 및 열에 데이터 표시'로 지정한다.

전문가의 조언
'숨겨진 셀/빈 셀 설정' 대화상자의 '빈 셀 표시 형식'에는 다음과 같이 3가지 형식이 있으며, '간격'을 지정할 경우 〈변경 전〉 차트처럼 표시되고, '0으로 처리'를 지정할 경우 〈변경 후〉 차트처럼 표시됩니다.

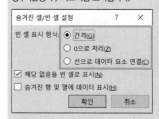

• '빈 셀 표시 형식'을 '선으로 데이터 요소 연결'로 지정할 경우 다음과 같이 표시됩니다.

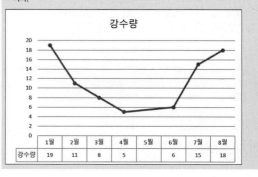

등급 C

28. 다음 중 창 나누기에 대한 설명으로 옳지 않은 것은?

① 창 나누기를 취소하려면 [보기] → [창] → [나누기 취소]를 선택한다.
② 화면을 수평, 수직, 수평·수직으로 나눌 수 있다.
③ 창 나누기를 수행하면 셀 포인터의 왼쪽과 위쪽을 기준으로 창 구분선이 표시된다.
④ 화면에 표시되는 창 나누기 형태는 인쇄 시 적용되지 않는다.

전문가의 조언
창 나누기가 지정된 상태에서 창 나누기를 취소하려면 [보기] → [창] → [나누기]를 클릭하면 됩니다.

등급 B

29. 다음 중 데이터 입력에 대한 설명으로 옳지 않은 것은?

① 수식 또는 함수 식을 입력할 때는 = 기호를 붙여 입력한다.
② 표 형식으로 입력된 데이터에서 바로 왼쪽 열에 데이터가 입력되어 있으면 채우기 핸들을 드래그하지 않고 더블클릭하여 왼쪽 열과 동일한 행까지 자동으로 입력할 수 있다.
③ 분수 1/4을 입력하려면 분수 앞에 0을 입력한 뒤 한 칸 띄고 분수를 입력한다.
④ 날짜 데이터를 수식에서 인수로 사용하려면 작은따옴표(')로 묶어준다.

전문가의 조언
날짜 데이터를 수식에서 인수로 사용하려면 큰따옴표(" ")로 묶어줘야 합니다.

등급 A

30. 다음 워크시트에서 [C3:C6] 영역에 입력된 'e메일'에서 '@' 앞에 글자만을 모두를 대문자로 변환하여 [B3:B6] 영역에 '닉네임'으로 표시하려고 한다. [B3] 셀에 입력할 수식으로 옳은 것은?

	A	B	C
1			
2	이름	닉네임	e메일
3	이의리		khvip@nate.com
4	조규성		rvgold@naver.com
5	조성은		snsilver@gilbut.com
6	황중희		bronzebg@google.com
7			

① =UPPER(LEFT(C3, SEARCH("@", C3)−1))
② =UPPER(MID(C3, SEARCH("@", C3)−1))
③ =UPPER(LEFT(C3, SEARCH(C3, "@")−1))
④ =UPPER(MID(C3, SEARCH(C3, "@")−1))

전문가의 조언
[B3] 셀에 입력할 수식으로 옳은 것은 ①번입니다.
=UPPER(LEFT(C3, SEARCH("@", C3)−1))
❶ ❷ ❸

❶ SEARCH("@", C3) : [C3] 셀에 입력된 "khvip@nate.com"에서 "@"를 찾아 위치인 6을 반환합니다.
❷ LEFT(C3, ❶−1) → LEFT(C3, 6−1) : "khvip@nate.com"의 왼쪽에서 5글자를 추출한 "khvip"를 반환합니다.
❸ =UPPER(❷) → =UPPER("khvip") : "khvip"를 모두 대문자로 변환한 "KHVIP"를 반환합니다.

등급 A

31. 다음 중 아래 워크시트에서 '학과'가 '멀티미디어'이고 '점수'가 90 이상인 인원수를 구하기 위한 수식으로 옳지 않은 것은?

▲	A	B	C
1			
2	이름	학과	점수
3	이미현	멀티미디어	81
4	이종민	컴퓨터공학과	90
5	박해수	컴퓨터공학과	99
6	조광희	기계공학과	90
7	이선미	멀티미디어	95
8	김태균	컴퓨터 공학과	94
9	권지향	멀티미디어	99

① {=SUM(IF((B3:B9="멀티미디어")*(C3:C9>=90), 1)}
② {=SUM((B3:B9="멀티미디어")*(C3:C9>=90))}
③ {=COUNT((B3:B9="멀티미디어")*(C3:C9>=90))}
④ =COUNTIFS(B3:B9, "멀티미디어", C3:C9, ">=90")

전문가의 조언
인원수를 구하기 위한 수식으로 옳지 않은 것은 ③번입니다.
• 조건이 두 개일 때 배열 수식을 이용하여 개수를 구하는 방법은 다음의 3가지 방법이 있습니다.

> • 방법1 : =SUM((조건1)*(조건2))
> • 방법2 : =SUM(IF((조건1)*(조건2), 1))
> • 방법3 : =COUNT(IF((조건1)*(조건2), 1))

1. 조건 찾기
 – 조건1 : 학과가 "멀티미디어"란 조건은 비교 대상이 될 학과가 있는 범위(B3:B9)와 비교 기준이 되는 "멀티미디어"를 "="으로 연결하여 적어주면 됩니다 (B3:B9="멀티미디어").
 – 조건2 : 점수가 90 이상이란 조건은 비교 대상이 될 점수가 있는 범위(C3:C9)와 비교 기준이 되는 90을 ">="로 연결하여 적어주면 됩니다(C3:C9>=90).
2. 위의 조건을 개수 구하기 배열 수식에 대입하면 다음과 같습니다.

> • 방법1 : =SUM((B3:B9="멀티미디어")*(C3:C9>=90))
> • 방법2 : =SUM(IF((B3:B9="멀티미디어")*(C3:C9>=90), 1))
> • 방법3 : =COUNT(IF((B3:B9="멀티미디어")*(C3:C9>=90), 1))

• 수식을 입력한 후 Ctrl + Shift + Enter를 누르면 중괄호({ })가 자동으로 표시됩니다.

등급 A

32. 다음 워크시트에서 [B3:B8] 영역의 '연락처'를 [C3:C8] 영역의 '전화번호'와 같이 표시하기 위해 [C3] 셀에 입력할 수식으로 옳은 것은?

▲	A	B	C
1			
2	이름	연락처	전화번호
3	유일한	010-9275-4991	010-9275-****
4	신영현	010-3347-4913	010-3347-****
5	김서하	010-3165-1890	010-3165-****
6	한지혜	010-7779-7463	010-7779-****
7	최현진	010-9905-6975	010-9905-****
8	김명철	010-6747-9013	010-6747-****

① =REPLACE(B3, 10, 4, "****")
② =SUBSTITUTE(B3, 10, 4, "****")
③ =REPLACE(B3, 10, 4, "*")
④ =SUBSTITUTE(B3, 10, 4, "*")

전문가의 조언
[C3] 셀에 입력할 수식으로 옳은 것은 ①번입니다.
• =REPLACE(B3, 10, 4, "****") : [B3] 셀의 값 "010-9275-4991"의 10번째부터 4글자를 "****"로 변경한 "010-9275-****"를 반환합니다.

등급 B

33. 다음 중 차트에 대한 설명으로 옳은 것은?

① 워크시트에서 차트에 사용될 데이터를 범위로 지정한 후 Ctrl + F1 을 누르면 별도의 차트 시트에 기본 차트가 작성된다.
② 방사형, 트리맵, 히스토그램 차트는 3차원 차트로 작성할 수 없다.
③ 원형 차트는 2개의 데이터 계열을 표시할 수 있어 '값 축'과 '항목' 축을 표시할 수 있다.
④ 추세선 이름은 자동으로 지정되어 사용자가 임의로 변경할 수 없다.

전문가의 조언
차트에 대한 설명으로 옳은 것은 ②번입니다.
① 별도의 차트 시트에 기본 차트를 작성하려면 F11 을, 데이터가 있는 시트에 기본 차트를 작성하려면 Alt + F1 을 누르면 됩니다.
③ 원형 차트는 항상 한 개의 데이터 계열만을 가지고 있으므로 축이 없습니다.
④ 추세선의 이름은 자동으로 지정되지만 사용자가 임의로 변경할 수 있습니다.

등급 B

34. 다음 중 시트의 특정 범위만 항상 인쇄하는 경우에 대한 설명으로 옳지 않은 것은?

① 인쇄할 영역을 블록 설정한 후 [페이지 레이아웃] 탭 [페이지 설정] 그룹의 [인쇄 영역] → [인쇄 영역 설정]을 클릭한다.

② 인쇄 영역으로 설정되면 페이지 나누기 미리 보기에서는 설정된 부분만 표시되고 나머지 행과 열은 숨겨진다.

③ 인쇄 영역을 설정하면 자동으로 Print_Area라는 이름이 작성되며, 이름은 Ctrl + F3 혹은 [수식] 탭 → [정의된 이름] 그룹 → [이름 관리자]에서 확인할 수 있다.

④ 인쇄 영역 설정은 [페이지 설정] 대화상자의 [시트] 탭에서 지정할 수도 있다.

전문가의 조언
페이지 나누기 미리 보기에서는 인쇄 영역으로 설정된 부분은 원래대로 표시되고, 설정되지 않은 부분은 배경이 회색으로 처리되어 표시됩니다.

등급 C

35. 다음 중 통합 문서에 대한 설명으로 옳지 않은 것은?

① 시트 보호는 통합 문서 전체가 아닌 특정 시트만을 보호한다.

② 공유된 통합 문서는 여러 사용자가 동시에 변경 및 병합할 수 있다.

③ 통합 문서 보호 설정 시 암호를 지정하면 워크시트에 입력된 내용을 수정할 수 없다.

④ 사용자가 워크시트를 추가, 삭제하거나 숨겨진 워크시트를 표시하지 못하도록 통합 문서의 구조를 잠글 수 있다.

전문가의 조언
통합 문서 보호 설정 시 지정된 암호는 통합 문서 보호를 해제할 때 필요한 것으로, 통합 문서 보호 상태에서는 암호 지정 여부에 상관없이 워크시트에 데이터를 입력하거나 수정할 수 있습니다.

등급 B

36. 아래의 시트에서 [C6:C10] 영역에 데이터를 채우려고 할 때 아래 [데이터 테이블] 대화상자에 입력되어야 할 값과 실행 결과 [C6:C10] 영역에 설정된 배열 수식의 쌍으로 올바르게 짝지어진 것은? (단, [C5] 셀에는 수식 '=B2*B3'이 입력되어 있으며, [B5:C10] 영역을 블록으로 지정한 후 [데이터] → [예측] → [가상 분석] → [데이터 표]를 실행한다.)

	A	B	C	D
1	가중치에 따른 성적 계산			
2	가중치	25%		
3	점수	90		
4				
5		성적	22.5	
6			10%	
7			20%	
8	가중치		30%	
9			40%	
10			50%	
11				

데이터 테이블 ? ✕
행 입력 셀(R): [＿＿＿＿] ↑
열 입력 셀(C): [＿＿＿＿] ↑
[확인] [취소]

① 입력값 : [행 입력 셀] : $B$2
  설정값 : {=TABLE(,B2)}
② 입력값 : [열 입력 셀] : $B$2
  설정값 : {=TABLE(,B2)}
③ 입력값 : [행 입력 셀] : $B$3
  설정값 : {=TABLE(,B3)}
④ 입력값 : [행 입력 셀] : $B$2, [열 입력 셀] : $B$3
  설정값 : {=TABLE(B2,B3)}

전문가의 조언
• 데이터 표의 입력값과 실행 결과에 설정된 배열 수식의 쌍으로 올바르게 짝지어진 것은 ②번입니다.
• 변화되는 값은 가중치이고, 가중치의 변경 값이 한 열(B)에 입력되어 있으므로 '데이터 테이블' 대화상자의 '열 입력 셀'에 가중치를 지정하면 됩니다. 가중치는 B2 셀에 입력되어 있으므로 '데이터 테이블' 대화상자의 '열 입력 셀'에 'B2'를 입력하면 됩니다.

37. 다음 중 아래 워크시트의 [A1] 셀에서 10.1을 입력한 후 Ctrl을 누르고 자동 채우기 핸들을 아래로 드래그한 경우 [A4] 셀에 입력되는 값은?

A1	▼	:	×	
	A	B		
1	10.1			
2				
3				
4				

① 10.1　　② 10.4　　③ 13.1　　④ 13.4

03240438

등급 A

38. 아래 워크시트에서 매출액[B3:B9]을 이용하여 매출 구간별 빈도수를 [F3:F6] 영역에 계산하고자 한다. 다음 중 이를 위한 배열 수식으로 옳은 것은?

	A	B	C	D	E	F
1						
2		매출액		매출구간		빈도수
3		75		0	50	1
4		93		51	100	2
5		130		101	200	3
6		32		201	300	1
7		123				
8		257				
9		169				
10						

① {=PERCENTILE.INC(B3:B9, E3:E6)}
② {=PERCENTILE.INC(E3:E6, B3:B9)}
③ {=FREQUENCY(B3:B9, E3:E6)}
④ {=FREQUENCY(E3:E6, B3:B9)}

등급 A

39. 다음 중 매크로 기록과 실행에 관련된 항목들의 설명으로 옳지 않은 것은?

① 매크로 기록 기능을 이용할 때 기본 저장 위치는 '현재 통합 문서'가 된다.
② Alt와 영문 문자를 조합하여 해당 매크로의 바로 가기 키를 지정할 수 있다.
③ 매크로 기록 기능을 통해 작성된 매크로는 'VBA 편집기'에서 실행할 수 있다.
④ 엑셀을 사용할 때마다 매크로를 사용할 수 있게 하려면 매크로 저장 위치를 '개인용 매크로 통합 문서'를 선택한다.

등급 C

40. 다음 중 '페이지 레이아웃'의 '머리글/바닥글 도구'에 대한 설명으로 틀린 것은?

① 페이지 번호, 현재 날짜 등을 추가할 수 있다.
② 보기 형태 중 '페이지 레이아웃'에서도 '머리글/바닥글 도구'를 사용할 수 있다.
③ 머리글과 바닥글의 여백을 워크시트의 여백에 맞추려면 '페이지 여백에 맞추기'를 선택한다.
④ 머리글과 바닥글의 글꼴과 인쇄 배율을 워크시트의 글꼴 크기와 인쇄 배율에 맞추려면 '문서에 맞게 배율 조정'을 선택한다.

3 과목 데이터베이스 일반

41. 다음 중 하위 폼에서 새로운 레코드를 추가하려고 할 때 설정해야 할 폼 속성은?

① '필터 사용'을 예로 설정한다.
② '추가 가능'을 예로 설정한다.
③ '편집 가능'을 예로 설정한다.
④ '삭제 가능'을 예로 설정한다.

42. 활성화된 폼에서 옵션 단추의 선택 여부에 따라 해당 텍스트 상자 컨트롤로 포커스(Focus)를 자동 이동하려고 한다. 다음 중 이 작업을 위해 사용되는 매크로 함수로 옳은 것은?

① OpenForm
② GoToControl
③ GoToRecord
④ SetValue

43. 다음 중 컨트롤에 대한 설명으로 옳지 않은 것은?

① 레이블 컨트롤은 제목이나 캡션 등의 설명 텍스트를 표현하기 위해 많이 사용된다.
② 테이블이나 쿼리의 필드가 컨트롤 원본으로 연결된 컨트롤을 계산 컨트롤이라고 한다.
③ 목록 상자 컨트롤은 여러 개의 데이터 행으로 구성되며 대개 몇 개의 행을 항상 표시할 수 있는 크기로 지정되어 있다.

④ 탭 형식의 대화상자를 작성하는 컨트롤로, 다른 컨트롤을 탭 컨트롤로 복사하거나 추가할 수 있는 컨트롤을 탭 컨트롤이라고 한다.

44. 다음 중 보고서에 대한 설명으로 옳지 않은 것은?

① 레코드 원본에 SQL 문장을 입력하면 질의 결과를 대상으로 하는 보고서를 작성할 수 있다.
② 보고서의 컨트롤에서는 컨트롤 원본을 사용하여 특정 필드에 바운드시킬 수 있다.
③ 폼과 동일하게 여러 유형의 컨트롤을 이용하여 데이터를 입력, 추가, 삭제하거나 표시할 수 있다.
④ 보고서마다 페이지 설정을 다르게 지정할 수 있다.

45. 탭 컨트롤에 대한 설명으로 옳지 않은 것은?

① 탭 형식의 대화상자를 작성하는 컨트롤로, 다른 컨트롤을 탭 컨트롤로 복사하거나 추가할 수 있다.
② 탭 컨트롤의 바로 가기 메뉴에서 [페이지 삽입], [페이지 삭제]를 선택하여 페이지를 추가하거나 삭제할 수 있다.
③ 탭 컨트롤의 바로 가기 메뉴에서 [탭 순서]를 선택하여 탭 컨트롤 내의 페이지 표시 순서를 설정할 수 있다.
④ 폼 디자인 도구의 컨트롤에서 탭 컨트롤 도구를 선택한 후 드래그하여 탭 컨트롤을 추가할 수 있다.

46. 다음 중 하위 폼에 대한 설명으로 옳지 않은 것은? _{등급 B}

① 하위 폼에서 여러 개의 연결 필드를 지정할 때에 사용되는 구분자는 세미콜론(;)이다.

② 기본 폼은 단일 폼, 연속 폼, 데이터 시트 형태로 표시할 수 있으며, 하위 폼은 단일 폼의 형태로만 표시할 수 있다.

③ 기본 폼과 하위 폼을 연결할 필드의 데이터 형식은 같거나 호환되어야 한다.

④ [하위 폼 필드 연결기]를 이용하여 간단히 기본 폼과 하위 폼의 연결 필드를 지정할 수 있다.

47. 다음 중 보고서를 만드는 방법으로 제공되는 마법사 유형이 아닌 것은? _{등급 C}

① 하위 보고서 마법사

② 업무 문서 양식 마법사

③ 우편 엽서 마법사

④ 보고서 마법사

48. 다음 중 보고서에 대한 설명으로 옳지 않은 것은? _{등급 A}

① 보고서는 데이터를 출력하기 위한 개체이다.

② 보고서의 컨트롤에서는 컨트롤 원본을 사용하여 특정 필드에 바운드 시킬 수 있다.

③ 레코드 원본에 SQL문장을 입력하면 질의 결과를 대상으로 하는 보고서를 작성할 수 있다.

④ 보고서의 레코드 원본으로 테이블, 쿼리나 기존 보고서를 지정할 수 있다.

_{등급 B}

49. 〈회원〉 테이블은 '이름'과 '주소' 필드로 구성되어 있으며, '주소' 필드에는 시/도, 시/군/구, 읍/면/동의 형태로 값이 입력되어 있다. 다음 중 주소가 서울시, 합정동이면서 이름이 "이"로 시작하는 회원의 이름과 주소를 조회하는 SQL문으로 옳은 것은?

① select 이름, 주소 from 회원 where 주소 = "서울", "합정동" and 이름 like "이*";

② select 이름, 주소 from 회원 where 주소 like "서울*" or "*합정동" and 이름 like "이*";

③ select 이름, 주소 from 회원 where 주소 like "서울" and "합정동" and 이름 like "이*";

④ select 이름, 주소 from 회원 where 주소 like "서울*" and "*합정동*" and 이름 like "이*";

03240450 등급 B

50. 다음의 쿼리 디자인 창과 동일한 결과를 산출하는 SQL문으로 옳은 것은?

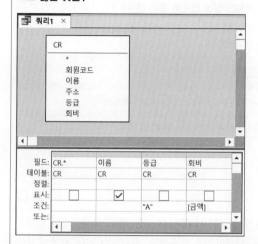

① select * from CR where 등급="A" and 회비=금액;
② select * from CR where 등급="A" or 회비=금액;
③ select 이름 from CR where CR.등급="A" and CR.회비=[금액];
④ select 이름, 등급, 회비 from CR where 등급="A" and 회비=[금액];

등급 C

51. 다음 중 현재 폼에서 'cmd숨기기' 단추를 클릭하는 경우, DateDue 컨트롤이 표시되지 않도록 하기 위한 이벤트 프로시저로 옳은 것은?

① Private Sub cmd숨기기_Click( )
　　Me.[DateDue]!Visible = False
　End Sub
② Private Sub cmd숨기기_DblClick( )
　　Me!DateDue.Visible = True
　End Sub
③ Private Sub cmd숨기기_Click( )
　　Me![DateDue].Visible = False
　End Sub
④ Private Sub cmd숨기기_DblClick( )
　　Me.DateDue!Visible = True
　End Sub

등급 B

52. 〈제품〉 테이블과 〈주문상세내역〉 테이블의 관계 설정에 관한 내용으로 옳지 않은 것은?

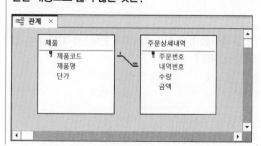

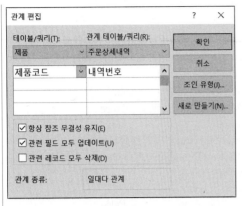

① 〈제품〉 테이블의 레코드를 수정하거나 삭제할 때 참조 무결성이 위배될 수 있다.
② 〈주문상세내역〉 테이블에 레코드를 추가할 때 참조 무결성이 위배될 수 있다.
③ 〈주문상세내역〉 테이블에 레코드를 삭제할 때는 어떠한 경우라도 참조 무결성이 위배되지 않는다.
④ 〈제품〉 테이블의 '제품코드' 데이터를 추가할 때는 참조 무결성이 위배될 수 있다.

전문가의 조언
〈제품〉 테이블에 새롭게 추가되는 '제품코드'는 〈주문상세내역〉 테이블에서 참조하는 자료가 아니므로 참조 무결성에 위배되지 않습니다.

등급 A

53. 다음 중 테이블의 필드 속성에서 인덱스를 지정할 수 없는 데이터 형식은?

① 짧은 텍스트   ② OLE 개체
③ Yes/No   ④ 일련 번호

전문가의 조언
OLE 개체, 첨부 파일, 계산 형식의 필드에는 인덱스를 설정할 수 없습니다.

등급 C

54. 폼에 삽입된 텍스트 상자 컨트롤의 컨트롤 원본으로 'Yes/No' 형식의 '성별' 필드를 바운드시키려고 한다. '성별' 필드의 값이 'Yes'이면 "남", 'No'이면 "여"로 표시하려고 할 때 '형식' 속성의 설정 값으로 옳은 것은?

① ₩남;₩여   ② 남/여
③ ;₩남;₩여   ④ ₩남,₩여

전문가의 조언
'Yes/No' 데이터 형식에서 Yes는 -1, No는 0으로 인식하므로, 음수(Yes)인 경우 '남', 0(No)인 경우 '여'로 표시하는 속성의 설정 값은 ;₩남;₩여입니다.
※ 텍스트 상자에 숫자가 입력된 경우 사용자 지정 형식은 네 개의 구역을 세미콜론 (;)으로 나누며, 각 구역은 **양수 ; 음수 ; 0 ; Null**로 구분됩니다.

등급 C

55. 다음 중 데이터베이스에 대한 설명으로 옳지 않은 것은?

① 데이터베이스는 컴퓨터가 접근할 수 있는 저장 매체에 저장된 자료이다.
② 데이터베이스는 자료가 최소한으로 중복된 데이터의 모임이다.
③ 데이터베이스는 조직의 고유한 업무를 수행하는 데 존재 가치가 확실하고 없어서는 안 될 반드시 필요한 자료이다.
④ 데이터베이스는 여러 응용 시스템들이 공동으로 소유하고 유지하는 자료이다.

전문가의 조언
데이터베이스는 자료의 중복을 배제한 데이터의 모임입니다.

등급 B

56. 다음 중 학생(학번, 이름, 학과, 학년, 주소) 테이블에서 학과가 "경영학과"이고 학년이 2학년인 학생의 학번과 이름만 출력하는 SQL문으로 올바른 것은?

① Select 학번, 이름 From 학생 Where 학과 Like '경영학과' And 학년 In (2);

② Select 학번, * From 학생 Where 학과='경영학과' Or 학년 = 2;

③ Select 학번, * From 학생 Where 학과='경영학과' And 학년 = 2;

④ Select 학번, 이름 From 학생 Where '경영학과' And 2;

문제에 주어진 조건에 맞는 SQL문은 ①번입니다.
① "학과 Like '경영학과' and 학년 In (2)"는 학과가 '경영학과'를 포함하고 학년이 2인 레코드를 의미하므로 문제에서 요구하는 조건을 충족하는 문장입니다.
② 조건을 Or로 연결했으므로 틀린 문장입니다.
③ 검색되는 속성을 '학번, *'로 지정하여 모든 속성이 표시되므로 틀린 문장입니다.
④ 조건이 형식에 맞지 않아 오류가 발생합니다.

등급 **A**

57. 다음 중 쿼리 유형에 대한 설명으로 옳지 않은 것은?

① [테이블 만들기] 쿼리로 레코드를 기존 테이블에 추가할 수 있다.

② [업데이트] 쿼리로 기존 테이블의 데이터를 변경할 수 있다.

③ 실행 쿼리는 쿼리 디자인 그룹 왼쪽에 실행(!) 단추가 표시된다.

④ [삭제] 쿼리로 기존 테이블의 레코드를 삭제할 수 있다.

• ①번은 추가 쿼리에 대한 설명입니다.
• 테이블 만들기 쿼리는 테이블이나 쿼리에서 데이터를 검색한 후 검색된 결과를 새로운 테이블로 만드는 작업을 수행합니다.

등급 **A**

58. 다음 중 데이터의 형식에 관한 설명으로 옳지 않은 것은?

① 짧은 데이터 형식의 필드 크기를 기존 크기보다 작게 지정할 경우 데이터가 손실될 수 있다.

② 숫자가 입력된 필드를 짧은 텍스트 형식으로 변경할 수 있다.

③ 정수가 입력된 필드를 일련 번호 형식으로 변경할 수 있다.

④ 날짜가 입력된 필드에 자세한 날짜 유형을 지정할 수 있다.

이미 데이터가 입력된 필드의 데이터 형식을 일련 번호 형식으로 변경할 수 없습니다.

등급 **B**

59. 다음 중 전체 페이지는 100이고 현재 페이지는 5일 때 현재 페이지 정보를 "005"와 같이 표현하는 식으로 옳은 것은?

① =Format([Pages], "000")

② =Format([Page], "000")

③ =Format("Pages", "000")

④ =Format("Page", "000")

현재 페이지 정보를 005와 같이 표현하는 식은 =Format([Page], "000")입니다.
• [Page] : 현재 페이지를 표시함
• [Pages] : 전체 페이지를 표시함
• Format(식, 형식) : 계산 결과에 표시 형식을 지정하는 함수

등급 **C**

60. 다음 중 폼의 디자인 보기 상태에서 [정렬] → [크기 및 순서 조정] → [크기/공간]을 이용하여 수행할 수 있는 작업이 아닌 것은?

① [간격] → [가로 간격 넓게] : 선택된 컨트롤의 가로 간격을 조금 더 넓게 넓히는 것으로 가장 왼쪽 컨트롤의 위치는 변함이 없다.

② [그룹화] → [그룹] : 선택된 여러 개의 컨트롤을 하나의 개체로 묶는다.

③ [눈금] → [눈금자] : 눈금자를 표시하거나 숨긴다.

④ [크기] → [자동] : 선택된 컨트롤의 크기를 동일하게 자동으로 조정한다.

[크기] → [자동]을 선택하면 선택된 컨트롤들의 크기를 모두 동일하게 조정하는 것이 아니라 높이가 가장 높은 것과 낮은 것을 기준으로 나머지 컨트롤들의 높이를 자동으로 조정합니다.

전문가의 조언
외부로부터 인터럽트 요청이 들어오면 인터럽트 서비스 루틴이 실행됩니다.

1과목 컴퓨터 일반

등급 **C**

1. 다음 중 태블릿 설정에 대한 설명으로 옳은 것은?

① 로그인 시 '소프트웨어에 적절한 모드 사용'을 설정할 수 있다.

② 태블릿 설정 모드에는 '태블릿 모드로 전환 안 함'과 '항상 태블릿 모드로 전환' 두 가지가 있다.

③ 태블릿 모드를 지정하면 앱 실행 시 전체 화면으로 표시되고, 작업 표시줄과 바탕 화면 아이콘이 축소된다.

④ 태블릿 모드를 설정해도 키보드와 마우스를 사용할 수 있다.

전문가의 조언
태블릿 모드를 설정해도 키보드와 마우스를 사용할 수 있습니다.
① 로그인 시 '하드웨어에 적절한 모드 사용'을 설정할 수 있습니다.
② 태블릿 설정 모드에는 '태블릿 모드로 전환 안 함', '항상 태블릿 모드로 전환', '모드를 전환하기 전에 확인'이 있습니다.
③ 태블릿 모드를 지정해도 작업 표시줄은 축소되지 않습니다. 작업 표시줄을 축소하려면 '추가 태블릿 설정 변경' 항목에서 '작업 표시줄 자동 숨기기'를 지정해야 합니다.

등급 **B**

2. 다음 중 인터럽트에 대한 설명으로 옳지 않은 것은?

① 인터럽트는 프로그램을 실행하는 도중에 예기치 않은 상황이 발생할 경우 현재 실행중인 작업을 일시 중단하고, 발생된 상황을 우선 처리한 후 실행중이던 작업으로 복귀하여 계속 처리하는 것이다.

② 외부로부터 인터럽트 요청이 들어오면 인터럽트 서비스 루틴이 종료된다.

③ 입출력장치의 입출력 준비 완료를 알리는 경우 인터럽트가 발생한다.

④ 명령 처리 중 오버플로가 발생했을 경우 인터럽트가 발생한다.

등급 **B**

3. 다음 중 네트워크 통신망의 구성 형태에 관한 설명으로 옳지 않은 것은?

① 스타형은 모든 단말기가 중앙 컴퓨터에 연결되어 있는 형태로, 고장 발견이 쉽고 유지 보수가 용이하다.

② 메시형은 네트워크 상의 모든 노드들이 서로 연결되는 방식으로, 특정 노드에 이상이 생겨도 전송이 가능하다.

③ 버스형은 분산 처리 시스템을 구성하는 방식으로, 확장이 많아질 경우 트래픽이 과중될 수 있다.

④ 링형은 인접한 컴퓨터와 단말기들을 서로 연결하여 양방향으로 데이터 전송이 가능하지만 통신 회선 중 어느 하나라도 고장나면 전체 통신망에 영향을 미친다.

전문가의 조언
• 버스(Bus)형은 한 개의 통신 회선에 여러 대의 단말장치가 연결되어 있는 형태입니다.
• ③번은 계층(Tree)형에 대한 설명입니다.

등급 **A**

4. 다음 중 멀티미디어 그래픽과 관련하여 비트맵(Bitmap) 방식에 관한 설명으로 옳은 것은?

① 픽셀(Pixel)로 이미지를 표현하며, 벡터 방식에 비해 많은 용량을 차지한다.

② 이미지를 확대해도 계단 현상이 발생하지 않는다.

③ 이미지를 모니터 화면에 표시하는 속도가 벡터 방식에 비해 느리다.

④ 파일 형식에는 BMP, TIF, GIF, JPEG, PNG, WMF 등이 있다.

비트맵 방식은 픽셀(Pixel)로 이미지를 표현하며, 벡터 방식에 비해 많은 용량을 차지합니다.
② 비트맵 방식은 이미지를 확대하면 계단 현상이 발생합니다.
③ 비트맵 방식은 이미지를 모니터 화면에 표시하는 속도가 벡터 방식에 비해 빠릅니다.
④ 비트맵 방식의 파일 형식에는 BMP, TIF, GIF, JPEG, PNG 등이 있으며, WMF는 벡터 방식의 파일 형식입니다.

등급 A

5. 다음 중 컴퓨터에서 문자를 표현하는 코드 체계에 대한 설명으로 옳은 것은?

① Unicode : 2개의 Zone 비트와 4개의 Digit 비트로 구성되며, 64개의 문자를 표현할 수 있다.
② BCD 코드 : 8비트를 사용하여 문자를 표현하며, 대형 컴퓨터에서 사용한다.
③ ASCII 코드 : 128가지 문자를 표현할 수 있으며, 데이터 통신용으로 사용한다.
④ EBCDIC 코드 : 전 세계의 모든 문자를 2바이트로 표현하는 국제 표준 코드이다.

전문가의 조언
ASCII 코드는 128가지 문자를 표현할 수 있으며, 데이터 통신용으로 사용합니다.
① Unicode는 전 세계의 모든 문자를 2바이트로 표현하는 국제 표준 코드입니다.
② BCD 코드는 2개의 Zone 비트와 4개의 Digit 비트로 구성되며, 64개의 문자를 표현할 수 있습니다.
④ EBCDIC 코드는 8비트를 사용하여 문자를 표현하며, 대형 컴퓨터에서 사용합니다.

등급 A

6. 다음 중 컴퓨터 운영체제의 운영방식에 대한 설명으로 옳은 것은?

① 실시간 처리 시스템 : 컴퓨터에 입력하는 데이터를 일정량 또는 일정시간 동안 모았다가 한꺼번에 처리하는 방식이다.

② 다중 처리 시스템 : 여러 개의 중앙처리장치와 하나의 주기억장치를 이용하여 여러 프로그램을 동시에 처리하는 방식이다.
③ 시분할 시스템 : 여러 대의 컴퓨터들에 의해 작업한 결과를 통신망을 이용하여 상호 교환할 수 있도록 연결되어 있는 시스템이다.
④ 다중 프로그램 시스템 : 처리할 데이터가 입력될 때 마다 즉시 처리하는 방식이다.

전문가의 조언
운영체제의 운영방식에 대한 설명으로 옳은 것은 ②번입니다.
① 실시간 처리 시스템은 처리할 데이터가 생겨날 때마다 바로 처리하는 방식입니다. ①번은 일괄 처리 시스템에 대한 설명입니다.
③ 시분할 시스템은 한 대의 시스템을 여러 사용자가 동시에 사용하는 방식으로, 일정 시간 단위로 CPU 사용권을 신속하게 전환함으로써, 모든 사용자들은 자신만 혼자 컴퓨터를 사용하고 있는 것처럼 느낍니다. ③번은 분산 처리 시스템에 대한 설명입니다.
④ 다중 프로그램 시스템은 한 개의 CPU(중앙처리장치)로 여러 개의 프로그램을 동시에 처리하는 방식입니다.

등급 C

7. 공공 거래 장부이며, 가상 화폐로 거래할 때 발생할 수 있는 불법적인 해킹을 막는 기술은?

① 전자봉투(Digital Envelope)
② 암호화 파일 시스템(Encrypting File System)
③ 블록체인(Block Chain)
④ 핀테크(FinTech)

전문가의 조언
가상 화폐로 거래할 때 발생할 수 있는 불법적인 해킹을 막는 기술을 블록체인(Block Chain)이라고 합니다.
• 전자봉투(Digital Envelope) : 송신자가 메시지를 암호화하기 위해 수신자의 공개 키를 사용하여 암호화한 것으로, 암호화 메시지와 암호화 비밀키로 구성됨
• 암호화 파일 시스템(Encrypting File System) : 파일에 기록되는 데이터를 자동으로 암호화해 보안을 높이는 파일 시스템으로, Windows 2000에서 도입되었음
• 핀테크(FinTech) : 금융(Finance)과 기술(Technology)의 합성어로, 금융과 기술의 융합을 통한 금융 서비스 및 산업의 변화를 통칭함

8. 다음 중 한글 Windows 10의 제어판에서 드라이브를 보호하여 파일 및 폴더에 무단으로 액세스하는 것을 차단하기 위해 사용하는 도구는?

① Active Directory
② Windows Defender
③ BitLocker
④ Windows Update

드라이브를 보호하여 파일 및 폴더에 무단으로 액세스하는 것을 차단하기 위해 사용하는 도구는 Winodws Defender입니다.

9. 다음 중 시스템 보안과 관련한 불법적인 형태에 대한 설명으로 옳지 않은 것은?

① 스푸핑(Spoofing)은 검증된 사람이 네트워크를 통해 데이터를 보낸 것처럼 데이터를 변조하여 접속을 시도하는 행위이다.
② 스니핑(Sniffing)은 네트워크 주변을 돌아다니는 패킷을 엿보면서 계정과 패스워드를 알아내는 행위이다.
③ 분산 서비스 거부 공격(DDOS)은 여러 대의 장비를 이용하여 특정 서버에 대량의 데이터를 집중적으로 전송함으로써 서버의 정상적인 동작을 방해하는 행위이다.
④ 키로거(Key Logger)는 거짓 메일을 보내서 가짜 금융 기관 등의 가짜 웹 사이트로 유인하여 정보를 빼내는 행위이다.

• 키로거(Key Logger)는 키보드상의 키 입력 캐치 프로그램을이용하여 ID나 암호와 같은 개인 정보를 빼내어 악용하는 기법입니다.
• ④번은 피싱(Phishing)에 대한 설명입니다.

10. 다음 멀티미디어 용어 중 선택된 두 개의 이미지에 대해 하나의 이미지가 다른 이미지로 자연스럽게 변화하도록 하는 특수 효과를 뜻하는 것은?

① 렌더링(Rendering)
② 안티앨리어싱(Anti-Aliasing)
③ 모핑(Morphing)
④ 블러링(Bluring)

2개의 이미지를 부드럽게 연결해 변환 · 통합하는 그래픽 기법은 모핑(Morphing)입니다.
• 렌더링(Rendering) : 3차원 그래픽 작업의 한 과정으로 2차원적인 이미지에 음영과 채색을 적절히 주어 3차원적인 입체감을 극대화하는 작업
• 안티앨리어싱(Anti-Aliasing) : 이미지의 가장자리가 톱니 모양으로 표현되는 계단 현상을 없애기 위하여 경계선을 부드럽게 해주는 필터링 기술

11. 다음 중 방화벽에 대한 설명으로 옳지 않은 것은?

① 해킹 등에 의한 외부로의 정보 유출을 막기 위해 사용하는 보안 기법이다.
② 역추적 기능이 있어서 외부의 침입자를 역추적하여 흔적을 찾을 수 있다.
③ 사용자 컴퓨터에서 다른 컴퓨터로 악성 소프트웨어를 보내는 것을 방지할 수 있다.
④ 특정 프로그램에 대하여 연결 차단을 해제하기 위해 예외를 둘 수 있다.

방화벽은 컴퓨터 내부로부터의 불법적인 해킹은 막지 못하므로 다른 컴퓨터로 악성 소프트웨어를 보내는 것을 방지할 수 없습니다.

전문가의 조언
캐시 메모리는 중앙처리장치와 주기억장치 사이에 위치하여 컴퓨터의 처리 속도를 향상시키는 역할을 합니다.
• ② 캐시 메모리는 접근 속도가 빠른 정적 램(SRAM)을 사용합니다.
• ③, ④ 가상 메모리(Virtual Memory)에 대한 설명입니다.

등급 B

12. 다음 중 한글 Windows 10의 [폴더 옵션] 대화상자에서 설정할 수 있는 작업으로 옳지 않은 것은?

① [숨김 파일, 폴더 또는 드라이브 표시 안 함]을 선택할 수 있다.
② [라이브러리의 항목 삭제]를 선택할 수 있다.
③ [알려진 파일 형식의 확장명 숨기기]를 선택할 수 있다.
④ [폴더 팁에 파일 크기 정보 표시]를 선택할 수 있다.

전문가의 조언
'폴더 옵션' 대화상자의 '보기' 탭에서 제공하는 '고급 설정' 항목에는 '라이브러리의 항목 삭제'가 아니라 '라이브러리 표시'가 있습니다.

등급 C

15. 웹 기반 애플리케이션을 활용하여 인터넷 개인 서버에서 대용량 데이터베이스를 연산(처리)하고 저장한 데이터를 PC나 스마트폰, Pad 등 다양한 단말기에서 불러오거나 가공할 수 있도록 하는 환경을 의미하는 것은?

① 클라우드 컴퓨팅(Cloud Computing)
② 그리드 컴퓨팅(Grid Computing)
③ 사물 인터넷(Internet of Things)
④ 빅 데이터(Big Data)

전문가의 조언
문제에 제시된 내용은 클라우드 컴퓨팅(Cloud Computing)에 대한 설명입니다.
• 그리드 컴퓨팅(Grid Computing) : 지리적으로 분산되어 있는 컴퓨터를 초고속 인터넷 망으로 연결하여 공유함으로써 하나의 고성능 컴퓨터처럼 활용하는 기술
• 사물 인터넷(IoT, Internet of Things) : 인터넷 상에 존재하는 모든 사물을 네트워크로 연결해 인간과 사물, 사물과 사물 간 언제 어디서나 서로 소통할 수 있게 하는 새로운 정보 통신 환경
• 빅 데이터(Big Data) : 기존의 관리 방법이나 분석 체계로는 처리하기 어려운 막대한 양의 데이터 집합

등급 B

13. 다음 중 프로그램 카운터(PC)에 대한 설명으로 옳은 것은?

① 명령 레지스터에 있는 명령어를 해독한다.
② 연산 결과를 일시적으로 저장한다.
③ 다음에 실행할 명령어의 주소를 기억한다.
④ 현재 실행 중인 명령의 내용을 기억한다.

전문가의 조언
프로그램 카운터(PC)는 다음에 실행할 명령어의 주소를 기억하는 레지스터입니다.
• ①번은 명령 해독기(Decoder), ②번은 누산기(AC), ④번은 명령 레지스터(IR)에 대한 설명입니다.

등급 A

14. 다음 중 캐시 메모리(Cache Memory)에 관한 설명으로 옳은 것은?

① 중앙처리장치와 주기억장치 사이에 위치하여 컴퓨터의 처리 속도를 향상시킨다.
② 캐시 메모리는 주로 DRAM을 사용한다.
③ 보조기억장치의 일부를 주기억장치처럼 사용한다.
④ 주기억장치보다 큰 프로그램을 불러와 실행해야 할 때 유용하다.

등급 B

16. 다음 중 한글 Windows 10에서 네트워크 연결 시 IP 설정이 자동으로 할당되지 않을 경우 직접 설정해야 하는 TCP/IP 속성에 해당하지 않는 것은?

① IP 주소   ② 기본 게이트웨이
③ 서브넷 마스크   ④ 라우터 주소

전문가의 조언
고정 IP 주소로 인터넷에 접속하기 위해 설정해야 할 TCP/IP 항목은 'IP 주소, 서브넷 접두사 길이, 서브넷 마스크, 게이트웨이, DNS 서버 주소'입니다.

17. 다음 중 시퀀싱(Sequencing)에 대한 설명으로 옳은 것은?

① 컴퓨터를 이용하여 음악을 제작, 녹음, 편집하는 작업을 의미한다.
② 멀티미디어 데이터를 다운로드하면서 동시에 재생해 주는 기술이다.
③ 음성, 영상 등의 아날로그 신호를 디지털 신호로 변환하는 과정이다.
④ 전자악기 간의 디지털 신호에 의한 통신이나 컴퓨터와 전자악기 간의 통신규약이다.

전문가의 조언
시퀀싱(Sequencing)은 컴퓨터를 이용하여 음악을 제작, 녹음, 편집하는 작업을 의미합니다.
• ②번은 스트리밍(Streaming), ③번은 샘플링(Sampling), ④번은 MIDI(Musical Instrument Digital Interface)에 대한 설명입니다.

19. 다음 중 네트워크 관련 장비로 라우터(Router)에 관한 설명으로 옳지 않은 것은?

① 인터넷 신호를 증폭하거나 중계하는 역할을 하는 네트워크 장비이다.
② 인터넷 환경에서 네트워크와 네트워크 간을 연결할 때 사용하는 장비이다.
③ 데이터 전송을 위해 가장 최적의 경로를 설정한다.
④ 데이터의 흐름을 제어하여 각 데이터들이 효율적으로 전송한다.

전문가의 조언
①번은 리피터(Repeater)에 대한 설명입니다.

18. 다음 중 사운드 카드 관련 용어에 대한 설명으로 옳지 않은 것은?

① 샘플링(Sampling)은 아날로그 신호를 디지털 신호로 변환하는 과정 중 한 단계이다.
② 샘플링률(Sampling Rate)이 높으면 높을수록 원음에 보다 가깝다.
③ 샘플링 주파수(Sampling Frequency)는 낮으면 낮을수록 좋다.
④ 샘플링 비트(Sampling Bit) 수는 음질에 영향을 미친다.

전문가의 조언
샘플링 주파수는 높을수록 좋습니다. 다만 많은 기억 용량이 필요하므로 원 신호 주파수의 2배 정도가 적당합니다.

20. 다음 중 텔레매틱스(Telematics)에 대한 설명으로 옳지 않은 것은?

① 통신(Telecommunication)과 정보과학(Informatics)의 합성어이다.
② 이미지, 음성, 영상 등의 디지털 정보를 유무선 네트워크에 연결시켜 다양한 멀티미디어 서비스를 제공한다.
③ 여러 IT 기술을 차량에 적합하게 적용하여 새로운 부가가치를 창출한다.
④ 차량에 장착된 특수한 장치와 노변 장치를 이용하여 차량을 안전하게 제어한다.

전문가의 조언
④번은 첨단 도로 시스템(Automated Highway Systems)에 대한 설명입니다.

2 과목 스프레드시트 일반

등급 **B**

21. 다음 중 원형 차트에 대한 설명으로 옳은 것은?

① 원형 차트는 하나의 축을 가진다.
② 원형 차트에 데이터 테이블을 표시할 수 있다.
③ 원형 차트는 쪼개진 원형으로 표시할 수 있다.
④ 원형 대 꺾은선형 차트에서는 비교적 작은 값을 원형 차트로 결합하여 표시한다.

03240522

등급 **A**

22. 다음 중 아래와 같이 워크시트에 데이터가 입력되어 있는 경우, 보기의 수식과 그 결과 값으로 옳지 않은 것은?

	A
1	메
2	아름다운 강산
3	봄 여름
4	여름
5	희망의 메시지
6	

① =REPLACE(A3, SEARCH(A4, A3), 2, "여행") → 봄 여름여행
② =REPLACE(A5, SEARCH("아", A2), 4, " ") → 메시지
③ =MID(A5, SEARCH(A1, A5), 1) → 메
④ =MID(A2, SEARCH(A4, A3), 2) → 다운

등급 **A**

23. 다음과 같이 [A2:D7] 영역에 '입사연도'가 2014년 이후이고, '주소'가 "서울"이면 셀 배경색을 설정하는 [조건부 서식]을 지정하려고 한다. 다음 중 [조건부 서식]의 수식 입력란에 입력해야 할 수식으로 옳은 것은?

	A	B	C	D
1	직원번호	직원명	입사연도	주소
2	NK-001	강남홍	2012-05-08	서울 마포구
3	NK-002	이숙민	2014-01-02	서울 강동구
4	NK-003	양희조	2014-05-25	안양 비산동
5	NK-004	조기쁨	2015-04-24	서울 양천구
6	NK-005	강순동	2015-02-08	수원 화성
7	NK-006	이유정	2014-06-08	안양 비산동
8				

① =OR(YEAR($C2)>=2014, LEFT($D2, 2)="서울")
② =AND(YEAR($C2)>=2014, LEFT($D2, 2)="서울")
③ =OR(YEAR(C$2)>=2014, LEFT(D$2, 2)="서울")
④ =AND(YEAR(C$2)>=2014, LEFT(D$2, 2)="서울")

등급 **C**

24. 다음 워크시트에서 [A2:A6] 영역의 앞에 두 글자를 이용하여 [B2:B6] 영역에 지역을 표시하려고 할때, [B2] 셀에 "서울"을 입력한 후 눌러야 하는 바로 가기 키는?

	A	B
1	코드	지역
2	서울-505	서울
3	부산-120	
4	인천-210	
5	광주-502	
6	성남-650	
7		

① Alt + Tab + E
② Alt + E
③ Shift + E
④ Ctrl + E

04200134

등급 **A**

25. 아래 시트에서 국적별 영화 장르의 편수를 계산하기 위해 [B12] 셀에 작성해야 할 배열 수식으로 옳지 않은 것은?

	A	B	C	D	E
1					
2	NO.	영화명	관객수	국적	장르
3	1	럭키	66,962	한국	코미디
4	2	허드슨강의 기적	33,317	미국	드라마
5	3	그물	9,103	한국	드라마
6	4	프리즘☆투어즈	2,778	한국	애니메이션
7	5	드림 쏭	1,723	미국	애니메이션
8	6	춘몽	382	한국	드라마
9	7	파수꾼	106	한국	드라마
10					
11		코미디	드라마	애니메이션	
12	한국	1	3	1	
13	미국	0	1	1	
14					

① {=SUM(($D$3:$D$9=$A12)*($E$3:$E$9=B$11))}
② {=SUM(IF($D$3:$D$9=$A12, IF($E$3:$E$9=B$11, 1)))}
③ {=COUNT(($D$3:$D$9=$A12)*($E$3:$E$9=B$11))}
④ {=COUNT(IF(($D$3:$D$9=$A12)*($E$3:$E$9=B$11), 1))}

1. 문제의 조건 두개는 다음과 같습니다.
  – 조건1 : '국적별'이란 조건은, 비교 대상이 될 국적이 있는 범위(D3:D9)와 비교할 기준이 되는 [A12] 셀을 "="으로 연결하여 적어주면 됩니다(D3:D9=A12).
  – 조건2 : '장르'라는 조건은, 비교 대상이 될 장르가 있는 범위(E3:E9)와 비교할 기준이 되는 [B11] 셀을 "="으로 연결하여 적어주면 됩니다(E3:E9=B11).
2. 위의 조건을 개수 구하기 배열 수식의 '조건' 부분에 대입하면 다음과 같습니다.

  - 방법1 : =SUM((D3:D9=A12)*(E3:E9=B11))
  - 방법2 : =SUM(IF(D3:D9=A12, IF(E3:E9=B11, 1)))
  - 방법3 : =COUNT(IF((D3:D9=A12)*(E3:E9=B11), 1))

이 문제는 여러 셀에 결과값을 구하는 수식으로, 범위는 절대 참조로 지정해야 하지만, A12 셀의 경우는 A13과 같이 열은 고정되고 행만 변경되어야 하므로 $A12로 지정하고, B11 셀의 경우는 C11, D11과 같이 행은 고정되고 열만 변경되어야 하므로 B$11로 지정해야 합니다. 이렇게 식을 완성한 후 Ctrl + Shift + Enter 를 누르면 중괄호 { }가 자동으로 붙여집니다.

26. 아래의 워크시트에서 [A8] 셀에 =INDEX(A1:C6, MATCH(LARGE(C2:C6, 3), C1:C6, 0), 2) 수식을 입력했을 때의 계산 결과로 올바른 것은?

	A	B	C
1	코너	담당	판매금액
2	잡화	김남희	5,122,000
3	식료품	남궁민	450,000
4	잡화	이수진	5,328,000
5	식료품	서수남	6,544,000
6	식료품	김정미	6,024,500

① 남궁민   ② 이수진
③ 서수남   ④ 김정미

전문가의 조언
문제에 제시된 수식의 계산 결과는 "이수진"입니다.
=INDEX(A1:C6, MATCH(LARGE(C2:C6, 3), C1:C6, 0), 2)

❶ LARGE(C2:C6, 3) : [C2:C6] 영역에서 3번째로 큰 값인 5,328,000을 반환합니다.
❷ MATCH(❶, C1:C6, 0) → MATCH(5328000, C1:C6, 0) : [C1:C6] 영역에서 5,328,000과 정확히 일치하는 값을 찾은 후 그 위치의 일련번호인 4를 반환합니다.
❸ =INDEX(A1:C6, ❷, 2) → INDEX(A1:C6, 4, 2) : [A1:C6] 영역에서 4행 2열, 즉 [B4] 셀의 값인 "이수진"을 반환합니다.

27. 다음 중 사용자 지정 표시 형식에 대한 설명으로 틀린 것은?

① 소수점 오른쪽의 자리 표시자 보다 더 긴 숫자가 소수점 이하의 숫자로 셀에 입력될 경우 자리 표시자 만큼 소수 자릿수로 내림됩니다.
② 양수, 음수, 0, 텍스트 순으로 한 번에 네 가지의 표시 형식을 지정할 수 있다.
③ 각 섹션에 대한 색은 섹션의 맨 앞에 8개의 색 중 하나를 대괄호로 묶어 입력해야 한다.
④ 두 개의 섹션을 지정하면 첫 번째 섹션은 양수 또는 0, 두 번째 섹션은 음수에 대한 표시 형식이다.

전문가의 조언
소수점 오른쪽의 자리 표시자보다 더 긴 소수점 이하의 숫자가 셀에 입력될 경우 자리 표시자만큼 소수 자릿수로 내림이 아니라 반올림됩니다.
에 5.67이 입력된 셀에 사용자 지정 표시 형식을 0.0으로 지정하면 반올림되어 5.7이 표시됩니다.

28. 다음과 같은 이벤트를 실행시켰을 때 나타나는 결과로 옳은 것은?

```
Private Sub Worksheet_Activate( )
    Range("A1").Select
    Selection.Sort Key1:=Range("A2"), _
    Order1:=xlAscending, Header:=xlGuess, _
    OrderCustom:=1, MatchCase:=False, _
    Orientation:=xlTopToBottom
End Sub
```

① 워크시트가 활성화될 때 [A2] 셀을 기준으로 오름차순 정렬한다.
② 이벤트가 실행된 후에는 [A2] 셀이 선택되어 있다.
③ 다른 프로시저에서 Worksheet_Activate( )를 불러와 실행할 수 있다.
④ 워크시트의 데이터가 변경되면 재정렬된다.

문제의 지문에 제시된 코드의 실행 결과로 옳은 것은 ①번입니다.
② 이벤트가 실행된 후에는 [A1] 셀이 선택되어 있습니다.
③ 다른 프로시저에서 불러와 실행할 수 없습니다.
④ 워크시트가 활성화될 때 실행되는 프로시저입니다.
문제의 코드를 살펴보면 다음과 같습니다.

```
❶ Private Sub Worksheet_Activate( )
❷    Range("A1").Select
❸    Selection.Sort Key1:=Range("A2"),_
      Order1:=xlAscending, Header:=xlGuess,_
      OrderCustom:=1, MatchCase:=False,_
      Orientation:=xlTopToBottom
   End Sub
```

❶ 워크시트가 활성화될 때 실행되는 프로시저입니다.
❷ [A1] 셀을 선택합니다.
※ [A1] 셀을 선택한 상태에서 정렬을 실행하면 [A1] 셀과 연결된 데이터 목록이 자동으로 선택됩니다.
❸ [A2] 셀을 기준으로 오름차순 정렬을 수행합니다.
• Key1 : 1차 정렬 기준
• Order1 : = xlAscending(1차 정렬 기준은 오름차순)
• Orientation:=xlTopToBottom : 위쪽에서 아래쪽, 즉 열을 기준으로 정렬함

등급 B

29. 워크시트에서 [B1] 셀을 삭제하기 위해 다음과 같은 대화상자를 표시하기 위한 바로 가기 키는?

① Alt + +   ② Ctrl + +
③ Alt + -   ④ Ctrl + -

'삭제' 대화상자를 표시하는 바로 가기 키는 Ctrl + - , '삽입' 대화상자를 표시하는 바로 가기 키는 Ctrl + + 입니다.

등급 C

30. 다음 중 [매크로 기록] 대화상자에서 설정할 수 있는 요소가 아닌 것은?

① 매크로 이름
② 바로 가기 키
③ 매크로 보안
④ 매크로 저장 위치

• '매크로 기록' 대화상자에서 매크로 보안은 설정할 수 없습니다.
• 매크로 보안은 [개발 도구] → [코드] → [매크로 보안]을 클릭하면 실행되는 '보안 센터' 대화상자에서 설정할 수 있습니다.

등급 B

31. 다음 중 [시나리오 추가] 대화상자에 대한 설명으로 옳지 않은 것은?

시나리오 추가	? ✕
시나리오 이름(N):	
변경 셀(C):	
	⬆
인접하지 않은 여러 셀을 선택하려면 lt;Ctrlgt; 키를 누른 채 셀을 클릭하세요.	
설명(O):	
보호	
☑ 변경 금지(P)	
☐ 숨기기(D)	
	확인 취소

① [데이터] → [예측] → [가상 분석] → [시나리오 관리자] 대화상자에서 [추가] 단추를 클릭하면 표시되는 대화상자이다.
② '변경 셀'은 변경 요소가 되는 값의 그룹이며, 하나의 시나리오에 최대 32개까지 지정할 수 있다.

③ '설명'은 시나리오에 대한 추가적인 설명으로 반드시 입력할 필요는 없다.

④ 보호된 시트에 시나리오가 추가되지 않도록 하려면 '변경 금지'를 선택한다.

전문가의 조언
'시나리오 추가' 대화상자의 '변경 금지'는 시나리오를 변경할 수 없도록 보호하는 것입니다.

등급 A

32. 다음 중 아래 시트에서 사원명이 두 글자이면서 실적이 전체 실적의 평균을 초과하는 데이터를 검색할 때, 고급 필터의 조건으로 옳은 것은?

	A	B
1	사원명	실적
2	유민	15,030,000
3	오성준	35,000,000
4	김근태	18,000,000
5	김원	9,800,000
6	정영희	12,000,000
7	남궁정훈	25,000,000
8	이수	30,500,000
9	김용훈	8,000,000
10		

①
사원명	실적조건
="=??"	=$B2>AVERAGE($B$2:$B$9)

②
사원명	실적
="=??"	=$B2&">AVERAGE($B$2:$B$9)

③
사원명	실적
=LEN($A2)=2	=$B2>AVERAGE($B$2:$B$9)

④
사원명	실적조건
="=**"	=$B2>AVERAGE($B$2:$B$9)

전문가의 조언
고급 필터의 조건으로 옳은 것은 ①번입니다.
• 만능 문자(와일드 카드) *는 문자의 모든 자리를, ?는 문자의 한 자리만을 대신하는 문자입니다. 두 글자인 데이터를 찾는 조건은 ="=??"로 작성해야 합니다.
※ 고급 필터의 조건으로 값에 대한 비교 연산자로 등호(=)를 사용할 때는 ="=항목" 형식으로 입력하고, 조건으로 지정될 범위의 첫 행에는 원본 데이터 목록의 필드명을 입력해야 합니다(사원명).
• 고급 필터의 조건으로 수식을 입력할 경우, 조건으로 지정될 범위의 첫 행에는 아무것도 입력하지 않거나 원본 데이터의 필드명과 다른 내용을 입력해야 합니다. "실적조건"처럼 필드명인 "실적"만 아니면 됩니다.

등급 B

33. 다음 중 [페이지 설정] 대화상자에 대한 설명으로 옳지 않은 것은?

① 용지 방향, 용지 크기, 인쇄 품질을 설정할 수 있다.

② '머리글/바닥글' 탭의 '머리글' 영역에서 행/열 머리글의 인쇄 여부를 설정한다.

③ 여백은 사용자가 직접 값을 입력할 수 있다.

④ 워크시트에서 차트를 마우스로 선택한 후 [페이지 설정] 메뉴를 선택하면, '시트' 탭이 '차트' 탭으로 바뀐다.

전문가의 조언
행/열 머리글의 인쇄 여부는 '페이지 설정' 대화상자의 '시트' 탭에서 설정할 수 있습니다.

등급 C

34. 다음 중 미리 보기 창 및 인쇄 옵션에서 '페이지 설정'을 클릭하여 설정할 수 있는 내용으로 틀린 것은?

① 워크시트의 행 머리글과 열 머리글을 포함하여 인쇄할 수 있다.

② 셀에 표시된 오류가 인쇄되지 않도록 설정할 수 있다.

③ 인쇄 영역을 설정하여 인쇄할 수 있다.

④ 워크시트에 삽입되어 있는 차트, 도형, 그림 등의 모든 그래픽 요소를 제외하고 텍스트만 빠르게 인쇄할 수 있다.

전문가의 조언
• 미리 보기 창 및 인쇄 옵션에서 '페이지 설정'을 클릭하면 나타나는 '페이지 설정' 대화상자에서는 '시트' 탭의 인쇄 영역, 반복할 행, 반복할 열이 모두 비활성화되어 있으므로 '인쇄 영역'을 변경할 수 없습니다.
• '페이지 설정' 대화상자를 이용하여 '인쇄 영역'을 변경하려면 [페이지 레이아웃] → [페이지 설정]의 [🔽]를 이용하여 '페이지 설정' 대화상자를 호출해야 합니다.

35. 다음 중 엑셀의 정렬 기능에 대한 설명으로 옳지 않은 것은?

① 오름차순 정렬과 내림차순 정렬 모두 빈 셀은 항상 마지막으로 정렬된다.
② 숨겨진 행이나 열도 정렬에 포함되어 정렬된다.
③ 대/소문자를 구분하여 정렬할 수 있고, 오름차순으로 정렬하면 소문자 → 대문자 순으로 정렬된다.
④ 표 서식이 적용된 데이터 영역을 '왼쪽에서 오른쪽'으로 정렬하려면 정렬하기 전에 '범위로 변환'을 실행해야 한다.

전문가의 조언
숨겨진 행이나 열에 있는 데이터는 정렬에 포함되지 않습니다.

36. 다음 중 배열 상수에 대한 설명으로 옳지 않은 것은?

① 셀 참조, 길이가 다른 열, 달러($) 기호, 백분율(%) 기호 등은 배열 참조에 포함될 수 있다.
② 배열 상수에는 숫자, 텍스트, TRUE나 FALSE 등의 논리값, #N/A와 같은 오류 값이 들어 갈 수 있다.
③ 배열 상수에 정수, 실수, 지수형 서식의 숫자를 사용할 수 있다.
④ 배열 상수 입력 시 열 구분은 쉼표(,)로, 행 구분은 세미콜론(;)으로 한다.

전문가의 조언
$, 괄호, %, 길이가 다른 행이나 열, 셀 참조는 배열 상수로 사용될 수 없습니다.

37. 다음 중 오류값 '#VALUE!'가 발생하는 원인으로 올바른 것은?

① 잘못된 인수나 피연산자를 사용했을 경우
② 수식에서 값을 0으로 나누려고 할 경우
③ 함수나 수식에 사용할 수 없는 값을 지정했을 경우
④ 셀 참조가 유효하지 않을 때

전문가의 조언
'#VALUE!'는 잘못된 인수나 피연산자를 사용했을 경우 발생합니다.
· ②번은 #DIV/0!, ③번은 #N/A, ④번은 #REF! 오류에 대한 설명입니다.

38. 다음 중 [틀 고정]에 대한 설명으로 옳지 않은 것은?

① 워크시트를 스크롤할 때 특정 행이나 열이 계속 표시되도록 하는 기능이다.
② 워크시트의 화면상 첫 행이나 첫 열을 고정할 수 있으며, 선택한 셀의 위쪽 행과 왼쪽 열을 고정할 수도 있다.
③ 표시되어 있는 틀 고정선을 더블클릭하여 틀 고정을 취소할 수 있다.
④ 인쇄 시 화면에 표시되는 틀 고정의 형태는 적용되지 않는다.

전문가의 조언
창 나누기 기준선은 마우스로 더블클릭하면 창 나누기가 취소되지만 틀 고정선은 취소되지 않습니다.

04210426

39. 셀의 값이 100 이상이면 "▲", −100 이하이면 "▼", 그 외는 값이 그대로 표시되는 사용자 지정 표시 형식으로 옳은 것은?

```
[표시 예]
· 150 : ▲
· 0 : 0
· −50 : −50
· −122 : ▼
```

① [>=100]"▲";#;[<=−100]"▼"
② [>=100]"▲";0;[<=−100]"▼"
③ [>=100]"▲";[<=−100]"▼";#
④ [>=100]"▲";[<=−100]"▼";0

전문가의 조언
사용자 지정 표시 형식으로 옳은 것은 ④번입니다. 문제에 제시된 내용을 차례대로 표현하면 다음과 같습니다.
· 100 이상이면 "▲" : [>=100]"▲"
· −100 이하이면 "▼" : [<=−100]"▼"
· 그 외는 값을 그대로 표시 : 0
※ 셀의 값이 0일 때 0이 표시되게 하려면 표시 형식을 반드시 0으로 지정해야 합니다.
∴ 사용자 지정 표시 형식을 모두 합치면 [>=100]"▲";[<=−100]"▼";0입니다.

40. 다음 중 셀 영역을 선택한 후 상태 표시줄의 바로 가기 메뉴인 [상태 표시줄 사용자 지정]에서 선택할 수 있는 자동 계산에 해당되지 않는 것은?

① 선택한 영역 중 숫자 데이터가 입력된 셀의 수
② 선택한 영역 중 문자 데이터가 입력된 셀의 수
③ 선택한 영역 중 데이터가 입력된 셀의 수
④ 선택한 영역의 합계, 평균, 최소값, 최대값

전문가의 조언
[상태 표시줄 사용자 지정]을 이용하여 데이터가 입력된 셀의 수나 숫자가 입력된 셀의 수는 계산할 수 있지만 문자 데이터가 입력된 셀의 수는 계산할 수 없습니다.

3 과목   데이터베이스 일반

41. 〈제품〉 테이블과 〈주문상세내역〉 테이블의 관계 설정에 관한 내용으로 옳지 않은 것은?

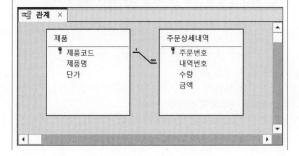

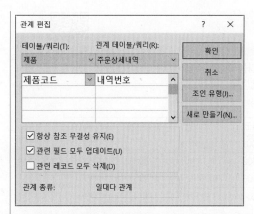

① 〈제품〉 테이블의 레코드를 수정하거나 삭제할 때 참조 무결성이 위배될 수 있다.
② 〈주문상세내역〉 테이블에 레코드를 추가할 때 참조 무결성이 위배될 수 있다.
③ 〈주문상세내역〉 테이블에 레코드를 삭제할 때는 어떠한 경우라도 참조 무결성이 위배되지 않는다.
④ 〈제품〉 테이블의 '제품코드' 데이터를 추가할 때는 참조 무결성이 위배될 수 있다.

전문가의 조언
〈제품〉 테이블에 새롭게 추가되는 '제품코드'는 〈주문상세내역〉 테이블에서 참조하는 자료가 아니므로 참조 무결성에 위배되지 않습니다.

42. 활성화된 폼에서 옵션 단추의 선택 여부에 따라 해당 텍스트 상자 컨트롤로 포커스(Focus)를 자동 이동하려고 한다. 다음 중 이 작업을 위해 사용되는 매크로 함수로 옳은 것은?

① OpenForm   ② GoToControl
③ GoToRecord   ④ SetValue

전문가의 조언
특정 컨트롤로 포커스를 이동시키는 매크로 함수는 GoToControl입니다.
• OpenForm : 폼을 여는 매크로 함수
• GoToRecord : 레코드 포인터를 이동시키는 매크로 함수로, First, Last, Previous, Next 등의 인수가 사용됨
• SetValue : 필드, 컨트롤, 속성 등의 값을 설정하는 매크로 함수

③ 성명은 중복 가능성이 있으므로 성명과 부서명을 함께 기본키로 사용한다.

④ 회사에서 사원들에게 지급한 사원코드를 기본키로 사용한다.

등급 **A**

43. 다음의 〈학과〉 테이블에 대한 SQL문의 실행 결과로 표시되는 값은?

〈학과〉

학과코드	학과명	수강인원	강의실코드
1001	인공지능	40	C101
1002	빅데이터	20	C204
1003	데이터보안	30	C308
1004	반도체	10	C405

〈SQL문〉

```
Select Count(*)
From 학과
Where 수강인원 〉
     (Select Avg(수강인원) From 학과);
```

① 1   ② 2   ③ 3   ④ 4

등급 **A**

44. 다음 중 회사의 사원 정보를 데이터베이스로 구축할 때 가장 적합한 기본키에 대한 설명으로 올바른 것은?

① 대부분의 자료를 검색할 때 성명을 사용하므로 성명을 기본키로 사용한다.

② 대부분의 사원들이 핸드폰을 사용하므로 핸드폰 번호를 기본키로 사용한다.

등급 **C**

45. 다음 중 액세스의 내보내기(Export)에 대한 설명으로 가장 옳지 않은 것은?

① 테이블이나 쿼리, 폼이나 보고서 등을 다른 형식으로 바꾸어 파일로 저장할 수 있다.

② 테이블의 데이터, 구조, 서식 등은 내보낼 수 있지만 제약 조건, 관계, 인덱스 같은 속성은 내보낼 수 없다.

③ 테이블은 내보내지 않고 보고서만 Word RTF 파일로 내보내는 경우 원본 테이블이 없으므로 자료가 표시되지 않는다.

④ 쿼리를 내보낼 경우 실행 결과가 저장된다.

등급 **B**

46. 다음 중 폼에 대한 설명으로 옳지 않은 것은?

① 폼 내에서 단추를 눌렀을 때 매크로와 모듈이 특정 기능을 수행하도록 할 수 있다.

② 일 대 다 관계에 있는 테이블이나 쿼리는 폼 안에 하위 폼을 작성할 수 있다.

③ 폼과 컨트롤의 속성은 [디자인 보기] 형식에서 [속성 시트]를 이용하여 설정한다.

④ 폼은 레코드 원본에 연결된 대상이 테이블인지 쿼리인지에 따라 바운드 폼과 언바운드 폼으로 구분된다.

전문가의 조언
바운드 폼과 언바운드 폼을 구분하는 기준은 연결 대상의 종류가 아니라 테이블이나 쿼리의 레코드와 연결되어 있는지 여부입니다. 즉 테이블이나 쿼리의 레코드와 연결되어 있으면 바운드 폼, 그렇지 않으면 언바운드 폼입니다.

등급 A

49. 다음 중 각 쿼리문에 대한 설명으로 옳지 않은 것은?

① insert into member(id, password, name, age) values ('a001', '1234', 'kim', 20);

② update member set age=17 where id='a001';

③ select * distinct from member where age=17;

④ delete from member where id='a001';

전문가의 조언
DISTINCT는 검색 결과가 중복되는 레코드는 검색 시 한번 만 표시하는 것으로 필드 명 앞에 기술합니다.

등급 A

47. 다음 중 보고서에 대한 설명으로 옳지 않은 것은?

① 보고서에 포함할 필드가 모두 한 테이블에 있는 경우 해당 테이블을 레코드 원본으로 사용한다.

② 둘 이상의 테이블을 이용하여 보고서를 작성하는 경우 쿼리를 만들어 레코드 원본으로 사용한다.

③ '보고서' 도구를 사용하면 정보를 입력하지 않아도 바로 보고서가 생성되므로 매우 쉽고 빠르게 보고서를 만들 수 있다.

④ '보고서 마법사'를 이용하는 경우 필드 선택은 여러 개의 테이블 또는 하나의 쿼리에서만 가능하며, 데이터 그룹화 및 정렬 방법을 지정할 수도 있다.

전문가의 조언
'보고서 마법사'를 이용하는 경우에는 여러 개의 테이블 또는 여러 개의 쿼리에서 필드를 선택할 수 있습니다. 단 선택된 필드가 포함된 테이블들은 서로 관계가 설정되어 있어야 합니다.

등급 B

50. 다음 중 데이터 형식에 대한 설명으로 옳지 않은 것은?

① '첨부 파일'은 jpg, xlsx 등 원하는 파일 형식으로 첨부되도록 할 수 있다.

② 'Yes/No'는 성별이나 결혼 여부 등 두 값 중 하나만 입력하는 경우에 사용한다.

③ '짧은 텍스트'는 최대 255자까지 저장할 수 있다.

④ '일련 번호'는 레코드가 추가될 때마다 1씩 증가하는 값이 자동으로 입력되며, 필드 크기는 정수(Long)이다.

전문가의 조언
'첨부 파일' 형식은 다양한 형식의 파일을 첨부할 수 있지만 원하는 파일 형식만 첨부되도록 설정할 수는 없습니다.

등급 C

48. 다음 중 데이터베이스의 장점이 아닌 것은?

① 데이터의 일관성을 유지할 수 있다.

② 데이터의 무결성을 유지할 수 있다.

③ 데이터를 일괄 처리할 수 있다.

④ 데이터를 공유할 수 있다.

전문가의 조언
데이터베이스의 장점 중 하나는 데이터의 실시간 처리입니다. 이로 인해 항상 최신의 데이터를 유지할 수 있습니다.

등급 B

51. 테이블 디자인의 조회 표시에서 콤보 상자나 목록 상자를 선택하면 여러 가지 속성이 표시된다. 속성에 대한 설명 중 옳지 않은 것은?

① 행 원본 : 목록으로 제공할 데이터를 지정한다.

② 바운드 열 : 바운드되는 필드의 개수를 지정한다.

③ 컨트롤 표시 : 콤보 상자나 목록 상자를 선택한다.

④ 목록 값만 허용 : '예'로 설정하면 목록에 제공된 데이터 이외의 값을 추가할 수 없다.

전문가의 조언
'바운드 열'은 선택한 목록의 여러 열 중 해당 컨트롤에 저장되는 열을 지정하는 속성입니다.

52. 보고서 머리글의 텍스트 박스 컨트롤에 다음과 같이 컨트롤 원본을 지정하였다. 보고서 미리 보기를 하는 경우 어떠한 결과가 나타나는가? (단, 현재 날짜와 시간이 2023년 1월 2일 오후 3시 4분 5초라고 가정한다.)

> =Format(Now( ), "mmmm ampm h:n")

① Jan 3:4　　　　　② January 오후 3:4
③ Jan pm 3:4:5　　④ January pm 3:4:5

53. 다음 VBA에서 변수 선언(Option Explicit)에 대한 설명으로 옳지 않은 것은?

① Dim, Static, Private, Public 키워드로 변수를 선언한다.
② 변수는 반드시 Option Explicit문 이전에 선언해야 한다.
③ 변수를 선언하지 않고 사용하면 에러가 발생한다.
④ 'Option Base 1'을 선언하면 배열의 위치는 1부터 시작한다.

54. 다음 중 기본 보기 속성을 통해 설정하는 폼의 종류에 대한 설명으로 가장 옳지 않은 것은?

① 단일 폼은 한 번에 한 개의 레코드만을 표시한다.
② 연속 폼은 현재 창을 채울 만큼 여러 개의 레코드를 표시한다.
③ 연속 폼은 매 레코드마다 폼 머리글과 폼 바닥글이 표시된다.
④ 데이터시트 형식은 스프레드시트처럼 행과 열로 정렬된 폼 필드를 표시한다.

55. 하위 폼을 이용하여 폼을 작성할 때의 설명으로 옳지 않은 것은?

① 연결 필드의 데이터 종류는 같아야 하며, 데이터 형식이나 필드 크기도 같거나 호환되어야 한다.
② 하위 폼은 폼 안에 있는 또 하나의 폼이며, 기본이 되는 폼을 기본 폼이라고 하고 기본 폼 안에 들어있는 폼을 하위 폼이라고 한다.
③ 하위 폼/하위 보고서 속성 중에서 원본 개체 속성은 기본 폼으로 사용될 폼만을 의미한다.
④ 하위 필드 연결이나 기본 필드 연결 속성에는 필드명을 사용할 수 있다.

56. 다음 중 다른 데이터베이스의 원본 데이터를 연결 테이블로 가져온 테이블과 새 테이블로 가져온 테이블에 대한 설명으로 옳지 않은 것은?

① 새 테이블로 가져온 테이블을 삭제해도 원본 테이블은 삭제되지 않는다.
② 새 테이블로 가져온 테이블을 이용하여 폼이나 보고서를 생성할 수 있다.
③ 연결 테이블로 가져온 테이블을 삭제해도 원본 테이블은 삭제되지 않고 연결만 삭제된다.
④ 연결 테이블로 가져온 테이블을 삭제하면 연결되어 있는 원본 데이터베이스 테이블도 삭제된다.

등급 A

57. 다음 중 HAVING 절과 WHERE 절에 대한 설명으로 옳지 않은 것은?

① WHERE 절에는 정렬 옵션을 사용할 수 없다.
② WHERE 절에는 그룹 함수를 사용할 수 있다.
③ WHERE 절은 검색될 레코드에 대한 조건을 지정할 때 사용한다.
④ 그룹에 대한 조건을 지정할 때는 HAVING 절을 사용한다.

전문가의 조언
WHERE 절에서는 그룹 함수를 사용할 수 없습니다.

등급 A

58. 다음 중 문자열 함수에 대한 결과로 옳지 않은 것은?

① Len("Blossom") = 7
② Mid("Blossom", 3, 2) = os
③ Left("Blossom", 3) = Blo
④ Instr("Blossom", "son") = Null

전문가의 조언
InStr(문자열, 찾는 문자)는 문자열에서 찾는 문자 또는 문자열의 위치를 구하는 함수로, 문자열에서 찾는 문자나 문자열이 없는 경우에는 0을 반환합니다.

등급 C

59. 보고서 작성 시 사용되는 여러 종류의 마법사 중 다음과 같은 출력물 작성에 가장 적합한 것은?

강남구 개포동 326-9호 가남경리부	서울시 강동구 천호3동 185-5호 개성전자경리부
용산구 한강로7가 12-17 골드아이경리부	용산구 한강로10가 18-13 동아후로킹경리부
용산구 한강로11가 12-31 리치경리부	용산구 한강로11가 13-19 멀티클럽경리부

① 업무 양식 마법사
② 우편 엽서 마법사
③ 레이블 마법사
④ 보고서 마법사

전문가의 조언
문제에 제시된 그림과 같이 주소가 반복되는 우편 발송용 레이블을 만드는 보고서는 레이블 보고서로, 레이블 마법사를 이용해서 작성할 수 있습니다.

03240560

등급 B

60. 〈회원〉 테이블의 '주소' 필드의 값이 다음과 같은 경우 SQL문의 실행 결과로 표시되는 값은?

🔳 회원 ×
주소 ▾
서울 합정동
합정역
합정역 1번출구
서울 합정동
부산 합정동
인천 합정동
합정역 서울

〈SQL〉

Select Count(*)
From 회원
Where 주소 = Like "합정*"

① 1
② 7
③ 3
④ 4

전문가의 조언
지문에 제시된 SQL문의 실행 결과로 표시되는 값은 3입니다. 질의문은 각 절을 분리하여 이해하면 쉽습니다.

• Select Count(*) From 회원 : 〈회원〉 테이블에서 조건에 맞는 레코드의 개수를 검색합니다.
• Where 주소 = Like "합정*" : '주소' 필드의 값이 "합정"으로 시작하는 레코드만을 대상으로 검색합니다.

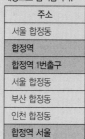

주소
서울 합정동
합정역
합정역 1번출구
서울 합정동
부산 합정동
인천 합정동
합정역 서울

1과목 컴퓨터 일반

등급 B

1. 다음 중 32비트 및 64비트 버전의 Windows OS에 관한 설명으로 옳지 않은 것은?

① 64비트 버전의 Windows에서는 대용량 RAM을 32비트 시스템보다 효과적으로 처리한다.
② 64비트 버전의 Windows를 설치하려면 64비트 버전의 Windows를 실행할 수 있는 CPU가 필요하다.
③ 64비트 버전의 Windows에서 하드웨어 장치가 정상적으로 동작하려면 64비트용 장치 드라이버가 필요하다.
④ 앱이 64비트 버전의 Windows용으로 설계된 경우 호환성 유지를 위해 32비트 버전의 Windows에서도 작동되도록 설계되어 있다.

전문가의 조언
앱이 64비트 버전의 Windows용으로 설계된 경우 32비트 버전의 Windows에서는 작동되지 않습니다.

등급 A

2. 다음 중 IPv6 주소 체계에 관한 설명으로 옳지 않은 것은?

① IPv4 주소 체계의 주소 부족 문제를 해결하기 위해서 개발되었다.
② 128비트의 긴 주소를 사용하기 때문에 IPv4 주소 체계에 비해 자료 전송 속도가 느리다.
③ 인증성, 기밀성, 데이터 무결성의 지원으로 보안성이 강화되었다.
④ IPv4 주소 체계와 호환성이 좋으며, 주소의 확장성, 융통성, 연동성이 우수하다.

전문가의 조언
IPv6는 IPv4에 비해 자료 전송 속도가 빠릅니다.

등급 B

3. 다음 중 디지털 콘텐츠의 생성 · 거래 · 전달 · 관리 등 전체 과정을 관리할 수 있는 기술로 멀티미디어 프레임워크의 MPEG 표준은?

① MPEG-1
② MPEG-2
③ MPEG-7
④ MPEG-21

전문가의 조언
디지털 콘텐츠의 전체 과정을 관리하는 MPEG 표준은 MPEG-21입니다.
• MPEG-1 : CD와 같은 고용량 매체에서 동영상을 재생하기 위한 영상 압축 기술
• MPEG-2 : MPEG-1의 화질을 개선하기 위한 것으로 ISO 13818로 규격화된 영상 압축 기술
• MPEG-4 : 통신 · PC · 방송 등을 결합하는 복합 멀티미디어 서비스의 통합 표준을 위한 영상 압축 기술
• MPEG-7 : 멀티미디어 정보 검색이 가능한 동영상, 데이터 검색 및 전자상거래 등에 사용하도록 개발된 영상 압축 기술

등급 A

4. 다음 중 한글 Windows 10에서 사용하는 USB(Universal Serial Bus)에 대한 설명으로 옳은 것은?

① USB는 범용 병렬 장치를 연결할 수 있게 해 주는 컴퓨터 인터페이스이다.
② 핫 플러그인(Hot Plug In) 기능은 지원하지 않으나 플러그 앤 플레이(Plug & Play) 기능은 지원한다.
③ USB 3.0은 이론적으로 최대 5Gbps의 전송 속도를 가지며, PC 및 연결기기, 케이블 등의 모든 USB 3.0 단자는 파랑색으로 되어 있어 이전 버전과 구분이 된다.
④ 허브를 이용하여 하나의 USB 포트에 여러 개의 주변 기기를 연결할 수 있으며, 최대 256개까지 연결할 수 있다.

전문가의 조언
USB에 대한 설명으로 옳은 것은 ③번입니다.
① USB는 범용 직렬 장치를 연결할 수 있게 해주는 컴퓨터 인터페이스입니다.
② USB는 핫 플러그인(Hot Plug In)과 플러그 앤 플레이(Plug&Play) 기능을 모두 지원합니다.
④ USB는 주변장치를 최대 127개까지 연결할 수 있습니다.

등급 B

5. 다음 중 객체 지향 언어에 대한 설명으로 옳지 않은 것은?

① 객체 지향 언어에는 Java, C++, Python 등이 있다.
② 코드의 재사용과 유지 보수가 용이하다.
③ 프로그램 작성 시 정해진 문법에 맞게 일련의 처리 절차를 순서대로 기술해 나간다.
④ 시스템의 확장성이 높고 정보 은폐가 용이하다.

전문가의 조언
• 객체 지향 언어는 프로그램 작성 시 객체를 중심으로 기술해 나갑니다.
• ③번은 절차적 지향 언어에 대한 설명입니다.

등급 B

6. 다음 중 Windows 10의 [그림판]에 대한 내용으로 옳지 않은 것은?

① 그림판에서 PNG와 JPG, GIF, BMP 등의 파일을 작업할 수 있다.
② 그림을 회전하거나 대칭 이동 등의 작업을 할 수 있다.
③ [레이어]를 이용하면 여러 사진을 추가하여 합성할 수 있다.
④ 그림에 텍스트를 입력할 수 있고, 글꼴 서식을 변경할 수 있다.

전문가의 조언
• 그림판은 간단한 그림을 그리거나 수정하기 위한 앱으로 레이어 기능을 지원하지 않습니다.
• 레이어와 같은 고급 그래픽 기능을 사용하려면 포토샵 같은 전문 그래픽 앱을 설치해서 사용해야 합니다.

등급 C

7. 다음 중 프로그램을 직접 감염시키지 않고 디렉터리 영역에 저장된 프로그램의 시작 위치를 바이러스의 시작 위치로 변경하는 파일 바이러스 유형은?

① 기생형 바이러스
② 산란형 바이러스
③ 연결형 바이러스
④ 겹쳐쓰기형 바이러스

전문가의 조언
디렉터리 영역에 저장된 프로그램의 시작 위치를 바이러스의 시작 위치로 변경하는 파일 바이러스 유형은 연결형 바이러스입니다.
• **기생형 바이러스** : 원래 프로그램에 손상을 주지 않고 앞이나 뒤에 기생하는 바이러스로, 대부분의 파일 바이러스가 여기에 속함
• **산란형 바이러스** : EXE 파일을 감염시키지 않고 같은 이름의 COM 파일을 만들어 바이러스를 넣어둠
• **겹쳐쓰기형 바이러스** : 원래 프로그램이 있는 곳의 일부에 겹쳐서 존재하는 바이러스

등급 C

8. 언어 번역 프로그램 중에서 컴파일러 대비 인터프리터의 특징이 아닌 것은?

① 대표적인 언어에는 C, C++, Java, C# 등이 있다.
② 번역 속도는 빠르지만 실행 속도는 느리다.
③ 목적 프로그램을 생성하지 않는다.
④ 행 단위로 번역한다.

전문가의 조언
• 대표적인 인터프리터 언어에는 Python, Ruby, R 등이 있습니다.
• C, C++, Java, C# 등은 컴파일러 언어에 해당합니다.

등급 A

9. 다음 중 컴퓨터에서 사용하는 ASCII 코드에 관한 설명으로 옳지 않은 것은?

① 데이터 처리 및 통신 시스템 상호 간의 정보 교환을 위해 사용된다.
② 각 나라별 언어를 표현할 수 있다.
③ 각 문자를 7비트로 표현하며, 총 128개의 문자 표현이 가능하다.
④ 확장 ASCII 코드는 8비트를 사용한다.

전문가의 조언
각 나라별 언어를 표현할 수 있는 자료 표현 방식은 유니코드(Unicode)입니다.

등급 C

10. 다음 중 시스템 복구를 해야 하는 시기로 가장 적절하지 않은 것은?

① 로그온 화면이 나타나지 않으며, 운영체제를 시작할 수 없을 때
② 새 장치를 설치한 후 시스템이 불안정 할 때
③ 누락되거나 손상된 데이터 파일을 이전 버전으로 되돌리고자 할 때
④ 파일의 단편화를 개선하여 디스크의 접근 속도를 향상시키고자 할 때

전문가의 조언
파일의 단편화를 개선하여 드라이브의 접근 속도를 향상 시키고자 할 때에는 '드라이브 조각 모음 및 최적화'를 수행하면 됩니다.

등급 A

11. 다음 중 한글 Windows 10의 [폴더 옵션] 대화상자에서 설정할 수 있는 작업으로 옳지 않은 것은?

① 숨김 파일이나 폴더의 표시 여부를 지정할 수 있다.
② 폴더에서 시스템 파일을 검색할 때 색인의 사용 여부를 선택할 수 있다.
③ 알려진 파일 형식의 파일 확장명을 숨기도록 설정할 수 있다.
④ 탐색 창, 미리 보기 창, 세부 정보 창의 표시 여부를 선택할 수 있다.

전문가의 조언
탐색 창, 미리 보기 창, 세부 정보 창의 표시 여부는 파일 탐색기의 [보기] → [창] 그룹에서 설정할 수 있습니다.

등급 A

12. 다음 중 스마트폰을 모뎀처럼 활용하는 방법으로, 컴퓨터나 노트북 등의 IT 기기를 스마트폰에 연결하여 무선 인터넷을 사용할 수 있게 하는 기능은?

① 와이파이(WiFi)
② 블루투스(Bluetooth)
③ 테더링(Tethering)
④ 와이브로(WiBro)

전문가의 조언
IT 기기를 스마트폰에 연결하여 무선 인터넷을 사용할 수 있게 하는 기능은 테더링(Tethering)입니다.

- **와이파이(Wi-Fi)** : 2.4GHz대를 사용하는 무선 랜(WLAN) 규격(IEEE 802.11b)에서 정한 제반 규정에 적합한 제품에 주어지는 인증 마크
- **블루투스(Bluetooth)** : 스웨덴의 에릭슨에 의하여 최초로 개발된 근거리 무선 통신을 가능하게 해주는 통신 방식으로, IEEE 802.15.1 규격을 사용하는 PANs(Personal Area Networks)의 산업 표준임
- **와이브로(Wibro)** : 무선 광대역을 의미하는 것으로, 휴대폰, 노트북, PDA 등의 모바일 기기를 이용하여 언제 어디서나 이동하면서 고속으로 무선 인터넷 접속이 가능한 서비스

03230113

등급 A

13. 다음 중 컴퓨터에서 사용하는 운영체제에 관한 설명으로 옳지 않은 것은?

① 운영체제의 목적은 처리 능력의 향상, 응답 시간의 단축, 사용 가능도의 향상, 신뢰도 향상 등이 있다.
② 운영체제의 구성 요소인 제어 프로그램에는 감시 프로그램, 작업 관리 프로그램, 데이터 관리 프로그램 등이 있다.
③ 운영체제의 방식에는 일괄 처리, 실시간 처리, 분산 처리 등이 있다.
④ 운영체제는 컴퓨터가 동작하는 동안 하드디스크에 위치하며, 프로세스, 기억장치, 입·출력장치, 파일 등의 자원을 관리한다.

전문가의 조언
운영체제는 컴퓨터가 동작하는 동안 하드디스크(보조기억장치)가 아닌 주기억장치에 위치하며, 프로세스, 기억장치, 입·출력장치, 파일 등의 자원을 관리합니다.

14. 다음 중 쿠키(Cookie)에 대한 설명으로 옳은 것은?

① 인터넷 사용 시 네트워크에 접속하기 위한 프로그램이다.
② 특정 웹 사이트 접속 시 반복적으로 사용되는 접속 정보를 가지고 있는 파일이다.
③ 웹 브라우저에서 기본으로 제공하지 않는 기능을 부가적으로 설치하여 구현되도록 한다.
④ 자주 사용하는 사이트의 자료를 저장한 후 다시 동일한 사이트 접속 시 자동으로 자료를 불러온다.

전문가의 조언
쿠키(Cookie)는 특정 웹 사이트 접속 시 반복적으로 사용되는 접속 정보를 가지고 있는 파일을 의미합니다.

15. 다음 중 텔레매틱스(Telematics)에 대한 설명으로 옳지 않은 것은?

① 통신(Telecommunication)과 정보과학(Informatics)의 합성어이다.
② 이미지, 음성, 영상 등의 디지털 정보를 유무선 네트워크에 연결시켜 다양한 멀티미디어 서비스를 제공한다.
③ 여러 IT 기술을 차량에 적합하게 적용하여 새로운 부가가치를 창출한다.
④ 차량에 장착된 특수한 장치와 노변 장치를 이용하여 차량을 안전하게 제어한다.

전문가의 조언
④번은 첨단 도로 시스템(Automated Highway Systems)에 대한 설명입니다.

16. 다음 중 한글 Windows 10에서 설치된 하드웨어를 확인하거나 하드웨어 설정의 수정 및 제거를 할 수 있는 곳은?

① 작업 관리자
② 레지스트리 편집기
③ 장치 관리자
④ 하드웨어 추가/제거

전문가의 조언
하드웨어를 확인하거나 하드웨어 설정의 수정 및 제거를 할 수 있는 곳은 장치 관리자입니다.

17. 다음 중 컴퓨터의 내부 기억장치에 관한 설명으로 옳은 것은?

① 주기억장치의 접근 속도 개선을 위하여 가상 메모리가 사용된다.
② SRAM이 DRAM 보다 접근 속도가 느리다.
③ ROM에는 BIOS, 기본 글꼴, POST 시스템 등이 저장되어 있다.
④ RAM은 일시적으로 전원 공급이 없더라도 내용은 계속 기억된다.

전문가의 조언
컴퓨터의 내부 기억장치에 관한 설명으로 옳은 것은 ③번입니다.
① 주기억장치의 접근 속도 개선을 위하여 사용되는 메모리는 캐시 메모리입니다. 가상 메모리는 보조기억장치(하드디스크)의 일부를 주기억장치처럼 사용하는 메모리입니다.
② SRAM이 DRAM 보다 접근 속도가 빠릅니다.
④ RAM은 전원이 꺼지면 기억된 내용이 모두 사라지는 휘발성 메모리입니다.

18. 다음 중 3D 프린터에 관한 설명으로 옳지 않은 것은?

① 입력한 도면을 바탕으로 3차원 입체 물품을 만들어 내는 프린터이다.
② 인쇄 원리는 잉크젯 프린터의 인쇄 원리와 같다.
③ 출력 단위로는 IPM, PPM 등이 사용된다.
④ 기계, 건축, 예술, 의료 분야 등에서 활용되고 있다.

전문가의 조언
• 3D 프린터의 출력 단위는 MMS(MilliMeters per Second)입니다.
• IPM(Images Per Minute)과 PPM(Pages Per Minute)은 잉크젯 및 레이저 프린터의 출력 단위입니다.

19. 다음 중 시스템 보안과 관련한 불법적인 형태에 대한 설명으로 옳지 않은 것은?

① 피싱(Phishing)은 거짓 메일을 보내서 가짜 금융기관 등의 가짜 웹 사이트로 유인하여 정보를 빼내는 행위이다.

② 스푸핑(Spoofing)은 검증된 사람이 네트워크를 통해 데이터를 보낸 것처럼 데이터를 변조하여 접속을 시도하는 행위이다.

③ 분산 서비스 거부 공격(DDOS)은 마이크로소프트사의 MS-DOS를 운영체제로 사용하는 컴퓨터에 네트워크를 통해 불법적으로 접속하는 행위이다.

④ 키로거(Key Logger)는 키 입력 캐치 프로그램을 사용하여 ID나 암호를 알아내는 행위이다.

전문가의 조언
분산 서비스 거부 공격(DDOS)은 여러 대의 컴퓨터를 이용하여 대량의 데이터를 한 곳의 서버에 집중적으로 전송함으로써 특정 서버의 정상적인 기능을 방해하는 형태의 공격을 말합니다.

20. 다음 중 한글 Windows 10에서 하드디스크에 적용하는 [드라이브 오류 검사]에 관한 설명으로 옳지 않은 것은?

① 하드디스크 자체의 물리적 오류를 찾아서 복구하므로 완료하는 데 시간이 더 오래 걸릴 수 있다.

② 하드디스크 드라이브를 검사하는 동안에도 드라이브를 계속 사용할 수 있다.

③ 하드디스크 문제로 인하여 컴퓨터 시스템이 오작동하는 경우나 바이러스의 감염을 예방할 수 있다.

④ 하드디스크의 [속성] 창 [도구] 탭에서 오류 검사를 실행할 수 있다.

전문가의 조언
드라이브 오류 검사는 하드디스크나 SSD에 논리적 혹은 물리적으로 손상이 있는지 검사하고, 복구 가능한 에러가 있으면 이를 복구해 주는 기능으로 바이러스의 감염 예방 기능은 제공하지 않습니다.

---

2 과목 **스프레드시트 일반**

03230121

21. 아래 그림과 같이 워크시트에 배열 상수 형태로 배열 수식이 입력되어 있을 때, [A5] 셀에서 수식 =SUM(A1, B2)를 실행하였다. 다음 중 그 결과로 옳은 것은?

	A	B	C
1	={1,2,3;4,5,6}	={1,2,3;4,5,6}	={1,2,3;4,5,6}
2	={1,2,3;4,5,6}	={1,2,3;4,5,6}	={1,2,3;4,5,6}
3			

① 3   ② 5

③ 6   ④ 7

전문가의 조언
수식 =SUM(A1, B2)의 결과는 6입니다.

• 배열 상수를 입력할 때 열의 구분은 쉼표(,)로, 행의 구분은 세미콜론(;)으로 합니다.

• [A1:C2] 영역을 블록으로 지정한 후 ={1,2,3;4,5,6}을 입력하고 [Ctrl] + [Shift] + [Enter]를 누르면 다음과 같이 입력됩니다.

	A	B	C
1	1	2	3
2	4	5	6
3			

※ =SUM(A1, B2) : 1+5=6입니다.

※ 문제에 제시된 그림은 이 상태에서 [Ctrl] + [~]를 눌러 값이 아닌 수식을 화면에 표시한 것입니다.

등급 C

22. 다음 중 아래의 워크시트에서 [C1] 셀에 수식 '=A1+B1+C1'을 입력할 경우 발생하는 상황으로 옳은 것은?

	A	B	C
1	0	100	
2			

① [C1] 셀에 '#REF!' 오류 표시
② [C1] 셀에 '#NUM!' 오류 표시
③ 데이터 유효성 오류 메시지 창 표시
④ 순환 참조 경고 메시지 창 표시

전문가의 조언

수식에서 해당 수식이 입력된 [C1] 셀을 참조하기 때문에 아래와 같은 순환 참조 경고 메시지가 표시됩니다.

Microsoft Excel	×
⚠ 수식에 해당 셀을 직접 또는 간접적으로 참조하는 순환 참조가 하나 이상 있습니다. 이로 인해 순환 참조를 올바르게 계산하지 못할 수 있습니다. 메일 참조를 제거하거나 변경하거나 수식을 다른 셀로 이동하세요.	
확인 도움말(H)	

※ 수식에서 직접 또는 간접적으로 수식이 입력된 그 셀을 그 수식에서 참조하는 경우를 순환 참조라고 합니다.

등급 B

23. 다음 워크시트에서 [A1] 셀에서 Ctrl 을 누른 채 채우기 핸들을 이용하여 드래그 했을 때 [C1] 셀에 표시되는 값은?

	A	B	C	D
1	29.5			
2				

① 29.5
② 31.5
③ 29.7
④ 49.5

전문가의 조언

Ctrl 을 누른 채 숫자가 들어 있는 셀의 채우기 핸들을 드래그하면 값이 1씩 증가하며 입력되므로 [C1] 셀에 31.5가 표시됩니다.

	A	B	C	D
1	29.5	30.5	31.5	32.5
2				

등급 C

24. 다음 중 [데이터] 탭 [데이터 가져오기 및 변환] 그룹의 각 명령에 대한 설명으로 옳지 않은 것은?

① [데이터 가져오기] → [기타 원본에서] → [Microsoft Query에서]를 이용하면 여러 테이블을 조인(Join)한 결과를 워크시트로 가져올 수 있다.
② [기존 연결]을 이용하면 Microsoft Query에서 작성한 쿼리 파일(*.dqy)의 실행 결과를 워크시트로 가져올 수 있다.
③ [웹]을 이용하면 웹 페이지의 모든 데이터를 원본 그대로 가져올 수 있다.
④ [데이터 가져오기] → [데이터베이스에서] → [Microsoft Access 데이터베이스에서]를 이용하면 원본 데이터의 변경 사항이 워크시트에 반영되도록 설정할 수 있다.

전문가의 조언

[웹]을 이용해서는 웹 페이지의 테이블만 가져올 수 있습니다.

등급 B

25. 다음 중 [파일] → [인쇄]를 선택하면 표시되는 미리 보기 화면과 인쇄 옵션에서 설정할 수 있는 것으로 틀린 것은?

① [머리글/바닥글]로 설정한 내용은 매 페이지 상단이나 하단의 별도 영역에, 인쇄 제목의 반복할 행/열은 매 페이지의 본문 영역에 반복 출력된다.
② [페이지 설정]에서 '인쇄 영역'을 변경하여 인쇄할 수 있다.
③ [페이지 설정]에서 확대/축소 배율을 10%에서 최대 400%까지 설정하여 인쇄할 수 있다.
④ '여백 표시'를 표시하여 워크시트의 열 너비를 조정할 수 있다.

전문가의 조언

• [파일] → [인쇄]를 선택한 후 '페이지 설정'을 클릭하면 '페이지 설정' 대화상자가 표시되기는 하지만 '시트' 탭의 인쇄 영역, 반복할 행, 반복할 열이 모두 비활성화되어 있으므로 '인쇄 영역'을 변경할 수 없습니다.
• '페이지 설정' 대화상자를 이용하여 '인쇄 영역'을 변경하려면 [페이지 레이아웃] → [페이지 설정]의 🖅를 이용하여 '페이지 설정' 대화상자를 호출해야 합니다.

26. 아래 워크시트와 같이 시상내역[A13:D16] 표를 이용하여 시상내역[D2:D10]을 계산하였다. 다음 중 [D2] 셀에 입력된 배열 수식으로 옳은 것은?

	A	B	C	D
1	이름	공모대상	점수	시상내역
2	김남희	독창	91	대상
3	남궁민	창작동화	65	-
4	이수남	독창	75	-
5	서수남	독창	50	-
6	홍길동	독창	88	최우수상
7	이숙희	창작동화	69	-
8	양종국	창작동화	87	차상
9	김호명	독창	79	-
10	김영희	창작동화	93	장원
11				
12	시상내역			
13	점수	0	80	90
14		80	90	100
15	독창	-	최우수상	대상
16	창작동화	-	차상	장원
17				

① {=INDEX($B$15:$D$16, MATCH(B2, $A$15:$A$16, 0), MATCH(C2, $B$13:$D$13, -1))}
② {=INDEX($B$15:$D$16, MATCH(B2, $A$15:$A$16, 0), MATCH(C2, $B$13:$D$13, 1))}
③ {=INDEX($B$15:$D$16, MATCH(B2, $A$15:$A$16, 0), MATCH(C2, $B$14:$D$14, -1))}
④ {=INDEX($B$15:$D$16, MATCH(B2, $A$15:$A$16, 0), MATCH(C2, $B$14:$D$14, 1))}

27. 다음 중 아래 시트에서 각 수식을 실행했을 때의 결과 값으로 옳지 않은 것은?

	A
1	2023년 3월 5일 일요일
2	2023년 3월 20일 월요일
3	2023년 4월 10일 월요일
4	

① =EOMONTH(A1, -3) → 2022-12-31
② =DAYS(A1, A3) → 36
③ =NETWORKDAYS(A1, A2) → 11
④ =WORKDAY(A1, 10) → 2023-03-17

03230128

28. 다음 중 아래의 워크시트에서 작성한 수식으로 결과 값이 다른 것은?

	A	B	C
1	10	30	50
2	40	60	80
3	20	70	90
4			

① =SMALL(B1:B3, COLUMN(C3))
② =SMALL(A1:B3, AVERAGE({1;2;3;4;5}))
③ =LARGE(A1:B3, ROW(A1))
④ =LARGE(A1:C3, AVERAGE({1;2;3;4;5}))

①, ③, ④번의 결과는 70, ②번의 결과는 30입니다.
① ❶ COLUMN(C3) : [C3] 셀의 열 번호인 3을 반환합니다.
   ❷ =SMALL(B1:B3, 3) : [B1:B3] 영역에서 세 번째로 작은 값인 70을 반환합니다.
② ❶ AVERAGE({1;2;3;4;5}) : 1, 2, 3, 4, 5의 평균인 3을 반환합니다.
   ❷ =SMALL(A1:B3, 3) : [A1:B3] 영역에서 세 번째로 작은 값인 30을 반환합니다.
③ ❶ ROW(A1) : [A1] 셀의 행 번호인 1을 반환합니다.
   ❷ =LARGE(A1:B3, 1) : [A1:B3] 영역에서 첫 번째로 큰 값인 70을 반환합니다.
④ ❶ AVERAGE({1;2;3;4;5}) : 3을 반환합니다.
   ❷ =LARGE(A1:C3, 3) : [A1:C3] 영역에서 세 번째로 큰 값인 70을 반환합니다.

03230129   등급 A

29. 다음 중 아래 워크시트의 [B2] 셀에 〈보기〉의 사용자 지정 표시 형식을 적용했을 때 표시되는 값은?

| B2 | ▾ | : | ✕ | ✓ | fx | 354600 |

◢	A	B	C	D
1				
2		354600		
3				

〈보기〉

[>=1000000]0.0,,"㎘";[>=1000]0.0,"ℓ";0.0"㎖"

① 354600㎖   ② 354ℓ
③ 354.6ℓ   ④ 0.4㎘

〈보기〉의 사용자 지정 표시 형식을 적용했을 때 표시되는 값은 354.6ℓ 입니다.

[>=1000000]0.0,,"㎘";[>=1000]0.0,"ℓ";0.0"㎖"

· [>=1000000]0.0,,"㎘" : 셀에 입력된 값이 1,000,000 이상일 때 적용되는 서식으로, 0.0,,"㎘" 형식으로 표시하되, 백만 단위 이하를 생략합니다.
   📖 25000000 → 25.0㎘
· [>=1000]0.0,"ℓ" : 셀에 입력된 값이 1,000 이상일 때 적용되는 서식으로, 0.0,"ℓ" 형식으로 표시하되, 천 단위 이하를 생략합니다.
   📖 354600 → 354.6ℓ
· 0.0"㎖" : 1,000 미만일 때 적용되는 서식으로, 0.0"㎖" 형식으로 표시합니다.
   📖 50 → 50ℓ

등급 B

30. 다음 중 데이터 입력에 대한 설명으로 옳지 않은 것은?

① 3e9를 입력하면 자동으로 지수 형식으로 입력된다.
② 현재 날짜와 시간을 입력하려면 Ctrl + ; 를 누른 다음 한 칸 띄우고 Ctrl + Shift + ; 을 누른다.
③ 분수를 입력하려면 0 1/2과 같이 분수 앞에 0을 입력한 뒤 한 칸 띄고 분수를 입력한다.
④ 고정 소수점 옵션을 무시하고 숫자를 입력하려면 숫자 앞에 느낌표(!)를 입력한다.

고정 소수점 옵션을 무시하고 숫자를 입력하려면 숫자 뒤에 소수점을 입력하면 됩니다. 📖 50.
※ 3e9를 입력하면 3.00E+09와 같이 지수 형식으로 입력됩니다.

등급 B

31. 아래의 프로시저를 이용하여 [A1:C3] 영역의 내용만 지우려고 한다. 다음 중 괄호 안에 들어갈 코드로 옳은 것은?

```
Sub Procedure( )
    Range("A1:C3").Select
    Selection.(    )
End Sub
```

① DeleteContents
② FreeContents
③ ClearContents
④ DeactivateContents

선택한 영역에 지정된 내용만 삭제하는 메서드는 ClearContents, 서식만 삭제하는 메서드는 ClearFormats입니다.

32. 다음 중 데이터 정렬에 관한 설명으로 옳지 않은 것은?

① 대/소문자를 구분하여 정렬할 수 있다.

② 표 안에서 다른 열에는 영향을 주지 않고 선택한 한 열 내에서만 정렬하도록 할 수 있다.

③ 정렬 기준으로 '조건부 서식 아이콘'을 선택한 경우 기본 정렬 순서는 '위에 표시'이다.

④ 행을 기준으로 정렬하려면 [정렬] 대화상자의 [옵션]에서 정렬 옵션의 방향을 '위쪽에서 아래쪽'으로 선택한다.

33. 다음 중 아래 그림과 같이 목표값 찾기를 지정했을 때의 설명으로 옳은 것은?

① 만기시 수령액이 2,000,000원이 되려면 월 납입금은 얼마가 되어야 하는가?

② 만기시 수령액이 2,000,000원이 되려면 적금 이율(연)이 얼마가 되어야 하는가?

③ 불입금이 2,000,000원이 되려면 만기시 수령액은 얼마가 되어야 하는가?

④ 월 납입금이 2,000,000원이 되려면 만기시 수령액은 얼마가 되어야 하는가?

34. 다음 중 [매크로 기록] 대화상자에서 설정할 수 있는 요소가 아닌 것은?

① 매크로 이름

② 바로 가기 키

③ 매크로 저장 위치

④ 매크로 보안

35. 다음 중 아래 설명에 해당하는 차트 종류는?

• 항목의 값을 점으로 표시하여 여러 데이터 값들의 관계를 보여 준다.
• 과학, 통계 및 공학 데이터와 같은 숫자 값을 표시하고 비교하는데 사용된다.
• 가로 축의 값이 일정한 간격이 아닌 경우나 데이터 요소의 수가 많은 경우 사용된다.

① 분산형 차트   ② 도넛형 차트

③ 방사형 차트   ④ 혼합형 차트

36. 다음 중 셀 영역을 선택한 후 상태 표시줄의 바로 가기 메뉴인 [상태 표시줄 사용자 지정]에서 선택할 수 있는 자동 계산에 해당되지 않는 것은?

① 선택한 영역 중 숫자 데이터가 입력된 셀의 수
② 선택한 영역 중 문자 데이터가 입력된 셀의 수
③ 선택한 영역 중 데이터가 입력된 셀의 수
④ 선택한 영역의 합계, 평균, 최소값, 최대값

전문가의 조언
[상태 표시줄 사용자 지정]을 이용하여 데이터가 입력된 셀의 수나 숫자가 입력된 셀의 수는 계산할 수 있지만 문자 데이터가 입력된 셀의 수는 계산할 수 없습니다.

37. 다음 중 아래 설명에 해당하는 기능은?

• 잠긴 셀 또는 잠기지 않은 셀로 이동하거나 셀 서식을 변경하지 못하도록 막는다.
• 워크시트 요소를 삽입하거나 변경하는 것을 막는다.

① 시트 보호
② 통합 문서 보호
③ 통합 문서 공유
④ 잠금

전문가의 조언
지문의 설명에 해당하는 기능은 시트 보호로, 시트 보호를 지정한 시트에서는 셀을 선택하는 것 이외의 작업은 불가능합니다.
• **통합 문서 보호** : 통합 문서의 시트 삭제, 이동, 숨기기, 이름 바꾸기 등을 할 수 없도록 보호하는 기능
• **통합 문서 공유** : 네트워크로 연결된 환경에서 하나의 통합 문서를 여러 사람이 공동으로 작업할 수 있게 하는 기능

38. 다음 중 [페이지 설정] 대화상자에 대한 설명으로 옳지 않은 것은?

① 인쇄 배율을 수동으로 설정할 수 있으며, 배율은 워크시트 표준 크기의 10%에서 400%까지 가능하다.
② 셀에 설정된 노트는 시트에 표시된 대로 인쇄하거나 시트 끝에 인쇄할 수 있다.
③ 사용자가 페이지 구분선을 추가한 경우 [페이지 설정] 대화상자의 [페이지] 탭에서 [자동 맞춤]을 지정해도 확대/축소 배율이 자동으로 조정되지 않는다.
④ 눈금선이나 행/열 머리글의 인쇄 여부를 설정할 수 있다.

전문가의 조언
사용자가 페이지 구분선을 추가한 경우에도 '페이지 설정' 대화상자의 '페이지' 탭에서 '자동 맞춤'을 지정하면 확대/축소 배율이 자동으로 조정됩니다.

39. 다음 중 아래 차트와 같이 오차 막대를 표시하기 위한 오차 막대 서식 설정값으로 옳은 것은?

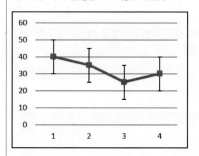

① 표시 방향(모두), 오차량(고정 값 10)
② 표시 방향(모두), 오차량(표준 편차 1.0)
③ 표시 방향(양의 값), 오차량(고정 값 10)
④ 표시 방향(양의 값), 오차량(표준 편차 1.0)

문제의 차트와 같이 오차 막대를 표시하려면 ①번과 같이 설정해야 합니다.

② 표시 방향(모두), 오차량(표준 편차 1.0)

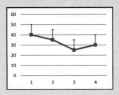

③ 표시 방향(양의 값), 오차량(고정 값 10)

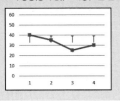

④ 표시 방향(양의 값), 오차량(표준 편차 1.0)

① 행에 단과대학과 학과를 표시하고, 단과대학에 필터를 적용했다.
② 필터에 성별과 졸업자가 표시되어 있다.
③ 확장/축소 단추와 부분합을 표시하지 않았다.
④ 학과는 취업률을 기준으로 내림차순 정렬되어 있다.

확장/축소 단추는 표시되지 않았지만 부분합은 표시되어 있습니다.

	A	B	C	D	E
1	성별	(모두) ▼			부분합
2	졸업자	(모두) ▼			
3					
4	단과대학 ▼	학과 ↴	개수 : 진학자	개수 : 창업자	평균 : 취업률
5	⊟사범대학		8	7	65%
6		영어 교육과	2	2	79%
7		국어교육과	1	1	64%
8		교육학과	2	2	64%
9		수학교육과	3	2	55%
10	⊞사회과학대학		9	10	60%
11	⊞인문대학		9	8	62%
12	총합계		26	25	62%

확장/축소 단추

---

3 과목   데이터베이스 일반

_{등급}A

40. 다음 중 아래와 같은 피벗 테이블을 작성하기 위한 작업으로 옳지 않은 것은?

	A	B	C	D	E
1	성별	(모두) ▼			
2	졸업자	(모두) ▼			
3					
4	단과대학 ▼	학과 ↴	개수 : 진학자	개수 : 창업자	평균 : 취업률
5	사범대학		8	7	65%
6		영어 교육과	2	2	79%
7		국어교육과	1	1	64%
8		교육학과	2	2	64%
9		수학교육과	3	2	55%
10	사회과학대학		9	10	60%
11	인문대학		9	8	62%
12	총합계		26	25	62%

_{등급}B

41. 다음 중 데이터베이스의 특징으로 옳지 않은 것은?
① 다수의 이용자들이 서로 상이한 목적으로 동일 데이터를 공유
② 데이터의 검색이나 갱신이 효율적으로 이루어질 수 있도록 데이터의 중복을 최대화
③ 특정 조직에서 필요한 정보를 얻기 위하여 필요한 데이터를 저장
④ 효과적인 데이터 처리를 위한 구조화

데이터베이스는 데이터의 검색이나 갱신이 효율적으로 이루어질 수 있도록 데이터의 중복을 최소화합니다.

등급 A

42. 다음 중 아래 보고서에 대한 설명으로 옳지 않은 것은? (단, 이 보고서는 전체 5페이지이며, 현재 페이지는 2페이지이다.)

거래처별 제품목록

거래처명	제품번호	제품이름	단가	재고량
㈜맑은세상	15	아쿠아렌즈	₩50,000	22
	14	바슈롬렌즈	₩35,000	15
	20	C-BR렌즈	₩50,000	3
	제품수 :	3	총재고량 :	40
거래처명	제품번호	제품이름	단가	재고량
참아이㈜	9	선글래스C	₩170,000	10
	7	선글래스A	₩100,000	23
	8	선글래스B	₩120,000	46

2 / 4

① 보고서 머리글에 필드 이름을 표시하기 위한 레이블과 선 컨트롤들이 들어 있다.
② '거래처명'을 기준으로 그룹이 설정되어 있다.
③ '거래처명'에 대한 그룹 바닥글 영역이 설정되어 있고, 요약 정보를 표시하고 있다.
④ '거래처명'에 중복 내용 숨기기 속성이 '예'로 설정되어 있다.

전문가의 조언
• 현재 페이지가 2페이지이고 필드 이름을 표시하는 레이블과 선 컨트롤이 '거래처명' 별로 표시된 것으로 보아 레이블과 선 컨트롤은 '그룹 머리글'에 표시된 것으로 볼 수 있습니다.
• '보고서 머리글'은 보고서의 첫 페이지 상단에 한 번만 표시됩니다.

등급 A

43. 다음 중 아래 두 개의 테이블 사이에서 외래 키(Foreign Key)에 해당하는 필드는? (단, 밑줄은 각 테이블의 기본 키를 표시함)

직원(사번, 성명, 부서명, 주소, 전화, 이메일)
부서(부서명, 팀장, 팀원수)

① 직원 테이블의 사번   ② 부서 테이블의 팀원수
③ 부서 테이블의 팀장   ④ 직원 테이블의 부서명

전문가의 조언
외래 키란 관계를 맺고 있는 테이블 R1, R2에서 테이블 R1이 참조하고 있는 테이블 R2의 기본 키와 같은 R1 테이블의 속성을 말합니다. 지문에 제시된 〈직원〉 테이블의 기본 키는 '사번'이고, 〈부서〉 테이블의 기본 키는 '부서명'입니다. 외래 키는 관계를 맺고 있는 테이블의 기본 키를 참조하므로 관계된 테이블의 기본 키와 같은 필드명을 찾으면 됩니다.

등급 C

44. 다음 중 테이블에서의 필드 이름 지정 규칙에 대한 설명으로 옳은 것은?

① 필드 이름의 첫 글자는 숫자로 시작할 수 없다.
② 테이블 이름과 동일한 이름을 필드 이름으로 지정할 수 없다.
③ 한 테이블 내에 동일한 이름의 필드를 2개 이상 지정할 수 없다.
④ 필드 이름에 문자, 숫자, 공백, 특수 문자를 조합한 모든 기호를 포함할 수 있다.

전문가의 조언
필드 이름 지정 규칙으로 옳은 것은 ③번입니다.
① 필드 이름의 첫 글자를 숫자로 시작할 수 있습니다.
② 테이블 이름과 동일한 이름을 필드 이름으로 지정할 수 있습니다.
④ 특수 문자 중 . ! [ ]는 필드 이름에 포함할 수 없습니다.

등급 B

45. 다음 중 〈학생〉 테이블의 '성적' 필드에 성적을 입력하는 경우 0에서 100 사이의 숫자만 입력 가능하도록 설정하기 위한 필드 속성은?

① 필드 크기   ② 필수
③ 유효성 검사 규칙   ④ 기본값

전문가의 조언
'0에서 100 사이'라는 것은 성적을 최소 0점부터 최대 100점까지만 입력받겠다는 것이므로 두 조건을 And로 연결하여 유효성 검사 규칙을 '>=0 And <=100'으로 설정하면 됩니다.

46. 데이터 형식이 텍스트인 필드에 다음과 같이 형식을 지정한 후 값을 입력했을 때의 결과가 올바르게 표시된 것은?

형식	입력값	결과
① @@@-@@@	123456	123-456
② @*_	abc	abc*_
③ @&@&@	123	1 2 3
④ 〉〉-〉〉	abde	AB-DE

47. 다음 중 기본키로 사용하기에 가장 적합한 필드는?

① Null 값이 있는 필드
② 중복된 값이 있는 필드
③ 자주 값이 변경되는 필드
④ 한 릴레이션에서 특정 레코드를 유일하게 구별할 수 있는 필드

48. 다음 중 데이터시트 보기 상태에서의 레코드 추가/삭제에 대한 설명으로 옳은 것은?

① 레코드를 여러 번 복사한 경우 첫 번째 복사한 레코드만 사용 가능하다.
② 새로운 레코드는 항상 테이블의 마지막 행에서만 추가되며 중간에 삽입될 수 없다.
③ 레코드를 추가하는 단축키는 Ctrl + Insert 이다.
④ 여러 레코드를 선택하여 한 번에 삭제할 수 있으며, 삭제된 레코드는 복원할 수 있다.

03230149

49. 다음 중 아래 〈학생〉 테이블에 대한 SQL문의 실행 결과로 옳은 것은?

학번	전공	학년	나이
1002	영문	SO	19
1004	통계	SN	23
1005	영문	SN	21
1008	수학	JR	20
1009	영문	FR	18
1010	통계	SN	25

```
SELECT AVG([나이]) FROM 학생
WHERE 학년="SN" GROUP BY 전공
HAVING COUNT(*) >= 2;
```

① 21   ② 22   ③ 23   ④ 24

• GROUP BY 전공 : '전공' 필드를 기준으로 그룹을 지정합니다.

학번	전공	학년	나이
1004	통계	SN	23
1010	통계	SN	25
1005	영문	SN	21

• HAVING COUNT(*)=2 : 그룹별로 레코드의 개수가 2개 이상인 그룹만을 대상으로 검색합니다.

학번	전공	학년	나이
1004	통계	SN	23
1010	통계	SN	25

※ 질의문의 수행 결과 나이의 평균은 (23+25)/2 = 24입니다.

등급 A

50. 다음 중 보고서에서 '페이지 번호'를 표현하는 식과 그 결과의 연결이 옳은 것은? (단, 전체 페이지는 3이고, 현재 페이지는 1이다.)

① =[Page] → 3

② =[Page]& "페이지" → 1& 페이지

③ =Format([Page], "000") → 1000

④ =[Page]& "/"& [Pages]& "페이지" → 1/3페이지

전문가의 조언
표현하는 식과 그 결과의 연결이 옳은 것은 ④번입니다.
① 1   ② 1페이지   ③ 001

등급 A

51. 다음 중 학생(학번, 이름, 학과, 학년, 주소) 테이블에서 학과가 "경영학과"이고 학년이 2학년인 학생의 학번과 이름만 출력하는 SQL문으로 올바른 것은?

① Select 학번, 이름 From 학생 Where 학과 Like '경영학과' And 학년 In (2);

② Select 학번, * From 학생 Where 학과='경영학과' Or 학년 = 2;

③ Select 학번, * From 학생 Where 학과='경영학과' And 학년 = 2;

④ Select 학번, 이름 From 학생 Where '경영학과' And 2;

전문가의 조언
문제에 주어진 조건에 맞는 SQL문은 ①번입니다.
① "학과 Like '경영학과' and 학년 In (2)"는 학과가 '경영학과'를 포함하고 학년이 2인 레코드를 의미하므로 문제에서 요구하는 조건을 충족하는 문장입니다.
② 조건을 Or로 연결했으므로 틀린 문장입니다.
③ 검색되는 속성을 '학번, *'로 지정하여 모든 속성이 표시되므로 틀린 문장입니다.
④ 조건이 형식에 맞지 않아 오류가 발생합니다.

등급 A

52. 다음과 같은 테이블을 대상으로 SQL문을 실행할 결과 표시되는 레코드의 개수는?

주문

주문번호	회원ID	주문일
A130	kyk1234	2022-10-02
A234	kwk2345	2022-10-05
A278	kji3456	2022-10-08
A350	ksg4567	2022-10-15

주문상세내역

주문번호	제품코드	단가	수량
A130	RT8754	1500	20
A130	HI4875	1000	30
A130	GE2457	2800	10
A130	AB1455	2500	15
A234	BA8545	3000	18
A234	JD2456	1800	20
A278	HD5453	2000	24
A278	RE2456	1400	32
A350	GE7584	2500	27
A350	GE3585	2400	25

〈SQL문〉

```
Select 주문.주문번호, 주문.회원ID
From 주문 Inner Join 주문상세내역
On 주문.주문번호 = 주문상세내역.주문번호
Where 주문상세내역.제품코드 Like "GE*";
```

① 3개   ② 5개

③ 7개   ④ 10개

주문번호	회원ID	제품코드
A130	kyk1234	RT8754
A130	kyk1234	HI4875
A130	kyk1234	GE2457
A130	kyk1234	AB1455
A234	kwk2345	BA8545
A234	kwk2345	JD2456
A278	kji3456	HD5453
A278	kji3456	RE2456
A350	ksg4567	GE7584
A350	ksg4567	GE3585

주문번호	회원ID	제품코드
A130	kyk1234	GE2457
A350	ksg4567	GE7584
A350	ksg4567	GE3585

등급 C

53. 다음 중 크로스탭 쿼리에 관한 설명으로 옳지 않은 것은?

① 레코드의 요약 결과를 열과 행 방향으로 그룹화하여 표시할 때 사용한다.
② 쿼리 데이터시트에서 데이터를 직접 편집할 수 없다.
③ 2개 이상의 열 머리글 옵션과 행 머리글 옵션, 값 옵션 등을 지정해야 한다.
④ 행과 열이 교차하는 곳의 숫자 필드는 합계, 평균, 분산, 표준 편차 등을 계산할 수 있다.

등급 C

54. 다음 중 폼 디자인 보기에서의 작업에 대한 설명으로 옳지 않은 것은?

① [필드 목록] 창을 이용하여 원본으로 사용하는 테이블이나 쿼리의 필드를 디자인 창에 추가할 수 있다.
② 각 구역의 구분선을 마우스로 드래그하여 구역의 크기를 조절할 수 있다.
③ 폼 왼쪽 상단의 폼 선택기(■)를 더블클릭하면 폼의 전체 컨트롤이 선택된다.
④ 폼 머리글이나 바닥글 구역에 포함된 컨트롤들은 해당 구역을 삭제하면 함께 삭제된다.

등급 B

55. 다음 중 하위 폼에서 새로운 레코드를 추가하려고 할 때 설정해야 할 폼 속성은?

① '필터 사용'을 예로 설정한다.
② '추가 가능'을 예로 설정한다.
③ '편집 가능'을 예로 설정한다.
④ '삭제 가능'을 예로 설정한다.

등급 A

56. 다음 중 [학생] 테이블에서 '점수'가 60 이상인 학생들의 인원수를 구하는 식으로 옳은 것은? (단, '학번' 필드는 [학생] 테이블의 기본 키이다.)

① =DCount("학생", "학번", "점수 >= 60")
② =DCount("*", "학생", "점수 >= 60")
③ =DCount(학생, 학번, 점수 >= 60)
④ =DCount(학번, 학생, 점수 >= 60)

전문가의 조언

[학생] 테이블에서 '점수'가 60 이상인 학생들의 인원수를 구하는 식은 =DCount("*", "학생", "점수>=60") 또는 =DCount("학번", "학생", "점수>=60")이며, 도메인 함수에서 사용되는 인수는 각각을 큰따옴표(" ")로 묶어줘야 합니다.

등급 B

57. 다음 중 [보고서 마법사]로 보고서를 만드는 과정에 대한 설명으로 틀린 것은?

① 보고서 마법사는 정해진 절차에 따라 설정 사항을 지정하면 보고서를 자동으로 만들어 준다.
② 그룹을 설정한 경우 보고서 모양을 단계, 블록, 외곽선 중에서 선택할 수 있다.
③ [요약 옵션]에서 모든 필드에 대해 합계, 평균, 개수 등의 함수를 사용하여 값을 표시할 수 있다.
④ 레코드 원본, 필드, 레이아웃, 서식 등을 직접 선택하여 보고서를 작성할 수 있다.

전문가의 조언

[요약 옵션]에서는 모든 필드가 아니라 숫자 필드에 대해서만 합계, 평균, 최소, 최대 함수를 사용해서 값을 표시할 수 있습니다.

등급 B

58. 다음 매크로 함수에 대한 설명으로 옳지 않은 것은?

① GoToControl : 특정 컨트롤로 포커스를 이동시킨다.
② GoToRecord : 특정한 조건을 만족하는 레코드 중 첫 번째 레코드를 검색한다.
③ ApplyFilter : 테이블이나 쿼리로부터 레코드를 필터링한다.
④ OpenQuery : 작성된 쿼리를 호출하여 실행한다.

전문가의 조언

• GoToRecord는 레코드 포인터를 처음, 마지막, 이전, 이후 등으로 이동시키는 매크로 함수입니다.
• ②번은 FindRecord 매크로 함수의 기능입니다.

03230159

등급 A

59. 다음 중 현재 폼에서 'cmd숨기기' 단추를 클릭하는 경우, DateDue 컨트롤이 표시되지 않도록 하기 위한 이벤트 프로시저로 옳은 것은?

① Private Sub cmd숨기기_Click( )
　Me.[DateDue]!Visible = False
　End Sub
② Private Sub cmd숨기기_DblClick( )
　Me!DateDue.Visible = True
　End Sub
③ Private Sub cmd숨기기_Click( )
　Me![DateDue].Visible = False
　End Sub
④ Private Sub cmd숨기기_DblClick( )
　Me.DateDue!Visible = True
　End Sub

전문가의 조언

• 특정 컨트롤을 마우스로 클릭했을 때 발생하는 이벤트는 Click 이벤트입니다. 'cmd숨기기' 단추를 클릭했을 때 발생하는 이벤트 프로시저는 Private Sub cmd숨기기_Click( )으로 시작해야 합니다.
• 폼, 보고서 컨트롤 등의 표시 여부를 결정하는 속성은 Visible이며, Visible = False와 같이 Visible 속성을 'False'로 설정하면 표시하지 않고 'True'로 설정하면 표시합니다.
• 개체명과 컨트롤명은 느낌표(!)로 구분하고, 컨트롤에 속성을 지정할 때는 점(.)으로 연결합니다.

60. 다음 VBA에서 변수 선언(Option Explicit)에 대한 설명으로 옳지 않은 것은?

① Dim, Static, Private, Public 키워드로 변수를 선언한다.

② 변수는 반드시 Option Explicit문 이전에 선언해야 한다.

③ 변수를 선언하지 않고 사용하면 에러가 발생한다.

④ 'Option Base 1'을 선언하면 배열의 위치는 1부터 시작한다.

전문가의 조언

Option Explicit는 변수를 선언하지 않고 사용하면 에러가 발생하도록 하는 명령문으로, 변수는 Option Explicit문 이후에 Dim, Static, Private, Public 명령문을 이용해 선언합니다.

1과목   컴퓨터 일반

등급 C

1. 다음 중 HTTP 프로토콜에 대한 설명으로 옳지 않은 것은?

① 하이퍼텍스트 문서를 전송하기 위해 사용하는 프로토콜이다.
② HTTP는 서비스를 제공하거나 응답하는 프로토콜 구조를 가진다.
③ HTTP의 보안이 강화된 버전이 HTTPS이다.
④ HTTP 프로토콜에는 FTP, DNS, TELNET 등이 포함된다.

전문가의 조언
FTP, DNS, TELNET은 HTTP 프로토콜에 포함된 것이 아니라 독립된 형태로 각각의 역할을 수행하는 프로토콜입니다.

등급 C

2. 다음 중 한글 Windows 10의 [빠른 지원]에 대한 설명으로 옳지 않은 것은?

① [시작] → [빠른 지원]을 선택하여 실행할 수 있다.
② 다른 사용자의 컴퓨터에 접속하여 원격 지원을 하거나, 내 컴퓨터에 접속한 다른 사용자로부터 원격 지원을 받을 수 있도록 할 수 있다.
③ '공유 옵션'에는 '모든 권한 가지기'와 '화면 보기'가 있다.
④ 원격 지원을 하는 자는 마이크로소프트 계정으로 로그인 하지 않아도 되고, 지원 받는 자는 로그인 해야 한다.

전문가의 조언
원격 지원을 하는 자는 마이크로소프트 계정으로 로그인 해야 하고, 지원 받는 자는 로그인 하지 않아도 됩니다.

등급 B

3. 다음 중 프린터에서 출력할 파일의 해상도를 조절하거나 스캐너를 이용해 스캔한 파일의 해상도를 조절하기 위해 쓰는 단위는?

① CPS(Character Per Second)
② BPS(Bits Per Second)
③ PPM(Paper Per Minute)
④ DPI(Dots Per Inch)

전문가의 조언
파일의 해상도를 나타내는 단위는 DPI(Dots Per Inch)입니다.
- CPS(Character Per Second) : 1초에 출력되는 글자 수로 도트 매트릭스 및 시리얼 프린터의 속도 단위
- BPS(Bits Per Second) : 1초에 전송되는 비트(bit)의 수로, 데이터의 전송 속도를 나타내는 단위
- PPM(Page Per Minute) : 1분에 출력되는 페이지 수로, 잉크젯 및 레이저 프린터의 속도 단위

등급 A

4. 다음 중 한글 Windows 10의 레지스트리에 관한 설명으로 옳지 않은 것은?

① Windows의 자체 구성 정보를 저장하는 데이터베이스이다.
② Windows에 탑재된 레지스트리 편집기는 'regedit.exe'이다.
③ 레지스트리 정보는 Windows의 부팅 시에만 참조된다.
④ 레지스트리에는 각 사용자의 프로필과 시스템 하드웨어, 설치된 프로그램 및 속성 설정에 대한 정보가 들어 있다.

전문가의 조언
레지스트리 정보는 Windows가 작동하는 동안 지속적으로 참조됩니다.

5. 다음 중 한글 Windows 10에서 마우스의 끌어놓기(Drag & Drop)에 대한 설명으로 옳지 않은 것은?

① 같은 드라이브에서 파일을 Ctrl을 누른 채 다른 폴더로 끌어서 놓으면 복사가 된다.
② D 드라이브에서 파일을 C 드라이브로 끌어서 놓으면 복사가 된다.
③ 같은 드라이브에서 파일을 다른 폴더로 끌어서 놓으면 이동이 된다.
④ USB 드라이브에서 파일을 C 드라이브로 끌어서 놓으면 이동이 된다.

전문가의 조언
• USB 드라이브에서 파일을 C 드라이브로 끌어서 놓으면 복사가 됩니다.
• 파일을 이동시키려면 Shift를 누른 채 끌어서 놓아야 합니다.

6. 다음 중 정보 통신에 사용되는 네트워크 장비인 라우터(Router)에 관한 설명으로 옳은 것은?

① 네트워크를 구성할 때 각 회선을 통합적으로 관리하여 한꺼번에 여러 대의 컴퓨터를 연결하는 장치이다.
② 디지털 신호의 장거리 전송을 위해 수신한 신호를 재생시키거나 출력 전압을 높여주는 장치이다.
③ 네트워크에서 통신을 위해 가장 최적의 경로를 설정하여 전송하고 데이터의 흐름을 제어하는 장치이다.
④ 다른 네트워크로 데이터를 보내거나 받아들이는 역할을 하는 장치이다.

전문가의 조언
라우터(Router)는 네트워크에서 통신을 위해 가장 최적의 경로를 설정하여 전송하는 장치입니다.
• ①번은 허브(Hub), ②번은 리피터(Repeater), ④번은 게이트웨이(Gateway)에 대한 설명입니다.

7. 다음 중 이미지 데이터의 표현 방식에서 벡터(Vector) 방식에 관한 설명으로 옳은 것은?

① 다양한 색상을 사용하며, 화면 표시 속도가 빠르다.
② 이미지를 확대하면 테두리가 거칠게 표현된다.
③ 비트맵 파일 형식으로는 BMP, TIF, GIF, JPEG 등이 있다.
④ 점과 점을 연결하는 직선이나 곡선을 이용하여 이미지를 표현한다.

전문가의 조언
벡터(Vector) 방식에 대한 설명으로 옳은 것은 ④번입니다.
• ①, ②, ③번은 비트맵(Bitmap) 방식에 대한 설명입니다.

8. 다음 중 네트워크 관련 장비로 브리지(Bridge)에 관한 설명으로 옳지 않은 것은?

① 두 개의 근거리 통신망을 상호 접속할 수 있도록 하는 통신망 연결 장치이다.
② 통신량을 조절하여 데이터가 다른 곳으로 가지 않도록 한다.
③ OSI 참조 모델의 물리 계층에 속한다.
④ 통신 프로토콜을 변환하지 않고도 네트워크를 확장한다.

전문가의 조언
브리지(Bridge)는 OSI 참조 모델의 데이터 링크 계층(Data Link Layer)에 속합니다.

등급 A

9. 다음 중 컴퓨터의 소프트웨어 관련 용어에 대한 설명으로 옳은 것은?

① 베타(Beta) 버전은 제작 회사 내에서 테스트할 목적으로 제작하는 소프트웨어이다.

② 셰어웨어(Shareware)는 기능과 사용 기간에 제한 없이 무료로 사용할 수 있는 소프트웨어이다.

③ 패치(Patch) 버전은 이미 제작하여 배포된 프로그램의 오류 수정이나 성능 향상을 위해 프로그램 일부를 변경해 주는 소프트웨어이다.

④ 알파(Alpha) 버전은 프로그램을 출시하기 전에 테스트를 목적으로 일반인에게 공개하는 소프트웨어이다.

전문가의 조언

소프트웨어 관련 용어에 대한 설명으로 옳은 것은 ③번입니다.

① 베타(Beta) 버전은 정식 프로그램을 출시하기 전, 테스트를 목적으로 일반인에게 공개하는 소프트웨어입니다.

② 셰어웨어(Shareware)는 기능 혹은 사용 기간에 제한을 두어 배포하는 소프트웨어로, 무료로 사용할 수 있으며, 일정 기간 사용해 보고 정식 프로그램을 구입할 수 있습니다.

④ 알파(Alpha) 버전은 베타테스트를 하기 전, 제작 회사 내에서 테스트할 목적으로 제작하는 소프트웨어입니다.

등급 C

10. 다음 중 컴퓨터 게임이나 컴퓨터 기반 훈련과 같이 사용자와의 상호작용을 통해 진행 상황을 제어하는 멀티미디어의 특징을 나타내는 용어는?

① 선형 콘텐츠   ② 비선형 콘텐츠
③ VR 콘텐츠   ④ 4D 콘텐츠

전문가의 조언

사용자와의 상호작용을 통해 진행 상황을 제어하는 멀티미디어의 특징을 비선형 콘텐츠라고 합니다.

등급 A

11. 다음 중 컴퓨터의 CMOS에서 설정할 수 있는 항목으로 옳지 않은 것은?

① 시스템 날짜와 시간
② 칩셋 설정
③ 부팅 순서
④ Windows 로그인 암호 변경

전문가의 조언

• CMOS에서 Windows 로그인 암호는 변경할 수 없습니다.
• CMOS에서 설정할 수 있는 항목에는 '시스템의 날짜와 시간, 칩셋, 부팅 순서, 하드디스크 타입, 시스템 암호, 전원 관리, PnP, Anti-Virus' 등이 있습니다.

등급 B

12. 통신 기술과 GPS, 그리고 컴퓨터에 저장된 데이터베이스를 이용하여 주변의 위치와 부가 서비스를 제공하는 기술은?

① 위치 기반 서비스(LBS)
② 빅 데이터(Big Data)
③ 사물 인터넷(IoT)
④ 시맨틱 웹(Semantic Web)

전문가의 조언

통신 기술과 GPS 등을 이용하여 주변의 위치와 부가 서비스를 제공하는 기술은 위치 기반 서비스(LBS)입니다.

• **빅 데이터(Big Data)** : 기존의 관리 방법이나 분석 체계로는 처리하기 어려운 막대한 양의 데이터 집합

• **사물 인터넷(IoT)** : 인터넷 상에 존재하는 모든 사물을 네트워크로 연결해 인간과 사물, 사물과 사물 간 언제 어디서나 서로 소통할 수 있게 하는 새로운 정보 통신 환경

• **시맨틱 웹(Semantic Web)** : 정보들 사이의 연관성을 컴퓨터가 이해하고 처리할 수 있는 에이전트 프로그램을 통해 사용자가 원하는 정보를 찾아 제공하는 차세대 지능형 웹

13. 다음 중 컴퓨터를 이용한 정보처리 방식에서 분산 처리 시스템에 관한 설명으로 적절한 것은?

① 여러 개의 CPU와 하나의 주기억장치를 이용하여 여러 프로그램을 동시에 처리하는 방식이다.

② 여러 명의 사용자가 사용하는 시스템에서 시간을 분할하여 프로그램을 실행하는 시스템이다.

③ 여러 대의 컴퓨터들에 의해 작업한 결과를 통신망을 이용하여 상호 교환할 수 있도록 연결되어 있는 시스템이다.

④ 하나의 CPU와 주기억장치를 이용하여 여러 개의 프로그램을 동시에 처리하는 방식이다.

전문가의 조언
분산 처리 시스템(Distributed System)에 관한 설명으로 적절한 것은 ③번입니다.
• ①번은 다중 처리 시스템(Multi-Processing System), ②번은 시분할 시스템(Time Sharing System), ④번은 다중 프로그래밍 시스템(Multi Programming System)에 대한 설명입니다.

14. 다음 중 프린터의 인쇄 대기열에서 수행할 수 있는 작업으로 옳지 않은 것은?

① 여러 개의 출력 파일들의 출력 대기 상태를 확인할 수 있다.

② 프린터에서 인쇄 중인 문서를 중지시키면 다른 프린터에서 이어서 출력할 수 있다.

③ 인쇄 대기열에 있는 문서의 인쇄 순서를 변경할 수 있다.

④ 인쇄 대기 중인 문서를 삭제하거나 출력 대기 순서를 임의로 조정할 수 있다.

전문가의 조언
인쇄 대기열에 대기중인 문서는 다른 프린터로 보낼 수 있지만 인쇄 중이거나 인쇄가 중지된 문서는 다른 프린터로 출력할 수 없습니다.

15. 다음 중 비정상적인 부팅 문제에 대한 해결 방법으로 옳지 않은 것은?

① 안전 모드로 부팅하여 문제를 해결한 후 정상 모드로 재부팅한다.

② [시스템 복원] 기능을 이용하여 컴퓨터를 이전 상태로 복원한다.

③ 복구 드라이브가 저장된 USB를 이용하여 부팅한 후 시스템을 복구한다.

④ Windows의 [디스크 정리]를 이용하여 Windows의 구성 요소를 제거한다.

전문가의 조언
④번은 하드디스크의 공간이 부족할 때의 해결 방법으로 부팅 문제는 해결할 수 없습니다.

16. 다음 중 컴퓨터에서 데이터를 표현하기 위한 코드에 관한 설명으로 옳지 않은 것은?

① 유니코드는(Unicode)는 전 세계의 모든 문자를 4바이트로 표현하는 국제 표준 코드이다.

② BCD 코드는 64가지의 문자를 표현할 수 있으나 영문 소문자는 표현이 불가능하다.

③ ASCII 코드는 각 문자를 7비트로 표현하며, 총 128개의 문자 표현이 가능하다.

④ EBCDIC 코드는 4개의 Zone 비트와 4개의 Digit 비트로 구성되며, 256개의 문자를 표현할 수 있다.

전문가의 조언
유니코드는(Unicode)는 전 세계의 모든 문자를 2바이트(16비트)로 표현하는 국제 표준 코드입니다.

등급 B

17. 다음 중 인터넷에서 사용하는 TCP/IP에 대한 설명으로 옳지 않은 것은?

① 응용 계층, 전송 계층, 인터넷 계층, 링크 계층으로 이루어져 있다.
② 전송 계층은 응용 프로그램 간의 데이터 송·수신을 제공하며, TELNET, FTP, SMTP 등의 프로토콜을 포함한다.
③ 일부 망에 장애가 있어도 다른 망으로 통신이 가능한 신뢰성을 제공한다.
④ OSI 7계층에서 TCP는 전송 계층, IP는 네트워크 계층에 해당한다.

전문가의 조언
• TCP/IP의 전송 계층은 호스트들 간의 신뢰성 있는 통신을 제공하며, TCP, UDP 등의 프로토콜을 포함합니다.
• ②번은 응용 계층에 대한 설명입니다.

등급 B

18. 다음 중 컴퓨터 보안 기법의 하나인 방화벽에 관한 설명으로 옳지 않은 것은?

① 전자 메일 바이러스나 온라인 피싱 등을 방지할 수 있다.
② 해킹 등에 의한 외부로의 정보 유출을 막기 위해 사용하는 보안 기법이다.
③ 외부 침입자의 역추적 기능이 있다.
④ 내부의 불법 해킹은 막지 못한다.

전문가의 조언
방화벽은 전자 메일 바이러스나 온라인 피싱 등을 방지할 수 없습니다.

등급 B

19. 다음 중 RAM(Random Access Memory)에 대한 설명으로 옳은 것은?

① 주기적으로 재충전(Refresh)이 필요한 DRAM은 주기억장치로 사용된다.
② 주로 펌웨어(Firmware)를 저장한다.
③ 컴퓨터의 기본적인 입출력 프로그램, 자가진단 프로그램 등이 저장되어 있어 부팅 시 실행된다.
④ 전원이 꺼져도 기억된 내용이 사라지지 않는 비휘발성 메모리로 읽기만 가능하다.

전문가의 조언
RAM에 대한 설명으로 옳은 것은 ①번입니다.
• ②, ③, ④번은 ROM(Read Only Memory)에 대한 설명입니다.

등급 B

20. 다음 중 컴퓨터에서 사용하는 멀티미디어 활용과 관련하여 VOD(Video On Demand) 서비스에 관한 설명으로 옳은 것은?

① 초고속 통신망을 이용하여 먼거리에 있는 사람들과 비디오와 오디오를 통해 회의를 할 수 있도록 하는 서비스이다.
② 다양한 영상 정보 데이터베이스를 구축하여 사용자가 요구하는 영상 정보를 원하는 시간에 볼 수 있도록 하는 서비스이다.
③ 다양한 장치를 통해 컴퓨터가 만들어낸 가상 세계에서 여러 다른 경험을 체험할 수 있게 하는 서비스이다.
④ 초고속 통신망을 이용하여 의료 활동 등을 할 수 있는 서비스이다.

전문가의 조언
VOD 서비스에 관한 설명으로 옳은 것은 ②번입니다.
• ①번은 VCS(화상회의 시스템), ③번은 가상현실(Virtual Reality), ④번은 원격진료에 대한 설명입니다.

등급 C

21. 다음 중 Visual Basic Editor에 대한 설명으로 틀린 것은?

① Alt + F11 을 누르면 실행된다.
② Visual Basic Editor에서 F5 를 눌러 매크로를 실행할 수 있다.
③ 매크로를 단계별로 실행할 수는 없으나 중간에 중단할 수 있다.
④ 기록된 매크로의 내용을 수정할 수 있다.

전문가의 조언
'매크로' 대화상자에서 〈한 단계씩 코드 실행〉 단추를 이용하여 매크로를 단계별로 실행할 수 있습니다.

등급 B

22. 다음 중 셀 포인터의 이동 작업에 대한 설명으로 옳은 것은?

① Ctrl + PgDn 을 누르면 한 화면을 오른쪽으로 이동한다.
② Shift + Tab 을 누르면 셀 포인터가 왼쪽으로 이동한다.
③ Alt + PgDn 을 누르면 다음 시트로 이동한다.
④ Ctrl + Shift + Home 을 누르면 [A1] 셀로 이동한다.

전문가의 조언
Shift + Tab 을 누르면 셀 포인터가 왼쪽으로 이동합니다.
① Ctrl + PgDn : 다음 시트로 이동함
③ Alt + PgDn : 한 화면 오른쪽으로 이동함
④ Ctrl + Shift + Home : 현재 셀 포인터가 있는 위치부터 [A1] 셀까지 블록으로 지정함

등급 B

23. 다음 중 이름 상자에 대한 설명으로 옳지 않은 것은?

① Ctrl 을 누르고 여러 개의 셀을 선택한 경우 마지막 선택한 셀 주소가 표시된다.
② 셀이나 셀 범위에 이름을 정의해 놓은 경우 이름이 표시된다.
③ 차트가 선택되어 있는 경우 차트의 종류가 표시된다.
④ 수식을 작성 중인 경우 최근 사용한 함수 목록이 표시된다.

전문가의 조언
차트를 선택하면 이름 상자에 차트 이름이 표시됩니다.

03230224

등급 A

24. 다음 매크로를 [F9] 셀을 선택한 상태에서 실행했을 경우 실행 결과에 대한 설명으로 틀린 것은?

```
Sub 매크로1( )
    ActiveCell.FormulaR1C1 = "=SUM(RC[-4]:RC[-2])"
    Range("F2").Select
    Selection.AutoFill Destination:=Range("F2:F5"),_
    Type:=xlFillDefault
    Range("F2:F5").Select
End Sub
```

① [F9] 셀에 합계를 구한다.
② [F9] 셀에 입력된 수식은 '=SUM(F5:F8)'과 같은 의미이다.
③ [F2:F5] 영역은 자동 채우기로 입력된다.
④ [F2:F5] 영역이 선택된 상태로 매크로가 종료된다.

전문가의 조언
ActiveCell.FormulaR1C1 = "=SUM(RC[-4]:RC[-2])"은 현재 셀, 즉 [F9] 셀에서 4열 왼쪽(B9)과 2열 왼쪽(D9)의 합계를 의미하므로 "=SUM(B9:D9)"와 같은 의미입니다.

등급 B

25. 다음 중 [페이지 설정] 대화상자에 대한 설명으로 옳지 않은 것은?

① [페이지] 탭에서 '자동 맞춤'의 용지 너비와 용지 높이를 각각 1로 지정하면 여러 페이지가 한 페이지에 인쇄된다.
② [머리글/바닥글]의 여백은 [머리글/바닥글] 탭에서 '머리글'과 '바닥글'의 여백을 mm 단위로 지정할 수 있다.
③ [여백] 탭에서 '페이지 가운데 맞춤'의 가로 및 세로를 체크하면 인쇄 내용이 용지의 가운데에 맞춰 인쇄된다.
④ [시트] 탭에서 '눈금선'의 표시 여부를 지정할 수 있다.

03230226

등급 A

26. 다음 중 아래 시트에서 부서별 인원수[H3:H6]를 구하기 위하여 [H3] 셀에 입력되는 배열 수식으로 옳지 않은 것은?

	A	B	C	D	E	F	G	H
1								
2		사원명	부서명	직위	급여		부서별 인원수	
3		홍길동	개발1부	부장	3500000		개발1부	3
4		이대한	영업2부	과장	2800000		개발2부	1
5		한민국	영업1부	대리	2500000		영업1부	1
6		이겨례	개발1부	과장	3000000		영업2부	2
7		김국수	개발1부	부장	3700000			
8		박미나	개발2부	대리	2800000			
9		최신호	영업2부	부장	3300000			
10								

① {=SUM(($C$3:$C$9=G3)*1)}
② {=COUNT(($C$3:$C$9=G3)*1)}
③ {=SUM(IF($C$3:$C$9=G3, 1))}
④ {=COUNT(IF($C$3:$C$9=G3, 1))}

등급 C

27. 다음 중 공유 통합 문서에 대한 설명으로 옳지 않은 것은?

① 여러 사용자가 동시에 동일한 셀을 변경하려면 충돌이 발생한다.
② 통합 문서를 공유한 후 셀을 삽입하거나 삭제할 수 있다.
③ 통합 문서를 공유한 후 여러 셀을 하나로 병합할 수 있다.
④ 공유 통합 문서를 네트워크 위치에 복사해도 다른 통합 문서나 문서의 연결은 그대로 유지된다.

28. 다음 중 아래 시트에서 고급 필터 기능을 이용하여 점수가 전체 평균 이상이면서 성별이 "남"인 데이터를 추출하려고 할 때, 고급 필터의 조건식으로 옳은 것은?

	A	B	C	D
1	번호	성명	성별	점수
2	1	이방주	남	86
3	2	황영희	여	45
4	3	손기중	남	78
5	4	김보라	여	92
6	5	엄이봉	남	76
7	6	김경삼	남	98
8	7	한우경	여	87
9	8	김상희	여	91
10	9	임선빈	남	64
11				

①

점수	성별
=D2>=AVERAGE($D$2:$D$10)	남

②

조건
=AND(D2>=AVERAGE($D$2:$D$10),C2="남")

③

평균	성별
=D2>=AVERAGE($D$2:$D$10)	
	남

④

조건
=OR(D2>=AVERAGE($D$2:$D$10),C2="남")

29. 연이율 5%로 3년 만기 저축을 매월 초 50,000원씩 저축, 복리 이자율로 계산하여 만기에 찾을 수 있는 금액을 구하기 위한 수식으로 적당한 것은?

① =FV(5%, 3, −50000, , 1)
② =FV(5%, 3, −50000)
③ =FV(5%/12, 3*12, −50000, ,1)
④ =FV(5%/12, 3*12, −50000)

30. 다음 워크시트에서 [G3:G6] 영역에 월요일부터 금요일까지 모두 출석(√)하면 "우수", 그렇지 않으면 빈칸을 표시하려고 할 때 옳은 수식은?

	A	B	C	D	E	F	G
1	출석						
2	이름	월	화	수	목	금	비고
3	홍길동	√	√	√	√	√	우수
4	이대한	√	√		√		
5	김우리	√	√	√	√	√	우수
6	이석경	√		√	√	√	
7							

① =IF(COUNT(B3:F3)=5, "우수", " ")
② =IF(COUNTA(B3:F3)=5, "우수", " ")
③ =IF(NOT(COUNTBLANK(B3:F3)=5), "우수", " ")
④ =IF(COUNTIF(B3:F3, " ")=5, " ", "우수")

31. 숫자 -246000을 입력한 후 아래의 표시 형식을 적용했을 때 표시되는 결과로 옳은 것은?

등급 A

> #0.0."천원";(#0.0."천원");0.0;@"님"

① 246.0천원   ② 246,000
③ (-246.0천원)   ④ (246.0천원)

전문가의 조언

숫자 -246000을 입력한 후 지문의 표시 형식을 지정하면 '-24600'이 음수이므로 '(#0.0."천원")' 서식이 적용되어 (246.0천원)으로 표시됩니다.

• #0.0."천원" : 양수일 때 적용되는 서식으로, #0.0."천원" 형식으로 표시됩니다.
  📓 246000 → 246.0천원
• (#0.0."천원") : 음수일 때 적용되는 서식으로, #0.0."천원" 형식으로 표시하되 음수 표시는 ( )로 나타냅니다. 📓 -246000 → (246.0천원)
  ※ #0.0에서 콤마(,)는 천 단위를 생략할 때 사용합니다.
• 0.0 : 0일 때 적용되는 서식으로, 0.0으로 표시됩니다. 📓 0 → 0.0
• @"님" : 텍스트일 때 적용되는 서식으로, 해당 텍스트 다음에 "님"을 표시합니다.
  📓 합격 → 합격님

전문가의 조언

• 문제에 제시된 그림은 '간격 너비'가 아니라 '계열 겹치기'가 0%로 설정되어 있습니다.
• '간격 너비'를 0%로 설정하면 다음과 같이 표시됩니다.

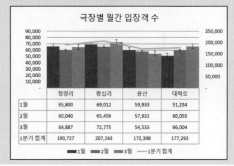

	청량리	왕십리	용산	대학로
1월	65,800	69,012	59,933	51,234
2월	60,040	65,456	57,932	60,055
3월	64,887	72,775	54,533	66,004
1분기 합계	190,727	207,243	172,398	177,293

32. 다음 중 아래 차트에 대한 설명으로 옳지 않은 것은?

등급 A

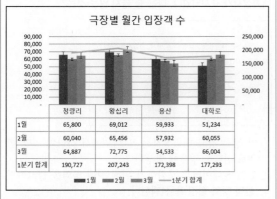

극장별 월간 입장객 수

	청량리	왕십리	용산	대학로
1월	65,800	69,012	59,933	51,234
2월	60,040	65,456	57,932	60,055
3월	64,887	72,775	54,533	66,004
1분기 합계	190,727	207,243	172,398	177,293

① 계열 옵션에서 '간격 너비'가 0%로 설정되어 있다.
② 범례 표시 없이 데이터 테이블이 표시되어 있다.
③ '1월', '2월', '3월' 계열에 오차 막대가 표시되어 있다.
④ '1분기 합계' 계열은 '보조 축'으로 지정되어 있다.

33. 다음 중 피벗 테이블 필드의 그룹 설정에 대한 설명으로 옳지 않은 것은?

등급 B

① 그룹 만들기는 특정 필드를 일정한 단위로 묶어 표현할 때 사용하는 것으로 문자, 숫자, 날짜, 시간으로 된 필드에서 사용할 수 있다.
② 숫자 필드일 경우에는 '그룹화' 대화상자에서 시작, 끝, 단위를 지정해야 한다.
③ 문자 필드일 경우에는 '그룹화' 대화상자에서 그룹 이름을 반드시 지정해 주어야 한다.
④ 그룹을 해제하려면 그룹으로 설정된 영역의 바로 가기 메뉴에서 [그룹 해제]를 선택하여 실행할 수 있다.

전문가의 조언

피벗 테이블에서 문자 필드일 경우 그룹 이름은 '그룹화' 대화상자에서 지정하는 것이 아니라 피벗 테이블 화면에서 해당 그룹 이름을 직접 선택한 후 변경해야 합니다.

34. 다음 중 2개의 데이터 계열을 가질 수 없는 차트는?

① 세로 막대형　　　　② 원형
③ 방사형　　　　　　④ 영역형

35. 다음 워크시트에서 '=SUM(B2:B5 B4:C4)'를 입력했을 때와 결과가 동일한 수식은?

▲	A	B	C
1	분기	1차	2차
2	1사분기	1	5
3	2사분기	2	6
4	3사분기	3	7
5	4사분기	4	8
6			

① =B2:B5+B4:C4
② =PRODUCT(B2:B5, B4:C4)
③ =B2:B5 B4:C4
④ =SUM(B2:B5, B4:C4)

36. 아래와 같이 통합 문서 보호를 설정했을 경우에 대한 설명으로 옳지 않은 것은?

① 워크시트를 이동하거나 삭제할 수 없다.
② 새 워크시트 또는 차트 시트를 삽입할 수 없다.
③ 시나리오 요약 보고서를 만들 수 없다.
④ 워크시트에 작성된 차트를 다른 시트로 이동할 수 없다.

37. 엑셀에서 데이터를 정렬하려는데 다음과 같은 정렬 경고 대화상자가 표시되었다. 다음 중 옳지 않은 것은?

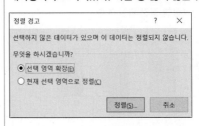

① 이 정렬 경고 대화상자는 표 범위에서 하나의 열만 범위로 선택한 경우에 발생한다.
② 인접한 데이터를 포함하기 위해 선택 영역을 늘리려면 '선택 영역 확장'을 선택한다.
③ 이 정렬 경고 대화상자는 셀 포인터가 표 범위 내에 있지 않기 때문에 발생한다.
④ '현재 선택 영역으로 정렬'을 선택하면 현재 설정한 열만을 정렬 대상으로 선택한다.

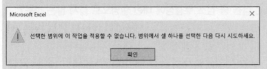

등급 **A**

39. 다음의 [부분합] 실행 결과에 대한 설명으로 옳지 않은 것은?

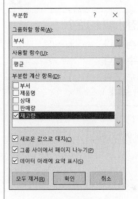

① 정렬할 데이터는 부서를 기준으로 정렬되어 있어야 한다.
② 이미 부분합이 설정되어 있는 경우에는 기존의 부분합 계산 항목은 모두 삭제된다.
③ 인쇄시 부서별로 다른 페이지에 인쇄된다.
④ 평균 아래에 그룹 데이터가 표시된다.

등급 **B**

38. 다음 중 아래 그림과 같이 기간과 이율의 변화에 따른 월불입액을 계산하려고 한다. 이때 적용한 데이터 표의 내용으로 옳은 것은? (월불입액 계산 수식은 '=PMT(B3/12, B2*12, −B4)'임)

	A	B	C	D	E	F
1						
2	기간	5				
3	이율	3%				
4	대출금액	₩10,000,000				
5	월불입액	₩179,687				
6					기간	
7			₩179,687	3	4	5
8		이율	2%	₩ 286,426	₩ 216,951	₩ 175,278
9			3%	₩ 290,812	₩ 221,343	₩ 179,687
10			4%	₩ 295,240	₩ 225,791	₩ 184,165
11			5%	₩ 299,709	₩ 230,293	₩ 188,712

① 입력값 : [행 입력 셀] : $B$2
② 입력값 : [열 입력 셀] : $A$2
③ 입력값 : [행 입력 셀] : $B$2   [열 입력 셀] : $B$3
④ 입력값 : [행 입력 셀] : $B$3   [열 입력 셀] : $B$2

40. 다음 중 인쇄에 관한 설명으로 옳지 않은 것은?

① 차트만 인쇄하려면 차트가 선택된 상태에서 인쇄한다.
② 도형만 제외하고 인쇄하려면 입력된 도형을 선택하고 바로 가기 메뉴에서 [크기 및 속성]을 선택한 후 [도형 서식] 창에서 '개체 인쇄'를 해제한다.
③ 서로 떨어져 있는 영역을 인쇄 영역으로 지정하려면 Shift를 이용하여 지정한다.
④ 노트 인쇄 방법을 '시트 끝'으로 지정하면 인쇄물의 가장 마지막 페이지에 모아 인쇄한다.

등급 C

41. 다음 중 데이터베이스의 장점이 아닌 것은?

① 데이터의 일관성을 유지할 수 있다.
② 데이터의 중복을 최소화할 수 있다.
③ 데이터의 무결성을 유지할 수 있다.
④ 데이터 유실 시 파일 회복이 쉽다.

전문가의 조언
데이터베이스는 데이터 유실 시 파일 회복이 어렵습니다.

등급 B

42. 다음 중 보고서를 만드는 방법으로 제공되는 마법사 유형이 아닌 것은?

① 하위 보고서 마법사
② 업무 문서 양식 마법사
③ 우편 엽서 마법사
④ 보고서 마법사

전문가의 조언
보고서를 만들 때 제공되는 마법사 도구에는 '보고서 마법사, 레이블, 업무 문서 양식 마법사, 우편 엽서 마법사'가 있습니다.

등급 B

43. 다음 중 참조 무결성에 대한 설명으로 옳지 않은 것은?

① 참조 무결성은 참조하고 참조되는 테이블 간의 참조 관계에 아무런 문제가 없는 상태를 의미한다.
② 다른 테이블을 참조하는 테이블, 즉 외래 키 값이 있는 테이블의 레코드 삭제 시에는 참조 무결성이 위배될 수 있다.
③ 다른 테이블을 참조하는 테이블의 레코드 추가 시 외래 키 값이 널(Null)인 경우에는 참조 무결성이 유지된다.
④ 다른 테이블에 의해 참조되는 테이블에서 레코드를 추가하는 경우에는 참조 무결성이 유지된다.

전문가의 조언
레코드 삭제 시 참조 무결성이 깨질 수 있는 경우는 다른 테이블에 의해 참조되는 테이블의 레코드를 삭제할 때입니다. 다른 테이블을 참조하는 테이블의 레코드를 삭제하는 것은 참조 무결성에 영향을 주지 못합니다.

03230244

등급 A

44. 다음 중 테이블을 만드는 과정에 대한 설명으로 틀린 것은?

① 테이블 '디자인 보기'나 '데이터시트 보기'에서 새로운 필드를 추가할 수 있다.
② '디자인 보기'에서 행 선택기를 클릭한 후 바로 가기 메뉴에서 [행 삽입]을 선택하여 필드를 추가할 수 있다.
③ '데이터시트 보기'에서 마지막 열의 필드명 부분을 더블클릭하여 이름을 변경하면 데이터 형식을 선택할 수 있는 바로 가기 메뉴가 표시된다.
④ '데이터시트 보기'에서 마지막 열에 데이터를 입력하면 '짧은 텍스트'로 데이터 형식이 자동으로 지정된다.

전문가의 조언
'데이터시트 보기'에서 숫자 데이터를 입력하면 '숫자', 문자 데이터를 입력하면 '짧은 텍스트'로 입력한 데이터에 맞게 데이터 형식이 자동으로 지정됩니다.

전문가의 조언
필드의 형식이 바이트이므로 255까지 입력할 수 있지만 유효성 검사 규칙(<=200)으로 인해 200을 초과하는 값은 입력할 수 없습니다.

등급 A

45. 보고서 머리글의 텍스트 박스 컨트롤에 다음과 같이 컨트롤 원본을 지정하였다. 보고서 미리 보기를 하는 경우 어떠한 결과가 나타나는가? (단, 현재 날짜와 시간이 2023년 1월 2일 오후 3시 4분 5초라고 가정한다.)

=Format(Now( ), "mmmm ampm h:n")

① Jan 3:4　　　　　② January 오후 3:4

③ Jan pm 3:4:5　　④ January pm 3:4:5

전문가의 조언
보고서 미리 보기의 결과는 **January 오후 3:4**입니다.
• Format(식, 형식)은 계산 결과에 표시 형식을 지정하는 함수입니다.
• 날짜 형식을 mmmm으로 지정하였고, 날짜가 2023-01-02이므로 **January**로 표시됩니다.
• 시간 형식을 ampm h:n으로 지정하였고, 시간이 오후 3시 4분 5초이므로 **오후 3:4**로 표시됩니다.

등급 A

46. 다음 중 아래 [학과] 테이블의 '학과코드' 필드에 대한 설명으로 옳지 않은 것은?

학과　✕	
필드 이름	데이터 형식
학과코드	숫자

	필드 속성

일반　조회	
필드 크기	바이트
형식	
소수 자릿수	자동
입력 마스크	
캡션	
기본값	10
유효성 검사 규칙	<=200
유효성 검사 텍스트	
필수	예
인덱스	예(중복 불가능)
텍스트 맞춤	일반

① 동일한 학과코드는 입력될 수 없으며, 학과코드는 반드시 입력되어야 한다.
② 문자나 4자리 이상의 숫자는 입력할 수 없다.
③ 필드의 형식이 바이트이므로 필드의 값은 최대 255까지 입력할 수 있다.
④ 레코드가 새로 생성되는 경우, 10이 자동으로 입력된다.

등급 B

47. 다음 중 보고서에서 [페이지 번호] 대화상자를 이용한 페이지 번호 설정에 대한 설명으로 옳지 않은 것은?

① 첫 페이지에만 페이지 번호가 표시되거나 표시되지 않도록 설정할 수 있다.
② 페이지 번호의 표시 위치를 '페이지 위쪽', '페이지 아래쪽', '페이지 양쪽' 중 선택할 수 있다.
③ 페이지 번호의 형식을 'N 페이지'와 'N/M 페이지' 중 선택할 수 있다.
④ [페이지 번호] 대화상자를 열 때마다 페이지 번호 표시를 위한 수식이 입력된 텍스트 상자가 자동으로 삽입된다.

전문가의 조언
'페이지 번호' 대화상자에서 페이지가 표시될 위치는 '페이지 위쪽[머리글]'과 '페이지 아래쪽[바닥글]' 중 하나를 선택하여 지정할 수 있습니다.

등급 B

48. 다음 중 기본키(Primary Key)로 설정할 수 없는 데이터 형식은 무엇인가?

① 일련 번호　　② Yes/No
③ 하이퍼링크　④ 첨부 파일

전문가의 조언
OLE 개체, 첨부 파일, 계산 형식의 필드에는 기본키를 설정할 수 없습니다.

49. 외부 데이터를 테이블로 가져오는 작업에 대한 설명으로 옳은 것은?

등급 C

① 엑셀 시트가 여러 개인 경우 가져올 수 없다.

② 일부 필드를 제외하고 가져올 수 있다.

③ 데이터가 이미 들어있는 테이블에는 가져올 수 없다.

④ 가져올 데이터의 행 머리글에는 반드시 필드 이름이 있어야 한다.

50. 〈주문상세내역〉 테이블을 대상으로 SQL문을 실행한 결과로 표시되는 레코드의 개수는?

등급 A

주문번호 ▾	제품코드 ▾	단가 ▾	수량 ▾
A130	RT8754	1500	20
A130	HI4875	1000	30
A130	GE2457	2800	10
A130	AB1455	2500	15
A234	BA8545	3000	18
A278	JD2456	1800	20
A278	HD5453	2000	24
A278	RE2456	1400	32
A350	GE7584	2500	27
A350	GE3585	2400	25

〈SQL문〉

```
Select 주문번호 From 주문상세내역
Group By 주문번호
Having Count(*) >= 3;
```

① 4개 ② 1개

③ 3개 ④ 2개

51. 다음과 같이 지정된 쿼리 작성 조건을 올바르게 설명한 것은?

등급 A

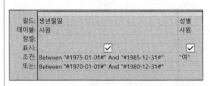

필드:	생년월일	성별
테이블:	사원	사원
정렬:		
표시:	☑	☑
조건:	Between #1975-01-01# And #1985-12-31#	"여"
또는:	Between #1970-01-01# And #1980-12-31#	

① 생년월일이 "1975년 1월 1일"에서 "1985년 12월 31일" 사이이거나 성별이 "여"이고 생년월일이 "1970년 1월 1일"에서 "1980년 12월 31일" 사이인 데이터를 표시

② 생년월일이 "1975년 1월 1일"에서 "1985년 12월 31일" 사이이고 성별이 "여"인 데이터를 표시

③ 생년월일이 "1975년 1월 1일"에서 "1985년 12월 31일" 사이이면서 성별이 "여"이거나 생년월일이 "1970년 1월 1일"에서 "1980년 12월 31일" 사이인 데이터를 표시

④ 생년월일이 "1975년 1월 1일"에서 "1985년 12월 31일" 사이이면서 성별이 "여"이고 생년월일이 "1970년 1월 1일"에서 "1980년 12월 31일" 사이인 데이터를 표시

① Like "*" [전공명의 일부를 입력하세요] "*"
② Like "*" & [전공명의 일부를 입력하세요] & "*"
③ Like "*" & [전공명의 일부를 입력하세요]
④ Like & [전공명의 일부를 입력하세요]

등급 B

52. 다음 중 두 테이블의 조인된 필드가 일치하는 행만 포함하여 보여주는 조인 방법은?

① 간접 조인
② 내부 조인
③ 외부 조인
④ 중복 조인

등급 A

53. 다음 그림과 같이 매개 변수 대화상자에 입력한 전공명을 포함하는 레코드만 표시하는 조건식으로 옳은 것은?

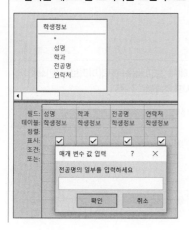

등급 B

54. 다음과 같은 폼을 만드는 폼 작성 도구는?

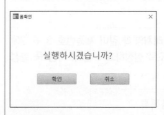

① 여러 항목
② 폼 분할
③ 새 폼
④ 모달 대화 상자

55. 〈회원관리〉 폼에서 '가입일'의 내용을 수정할 수 없도록 설정하는 방법으로 올바른 것은?

기관코드	기관명	담당내용	가입일
▶ ZV5	은혜시각장애인요양	빨래도우미	2020-02-22
UV3	무지개복지관	청소도우미	2020-02-23
UV3	무지개복지관	목욕도우미	2020-02-24
UV3	무지개복지관	급식도우미	2020-03-22
UV3	무지개복지관	빨래도우미	2020-03-23
UV3	무지개복지관	청소도우미	2020-03-24

① '탭 정지' 속성을 '아니요'로 설정한다.
② '잠금' 속성을 '예'로 설정한다.
③ '표시' 속성을 '아니요'로 설정한다.
④ '사용 가능' 속성을 '아니요'로 설정한다.

56. 다음 보고서에서 '거래처명'과 같이 제품번호 3, 6, 2에 대해 다음과 같이 표시되도록 설정하고자 한다. 다음 중 설정 방법으로 옳은 것은?

거래처별 제품목록

거래처명	제품번호	제품이름	단가	재고량
광명(주)	3	안경테C	₩20,000	67
	6	무테C	₩35,000	33
	2	안경테B	₩15,000	50
	총제품수:	3	총재고량:	

① 해당 컨트롤의 '확장 가능' 속성을 '예'로 설정한다.
② 해당 컨트롤의 '중복 내용 숨기기' 속성을 '예'로 설정한다.
③ 해당 컨트롤의 '화면 표시' 속성을 '아니오'로 설정한다.
④ 해당 컨트롤의 '누적 총계' 속성을 '전체'로 설정한다.

57. 다음 중 폼 바닥글의 텍스트 상자의 컨트롤 원본으로 〈사원〉 테이블에서 직급이 '부장'인 레코드들의 급여 평균을 구하는 함수식으로 옳은 것은?

① =DAVG("[급여]", "[사원]", "[직급]='부장'")
② =DAVG("[사원]", "[급여]", "[직급]='부장'")
③ =AVG("[급여]", "[사원]", "[직급]='부장'")
④ =AVG("[사원]", "[급여]", "[직급]='부장'")

58. 다음 중 액세스에서 보고서를 출력(미리보기/인쇄)하기 위한 VBA 개체와 메서드로 옳은 것은?

① Docmd.OpenReport
② Report
③ Docmd.ReportPrint
④ Report.Open

등급 **C**

59. 다음 중 특정 컨트롤로 포커스를 이동시키는 매크로 함수는 무엇인가?

① GoToRecord   ② GoToControl
③ SetValue   ④ RunCode

전문가의 조언

특정 컨트롤로 포커스를 이동시키는 매크로 함수는 GoToControl입니다.
- **GoToRecord** : 레코드 포인터를 처음, 마지막, 이전, 이후 등으로 이동시킴
- **SetValue** : 필드, 컨트롤, 속성 등의 값을 설정함
- **RunCode** : 프로시저를 실행함

등급 **B**

60. 다음 중 보고서의 시작 부분에 한 번만 표시되며 일반적으로 회사의 로고나 제목 등을 표시하는 구역은?

① 보고서 머리글   ② 페이지 머리글
③ 그룹 머리글   ④ 그룹 바닥글

전문가의 조언

보고서의 시작 부분에 한 번만 표시되는 구역은 보고서 머리글입니다.
- **페이지 머리글** : 모든 페이지의 상단에 표시되며, 첫 페이지에는 보고서 머리글 다음에 표시됨
- **그룹 머리글** : 그룹이 지정된 경우 그룹의 상단에 반복적으로 표시됨
- **그룹 바닥글** : 그룹이 지정된 경우 그룹의 하단에 반복적으로 표시됨

1과목 컴퓨터 일반

1. 다음 중 NTFS 파일 시스템에 관한 설명으로 옳지 않은 것은?

① 파일 크기는 볼륨 크기에 의해서만 제한된다.
② HDD, SSD, CD 등 모든 디스크 드라이브에서 기본적으로 사용되는 범용 파일 시스템이다.
③ FAT32 파일 시스템보다 성능, 보안, 안전성이 높다.
④ 파일 및 폴더에 대한 액세스 제어를 유지하고 제한된 계정을 지원한다.

전문가의 조언
NTFS는 Windows 전용 파일 시스템으로 모든 디스크 드라이브에서 사용할 수는 없습니다.

03230302

2. 다음 중 Windows 10의 바로 가기 키에 대한 설명으로 옳은 것은?

① Alt + Enter : 선택된 항목의 속성 창을 호출함
② Alt + Print Screen : 현재 활성화된 창을 인쇄함
③ Ctrl + Esc : 열려 있는 창을 닫음
④ Ctrl + Tab : 시작 메뉴를 표시함

전문가의 조언
Alt + Enter는 선택된 항목의 속성 창을 호출하는 바로 가기 키입니다.
② Alt + PrintScreen : 현재 활성화된 창을 클립보드로 복사함
③ Ctrl + Esc : [시작] 메뉴를 표시함
　　Alt + F4 : 열려 있는 창을 닫음
④ Ctrl + Tab : 다음 탭으로 이동함

3. 다음 중 한글 Windows 10에서 하드디스크의 용량 부족 문제가 발생하였을 때의 해결 방법으로 적절하지 않은 것은?

① [휴지통 비우기]를 수행한다.
② [디스크 정리]를 통해 임시 파일들을 삭제한다.
③ 사용하지 않는 응용 프로그램을 삭제한다.
④ 드라이브 조각 모음 및 최적화를 수행한다.

전문가의 조언
'드라이브 조각 모음 및 최적화'는 드라이브의 접근 속도를 향상시키기 위해 드라이브를 최적화하는 기능으로, 하드디스크의 용량 증가와는 관계가 없습니다.

4. 다음 중 시스템의 성능을 향상시킬 수 있는 가장 확실한 하드웨어 업그레이드 방법으로, 주로 메인보드와 함께 교체해야 하는 것은?

① AGP 그래픽 카드로 교체한다.
② 하드디스크의 용량이 큰 것으로 교체한다.
③ DRAM의 용량이 큰 것으로 교체한다.
④ 코어와 스레드의 수가 많은 CPU로 교체한다.

전문가의 조언
CPU 업그레이드는 시스템의 성능을 향상시킬 수 있는 가장 확실한 방법으로, 주로 메인보드와 함께 교체하여 등급을 높입니다.

5. 다음 중 문자 데이터 표현이 아닌 것은?

① HS 코드
② ASCII 코드
③ Unicode
④ KS 코드

전문가의 조언
HS 코드는 국가 간 무역 거래 상품을 총괄적으로 분류한 품목 분류 코드입니다.

정답 1.② 2.① 3.④ 4.④ 5.①

등급 A

6. 다음 중 사물 인터넷에 대한 설명으로 옳지 않은 것은?

① IoT(Internet of Things)라고도 하며 개인 맞춤형 스마트 서비스를 지향한다.
② 사람을 제외한 사물과 공간, 데이터 등을 이더넷으로 서로 연결시켜주는 무선 통신 기술을 의미한다.
③ 스마트 센싱 기술과 무선 통신 기술을 융합하여 실시간으로 데이터를 주고받는 기술이다.
④ 사물 인터넷 기반 서비스는 개방형 아키텍처를 필요로 하기 때문에 정보 공유에 대한 부작용을 최소화하기 위한 정보보안기술의 적용이 중요하다.

전문가의 조언
사물 인터넷은 사람, 사물, 공간, 데이터 등 세상에 존재하는 모든 사물을 이더넷으로 서로 연결시켜주는 무선 통신 기술입니다.

등급 C

7. 다음 중 OTT(Over The Top) 서비스에 대한 설명으로 옳지 않은 것은?

① Over The Top에서 Top는 TV의 셋톱박스를 의미하며, 현재도 셋톱박스를 사용해야 서비스 이용이 가능하다.
② 전파나 케이블이 아닌 범용 인터넷망으로 방송 프로그램, 영화 등의 영상 콘텐츠를 제공한다.
③ 기존 방송 콘텐츠와 달리 사용자가 자신이 선호하는 콘텐츠를 검색하거나 알고리즘을 통해 콘텐츠를 추천받을 수 있다.
④ 실시간으로 재생되는 스트리밍 기술을 기반으로 한다.

전문가의 조언
OTT(Over The Top)는 드라마, 영화 등의 영상 콘텐츠를 인터넷을 통해 제공하는 서비스입니다. Over The Top에서 Top은 TV의 셋톱박스를 의미하며, 초기에는 셋톱박스를 통해 각종 영상을 시청할 수 있었지만 현재는 셋톱박스를 비롯하여 PC, 스마트폰 등 인터넷이 연결된 각종 전자기기를 통해 영상을 시청할 수 있습니다.

등급 A

8. 다음 중 컴퓨터에서 사용하는 USB 장치에 대한 설명으로 옳은 것은?

① USB는 범용 병렬 장치를 연결할 수 있게 해주는 컴퓨터 인터페이스이다.
② USB 장치의 연결을 끊고 나서는 재부팅해야 한다.
③ USB 3.0 단자는 파랑색으로 되어 있고, 하위 버전에서도 인식된다.
④ 주변장치를 최대 127개까지 연결할 수 있고, 여러 개 장치를 연결해도 전송 속도는 동일하다.

전문가의 조언
USB 장치에 대한 설명으로 옳은 것은 ③번입니다.
① USB는 범용 직렬 장치를 연결할 수 있게 해주는 컴퓨터 인터페이스입니다.
② 컴퓨터를 종료하거나 재부팅 하지 않아도 USB 장치를 연결하거나 연결을 끊을 수 있습니다.
④ 주변장치를 최대 127개까지 연결할 수 있고, 여러 개 장치를 연결할 경우 전송 속도는 느려집니다.

등급 B

9. 다음 중 한글 Windows 10에서 파일의 검색 기능을 향상시키기 위한 기능은?

① 색인   ② 압축
③ 복원   ④ 백업

전문가의 조언
파일의 검색 기능을 향상시키기 위한 기능은 색인입니다.

등급 C

10. 다음 중 컴퓨터 프로그래밍 언어인 JAVA 언어에 대한 설명으로 옳지 않은 것은?

① 객체 지향 언어이므로 관리 및 유지가 편리하다.
② C 언어와 동일하게 절차적 프로그래밍 기법에 사용된다.
③ 객체 지향 언어로 추상화, 상속화, 다형성과 같은 특징을 가진다.
④ 바이트 코드라는 중립적인 구조의 실행 코드를 만들어 플랫폼이 독립적이다.

전문가의 조언
자바(JAVA)는 객체 지향 프로그래밍 기법에 사용됩니다.

11. 다음 중 인터넷과 관련하여 스트리밍(Streaming) 기술에 관한 설명으로 옳은 것은?

① 네트워크를 통해 대용량의 멀티미디어 데이터 파일을 다운 받을 때 사용자가 전체 파일을 다운 받을 때까지 기다릴 필요 없이 전송되는 대로 재생시키는 기술이다.

② 하이퍼텍스트와 멀티미디어를 통합한 개념으로 문자뿐만 아니라 그래픽, 사운드, 동영상 등의 정보를 연결해 놓은 미디어 통합 기술이다.

③ 정지 화상의 프레임에서 중복되는 정보를 삭제하여 데이터를 압축하는 기술이다.

④ 카메라로 촬영한 아날로그 영상을 디지털 영상으로 변환, 캡처하여 편집, 저장 시키는 기술이다.

전문가의 조언
스트리밍(Streaming)은 파일을 다운 받을 때 전체 파일을 다운 받을 때까지 기다릴 필요 없이 전송되는 대로 재생시키는 기술입니다.

12. 다음 중 인터넷과 관련하여 WWW(World Wide Web)에 관한 설명으로 옳지 않은 것은?

① 멀티미디어 형식의 정보를 제공하여 줄 수 있다.

② 하이퍼텍스트를 기반으로 하는 HTTP 프로토콜을 사용한다.

③ 웹 페이지는 서버에서 정보를 제공하여 주고 클라이언트에서는 웹 브라우저를 통해 정보를 검색하고 제공받는다.

④ 멀티미디어 정보의 송수신 에러를 제어하기 위해 SMTP 프로토콜을 사용한다.

전문가의 조언
• WWW는 멀티미디어 정보의 송 · 수신 에러를 제어하기 위해 HTTP 프로토콜을 사용합니다.
• SMTP(Simple Mail Transfer Protocol)는 사용자의 컴퓨터에서 작성한 메일을 다른 사람의 계정이 있는 곳으로 전송해 주는 프로토콜입니다.

13. 다음 중 컴퓨터 시스템에서 사용하는 가상 기억장치(Virtual Memory)에 대한 설명으로 옳지 않은 것은?

① 보조기억장치 같은 큰 용량의 기억장치를 주기억장치처럼 사용하는 개념이다.

② 주기억장치의 용량보다 큰 프로그램의 실행을 가능하게 한다.

③ 주소 매핑(mapping)이라는 작업이 필요하다.

④ 주기억장치의 접근 시간을 최소화하여 시스템의 처리 속도가 빨라진다.

전문가의 조언
④번은 캐시 메모리(Cache Memory)에 대한 설명입니다.

14. 다음 중 멀티미디어와 관련하여 JPEG 파일 형식에 관한 설명으로 옳지 않은 것은?

① 사진과 같은 정지 영상을 표현하기 위한 국제 표준 압축 방식이다.

② 24비트 컬러를 사용하여 트루 컬러로 이미지를 표현한다.

③ 사용자가 압축률을 지정해서 이미지를 압축하는 압축 기법을 사용할 수 있다.

④ 이미지를 확대해도 테두리가 거칠어지지 않고 매끄럽게 표현된다.

전문가의 조언
JPEG는 비트맵 방식이기 때문에 이미지를 확대하면 테두리가 거칠게 표현됩니다.

등급 C

15. 다음 중 다중 디스플레이에 대한 설명으로 옳지 않은 것은?

① 각 모니터의 해상도와 방향은 동일하게만 설정되며, 원하는 모니터를 주모니터로 설정할 수 있다.
② 복수 모니터를 개별 그래픽 어댑터 또는 복수 출력을 지원하는 단일 어댑터에 연결할 수 있다.
③ 한 모니터에서 웹 작업을 보면서 다른 모니터에서 이미지 또는 텍스트를 편집할 수 있다.
④ 바탕 화면의 크기를 확장하여 작업 생산성을 높일 수 있다.

전문가의 조언
다중 디스플레이는 하나의 컴퓨터에 두 개 이상의 모니터를 연결하는 것으로, 각 모니터마다 해상도와 방향을 다르게 설정할 수 있고, 원하는 모니터를 주모니터로 설정할 수 있습니다.

등급 C

16. 다음 중 네트워크 운영 방식 중 하나인 클라이언트/서버 방식에 관한 설명으로 옳은 것은?

① 서버와 클라이언트가 모두 처리 능력을 가지며, 분산 처리 환경에 적합하다.
② 중앙 컴퓨터가 모든 단말기에서 요구하는 데이터 처리를 전담한다.
③ 모든 단말기가 동등한 계층으로 연결되어 모두 클라이언트와 서버 역할을 할 수 있다.
④ 단방향 통신 방식으로 데이터 처리를 위한 대기시간이 필요하다.

전문가의 조언
클라이언트/서버 방식에 관한 설명으로 옳은 것은 ①번입니다.
• ②번은 중앙 집중 방식, ③번은 동배간 처리 방식에 대한 설명입니다.

등급 A

17. 다음 중 정보보안을 위해 사용하는 공개키 암호화 기법에 대한 설명으로 옳지 않은 것은?

① 알고리즘이 복잡하며 암호화와 복호화 속도가 느리다.
② 키의 분배가 용이하고 관리해야 할 키의 수가 적다.
③ 비대칭 암호화 기법이라고도 하며 대표적으로 DES가 있다.
④ 데이터를 암호화할 때 사용하는 키를 공개하고 복호화할 때 키는 비밀로 한다.

전문가의 조언
• 공개키 암호화 기법은 비대칭 암호화 기법이라고도 하며, 대표적으로 RSA가 있습니다.
• DES는 비밀키 암호화 기법입니다.

등급 B

18. 다음 중 인트라넷(Intranet)에 대한 설명으로 옳은 것은?

① 여러 대의 컴퓨터를 연결하여 하나의 서버로 사용하는 기술이다.
② 인터넷 기술을 이용하여 조직 내의 각종 업무를 수행할 수 있도록 만든 네트워크 환경이다.
③ 이동 전화 단말기에서 개인용 컴퓨터의 운영체제와 같은 역할을 하는 소프트웨어이다.
④ 기업체가 협력업체와 고객 간의 정보 공유를 목적으로 구성한 네트워크이다.

전문가의 조언
인트라넷(Intranet)은 인터넷 기술을 이용하여 조직 내의 각종 업무를 수행할 수 있도록 만든 네트워크 환경입니다.

19. 다음 중 자료 구성 단위에 대한 설명으로 옳지 않은 것은?

① 워드(Word)는 문자를 표현하는 최소 단위이다.
② 니블(Nibble)은 4개의 비트(Bit)가 모여 구성한 것으로, 16진수 1자리를 표현한다.
③ 레코드(Record)는 하나 이상의 관련된 필드(Field)가 모여서 구성되는 자료 처리 단위이다.
④ 필드(Field)는 파일 구성의 최소 단위이며, 여러 개의 필드가 모여 레코드(Record)가 된다.

전문가의 조언
• 워드(Word)는 CPU가 한 번에 처리할 수 있는 명령 단위입니다.
• 문자를 표현하는 최소 단위는 바이트(Byte)입니다.

20. 다음 중 외부 인터럽트가 발생하는 경우에 해당하지 않는 것은?

① 컴퓨터의 전원 공급이 중단되었을 경우
② 실행할 수 없는 명령어가 사용된 경우
③ 타이머에 의해 의도적으로 프로그램이 중단된 경우
④ 입출력장치의 입출력 준비 완료를 알리는 경우

전문가의 조언
• 외부 인터럽트는 입·출력장치, 타이밍 장치, 전원 등 외부적인 요인에 의해 발생합니다.
• ②번은 내부 인터럽트가 발생하는 경우입니다.

---

2 과목 **스프레드시트 일반**

21. 다음 중 입력 데이터에 사용자 지정 표시 형식을 설정한 경우 그 표시 결과로 옳지 않은 것은?

표시 형식	데이터	결과
① # 0/0	0.5	1/2
② 0/0	1.5	1 1/2
③ 0/0	0.5	1/2
④ # 0/0	1.5	1 1/2

전문가의 조언
1.5를 입력한 후 표시 형식으로 0/0을 지정하면 3/2로 표시됩니다.

22. 다음 중 아래 워크시트에서 [B1:B3] 영역의 문자열을 [B4] 셀에 목록으로 표시하여 입력하기 위한 키 조작으로 옳은 것은?

	A	B
1	A	오름세
2	B	보합세
3	C	내림세
4	D	
5	E	내림세
6	F	보합세
7	G	오름세
8		

① Tab + ↓
② Shift + ↓
③ Ctrl + ↓
④ Alt + ↓

전문가의 조언
같은 열에 입력된 문자열 목록을 표시하는 키는 Alt + ↓입니다.

03230323 등급 A

23. [A1:D11] 영역의 데이터를 이용하여 성별별 근무년수의 최대값을 [G2:G3] 영역에 계산하려고 한다. [G2] 셀에 수식을 작성한 뒤 [G3] 셀에 복사하고 셀 포인터를 [G2]에 위치시켰을 때 수식 입력줄에 나타나는 배열 수식으로 틀린 것은?

	A	B	C	D	E	F	G
1	이름	직위	성별	근무년수		성별	근무년수
2	백수인	대리	여	26		남	29
3	장재근	대리	남	14		여	26
4	이성만	과장	남	19			
5	김유신	부장	여	24			
6	이덕화	사원	남	7			
7	공재룡	사원	남	9			
8	이현성	부장	여	22			
9	홍록기	차장	남	17			
10	신동엽	이사	남	29			
11	김한석	이사	여	12			
12							

① {=MAX(IF($C$2:$C$11=F2, $D$2:$D$11))}
② {=MAX(IF($C$2:$C$11=$F2, $D$2:$D$11))}
③ {=MAX(IF(C$2:C$11=F$2, D$2:D$11))}
④ {=MAX(IF(C$2:C$11=$F2, D$2:D$11))}

등급 A

24. 다음 중 연속적인 위치에 있고, 데이터가 입력되어 있는 여러 개의 셀을 범위로 설정한 후 셀 합병을 실행하였을 때의 결과에 대한 설명으로 올바른 것은?

① 기존에 입력되어 있던 데이터들이 한 셀에 모두 표시된다.
② 데이터가 들어 있는 여러 셀을 병합할 수 없다.
③ 가장 아래쪽 또는 오른쪽의 셀 데이터만 남고 나머지 셀 데이터는 모두 지워진다.
④ 가장 위쪽 또는 왼쪽의 셀 데이터만 남고 나머지 셀 데이터는 모두 지워진다.

등급 B

25. 다음 중 통합에 관한 설명으로 옳지 않은 것은?

① 여러 시트에 있는 데이터나 다른 통합 문서에 입력되어 있는 데이터를 통합할 수 있다.
② 데이터 통합은 위치를 기준으로 통합할 수도 있고, 영역의 이름을 정의하여 통합할 수도 있다.
③ 통합 영역의 데이터 변경 시 원본 영역의 데이터도 자동으로 변경되도록 하려면 '원본 데이터에 연결'을 선택한다.
④ 통합할 데이터를 변경하려면 '모든 참조 영역'에 지정된 참조 영역을 삭제한 후 새로 지정한다.

26. 다음과 같이 [A1:A6]의 이름이 SCORES일 때 [A7] 셀에 아래의 함수를 입력하였다. 그 결과 값으로 옳지 않은 것은?

	A
1	2
2	2
3	0
4	1
5	TRUE
6	사용불가

① =ROUNDUP(AVERAGE(SCORES), 0) → 2

② =TRUNC(SUM(SCORES)/COUNT(SCORES), 0) → 2

③ =ROUND(SUM(SCORES)/COUNTA(SCORES), 0) → 1

④ =AVERAGEA(A1:A6) → 1

 전문가의 조언

②번의 결과는 1입니다.

① =ROUNDUP(AVERAGE(SCORES), 0)
        ❶

❶ AVERAGE(SCORES) : SCORES로 이름 정의된 영역(A1:A6)의 평균인 5/4 = 1.25를 반환합니다.
※ 논리값 TRUE가 숫자로 처리되지 않아 계산 시 제외됩니다.

❷ =ROUNDUP(❶, 0) → : =ROUNDUP(1.25, 0) : 1.25를 올림하여 정수인 2를 반환합니다.

② =TRUNC(SUM(SCORES) / COUNT(SCORES), 0)
        ❶   ❷
              ❸

❶ SUM(SCORES) : SCORES로 이름 정의된 영역(A1:A6)의 합계인 5를 반환합니다.

❷ COUNT(SCORES) : SCORES로 이름 정의된 영역(A1:A6)에서 숫자가 들어 있는 셀의 개수인 4를 반환합니다.

❸ =TRUNC(❶/❷, 0) → =TRUNC(5/4, 0) : 5를 4로 나눈 값 1.25에서 소수점 이하를 버린 1을 반환합니다.

③ =ROUND(SUM(SCORES) / COUNTA(SCORES), 0)
        ❶   ❷
              ❸

❶ SUM(SCORES) : 5입니다.

❷ COUNTA(SCORES) : SCORES로 이름 정의된 영역(A1:A6)에서 데이터가 들어 있는 셀의 개수인 6을 반환합니다.

❸ =ROUND(❶/❷, 0) → =ROUND(5/6, 0) : 5를 6으로 나눈 값 0.83···에서 반올림하여 정수인 1을 반환합니다.

④ =AVERAGEA(A1:A6) : 수치가 아닌 셀을 포함하여 평균인 6/6 = 1을 반환합니다.
※ 논리값 TRUE가 숫자 1로 처리되어 계산 시 포함됩니다.

---

27. 다음 중 차트에서 사용하는 축에 대한 설명으로 옳지 않은 것은?

① 방사형 차트와 거품형 차트에서는 기본 가로 축만 표시된다.

② 가로(항목) 축에서 [축 위치] 옵션은 데이터 표시와 레이블이 축에 표시되는 방식에 영향을 주며 2차원 영역형 차트, 세로 막대형 차트 및 꺾은선형 차트에 사용할 수 있다.

③ 가로(항목) 축이 날짜 값인 경우 [축 종류]에서 '날짜 축'을 선택하여 [단위]를 '일', '월', '년' 중 선택하여 지정할 수 있다.

④ 3차원 꺾은선형 차트는 세 개의 축(가로, 세로, 깊이 축)에 따라 데이터 요소를 비교한다.

전문가의 조언

방사형 차트는 기본 세로 축만 표시되고, 거품형 차트는 기본 가로 축과 기본 세로 축이 모두 표시됩니다.

---

28. 다음 그림과 같이 "표" 기능을 사용하여 단가(C7:E7)와 판매량(B8:B11)에 따른 판매금액(C8:E11)을 계산하려고 한다. 이때 실행하여야 할 작업 내용에 대한 설명으로 옳지 않은 것은?

	A	B	C	D	E
1	제품명	연필			
2	판매량	35			
3	단가	1,200			
4	판매금액	42,000			
5					
6				단가	
7		42,000	1,000	1,200	1,400
8		10	10,000	12,000	14,000
9	판매량	30	30,000	36,000	42,000
10		50	50,000	60,000	70,000
11		70	70,000	84,000	98,000
12					

① '데이터 테이블' 대화상자가 표시되면 "행 입력 셀"은 [B3] 셀과, "열 입력 셀"은 [B2] 셀을 지정한 후 〈확인〉을 선택한다.
② [C8:E11] 영역을 블록으로 설정한 후 [데이터] → [예측] → [가상 분석] → [데이터 표]를 선택한다.
③ 수식이 입력되어야 하는 [B7] 셀을 선택하고 수식 "=B2*B3"을 입력한다.
④ 자동으로 결과가 구해진 셀을 하나 선택해서 살펴보면 "{=TABLE(B3,B2)}"와 같은 배열 수식이 들어 있다.

등급 **C**

29. 현재 작업 중인 다음과 같은 통합 문서에서 화면 하단의 시트 탭에 표시된 'Sheet2'를 Ctrl을 누른 상태로 'Sheet1' 앞으로 드래그했을 경우 시트 탭의 맨 처음에 표시되는 워크시트의 이름으로 옳은 것은?

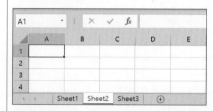

① Sheet2
② Sheet4
③ Sheet2 (2)
④ Sheet1 (2)

등급 **B**

30. 다음 매크로에 대한 설명으로 옳지 않은 것은?

```
Sub Macro1( )
Range("C2:D6").Select
    With Selection.Font
        .Name = "굴림"
        .Size = 11
        .Underline = xlUnderlineStyleNone
        .Shadow = False
        .ColorIndex = 3
    End With
    With Selection
        .HorizontalAlignment = xlCenter
        .VerticalAlignment = xlBottom
        .WrapText = False
    End With
End Sub
```

① 글꼴을 '굴림'으로 지정한다.
② 폰트 크기를 11로 지정한다.
③ 밑줄을 해제한다.
④ 텍스트의 가로 정렬과 세로 정렬을 모두 가운데 맞춤으로 지정한다.

① [C2:D6] 영역을 선택합니다(Range : 워크시트의 셀이나 셀 범위, Select : 선택).
② 글꼴(Font) With문의 시작입니다.
③ 글꼴을 '굴림'으로 지정합니다.
④ 크기를 11로 지정합니다.
⑤ 밑줄은 지정하지 않습니다.
⑥ 그림자를 해제(False)합니다.
⑦ 글꼴 색을 빨강(3)으로 지정합니다.
⑧ With문의 끝입니다.
⑨ With문의 시작입니다.
⑩ 가로 정렬(HorizontalAlignment)은 가운데 맞춤(xlCenter)으로 지정합니다.
⑪ 세로 정렬(VerticalAlignment)은 아래쪽 맞춤(xlBottom)으로 지정합니다.
⑫ 텍스트의 줄 바꾸기 기능(WrapText)을 해제(False)합니다.
⑬ With문의 끝입니다.

등급 A

31. 아래의 시트에서 [I2:I5] 영역에 [B2:E14] 영역의 표를 참조하는 배열 수식을 사용하여 지점별 총대출금액을 구하였다. 다음 중 [I2:I5] 영역을 블록으로 지정한 후 수식을 입력할 경우 수식 입력줄에 표시된 함수식으로 옳은 것은?

	A	B	D	E	F	G	H	I
1		성명	지점	대출금액			지점	총대출금액
2		문정현	서울	7,500			서울	37,500
3		조일순	경기	5,000			경기	30,000
4		남태우	서울	10,000			부산	15,000
5		송현주	충남	8,000			충남	13,000
6		민병우	서울	5,000				
7		정백철	경기	10,000				
8		김주석	경기	10,000				
9		오창환	부산	15,000				
10		장정	서울	7,000				
11		원주연	서울	3,000				
12		강소라	충남	5,000				
13		김연	서울	5,000				
14		정민수	경기	5,000				
15								

① {=SUM(IF($D$2:$D$14=H2, $E$2:$E$14, 0))}
② {=SUMIF($D$2:$D$14=H2, $E$2:$E$14, 1))}
③ {=SUMIF(D2:D14, H2, E2:E14)}
④ {=SUMIF(D2:D14, H2:H5, E2:E14)}

등급 B

32. 아래 시트와 같이 고급 필터를 실행했을 경우 추출되지 않는 이름은?

	A	B	C
1	이름	직급	근무년수
2	김소리	과장	15
3	박진정	대리	20
4	이향진	부장	25
5	김민정	대리	23
6	이인호	차장	21
7			
8	이름	근무년수	
9	김*	<=20	
10	이*	>=20	
11			

① 김소리
② 이향진
③ 김민정
④ 이인호

등급 A

33. 아래의 시트에서 [A8] 셀에 =INDEX(A1:C6, MATCH (LARGE (C2:C6, 3), C1:C6, 0), 2) 수식을 입력했을 때의 계산 결과로 올바른 것은?

	A	B	C
1	코너	담당	판매금액
2	잡화	김남희	5,122,000
3	식료품	남궁민	450,000
4	잡화	이수진	5,328,000
5	식료품	서수남	6,544,000
6	식료품	김정미	6,024,500
7			

① 남궁민   ② 이수진
③ 서수남   ④ 김정미

전문가의 조언

문제에 제시된 수식의 결과는 '이수진'입니다.

❶ LARGE(C2:C6, 3) : [C2:C6] 영역에서 3번째로 큰 값인 5328000을 반환합니다.

❷ MATCH(❶, C1:C6, 0) → MATCH(5328000, C1:C6, 0) : [C1:C6] 영역에서 5328000와 정확히 일치하는 값을 찾은 후 상대 위치인 4를 반환합니다.
   ※ MATCH 함수의 옵션을 0으로 지정하면 찾을값과 정확히 일치하는 값을 찾습니다.

❸ =INDEX(A1:C6, ❷, 2) → =INDEX(A1:C6, 4, 2) : [A1:C6] 영역에서 4행 2열, 즉 [B4] 셀의 값 "이수진"을 반환합니다.

등급 C

34. 다음 중 시트 보호 시 '이 워크시트의 모든 사용자에게 다음 사항을 허용'으로 지정할 수 있는 내용이 아닌 것은?

① 시나리오 편집
② 개체 편집
③ 시트 이름 바꾸기
④ 자동 필터 사용

전문가의 조언

시트 이름은 시트 보호와 상관 없이 변경할 수 있습니다.

등급 B

35. 다음 시트와 같이 [A2:D7] 영역에 조건부 서식을 지정하여 2, 4, 6행에 배경색을 지정하려고 할 때 옳지 않은 조건은?

	A	B	C	D
1	이름	국어	영어	수학
2	김원	87	97	72
3	정영희	74	98	100
4	남궁정훈	85	91	70
5	이수	80	80	88
6	김용훈	81	87	70
7	김근태	84	82	80
8				

① =ISEVEN(ROWS($A$2:$A2))
② =ISEVEN(ROW( ))
③ =MOD(ROWS($A$2:$A2), 2)=1
④ =MOD(ROW( ), 2)=0

전문가의 조언

조건부 서식의 조건을 ①번으로 지정할 경우 3, 5, 7행에 배경색이 지정됩니다.

① =ISEVEN(ROWS($A$2:$A2))
   • ISEVEN(인수) 함수는 '인수'가 짝수면 'TRUE', 그렇지 않으면 'FALSE'를 반환하고, ROWS(셀 범위) 함수는 '셀 범위'에서 행 개수를 구하므로 ROWS 함수의 결과가 짝수인 경우 지정한 서식이 적용됩니다.
   • [A2:D7] 영역을 범위로 지정한 후 조건부 서식의 조건을 '=ISEVEN(ROWS ($A$2:$A2))'으로 지정하면 행별로 수식이 아래와 같이 변경되어 각 행을 비교합니다.
   – 2행 : =ISEVEN(ROWS($A$2:$A2)) → 행 개수 : 1
   – 3행 : =ISEVEN(ROWS($A$2:$A3)) → 행 개수 : 2
          ⋮
   – 7행 : =ISEVEN(ROWS($A$2:$A7)) → 행 개수 : 6
   ※ 실행 결과

	A	B	C	D
1	이름	국어	영어	수학
2	김원	87	97	72
3	정영희	74	98	100
4	남궁정훈	85	91	70
5	이수	80	80	88
6	김용훈	81	87	70
7	김근태	84	82	80
8				

② =ISEVEN(ROW( )) : ROW(인수) 함수는 '인수'의 행 번호를 반환하는데, '인수'를 지정하지 않으면 수식이 입력된 행을 의미하므로 행 번호가 짝수인 경우, 즉 2, 4, 6행에 지정한 서식이 적용됩니다.

③ =MOD(ROWS($A$2:$A2), 2)=1 : ROWS 함수의 결과를 2로 나눈 나머지가 1인 경우, 즉 2, 4, 6행에 지정한 서식이 적용됩니다.

④ =MOD(ROW( ), 2)=0 : 수식이 입력된 행 번호를 2로 나눈 나머지가 0인 경우, 즉 2, 4, 6행에 지정한 서식이 적용됩니다.

36. 다음 중 시나리오에 대한 설명으로 옳지 않은 것은?

① 시나리오 요약 보고서는 자동으로 다시 갱신되지 않으므로 변경된 값을 요약 보고서에 표시하려면 새 요약 보고서를 만들어야 한다.

② 여러 시나리오를 비교하여 하나의 테이블로 요약하는 보고서를 만들 수 있다.

③ 시나리오 요약 보고서를 생성하기 전에 변경 셀과 결과 셀에 이름을 정의하면 셀 참조 주소 대신 정의된 이름이 보고서에 표시된다.

④ 시나리오 요약 보고서를 만들 때에는 결과 셀을 반드시 지정해야 하지만, 시나리오 피벗 테이블 보고서를 만들 때에는 결과 셀을 지정하지 않아도 된다.

전문가의 조언
시나리오 요약 보고서나 시나리오 피벗 테이블 보고서를 만들 때에는 반드시 결과 셀을 지정해야 합니다.

37. 다음과 같이 [A2:D8] 영역에 성별이 "남"이면서 점수가 전체 평균보다 크면 배경색을 '노랑'으로 설정하는 [조건부 서식]을 지정하려고 한다. 다음 중 [조건부 서식]의 수식 입력란에 입력해야 할 수식으로 옳은 것은?

	A	B	C	D
1	번호	성명	성별	점수
2	1	황영희	여	45
3	2	이방주	남	86
4	3	손기중	남	78
5	4	김보라	여	92
6	5	김경삼	남	98
7	6	임이봉	남	76
8	7	임선빈	남	64
9				

① =AND(C$2="남", D$2>AVERAGE($D$2:$D$8))
② =OR(C$2="남", D$2>AVERAGE($D$2:$D$8))
③ =AND($C2="남", $D2>AVERAGE($D$2:$D$8))
④ =OR($C2="남", $D2>AVERAGE($D$2:$D$8))

전문가의 조언
'조건부 서식'의 수식 입력란에 입력해야 할 수식으로 옳은 것은 ③번입니다.
• 첫 번째 조건은 '성별이 "남"'이므로 'C2="남"'으로 지정합니다.
• 두 번째 조건은 '점수가 전체 평균보다 큼'이므로 'D2>AVERAGE($D$2:$D$8)'로 지정해야 합니다.
• 이 문제는 두 조건을 모두 만족하는 행 전체에 서식을 지정해야 하므로 AND 함수를 사용해야 하고, 수식에서 열 번호에만 절대 주소 표시($C2, $D2)를 지정해야 합니다.
∴ =AND($C2="남", $D2>AVERAGE($D$2:$D$8))

38. 다음 중 선택된 차트의 페이지 설정에 관한 설명으로 옳지 않은 것은?

① 인쇄 품질을 '초안' 또는 '흑백으로 인쇄'를 선택하여 출력할 수 있다.

② 머리글/바닥글을 이용하여 일반 시트 인쇄 방법과 동일하게 머리글 및 바닥글을 인쇄할 수 있다.

③ 차트의 일부분을 인쇄하기 위해 인쇄 영역을 지정할 수 없다.

④ 차트를 축소하여 인쇄하기 위해 확대/축소 배율을 지정할 수 있다.

전문가의 조언
차트는 '확대/축소 배율'을 지정하여 인쇄할 수 없습니다.

39. 다음 중 정렬에 대한 설명으로 옳지 않은 것은?

① 표 스타일이 적용된 데이터 영역을 왼쪽에서 오른쪽 방향으로 정렬하려면 정렬하기 전에 '범위로 변환'을 실행해야 한다.

② 숨겨진 행이나 열도 정렬에 포함되어 정렬된다.

③ 숫자, 날짜 등과 같이 셀에 입력된 값으로 정렬할 때는 정렬 기준을 '셀 값'으로 지정하고, 셀에 지정된 서식으로 정렬하려면 정렬 기준을 '셀 색'이나 '글꼴 색'으로 지정해야 한다.

④ 사용자 지정 목록을 사용하여 사용자가 정의한 순서대로 정렬할 수 있다.

전문가의 조언
숨겨진 행이나 열에 있는 데이터는 정렬에 포함되지 않습니다.

등급 **C**

40. 다음 중 개요에 대한 설명으로 옳지 않은 것은?

① 하위 수준 데이터를 표시하려면, 표시하려는 데이터 그룹에 대한 ⊞ 단추를 누른다.
② 개요 기호를 설정하면 그룹의 요약 정보만 또는 필요한 그룹의 데이터만 확인할 수 있어 편리하다.
③ 개요 기호가 표시되지 않는 경우 'Excel 옵션'의 '고급' 탭에서 '윤곽을 설정한 경우 윤곽 기호 표시'를 선택한다.
④ 개요 기호의 숫자가 클수록 숨겨진 데이터가 많다.

전문가의 조언
개요 기호의 숫자가 클수록 화면에 표시되는 데이터가 많아집니다.

---

3 과목   데이터베이스 일반

등급 **B**

41. 다음 중 데이터베이스 관리 시스템(DBMS)의 장점에 해당하지 않는 것은?

① 데이터의 일관성 유지
② 데이터의 무결성 유지
③ 데이터의 중복성 최소화
④ 전산화 비용의 감소

전문가의 조언
데이터베이스 관리 시스템(DBMS) 사용 시 전산화 비용이 증가합니다.

등급 **B**

42. 다음 중 정규화에 대한 설명으로 옳지 않은 것은?

① 한 테이블에 너무 많은 정보를 포함해서 발생하는 이상 현상을 제거한다.
② 정규화를 실행하면 모든 테이블의 필드 수가 동일해진다.
③ 정규화를 실행하면 테이블이 나누어져 최종적으로는 일관성을 유지하게 된다.
④ 정규화를 실행하는 목적 중 하나는 데이터 중복의 최소화이다.

전문가의 조언
정규화는 속성(필드)의 수가 적은 릴레이션(테이블)으로 분할하는 과정으로, 정규화를 실행하면 테이블이 늘어나고 필드 수가 줄어들 수는 있지만 모든 테이블의 필드 수가 동일해지지는 않습니다.

등급 **C**

43. 다음 중 테이블, 쿼리 등의 개체나 필드 이름을 지정하는 방법에 대한 설명으로 옳지 않은 것은?

① 공백을 이름의 첫 문자로 사용할 수 없다.
② ., !, ', [,]과 같은 특수문자는 사용할 수 없다.
③ 테이블 이름과 필드 이름은 중복될 수 없다.
④ 이름은 최대 64자까지 입력할 수 있다.

전문가의 조언
테이블과 필드의 이름은 같아도 됩니다. 단 하나의 테이블 내에서 필드 이름은 중복될 수 없습니다.

등급 A

44. 다음 중 아래 보고서에 대한 설명으로 옳지 않은 것은? (단, 이 보고서는 전체 4페이지이며, 현재 페이지는 2페이지이다.)

거래처별 제품목록

거래처명	제품번호	제품이름	단가	재고량
㈜맑은세상	15	아쿠아렌즈	₩50,000	22
	14	바슈롱렌즈	₩35,000	15
	20	C-BR렌즈	₩50,000	3
	제품수 :	3	총재고량 :	40
거래처명	제품번호	제품이름	단가	재고량
참아이㈜	9	선글래스C	₩170,000	10
	7	선글래스A	₩100,000	23
	8	선글래스B	₩120,000	46

2 / 4

① '거래처명'을 표시하는 컨트롤은 '중복 내용 숨기기' 속성이 '예'로 설정되어 있다.
② '거래처명'에 대한 그룹 머리글 영역이 만들어져 있고, '반복 실행 구역' 속성이 '예'로 설정되어 있다.
③ '거래처명'에 대한 그룹 바닥글 영역이 설정되어 있고, 요약 정보를 표시하고 있다.
④ '거래처별 제품목록'이라는 제목은 '거래처명'에 대한 그룹 머리글 영역에 만들어져 있다.

등급 A

45. 다음 중 입력 마스크 설정에 사용하는 사용자 정의 입력 마스크 기호에 대한 설명으로 옳은 것은?
① 9 : 소문자로 변환
② > : 숫자나 공백을 입력받도록 설정
③ < : 영문 대문자로 변환하여 입력받도록 설정
④ L : 영문자와 한글만 입력받도록 설정

등급 C

46. 아래 그림의 반 필드와 같이 데이터 입력 시 목록 상자에서 원하는 값을 선택하려고 할 때 설정해야 하는 필드 속성은?

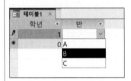

① 입력 마스크　　　　② 캡션
③ 유효성 검사 규칙　　④ 조회

등급 B

47. 다음 중 보고서를 작성하는 방법으로 옳지 않은 것은?
① [새 보고서]를 이용하는 경우 레이아웃 보기 상태에서 필드를 추가하여 보고서를 작성할 수 있다.
② [보고서 디자인]을 이용하는 경우 선택된 테이블 또는 쿼리를 바로 보고서로 생성하므로 쉽게 보고서를 작성할 수 있다.
③ [우편물 레이블 마법사]를 이용하여 다양한 레이블을 만들 수 있다.
④ [보고서 마법사]를 이용하는 경우 마법사가 진행되는 순서에 따라 설정 사항을 지정하면 자동으로 보고서가 작성된다.

③ AS 문은 필드 이름이나 테이블 이름에 별명을 지정할
때 사용한다.
④ GROUP BY문으로 레코드를 결합한 후에 WHERE절
을 사용하면 그룹화된 레코드 중 WHERE절의 조건을
만족하는 모든 레코드가 표시된다.

전문가의 조언
GROUP BY절에 대한 조건식을 지정할 때 사용하는 예약어는 HAVING절입니다.

등급 **C**

48. 다음 중 데이터베이스에서 인덱스를 사용하는 목적으로 가장 적절한 것은?

① 데이터 검색 및 정렬 작업 속도 향상
② 데이터의 추가, 수정, 삭제 속도 향상
③ 데이터의 일관성 유지
④ 최소 중복성 유지

전문가의 조언
인덱스는 데이터 검색 및 정렬 작업 속도를 향상시키기 위해 사용합니다.

등급 **B**

51. 다음 중 Access의 DoCmd 개체의 메서드가 아닌 것은?

① OpenReport   ② GoToRecord
③ RunSQL   ④ SetValue

전문가의 조언
SetValue는 필드, 컨트롤, 속성 등의 값을 설정하는 매크로 함수입니다.

등급 **B**

49. 다음 중 다른 데이터베이스의 원본 데이터를 연결 테이블로 가져온 테이블과 새 테이블로 가져온 테이블에 대한 설명으로 옳지 않은 것은?

① 새 테이블로 가져온 테이블을 삭제해도 원본 테이블은
삭제되지 않는다.
② 새 테이블로 가져온 테이블을 이용하여 폼이나 보고서
를 생성할 수 있다.
③ 연결 테이블로 가져온 테이블을 삭제해도 원본 테이블
은 삭제되지 않고 연결만 삭제된다.
④ 연결 테이블로 가져온 테이블을 삭제하면 연결되어 있
는 원본 데이터베이스 테이블도 삭제된다.

전문가의 조언
연결 테이블로 가져온 테이블을 삭제해도 원본 테이블은 삭제되지 않고 연결만 삭제됩니다.

03230352

등급 **A**

52. 다음 질의문에 대한 설명으로 옳은 것은?

```
SELECT 학과번호, 학과명
FROM 학과
WHERE 학과번호 LIKE "C*";
```

① 학과번호가 C로 시작하는 학과번호 두 글자와 학과명
을 표시한다.
② 학과번호가 C를 포함하는 학과번호와 학과명을 표시
한다.
③ 학과번호가 C로 시작하는 한 글자 이상의 학과번호와
학과명을 표시한다.
④ 학과번호가 C로 끝나는 학과번호와 학과명을 표시
한다.

등급 **A**

50. 다음 중 SELECT문에 대한 설명으로 옳지 않은 것은?

① FROM절에는 SELECT문에 나열된 필드를 포함하는
테이블이나 쿼리를 지정한다.
② 검색 결과에 중복되는 레코드를 없애기 위해서는
'DISTINCT' 조건자를 사용한다.

54. 다음 중 쿼리 실행 시 값이나 패턴을 묻는 메시지를 표시한 후 사용자에게 조건 값을 입력받아 사용하는 쿼리는?

① 선택 쿼리   ② 요약 쿼리
③ 매개 변수 쿼리   ④ 크로스탭 쿼리

55. 다음 중 폼에 대한 설명으로 옳지 않은 것은?

① 폼은 테이블이나 질의(쿼리)를 원본으로 하여 데이터의 입력, 수정, 삭제, 조회 등의 작업을 편리하게 수행할 수 있도록 환경을 제공하는 개체이다.
② 디자인 보기 상태에서 '필드 목록' 창을 이용하여 여러 개의 필드는 추가할 수 없으므로, 필드를 하나씩 더블클릭하여 추가한다.
③ 컨트롤과 여러 도구 모음을 이용하여 시각적으로 다양한 작업 화면을 작성할 수 있다.
④ 폼에 레이블이나 명령 단추만을 추가하여 언바운드 폼을 만들어 사용할 수 있다.

53. 다음과 같이 '제품' 테이블의 레코드는 모두 표시되고, '구매' 테이블에서는 '제품번호' 필드가 일치하는 레코드만 표시하는 조인 형식은 무엇인가?

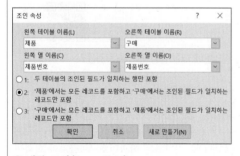

① 내부 조인(Inner Join)
② 왼쪽 외부 조인(Left Join)
③ 오른쪽 외부 조인(Right Join)
④ 카테션 곱(Cartesian Project Join)

56. 계산 컨트롤을 만들 때 반드시 필요한 속성은 무엇인가?

① 수식 컨트롤   ② 행 원본
③ 레코드 원본   ④ 컨트롤 원본

등급 A

57. 다음 중 콤보 상자의 속성에 대한 설명으로 잘못된 것은?

① 컨트롤 원본 : 연결할 데이터를 설정한다.
② 행 원본 : 컨트롤에서 사용할 데이터를 설정한다.
③ 바운드 열 : 컨트롤에 저장할 열을 설정한다.
④ 사용 가능 : 데이터의 편집 여부를 설정한다.

전문가의 조언
• '사용 가능' 속성은 컨트롤에 포커스를 이동시킬 수 있는지 여부를 설정합니다.
• ④번은 '잠금' 속성에 대한 설명으로 콤보 상자 속성에는 '잠금' 속성이 없습니다.

등급 B

58. 다음 중 액세스의 보고서에 대한 설명으로 옳은 것은?

① 보고서의 레코드 원본으로 테이블, 쿼리, 엑셀과 같은 외부 데이터, 매크로 등을 지정할 수 있다.
② 보고서 머리글과 보고서 바닥글의 내용은 모든 페이지에 출력된다.
③ 보고서에서도 폼에서와 같이 이벤트 프로시저를 작성할 수 있다.
④ 컨트롤을 이용하지 않고도 보고서에 테이블의 데이터를 표시할 수 있다.

전문가의 조언
보고서에서도 폼에서와 같이 이벤트 프로시저를 작성할 수 있습니다.
① 보고서의 레코드 원본으로 테이블과 쿼리는 사용할 수 있으나 엑셀과 같은 외부 데이터나 매크로는 사용할 수 없습니다.
② 보고서 머리글은 보고서의 첫 페이지 상단에, 보고서 바닥글은 보고서의 맨 마지막 페이지에 한 번씩만 표시됩니다.
④ 보고서에 테이블의 데이터를 표시하려면, 반드시 컨트롤을 이용해야 합니다.

등급 C

59. 레코드의 위치를 지정된 레코드로 이동시키는 것으로 First, Last, Previous, Next 등의 인수가 사용되는 매크로 함수는?

① GoToRecord
② GoToControl
③ FindRecord
④ FindNextRecord

전문가의 조언
문제에 제시된 기능을 수행하는 매크로 함수는 GoToRecord입니다.
• GoToControl : 특정 컨트롤로 포커스를 이동시킴
• FindRecord : 특정한 조건을 만족하는 레코드 중 첫 번째 레코드를 검색함
• FindNextRecord : 특정 조건을 만족하는 레코드 중 현재 검색된 레코드의 다음 레코드를 검색함

등급 A

60. 다음 중 보고서에서 '페이지 번호'를 표현하는 식을 다음과 같이 설정한 경우 페이지 번호가 표시되는 결과로 옳은 것은?

=IIf([page] Mod 2 = 0, [page] & "페이지", " ")

① 짝수 페이지에는 "2"와 같이 표시되고 홀수 페이지에는 표시되지 않는다.
② 홀수 페이지에는 "1"과 같이 표시되고 짝수 페이지에는 표시되지 않는다.
③ 짝수 페이지에는 "2페이지"와 같이 표시되고 홀수 페이지에는 표시되지 않는다.
④ 홀수 페이지에는 "1페이지"와 같이 표시되고 짝수 페이지에는 표시되지 않는다.

전문가의 조언
페이지 번호가 표시되는 결과로 옳은 것은 ③번입니다.
=IIf([page] Mod 2 = 0, [page] & "페이지", " ")
    ❶
          ❷
• ❶ [page] Mod 2 : 현재 페이지 번호를 2로 나눈 나머지를 반환합니다.
• ❷ IIf(❶=0, [page] & "페이지", " ") : 조건이 0이면, 즉 현재 페이지가 짝수 페이지면, 현재 페이지 번호에 문자열 "페이지"를 붙여 표시하고 그렇지 않고 홀수 페이지면 아무것도 표시하지 않습니다.
※ 현재 페이지 번호가 2로 짝수 페이지라면 2페이지와 같이 현재 페이지에 "페이지"를 붙여 표시하고, 현재 페이지 번호가 1로 홀수 페이지라면 아무것도 표시하지 않습니다.

1과목 컴퓨터 일반

등급 C

1. 다음 중 한글 Windows 10에서의 프린터 설치에 관한 설명으로 옳지 않은 것은?

① 프린터를 설치하려면 [설정] → [장치] → [프린터 및 스캐너]에서 '프린터 또는 스캐너 추가'를 선택한다.

② 새로운 프린터를 설치하는 과정에서 네트워크 프린터를 기본 프린터로 설정하려면 반드시 스풀링의 설정이 필요하다.

③ 로컬 프린터 설치 시 프린터가 USB(범용 직렬 버스) 모델인 경우에는 프린터를 컴퓨터에 연결하면 Windows에서 자동으로 검색하고 설치한다.

④ 공유된 프린터를 사용하려면 프린터가 연결된 컴퓨터의 전원이 켜져 있어야 한다.

전문가의 조언
네트워크 프린터도 일반 프린터와 동일하게 스풀링 설정 여부와 상관없이 기본 프린터로 설정할 수 있습니다.

등급 B

2. 다음 중 한글 Windows 10의 [백업]과 [복구]에 관한 설명으로 옳지 않은 것은?

① PC가 제대로 실행되지 않아 초기화 하는 경우 개인 파일을 유지하거나 제거하도록 선택할 수 있다.

② Windows 7 백업 및 복원 도구를 사용하여 백업을 만든 경우 Windows 10에서도 계속 사용할 수 있다.

③ PC 초기화 시 Windows는 다시 설치되지 않고 유지된다.

④ 파일 히스토리를 이용하여 자동으로 파일이 백업되도록 설정할 수 있다.

전문가의 조언
PC 초기화 시 Windows는 다시 설치됩니다.

등급 C

3. 다음 중 컴퓨터 부팅 시 화면에 아무것도 표시되지 않고 '삐~' 소리만 나는 경우의 해결 방법으로 옳지 않은 것은?

① CPU가 제대로 꽂혀 있는지 확인한다.

② RAM이 제대로 꽂혀 있는지, 접촉 부위에 이물질이 끼어있는지 확인한다.

③ 그래픽 카드의 이상 유무를 확인한다.

④ 메인보드가 불량이므로 부품 교체나 AS를 요청한다.

전문가의 조언
④번은 컴퓨터의 전원이 들어오지 않을 경우의 해결 방법입니다.

등급 A

4. 다음 중 컴퓨터에서 사용하는 그래픽 파일의 형식에 관한 설명으로 옳지 않은 것은?

① JPEG는 손실 압축 기법과 무손실 압축 기법을 사용하며, 사용자가 임의로 압축률을 지정할 수 있다.

② BMP는 Windows에서 기본적으로 지원하는 포맷으로 압축을 사용하여 파일의 크기가 작다.

③ GIF는 인터넷 표준 그래픽 형식으로, 무손실 압축 기법을 사용하여 선명한 화질을 제공한다.

④ PNG는 트루 컬러의 지원과 투명색 지정이 가능하다.

전문가의 조언
BMP는 Windows의 표준 비트맵 파일 형식으로, 압축을 하지 않으므로 파일의 크기가 큽니다.

등급 B

5. 다음 중 한글 Windows 10의 Windows 관리 도구에 대한 설명으로 옳지 않은 것은?

① [시스템 정보]를 실행하면 하드웨어 리소스, 구성 요소, 설치된 소프트웨어 환경 등의 정보를 알 수 있다.

② [리소스 모니터]는 CPU, 네트워크, 디스크, 메모리 사용 현황을 실시간으로 모니터링 할 수 있다.

③ DVD 드라이브에 대하여 [드라이브 조각 모음 및 최적화]를 수행하면 시스템의 성능을 향상시킬 수 있다.

④ [디스크 정리]를 사용하면 임시 파일이나 휴지통에 있는 파일 등을 삭제하여 디스크의 공간을 확보할 수 있다.

전문가의 조언
DVD, CD-ROM, 네트워크 드라이브에 대해서는 '드라이브 조각 모음 및 최적화'를 수행할 수 없습니다.

등급 C

6. USB 메모리나 플래시 메모리의 저장공간을 사용하여 컴퓨터 시스템의 처리 속도를 향상시키는 것은?

① Virtual Memory
② ReadyBoost
③ Spooling
④ Windows Defender

전문가의 조언
USB 메모리나 플래시 메모리의 저장공간을 사용하여 컴퓨터 시스템의 처리 속도를 향상시키는 것은 ReadyBoost입니다.
• **가상 메모리(Virtual Memory)** : 보조기억장치의 일부를 주기억장치처럼 사용하는 메모리 기법으로, 주기억장치보다 큰 프로그램을 불러와 실행해야 할 때 유용하게 사용됨
• **스풀링(Spooling)** : 저속의 출력장치인 프린터를 고속의 중앙처리장치(CPU)와 병행 처리할 때, 컴퓨터 전체의 처리 효율을 높이기 위해 사용하는 기능
• **Windows Defender 방화벽** : 사용자의 컴퓨터를 무단으로 접근하려는 위협 요소로부터 컴퓨터를 보호하는 방어막을 제공하는 앱

등급 B

7. 다음 중 핀테크(FinTech)의 활용 분야에 대한 설명으로 옳지 않은 것은?

① 네트워크 등을 통해 다수의 개인으로부터 자금을 모으는 크라우드 펀딩(Crowd funding)

② 알고리즘이나 빅 데이터 등을 분석하여 고객에게 투자 자문을 수행하는 로보 어드바이저(Robo Advisor)

③ 비트코인, 이더리움 등의 가상화폐의 암호화를 위한 데이터 분산 처리

④ 사용자의 편의성에 맞춘 송금 및 간편 결제 기능

전문가의 조언
③번은 블록체인(Block Chain)에 대한 설명입니다.

등급 A

8. 다음 중 컴퓨터 운영체제의 운영방식에 대한 설명으로 옳지 않은 것은?

① 다중 처리(Multi-Processing) : 한 개의 CPU로 여러 개의 프로그램을 동시에 처리하는 방식이다.

② 실시간 처리(Real Time Processing) : 처리할 데이터가 입력될 때 마다 즉시 처리하는 방식으로, 각종 예약 시스템이나 은행 업무 등에서 사용한다.

③ 일괄 처리(Batch Processing) : 컴퓨터에 입력하는 데이터를 일정량 또는 일정시간 동안 모았다가 한꺼번에 처리하는 방식이다.

④ 시분할 시스템(Time Sharing System) : 한 대의 시스템을 여러 사용자가 동시에 사용하는 방식으로, 처리 시간을 짧은 시간 단위로 나누어 각 사용자에게 순차적으로 할당하여 실행한다.

전문가의 조언
• 다중 처리(Multi-Processing)는 하나의 컴퓨터에 여러 개의 CPU(중앙처리장치)를 설치하여 프로그램을 처리하는 방식입니다.
• ①번은 다중 프로그래밍(Multi Programming)에 대한 설명입니다.

9. 다음 중 멀티미디어와 관련하여 MPEG(Moving Picture Experts Group)에 관한 설명으로 옳지 않은 것은?

① 동영상 전문가 그룹에서 제정한 동영상 압축 기술에 대한 국제 표준 기술이다.

② MPEG4는 멀티미디어 통신을 전제로 만들어진 영상 압축 기술로서 낮은 전송률로 동영상을 보내고자 개발된 데이터 압축과 복원 기술이다.

③ 프레임 간의 연관성을 고려하여 중복 데이터를 제거하는 비손실 압축 기법을 사용한다.

④ 동영상뿐만 아니라 오디오 데이터도 압축할 수 있다.

전문가의 조언
MPEG는 프레임 간의 연속성을 고려하여 중복 데이터를 제거함으로써 압축률을 높이는 손실 압축 기법을 사용합니다.

10. 다음 중 시스템의 정보 보안을 위한 기본 충족 요건에 대한 설명으로 옳지 않은 것은?

① 무결성 : 시스템 내의 정보는 인가된 사용자만 수정할 수 있다.

② 부인 방지 : 정보를 보내오는 사람의 신원을 확인한다.

③ 가용성 : 인가받은 사용자는 언제라도 사용할 수 있다.

④ 기밀성 : 시스템 내의 정보와 자원은 인가된 사용자에게만 접근이 허용된다.

전문가의 조언
• 부인 방지는 데이터를 송 · 수신한 자가 송 · 수신 사실을 부인할 수 없도록 송 · 수신 증거를 제공하는 것을 의미합니다.
• ②번은 인증에 대한 설명입니다.

11. 다음 중 컴퓨터에서 사용하는 데이터의 유형과 관련하여 아날로그와 디지털 데이터에 대한 설명으로 옳지 않은 것은?

① 범용 컴퓨터는 아날로그 데이터를 취급하기 때문에 정밀도가 제한적이다.

② 아날로그 데이터는 시간에 따라 크기가 연속적으로 변하는 정보를 말한다.

③ 하이브리드 컴퓨터는 디지털 데이터와 아날로그 데이터를 모두 처리할 수 있다.

④ 디지털 데이터는 복호화(Decode) 과정을 통해 아날로그 데이터로 변환될 수 있다.

전문가의 조언
범용 컴퓨터는 아날로그 신호가 아니라 디지털 신호를 사용하기 때문에 정밀도를 필요한 한도까지 지정할 수 있습니다.

12. 다음 중 인터넷에서 사용하는 TCP/IP에 대한 설명으로 옳지 않은 것은?

① 서로 다른 기종의 컴퓨터들 간 데이터를 송/수신하기 위한 표준 프로토콜이다.

② 일부 망에 장애가 있어도 다른 망으로 통신이 가능한 신뢰성을 제공한다.

③ TCP는 패킷 주소를 해석하고 최적의 경로를 결정하여 전송하는 역할을 한다.

④ IP는 OSI 7계층 중 네트워크 계층에 해당하는 프로토콜이다.

전문가의 조언
• TCP는 메시지를 송 · 수신자의 주소와 정보로 묶어 패킷 단위로 나누는 역할을 합니다.
• ③번은 IP의 역할입니다.

등급 C

13. 다음 중 [파일 탐색기]의 검색 도구에 대한 설명으로 옳지 않은 것은?

① 수정한 날짜를 이용하여 지난 주에 수정한 파일들을 검색할 수 있다.
② 파일의 크기를 선택하여 검색할 수 있다.
③ 파일의 종류를 선택하여 검색할 수 있다.
④ 파일 특성이 '읽기 전용'인 파일들을 검색할 수 있다.

전문가의 조언
파일 탐색기의 [검색 도구] → [검색] 탭에는 읽기 전용, 숨김 등 파일 특성을 지정하여 검색할 수 있는 도구가 없습니다.

등급 B

14. 다음 중 컴퓨터에서 사용하는 압축 프로그램에 관한 설명으로 옳지 않은 것은?

① 압축한 파일을 모아 재압축을 반복하면 파일 크기를 계속 줄일 수 있다.
② 여러 개의 파일을 압축하면 하나의 파일로 생성되어 파일 관리를 용이하게 할 수 있다.
③ 대부분의 압축 프로그램에는 분할 압축이나 암호 설정 기능이 있다.
④ 파일의 전송시간과 비용을 절약하고, 디스크 공간을 효율적으로 사용할 수 있다.

전문가의 조언
압축 프로그램은 한 번 압축할 때 각 프로그램의 기능을 사용하여 최대로 압축을 수행하기 때문에 재압축과 관련된 기능이 없으며, 동일한 파일에 대해 여러 번 압축을 수행해도 처음 압축한 이후에는 압축 효과를 기대할 수 없습니다.

등급 B

15. 다음 중 VoIP에 대한 설명으로 옳지 않은 것은?

① 인터넷 IP 기술을 사용한 디지털 음성 전송 기술이다.
② 보컬텍(VocalTec) 사의 인터넷폰으로 처음 소개되었으며, PC to PC, PC to Phone, Phone to Phone 방식으로 발전하였다.
③ 기존 회선교환 방식과 달리 네트워크를 통해 음성을 패킷 형태로 전송한다.
④ 원거리 통화 시 PSTN(Public Switched Telephone Network) 보다는 요금이 높지만 일정 수준의 통화 품질이 보장된다.

전문가의 조언
VoIP는 음성 데이터를 인터넷 프로토콜(IP) 데이터 패킷으로 변환하여 인터넷을 통해 음성 통화를 가능하게 하는 기술로, 기존 전화망(PSTN)의 시내전화 요금 수준으로 시외 및 국제전화 서비스를 받을 수 있기 때문에 요금이 저렴하다고 할 수 있습니다. 그러나 사용자간 회선을 독점적으로 보장해 주지 않아 트래픽이 많아질 경우 통화 품질이 떨어질 수 있습니다.

등급 C

16. 다음 중 작업 표시줄에 대한 설명으로 옳지 않은 것은?

① 작업 표시줄의 위치를 마우스를 이용하여 상하좌우 원하는 위치에 배치할 수 있다.
② 작업 표시줄에 표시된 앱을 마우스 오른쪽 단추로 클릭하면 점프 목록이 표시된다.
③ 작업 표시줄에 고정된 앱의 바로 가기 메뉴에서 '시작 화면에 고정'을 선택하여 시작 화면에 표시할 수 있다.
④ 작업 표시줄에서 현재 실행중인 앱 위에 마우스 포인터를 놓으면 해당 앱을 통해 열린 창들의 미리 보기가 표시되며 이 중 하나를 클릭하면 해당 창이 활성화된다.

작업 표시줄에 고정된 앱을 시작 메뉴에 표시하려면 작업 표시줄에 고정된 앱의 바로 가기 메뉴를 선택한 다음 표시된 메뉴 중 앱의 바로 가기 메뉴에서 '시작 화면에 고정'을 선택해야 합니다.

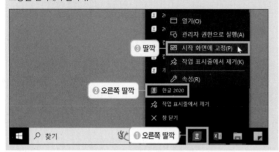

18. 다음 중 네트워크 장비인 리피터(Repeater)에 대한 설명으로 옳은 것은?

① 프로토콜 변환 기능을 내포하여 다른 프로토콜에 의해 운영되는 두 개의 네트워크를 연결하는 장치이다.
② 장거리 전송을 위하여 전송 신호를 재생시키거나 출력 전압을 높여주는 방법 등을 통해 주어진 신호를 증폭시켜 전달해 주는 중계 장치이다.
③ 네트워크 계층의 연동장치로 최적 경로 설정에 이용되는 장치이다.
④ 주로 LAN에서 다른 네트워크에 데이터를 보내거나 다른 네트워크로부터 데이터를 받아들이는데 사용되는 장치이다.

17. 다음 중 공공기관 등에서 터치 패널을 이용하여 운영되는 무인 종합 정보 단말기는?

① 주문형 비디오(VOD)
② 화상회의 시스템(VCS)
③ 키오스크(Kiosk)
④ CAI(Computer Assisted Instruction)

19. 다음 중 컴퓨터에서 사용되는 펌웨어(Firmware)에 대한 설명으로 옳지 않은 것은?

① 하드웨어의 동작을 지시하는 소프트웨어이지만 하드웨어적으로 구성되어 하드웨어의 일부분으로도 볼 수 있는 제품을 말한다.
② 하드웨어 교체 없이 소프트웨어 업그레이드 만으로 시스템의 성능을 높이기 위한 목적으로 사용된다.
③ 시스템의 효율을 높이기 위해 RAM에 저장되어 관리된다.
④ 기계어 처리, 데이터 전송, 부동 소수점 연산, 채널 제어 등의 처리 루틴을 가지고 있다.

20. 다음 중 에러 검출과 교정이 가능한 코드로 2비트의 에러 검출 및 1비트의 에러 교정이 가능한 방식은?

① 해밍 코드　　　　② 패리티 체크 비트
③ 순환 중복 검사　　④ 블록합 검사

전문가의 조언
에러 검출과 교정이 가능한 코드는 해밍 코드(Hamming Code)입니다.
• **패리티 체크 비트(Parity Check Bit)** : 에러 검출을 목적으로 원래의 데이터에 추가한 1비트로, 패리티 체크 비트를 이용한 에러 교정은 불가능함
• **순환 중복 검사(CRC)** : 순환 중복 검사를 위해 미리 정해진 다항식을 적용하여 오류를 검출하는 방식
• **블록합 검사(BSC)** : 패리티 검사의 단점을 보완한 방식으로, 프레임 내의 모든 문자의 같은 위치 비트들에 대한 패리티를 추가로 계산하여 블록의 맨 마지막에 추가 문자를 부가하는 방식

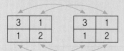

2 과목　스프레드시트 일반

03230421　등급 A

21. 다음 중 =SUMPRODUCT({3,1;1,2}, {3,1;1,2}) 수식의 결과로 올바른 것은?

① 36　　　　② 15
③ 17　　　　④ 18

전문가의 조언
=SUMPRODUCT({3,1;1,2}, {3,1;1,2})의 결과는 15입니다.
• SUMPRODUCT 함수는 배열에서 대응하는 요소를 모두 곱하고 그 곱의 합을 구하는 함수이고, 배열 수식에서 열은 쉼표(,), 행은 세미콜론(;)으로 구분하므로 이를 표현하면 다음과 같습니다.

• (3×3)+(1×1)+(1×1)+(2×2) = 9+1+1+4 = 15

22. 다음 그림과 같이 "표" 기능을 사용하여 이자율에 따른 이자액을 계산하려고 한다. 이때 실행하여야 할 작업 내용에 대한 설명으로 옳지 않은 것은?

	A	B	C	D	E	F
1	이자율에 따른 이자액 계산					
2	원금	이자율	이자액			
3	1,500	4%	60			
4				이자율		
5		60	5%	10%	15%	20%
6			2,000	100	200	300	400
7	원금		3,500	175	350	525	700
8			4,000	200	400	600	800
9			5,500	275	550	825	1,100
10						

① '데이터 테이블' 대화상자가 표시되면 "행 입력 셀"은 [B3] 셀과, "열 입력 셀"은 [A3] 셀을 지정한 후 〈확인〉을 선택한다.
② 표의 범위([B5:F9])를 설정한 후 [데이터] → [예측] → [가상 분석] → [데이터 표]를 선택한다.
③ 수식이 입력되어야 하는 [C6] 셀을 선택하고 수식 "=A3*B3"를 입력한다.
④ 자동으로 결과가 구해진 셀을 하나 선택해서 살펴보면 "{=TABLE(B3,A3)}"과 같은 배열 수식이 들어 있다.

전문가의 조언
수식이 입력되어야 하는 셀은 [C6] 셀이 아니라 [B5] 셀입니다.

03230423 등급 A

23. 아래 시트에서 각 부서마다 직위별로 총점점수의 합계를 구하려고 한다. 다음 중 [B17] 셀에 입력된 수식으로 옳은 것은?

	A	B	C	D	E
1	부서명	직위	업무평가	구술평가	총점점수
2	영업부	사원	35	30	65
3	총무부	대리	38	33	71
4	총무부	과장	45	36	81
5	총무부	대리	35	40	75
6	영업부	과장	46	39	85
7	홍보부	과장	30	37	67
8	홍보부	부장	41	38	79
9	총무부	사원	33	29	62
10	영업부	대리	36	34	70
11	홍보부	대리	27	36	63
12	영업부	과장	42	39	81
13	영업부	부장	40	39	79
14					
15					
16	부서명	부장	과장	대리	
17	영업부				
18	총무부				
19	홍보부				
20					

① {=SUMIFS($E$2:$E$13, $A$2:$A$13, $A$17, $B$2:$B$13, $B$16)}

② {=SUM(($A$2:$A$13=A17)*($B$2:$B$13=B16)*$E$2:$E$13)}

③ {=SUM(($A$2:$A$13=$A$17)*($B$2:$B$13=B$16)*$E$2:$E$13)}

④ {=SUM(($A$2:$A$13=A$17)*($B$2:$B$13=$B$16)*$E$2:$E$13)}

부서마다 직위별 총점점수의 합계를 구하는 배열 수식으로 옳은 것은 ③번입니다.

- 조건이 두 개일 때 배열 수식을 이용하여 합계를 구하는 방법은 다음의 두 가지 방법이 있습니다.

  - 방법1 : {=SUM((조건1)*(조건2)*합계를_구할_범위)}
  - 방법2 : {=SUM(IF((조건1)*(조건2), 합계를_구할_범위))}

1. 조건과 범위 찾기
   - 조건1 : 부서마다란 조건은 A2:A13=A17
   - 조건2 : 직위별이란 조건은 B2:B13=B16
   - 합계를_구할_범위 : 총점점수이므로 [E2:E13]
2. 위의 조건과 범위를 합계 구하기 배열 수식에 대입하면 다음과 같습니다.
   - 방법1 : =SUM((A2:A13=A17)*(B2:B13=B16)*E2:E13)
   - 방법2 : =SUM(IF((A2:A13=A17)*((B2:B13=B16), E2:E13))

- 이 문제는 여러 셀에 결과값을 구해야 하므로 범위는 절대 참조로 지정해야 하지만, A17 셀의 경우는 A18, A19와 같이 열은 고정되고 행만 변경되어야 하므로 $A17로 지정하고, B16 셀의 경우는 C16, D16과 같이 행은 고정되고 열만 변경되어야 하므로 B$16으로 지정하여 =SUM(($A$2:$A$13=$A17)*($B$2:$B$13=B$16)*$E$2:$E$13)으로 입력해야 합니다.
- 수식을 입력한 후 Ctrl + Shift + Enter를 누르면 중괄호({ })가 자동으로 표시됩니다.

등급 B

24. 다음 중 아래 그림과 같은 시나리오 요약 보고서에 대한 설명으로 옳지 않은 것은?

시나리오 요약			
	현재 값:	호황	불황
변경 셀:			
냉장고판매	3%	5%	1%
세탁기판매	5%	7%	3%
$C$5	7%	9%	5%
결과 셀:			
예상판매금액	774,900,000	1,084,860,000	464,940,000

① '호황'과 '불황' 두 개의 시나리오로 작성한 시나리오 요약 보고서는 새 워크시트에 표시된다.

② 원본 데이터에 '냉장고판매', '세탁기판매', '예상판매금액'으로 이름을 정의한 셀이 있다.

③ 원본 데이터에서 변경 셀의 현재 값을 수정하면 시나리오 요약 보고서가 자동으로 업데이트된다.

④ 시나리오 요약 보고서 내의 모든 내용은 수정 가능하며, 자동으로 설정된 개요도 지울 수 있다.

원본 데이터가 변경되어도 시나리오 요약 보고서는 자동으로 업데이트 되지 않으므로 시나리오 요약 보고서를 다시 작성해야 합니다.

② =CHOOSE(N(B5), A2, A3, A4, A5, A6)

- ❶ N(B5) : [B5] 셀의 값 'TRUE'의 숫자값인 1을 반환합니다.
- ❷ =CHOOSE(1, A2, A3, A4, A5, A6) : 첫 번째에 있는 [A2] 셀의 값인 "건조기"를 반환합니다.

③ =CHOOSE(CELL("contents", B2), A2, A3, A4, A5, A6)

- ❶ CELL("contents", B2) : 'contents'는 셀의 값을 의미하므로 [B2] 셀의 값인 1을 반환합니다.
- ❷ =CHOOSE(1, A2, A3, A4, A5, A6) : 첫 번째에 있는 [A2] 셀의 값인 "건조기"를 반환합니다.

④ =CHOOSE(TYPE(B4), A2, A3, A4, A5, A6)

- ❶ TYPE(B4) : [B4] 셀에 입력된 값이 숫자이므로 1을 반환합니다.
- ❷ =CHOOSE(1, A2, A3, A4, A5, A6) : 첫 번째에 있는 [A2] 셀의 값인 "건조기"를 반환합니다.

---

25. 다음 중 [틀 고정]에 대한 설명으로 옳지 않은 것은?

① 워크시트를 스크롤할 때 특정 행이나 열이 계속 표시되도록 하는 기능이다.

② 워크시트의 화면상 첫 행이나 첫 열을 고정할 수 있으며, 선택한 셀의 위쪽 행과 왼쪽 열을 고정할 수도 있다.

③ 표시되어 있는 틀 고정선을 더블클릭하여 틀 고정을 취소할 수 있다.

④ 인쇄 시 화면에 표시되는 틀 고정의 형태는 적용되지 않는다.

전문가의 조언

창 나누기 기준선은 마우스로 더블클릭하면 창 나누기가 취소되지만 틀 고정선은 취소되지 않습니다.

26. 다음 중 수식의 결과가 나머지 셋과 다른 것은?

	A	B
1	제품명	개수
2	건조기	1
3	김치냉장고	#N/A
4	냉장고	3
5	세탁기	TRUE
6	식기세척기	5
7		

① =CHOOSE(ROWS(A2:B6), A2, A3, A4, A5, A6)

② =CHOOSE(N(B5), A2, A3, A4, A5, A6)

③ =CHOOSE(CELL("contents", B2), A2, A3, A4, A5, A6)

④ =CHOOSE(TYPE(B4), A2, A3, A4, A5, A6)

전문가의 조언
①번의 결과는 "식기세척기", ②~④번의 결과는 "건조기"입니다.

① =CHOOSE(ROWS(A2:B6), A2, A3, A4, A5, A6)

- ❶ ROWS(A2:B6) : [A2:B6] 영역의 행의 수인 5를 반환합니다.
- ❷ =CHOOSE(5, A2, A3, A4, A5, A6) : 다섯 번째에 있는 [A6] 셀의 값인 "식기세척기"를 반환합니다.

---

27. 다음 중 1부터 10까지의 합을 구하는 VBA 모듈로 옳지 않은 것은?

①
```
no = 0
sum = 0
Do While no <= 10
    sum = sum + no
    no = no + 1
Loop
MsgBox sum
```

②
```
no = 0
sum = 0
Do
    sum = sum + no
    no = no + 1
Loop While no <= 10
MsgBox sum
```

③
```
no = 0
sum = 0
Do While no < 10
    sum = sum + no
    no = no + 1
Loop
MsgBox sum
```

④
```
sum = 0
For no = 1 To 10
    sum = sum + no
Next
MsgBox sum
```

③번은 1에서 9까지 합을 구합니다.

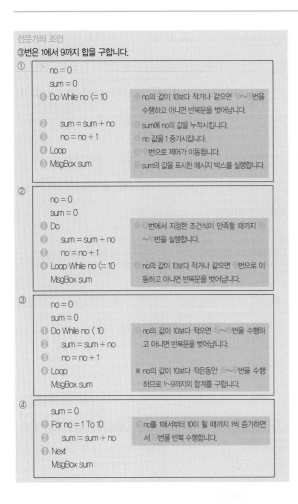

①
```
no = 0
sum = 0
❶ Do While no <= 10
❷   sum = sum + no
❸   no = no + 1
❹ Loop
❺ MsgBox sum
```
- ❶ no의 값이 10보다 작거나 같으면 ~ ❹번을 수행하고 아니면 반복문을 벗어납니다.
- ❷ sum에 no의 값을 누적시킵니다.
- ❸ no 값을 1씩 증가시킵니다.
- ❹ ❶번으로 제어가 이동됩니다.
- ❺ sum의 값을 표시한 메시지 박스를 실행합니다.

②
```
no = 0
sum = 0
❶ Do
❷   sum = sum + no
❸   no = no + 1
❹ Loop While no <= 10
   MsgBox sum
```
- ❹번에서 지정한 조건식이 만족될 때까지 ❶ ~ ❸번을 실행합니다.
- ❹ no의 값이 10보다 작거나 같으면 ❶번으로 이동하고 아니면 반복문을 벗어납니다.

③
```
no = 0
sum = 0
❶ Do While no < 10
❷   sum = sum + no
❸   no = no + 1
❹ Loop
   MsgBox sum
```
- ❶ no의 값이 10보다 작으면 ~ ❸번을 수행하고 아니면 반복문을 벗어납니다.
- ※ no의 값이 10보다 작은동안 ❶~❸번을 수행하므로 1~9까지의 합계를 구합니다.

④
```
sum = 0
❶ For no = 1 To 10
❷   sum = sum + no
❸ Next
   MsgBox sum
```
- ❶ no를 1에서부터 10이 될 때까지 1씩 증가하면서 ❷번을 반복 수행합니다.

03230428   등답 B

28. 아래는 워크시트 [A1] 셀에서 [매크로 기록]을 클릭하고 작업을 수행한 과정을 VBA의 코드 창에서 확인한 결과이다. 다음 중 이에 대한 설명으로 옳지 않은 것은?

	A	B	C
1		성적현황	
2	학번	학과	이름
3			
4			

```
Sub 매크로2( )
 ' 매크로2 매크로
 '
   ActiveCell.Offset(0, 1).Range("A1").Select
   ActiveCell.FormulaR1C1 = "성적현황"
   ActiveCell.Offset(1, −1).Range("A1").Select
   ActiveCell.FormulaR1C1 = "학번"
   ActiveCell.Offset(0, 1).Range("A1").Select
   ActiveCell.FormulaR1C1 = "학과"
   Range("C2").Select
   ActiveCell.FormulaR1C1 = "이름"
   Range("A3").Select
End Sub
```

① 매크로의 이름은 '매크로2'이다.
② '성적현황', '학번', '학과'는 상대 참조로 기록되었다.
③ [A3] 셀을 클릭하고 매크로를 실행한 후의 셀 포인터 위치는 [A5] 셀이다.
④ [B3] 셀을 클릭하고 매크로를 실행한 후의 [C3] 셀의 값은 '성적현황'이다.

- 매크로의 가장 마지막에 있는 'Range("A3").Select'로 인해 현재 셀 포인터의 위치에 상관없이 매크로를 실행하면 셀 포인터는 [A3] 셀에 위치합니다.
- [B3] 셀을 클릭하고 매크로를 실행하면 다음과 같이 실행됩니다.

	A	B	C
1			
2			이름
3			성적현황
4		학번	학과
5			

- 매크로를 하나하나 살펴보면 아래와 같습니다.

```
Sub 매크로2( )
 '
❶ ' 매크로2 매크로
 '
❷ ActiveCell.Offset(0, 1).Range("A1").Select
❸ ActiveCell.FormulaR1C1 = "성적현황"
❹ ActiveCell.Offset(1, −1).Range("A1").Select
❺ ActiveCell.FormulaR1C1 = "학번"
❻ ActiveCell.Offset(0, 1).Range("A1").Select
❼ ActiveCell.FormulaR1C1 = "학과"
❽ Range("C2").Select
❾ ActiveCell.FormulaR1C1 = "이름"
❿ Range("A3").Select
End Sub
```

❶ 홑 따옴표(')가 있는 문장은 프로그램을 설명하는 주석문으로, 실행되지 않습니다. 매크로 이름이 '매크로2'임을 알려줍니다.
❷ 활성화된 셀에서 아래쪽으로 0칸, 오른쪽으로 1칸 이동한 후 그 셀을 기준으로 첫 번째 열(A), 첫 번째 행(1)을 선택합니다.
  • Offset : 지정된 범위에서 떨어진 범위
  • Range("A1") : [A1] 셀을 의미하는 것이 아니라 첫 번째 열(A), 첫 번째 행(1)을 의미합니다. 'Range("A2")'로 지정하면 첫 번째 열(A), 두 번째 행(2)을 의미합니다.
  ※ 'ActiveCell.Offset(0, 1).Select'로 작성해도 결과는 동일합니다.
❸ 활성화된 셀에 **성적현황**을 입력합니다.
❹ 활성화된 셀에서 아래쪽으로 1칸, 왼쪽으로 1칸 이동한 후 그 셀을 기준으로 첫 번째 열(A), 첫 번째 행(1)을 선택합니다.
❺ 활성화된 셀에 **학번**을 입력합니다.
❻ 활성화된 셀에서 아래쪽으로 0칸, 오른쪽으로 1칸 이동한 후 그 셀을 기준으로 첫 번째 열(A), 첫 번째 행(1)을 선택합니다.
❼ 활성화된 셀에 **학과**를 입력합니다.
❽ [C2] 셀을 선택합니다.
❾ 활성화된 셀에 **이름**을 입력합니다.
❿ [A3] 셀을 선택합니다.

등급 B

29. 다음 중 [머리글/바닥글] 기능에 대한 설명으로 옳지 않은 것은?

① 머리글이나 바닥글의 텍스트에 앰퍼샌드(&) 문자 한 개를 포함시키려면 앰퍼샌드(&) 문자를 두 번 입력한다.
② 여러 워크시트에 동일한 [머리글/바닥글]을 한 번에 추가하려면 여러 워크시트를 선택하여 그룹화 한 후 설정한다.
③ [페이지 나누기 미리 보기] 상태에서는 워크시트에 머리글과 바닥글 영역이 함께 표시되어 간단히 머리글/바닥글을 추가할 수 있다.
④ 차트 시트인 경우 [페이지 설정] 대화상자의 [머리글/바닥글] 탭에서 머리글/바닥글을 추가할 수 있다.

전문가의 조언
• '페이지 나누기 미리 보기' 상태에서는 머리글이나 바닥글을 추가할 수 없습니다.
• 워크시트에 머리글과 바닥글 영역이 함께 표시되어 간단히 머리글/바닥글을 추가할 수 있는 보기 형태는 '페이지 레이아웃' 보기입니다.

등급 C

30. 다음 중 배열 상수의 특징에 대한 설명으로 잘못된 것은?

① 배열 상수로 텍스트를 입력하려면 큰따옴표(" ")로 묶어서 입력한다.
② 배열 상수에는 숫자나 텍스트 외에 'TRUE', 'FALSE' 등의 논리값 또는 '#N/A'와 같은 오류 값도 포함될 수 있다.
③ 배열 상수 값은 수식이 아닌 상수이어야 한다.
④ $, 괄호, %, 길이가 다른 행이나 열, 셀 참조는 배열 상수로 사용될 수 있다.

전문가의 조언
$, 괄호, %, 길이가 다른 행이나 열, 셀 참조는 배열 상수로 사용될 수 없습니다.

등급 B

31. 다음 중 조건부 서식에 대한 설명으로 옳지 않은 것은?

① 수식을 이용하여 조건을 지정할 경우, 다른 통합 문서에 대한 외부 참조를 사용할 수 있다.
② 조건부 서식의 조건은 결과가 TRUE(1) 또는 FALSE(0)가 나오도록 작성한다.
③ 특정한 조건을 만족하는 경우에만 서식이 적용되도록 하는 기능이다.
④ 동일한 셀 범위에 둘 이상의 조건부 서식 규칙이 True로 평가되어 충돌하는 경우 [조건부 서식 규칙 관리자] 대화상자의 규칙 목록에서 가장 위에 있는, 즉 우선순위가 높은 규칙 하나만 적용된다.

전문가의 조언
조건부 서식의 조건으로 다른 시트의 셀은 참조할 수 있으나 다른 통합 문서의 셀은 참조할 수 없습니다.

32. 다음 중 매크로 기록과 실행에 관련된 항목들의 설명으로 옳지 않은 것은?

① 엑셀을 사용할 때마다 매크로를 사용할 수 있게 하려면 매크로 저장 위치를 '개인용 매크로 통합 문서'를 선택한다.
② Alt 와 영문 문자를 조합하여 매크로의 바로 가기 키를 지정할 수 있다.
③ 매크로 기록 기능을 통해 작성된 매크로는 'VBA 편집기'에서 실행할 수 있다.
④ 매크로 기록 기능을 이용할 때 기본 저장 위치는 '현재 통합 문서'가 된다.

33. 아래와 같이 통합 문서 보호를 설정했을 경우에 대한 설명으로 옳지 않은 것은?

① 암호를 모르면 엑셀에서도 복구할 수 없다.
② 워크시트에 데이터를 입력하거나 수정할 수 없다.
③ 워크시트의 이동, 삭제, 숨기기, 워크시트의 이름 변경 등의 기능을 실행할 수 없다.
④ 암호를 입력해야 통합 문서 보호를 해제할 수 있다.

34. 다음 중 아래 시트에서 〈변경 전〉 내용을 〈변경 후〉와 같이 변경하는 수식으로 옳은 것은?

	A
1	<변경 전>
2	서울시 도봉구 459 남위 36 북위 36
3	<변경 후>
4	서울시 도봉구 459 남위 136 북위 36
5	

① =SUBSTITUTE(A2, "136", "36", 1)
② =SUBSTITUTE(A2, "136", "36", 2)
③ =SUBSTITUTE(A2, "36", "136", 1)
④ =SUBSTITUTE(A2, "36", "136", 2)

35. 다음 중 피벗 테이블에 대한 설명으로 옳지 않은 것은?

① 원본 데이터가 변경되면 피벗 테이블의 데이터도 자동으로 변경된다.
② 외부 데이터를 대상으로 피벗 테이블을 작성할 수 있다.
③ 피벗 테이블을 작성한 후에 사용자가 새로운 수식을 추가하여 표시할 수 있다.
④ 많의 양의 자료를 분석하여 다양한 형태로 요약하여 보여주는 기능이다.

등급 B

36. 다음 중 데이터가 입력된 셀에서 채우기 핸들을 드래그하여 데이터를 채우는 경우에 대한 설명으로 옳은 것은?

① 일반적인 문자 데이터나 날짜 데이터는 그대로 복사되어 채워진다.
② 1개의 숫자와 문자가 조합된 텍스트 데이터는 숫자만 1씩 증가하고 문자는 그대로 복사되어 채워진다.
③ 숫자 데이터는 1씩 증가하면서 채워진다.
④ 숫자가 입력된 두 셀을 블록 설정하여 채우기 핸들을 드래그하면 두 숫자가 반복하여 채워진다.

전문가의 조언

채우기 핸들에 대한 설명으로 옳은 것은 ②번입니다.
① 문자 데이터는 그대로 복사되지만, 날짜 데이터는 1일씩 증가합니다.
③ 숫자 데이터는 그대로 복사됩니다. 1씩 증가하면서 채우려면 Ctrl 을 누르고 드래그해야 합니다.
④ 숫자가 입력된 두 셀을 블록으로 설정하여 채우기 핸들을 드래그하면 두 셀의 차이만큼 증가/감소하며 채워집니다.

등급 A

37. 다음 중 아래 워크시트의 [A1] 셀에 사용자 지정 표시 형식 '#,###,,'을 적용했을 때 표시되는 값은?

	A
1	256789.78
2	

① 2
② 2,568
③ (빈칸)
④ 3

전문가의 조언

· '#,###' 다음에 표시된 콤마(,)는 천 단위 이하를 생략합니다.
· 콤마가 두 개이므로 '256789.78'에서 백만 단위 이하를 생략하면 화면에는 아무것도 표시되지 않습니다.

등급 B

38. 다음 중 고급 필터의 조건 범위를 [E1:F3] 영역으로 지정한 후 고급 필터를 실행했을 때 결과로 옳은 것은?

F3	⋮	✕	✓	*f*x	=C2>=AVERAGE($C$2:$C$5)

	A	B	C	D	E	F	G
1	코너	담당	판매금액		코너	식	
2	잡화	김남희	5,122,000		잡화		
3	식료품	남궁민	450,000		식료품	TRUE	
4	잡화	이수남	5,328,000				
5	식료품	서수남	6,544,000				
6							

① 코너가 "잡화"이거나, 코너가 "식료품"이거나 판매금액이 판매금액의 평균 이상인 데이터
② 코너가 "잡화"이거나, 코너가 "식료품"이고 판매금액이 판매금액의 평균 이상인 데이터
③ 코너가 "잡화"이고, 코너가 "식료품"이거나 판매금액이 판매금액의 평균 이상인 데이터
④ 코너가 "잡화"이고, 코너가 "식료품"이고 판매금액이 판매금액의 평균 이상인 데이터

전문가의 조언

고급 필터의 조건을 같은 행에 입력하면 AND 조건(~이고), 다른 행에 입력하면 OR 조건(~이거나)으로 연결되므로 고급 필터를 실행했을 때 결과로 옳은 것은 ②번입니다.

등급 C

39. 다음 중 [페이지 레이아웃] 보기 상태에 대한 설명으로 옳지 않은 것은?

① 페이지 레이아웃 보기에서도 기본 보기와 같이 데이터 형식과 레이아웃을 변경할 수 있다.
② 페이지 레이아웃 보기에서 표시되는 눈금자의 단위는 [Excel 옵션]의 '고급' 범주에서 변경할 수 있다.
③ 마우스를 이용하여 페이지 여백과 머리글과 바닥글 여백을 조정할 수 있다.
④ 페이지 나누기를 조정하는 페이지 구분선을 마우스로 드래그하여 페이지 나누기를 빠르게 조정할 수 있다.

전문가의 조언

페이지 레이아웃 보기 상태에서는 페이지 나누기를 조정하는 페이지 구분선을 마우스로 드래그 할 수 없습니다.

40. 다음과 같이 계층 구조와 계층 구조 내에 빈 셀이 있는 데이터를 표시하는데 적합한 차트로, 하나의 고리 또는 원이 계층 구조의 각 수준을 나타내며 가장 안쪽에 있는 원이 계층 구조의 가장 높은 수준을 나타내는 차트 종류는?

	A	B	C	D
1	판매 현황			
2				
3	대분류	중분류	품목	가격
4	의류	상의	맨투맨	35,000
5			남방	29,500
6			블라우스	37,500
7		하의	청바지	23,000
8			면바지	62,000
9			반바지	45,000
10	패션잡화	모자	캡모자	15,000
11			비니모자	21,500
12			벙거지모자	35,000
13				

① 히스토그램 차트
② 선버스트 차트
③ 도넛형 차트
④ 트리맵 차트

전문가의 조언
• 계층 구조와 계층 구조 내에 빈 셀이 있는 데이터를 표시하는데 적합한 차트는 선버스트 차트입니다.
• 문제에 제시된 데이터를 이용하여 선버스트 차트를 작성하면 다음과 같습니다.

판매현황

• **히스토그램 차트** : 특정 범위를 그룹화하여 그룹별 데이터의 분포를 표시할 때 사용됨
• **도넛형 차트** : 전체에 대한 각 부분의 관계를 비율로 나타내어 각 부분을 비교할 때 사용됨
• **트리맵 차트** : 계층 간의 상대적 크기를 비교할 때 사용하며, 계층 간의 비율을 사각형으로 표시함

---

3 과목 데이터베이스 일반

등급 B

41. 다음 중 데이터베이스의 3단계 구조 중 하나로 각 개인의 입장에서 필요로 하는 데이터베이스 전체의 논리적인 구조를 보여주는 스키마로 서브 스키마라고도 불리는 것은?

① 외부 스키마
② 개념 스키마
③ 내부 스키마
④ 논리 스키마

전문가의 조언
문제에 제시된 내용은 외부 스키마의 개념입니다.
• **개념 스키마** : 데이터베이스의 전체적인 논리적 구조로, 모든 응용 프로그램이나 사용자들이 필요로 하는 데이터를 종합한 조직 전체의 데이터베이스로, 하나만 존재함
• **내부 스키마** : 물리적 저장장치의 입장에서 본 데이터베이스의 물리적 구조로, 실제로 저장될 레코드의 형식, 저장 데이터 항목의 표현 방법, 내부 레코드의 물리적 순서 등을 나타냄

등급 B

42. 다음 중 정규화에 대한 설명으로 옳지 않은 것은?

① 정규화를 통해 테이블 간의 종속성을 높이기 위한 것이다.
② 대체로 더 작은 필드를 갖는 테이블로 분해하는 과정이다.
③ 데이터 중복을 최소화하기 위한 작업이다.
④ 추가, 갱신, 삭제 등 작업 시의 이상(Anomaly) 현상이 발생하지 않도록 하기 위한 것이다.

전문가의 조언
정규화는 릴레이션(테이블)의 속성들 사이의 종속성 개념에 기반을 두고 이들 종속성을 제거하는 과정이라고 할 수 있습니다.

등급 B

43. 다음 중 필드의 각 데이터 형식에 대한 설명으로 옳지 않은 것은?

① 통화 형식은 소수점 이하 4자리까지의 숫자를 저장할 수 있으며, 기본 필드 크기는 8바이트이다.
② Yes/No 형식은 Yes/No, True/False, On/Off 등과 같이 두 값 중 하나만 입력하는 경우에 사용하는 것으로 기본 필드 크기는 1비트이다.
③ 일련 번호 형식은 새 레코드를 만들 때 1부터 시작하는 정수가 자동 입력된다.
④ 긴 텍스트 형식은 텍스트 및 숫자 데이터가 최대 255자까지 저장된다.

전문가의 조언
• 긴 텍스트 형식은 최대 64,000자까지 입력이 가능합니다.
• 최대 255자까지 입력 가능한 형식은 짧은 텍스트 형식입니다.

03230444 등급 A

44. 다음의 입력 데이터에 대한 입력 마스크 적용 결과가 옳지 않은 것은?

① 입력 데이터 : greeNgr388m3
　입력 마스크 : >L????L?000L0
　화면 표시 : GREENgr388m3
② 입력 데이터 : MARIA
　입력 마스크 : >L<????
　화면 표시 : Maria
③ 입력 데이터 : ABCD
　입력 마스크 : !CCC-CCCC
　화면 표시 : A-BCD
④ 입력 데이터 : 1419422187
　입력 마스크 : (000)000-0000
　화면 표시 : (141)942-2187

전문가의 조언
'>'는 모든 문자를 대문자로 변환하는 기호이므로 ①번은 GRRENGR388M30이 출력됩니다.

등급 C

45. 다음 중 액세스에서 테이블을 디자인 할 때 사용되는 조회 속성에 대한 설명으로 가장 옳지 않은 것은?

① 바운드 열은 선택한 목록의 여러 열 중 해당 컨트롤에 저장되는 열을 지정한다.
② 콤보 상자나 목록 상자 등의 컨트롤을 사용할 수 있다.
③ 표시되는 열의 개수를 지정할 수 있다.
④ 콤보 상자나 목록 상자의 목록 값을 직접 입력하여 지정하려면 행 원본 형식을 필드 목록으로 선택해야 한다.

전문가의 조언
• 콤보 상자나 목록 상자의 목록 값을 직접 입력하여 지정하려면 행 원본 형식을 '값 목록'으로 선택해야 합니다.
• 필드 목록은 테이블이나 쿼리 등의 필드명을 원본으로 사용할 때 사용합니다.

등급 C

46. 다음 중 액세스에서 색인(Index)에 대한 다음 설명으로 가장 옳지 않은 것은?

① 하나의 필드나 필드 조합에 인덱스를 만들어 레코드 찾기와 정렬을 효율적으로 수행할 수 있게 한다.
② OLE 개체 데이터 형식 필드는 인덱스를 설정할 수 없다.
③ 색인을 설정하면 자료의 갱신 속도가 빨라진다.
④ 중복 불가능(Unique) 색인을 설정하면 중복된 자료의 입력을 방지할 수 있다.

전문가의 조언
인덱스를 설정하면 데이터 검색, 정렬 등의 작업 시간은 빨라지지만 데이터 추가나 변경 시 갱신(업데이트) 속도는 느려집니다.

등급 C

47. 다음 중 엑셀의 데이터와 연결된 테이블에 대한 설명으로 옳지 않은 것은?

① 연결된 테이블을 이용하여 폼이나 보고서를 생성할 수 있다.
② 연결 테이블은 읽기 전용이므로 테이블에 값을 추가할 수 없다.
③ 연결된 테이블을 삭제하면 원본 데이터도 삭제된다.
④ [외부 데이터] → [가져오기 및 연결] → [새 데이터 원본] → [파일에서] → [Excel]을 클릭하여 연결 테이블 만들기 과정을 수행한다.

등급 B

48. 다음 중 SELECT문에서 사용되는 GROUP BY와 관련된 설명으로 옳지 않은 것은?

① GROUP BY절을 이용하면 SUM 또는 COUNT와 같은 집계 함수를 사용하여 요약 값을 생성할 수 있다.
② GROUP BY절에 대한 조건식은 WHERE절을 사용한다.
③ GROUP BY절에서 지정한 필드 목록의 값이 같은 레코드를 단일 레코드로 결합한다.
④ GROUP BY절을 이용하면 설정한 그룹별로 분석할 수 있다.

등급 A

49. 다음 중 쿼리에서 사용하는 문자열 조건에 대한 설명으로 옳지 않은 것은?

① "수학" or "영어" : "수학"이나 "영어"인 레코드를 찾는다.
② LIKE "서울*" : "서울"이라는 문자열로 시작하는 필드를 찾는다.
③ LIKE "*신림*" : 문자열의 두 번째가 "신"이고 세 번째가 "림"인 문자열을 찾는다.
④ NOT "전산과" : 문자열의 값이 "전산과"가 아닌 문자열을 찾는다.

등급 B

50. 다음 중 보고서의 '페이지 설정' 대화상자에 대한 설명으로 옳지 않은 것은?

① 열의 너비와 높이를 보고서 본문의 너비와 높이에 맞춰 인쇄할 수 있다.
② '페이지 설정' 대화상자에 설정한 사항은 모든 보고서에 동일하게 적용된다.
③ 여백, 용지 방향, 프린터 유형을 지정할 수 있다.
④ [인쇄 옵션] 탭의 '데이터만 인쇄'를 선택하여 체크 표시하면 컨트롤의 테두리, 눈금선 및 선이나 상자 같은 그래픽을 표시하지 않는다.

51. 다음 중 각 쿼리 유형에 대한 설명으로 옳지 않은 것은?

① 매개 변수 쿼리 – 쿼리를 실행할 때마다 값이나 패턴을 묻는 메시지를 표시하여 조건에 맞는 필드만 반환한다.

② 크로스탭 쿼리 – 레코드의 합계나 평균 등의 요약을 계산한 다음, 데이터시트의 왼쪽 세로 방향과 위쪽 가로 방향 두 종류로 결과를 그룹화하는 쿼리로 데이터를 쉽게 분석할 수 있게 해준다.

③ 추가 쿼리 – 테이블의 데이터를 복사하거나 데이터를 보관해야 하는 경우에 사용되며, 새로운 테이블을 생성한다.

④ 선택 쿼리 – 하나 이상의 테이블, 기존 쿼리 또는 이 두 가지의 조합에서 데이터를 가져올 수 있다.

52. 다음 중 보고서의 각 구역에 대한 설명으로 옳지 않은 것은?

① 보고서 바닥글 영역에는 로고, 보고서 제목, 날짜 등을 삽입하며, 보고서의 모든 페이지에 출력된다.

② 페이지 머리글 영역에는 열 제목 등을 삽입하며, 모든 페이지의 맨 위에 출력된다.

③ 그룹 머리글/바닥글 영역에는 일반적으로 그룹별 이름, 요약 정보 등을 삽입한다.

④ 본문 영역은 실제 데이터가 레코드 단위로 반복 출력되는 부분이다.

53. 다음 중 '학번', '이름', '전화번호' 필드로 동일하게 구성되어 있는 [재학생] 테이블과 [졸업생] 테이블을 통합하여 나타내는 쿼리문으로 옳은 것은?

① Select 학번, 이름, 전화번호 From 재학생, 졸업생
　Where 재학생.학번 = 졸업생.학번;

② Select 학번, 이름, 전화번호 From 재학생
　JOIN Select 학번, 이름, 전화번호 From 졸업생;

③ Select 학번, 이름, 전화번호 From 재학생
　OR Select 학번, 이름, 전화번호 From 졸업생;

④ Select 학번, 이름, 전화번호 From 재학생
　UNION Select 학번, 이름, 전화번호 From 졸업생;

54. 다음 중 분할 표시 폼에 대한 설명으로 옳지 않은 것은?

① 분할 표시 폼은 데이터시트 보기와 폼 보기를 동시에 표시하기 기능이며, 이 두 보기는 같은 데이터 원본에 연결되어 있어 항상 상호 동기화된다.

② 분할 표시 폼은 폼 보기나 데이터시트 보기 상태 모두 데이터의 변경이 가능하다.

③ 일대다 관계가 설정된 두 테이블의 데이터를 한 화면에 표시할 수 있다.

④ 분할 표시 폼은 [만들기] 탭의 [폼] 그룹에서 [기타 폼] → [폼 분할]을 클릭하여 만들 수 있다.

55. 〈예약자료〉 테이블의 '담당항공사' 필드 목록의 드롭 다운 화살표를 클릭하여 표시된 목록에서 값을 클릭할 수 있도록 하려면 '담당항공사' 필드의 컨트롤 표시 속성에서 선택해야 하는 컨트롤은 무엇인가?

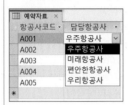

① 스마트 상자
② 텍스트 상자
③ 콤보 상자
④ 이벤트 상자

56. 폼의 각 컨트롤에 포커스가 위치할 때 입력 모드를 '한글'로 지정하고자 한다. 다음 중 이를 위해 설정해야 할 컨트롤 속성은?

① 엔터키 기능(Enter Key Behavior)
② 상태 표시줄(Status Bar Text)
③ 탭 인덱스(Tab Index)
④ 입력 시스템 모드(IME Mode)

57. 다음 중 보고서에 대한 설명으로 옳지 않은 것은?

① 보고서는 데이터를 출력하기 위한 개체이다.
② 레코드 원본에 SQL 문장을 입력하면 질의 결과를 대상으로 하는 보고서를 작성할 수 있다.
③ 보고서의 컨트롤에서는 컨트롤 원본을 사용하여 특정 필드에 바운드시킬 수 있다.
④ 필드와 바인딩된 컨트롤을 이용하여 원본 데이터의 데이터를 편집 및 표시할 수 있다.

58. 아래와 같이 보고서의 그룹 바닥글에 도서의 총 권수와 정가의 합계를 인쇄하고자 한다. 다음 중 총 권수와 정가 합계 두 컨트롤의 수식으로 옳은 것은?

출판사 : 다림[(02)860-2000]			
도서코드	도서명	저자	정가
A547	자전거 도둑	박완서	7000
A914	와인	김준철	25000
	총: 2권	정가합계: 32000	

① =Count([정가]) & "권", =Total([정가])
② =CountA([정가]) & "권", =Sum([정가])
③ =CountA([도서명]) & "권", =Total([정가])
④ =Count(*) & "권", =Sum([정가])

등급 B

59. 다음 중 매크로 함수에 대한 설명으로 옳지 않은 것은?

① FindRecord : 조건에 맞는 모든 레코드를 검색한다.
② ApplyFilter : 테이블이나 쿼리로부터 레코드를 필터링한다.
③ OpenReport : 작성된 보고서를 호출하여 실행한다.
④ MessageBox : 메시지 상자를 통해 경고나 알림 등의 정보를 표시한다.

전문가의 조언
FindRecord 함수는 현재 폼이나 데이터시트에서 지정한 조건에 맞는 첫 번째 레코드를 찾습니다.

등급 B

60. 다음 중 Visual Basic에서 Microsoft Access 매크로 함수를 실행할 수 있는 액세스 개체는 무엇인가?

① Application
② Form
③ DoCmd
④ CurrentData

전문가의 조언
Microsoft Access 매크로 함수를 실행할 수 있는 액세스 개체는 DoCmd입니다.
• Application 개체 : 현재 Microsoft Access 응용 프로그램 자체를 의미함
• Form 개체 : Microsoft Access 데이터베이스에 현재 열려 있는 모든 폼을 의미함
• CurrentData : Application 개체의 속성 중 하나로, 현재 데이터베이스에 저장된 개체를 참조함

③ 전자우편에 사용하는 프로토콜은 SMTP, POP3, MIME 등이 있다.

④ 기본적으로 16진수 Unicode를 사용하여 메시지를 전송한다.

등급 **B**

4. 다음 중 한글 Windows 10에서 파일과 폴더의 삭제에 대한 설명으로 옳지 않은 것은?

① 네트워크 드라이브, USB 메모리에서 삭제한 파일은 휴지통에 보관되지 않는다.

② Shift를 누른 상태에서 폴더를 선택하여 휴지통으로 드래그하면 휴지통에 보관되지 않는다.

③ 폴더를 선택하고 Shift를 누른 상태에서 Delete를 눌러 삭제하면 휴지통에 보관되지 않는다.

④ [명령 프롬프트] 창에서 삭제한 파일은 휴지통에 보관된다.

1과목   컴퓨터 일반

등급 **A**

1. 다음 중 컴퓨터에서 사용하는 USB 장치에 대한 설명으로 옳지 않은 것은?

① 허브를 이용해서 하나의 포트에 여러 주변장치를 공유할 수 있다.

② 최대 127개의 주변 장치를 연결할 수 있다.

③ USB 장치는 컴퓨터를 끄지 않고도 연결할 수 있다.

④ USB 지원 주변기기는 반드시 별도의 전원이 필요하다.

등급 **B**

2. 다음 중 컴퓨터에서 사용하는 EBCDIC 코드에 대한 설명으로 옳지 않은 것은?

① 4비트의 존 부분과 4비트의 디지트 부분으로 구성된다.

② 특수 문자 및 소문자 표현이 가능하다.

③ 확장 이진화 10진 코드로 BCD 코드를 확장한 것이다.

④ 최대 64개의 문자 표현이 가능하다.

등급 **B**

3. 전자우편(E-mail) 사용에 관한 설명으로 옳지 않은 것은?

① 그림, 동영상 등 다양한 형식의 데이터를 주고 받을 수 있다.

② 동일한 내용을 여러 사람에게 보낼 수 있다.

등급 **C**

5. 다음 중 컴퓨터 통신에서 사용하는 프록시(Proxy) 서버의 기능으로 옳은 것은?

① 네트워크 병목현상 해결 기능

② FTP 프로토콜 연결 해제 기능

③ 방화벽 기능과 캐시 기능

④ 내부 불법 해킹 차단 기능

등급 B

6. 다음 중 컴퓨터에서 사용하는 멀티미디어의 특징에 관한 설명으로 옳지 않은 것은?

① 다양한 아날로그 데이터를 디지털 데이터로 변환하여 통합처리 하는 디지털화 특징이 있다.

② 정보 제공자와 사용자 간의 의견을 통한 상호 작용에 의해 데이터가 전달되는 쌍방향성의 특징이 있다.

③ 데이터가 사용자의 선택에 따라 다양하게 처리되는 것이 아니라 일정한 방향으로 순차적으로 처리되는 선형성의 특징이 있다.

④ 텍스트, 그래픽, 사운드, 동영상, 애니메이션 등의 여러 미디어를 통합하는 정보의 통합성 특징이 있다.

전문가의 조언

멀티미디어 데이터는 사용자 선택에 따라 비순차적으로 처리되는 비선형성의 특징을 가집니다.

등급 C

7. 다음 중 한글 Windows 10 바로 가기 아이콘의 [속성] 대화상자에 대한 설명으로 옳지 않은 것은?

① 대상 파일이나 대상 형식, 대상 위치 등에 관한 연결된 항목의 정보를 확인할 수 있다.

② 연결된 항목을 바로 열 수 있는 바로 가기 키를 지정할 수 있다.

③ 연결된 항목의 디스크 할당 크기를 확인할 수 있다.

④ 바로 가기 아이콘을 만든 날짜와 수정한 날짜, 액세스한 날짜 등을 확인할 수 있다.

전문가의 조언

• '속성' 대화상자의 '일반' 탭에 있는 '디스크 할당 크기'는 바로 가기 아이콘의 크기입니다.

• 연결된 항목의 디스크 할당 크기는 해당 항목의 '속성' 대화상자에서 확인할 수 있습니다.

등급 B

8. 다음 중 한글 Windows 10에서의 프린터 설치에 관한 설명으로 옳지 않은 것은?

① 로컬 프린터 또는 네트워크 프린터를 선택하여 설치할 수 있다.

② 프린터에서 사용할 포트는 반드시 LPT 1 포트로 선택해야 한다.

③ 한 대의 프린터를 네트워크로 공유하여 여러 대의 컴퓨터에서 사용할 수 있다.

④ 기본 프린터는 한 대만 지정할 수 있다.

전문가의 조언

프린터에서 사용할 포트에는 LPT1, LPT2, LPT3, COM1, COM2, COM3 등이 있으며, 이중 사용할 포트를 선택하면 됩니다.

03230509

등급 C

9. 다음 중 보수에 대한 설명으로 옳지 않은 것은?

① 보수는 각 자리의 숫자의 합이 어느 일정한 수가 되게 하는 수를 말한다.

② 2진법에서 1의 보수는 0은 1로, 1은 0으로 변환하여 구한다.

③ 2진법에서 2의 보수는 1의 보수를 구한 뒤 결과값에 2를 더한다.

④ 컴퓨터에서는 덧셈 연산을 이용하여 뺄셈을 수행하기 위해 사용한다.

전문가의 조언

2진법에서 2의 보수는 1의 보수를 구한 뒤 결과값에 1을 더하면 됩니다.

10. 다음 중 시스템 소프트웨어에 대한 설명으로 옳지 않은 것은?

① 사용자가 컴퓨터를 이용하여 특정 업무를 처리할 수 있게 개발된 프로그램이다.
② 시스템 소프트웨어는 제어 프로그램과 처리 프로그램으로 구분된다.
③ 컴퓨터 시스템을 효율적으로 운영해 주는 소프트웨어이다.
④ 대표적인 시스템 소프트웨어로는 운영체제가 있다.

전문가의 조언
①번은 응용 소프트웨어에 대한 설명입니다.

11. 다음 중 컴퓨터 바이러스의 예방 방법으로 가장 옳지 않은 것은?

① 새로운 프로그램을 사용할 때는 최신 버전의 백신 프로그램으로 바이러스의 감염 여부를 검사한 후에 사용한다.
② 중요한 프로그램이나 자료는 항상 주기적으로 백업한다.
③ 바이러스에 감염된 것으로 예상되는 모든 프로그램이나 자료를 삭제한다.
④ 백신 프로그램의 시스템 감시 및 인터넷 감시 기능을 이용해서 바이러스를 사전에 검색한다.

전문가의 조언
바이러스에 감염된 프로그램이나 데이터는 바이러스 백신으로 치료한 다음 다시 사용하면 됩니다. 그러나 바이러스 백신으로 치료하는 과정에서 삭제되거나 손상을 입은 프로그램은 다시 설치해서 사용해야 합니다.

12. 다음 중 정보 통신을 위한 네트워크 구성 방식으로 스타(Star)형 구성 방식에 관한 설명으로 옳은 것은?

① 서로 이웃하는 컴퓨터들끼리 원형을 이루도록 연결하는 방식이다.
② 모든 지점의 컴퓨터와 단말장치를 서로 연결한 형태이다.
③ 하나의 통신 회선에 여러 대의 컴퓨터를 접속하는 방식으로 컴퓨터의 증설이나 삭제가 용이한 통신망 구성 방식이다.
④ 모든 단말기가 중앙 컴퓨터에 연결되어 있는 형태이다.

전문가의 조언
스타(Star)형은 모든 단말기가 중앙 컴퓨터에 연결되어 있는 형태입니다.
• ①번은 링(Ring, 루프)형, ②번은 망(Mesh)형, ③번은 버스(Bus)형에 대한 설명입니다.

13. 다음 중 RAID(Redundant Array Of Inexpensive Disk)에 대한 설명으로 옳지 않은 것은?

① 여러 개의 하드디스크를 하나의 저장장치처럼 관리하는 기술이다.
② 미러링(Mirroring) 방식은 데이터를 두 개의 하드디스크에 동일하게 기록하는 방법으로 한쪽 하드디스크의 데이터 손상 시 다른 한쪽 하드디스크를 이용하여 복구한다.
③ 스트라이핑(Striping) 방식은 데이터를 여러 개의 하드디스크에 나누어 저장하므로 장애 시 복구가 용이하나 데이터 입출력이 느리다.
④ RAID는 RAID 컨트롤러를 이용하여 하드웨어적인 방법으로 구성하거나 OS나 RAID 소프트웨어를 사용하여 구성한다.

전문가의 조언
스트라이핑(Striping) 방식은 데이터를 여러 개의 하드디스크에 나눠서 기록하는 방법으로, 데이터 입출력 속도가 빠르지만 하드디스크가 한 개라도 손상되면 데이터를 사용할 수 없고 장애 시 복구가 어렵습니다.

등급 B

14. 다음 중 채널(Channel)에 대한 설명으로 옳은 것은?

① 저속의 출력장치를 고속의 중앙처리장치(CPU)와 병행 처리할 때 컴퓨터 전체의 처리 효율을 높이기 위해 사용하는 기능이다.

② 프로그램을 실행하는 도중에 예기치 않은 상황이 발생할 경우 현재 실행중인 작업을 일시 중단하고, 발생된 상황을 우선 처리한 후 실행중이던 작업으로 복귀하여 계속 처리하는 것이다.

③ 둘 이상의 프로세스들이 자원을 점유한 상태에서 서로 다른 프로세스가 점유하고 있는 자원을 요구하며 무한정 기다리는 현상이다.

④ 고속의 데이터 전송을 위하여 입출력만을 목적으로 만든 처리기로, IOP(Input Output Processor)라고도 불린다.

전문가의 조언

채널(Channel)에 대한 설명으로 옳은 것은 ④번입니다.
• ①번은 스풀(Spool), ②번은 인터럽트(Interrupt), ③번은 교착 상태(Dead Lock)에 대한 설명입니다.

등급 A

15. 다음 중 특정한 목적을 위한 작은 컴퓨터 시스템으로 하드웨어와 소프트웨어가 하나로 조합되어 있고, TV, 냉장고, 밥솥 등의 가전제품에 사용되는 시스템은?

① 임베디드 시스템　　　② 듀얼 시스템
③ 듀플렉스 시스템　　　④ 시분할 시스템

전문가의 조언

특정한 목적을 위한 작은 컴퓨터 시스템으로 주로 가전제품에 사용되는 시스템은 임베디드 시스템(Embedded System)입니다.
• **듀얼 시스템(Dual System)** : 두 대의 컴퓨터가 같은 업무를 동시에 처리하므로 한쪽 컴퓨터가 고장나면 다른 컴퓨터가 계속해서 업무를 처리하여 업무가 중단되는 것을 방지하는 시스템
• **듀플렉스 시스템(Duplex System)** : 두 대의 컴퓨터를 설치하여 한쪽의 컴퓨터가 가동중일 때는 다른 한 컴퓨터는 대기하고 있다가 가동중인 컴퓨터가 고장이 나면 즉시 대기중인 컴퓨터가 가동되어 시스템이 안전하게 작동되도록 운영하는 시스템
• **시분할 시스템(Time Sharing System)** : 한 대의 시스템을 여러 사용자가 동시에 사용하는 방식으로, 일정 시간 단위로 CPU 사용권을 신속하게 전환함으로써, 모든 사용자들은 자신만 혼자 컴퓨터를 사용하고 있는 것처럼 느낌

등급 C

16. 다음 중 저작권법에 대한 설명으로 가장 적절하지 않은 것은?

① 저작권법은 저작자의 권리를 보호함을 목적으로 한다.

② 원저작물을 번역, 편곡, 변형 등의 방법으로 작성한 2차적 저작물도 독자적인 저작물로서 보호된다.

③ 프로그램을 작성하기 위하여 사용하고 있는 프로그램 언어와 해법에도 적용된다.

④ 저작 재산권이 있는 소프트웨어를 복사하여 판매한 경우 저작권법에 저촉된다.

전문가의 조언

저작권법은 프로그램을 작성하기 위하여 사용하는 프로그램 언어, 규약, 해법에는 적용되지 않습니다.

등급 A

17. 다음 중 인터넷 주소 체계에서 IPv6에 관한 설명으로 옳은 것은?

① 주소 체계는 Unicast, Anycast, Broadcast 등 세 가지로 나뉜다.

② 16비트씩 8부분으로 총 128비트로 구성되며, 주소의 각 부분은 세미콜론(;)으로 구분한다.

③ 인증성, 기밀성, 데이터 무결성의 지원으로 보안성이 강화되었다.

④ IPv4와 비교하였을 때 자료 전송 속도가 늦지만, 주소의 확장성과 융통성이 우수하다.

전문가의 조언

IPv6에 관한 설명으로 옳은 것은 ③번입니다.
① IPv6의 주소 체계는 유니캐스트(Unicast), 애니캐스트(Anycast), 멀티캐스트(Multicast) 등 세 가지로 나뉩니다.
② IPv6는 16비트씩 8부분으로 총 128비트로 구성되며, 주소의 각 부분은 콜론(:)으로 구분합니다.
④ IPv6는 IPv4와 비교하여 자료 전송 속도가 빠르고, 주소의 확장성과 융통성이 우수합니다.

18. 다음 중 캐시 메모리(Cache Memory)에 관한 설명으로 옳은 것은?

① 중앙처리장치와 주기억장치 사이에 위치하여 컴퓨터의 처리 속도를 향상시킨다.
② 캐시 메모리는 주로 DRAM을 사용한다.
③ 보조기억장치의 일부를 주기억장치처럼 사용한다.
④ 주기억장치보다 큰 프로그램을 불러와 실행해야 할 때 유용하다.

전문가의 조언
캐시 메모리는 중앙처리장치와 주기억장치 사이에 위치하여 컴퓨터의 처리 속도를 향상시키는 역할을 합니다.
• ② 캐시 메모리는 접근 속도가 빠른 정적 램(SRAM)을 사용합니다.
• ③, ④ 가상 메모리(Virtual Memory)에 대한 설명입니다.

20. 다음 중 1992년 미국 SF 작가 닐 스티븐슨의 소설 '스노 크래시'에 처음 등장한 개념으로, 현실 세계와 같은 사회 · 경제 · 문화 활동이 이뤄지는 3차원 가상 세계를 가리키는 용어는?

① 텔레매틱스   ② 메타버스
③ 텔레햅틱   ④ 유비쿼터스

전문가의 조언
현실 세계와 같은 사회 · 경제 · 문화 활동이 이뤄지는 3차원 가상 세계를 메타버스(Metaverse)라고 합니다.
• 텔레매틱스(Telematics) : 자동차에 정보 통신 기술과 정보 처리 기술을 융합하여 운전자에게 다양한 멀티미디어 서비스를 제공하는 것
• 텔레햅틱(Telehaptics) : 촉각을 원격으로 전송하고 재현하는 기술
• 유비쿼터스(Ubiquitous) : 사용자가 컴퓨터나 네트워크를 의식하지 않고 장소에 상관없이 자유롭게 네트워크에 접속할 수 있는 환경을 의미함

19. 다음 중 시퀀싱(Sequencing)에 대한 설명으로 옳은 것은?

① 컴퓨터를 이용하여 음악을 제작, 녹음, 편집하는 작업을 의미한다.
② 멀티미디어 데이터를 다운로드하면서 동시에 재생해 주는 기술이다.
③ 음성, 영상 등의 아날로그 신호를 디지털 신호로 변환하는 과정이다.
④ 전자악기 간의 디지털 신호에 의한 통신이나 컴퓨터와 전자악기 간의 통신규약이다.

전문가의 조언
시퀀싱(Sequencing)은 컴퓨터를 이용하여 음악을 제작, 녹음, 편집하는 작업을 의미합니다.
• ②번은 스트리밍(Streaming), ③번은 샘플링(Sampling), ④번은 MIDI(Musical Instrument Digital Interface)에 대한 설명입니다.

21. 아래의 워크시트에서 [A1:C1] 영역이 블록으로 지정된 상태에서 채우기 핸들을 끌었을 때 [F1] 셀에 입력되는 값으로 올바른 것은?

	A	B	C	D	E	F	G
1	5		1				
2							

① 1   ② −3
③ −7   ④ 0

전문가의 조언
[A1:C1] 영역이 블록으로 지정된 상태에서 채우기 핸들을 드래그하면 두 셀 간의 차이인 4씩 감소되어 입력되므로 [F1] 셀에는 −7이 입력됩니다.

	A	B	C	D	E	F	G
1	5		1	-3		-7	-11
2							

03230522 등급 A

22. 셀의 값이 100 이상이면 "▲", −100 이하면 "▼", 그 외는 값이 그대로 표시되는 사용자 지정 표시 형식으로 옳은 것은?

```
[표시 예]
150 : ▲
0 : 0
−50 : −50
−122 : ▼
```

① [>=100]"▲";#;[<=−100]"▼"
② [>=100]"▲";0;[<=−100]"▼"
③ [>=100]"▲";[<=−100]"▼";#
④ [>=100]"▲";[<=−100]"▼";0

03230523 등급 A

23. 다음 중 아래의 워크시트에서 〈보기〉의 프로시저 실행 결과로 옳은 것은?

	A	B	C
1	데이터1	데이터2	데이터3
2	사과	레몬	
3	바나나	배	
4			귤
5		배	
6	바나나		
7		2	
8			

〈보기〉

```
Sub B3선택( )
    Range("B3").CurrentRegion.Select
End Sub
```

① [B3] 셀이 선택된다.
② [A1:B3] 셀이 선택된다.
③ [A1:C3] 셀이 선택된다.
④ [A1:C7] 셀이 선택된다.

등급 C

24. 다음 중 엑셀의 인쇄에 관한 설명으로 옳지 않은 것은?

① [기본] 보기 상태에서 페이지 구분선을 드래그하여 위치를 조정할 수 있다.
② 인쇄되는 시작 페이지의 번호를 지정할 수 있다.
③ 워크시트의 일부만 인쇄 영역으로 설정할 수 있다.
④ 눈금선, 행/열 머리글 등을 인쇄하도록 설정할 수 있다.

25. 다음 중 매크로를 작성하고 사용하는 방법에 대한 설명으로 옳지 않은 것은?

① 매크로 기록 도중에 선택한 셀은 절대 참조로 기록할 수도 있고 상대 참조로 기록할 수도 있다.

② 매크로에 지정된 바로 가기 키가 엑셀 고유의 바로 가기 키와 중복될 경우 매크로 실행의 바로 가기 키가 우선한다.

③ ActiveX 컨트롤의 '명령 단추'를 추가하면 [매크로 지정] 대화상자가 자동으로 표시되어 실행할 매크로를 바로 지정할 수 있다.

④ Visual Basic Editor에서 코드 편집을 통해 매크로의 이름이나 내용을 바꿀 수 있다.

전문가의 조언
ActiveX 컨트롤의 '명령 단추'가 아니라 양식 컨트롤의 '단추'를 추가하면 '매크로 지정' 대화상자가 자동으로 표시되어 실행할 매크로를 바로 지정할 수 있습니다.

26. 아래 워크시트에서 순위[G2:G10]는 총점을 기준으로 구하되 동점자에 대해서는 국어를 기준으로 순위를 구하였다. 다음 중 [G2] 셀에 입력된 수식으로 옳은 것은?

	A	B	C	D	E	F	G
1	성명	국어	수학	영어	사회	총점	순위
2	홍길동	92	50	30	10	182	1
3	한민국	80	50	20	30	180	3
4	이대한	90	40	20	30	180	2
5	이나래	70	50	30	30	180	4
6	마상욱	80	50	30	10	170	7
7	박정인	90	40	20	20	170	6
8	사수영	70	40	30	30	170	8
9	고소영	85	40	30	20	175	5
10	장영수	70	50	10	5	135	9

① {=RANK.EQ($F2, $F$2:$F$10)+RANK.EQ($B2, $B$2:$B$10)}

② {=RANK.EQ($B2, $B$2:$B$10)*RANK.EQ($F2, $F$2:$F$10)}

③ {=RANK.EQ($F2, $F$2:$F$10)+SUM(($F$2:$F$10=$F2)*($B$2:$B$10>$B2))}

④ {=SUM(($F$2:$F$10=$F2)*($B$2:$B$10>$B2))*RANK.EQ($F2, $F$2:$F$10)}

전문가의 조언
G2 셀에 입력된 수식으로 옳은 것은 ③번입니다.

- '총점'으로 순위를 구한 후 동점자에 대해 '국어'로 순위를 구하려면 우선 총점을 기준으로 순위를 구한 다음 이 순위에 동점자들의 국어 점수를 비교하여 기준이 되는 국어 점수보다 높은 점수의 개수를 구해 더해주면 됩니다.

=RANK.EQ($F2, $F$2:$F$10)+SUM(($F$2:$F$10=$F2)*($B$2:$B$10)$B2))
        ①   ②

① RANK.EQ($F2, $F$2:$F$10) : [F2:F10] 영역에서 [F2] 셀의 순위를 구합니다. 여러 셀에 결과를 구해야 하므로 범위는 절대 참조로 지정해야 하지만, [F2] 셀의 경우는 F3, F4 등으로 변경되어야 하므로 F2 또는 $F2로 지정하면 됩니다.

② SUM(($F$2:$F$10=$F2)*($B$2:$B$10)$B2))

- 조건이 두 개일 때 배열 수식을 이용하여 개수를 구하는 방법은 다음의 3가지 방법이 있습니다.

- 방법1 : =SUM((조건1) * (조건2))
- 방법2 : =SUM(IF(조건1, IF(조건2, 1)))
- 방법3 : =COUNT(IF(조건1, IF(조건2, 1)))

1. 조건 찾기
   - 조건1 : 총점이 동점인지를 비교해야 합니다. 비교 대상이 될 총점이 있는 범위(F2:F10)와 비교할 기준이 되는 [F2] 셀을 "="으로 연결하여 적어주면 됩니다(F2:F10=F2).
   - 조건2 : 동점자 중 국어 점수가 기준이 되는 국어 점수보다 높은 점수를 찾아야 합니다. 비교 대상이 될 국어가 있는 범위(B2:B10)와 비교할 기준이 되는 [B2] 셀을 ")"로 연결하여 적어주면 됩니다(B2:B10)B2).

2. 위의 조건을 개수 구하기 배열 수식에 대입하면 다음과 같습니다.

- 방법1 : =SUM((F2:F10=F2)*(B2:B10)B2))
- 방법2 : =SUM(IF(F2:F10=F2, IF(B2:B10)B2, 1)))
- 방법3 : =COUNT(IF(F2:F10=F2, IF(B2:B10)B2, 1)))

- 여러 셀에 결과를 구해야 하므로 범위는 절대 참조로 지정해야 하고, [F2]와 [B2] 셀은 F2 또는 $F2, B2 또는 $B2로 지정하면 됩니다. '방법1'로 수식을 입력한 후 Ctrl + Shift + Enter를 누르면 중괄호 { }가 자동으로 붙여져 {=RANK.EQ($F2, $F$2:$F$10)+ SUM(($F$2:$F$10=$F2)*($B$2:$B$10)$B2))}로 표시됩니다.

27. 다음 중 아래의 워크시트를 이용한 수식에 대해서 그 결과가 옳지 않은 것은?

	A	B	C	D
1	이름	국어	영어	수학
2	김원	87	97	72
3	정영희	74	98	100
4	남궁정훈	85	91	70
5	이수	80	80	88
6	김용훈	81	87	70
7	김근태	84	82	80
8				

수식	결과
① =HLOOKUP("영어", B1:D7, 2)	97
② =OFFSET(B2, 3, 2)	88
③ =INDEX(A1:D7, 3, 2)	74
④ =AREAS(A1:D7)	28

등급 B

28. 다음 중 [데이터] → [데이터 도구]의 [통합]에 관한 설명으로 옳지 않은 것은?

① 여러 시트에 있는 데이터나 다른 통합 문서에 입력되어 있는 데이터를 통합할 수 있다.
② 데이터 통합은 위치를 기준으로 통합할 수도 있고, 영역의 이름을 정의하여 통합할 수도 있다.
③ '모든 참조 영역'에 지정된 영역을 삭제할 수 있다.
④ 통합할 데이터가 있는 워크시트와 통합 결과가 작성될 워크시트가 같은 경우에만 '원본 데이터에 연결'을 적용할 수 있다.

03230529 등급 B

29. [A1:C3] 영역에 대해 조건부 서식의 수식 규칙을 다음과 같이 설정할 경우 결과 화면으로 옳은 것은?

	A	B	C
1	1	2	3
2	4	5	6
3	7	8	9

$$=MOD(ROW(\$A1), 2)=MOD(COLUMN(A\$1), 2)$$

①

	A	B	C
1	1	2	3
2	4	5	6
3	7	8	9

②

	A	B	C
1	1	2	3
2	4	5	6
3	7	8	9

③

	A	B	C
1	1	2	3
2	4	5	6
3	7	8	9

④

	A	B	C
1	1	2	3
2	4	5	6
3	7	8	9

30. 아래의 프로시저를 이용하여 [A1:C3] 영역의 서식만 지우려고 한다. 다음 중 괄호 안에 들어갈 코드로 옳은 것은?

```
Sub Procedure( )
    Range("A1:C3").Select
    Selection.(      )
End Sub
```

① DeleteFormats
② FreeFormats
③ ClearFormats
④ DeactivateFormats

32. 다음 중 차트에 관한 설명으로 옳지 않은 것은?

① 거품형 차트에서 데이터 레이블로 '거품 크기'를 지정하면 첫 번째 값이 거품 크기로 표시된다.
② 차트를 작성하려면 반드시 원본 데이터가 있어야 하며, 작성된 차트는 원본 데이터가 변경되면 차트의 내용이 함께 변경된다.
③ 기본 차트는 F11을 누르면 별도의 차트 시트에 삽입되고, Alt + F1을 누르면 데이터가 있는 현재 워크시트에 삽입된다.
④ 자주 사용하는 형태의 차트를 차트 서식 파일 폴더에 서식 파일(crtx)로 저장하여 이용하면 편리하다.

31. 다음 중 엑셀의 틀 고정에 대한 기능 설명으로 옳지 않은 것은?

① 틀 고정은 특정 행 또는 열을 고정할 때 사용하는 기능으로, 주로 표의 제목 행 또는 제목 열을 고정한 후 작업할 때 유용하다.
② 선택된 셀의 왼쪽 열과 바로 위의 행이 고정된다.
③ 틀 고정 구분선을 마우스로 잡아끌어 틀 고정 구분선을 이동시킬 수 있다.
④ 틀 고정 방법으로 첫 행 고정을 실행하면 선택된 셀의 위치와 상관없이 첫 행이 고정된다.

33. 다음 중 [인쇄 미리 보기 및 인쇄]에 관한 설명으로 옳지 않은 것은?

① [인쇄 미리 보기 및 인쇄] 화면에서 '여백 표시'를 선택한 경우 마우스로 여백을 변경할 수 있다.
② [인쇄 미리 보기 및 인쇄] 화면을 표시하는 바로 가기 키는 Ctrl + F2 이다.
③ [인쇄 미리 보기 및 인쇄] 화면에서 인쇄 영역을 다시 설정할 수 있다.
④ 인쇄될 내용이 없는 상태에서 [인쇄 미리 보기 및 인쇄] 화면을 실행하면 인쇄할 내용이 없다는 메시지가 표시된다.

③ 수식을 입력한 후 결과 값이 상수로 입력되게 하려면 수식을 입력한 후 바로 Alt + F9 를 누른다.

④ 배열 상수에는 숫자나 텍스트 외에 'TRUE', 'FALSE' 등의 논리값 또는 '#N/A'와 같은 오류 값도 포함될 수 있다.

전문가의 조언
수식을 상수로 입력하려면 F9 를 눌러야 합니다.

등급 B

34. 다음 중 워크시트에 데이터를 입력하는 방법에 대한 설명으로 옳지 않은 것은?

① 숫자 데이터를 입력하면 기본적으로 셀의 오른쪽에 정렬된다.

② '3과 같이 숫자 앞에 작은따옴표(')를 입력하면 기본적으로 셀의 오른쪽에 정렬된다.

③ 수식 또는 함수 식을 입력할 때는 = 기호를 붙여 입력한다.

④ Ctrl + Enter 를 이용하여 여러 개의 셀에 동일한 데이터를 한번에 입력할 때 범위는 연속적으로 지정하지 않아도 된다.

전문가의 조언
숫자 데이터를 입력하면 기본적으로 셀의 오른쪽에 정렬되지만 숫자 앞에 작은따옴표(')를 붙여 입력하면 문자 데이터로 인식하므로 셀의 왼쪽에 정렬됩니다.

등급 C

35. 다음 중 여러 워크시트를 선택하여 그룹으로 설정한 경우에 대한 설명으로 옳지 않은 것은?

① 엑셀 창의 맨 위 제목 표시줄에 '그룹'이라고 표시된다.

② 그룹으로 설정된 임의의 시트에서 데이터를 입력하면 그룹으로 설정된 모든 시트에 반영된다.

③ 그룹으로 설정된 임의의 시트에서 셀 서식을 지정하면 그룹으로 설정된 모든 시트에 반영된다.

④ 그룹을 해제하려면 Esc 를 누른다.

전문가의 조언
여러 개의 시트가 선택된 그룹 상태를 해제하려면 시트 탭의 바로 가기 메뉴에서 [시트 그룹 해제]를 선택하거나 그룹이 아닌 임의의 시트를 클릭하면 됩니다.

등급 C

36. 다음 중 셀에 수식을 입력하는 방법에 대한 설명으로 옳지 않은 것은?

① 통합 문서의 여러 워크시트에 있는 동일한 셀 범위 데이터를 이용하려면 수식에서 3차원 참조를 사용한다.

② 계산할 셀 범위를 선택하여 수식을 입력한 후 Ctrl + Enter 를 누르면 선택한 영역에 수식을 한 번에 채울 수 있다.

등급 A

37. 다음 중 아래의 워크시트에서 '윤정희' 사원의 근속년수를 오늘 날짜를 기준으로 구하고자 할 때, [E11] 셀에 입력할 수식으로 옳은 것은?

	A	B	C	D	E
1					
2					
3		부서	이름	입사일	연봉
4		영업부	김나미	2020-03-01	3,000만 원
5		총무부	김보라	2019-03-02	3,500만 원
6		총무부	이지선	2016-03-02	3,200만 원
7		영업부	윤정희	2018-03-02	2,000만 원
8		총무부	임형석	2020-11-26	1,800만 원
9		총무부	서민규	2019-10-08	2,200만 원
10		총무부	김상희	2015-06-17	1,500만 원
11		이름	윤정희	근속년	5
12					

① =YEAR(TODAY( )) - YEAR(VLOOKUP(C11, B4:E10, 2, 0))

② =YEAR(TODAY( )) - YEAR(HLOOKUP(C11, B4:E10, 2, 0))

③ =YEAR(TODAY( )) - YEAR(VLOOKUP(C11, C4:E10, 2, 0))

④ =YEAR(TODAY( )) - YEAR(HLOOKUP(C11, C4:E10, 2, 0))

전문가의 조언
[E11] 셀에 입력할 수식으로 옳은 것은 ③번입니다.
=YEAR(TODAY( )) - YEAR(VLOOKUP(C11, C4:E10, 2, 0))

❶ TODAY( ) : 오늘의 날짜를 반환합니다(오늘 날짜를 2023-5-1로 가정함).
❷ YAER(❶) : 오늘의 날짜에서 년도만을 반환합니다(2023).
❸ VLOOKUP(C11, C4:E10, 2, 0) : [C4:E10] 영역의 첫 번째 열에서 윤정희(C11)와 정확히 일치하는 값(옵션 0)을 찾은 후 이 값이 있는 행에서 지정된 열(2) 위치에 있는 값을 반환합니다(2018-03-02).
❹ YEAR(❸) : '2018-03-02'에서 년도만 반환합니다(2018).
※ 2023 - 2018 = 5입니다.

38. 다음 중 피벗 테이블 보고서와 피벗 차트 보고서에 대한 설명으로 옳지 않은 것은?

① 피벗 테이블 보고서에서는 값 영역에 표시된 데이터 일부를 삭제하거나 추가할 수 없다.

② 피벗 차트 보고서를 만들 때마다 동일한 데이터로 관련된 피벗 테이블 보고서가 자동으로 생성된다.

③ 피벗 차트 보고서는 분산형, 주식형, 거품형 등 다양한 차트 종류로 변경할 수 있다.

④ 행 또는 열 레이블에서의 데이터 정렬은 수동(항목을 끌어 다시 정렬), 오름차순, 내림차순 중 선택할 수 있다.

39. 다음 시트에서 [B2:B8] 영역의 전화번호를 [F2:F8] 영역의 전화번호와 같이 표시하려고 할 때 올바른 수식은?

	A	B	C	D	E	F
1	성명	전화번호	구매횟수	구매금액		전화번호
2	김수정	010-2344-7215	3	95,600		010-2344-****
3	이정준	010-3251-8697	11	3,654,800		010-3251-****
4	소현상	010-3580-9214	1	45,000		010-3580-****
5	현진순	010-3576-9211	5	1,568,700		010-3576-****
6	진선정	010-8355-6544	7	856,900		010-8355-****
7	이수신	010-3256-3687	25	6,521,000		010-3256-****
8	신명철	010-3256-8547	13	2,564,780		010-3256-****

① =REPLACE(B2, 10, 4, "*")

② =REPLACE(B2, 10, 4, "****")

③ =CONCAT(B2, 10, 4, "*")

④ =CONCAT(B2, 10, 4, "****")

40. 다음 워크시트에서 종료기간이 3월인 레코드를 검색하려고 할 때 고급 필터의 조건으로 올바르게 표현된 것은?

	A	B
1	일수	종료기간
2	13	2023-03-19
3	20	2023-04-28
4	12	2023-03-30
5	10	2023-02-15
6		

①
조건
=MONTH(B2)=3

②
조건
>=2023-03-01

③
종료기간
>=2023-03-01

④
종료기간
=MONTH(B2)=3

3과목   데이터베이스 일반

41. 〈상품〉 폼에 있는 '재고' 필드를 참조하고자 한다. 참조 형식이 바르게 설정된 것은?

① [Forms]![상품]![재고]

② [Forms]@[상품]@[재고]

③ [Forms]![상품]@[재고]

④ [Forms]@[상품]![재고]

등급 C

42. 다음 중 데이터베이스에 저장되어 있는 모든 데이터 개체들에 대한 정보를 유지, 관리하는 시스템으로 이곳에 저장된 데이터를 데이터에 대한 데이터라는 의미로 '메타 데이터'라고 하며, '시스템 카탈로그'라고도 불리는 것은?

① 데이터 사전(Data Dictionary)
② 데이터베이스 관리자(DBA, Database Administrator)
③ 데이터베이스 관리 시스템(DBMS, Database Management System)
④ 데이터 조작어(DML, Data Manipulation Language)

전문가의 조언
문제에 제시된 내용은 데이터 사전(Data Dictionary)의 개념입니다.
• 데이터베이스 관리자(DBA, Database Administrator) : 데이터베이스 시스템을 관리하고 운영에 관한 모든 것을 책임지는 사람이나 그룹
• 데이터베이스 관리 시스템(DBMS, Database Management System) : 사용자 또는 응용 프로그램과 데이터베이스 사이에 위치하여 데이터베이스를 생성·관리하고, 사용자의 요구에 따라 정보를 생성해 주는 소프트웨어
• 데이터 조작어(DML, Data Manipulation Language) : 사용자가 응용 프로그램을 통하여 데이터베이스에 저장된 데이터를 실질적으로 처리하는 데 사용되는 언어

등급 A

43. 학생들은 여러 과목을 수강하며, 한 과목은 여러 학생들이 수강한다. 이러한 상황에 대한 다음의 테이블 설계 중에서 가장 적절한 것은? (단, 밑줄은 기본키를 의미함)

① 학생(<u>학번</u>, 이름, 연락처)
　과목(<u>과목코드</u>, 과목명, 담당교수)
　수강(<u>학번</u>, <u>과목코드</u>, 성적)
② 수강(<u>학번</u>, 이름, 연락처, 수강과목코드)
　과목(<u>과목코드</u>, 과목명, 담당교수)
③ 수강(<u>학번</u>, 이름, 연락처, 수강과목1, 수강과목2, 수강과목3)
　과목(<u>과목코드</u>, 과목명, 담당교수)
④ 학생(<u>학번</u>, 이름, 연락처)
　과목(<u>과목코드</u>, 과목명, 담당교수)
　수강신청(<u>학번</u>, <u>과목코드</u>, 이름, 과목명)

전문가의 조언
학생들은 여러 과목을 수행하며, 한 과목은 여러 학생들이 수강하는 관계는 다 대 다의 관계입니다. 이와 같은 경우에는 〈학생〉 테이블과 〈과목〉 테이블의 기본키를 외래키로 갖는 제 3의 테이블(〈수강〉 테이블)을 정의해야 합니다. 제 3의 테이블(수강)에는 '이름'이나 '과목명'처럼 '학번'이나 '과목코드'에 종속적인 속성이 없어야 합니다.

등급 A

44. 다음 중 폼에 대한 설명으로 가장 옳지 않은 것은?

① 컨트롤 원본에 식을 입력한 경우에는 값을 입력할 수 없다.
② 바운드 폼은 일반적으로 테이블의 내용을 표시하며 이를 수정할 수 있다.
③ 폼의 레코드 원본으로 설정된 테이블의 필드 값만 컨트롤 원본으로 설정하여 표시할 수 있다.
④ 폼을 사용하여 데이터베이스의 보안성과 사용자의 편의성을 높일 수 있다.

전문가의 조언
• 폼의 레코드 원본으로 설정된 테이블의 필드를 컨트롤 원본으로 설정하여 표시할 수 있습니다.
• 폼의 레코드 원본으로 설정되지 않은 테이블의 필드는 Dlookup 함수를 컨트롤 원본으로 설정하여 표시할 수 있습니다.

등급 B

45. 다음 중 나이를 저장하기에 알맞은 데이터 형식과 크기로 올바른 것은?

① 데이터 형식 : 짧은 텍스트　　　크기 : 2
② 데이터 형식 : 짧은 텍스트　　　크기 : 100
③ 데이터 형식 : 숫자　　　　　　크기 : 바이트
④ 데이터 형식 : 숫자　　　　　　크기 : 정수(Long)

전문가의 조언
나이는 일반적으로 1~100 사이의 숫자가 입력되므로, 데이터 형식은 숫자, 크기는 바이트로 설정하면 됩니다.

46. 다음 중 입력 마스크에 대한 설명으로 옳지 않은 것은?

① 입력 마스크는 필드에 입력할 수 있는 데이터를 제한하는 것으로 세미콜론(;)으로 구분된 3개 구역으로 구분된다.

② 입력 마스크의 첫 번째 구역은 사용자 정의 기호를 사용하여 입력 마스크를 지정한다.

③ 서식 문자 저장 여부를 지정하는 입력 마스크의 두 번째 구역이 '0'이면 서식 문자를 제외한 입력 값만 저장한다.

④ 입력 마스크의 세 번째 구역은 데이터가 입력되어야 하는 자리에 표시될 문자를 지정한다.

47. 테이블 디자인의 조회 표시에서 콤보 상자나 목록 상자를 선택하면 여러 가지 속성이 표시된다. 속성에 대한 설명 중 옳지 않은 것은?

① 행 원본 : 목록으로 제공할 데이터를 지정한다.

② 바운드 열 : 바운드되는 필드의 개수를 지정한다.

③ 컨트롤 표시 : 콤보 상자나 목록 상자를 선택한다.

④ 목록 값만 허용 : '예'로 설정하면 목록에 제공된 데이터 이외의 값을 추가할 수 없다.

48. 다음 중 아래 보고서에 대한 설명으로 옳지 않은 것은?

대리점명: 서울지점

순번	모델명	판매날짜	판매량	판매단가
1	PC4203	2018-07-31	7	₩1,350,000
2		2018-07-23	3	₩1,350,000
3	PC4204	2018-07-16	4	₩1,400,000
		서울지점 소계 :		₩19,100,000

대리점명: 충북지점

순번	모델명	판매날짜	판매량	판매단가
1	PC3102	2018-07-13	6	₩830,000
2		2018-07-12	4	₩830,000
3	PC4202	2018-07-31	4	₩1,300,000
4		2018-07-07	1	₩1,300,000
		충북지점 소계 :		₩14,800,000

① '모델명' 필드를 기준으로 그룹이 설정되어 있다.

② '모델명' 필드에는 '중복 내용 숨기기' 속성을 '예'로 설정하였다.

③ 지점별 소계가 표시된 텍스트 상자는 그룹 바닥글에 삽입하였다.

④ 순번은 컨트롤 원본을 '=1'로 입력한 후 '누적 합계' 속성을 '그룹'으로 설정하였다.

49. 다음 중 폼에 대한 설명으로 옳지 않은 것은?

① 입력 및 편집 작업을 위한 인터페이스이다.

② 분할 표시 폼이란 하위 폼을 포함한 기본 폼을 의미한다.

③ 폼을 이용하면 여러 개의 테이블에 데이터를 한 번에 입력할 수 있다.

④ 바운드(Bound) 폼과 언바운드(Unbound) 폼이 있다.

등급 B

50. 다음 중 이름이 'txt제목'인 텍스트 상자 컨트롤에 '매출내역' 이라는 내용을 입력하는 VBA 명령으로 옳지 않은 것은?

① txt제목 = "매출내역"
② txt제목.text = "매출내역"
③ txt제목.value = "매출내역"
④ txt제목.caption = "매출내역"

전문가의 조언
• 컨트롤에 텍스트를 입력할 때는 value 혹은 text 속성을 이용하는데, 속성을 생략하고 ①번과 같이 지정하면 value나 text 속성이 생략된 것으로 간주됩니다.
• 텍스트 상자 컨트롤에는 caption 속성이 없습니다. caption 속성은 언바운드 컨트롤에 텍스트를 표시할 때 사용합니다.

등급 C

51. 다음 중 특정 폼을 [내보내기]를 통해 다른 형식으로 바꾸어 저장하려고 할 때 지정할 수 없는 형식은?

① HTML   ② 텍스트
③ Excel   ④ JPEG

전문가의 조언
• JPEG(JPG) 형식으로는 폼을 내보낼 수 없습니다.
• 폼은 Access, Excel, 텍스트, XML, HTML, Word RTF, PDF/XPS 형식으로 내보낼 수 있습니다.

03230552 등급 A

52. 다음 중 아래의 〈급여〉 테이블에 대한 SQL 명령과 실행 결과로 옳지 않은 것은? (단, 빈 칸은 Null임)

사원번호	성명	가족수
1	가	2
2	나	4
3	다	

① SELECT COUNT(성명) FROM 급여; 를 실행한 결과는 3이다.
② SELECT COUNT(가족수) FROM 급여; 를 실행한 결과는 3이다.
③ SELECT COUNT(*) FROM 급여; 를 실행한 결과는 3이다.
④ SELECT COUNT(*) FROM 급여 WHERE 가족수 Is Null; 을 실행한 결과는 1이다.

전문가의 조언
COUNT( ) 함수의 인수로 필드명을 지정하면 해당 필드를 대상으로 비어있지 않은 데이터의 개수를 구하므로 ②번의 실행 결과는 2입니다.
① SELECT COUNT(성명) FROM 급여; : '성명' 필드가 비어있지 않은 자료의 개수를 구하므로 결과는 3입니다.
③ SELECT COUNT(*) FROM 급여; : 전체 레코드의 개수를 구하므로 결과는 3입니다.
④ SELECT COUNT(*) FROM 급여 WHERE 가족수 Is Null; : '가족수 Is Null'이라는 조건, 즉 '가족수 필드의 값이 비어있는' 조건에 맞는 자료의 개수를 구하므로 결과는 1입니다.

03230553 등급 A

53. 〈회원〉 테이블의 내용이 다음과 같을 때 SQL문을 실행한 결과 표시되는 레코드의 수는?

번호	이름
1	이소유
2	이소미
3	김선호
4	강준길
5	강감찬
6	강감찬
7	이소미

```
SELECT DISTINCT 이름
FROM 회원
WHERE 이름 Like "이*" OR 이름 = "강감찬";
```

① 3   ② 4
③ 5   ④ 7

SQL문을 실행한 결과 표시되는 레코드의 수는 3개입니다. 질의문은 각 절을 분리하여 이해하면 쉽습니다.
- SELECT DISTINCT 이름 : '이름' 필드를 검색하되 중복된 이름은 한 번만 표시합니다.

이름
이소유
이소미
김선호
강준길
강감찬

- FROM 회원 : 〈회원〉 테이블에서 검색합니다.
- WHERE 이름 Like "이*" OR 이름="강감찬" : 이름이 "이"로 시작하거나 "강감찬"인 레코드만을 대상으로 검색합니다.

이름
이소유
이소미
강감찬

54. 다음 중 학생(학번, 이름, 학과) 테이블에 학과가 '경영학과', 학번이 300, 이름이 '김상공'인 학생의 정보를 추가하는 SQL 문으로 올바른 것은?

① Insert Into 학생(학번, 이름, 학과) Values(300, '김상공', '경영학과');
② Insert 학생(학번, 이름, 학과) Values(300, '김상공', '경영학과');
③ Insert Into 학생(학번, 이름, 학과) Values(300, 김상공, 경영학과);
④ Insert 학생(학번, 이름, 학과) Values(300, 김상공, 경영학과);

문제에 제시된 조건에 맞는 SQL문은 ①번입니다. 절단위로 구분하여 질의문을 작성하면 쉽습니다.
- 〈학생〉 테이블에 학번, 이름, 학과를 삽입하므로 **Insert Into 학생(학번, 이름, 학과)**입니다.
- 삽입되는 속성과 값이 학번은 300, 이름은 '김상공', 학과는 '경영학과'이므로 **Value(300, '김상공', '경영학과')**입니다.
※ '김상공'이나 '경영학과'와 같이 텍스트 형식을 입력할 때는 작은따옴표(' ')나 큰따옴표(" ")로 묶어야 합니다. 그렇지 않으면 해당 값을 필드로 인식하여 매개 변수 대화상자를 표시합니다.

55. 다음 중 폼 작성 시 사용하는 컨트롤에 대한 설명으로 옳지 않은 것은?

① 바운드 컨트롤 : 폼이나 보고서에서 테이블이나 쿼리의 필드를 컨트롤 원본으로 사용하는 컨트롤이다.
② 탭 컨트롤 : 탭 형식의 대화상자를 작성하는 컨트롤로, 다른 컨트롤을 탭 컨트롤로 복사하거나 추가할 수 있다.
③ 레이블 컨트롤 : 날짜나 시간을 표시하는 용도로 사용하는 컨트롤이다.
④ 계산 컨트롤 : 원본 데이터로 필드를 사용하지 않고 식을 사용하는 컨트롤이다.

- 날짜나 시간은 함수를 사용해서 표시하는데, 이와 같이 함수의 결과 값을 표시하려면 텍스트 상자를 사용해야 합니다.
- 레이블은 제목이나 캡션, 설명 등을 표시하는 용도로 사용됩니다.

56. 다음은 보고서 보기 형태에 대한 내용이다. ㉠, ㉡에 알맞은 형태는 무엇인가?

- ㉠ : 보고서로 출력될 실제 데이터를 보면서 컨트롤의 크기 및 위치를 변경할 수 있다.
- ㉡ : 컨트롤 도구를 이용하여 보고서를 만들거나 수정할 수 있는 형태로, 실제 데이터는 표시되지 않는다.

① ㉠ 레이아웃 보기, ㉡ 디자인 보기
② ㉠ 인쇄 미리 보기, ㉡ 레이아웃 보기
③ ㉠ 디자인 보기, ㉡ 보고서 보기
④ ㉠ 레이아웃 보기, ㉡ 보고서 보기

지문에 제시된 내용 중 ㉠은 레이아웃 보기, ㉡은 디자인 보기에 대한 설명입니다.

등급 B

57. 다음 중 [페이지 설정] 대화상자에서 설정할 수 없는 것은?

① 프린터 선택
② 머리글/바닥글
③ 인쇄 여백
④ 용지 방향

전문가의 조언

'페이저 설정' 대화상자에서 머리글/바닥글은 설정할 수 없습니다.

등급 C

58. 다음 중 보고서의 그룹 바닥글 구역에 '=COUNT(*)'를 입력했을 때 출력되는 결과로 옳은 것은?

① Null 필드를 포함한 그룹별 레코드 개수
② Null 필드를 포함한 전체 레코드 개수
③ Null 필드를 제외한 그룹별 레코드 개수
④ Null 필드를 제외한 전체 레코드 개수

전문가의 조언

=COUNT(*)를 입력하면 입력된 위치에 따라 그룹 바닥글 영역이면 그룹별 레코드의 개수가, 보고서 바닥글 영역이면 전체 레코드의 개수가 Null 필드를 포함하여 표시됩니다.

등급 B

59. 다음 매크로 함수에 대한 설명으로 옳지 않은 것은?

① FindRecord : 조건에 맞는 첫 번째 레코드를 검색한다.
② GoToControl : 특정 컨트롤로 포커스를 이동시킨다.
③ MessageBox : 메시지 상자를 통해 경고나 알림 등의 정보를 표시한다.
④ CloseWindow : Access를 종료한다.

전문가의 조언

• CloseWindow는 폼, 테이블, 쿼리 등 활성화되어 있는 데이터베이스 개체를 닫는 매크로 함수입니다.
• Access를 종료하는 매크로 함수는 QuitAccess입니다.

등급 B

60. RecordSet 개체 속성 중 현재 레코드 위치가 RecordSet 개체의 첫 번째 레코드 앞에 온다는 것을 나타내는 값을 반환하는 속성은 무엇인가?

① EOF
② BOF
③ RecordCount
④ Filter

전문가의 조언

문제에 제시된 내용은 BOF 속성에 대한 설명입니다.

• EOF : 현재 레코드 위치가 RecordSet 개체의 마지막 레코드 앞에 온다는 것을 나타내는 값을 반환함
• RecordCount : Recordset 개체의 현재 레코드 수를 나타냄
• Filter : Recordset의 데이터에 사용할 필터를 나타냄

2022년 상시01 기출문제

1과목 컴퓨터 일반

등급C

1. 다음 중 Windows 10의 [설정] → [네트워크 및 인터넷]에 대한 설명으로 옳지 않은 것은?

① 현재 네트워크 상태를 확인할 수 있다.
② 앱별 데이터 사용량을 확인할 수 있다.
③ 사용 가능한 네트워크를 표시할 수 있다.
④ Windows 자동 업데이트 사용을 설정할 수 있다.

전문가의 조언
Windows의 자동 업데이트 사용은 [⚙(설정)] → [업데이트 및 보안]에서 설정할 수 있습니다.

등급C

2. 다음 중 바탕 화면의 [개인 설정] 바로 가기 메뉴를 이용하여 설정할 수 있는 작업에 대한 설명으로 옳지 않은 것은?

① 화면 보호기를 설정할 수 있다.
② 디스플레이의 해상도를 설정할 수 있다.
③ 시작 메뉴에 표시되는 앱 목록, 최근에 추가된 앱, 가장 많이 사용하는 앱 등을 설정할 수 있다.
④ 바탕 화면의 배경, 색, 소리 등을 한 번에 변경할 수 있는 테마를 선택할 수 있다.

전문가의 조언
디스플레이의 해상도는 바탕 화면의 바로 가기 메뉴에서 [디스플레이 설정]을 선택하거나 [⚙(설정)] → [시스템] → [디스플레이]에서 설정할 수 있습니다.

등급B

3. 다음 중 한글 Windows 10의 삭제 방법에 대한 설명으로 옳지 않은 것은?

① Shift + Delete를 눌러 삭제한 경우 휴지통에서 [휴지통 도구] → [모든 항목 복원]을 선택하여 복원할 수 있다.
② Delete를 눌러 삭제한 경우 Ctrl + Z를 눌러 삭제를 취소할 수 있다.
③ 파일 탐색기의 [홈] → [구성] → [삭제]에서 휴지통으로 이동이나 완전히 삭제를 선택하여 삭제 방법을 결정할 수 있다.
④ 휴지통에서 파일을 선택한 후 [휴지통 도구] → [선택한 항목 복원]을 선택하면 원래의 위치로 복원된다.

전문가의 조언
Shift + Delete를 눌러 삭제하면 휴지통에 보관되지 않고 영구적으로 삭제되어 복원할 수 없습니다.

등급A

4. 다음 중 컴퓨터에서 문자를 표현하는 코드에 대한 설명으로 옳지 않은 것은?

① BCD 코드는 6비트로 문자를 표현하며, 영문 소문자를 표현하지 못한다.
② 확장 ASCII 코드는 7비트를 사용하여 128개의 문자, 숫자, 특수문자 코드를 규정한다.
③ EBCDIC은 8비트를 사용하여 문자를 표현하며, IBM에서 제정한 표준 코드이다.
④ 유니코드(Unicode)는 16비트를 사용하며, 한글의 조합형, 완성형, 옛글자 모두를 표현할 수 있다.

전문가의 조언
확장 ASCII 코드는 8비트를 사용하여 256개의 문자, 숫자, 특수문자 코드를 규정합니다.

등급 C

5. 다음 중 인터넷에서 사용하는 DNS에 관한 설명으로 옳지 않은 것은?

① DNS는 Domain Name Server 또는 Domain Name System의 약자로 쓰인다.
② 문자로 만들어진 도메인 이름을 숫자로 된 IP 주소로 바꾸는 시스템이다.
③ DNS 서버는 IP 주소를 이용하여 패킷의 최단 전송 경로를 설정한다.
④ DNS에서는 모든 호스트들을 각 도메인별로 계층화 시켜서 관리한다.

등급 B

6. 다음 중 인터넷 서비스와 관련하여 FTP 서비스에 관한 설명으로 옳지 않은 것은?

① FTP 서버에 파일을 전송 또는 수신, 삭제, 이름 바꾸기 등의 작업을 할 수 있다.
② FTP 서버에 있는 프로그램은 접속 후에 서버에서 바로 실행시킬 수 있다.
③ 익명(Anonymous) 사용자는 계정이 없는 사용자로 FTP 서비스를 이용할 수 있다.
④ 기본적으로 그림 파일은 Binary 모드로 텍스트 파일은 ASCII 모드로 전송한다.

등급 A

7. 다음 중 반도체를 이용한 컴퓨터 보조기억장치로 크기가 작고 충격에 강하며, 소음 발생이 없는 대용량 저장장치는?

① HDD(Hard Disk Drive)
② DVD(Digital Versatile Disk)
③ SSD(Solid State Drive)
④ CD-RW(Compact Disc Rewritable)

등급 A

8. 다음 중 시스템 보안을 위해 사용하는 방화벽(Firewall)에 대한 설명으로 적절하지 않은 것은?

① IP 주소 및 포트 번호를 이용하거나 사용자 인증을 기반으로 접속을 차단하여 네트워크의 출입로를 단일화 한다.
② '명백히 허용되지 않은 것은 금지한다'라는 적극적 방어 개념을 가지고 있다.
③ 방화벽을 운영하면 바이러스와 내/외부의 새로운 위험에 효과적으로 대처할 수 있다.
④ 로그 정보를 통해 외부 침입의 흔적을 찾아 역추적 할 수 있다.

등급 C

9. 다음 중 컴퓨터 프로그래밍 언어에 대한 설명으로 옳지 않은 것은?

① 객체 지향 언어는 동작보다는 객체, 논리보다는 자료를 바탕으로 구성된 객체 지향 프로그래밍 언어이다.
② 문제 중심 언어는 처리 방법이나 절차보다는 해결하려는 문제에 중심을 두고 프로그램할 수 있는 언어로서, 비절차적이며 대화식으로 구성된다.
③ 고급 언어는 번역 과정이 없어 보다 편리하게 프로그래밍 할 수 있다.
④ 절차 중심 언어는 정해진 문법에 맞게 일련의 처리 절차를 순서대로 기술해 나가는 언어이다.

등급 A

10. 다음 중 한글 Windows 10의 [글꼴]에 관한 설명으로 옳지 않은 것은?

① 글꼴 파일은 .rtf 또는 .inf의 확장자를 가지고 있다.
② 글꼴이 설치되어 있는 폴더의 위치는 C:\Windows\Fonts이다.
③ ClearType 텍스트 조정을 사용하면 가독성을 향상시켜 준다.
④ 글꼴에는 기울임꼴, 굵게, 굵게 기울임꼴과 같은 글꼴 스타일이 있다.

등급 B

11. 다음 중 네트워크의 구성(Topology)에서 망형(Mesh)에 관한 설명으로 옳지 않은 것은?

① 단말장치의 추가/제거 및 기밀 보호가 어렵다.
② 모든 지점의 컴퓨터와 단말장치를 서로 연결한 형태이다.
③ 응답시간이 빠르고 노드의 연결성이 높다.
④ 통신 회선 장애 시 다른 경로를 통하여 데이터 전송이 가능하다.

등급 B

12. 다음 중 아날로그 컴퓨터와 비교하여 디지털 컴퓨터의 특징으로 옳지 않은 것은?

① 데이터의 각 자리마다 0 혹은 1의 비트로 표현한 이산적인 데이터를 처리한다.
② 산술 및 논리 연산을 처리하는 회로에 기반을 둔 범용 컴퓨터로 사용된다.
③ 온도, 전압, 진동 등과 같이 연속적으로 변하는 데이터를 효율적으로 처리할 수 있다.
④ 데이터 처리를 위한 명령어들로 구성된 프로그램에 의해 동작된다.

등급 A

13. 다음 중 소프트웨어의 사용권에 따른 분류에 대한 설명으로 옳지 않은 것은?

① 번들 : 특정한 하드웨어나 소프트웨어를 구매하였을 때 포함하여 주는 소프트웨어이다.
② 셰어웨어 : 정식 버전이 출시되기 전에 프로그램에 대한 일반인의 평가를 받기 위해 제작된 소프트웨어이다.
③ 애드웨어 : 배너 광고를 보는 대가로 무료로 사용하는 소프트웨어이다.
④ 프리웨어 : 돈을 내지 않고도 사용가능하고 다른 사람에게 전달해 줄 수 있는 소프트웨어이다.

등급 A

14. 다음 중 멀티미디어 그래픽과 관련하여 비트맵(Bitmap) 방식에 관한 설명으로 옳지 않은 것은?

① 비트맵 파일 형식으로는 BMP, TIF, GIF, JPEG 등이 있다.
② 이미지를 확대하면 테두리가 거칠게 표현된다.
③ 점으로 이미지를 표현하는 방식이다.
④ 벡터 방식에 비해 적은 메모리를 차지한다.

전문가의 조언
비트맵 방식은 벡터 방식에 비해 많은 메모리를 차지합니다.

등급 B

15. 다음 중 바이러스에 대한 설명으로 옳지 않은 것은?

① 컴퓨터 하드웨어와 무관하게 소프트웨어에만 영향을 미친다.
② 감염 부위에 따라 부트 바이러스와 파일 바이러스로 구분한다.
③ 사용자 몰래 스스로 복제하여 다른 프로그램을 감염시키고, 정상적인 프로그램이나 다른 데이터 파일 등을 파괴한다.
④ 주로 복제품을 사용하거나 통신 매체를 통하여 다운받은 프로그램에 의해 감염된다.

전문가의 조언
바이러스는 소프트웨어뿐만 아니라 하드웨어의 성능에도 영향을 미칠 수 있습니다.

등급 B

16. 다음 중 한글 Windows 10의 인쇄 작업에 대한 설명으로 옳지 않은 것은?

① 여러 개의 출력 파일들의 출력대기 상태를 확인할 수 있다.
② 여러 개의 출력 파일들이 출력대기 할 때 출력 순서를 임의로 조정할 수 있다.

③ 일단 프린터에서 인쇄 작업에 들어간 것은 프린터 전원을 끄기 전에는 강제로 종료시킬 수 없다.
④ 인쇄 중인 문서나 오류가 발생한 문서는 다른 프린터로 전송할 수 없다.

전문가의 조언
인쇄 작업에 들어간 파일도 잠시 중지했다가 다시 인쇄하거나 종료할 수 있습니다.

등급 B

17. 다음 중 한글 Windows 10의 작업 표시줄에 대한 설명으로 옳지 않은 것은?

① 작업 표시줄을 자동으로 숨길 것인지의 여부를 선택할 수 있다.
② 바탕 화면 아이콘을 표시할 수 있다.
③ 화면에서 작업 표시줄의 위치를 설정할 수 있다.
④ 알림 영역에 표시할 아이콘을 설정할 수 있다.

전문가의 조언
바탕 화면 아이콘은 [■(시작)] → [⚙(설정)] → [개인 설정] → [테마] → [바탕 화면 아이콘 설정] → '바탕 화면 아이콘 설정' 대화상자에서 표시할 수 있습니다.

등급 A

18. 다음 중 Windows 10의 레지스트리(Registry)에 관한 설명으로 옳지 않은 것은?

① 작업 표시줄의 검색 상자에 'regedit'를 입력하여 레지스트리 편집기를 실행할 수 있다.
② 레지스트리 편집기를 사용하면 레지스트리 폴더 및 각 레지스트리 파일에 대한 설정을 볼 수 있다.
③ 레지스트리 편집기에서 [내보내기]를 이용하여 레지스트리를 백업할 수 있다.
④ 레지스트리의 정보는 수정할 수는 있으나 삭제는 할 수 없어 언제든지 레지스트리 복원이 가능하다.

전문가의 조언
레지스트리의 정보는 삭제가 가능하지만 시스템에 이상이 생길 수 있으므로 함부로 삭제하지 않는 것이 좋습니다.

등급 B

19. 프로그램을 실행하는 도중에 예기치 않은 상황이 발생할 경우 현재 실행중인 작업을 일시 중단하고, 발생된 상황을 우선 처리한 후 실행중이던 작업으로 복귀하여 계속 처리하는 것을 의미하는 용어는?

① 채널
② 인터럽트
③ DMA
④ 레지스터

등급 B

20. 다음 중 멀티미디어와 관련된 그래픽 기법에 관한 설명으로 옳은 것은?

① 안티앨리어싱(Anti-Aliasing)은 제한된 색상을 조합하여 복잡한 색이나 새로운 색을 만드는 작업이다.
② 모델링(Modeling)은 3차원 애니메이션을 만드는 과정 중의 하나로 물체의 모형에 명암과 색상을 입혀 사실감을 더해 주는 작업이다.
③ 모핑(Morphing)은 2개의 이미지를 부드럽게 연결하여 변환 또는 통합하는 것으로 컴퓨터 그래픽, 영화 등에서 많이 사용된다.
④ 랜더링(Rendering)은 이미지 가장자리의 톱니 모양 같은 계단 현상을 제거하여 경계선을 부드럽게 하는 필터링 기술이다.

2 과목 스프레드시트 일반

등급 B

21. 다음 워크시트에서 [파일] → [옵션]을 선택하여 'Excel 옵션' 대화상자에서 소수점 위치를 '−2'로 지정한 후 셀에 1을 입력할 경우 화면에 표시되는 값은?

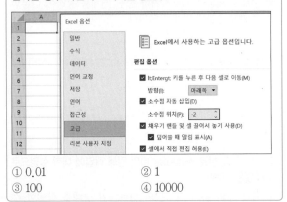

① 0.01
② 1
③ 100
④ 10000

22. 다음 중 아래의 워크시트에서 수식의 결과로 '부사장'을 출력하지 않는 것은?

	A	B	C	D
1	사원번호	성명	직함	생년월일
2	101	구민정	영업 과장	1980-12-08
3	102	강수영	부사장	1965-02-19
4	103	김진수	영업 사원	1991-08-30
5	104	박용만	영업 사원	1990-09-19
6	105	이순신	영업 부장	1917-09-20
7				

① =CHOOSE(CELL("row", B3), C2, C3, C4, C5, C6)
② =CHOOSE(TYPE(B4), C2, C3, C4, C5, C6)
③ =OFFSET(A1:A6, 2, 2, 1, 1)
④ =INDEX(A2:D6, MATCH(A3, A2:A6, 0), 3)

 전문가의 조언

①번 수식의 결과는 "영업 사원"입니다.

① =CHOOSE(CELL("row", B3), C2, C3, C4, C5, C6)
　　　　　　①
　　　　　　②

❶ CELL("row", B3) : 'row'는 행 번호를 의미하므로 CELL 함수는 [B3] 셀의 행 번호인 3을 반환합니다.

❷ =CHOOSE(❶, C2, C3, C4, C5, C6) → =CHOOSE(3, C2, C3, C4, C5, C6) : 세 번째에 있는 [C4] 셀의 값인 "영업 사원"을 반환합니다.

② =CHOOSE(TYPE(B4), C2, C3, C4, C5, C6)
　　　　　　①
　　　　　　②

❶ TYPE(B4) : [B4] 셀에 입력된 값이 텍스트(김진수)이므로 2를 반환합니다.

❷ =CHOOSE(❶, C2, C3, C4, C5, C6) → =CHOOSE(2, C2, C3, C4, C5, C6) : 두 번째에 있는 [C3] 셀의 값인 "부사장"을 반환합니다.

③ =OFFSET(A1:A6, 2, 2, 1, 1) : [A1:A6] 영역의 첫 번째 셀인 [A1] 셀을 기준으로 2행 2열 떨어진 셀 주소(C3)를 찾습니다. 이 주소를 기준으로 1행 1열인 셀, 즉 [C3] 셀의 값인 "부사장"을 반환합니다.

④ =INDEX(A2:D6, MATCH(A3, A2:A6, 0), 3)
　　　　　　　　①
　　　　　　　　②

❶ MATCH(A3, A2:A6, 0) : [A2:A6] 영역에서 [A3] 셀의 값과 동일한 값을 찾은 후 상대 위치인 2를 반환합니다.

❷ =INDEX(A2:D6, ❶, 3) → =INDEX(A2:D6, 2, 3) : [A2:D6] 영역에서 2행 3열, 즉 [C3] 셀의 값인 "부사장"을 반환합니다.

---

23. 아래의 워크시트에서 [D2] 셀에 SUM 함수를 사용하여 총점을 계산한 후 채우기 핸들을 [D5] 셀까지 드래그하여 총점을 계산하는 '총점' 매크로를 생성하였다. 다음 중 아래 '총점' 매크로의 VBA 코드 창에서 괄호( ) 안에 해당하는 값을 올바르게 나열한 것은?

	A	B	C	D
1	성명	국어	영어	총점
2	강동식	81	89	
3	최서민	78	97	
4	박동수	87	88	
5	박두식	67	78	
6				

```
Sub 총점( )
        Range(" ⓐ ").Select
        ActiveCell.FormulaR1C1 = "=SUM( ⓑ )"
        Range("D2").Select
        Selection.AutoFill Destination:=Range(" ⓒ ")._
        Type:=xlFillDefault
        Range(" ⓓ ").Select
        Range("D6").Select
End Sub
```

① ⓐ D2　　ⓑ (RC[-1]:RC[-1])　　ⓒ D5　　ⓓ D5
② ⓐ A6　　ⓑ (RC[-1]:RC[-0])　　ⓒ D2:D5　　ⓓ D5
③ ⓐ D2　　ⓑ (RC[-2]:RC[-0])　　ⓒ D5　　ⓓ D2:D5
④ ⓐ D2　　ⓑ (RC[-2]:RC[-1])　　ⓒ D2:D5　　ⓓ D2:D5

 전문가의 조언

'총점' 매크로의 VBA 코드 창에서 괄호 안에 해당하는 값을 올바르게 나열한 것은 ④번입니다.

ⓐ 워크시트의 [D2] 셀에 수식을 입력하려면 가장 먼저 해당 셀을 선택해야 하므로 'D2'입니다.

ⓑ SUM 함수의 인수를 지정해야 합니다. [D2] 셀에 입력할 수식은 '=SUM(B2:C2)'입니다. 이것과 같은 의미를 보기에서 찾으면 '=SUM(RC[-2]:RC[-1])'입니다.
　※ RC[-2]:RC[-1]는 현재 셀에서 2열 왼쪽과 1열 왼쪽을 의미합니다. 즉 [D2] 셀에서 2열 왼쪽은 B2, 1열 왼쪽은 C2로 'B2:C2'를 의미합니다.

ⓒ 채우기 핸들을 드래그하여 [D2:D5] 셀에 결과값을 표시해야 하므로 'D2:D5'입니다.

ⓓ 보기로 제시된 'D5' 또는 'D2:D5' 둘 중 어떤 것을 지정하든 실행 결과에는 영향을 미치지 않습니다.

24. 다음 중 아래 워크시트에서 [C2:C4] 영역을 선택하여 작업한 결과가 다른 것은?

	A	B	C	D	E
1	이름	국어	영어	수학	평균
2	홍길동	83	90	73	82
3	이대한	65	87	91	81
4	한민국	80	75	100	85
5	평균	76	84	88	82.66667
6					

① Delete 를 누른 경우
② Backspace 를 누른 경우
③ 마우스 오른쪽 버튼의 바로 가기 메뉴에서 [내용 지우기]를 선택한 경우
④ [홈] 탭 [편집] 그룹에서 [지우기] → [내용 지우기]를 선택한 경우

25. 다음 중 워크시트의 화면 [확대/축소]에 관한 설명으로 옳지 않은 것은?

① [선택 영역 확대/축소] 명령은 선택된 영역으로 전체 창을 채우도록 워크시트를 확대하거나 축소한다.
② 설정한 확대/축소 배율은 통합 문서의 모든 시트에 자동으로 적용된다.
③ 문서의 확대/축소는 10%에서 400%까지 설정할 수 있다.
④ 화면의 확대/축소는 단지 화면에서 보이는 상태만을 확대/축소하는 것으로 인쇄 시 적용되지 않는다.

26. 다음 중 바닥글 영역에 페이지 번호를 인쇄하도록 설정된 여러 개의 시트를 출력하면서 전체 출력물의 페이지 번호가 일련번호로 이어지게 하는 방법으로 옳지 않은 것은?

① [인쇄 미리 보기 및 인쇄]의 '설정'을 '전체 통합 문서 인쇄'로 선택하여 인쇄한다.
② 전체 시트를 그룹으로 설정한 후 인쇄한다.
③ 각 시트의 [페이지 설정] 대화상자에서 '일련번호로 출력'을 선택한 후 인쇄한다.
④ 각 시트의 [페이지 설정] 대화상자에서 '시작 페이지 번호'를 일련번호에 맞게 설정한 후 인쇄한다.

27. 다음 중 [매크로] 대화상자에 대한 설명으로 옳지 않은 것은?

① [편집] 단추를 클릭하면 선택한 매크로를 수정할 수 있도록 VBA가 실행된다.
② [삭제] 단추를 클릭하면 선택한 매크로를 삭제한다.
③ [한 단계씩 코드 실행] 단추를 클릭하면 선택한 매크로를 한 줄씩 실행한다.
④ [옵션] 단추를 클릭하면 선택한 매크로의 이름이나 바로 가기 키, 설명 등을 설정하거나 변경할 수 있다.

① [D2] : =EDATE(B2, −5)　　　　2022-08-01
② [D4] : =EOMONTH(B2, 5)　　　2023-06-30
③ [D6] : =NETWORKDAYS(B2, B10)　6
④ [D8] : =WORKDAY(B2, 5)　　　2023-01-05

등급 A

28. 아래 그림과 같이 워크시트에 배열 상수 형태로 배열 수식을 입력한 후 수식이 보이게 설정하였을 때, [A5] 셀에서 수식 =MAX(B1:B3)을 실행하였다. 다음 중 그 결과로 옳은 것은?

	A	B	C
1	={1,4,7;2,5,8;3,6,9}	={1,4,7;2,5,8;3,6,9}	={1,4,7;2,5,8;3,6,9}
2	={1,4,7;2,5,8;3,6,9}	={1,4,7;2,5,8;3,6,9}	={1,4,7;2,5,8;3,6,9}
3	={1,4,7;2,5,8;3,6,9}	={1,4,7;2,5,8;3,6,9}	={1,4,7;2,5,8;3,6,9}
4			

① 6　　　② 7　　　③ 8　　　④ 9

등급 A

29. 다음 중 함수식과 그 실행 결과가 옳지 않은 것은? (단, [D2], [D4], [D8] 셀은 '간단한 날짜' 형식으로 지정되어 있음)

	A	B	C	D
1				
2		2023-01-01(일)		
3		2023-01-02(월)		
4		2023-01-03(화)		
5		2023-01-04(수)		
6		2023-01-05(목)		
7		2023-01-06(금)		
8		2023-01-07(토)		
9		2023-01-08(일)		
10		2023-01-09(월)		
11				

등급 B

30. 다음과 같이 [A2:E10] 영역에 '판매량'이 40 이상이고, '상태'가 "양호"면 배경색을 '노랑'으로 설정하는 [조건부 서식]을 지정하려고 한다. 다음 중 [조건부 서식]의 수식 입력란에 입력해야 할 수식으로 옳은 것은?

	A	B	C	D	E
1	부서	제품명	상태	판매량	재고량
2	생산2팀	세탁기	양호	23	15
3	생산2팀	전자레인지	불량	32	12
4	생산1팀	냉장고	양호	38	25
5	생산1팀	냉장고	양호	38	15
6	생산1팀	세탁기	양호	39	20
7	생산1팀	세탁기	양호	45	10
8	생산2팀	전자레인지	양호	59	27
9	생산2팀	세탁기	불량	45	8
10	생산2팀	전자레인지	양호	48	20
11					

① =OR($D2>=40, $C2="양호")
② =OR(D$2>=40, C$2="양호")
③ =AND($D2>=40, $C2="양호")
④ =AND(D$2>=40, C$2="양호")

31. 다음 중 엑셀 차트의 추세선에 관한 설명으로 옳지 않은 것은?

① 추세선은 지수, 선형, 로그, 다항식, 거듭제곱, 이동 평균 등 6가지의 종류가 있다.
② 하나의 데이터 계열에 두 개 이상의 추세선을 동시에 표시할 수는 없다.
③ 방사형, 원형, 도넛형 차트에는 추세선을 사용할 수 없다.
④ 추세선이 추가된 데이터 계열의 차트 종류를 3차원으로 바꾸면 추세선이 사라진다.

03220132

32. 다음 중 셀에 입력된 데이터에 사용자 지정 표시 형식을 설정한 후의 표시 결과로 옳은 것은?

① 0.25 → 0#.#% → 0.25%
② 0.57 → #.# → 0.6
③ 90.86 → #,##0.0 → 90.9
④ 100 → #,###;@"점" → 100점

33. [데이터] → [쿼리 및 연결] 그룹에 있는 아이콘 중 다음 아이콘의 기능은 무엇인가?

① 새로 고침   ② 모두 새로 고침
③ 새로 고침 상태   ④ 새로 고침 취소

34. 다음 중 시나리오에 대한 설명으로 옳지 않은 것은?

① 시나리오는 별도의 파일로 저장하고 자동으로 바꿀 수 있는 값의 집합이다.
② 시나리오를 사용하여 워크시트 모델의 결과를 예측할 수 있다.
③ 여러 시나리오를 비교하기 위해 시나리오를 한 페이지의 피벗 테이블로 요약할 수 있다.
④ 시나리오 피벗 테이블 보고서에는 결과 셀이 반드시 있어야 한다.

35. 다음 중 각 차트 종류에 대한 설명으로 적절하지 않은 것은?

① 영역형 차트 : 워크시트의 여러 열이나 행에 있는 데이터에서 시간에 따른 변동의 크기를 강조하여 합계 값을 추세와 함께 살펴볼 때 사용된다.
② 표면형 차트 : 일반적인 척도를 기준으로 연속적인 데이터를 표시할 수 있으므로 일정 간격에 따른 데이터의 추세를 표시할 때 사용된다.
③ 도넛형 차트 : 여러 열이나 행에 있는 데이터에서 전체에 대한 각 부분의 관계를 비율로 나타내어 각 부분을 비교할 때 사용된다.
④ 분산형 차트 : 여러 데이터 계열에 있는 숫자 값 사이의 관계를 보여 주거나 두 개의 숫자 그룹을 xy 좌표로 이루어진 하나의 계열로 표시할 때 사용된다.

정답 31.② 32.③ 33.② 34.① 35.②

등급 B

36. 다음 중 엑셀의 정렬 기능에 대한 설명으로 옳지 않은 것은?

① 오름차순 정렬과 내림차순 정렬 모두 빈 셀은 항상 마지막으로 정렬된다.

② 영숫자 텍스트는 왼쪽에서 오른쪽 방향으로 문자 단위로 정렬된다.

③ 사용자가 [정렬 옵션] 대화상자에서 대/소문자를 구분하도록 변경하여, 오름차순으로 정렬하면 대문자가 소문자보다 우선순위를 갖는다.

④ 공백으로 시작하는 문자열은 오름차순 정렬일 때 숫자 바로 다음에 정렬되고, 내림차순 정렬일 때는 숫자 바로 앞에 정렬된다.

03220137

등급 A

37. 다음 중 아래의 워크시트에서 작성한 수식으로 결과 값이 다른 것은?

	A	B	C
1	10	30	50
2	40	60	80
3	20	70	90
4			

① =SMALL(B1:B3, COLUMN(C3))

② =SMALL(A1:B3, AVERAGE({1;2;3;4;5}))

③ =LARGE(A1:B3, ROW(A1))

④ =LARGE(A1:C3, AVERAGE({1;2;3;4;5}))

등급 C

38. 다음 중 '페이지 레이아웃'의 '머리글/바닥글 도구'에 대한 설명으로 틀린 것은?

① 페이지 번호, 현재 날짜 등을 추가할 수 있다.

② 홀수 페이지의 머리글 및 바닥글을 짝수 페이지와 다르게 지정하려면 '짝수와 홀수 페이지를 다르게 지정'을 선택한다.

③ 머리글과 바닥글의 여백을 워크시트의 여백에 맞추려면 '페이지 여백에 맞추기'를 선택한다.

④ 머리글과 바닥글의 글꼴과 인쇄 배율을 워크시트의 글꼴과 인쇄 배율에 맞추려면 '문서에 맞게 배율 조정'을 선택한다.

39. 다음 중 노트에 대한 설명으로 옳지 않은 것은?

① 피벗 테이블의 셀에 노트를 삽입한 경우 데이터를 정렬하면 노트도 데이터와 함께 정렬된다.
② 노트의 텍스트 서식을 변경하거나 노트에 입력된 텍스트에 맞도록 노트 크기를 자동으로 조정할 수 있다.
③ 새 노트를 작성하려면 바로 가기 키 [Shift] + [F2]를 누른다.
④ 작성된 노트가 표시되는 위치를 자유롭게 지정할 수 있고, 노트가 항상 표시되도록 설정할 수 있다.

전문가의 조언
일반적으로 셀에 삽입된 노트는 데이터를 정렬하면 데이터와 함께 이동되지만 피벗 테이블 보고서에 삽입된 노트는 보고서 레이아웃을 변경하거나 정렬해도 데이터와 함께 이동되지 않습니다.

03220140

40. 다음 중 아래와 같은 피벗 테이블을 작성하기 위한 작업으로 옳지 않은 것은?

	A	B	C	D	E
1	성별	(모두)			
2	졸업자	(모두)			
3					
4	단과대학	학과	개수 : 진학자	개수 : 창업자	평균 : 취업률
5	사범대학				
6		영어 교육과	2	2	79%
7		국어교육과	1	1	64%
8		교육학과	2	2	64%
9		수학교육과	3	2	55%
10	사회과학대학		9	10	60%
11	인문대학		9	8	62%
12	총합계		26	25	62%
13					

① 확장/축소 단추와 부분합을 표시하지 않았다.
② 행에 단과대학과 학과를 표시하고, 단과대학에 필터를 적용했다.
③ 학과를 기준으로 내림차순 정렬되어 있다.
④ 필터에 성별과 졸업자가 표시되어 있다.

전문가의 조언
• 피벗 테이블은 학과가 아닌 취업률을 기준으로 내림차순 정렬되어 있습니다.
• 학과를 기준으로 내림차순 정렬하면 다음과 같이 표시됩니다.

	A		C	D	E
1	성별	(모두)			
2	졸업자	(모두)			
3					
4	단과대학	학과	개수 : 진학자	개수 : 창업자	평균 : 취업률
5	사범대학				
6		영어 교육과	2	2	79%
7		수학교육과	3	2	55%
8		국어교육과	1	1	64%
9		교육학과	2	2	64%
10	사회과학대학		9	10	60%
11	인문대학		9	8	62%
12	총합계		26	25	62%
13					

3과목 데이터베이스 일반

41. 다음 중 데이터베이스 관리자의 역할로 옳지 않은 것은?

① COBOL, PASCAL, C와 같은 호스트 프로그래밍 언어와 DCL(Data Control Language)을 이용하여 데이터를 조작한다.
② 데이터베이스의 스키마를 정의한다.
③ 데이터베이스의 구성 요소를 결정한다.
④ 시스템의 성능 분석 및 감시를 한다.

전문가의 조언
①번은 응용 프로그래머의 역할입니다.

42. 정규화 과정 중 릴레이션에 속한 모든 도메인이 원자값(Atomic Value)만으로 되어 있는 릴레이션은 어떤 정규형의 릴레이션인가?

① 제1정규형
② BCNF 정규형
③ 제2정규형
④ 제3정규형

등급 **A**

45. 입력값 12345678에 대한 다음의 입력 마스크 설정에 따른 결과가 옳은 것은?

① (000)-000-0000 → (001)-234-5678
② #999 → 12345678
③ (999)-000-0000 → (123)-456-7800
④ 9999-0000 → 1234-5678

등급 **B**

43. 다음 중 보고서에서 그룹 머리글의 '반복 실행 구역' 속성을 '예'로 설정한 경우에 대한 설명으로 옳은 것은?

① 매 레코드마다 해당 그룹 머리글이 표시된다.
② 한 그룹이 여러 페이지에 걸쳐 표시되는 경우 각 페이지에 해당 그룹 머리글이 표시된다.
③ 그룹 머리글이 보고서의 시작 부분과 끝 부분에 표시된다.
④ 매 그룹의 시작 부분에 해당 그룹 머리글이 표시된다.

등급 **B**

46. 다음 중 보고서의 영역에 대한 설명으로 가장 옳지 않은 것은?

① 보고서의 제목과 같이 보고서의 첫 페이지에만 나오는 내용을 주로 표시하는 구역이 보고서 머리글이다.
② 페이지 번호나 출력 날짜 등을 주로 표시하는 구역이 페이지 바닥글이다.
③ 수치를 가진 필드나 계산 필드의 총합계나 평균 등을 주로 표시하는 구역은 본문이다.
④ 주로 필드의 제목과 같이 매 페이지의 윗부분에 나타날 내용을 표시하는 구역은 페이지 머리글이다.

등급 **C**

44. 다음 중 테이블에서 사원들이 부모님과 함께 살고 있는지의 여부를 입력받고자 할 때, 설정할 데이터 형식으로 가장 적절한 것은?

① 짧은 텍스트   ② Yes/No
③ 일련 번호   ④ 하이퍼링크

47. 다음 중 액세스에서 테이블을 디자인 할 때 사용되는 조회 속성에 대한 설명으로 가장 옳지 않은 것은?

① 조회 속성은 데이터 형식이 짧은 텍스트, 숫자, Yes/No인 경우에만 사용한다.
② 콤보 상자나 목록 상자 등의 컨트롤을 사용할 수 있다.
③ 조회 속성을 이용하면 목록 중에서 선택하여 데이터를 입력할 수 있다.
④ 콤보 상자나 목록 상자의 목록 값을 직접 입력하여 지정하려면 행 원본 형식을 필드 목록으로 선택해야 한다.

48. 다음의 관계에 관한 설명으로 가장 옳지 않은 것은?

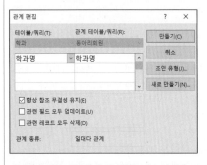

① '항상 참조 무결성 유지'를 체크하였으므로 관련된 두 테이블 간에 참조 관계에 문제가 발생하지 않도록 해준다.
② '항상 참조 무결성 유지'를 체크하고 '관련 필드 모두 업데이트'를 체크하는 경우, 관계 테이블의 필드([동아리회원]의 '학과명')를 수정하면 기본 테이블의 해당 필드([학과]의 '학과명')도 자동적으로 수정된다.

③ '항상 참조 무결성 유지'를 체크하고 '관련 레코드 모두 삭제'를 체크하지 않는 경우, 관계 테이블 ([동아리회원])에서 참조하고 있는 '학과명'을 갖는 기본 테이블 ([학과])의 해당 레코드는 삭제할 수 없다.
④ 관계 테이블([동아리회원])의 레코드를 삭제하는 경우, 옵션을 어떻게 설정하든 관계 없이 참조 무결성의 유지에는 아무런 문제가 발생하지 않는다.

49. 다음 중 Access 개체에 대한 설명으로 잘못된 것은?

① Recordset 개체는 현재 Microsoft Access 응용 프로그램 자체를 의미한다.
② Form 개체의 refresh 메서드는 데이터 원본으로 사용하는 레코드를 즉시 업데이트한다.
③ Docmd 개체는 Microsoft Access 매크로 함수를 Visual Basic에서 실행하기 위한 개체이다.
④ Control 개체의 requery 메서드는 원본 데이터를 다시 읽어 갱신한다.

등급 C

50. 다음 중 테이블에서 내보내기가 가능한 파일 형식에 해당하지 않는 것은?

① 엑셀(Excel) 파일
② ODBC 데이터베이스
③ HTML 문서
④ Outlook

등급 A

51. 다음 〈매출〉 테이블에 대한 함수 적용 결과로 틀린 것은?

〈매출〉

순번	수량	금액
1	10	4000
2	20	5000
3	10	4500
4	Null	3500
5	10	4600

① =Count([금액]) → 5
② =Avg([수량]) → 10
③ =Max([금액]) → 5000
④ =Sum([수량]) → 50

등급 A

52. 다음 중 아래 그림과 같이 '성명' 필드가 'txt검색' 컨트롤에 입력된 문자를 포함하는 레코드만을 표시하도록 하는 프로시저의 코드로 옳은 것은?

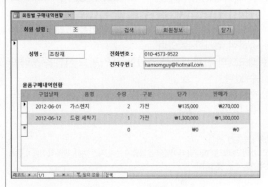

① Me.Filter = "성명 = '*' & txt검색 & '*'"
　Me.FilterOn = True
② Me.Filter = "성명 = '*' & txt검색 & '*'"
　Me.FilterOn = False
③ Me.Filter = "성명 like '*' & txt검색 & '*'"
　Me.FilterOn = True
④ Me.Filter = "성명 like '*' & txt검색 & '*'"
　Me.FilterOn = False

53. 다음 중 실행 쿼리의 삽입(INSERT)문에 대한 설명으로 옳지 않은 것은?

① 한 개의 INSERT문으로 여러 개의 레코드를 여러 개의 테이블에 동일하게 추가할 수 있다.
② 필드 값을 직접 지정하거나 다른 테이블의 레코드를 추출하여 추가할 수 있다.
③ 레코드의 전체 필드를 추가할 경우 필드 이름을 생략할 수 있다.
④ 하나의 INSERT문을 이용해 여러 개의 레코드와 필드를 삽입할 수 있다.

55. 다음은 '폼 디자인 보기'에서의 작업에 대한 설명이다. 각 번호에 대한 마우스 작업 설명 중 옳지 않은 것은?

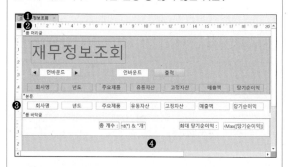

① ❶을 오른쪽 버튼으로 클릭하여 '레이아웃 보기'로 보기 형식을 변경할 수 있다.
② ❷를 더블클릭하면 '탭 순서' 대화상자가 표시된다.
③ ❸을 클릭하면 본문의 모든 컨트롤이 선택된다.
④ ❹를 더블클릭하면 '폼 속성 시트' 창이 표시된다.

54. 다음 중 폼에 대한 설명으로 옳지 않은 것은?

① 모든 폼은 기본적으로 테이블이나 쿼리와 연결되어 표시되는 바운드 폼이다.
② 폼 내에서 단추를 눌렀을 때 매크로와 모듈이 특정 기능을 수행하도록 할 수 있다.
③ 일 대 다 관계에 있는 테이블이나 쿼리는 폼 안에 하위 폼을 작성할 수 있다.
④ 폼과 컨트롤의 속성은 [디자인 보기] 형식에서 [속성 시트]를 이용하여 설정한다.

56. 탭 컨트롤에 대한 설명으로 옳지 않은 것은?

① 탭 형식의 대화상자를 작성하는 컨트롤로, 다른 컨트롤을 탭 컨트롤로 복사하거나 추가할 수 있다.
② 탭 컨트롤의 바로 가기 메뉴에서 [페이지 삽입], [페이지 삭제]를 선택하여 페이지를 추가하거나 삭제할 수 있다.
③ 탭 컨트롤의 바로 가기 메뉴에서 [탭 순서]를 선택하여 탭 컨트롤 내의 페이지 표시 순서를 설정할 수 있다.
④ 폼 디자인 도구의 컨트롤에서 탭 컨트롤 도구를 선택한 후 드래그하여 탭 컨트롤을 추가할 수 있다.

등급 B

57. 다음 중 폼에서의 탭 순서(Tab Order) 지정에 관한 설명으로 옳지 않은 것은?

① 폼 보기에서 '탭' 키나 '엔터' 키를 눌렀을 때 포커스(Focus)의 이동 순서를 지정하는 것이다.
② 키보드를 이용하여 컨트롤 간 이동을 신속하게 할 수 있는 기능이다.
③ 탭 정지 속성의 기본 값은 '예'이다.
④ 레이블 컨트롤과 옵션 그룹 컨트롤에는 탭 순서를 지정할 수 없다.

전문가의 조언
레이블 컨트롤은 탭 순서를 지정할 수 없지만 옵션 그룹 컨트롤은 지정할 수 있습니다.

등급 A

59. 다음과 같은 식을 입력하였을 때의 설명으로 틀린 것은?

=Format(Now( ), "m/d")

① Format은 계산 결과에 표시 형식을 지정하는 함수이다.
② Now는 현재 날짜와 시간을 표시해주는 함수이다.
③ 컨트롤에 입력되는 식은 =로 시작해야 한다.
④ 오늘 날짜가 '2023-06-03'이면 06/03으로 표시된다.

전문가의 조언
Format 함수의 표시 형식으로 m/d와 같이 월과 일이 모두 한 자리로 지정되었으므로 오늘 날짜가 2023-06-03인 경우 6/3으로 표시됩니다.

등급 C

58. 다음 중 보고서 보기에 대한 설명으로 옳지 않은 것은?

① 보고서 보기를 종료하지 않고 보고서에 직접 필터를 적용하거나 해제할 수 있다.
② 탐색 단추를 이용하여 보고서 페이지를 순차적으로 넘겨보거나 원하는 페이지로 이동할 수 있다.
③ 보고서 데이터를 클립보드에 복사할 수 있다.
④ 보고서 보기는 종이 출력용이 아니라 화면 출력용이다.

전문가의 조언
'보고서 보기' 상태에서는 탐색 단추가 표시되지 않습니다. 또한 '보고서 보기'는 보고서를 페이지 구분 없이 모두 표시하므로 페이지 단위로 넘겨보거나 원하는 페이지로 이동할 수 없습니다.

등급 B

60. 다음 중 폼을 디자인 보기나 데이터시트 보기로 열기 위해 사용하는 매크로 함수는?

① RunCommand
② OpenForm
③ RunMacro
④ RunSQL

전문가의 조언
폼을 디자인 보기나 데이터시트 보기로 열기 위한 매크로 함수는 OpenForm입니다.
• RunCommand : RunMenuCommand 매크로 함수를 실행하여 지정된 명령을 실행함
• RunMacro : 매크로를 실행함
• RunSQL : SQL문을 실행함

1과목　컴퓨터 일반

등급 B

1. 웹 기반 애플리케이션을 활용하여 인터넷 개인 서버에서 대용량 데이터베이스를 연산(처리)하고 저장한 데이터를 PC나 스마트폰, Pad 등 다양한 단말기에서 불러오거나 가공할 수 있도록 하는 환경을 의미하는 것은?

① 클라우드 컴퓨팅(Cloud Computing)
② 그리드 컴퓨팅(Grid Computing)
③ 사물 인터넷(Internet of Things)
④ 빅 데이터(Big Data)

전문가의 조언
문제에 제시된 내용은 클라우드 컴퓨팅(Cloud Computing)에 대한 설명입니다.
• **그리드 컴퓨팅(Grid Computing)** : 지리적으로 분산되어 있는 컴퓨터를 초고속 인터넷 망으로 연결하여 공유함으로써 하나의 고성능 컴퓨터처럼 활용하는 기술
• **사물 인터넷(IoT, Internet of Things)** : 인터넷 상에 존재하는 모든 사물을 네트워크로 연결해 인간과 사물, 사물과 사물 간 언제 어디서나 서로 소통할 수 있게 하는 새로운 통신 환경
• **빅 데이터(Big Data)** : 기존의 관리 방법이나 분석 체계로는 처리하기 어려운 막대한 양의 데이터 집합

등급 B

2. 다음 중 사물 인터넷(Iot)에서 무선 광역 네트워크로 사용되며, 저전력, 저비용을 기반으로 소량의 데이터의 장거리 전송과 안정적인 통신을 지원하는 것은?

① LWPA　　　　　② LTE
③ Wi-FI　　　　　④ USN

전문가의 조언
사물 인터넷(Iot)에서 무선 광역 네트워크로 사용되는 통신망은 LPWA(Low Power Wide Area)입니다.
• **LTE(Long Term Evolution)** : 4세대(4G) 무선 통신 기술을 의미함

• **와이파이(WiFi)** : 2.4GHz대를 사용하는 무선 랜(WLAN) 규격(IEEE 802.11b)에서 정한 제반 규정에 적합한 제품에 주어지는 인증 마크
• **USN(Ubiquitous Sensor Network)** : 모든 사물에 부착된 RFID 태그 또는 센서를 통해 탐지된 사물의 인식 정보는 물론 주변의 온도, 습도, 위치정보, 압력, 오염 및 균열 정도 등과 같은 환경 정보를 네트워크와 연결하여 실시간으로 수집하고 관리하는 네트워크 시스템

등급 A

3. 다음 중 컴퓨터의 CMOS에서 설정할 수 있는 항목으로 옳지 않은 것은?

① 하드디스크의 타입
② 하드디스크나 USB 등의 부팅 순서
③ 멀티부팅 시 사용하려는 BIOS의 종류
④ 시스템 암호 설정

전문가의 조언
• CMOS에서 BOIS의 종류는 변경할 수 없습니다.
• CMOS에서 설정할 수 있는 항목에는 '시스템의 날짜와 시간, 칩셋, 부팅 순서, 하드디스크 타입, 시스템 암호, 전원 관리, PnP, Anti-Virus' 등이 있습니다.

등급 C

4. 다음 중 인터넷 서버까지의 경로를 추적하는 명령어인 'Tracert'에 대한 설명으로 옳은 것은?

① IP 주소, 목적지까지 거치는 경로의 수, 각 구간 사이의 데이터 왕복 속도를 확인할 수 있다.
② 원격 컴퓨터가 현재 네트워크에 연결되어 정상적으로 작동하고 있는지 알아볼 수 있다.
③ 컴퓨터와 컴퓨터 또는 컴퓨터와 인터넷 사이에서 파일을 주고받을 수 있도록 하는 원격 파일 전송 프로토콜이다.
④ 현재 자신의 컴퓨터에 연결된 다른 컴퓨터의 IP 주소 및 포트 정보를 볼 수 있다.

전문가의 조언
Tracert에 대한 설명으로 옳은 것은 ①번입니다.
• ②번은 Ping, ③번은 FTP, ④번은 Netstat에 대한 설명입니다.

5. 다음 중 파일이나 폴더를 복사하는 방법으로 옳지 않은 것은?

① 같은 드라이브에서 다른 위치로 파일이나 폴더를 복사하려면 Shift를 누른 채 파일이나 폴더를 다른 드라이브로 끌어다 놓는다.

② 파일이나 폴더를 선택하고 Ctrl + C를 누른 후 복사할 위치에서 Ctrl + V를 누른다.

③ 다른 드라이브로 파일이나 폴더를 복사하려면 아무것도 누르지 않은 상태에서 파일이나 폴더를 끌어다 놓는다.

④ 파일이나 폴더를 선택하고 바로 가기 메뉴에서 [복사]를 선택한 후 복사할 위치에서 바로 가기 메뉴의 [붙여넣기]를 선택한다.

전문가의 조언
같은 드라이브에서 다른 위치로 파일이나 폴더를 복사하려면 Ctrl을 누른 채 파일이나 폴더를 다른 드라이브로 끌어다 놓아야 합니다.

6. 다음 중 객체 지향 프로그래밍 특징으로 옳은 것은?

① 객체에 대하여 절차적 프로그래밍의 장점을 사용할 수 있다.

② 객체 지향 프로그램은 코드의 재사용과 유지 보수가 용이하다.

③ 객체 지향 프로그램은 주로 인터프리터 번역 방식을 사용한다.

④ 프로그램의 구조와 절차에 중점을 두고 작업을 진행한다.

전문가의 조언
객체 지향 프로그램은 코드의 재사용과 유지 보수가 용이합니다.

7. 다음 중 LAN에 연결된 컴퓨터에서 고정 IP 주소로 인터넷에 접속하기 위해 설정해야 할 인터넷 프로토콜(TCP/IP) 항목으로 옳지 않은 것은?

① 기본 게이트웨이　　② 서브넷 마스크

③ IP 주소　　　　　　④ DHCP 서버 주소

전문가의 조언
고정 IP 주소로 인터넷에 접속하기 위해 설정해야 할 TCP/IP 항목은 'IP 주소, 서브넷 접두사 길이, 서브넷 마스크, 게이트웨이, DNS 서버 주소'입니다.

8. 다음 중 프로그램 카운터(PC)에 대한 설명으로 옳은 것은?

① 명령 레지스터에 있는 명령어를 해독한다.

② 연산 결과를 일시적으로 저장한다.

③ 다음에 실행할 명령어의 주소를 기억한다.

④ 현재 실행 중인 명령의 내용을 기억한다.

전문가의 조언
프로그램 카운터(PC)는 다음에 실행할 명령어의 주소를 기억하는 레지스터입니다.
• ①번은 명령 해독기(Decoder), ②번은 누산기(AC), ④번은 명령 레지스터(IR)에 대한 설명입니다.

9. 다음 중 컴퓨터에서 사용하는 모니터에 관한 설명으로 옳지 않은 것은?

① 모니터 크기는 화면의 가로와 세로 길이를 더한 값을 Inch로 표시한다.

② 모니터 해상도는 픽셀(Pixel) 수에 따라 결정된다.

③ 재생률(Refresh Rate)이 높을수록 모니터의 깜박임이 줄어든다.

④ 플리커 프리(Flicker Free)가 적용된 모니터의 경우 눈의 피로를 줄일 수 있다.

전문가의 조언
모니터 크기는 화면의 대각선 길이를 센티미터(cm)로 표시합니다.

10. 다음 중 파일의 바로 가기 메뉴 [연결 프로그램]에 대한 설명으로 옳지 않은 것은?

① 문서나 그림 같은 데이터 파일을 더블클릭할 때 자동으로 실행되는 앱을 의미한다.

② 파일의 바로 가기 메뉴에서 [연결 프로그램]을 선택하면 연결 프로그램을 변경할 수 있다.

③ 연결 프로그램이 지정되지 않았을 경우 데이터 파일을 더블클릭하면 연결 프로그램을 선택하기 위한 대화상자가 표시된다.

④ [연결 프로그램] 대화상자에서 연결 프로그램을 삭제하면 연결된 데이터 파일도 함께 삭제된다.

전문가의 조언

'연결 프로그램' 대화상자는 연결 프로그램들의 연결 정보만을 갖고 있기 때문에 '연결 프로그램' 대화상자에서 연결 프로그램을 삭제해도 연결 정보만 삭제될 뿐 연결된 데이터 파일은 삭제되지 않습니다.

03220211

11. 다음 중 정보 보안을 위한 비밀키 암호화 기법에 대한 설명으로 옳지 않은 것은?

① 비밀키 암호화 기법의 안전성은 키의 길이 및 키의 비밀성 유지 여부에 영향을 많이 받는다.

② 암호화와 복호화 시 사용하는 키가 동일한 암호화 기법이다.

③ 복잡한 알고리즘으로 인해 암호화와 복호화 속도가 느리다.

④ 사용자가 증가할 경우 상대적으로 관리해야 할 키의 수가 많아진다.

전문가의 조언

• 비밀키 암호화 기법은 알고리즘이 단순하여 암호화나 복호화 속도가 빠릅니다.

• 복잡한 알고리즘으로 인해 암호화와 복호화 속도가 느린 기법은 공개키 암호화 기법입니다.

12. 다음 중 사운드 카드 관련 용어에 대한 설명으로 옳지 않은 것은?

① 샘플링(Sampling)은 아날로그 신호를 디지털 신호로 변환하는 과정 중 한 단계이다.

② 샘플링률(Sampling Rate)이 높으면 높을수록 원음에 보다 가깝다.

③ 샘플링 주파수(Sampling Frequency)는 낮으면 낮을수록 좋다.

④ 샘플링 비트(Sampling Bit) 수는 음질에 영향을 미친다.

전문가의 조언

샘플링 주파수는 높을수록 좋습니다. 다만 많은 기억 용량이 필요하므로 원 신호 주파수의 2배 정도가 적당합니다.

13. 다음 중 [드라이브 조각 모음 및 최적화]를 수행할 수 있는 대상으로 옳은 것은?

① 외장 하드디스크 드라이브

② 네트워크 드라이브

③ CD-ROM 드라이브

④ Windows가 지원하지 않는 형식의 압축 프로그램

전문가의 조언

• 외장 하드디스크 드라이브는 '드라이브 조각 모음 및 최적화'를 수행할 수 있습니다.

• 네트워크 드라이브, CD-ROM 드라이브, Windows가 지원하지 않는 형식으로 압축된 프로그램에 대해서는 '드라이브 조각 모음 및 최적화'를 수행할 수 없습니다.

14. 다음 중 인터넷 문서를 작성할 때 사용되는 언어 중에서 HTML에 관한 설명으로 옳은 것은?

① 인터넷용 하이퍼텍스트 문서 제작에 사용된다.

② 구조화된 문서를 제작하기 위한 언어로 태그의 사용자 정의가 가능하다.

③ 서버 측에서 동적으로 처리되는 페이지를 만들기 위한 언어이다.

④ 웹 상에서 3차원 가상공간을 표현하기 위한 언어이다.

전문가의 조언
HTML은 인터넷용 하이퍼텍스트 문서 제작에 사용됩니다.
• ②번은 XML, ③번은 ASP, ④번은 VRML에 대한 설명입니다.

등급 **B**

15. 다음 중 한글 Windows 10의 작업 보기와 가상 데스크톱에 대한 설명으로 옳지 않은 것은?

① 작업 보기 화면 상단에 표시된 가상 데스크톱에 마우스를 가져가면 해당 데스크톱에서 작업중인 앱이 표시된다.
② ⊞ + Tab 을 누르거나 작업 표시줄의 작업 보기 아이콘(▦)을 클릭하여 작업 보기 화면을 표시할 수 있다.
③ 가상 데스크톱을 제거한 경우 제거된 가상 데스크톱에서 작업 중인 앱은 자동으로 삭제된다.
④ 작업 보기 화면에서 현재 작업 중인 앱을 마우스로 드래그하여 다른 가상 데스크톱으로 이동할 수 있다.

전문가의 조언
가상 데스크톱을 제거하면 제거된 가상 데스크톱에서 작업 중이던 앱은 이전 가상 데스크톱으로 이동합니다.
▦ 가상 데스크톱2를 제거하면 작업 중이던 앱은 가상 데스크톱1로 이동함

등급 **C**

16. 다음 중 mp3 파일의 크기를 결정하는 요소에 해당하지 않는 것은?

① 재생 방식(Mono, Stereo)
② 샘플 크기(Bit)
③ 프레임 너비(Pixel)
④ 표본 추출률(Hz)

전문가의 조언
• 오디오 데이터의 파일 크기 계산식은 '표본 추출률(Hz) × 샘플 크기(Bit)/8 × 시간 × 재생 방식(모노 = 1, 스테레오 = 2)'입니다.
• 프레임 너비는 비디오 데이터 파일의 크기를 계산할 때 필요한 요소입니다.

등급 **B**

17. 다음 중 마이크로프로세서(Microprocessor)에 관한 설명으로 옳지 않은 것은?

① 제어장치, 연산장치, 주기억장치가 하나의 반도체 칩에 내장된 장치이다.
② 클럭 주파수와 내부 버스의 폭(Bandwidth)으로 성능을 평가한다.
③ 개인용 컴퓨터의 중앙처리장치로 사용된다.
④ 작은 규모의 임베디드 시스템이나 휴대용 기기에도 사용된다.

전문가의 조언
마이크로프로세서는 제어장치, 연산장치, 레지스터가 하나의 반도체 칩에 내장된 장치입니다.

등급 **B**

18. 다음 중 컴퓨터 및 정보기기에서 사용하는 펌웨어(Firmware)에 관한 설명으로 옳은 것은?

① 주로 하드디스크의 부트 레코드 부분에 저장된다.
② 인터프리터 방식으로 번역되어 실행된다.
③ 운영체제의 일부로 입출력을 전담한다.
④ 소프트웨어의 업그레이드만으로도 기능을 향상시킬 수 있다.

전문가의 조언
펌웨어는 소프트웨어의 업그레이드만으로도 기능을 향상시킬 수 있습니다.

등급 **B**

19. 다음 중 인터넷에서 사용하는 표준 주소 체계인 URL(Uniform Resource Locator)의 4가지 구성 요소를 순서대로 옳게 나열한 것은?

① 프로토콜, 서버 주소, 포트 번호, 파일 경로
② 서버 주소, 프로토콜, 포트 번호, 파일 경로
③ 프로토콜, 서버 주소, 파일 경로, 포트 번호
④ 포트 번호, 프로토콜, 서버 주소, 파일 경로

전문가의 조언
URL의 구성 요소는 '프로토콜, 서버 주소, 포트 번호, 파일 경로' 순으로 되어 있습니다.

20. 다음 중 니블(Nibble)에 대한 설명으로 옳은 것은?

① 자료 표현의 최소 단위이다.
② 1바이트를 반으로 나눈 4비트로 구성된 단위이다.
③ 문자를 표현하는 최소 단위이다.
④ CPU가 한 번에 처리할 수 있는 명령 단위이다.

전문가의 조언
니블(Nibble)은 4비트로 구성된 단위입니다.
• ①번은 비트(Bit), ③번은 바이트(Byte), ④번은 워드(Word)에 대한 설명입니다.

---

2 과목 **스프레드시트 일반**

21. 아래의 시트에서 [A6] 셀에 수식 "=SUM(OFFSET(A1, 1, 0, 3, 1))"을 입력했을 때 알맞은 결과값은?

	A	B	C	D
1	1	2	3	4
2	5	6	7	8
3	9	10	11	12
4	13	14	15	16
5	17	18	19	20
6	=SUM(OFFSET(A1,1,0,3,1))			
7				

① 9　　　　　　　　② 27
③ 6　　　　　　　　④ 15

전문가의 조언
[A6] 셀에 문제에 제시된 수식을 입력했을 때 표시되는 결과값은 27입니다.
=SUM(OFFSET(A1, 1, 0, 3, 1))
　　　　　❶
　　　❷
❶ OFFSET(A1, 1, 0, 3, 1) : [A1]을 기준으로 1행 0열 떨어진 셀 주소([A2])를 찾습니다. 이 주소를 기준으로 3행, 1열의 범위(A2:A4)를 지정합니다.
❷ =SUM(❶) → =SUM(A2:A4) : [A2:A4] 영역의 합계를 계산합니다(27).

---

22. 다음 중 아래 시트에 대한 수식의 결과로 옳은 것은?

	A	B	C	D
1		2019	2020	2021
2	1사분기	1	1	1
3	2사분기	2	2	2
4	3사분기	3	3	3
5	4사분기	4	4	4

=SUM(B2:C5 C2:D5 B3:D4)

① 30　　② #N/A　　③ 5　　④ 0

전문가의 조언
'B2:C5 C2:D5 B3:D4'와 같이 세 개의 참조 영역을 공백으로 연결하면 공통 영역([C3:C4])을 참조 영역으로 지정하므로 '=SUM(C3:C4)'의 결과는 5입니다.

	A	B	C	D
1		2019	2020	2021
2	1사분기	1	1	1
3	2사분기	2	2	2
4	3사분기	3	3	3
5	4사분기	4	4	4

---

23. 다음 중 [찾기 및 바꾸기] 대화상자에 대한 설명으로 옳지 않은 것은?

① ?가 포함된 내용을 찾으려면 ??로 지정한다.
② '찾기' 탭에서는 찾는 위치를 수식, 값, 슬라이드 노트, 메모 중에서 선택할 수 있지만 '바꾸기' 탭에서는 수식으로만 지정할 수 있다.
③ 서식을 사용하면 서식 조건에 맞는 셀을 검색할 수 있다.
④ '검색'에서 행 방향을 우선하여 찾을 것인지 열 방향을 우선하여 찾을 것인지를 지정할 수 있다.

　　정답 20.② 21.② 22.③ 23.①

등급 **C**

24. 다음 중 외부 데이터의 [쿼리 및 연결] 설정 기능에 대한 설명으로 옳지 않은 것은?

① [연결 속성] 대화상자에서 시트, 이름, 위치(셀, 범위, 개체에 대한 참조), 값, 수식 등 통합 문서에서 사용되는 연결 위치 정보가 제공된다.
② [연결 속성] 대화상자에서 일정한 시간 간격으로 외부 데이터를 자동으로 새로 고치도록 설정할 수 있다.
③ [연결 속성] 대화상자에서 통합 문서를 열 때 외부 데이터를 자동으로 새로 고치거나 외부 데이터를 새로 고치지 않고 즉시 통합 문서를 열도록 설정할 수 있다.
④ 연결을 제거하면 현재 통합 문서에 외부에서 연결하여 가져 온 데이터도 함께 제거된다.

등급 **B**

25. 다음과 같은 이벤트를 실행시켰을 때 나타나는 결과로 옳은 것은?

```
Private Sub
    Range("B2:C3").Select
    Selection.Delete Shift:=xlToLeft
End Sub
```

① [B2:C3] 영역을 셀의 왼쪽에 복사한다.
② [B2:C3] 영역을 삭제한 후 왼쪽에 있는 셀을 오른쪽으로 이동한다.
③ [B2:C3] 영역을 삭제한 후 오른쪽에 있는 셀을 왼쪽으로 이동한다.
④ [B2:C3] 영역을 셀의 오른쪽에 복사한다.

등급 **A**

26. 셀 범위 [A1:C4]에 대한 각 보기의 수식을 실행하였을 때 다음 중 결과 값이 다른 것은?

	A	B	C
1	바나나	33	2,500
2	오렌지	25	1,500
3	사과	41	1,200
4	배	40	2,300
5			

① =INDEX(A1:C4, MATCH("배", A1:A4, 0), 1)
② =INDEX(A1:C4, 4, 2)
③ =INDEX(A1:C4, MATCH(2300, C1:C4, 0), 2)
④ =INDEX(B3:C4, 2, 1)

27. 다음 조건을 이용하여 사용자 지정 표시 형식을 설정할 경우 옳은 것은?

> 셀의 값이 200 이상이면 '빨강', 200 미만 100 이상이면 '파랑', 100 미만이면 색을 지정하지 않고, 천 단위 구분 기호와 소수 이하 첫째 자리까지 표시할 것

① [빨강][>=200]#,###.#;[파랑][>=100]#,###.#;#,###.#;
② [빨강][>=200]#,###;[파랑][>=100]#,###;#,###;
③ [빨강][>=200]#,##0.0;[파랑][>=100]#,##0.0;#,##0.0
④ [빨강][>=200]#,##0;[파랑][>=100]#,##0;#,##0

28. 아래 시트에서 판매금액이 3,000,000 이상인 제품의 개수를 구하는 배열 수식으로 맞는 것은? 단, 판매금액은 '판매단가×수량'이다.

	A	B	C
1	제품명	판매단가	수량
2	컴퓨터	750,000	5
3	노트북	1,200,000	2
4	모니터	540,000	3
5	프린터	653,000	7
6			

① {=SUM((B2:C2*B5:C5>=3000000)*1)}
② {=COUNT((B2:C2*B5:C5>=3000000)*1)}
③ {=SUM((B2:B5*C2:C5>=3000000)*1)}
④ {=COUNT((B2:B5*C2:C5>=3000000)*1)}

29. 다음 엑셀 목록을 이용하여 피벗 테이블을 작성하였다. 다음 완성된 피벗 테이블에 대한 설명으로 옳지 않은 것은?

	A	B	C	D
1	판매일자	분류	품목	가격
2	2022-01-04	상의	블라우스	620,000
3	2022-07-14	모자	비니모자	814,000
4	2022-07-19	상의	면바지	794,000
5	2022-05-08	상의	정바지	750,000

	A		B	C	D	E
1						
2	평균 : 가격			분류 ▼		
3	분기 ▼		판매일자 ▼	모자	상의	총합계
4	⊟ 1사분기		1월		620,000	620,000
5			3월		926,000	926,000
6	1사분기 요약				773,000	773,000
7	⊟ 2사분기		4월		786,000	786,000
8			5월		848,500	848,500
9	2사분기 요약				827,667	827,667
10	⊟ 3사분기		7월	851,000	794,000	832,000
11			8월	706,000		706,000
12			9월	761,000		761,000
13	3사분기 요약			792,250	794,000	792,600
14	⊟ 4사분기		10월		481,000	481,000
15			11월		833,000	833,000
16			12월	632,000	702,750	688,600
17	4사분기 요약			632,000	687,500	679,571
18	총합계			760,200	745,667	749,941
19						

① '판매일자'를 이용하여 분기별, 월별 그룹을 설정하였다.
② 보고서 레이아웃을 개요 형식으로 표시하였다.
③ 필드 머리글을 표시하였다.
④ 피벗 테이블 옵션의 '레이블이 있는 셀 병합 및 가운데 맞춤'을 설정하였다.

전문가의 조언
• 문제에 제시된 피벗 테이블은 테이블 형식으로 작성되었습니다.
• 개요 형식으로 작성하면 다음과 같습니다.

	A	B	C	D	E
1					
2	평균 : 가격		분류		
3	분기	판매일자	모자	상의	총합계
4	⊟1사분기			773,000	773,000
5		1월		620,000	620,000
6		3월		926,000	926,000
7	⊟2사분기			827,667	827,667
8		4월		786,000	786,000
9		5월		848,500	848,500
10	⊟3사분기		792,250	794,000	792,600
11		7월	851,000	794,000	832,000
12		8월	706,000		706,000
13		9월	761,000		761,000
14	⊟4사분기		632,000	687,500	679,571
15		10월		481,000	481,000
16		11월		833,000	833,000
17		12월	632,000	702,750	688,600
18	총합계		760,200	745,667	749,941

30. 다음 중 참조의 대상 범위로 사용하는 이름 정의 시 이름의 지정 방법에 대한 설명으로 옳지 않은 것은?

① 'A1'처럼 셀 주소와 같은 형태의 이름을 사용할 수 있다.
② 이름의 첫 글자는 문자나 밑줄(_)만 쓸 수 있고, 나머지 글자는 문자, 숫자, 밑줄(_), 마침표(.)를 사용할 수 있다.
③ 같은 통합 문서에서 동일한 이름을 중복하여 사용할 수 없다.
④ 이름 상자의 화살표 단추를 누르고 정의된 이름 중 하나를 클릭하면 해당 셀 또는 셀 범위가 선택된다.

전문가의 조언
셀 주소와 같은 형태의 이름은 사용할 수 없습니다.

31. 다음 중 아래 차트에 대한 설명으로 옳지 않은 것은?

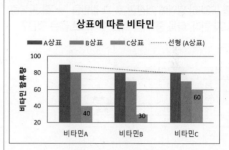

상표에 따른 비타민

① [데이터 계열 서식] 대화상자에서 '계열 겹치기' 값이 0보다 작게 설정되었다.
② 'A상표' 계열에 선형 추세선이 추가되었고, 'C상표' 계열에는 데이터 레이블이 추가되었다.
③ 세로(값) 축의 기본 단위는 20이고, 최소값과 최대값은 각각 20과 100으로 설정되었다.
④ 기본 세로 축 제목은 '모든 텍스트 270도 회전'으로 "비타민 함유량"이 입력되었다.

전문가의 조언
• 문제에 제시된 차트는 '계열 겹치기' 값이 0으로 설정되었습니다.
• '계열 겹치기' 값이 0보다 작으면 다음과 같이 계열 간 간격이 떨어져서 표시됩니다.

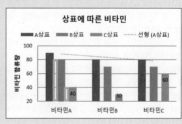

상표에 따른 비타민

[계열 겹치기 : −50%]

32. 아래 워크시트에서 매출액[B3:B9]을 이용하여 매출 구간 별 빈도수를 [F3:F6] 영역에 계산한 후 그 값만큼 "★"를 반복하여 표시하고자 한다. 다음 중 이를 위한 수식으로 옳은 것은?

	A	B	C	D	E	F
1						
2		매출액		매출구간		빈도수
3		75		0	50	★
4		93		51	100	★★
5		130		101	200	★★★
6		32		201	300	★
7		123				
8		257				
9		169				
10						

① =REPT("★", FREQUENCY(E3:E6, B3:B9))
② =REPT("★", FREQUENCY(B3:B9, E3:E6))
③ {=REPT("★", FREQUENCY(E3:E6, B3:B9))}
④ {=REPT("★", FREQUENCY(B3:B9, E3:E6))}

전문가의 조언
매출 구간별 빈도수를 계산한 후 그 값만큼 "★"를 표시하는 수식으로 옳은 것은 ④번입니다.
{=REPT("★", FREQUENCY(B3:B9, E3:E6))}
　　　　❷　　　　　❶

❶ FREQUENCY(B3:B9, E3:E6) : FREQUENCY(배열1, 배열2)는 '배열2'의 범위에 대한 '배열1' 요소들의 빈도수를 계산하는 함수로, [B3:B9] 영역의 데이터를 대상으로 [E3:E6] 영역의 구간별 빈도수를 계산합니다.
❷ =REPT("★", ❶) : REPT(텍스트, 개수)는 '텍스트'를 '개수'만큼 반복하여 입력하는 함수로, "★"를 ❶의 결과값만큼 반복하여 표시합니다.
※ FREQUENCY 함수는 결과가 여러 개의 값을 갖는 배열로 반환되므로 배열 수식으로 작성해야 합니다. 결과가 계산될 [F3:F6] 영역을 블록으로 지정한 후 =REPT("★", FREQUENCY(B3:B9, E3:E6))을 입력한 다음 [Ctrl] + [Shift] + [Enter]를 누르면 수식 앞뒤에 중괄호({ })가 자동으로 입력되어 {=REPT("★", FREQUENCY(B3:B9, E3:E6))}과 같이 표시됩니다.

33. 다음 중 부분합에 대한 설명 중 옳지 않은 것은?
① 그룹화할 항목으로 선택된 필드는 자동으로 오름차순 정렬하여 부분합이 계산된다.
② 부분합에서는 합계, 평균, 개수 등의 함수 이외에도 다양한 함수를 선택할 수 있다.
③ 부분합에서 데이터 아래에 요약을 표시할 수 있다.
④ 부분합에서 그룹 사이에 페이지를 나눌 수 있다.

전문가의 조언
부분합을 작성하려면 먼저 그룹화할 항목을 기준으로 반드시 오름차순이나 내림차순으로 정렬한 후 부분합을 실행해야 합니다.

34. 다음 중 매크로를 작성하고 사용하는 방법에 대한 설명으로 옳지 않은 것은?
① 매크로를 기록하는 경우 기본적으로 셀은 절대 참조로 기록되며, 상대 참조로 기록하고자 할 경우 '상대 참조로 기록'을 선택한 다음 매크로 기록을 실행한다.
② 매크로에 지정된 바로 가기 키가 엑셀 고유의 바로 가기 키와 중복될 경우 엑셀 고유의 바로 가기 키가 우선한다.
③ 매크로를 기록하는 경우 실행하려는 작업을 완료하는 데 필요한 모든 단계가 매크로 레코더에 기록되며, 리본 메뉴에서의 탐색은 기록된 단계에 포함되지 않는다.
④ 개인용 매크로 통합 문서에 저장한 매크로는 엑셀을 시작할 때마다 자동으로 로드되므로 다른 통합 문서에서도 실행할 수 있다.

전문가의 조언
매크로에 지정된 바로 가기 키가 엑셀 고유의 바로 가기 키와 중복될 경우 매크로에 지정된 바로 가기 키가 우선합니다.

등급 C

35. 다음 VBA의 배열에 대한 설명으로 옳지 않은 것은?

① 배열은 모든 데이터를 하나의 변수 이름으로 정의해 사용하는 것이다.

② 배열은 선언할 때 변수 이름 다음에 괄호를 만들어 배열의 크기를 지정한다.

③ 배열의 위치는 1부터 시작한다.

④ 1차원 배열은 행, 2차원 배열은 행과 열로, 3차원 배열은 면, 행, 열로 이루어진 배열이다.

전문가의 조언
배열의 위치는 0부터 시작합니다.

등급 B

36. 다음 중 차트에 대한 설명으로 옳은 것은?

① 워크시트에서 차트에 사용될 데이터를 범위로 지정한 후 Ctrl + F1 을 누르면 별도의 차트 시트에 기본 차트가 작성된다.

② 원형 차트에 축을 표시할 수 있다.

③ 추세선은 기본적으로 '선형' 추세선으로 표시되고, 사용자가 다른 추세선으로 변경할 수 없다.

④ 트리맵, 히스토그램 차트는 3차원 차트로 작성할 수 없다.

전문가의 조언
차트에 대한 설명으로 옳은 것은 ④번입니다.
① Ctrl + F1 을 누르면 데이터가 있는 워크시트에서 차트가 작성되고, 별도의 차트 시트에 기본 차트를 작성하려면 F11 을 눌러야 합니다.
② 원형 차트는 항상 한 개의 데이터 계열만을 가지고 있으므로 축이 없습니다.
③ 사용자가 추세선의 종류를 다른 것으로 변경할 수 있습니다.

등급 B

37. 다음 중 상품명이 '오디오' 또는 '비디오'이고, 금액이 40000원 이상인 데이터를 추출하기 위한 고급 필터의 조건식으로 올바른 것은?

①

상품명	금액
오디오	>=40000
비디오	

②

상품명	금액
오디오	>=40000
비디오	>=40000

③

상품명	상품명	금액
오디오	비디오	
		>=40000

④

상품명	금액	금액
오디오		
	비디오	>=40000

전문가의 조언
고급 필터의 AND 조건은 같은 행에 조건을 입력하고, OR 조건은 다른 행에 입력하면 되므로 조건식으로 올바른 것은 ②번입니다.

등급 B

38. 다음 중 '인쇄 미리 보기 및 인쇄' 화면에서 '페이지 설정'을 클릭하여 설정할 수 있는 내용으로 틀린 것은?

① 인쇄 영역을 설정하여 인쇄할 수 있다.

② 워크시트의 행 머리글과 열 머리글을 포함하여 인쇄할 수 있다.

③ 워크시트에 삽입되어 있는 차트, 도형, 그림 등의 모든 그래픽 요소를 제외하고 텍스트만 빠르게 인쇄할 수 있다.

④ 셀에 표시된 오류가 인쇄되지 않도록 설정할 수 있다.

등급 **B**

39. 다음 중 엑셀의 인쇄 기능에 대한 설명으로 옳지 않은 것은?

① 차트만 제외하고 인쇄하기 위해서는 [차트 영역 서식] 창에서 '개체 인쇄'의 체크를 해제한다.
② 시트에 표시된 오류 값을 제외하고 인쇄하기 위해서는 [페이지 설정] 대화상자에서 '셀 오류 표시'를 〈공백〉으로 선택한다.
③ 인쇄 내용을 페이지의 가운데에 맞춰 인쇄하려면 [페이지 설정] 대화상자에서 '문서에 맞게 배율 조정'을 체크한다.
④ 인쇄되는 모든 페이지에 특정 행을 반복하려면 [페이지 설정] 대화상자에서 '인쇄 제목'의 '반복할 행'에 열 레이블이 포함된 행의 참조를 입력한다.

등급 **B**

40. 다음 중 원형 차트에 대한 설명으로 옳은 것은?

① 원형 차트는 하나의 축을 가진다.
② 원형 대 가로 막대형 차트에서는 비교적 작은 값을 누적 막대형 차트로 결합하여 표시한다.
③ 원형 차트에 데이터 테이블을 표시할 수 있다.
④ 3차원 원형 차트는 쪼개진 원형으로 표시할 수 없다.

3 과목 데이터베이스 일반

등급 **C**

41. 다음 중 폼 마법사에서 선택 가능한 폼의 모양으로, 각 필드가 왼쪽의 레이블과 함께 각 행에 나타나며, 폼이 생성된 직후에는 컨트롤 레이아웃이 설정되어 있어 각각의 컨트롤을 다른 크기로 변경할 수 없는 것은?

① 열 형식
② 테이블 형식
③ 데이터시트
④ 맞춤

등급 **C**

42. 다음 중 관계 데이터 모델에 대한 설명으로 옳지 않은 것은?

① 애트리뷰트가 취할 수 있는 같은 타입의 모든 원자 값들의 집합을 도메인이라 한다.
② 관계형 데이터베이스에서 릴레이션은 데이터들을 표(Table) 형태로 표현한 것이다.
③ 속성들로 구성된 튜플들 사이에는 순서가 없다.
④ 애트리뷰트는 널(Null) 값을 가질 수 없다.

등급 B

43. 보고서에 대한 설명으로 옳지 않은 것은?

① 보고서는 데이터를 출력하기 위한 개체이다.
② '보고서 보기' 형식을 이용하면 페이지 별로 인쇄되는 형태를 확인할 수 있다.
③ 보고서를 PDF, XPS 형식으로 내보낼 수 있다.
④ 레코드 원본에 SQL 문장을 입력하면 질의 결과를 대상으로 하는 보고서를 작성할 수 있다.

전문가의 조언
'보고서 보기' 형식은 보고서를 페이지 구분 없이 모두 표시합니다.

등급 B

44. 다음 중 개체 관계(Entity Relationship) 모델링에 관한 것으로 옳지 않은 것은?

① 기본적으로 개체 타입(Entity Type)과 이들 간의 관계 타입(Relationship Type)을 이용해서 현실세계를 개념적으로 표현하는 방법이나.
② 속성은 사람, 교수, 학생, 차량처럼 현실세계에서 인간이 인식할 수 있는 실체를 말한다.
③ 개체와 개체 간의 관계를 기본 요소로 하여 현실세계를 개념적인 논리 데이터로 표현하는 방법이다.
④ E-R 다이어그램의 개체 타입은 사각형, 관계 타입은 다이아몬드, 속성은 타원, 그리고 이들을 연결하는 링크로 구성된다.

전문가의 조언
• 속성은 개체의 성질이나 상태를 나타냅니다.
• ②번은 개체(Entity)에 대한 설명입니다

등급 B

45. 다음 중 하나의 필드에 할당되는 크기(바이트 수 기준)가 가장 작은 데이터 형식은?

① 통화
② Yes/No
③ 일련 번호
④ OLE

전문가의 조언
• 보기 중 크기가 가장 작은 데이터 형식은 'Yes/No'입니다.
• 'Yes/No'는 1비트, '일련 번호' 형식은 4바이트, '통화'는 8바이트, 'OLE 개체'는 1GB입니다.

03220246

등급 B

46. 다음과 같이 입력 마스크를 설정하였을 때의 설명으로 맞는 것은?

000000-0000000;0

① 입력 자리에 ******-*******과 같이 표시된다.
② 13자리 숫자를 선택적으로 입력할 수 있다.
③ 하이픈(-)은 저장되지 않는다.
④ 반드시 13자리 숫자를 입력해야 하며, 문자는 입력할 수 없다.

전문가의 조언
입력 마스크 설정에 대한 설명으로 맞는 것은 ④번입니다.
000000-0000000; 0

• ❶ 0은 필수 요소이며, 숫자만 입력이 가능합니다.
• ❷ 서식 문자 저장 여부로 0을 지정했으므로 입력 값에 하이픈(-)이 포함되면 하이픈(-)도 저장됩니다.
• 입력 자리 표시 문자가 지정되지 않았으므로 기본 문자인 '_'으로 표시됩니다.

등급 B

47. 다음 중 기본키(Primary Key)에 대한 설명으로 옳은 것은?

① 모든 테이블에는 기본키를 반드시 설정해야 한다.
② 액세스에서는 단일 필드 기본키와 일련 번호 기본키만 정의 가능하다.
③ 데이터가 이미 입력된 필드도 기본키로 지정할 수 있다.
④ OLE 개체나 첨부 파일 형식의 필드에도 기본키를 지정할 수 있다.

① SampleString을 문자열 변수로 선언합니다.
② SampleString 변수에 "대한상공회의소"를 저장합니다.
③ SampleString 변수에 있는 텍스트 "대한상공회의소"의 세 번째 문자부터 2글자
(상공)를 "활용"으로 변경합니다(대한활용회의소).
④ SampleString 변수에 있는 내용을 메시지 박스(MsgBox)로 표시합니다.

등급 **B**

48. 다음 중 SELECT 문의 선택된 필드에서 중복 데이터를 포함하는 레코드를 제외시키는 조건자로 옳은 것은?

① DISTINCT   ② UNIQUE
③ ONLY   ④ *

등급 **A**

49. 다음 중 아래의 VBA 코드를 실행한 결과 메시지 상자에 표시되는 내용은 무엇인가?

```
Private Sub Form_Load( )
        Dim SampleString
        SampleString = "대한상공회의소"
        Mid(SampleString, 3, 2) = "활용"
        MsgBox (SampleString)
End Sub
```

① 대한상공회의소   ② 상공
③ 대한활용회의소   ④ 활용

등급 **A**

50. 다음 중 그룹화된 보고서의 그룹 머리글과 그룹 바닥글에 대한 설명으로 옳지 않은 것은?

① 그룹 머리글은 각 그룹의 첫 번째 레코드 위에 표시된다.
② 그룹 바닥글은 각 그룹의 마지막 레코드 아래에 표시된다.
③ 그룹 머리글에 계산 컨트롤을 추가하여 전체 보고서에 대한 요약 값을 계산할 수 있다.
④ 그룹 바닥글은 그룹 요약과 같은 항목을 나타내는데 효과적이다.

등급 **A**

51. 〈상품〉과 〈주문〉 테이블을 대상으로 SQL문을 실행했을 때 결과로 표시되는 상품번호로 옳은 것은?

상품

상품번호	상품명
1	Wing
2	Arena
3	Transfer
4	ReadMe
5	Access

주문

주문번호	상품번호	거래처번호
1	1	10
2	2	10
3	1	20
4	3	30
5	4	30
6	2	40
7	4	50

〈SQL문〉

```
Select 상품번호
From 상품
Where 상품번호 In (Select 상품번호
From 주문 Where 거래처번호 Between 30 And 50);
```

① 1, 2   ② 2, 3, 4
③ 1, 2, 3, 4, 5   ④ 1, 3, 5

전문가의 조언

SQL문을 실행했을 때 결과로 표시되는 상품번호는 2, 3, 4입니다. 하위 질의의 결과가 기본 질의의 조건으로 사용되므로 다음과 같은 순서로 질의문을 수행하면 됩니다.

❶ Select 상품번호 From 주문 Where 거래처번호 Between 30 And 50 : 〈주문〉 테이블에서 '상품번호' 필드를 추출하되, 거래처번호가 30에서 50 사이인 레코드만을 대상으로 합니다.

주문번호	상품번호	거래처번호
1	1	10
2	2	10
3	1	20
4	3	30
5	4	30
6	2	40
7	5	50

❷ Select 상품번호 From 상품 Where 상품번호 In (❶) : 〈상품〉 테이블에서 상품번호가 ❶에서 추출한 상품번호와 같은 레코드의 상품번호를 표시합니다.

상품번호	상품명
1	Wing
2	Arena
3	Transfer
4	ReadMe
5	Access

※ 질의문의 수행 결과 표시되는 '상품번호'는 2, 3, 4입니다.

03220252   등급 A

52. 다음 중 쿼리의 [디자인 보기]에서 아래와 같이 설정한 경우 동일한 결과를 표시하는 SQL 문은?

필드:	모집인원	지역
테이블:	테이블1	테이블1
업데이트:	2000	
조건:		"서울"
또는:	>1000	

① UPDATE 테이블1 SET 모집인원 〉1000 WHERE 지역="서울" AND 모집인원 = 2000;
② UPDATE 테이블1 SET 모집인원 = 2000 WHERE 지역="서울" AND 모집인원 〉1000;
③ UPDATE 테이블1 SET 모집인원 = 2000 WHERE 지역="서울" OR 모집인원 〉1000;
④ UPDATE 테이블1 SET 모집인원 〉1000 WHERE 지역="서울" OR 모집인원 = 2000;

전문가의 조언

문제의 [디자인 보기]와 동일한 결과를 표시하는 SQL 문은 ③번입니다.
• 〈테이블1〉 테이블의 '모집인원' 필드 값을 2000으로 업데이트합니다.
• 조건이 서로 다른 줄에 작성되었으므로 OR로 연결되어, 모집인원이 1000을 초과하거나 지역이 "서울"인 자료만을 대상으로 합니다.

등급 B

53. 다음 중 폼에 대한 설명으로 잘못된 것은?

① 테이블이나 질의(쿼리)를 원본으로 하여 데이터의 입력, 수정, 삭제, 조회 등의 작업을 편리하게 수행할 수 있도록 환경을 제공하는 개체이다.
② 폼에서 데이터를 입력하거나 수정하면 연결된 원본 테이블/쿼리에 반영된다.
③ 컨트롤과 여러 도구 모음을 이용하여 시각적으로 다양한 작업 화면을 작성할 수 있다.
④ '자동 크기 조정' 속성을 사용하여 폼을 열 때 자동으로 폼을 중앙 정렬하여 표시할 수 있다.

전문가의 조언

• '자동 크기 조정'은 레코드를 모두 표시할 수 있도록 폼 창의 크기를 자동으로 조정할지의 여부를 지정하는 속성입니다.
• ④번은 '자동 가운데 맞춤' 속성에 대한 설명입니다.

03220256

등급 B

54. 다음이 설명하는 컨트롤은 무엇인가?

> • 좁은 공간에서 유용하게 사용하는 컨트롤이다.
> • 목록에서 선택하거나 직접 입력할 수 있다.
> • 목록에 있는 값만 입력할 수 있도록 설정할 수 있다.

① 텍스트 상자
② 명령 단추
③ 콤보 상자
④ 확인란

전문가의 조언

문제의 지문에 제시된 내용은 콤보 상자 컨트롤의 특징입니다.
• **텍스트 상자** : 폼이나 보고서의 원본으로 사용되는 데이터나 계산 결과를 표시하는 컨트롤
• **명령 단추** : 레코드를 찾거나 레코드 인쇄 등의 특정 기능을 실행할 때 사용하는 컨트롤
• **확인란** : 여러 개의 값 중 하나 이상을 선택할 수 있는 컨트롤

등급 B

55. 다음 중 찾기나 바꾸기를 수행할 때 사용하는 와일드 카드에 대한 설명으로 잘못된 것은?

① 1#3 : 103, 113, 123 등을 찾을 수 있다.
② 소[!유비]자 : 소유자, 소개자 등을 찾을 수 있다.
③ 소?자 : 소비자, 소유자, 소개자 등을 찾을 수 있다.
④ a[b-d]d : abd, acd 등을 찾을 수 있다.

전문가의 조언

소[!유비]자에서 !는 대괄호([ ]) 안에 있는 문자를 제외하므로, 중간에 '유'나 '비'가 포함되지 않는, 즉 '소유자'나 '소비자'가 아닌 '소'로 시작하고 '자'로 끝나는 3글자를 대상으로 합니다.

등급 A

56. 보고서는 데이터를 사용자가 원하는 형태로 출력해 주는 역할을 수행한다. 다음 중 보고서에서 이용할 수 있는 레코드 원본으로 가장 적절하지 않은 것은?

① 외부의 엑셀 파일에 대한 연결 테이블
② 액세스의 수식 작성 규칙에 맞게 [식 작성기]로 작성한 수식
③ 여러 테이블이나 쿼리를 이용하여 원하는 데이터를 조회하게 해주는 SQL문
④ 테이블의 내용중에서 원하는 형태의 데이터만을 조회하도록 작성해서 저장해 놓은 쿼리

전문가의 조언

• [식 작성기]로 작성한 수식은 보고서의 레코드 원본으로 사용할 수 없습니다.
• 보고서는 테이블, 쿼리, SQL 문을 레코드 원본으로 하여 작성할 수 있습니다.

등급 B

57. 그림과 같이 〈주문상세〉 폼에서 '수량' 필드의 총합계를 계산하여 표시하는 컨트롤에 대한 설명으로 옳지 않은 것은?

주문번호	주문일련번호	상품코드	수량
202103261	1	A1200	2
202103261	2	A2451	3
202103262	3	C5111	2
202104021	4	C5000	3
202104021	5	C5001	5
0	0		0

① 컨트롤의 이름은 결과에 영향을 미치지 않는다.
② 컨트롤의 원본 속성을 '=COUNT([수량])'으로 설정한다.
③ 컨트롤은 폼 바닥글 영역에 위치한다.
④ 컨트롤은 텍스트 상자를 사용한다.

전문가의 조언

'수량' 필드의 총합계를 계산하려면 컨트롤 원본 속성에 '=SUM([수량])'으로 지정해야 합니다.

등급 B

58. 다음 중 아래의 이벤트 프로시저에서 [Command1] 단추를 클릭했을 때의 실행 결과로 옳은 것은?

```
Private Sub Command1_Click( )
        DoCmd.OpenForm "사원정보", acNormal
        DoCmd.GoToRecord , , acNewRec
End Sub
```

① [사원정보] 테이블이 열리고, 가장 마지막 행의 새 레코드에 포커스가 표시된다.
② [사원정보] 폼이 열리고, 첫 번째 레코드의 가장 왼쪽 컨트롤에 포커스가 표시된다.
③ [사원정보] 폼이 열리고, 마지막 레코드의 가장 왼쪽 컨트롤에 포커스가 표시된다.
④ [사원정보] 폼이 열리고, 새 레코드를 입력할 수 있도록 비워진 폼이 표시된다.

전문가의 조언
[Command1] 단추를 클릭했을 때의 실행 결과로 옳은 것은 ④번입니다. 지문의 프로시저 내용을 살펴보면 다음과 같습니다.

```
❶ Private Sub Command1_Click( )
❷     DoCmd.OpenForm "사원정보", acNormal
❸     DoCmd.GoToRecord , , acNewRec
    End Sub
```

❶ 'Command1' 단추를 클릭하면 ❷~❸번을 실행합니다.
❷ '사원정보'라는 폼이 열립니다.
❸ 폼의 마지막에 추가되는 빈 레코드로 이동하여 새로운 데이터를 입력할 수 있도록 합니다.

등급 C

59. 다음 중 폼에서 컨트롤의 탭 순서를 변경하는 방법으로 옳지 않은 것은?

① 마법사 또는 레이아웃과 같은 도구를 사용하여 폼을 만든 경우 컨트롤이 폼에 표시되는 순서(위쪽에서 아래쪽 및 왼쪽에서 오른쪽)와 같은 순서로 탭 순서가 설정된다.
② 기본적으로는 컨트롤을 작성한 순서대로 탭 순서가 설정되며, 레이블에는 설정할 수 없다.
③ [탭 순서] 대화상자를 이용하면 컨트롤의 탭 순서를 컨트롤 이름 행을 드래그해서 조정할 수 있다.
④ 탭 순서에서 컨트롤을 제거하려면 컨트롤의 탭 정지 속성을 '예'로 설정한다.

전문가의 조언
탭 순서에서 컨트롤을 제외하려면, 즉 Tab 을 사용하여 포커스를 이동시킬 수 없도록 하려면 컨트롤의 '탭 정지' 속성을 '아니요'로 설정해야 합니다.

등급 B

60. 다음 중 외래 키 값을 관련된 테이블의 기본 키 값과 동일하게 유지해 주는 제약 조건은?

① 동시 제어성　　② 관련성
③ 참조 무결성　　④ 동일성

전문가의 조언
• 관계를 맺고 있는 테이블 R1, R2에서 테이블 R1 테이블이 참조하고 있는 테이블 R2의 기본 키와 같은 R1 테이블의 속성을 외래 키라고 합니다.
• 외래 키 값은 참조 테이블의 기본 키 값과 동일해야 하며, 이 제약 조건을 참조 무결성이라고 합니다.

1과목 컴퓨터 일반

등급 **B**

1. 다음 중 컴퓨터의 장치를 교체할 때 고려해야 할 사항으로 옳지 않은 것은?

① 하드디스크의 용량(Gb)은 클수록 좋다.
② 모니터가 지원하는 해상도(dpi)는 클수록 좋다.
③ CPU 코어의 수는 많을수록 좋다.
④ DRAM의 데이터 접근 속도(ns)는 클수록 좋다.

전문가의 조언
DRAM의 데이터 접근 속도(ns)는 작을수록 좋습니다.

03220302

등급 **B**

2. 다음 중 Windows 10의 바로 가기 키에 대한 설명으로 옳지 않은 것은?

① Alt + Esc 는 '시작'을 클릭한 것처럼 시작 메뉴를 표시한다.
② Shift + F10 은 선택한 항목의 바로 가기 메뉴를 표시한다.
③ 바로 가기 아이콘의 '속성' 창에서 바로 가기 키를 지정할 수 있다.
④ Alt + Enter 는 선택한 항목의 속성 대화상자를 호출한다.

전문가의 조언
• Alt + Esc 는 현재 실행 중인 앱들을 순서대로 전환하는 바로 가기 키입니다.
• '시작'을 클릭한 것처럼 시작 메뉴를 표시하는 바로 가기 키는 Ctrl + Esc 입니다.

등급 **C**

3. 다음 중 한글 Windows 10에서 [작업 관리자] 대화상자의 각 탭에서 할 수 있는 작업으로 옳지 않은 것은?

① [프로세스] 탭은 CPU, 메모리, 디스크, 네트워크, GPU의 자원 사용 현황을 확인할 수 있다.
② [서비스] 탭은 시스템의 서비스 항목을 확인하고 실행 여부를 지정할 수 있다.
③ [사용자] 탭은 둘 이상의 사용자가 컴퓨터에 연결되어 있는 경우 연결된 사용자 및 작업 상황을 확인하고 특정 사용자를 강제로 종료시킬 수 있다.
④ [시작프로그램] 탭은 Windows가 시작될 때 자동으로 실행되는 앱의 사용 여부를 지정할 수 있다.

전문가의 조언
• '프로세스' 탭에서는 현재 실행 중인 앱과 프로세스의 상태를 확인하고, 응답하지 않는 앱이나 프로세스를 종료할 수 있습니다.
• CPU, 메모리, 디스크, 네트워크, GPU의 자원 사용 현황은 '성능' 탭에서 확인할 수 있습니다.

등급 **B**

4. 다음 중 와이파이(Wi-Fi)에 대한 설명으로 옳지 않은 것은?

① IEEE 802.11 기술 규격의 브랜드명으로 Wireless Fidelity의 약어이다.
② 무선 신호를 전달하는 AP(Access Point)를 중심으로 데이터를 주고 받는 인프라스트럭쳐(Infrastructure) 모드와 AP 없이 데이터를 주고 받는 애드혹(Ad Hoc) 모드가 있다.
③ 유선 랜을 무선화한 것이기 때문에 사용 거리에 제한이 없고 전송 속도가 3G 이동통신에 비해 느리며 전송 비용이 고가이다.
④ 와이파이 6(Wi-Fi 6)은 다중 접속 환경에 최적화되어 공공 와이파이 환경에서도 최상의 네트워크 품질을 제공하는 것을 목적으로 고안된 규격이다.

등급 **B**

7. 다음 중 컴퓨터 메인보드의 버스(Bus)에 관한 설명으로 옳지 않은 것은?

① 내부 버스는 CPU와 주변장치 간의 데이터 전송에 사용되는 통로이다.

② 컴퓨터에서 데이터를 주고받는 통로로 사용 용도에 따라 내부 버스, 외부 버스, 확장 버스로 구분된다.

③ 외부 버스는 전달하는 신호의 형태에 따라 데이터 버스, 주소 버스, 제어 버스로 구분된다.

④ 확장 버스는 메인보드에서 지원하는 기능 외에 다른 기능을 지원하는 장치를 연결하는 부분으로 끼울 수 있는 형태이기에 확장 슬롯이라고도 한다.

등급 **B**

5. 다음 중 휴지통의 속성 대화상자에서 설정할 수 없는 것은?

① 각 드라이브마다 휴지통의 크기를 MB 단위로 다르게 설정할 수 있다.

② 파일을 삭제할 때 휴지통을 거치지 않고 바로 삭제하도록 설정할 수 있다.

③ 파일을 삭제할 때마다 확인 대화상자가 표시되도록 설정할 수 있다.

④ 휴지통에 지정된 최대 크기를 초과하면 자동으로 휴지통 비우기를 실행하도록 설정할 수 있다.

등급 **A**

8. 다음 중 레지스터(Register)에 대한 설명 중 옳지 않은 것은?

① 레지스터는 CPU 내부에서 처리할 명령이나 연산 결과 값을 일시적으로 저장하는 기억장치이다.

② 레지스터는 캐시 메모리에 저장된 내용으로 펌웨어라고 한다.

③ 레지스터는 메모리 중에서 가장 속도가 빠르다.

④ 레지스터는 일반적으로 플립플롭(Flip-Flop)이나 래치(Latch) 등을 연결하여 구성된다.

등급 **B**

6. 다음 중 한글 Windows 10의 [시스템] → [정보]에 관한 설명으로 옳지 않은 것은?

① 설치된 RAM의 크기를 확인할 수 있다.

② Windows의 설치 날짜를 확인할 수 있다.

③ 설치된 운영체제를 32비트에서 64비트로 변경할 수 있다.

④ 컴퓨터의 이름을 확인하거나 변경할 수 있다.

9. 다음 중 한글 Windows 10에서 주기억장치의 메모리 용량 부족에 관한 문제 해결 방법으로 옳지 않은 것은?

① 불필요한 프로그램을 종료한다.
② 작업량에 비해 메모리가 적을 경우 DRAM을 추가한다.
③ [시스템 속성] 대화상자에 있는 [고급] 탭에서 가상 메모리 크기를 조절한다.
④ [휴지통]이나 하드디스크의 임시 기억 장소에 저장된 불필요한 파일을 삭제한다.

전문가의 조언
④번은 하드디스크의 용량이 부족할 경우의 해결 방법입니다.

10. 다음 중 인터넷 해킹과 관련하여 피싱(Phishing)에 관한 설명으로 옳은 것은?

① 거짓 메일을 보내서 가짜 금융 기관 등의 가짜 웹 사이트로 유인하여 정보를 빼내는 행위이다.
② 정상적인 기능을 하는 프로그램으로 가장하여 프로그램 내에 숨어 있다가 해당 프로그램이 동작할 때 활성화되어 부작용을 일으킨다.
③ 여러 대의 장비를 이용하여 특정 서버에 대량의 데이터를 집중적으로 전송함으로써 서버의 정상적인 동작을 방해하는 행위이다.
④ 네트워크를 거쳐 전송되는 패킷 정보를 읽어 계정과 암호를 알아내는 행위이다.

전문가의 조언
피싱(Phishing)에 관한 설명으로 옳은 것은 ①번입니다.
• ②번은 트로이 목마(Trojan Horse), ③번은 분산 서비스 거부 공격(DDOS), ④번은 스니핑(Sniffing)에 대한 설명입니다.

11. 다음 중 데이터 전송에 사용되는 장비에 대한 설명으로 옳지 않은 것은?

① 아날로그 데이터의 감쇠현상을 복원하기 위해서 증폭기를 사용한다.
② 모뎀은 디지털 신호와 아날로그 신호를 상호 변환하는 기능을 가진다.
③ 데이터 전송의 정확성을 보장받기 위하여 라우터를 사용한다.
④ 디지털 데이터의 감쇠현상을 방지하기 위해서 리피터를 사용한다.

전문가의 조언
라우터(Router)는 데이터 전송의 정확성을 보장받기 위해 사용하는 것이 아니라 인터넷 환경에서 네트워크와 네트워크 간을 연결할 때 가장 최적의 IP 경로를 설정하여 전송하기 위해 사용합니다.

12. 다음 중 RAID에 대한 설명으로 옳지 않은 것은?

① 여러 개의 하드디스크를 모아서 하나의 하드디스크처럼 사용할 수 있도록 하는 기술이다.
② RAID를 사용하면 데이터 복구가 용이하며, 속도도 빨라진다.
③ RAID의 구성 방식을 RAID Level이라 하고, Level의 숫자가 작을수록 저장장치의 신뢰성이 높고 효율성이 좋다.
④ 주로 서버에서 사용하며, 데이터의 안전성이 높다.

전문가의 조언
RAID의 구성 방식은 RAID Level이라 하고, Level의 숫자가 클수록 저장장치의 신뢰성이 높고 효율성이 좋습니다.

등급 B

13. 다음 중 OSI 7계층 모델에서 Telnet, FTP, E-mail 등의 프로토콜을 포함하는 계층으로 옳은 것은?

① 응용(Application) 계층
② 트랜스포트(Transport) 계층
③ 물리(Physical) 계층
④ 데이터 링크(Data Link) 계층

전문가의 조언
Telnet, FTP, E-mail 등의 프로토콜을 포함하는 계층은 응용(Application) 계층입니다.

등급 B

14. 다음 중 아날로그 컴퓨터와 비교하여 디지털 컴퓨터에 대한 설명으로 옳지 않은 것은?

① 이산적인 데이터를 처리한다.
② 논리 회로를 사용한다.
③ 연산 속도가 빠르다.
④ 문자와 숫자를 사용하여 처리한다.

전문가의 조언
디지털 컴퓨터는 아날로그 컴퓨터에 비해 연산 속도가 느립니다.

등급 C

15. 다음 중 컴퓨터 통신과 관련하여 P2P 방식에 관한 설명으로 옳은 것은?

① 인터넷에서 이루어지는 개인 대 개인의 파일 공유를 위한 기술이다.
② 인터넷을 통해 MP3를 제공해 주는 기술 및 서비스이다.
③ 인터넷을 통해 동영상을 상영해 주는 기술 및 서비스이다.
④ 여러 사용자가 동시에 온라인 게임을 할 수 있도록 제공해 주는 기술이다.

전문가의 조언
P2P 방식은 인터넷에서 이루어지는 개인 대 개인의 파일 공유를 위한 기술입니다.

등급 C

16. 다음 중 자기 디스크 관련 용어인 전송 시간(Transmission Time)에 대한 설명으로 옳은 것은?

① 읽기/쓰기 헤드가 지정된 트랙에 도달하는 데 걸리는 시간이다.
② 읽기/쓰기 헤드가 지정된 트랙을 찾은 후 원판이 회전하여 원하는 섹터의 읽기/쓰기가 시작될 때까지의 시간이다.
③ 읽은 데이터를 주기억장치로 보내는 데 걸리는 시간이다.
④ 데이터를 읽고 쓰는 데 걸리는 시간의 합이다.

전문가의 조언
전송 시간(Transmission Time)은 읽은 데이터를 주기억장치로 보내는 데 걸리는 시간을 의미합니다.
• ①번은 Seek Time(탐색 시간), ②번은 Search Time(회전 지연 시간), ④번은 Access Time(접근 시간)에 대한 설명입니다.

등급 B

17. 다음 중 운영체제의 구성인 제어 프로그램에 대한 설명으로 옳지 않은 것은?

① 자원의 할당 및 시스템 전체의 작동 상태를 감시한다.
② 작업이 정상적으로 처리될 수 있도록 작업의 순서와 방법을 관리한다.
③ 작업에 사용되는 데이터와 파일의 표준적인 처리 및 전송을 관리한다.
④ 사용자가 고급언어로 작성한 원시 프로그램을 기계어 형태의 목적 프로그램으로 변환시킨다.

전문가의 조언
④번은 처리 프로그램 중 언어 번역 프로그램에 대한 설명입니다.

18. 다음 중 이미지 데이터의 표현 방식에서 벡터(Vector) 방식에 관한 설명으로 옳은 것은?

① 픽셀로 이미지를 표현하며, 래스터(Raster) 이미지라고도 한다.
② 이미지를 확대해도 테두리가 거칠어지지 않고 매끄럽게 표현된다.
③ 다양한 색상을 이용하기 때문에 사실적 표현이 용이하다.
④ 저장 시 많은 용량을 차지한다.

전문가의 조언
②번은 벡터(Vector) 방식, ①, ③, ④번은 비트맵(Bitmap) 방식에 대한 설명입니다.

19. 다음 중 네트워크 프로토콜(Protocol)의 기능에 해당하지 않는 것은?

① 패킷 수를 조정하는 흐름 제어 기능
② 송/수신기를 같은 상태로 유지하는 동기화 기능
③ 데이터 전송 도중에 발생하는 에러 검출 기능
④ 네트워크 기반 하드웨어 연결 문제 해결 기능

전문가의 조언
프로토콜은 네트워크에서 서로 다른 컴퓨터들 간 정보교환을 할 수 있도록 하는 통신 규약으로, 하드웨어적인 문제는 해결할 수 없습니다.

20. 다음 중 컴퓨터 운영체제(OS) 대한 설명으로 옳지 않은 것은?

① 컴퓨터 하드웨어와 응용 프로그램을 사용하고자 하는 사용자 사이에 위치하여 인터페이스 역할을 해주는 소프트웨어이다.
② 운영체제는 컴퓨터가 동작하는 동안 주기억장치에 위치하며, 프로세스, 기억장치, 입·출력장치, 파일 등의 자원을 관리한다.

③ 운영체제의 목적에는 처리 능력의 향상, 응답 시간의 단축, 사용 가능도의 향상, 신뢰도 향상 등이 있다.
④ 운영체제의 종류에는 어셈블러, 컴파일러, 인터프리터 등이 있다.

전문가의 조언
• 운영체제의 종류에는 Windows, UNIX, LINUX, MS-DOS 등이 있습니다.
• 어셈블러, 컴파일러, 인터프리터는 언어 번역 프로그램입니다.

2 과목 **스프레드시트 일반**

21. 숫자 123.45를 입력한 후 아래의 표시 형식을 적용했을 때 표시되는 결과로 옳은 것은?

[>200]0;(0);0"*"

① 123.45 ② (123)
③ 123 ④ 123*

전문가의 조언
숫자 **123.45**를 입력한 후 지문의 표시 형식을 지정하면 **123.45**에 **0"*"** 형식이 적용되어 **123***이 표시됩니다.

[>200]0;(0);0"*"

• [>200]0 : 셀에 입력된 값이 200 초과일 때 적용되는 서식으로, 0 형식으로 표시됩니다. 예 456.78 → 457
• (0) : 음수일 때 적용되는 서식으로, 0 형식으로 표시하되 음수 표시는 ( )로 나타냅니다. 예 −123.45 → (123)
• 0"*" : 셀에 입력된 값이 200 이하의 양수일 때 적용되는 서식으로, 0"*" 형식으로 표시됩니다. 예 123.45 → 123*

등급 B

22. 다음 중 아래의 VBA 코드에 대한 설명으로 옳지 않은 것은?

```
Private Sub Worksheet_Change(ByVal Target As Range)
    If Target.Address = Range("A1").Address Then
        Target.Font.ColorIndex = 5
        MsgBox Range("A1").Value & "입니다."
    End If
End Sub
```

① [A1] 셀이 변경되면 [A1] 셀의 글꼴 색이 ColorIndex가 5인 색으로 변경된다.
② [A1] 셀을 선택하면 [A1] 셀의 값이 메시지 박스에 표시된다.
③ VBA 코드가 작성된 워크시트에서만 동작한다.
④ 일반 모듈이 아닌 워크시트 이벤트를 사용한 코드이다.

[A1] 셀의 데이터가 변경되면 [A1] 셀의 글꼴색을 파랑색(5)으로 지정하고 [A1] 셀의 내용이 표시된 메시지 박스가 실행됩니다.

```
❶ Private Sub Worksheet_Change(ByVal Target As Range)
❷     If Target.Address = Range("A1").Address Then
❸         Target.Font.ColorIndex = 5
❹         MsgBox Range("A1").Value & "입니다."
       End If
   End Sub
```

❶ 'Worksheet_Change' 프로시저에 입력된 코드는 셀의 값이 변경되거나 셀이 이동하는 등 워크시트에 변화가 있을 때 작동합니다.
❷ 현재 작업하고 있는 셀의 주소가 [A1] 셀이면 ❸~❹번을 수행합니다.
❸ 현재 작업하고 있는 셀의 글꼴색을 파랑색(5)으로 지정합니다.
❹ [A1] 셀의 값과 "입니다."를 연결한 메시지가 표시된 메시지 박스를 실행합니다.

등급 C

23. 다음 중 워크시트에 입력된 도형만 제외하고 인쇄하려고 할 때의 방법으로 알맞은 것은?

① [페이지 설정] 대화상자의 '시트' 탭에서 '흑백으로' 항목에 체크하고 〈확인〉을 클릭한다.
② [페이지 설정] 대화상자의 '시트' 탭에서 '간단하게 인쇄' 항목에 체크하고 〈확인〉을 클릭한다.

③ [페이지 설정] 대화상자의 '시트' 탭에서 '시험출력' 항목에 체크하고 〈확인〉을 클릭한다.
④ 입력된 도형을 선택하고 바로 가기 메뉴에서 [크기 및 속성]을 선택한 후 [도형 서식] 창에서 '개체 인쇄'를 해제한다.

인쇄 영역에 포함된 도형을 인쇄되지 않게 하려면 [도형 서식] 창에서 '개체 인쇄' 옵션의 선택을 해제하면 됩니다.

등급 B

24. 다음 중 [시나리오 추가] 대화상자에 대한 설명으로 옳지 않은 것은?

① [데이터] → [예측] → [가상 분석] → [시나리오 관리자] 대화상자에서 [추가] 단추를 클릭하면 표시되는 대화상자이다.
② '변경 셀'은 변경 요소가 되는 값의 그룹이며, 하나의 시나리오에 최대 32개까지 지정할 수 있다.
③ '설명'은 시나리오에 대한 추가적인 설명으로 반드시 입력할 필요는 없다.
④ 보호된 시트에 시나리오가 추가되지 않도록 하려면 '변경 금지'를 선택한다.

'시나리오 추가' 대화상자의 '변경 금지'는 시나리오를 변경할 수 없도록 보호하는 것입니다.

25. 다음 중 아래 그림과 같이 기간과 이율의 변화에 따른 월불입액의 변화를 표의 형태로 표시하기 위한 데이터 표 작업에 대한 설명으로 옳지 않은 것은? (월불입액 계산 수식은 '=PMT(B3/12, B2*12, −B4)'임)

	A	B	C	D	E	F
1						
2	기간	5				
3	이율	3%				
4	대출금액	₩10,000,000				
5	월불입액	₩179,687				
6					기간	
7			₩179,687	3	4	5
8		이율	2%	₩ 286,426	₩ 216,951	₩ 175,278
9			3%	₩ 290,812	₩ 221,343	₩ 179,687
10			4%	₩ 295,240	₩ 225,791	₩ 184,165
11			5%	₩ 299,709	₩ 230,293	₩ 188,712
12						

① [C7:F11] 영역을 선택하고, [데이터] → [예측] → [가상 분석] → [데이터 표]를 선택하여 실행한다.
② [데이터 테이블] 대화상자에서 '행 입력 셀'에 [B2], '열 입력 셀'에 [B3]을 입력한다.
③ [C7] 셀에 '=B5'를 입력한다.
④ 대출금액(B4)이 변경되면 수동 계산으로 F9 를 눌러야 [D8:F11] 영역의 월불입액도 변경된다.

26. 다음 중 아래 차트에 대한 설명으로 옳지 않은 것은?

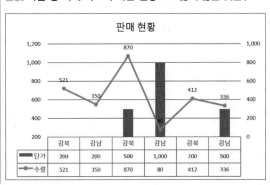

판매 현황

	강북	강남	강북	강남	강북	강남
단가	200	200	500	1,000	200	500
수량	521	350	870	80	412	336

① '판매 현황'이라는 차트 제목이 표시되어 있다.
② '수량' 계열을 보조 축으로 지정하였다.
③ 데이터 테이블에 범례 표지가 표시되어 있다.
④ '수량' 계열에 데이터 레이블이 '가운데'로 표시되어 있다.

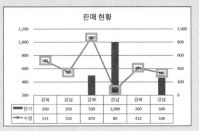

판매 현황

	강북	강남	강북	강남	강북	강남
단가	200	200	500	1,000	200	500
수량	521	350	870	80	412	336

03220327

27. 다음 중 수식의 결과가 옳지 않은 것은?

	A
1	바나나
2	사과
3	오렌지
4	PEAR
5	3.14659
6	

① =FIXED(A5, , FALSE) → 3.14
② =REPT("◆", LEN(A4)) → ◆◆◆◆
③ {=TEXT(SUM(IF(ISTEXT(A1:A5), 1, 0)), "과일의 수는 0개")} → 과일의 수는 4개
④ =REPLACE(A3, 2, 2, "가피나무") → 오가피나무

② =REPT("◆", LEN(A4)) : REPT(텍스트, 개수)는 '텍스트'를 '개수'만큼 반복하여 입력하는 함수이므로 "◆"를 [A4] 셀의 글자수인 4번 반복한 ◆◆◆◆를 반환합니다.
  ※ LEN(텍스트) : 문자의 길이를 반환함

③ {=TEXT(SUM(IF(ISTEXT(A1:A5), 1, 0)),"과일의 수는 0개")}

❶ SUM(IF(ISTEXT(A1:A5), 1, 0)) : 조건에 만족하는 셀의 개수를 구하는 배열 수식으로, [A1:A5] 영역에서 인수가 텍스트인 셀의 개수인 4를 반환합니다.
  ※ ISTEXT(인수) : 인수가 텍스트이면 'TRUE'를 출력함

❷ {=TEXT(❶, "과일의 수는 0개")} → {=TEXT(4, "과일의 수는 0개")} : TEXT(인수, 형식)는 '인수'를 지정한 '형식'의 텍스트로 바꾸는 함수이므로 4를 "과일의 수는 0개" 형식으로 표시한 **과일의 수는 4개**를 반환합니다.

④ =REPLACE(A3, 2, 2, "가피나무") : REPLACE(텍스트1, 시작 위치, 개수, 텍스트2)는 '텍스트1'의 '시작 위치'에서 '개수'로 지정된 문자를 '텍스트2'로 변경하는 함수이므로 [A3] 셀의 값 "오렌지"의 2번째부터 2글자를 "가피나무"로 변경한 **오가피나무**를 반환합니다.

등급 **D**

28. 다음 중 윗주에 대한 설명으로 옳지 않은 것은?

① 데이터를 삭제해도 윗주는 그대로 표시되어 있다.
② 윗주의 서식을 변경할 수 있다.
③ 문자열 데이터가 입력되어 있는 셀에만 윗주를 표시할 수 있다.
④ 윗주는 셀에 대한 주석을 설정하는 것이다.

전문가의 조언
윗주가 삽입된 셀의 데이터를 삭제하면 윗주도 함께 삭제됩니다.

등급 **C**

29. 다음 중 [보기] 탭의 [페이지 나누기 미리 보기]에 대한 설명으로 옳지 않은 것은?

① 페이지 나누기는 구분선을 이용하여 인쇄를 위한 페이지 나누기를 빠르게 조정하는 기능이다.
② 행 높이와 열 너비를 변경하면 자동 페이지 나누기의 위치도 변경된다.

③ [페이지 나누기 미리 보기]에서 수동으로 삽입된 페이지 나누기는 파선으로 표시되고 자동으로 추가된 페이지 나누기는 실선으로 표시된다.
④ 용지 크기, 여백 설정, 배율 옵션 등에 따라 자동 페이지 나누기가 삽입된다.

전문가의 조언
[페이지 나누기 미리 보기]에서 수동으로 삽입된 페이지 나누기는 실선으로 표시되고 자동으로 추가된 페이지 나누기는 파선으로 표시됩니다.

등급 **B**

30. 다음과 같은 결과가 나오기 위한 프로그램으로 옳은 것은?

	A	B	C	D	E
1	1	3	6	10	15
2					

① Cells(1, 1) = 1
  For K = 2 To 5
    Cells(K, 1) = Cells(K − 1, 1) + K
  Next

② Cells(1, 1) = 1
  For K = 2 To 5
    Cells(1, K) = Cells(1, K − 1) + K
  Next

③ Cells(1, 1) = 1
  For K = 2 To 5
    Cells(K, 1) = Cells(K − 1, 1) + 2
  Next

④ Cells(1, 1) = 1
  For K = 2 To 5
    Cells(1, K) = Cells(1, K − 1) + 2
  Next

전문가의 조언
문제의 그림과 같은 결과가 나오기 위한 프로시저는 ②번입니다. 프로시저를 하나하나 살펴보면 다음과 같습니다.

❶ Cells(1, 1) = 1
❷ For K = 2 To 5
❸   Cells(1, K) = Cells(1, K − 1) + K
❹ Next

❶ 1행 1열, 즉 A1 셀에 1을 입력합니다.
❷ K를 2에서 5가 될 때까지 1씩 증가시키면서 매번 ❸번 문장을 수행합니다.
❸ 1행 K−1열에 입력된 값에 K를 더해 1행 K열에 치환합니다.
❹ 반복문의 끝으로서 반복문의 시작인 ❷번으로 이동합니다.
• For ~ Next문(❷~❹)의 실행에 따른 변수의 변화는 다음과 같습니다.

실행횟수	K	Cells(1, K−1) + K	Cells(1, K)
1	2	1행 1열(A1) + 2	1행 2열(B1) → 3
2	3	1행 2열(B1) + 3	1행 3열(C1) → 6
3	4	1행 3열(C1) + 4	1행 4열(D1) → 10
4	5	1행 4열(D1) + 5	1행 5열(E1) → 15
5	6		18

※ ❶번 실행으로 인해 A1 셀에는 1이 입력되어 있습니다.
※ Cells(1, K)는 K가 1일 때는 1행 1열, K가 2일 때는 1행 2열을 의미합니다. 1행 1열은 A1, 1행 2열은 B1이 됩니다.
• 나머지 보기의 실행 결과는 다음과 같습니다.

32. 아래의 시트에서 [A8] 셀에 =INDEX(A1:C6, MATCH(LARGE (C2:C6, 3), C1:C6, 0), 2) 수식을 입력했을 때의 계산 결과로 올바른 것은?

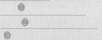

	A	B	C
1	코너	담당	판매금액
2	잡화	김남희	5,122,000
3	식료품	남궁민	450,000
4	잡화	이수진	5,328,000
5	식료품	서수남	6,544,000
6	식료품	김정미	6,024,500

① 남궁민   ② 이수진
③ 서수남   ④ 김정미

전문가의 조언
문제에 제시된 수식의 계산 결과는 "이수진"입니다.
=INDEX(A1:C6, MATCH(LARGE(C2:C6, 3), C1:C6, 0), 2)
                        ❶
                    ❷
                ❸
❶ LARGE(C2:C6, 3) : [C2:C6] 영역에서 3번째로 큰 값 5,328,000을 반환합니다.
❷ MATCH(❶, C1:C6, 0) → MATCH(5328000, C1:C6, 0) : [C1:C6] 영역에서 5,328,000와 정확히 일치하는 값을 찾은 후 그 위치의 일련번호인 4를 반환합니다.
❸ =INDEX(A1:C6, ❷, 2) → INDEX(A1:C6, 4, 2) : [A1:C6] 영역에서 4행 2열, 즉 [B4] 셀의 값인 "이수진"을 반환합니다.

31. 다음 중에서 [주식형 차트]에 대한 설명으로 옳지 않은 것은?
① 고가, 저가, 종가 등의 주식 거래 가격을 바탕으로 차트를 작성한다.
② 주식 분석을 위해 피벗 차트 보고서에서 주로 사용한다.
③ 주식의 거래량과 같은 주가의 흐름을 파악하고자 할 때 사용한다.
④ 주식형 차트에 추세선을 표시할 수 있다.

전문가의 조언
분산형, 거품형, 주식형 차트는 피벗 차트 보고서를 작성할 수 없습니다.

33. 다음 중 [시트 보호] 기능에 대한 설명으로 옳지 않은 것은?
① 시트 보호 설정 시 암호를 설정할 수 있다.
② 시트 보호를 실행하면 시트의 삽입, 삭제, 이동, 숨기기, 이름 바꾸기 등의 작업을 할 수 없다.
③ 시트 보호 시 특정 셀의 내용만 수정 가능하도록 하려면 해당 셀의 [셀 서식]에서 '잠금' 설정을 해제한다.
④ 시트 보호를 설정하면 셀에 데이터를 입력하거나 수정하려고 했을 때 경고 메시지가 나타난다.

전문가의 조언
시트의 삽입, 삭제, 이동, 숨기기, 이름 바꾸기 등의 작업을 할 수 없도록 하려면 통합 문서 보호를 실행해야 합니다.

34. 다음 중 [찾기 및 바꾸기] 대화상자에 대한 설명으로 옳지 않은 것은?

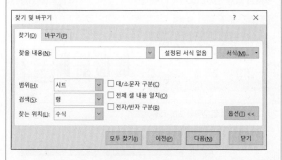

① 문서에서 '찾을 내용'에 입력한 내용과 일치하는 이전 항목을 찾으려면 Shift를 누른 상태에서 [다음] 단추를 클릭한다.
② '찾을 내용'에 입력한 문자만 있는 셀을 검색하려면 '전체 셀 내용 일치'를 선택한다.
③ 별표(*), 물음표(?) 및 물결표(~) 등의 문자가 포함된 내용을 찾으려면 '찾을 내용'에 작은따옴표(') 뒤에 해당 문자를 붙여 입력한다.
④ 찾을 내용을 워크시트에서 검색할지 전체 통합 문서에서 검색할지 등을 선택하려면 '범위'에서 '시트' 또는 '통합 문서'를 선택한다.

전문가의 조언
별표(*), 물음표(?) 및 물결표(~) 등의 문자가 포함된 내용을 찾으려면 ~* 또는 ~? 등과 같이 찾으려는 문자 앞에 ~ 기호를 입력하면 됩니다.

등급 B

35. 다음 중 10,000,000원을 2년간 연 5.5%의 이자율로 대출할 때, 매월 말 상환해야 할 불입액을 구하기 위한 수식으로 옳은 것은?

① =PMT(5.5%/12, 12*2, −10000000)
② =PMT(5.5%, 12*2, −10000000)
③ =PMT(5.5%, 12*2, −10000000, 0, 1)
④ =PMT(5.5%/12, 12*2, −10000000, 0, 1)

전문가의 조언
불입액을 구하기 위한 수식으로 옳은 것은 ①번입니다. PMT(이자, 기간, 현재 가치, 미래 가치, 납입 시점) 함수를 사용하여 문제에 주어진 내용을 계산하면 다음과 같습니다.
- **이자** : 이율이 연 단위이므로 12로 나누면 '5.5%/12'입니다.
- **기간** : 기간이 년 단위이므로 12를 곱하면 '2*12'입니다.
- **현재가치** : 대출금을 현재 받았으므로 현재 가치이고, 결과가 양수로 나오도록 음수로 입력하면 '−10000000'입니다.
- **미래가치** : 0이므로 생략합니다.
- **납입시점** : 매월 말이므로 생략합니다.
- ∴ 모든 인수를 함수에 대입하면 '=PMT(5.5%/12, 2*12, −10000000)'입니다.

등급 B

36. 다음 중 조건부 서식에 대한 설명으로 옳지 않은 것은?

① 조건부 서식의 조건은 결과가 TRUE(1) 또는 FALSE(0)가 나오도록 작성한다.
② 같은 통합 문서의 특정 셀을 이용하여 조건을 지정할 수 있다.
③ 새로운 규칙을 수식으로 작성할 경우, 워크시트의 특정 셀을 클릭하면 상대 참조로 작성된다.
④ 이동 옵션을 이용하여 조건부 서식이 지정된 셀을 찾을 수 있다.

전문가의 조언
조건부 서식에서 조건 지정 시 마우스로 특정 셀을 클릭하면 절대 참조로 작성됩니다.

등급 B

37. 다음 중 화면 제어에 관한 설명으로 옳은 것은?

① 창 나누기는 [실행 취소] 명령으로 나누기를 해제할 수 있다.
② 창 나누기는 항상 4개로 분할되며 분할된 창의 크기는 마우스를 드래그하여 변경 가능하다.
③ 틀 고정 기준은 마우스로 위치를 조정할 수 있다.
④ 틀 고정은 행 또는 열, 열과 행으로 모두 고정이 가능하다.

전문가의 조언
화면 제어에 관한 설명으로 옳은 것은 ④번입니다.
① 창 나누기는 [실행 취소] 명령으로 나누기를 해제할 수 없습니다.
② 창 나누기는 셀 포인터의 위치에 따라 4개 또는 2개로 분할됩니다.
③ 틀 고정 구분선은 마우스로 드래그하여 변경할 수 없습니다.

38. 다음 그림과 같이 '성'과 '이름'을 합쳐서 '성명'으로 표시하고자 할 때, [C2] 셀에 들어갈 알맞은 수식은?

	A	B	C
1	성	이름	성명
2	이	덕환	이덕환
3	안	치연	안치연
4	강	청기	강청기
5	연	구현	연구현
6			

① =PROPER(A2, B2)   ② =REPLACE(A2, B2)
③ =CONCAT(A2, B2)   ④ =TEXT(A2, B2)

03220339

등급 B

39. 다음의 피벗 테이블에 대한 설명으로 옳지 않은 것은?

	A	B	C	D	E	F
1	모집구분 (모두)					
2						
3			단과대학			
4	성별	값	공과대학	사범대학	인문대학	자연과학대학
5	남					
6		평균 : 영어	80	75	70	99
7		평균 : 국어	72	98	75	74
8	여					
9		평균 : 영어	83	79	85	87.5
10		평균 : 국어	83	97	79	90.5
11	전체 평균 : 영어		81	77	77	93.25
12	전체 평균 : 국어		78	97	77	82.25
13						

① 피벗 차트를 추가하면 열 레이블에 표시된 항목은 범례(계열)로 표시된다.
② 값 영역에 2개의 필드를 지정하여 생긴 Σ 값 필드가 행 영역에 표시되어 있다.
③ 열의 총합계만 표시되어 있다.
④ 피벗 테이블이 선택된 상태에서 [삽입] → [차트] 그룹에서 세로 막대형 차트를 추가하면 Chart 시트에 피벗 차트가 작성된다.

② • Σ 값 필드가 열 영역에 있는 경우

• Σ 값 필드가 행 영역에 있는 경우

③ • 열의 총합계만 있는 경우

	A	B	C	D	E	F
1	모집구분 (모두)					
2						
3			단과대학			
4	성별	값	공과대학	사범대학	인문대학	자연과학대학
5	남					
6		평균 : 영어	80	75	70	99
7		평균 : 국어	72	98	75	74
8	여					
9		평균 : 영어	83	79	85	87.5
10		평균 : 국어	83	97	79	90.5
11	전체 평균 : 영어		81	77	77	93.25
12	전체 평균 : 국어		78	97	77	82.25

• 행의 총합계만 있는 경우

03220340

등급 B

40. 아래의 워크시트에서 '영어'가 중간값을 초과하면서 '성명'의 두 번째 문자가 "영"인 데이터를 필터링하고자 한다. 다음 중 고급 필터 실행을 위한 조건의 입력 값으로 옳은 것은?

	A	B	C	D
1	성명	반	국어	영어
2	강동식	1	80	80
3	강영주	2	50	90
4	박강영	1	90	91
5	박영식	1	60	85
6	박민영	2	80	80
7	영수김	2	70	81
8	박영애	1	95	92
9	김영미	2	88	86
10	이영	1	75	87
11				

①

영어중간값	성명
=$D2>MEDIAN($D$2:$D$10)	="=*영*"

②

영어중간값	성명
=$D2>MEDIAN($D$2:$D$10)	="=?영*"

③

영어	성명
=$D2>MEDIAN($D$2:$D$10)	="=*영*"

④

영어	성명
=$D2>MEDIAN($D$2:$D$10)	="=?영*"

전문가의 조언

고급 필터 실행을 위한 조건의 입력 값으로 옳은 것은 ②번입니다.
• 고급 필터의 조건으로 수식을 입력할 경우 조건으로 지정될 범위의 첫 행에는 아무것도 입력하지 않거나 원본 데이터의 필드명과 다른 내용을 입력해야 합니다. "영어중간값"처럼 필드명인 "영어"만 아니면 됩니다.
• 만능 문자 *는 문자의 모든 자리를, ?는 문자의 한 자리만을 대신하는 문자입니다. 두 번째 글자가 "영"인 데이터를 찾는 조건은 ="=?영*"로 작성해야 합니다.
※ 고급 필터의 조건으로 일반적인 수식이 아닌 텍스트나 값에 대한 비교 연산자로 등호(=)를 사용할 때는 ="=항목" 형식으로 입력하고, 조건으로 지정될 범위의 첫 행에는 원본 데이터 목록의 필드명(성명)을 입력해야 합니다.

3 과목 데이터베이스 일반

등급 B

41. 다음 중 관계형 데이터베이스에 대한 설명으로 옳지 않은 것은?

① 튜플은 릴레이션에서 하나의 레코드를 의미한다.
② 도메인은 하나의 튜플이 가질 수 있는 모든 값의 범위를 말한다.
③ 한 릴레이션(Relation)에 포함된 튜플이나 속성 사이에는 순서가 없다.
④ 속성은 릴레이션에서 하나의 필드를 의미한다.

전문가의 조언

도메인은 하나의 속성이 가질 수 있는 모든 값의 범위를 말합니다.

등급 C

42. 다음 중 개체 관계(Entity Relationship) 모델링에 관한 것으로 옳지 않은 것은?

① 데이터베이스에 표현하려는 것으로, 사람이 생각하는 개념이나 정보 단위 같은 물리적인 현실 세계의 대상체를 속성(Attribute)이라고 한다.
② 개체 타입(Entity Type)과 이들 간의 관계 타입(Relationship Type)을 이용해 현실 세계를 개념적으로 표현한다.
③ E-R 모델에서는 데이터를 개체(Entity), 관계(Relationship), 속성(Attribute)으로 묘사한다.
④ E-R 모델은 특정 DBMS를 고려한 것은 아니다.

전문가의 조언

• ①번은 개체(Entity)에 대한 설명입니다.
• 속성(Attribute)은 개체(Entity)를 구성하는 요소로, 파일 구성 측면에서 보면 필드(Field)에 해당되며, 개체의 성질이나 상태를 나타냅니다.

43. 다음 중 데이터 형식에 대한 설명으로 옳지 않은 것은?

① '첨부 파일'은 jpg, xlsx 등 원하는 파일 형식으로 첨부되도록 할 수 있다.
② 'Yes/No'는 성별이나 결혼 여부 등 두 값 중 하나만 입력하는 경우에 사용한다.
③ '짧은 텍스트'는 최대 255자까지 저장할 수 있다.
④ '일련 번호'는 레코드가 추가될 때마다 1씩 증가하는 값이 자동으로 입력되며, 필드 크기는 정수(Long)이다.

전문가의 조언
'첨부 파일' 형식은 다양한 형식의 파일을 첨부할 수 있지만 원하는 파일 형식만 첨부되도록 설정할 수는 없습니다.

44. 다음 중 Access의 기본키(Primary Key)에 대한 설명으로 잘못된 것은?

① 기본키는 테이블의 [디자인 보기] 상태에서 설정할 수 있다.
② 기본키로 설정된 필드에는 널(NULL) 값이 허용되지 않는다.
③ 기본키로 설정된 필드에는 항상 고유한 값이 입력되도록 자동으로 확인된다.
④ 관계가 설정되어 있는 테이블에서 기본키 설정을 해제하면 해당 테이블에 설정된 관계도 삭제된다.

전문가의 조언
관계가 설정된 테이블의 기본키는 설정을 해제할 수 없으므로 기본키 설정을 해제하려면 먼저 설정된 관계를 제거해야 합니다.

45. 다음 중 보고서에서 순번 항목과 같이 그룹 내의 데이터에 대한 일련번호를 표시하기 위해 텍스트 상자 컨트롤의 속성을 설정하는 방법으로 옳은 것은?

① 텍스트 상자의 컨트롤 원본을 '=1'로 지정하고, 누적 합계 속성을 '그룹'으로 지정한다.
② 텍스트 상자의 컨트롤 원본을 '+1'로 지정하고, 누적 합계 속성을 '그룹'으로 지정한다.
③ 텍스트 상자의 컨트롤 원본을 '+1'로 지정하고, 누적 합계 속성을 '모두'로 지정한다.
④ 텍스트 상자의 컨트롤 원본을 '=1'로 지정하고, 누적 합계 속성을 '모두'로 지정한다.

전문가의 조언
• 그룹별로 순번(일련번호)을 표시하려면, 컨트롤 원본을 '=1'로 설정하고 누적 합계 속성을 '그룹'으로 설정합니다.
• 누적 합계 속성을 '모두'로 설정하면 그룹에 관계없이 보고서의 끝까지 값이 누적됩니다.

46. 다음의 입력 마스크 설정에 따른 화면 표시 내용이 잘못된 것은?

① 입력 데이터 : 1234567
입력 마스크 : (99)999-9999
화면 표시 : (12)345-6700
② 입력 데이터 : a1b2
입력 마스크 : >L0L0
화면 표시 : A1B2
③ 입력 데이터 : 1234
입력 마스크 : ####
화면 표시 : 1234
④ 입력 데이터 : 123456789
입력 마스크 : (00)000-0000
화면 표시 : (12)345-6789

전문가의 조언
• ①번은 ( )123-4567로 화면에 표시됩니다.
• 사용자 지정 기호 '9'는 선택 입력 기호이므로 '9'가 사용된 개수만큼 값이 입력되지 않으면 다음과 같이 입력된 값 만큼만 표시됩니다.

보기1 ▾
( )123-4567

등급 **A**

47. 다음 중 아래 〈고객〉과 〈구매리스트〉 테이블 관계에 참조 무결성이 항상 유지되도록 설정할 수 없는 경우는?

① 〈고객〉 테이블의 '고객번호' 필드 값이 〈구매리스트〉 테이블의 '고객번호' 필드에 없는 경우
② 〈고객〉 테이블의 '고객번호' 필드 값이 〈구매리스트〉 테이블의 '고객번호' 필드에 하나만 있는 경우
③ 〈구매리스트〉 테이블의 '고객번호' 필드 값이 〈고객〉 테이블의 '고객번호' 필드에 없는 경우
④ 〈고객〉 테이블의 '고객번호' 필드 값이 〈구매리스트〉 테이블의 '고객번호' 필드에 두 개 이상 있는 경우

전문가의 조언
〈고객〉 테이블의 '고객번호' 필드는 기본키이고, 〈구매리스트〉 테이블의 '고객번호' 필드는 〈고객〉 테이블의 '고객번호' 필드를 참조하는 외래키입니다. 〈고객〉 테이블의 '고객번호' 필드에 없는 값은 〈구매리스트〉 테이블의 '고객번호' 필드에 입력할 수 없습니다.

등급 **A**

48. 〈도서〉 테이블에 대해 다음과 같은 결과를 표시하는 SQL문은?

도서명	저자	출간년도	출판사
70세의 마음	이신호	2020	길벗
어른의 걸음으로	김용갑	2019	길벗
혼자 남는 기분	최미경	2020	오직북
성공의 법칙	김종일	2018	오직북
70세의 마음	김선길	2019	한마음
어른의 걸음으로	김용갑	2018	한마음

① select * from 도서 order by 출판사 asc, 저자 desc;
② select * from 도서 order by 출판사, 출간년도 desc;
③ select * from 도서 order by 도서명, 출간년도 desc;
④ select * from 도서 order by 저자, 출판사 desc;

전문가의 조언
문제의 그림은 '출판사'를 기준으로 오름차순 정렬(ASC 또는 생략)하고, '출판사'가 같은 경우에는 '출간년도'를 기준으로 내림차순 정렬(DESC)한 결과입니다.
• 나머지 보기로 제시된 SQL문의 결과는 다음과 같습니다.

①
도서명	저자	출간년도	출판사
70세의 마음	이신호	2020	길벗
어른의 걸음으로	김용갑	2019	길벗
혼자 남는 기분	최미경	2020	오직북
성공의 법칙	김종일	2018	오직북
어른의 걸음으로	김용갑	2018	한마음
70세의 마음	김선길	2019	한마음

③
도서명	저자	출간년도	출판사
70세의 마음	이신호	2020	길벗
어른의 걸음으로	김용갑	2019	길벗
혼자 남는 기분	최미경	2020	오직북
성공의 법칙	김종일	2018	오직북
어른의 걸음으로	김용갑	2018	한마음
70세의 마음	김선길	2019	한마음

④
도서명	저자	출간년도	출판사
70세의 마음	김선길	2019	한마음
어른의 걸음으로	김용갑	2018	한마음
어른의 걸음으로	김용갑	2019	길벗
성공의 법칙	김종일	2018	오직북
70세의 마음	이신호	2020	길벗
혼자 남는 기분	최미경	2020	오직북

등급 **C**

49. 다음 중 하위 쿼리(Sub Query)의 설명으로 옳지 않은 것은?

① 하위 폼이나 하위 보고서는 반드시 하위 쿼리를 사용해야 한다.
② 주 쿼리에서 IN 조건부를 사용하여 하위 쿼리의 일부 레코드에 동일한 값이 있는 레코드만 검색할 수 있다.
③ SELECT 문의 필드 목록이나 WHERE 또는 HAVING 절에서 식 대신에 하위 쿼리를 사용할 수 있다.
④ 주 쿼리에서 ALL 조건부를 사용하여 하위 쿼리에서 검색된 모든 레코드와 비교를 만족시키는 레코드만 검색할 수 있다.

전문가의 조언
하위 폼이나 하위 보고서는 테이블, 쿼리, 폼, 다른 보고서를 이용하여 작성할 수 있습니다.

50. [매출 실적 관리] 폼의 'txt평가' 컨트롤에는 'txt매출수량' 컨트롤의 값이 1,000 이상이면 "우수", 500 이상이면 "보통", 그 미만이면 "저조"라고 표시하고자 한다. 다음 중 'txt평가'의 컨트롤 원본으로 옳지 않은 것은?

① =IIf([txt매출수량]〈500, "저조", IIf(txt매출수량〉=1000, "우수","보통"))

② =IIf([txt매출수량]〈500, "저조", IIf(txt매출수량〉=500, "보통","우수"))

③ =IIf([txt매출수량]〉=1000, "우수", IIf([txt매출수량]〉=500, "보통","저조"))

④ =IIf([txt매출수량]〉=500, IIf([txt매출수량]〈1000, "보통", "우수"), "저조")

51. 다음 중 사원 테이블(사원번호, 이름, 직급, 연봉, 호봉)에서 호봉이 6인 사원의 연봉을 3%씩 인상하는 SQL문이다. 각 괄호에 들어갈 알맞은 명령어를 순서대로 나열한 것은?

```
Update 사원
(        ) 연봉 = 연봉 * 1.03
(        ) 호봉 = 6;
```

① From, Where　　② Set, From

③ Set, Where　　④ From, Set

52. 다음 중 [보고서 마법사]에 대한 설명으로 옳지 않은 것은?

① 최대 4개의 필드를 대상으로 오름차순, 내림차순, 사용자 지정 목록으로 정렬을 설정할 수 있다.

② [요약 옵션]에서 합계에 대한 총계 비율 계산 여부를 지정할 수 있다.

③ [요약 옵션]은 한 개 이상의 숫자 필드가 있어야 활성화된다.

④ [그룹화 옵션]을 이용하여 그룹 수준 필드와 그룹화 간격을 설정할 수 있다.

등급 A

53. 다음 중 보고서에 관한 설명으로 옳은 것은?

① 보고서의 각 구역은 표시하거나 숨길 수 있으나 보고서 머리글은 항상 표시되어야 하는 구역으로 숨김 설정이 안 된다.
② 보고서 레이아웃 보기에서는 실제 보고서 데이터를 바탕으로 열 너비를 조정하거나 그룹 수준 및 합계를 추가할 수 있다.
③ 보고서에서는 바운드 컨트롤과 계산 컨트롤만 사용 가능하므로 언바운드 컨트롤의 사용을 주의해야 한다.
④ 보고서의 그룹 중첩은 불가능하며, 같은 필드나 식에 대해 한 번씩만 그룹을 만들 수 있다.

등급 B

54. 다음 중 기본 보기 속성을 통해 설정하는 폼의 종류에 대한 설명으로 가장 옳지 않은 것은?

① 단일 폼은 한번에 한 개의 레코드만을 표시한다.
② 연속 폼은 현재 창을 채울 만큼 여러 개의 레코드를 표시한다.
③ 연속 폼은 매 레코드마다 폼 머리글과 폼 바닥글이 표시된다.
④ 데이터시트 형식은 스프레드시트처럼 행과 열로 정렬된 폼 필드를 표시한다.

등급 B

55. 다음 중 아래의 설명에 해당하는 컨트롤로 옳은 것은?

• 폼이나 보고서의 원본으로 사용되는 데이터를 표시한다.
• 계산 결과를 표시한다.

① 레이블　　　　② 텍스트 상자
③ 콤보 상자　　　④ 목록 상자

등급 B

56. 다음 중 동아리 회원 목록을 표시하는 [동아리회원] 폼에서 성별이 여자인 본문의 모든 컨트롤의 글꼴 서식을 굵게, 기울임꼴로 표시하는 방법으로 적절한 것은?

① 본문 영역에서 '성별' 컨트롤을 선택한 후 조건부 서식에서 규칙으로 필드 값이 다음 값과 같음, 값을 '여자'로 지정한 후 서식을 설정한다.
② 본문 영역의 모든 컨트롤들을 선택한 후 조건부 서식에서 규칙으로 조건 식을 [성별]='여자'로 지정한 후 서식을 설정한다.
③ 본문 영역의 모든 컨트롤들을 선택한 후 조건부 서식에서 규칙으로 필드 값이 다음 값과 같음, 값을 '여자'로 지정한 후 서식을 설정한다.
④ 테이블의 데이터시트 보기에서 여자 회원 레코드들을 모두 선택한 후 서식을 설정한다.

57. 다음 중 매크로 함수에 대한 설명으로 옳지 않은 것은?

① FindRecord : 조건에 맞는 첫 번째 레코드를 검색한다.
② RunMacro : 매크로를 실행한다.
③ Messagebox : 매개 변수 쿼리를 실행한다.
④ OpenQuery : 쿼리를 실행한다.

전문가의 조언
· Messagebox 함수는 경고 또는 정보 메시지가 포함된 메시지 상자를 표시합니다.
· 각종 쿼리를 실행할 때 사용하는 매크로 함수는 OpenQuery입니다.

59. 다음 중 데이터베이스 설계 순서로 옳은 것은?

㉠ 요구 조건 분석	㉢ 물리적 설계
㉡ 개념적 설계	㉣ 구현
㉤ 논리적 설계	

① ㉡ → ㉠ → ㉤ → ㉣ → ㉢
② ㉠ → ㉡ → ㉤ → ㉢ → ㉣
③ ㉡ → ㉤ → ㉢ → ㉠ → ㉣
④ ㉠ → ㉤ → ㉡ → ㉢ → ㉣

전문가의 조언
데이터베이스 설계는 '요구 조건 분석 → 개념적 설계 → 논리적 설계 → 물리적 설계 → 구현' 순으로 진행됩니다.

58. 다음 중 보고서 그룹화에 대한 설명으로 옳지 않은 것은?

① 그룹으로 지정된 필드의 정렬 기준은 변경할 수 없으며, 기본적으로 오름차순으로 정렬된다.
② 텍스트 형식은 전체값, 첫 문자, 처음 두 문자, 사용자 지정 문자를 기준으로 그룹화할 수 있다.
③ 그룹화 할 필드가 날짜 데이터이면 실제 값(기본) · 일 · 주 · 월 · 분기 · 연도를 기준으로 그룹화할 수 있다.
④ 그룹을 만들려면 머리글 구역 표시나 바닥글 구역 표시 중 하나 이상을 설정해야 한다.

전문가의 조언
그룹으로 지정된 필드는 기본적으로 오름차순 정렬되지만 사용자가 정렬 기준을 임의로 변경할 수 있습니다.

60. 다음 중 폼 영역에 대한 설명으로 틀린 것은?

① 연속 폼으로 설정하면 폼의 모든 영역이 반복되어 표시된다.
② 폼에는 기본적으로 세부 구역(본문)이 표시되며, 폼 머리글/바닥글, 페이지 머리글/바닥글 구역을 표시하거나 숨길 수 있다.
③ 페이지 머리글과 바닥글은 인쇄를 위해 사용된다.
④ 폼은 기본적으로 본문, 폼 머리글/바닥글, 페이지 머리글/바닥글 구역으로 구분된다.

전문가의 조언
연속 폼으로 설정하면 폼의 모든 영역이 아니라 폼의 본문 영역이 반복되어 표시됩니다.

1과목 컴퓨터 일반

등급 **A**

1. 다음 중 JPEG 파일 형식에 대한 설명으로 옳지 않은 것은?

① 24비트 컬러를 사용하여 트루 컬러로 이미지를 표현한다.

② 사진과 같은 정지 영상을 표현하기 위한 국제 표준 압축 방식이다.

③ Windows에서 기본적으로 사용하는 벡터 파일 형식이다.

④ 사용자가 압축률을 지정해서 이미지를 압축하는 압축 기법을 사용할 수 있다.

등급 **A**

2. 다음 중 인터넷 주소 체계에서 IPv6에 관한 설명으로 옳지 않은 것은?

① 각 부분은 10진수로 표현되며, 세미콜론(;)으로 구분한다.

② 주소 체계는 유니캐스트, 멀티캐스트, 애니캐스트로 나누어진다.

③ 실시간 흐름 제어로 향상된 멀티미디어 기능을 지원한다.

④ 16비트씩 8부분으로 총 128비트로 구성된다.

등급 **B**

3. 다음 중 한글 Winodws 10의 [Windows 관리 도구]에 대한 설명으로 옳은 것은?

① [시스템 정보]는 컴퓨터에 설치된 모든 하드웨어와 소프트웨어의 실행 정보를 한군데 모아 관리한다.

② [디스크 정리]는 디스크의 필요 없는 파일을 삭제하여 여유 공간을 확보하는 기능으로 필요 없는 프로그램의 제거도 가능하다.

③ [레지스트리 편집기]에서는 하드웨어 리소스, 구성 요소, 설치된 소프트웨어 환경 등의 정보를 확인한다.

④ [컴퓨터 관리]는 하드디스크에 논리적 혹은 물리적으로 손상이 있는지 검사하고, 복구 가능한 에러가 있으면 이를 복구한다.

등급 **A**

4. 다음 중 컴퓨터 보조기억장치로 사용되는 SSD(Solid State Drive)에 관한 설명으로 옳지 않은 것은?

① 고속으로 데이터를 입출력할 수 있다.

② 크기가 작고 충격에 강하다.

③ HDD와 비슷하게 동작하면서 HDD와는 달리 기계적 장치가 없는 반도체를 이용하여 정보를 저장한다.

④ HDD보다 저장 용량당 가격이 저렴하다.

5. 다음 중 컴퓨터의 연산장치에 있는 레지스터에 관한 설명으로 옳지 않은 것은?

① 누산기는 연산 결과를 일시적으로 저장한다.
② 가산기는 2진수 덧셈을 수행한다.
③ 보수기는 곱셈과 나눗셈을 위하여 데이터를 보수로 변환한다.
④ 상태 레지스터는 연산중에 발생하는 여러 가지 상태값을 기억한다.

전문가의 조언
보수기(Complementor)는 뺄셈의 수행을 위해 입력된 값을 보수로 변환하는 논리 회로입니다.

6. 다음 중 한글 Windows 10에서 하드디스크의 여유 공간이 부족할 경우의 해결 방법으로 옳지 않은 것은?

① 불필요한 파일을 백업한 후 삭제한다.
② Windows 기능 켜기/끄기의 모든 확인란을 선택한다.
③ 휴지통에 있는 파일을 삭제한다.
④ [디스크 정리]를 수행하여 불필요한 파일들을 삭제한다.

전문가의 조언
하드디스크의 여유 공간이 부족할 경우 Windows 기능 켜기/끄기의 모든 확인란의 선택을 해제해야 합니다.

7. 핸드폰, 노트북과 같은 휴대기기를 서로 연결하여 정보를 교환할 수 있도록 하는 근거리 무선 통신 기술은?

① 블루투스
② 와이파이
③ 와이브로
④ 테더링

전문가의 조언
근거리 무선 통신을 가능하게 해주는 통신 기술은 블루투스(Bluetooth)입니다.
• **와이파이(Wi-Fi)** : 2.4GHz대를 사용하는 무선 랜(WLAN) 규격(IEEE 802.11b)에서 정한 제반 규정에 적합한 제품에 주어지는 인증 마크

• **와이브로(Wibro)** : 무선 광대역을 의미하는 것으로, 휴대폰, 노트북, PDA 등의 모바일 기기를 이용하여 언제 어디서나 이동하면서 고속으로 무선 인터넷 접속이 가능한 서비스
• **테더링(Tethering)** : 인터넷에 연결된 기기를 모뎀처럼 활용하여 다른 기기도 인터넷 사용이 가능하게 해주는 기술로, 노트북과 같은 IT 기기를 스마트폰에 연결하여 무선 인터넷을 사용할 수 있음

8. 다음 중 멀티미디어의 특징에 관한 설명으로 옳지 않은 것은?

① 용이성(Easiness) : 각각의 분리된 매체(오디오 등)보다 콘텐츠 제작이 용이하다.
② 비선형성(Non-Linear) : 데이터가 일정한 방향으로 순차적으로 처리되는 것이 아니라 사용자의 선택에 따라 다양한 방향으로 처리된다.
③ 디지털화(Digitization) : 여러 종류의 정보를 컴퓨터로 처리하기 위해서 디지털 방식으로 변환하여 처리한다.
④ 상호 작용성(Interaction) : 정보 제공자의 선택에 의해 일방적으로 데이터가 전달되는 것이 아니라 정보 제공자와 사용자 간의 의견을 통한 상호 작용에 의해 데이터가 전달된다.

전문가의 조언
멀티미디어의 특징에는 디지털화(Digitalization), 쌍방향성(Interactive), 비선형성(Non-Linear), 정보의 통합성(Integration)이 있습니다.

9. 다음 중 컴퓨터 운영체제의 운영 방식에 대한 설명으로 옳지 않은 것은?

① 일괄 처리는 컴퓨터에 입력하는 데이터를 일정량 또는 일정시간 동안 모았다가 한꺼번에 처리하는 방식이다.
② 실시간 처리는 오프라인에서 처리할 데이터가 입력될 때마다 즉시 처리하는 방식이다.
③ 시분할 시스템은 한 대의 시스템을 여러 사용자가 동시에 사용하는 방식이다.
④ 분산 처리 시스템은 여러 대의 컴퓨터들에 의해 작업한 결과를 통신망을 이용하여 상호 교환할 수 있도록 연결되어 있는 방식이다.

등급 **C**

12. 다음 중 [파일 탐색기]의 [즐겨찾기]에 대한 설명으로 옳지 않은 것은?

① 자주 사용하는 폴더나 최근에 사용한 파일이 자동으로 등록된다.
② '즐겨찾기'에 개체를 추가하려면 추가할 개체를 '파일 탐색기'의 '즐겨찾기'에 드래그하면 된다.
③ [폴더 옵션]의 [보기] 탭에서 '즐겨찾기'에서 최근에 사용된 파일이나 폴더의 표시 여부를 지정한다.
④ 자주 사용하는 개체를 등록하여 해당 개체로 빠르게 이동하기 위해 사용하는 기능이다.

등급 **B**

10. 다음 중 외부로부터의 데이터 침입행위에 관한 유형의 위조(Fabrication)에 대한 설명으로 옳은 것은?

① 자료가 수신측으로 전달되는 것을 방해하는 행위
② 전송한 자료가 수신지로 가는 도중에 몰래 보거나 도청하는 행위
③ 자료가 다른 송신자로부터 전송된 것처럼 꾸미는 행위
④ 원래의 자료를 다른 내용으로 바꾸는 행위

등급 **C**

13. 다음 중 컴퓨터의 분류에 대한 설명으로 옳지 않은 것은?

① 컴퓨터는 처리 능력에 따른 분류, 데이터 취급에 따른 분류, 사용 용도에 따른 분류로 나눌 수 있다.
② 하이브리드 컴퓨터는 디지털 컴퓨터와 아날로그 컴퓨터의 장점을 혼합하여 만든 컴퓨터이다.
③ 컴퓨터를 데이터 취급 형태에 따라 미니 컴퓨터, 마이크로 컴퓨터, 슈퍼 컴퓨터 등으로 구분할 수 있다.
④ 컴퓨터를 어떠한 목적으로 사용하느냐에 따라 범용 컴퓨터와 전용 컴퓨터로 분류할 수 있다.

등급 **C**

11. 데이터 통신망 중 부가가치 통신망(VAN)에 관한 설명으로 옳은 것은?

① 자원 공유를 목적으로 전송 거리가 짧은 구내에서 사용하는 통신망이다.
② 기간 통신망 사업자로부터 회선을 빌려 기존의 정보에 새로운 가치를 부여하여 다수의 이용자에게 판매하는 통신망이다.
③ 문자, 음성, 동영상 등 다양한 데이터를 통합하여 디지털화된 하나의 통신 회선으로 전송하는 통신망이다.
④ 전화국과 가입자 단말 사이의 회선을 유선 대신 무선 시스템을 이용하여 구성하는 통신망이다.

14. 다음 중 BIOS(Basic Input Output System)에 관한 설명으로 옳지 않은 것은?

① 컴퓨터의 기본 입출력장치나 메모리 등 하드웨어 작동에 필요한 명령들을 모아 놓은 프로그램이다.

② 컴퓨터의 전원을 켜면 자동으로 가장 먼저 기동되며, 기본 입출력장치나 메모리 등 하드웨어의 이상 유무를 검사한다.

③ 최근에는 보조기억장치인 SSD에 저장되므로 칩을 교환하지 않고도 바이오스를 업그레이드 할 수 있다.

④ CMOS 셋업 프로그램을 이용하여 시스템의 날짜와 시간, 부팅 순서 등 일부 BIOS 정보를 설정할 수 있다.

전문가의 조언
바이오스는 주기억장치 중 하나인 롬(ROM)에 저장되어 있으며, 최근에는 플래시 롬에 저장되므로 칩을 교환하지 않고도 업그레이드 할 수 있습니다.

15. 다음 중 PC 관리에 대한 설명으로 옳지 않은 것은?

① 컴퓨터의 성능 향상을 위해 주기적으로 디스크 정리, 드라이브 오류 검사, 드라이브 최적화 등을 실행하는 것이 좋다.

② 직사광선과 습기가 많거나 자성이 강한 물체가 있는 곳은 피하는 것이 좋다.

③ 컴퓨터 전용 전원 장치를 단독으로 사용하고, 전원을 끌 때는 사용 중인 프로그램을 먼저 종료하는 것이 좋다.

④ 바이러스를 예방하기 위하여 BIOS 업데이트를 자주 실행한다.

전문가의 조언
바이러스를 예방하기 위해서는 최신 백신 프로그램을 사용하여 정기적으로 바이러스 검사를 수행해야 합니다.

16. 다음 중 유비쿼터스 센서 네트워크(USN)의 활용 분야에 속하는 것은?

① 테더링
② 텔레매틱스
③ 블루투스
④ 고퍼

전문가의 조언
유비쿼터스 센서 네트워크(USN)는 텔레매틱스, 동물관리, 교통관리, 공해감시, 유통, 물류 등 거의 모든 분야에서 응용할 수 있습니다.

17. 다음 중 바이러스 감염 증상에 대한 설명으로 옳지 않은 것은?

① 특정 날짜가 되면 화면에 이상한 메시지가 표시된다.

② 디스크를 인식하지 못하거나, 디스크 볼륨명이 변경될 수도 있다.

③ 파일의 크기가 작아지고, 프로그램의 실행 속도가 빨라진다.

④ 시스템 파일이 손상되어 부팅(Booting)이 정상적으로 수행되지 않는다.

전문가의 조언
바이러스에 감염되면 파일의 크기가 커지고, 프로그램의 실행 속도가 느려집니다.

18. 다음 중 한글 Windows 10의 백업과 복원에 관한 설명으로 옳지 않은 것은?

① 파일이 백업되는 주기를 지정할 수 있다.

② 파일 히스토리를 이용하여 자동으로 파일이 백업되도록 설정할 수 있다.

③ 백업된 파일을 복원할 때 복원 위치를 설정할 수 있다.

④ 백업에서 제외할 폴더를 지정할 수 없다.

전문가의 조언
[⊞(시작)] → [⚙(설정)] → [업데이트 및 보안] → [백업]에서 '기타 옵션'을 클릭한 후 '이 폴더 제외' 항목에서 백업에서 제외할 폴더를 지정할 수 있습니다.

등급 B

19. 다음 중 전자우편(E-mail)에 대한 설명으로 옳지 않은 것은?

① 한 사람이 동시에 여러 사람에게 전자우편을 보낼 수 있다.

② 전체 회신은 받은 메일에 대한 답장을 발송자는 물론 참조인들에게도 전송하는 기능이다.

③ IMAP는 로컬 서버에서 프로그램을 이용하여 전자우편을 액세스하기 위한 표준 프로토콜이다.

④ SMTP는 메일 서버에 도착한 이메일을 사용자 컴퓨터로 가져올 수 있도록 메일 서버에서 제공하는 프로토콜이다.

전문가의 조언
• SMTP(Simple Mail Transfer Protocol)는 사용자의 컴퓨터에서 작성한 메일을 다른 사람의 계정이 있는 곳으로 전송해 주는 프로토콜입니다.
• ④번은 POP3(Post Office Protocol3)에 대한 설명입니다.

등급 B

20. 다음 중 한글 Windows 10의 [휴지통]에 보관된 파일을 복원하는 방법으로 옳지 않은 것은?

① 휴지통을 열고 복원할 파일의 바로 가기 메뉴에서 [잘라내기]를 선택한 후 바탕 화면의 바로 가기 메뉴에서 [붙여넣기]를 선택한다.

② 휴지통을 열고 복원할 파일의 바로 가기 메뉴에서 [복원]을 선택한다.

③ 휴지통을 열고 복원할 파일을 선택한 후 원하는 위치로 드래그 앤 드롭한다.

④ 휴지통의 모든 파일을 복원하려면 휴지통의 바로 가기 메뉴에서 [전체 복원하기]를 선택한다.

전문가의 조언
• 휴지통의 바로 가기 메뉴에는 복원과 관련된 항목이 없습니다.
• 휴지통의 모든 파일을 복원하려면 휴지통을 열고 [관리] → [휴지통 도구] → [복원] → [모든 항목 복원]을 클릭하면 됩니다.

등급 B

21. 다음 시트에서 '코드'를 입력한 후 '코드'의 앞에 두 자리를 '지역'으로 입력하려고 한다. [B2] 셀에 코드의 앞에 두 자리인 "서울"을 입력하고 다음 셀인 [B3] 셀에서 빠른 채우기를 이용하여 나머지 셀에도 입력하려고 할 때, 사용되는 바로 가기 키는?

	A	B
1	코드	지역
2	서울-0001	서울
3	경기-0002	
4	부산-0003	
5	대전-0004	
6		

① Alt + E
② Alt + Shift + E
③ Ctrl + E
④ Ctrl + Alt + E

전문가의 조언
빠른 채우기의 바로 가기 키는 Ctrl + E입니다.

등급 A

22. 아래의 시트에서 횟수에 따른 택배비를 계산하려고 한다. 횟수가 5 이하면 2000, 5 초과 9 이하면 3000, 9 초과면 무료로 표시하기 위해 [C2] 셀에 입력해야 할 수식으로 옳지 않은 것은?

	A	B	C
1	이름	횟수	택배비
2	홍길동	3	2000
3	이숙희	8	3000
4	양종국	10	무료
5	김호명	7	3000
6			

① =IF(B2<=5, 2000, IF(B2<=9, 3000, "무료"))

② =IF(B2>9, "무료", IF(B2>5, 3000, 2000))

③ =IF(B2<=5, 2000, IF(OR(B2>5, B2<=9), 3000, "무료"))

④ =IF(B2<=5, 2000, IF(AND(B2>5, B2<=9), 3000, "무료"))

03220424 등급 A

24. 아래 워크시트에서 자격증 응시자에 대한 과목별 점수의 합계를 배열 수식으로 구하였다. 다음 중 [C10] 셀에 입력된 배열 수식으로 옳은 것은?

	A	B	C
1	응시자	과목	점수
2	김영호	1과목	60
3		2과목	85
4	강미진	1과목	90
5		2과목	75
6	최수영	1과목	80
7		2과목	95
8			
9		과목	합계
10		1과목	230
11		2과목	255
12			

① {=SUM(IF($B$2:$B$7=B10, $C$2:$C$7))}
② {=SUM(IF(MOD(ROW($C$2:$C$7), 2)=1, $C$2:$C$7))}
③ {=SUM(IF(C2:C7, B2:B7=B10))}
④ {=SUM(IF(MOD(ROWS(C2:C7), 2)=0, C2:C7))}

등급 A

23. 아래 시트에서 [C2:E5] 영역을 선택한 후 배열 수식으로 한 번에 금액을 구하려고 한다. 다음 중 이를 위한 수식으로 옳은 것은? (금액 = 수량 * 단가)

	A	B	C	D	E
1	제품명	수량 단가	5	10	15
2	디지털카메라	350,000			
3	전자사전	205,000			
4	모니터	155,000			
5	태블릿	550,000			
6					

① {=B2*C1:E1}
② {=B2*C1:B5*E5}
③ {=B2:B5*C1:E1}
④ ={B2:B5*C1:E1}

등급 C

25. 다음 중 [페이지 설정] 대화상자에 대한 설명으로 옳지 않은 것은?

① 용지 방향, 용지 크기, 인쇄 품질을 설정할 수 있다.
② '머리글/바닥글' 탭의 '머리글' 영역에서 행/열 머리글의 인쇄 여부를 설정한다.
③ 여백은 사용자가 직접 값을 입력할 수 있다.
④ 워크시트에서 차트를 마우스로 선택한 후 [페이지 설정] 메뉴를 선택하면, '시트' 탭이 '차트' 탭으로 바뀐다.

전문가의 조언
행/열 머리글의 인쇄 여부는 '페이지 설정' 대화상자의 '시트' 탭에서 설정할 수 있습니다.

등급 B

26. 다음은 품목별 통합을 실행한 결과 화면이다. 이에 대한 설명으로 틀린 것은?

C12		:	× ✓ ƒx	=SUM(C3:C11)	
1 2		A	B	C	D	E
	1					
	2			목표량	판매량	판매액
+	12	MP3		135	103	12,020,000
+	21	노트북		111	59	66,000,000
+	24	PDP		27	14	10,000,000
+	32	캠코더		133	60	32,500,000
+	39	카메라폰		95	86	30,600,000
+	41	냉장고		21	11	10,800,000
	42					

① '원본 데이터에 연결'을 선택하였다.
② 통합한 데이터의 합계를 계산하였다.
③ 개요 기호는 통합을 실행하면 자동으로 표시된다.
④ 통합할 데이터가 있는 워크시트와 통합 결과가 작성될 워크시트가 같은 시트에 있다.

전문가의 조언
통합할 데이터가 있는 워크시트와 통합 결과가 작성될 워크시트가 서로 다를 경우에만 '원본 데이터에 연결'을 적용할 수 있습니다.

등급 A

27. 다음 중 아래 시트의 [A9] 셀에 수식 '=OFFSET(B3, −1, 2)'을 입력한 경우 결과값은?

	A	B	C	D	E
1	학번	학과	학년	성명	주소
2	12123	국문과	2	박태훈	서울
3	15234	영문과	1	이경섭	인천
4	20621	수학과	3	윤혜주	고양
5	18542	국문과	1	민소정	김포
6	31260	수학과	2	함경표	부천
7					
8					
9					
10					

① 윤혜주　　　　　　② 서울
③ 고양　　　　　　④ 박태훈

전문가의 조언
• OFFSET(범위, 행, 열, 높이, 너비)는 선택한 범위에서 지정한 행과 열만큼 떨어진 위치에 있는 데이터 영역의 데이터를 반환하는 함수입니다.
• =OFFSET(B3, −1, 2) : [B3] 셀을 기준으로 −1행 2열 떨어진 셀, 즉 [D2] 셀의 값인 "박태훈"을 반환합니다.

등급 C

28. 다음 중 아래의 워크시트에서 [B3] 셀이 선택되어 있는 경우 각 키의 사용 결과로 옳지 않은 것은?

	A	B	C	D	E
1		물품명	수량		합계
2	Fruit_01	사과	12		88
3	Fruit_02	배	22		
4	Fruit_03	감귤	19		
5	Fruit_04	포도	24		
6	Fruit_05	멜론	11		

① Ctrl + Home 을 눌러서 [A1] 셀로 이동한다.
② Ctrl + End 를 눌러서 데이터가 포함된 마지막 행/열에 해당하는 [E6] 셀로 이동한다.
③ Home 을 눌러서 현재 열의 첫 행인 [B1] 셀로 이동한다.
④ Shift + Enter 를 눌러서 한 행 위인 [B2] 셀로 이동한다.

전문가의 조언
[B3] 셀이 선택된 상태에서 Home 을 누르면 해당 행의 첫 번째 열인 [A3] 셀로 이동합니다.

29. 다음 중 아래 워크시트 (가)를 (나)와 같이 정렬하기 위한 방법으로 옳은 것은?

(가)

	A	B	C	D
1	이름	사번	부서	직위
2	윤여송	a-001	기획실	과장
3	이기상	a-002	기획실	대리
4	이원평	a-003	기획실	사원
5	강문상	a-004	관리과	사원
6				

(나)

	A	B	C	D
1	부서	사번	이름	직위
2	기획실	a-001	윤여송	과장
3	기획실	a-002	이기상	대리
4	기획실	a-003	이원평	사원
5	관리과	a-004	강문상	사원
6				

① 정렬 기준을 '셀 색', 정렬을 '위에 표시'로 설정
② 정렬 옵션을 '위쪽에서 아래쪽'으로 설정
③ 정렬 기준을 '셀 색', 정렬을 '아래쪽에 표시'로 설정
④ 정렬 옵션을 '왼쪽에서 오른쪽'으로 설정

전문가의 조언
정렬은 기본적으로 위에서 아래로 행 단위로 정렬되는데, 이 문제처럼 왼쪽에서 오른쪽으로 열 단위로 정렬하려면 '정렬 옵션' 대화상자에서 정렬 옵션의 방향을 '왼쪽에서 오른쪽'으로 지정해야 합니다.

30. 다음 중 아래 차트와 같이 가로(항목) 축을 위쪽에 표시하기 위한 방법으로 옳은 것은?

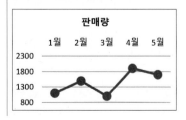

① 가로(항목) 축을 선택한 후 [축 서식] 창의 [축 옵션] → [축 옵션)]에서 세로 축 교차를 '최대 항목'으로 설정한다.
② 가로(항목) 축을 선택한 후 [축 서식] 창의 [축 옵션] → [축 옵션)]에서 '항목을 거꾸로'를 설정한다.
③ 세로(값) 축을 선택한 후 [축 서식] 창의 [축 옵션] → [축 옵션)]에서 가로 축 교차를 '축의 최대값'으로 설정한다.
④ 세로(값) 축을 선택한 후 [축 서식] 창의 [축 옵션] → [축 옵션)]에서 '값을 거꾸로'를 설정한다.

전문가의 조언
가로(항목) 축을 위쪽에 표시하기 위한 방법으로 옳은 것은 ③번입니다.

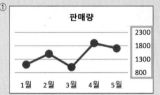

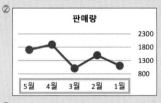

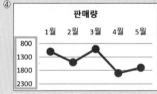

등급 C

31. 다음 중 워크시트의 데이터 목록 개요 설정에 대한 설명으로 옳지 않은 것은?

① 그룹화하여 요약하려는 데이터 목록이 있는 경우 데이터에 최대 8개 수준의 개요를 설정할 수 있다.

② 개요 기호가 표시되지 않는 경우 [Excel 옵션]에서 표시되도록 설정할 수 있다.

③ 그룹별로 요약된 데이터에 설정된 개요를 제거하면 개요 기호와 함께 요약 정보가 표시된 원본 데이터도 삭제된다.

④ 부분합을 제거하면 부분합과 함께 목록에 삽입된 개요도 제거된다.

등급 B

32. 아래의 워크시트에서 '경비지출 내역' 중 3개의 값이 각각 변할 경우 총경비가 어떻게 변하는지를 알아보기 위한 기능으로 적합한 것은?

	A	B
1	경비지출 내역	
2		
3	전기료	213,000
4	통신비	250,000
5	차량관리비	954,300
6	소모품비	125,000
7		
8	총경비	1,542,300
9		

① 목표값 찾기
② 데이터 표
③ 시나리오
④ 피벗 테이블

등급 B

33. 아래 시트에서 [A13:B15] 영역에 입력된 내용을 조건으로 고급 필터를 실행했을 때의 결과로 추출되는 데이터가 아닌 것은?

	A	B	C	D
1	제품판매현황			
2				(단위 : 원)
3	상품명	단가	수량	금액
4	컴퓨터	150	200	₩ 30,000
5	오디오	70	800	₩ 56,000
6	컴퓨터	150	400	₩ 60,000
7	비디오	50	600	₩ 30,000
8	컴퓨터	70	450	₩ 71,500
9	컴퓨터	150	390	₩ 58,500
10				
11				
12	검색조건			
13	상품명	금액		
14	=?디오			
15		<40000		
16				

① 상품명이 컴퓨터이고 금액이 60,000인 데이터
② 상품명이 오디오이고 금액이 56,000인 데이터
③ 상품명이 비디오이고 금액이 30,000인 데이터
④ 상품명이 컴퓨터이고 금액이 30,000인 데이터

등급 B

34. 다음 중 통합 문서에 대한 설명으로 옳지 않은 것은?

① 시트 보호는 통합 문서 전체가 아닌 특정 시트만을 보호한다.

② 공유된 통합 문서는 여러 사용자가 동시에 변경 및 병합할 수 있다.

③ 통합 문서 보호 설정 시 암호를 지정하면 워크시트에 입력된 내용을 수정할 수 없다.

④ 사용자가 워크시트를 추가, 삭제하거나 숨겨진 워크시트를 표시하지 못하도록 통합 문서의 구조를 잠글 수 있다.

35. 다음과 같은 이벤트를 실행시켰을 때 나타나는 결과로 옳은 것은?

```
Private Sub Worksheet_Activate( )
        Range("A1").Select
        Selection.Sort Key1:=Range("A2"), _
        Order1:=xlAscending, Header:=xlGuess, _
        OrderCustom:=1, MatchCase:=False, _
        Orientation:=xlTopToBottom
End Sub
```

① 워크시트가 활성화될 때 [A2] 셀을 기준으로 오름차순 정렬한다.
② 이벤트가 실행된 후에는 [A2] 셀이 선택되어 있다.
③ 활성화 셀이 바뀔 때마다 [A1] 셀을 기준으로 내림차순 정렬한다.
④ 행을 기준으로 정렬한다.

36. 다음 중 입력한 데이터에 지정된 표시 형식에 따른 결과가 옳은 것은?

① 입력 자료 : −14500
  표시 형식 : #,##0;#,##0
  결과 : 14,500
② 입력 자료 : 2023−04−05
  표시 형식 : mm−dd
  결과 : Apr−04
③ 입력 자료 : 24678
  표시 형식 : #.##
  결과 : 24678
④ 입력 자료 : 0.457
  표시 형식 : 0%
  결과 : 45.7%

37. 다음 중 묶은 세로 막대형 차트에 대한 설명으로 옳은 것은?

① 축의 제목은 수정할 수 있지만 삭제할 수 없다.
② 계열 겹치기는 계열 간의 간격을 지정한다.
③ 차트의 원본 데이터의 셀 값이 빈셀이면 데이터 레이블로 기본값인 0이 표시된다.
④ 보조 축을 지정하면 차트의 왼쪽에 표시된다.

등급 A

38. 다음 중 수식의 결과가 옳지 않은 것은?

① =FIXED(3456.789, 1, FALSE) → 3,456.8
② =EOMONTH(DATE(2015, 2, 25), 1) → 2015-03-31
③ =CHOOSE(ROW(A3:A6), "동", "서", "남", 2015) → 남
④ =REPLACE("February", SEARCH("U", "Seoul-Unesco"), 5, " ") → Febru

④번의 결과는 "Feb"입니다.

① =FIXED(3456.789, 1, FALSE) : FIXED(인수, 자릿수, 논리값)는 '인수'를 반올림하여 지정된 '자릿수'까지 텍스트로 반환하는 함수입니다. '논리값'이 FALSE이거나 생략되면 텍스트에 쉼표가 포함되므로 3456.789를 소수점 첫째 자리로 반올림한 값 3,456.8을 반환합니다.

② =EOMONTH(DATE(2015, 2, 25), 1)

❶ DATE(2015, 2, 25) : 2015-02-25를 반환합니다.
❷ EOMONTH(❶) → EOMONTH(2015-02-25) : EOMONTH(날짜, 월수)는 지정한 '날짜'를 기준으로 몇 개월 이전 또는 이후 달의 마지막 날짜의 일련번호를 반환하는 함수입니다. 2015-02-25를 기준으로 1개월 이후 달의 마지막 날짜인 2015-03-31을 반환합니다.

③ =CHOOSE(ROW(A3:A6), "동", "서", "남", 2015)

❶ ROW(A3:A6) : ROW(셀)는 주어진 '셀'의 행 번호를 반환하는 함수입니다. 'ROW(A3:A6)'과 같이 ROW 함수의 인수를 특정 셀이 아닌 범위를 지정하면 범위의 첫 번째 셀인 'A3' 셀의 행 번호를 반환하므로 3을 반환합니다.
❷ =CHOOSE(❶, "동", "서", "남", 2015) → =CHOOSE(3, "동", "서", "남", 2015) : CHOOSE(인수, 첫 번째, 두 번째, …)는 '인수'가 1이면 '첫 번째'를, '인수'가 2이면 '두 번째'를 반환하는 함수입니다. "동", "서", "남", 2015 중 세 번째에 있는 값인 "남"을 반환합니다.

④ =REPLACE("February", SEARCH("U", "Seoul-Unesco"), 5, " ")

❶ SEARCH("U", "Seoul-Unesco") : SEARCH(텍스트1, 텍스트2, 시작 위치)는 '텍스트2'에서 '시작 위치'부터 '텍스트1'을 찾아 위치를 반환하는 함수로 영문 대·소문자를 구분하지 않습니다. "Seoul-Unesco"에서 "U"를 찾아 위치인 4를 반환합니다.
※ 시작 위치를 생략하면 첫 번째 글자부터 찾아 표시합니다.
❷ =REPLACE("February", ❶, 5, " ") → =REPLACE("February", 4, 5, " ") : REPLACE(텍스트1, 시작 위치, 개수, 텍스트2)는 '텍스트1'의 '시작 위치'에서 '개수'로 지정된 문자를 '텍스트2'로 변경하는 함수입니다. "February"에서 네 번째 글자부터 다섯 글자를 빈 칸으로 변경한 "Feb"을 반환합니다.

 등급 B

39. 다음 중 [그림]과 같이 데이터가 입력된 워크시트에서 아래의 '테스트' VBA 코드를 실행했을 때 표시되는 메시지 박스로 옳은 것은?

```
Sub 테스트( )
    Dim arg As Range
    Set arg = Range("A1").CurrentRegion.Cells
    MsgBox arg.Address & "입니다", 48, "주소는"
End Sub
```

[그림]

	A	B	C
1	학과명	성명	TOEIC
2	경영학과	김영민	790
3	영어영문학과	박찬진	940
4	컴퓨터학과	최우석	860
5	물리학과	황종규	750
6	역사교육과	서진동	880
7			

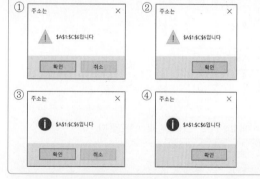

'테스트' VBA 코드를 실행했을 때 표시되는 메시지 박스는 ②번입니다.
• 메시지 박스는 'MsgBox 메시지, 버튼종류+아이콘, 대화상자 타이틀' 형식으로 사용됩니다.
• 지문에서 '버튼종류'가 생략되었으므로 〈확인〉 단추만 표시되고, '아이콘'이 48이므로 ' ⚠ (메시지 경고)' 아이콘이 표시됩니다.
• 나머지 보기에 제시된 대화상자를 표시하기 위한 코드는 다음과 같습니다.
① MsgBox arg.Address & "입니다", 1 + 48, "주소는"
③ MsgBox arg.Address & "입니다", 1 + 64, "주소는"
④ MsgBox arg.Address & "입니다", 64, "주소는"

등급 B

40. [A1:C3] 영역에 대해 조건부 서식의 수식 규칙을 다음과 같이 설정할 경우 결과 화면으로 옳은 것은?

- 수식 : =MOD($A1, 2) = MOD(A$1, 2)
- 배경색 : 회색

①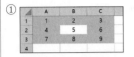
②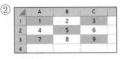
③
④

전문가의 조언

- 조건부 서식의 결과 화면으로 옳은 것은 ②번입니다.
- MOD(인수1, 인수2)는 '인수1'을 '인수2'로 나눈 나머지 값을 반환하는 함수입니다.
- =MOD($A1, 2)의 결과

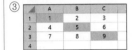

	A	B	C
1	1	1	1
2	0	0	0
3	1	1	1
4			

- =MOD(A$1, 2)의 결과

	A	B	C
1	1	0	1
2	1	0	1
3	1	0	1
4			

- 두 수식의 결과가 같은 셀에 조건부 서식이 적용됩니다.

	A	B	C
1	1	2	3
2	4	5	6
3	7	8	9
4			

---

3 과목

데이터베이스 일반

등급 A

41. 다음 중 [사원] 테이블에서 '나이' 필드의 값이 30 이상 35 이하인 사원의 '부서'와 '이름' 필드를 검색하는 SQL 문으로 틀린 것은?

① Select 부서, 이름 From 사원 Where 나이 Between 30 And 35;
② Select 부서, 이름 From 사원 Where 나이 In(30, 31, 32, 33, 34, 35)
③ Select 부서, 이름 From 사원 Where 나이 >= 30 And <=35;
④ Select 부서, 이름 From 사원 Where 사원.나이 >= 30 And 사원.나이 <=35;

전문가의 조언

And나 Or 연산자를 이용해 한 필드에 여러 조건을 지정할 때는 ④번과 같이 각 조건을 필드명과 함께 지정해야 합니다.

등급 A

42. 다음 〈보기〉와 같이 거래처별 수금액의 합계를 표시하려고 할 때 가장 적합한 보고서 영역은?

〈보기〉 수금액 합계 =Sum([수금액])

- 보고서 머리글
- 페이지 머리글
- 거래처명 머리글
- 본문
- 거래처명 바닥글
- 페이지 바닥글
- 보고서 바닥글

① 보고서 머리글   ② 페이지 바닥글
③ 거래처명 바닥글   ④ 본문

전문가의 조언

거래처별 수금액의 합계와 같이 그룹별로 구분되는 자료는 그룹 머리글이나 그룹 바닥글에 표시합니다.

03220446

등급 B

43. 기본키(Primary Key)에 대한 설명으로 틀린 것은?

① 전화번호와 같이 시간이 지나면 변할 수 있는 정보도 입력할 수 있다.
② Null 값을 입력할 수 없다.
③ 기본키를 지정하면 해당 필드의 인덱스 속성이 '예(중복 불가능)'로 자동 설정된다.
④ 기본키는 테이블 내 모든 레코드들을 고유하게 식별할 수 있는 필드에 지정한다.

등급 B

44. 다음 중 Access의 개체에 대한 설명으로 옳지 않은 것은?

① 매크로는 모듈에 비해 복잡한 작업을 처리하기 위해 프로그램을 직접 작성하는 것이다.
② 쿼리는 폼이나 보고서의 원본 데이터로 사용할 수 있다.
③ 폼은 테이블이나 쿼리 데이터의 입출력 화면을 작성한다.
④ 테이블은 데이터를 저장하는 데 사용하는 데이터베이스 개체로, 레코드 및 필드로 구성된다.

등급 C

45. 회원(회원코드, 성명, 전화번호, 비고) 테이블에서 비고 필드에 회원 사진을 저장하려고 할 때 가장 적합한 데이터 형식은?

① 긴 텍스트
② 하이퍼링크
③ 일련 번호
④ 첨부 파일

등급 B

46. 다음 중 특정 필드에 입력 마스크를 '09#L'로 설정하였을 때의 입력 데이터로 옳은 것은?

① 123A
② A124
③ 12A4
④ 12AB

등급 B

47. 도서(도서코드, 도서명, 출판사코드, 대여비용) 테이블에 대한 필드 설정 방법으로 옳지 않은 것은? (단 '도서명'은 반드시 입력해야 하지만 '도서코드'는 입력하지 않아도 되며, '출판사코드'는 〈출판사〉 테이블의 '출판사' 필드를 참조하는 외래키이다.)

① '도서명' 필드의 필수 속성을 '예'로 설정하였다.
② '대여비용' 필드의 데이터 형식을 '통화'로 설정하였다.
③ '출판사코드' 필드는 〈출판사〉 테이블의 '출판사' 필드와 데이터 형식을 동일하게 설정하였다.
④ '도서코드' 필드의 데이터 형식을 '짧은 텍스트'로 설정하고 기본키로 지정하였다.

등급 B

48. [평균성적] 테이블에서 '평균' 필드 값이 90 이상인 학생들을 검색하여 '학년' 필드를 기준으로 내림차순, '반' 필드를 기준으로 오름차순 정렬하여 표시하고자 한다. 다음 중 아래 SQL문의 각 괄호 안에 넣을 예약어로 옳은 것은?

```
SELECT 학년, 반, 이름
FROM 평균성적
WHERE 평균 )= 90
( ㉠ ) 학년 ( ㉡ ) 반 ( ㉢ );
```

① ㉠ GROUP BY   ㉡ DESC   ㉢ ASC
② ㉠ GROUP BY   ㉡ ASC   ㉢ DESC
③ ㉠ ORDER BY   ㉡ DESC   ㉢ ASC
④ ㉠ ORDER BY   ㉡ ASC   ㉢ DESC

전문가의 조언
- SQL문의 각 괄호 안에 넣을 예약어로 옳은 것은 ③번입니다.
- 정렬을 지정할 때는 Order By 문을 사용하며, 'ASC'는 오름차순, 'DESC'는 내림차순을 의미합니다.

등급 A

49. 폼 디자인을 잘못하여 〈A화면〉과 같이 표시되어 〈B화면〉과 같이 표시되도록 설정하려고 한다. 다음 중 설정 방법으로 옳은 것은?

〈A화면〉

〈B화면〉

① 폼의 '기본 보기' 속성을 '연속 폼'으로 변경한다.
② 폼의 '기본 보기' 속성을 '단일 폼'으로 변경한다.
③ 본문의 모든 레이블 컨트롤을 폼 머리글로 옮긴다.
④ 본문의 모든 텍스트 상자 컨트롤을 폼 머리글로 옮긴다.

전문가의 조언
〈A화면〉에서 레이블이 레코드마다 매번 표시되는 이유는 레이블이 본문 영역에 있기 때문입니다. 본문 영역에 있는 레이블을 폼 머리글로 이동하면 〈B화면〉과 같이 상단에 한 번만 표시됩니다.

① '기본 보기' 속성을 연속 폼으로 선택하였을 경우(〈A화면〉)

② '기본 보기' 속성을 단일 폼으로 선택하였을 경우

④ 본문의 모든 텍스트 상자를 폼 머리글로 옮긴 경우

등급 B

50. 아래 내용 중 하위 폼에 대한 옳은 설명만을 나열한 것은?

> ⓐ 하위 폼에는 기본 폼의 현재 레코드와 관련된 레코드만 표시된다.
> ⓑ 하위 폼은 단일 폼으로 표시되며 연속 폼으로는 표시될 수 없다.
> ⓒ 기본 폼과 하위 폼을 연결할 필드의 데이터 형식은 같거나 호환되어야 한다.
> ⓓ 여러 개의 연결 필드를 지정하려면 콜론(:)으로 필드명을 구분하여 입력한다.

① ⓐ, ⓑ, ⓒ   ② ⓐ, ⓒ
③ ⓑ, ⓒ, ⓓ   ④ ⓑ, ⓓ

전문가의 조언
하위 폼에 대한 옳은 설명은 ⓐ, ⓒ입니다.
ⓑ 하위 폼은 주로 연속 폼으로 표시합니다.
ⓓ 여러 개의 연결 필드를 지정하려면 세미콜론(;)으로 필드명을 구분하여 입력해야 합니다.

등급 C

51. 폼 보기 상태에서 다음과 같이 폼이 나타나도록 폼 속성을 설정하였다. 가장 옳지 않은 것은?

진급정보조회				
진급예정일자	입사일자	이름	직위	부서
2025-04-01	2006-06-01	김구완	이사	기획부
2024-10-01	2009-10-01	김미향	차장	기획부
2024-02-01	2017-07-01	김진국	사원	기획부
2024-03-01	2015-06-01	마소희	주임	기획부

레코드 ◄ ◄ 1/93 ► ►◄ 필터됨되지 않음 검색

① 탐색 단추 : 예   ② 스크롤 막대 : 세로만
③ 레코드 선택기 : 예   ④ 구분 선 : 아니요

전문가의 조언
문제의 폼에는 레코드 선택기가 설정되어 있지 않습니다.
• 보기로 제시된 폼의 각 구성 요소는 다음과 같습니다.

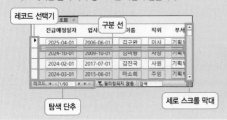

등급 B

52. 다음 중 조건부 서식에 관한 설명으로 옳지 않은 것은?

① 하나 이상의 조건에 따라 폼과 보고서의 컨트롤 서식 또는 컨트롤 값의 서식을 변경할 수 있다.
② 필드 값이나 식, 포커스를 가지고 있는 컨트롤을 기준으로 조건부 서식을 설정할 수 있다.
③ 서식으로는 굵게, 글꼴 색, 글꼴 이름, 바탕 색, 테두리 색 등을 지정할 수 있다.
④ 지정한 조건 중 두 개 이상이 true이면 true인 첫 번째 조건의 서식만 적용된다.

전문가의 조언
조건부 서식에서 조건에 맞는 경우 서식으로 굵게, 기울임꼴, 밑줄, 바탕색, 글꼴 색은 지정할 수 있지만, 글꼴 이름이나 테두리 색은 지정할 수 없습니다.

등급 B

53. 다음 중 아래 SQL 문에 대한 설명으로 옳은 것은?

> UPDATE 학생
> SET 주소='서울'
> WHERE 학번=100;

① [학생] 테이블에 주소가 '서울'이고 학번이 100인 레코드를 추가한다.
② [학생] 테이블에서 주소가 '서울'이고 학번이 100인 레코드를 검색한다.
③ [학생] 테이블에서 학번이 100인 레코드의 주소를 '서울'로 갱신한다.
④ [학생] 테이블에서 주소가 '서울'인 레코드의 학번을 100으로 갱신한다.

전문가의 조언
SQL 문에 대한 설명으로 옳은 것은 ③번입니다. 질의문은 각 절을 분리하여 이해하면 쉽습니다.
• Update 학생 : 〈학생〉 테이블의 레코드를 수정합니다.
• Set 주소 = '서울' : '주소' 필드의 값을 "서울"로 변경합니다.
• Where 학번 = '100' : '학번' 필드의 값이 "100"인 레코드만을 대상으로 합니다.

54. 보고서 마법사를 이용하여 설정할 수 없는 것은?

① 데이터 표시 형식
② 용지 설정
③ 그룹 수준
④ 요약 옵션

55. 다음 중 매크로에 대한 설명으로 옳지 않은 것은?

① 매크로는 작업을 자동화하고 폼, 보고서 및 컨트롤에 기능을 추가하는 데 사용되는 도구이다.
② 특정 조건이 참일 때에만 매크로 함수를 실행하도록 설정할 수 있다.
③ 하나의 매크로에는 하나의 매크로 함수만 포함될 수 있다.
④ 매크로를 컨트롤의 이벤트 속성에 포함시킬 수 있다.

56. [부서] 테이블과 [사원] 테이블에는 아래 표와 같이 데이터가 들어 있다. 부서코드는 기본키로 설정되어 있고 [사원] 테이블의 소속부서 필드는 [부서] 테이블의 부서코드를 참조하고 있는 외래키(Foreign Key)이다. 다음 설명으로 옳지 않은 것은?

부서

부서코드	부서명
1	회계부
2	관리부
3	총무부

사원

사번	사원명	소속부서
1	홍길동	1
2	김을섭	3
3	박부자	1
4	이원수	null

① 현재 참조 무결성(Referential Intergrity)이 유지되고 있다.
② 사원 테이블에서 4번 사원의 소속부서를 4로 바꾸면 참조 무결성은 유지되지 않는다.
③ 사원 테이블에서 2번 사원을 삭제해도 참조 무결성은 유지된다.
④ 부서 테이블에서 2번 부서를 삭제하면 참조 무결성이 유지되지 않는다.

57. 다음 중 텍스트 상자의 내용이 변경될 때 발생하는 이벤트는 무엇인가?

① After Update
② Before Update
③ Click
④ Change

등급 B

58. 물건구매 관련 정보를 관리하기 위한 데이터베이스 테이블의 관계를 표시한 것이다. 고객은 여러 상점에서 여러 개의 상품을 구매할 수 있다고 가정할 때, 판매정보를 중심으로 관계에 관한 설명 중 가장 적절치 않은 것은?

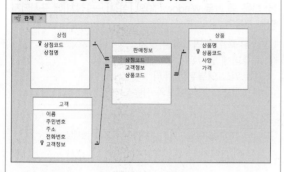

① 고객과 상점의 관계는 일 대 다 관계로 볼 수 있다.
② 고객과 판매정보의 관계는 일 대 다 관계로 볼 수 있다.
③ 상점과 판매정보의 관계는 일 대 다 관계로 볼 수 있다.
④ 상품과 판매정보의 관계는 일 대 다 관계로 볼 수 있다.

등급 B

59. 다음 중 우편 레이블 보고서 작성과 관련된 설명으로 틀린 것은?

① 사용자가 크기와 형식을 지정하여 레이블을 만들 수는 없지만 레이블 제품번호를 선택하여 사용할 수는 있다.
② 많은 양의 우편물을 발송할 때 쉽고 간단하게 주소를 출력할 수 있다.
③ 보고서의 특정 필드에 고정적으로 출력할 내용을 추가하여 출력할 수 있다.
④ 마법사의 각 단계에서 레이블 크기, 텍스트 모양, 사용 가능한 필드, 정렬 기준 등을 지정할 수 있다.

등급 A

60. 〈학생〉과 〈점수〉 테이블이 다음과 같은 경우 1학년 1반 학생의 학번, 이름, 점수를 표시하는 질의문으로 옳은 것은?

학생

필드 이름	데이터 형식
학번	짧은 텍스트
이름	짧은 텍스트
학년	숫자
반	숫자
성별	짧은 텍스트

성적

필드 이름	데이터 형식
학번	짧은 텍스트
이름	짧은 텍스트
점수	숫자

① Select 학번, 이름, 성적 From 학생;
② Select 학번, 이름, 성적 From 성적 WHERE 학번 In (Select 학번 From 학생 Where 학년 = 1 And 반 = 1);
③ Select 학번, 이름, 성적 From 성적;
④ Select 학번, 이름, 성적 From 학생 WHERE 학번 In (Select 학번 From 성적 Where 학년 = 1 And 반 = 1);

15회 2022년 상시05 기출문제

15회

1과목 컴퓨터 일반

등급 **A**

1. 다음 중 한글 Windows 10의 [폴더 옵션] 대화상자에서 설정할 수 있는 작업으로 옳지 않은 것은?

① [숨김 파일, 폴더 또는 드라이브 표시 안 함]을 선택할 수 있다.
② [라이브러리의 항목 삭제]를 선택할 수 있다.
③ [알려진 파일 형식의 확장명 숨기기]를 선택할 수 있다.
④ [폴더 팁에 파일 크기 정보 표시]를 선택할 수 있다.

전문가의 조언
'폴더 옵션' 대화상자의 '보기' 탭에서 제공하는 '고급 설정' 항목에는 '라이브러리의 항목 삭제'가 아니라 '라이브러리 표시'가 있습니다.

등급 **B**

2. 다음 중 멀티미디어 그래픽과 관련하여 안티앨리어싱 (Anti-Aliasing)에 대한 설명으로 옳은 것은?

① 3차원 그래픽에서 화면에 그린 물체의 모형에 명암과 색상을 입혀 사실감을 더해주는 기술이다.
② 이미지의 가장자리가 톱니 모양으로 표현되는 계단 현상을 없애기 위하여 경계선을 부드럽게 해주는 필터링 기술이다.
③ 선택된 두 개의 이미지에 대해 하나의 이미지가 다른 이미지로 자연스럽게 변화하도록 하는 특수 효과 기술이다.
④ 작성된 그림을 필터 기능을 이용하여 여러 가지 형태의 새로운 이미지로 바꿔주는 기술이다.

전문가의 조언
안티앨리어싱(Anti-Aliasing)은 계단 현상을 없애기 위하여 경계선을 부드럽게 해주는 필터링 기술입니다.
• ①번은 렌더링(Rendering), ③번은 모핑(Morphing), ④번은 필터링(Filtering)에 대한 설명입니다.

등급 **C**

3. 다음 중 한글 Windows 10의 [설정] → [장치]에 표시되지 않는 것은?

① USB 포트에 연결하는 장치
② 컴퓨터에 연결된 호환 네트워크 장치
③ 네트워크 연결된 컴퓨터
④ 하드디스크 드라이브와 사운드 카드

전문가의 조언
하드디스크 드라이브와 사운드 카드는 '장치 관리자'에 표시됩니다.

등급 **C**

4. 다음 중 프로그래밍 기법에 대한 설명으로 옳지 않은 것은?

① 구조적 프로그래밍 : 입력과 출력이 각각 하나씩 이루어진 구조로, 순서, 선택, 반복의 3가지 논리 구조를 사용하는 기법이다.
② 절차적 프로그래밍 : 지정된 문법 규칙에 따라 일련의 처리 절차를 순서대로 기술해 나가는 프로그래밍 기법이다.
③ 객체 지향 프로그래밍 : 객체를 중심으로 한 프로그래밍 기법으로, 소프트웨어의 재사용과 유지보수가 용이하다.
④ 비주얼 프로그래밍 : 기호화된 아이콘 형태를 문자 방식의 명령어로 바꿔 프로그래밍 하는 기법이다.

전문가의 조언
비주얼 프로그래밍은 기존 문자 방식의 명령어 전달 방식을 기호화된 아이콘의 형태로 바꿔 사용자가 대화형으로 좀더 쉽게 프로그래밍할 수 있는 기법입니다.

정답 1.② 2.② 3.④ 4.④

등급 A

5. 다음 중 인터넷 통신 장비인 게이트웨이(Gateway)의 기본적인 역할에 관한 설명으로 옳은 것은?

① 네트워크 계층의 연동장치로 경로 설정에 사용된다.
② 문자로 된 도메인 이름을 숫자로 이루어진 실제 IP 주소로 변환하는데 사용된다.
③ 인터넷 신호를 증폭하며 먼 거리로 정보를 전달할 때 사용된다.
④ 현재 위치한 네트워크에서 다른 네트워크로 연결할 때 사용된다.

전문가의 조언
게이트웨이(Gateway)는 현재 위치한 네트워크에서 다른 네트워크로 연결할 때 사용됩니다.
• ①번은 라우터(Router), ②번은 DNS(Domain Name System), ③번은 리피터(Repeater)에 대한 설명입니다.

등급 B

6. 다음 중 Windows 10의 [설정] → [네트워크 및 인터넷]에 대한 설명으로 옳지 않은 것은?

① 네트워크 문제를 진단하고 해결할 수 있다.
② 컴퓨터 이름과 작업 그룹의 이름을 변경할 수 있다.
③ 내 컴퓨터에서 사용 가능한 네트워크를 표시한다.
④ [어댑터 옵션 변경]을 통해 네트워크 어댑터의 연결 설정을 변경할 수 있다.

전문가의 조언
컴퓨터 이름과 작업 그룹의 이름은 [◎(설정)] → [시스템] → [정보]에서 〈고급 시스템 설정〉을 클릭 → '시스템 속성' 대화상자의 '컴퓨터 이름' 탭에서 변경할 수 있습니다.

등급 A

7. 다음 중 이미지와 그래픽에서 사용되는 비트맵 방식의 파일 형식에 관한 설명으로 옳지 않은 것은?

① 래스터 방식이라고도 하며 다양한 색상을 사용하므로 사실 같은 이미지를 표현할 수 있다.
② 베지어, 스플라인 등의 곡선을 이용하여 이미지를 표현하므로 확대/축소 시 화질의 손상이 거의 없다.
③ 이미지를 확대하면 테두리가 거칠게 표현된다.
④ 비트맵 파일 형식으로는 BMP, GIF, JPEG 등이 있다.

전문가의 조언
②번은 벡터(Vector) 방식에 대한 설명입니다.

등급 B

8. 다음 중 레지스터에 대한 설명으로 옳지 않은 것은?

① 명령 레지스터는 현재 실행중인 명령의 내용을 기억하는 레지스터이다.
② 프로그램 계수기는 다음 순서에 실행할 명령의 내용을 기억하는 레지스터이다.
③ 데이터 레지스터는 연산에 사용될 데이터를 기억하는 레지스터이다.
④ 누산기는 연산된 결과를 일시적으로 저장하는 레지스터이다.

전문가의 조언
프로그램 계수기(PC; Program Counter)는 다음 번에 실행할 명령어의 번지를 기억하는 레지스터입니다.

등급 B

9. 다음 중 컴퓨터에서 중앙처리장치와 입출력장치 사이의 속도 차이로 인한 문제점을 해결해 주는 것은?

① 범용 레지스터   ② 콘솔
③ 인터럽트   ④ 채널

전문가의 조언
중앙처리장치와 입출력장치 사이의 속도 차이로 인한 문제점을 해결해 주는 것은 채널(Chanel)입니다.

10. 다음 중 전자우편에서 사용하는 POP3 프로토콜에 관한 설명으로 옳은 것은?

① 사용자가 작성한 이메일을 다른 사람의 계정으로 전송해 주는 역할을 한다.
② 메일 서버의 이메일을 사용자의 컴퓨터로 가져올 수 있도록 메일 서버에서 제공하는 프로토콜이다.
③ 멀티미디어 전자우편을 주고 받기 위한 인터넷 메일의 표준 프로토콜이다.
④ 웹 브라우저에서 제공하지 않는 멀티미디어 파일을 확인하여 실행시켜주는 프로토콜이다.

전문가의 조언
POP3 프로토콜은 메일 서버의 이메일을 사용자의 컴퓨터로 가져올 때 사용하는 프로토콜입니다.
• ①번은 SMTP, ③, ④번은 MIME에 대한 설명입니다.

11. 다음 중 OSI 7계층에서 각 계층의 기능에 관한 설명으로 옳지 않은 것은?

① 세션 계층 : 송수신측 간의 관련성을 유지하고 대화 제어를 담당한다.
② 응용 계층 : 코드 변환, 데이터 암호화, 데이터 압축 기능을 제공한다.
③ 네트워크 계층 : 정보 교환 및 중계 기능, 경로 설정 기능을 제공한다.
④ 물리 계층 : 전송에 필요한 두 장치 간의 실제 접속과 절단 등 기계적, 전기적, 기능적, 절차적 특성을 정의한다.

전문가의 조언
• 응용 계층은 응용 프로세스 간의 정보 교환, 파일 전송 등의 전송 제어 기능을 제공합니다.
• 코드 변환, 데이터 암호화, 데이터 압축 기능을 제공하는 계층은 표현 계층입니다.

12. 한글 Windows 10에서 프린터 스풀(SPOOL) 기능에 대한 설명으로 올바른 것은?

① 스풀링 단위는 인쇄할 문서 전체 단위로만 스풀링이 가능하다.
② 프린터가 인쇄중이라도 다른 응용 프로그램 실행이 가능하다.
③ 스풀링은 인쇄할 내용을 프린터로 직접 전송한다.
④ 저속의 프린터 사용 시 컴퓨터 효율이 크게 저하된다.

전문가의 조언
스풀링에 대한 설명으로 올바른 것은 ②번입니다.
① 스풀링은 인쇄할 문서 전체 또는 한 페이지 단위로 스풀링할 수 있습니다.
③ 스풀링은 인쇄할 내용을 먼저 하드디스크에 저장합니다.
④ 스풀은 저속의 프린터와 고속의 중앙처리장치 사이에서 컴퓨터 효율을 증가시키기 위해 사용합니다.

13. 다음 중 저작재산권의 제한사항으로 옳지 않은 것은?

① 시사 보도에 이용할 경우
② 영리를 목적으로 하는 공연 · 방송인 경우
③ 보도 · 비평 · 교육 · 연구 등에 공표된 저작물을 인용할 경우
④ 재판 절차 등에 복제할 경우

전문가의 조언
영리를 목적으로 하지 않는 공연 · 방송인 경우가 저작재산권의 제한에 해당합니다.

14. 다음 중 컴퓨터에서 사용하는 자료의 표현에 관한 설명으로 옳지 않은 것은?

① 실수형 데이터는 정해진 크기에 부호(1bit)와 가수부(7bit)로 구분하여 표현한다.
② 2진 정수 데이터는 실수 데이터 보다 표현할 수 있는 범위가 작으며 연산 속도는 빠르다.

③ 숫자 데이터 표현 중 10진 연산을 위하여 "팩(Pack)과 언팩(Unpack)" 표현 방식이 사용된다.
④ 컴퓨터에서 뺄셈을 수행하기 위해서는 보수와 덧셈 연산을 이용한다.

등급 B

15. 다음 중 텔레매틱스(Telematics)에 대한 설명으로 옳지 않은 것은?

① 자동차에 정보 통신 기술과 정보 처리 기술을 융합한 무선 인터넷 서비스이다.
② 통신 기술과 GPS, 컴퓨터에 저장된 데이터베이스를 이용하여 주변의 위치와 부가 서비스를 제공하는 기술이다.
③ 이미지, 음성, 영상 등의 디지털 정보를 유무선 네트워크에 연결시켜 다양한 멀티미디어 서비스를 제공한다.
④ 통신(Telecommunication)과 정보과학(Informatics)의 합성어이다.

등급 B

16. 다음 중 컴퓨터 운영체제의 성능 평가 기준에 해당하지 않는 것은?

① 중앙처리장치의 사용 정도를 측정하는 사용 가능도 (Availability)
② 주어진 문제를 정확하게 해결하는 정도를 의미하는 신뢰도(Reliability)
③ 일정 시간 내에 시스템이 처리하는 양을 의미하는 처리 능력(Throughput)
④ 작업을 의뢰한 시간부터 처리가 완료된 시간까지의 반환 시간(Turn Around Time)

등급 B

17. 다음 중 개인용 컴퓨터의 바이오스(BIOS)에 관한 설명으로 옳지 않은 것은?

① 컴퓨터의 기본 입출력장치나 메모리 등 하드웨어 작동에 필요한 명령들을 모아 놓은 프로그램이다.
② BIOS 프로그램은 부팅되면 SRAM에 저장되어 처리한다.
③ 칩을 교환하지 않고 업그레이드를 할 수 있다.
④ 바이오스는 하드웨어와 소프트웨어의 중간 형태인 펌웨어(Firmware)이다.

등급 A

18. 다음 중 인터넷 상의 보안을 위협하는 행위에 대한 설명으로 옳지 않은 것은?

① 크래킹(Cracking)은 인터넷을 통한 서비스를 정상적으로 사용하지 못하도록 하는 것으로, 시스템을 파괴하지는 않지만 사용자에게 불편함을 준다.
② 해킹(Hacking)은 사용 권한이 없는 사람이 시스템에 침입하여 정보를 수정하거나 빼내는 행위이다.
③ 피싱(Phishing)은 거짓 메일을 발송하여 특정 금융기관 등의 가짜 웹 사이트로 유인한 후 관련 금융 기관의 정보 등을 빼내는 기법이다.
④ 혹스(Hoax)는 실제로는 악성코드로 행동하지 않으면서 겉으로는 악성코드인 것처럼 가장하여 행동하는 소프트웨어이다.

19. 다음 중 Windows 10의 [메모장]에 관한 설명으로 옳지 않은 것은?

① 텍스트 파일이나 웹 페이지를 편집하는 간단한 도구로 사용할 수 있다.

② [이동] 명령으로 원하는 줄 번호를 입력하여 문서의 특정 줄로 이동할 수 있으며, 자동 줄 바꿈이 설정된 경우에도 이동 명령을 사용할 수 있다.

③ 특정 문자나 단어를 찾아서 바꾸거나, 창 크기에 맞추어 텍스트 줄을 바꾸어 문서의 내용을 표시할 수 있다.

④ 머리글과 바닥글을 설정하여 문서의 위쪽과 아래쪽 여백에 원하는 텍스트를 표시하여 인쇄할 수 있다.

전문가의 조언

'이동' 명령은 '자동 줄 바꿈'이 해제된 상태에서만 사용할 수 있습니다.

20. 다음 중 컴퓨터에서 사용하는 기억장치에 관한 설명으로 옳지 않은 것은?

① 플래시(Flash) 메모리는 비휘발성 기억장치로 주로 디지털 카메라나 개인용 정보 단말기, USB 드라이브 등 휴대형 기기에서 대용량 정보를 저장하는 용도로 사용된다.

② 하드디스크 인터페이스 방식은 EIDE, SATA, SCSI 방식 등이 있다.

③ 캐시(Cache) 메모리는 CPU와 주기억장치 사이에 위치하여 두 장치간의 속도 차이를 줄여 컴퓨터의 처리 속도를 빠르게 하기 위한 메모리이다.

④ 연관(Associative) 메모리는 보조기억장치를 마치 주기억장치와 같이 사용하여 실제 주기억장치 용량보다 기억용량을 확대하여 사용하는 방법이다.

전문가의 조언

• 연관 메모리(Associative Memory)는 기억장치에 저장된 정보에 접근할 때 주소 대신 기억된 내용의 일부를 이용하여 접근하는 장치입니다.

• ④번은 가상 메모리(Virtual Memory)에 대한 설명입니다.

---

21. [B1] 셀을 삭제하기 위해 다음과 같은 대화상자를 표시하는 방법으로 옳은 것은?

① Ctrl + + 를 누른다.　　② Ctrl + - 를 누른다.

③ Alt + + 를 누른다.　　④ Alt + - 를 누른다.

전문가의 조언

'삭제' 대화상자를 표시하는 바로 가기 키는 Ctrl + - , '삽입' 대화상자를 표시하는 바로 가기 키는 Ctrl + + 입니다.

22. 다음 중 수식과 그 실행 결과 값의 연결이 옳지 않은 것은?

① =DAYS("2023-11-1", "2023-10-1") → 31

② =ROUNDDOWN(45.6789, 2) → 45.67

③ =SUMPRODUCT({1,2,3}, {5,6,7}) → 32

④ =SQRT(4) * (INT(-2) + POWER(2, 3)) → 12

전문가의 조언

③번의 결과는 38입니다.

① 2023-11-1에서 2023-10-1을 뺀 일수인 31을 반환합니다.

② 45.6789를 소수점 이하 둘째 자리로 자리 내림한 45.67을 반환합니다.

③ 배열에서 대응하는 요소를 모두 곱하고 그 곱의 합을 구한 (1×5) + (2×6) + (3×7) = 38을 반환합니다.

④ ❶ SQRT(4) : 4의 양의 제곱근인 2를 반환합니다.

❷ INT(-2) : -2보다 크지 않은 정수인 -2를 반환합니다.

❸ POWER(2, 3) : 2를 3번 곱한 8을 반환합니다.

∴ = ❶*(❷+❸) = 2*(-2+8) = 12

등급 A

23. 다음과 같은 시트에서 [A8] 셀에 아래의 수식을 입력했을 때 계산 결과로 올바른 것은?

=COUNT(OFFSET(D6, −5, −3, 2, 2))

	A	B	C	D
1	성명	중간	기말	합계
2	김나희	100	80	180
3	김근석	90	95	185
4	배정희	80	63	143
5	탁지연	95	74	169
6	한정희	55	65	120
7				

① 4　　　② 1　　　③ 120　　　④ 74

등급 B

24. 다음 워크시트에서 차트 제목을 [A1] 셀의 텍스트와 연결하여 표시하고자 할 때, 차트 제목이 선택된 상태에서 수식 입력줄에 입력할 내용은?

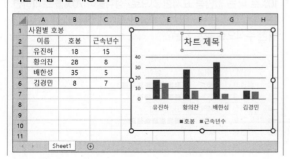

① ='Sheet1'!$A$1　　　② =Sheet1!$A$1
③ ='$A$1'　　　④ =$A$1

등급 C

25. 다음 중 워크시트 이름으로 적절하지 않은 것은?

① _매출실적　　　② 매출실적?
③ #매출실적　　　④ 매출실적&

03220526

등급 B

26. 다음 중 오류값 '#VALUE!'가 발생하는 원인으로 올바른 것은?

① 잘못된 인수나 피연산자를 사용했을 경우
② 수식에서 값을 0으로 나누려고 할 경우
③ 함수나 수식에 사용할 수 없는 값을 지정했을 경우
④ 셀 참조가 유효하지 않을 때

27. 다음 중 [머리글/바닥글] 기능에 대한 설명으로 옳지 않은 것은?

① [보기] 탭 [통합 문서 보기] 그룹의 '페이지 나누기 미리 보기'를 클릭하면 머리글 및 바닥글을 쉽게 삽입할 수 있다.
② 머리글이나 바닥글의 텍스트에 앰퍼샌드(&) 문자 한 개를 포함시키려면 앰퍼샌드(&) 문자를 두 번 입력한다.
③ 여러 워크시트에 동일한 [머리글/바닥글]을 한 번에 추가하려면 여러 워크시트를 선택하여 그룹화 한 후 설정한다.
④ 차트 시트인 경우 [페이지 설정] 대화상자의 [머리글/바닥글] 탭에서 머리글/바닥글을 추가할 수 있다.

전문가의 조언
• '페이지 나누기 미리 보기' 상태에서는 머리글이나 바닥글을 추가할 수 없습니다.
• 워크시트에 머리글과 바닥글 영역이 함께 표시되어 간단히 머리글/바닥글을 추가할 수 있는 보기 형태는 '페이지 레이아웃' 보기입니다.

28. 아래 그림과 같이 설정한 상태에서 [매크로 기록] 대화상자의 [확인] 단추를 누른다. [A2:A6] 범위를 선택한 후 글꼴 스타일을 '굵게'로 지정하고 [기록 중지]를 눌러 '서식' 매크로의 작성을 완료하였다. 다음 중 매크로 작성 후 [C1] 셀을 선택하고 '서식' 매크로를 실행한 결과로 옳은 것은?

① [A2:A6] 영역의 글꼴 스타일이 굵게 지정된다.
② [A1] 셀만 글꼴 스타일이 굵게 지정된다.
③ [C2:C6] 영역의 글꼴 스타일이 굵게 지정된다.
④ [C1] 셀만 글꼴 스타일이 굵게 지정된다.

전문가의 조언
'상대 참조로 기록'이 선택된 상태에서 매크로를 기록했으므로 매크로 실행 시 셀 포인터의 위치에 따라 매크로가 적용되는 위치가 달라집니다. [A1] 셀이 선택된 상태에서 매크로 기록을 시작하여 [A2:A6] 영역에 글꼴 스타일을 '굵게'로 지정하는 매크로를 작성했으므로 [C1] 셀을 선택하고 매크로를 실행하면 [A1] 셀에서 [C1] 셀, 즉 오른쪽으로 두 칸 이동한 [C2:C6] 영역에 글꼴 스타일이 '굵게'로 지정됩니다.

29. 다음 중 엑셀의 화면 제어에 관한 설명으로 옳지 않은 것은?

① 숨겨진 통합 문서를 표시하려면 [보기] → [창] → '숨기기 취소'를 실행한다.
② 틀 고정에 의해 분할된 왼쪽 또는 위쪽 부분은 인쇄 시 반복할 행과 반복할 열로 자동 설정된다.
③ [Excel 옵션]의 [고급] 탭에서 'IntelliMouse로 화면 확대/축소' 옵션을 설정하면 Ctrl을 누르지 않은 상태에서 마우스 휠의 스크롤만으로 화면의 축소 및 확대가 가능하다.
④ 확대/축소 배율은 선택된 시트에만 적용된다.

전문가의 조언
화면에 표시되는 틀 고정 형태는 인쇄에 영향을 주지 않습니다.

03220530

30. 아래 워크시트에서 성취도[C2:C6]는 성취율[B2:B6]을 10%로 나눈 값만큼 표시한 것으로, 성취율이 70%를 초과하면 "■"를, 그 외는 "□"을 반복하여 표시하였다. 다음 중 이를 위한 수식으로 옳은 것은?

	A	B	C
1	성명	성취율	성취도
2	김양호	98%	■■■■■■■■■
3	이숙경	75%	■■■■■■■
4	양미진	65%	□□□□□□
5	이형도	85%	■■■■■■■■
6	김인경	50%	□□□□□
7			

① =REPLACE(QUOTIENT(B2, 10%), IF(B2>70%, "■", "□"))

② =REPT(QUOTIENT(B2, 10%), IF(B2>70%, "■", "□"))

③ =REPLACE(IF(B2>70%, "■", "□"), QUOTIENT(B2, 10%))

④ =REPT(IF(B2>70%, "■", "□"), QUOTIENT(B2, 10%))

03220531   등급 A

31. 다음은 [C3] 셀부터 [F3] 셀의 평균을 [G3] 셀에, 최대값을 [H3] 셀에 계산한 후 [G3:H3] 영역을 블록으로 지정하고 채우기 핸들을 [G10:H10] 영역까지 드래그하여 계산하는 매크로이다. 다음 중 괄호( ) 안에 해당하는 값으로 틀린 것은?

```
Sub 매크로1( )
        Range("G3").Select
        Selection.FormulaR1C1 = "(  ⓐ  )"
            Range("H3").Select
            Selection.FormulaR1C1 = "(  ⓑ  )"
            Range("G3:H3").Select
            Selection.(  ⓒ  ):(  ⓓ  ), Type:=xlFillDefault
            Range("G3:H10").Select
End Sub
```

① ⓑ =MAX(RC[−5]:RC[−2])

② ⓐ =AVERAGE(RC[−4]:RC[−1])

③ ⓓ =Range("G3:H10")

④ ⓒ Auto Destination

등급 B

32. 통합 문서의 첫 번째 시트 뒤에 새로운 시트를 추가하는 프로시저를 작성하려고 한다. 다음 중 ( )에 해당하는 인수로 옳은 것은?

```
Worksheets.Add (        ):=Sheets(1)
```

① Left   ② Right

③ After   ④ Before

33. 아래 워크시트에서 [B13:D14] 영역에는 직책별 부서별 목표액의 합계를 함수를 이용하여 계산하였다. 함수가 아닌 분석 도구를 이용하여 계산할 경우 가장 알맞은 도구는?

	A	B	C	D
1	이름	직책	부서	목표액
2	김사원	사원	영업부	35,200
3	김흥부	사원	인사부	12,500
4	노지심	부장	영업부	101,200
5	송치윤	부장	인사부	62,533
6	이관우	사원	총무부	32,560
7	이봉주	부장	영업부	64,250
8	이수진	부장	총무부	45,850
9	이양양	사원	인사부	90,400
10	이인상	부장	영업부	54000
11				
12		영업부	인사부	총무부
13	부장	219,450	62,533	45,850
14	사원	35,200	102,900	32,560
15				

① 목표값 찾기   ② 통합
③ 피벗 테이블   ④ 시나리오

전문가의 조언
직책별 부서별 목표액의 합계처럼 많은 양의 데이터를 한눈에 쉽게 파악할 수 있도록 요약 · 분석하여 보여주는 분석 도구는 피벗 테이블입니다.

합계 : 목표액	열 레이블 ▼		
행 레이블 ▼	영업부	인사부	총무부
부장	219,450	62,533	45,850
사원	35,200	102,900	32,560

• **목표값 찾기** : 수식에서 원하는 결과값은 알고 있지만 그 결과값을 계산하기 위해 필요한 입력값을 모를 경우에 사용하는 도구
• **통합** : 비슷한 형식의 여러 데이터를 하나의 표로 통합 · 요약하여 표시해 주는 도구
• **시나리오** : 다양한 상황과 변수에 따른 여러 가지 결과값의 변화를 가상의 상황을 통해 예측하여 분석하는 도구

34. 다음 중 엑셀의 오차 막대에 대한 설명으로 옳지 않은 것은?

① 세로 막대형 차트, 꺾은선형 차트, 분산형 차트, 거품형 차트, 3차원 세로 막대형 차트, 3차원 꺾은선형 차트에 오차 막대를 표시할 수 있다.
② 차트에 고정값, 백분율, 표준 편차, 표준 오차, 사용자 지정 중 하나를 선택하여 오차량을 표시할 수 있다.
③ 데이터 계열의 각 데이터 표식에 대한 오류 가능성이나 불확실성의 정도를 표시한다.
④ 분산형과 거품형 차트에는 세로 오차 막대, 가로 오차 막대를 적용할 수 있다.

전문가의 조언
3차원 차트에는 오차 막대를 표시할 수 없습니다.

35. 다음 중 워크시트의 인쇄 영역 설정에 대한 설명으로 옳지 않은 것은?

① 인쇄 영역은 리본 메뉴의 [페이지 레이아웃] 탭이나 [페이지 설정] 대화상자의 [시트] 탭에서 설정할 수 있다.
② 인쇄 영역을 설정했더라도 인쇄 시 활성 시트 전체가 인쇄되도록 설정할 수 있다.
③ 여러 시트에서 원하는 영역을 추가하여 인쇄 영역을 확대할 수 있다.
④ 여러 영역이 인쇄 영역으로 설정된 경우 설정한 순서대로 각기 다른 페이지에 인쇄된다.

전문가의 조언
하나의 시트에서는 원하는 영역을 기존 인쇄 영역에 추가하여 인쇄 영역을 확대할 수 있지만 여러 시트에 대해서는 불가능합니다.

등급 A

36. 아래 워크시트에서 단가표[A10:D13]를 이용하여 단가 [C2:C7]를 배열 수식으로 계산하고자 한다. 다음 중 [C2] 셀에 입력된 수식으로 옳은 것은?

	A	B	C	D
1	제품명	수량	단가	
2	허브차	35	2,500	
3	녹차	90	4,000	
4	허브차	15	3,000	
5	녹차	20	3,000	
6	허브차	80	3,000	
7	허브차	90	3,000	
8				
9	단가표			
10	제품명	0	30	50
11		29	49	
12	허브차	3000	2,500	3,000
13	녹차	3000	3,500	4,000
14				

① =INDEX($B$12:$D$13, MATCH(A2, $A$12:$A$13, 0), MATCH(B2, $B$10:$D$10, 1))

② =INDEX($B$12:$D$13, MATCH(A2, $A$12:$A$13, 1), MATCH(B2, $B$10:$D$10, 0))

③ =INDEX(MATCH(A2, $A$12:$A$13, 0), MATCH(B2, $B$10:$D$10, 1), $B$12:$D$13)

④ =INDEX(MATCH(A2, $A$12:$A$13, 1), MATCH(B2, $B$10:$D$10, 0), $B$12:$D$13)

전문가의 조언
단가표를 이용하여 단가를 구하는 배열 수식으로 옳은 것은 ①번입니다.
=INDEX($B$12:$D$13, MATCH(A2, $A$12:$A$13, 0), MATCH(B2, $B$10:$D$10, 1))
          ❶   ❷
                   ❸

❶ MATCH(A2, $A$12:$A$13, 0) : [A12:A13] 영역에서 [A2] 셀, 즉 "허브차"와 정확히 일치하는 값(옵션 0)을 찾은 후 상대 위치인 1을 반환합니다.
❷ MATCH(B2, $B$10:$D$10, 1) : [B10:D10] 영역에서 [B2] 셀, 즉 35보다 작거나 같은 값 중에서 가장 근접한 값(옵션 1)인 30을 찾은 후 상대 위치인 2를 반환합니다.
❸ =INDEX($B$12:$D$13, ❶, ❷)) → =INDEX($B$12:$D$13, 1, 2)) : [B12:D13] 영역에서 1행 2열, 즉 [C12] 셀의 값인 2500을 반환합니다.

등급 C

37. 다음 중 공유된 통합 문서에 대한 설명으로 옳지 않은 것은?

① 암호로 보호된 공유 통합 문서에서 보호를 해제하여도 통합 문서의 공유 상태는 해제되지 않는다.

② 공유 통합 문서를 네트워크 위치에 복사해도 다른 통합 문서와의 연결은 그대로 유지된다.

③ 여러 사용자가 동시에 동일한 셀을 변경하려면 충돌이 발생한다.

④ 병합된 셀, 조건부 서식, 데이터 유효성 검사, 차트, 그림과 같은 일부 기능은 공유 통합 문서에서 추가하거나 변경할 수 없다.

전문가의 조언
암호로 보호된 공유 통합 문서의 보호를 해제하려면 먼저 통합 문서의 공유를 해제해야 합니다.

등급 B

38. 다음 중 사용자 지정 표시 형식에 대한 설명으로 틀린 것은?

① 소수점 오른쪽의 자리 표시자 보다 더 긴 숫자가 소수점 이하의 숫자로 셀에 입력될 경우 자리 표시자 만큼 소수 자릿수로 내림된다.

② 양수, 음수, 0, 텍스트 순으로 한 번에 네 가지의 표시 형식을 지정할 수 있다.

③ 각 섹션에 대한 색은 섹션의 맨 앞에 8개의 색 중 하나를 대괄호로 묶어 입력해야 한다.

④ 두 개의 섹션을 지정하면 첫 번째 섹션은 양수 또는 0, 두 번째 섹션은 음수에 대한 표시 형식이다.

전문가의 조언
소수점 오른쪽의 자리 표시자보다 더 긴 소수점 이하의 숫자가 셀에 입력될 경우 자리 표시자만큼 소수 자릿수로 내림이 아니라 반올림됩니다.
예 5.67이 입력된 셀에 사용자 지정 표시 형식을 0.0으로 지정하면 반올림되어 5.7이 표시됩니다.

39. 아래의 워크시트에서 '성명'이 두 글자이고 실적이 전체 실적의 평균보다 큰 데이터를 필터링하고자 한다. 다음 중 고급 필터 실행을 위한 조건의 입력 값으로 옳은 것은?

	A	B
1	성명	실적
2	강동식	95,000
3	김민	1,530,000
4	박강영	5,420,000
5	박영	2,965,000
6	박민영	1,541,000
7	김영수	3,154,000
8	박영에리	5,420,000
9	김영미	1,020,000
10	이영	3,500,000
11		

①

성명	실적
="=??"	=B2>AVERAGE($B$2:$B$10)

②

성명	실적평균
="=??"	=B2>AVERAGE($B$2:$B$10)

③

성명	실적
="=??"	
	=B2>AVERAGE($B$2:$B$10)

④

성명	실적평균
="=??"	
	=B2>AVERAGE($B$2:$B$10)

40. 다음 중 아래 [시나리오 관리자] 대화상자의 각 버튼에 대한 설명으로 옳지 않은 것은?

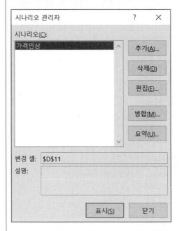

① 표시 : 선택한 시나리오에 대해 결과를 표시한다.
② 편집 : 선택한 시나리오를 변경한다.
③ 병합 : '시나리오 관리자'에 표시된 시나리오를 병합한다.
④ 요약 : 시나리오에 대한 요약 보고서나 피벗 테이블을 작성한다.

3 과목   데이터베이스 일반

41. 다른 테이블을 참조하는 외래키(FK)에 대한 다음 설명 중 가장 옳은 것은?

① 외래키 필드의 값은 유일해야 하므로 중복된 값이 입력될 수 없다.

② 외래키 필드의 값은 널 값일 수 없으므로, 값이 반드시 입력되어야 한다.

③ 하나의 테이블에는 여러 개의 외래키가 존재할 수 있다.

④ 한 테이블에서 특정 레코드를 유일하게 구별할 수 있는 속성이다.

전문가의 조언
외래키에 대한 설명으로 옳은 것은 ③번입니다.
①, ② 외래키로 지정된 필드에는 널(Null) 값이나 중복된 값을 입력할 수 있습니다.
④번은 기본키에 대한 설명입니다.

42. 다음 중 보고서에 대한 설명으로 옳지 않은 것은?

① 보고서에 포함할 필드가 모두 한 테이블에 있는 경우 해당 테이블을 레코드 원본으로 사용한다.

② 둘 이상의 테이블을 이용하여 보고서를 작성하는 경우 쿼리를 만들어 레코드 원본으로 사용한다.

③ '보고서' 도구를 사용하면 정보를 입력하지 않아도 바로 보고서가 생성되므로 매우 쉽고 빠르게 보고서를 만들 수 있다.

④ '보고서 마법사'를 이용하는 경우 필드 선택은 여러 개의 테이블 또는 하나의 쿼리에서만 가능하며, 데이터 그룹화 및 정렬 방법을 지정할 수도 있다.

전문가의 조언
'보고서 마법사'를 이용하는 경우에는 여러 개의 테이블 또는 여러 개의 쿼리에서 필드를 선택할 수 있습니다. 단 선택된 필드가 포함된 테이블들은 서로 관계가 설정되어 있어야 합니다.

43. 테이블을 만드는 방법으로 옳지 않은 것은?

① [만들기] 탭에서 [테이블 디자인]을 클릭하면 필드와 형식을 만들고 데이터시트 보기에서 데이터를 입력하면서 테이블을 만들 수 있다.

② [외부 데이터] 탭에서 다양한 형식의 데이터를 가져오거나 테이블에 연결하여 만들 수 있다.

③ [테이블 마법사]를 이용하면 데이터 구조이 이미 정의된 테이블에 데이터를 입력하면서 테이블을 만들 수 있다.

④ [만들기] 탭에서 [테이블]을 클릭하면 필드와 데이터를 입력하면서 테이블을 만들 수 있다.

전문가의 조언
테이블을 만드는 방법 중에 [테이블 마법사]를 이용하는 방법은 없습니다.

44. 다음 매크로 함수에 대한 설명으로 옳지 않은 것은?

① ApplyFilter : 테이블이나 쿼리로부터 레코드를 필터링한다.

② MessageBox : 메시지 상자를 통해 경고나 알림 등의 정보를 표시한다.

③ OpenReport : 작성된 보고서를 호출하여 실행한다.

④ GoToPage : 특정한 조건을 만족하는 컨트롤이 있는 페이지로 이동한다.

전문가의 조언
GoToPage는 현재 폼에서 커서를 지정한 페이지의 첫 번째 컨트롤로 이동시키는 함수입니다.

45. 다음 중 [홈] → 레코드 → Σ 요약에 대한 설명으로 옳지 않은 것은?

① 'Σ 요약' 기능이 설정된 상태에서 '텍스트' 데이터 형식의 필드에는 '개수' 집계 함수만 지정할 수 있다.

② 'Σ 요약' 기능은 데이터시트 형식으로 표시되는 테이블, 폼, 쿼리, 보고서 등에서 사용할 수 있다.

③ 'Σ 요약' 기능을 실행했을 때 생기는 요약 행을 통해 집계 함수를 좀 더 쉽고 빠르게 사용할 수 있다.

④ 'Σ 요약' 기능이 설정된 상태에서 'Yes/No' 데이터 형식의 필드에 '개수' 집계 함수를 지정하면 체크된 레코드의 총 개수가 표시된다.

전문가의 조언
Σ 요약 기능은 테이블이나 폼에서는 사용할 수 없습니다.

46. [회원] 테이블에서 '등록일자' 필드에 2023년 1월1일부터 2023년 12월 31일까지의 날짜만 입력되도록 하는 유효성 검사 규칙으로 옳은 것은?

① in (#2023/01/01#, #2023/12/31#)

② between #2023/01/01# and #2023/12/31#

③ in (#2023/01/01#-#2023/12/31#)

④ between #2023/01/01# or #2023/12/31#

전문가의 조언
'2023년 1월 1일부터 2023년 12월 31일까지의 날짜'라는 것은 날짜를 최소 2023년 1월 1일부터 최대 2023년 12월 31일까지만 입력받겠다는 것이므로 두 조건을 And로 연결하여 〉=#2023/01/01# And <=#2023/12/31# 또는 Between #2023/01/01# And #2023/12/31#로 설정하면 됩니다.

47. 다음 중 회사의 사원 정보를 데이터베이스로 구축할 때 가장 적합한 기본키에 대한 설명으로 옳바른 것은?

① 대부분의 자료를 검색할 때 성명을 사용하므로 성명을 기본키로 사용한다.

② 대부분의 사원들이 핸드폰을 사용하므로 핸드폰 번호를 기본키로 사용한다.

③ 성명은 중복 가능성이 있으므로 성명과 부서명을 함께 기본키로 사용한다.

④ 회사에서 사원들에게 지급한 사원코드를 기본키로 사용한다.

전문가의 조언
• 기본키는 테이블 내 모든 레코드들을 고유하게 식별할 수 있는 필드에 지정해야 합니다.
• '사원코드'는 사원 개개인을 구분할 수 있도록 부여한 코드이므로 기본키로 사용하기에 가장 적합합니다.

48. 다음 중 테이블의 필드와 레코드 삭제에 대한 설명으로 옳은 것은?

① 데이터시트 보기 상태에서 필드를 삭제한 후 즉시 'Ctrl + Z'를 실행하면 되살릴 수 있다.

② 데이터시트 보기 상태에서는 필드를 삭제할 수 없다.

③ 데이터시트 보기 상태에서는 레코드를 삭제할 수 없다.

④ 필드를 삭제하면 필드에 입력된 모든 데이터도 함께 지워진다.

전문가의 조언
필드를 삭제하면 필드에 입력된 모든 데이터도 함께 지워집니다.
① 필드를 삭제한 후 즉시 실행 취소(Ctrl + Z)를 실행해도 삭제된 필드를 되살릴 수 없습니다.
② 데이터시트 보기 상태에서 필드를 삭제하려면 열 이름을 클릭한 후 Delete 를 누르거나 바로 가기 메뉴에서 [필드 삭제]를 선택하면 됩니다.
③ 데이터시트 보기 상태에서 레코드를 삭제하려면 행 이름을 클릭한 후 Delete 를 누르거나 바로 가기 메뉴에서 [레코드 삭제]를 선택하면 됩니다.

전문가의 조언
IN 연산자는 필드의 값이 IN 연산자의 인수로 지정된 값과 같은 레코드만 검색하며, OR 연산을 수행한 결과와 같습니다.

등급 A

49. 다음 중 직원(사원번호, 부서명, 이름, 나이, 근무년수, 급여) 테이블에서 '근무년수'가 3 이상인 직원들을 나이가 많은 순서대로 조회하되, 같은 나이일 경우 급여의 오름차순으로 모든 필드를 표시하는 SQL문은?

① select * from 직원 where 근무년수 >= 3 order by 나이, 급여;

② select * from 직원 order by 나이, 급여 where 근무년수 >= 3;

③ select * from 직원 order by 나이 desc, 급여 asc where 근무년수 >= 3;

④ select * from 직원 where 근무년수 >= 3 order by 나이 desc, 급여 asc;

전문가의 조언
문제에 제시된 조건을 만족하는 SQL 문은 ④번입니다. 각 절별로 질의문을 작성하면 다음과 같습니다.
• 모든 필드를 검색하므로 **SELECT ***입니다.
• 〈직원〉 테이블에서 검색하므로 **FROM 직원**입니다.
• 근무년수가 3 이상인 레코드를 검색하므로 **WHERE 근무년수 >= 3**입니다.
• 나이가 많은 순(내림차순)으로 검색하되, 같은 나이일 경우 급여의 오름차순으로 검색하므로 **ORDER BY 나이 DESC, 급여 ASC**입니다.

등급 A

50. 다음의 쿼리 조건과 동일한 결과를 산출하는 것은 무엇인가?

① "서울" Or "전주"   ② "서울" || "전주"
③ "서울" And "전주"   ④ "서울" && "전주"

등급 B

51. 회원(회원번호, 이름, 나이, 주소) 테이블에서 회원번호가 555인 회원의 주소를 "부산"으로 변경하는 질의문으로 옳은 것은?

① UPGRADE 회원 set 회원번호=555 Where 주소='부산'

② UPGRADE 회원 set 주소='부산' Where 회원번호=555

③ UPDATE 회원 set 회원번호=555 Where 주소='부산'

④ UPDATE 회원 set 주소='부산' Where 회원번호=555

전문가의 조언
회원번호가 555인 회원의 주소를 "부산"으로 변경하는 질의문으로 옳은 것은 ④번입니다. 각 절별로 질의문을 작성하면 다음과 같습니다.
• 회원 테이블에서 수정해야 하므로 **UPDATE 회원**입니다.
• 주소 필드의 값을 '부산'으로 수정해야 하므로 **SET 주소='부산'**입니다.
• 회원번호가 555인 레코드만을 대상으로 수정해야 하므로 **WHERE 회원번호=555**입니다.

등급 B

52. 필드 목록 창에서 필드를 드래그 했을 때 텍스트 상자로 변환되지 않는 데이터 형식은 무엇인가?

① 짧은 텍스트
② Yes/No
③ 날짜/시간
④ 하이퍼링크

전문가의 조언
폼이나 보고서의 디자인 보기 상태에서 필드 목록 창의 필드 중 'Yes/No' 데이터 형식의 필드를 추가하면 '확인란' 컨트롤이 삽입됩니다.

53. 다음 중 폼 작성 시 속성 설정에 대한 설명으로 옳지 않은 것은?

① 폼은 데이터의 입력, 편집 작업 등을 위한 사용자와의 인터페이스로 테이블, 쿼리, SQL문 등을 '레코드 원본' 속성으로 지정할 수 있다.

② 폼의 제목 표시줄에 표시되는 텍스트는 '이름' 속성을 이용하여 변경할 수 있다.

③ 폼의 보기 형식은 '기본 보기' 속성에서 단일폼, 연속폼, 데이터시트, 분할 표시 폼 중 선택할 수 있다.

④ 이벤트의 작성을 위한 작성기는 식 작성기, 매크로 작성기, 코드 작성기 중 선택할 수 있다.

전문가의 조언
폼의 제목 표시줄에 표시되는 텍스트는 '캡션' 속성을 이용하여 변경할 수 있습니다.

54. 다음 중 폼의 디자인 보기 상태에서 [정렬] → [크기 및 순서 조정] → [크기/공간]을 이용하여 수행할 수 있는 작업이 아닌 것은?

① [간격] → [가로 간격 넓게] : 선택된 컨트롤의 가로 간격을 조금 더 넓게 넓히는 것으로 가장 왼쪽 컨트롤의 위치는 변함이 없다.

② [그룹화] → [그룹] : 선택된 여러 개의 컨트롤을 하나의 개체로 묶는다.

③ [눈금] → [눈금자] : 눈금자를 표시하거나 숨긴다.

④ [크기] → [자동] : 선택된 컨트롤의 크기를 동일하게 자동으로 조정한다.

전문가의 조언
[크기] → [자동]을 선택하면 선택된 컨트롤들의 크기를 모두 동일하게 조정하는 것이 아니라 높이가 가장 높은 것과 낮은 것을 기준으로 나머지 컨트롤들의 높이를 자동으로 조정합니다.

55. 다음 중 하위 보고서에 대한 설명으로 옳지 않은 것은?

① 관계 설정에 문제가 있을 경우, 하위 보고서가 제대로 표시되지 않을 수 있다.

② 디자인 보기 상태에서 하위 보고서의 크기 조절 및 이동이 가능하다.

③ 테이블, 쿼리, 폼 또는 다른 보고서를 이용하여 하위 보고서를 작성할 수 있다.

④ 하위 보고서에는 그룹화 및 정렬 기능을 설정할 수 없다.

전문가의 조언
주 보고서와 하위 보고서에 모두 그룹화 및 정렬 기능을 설정할 수 있습니다.

56. 도서를 관리하기 위한 다음 폼은 〈도서〉 테이블을 레코드 원본으로 사용한다. 〈도서〉 테이블에는 텍스트 형식의 '저자코드' 필드가 있으며, '저자명' 필드는 〈저자〉 테이블에 존재한다. '저자코드'를 표시하는 'txt저자코드' 컨트롤을 이용하여 'txt저자명' 컨트롤에 '저자명'을 표시하도록 하기 위한 컨트롤 원본으로 가장 적절한 것은?

> 도서(도서코드, 저자코드, 출판사, 도서명, 가격)
> 저자(저자코드, 저자명)

① =DLookUp(저자명, 저자, "저자코드=' "& [txt저자코드] & " ' ")

② =DLookUp("저자명", "저자", "저자코드=' "& [txt저자코드] & " ' ")

③ =DLookUp("저자", "저자명", "저자코드=' "& [txt저자코드] & " ' ")

④ =DLookUp(저자, 저자명, "저자코드=' "& [txt저자코드] & " ' ")

전문가의 조언
'txt저자명' 컨트롤에 '저자명'을 표시하도록 하기 위한 컨트롤 원본으로 가장 적절한 것은 ②번입니다.

• 조건에 맞는 레코드에서 지정한 필드의 값을 표시하는 'DLOOKUP(인수, 도메인, 조건)' 함수는 도메인('저자' 테이블)에서 조건('저자코드' 필드의 값이 'txt저자코드' 컨트롤의 값과 같음)에 맞는 레코드 중 인수(저자명)로 지정된 필드에 값을 표시합니다.

• 도메인 함수에서 사용되는 인수는 각각을 큰따옴표(" ")로 묶어줘야 하며 문자열을 연결할 때에는 &를 사용합니다.

57. 다음 중 이벤트의 발생 시기에 대한 설명으로 옳지 않은 것은?

① Deactivate : 폼이나 보고서가 활성화될 때 발생한다.
② AfterInsert : 새 레코드가 추가된 후에 발생한다.
③ AfterUpdate : 컨트롤이나 레코드의 데이터가 업데이트된 후에 발생한다.
④ LostFocus : 폼이나 컨트롤이 포커스를 잃을 때 발생한다.

전문가의 조언
• Deactivate 이벤트는 활성 창이 다른 창으로 바뀔 때 발생합니다.
• 폼이나 보고서가 활성화될 때 발생하는 이벤트는 Activate입니다.

등급 B

58. 'cmd조회' 명령 단추를 클릭하면 '항공사코드' 필드의 값과 'cmb조회' 컨트롤에 입력된 값이 같은 레코드만 표시되도록 이벤트 프로시저를 작성할 경우 ㉠에 들어갈 알맞은 코드는?

```
Private Sub cmd조회_Click( )
    Me.Filter = "항공사코드 = '" & cmb조회 & "'"
    (          ㉠          )
End Sub
```

① Me.FilterOn
② Me.FilterOn = True
③ Me.FilterOn = False
④ Me.FilterOn = OK

전문가의 조언
FilterOn 속성은 Filter에 정의된 조건을 폼이나 보고서에 적용할지를 지하는 것으로, FilterOn 속성이 True이면 Filter 속성을 적용하고, False이면 Filter 속성을 해제합니다.

등급 A

59. 다음 보고서에 대한 설명으로 옳지 않은 것은?

거래처별보고서

시네마

순번	날짜	수량	공급가액
1	2019-11-19	61	28548
2	2018-09-06	56	20160

시공테크

순번	날짜	수량	공급가액
1	2020-12-06	36	22680
2	2018-09-09	39	20709

스피드 PC방

순번	날짜	수량	공급가액
1	2020-06-29	57	13338
2	2020-03-22	39	27027
3	2018-12-27	70	7560

5 / 8

① 음영으로 표시된 "거래처별보고서"는 페이지 머리글에 작성되었다.
② 거래처별로 그룹이 설정되었고 날짜를 기준으로 내림차순 정렬이 설정되었다.
③ '순번'은 컨트롤 원본에 "=1"이 입력되고 '누적 합계' 속성이 "그룹"으로 설정되었다.
④ 보고서 바닥글에 표시된 페이지 번호는 전체 페이지 번호와 현재 페이지 번호가 레이블을 이용하여 작성되었다.

전문가의 조언
페이지 번호는 페이지 바닥글에 텍스트 상자를 이용하여 작성되었습니다.

03220560 등급 A

60. 다음 중 주어진 [Customer] 테이블을 참조하여 아래의 SQL문을 실행한 결과로 옳은 것은?

```
SELECT Count(*)
FROM (SELECT Distinct City From Customer);
```

Customer

City	Age	Hobby
부산	30	축구
서울	26	영화감상
부산	45	낚시
서울	25	야구
대전	21	축구
서울	19	음악감상
광주	19	여행
서울	38	야구
인천	53	배구
*	0	

레코드: ◄ 1/9 ► ►► ► ▼ 필터 없음 검색

① 3   ② 5
③ 7   ④ 9

전문가의 조언

SQL문을 실행한 결과는 5입니다. FROM 절에 테이블이 아닌 하위 질의가 사용된 경우에는 하위 질의의 실행 결과를 본 질의문의 검색대상으로 삼아 질의문을 실행하면 됩니다.

❶ SELECT Distinct City From Customer : 〈Customer〉 테이블에서 'City' 필드를 추출하되, 중복되는 필드는 한 번만 표시합니다.

City
부산
서울
대전
광주
인천

❷ SELECT Count(*) FROM ❶ : ❶에서 추출된 결과를 대상으로 레코드의 개수(Count)를 산출합니다.

∴ 결과는 5입니다.

1과목 컴퓨터 일반

전문가의 조언
* 패치 프로그램은 이미 제작하여 배포된 프로그램의 오류 수정이나 성능 향상을 위해 프로그램의 일부 파일을 변경해 주는 프로그램입니다.
* ③번은 데모 버전에 대한 설명입니다.

등급 B

1. 다음 중 컴퓨터 통신에서 사용하는 프로토콜 기능에 관한 설명으로 옳지 않은 것은?

① 통신망에 전송되는 패킷의 흐름을 제어해서 시스템 전체의 안전성을 유지한다.

② 정보를 전송하기 위해 송·수신기 사이에 같은 상태를 유지하도록 동기화 기능을 수행한다.

③ 데이터 전송 도중에 발생하는 오류를 검출한다.

④ 네트워크에 접속된 다양한 단말장치를 자동으로 인식하여 호환성을 제공한다.

전문가의 조언
* 네트워크에 접속된 단말장치를 자동으로 인식하고 호환성을 제공하는 경우는 동일한 프로토콜을 사용하는 경우입니다.
* 운영체제가 서로 다를 경우에는 서로 호환되는 프로토콜을 설치해 주어야 인식하고 호환성을 제공합니다.

등급 B

3. 다음 중 PC의 바이오스(BIOS)에 대한 설명으로 옳지 않은 것은?

① 바이오스는 컴퓨터의 입출력 장치나 메모리 등 하드웨어를 관리하는 프로그램이다.

② 컴퓨터에 연결된 주변장치를 관리하는 인터럽트 (Interrupt) 처리 부분이 있다.

③ 바이오스는 하드디스크에 저장되어 있다.

④ PC의 전원을 올리면 먼저 바이오스 프로그램이 작동하여 시스템을 초기화시킨다.

전문가의 조언
바이오스는 ROM에 저장되어 있어 ROM-BIOS라고도 합니다.

등급 A

2. 다음 중 컴퓨터의 소프트웨어 관련 용어에 대한 설명으로 옳지 않은 것은?

① 셰어웨어(Shareware)는 일정기간 무료 사용 후 원하면 정식 프로그램을 구입할 수 있는 형태의 프로그램이다.

② 프리웨어(Freeware)는 누구나 자유롭게 사용할 수 있는 프로그램으로 기간 및 기능에 제한이 없다.

③ 패치 프로그램(Patch Program)은 기능을 알리기 위해 기간이나 기능에 제한을 두어 무료 배포하는 프로그램이다.

④ 베타버전(Beta Version)은 정식 프로그램을 발표하기 전에 프로그램의 문제 발견이나 기능 향상을 위해 무료로 배포하는 프로그램이다.

등급 B

4. 다음 중 컴퓨터 그래픽과 관련하여 이미지를 표현하는 방식 중 비트맵(Bitmap) 방식에 관한 설명으로 옳지 않은 것은?

① 점과 점을 연결하는 직선이나 곡선을 이용하여 이미지를 표현하는 방식이다.

② 다양한 색상을 이용하기 때문에 사실적 표현이 용이하다.

③ 이미지를 확대하면 테두리가 거칠게 표현된다.

④ 비트맵 파일 형식으로는 BMP, TIF, GIF, JPEG 등이 있다.

전문가의 조언
* 비트맵은 점(Pixel, 화소)으로 이미지를 표현하는 방식입니다.
* ①번은 벡터 방식에 대한 설명입니다.

5. 컴퓨터는 처리 방식에 의한 분류로 아날로그, 디지털, 하이브리드 컴퓨터로 나타낼 수 있다. 아날로그 컴퓨터의 주요 구성 회로는?

① 논리 회로
② 증폭 회로
③ 연산 회로
④ 플립플롭 회로

전문가의 조언
- 아날로그 컴퓨터의 주요 구성 회로는 증폭 회로입니다.
- 디지털 컴퓨터의 구성 회로는 논리 회로입니다.

6. 다음 중 컴퓨터의 연산장치에 있는 레지스터에 관한 설명으로 옳지 않은 것은?

① 2진수 덧셈을 수행하는 가산기(Adder)가 있다.
② 뺄셈을 수행하기 위해 입력된 값을 보수로 변환하는 보수기(Complementor)가 있다.
③ 연산 결과를 일시적으로 저장하는 누산기(Accumulator)가 있다.
④ 연산에 사용될 데이터를 기억하는 상태 레지스터(Status Register)가 있다.

전문가의 조언
- 상태 레지스터(Status Register)는 연산중에 발생하는 여러 가지 상태값을 기억하는 레지스터입니다.
- 연산에 사용될 데이터를 기억하는 레지스터는 데이터 레지스터(Data Register)입니다.

7. 다음 중 컴퓨터의 정상적인 작동을 방해하여 운영체제나 저장된 데이터에 손상을 입힐 수 있는 보안 위협의 종류는?

① 바이러스(Virus)
② 키로거(Key Logger)
③ 트로이 목마(Trojan Horse)
④ 스파이웨어(Spyware)

전문가의 조언
운영체제나 저장된 데이터에 손상을 입힐 수 있는 보안 위협은 바이러스(Virus)입니다.
- **키로거(Key Logger)** : 키보드상의 키 입력 캐치 프로그램을 이용하여 ID나 암호와 같은 개인 정보를 빼내어 악용하는 기법
- **트로이 목마(Trojan Horse)** : 정상적인 기능을 하는 프로그램으로 가장하여 프로그램 내에 숨어 있다가 해당 프로그램이 동작할 때 활성화되어 부작용을 일으키는 것으로, 자기 복제 능력은 없음
- **스파이웨어(Spyware)** : 적절한 사용자 동의 없이 사용자 정보를 수집하는 프로그램 또는 적절한 사용자 동의없이 설치되어 불편을 야기하거나 사생활을 침해할 수 있는 프로그램

8. 다음 중 한글 Windows 10의 [휴지통]에 관한 설명으로 옳지 않은 것은?

① 휴지통의 파일이 실제 저장된 폴더 위치는 일반적으로 C:\$Recycle.Bin이다.
② 휴지통 속성에서 파일이나 폴더가 삭제될 때마다 삭제 확인 대화상자가 표시되지 않도록 설정할 수 있다.
③ 휴지통에 지정된 최대 크기를 초과하면 보관된 파일 중 가장 용량이 큰 파일부터 자동 삭제된다.
④ 휴지통에 보관된 실행 파일은 복원은 가능하지만 휴지통에서 실행하거나 이름을 변경할 수는 없다.

전문가의 조언
휴지통에 지정된 최대 크기를 초과하면 보관된 파일 중 가장 오래 전에 보관된 파일부터 자동으로 삭제됩니다.

04210109 등급 B

9. 다음 중 정보 통신망의 구성 형태를 설명한 내용으로 옳지 않은 것은?

① 망형(Mesh Topology)은 네트워크 상의 모든 노드들이 서로 연결되는 방식으로 특정 노드에 이상이 생겨도 전송이 가능하다.

② 링형(Ring Topology)은 모든 노드들을 하나의 원형으로 연결하는 구조로 통신 제어가 간단하고 신뢰성이 높아 특정 노드의 이상도 쉽게 해결할 수 있다.

③ 트리형(Tree Topology)은 하나의 컴퓨터에 네트워크를 연결하여 확장하는 형태로 확장이 많을 경우 트래픽이 과중될 수 있다.

④ 버스형(Bus Topology)은 모든 노드들이 하나의 케이블에 연결되어 있으며, 케이블 종단에는 종단 장치가 있어야 한다.

등급 A

10. 다음 중 인터넷 보안을 위한 해결책으로 사용되는 암호화 기법에 대한 설명으로 옳지 않은 것은?

① 비밀키 암호화 기법은 동일한 키로 데이터를 암호화하고 복호화한다.

② 비밀키 암호화 기법은 대칭키 암호화 기법 또는 단일키 암호화 기법이라고도 하며, 대표적으로 DES(Data Encryption Standard)가 있다.

③ 공개키 암호화 기법은 비대칭 암호화 기법이라고도 하며, 대표적인 암호화 방식으로 RSA(Rivest, Shamir, Adleman)가 있다.

④ 공개키 암호화 기법에서는 암호화할 때 사용하는 키는 비밀로 하고, 복호화 할 때 사용하는 키는 공개하는 방식을 사용한다.

등급 A

11. 다음 중 한글 Windows 10의 [폴더 옵션] 창에서 설정할 수 있는 작업으로 옳지 않은 것은?

① 숨김 파일이나 폴더의 표시 여부를 지정할 수 있다.

② 알려진 파일 형식의 파일 확장명을 숨기도록 설정할 수 있다.

③ 탐색 창, 미리 보기 창, 세부 정보 창의 표시 여부를 선택할 수 있다.

④ 폴더에서 시스템 파일을 검색할 때 색인의 사용 여부를 선택할 수 있다.

등급 A

12. 다음 중 하나의 컴퓨터에 여러 개의 중앙처리장치를 설치하여 주기억장치나 주변장치들을 공유하고, 신뢰성과 연산 능력을 향상시키는 시스템을 의미하는 것은?

① 시분할 처리 시스템(Time Sharing System)

② 다중 프로그래밍 시스템(Multi-Programming System)

③ 듀플렉스 시스템(Duplex System)

④ 다중 처리 시스템(Multi-Processing System)

13. 다음 중 컴퓨터에서 사용하는 기억장치에 관한 설명으로 옳지 않은 것은?

① 플래시(Flash) 메모리는 비휘발성 기억장치로 주로 디지털 카메라나 MP3, 개인용 정보 단말기, USB 드라이브 등 휴대형 기기에서 대용량 정보를 저장하는 용도로 사용된다.
② 하드디스크 인터페이스 방식은 EIDE, SATA, SCSI 방식 등이 있다.
③ 캐시(Cache) 메모리는 CPU와 주기억장치 사이에 위치하여 두 장치간의 속도 차이를 줄여 컴퓨터의 처리속도를 빠르게 하기 위한 메모리이다.
④ 연관(Associative) 메모리는 보조기억장치를 마치 주기억장치와 같이 사용하여 실제 주기억 장치 용량보다 기억용량을 확대하여 사용하는 방법이다.

전문가의 조언
• 연관 메모리는 저장된 내용의 일부를 이용하여 기억장치에 저장된 데이터를 읽어오는 기억장치입니다.
• ④번은 가상 메모리(Virtual Memory)에 대한 설명입니다.

14. 다음 중 멀티미디어의 특징으로 옳지 않은 것은?

① 디지털 데이터로 변환하여 통합 처리한다.
② 정보 제공자와 사용자 간의 상호 작용에 의해 데이터가 전달된다.
③ 데이터가 사용자 선택에 따라 순차적으로 처리되는 선형성의 특징을 가진다.
④ 문자, 그림, 사운드 등의 여러 미디어를 통합하여 처리한다.

전문가의 조언
멀티미디어 데이터는 사용자 선택에 따라 비순차적으로 처리되는 비선형성의 특징을 가집니다.

15. 다음 중 멀티미디어 그래픽과 관련하여 렌더링(Rendering) 기법에 대한 설명으로 옳은 것은?

① 제한된 색상을 조합하여 새로운 색을 만드는 기술이다.
② 2개의 이미지를 부드럽게 연결하여 변환하는 기술이다.
③ 3차원 그래픽에서 화면에 그린 물체의 모형에 명암과 색상을 입혀 사실감을 더해주는 기술이다.
④ 그림의 경계선을 부드럽게 처리해주는 필터링 기술이다.

전문가의 조언
렌더링(Rendering)에 대한 설명으로 옳은 것은 ③번입니다.
• ①번은 디더링(Dithering), ②번은 모핑(Morphing), ④번은 안티앨리어싱(Anti-Aliasing)에 대한 설명입니다.

16. 다음 중 중앙처리장치와 입·출력장치 사이의 속도 차이로 인한 문제를 해결하기 위한 장치는?

① 범용 레지스터   ② 터미널
③ 콘솔   ④ 채널

전문가의 조언
중앙처리장치와 입·출력장치 사이의 속도 차이로 인한 문제를 해결하기 위한 장치는 채널(Chanel)입니다.

17. 다음 중 바탕 화면의 바로 가기 메뉴 [개인 설정]을 선택하여 설정할 수 있는 작업에 대한 설명으로 옳지 않은 것은?

① 모니터의 해상도를 설정할 수 있다.
② 화면 보호기를 설정할 수 있다.
③ 바탕 화면의 배경, 색, 소리 등을 한 번에 변경할 수 있는 테마를 선택할 수 있다.
④ 바탕 화면의 배경 이미지를 변경할 수 있다.

전문가의 조언
해상도는 [⚙ 설정] → [시스템] → [디스플레이]에서 설정할 수 있습니다.

등급 B

18. 다음 중 한글 Windows 10의 파일 탐색기에서 검색 상자를 사용하여 파일이나 폴더를 찾는 방법으로 옳지 않은 것은?

① 파일 종류를 기준으로 검색할 수 있다.
② 검색 상자에서 찾으려는 파일이나 폴더명을 입력하면 자동으로 필터링되어 결과가 표시된다.
③ 검색 내용에 '$'를 붙이면 해당 내용이 포함되지 않은 파일이나 폴더를 검색한다.
④ 특정 파일 그룹을 정기적으로 검색하는 경우 검색 저장 기능을 이용하면 다음에 사용할 때 원래 검색과 일치하는 최신 파일을 표시해 준다.

전문가의 조언
검색 내용의 앞에 '$'가 아닌 '-'를 붙여야 해당 내용이 포함되지 않은 파일이나 폴더를 검색합니다.

등급 A

19. 다음 중 컴퓨터에서 사용하는 자료의 외부적 표현 방식에 관한 설명으로 옳은 것은?

① ASCII는 데이터 통신용이나 개인용 컴퓨터에서 사용하며, 128가지의 문자를 표현할 수 있다.
② BCD는 8비트로 구성되어 있으며, 하나의 문자를 표현할 수 있다.
③ EBCDIC는 대형 컴퓨터에서 사용되는 범용 코드이며, 6비트로 구성되어 있다.
④ Unicode는 국제 표준 코드로 최대 256가지의 문자 표현이 가능하다.

전문가의 조언
자료의 외부적 표현 방식에 관한 설명으로 옳은 것은 ①번입니다.
② BCD는 6비트로 구성되어 있으며, 64(2^6)가지의 문자를 표현할 수 있습니다.
③ EBCDIC는 대형 컴퓨터에서 사용되는 범용 코드이며, 8비트로 구성되어 있습니다.
④ Unicode는 국제 표준 코드로 최대 65,536(2^{16})가지의 문자 표현이 가능합니다.

등급 B

20. 다음 중 컴퓨터 소프트웨어의 개발을 위한 객체 지향 언어에 관한 설명으로 옳지 않은 것은?

① 데이터와 그 데이터를 처리하는 함수를 객체로 묶어서 문제를 해결하는 언어이다.
② 대표적인 객체지향 언어로는 BASIC, Pascal, C언어 등이 있다.
③ 시스템의 확장성이 높고 정보 은폐가 용이하다.
④ 상속, 캡슐화, 추상화, 다형성 등을 지원한다.

전문가의 조언
• BASIC, Pascal, C언어는 절차 지향 언어입니다.
• 대표적인 객체 지향 언어에는 JAVA, C++ 등이 있습니다.

---

2 과목 **스프레드시트 일반**

등급 B

21. 다음 중 시나리오에 대한 설명으로 옳지 않은 것은?

① 시나리오 관리자에서 시나리오를 삭제하면 시나리오 요약 보고서의 해당 시나리오도 자동으로 삭제된다.
② 특정 셀의 변경에 따라 연결된 결과 셀의 값이 자동으로 변경되어 결과값을 예측할 수 있다.
③ 여러 시나리오를 비교하기 위해 시나리오를 피벗 테이블로 요약할 수 있다.
④ 변경 셀과 결과 셀에 이름을 지정한 후 시나리오 요약 보고서를 작성하면 결과에 셀 주소 대신 지정한 이름이 표시된다.

전문가의 조언
시나리오 관리자에서 시나리오를 삭제해도 이미 작성된 시나리오 요약 보고서는 삭제되지 않습니다.

등급 D

22. 다음 중 노트 기능에 대한 설명으로 옳지 않은 것은?

① 새 노트를 작성하려면 Shift + F2 를 누른다.
② 노트 텍스트에는 [홈] 탭의 [글꼴] 그룹에 있는 [채우기 색]과 [글꼴 색] 옵션을 사용할 수 없다.
③ 삽입된 노트는 시트에 표시된 대로 인쇄하거나 시트 끝에 모아서 인쇄할 수 있다.
④ [홈] 탭 [편집] 그룹에 있는 [지우기] → [모두 지우기]를 이용하여 셀을 지운 경우 셀의 내용과 서식만 삭제되고 노트는 삭제되지 않는다.

등급 B

23. 다음 중 부분합에 대한 설명으로 옳지 않은 것은?

① 부분합을 작성하려면 첫 행에는 열 이름표가 있어야 하며, 그룹화할 항목을 기준으로 반드시 정렬해야 제대로 된 결과를 얻을 수 있다.
② 그룹화를 위한 데이터의 정렬을 오름차순으로 할 때와 내림차순으로 할 때의 그룹별 부분합의 결과는 서로 다르다.
③ 부분합을 제거하면 부분합과 함께 표에 삽입된 개요 및 페이지 나누기도 모두 제거된다.
④ 부분합 대화상자에서 '새로운 값으로 대치'를 해제하지 않고 부분합을 실행하면 이전에 작성한 부분합은 삭제되고 새롭게 작성한 부분합만 표시된다.

등급 C

24. 워크시트에서 [A1:D2] 영역을 블록 설정하고, '= {1, 2, 3, 4; 6, 7, 8, 9}'를 입력한 후 Ctrl + Shift + Enter 를 눌렀다. 다음 중 [B2] 셀에 입력되는 값은?

① 0
② 4
③ 7
④ 없다.

	A	B	C	D
1	1	2	3	4
2	6	7	8	9

등급 C

25. '텍스트 나누기'를 할 때 사용하는 [텍스트 마법사]에서 각 필드의 너비(열 구분선)를 지정하는 단계에 대한 설명으로 옳지 않은 것은?

① 앞 단계에서 원본 데이터 형식을 '구분 기호로 분리됨'을 선택한 경우 열 구분선을 지정할 수 없다.
② 구분선을 넣으려면 원하는 위치를 마우스로 클릭한다.
③ 열 구분선을 옮기려면 구분선을 삭제한 후 다시 넣어야 한다.
④ 구분선을 삭제하려면 구분선을 마우스로 두 번 클릭한다.

등급 **C**

26. 다음 중 괄호(   ) 안에 해당하는 바로 가기 키로 옳은 것은?

통합 문서 내에서 (㉠)키는 다음 워크시트로 이동, (㉡)키
는 이전 워크시트로 이동할 때 사용한다.

① ㉠ `Shift` + `PgDn`, ㉡ `Shift` + `PgUp`
② ㉠ `Ctrl` + `PgDn`, ㉡ `Ctrl` + `PgUp`
③ ㉠ `Ctrl` + `←`, ㉡ `Ctrl` + `→`
④ ㉠ `Shift` + `↑`, ㉡ `Shift` + `↓`

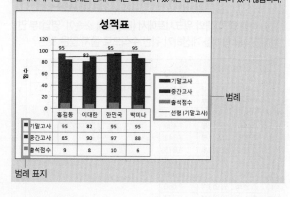

범례 표지

04210127

등급 **A**

27. 다음 중 아래의 차트에 대한 설명으로 옳지 않은 것은?

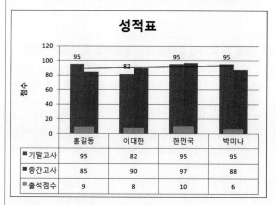

① 기본 세로 축 제목으로 "점수"가 입력되었다.
② 세로(값) 축의 기본 단위는 20이고, 보조 눈금선은 표
시되지 않았다.
③ 기말고사에 대한 변화 추세를 파악하기 위하여 추세선
과 데이터 레이블을 표시하였다.
④ 범례와 범례 표지가 표시되지 않았다.

등급 **B**

28. 다음 중 아래 조건을 처리하는 셀 서식의 사용자 지정 표시 형식으로 옳은 것은?

셀의 값이 1000 이상이면 '파랑', 1000 미만 500 이상이면 '빨강',
500 미만이면 색을 지정하지 않고, 각 조건에 대해 천단위 구분 기
호(,)와 소수 이하 첫째 자리까지 표시한다.
[표시 예 : 1234.56 → 1,234.6, 432 → 432.0]

① [파랑][>=1000]#,##0.0;[빨강][>=500]#,##0.0;#,##0.0
② [파랑][>=1000]#,###.#;[빨강][>=500]#,###.#;#,###.#
③ [>=1000]⟨파랑⟩#,##0.0;[>=500]⟨빨강⟩#,##0.0;#,##0.0
④ [>=1000]⟨파랑⟩#,###.#;[>=500]⟨빨강⟩#,###.#;#,###.#

04210129 등급 **B**

29. 다음 중 아래의 워크시트에서 [F2] 셀에 소속이 '영업1부'인 총매출액의 합계를 계산하기 위한 수식으로 옳지 않은 것은?

▲	A	B	C	D	E	F	G
1	성명	소속	총매출액		소속	총매출액	평균매출액
2	이민우	영업1부	8,819		영업1부	28,581	7,145
3	차소라	영업2부	8,072				
4	진희경	영업3부	6,983				
5	장용	영업1부	7,499		소속별 총매출액의		
6	최병철	영업1부	7,343		합계		
7	김철수	영업3부	4,875				
8	정진수	영업2부	5,605				
9	고희수	영업3부	8,689				
10	조민희	영업3부	7,060				
11	추소영	영업2부	6,772				
12	홍수아	영업3부	6,185				
13	이경식	영업1부	4,920				
14	유동근	영업2부	7,590				
15	이혁재	영업2부	6,437				

① =DSUM(A1:C15, 3, E1:E2)
② =DSUM(A1:C15, C1, E1:E2)
③ =SUMIF(B2:B15, E2, C2:C15)
④ =SUMIF(A1:C15, E2, C1:C15)

등급 **B**

30. 다음 중 엑셀의 틀 고정에 대한 기능 설명으로 옳지 않은 것은?

① 틀 고정은 특정 행 또는 열을 고정할 때 사용하는 기능으로 주로 표의 제목 행 또는 제목 열을 고정한 후 작업할 때 유용하다.
② 선택된 셀의 왼쪽 열과 바로 위의 행이 고정된다.
③ 틀 고정 구분선을 마우스로 잡아끌어 틀 고정 구분선을 이동시킬 수 있다.
④ 틀 고정 방법으로 첫 행 고정을 실행하면 선택된 셀의 위치와 상관없이 첫 행이 고정된다.

등급 **C**

31. 다음 중 데이터 입력에 대한 설명으로 옳지 않은 것은?

① 고정 소수점이 포함된 숫자를 입력하려면 [Excel 옵션]의 [고급] 편집 옵션에서 '소수점 자동 삽입' 확인란을 선택하고 소수점 위치를 설정한다.
② 셀에 입력하는 글자 중 처음 몇 자가 해당 열의 기존 내용과 일치하면 나머지 글자가 자동으로 입력되며, 텍스트나 텍스트/숫자 조합, 날짜가 입력되는 경우에만 자동으로 입력된다.
③ 두 개 이상의 셀을 선택하고 채우기 핸들을 끌 때 Ctrl 을 누르고 있으면 자동 채우기 기능을 해제할 수 있다.
④ 시간을 12시간제로 입력하려면 '9:00 pm'과 같이 시간 뒤에 공백을 입력하고 am 또는 pm을 입력한다.

등급 B

32. 다음 중 아래의 워크시트에서 수식의 결과로 '부사장'을 출력하지 않는 것은?

	A	B	C	D
1	사원번호	성명	직함	생년월일
2	101	구민정	영업 과장	1980-12-08
3	102	강수영	부사장	1965-02-19
4	103	김진수	영업 사원	1991-08-03
5	104	박용만	영업 사원	1990-09-19
6	105	이순신	영업 부장	1971-09-20

① =CHOOSE(CELL("row", B3), C2, C3, C4, C5, C6)
② =CHOOSE(TYPE(B4), C2, C3, C4, C5, C6)
③ =OFFSET(A1:A6, 2, 2, 1, 1)
④ =INDEX(A2:D6, MATCH(A3, A2:A6, 0), 3)

전문가의 조언

①번 수식의 결과는 "영업 사원"입니다.

① =CHOOSE(CELL("row", B3), C2, C3, C4, C5, C6)

● CELL("row", B3) : 'row'는 행 번호를 의미하므로 CELL 함수는 [B3] 셀의 행 번호인 3을 반환합니다.
❷ =CHOOSE(●, C2, C3, C4, C5, C6) → =CHOOSE(3, C2, C3, C4, C5, C6) : 세 번째에 있는 [C4] 셀의 값을 표시하므로 결과는 "영업 사원"입니다.

② =CHOOSE(TYPE(B4), C2, C3, C4, C5, C6)

● TYPE(B4) : [B4] 셀에 입력된 값이 텍스트이므로 결과는 2입니다.
❷ =CHOOSE(●, C2, C3, C4, C5, C6) → =CHOOSE(2, C2, C3, C4, C5, C6) : 두 번째에 있는 [C3] 셀의 값을 표시하므로 결과는 "부사장"입니다.

③ =OFFSET(A1:A6, 2, 2, 1, 1) : [A1:A6] 영역의 첫 번째 셀인 [A1] 셀을 기준으로 2행 2열 떨어진 셀 주소(C3)를 찾습니다. 이 주소를 기준으로 1행 1열인 셀, 즉 [C3] 셀의 값을 표시하므로 결과는 "부사장"입니다.

④ =INDEX(A2:D6, MATCH(A3, A2:A6, 0), 3)

● MATCH(A3, A2:A6, 0) : [A2:A6] 영역에서 [A3] 셀의 값과 동일한 값을 찾은 후 상대 위치를 표시하면 결과는 2입니다.
❷ =INDEX(A2:D6, ●, 3) → =INDEX(A2:D6, 2, 3) : [A2:D6] 영역에서 2행 3열, 즉 [C3] 셀의 값을 표시하므로 결과는 "부사장"입니다.

등급 D

33. 다음 중 [보기] 탭의 [페이지 나누기 미리보기]에 대한 설명으로 옳지 않은 것은?

① 페이지 나누기는 구분선을 이용하여 인쇄를 위한 페이지 나누기를 빠르게 조정하는 기능이다.
② 행 높이와 열 너비를 변경하면 자동 페이지 나누기의 위치도 변경된다.
③ [페이지 나누기 미리보기]에서 수동으로 삽입된 페이지 나누기는 파선으로 표시되고 자동으로 추가된 페이지 나누기는 실선으로 표시된다.
④ 용지 크기, 여백 설정, 배율 옵션 등에 따라 자동 페이지 나누기가 삽입된다.

전문가의 조언

[페이지 나누기 미리 보기]에서 수동으로 삽입된 페이지 나누기는 실선으로 표시되고 자동으로 추가된 페이지 나누기는 파선으로 표시됩니다.

등급 B

34. 다음 중 공유 통합 문서에 대한 설명으로 옳지 않은 것은?

① 여러 사용자가 동시에 동일한 셀을 변경하려면 충돌이 발생한다.
② 통합 문서를 공유한 후 하이퍼링크, 시나리오, 매크로 등의 기능은 변경할 수 없지만 조건부 서식, 차트, 그림 등의 기능은 변경할 수 있다.
③ 공유 통합 문서를 네트워크 위치에 복사해도 다른 통합 문서나 문서의 연결은 그대로 유지된다.
④ 공유 통합 문서를 열면 창의 제목 표시줄의 엑셀 파일명 옆에 '공유됨'이라는 글자가 표시된다.

전문가의 조언

통합 문서를 공유한 후에 데이터의 입력과 편집은 가능하지만 하이퍼링크, 시나리오, 조건부 서식, 차트, 그림 등을 추가하거나 변경할 수는 없습니다.

35. 다음 중 아래 설명에 해당하는 차트 종류는?

등급 B

- 항목의 값을 점으로 표시하여 여러 데이터 값들의 관계를 보여 주며 주로 과학 데이터의 차트 작성에 사용된다.
- 가로 축의 값이 일정한 간격이 아닌 경우나 데이터 요소의 수가 많은 경우 사용된다.
- 기본적으로 5개의 하위 차트 종류가 제공되며, 3차원 차트로 작성할 수 없다.

① 분산형 차트
② 도넛형 차트
③ 방사형 차트
④ 혼합형 차트

전문가의 조언
항목의 값을 점으로 표시하여 여러 데이터 값들의 관계를 보여주는 차트는 분산형 차트입니다.
- **도넛형 차트** : 전체에 대한 각 부분의 관계를 비율로 나타내어 각 부분을 비교할 때 사용됨
- **방사형 차트** : 많은 데이터 계열의 집합적인 값을 나타낼 때 사용됨
- **혼합형 차트** : 두 개 이상의 데이터 계열을 갖는 차트에서 특정 데이터 계열을 강조하고자 할 경우 해당 데이터 계열을 다른 차트로 표시하는 것

36. 다음 중 3차원 참조에 대한 설명으로 옳지 않은 것은?

등급 C

① 여러 워크시트에 있는 동일한 셀 데이터나 셀 범위 데이터에 대한 참조를 뜻한다.
② 'Sheet2'부터 'Sheet4'까지의 [A2] 셀을 모두 더하라는 식을 '=SUM(Sheet2:Sheet4!A2)'와 같이 3차원 참조로 표현할 수 있다.
③ SUM, AVERAGE, COUNTA, STDEV 등의 함수를 사용할 수 있다.
④ 배열 수식에 3차원 참조를 사용할 수 있다.

전문가의 조언
배열 수식에는 3차원 참조를 사용할 수 없습니다.

37. 다음 중 [찾기 및 바꾸기] 대화상자에 대한 설명으로 옳지 않은 것은?

등급 B

① 문서에서 '찾을 내용'에 입력한 내용과 일치하는 이전 항목을 찾으려면 Shift를 누른 상태에서 [다음 찾기] 단추를 클릭한다.
② '찾을 내용'에 입력한 문자만 있는 셀을 검색하려면 '전체 셀 내용 일치'를 선택한다.
③ 별표(*), 물음표(?) 및 물결표(~) 등의 문자가 포함된 내용을 찾으려면 '찾을 내용'에 작은따옴표(') 뒤에 해당 문자를 붙여 입력한다.
④ 찾을 내용을 워크시트에서 검색할지 전체 통합 문서에서 검색할지 등을 선택하려면 '범위'에서 '시트' 또는 '통합 문서'를 선택한다.

전문가의 조언
별표(*), 물음표(?) 및 물결표(~) 등의 문자가 포함된 내용을 찾으려면 ~* 또는 ~? 등과 같이 찾으려는 문자 앞에 ~ 기호를 입력하면 됩니다.

04210138

38. 다음 중 아래 시트에서 각 수식을 실행했을 때의 결과 값으로 옳은 것은?

등급 A

	A	B	C	D	E
1	이름	국어	영어	수학	평균
2	홍길동	83	90	73	82
3	이대한	65	87	91	81
4	한민국	80	75	100	85
5	평균	76	84	88	82.66667

① =SUM(COUNTA(B2:D4), MAXA(B2:D4)) → 102

② =AVERAGE(SMALL(C2:C4, 2), LARGE(C2:C4, 2)) → 75

③ =SUM(LARGE(B3:D3, 2), SMALL(B3:D3, 2)) → 174

④ =SUM(COUNTA(B2, D4), MINA(B2, D4)) → 109

전문가의 조언

각 수식의 결과 값으로 옳은 것은 ②번입니다.

① =SUM(COUNTA(B2:D4), MAXA(B2:D4))

- ❶ COUNTA(B2:D4) : [B2:D4] 영역에서 비어 있지 않은 셀의 개수를 구하면 결과는 9입니다.
- ❷ MAXA(B2:D4) : [B2:D4] 영역에서 숫자, 빈 셀, 논리값(TRUE/FALSE), 숫자로 표시된 텍스트 등을 모두 포함하여 가장 큰 값을 구하면 결과는 100입니다.
- ❸ =SUM(❶, ❷) → =SUM(9, 100) : 두 값을 더하면 결과는 109입니다.

② =AVERAGE(SMALL(C2:C4, 2), LARGE(C2:C4, 2))

- ❶ SMALL(C2:C4, 2) : [C2:C4] 영역에서 두 번째로 작은 값을 구하면 결과는 87입니다.
- ❷ LARGE(C2:C4, 2) : [C2:C4] 영역에서 두 번째로 큰 값을 구하면 결과는 87입니다.
- ❸ =AVERAGE(❶, ❷) → =AVERAGE(87, 87) : 두 수의 평균을 구하면 결과는 87입니다.

③ =SUM(LARGE(B3:D3, 2), SMALL(B3:D3, 2))

- ❶ LARGE(B3:D3, 2) : [B3:D3] 영역에서 두 번째로 큰 값을 구하면 결과는 87입니다.
- ❷ SMALL(B3:D3, 2) : [B3:D3] 영역에서 두 번째로 작은 값을 구하면 결과는 87입니다.
- ❸ =SUM(❶, ❷) → =SUM(87, 87) : 두 수의 합계를 구하면 결과는 174입니다.

④ =SUM(COUNTA(B2, D4), MINA(B2, D4))

- ❶ COUNTA(B2, D4) : [B2] 셀과 [D4] 셀에서 비어 있지 않은 셀의 개수를 구하면 결과는 2입니다.
- ❷ MINA(B2, D4) : [B2] 셀과 [D4] 셀에서 숫자, 빈 셀, 논리값(TRUE/FALSE), 숫자로 표시된 텍스트 등을 모두 포함하여 가장 작은 값을 구하면 결과는 83입니다.
- ❸ =SUM(❶, ❷) → =SUM(2, 83) : 두 수의 합계를 구하면 결과는 85입니다.

등급 A

39. 다음 중 A열의 글꼴 서식을 '굵게'로 설정하는 매크로로 옳지 않은 것은?

① Range("A:A").Font.Bold = True

② Columns(1).Font.Bold = True

③ Range("1:1").Font.Bold = True

④ Columns("A").Font.Bold = True

전문가의 조언

글꼴 서식을 '굵게'로 설정하는 매크로로 옳지 않은 것은 ③번입니다.

- Range는 워크시트의 셀이나 셀 범위를 선택하는 속성으로 'Range("A:A")'는 A열 전체를, 'Range("1:1")'은 1행 전체를 의미합니다.
- Columns는 워크시트의 열을 선택하는 속성으로 'Columns(1)' 또는 'Columns("A")'는 A열 전체를 의미합니다.

등급 A

40. 다음 중 매크로를 작성하고 사용하는 방법에 대한 설명으로 옳지 않은 것은?

① 매크로를 기록하는 경우 기본적으로 셀은 절대 참조로 기록되며, 상대 참조로 기록하고자 할 경우 '상대 참조로 기록'을 선택한 다음 매크로 기록을 실행한다.

② 매크로에 지정된 바로 가기 키가 엑셀 고유의 바로 가기 키와 중복될 경우 엑셀 고유의 바로 가기 키가 우선한다.

③ 매크로를 기록하는 경우 실행하려는 작업을 완료하는 데 필요한 모든 단계가 매크로 레코더에 기록되며, 리본 메뉴에서의 탐색은 기록된 단계에 포함되지 않는다.

④ 개인용 매크로 통합 문서에 저장한 매크로는 엑셀을 시작할 때마다 자동으로 로드되므로 다른 통합 문서에서도 실행할 수 있다.

전문가의 조언

매크로에 지정된 바로 가기 키가 엑셀 고유의 바로 가기 키와 중복될 경우 매크로에 지정된 바로 가기 키가 우선합니다.

데이터베이스 일반

등급 B

41. 다음 중 관계 데이터 모델에 대한 설명으로 옳지 않은 것은?

① 애트리뷰트가 취할 수 있는 같은 타입의 모든 원자 값들의 집합을 도메인이라 한다.
② 관계형 데이터베이스에서 릴레이션은 데이터들을 표 (Table) 형태로 표현한 것이다.
③ 속성들로 구성된 튜플들 사이에는 순서가 없다.
④ 애트리뷰트는 널(Null) 값을 가질 수 없다.

전문가의 조언
속성(Attribute)이 기본키로 지정된 경우가 아니라면 널(Null) 값을 가질 수 있습니다.

등급 A

42. 다음 중 기본키(Primary Key)에 대한 설명으로 옳은 것은?

① 모든 테이블에는 기본키를 반드시 설정해야 한다.
② 액세스에서는 단일 필드 기본키와 일련 번호 기본키만 정의 가능하다.
③ 데이터가 이미 입력된 필드도 기본키로 지정할 수 있다.
④ OLE 개체나 첨부 파일 형식의 필드에도 기본키를 지정할 수 있다.

전문가의 조언
기본키에 대한 설명으로 옳은 것은 ③번입니다.
① 테이블에 기본키를 설정하지 않을 수 있습니다.
② 액세스에서는 일련 번호 기본키, 단일 필드 기본키, 다중 필드 기본키를 정의할 수 있습니다.
④ OLE 개체나 첨부 파일 형식의 필드에는 기본키를 설정할 수 없습니다.

등급 B

43. 다음 중 정규화에 대한 설명으로 옳지 않은 것은?

① 한 테이블에 너무 많은 정보를 포함해서 발생하는 이상 현상을 제거한다.
② 정규화를 실행하면 모든 테이블의 필드 수가 동일해진다.
③ 정규화를 실행하면 테이블이 나누어져 최종적으로는 일관성을 유지하게 된다.
④ 정규화를 실행하는 목적 중 하나는 데이터 중복의 최소화이다.

전문가의 조언
정규화는 속성(필드)의 수가 적은 릴레이션(테이블)으로 분할하는 과정으로, 정규화를 실행하면 테이블이 늘어나고 필드 수가 줄어들 수는 있지만 모든 테이블의 필드 수가 동일해지지는 않습니다.

등급 C

44. 다음 중 E-R 다이어그램 표기법의 기호와 의미가 바르게 연결된 것은?

① 사각형 – 속성(Attribute) 타입
② 마름모 – 관계(Relationship) 타입
③ 타원 – 개체(Entity) 타입
④ 밑줄 타원 – 의존 개체 타입

전문가의 조언
사각형은 개체 타입, 타원은 속성 타입, 밑줄 타원은 기본 키 속성을 의미합니다.

등급 B

45. 다음 중 데이터베이스 관리 시스템(DBMS)의 장점에 해당하지 않는 것은?

① 데이터의 일관성 유지
② 데이터의 무결성 유지
③ 데이터의 보안 보장
④ 데이터 간의 종속성 유지

전문가의 조언
DBMS의 장점 중 하나는 데이터의 종속과 상반되는 데이터의 논리적·물리적 독립성입니다.

등급 C

46. 다음 중 폼이나 보고서에서 테이블이나 쿼리의 필드를 컨트롤 원본으로 사용하는 컨트롤을 의미하는 것은?

① 언바운드 컨트롤
② 바운드 컨트롤
③ 계산 컨트롤
④ 레이블 컨트롤

등급 B

47. 다음 중 아래와 같은 필드로 구성된 〈SERVICE〉 테이블에서 실행 가능한 쿼리로 적절하지 않은 것은?

필드 이름	데이터 형식
등급	짧은 텍스트
비용	숫자
번호	숫자

① INSERT INTO SERVICE (등급, 비용) VALUES ('C', 7000);
② UPDATE SERVICE SET 등급 = 'C' WHERE 등급 = 'D';
③ INSERT INTO SERVICE (등급, 비용, 번호) VALUES ('A', 10000,10);
④ UPDATE SERVICE SET 비용= 비용*1.1;

등급 C

48. 다음 중 이름이 'txt제목'인 텍스트 상자 컨트롤에 "매출내역"이라는 내용을 입력하는 VBA 명령으로 옳지 않은 것은?

① txt제목 = "매출내역"
② txt제목.text = "매출내역"
③ txt제목.value = "매출내역"
④ txt제목.caption = "매출내역"

등급 C

49. 다음 중 보고서의 그룹 바닥글 구역에 '=COUNT(*)'를 입력했을 때 출력되는 결과로 옳은 것은?

① Null 필드를 포함한 그룹별 레코드 개수
② Null 필드를 포함한 전체 레코드 개수
③ Null 필드를 제외한 그룹별 레코드 개수
④ Null 필드를 제외한 전체 레코드 개수

등급 A

50. 다음 중 직원(사원번호, 부서명, 이름, 나이, 근무년수, 급여) 테이블에서 '근무년수'가 3 이상인 직원들을 나이가 많은 순서대로 조회하되, 같은 나이일 경우 급여의 오름차순으로 모든 필드를 표시하는 SQL문은?

① select * from 직원 where 근무년수 >= 3 order by 나이, 급여
② select * from 직원 order by 나이, 급여 where 근무년수 >= 3
③ select * from 직원 order by 나이 desc, 급여 asc where 근무년수 >= 3
④ select * from 직원 where 근무년수 >= 3 order by 나이 desc, 급여 asc

등급 C

51. 다음 중 테이블의 조회 속성에 대한 설명으로 옳지 않은 것은?

① 조회 속성을 이용하면 사용자가 직접 값을 입력하는 과정에서 발생하는 오류를 줄일 수 있다.
② 조회 열에서 다른 테이블이나 쿼리에 있는 값을 조회하도록 설정할 수 있다.
③ 원하는 값을 직접 입력하여 조회 목록을 만들 수 있다.
④ 조회 목록으로 표시할 열의 개수는 변경할 수 없으며, 행 원본에 맞추어 자동으로 설정된다.

등급 B

52. 다음 중 크로스탭 쿼리에 관한 설명으로 옳지 않은 것은?

① 레코드의 요약 결과를 열과 행 방향으로 그룹화하여 표시할 때 사용한다.
② 쿼리 데이터시트에서 데이터를 직접 편집할 수 없다.
③ 2개 이상의 열 머리글 옵션과 행 머리글 옵션, 값 옵션 등을 지정해야 한다.
④ 행과 열이 교차하는 곳의 숫자 필드는 합계, 평균, 분산, 표준 편차 등을 계산할 수 있다.

04210153
등급 B

53. 다음 중 데이터의 형식에 관한 설명으로 옳지 않은 것은?

① 짧은 텍스트 형식에는 텍스트와 숫자 모두 입력할 수 있다.
② 숫자 형식에는 필드 크기를 설정하여 숫자 값의 크기를 제어할 수 있다.
③ 긴 텍스트 형식에는 짧은 텍스트와 비슷하나 최대 255자까지 입력 가능하다.
④ 하이퍼링크 형식에는 웹 사이트나 파일의 특정 위치로 바로 이동하는 주소 데이터를 입력할 수 있다.

등급 C

54. 다음 중 [폼 마법사]를 이용한 폼 작성 시 선택 가능한 폼의 모양 중 각 필드가 왼쪽의 레이블과 함께 각 행에 표시되고 컨트롤 레이아웃이 자동으로 설정되는 것은?

① 열 형식
② 테이블 형식
③ 데이터시트
④ 맞춤

등급 A

55. 다음 중 기본 폼과 하위 폼을 연결하기 위한 기본 조건에 대한 설명으로 옳지 않은 것은?

① 기본 필드와 하위 필드의 데이터 형식과 필드의 크기는 같거나 호환되어야 한다.
② 중첩된 하위 폼은 최대 2개 수준까지 만들 수 있다.
③ 테이블 간에 관계가 설정되어 있지 않은 경우에도 하위 폼으로 연결할 수 있다.
④ 하위 폼의 '기본 필드 연결' 속성은 기본 폼을 하위 폼에 연결해 주는 기본 폼의 필드를 지정하는 속성이다.

중첩된 하위 폼은 최대 7개 수준까지 만들 수 있습니다.

등급 C

56. 다음 중 폼이나 보고서에서 조건에 맞는 특정 컨트롤에만 서식을 적용하는 조건부 서식에 대한 설명으로 옳은 것은?

ⓐ 조건부 서식은 식이 아닌 필드 값으로만 설정이 가능하다.
ⓑ 컨트롤 값이 변경되어 조건을 만족하지 않으면, 적용된 서식이 해제된다.
ⓒ 조건은 50개까지 지정할 수 있으며, 조건별로 다른 서식을 적용할 수 있다.
ⓓ 지정한 조건 중 2개 이상이 참이면, 조건이 참인 서식이 모두 적용된다.

① ⓐ, ⓑ   ② ⓑ, ⓒ
③ ⓒ, ⓓ   ④ ⓐ, ⓓ

전문가의 조언
조건부 서식에 대한 설명으로 옳은 것은 ⓑ와 ⓒ입니다.
ⓐ 조건부 서식은 값이나 식을 기준으로 설정할 수 있습니다.
ⓓ 지정한 조건 중 두 개 이상의 조건이 참이면, 첫 번째 조건의 서식이 적용됩니다.

등급 D

57. 다음 중 폼에서 Tab을 누를 때 특정 컨트롤에는 포커스가 이동하지 않도록 하기 위한 방법은?

① '탭 인덱스' 속성을 '0'으로 설정한다.
② '탭 정지' 속성을 '예'로 설정한다.
③ '탭 인덱스' 속성을 '−1'로 설정한다.
④ '탭 정지' 속성을 '아니오'로 설정한다.

전문가의 조언
폼에서 Tab을 누를 때 특정 컨트롤에는 포커스가 이동하지 않도록 하려면 '탭 정지' 속성을 '아니오'로 설정하면 됩니다.

등급 C

58. 다음 중 현재 폼에서 'cmd숨기기' 단추를 클릭하는 경우, DateDue 컨트롤이 표시되지 않도록 하기 위한 이벤트 프로시저로 옳은 것은?

① Private Sub cmd숨기기_Click( )
    Me.[DateDue]!Visible = False
  End Sub
② Private Sub cmd숨기기_DblClick( )
    Me!DateDue.Visible = True
  End Sub
③ Private Sub cmd숨기기_Click( )
    Me![DateDue].Visible = False
  End Sub
④ Private Sub cmd숨기기_DblClick( )
    Me.DateDue!Visible = True
  End Sub

전문가의 조언
• 컨트롤을 마우스로 클릭했을 때 발생하는 이벤트는 Click 이벤트입니다.
• 폼, 보고서 컨트롤 등의 표시 여부를 지정하는 속성은 Visible이며, 'Visible = True'와 같이 Visible 속성을 'True'로 설정하면 표시하고 'False'로 설정하면 표시하지 않습니다.
• 개체명과 컨트롤명은 느낌표(!)로 구분하고 컨트롤과 속성은 마침표(.)로 연결합니다.

59. 다음 중 매크로에 대한 설명으로 옳지 않은 것은?

① 매크로는 작업을 자동화하고 폼, 보고서 및 컨트롤에 기능을 추가하는 데 사용되는 도구이다.
② 특정 조건이 참일 때에만 매크로 함수를 실행하도록 설정할 수 있다.
③ 하나의 매크로에는 하나의 매크로 함수만 포함될 수 있다.
④ 매크로를 컨트롤의 이벤트 속성에 포함시킬 수 있다.

전문가의 조언
매크로에는 하나의 매크로 함수로 구성된 일반 매크로, 매크로 함수가 여러 개 작성된 하위 매크로, 조건식을 사용한 조건 매크로 등이 있습니다.

60. 다음 중 각 연산식에 대한 결과 값이 옳지 않은 것은?

① IIF(1, 2, 3) → 결과 값 : 2
② MID("123456", 3, 2) → 결과 값 : 34
③ "A" & "B" → 결과 값 : "AB"
④ 4 MOD 2 → 결과 값 : 2

전문가의 조언
④번의 결과 값은 0입니다.
① IIF(조건, 실행1, 실행2) 함수는 조건이 참이면 실행1을, 조건이 거짓이면 실행2를 수행합니다.
 • IIF(1, 2, 3) : 1은 참과 같은 의미이므로, 조건에 1이 지정되면 참으로 인식하여 실행1, 즉 2를 표시합니다.
② MID(문자열, 시작값, 자릿수) 함수는 시작값부터 주어진 자릿수만큼 추출합니다.
 • MID("123456", 3, 2) : 문자열 "123456"의 3번째 자리에서부터 2자리를 추출하므로 "34"가 추출됩니다.
③ &는 문자열을 연결하는 연산자입니다.
 • "A" & "B" : "AB"로 표시됩니다.
④ MOD는 나머지를 구하는 연산자입니다.
 • 4 MOD 2 : 4 / 2 = 몫은 2, 나머지는 0입니다.

1과목   컴퓨터 일반

등급 A

1. 다음 중 컴퓨터 보안 기법의 하나인 방화벽에 관한 설명으로 옳지 않은 것은?

① 전자 메일 바이러스나 온라인 피싱 등을 방지할 수 있다.
② 해킹 등에 의한 외부로의 정보 유출을 막기 위해 사용하는 보안 기법이다.
③ 외부 침입자의 역추적 기능이 있다.
④ 내부의 불법 해킹은 막지 못한다.

전문가의 조언
방화벽은 전자 메일 바이러스나 온라인 피싱 등을 방지할 수 없습니다.

등급 C

2. 다음 중 컴퓨터 통신과 관련하여 P2P 방식에 관한 설명으로 옳은 것은?

① 인터넷에서 이루어지는 개인 대 개인의 파일 공유를 위한 기술이다.
② 인터넷을 통해 MP3를 제공해 주는 기술 및 서비스이다.
③ 인터넷을 통해 동영상을 상영해 주는 기술 및 서비스이다.
④ 여러 사용자가 동시에 온라인 게임을 할 수 있도록 제공해 주는 기술이다.

전문가의 조언
P2P는 인터넷에서 이루어지는 개인 대 개인의 파일 공유를 위한 기술입니다.

등급 A

3. 다음 중 정보 통신에 사용되는 네트워크 장비인 라우터(Router)에 관한 설명으로 옳은 것은?

① 네트워크를 구성할 때 각 회선을 통합적으로 관리하여 한꺼번에 여러 대의 컴퓨터를 연결하는 장치이다.
② 디지털 신호의 장거리 전송을 위해 수신한 신호를 재생시키거나 출력 전압을 높여주는 장치이다.
③ 네트워크에서 통신을 위해 가장 최적의 경로를 설정하여 전송하고 데이터의 흐름을 제어하는 장치이다.
④ 다른 네트워크로 데이터를 보내거나 받아들이는 역할을 하는 장치이다.

전문가의 조언
라우터(Router)에 관한 설명으로 옳은 것은 ③번입니다.
• ①번은 허브, ②번은 리피터, ④번은 게이트웨이에 대한 설명입니다.

등급 B

4. 통신 기술과 GPS, 그리고 컴퓨터에 저장된 데이터베이스를 이용하여 주변의 위치와 부가 서비스를 제공하는 기술은?

① 사물 인터넷(IoT)
② 빅 데이터(Big Data)
③ 위치 기반 서비스(LBS)
④ 시맨틱 웹(Semantic Web)

전문가의 조언
주변의 위치와 부가 서비스를 제공하는 기술은 위치 기반 서비스(LBS)입니다.
• **빅 데이터(Big Data)** : 기존의 관리 방법이나 분석 체계로는 처리하기 어려운 막대한 양의 데이터 집합
• **사물 인터넷(IoT, Internet of Things)** : 인터넷 상에 존재하는 모든 사물을 네트워크로 연결해 인간과 사물, 사물과 사물 간 언제 어디서나 서로 소통할 수 있게 하는 새로운 정보 통신 환경
• **시맨틱 웹(Semantic Web)** : 컴퓨터가 정보의 뜻을 이해하고 조작할 수 있는 차세대 지능형 웹

5. 다음 중 객체지향 프로그래밍 특징으로 옳은 것은?

① 객체에 대하여 절차적 프로그래밍의 장점을 사용할 수 있다.
② 객체지향 프로그램은 코드의 재사용과 유지보수가 용이하다.
③ 객체지향 프로그램은 주로 인터프리터 번역 방식을 사용한다.
④ 프로그램의 구조와 절차에 중점을 두고 작업을 진행한다.

전문가의 조언
객체지향 프로그램은 코드의 재사용과 유지보수가 용이합니다.

6. 다음 중 컴퓨터에서 사용하는 EBCDIC 코드에 대한 설명으로 옳지 않은 것은?

① 4비트의 존 부분과 4비트의 디지트 부분으로 구성된다.
② 특수 문자 및 소문자 표현이 가능하다.
③ 확장 이진화 10진 코드로 BCD 코드를 확장한 것이다.
④ 최대 64개의 문자 표현이 가능하다.

전문가의 조언
EBCDIC 코드는 8비트이므로 최대 256(2^8)개의 문자 표현이 가능합니다.

7. 다음 중 인터넷 주소 체계에서 IPv6에 관한 설명으로 옳지 않은 것은?

① 128 비트의 주소를 사용하여 IPv4의 주소 부족 문제를 해결하였다.
② IPv4보다 주소의 길이가 길어 자료 전송 속도가 늦다.
③ 인증성, 기밀성, 데이터 무결성의 지원으로 보안 기능을 포함한다.
④ IPv4와 호환성이 있으며, 실시간 흐름 제어가 가능하다.

전문가의 조언
IPv6는 IPv4보다 자료 전송 속도가 빠릅니다.

8. 다음 중 한글 Windows에서 전자우편(E-mail) 사용에 관한 설명으로 옳지 않은 것은?

① 전자우편 주소는 '사용자 ID@호스트 주소'의 형식으로 이루어진다.
② 전자우편에 사용하는 프로토콜은 SMTP, POP3, MIME 등이 있다.
③ 전자우편은 메일 서버에 사용자 계정이 있어야 사용할 수 있다.
④ 전자우편은 기본적으로 16진수 EBCDIC 코드를 사용한다.

전문가의 조언
전자우편은 기본적으로 7Bit의 ASCII 코드를 사용합니다.

9. 다음 중 RAM(Random Access Memory)에 대한 설명으로 옳은 것은?

① 전원이 꺼져도 기억된 내용이 사라지지 않는 비휘발성 메모리로 읽기만 가능하다.
② 주로 펌웨어(Firmware)를 저장한다.
③ 주기적으로 재충전(Refresh)이 필요한 DRAM은 주기억장치로 사용된다.
④ 컴퓨터의 기본적인 입출력 프로그램, 자가진단 프로그램 등이 저장되어 있어 부팅 시 실행된다.

전문가의 조언
RAM에 대한 설명으로 옳은 것은 ③번입니다.
• ①, ②, ④번은 ROM(Read Only Memory)에 대한 설명입니다.

10. 다음 중 컴퓨터에서 사용하는 가상 메모리에 관한 설명으로 옳은 것은?

① 중앙처리장치와 주기억장치 사이에 위치하여 컴퓨터의 처리속도를 향상 시키는 역할을 한다.
② 보조기억장치의 일부를 주기억장치처럼 사용하는 메모리 사용 기법으로 주기억장치 보다 큰 프로그램을 로드하여 실행할 경우에 유용하다.
③ CPU가 데이터를 처리하는 동안 미리 CPU가 필요로 하는 데이터를 저장해 두는 기억장치이다.
④ 디스크와 같은 보조기억장치의 기억 공간을 가상으로 확장하는 기억장치이다.

전문가의 조언
가상 메모리는 보조기억장치의 일부를 주기억장치처럼 사용하는 메모리 기법입니다.

11. 다음 중 그래픽 데이터 형식에 관한 설명으로 옳지 않은 것은?

① BMP : Windows 운영체제의 표준 비트맵 파일 형식으로 압축하여 저장하므로 파일의 크기가 작은 편이다.
② GIF : 인터넷 표준 그래픽 형식으로 8비트 컬러를 사용하여 최대 256 색상까지만 표현할 수 있으며, 애니메이션 표현이 가능하다.
③ JPEG : 사진과 같은 선명한 정지 영상 압축 기술에 대한 국제 표준으로 주로 인터넷에서 그림 전송에 사용된다.
④ PNG : 트루 컬러의 지원과 투명색 지정이 가능하다.

전문가의 조언
BMP 파일 형식은 압축을 하지 않으므로 파일의 크기가 큽니다.

12. 다음 중 외부로부터의 데이터 침입행위에 관한 유형의 위조(Fabrication)에 대한 설명으로 옳은 것은?

① 자료가 수신측으로 전달되는 것을 방해하는 행위
② 전송한 자료가 수신지로 가는 도중에 몰래 보거나 도청하는 행위
③ 자료가 다른 송신자로부터 전송된 것처럼 꾸미는 행위
④ 원래의 자료를 다른 내용으로 바꾸는 행위

전문가의 조언
위조(Fabrication)에 대한 설명으로 옳은 것은 ③번입니다.
• ①번은 가로막기(Interruption), ②번은 가로채기(Interception), ④번은 수정(Modification)에 대한 설명입니다.

13. 다음 중 컴퓨터의 하드디스크와 관련하여 RAID (Redundant Array of Inexpensive Disks) 기술에 관한 설명으로 옳지 않은 것은?

① 미러링(Mirroring) 방식은 데이터를 두 개의 디스크에 동일하게 기록하여 한쪽 디스크의 데이터 손상 시 다른 한쪽 디스크를 이용하여 복구한다.
② 스트라이핑(Striping) 방식은 데이터를 여러 개의 디스크에 나눠서 기록하는 방법으로 자료를 읽고 쓰는 시간을 단축할 수는 있다.
③ 한 개의 하드디스크를 여러 개의 하드디스크처럼 나누어 관리하는 기술이다.
④ RAID를 이용하면 데이터의 안정성이 높아지며, 데이터 복구가 용이하다.

전문가의 조언
RAID는 여러 개의 하드디스크를 한 개의 하드디스크처럼 관리하는 기술입니다.

14. 다음 중 시스템 복구를 해야 하는 시기로 가장 적절하지 않은 것은?

① 새 장치를 설치한 후 시스템이 불안정 할 때
② 로그온 화면이 나타나지 않으며, 운영체제를 시작할 수 없을 때
③ 누락되거나 손상된 데이터 파일을 이전 버전으로 되돌리고자 할 때
④ 파일의 단편화를 개선하여 디스크의 접근 속도를 향상 시키고자 할 때

전문가의 조언
파일의 단편화를 개선하여 디스크의 접근 속도를 향상시키려면 '드라이브 조각 모음 및 최적화'를 실행하면 됩니다.

15. 다음 중 [드라이브 조각 모음 및 최적화]를 수행할 수 있는 대상으로 옳은 것은?

① 외장 하드디스크 드라이브
② 네트워크 드라이브
③ CD-ROM 드라이브
④ Windows가 지원하지 않는 형식의 압축 프로그램

전문가의 조언
외장 하드디스크 드라이브는 '드라이브 조각 모음 및 최적화'를 수행할 수 있습니다.
• 네트워크 드라이브, CD-ROM 드라이브, Windows가 지원하지 않는 형식으로 압축된 프로그램에 대해서는 '드라이브 조각 모음 및 최적화'를 수행할 수 없습니다.

16. 다음 중 프린터에서 출력할 파일의 해상도를 조절하거나 스캐너를 이용해 스캔한 파일의 해상도를 조절하기 위해 쓰는 단위는?

① PPM(Paper Per Minute)
② DPI(Dots Per Inch)
③ CPS(Character Per Second)
④ BPS(Bits Per Second)

전문가의 조언
파일의 해상도를 나타내는 단위는 DPI(Dots Per Inch)입니다.
• PPM(Page Per Minute) : 1분에 출력되는 페이지 수로, 잉크젯 및 레이저 프린터의 속도 단위
• BPS(Bits Per Second) : 1초에 전송되는 비트(bit)의 수로, 데이터의 전송 속도를 나타내는 단위
• CPS(Character Per Second) : 1초에 출력되는 글자 수로, 도트 매트릭스 및 시리얼 프린터의 속도 단위

17. 다음 중 컴퓨터 운영체제의 성능 평가 기준에 해당하지 않는 것은?

① 중앙처리장치의 사용 정도를 측정하는 사용 가능도(Availability)
② 주어진 문제를 정확하게 해결하는 정도를 의미하는 신뢰도(Reliability)

③ 일정 시간 내에 시스템이 처리하는 양을 의미하는 처리 능력(Throughput)
④ 작업을 의뢰한 시간부터 처리가 완료된 시간까지의 반환 시간(Turn Around Time)

전문가의 조언
사용 가능도(Availability)는 시스템을 사용할 필요가 있을 때 즉시 사용 가능한 정도를 의미합니다.

18. 다음 중 한글 Windows 10의 [설정] → [장치]에 표시되지 않는 것은?

① USB 포트에 연결하는 장치
② 컴퓨터에 연결된 호환 네트워크 장치
③ 네트워크에 연결된 컴퓨터
④ 하드디스크 드라이브와 사운드 카드

전문가의 조언
하드디스크 드라이브와 사운드 카드는 컴퓨터 내부에 연결된 장치로 '장치 관리자'에 표시됩니다.

19. 다음 중 멀티미디어 그래픽과 관련하여 안티앨리어싱(Anti-Aliasing)에 대한 설명으로 옳은 것은?

① 3차원 그래픽에서 화면에 그린 물체의 모형에 명암과 색상을 입혀 사실감을 더해주는 기술이다.
② 이미지의 가장자리가 톱니 모양으로 표현되는 계단 현상을 없애기 위하여 경계선을 부드럽게 해주는 필터링 기술이다.
③ 선택된 두 개의 이미지에 대해 하나의 이미지가 다른 이미지로 자연스럽게 변화하도록 하는 특수 효과 기술이다.
④ 작성된 그림을 필터 기능을 이용하여 여러 가지 형태의 새로운 이미지로 바꿔주는 기술이다.

전문가의 조언
안티앨리어싱(Anti-Aliasing)에 대한설명으로 옳은 것은 ②번입니다.
• ①번은 랜더링(Rendering), ③번은 모핑(Morphing), ④번은 필터링(Filtering)에 대한 설명입니다.

등급 B

20. 다음 중 한글 Windows 10에서 [빠른 지원]에 관한 설명으로 옳지 않은 것은?

① 다른 위치에 있는 상대방이 Windows와 같이 호환되는 운영체제가 실행되는 컴퓨터에서 사용자 컴퓨터를 편리하게 연결하여 문제를 해결할 수 있다.

② 원격 접속을 지원할 사용자가 '빠른 지원' 대화상자에서 〈다른 사람 지원〉을 클릭하면 보안 코드 숫자 6자리가 화면에 표시된다.

③ '공유 옵션'에는 '모든 권한 가지기'와 '화면 보기'가 있다.

④ 원격 접속을 지원할 사용자는 마이크로소프트 계정으로 로그인 하지 않아도 되지만 지원 받는 사용자는 마이크로소프트 계정으로 로그인해야 한다.

전문가의 조언
원격 접속을 지원하는 사용자는 마이크로소프트 계정으로 로그인 해야 하고, 지원 받는 사용자는 마이크로소프트 계정으로 로그인하지 않아도 됩니다.

2 과목 스프레드시트 일반

등급 B

21. 다음 중 시나리오에 대한 설명으로 옳지 않은 것은?

① 시나리오 요약 보고서를 만들 때에는 결과 셀을 반드시 지정해야 하지만, 시나리오 피벗 테이블 보고서를 만들 때에는 결과 셀을 지정하지 않아도 된다.

② 여러 시나리오를 비교하여 하나의 테이블로 요약하는 보고서를 만들 수 있다.

③ 시나리오 요약 보고서를 생성하기 전에 변경 셀과 결과 셀에 이름을 정의하면 셀 참조 주소 대신 정의된 이름이 보고서에 표시된다.

④ 시나리오 요약 보고서는 자동으로 다시 갱신되지 않으므로 변경된 값을 요약 보고서에 표시하려면 새 요약 보고서를 만들어야 한다.

전문가의 조언
시나리오 요약 보고서나 시나리오 피벗 테이블 보고서를 만들 때에는 반드시 결과 셀을 지정해야 합니다.

04210222

등급 B

22. 다음 그림과 같이 "표" 기능을 사용하여 이자율에 따른 이자액을 계산하려고 한다. 이때 실행하여야 할 작업 내용에 대한 설명으로 옳지 않은 것은?

⬚	A	B	C	D	E	F
1	이자율에 따른 이자액 계산					
2	원금	이자율				
3						
4				이자율		
5		0	5%	10%	15%	20%
6		2,000	100	200	300	400
7	원금	3,500	175	350	525	700
8		4,000	200	400	600	800
9		5,500	275	550	825	1,100
10						

① '데이터 테이블' 대화상자가 표시되면 "행 입력 셀"은 [B3] 셀과, "열 입력 셀"은 [A3] 셀을 지정한 후 〈확인〉을 선택한다.

② 표의 범위([B5:F9])를 설정한 후 [데이터] → [예측] → [가상 분석] → [데이터 표]를 선택한다.

③ 수식이 입력되어야 하는 [C6] 셀을 선택하고 수식 "=A3*B3"을 입력한다.

④ 자동으로 결과가 구해진 셀을 하나 선택해서 살펴보면 "{=TABLE(B3,A3)}"와 같은 배열 수식이 들어 있다.

전문가의 조언
수식이 입력되어야 하는 셀은 [C6] 셀이 아니라 [B5] 셀입니다.

23. 다음 중 셀에 수식을 입력하는 방법에 대한 설명으로 옳지 않은 것은?

① 배열 상수에는 숫자나 텍스트 외에 'TRUE', 'FALSE' 등의 논리값 또는 '#N/A'와 같은 오류 값도 포함될 수 있다.
② 계산할 셀 범위를 선택하여 수식을 입력한 후 [Ctrl] + [Enter]를 누르면 선택한 영역에 수식을 한 번에 채울 수 있다.
③ 수식을 입력한 후 결과값이 수식이 아닌 상수로 입력되게 하려면 수식을 입력한 후 바로 [Alt] + [F9]를 누른다.
④ 수식에서 통합 문서의 여러 워크시트에 있는 동일한 셀 범위 데이터를 이용하려면 3차원 참조를 사용한다.

〈실행 결과〉

	A
1	10.1
2	11.1
3	12.1
4	13.1

24. 다음 중 아래 워크시트의 [A1] 셀에서 10.1을 입력한 후 [Ctrl]을 누르고 자동 채우기 핸들을 아래로 드래그한 경우 [A4] 셀에 입력되는 값은?

A1	▼	:	×

	A	B
1	10.1	
2		
3		
4		
5		

① 10.1　　　　② 10.4
③ 13.1　　　　④ 13.4

25. 다음 중 아래 워크시트에서 [C2:C4] 영역을 선택하여 작업한 결과가 다른 것은?

	A	B	C	D	E
1	이름	국어	영어	수학	평균
2	홍길동	83	90	73	82
3	이대한	65	87	91	81
4	한민국	80	75	100	85
5	평균	76	84	88	82.66667

① [Delete]를 누른 경우
② [Backspace]를 누른 경우
③ 마우스 오른쪽 버튼의 바로 가기 메뉴에서 [내용 지우기]를 선택한 경우
④ [홈] 탭 [편집] 그룹에서 [지우기] → [내용 지우기]를 선택한 경우

등급 C

26. 다음 중 아래 차트와 같이 가로(항목) 축을 위쪽에 표시하기 위한 방법으로 옳은 것은?

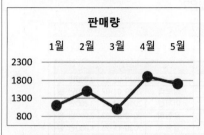

① 가로(항목) 축을 선택한 후 [축 서식] 창의 [축 옵션] → [📊(축 옵션)]에서 세로 축 교차를 '최대 항목'으로 설정한다.
② 가로(항목) 축을 선택한 후 [축 서식] 창의 [축 옵션] → [📊(축 옵션)]에서 '항목을 거꾸로'를 설정한다.
③ 세로(값) 축을 선택한 후 [축 서식] 창의 [축 옵션] → [📊(축 옵션)]에서 가로 축 교차를 '축의 최대값'으로 설정한다.
④ 세로(값) 축을 선택한 후 [축 서식] 창의 [축 옵션] → [📊(축 옵션)]에서 '값을 거꾸로'를 설정한다.

가로(값) 축을 위쪽에 표시하기 위한 방법으로 옳은 것은 ③번입니다. 각 보기대로 실행하면 다음과 같이 표시됩니다.

①  ②
④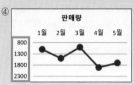

등급 B

27. 다음 중 아래 시트에서 각 수식을 실행했을 때의 결과 값으로 옳지 않은 것은?

	A
1	2021년 3월 5일 금요일
2	2021년 3월 20일 토요일
3	2021년 4월 10일 토요일

① =EOMONTH(A1, −3) → 2020−12−31
② =DAYS(A1, A3) → 36
③ =NETWORKDAYS(A1, A2) → 11
④ =WORKDAY(A1, 10) → 2021−03−19

04210228 등급 B

28. 다음 조건을 이용하여 사용자 지정 표시 형식을 설정할 경우 옳은 것은?

> 셀의 값이 200 이상이면 '빨강', 200 미만 100 이상이면 '파랑', 100 미만이면 색을 지정하지 않고, 천 단위 구분 기호와 소수 이하 첫째 자리까지 표시할 것

① [빨강][>=200]#,##0.0;[파랑][>=100]#,##0.0;#,##0.0;
② [빨강][>=200]#,##0;[파랑][>=100]#,##0;#,##0;
③ [빨강][>=200]#,##0.0;[파랑][>=100]#,##0.0;#,##0.0
④ [빨강][>=200]#,##0;[파랑][>=100]#,##0;#,##0

등급 B

29. 다음 중 부분합에 대한 설명 중 옳지 않은 것은?

① 그룹화할 항목으로 선택된 필드는 자동으로 오름차순 정렬하여 부분합이 계산된다.
② 부분합에서는 합계, 평균, 개수 등의 함수 이외에도 다양한 함수를 선택할 수 있다.
③ 부분합에서 데이터 아래에 요약을 표시할 수 있다.
④ 부분합에서 그룹 사이에 페이지를 나눌 수 있다.

등급 A

30. 다음 중 아래의 워크시트에서 '윤정희' 사원의 근속년수를 오늘 날짜를 기준으로 구하고자 할 때, [E11] 셀에 입력할 수식으로 옳은 것은?

⏴	A	B	C	D	E
1					
2					
3		부서	이름	입사일	연봉
4		영업부	김나미	2020-03-01	3,000만 원
5		총무부	김보라	2019-03-02	3,500만 원
6		총무부	이지선	2016-03-02	3,200만 원
7		영업부	윤정희	2018-03-02	2,000만 원
8		총무부	임형석	2020-11-26	1,800만 원
9		총무부	서민규	2019-10-08	2,200만 원
10		총무부	김상희	2015-06-17	1,500만 원
11		이름	윤정희	근속년	3

① =YEAR(TODAY( )) − YEAR(VLOOKUP(C11, B4:E10, 2, 0))
② =YEAR(TODAY( )) − YEAR(HLOOKUP(C11, B4:E10, 2, 0))
③ =YEAR(TODAY( )) − YEAR(VLOOKUP(C11, C4:E10, 2, 0))
④ =YEAR(TODAY( )) − YEAR(HLOOKUP(C11, C4:E10, 2, 0))

등급 **B**

31. 다음 중에서 [주식형 차트]에 대한 설명으로 옳지 않은 것은?

① 고가, 저가, 종가 등의 주식 거래 가격을 바탕으로 차트를 작성한다.

② 주식 분석을 위해 피벗 차트 보고서에서 주로 사용한다.

③ 주식의 거래량과 같은 주가의 흐름을 파악하고자 할 때 사용한다.

④ 주식형 차트에 추세선을 표시할 수 있다.

전문가의 조언
피벗 차트 보고서에서는 분산형, 거품형, 주식형 차트는 사용할 수 없습니다.

등급 **C**

33. 다음 중 엑셀의 인쇄 기능에 대한 설명으로 옳지 않은 것은?

① 차트만 제외하고 인쇄하기 위해서는 [차트 영역 서식] 창에서 '개체 인쇄'의 체크를 해제한다.

② 시트에 표시된 오류 값을 제외하고 인쇄하기 위해서는 [페이지 설정] 대화상자에서 '셀 오류 표시'를 〈공백〉으로 선택한다.

③ 인쇄 내용을 페이지의 가운데에 맞춰 인쇄하려면 [페이지 설정] 대화상자에서 '문서에 맞게 배율 조정'을 체크한다.

④ 인쇄되는 모든 페이지에 특정 행을 반복하려면 [페이지 설정] 대화상자에서 '인쇄 제목'의 '반복할 행'에 열 레이블이 포함된 행의 참조를 입력한다.

전문가의 조언
인쇄 내용을 페이지의 가운데에 맞춰 인쇄하려면 '페이지 설정' 대화상자의 '여백' 탭에서 '페이지 가운데 맞춤'을 지정해야 합니다.

등급 **C**

34. 아래 워크시트에서 매출액[B3:B9]을 이용하여 매출 구간별 빈도수를 [F3:F6] 영역에 계산한 후 그 값만큼 "★"를 반복하여 표시하고자 한다. 다음 중 이를 위한 수식으로 옳은 것은?

	A	B	C	D	E	F
1						
2		매출액		매출구간		빈도수
3		75		0	50	★
4		93		51	100	★★
5		130		101	200	★★★
6		32		201	300	★
7		123				
8		257				
9		169				

① =REPT("★", FREQUENCY(E3:E6, B3:B9))

② =REPT("★", FREQUENCY(B3:B9, E3:E6))

③ {=REPT("★", FREQUENCY(E3:E6, B3:B9))}

④ {=REPT("★", FREQUENCY(B3:B9, E3:E6))}

등급 **D**

32. 다음 중 [페이지 나누기 미리 보기]에 대한 설명으로 옳지 않은 것은?

① 페이지 나누기는 구분선을 이용하여 인쇄를 위한 페이지 나누기를 빠르게 조정하는 기능이다.

② 행 높이와 열 너비를 변경하면 자동 페이지 나누기의 위치도 변경된다.

③ [페이지 나누기 미리 보기]에서 수동으로 삽입된 페이지 나누기는 파선으로 표시되고 자동으로 추가된 페이지 나누기는 실선으로 표시된다.

④ 용지 크기, 여백 설정, 배율 옵션 등에 따라 자동 페이지 나누기가 삽입된다.

전문가의 조언
[페이지 나누기 미리 보기]에서 수동으로 삽입된 페이지 나누기는 실선으로 표시되고 자동으로 추가된 페이지 나누기는 파선으로 표시됩니다.

35. 다음 중 10,000,000원을 2년간 연 5.5%의 이자율로 대출할 때, 매월 말 상환해야 할 불입액을 구하기 위한 수식으로 옳은 것은?

① =PMT(5.5%/12, 12*2, −10000000)

② =PMT(5.5%, 12*2, −10000000)

③ =PMT(5.5%, 12*2, −10000000, 0, 1)

④ =PMT(5.5%/12, 12*2, −10000000, 0, 1)

36. 다음 중 시트 보호에 대한 설명으로 옳지 않은 것은?

① 시트 보호 설정 시 암호를 설정할 수 있다.

② 시트 보호는 통합 문서 전체가 아닌 특정 시트만을 보호한다.

③ 시트 보호를 실행하면 시트의 삽입, 삭제, 이동, 숨기기, 이름 바꾸기 등의 작업을 할 수 없다.

④ 시트 보호를 설정하면 셀에 데이터를 입력하거나 수정하려고 했을 때 경고 메시지가 나타난다.

37. 통합 문서의 첫 번째 시트 뒤에 새로운 시트를 추가하는 프로시저를 작성하려고 한다. 다음 중 (   )에 해당하는 인수로 옳은 것은?

Worksheets.Add (   ):=Sheets(1)

① Left ② Right

③ After ④ Before

38. 다음 중 아래 시트에서 고급 필터 기능을 이용하여 점수가 전체 평균보다 크면서 성별이 "남"인 데이터를 추출하려고 할 때, 고급 필터의 조건식으로 옳은 것은?

▲	A	B	C	D
1	번호	성명	성별	점수
2	1	이방주	남	86
3	2	황영희	여	45
4	3	손기중	남	78
5	4	김보라	여	92
6	5	엄이봉	남	76
7	6	김경삼	남	98
8	7	한우경	여	87
9	8	김상희	여	91
10	9	임선빈	남	64

①

점수	성별
=D2>=AVERAGE($D$2:$D$10)	남

②

조건
=AND(D2>=AVERAGE($D$2:$D$10),C2="남")

③

평균	성별
=D2>=AVERAGE($D$2:$D$10)	
	남

④

조건
=OR(D2>=AVERAGE($D$2:$D$10),C2="남")

전문가의 조언

문제에 제시된 고급 필터의 조건식으로 옳은 것은 ②번입니다.

• 고급 필터의 조건으로 수식을 입력할 경우에는 조건으로 사용할 필드명을 원본 데이터의 필드명과 다르게 하거나 생략해야 합니다.

• 조건을 같은 행에 입력하면 AND 조건, 다른 행에 입력하면 OR 조건으로 연결됩니다.

39. 다음 중 이름 상자에 대한 설명으로 옳지 않은 것은?

① Ctrl을 누르고 여러 개의 셀을 선택한 경우 마지막 선택한 셀 주소가 표시된다.

② 셀이나 셀 범위에 이름을 정의해 놓은 경우 이름이 표시된다.

③ 차트가 선택되어 있는 경우 차트의 종류가 표시된다.

④ 수식을 작성 중인 경우 최근 사용한 함수 목록이 표시된다.

전문가의 조언

• 차트를 선택하면 이름 상자에 차트 이름이 표시됩니다.

• 차트 이름은 기본적으로 차트가 만들어진 순서대로 '차트 1', '차트 2'로 지정되며, 차트 이름은 사용자가 변경할 수 있습니다.

40. 다음 중 조건부 서식에 대한 설명으로 옳지 않은 것은?

① 특정한 조건을 만족하는 경우에만 서식이 적용되도록 하는 기능이다.

② 조건을 셀 값 또는 수식으로 입력할 수 있으며, 수식으로 입력할 경우 수식 앞에는 등호(=)를 입력한다.

③ 워크시트의 특정 셀을 이용하여 조건을 지정할 경우 마우스로 해당 셀을 클릭하면 상대 참조로 지정된다.

④ 수식의 결과는 참이나 거짓의 논리 값이어야 한다.

전문가의 조언

조건부 서식에서 조건 지정 시 마우스로 특정 셀을 클릭하면 절대 참조로 지정됩니다.

등급 D

41. 다음 중 도메인(Domain)에 대한 설명으로 옳은 것은?

① 릴레이션을 구성하는 각각의 행을 말한다.
② 하나의 애트리뷰트가 취할 수 있는 같은 타입의 원자값 들의 집합이다.
③ 데이터베이스를 구성하는 가장 작은 논리적 단위이다.
④ 파일 구조에서 레코드와 같은 의미이다.

전문가의 조언
• 도메인(Domain)은 하나의 애트리뷰트가 취할 수 있는 같은 타입의 원자값들의 집합을 의미합니다.
• ①, ④번은 튜플(Tuple), ③번은 속성(Attribute)에 대한 설명입니다.

등급 B

42. 다음 중 조건부 서식에 관한 설명으로 옳지 않은 것은?

① 하나 이상의 조건에 따라 폼과 보고서의 컨트롤 서식 또는 컨트롤 값의 서식을 변경할 수 있다.
② 필드 값이나 식, 포커스를 가지고 있는 컨트롤을 기준 으로 조건부 서식을 설정할 수 있다.
③ 서식으로는 굵게, 글꼴 색, 글꼴 이름, 바탕 색, 테두리 색 등을 지정할 수 있다.
④ 지정한 조건 중 두 개 이상이 true이면 true인 첫 번째 조건의 서식만 적용된다.

전문가의 조언
조건부 서식에서 조건에 맞는 경우 서식으로 굵게, 기울임꼴, 밑줄, 바탕색, 글꼴 색은 지정할 수 있지만, 글꼴 이름이나 테두리 색은 지정할 수 없습니다.

등급 B

43. 다음 중 데이터베이스 관리 시스템(DBMS)의 장점에 해당하지 않는 것은?

① 데이터의 일관성 유지
② 데이터의 무결성 유지
③ 데이터의 중복성 최소화
④ 전산화 비용의 감소

전문가의 조언
데이터베이스 관리 시스템(DBMS) 사용 시 전산화 비용이 증가합니다.

등급 B

44. 다음 중 폼에서의 탭 순서(Tab Order) 지정에 관한 설명으로 옳지 않은 것은?

① 폼 보기에서 '탭' 키나 '엔터' 키를 눌렀을 때 포커스 (Focus)의 이동 순서를 지정하는 것이다.
② 키보드를 이용하여 컨트롤 간 이동을 신속하게 할 수 있는 기능이다.
③ 레이블 컨트롤을 포함한 모든 컨트롤에 탭 순서를 지정 할 수 있다.
④ 해당 컨트롤의 '탭 정지' 속성을 '아니오'로 지정하면 탭 순서에서 제외된다.

전문가의 조언
레이블에는 탭 순서를 설정할 수 없습니다.

등급 B

45. 다음 중 VBA의 모듈에 대한 설명으로 적절하지 않은 것은?

① 모듈은 여러 개의 프로시저로 구성할 수 있다.
② 전역 변수 선언을 위해서는 PUBLIC으로 변수명 앞에 지정해 주어야 한다.
③ SUB는 결과 값을 SUB를 호출한 곳으로 반환한다.
④ 선언문에서 변수에 데이터 형식을 생략하면 변수는 VARIANT 형식을 가진다.

등급 **B**

46. 다음 페이지 번호식을 이용하여 출력되는 예로 옳은 것은? (단, 현재 페이지는 12이고, 전체 페이지 수는 50이다.)

=[page] & 'pages'

① 12 & 50
② 1250
③ 12pages
④ 50pages

04210247 등급 **A**

47. 다음 중 그룹화된 보고서의 그룹 머리글과 그룹 바닥글에 대한 설명으로 옳지 않은 것은?

① 그룹 머리글은 각 그룹의 첫 번째 레코드 위에 표시된다.
② 그룹 바닥글은 각 그룹의 마지막 레코드 아래에 표시된다.
③ 그룹 머리글에 계산 컨트롤을 추가하여 전체 보고서에 대한 요약 값을 계산할 수 있다.
④ 그룹 바닥글은 그룹 요약과 같은 항목을 나타내는데 효과적이다.

04210248 등급 **C**

48. 다음의 [거래처]와 [매출] 테이블을 조인하여 질의를 수행한 결과에 대한 설명으로 가장 옳지 않은 것은?

거래처 ×	
거래처번호	거래채명
1	강릉
2	대한
3	민국
*	

매출 ×		
매출번호	매출거래처	매출일
1	1	05-01
2	2	05-08
3	1	05-02
4	5	05-04
*		

```
SELECT * FROM 매출
INNER JOIN 거래처 ON 매출.매출거래처=거래처.거래처번호;
```

① 조회 결과의 필드수는 5개이다.
② 조회 결과의 레코드수는 4개이다.
③ 거래처번호 3에 대한 매출 정보는 나타나지 않는다.
④ 매출번호 4에 대한 매출 정보는 나타나지 않는다.

등급 **B**

49. 다음 중 [학생] 테이블에서 '점수'가 60 이상인 학생들의 인원수를 구하는 식으로 옳은 것은? (단, '학번' 필드는 [학생] 테이블의 기본키이다.)

① =DCount("[학생]", "[학번]", "[점수] >= 60")
② =DCount("[학번]", "[학생]", "[점수] >= 60")
③ =DLookUp("[학생]", "[학번]", "[점수] >= 60")
④ =DLookUp("*", "[학생]", "[점수] >= 60")

50. 데이터 형식이 텍스트인 필드에 다음과 같이 형식을 지정한 후 값을 입력했을 때의 결과가 올바르게 표시된 것은?

	형식	입력값	결과
①	@@@-@@@	123456	123-456
②	@*_	abc	abc*_
③	@&@&@	123	1 2 3
④	〉〉-〉〉	abde	AB-DE

51. 다음 중 아래 두 개의 테이블 사이에서 외래키(Foreign Key)에 해당하는 필드는? (단, 밑줄은 각 테이블의 기본키를 표시함)

직원(<u>사번</u>, 성명, 부서명, 주소, 전화, 이메일)
부서(<u>부서명</u>, 팀장, 팀원수)

① 직원 테이블의 사번
② 부서 테이블의 팀원수
③ 부서 테이블의 팀장
④ 직원 테이블의 부서명

52. 폼 디자인을 잘못하여 〈A화면〉과 같이 표시되어 〈B화면〉과 같이 표시되도록 설정하려고 한다. 다음 중 설정 방법으로 옳은 것은?

〈A화면〉

〈B화면〉

① 폼의 '기본 보기' 속성을 '연속 폼'으로 변경한다.
② 폼의 '기본 보기' 속성을 '단일 폼'으로 변경한다.
③ 본문의 모든 레이블 컨트롤을 폼 머리글로 옮긴다.
④ 본문의 모든 텍스트 상자 컨트롤을 폼 머리글로 옮긴다.

① '기본 보기' 속성을 연속 폼으로 선택하였을 경우 : 문제의 〈A화면〉이 '기본 보기' 속성을 연속 폼으로 선택한 것입니다.

② '기본 보기' 속성을 단일 폼으로 선택하였을 경우

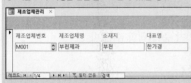

④ 본문의 모든 텍스트 상자를 폼 머리글로 옮긴 경우

등급 **B**

53. 다음 중 두 테이블의 조인된 필드가 일치하는 행만 포함하여 보여주는 조인 방법은?

① 간접 조인　　　　② 내부 조인
③ 외부 조인　　　　④ 중복 조인

전문가의 조언
두 테이블의 조인된 필드가 일치하는 행만 포함하여 보여주는 조인 방법은 내부 조인입니다.

등급 **C**

54. 다음 중 위쪽 구역에 데이터시트를 표시하는 열 형식의 폼을 만들고, 아래쪽 구역에 선택한 레코드에 대한 정보를 수정하거나 입력할 수 있는 데이터시트 형식의 폼을 자동으로 만들어 주는 도구는?

① 폼　　　　　　　② 폼 분할
③ 여러 항목　　　　④ 폼 디자인

전문가의 조언
문제는 폼 분할에 대한 설명입니다.
· 폼 : 열 형식의 폼이 작성되며, 관계가 설정된 테이블이 있을 경우 하단에 데이터 시트 보기 형태로 표시됨
· 여러 항목 : 테이블 형식의 폼이 작성됨
· 폼 디자인 : 사용자가 직접 필드와 다양한 컨트롤을 추가하여 폼을 작성할 수 있음

등급 **B**

55. 다음 중 폼 작성에 대한 설명으로 옳지 않은 것은?

① [양식 디자인] 탭에서 [컨트롤 마법사 사용] 여부를 선택할 수 있다.
② [레이블] 컨트롤은 마법사를 이용한 만들기가 제공되지 않으며, 레이블 컨트롤을 추가한 후 내용을 입력하지 않으면 추가된 레이블 컨트롤이 자동으로 사라진다.
③ [텍스트 상자] 컨트롤을 지칭하는 이름은 중복 설정이 가능하다.
④ [단추] 컨트롤은 명령 단추 마법사를 이용하여 다양한 매크로 함수를 제공한다.

전문가의 조언
폼 작성 시 컨트롤의 이름을 중복하여 사용할 수 없습니다.

56. 다음 중 폼 마법사에서 선택 가능한 폼의 모양으로, 각 필드가 왼쪽의 레이블과 함께 각 행에 나타나며, 폼이 생성된 직후에는 컨트롤 레이아웃이 설정되어 있어 각각의 컨트롤을 다른 크기로 변경할 수 없는 것은?

① 열 형식
② 테이블 형식
③ 데이터시트
④ 맞춤

57. 다음 중 Select문에서 사용되는 Group By와 관련된 설명으로 옳지 않은 것은?

① Group By절을 이용하면 Sum 또는 Count와 같은 집계 함수를 사용하여 요약 값을 생성할 수 있다.
② Group By절에 대한 조건식은 Where절을 사용한다.
③ Group By절에서 지정한 필드 목록의 값이 같은 레코드를 단일 레코드로 결합한다.
④ Group By절을 이용하면 설정한 그룹별로 분석할 수 있다.

58. 다음 중 SELECT문의 선택된 필드에서 중복 데이터를 포함하는 레코드를 제외시키는 조건자로 옳은 것은?

① DISTINCT
② UNIQUE
③ ONLY
④ *

59. 다음 중 폼 작성 시 속성 설정에 대한 설명으로 옳지 않은 것은?

① 폼은 데이터의 입력, 편집 작업 등을 위한 사용자와의 인터페이스로 테이블, 쿼리, SQL문 등을 '레코드 원본' 속성으로 지정할 수 있다.
② 폼의 제목 표시줄에 표시되는 텍스트는 '이름' 속성을 이용하여 변경할 수 있다.
③ 폼의 보기 형식은 '기본 보기' 속성에서 단일폼, 연속폼, 데이터시트, 분할 표시 폼 중 선택할 수 있다.
④ 이벤트의 작성을 위한 작성기는 식 작성기, 매크로 작성기, 코드 작성기 중 선택할 수 있다.

60. 다음과 같이 지정된 쿼리 작성 조건을 올바르게 설명한 것은?

필드:	생년월일	성별
테이블:	사원	사원
정렬:		
표시:	☑	☑
조건:	Between #1975-01-01# And #1985-12-31#	"여"
또는:	Between #1970-01-01# And #1980-12-31#	

① 생년월일이 "1975년 1월 1일"에서 "1985년 12월 31일" 사이이거나 성별이 "여"이고 생년월일이 "1970년 1월 1일"에서 "1980년 12월 31일" 사이인 데이터를 표시
② 생년월일이 "1975년 1월 1일"에서 "1985년 12월 31일" 사이이고 성별이 "여"인 데이터를 표시
③ 생년월일이 "1975년 1월 1일"에서 "1985년 12월 31일" 사이이면서 성별이 "여"이거나 생년월일이 "1970년 1월 1일"에서 "1980년 12월 31일" 사이인 데이터를 표시
④ 생년월일이 "1975년 1월 1일"에서 "1985년 12월 31일" 사이이면서 성별이 "여"이고 생년월일이 "1970년 1월 1일"에서 "1980년 12월 31일" 사이인 데이터를 표시

1과목   컴퓨터 일반

등급 **C**

1. 정보시스템을 통하여 전자문서를 전송하기 위해서는 정보 보호를 위하여 보안 서비스가 필요하다. 다음 중 보안 서비스에 해당하지 않는 것은?

① 부인방지　　　② 기밀성
③ 무결성　　　　④ 확장성

전문가의 조언
보안 서비스에는 부인방지, 기밀성, 무결성, 가용성, 인증이 있습니다.

등급 **A**

2. 다음 중 Windows의 레지스트리에 관한 설명으로 옳지 않은 것은?

① Windows의 자체 구성 정보를 저장하는 데이터베이스이다.
② Windows에 탑재된 레지스트리 편집기는 'regedit.exe'이다.
③ 레지스트리 정보는 Windows의 부팅 시에만 참조된다.
④ 레지스트리에는 각 사용자의 프로필과 시스템 하드웨어, 설치된 프로그램 및 속성 설정에 대한 정보가 들어 있다.

전문가의 조언
레지스트리 정보는 Windows가 작동하는 동안 지속적으로 참조됩니다.

등급 **A**

3. 다음 중 컴퓨터의 하드디스크와 관련하여 RAID (Redundant Array of Inexpensive Disks) 기술에 관한 설명으로 옳지 않은 것은?

① 여러 개의 하드디스크를 모아서 하나의 하드디스크처럼 사용할 수 있도록 하는 기술이다.
② 하드디스크의 모음뿐만 아니라 자동으로 복제해 백업 정책을 구현해 주는 기술이다.
③ 미러링과 스트라이핑 기술을 결합하여 안정성과 속도를 향상시킨 디스크 연결 기술이다.
④ 하드디스크, CD-ROM, 스캐너 등을 통합적으로 연결해 주는 기술이다.

전문가의 조언
하드디스크, CD-ROM, 스캐너 등을 연결해 주는 것은 SCSI 장치입니다.

등급 **A**

4. 다음 중 컴퓨터 운영체제의 운영방식에 대한 설명으로 옳지 않은 것은?

① 다중 처리(Multi-Processing) : 한 개의 CPU로 여러 개의 프로그램을 동시에 처리하는 방식이다.
② 실시간 처리(Real Time Processing) : 처리할 데이터가 입력될 때 마다 즉시 처리하는 방식으로, 각종 예약 시스템이나 은행 업무 등에서 사용한다.
③ 일괄 처리(Batch Processing) : 컴퓨터에 입력하는 데이터를 일정량 또는 일정시간 동안 모았다가 한꺼번에 처리하는 방식이다.
④ 시분할 시스템(Time Sharing System) : 한 대의 시스템을 여러 사용자가 동시에 사용하는 방식으로, 처리 시간을 짧은 시간 단위로 나누어 각 사용자에게 순차적으로 할당하여 실행한다.

전문가의 조언
• 다중 처리(Multi-Processing)는 하나의 컴퓨터에 여러 개의 CPU를 설치하여 프로그램을 처리하는 방식입니다.
• ①번은 다중 프로그래밍(Multi Programming)에 대한 설명입니다.

③ 데이터 전송 도중에 발생하는 오류를 검출한다.
④ 네트워크에 접속된 다양한 단말장치를 자동으로 인식하여 호환성을 제공한다.

등급 A

5. 다음 중 컴퓨터에서 사용하는 ASCII 코드에 관한 설명으로 옳지 않은 것은?

① 데이터 처리 및 통신 시스템 상호 간의 정보 교환을 위해 사용된다.
② 각 나라별 언어를 표현할 수 있다.
③ 각 문자를 7비트로 표현하며, 총 128개의 문자 표현이 가능하다.
④ 확장 ASCII 코드는 8비트를 사용한다.

등급 B

6. 다음 중 3D 프린터에 관한 설명으로 옳지 않은 것은?

① 입력한 도면을 바탕으로 3차원 입체 물품을 만들어 내는 프린터이다.
② 인쇄 원리는 잉크를 종이 표면에 분사하여 2D 이미지를 인쇄하는 잉크젯 프린터의 원리와 같다.
③ 출력 단위로는 IPM, PPM 등이 사용된다.
④ 기계, 건축, 예술, 우주 등 많은 분야에서 응용되고 있으며, 의료 분야에서도 활발히 활용되고 있다.

등급 C

8. 다음 중 한글 Windows 10의 Windows 관리 도구에 대한 설명으로 옳지 않은 것은?

① [시스템 정보]를 실행하면 하드웨어 리소스, 구성 요소, 설치된 소프트웨어 환경 등의 정보를 알 수 있다.
② [리소스 모니터]는 CPU, 네트워크, 디스크, 메모리 사용 현황을 실시간으로 모니터링 할 수 있다.
③ DVD 드라이브에 대하여 [드라이브 조각 모음 및 최적화]를 수행하면 시스템의 성능을 향상시킬 수 있다.
④ [디스크 정리]를 사용하면 임시 파일이나 휴지통에 있는 파일 등을 삭제하여 디스크의 공간을 확보할 수 있다.

등급 A

9. 다음 중 인터넷 통신 장비인 라우터(Router)에 대한 설명으로 옳은 것은?

① 두 개의 근거리 통신망을 상호 접속할 수 있도록 하는 통신망 연결 장치이다.
② 서로 다른 네트워크 간에 자료가 전송될 최적의 경로를 찾아 준다.
③ 장거리 전송을 위하여 전송 신호를 재생시키거나 출력 전압을 높여 준다.
④ 주로 LAN에서 다른 네트워크에 데이터를 보내거나 다른 네트워크로부터 데이터를 받아들이는데 사용된다.

등급 B

7. 다음 중 컴퓨터 통신에서 사용하는 프로토콜 기능에 관한 설명으로 옳지 않은 것은?

① 통신망에 전송되는 패킷의 흐름을 제어해서 시스템 전체의 안전성을 유지한다.
② 정보를 전송하기 위해 송·수신기 사이에 같은 상태를 유지하도록 동기화 기능을 수행한다.

등급 **B**

10. 다음 중 인터넷과 관련하여 스트리밍(Streaming) 기술에 관한 설명으로 옳은 것은?

① 정지 화상의 프레임에서 중복되는 정보를 삭제하여 데이터를 압축하는 기술이다.
② 네트워크를 통해 대용량의 멀티미디어 데이터 파일을 다운 받을 때 사용자가 전체 파일을 다운 받을 때까지 기다릴 필요 없이 전송되는 대로 재생시키는 기술이다.
③ 하이퍼텍스트와 멀티미디어를 통합한 개념으로 문자뿐만 아니라 그래픽, 사운드, 동영상 등의 정보를 연결해 놓은 미디어 통합 기술이다.
④ 카메라로 촬영한 아날로그 영상을 디지털 영상으로 변환, 캡처하여 편집, 저장 시키는 기술이다.

등급 **C**

11. 다음 중 NTFS 파일 시스템에 관한 설명으로 옳지 않은 것은?

① 파일 및 폴더에 대한 액세스 제어를 유지하고 제한된 계정을 지원한다.
② FAT32 파일 시스템보다 성능, 보안, 안전성이 높다.
③ 모든 디스크 드라이브에서 사용할 수 있는 범용 파일 시스템이다.
④ 파일 크기는 볼륨 크기에 의해서만 제한된다.

등급 **C**

12. 다음 중 컴퓨터 범죄 예방과 대책에 관한 설명으로 옳지 않은 것은?

① 회원 가입한 사이트의 패스워드를 주기적으로 변경한다.
② 컴퓨터 바이러스 예방 및 치료에 대한 프로그램을 지속적으로 개발한다.
③ 정보 누출이나 해킹 방지를 위해 방화벽 체제를 정비한다.
④ 정크 메일로 의심이 가는 이메일은 본문을 확인한 후 즉시 삭제한다.

등급 **A**

13. 다음 중 반도체를 이용한 컴퓨터 보조기억장치로 크기가 작고 충격에 강하며, 소음 발생이 없는 대용량 저장장치는?

① HDD(Hard Disk Drive)
② DVD(Digital Versatile Disk)
③ SSD(Solid State Drive)
④ CD-RW(Compact Disc Rewritable)

등급 **B**

14. 다음 중 사운드 카드 관련 용어에 대한 설명으로 옳지 않은 것은?

① 샘플링(Sampling)은 아날로그 신호를 디지털 신호로 변환하는 과정 중 한 단계이다.
② 샘플링률(Sampling Rate)이 높으면 높을수록 원음에 보다 가깝다.
③ 샘플링 주파수(Sampling Frequency)는 낮으면 낮을수록 좋다.
④ 샘플링 비트(Sampling Bit) 수는 음질에 영향을 미친다.

등급 B

17. 다음 중 자료 구성 단위에 대한 설명으로 옳지 않은 것은?

① 워드(Word)는 문자를 표현하는 최소 단위이다.
② 니블(Nibble)은 4개의 비트(Bit)가 모여 1개의 니블을 구성한다.
③ 레코드(Record)는 하나 이상의 관련된 필드가 모여서 구성되는 자료 처리 단위이다.
④ 필드(Field)는 파일 구성의 최소 단위이며, 여러 개의 필드가 모여 레코드(Record)가 된다.

등급 A

15. 다음 중 소프트웨어의 사용권에 따른 분류에 대한 설명으로 옳지 않은 것은?

① 번들 : 특정한 하드웨어나 소프트웨어를 구매하였을 때 포함하여 주는 소프트웨어이다.
② 셰어웨어 : 정식 버전이 출시되기 전에 프로그램에 대한 일반인의 평가를 받기 위해 제작된 소프트웨어이다.
③ 애드웨어 : 배너 광고를 보는 대가로 무료로 사용하는 소프트웨어이다.
④ 프리웨어 : 돈을 내지 않고도 사용가능하고 다른 사람에게 전달해 줄 수 있는 소프트웨어이다.

등급 B

18. 다음 중 RAM(Random Access Memory)에 대한 설명으로 옳은 것은?

① 주로 펌웨어(Firmware)를 저장한다.
② 주기적으로 재충전(Refresh)이 필요한 DRAM은 주기억장치로 사용된다.
③ 컴퓨터의 기본적인 입출력 프로그램, 자가진단 프로그램 등이 저장되어 있어 부팅 시 실행된다.
④ 전원이 꺼져도 기억된 내용이 사라지지 않는 비휘발성 메모리로 읽기만 가능하다.

등급 C

16. 다음 중 한글 Windows 10의 백업과 복원에 관한 설명으로 옳지 않은 것은?

① 파일이 백업되는 주기를 지정할 수 있다.
② 파일 히스토리를 이용하여 자동으로 파일이 백업되도록 설정할 수 있다.
③ 백업된 파일을 복원할 때 복원 위치를 설정할 수 있다.
④ 백업에서 제외할 폴더를 지정할 수 없다.

등급 A

19. 다음 중 LAN에 연결된 컴퓨터에서 고정 IP 주소로 인터넷에 접속하기 위해 설정해야 할 인터넷 프로토콜(TCP/IP) 항목으로 옳지 않은 것은?

① 게이트웨이 주소
② 서브넷 마스크
③ IP 주소
④ DHCP 서버 주소

전문가의 조언
• DHCP 서버는 IP 주소를 유동적으로 사용하려 할 때 자동으로 IP 주소를 할당 받기 위해 설정하는 서버입니다.
• IP 설정이 자동으로 할당되지 않을 경우 직접 설정해야 하는 TCP/IP 속성은 'IP 주소, 서브넷 접두사 길이, 서브넷 마스크, 게이트웨이, DNS 서버 주소'입니다.

등급 C

20. 다음 중 인트라넷(Intranet)에 대한 설명으로 옳은 것은?

① 여러 대의 컴퓨터를 연결하여 하나의 서버로 사용하는 기술이다.
② 인터넷 기술을 이용하여 조직 내의 각종 업무를 수행할 수 있도록 만든 네트워크 환경이다.
③ 이동 전화 단말기에서 개인용 컴퓨터의 운영체제와 같은 역할을 하는 소프트웨어이다.
④ 기업체가 협력업체와 고객 간의 정보 공유를 목적으로 구성한 네트워크이다.

전문가의 조언
인트라넷(Intranet)은 인터넷 기술을 이용하여 조직 내의 각종 업무를 수행할 수 있도록 만든 네트워크 환경입니다.

---

2 과목 | 스프레드시트 일반

04210321

등급 C

21. 아래는 워크시트 [A1] 셀에서 [매크로 기록]을 클릭하고 작업을 수행한 과정을 VBA의 코드 창에서 확인한 결과이다. 다음 중 이에 대한 설명으로 옳지 않은 것은?

	A	B	C
1		성적현황	
2	학번	학과	이름
3			
4			

```
Sub 매크로2( )
' 매크로2 매크로
'
        ActiveCell.Offset(0, 1).Range("A1").Select
        ActiveCell.FormulaR1C1 = "성적현황"
        ActiveCell.Offset(1, −1).Range("A1").Select
        ActiveCell.FormulaR1C1 = "학번"
        ActiveCell.Offset(0, 1).Range("A1").Select
        ActiveCell.FormulaR1C1 = "학과"
        Range("C2").Select
        ActiveCell.FormulaR1C1 = "이름"
        Range("A3").Select
End Sub
```

① 매크로의 이름은 '매크로2'이다.
② '성적현황', '학번', '학과'는 상대 참조로 기록되었다.
③ [A3] 셀을 클릭하고 매크로를 실행한 후의 셀 포인터 위치는 [A5] 셀이다.
④ [B3] 셀을 클릭하고 매크로를 실행한 후의 [C3] 셀의 값은 '성적현황'이다.

전문가의 조언
VBA 코드에 대한 설명으로 옳지 않은 것은 ③번입니다.
• 매크로의 가장 마지막에 있는 'Range("A3").Select'로 인해 현재 셀 포인터의 위치에 상관없이 매크로를 실행하면 셀 포인터는 [A3]에 위치합니다.
• [B3] 셀을 클릭하고 매크로를 실행하면 다음과 같이 실행됩니다.

	A	B	C
1			
2			이름
3			성적현황
4		학번	학과
5			

- 매크로를 하나하나 살펴보면 아래와 같습니다.

```
Sub 매크로2( )

❶ ' 매크로2 매크로
  '
❷ ActiveCell.Offset(0, 1).Range("A1").Select
❸ ActiveCell.FormulaR1C1 = "성적현황"
❹ ActiveCell.Offset(1, −1).Range("A1").Select
❺ ActiveCell.FormulaR1C1 = "학번"
❻ ActiveCell.Offset(0, 1).Range("A1").Select
❼ ActiveCell.FormulaR1C1 = "학과"
❽ Range("C2").Select
❾ ActiveCell.FormulaR1C1 = "이름"
❿ Range("A3").Select
End Sub
```

❶ 홑 따옴표(')가 있는 문장은 프로그램을 설명하는 주석문으로, 실행되지 않습니다. 매크로 이름이 '매크로2'임을 알려줍니다.
❷ 활성화된 셀에서 아래쪽으로 0칸, 오른쪽으로 1칸 이동한 후 그 셀을 기준으로 첫 번째 열(A), 첫 번째 행(1)을 선택합니다.
  • Offset : 지정된 범위에서 떨어진 범위
  • Range("A1") : [A1] 셀을 의미하는 것이 아니라 첫 번째 열(A), 첫 번째 행(1)을 의미합니다. 'Range("A2")'로 지정하면 첫 번째 열(A), 두 번째 행(2)을 의미합니다.
  ※ 'ActiveCell.Offset(0, 1).Select'로 작성해도 결과는 동일합니다.
❸ 활성화된 셀에 **성적현황**을 입력합니다.
❹ 활성화된 셀에서 아래쪽으로 1칸, 왼쪽으로 1칸 이동한 후 그 셀을 기준으로 첫 번째 열(A), 첫 번째 행(1)을 선택합니다.
❺ 활성화된 셀에 **학번**을 입력합니다.
❻ 활성화된 셀에서 아래쪽으로 0칸, 오른쪽으로 1칸 이동한 후 그 셀을 기준으로 첫 번째 열(A), 첫 번째 행(1)을 선택합니다.
❼ 활성화된 셀에 **학과**를 입력합니다.
❽ [C2] 셀을 선택합니다.
❾ 활성화된 셀에 **이름**을 입력합니다.
❿ [A3] 셀을 선택합니다.

등급 C

22. 다음 중 워크시트 이름으로 적절하지 않은 것은?

① _매출실적 ② 매출실적?
③ #매출실적 ④ 매출실적&

전문가의 조언
시트 이름에 * / : ? [ ] 등의 문자는 사용할 수 없습니다.

등급 A

23. 다음 중 조건부 서식에 대한 설명으로 옳지 않은 것은?

① 조건부 서식의 조건은 결과가 TRUE(1) 또는 FALSE(0)가 나오도록 작성한다.
② 같은 통합 문서의 특정 셀을 이용하여 조건을 지정할 수 있다.
③ 수식을 이용하여 조건을 지정할 경우, 워크시트의 특정 셀을 클릭하면 상대 참조로 작성된다.
④ 이동 옵션을 이용하여 조건부 서식이 지정된 셀을 찾을 수 있다.

전문가의 조언
조건부 서식에서 조건 지정 시 마우스로 특정 셀을 클릭하면 절대 참조로 작성됩니다.

04210324 등급 B

24. 다음의 피벗 테이블에 대한 설명으로 옳지 않은 것은?

	A	B	C	D	E	F
1	모집구분 (모두)					
2						
3			단과대학			
4	성별	값	공과대학	사범대학	인문대학	자연과학대학
5	남					
6		평균 : 영어	80	75	70	99
7		평균 : 국어	72	98	75	74
8	여					
9		평균 : 영어	83	79	85	87.5
10		평균 : 국어	83	97	79	90.5
11	전체 평균 : 영어		81	77	77	93.25
12	전체 평균 : 국어		78	97	77	82.25
13						

① 피벗 차트를 추가하면 열 레이블에 표시된 항목은 범례(계열)로 표시된다.
② 값 영역에 2개의 필드를 지정하여 생긴 Σ 값 필드가 행 영역에 표시되어 있다.
③ 열의 총합계만 표시되어 있다.
④ 피벗 테이블이 선택된 상태에서 [삽입] → [차트] 그룹에서 세로 막대형 차트를 추가하면 Chart 시트에 피벗 차트가 작성된다.

피벗 테이블이 선택된 상태에서 [삽입] → [차트] 그룹에서 세로 막대형 차트를 추가하면 피벗 테이블이 작성된 시트에 피벗 차트가 삽입됩니다.

① 피벗 차트를 작성하면 피벗 테이블 보고서의 열 영역에 표시된 '단과대학'이 피벗 차트의 범례로 표시됩니다.

②
• Σ 값 필드가 열 영역에 있는 경우

• Σ 값 필드가 행 영역에 있는 경우

③
• 열의 총합계만 있는 경우

• 행의 총합계만 있는 경우

	A	B	C	D	E	F	G
1	모집구분 (모두)						
2							
3			단과대학				
4	성별	값	공과대학	사범대학	인문대학	자연과학대학	총합계
5	남						
6		평균 : 영어	80	75		99	78.2667
7		평균 : 국어	72	98	75	74	76.8
8	여						
9		평균 : 영어	83	79	85	87.5	83.5625
10		평균 : 국어	83	97	79	90.5	84.1875

등급 D

25. 아래의 시트에서 [I2:I5] 영역에 [B2:E14] 영역의 표를 참조하는 배열 수식을 사용하여 지점별 총대출금액을 구하였다. 다음 중 [I2:I5] 영역을 블록으로 지정한 후 수식을 입력할 경우 수식 입력줄에 표시된 함수식으로 옳은 것은?

	B	D	E	F	G	H	I
1	성명	지점	대출금액			지점	총대출금액
2	문정현	서울	7,500			서울	37,500
3	조일순	경기	5,000			경기	30,000
4	남태우	서울	10,000			부산	15,000
5	송현주	충남	8,000			충남	13,000
6	민병우	서울	5,000				
7	정백철	경기	10,000				
8	김주석	경기	10,000				
9	오창환	부산	15,000				
10	장정	서울	7,000				
11	원주연	서울	3,000				
12	강소라	충남	5,000				
13	김연	서울	5,000				
14	정민수	경기	5,000				
15							

① {=SUMIF(D2:D14, H2, E2:E14)}
② {=SUMIF($D$2:$D$14=H2, $E$2:$E$14, 1))}
③ {=SUMIF(D2:D14, H2:H5, E2:E14)}
④ {=SUM(IF($D$2:$D$14=H2, $E$2:$E$14, 0))}

지점별 총대출금액(I2:I5)을 구하는 수식으로 옳은 것은 ③번입니다.
• SUMIF는 조건에 맞는 셀들의 합계를 구하는 함수로 'SUMIF(조건이 적용될 범위, 조건, 합계를 구할 범위)' 형식으로 사용됩니다.
• [I2:I5] 영역, 즉 결과가 입력될 부분을 블록으로 지정하여 한 번에 배열 수식으로 입력할 경우에는 SUMIF 함수의 인수 중 조건 부분도 조건이 입력된 영역(H2:H5)을 모두 포함되도록 범위로 지정해야 합니다.
• [I2:I5] 영역을 블록으로 지정하고 =SUMIF(D2:D14, H2:H5, E2:E14)를 입력한 후 Ctrl + Shift + Enter를 누르면 {=SUMIF(D2:D14, H2:H5, E2:E14)}로 표시됩니다.

26. 다음 중 아래의 워크시트를 이용한 수식에 대해서 그 결과가 옳지 않은 것은?

◢	A	B	C	D
1	이름	국어	영어	수학
2	김원	87	97	72
3	정영희	74	98	100
4	남궁정훈	85	91	70
5	이수	80	80	88
6	김용훈	81	87	70
7	김근태	84	82	80

수식	결과
① =HLOOKUP("영어", A1:D7, 2)	97
② =OFFSET(B2, 3, 2)	88
③ =INDEX(A1:D7, 3, 2)	74
④ =AREAS(A1:D7)	28

전문가의 조언

④번 수식의 결과는 1입니다.

① =HLOOKUP("영어", A1:D7, 2) : [A1:D7] 영역의 첫 번째 행에서 "영어"를 찾은 후 이 값이 있는 열의 2행에 있는 값인 97을 반환합니다.

② =OFFSET(B2, 3, 2) : [B2] 셀을 기준으로 3행 2열이 떨어진 [D5] 셀의 값인 88을 반환합니다.

③ =INDEX(A1:D7, 3, 2) : [A1:D7] 영역에서 3행 2열, 즉 [B3] 셀의 값인 74를 반환합니다.

④ =AREAS(A1:D7) : AREAS는 인수로 지정된 범위 안에서 영역의 수를 계산하는 함수로, [A1:D7]은 영역이 하나이므로 1을 반환합니다.

27. 다음 중 아래 차트에 대한 설명으로 옳지 않은 것은?

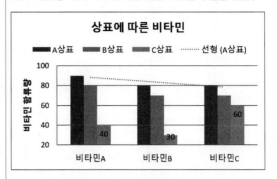

① [데이터 계열 서식] 대화상자에서 '계열 겹치기' 값이 0보다 작게 설정되었다.

② 'A상표' 계열에 선형 추세선이 추가되었고, 'C상표' 계열에는 데이터 레이블이 추가되었다.

③ 세로(값) 축의 기본 단위는 20이고, 최소값과 최대값은 각각 20과 100으로 설정되었다.

④ 기본 세로(값) 축 제목은 '모든 텍스트 270도 회전'으로 "비타민 함유량"이 입력되었다.

전문가의 조언

· 문제에 제시된 차트는 '계열 겹치기' 값이 0으로 설정되었습니다.

· '계열 겹치기' 값이 0보다 작으면 다음과 같이 계열간 간격이 떨어져서 표시됩니다.

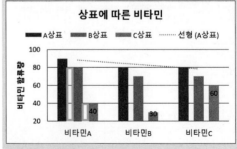

[계열 겹치기 : −50%]

등급 C

28. 다음 중 VBA에 대한 설명으로 틀린 것은?

① Alt + F11을 누르면 VBA가 실행된다.
② VBA에서 F5를 눌러 매크로를 실행할 수 있다.
③ 매크로를 단계별로 실행할 수는 없으나 중간에 중단할 수 있다.
④ 기록된 매크로의 내용을 수정할 수 있다.

04210329

등급 A

29. 아래 워크시트에서 단가표[A10:D13]를 이용하여 단가 [C2:C7]를 배열 수식으로 계산하고자 한다. 다음 중 [C2] 셀에 입력된 수식으로 옳은 것은?

▲	A	B	C	D
1	제품명	수량	단가	
2	허브차	35	2,500	
3	녹차	90	4,000	
4	허브차	15	3,000	
5	녹차	20	3,000	
6	허브차	80	3,000	
7	허브차	90	3,000	
8				
9	단가표			
10	제품명	0	30	50
11		29	49	
12	허브차	3000	2,500	3,000
13	녹차	3000	3,500	4,000

① {=INDEX($B$12:$D$13, MATCH(A2, $A$12:$A$13, 0), MATCH(B2, $B$10:$D$10, 1))}
② {=INDEX($B$12:$D$13, MATCH(A2, $A$12:$A$13, 1), MATCH(B2, $B$10:$D$10, 0))}
③ {=INDEX(MATCH(A2, $A$12:$A$13, 0), MATCH(B2, $B$10:$D$10, 1), $B$12:$D$13)}
④ {=INDEX(MATCH(A2, $A$12:$A$13, 1), MATCH(B2, $B$10:$D$10, 0), $B$12:$D$13)}

등급 B

30. 다음 그림과 같이 "표" 기능을 사용하여 이자율에 따른 이자액을 계산하려고 한다. 이때 실행하여야 할 작업 내용에 대한 설명으로 옳지 않은 것은?

▲	A	B	C	D	E	F
1		이자율에 따른 이자액 계산				
2	원금	이자율				
3						
4				이자율		
5		0	5%	10%	15%	20%
6		2,000	100	200	300	400
7	원금	3,500	175	350	525	700
8		4,000	200	400	600	800
9		5,500	275	550	825	1,100

① '데이터 테이블' 대화상자가 표시되면 "행 입력 셀"은 [B3] 셀과, "열 입력 셀"은 [A3] 셀을 지정한 후 〈확인〉을 선택한다.
② 표의 범위([B5:F9])를 설정한 후 [데이터] → [예측] → [가상 분석] → [데이터 표]를 선택한다.
③ 수식이 입력되어야 하는 [C6] 셀을 선택하고 수식 "=A3*B3"을 입력한다.
④ 자동으로 결과가 구해진 셀을 하나 선택해서 살펴보면 "{=TABLE(B3,A3)}"과 같은 배열 수식이 들어 있다.

32. 다음 중 아래 그림과 같이 목표값 찾기를 지정했을 때의 설명으로 옳은 것은?

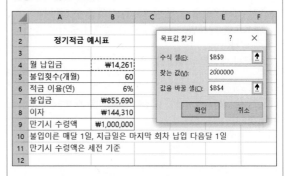

① 만기시 수령액이 2,000,000원이 되려면 월 납입금은 얼마가 되어야 하는가?

② 만기시 수령액이 2,000,000원이 되려면 적금 이율(연)이 얼마가 되어야 하는가?

③ 불입금이 2,000,000원이 되려면 만기시 수령액은 얼마가 되어야 하는가?

④ 월 납입금이 2,000,000원이 되려면 만기시 수령액은 얼마가 되어야 하는가?

31. 아래와 같이 통합 문서 보호를 설정했을 경우에 대한 설명으로 옳지 않은 것은?

① 워크시트를 이동하거나 삭제할 수 없다.

② 새 워크시트 또는 차트 시트를 삽입할 수 없다.

③ 시나리오 요약 보고서를 만들 수 없다.

④ 워크시트에 작성된 차트를 다른 시트로 이동할 수 없다.

33. 다음 중 윗주에 대한 설명으로 옳지 않은 것은?

① 윗주는 셀에 대한 주석을 설정하는 것이다.

② 데이터를 삭제해도 윗주는 그대로 표시되어 있다.

③ 문자열 데이터가 입력되어 있는 셀에만 윗주를 표시할 수 있다.

④ 윗주의 서식을 변경할 수 있다.

등급 C

34. 다음 중 아래 워크시트에서 [B1:B3] 영역의 문자열을 [B4] 셀에 목록으로 표시하여 입력하기 위한 키 조작으로 옳은 것은?

	A	B
1	A	오름세
2	B	보합세
3	C	내림세
4	D	
5	E	내림세 / 보합세 / 오름세
6	F	
7	G	

① Tab + ↓　　　　② Shift + ↓
③ Ctrl + ↓　　　　④ Alt + ↓

전문가의 조언
같은 열에 입력된 문자열에 대한 목록을 표시하는 바로 가기 키는 Alt + ↓입니다.

등급 A

35. 숫자 –24600을 입력한 후 아래의 표시 형식을 적용했을 때 표시되는 결과로 옳은 것은?

> #0.0,"천원";(#0.0,"천원");0.0;@"님"

① 24.6천원　　　　② 24,600
③ (–24.6천원)　　　④ (24.6천원)

전문가의 조언
지문에 제시된 내용은 사용자 지정 표시 형식입니다. 숫자 –24600을 입력한 후 지문의 표시 형식을 지정하면 –24600이 음수이므로 (#0.0,"천원") 서식이 적용되어 '(24.6천원)'이 표시됩니다.

> #0.0,"천원";(#0.0,"천원");0.0;@"님"

• #0.0,"천원" : 양수일 때 적용되는 서식으로, #0.0,"천원" 형식으로 표시됩니다.
　예 24600 → 24.6천원
• (#0.0,"천원") : 음수일 때 적용되는 서식으로, #0.0,"천원" 형식으로 표시하되 음수 표시는 ( )로 나타냅니다.　예 –24600 → (24.6천원)
• 0.0 : 0일 때 적용되는 서식으로, 0.0으로 표시됩니다.　예 0 → 0.0
• @"님" : 텍스트일 때 적용되는 서식으로, 해당 텍스트 다음에 "님"을 표시합니다.
　예 합격 → 합격님
※ '#0.0' 다음에 표시되는 콤마(,)는 천 단위를 생략할 때 사용합니다.

등급 A

36. 다음 중 고급 필터의 조건 범위를 [E1:F3] 영역으로 지정한 후 고급 필터를 실행했을 때 결과로 옳은 것은?

F3		× ✓ fx	=C2>=AVERAGE($C$2:$C$5)		
	A	B	C	D	E	F
1	코너	담당	판매금액		코너	식
2	잡화	김남희	5,122,000		잡화	
3	식료품	남궁민	450,000		식료품	TRUE
4	잡화	이수남	5,328,000			
5	식료품	서수남	6,544,000			

① 코너가 "잡화"이거나, 코너가 "식료품"이거나 판매금액이 판매금액의 평균 이상인 데이터
② 코너가 "잡화"이거나, 코너가 "식료품"이고 판매금액이 판매금액의 평균 이상인 데이터
③ 코너가 "잡화"이고, 코너가 "식료품"이거나 판매금액이 판매금액의 평균 이상인 데이터
④ 코너가 "잡화"이고, 코너가 "식료품"이고 판매금액이 판매금액의 평균 이상인 데이터

전문가의 조언
고급 필터의 조건을 같은 행에 입력하면 AND 조건(~이고), 다른 행에 입력하면 OR 조건(~이거나)으로 연결되므로 고급 필터를 실행했을 때 결과로 옳은 것은 ②번입니다.

등급 B

37. 다음 중 아래 설명에 해당하는 차트 종류는?

> • 항목의 값을 점으로 표시하여 여러 데이터 값들의 관계를 보여주며 주로 과학 데이터의 차트 작성에 사용된다.
> • 가로 축의 값이 일정한 간격이 아닌 경우나 데이터 요소의 수가 많은 경우 사용된다.
> • 기본적으로 5개의 하위 차트 종류가 제공되며, 3차원 차트로 작성할 수 없다.

① 분산형 차트　　　② 도넛형 차트
③ 방사형 차트　　　④ 혼합형 차트

등급 B

38. 다음 중 [페이지 설정] 대화상자에 대한 설명으로 옳지 않은 것은?

① [페이지] 탭에서 '자동 맞춤'의 용지 너비와 용지 높이를 각각 1로 지정하면 여러 페이지가 한 페이지에 인쇄된다.
② [머리글/바닥글]의 여백은 [머리글/바닥글] 탭에서 '머리글'과 '바닥글'의 여백을 mm 단위로 지정할 수 있다.
③ [여백] 탭에서 '페이지 가운데 맞춤'의 가로 및 세로를 체크 하면 인쇄 내용이 용지의 가운데에 맞춰 인쇄된다.
④ [시트] 탭에서 '눈금선'의 표시 여부를 지정할 수 있다.

등급 B

39. 다음 중 이름 상자에 대한 설명으로 옳지 않은 것은?

① Ctrl을 누르고 여러 개의 셀을 선택한 경우 마지막 선택한 셀 주소가 표시된다.
② 셀이나 셀 범위에 이름을 정의해 놓은 경우 이름이 표시된다.
③ 차트가 선택되어 있는 경우 차트의 종류가 표시된다.
④ 수식을 작성 중인 경우 최근 사용한 함수 목록이 표시된다.

등급 B

40. 다음 중 엑셀의 틀 고정에 대한 기능 설명으로 옳지 않은 것은?

① 틀 고정은 특정 행 또는 열을 고정할 때 사용하는 기능으로 주로 표의 제목 행 또는 제목 열을 고정한 후 작업할 때 유용하다.
② 선택된 셀의 왼쪽 열과 바로 위의 행이 고정된다.
③ 틀 고정 구분선을 마우스로 잡아끌어 틀 고정 구분선을 이동시킬 수 있다.
④ 틀 고정 방법으로 첫 행 고정을 실행하면 선택된 셀의 위치와 상관없이 첫 행이 고정된다.

3 과목 데이터베이스 일반

등급 C

41. 다음 중 보고서를 작성하는 방법으로 옳지 않은 것은?

① 우편 엽서 마법사 : 우편 엽서용 보고서를 작성한다.
② 보고서 디자인 : 디자인 보기 상태에서 컨트롤을 이용하여 사용자가 직접 보고서를 작성한다.
③ 새 보고서 : 레이아웃 보기 상태에서 필드를 추가하여 보고서를 작성한다.
④ 업무 문서 양식 마법사 : 편지 봉투에 붙이는 우편번호 주소 레이블 인쇄용 보고서를 작성한다.

정답 38.② 39.③ 40.③ 41.④

등급 A

42. 다음 중 하위 폼에서 새로운 레코드를 추가하려고 할 때 설정해야 할 폼 속성은?

① '필터 사용'을 예로 설정한다.
② '추가 가능'을 예로 설정한다.
③ '편집 가능'을 예로 설정한다.
④ '삭제 가능'을 예로 설정한다.

등급 A

43. 다음 중 인덱스에 대한 설명으로 가장 옳지 않는 것은?

① OLE 개체 데이터 형식 필드는 인덱스를 설정할 수 없다.
② 인덱스 속성은 아니오, 예(중복 불가능), 예(중복 가능) 중 한 개의 값을 갖는다.
③ 인덱스는 여러 개의 필드에 설정할 수 있다.
④ 데이터의 업데이트 속도가 빨라진다.

등급 B

44. 다음 중 다른 데이터베이스의 원본 데이터를 연결 테이블로 가져온 테이블과 새 테이블로 가져온 테이블에 대한 설명으로 옳지 않은 것은?

① 새 테이블로 가져온 테이블을 삭제해도 원본 테이블은 삭제되지 않는다.
② 새 테이블로 가져온 테이블을 이용하여 폼이나 보고서를 생성할 수 있다.
③ 연결 테이블로 가져온 테이블을 삭제해도 원본 테이블은 삭제되지 않고 연결만 삭제된다.
④ 연결 테이블로 가져온 테이블을 삭제하면 연결되어 있는 원본 데이터베이스 테이블도 삭제된다.

등급 A

45. 다음 괄호(㉠, ㉡)에 순서대로 들어갈 내용으로 알맞은 것은?

> 폼 안에 있는 또 하나의 폼을 (㉠)이라고 하며, (㉠)에서 여러 개의 연결 필드를 지정할 때에 사용되는 구분자는 (㉡)이다.

① 하위 폼, 콤마(,)
② 하위 폼, 세미콜론(;)
③ 기본 폼, 콤마(,)
④ 연속 폼, 세미콜론(;)

등급 C

46. 다음 중 정렬 및 그룹화를 사용하여 업체별 판매금액의 총합을 요약 보고서 형태로 작성하려고 하는 경우에 수행하는 작업으로 가장 옳지 않은 것은?

① 본문 영역에 아무런 컨트롤도 추가하지 않는다.
② 전체 업체의 총 판매금액에 대한 사항은 페이지 바닥글에서 구성한다.
③ 업체명이나 업체번호 필드를 이용하여 그룹화를 수행한다.
④ 그룹의 머리글에 =Sum([판매금액])을 삽입한다.

47. 다음의 쿼리 조건과 동일한 결과를 산출하는 것은 무엇인가?

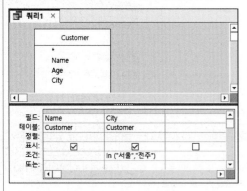

① "서울" Or "전주" ② "서울" || "전주"
③ "서울" And "전주" ④ "서울" && "전주"

48. 다음이 설명하는 컨트롤은 무엇인가?

- 좁은 공간에서 유용하게 사용하는 컨트롤이다.
- 목록에서 선택하거나 직접 입력할 수 있다.
- 목록에 있는 값만 입력할 수 있도록 설정할 수 있다.

① 텍스트 상자 ② 명령 단추
③ 콤보 상자 ④ 확인란

49. 다음 중 사원 테이블(사원번호, 이름, 직급, 급여, 부서명)에서 직급이 관리자인 사원의 급여를 20%씩 인상하는 SQL문으로 옳은 것은?

① Update From 사원 Set 급여=급여 * 1.2 Where 직급='관리자';
② Update 사원 Set 급여=급여 * 1.2 Where 직급='관리자';
③ Update 급여 Set 급여 * 1.2 From 사원 Where 직급='관리자';
④ Update 급여=급여 * 1.2 Set 사원 Where 직급='관리자';

04210350

50. 다음 중 아래 〈학생〉 테이블에 대한 SQL문의 실행 결과로 옳은 것은?

학번	전공	학년	나이
1002	영문	SO	19
1004	통계	SN	23
1005	영문	SN	21
1008	수학	JR	20
1009	영문	FR	18
1010	통계	SN	25

```
SELECT AVG([나이]) FROM 학생
WHERE 학년="SN" GROUP BY 전공
HAVING COUNT(*) >= 2;
```

① 21 ② 22 ③ 23 ④ 24

SQL문의 실행 결과는 24입니다. 질의문은 각 절을 분리하여 이해하면 쉽습니다.
- **SELECT AVG([나이]) FROM 학생** : '학생' 테이블에서 '나이' 필드의 평균을 검색합니다.
- **WHERE 학년="SN"** : '학년' 필드의 값이 "SN"인 레코드만을 대상으로 검색합니다.

학번	전공	학년	나이
1002	영문	SO	19
1004	통계	SN	23
1005	영문	SN	21
1008	수학	JR	20
1009	영문	FR	18
1010	통계	SN	25

- **GROUP BY 전공** : '전공' 필드를 기준으로 그룹을 지정합니다.

학번	전공	학년	나이
1004	통계	SN	23
1010	통계	SN	25
1005	영문	SN	21

- **HAVING COUNT(*))=2** : 그룹별로 레코드의 개수가 2개 이상인 그룹만을 대상으로 검색합니다.

학번	전공	학년	나이
1004	통계	SN	23
1010	통계	SN	25

※ 질의문의 수행 결과 나이의 평균은 (23 + 25) / 2 = 24입니다.

52. 다음 중 [학생] 테이블에서 '학년' 필드가 1인 레코드의 개수를 계산하고자 할 때의 수식으로 옳은 것은? (단, [학생] 테이블의 기본 키는 '학번' 필드이다.)
① =DLookup("*", "학생", "학년=1")
② =DLookup(*, 학생, 학년=1)
③ =DCount(학번, 학생, 학년=1)
④ =DCount("*", "학생", "학년=1")

- 레코드의 개수를 구해야하므로 Dcount 함수를 사용하고, 각 인수는 큰따옴표로 묶어줘야 합니다. *는 모든 레코드를 표시하는 만능 문자입니다.
- '학번' 필드가 빈 데이터가 없는 기본키 필드이므로 =DCount("학번", "학생", "학년=1")이라고 해도 결과는 같습니다.

53. 다음 중 보고서에서 [페이지 번호] 대화상자를 이용한 페이지 번호 설정에 대한 설명으로 옳지 않은 것은?
① 첫 페이지에만 페이지 번호가 표시되거나 표시되지 않도록 설정할 수 있다.
② 페이지 번호의 표시 위치를 '페이지 위쪽', '페이지 아래쪽', '페이지 양쪽' 중 선택할 수 있다.
③ 페이지 번호의 형식을 'N 페이지'와 'N/M 페이지' 중 선택할 수 있다.
④ [페이지 번호] 대화상자를 열 때마다 페이지 번호 표시를 위한 수식이 입력된 텍스트 상자가 자동으로 삽입된다.

'페이지 번호' 대화상자에서 페이지가 표시될 위치는 '페이지 위쪽[머리글]'과 '페이지 아래쪽[바닥글]' 중 하나를 선택하여 지정할 수 있습니다.

51. 다음 중 데이터베이스 관리자의 역할로 옳지 않은 것은?
① COBOL, PASCAL, C와 같은 호스트 프로그래밍 언어와 DCL(Data Control Language)을 이용하여 데이터를 조작한다.
② 데이터베이스의 스키마를 정의한다.
③ 데이터베이스의 구성 요소를 결정한다.
④ 시스템의 성능 분석 및 감시를 한다.

①번은 응용 프로그래머의 역할입니다.

54. 다음 중 이름이 'txt제목'인 텍스트 상자 컨트롤에 '매출내역'이라는 내용을 입력하는 VBA 명령으로 옳지 않은 것은?

① txt제목 = "매출내역"
② txt제목.text = "매출내역"
③ txt제목.value = "매출내역"
④ txt제목.caption = "매출내역"

전문가의 조언
• 텍스트 상자 컨트롤에는 caption 속성이 없습니다.
• caption 속성은 언바운드 컨트롤에 텍스트를 표시할 때 사용합니다.
• 컨트롤에 텍스트를 입력할 때는 value 혹은 text 속성을 이용하는데, 속성을 생략하고 ①번 보기와 같이 지정하면 value나 text 속성이 생략된 것으로 간주됩니다.

55. 다음 중 관계 데이터베이스에 대한 설명으로 옳지 않은 것은?

① 관계 데이터베이스는 테이블의 형태로 데이터를 관리한다.
② 기본키는 레코드를 식별하는 유일한 값을 갖는 필드이다.
③ 외래키 필드는 다른 테이블의 기본키나 유일성(Unique) 속성을 갖는 필드를 참조한다.
④ 일종의 그래프 형태로 계층 데이터베이스 모델이 확장된 형태이다.

전문가의 조언
일종의 그래프 형태로 계층 데이터베이스 모델이 확장된 형태는 망(네트워크)형 데이터베이스입니다.

04210356

56. 다음 중 특정 필드에 입력 마스크를 '09#L'로 설정하였을 때의 입력 데이터로 옳은 것은?

① 123A   ② A124
③ 12A4   ④ 12AB

전문가의 조언
• 입력 마스크를 '09#L'로 설정하였을 때 입력 데이터로 옳은 것은 ①번입니다.
• 입력 마스크 중 0은 숫자, 9와 #은 숫자나 공백을, 그리고 L은 영문자와 한글을 입력할 수 있는 기호입니다.

57. 다음 중 매크로 함수에 대한 설명으로 옳지 않은 것은?

① FindRecord : 조건에 맞는 첫 번째 레코드를 검색한다.
② RunMacro : 매크로를 실행한다.
③ Messagebox : 매개 변수 쿼리를 실행한다.
④ OpenQuery : 쿼리를 실행한다.

전문가의 조언
Messagebox 함수는 경고 또는 정보 메시지가 포함된 메시지 상자를 표시합니다.

58. 다음 중 '학번', '이름', '전화번호' 필드로 동일하게 구성되어 있는 [재학생] 테이블과 [졸업생] 테이블을 통합하여 나타내는 쿼리문으로 옳은 것은?

① Select 학번, 이름, 전화번호 From 재학생, 졸업생
　　Where 재학생.학번 = 졸업생.학번;
② Select 학번, 이름, 전화번호 From 재학생
　　JOIN Select 학번, 이름, 전화번호 From 졸업생;
③ Select 학번, 이름, 전화번호 From 재학생
　　OR Select 학번, 이름, 전화번호 From 졸업생;
④ Select 학번, 이름, 전화번호 From 재학생
　　UNION Select 학번, 이름, 전화번호 From 졸업생;

전문가의 조언
[재학생] 테이블과 [졸업생] 테이블을 통합하여 나타내는 쿼리문으로 옳은 것은 ④번입니다. 성격이 유사한 두 개의 테이블 데이터를 통합하여 하나로 나타낼 때는 통합(Union) 쿼리를 사용합니다.

등급 B

59. 다음 중 매크로에 대한 설명으로 옳지 않은 것은?

① 매크로를 한 단계씩 이동하면서 매크로의 흐름과 각 동작에 대한 정보를 확인할 수 있다.
② Access의 매크로는 작업을 자동화하고 양식, 보고서 및 컨트롤에 기능을 추가할 수 있게 해주는 도구이다.
③ 이미 매크로에 추가한 작업을 반복해야 하는 경우 매크로 동작을 복사하여 붙여 넣으면 된다.
④ 각 매크로는 하위 매크로를 포함할 수 없다.

전문가의 조언
각 매크로는 하위 매크로를 포함할 수 있습니다.

등급 B

60. 다음 중 폼에 대한 설명으로 옳지 않은 것은?

① 모든 폼은 기본적으로 테이블이나 쿼리와 연결되어 표시되는 바운드 폼이다.
② 폼 내에서 단추를 눌렀을 때 매크로와 모듈이 특정 기능을 수행하도록 할 수 있다.
③ 일 대 다 관계에 있는 테이블이나 쿼리는 폼 안에 하위 폼을 작성할 수 있다.
④ 폼과 컨트롤의 속성은 [디자인 보기] 형식에서 [속성 시트]를 이용하여 설정한다.

전문가의 조언
폼을 작성하면 기본적으로 테이블이나 쿼리가 연결되지 않은 언바운드 폼이 만들어집니다. 폼의 '레코드 원본' 속성에 테이블이나 쿼리를 지정해야 비로소 바운드 폼이 됩니다.

1과목 컴퓨터 일반

등급 C

1. 다음 중 mp3 파일의 크기를 결정하는 요소에 해당하지 않는 것은?

① 재생 방식(Mono, Stereo)
② 샘플 크기(Bit)
③ 프레임 너비(Pixel)
④ 표본 추출률(Hz)

전문가의 조언
- 프레임 너비는 비디오 데이터 파일의 크기를 계산할 때 필요한 요소입니다.
- 오디오 데이터의 파일 크기 계산식은 '표본 추출률(Hz) × 샘플 크기(Bit)/8 × 시간 × 재생 방식(모노 = 1, 스테레오 = 2)'입니다.

등급 A

2. 다음 중 휴대폰을 모뎀처럼 활용하는 방법으로, 컴퓨터나 노트북 등의 IT 기기를 휴대폰에 연결하여 무선 인터넷을 사용할 수 있게 하는 기능은?

① 와이파이   ② 테더링
③ 블루투스   ④ 와이브로

전문가의 조언
IT 기기를 휴대폰에 연결하여 무선 인터넷을 사용할 수 있게 하는 기능은 테더링입니다.
- **와이파이(Wi-Fi)** : 2.4GHz대를 사용하는 무선 랜(WLAN) 규격(IEEE 802.11b)에서 정한 제반 규정에 적합한 제품에 주어지는 인증 마크
- **블루투스(Bluetooth)** : 스웨덴의 에릭슨에 의하여 최초로 개발된 근거리 무선 통신을 가능하게 해주는 통신 방식으로, IEEE 802.15.1 규격을 사용하는 PANs (Personal Area Networks)의 산업 표준임
- **와이브로(Wibro)** : 무선 광대역을 의미하는 것으로, 휴대폰, 노트북, PDA 등의 모바일 기기를 이용하여 언제 어디서나 이동하면서 고속으로 무선 인터넷 접속이 가능한 서비스

등급 A

3. 다음 중 그래픽 데이터 형식에 관한 설명으로 옳지 않은 것은?

① JPEG : 사진과 같은 선명한 정지 영상 압축 기술에 대한 국제 표준으로 주로 인터넷에서 그림 전송에 사용된다.
② GIF : 인터넷 표준 그래픽 형식으로 8비트 컬러를 사용하여 최대 256 색상까지만 표현할 수 있으며, 애니메이션 표현이 가능하다.
③ PNG : 트루 컬러의 지원과 투명색 지정이 가능하다.
④ BMP : Windows 운영체제의 표준 비트맵 파일 형식으로 압축하여 저장하므로 파일의 크기가 작은 편이다.

전문가의 조언
BMP 파일 형식은 압축을 하지 않으므로 파일의 크기가 큽니다.

등급 C

4. 다음 중 '파일 탐색기'의 '즐겨찾기'에 대한 설명으로 옳지 않은 것은?

① 자주 사용하는 폴더나 최근에 사용한 파일이 자동으로 등록된다.
② '즐겨찾기'에 개체를 추가하려면 추가할 개체를 '파일 탐색기'의 '즐겨찾기'에 드래그하면 된다.
③ [폴더 옵션]의 [보기] 탭에서 '즐겨찾기'에서 최근에 사용된 파일이나 폴더의 표시 여부를 지정한다.
④ 자주 사용하는 개체를 등록하여 해당 개체로 빠르게 이동하기 위해 사용하는 기능이다.

전문가의 조언
[폴더 옵션]의 [보기] 탭이 아닌 [일반] 탭에서 '즐겨찾기'에서 최근에 사용된 파일이나 폴더의 표시 여부를 지정할 수 있습니다.

등급 B

5. 다음 중 Windows 10의 [메모장]에 관한 설명으로 옳지 않은 것은?

① 텍스트 파일이나 웹 페이지를 편집하는 간단한 도구로 사용할 수 있다.

② [이동] 명령으로 원하는 줄 번호를 입력하여 문서의 특정 줄로 이동할 수 있으며, 자동 줄 바꿈이 설정된 경우에도 이동 명령을 사용할 수 있다.

③ 특정 문자나 단어를 찾아서 바꾸거나, 창 크기에 맞추어 텍스트 줄을 바꾸어 문서의 내용을 표시할 수 있다.

④ 머리글과 바닥글을 설정하여 문서의 위쪽과 아래쪽 여백에 원하는 텍스트를 표시하여 인쇄할 수 있다.

전문가의 조언
'이동' 명령은 '자동 줄 바꿈'이 해제된 상태에서만 사용할 수 있습니다.

등급 C

6. 다음 중 컴퓨터에서 사용하는 모니터에 관한 설명으로 옳지 않은 것은?

① 모니터 크기는 화면의 가로와 세로 길이를 더한 값을 Inch로 표시한다.

② 모니터 해상도는 픽셀(Pixel) 수에 따라 결정된다.

③ 재생률(Refresh Rate)이 높을수록 모니터의 깜박임이 줄어든다.

④ 플리커 프리(Flicker Free)가 적용된 모니터의 경우 눈의 피로를 줄일 수 있다.

전문가의 조언
모니터 크기는 화면의 대각선 길이를 센티미터(cm)로 표시합니다.

등급 B

7. 통신 기술과 GPS, 그리고 컴퓨터에 저장된 데이터베이스를 이용하여 주변의 위치와 부가 서비스를 제공하는 기술은?

① 위치 기반 서비스(LBS)
② 빅 데이터(Big Data)
③ 사물 인터넷(IoT)
④ 시맨틱 웹(Semantic Web)

전문가의 조언
주변의 위치와 부가 서비스를 제공하는 기술은 위치 기반 서비스(LBS)입니다.

• **빅 데이터(Big Data)** : 기존의 관리 방법이나 분석 체계로는 처리하기 어려운 막대한 양의 데이터 집합

• **사물 인터넷(IoT)** : 인터넷 상에 존재하는 모든 사물을 네트워크로 연결해 인간과 사물, 사물과 사물 간 언제 어디서나 서로 소통할 수 있게 하는 새로운 정보 통신 환경

• **시맨틱 웹(Semantic Web)** : 정보들 사이의 연관성을 컴퓨터가 이해하고 처리할 수 있는 에이전트 프로그램을 통해 사용자가 원하는 정보를 찾아 제공하는 차세대 지능형 웹

등급 A

8. 다음 중 컴퓨터의 내부 기억장치에 관한 설명으로 옳은 것은?

① 주기억장치의 접근 속도 개선을 위하여 가상 메모리가 사용된다.

② SRAM이 DRAM 보다 접근 속도가 느리다.

③ ROM에는 BIOS, 기본 글꼴, POST 시스템 등이 저장되어 있다.

④ RAM은 일시적으로 전원 공급이 없더라도 내용은 계속 기억된다.

전문가의 조언
컴퓨터의 내부 기억장치에 관한 설명으로 옳은 것은 ③번입니다.
① 주기억장치의 접근 속도 개선을 위하여 사용되는 메모리는 캐시 메모리입니다. 가상 메모리는 보조기억장치(하드디스크)의 일부를 주기억장치처럼 사용하는 메모리입니다.
② SRAM이 DRAM 보다 접근 속도가 빠릅니다.
④ RAM은 전원이 꺼지면 기억된 내용이 모두 사라지는 휘발성 메모리입니다.

04210409

등급 A

9. 다음 중 DoS(Denial of Service)에 대한 설명으로 옳은 것은?

① 네트워크 주변을 지나다니는 패킷을 엿보면서 계정과 패스워드를 알아내는 행위이다.

② 대량의 데이터를 한 곳의 서버에 집중적으로 전송함으로써, 서버의 정상적인 기능을 방해하는 것이다.

③ 정상적인 기능을 하는 프로그램으로 가장하여 프로그램 내에 숨어 있다가 해당 프로그램이 동작할 때 활성화되어 부작용을 일으키는 것이다.

④ 서비스 기술자나 유지보수 프로그래머들의 액세스 편의를 위해 만든 보안이 제거된 비밀통로이다.

등급 B

10. 다음 중 바이러스 감염 증상에 대한 설명으로 옳지 않은 것은?

① 특정 날짜가 되면 화면에 이상한 메시지가 표시된다.
② 디스크를 인식하지 못하거나, 디스크 볼륨명이 변경될 수도 있다.
③ 파일의 크기가 작아지고, 프로그램의 실행 속도가 빨라진다.
④ 시스템 파일이 손상되어 부팅(Booting)이 정상적으로 수행되지 않는다.

등급 B

11. 다음 중 컴퓨터 프로그래밍 언어인 JAVA 언어에 대한 설명으로 옳지 않은 것은?

① 네트워크 환경에서 분산 작업이 가능하다.
② 멀티스레드 기능을 제공하므로 여러 작업을 동시에 처리할 수 있다.
③ 운영체제에 관계없이 독립적으로 실행할 수 있는 프로그램을 작성할 수 있다.
④ 수식처리를 비롯하여 기호 처리 분야에 사용되고 있으며 특히 인공 지능 분야에 널리 사용되고 있다.

등급 B

12. 다음 중 어떤 장치가 다른 장치의 일을 잠시 중단시키고 자신의 상태 변화를 알려주는 것을 뜻하는 용어로 옳은 것은?

① 클라이언트/서버   ② 인터럽트
③ DMA   ④ 채널

등급 B

13. 다음 중 Windows 10의 바로 가기 키에 대한 설명으로 옳지 않은 것은?

① Alt + Esc 는 '시작'을 클릭한 것처럼 시작 메뉴를 표시한다.
② Shift + F10 은 선택한 항목의 바로 가기 메뉴를 표시한다.
③ 바로 가기 아이콘의 '속성' 창에서 바로 가기 키를 지정할 수 있다.
④ Alt + Enter 는 선택한 항목의 속성 대화상자를 호출한다.

등급 B

14. 다음 중 아날로그 컴퓨터와 비교하여 디지털 컴퓨터의 특징으로 옳지 않은 것은?

① 온도, 전압, 진동 등과 같이 연속적으로 변하는 데이터를 효율적으로 처리할 수 있다.
② 산술 및 논리 연산을 처리하는 회로에 기반을 둔 범용 컴퓨터로 사용된다.
③ 데이터의 각 자리마다 0 혹은 1의 비트로 표현한 이산적인 데이터를 처리한다.
④ 데이터 처리를 위한 명령어들로 구성된 프로그램에 의해 동작된다.

등급 A

15. 다음 중 Windows에서 사용하는 USB(Universal Serial Bus)에 대한 설명으로 옳은 것은?

① USB는 범용 병렬 장치를 연결할 수 있게 해 주는 컴퓨터 인터페이스이다.
② USB 3.0은 이론적으로 최대 5Gbps의 전송속도를 가지며, PC 및 연결기기, 케이블 등의 모든 USB 3.0 단자는 파랑색으로 되어 있어 이전 버전과 구분이 된다.
③ 허브를 이용하여 하나의 USB 포트에 여러 개의 주변기기를 연결할 수 있으며, 최대 256개까지 연결할 수 있다.
④ 핫 플러그인(Hot Plug In) 기능은 지원하지 않으나 플러그 앤 플레이(Plug & Play) 기능은 지원한다.

전문가의 조언
USB(Universal Serial Bus)에 대한 설명으로 옳은 것은 ②번입니다.
① USB는 범용 직렬 장치를 연결할 수 있게 해주는 컴퓨터 인터페이스입니다.
③ USB는 주변장치를 최대 127개까지 연결할 수 있습니다.
④ USB는 핫 플러그인(Hot Plug In)과 플러그 앤 플레이(Plug&Play) 기능을 모두 지원합니다.

등급 A

16. 다음 중 네트워크 관련 장비로 브리지(Bridge)에 관한 설명으로 옳지 않은 것은?

① 두 개의 근거리 통신망을 상호 접속할 수 있도록 하는 통신망 연결 장치이다.
② 통신량을 조절하여 데이터가 다른 곳으로 가지 않도록 한다.
③ OSI 참조 모델의 물리 계층에 속한다.
④ 통신 프로토콜을 변환하지 않고도 네트워크를 확장한다.

전문가의 조언
브리지(Bridge)는 OSI 참조 모델의 데이터 링크 계층에 속합니다.

등급 B

17. 다음 중 한글 Windows 10의 [시스템] → [정보]에 관한 설명으로 옳지 않은 것은?

① 설치된 RAM의 크기를 확인할 수 있다.
② Windows의 설치 날짜를 확인할 수 있다.
③ 설치된 운영체제를 32비트에서 64비트로 변경할 수 있다.
④ 컴퓨터의 이름을 확인하거나 변경할 수 있다.

전문가의 조언
[시스템] → [정보]에서는 운영체제의 종류만 확인 가능하며, 변경할 수는 없습니다.

등급 A

18. 다음 중 컴퓨터에서 문자를 표현하는 코드 체계에 대한 설명으로 옳지 않은 것은?

① BCD 코드는 64가지의 문자를 표현할 수 있으나 영문 소문자는 표현 불가능하다.
② EBCDIC 코드는 BCD 코드를 확장한 코드 체계로 256가지의 문자를 표현할 수 있다.
③ Unicode는 세계 각국의 언어를 표현할 수 있다.
④ 확장 ASCII 코드는 7비트를 사용하며, 128가지의 문자를 표현할 수 있다.

전문가의 조언
확장 ASCII 코드는 8비트를 사용하며, 256(2^8)가지의 문자를 표현할 수 있습니다.

등급 B

19. 다음 중 네트워크의 구성(Topology)에서 망형(Mesh)에 관한 설명으로 옳지 않은 것은?

① 단말장치의 추가/제거 및 기밀 보호가 어렵다.
② 모든 지점의 컴퓨터와 단말장치를 서로 연결한 형태이다.
③ 응답시간이 빠르고 노드의 연결성이 높다.
④ 통신 회선 장애 시 다른 경로를 통하여 데이터 전송이 가능하다.

전문가의 조언
단말장치의 추가/제거 및 기밀 보호가 어려운 것은 링형(Ring)의 특징입니다.

20. 다음 중 한글 Windows 10의 인쇄 작업에 대한 설명으로 옳지 않은 것은?

① 여러 개의 출력 파일들의 출력대기 상태를 확인할 수 있다.

② 여러 개의 출력 파일들이 출력대기 할 때 출력 순서를 임의로 조정할 수 있다.

③ 일단 프린터에서 인쇄 작업에 들어간 것은 프린터 전원을 끄기 전에는 강제로 종료시킬 수 없다.

④ 인쇄 중인 문서나 오류가 발생한 문서는 다른 프린터로 전송할 수 없다.

전문가의 조언
인쇄 작업에 들어간 파일도 잠시 중지했다가 다시 인쇄하거나 종료할 수 있습니다.

2과목 **스프레드시트 일반**

04210421

21. 다음은 [C3] 셀부터 [F3] 셀의 평균을 [G3] 셀에, 최대값을 [H3] 셀에 계산한 후 [G3:H3] 영역을 블록으로 지정하고 채우기 핸들을 [G10:H10] 영역까지 드래그하여 계산하는 매크로이다. 다음 중 괄호(   ) 안에 해당하는 값으로 틀린 것은?

```
Sub 매크로1( )
        Range("G3").Select
        Selection.FormulaR1C1 = "(   ⓐ   )"
            Range("H3").Select
            Selection.FormulaR1C1 = "(   ⓑ   )"
        Range("G3:H3").Select
        Selection.(   ⓒ   ) :(   ⓓ   ), Type:=xlFillDefault
            Range("G3:H10").Select
End Sub
```

① ⓑ =MAX(RC[-5]:RC[-2])

② ⓐ =AVERAGE(RC[-4]:RC[-1])

③ ⓓ =Range("G3:H10")

④ ⓒ Auto Destination

전문가의 조언
자동 채우기를 실행하는 메서드는 Auto가 아니라 AutoFill입니다. 문제의 매크로 코드를 설명하면 다음과 같습니다.

```
Sub 매크로1( )
  ❶ Range("G3").Select
  ❷ Selection.FormulaR1C1 = "=AVERAGE(RC[-4]:RC[-1])"
  ❸ Range("H3").Select
  ❹ Selection.FormulaR1C1 = "=MAX(RC[-5]:RC[-2])"
  ❺ Range("G3:H3").Select
  ❻ Selection.AutoFill Destination:=Range("G3:H10"), Type:=xlFillDefault
  ❼ Range("G3:H10").Select
End Sub
```

❶ [G3] 셀을 선택합니다.

❷ 현재 셀에 '=AVERAGE(RC[-4]:RC[-1])', 즉 **=AVERAGE(C3:F3)**을 입력합니다.
  – FormulaR1C1 : R1C1 형식의 수식 입력하기

❸ [H3] 셀을 선택합니다.

❹ 현재 셀에 '=MAX(RC[-5]:RC[-2])', 즉 **=MAX(C3:F3)**을 입력합니다.

❺ [G3:H3] 영역을 선택합니다.

❻ 현재 셀의 채우기 핸들을 드래그하여 [G3:H10] 영역을 자동 채우기합니다.
  – AutoFill : 자동 채우기

❼ [G3:H10] 영역을 선택합니다.

---

22. 다음 중 참조의 대상 범위로 사용하는 이름 정의 시 이름의 지정 방법에 대한 설명으로 옳지 않은 것은?

① 'A1'처럼 셀 주소와 같은 형태의 이름을 사용할 수 있다.

② 이름의 첫 글자는 문자나 밑줄(_)만 쓸 수 있고, 나머지 글자는 문자, 숫자, 밑줄(_), 마침표(.)를 사용할 수 있다.

③ 같은 통합 문서에서 동일한 이름을 중복하여 사용할 수 없다.

④ 이름 상자의 화살표 단추를 누르고 정의된 이름 중 하나를 클릭하면 해당 셀 또는 셀 범위가 선택된다.

전문가의 조언
셀 주소와 같은 형태의 이름은 사용할 수 없습니다.

등급 B

23. 다음 중 각 차트 종류에 대한 설명으로 적절하지 않은 것은?

① 주식형 : 고가, 저가, 종가 등의 주식 거래 가격을 바탕으로 차트를 작성한다.

② 분산형 차트 : 여러 데이터 계열에 있는 숫자 값 사이의 관계를 보여 주거나 두 개의 숫자 그룹을 xy 좌표로 이루어진 하나의 계열로 표시할 때 사용된다.

③ 거품형 : 데이터 값이 두 개인 경우에만 사용할 수 있으며 첫 번째 값이 X축, 두 번째 값이 데이터 표식의 크기로 사용된다.

④ 표면형 차트 : 두 개의 데이터 집합에서 최적의 조합을 찾을 때 사용된다.

전문가의 조언
거품형은 데이터 값이 세 개인 경우에만 사용할 수 있으며 첫 번째 값이 X축, 두 번째 값이 Y축, 세 번째 값이 데이터 표식의 크기로 사용됩니다.

등급 B

24. 다음 중 아래 차트에 대한 설명으로 옳지 않은 것은?

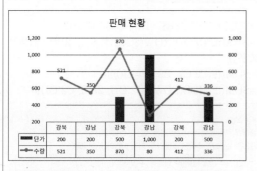

① '판매 현황'이라는 차트 제목이 표시되어 있다.

② '수량' 계열을 보조 축으로 지정하였다.

③ 데이터 테이블에 범례 표지가 표시되어 있다.

④ '수량' 계열에 데이터 레이블이 '가운데'로 표시되어 있다.

전문가의 조언
문제에 제시된 그림은 데이터 레이블이 '가운데'가 아니라 '위쪽'으로 설정되어 있습니다.

등급 B

25. 다음 그림과 같이 "표" 기능을 사용하여 단가(C7:E7)와 판매량(B8:B11)에 따른 판매금액(C8:E11)을 계산하려고 한다. 이때 실행하여야 할 작업 내용에 대한 설명으로 옳지 않은 것은?

	A	B	C	D	E
1	제품명	연필			
2	판매량	35			
3	단가	1,200			
4	판매금액	42,000			
5					
6				단가	
7		42,000	1,000	1,200	1,400
8	판매량	10	10,000	12,000	14,000
9		30	30,000	36,000	42,000
10		50	50,000	60,000	70,000
11		70	70,000	84,000	98,000

① '데이터 테이블' 대화상자가 표시되면 "행 입력 셀"은 [B3] 셀과, "열 입력 셀"은 [B2] 셀을 지정한 후 〈확인〉을 선택한다.

② [C8:E11] 영역을 블록으로 설정한 후 [데이터] → [예측] → [가상 분석] → [데이터 표]를 선택한다.

③ 수식이 입력되어야 하는 [B7] 셀을 선택하고 수식 "=B2*B3"을 입력한다.

④ 자동으로 결과가 구해진 셀을 하나 선택해서 살펴보면 "{=TABLE(B3,B2)}"와 같은 배열 수식이 들어 있다.

전문가의 조언
[C8:E11] 영역이 아니라 [B7:E11] 영역을 블록으로 설정한 후 [데이터] → [예측] → [가상 분석] → [데이터 표]를 선택해야 합니다.

04210426

등급 B

26. 다음과 같은 시트에서 [A8] 셀에 아래의 수식을 입력했을 때 계산 결과로 올바른 것은?

```
=COUNT(OFFSET(D6, -5, -3, 2, 2))
```

	A	B	C	D
1	성명	중간	기말	합계
2	김나희	100	80	180
3	김근석	90	95	185
4	배정희	80	63	143
5	탁지연	95	74	169
6	한정희	55	65	120

① 4   ② 1   ③ 120   ④ 74

등급 **A**

29. 아래 워크시트에서 자격증 응시자에 대한 과목별 점수의 합계를 배열 수식으로 구하였다. 다음 중 [C10] 셀에 입력된 배열 수식으로 옳은 것은?

	A	B	C
1	응시자	과목	점수
2	김영호	1과목	60
3		2과목	85
4	강미진	1과목	90
5		2과목	75
6	최수영	1과목	80
7		2과목	95
8			
9		과목	합계
10		1과목	230
11		2과목	255
12			

① {=SUM(IF($B$2:$B$7=B10, $C$2:$C$7))}
② {=SUM(IF(MOD(ROW($C$2:$C$7), 2)=1, $C$2:$C$7))}
③ {=SUM(IF(C2:C7, B2:B7=B10))}
④ {=SUM(IF(MOD(ROWS(C2:C7), 2)=0, C2:C7))}

등급 **B**

27. 다음 그림과 같이 '성'과 '이름'을 합쳐서 '성명'으로 표시하고자 할 때, [C2] 셀에 들어갈 알맞은 수식은?

	A	B	C
1	성	이름	성명
2	이	덕환	이덕환
3	안	치연	안치연
4	강	청기	강청기
5	연	구현	연구현

① =PROPER(A2, B2)
② =REPLACE(A2, B2)
③ =CONCAT(A2, B2)
④ =TEXT(A2, B2)

04210428

등급 **B**

28. 다음 중 수식과 그 실행 결과 값의 연결이 옳지 않은 것은?

① =DAYS("2020-11-1", "2020-10-1") → 31
② =ROUNDDOWN(45.6789, 2) → 45.67
③ =SUMPRODUCT({1, 2, 3}, {5, 6, 7}) → 32
④ =SQRT(4) * (INT(-2) + POWER(2, 3)) → 12

정답 27.③ 28.③ 29.①

- 이 문제는 [C10:C11] 영역에 결과값을 구해야 하므로 범위는 절대 참조로 지정해야 합니다.
- '방법2'로 수식을 입력한 후 Ctrl + Shift + Enter를 누르면 중괄호({ })가 자동으로 입력되어 {=SUM(IF($B$2:$B$7=B10, $C$2:$C$7)))}과 같이 표시됩니다.

등급 D

30. 아래 워크시트에서 [B13:D14] 영역에는 직책별 부서별 목표액의 합계를 함수를 이용하여 계산하였다. 함수가 아닌 분석 도구를 이용하여 계산할 경우 가장 알맞은 도구는?

	A	B	C	D
1	이름	직책	부서	목표액
2	김사원	사원	영업부	35,200
3	김흥부	사원	인사부	12,500
4	노지심	부장	영업부	101,200
5	송치윤	부장	인사부	62,533
6	이관우	사원	총무부	32,560
7	이봉주	부장	영업부	64,250
8	이수진	부장	총무부	45,850
9	이양양	사원	인사부	90,400
10	이인상	부장	영업부	54000
11				
12		영업부	인사부	총무부
13	부장	219,450	62,533	45,850
14	사원	35,200	102,900	32,560
15				

① 목표값 찾기　　　② 통합
③ 피벗 테이블　　　④ 시나리오

등급 A

31. 다음 중 매크로를 작성하고 사용하는 방법에 대한 설명으로 옳지 않은 것은?

① 매크로 기록 도중에 선택한 셀은 절대 참조로 기록할 수도 있고 상대 참조로 기록할 수도 있다.
② 매크로에 지정된 바로 가기 키가 엑셀 고유의 바로 가기 키와 중복될 경우 매크로 실행의 바로 가기 키가 우선한다.
③ ActiveX 컨트롤의 '명령 단추'를 추가하면 [매크로 지정] 대화상자가 자동으로 표시되어 실행할 매크로를 바로 지정할 수 있다.
④ VBA에서 코드 편집을 통해 매크로의 이름이나 내용을 바꿀 수 있다.

등급 B

32. 다음 중 시트 보호 시 '이 워크시트의 모든 사용자에게 다음 사항을 허용'으로 저정할 수 있는 내용이 아닌 것은?

① 시나리오 편집
② 개체 편집
③ 시트 이름 바꾸기
④ 자동 필터 사용

33. 아래 시트에서 [A13:B15] 영역에 입력된 내용을 조건으로 고급 필터를 실행했을 때의 결과로 추출되는 데이터가 아닌 것은?

등급 A

	A	B	C	D
1		제품판매현황		
2				(단위 : 원)
3	상품명	단가	수량	금액
4	컴퓨터	150	200	₩ 30,000
5	오디오	70	800	₩ 56,000
6	컴퓨터	150	400	₩ 60,000
7	비디오	50	600	₩ 30,000
8	오디오	70	450	₩ 31,500
9	컴퓨터	150	390	₩ 58,500
10				
11				
12	검색조건			
13	상품명	금액		
14	=?디오			
15		<40000		

① 상품명이 컴퓨터이고 금액이 60,000인 데이터
② 상품명이 오디오이고 금액이 56,000인 데이터
③ 상품명이 비디오이고 금액이 30,000인 데이터
④ 상품명이 컴퓨터이고 금액이 30,000인 데이터

전문가의 조언
• 조건이 서로 다른 행에 있으므로 OR 조건입니다.
• 상품명이 '디오'로 끝나는 3자리이거나 금액이 40000원 미만인 데이터를 추출하므로 ①번에 해당하는 데이터는 추출되지 않습니다.

등급 C

34. 다음 중 워크시트에 데이터를 입력하는 방법에 대한 설명으로 옳지 않은 것은?

① 날짜 데이터를 입력하면 기본적으로 셀의 오른쪽에 정렬된다.
② '3과 같이 입력하면 기본적으로 셀의 오른쪽에 정렬된다.
③ 수식 또는 함수 식을 입력할 때는 = 기호를 붙여 입력한다.
④ 여러 개의 셀에 동일한 데이터를 한번에 입력할 때 범위는 연속적으로 지정하지 않아도 된다.

전문가의 조언
숫자 데이터를 입력하면 기본적으로 셀의 오른쪽에 정렬되지만 숫자 앞에 작은따옴표(') 기호를 붙여 입력하면 문자 데이터로 인식하므로 셀의 왼쪽에 정렬됩니다.

35. 다음 중 아래 워크시트의 [B2] 셀에 〈보기〉의 사용자 지정 표시 형식을 적용했을 때 표시되는 값은?

| B2 | ▼ | : | × ✓ | fx | 354600 |

▲	A	B	C	D
1				
2		354600		

〈보기〉

[>=1000000]0.0,, "kℓ";[>=1000]0.0, "ℓ";0.0 "mℓ"

① 354600㎖   ② 354 ℓ
③ 354.6 ℓ   ④ 0.4㎘

전문가의 조언
〈보기〉의 사용자 지정 표시 형식을 적용했을 때 표시되는 값은 354.6 ℓ 입니다.

[>=1000000]0.0,, "kℓ";[>=1000]0.0, "ℓ";0.0 "mℓ"

• [>=1000000]0.0,, "kℓ" : 셀에 입력된 값이 1,000,000 이상일 때 적용되는 서식으로, 0.0,, "kℓ" 형식으로 표시하되, 백만 단위 이하를 생략합니다.
  예 25000000 → 25.0kℓ
• [>=1000]0.0, "ℓ" : 셀에 입력된 값이 1,000 이상일 때 적용되는 서식으로, 0.0, " ℓ " 형식으로 표시하되, 천 단위 이하를 생략합니다.
  예 354600 → 354.6 ℓ
• 0.0 "mℓ" : 1,000 미만일 때 적용되는 서식으로, 0.0 "mℓ" 형식으로 표시합니다.
  예 50 → 50.0mℓ

등급 A

36. 다음 중 정렬에 대한 설명으로 옳지 않은 것은?

① 표 스타일이 적용된 데이터 영역을 왼쪽에서 오른쪽 방향으로 정렬하려면 정렬하기 전에 '범위로 변환'을 실행해야 한다.
② 숨겨진 행이나 열도 정렬에 포함되어 정렬된다.
③ 숫자, 날짜 등과 같이 셀에 입력된 값으로 정렬할 때는 정렬 기준을 '셀 값'으로 지정하고, 셀에 지정된 서식으로 정렬하려면 정렬 기준을 '셀 색'이나 '글꼴 색'으로 지정해야 한다.
④ 사용자 지정 목록을 사용하여 사용자가 정의한 순서대로 정렬할 수 있다.

정답 33.① 34.② 35.③ 36.②

등급 **B**

37. 다음 중 [페이지 설정] 대화상자에 대한 설명으로 옳지 않은 것은?

① 용지 방향, 용지 크기, 인쇄 품질을 설정할 수 있다.
② '머리글/바닥글' 탭의 '머리글' 영역에서 행/열 머리글의 인쇄여부를 설정한다.
③ 여백은 사용자가 직접 값을 입력할 수 있다.
④ 워크시트에서 차트를 마우스로 선택한 후 [페이지 설정] 메뉴를 선택하면, '시트' 탭이 '차트' 탭으로 바뀐다.

등급 **A**

39. 아래의 워크시트에서 [A1:C1] 영역이 블록으로 지정된 상태에서 채우기 핸들을 끌었을 때 [F1] 셀에 입력되는 값으로 올바른 것은?

▲	A	B	C	D	E	F	G
1	5		1				
2							

① 1   ② −3
③ −7   ④ 0

등급 **C**

38. 다음 워크시트에서 [파일] → [옵션]을 선택하여 'Excel 옵션' 대화상자에서 '소수점 위치'를 '−2'로 지정한 후 셀에 1을 입력할 경우 화면에 표시되는 값은?

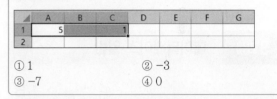

① 0.01   ② 1
③ 100   ④ 10000

등급 **C**

40. 다음 중 VBA에서 [프로시저 추가] 대화상자의 각 옵션에 대한 설명으로 옳지 않은 것은?

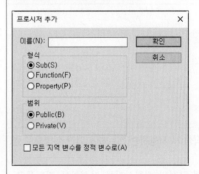

① Sub와 Public을 선택한 경우 Sub 프로시저는 모듈 내의 모든 프로시저에서 해당 Sub 프로시저를 호출할 수 있다.
② Sub와 Private를 선택한 경우 Sub 프로시저는 선언된 모듈 내의 다른 프로시저에서만 호출할 수 있다.
③ Function과 Public을 선택한 경우 Function 프로시저는 모든 모듈의 모든 프로시저에 액세스할 수 있다.
④ Function과 Private를 선택한 경우 Function 프로시저는 모든 모듈의 다른 프로시저에서만 액세스할 수 있다.

3 과목 **데이터베이스 일반**

등급 B

41. 다음 중 사원 테이블(사원번호, 이름, 직급, 연봉, 호봉)에서 호봉이 6인 사원의 연봉을 3%씩 인상하는 SQL문이다. 빈 괄호에 알맞은 명령어는?

```
Update 사원
(       ) 연봉 = 연봉 * 1.03
(       ) 호봉 = 6;
```

① From, Where
② Set, From
③ Set, Where
④ From, Set

등급 B

42. 다음 중 폼 작성 시 사용하는 컨트롤에 대한 설명으로 옳지 않은 것은?

① 탭 컨트롤 : 탭 형식의 대화상자를 작성하는 컨트롤로, 다른 컨트롤을 탭 컨트롤로 복사하거나 추가할 수 있다.
② 바운드 컨트롤 : 폼이나 보고서에서 테이블이나 쿼리의 필드를 컨트롤 원본으로 사용하는 컨트롤이다.
③ 레이블 컨트롤 : 필드나 식의 값을 표시하는 컨트롤이다.
④ 계산 컨트롤 : 원본 데이터로 필드를 사용하지 않고 식을 사용하는 컨트롤이다.

등급 B

43. 다음 중 액세스의 보고서에 대한 설명으로 옳은 것은?

① 보고서의 레코드 원본으로 테이블, 쿼리, 엑셀과 같은 외부 데이터, 매크로 등을 지정할 수 있다.
② 보고서 머리글과 보고서 바닥글의 내용은 모든 페이지에 출력된다.
③ 보고서에서도 폼에서와 같이 이벤트 프로시저를 작성할 수 있다.
④ 컨트롤을 이용하지 않고도 보고서에 테이블의 데이터를 표시할 수 있다.

04210444

등급 A

44. 다음 중 참조 무결성에 대한 설명으로 옳지 않은 것은?

① 참조 무결성은 참조하고 참조되는 테이블 간의 참조 관계에 아무런 문제가 없는 상태를 의미한다.
② 다른 테이블을 참조하는 테이블 즉, 외래 키 값이 있는 테이블의 레코드 삭제 시에는 참조 무결성이 위배될 수 있다.
③ 다른 테이블을 참조하는 테이블의 레코드 추가 시 외래 키 값이 널(Null)인 경우에는 참조 무결성이 유지된다.
④ 다른 테이블에 의해 참조되는 테이블에서 레코드를 추가하는 경우에는 참조 무결성이 유지된다.

등급 B

45. 다음 중 폼이나 보고서의 특정 컨트롤에서 '=[단가]*[수량]*(1-[할인률])'과 같은 계산식을 사용하고, 계산 결과를 소수점 이하 첫째 자리까지 표시하고자 할 때 사용해야 할 함수는?

① Str( )　　　　② Val( )
③ Format( )　　　④ DLookUp( )

전문가의 조언
소수점 이하 첫째 자리와 같이 계산 결과에 표시 형식을 지정하려면 다음과 같이 Format(식, 형식) 함수를 사용하면 됩니다.
=Format([단가]*[수량]*(1-[할인률]), "0.0")

등급 A

46. 아래 내용 중 하위 폼에 대한 옳은 설명만을 나열한 것은?

ⓐ 하위 폼에는 기본 폼의 현재 레코드와 관련된 레코드만 표시된다.
ⓑ 하위 폼은 단일 폼으로 표시되며 연속 폼으로는 표시될 수 없다.
ⓒ 기본 폼과 하위 폼을 연결할 필드의 데이터 형식은 같거나 호환되어야 한다.
ⓓ 여러 개의 연결 필드를 지정하려면 콜론(:)으로 필드명을 구분하여 입력한다.

① ⓐ, ⓑ, ⓒ　　　② ⓐ, ⓒ
③ ⓑ, ⓒ, ⓓ　　　④ ⓑ, ⓓ

전문가의 조언
하위 폼에 대한 옳은 설명은 ⓐ와 ⓒ입니다.
ⓑ 하위 폼은 주로 연속 폼으로 표시합니다.
ⓓ 여러 개의 연결 필드를 지정하려면 세미콜론(;)으로 필드명을 구분하여 입력해야 합니다.

등급 B

47. 다음은 보고서 보기 형태에 대한 내용이다. 괄호 ㉠, ㉡에 알맞은 형태는 무엇인가?

• ㉠ : 보고서로 출력될 실제 데이터를 보면서 컨트롤의 크기 및 위치를 변경할 수 있다.
• ㉡ : 컨트롤 도구를 이용하여 보고서를 만들거나 수정할 수 있는 형태로, 실제 데이터는 표시되지 않는다.

① ㉠ 레이아웃 보기, ㉡ 디자인 보기
② ㉠ 인쇄 미리 보기, ㉡ 레이아웃 보기
③ ㉠ 디자인 보기, ㉡ 보고서 보기
④ ㉠ 레이아웃 보기, ㉡ 보고서 보기

전문가의 조언
㉠은 레이아웃 보기, ㉡은 디자인 보기에 대한 설명입니다.

등급 C

48. 다음 중 아래의 VBA 코드를 실행한 결과 메시지 상자에 표시되는 내용은 무엇인가?

```
Private Sub Form_Load( )
        Dim SampleString
        SampleString = "대한상공회의소"
        Mid(SampleString, 3, 2) = "활용"
        MsgBox (SampleString)
End Sub
```

① 대한상공회의소　　② 상공
③ 대한활용회의소　　④ 활용

전문가의 조언
VBA 코드를 실행한 결과 메시지 상자에 표시되는 내용은 "대한활용회의소"입니다.

```
Private Sub Form_Load( )
❶   Dim SampleString
❷   SampleString = "대한상공회의소"
❸   Mid(SampleString, 3, 2) = "활용"
❹   MsgBox (SampleString)
End Sub
```

❶ SampleString을 문자열 변수로 선언합니다.
❷ SampleString 변수에 "대한상공회의소"를 저장합니다.
❸ SampleString 변수에 있는 텍스트 "대한상공회의소"의 세 번째 문자부터 2글자(상공) 대신 "활용"을 저장합니다(대한활용회의소).
❹ SampleString 변수에 있는 내용을 메시지 박스(MsgBox)로 표시합니다.

49. 다음 중 데이터베이스 설계 순서로 옳은 것은?

> ㉠ 요구 조건 분석   ㉡ 물리적 설계
> ㉢ 개념적 설계   ㉣ 구현
> ㉤ 논리적 설계

① ㉢-㉠-㉤-㉣-㉡   ② ㉠-㉢-㉤-㉡-㉣
③ ㉢-㉤-㉡-㉠-㉣   ④ ㉠-㉤-㉢-㉡-㉣

50. 다음 중 하나의 필드에 할당되는 크기(바이트 수 기준)가 가장 작은 데이터 형식은?

① 통화   ② Yes/No
③ 일련 번호   ④ OLE

51. 다음 중 Access의 개체에 대한 설명으로 옳지 않은 것은?

① 매크로는 모듈에 비해 복잡한 작업을 처리하기 위해 프로그램을 직접 작성하는 것이다.
② 쿼리는 폼이나 보고서의 원본 데이터로 사용할 수 있다.
③ 폼은 테이블이나 쿼리 데이터의 입출력 화면을 작성한다.
④ 테이블은 데이터를 저장하는 데 사용하는 데이터베이스 개체로, 레코드 및 필드로 구성된다.

52. 다음 중 동아리 회원 목록을 표시하는 [동아리회원] 폼에서 성별이 여자인 본문의 모든 컨트롤들의 글꼴 서식을 굵게, 기울임꼴로 표시하는 방법으로 적절한 것은?

① 본문 영역에서 '성별' 컨트롤을 선택한 후 조건부 서식에서 규칙으로 필드 값이 다음 값과 같음, 값을 '여자'로 지정한 후 서식을 설정한다.
② 본문 영역의 모든 컨트롤들을 선택한 후 조건부 서식에서 규칙으로 조건 식을 [성별]='여자'로 지정한 후 서식을 설정한다.
③ 본문 영역의 모든 컨트롤들을 선택한 후 조건부 서식에서 규칙으로 필드 값이 다음 값과 같음, 값을 '여자'로 지정한 후 서식을 설정한다.
④ 테이블의 데이터시트 보기에서 여자 회원 레코드들을 모두 선택한 후 서식을 설정한다.

53. 다음 중 하위 쿼리(Sub Query)의 설명으로 옳지 않은 것은?

① 하위 폼이나 하위 보고서는 반드시 하위 쿼리를 사용해야 한다.
② 주 쿼리에서 IN 조건부를 사용하여 하위 쿼리의 일부 레코드에 동일한 값이 있는 레코드만 검색할 수 있다.
③ SELECT 문의 필드 목록이나 WHERE 또는 HAVING 절에서 식 대신에 하위 쿼리를 사용할 수 있다.
④ 주 쿼리에서 ALL 조건부를 사용하여 하위 쿼리에서 검색된 모든 레코드와 비교를 만족시키는 레코드만 검색할 수 있다.

등급 A

54. 다음 〈보기〉와 같이 거래처별 수금액의 합계를 표시하려고 할 때 가장 적합한 보고서 영역은?

〈보기〉

| 수금액 합계 | =Sum([수금액]) |

```
· · · 1 · · · 2 · · · 3 · · · 4 · · · 5 · · · 6 · ·
◀ 보고서 머리글
◀ 페이지 머리글
◀ 거래처명 머리글
◀ 본문
◀ 거래처명 바닥글
◀ 페이지 바닥글
◀ 보고서 바닥글
```

① 보고서 머리글 ② 페이지 바닥글
③ 거래처명 바닥글 ④ 본문

등급 B

55. 다음 중 아래 쿼리에서 두 테이블에 조인된 필드가 일치하는 레코드만 결합하기 위해 괄호 안에 넣어야 할 조인 유형으로 옳은 것은?

```
SELECT 필드목록
FROM 테이블1 (      ) 테이블2
ON 테이블1.필드=테이블2.필드;
```

① INNER JOIN ② OUTER JOIN
③ LEFT JOIN ④ RIGHT JOIN

등급 B

56. 다음 중 정규화에 대한 설명으로 옳지 않은 것은?

① 정규화를 통해 테이블 간의 종속성을 높이기 위한 것이다.
② 대체로 더 작은 필드를 갖는 테이블로 분해하는 과정이다.
③ 데이터 중복을 최소화하기 위한 작업이다.
④ 추가, 갱신, 삭제 등 작업 시의 이상(Anomaly) 현상이 발생하지 않도록 하기 위한 것이다.

등급 A

57. 다음 중 기본키(Primary Key)에 대한 설명으로 옳은 것은?

① 모든 테이블에는 기본키를 반드시 설정해야 한다.
② 액세스에서는 단일 필드 기본키와 일련 번호 기본키만 정의 가능하다.
③ 데이터가 이미 입력된 필드도 기본키로 지정할 수 있다.
④ OLE 개체나 첨부 파일 형식의 필드에도 기본키를 지정할 수 있다.

58. 다음 중 현재 폼에서 'cmd숨기기' 단추를 클릭하는 경우, DateDue 컨트롤이 표시되지 않도록 하기 위한 이벤트 프로시저로 옳은 것은?

① Private Sub cmd숨기기_Click( )
　　Me.[DateDue]!Visible = False
　End Sub
② Private Sub cmd숨기기_DblClick( )
　　Me!DateDue.Visible = True
　End Sub
③ Private Sub cmd숨기기_Click( )
　　Me![DateDue].Visible = False
　End Sub
④ Private Sub cmd숨기기_DblClick( )
　　Me.DateDue!Visible = True
　End Sub

전문가의 조언
- 특정 컨트롤을 마우스로 클릭했을 때 발생하는 이벤트는 Click 이벤트입니다. 'cmd숨기기' 단추를 클릭했을 때 발생하는 이벤트 프로시저는 **Private Sub cmd숨기기_Click( )**으로 시작해야 합니다.
- 폼, 보고서 컨트롤 등의 표시 여부를 결정하는 속성은 Visible이며, **Visible = True**와 같이 Visible 속성을 'True'로 설정하면 표시하고 'False'로 설정하면 표시하지 않습니다.
- 개체명과 컨트롤명은 느낌표(!)로 구분하고 컨트롤에 속성을 지정할 때는 점(.)으로 연결합니다.

59. 다음 중 직원(사원번호, 부서명, 이름, 나이, 근무년수, 급여) 테이블에서 '근무년수'가 3 이상인 직원들을 나이가 많은 순서대로 조회하되, 같은 나이일 경우 급여의 오름차순으로 모든 필드를 표시하는 SQL문은?

① select * from 직원 where 근무년수 >= 3 order by 나이, 급여;
② select * from 직원 order by 나이, 급여 where 근무년수 >= 3;
③ select * from 직원 order by 나이 desc, 급여 asc where 근무년수 >= 3;
④ select * from 직원 where 근무년수 >= 3 order by 나이 desc, 급여 asc;

전문가의 조언
문제에 제시된 조건에 맞는 SQL문은 ④번입니다. 각 절별로 질의문을 작성하면 다음과 같습니다.
- 모든 필드를 검색하므로 **SELECT ***입니다.
- 〈직원〉 테이블에서 검색하므로 **FROM 직원**입니다.
- 근무년수가 3 이상인 레코드를 검색하므로 **WHERE 근무년수 >= 3**입니다.
- 나이가 많은 순(내림차순)으로 검색하되, 같은 나이일 경우 급여의 오름차순으로 검색하므로 **ORDER BY 나이 DESC, 급여 ASC**입니다.
- 합치면 다음과 같이 됩니다.

```
SELECT *
FROM 직원
WHERE 근무년수 >= 3
ORDER BY 나이 DESC, 급여 ASC;
```

60. 아래와 같이 보고서의 그룹 바닥글에 도서의 총 권수와 정가의 합계를 인쇄하고자 한다. 다음 중 총 권수와 정가 합계 두 컨트롤의 수식으로 옳은 것은?

출판사 : 다림[(02)860-2000]			
도서코드	도서명	저자	정가
A547	자전거 도둑	박완서	7000
A914	와인	김준철	25000
	총: 2권	정가합계: 32000	

① =Count([정가]) & "권", =Total([정가])
② =CountA([정가]) & "권", =Sum([정가])
③ =CountA([도서명]) & "권", =Total([정가])
④ =Count(*) & "권", =Sum([정가])

전문가의 조언
개수를 구하는 함수는 COUNT, 합계를 구하는 함수는 SUM입니다.

1과목
1과목 **컴퓨터 일반**

등급 C

1. 다음 중 컴퓨터 통신과 관련하여 P2P 방식에 관한 설명으로 옳은 것은?

① 인터넷에서 이루어지는 개인 대 개인의 파일 공유를 위한 기술이다.

② 인터넷을 통해 MP3를 제공해 주는 기술 및 서비스이다.

③ 인터넷을 통해 동영상을 상영해 주는 기술 및 서비스이다.

④ 여러 사용자가 동시에 온라인 게임을 할 수 있도록 제공해 주는 기술이다.

전문가의 조언
P2P 방식은 인터넷에서 이루어지는 개인 대 개인의 파일 공유를 위한 기술입니다.

등급 B

2. 다음 중 컴퓨터 메인보드의 버스(Bus)에 관한 설명으로 옳지 않은 것은?

① 내부 버스는 CPU와 주변장치 간의 데이터 전송에 사용되는 통로이다.

② 컴퓨터에서 데이터를 주고받는 통로로 사용 용도에 따라 내부 버스, 외부 버스, 확장 버스로 구분된다.

③ 외부 버스는 전달하는 신호의 형태에 따라 데이터 버스, 주소 버스, 제어 버스로 구분된다.

④ 확장 버스는 메인보드에서 지원하는 기능 외에 다른 기능을 지원하는 장치를 연결하는 부분으로 끼울 수 있는 형태이기에 확장 슬롯이라고도 한다.

전문가의 조언
• 내부 버스는 CPU 내부에서 레지스터 간의 데이터 전송에 사용되는 통로입니다.
• ①번은 외부 버스에 대한 설명입니다.

등급 A

3. 다음 중 이미지와 그래픽에서 사용되는 비트맵 방식의 파일 형식에 관한 설명으로 옳지 않은 것은?

① 래스터 방식이라고도 하며 다양한 색상을 사용하므로 사실 같은 이미지를 표현할 수 있다.

② 베지어, 스플라인 등의 곡선을 이용하여 이미지를 표현하므로 확대/축소 시 화질의 손상이 거의 없다.

③ 이미지를 확대하면 테두리가 거칠게 표현된다.

④ 비트맵 파일 형식으로는 BMP, GIF, JPEG 등이 있다.

전문가의 조언
②번은 벡터(Vector) 방식에 대한 설명입니다.

등급 A

4. 다음 중 컴퓨터 보조기억장치로 사용되는 SSD(Solid State Drive)에 관한 설명으로 옳지 않은 것은?

① 고속으로 데이터를 입출력할 수 있다.

② 크기가 작고 충격에 강하다.

③ HDD와 비슷하게 동작하면서 HDD와는 달리 기계적 장치가 없는 반도체를 이용하여 정보를 저장한다.

④ HDD보다 저장 용량당 가격이 저렴하다.

전문가의 조언
SSD는 HDD보다 저장 용량당 가격이 비쌉니다.

5. 다음 중 BIOS(Basic Input Output System)에 관한 설명으로 옳지 않은 것은?

① 컴퓨터의 기본 입출력장치나 메모리 등 하드웨어 작동에 필요한 명령들을 모아 놓은 프로그램이다.
② 컴퓨터의 전원을 켜면 자동으로 가장 먼저 기동되며, 기본 입출력장치나 메모리 등 하드웨어의 이상 유무를 검사한다.
③ 최근에는 보조기억장치인 SSD에 저장되므로 칩을 교환하지 않고도 바이오스를 업그레이드 할 수 있다.
④ CMOS 셋업 프로그램을 이용하여 시스템의 날짜와 시간, 부팅 순서 등 일부 BIOS 정보를 설정할 수 있다.

전문가의 조언
바이오스는 주기억장치 중 하나인 롬(ROM)에 저장되어 있으며, 최근에는 플래시 롬에 저장되므로 칩을 교환하지 않고도 업그레이드 할 수 있습니다.

6. 다음 중 컴퓨터에서 사용하는 자료의 표현에 관한 설명으로 옳지 않은 것은?

① 실수형 데이터는 정해진 크기에 부호(1bit)와 가수부(7bit)로 구분하여 표현한다.
② 2진 정수 데이터는 실수 데이터 보다 표현할 수 있는 범위가 작으며 연산 속도는 빠르다.
③ 숫자 데이터 표현 중 10진 연산을 위하여 "팩(Pack)과 언팩(Unpack)" 표현 방식이 사용된다.
④ 컴퓨터에서 뺄셈을 수행하기 위해서는 보수와 덧셈 연산을 이용한다.

전문가의 조언
실수형 데이터는 정해진 크기에 부호(1비트), 지수부(7비트), 가수부(소수부)로 구분하여 표현합니다.

7. 다음 중 네트워크의 구성(Topology)에서 망형(Mesh)에 관한 설명으로 옳지 않은 것은?

① 단말장치의 추가/제거 및 기밀 보호가 어렵다.
② 모든 지점의 컴퓨터와 단말장치를 서로 연결한 형태| 이다.
③ 응답시간이 빠르고 노드의 연결성이 높다.
④ 통신 회선 장애 시 다른 경로를 통하여 데이터 전송이 가능하다.

전문가의 조언
망(Mesh)형은 단말장치의 추가/제거가 어려운 반면 보안성과 안정성이 높습니다.

8. 다음 중 컴퓨터의 CMOS에서 설정할 수 있는 항목으로 옳지 않은 것은?

① 하드디스크의 타입
② 하드디스크나 USB 등의 부팅 순서
③ 멀티부팅 시 사용하려는 BIOS의 종류
④ 시스템 암호 설정

전문가의 조언
• CMOS에서 BOIS의 종류는 변경할 수 없습니다.
• CMOS에서 설정할 수 있는 항목에는 '시스템의 날짜와 시간, 칩셋, 부팅 순서, 하드디스크 타입, 시스템 암호, 전원 관리, PnP, Anti-Virus' 등이 있습니다.

9. 다음 중 사운드 카드 관련 용어에 대한 설명으로 옳지 않은 것은?

① 샘플링(Sampling)은 아날로그 신호를 디지털 신호로 변환하는 과정 중 한 단계이다.
② 샘플링률(Sampling Rate)이 높으면 높을수록 원음에 보다 가깝다.
③ 샘플링 주파수(Sampling Frequency)는 낮으면 낮을수록 좋다.
④ 샘플링 비트(Sampling Bit) 수는 음질에 영향을 미친다.

등급 **B**

12. 다음 중 3D 프린터에 관한 설명으로 옳지 않은 것은?

① 입력한 도면을 바탕으로 3차원 입체 물품을 만들어 내는 프린터이다.
② 인쇄 원리는 잉크젯 프린터의 인쇄 원리와 같다.
③ 출력 단위로는 IPM, PPM 등이 사용된다.
④ 기계, 건축, 예술, 의료 분야 등에서 활용되고 있다.

등급 **B**

10. 프로그램을 실행하는 도중에 예기치 않은 상황이 발생할 경우 현재 실행중인 작업을 일시 중단하고, 발생된 상황을 우선 처리한 후 실행중이던 작업으로 복귀하여 계속 처리하는 것을 의미하는 용어는?

① 채널
② 인터럽트
③ DMA
④ 레지스터

등급 **C**

11. 다음 중 시스템 복구를 해야 하는 시기로 가장 적절하지 않은 것은?

① 로그온 화면이 나타나지 않으며, 운영체제를 시작할 수 없을 때
② 새 장치를 설치한 후 시스템이 불안정 할 때
③ 누락되거나 손상된 데이터 파일을 이전 버전으로 되돌리고자 할 때
④ 파일의 단편화를 개선하여 디스크의 접근 속도를 향상시키고자 할 때

등급 **B**

13. 다음 중 RAM(Random Access Memory)에 대한 설명으로 옳은 것은?

① 주기적으로 재충전(Refresh)이 필요한 DRAM은 주기억장치로 사용된다.
② 주로 펌웨어(Firmware)를 저장한다.
③ 컴퓨터의 기본적인 입출력 프로그램, 자가진단 프로그램 등이 저장되어 있어 부팅 시 실행된다.
④ 전원이 꺼져도 기억된 내용이 사라지지 않는 비휘발성 메모리로 읽기만 가능하다.

14. 다음 중 한글 Windows 10의 레지스트리에 관한 설명으로 옳지 않은 것은?

① Windows의 자체 구성 정보를 저장하는 데이터베이스이다.
② Windows에 탑재된 레지스트리 편집기는 'regedit.exe'이다.
③ 레지스트리 정보는 Windows의 부팅 시에만 참조된다.
④ 레지스트리에는 각 사용자의 프로필과 시스템 하드웨어, 설치된 프로그램 및 속성 설정에 대한 정보가 들어 있다.

전문가의 조언
레지스트리 정보는 Windows가 작동하는 동안 지속적으로 참조됩니다.

15. 다음 중 한글 Windows 10에서 파일의 검색 기능을 향상시키기 위한 기능은?

① 색인
② 압축
③ 복원
④ 백업

전문가의 조언
파일의 검색 기능을 향상시키기 위한 기능은 색인입니다.

16. 다음 중 정보보안을 위해 사용하는 공개키 암호화 기법에 대한 설명으로 옳지 않은 것은?

① 알고리즘이 복잡하며 암호화와 복호화 속도가 느리다.
② 키의 분배가 용이하고 관리해야 할 키의 수가 적다.
③ 비대칭 암호화 기법이라고도 하며 대표적으로 DES가 있다.
④ 데이터를 암호화할 때 사용하는 키를 공개하고 복호화할 때 키는 비밀로 한다.

전문가의 조언
• 공개키 암호화 기법은 비대칭 암호화 기법이라고도 하며, 대표적으로 RSA가 있습니다.
• DES는 비밀키 암호화 기법입니다.

17. 다음 중 컴퓨터에서 사용하는 그래픽 파일의 형식에 관한 설명으로 옳지 않은 것은?

① JPEG는 손실 압축 기법과 무손실 압축 기법을 사용하며, 사용자가 임의로 압축률을 지정할 수 있다.
② BMP는 Windows에서 기본적으로 지원하는 포맷으로 압축을 사용하여 파일의 크기가 작다.
③ GIF는 인터넷 표준 그래픽 형식으로, 무손실 압축 기법을 사용하여 선명한 화질을 제공한다.
④ PNG는 트루 컬러의 지원과 투명색 지정이 가능하다.

전문가의 조언
BMP는 Windows의 표준 비트맵 파일 형식으로, 압축을 하지 않으므로 파일의 크기가 큽니다.

18. 다음 중 컴퓨터에서 사용하는 압축 프로그램에 관한 설명으로 옳지 않은 것은?

① 압축한 파일을 모아 재압축을 반복하면 파일 크기를 계속 줄일 수 있다.
② 여러 개의 파일을 압축하면 하나의 파일로 생성되어 파일 관리를 용이하게 할 수 있다.
③ 대부분의 압축 프로그램에는 분할 압축이나 암호 설정 기능이 있다.
④ 파일의 전송시간과 비용을 절약하고, 디스크 공간을 효율적으로 사용할 수 있다.

전문가의 조언
압축 프로그램은 한 번 압축할 때 각 프로그램의 기능을 사용하여 최대로 압축을 수행하기 때문에 재압축과 관련된 기능이 없으며, 동일한 파일에 대해 여러 번 압축을 수행해도 처음 압축한 이후에는 압축 효과를 기대할 수 없습니다.

등급 C

19. 다음 중 컴퓨터 통신에서 사용하는 프록시(Proxy) 서버의 기능으로 옳은 것은?

① 네트워크 병목현상 해결 기능
② FTP 프로토콜 연결 해제 기능
③ 방화벽 기능과 캐시 기능
④ 내부 불법 해킹 차단 기능

전문가의 조언
프록시(Proxy) 서버의 기능에는 방화벽 기능과 캐시 기능이 있습니다.

등급 A

20. 다음 중 인터넷 주소 체계에서 IPv6에 관한 설명으로 옳은 것은?

① 주소 체계는 Unicast, Anycast, Broadcast 등 세 가지로 나뉜다.
② 16비트씩 8부분으로 총 128비트로 구성되며, 주소의 각 부분은 세미콜론(;)으로 구분한다.
③ 인증성, 기밀성, 데이터 무결성의 지원으로 보안성이 강화되었다.
④ IPv4와 비교하였을 때 자료 전송 속도가 늦지만, 주소의 확장성과 융통성이 우수하다.

전문가의 조언
IPv6에 관한 설명으로 옳은 것은 ③번입니다.
① IPv6의 주소 체계는 유니캐스트(Unicast), 애니캐스트(Anycast), 멀티캐스트(Multicast) 등 세 가지로 나뉩니다.
② IPv6는 16비트씩 8부분으로 총 128비트로 구성되며, 주소의 각 부분은 콜론(:)으로 구분합니다.
④ IPv6는 IPv4와 비교하여 자료 전송 속도가 빠르고, 주소의 확장성과 융통성이 우수합니다.

2과목 **스프레드시트 일반**

등급 B

21. 다음 중 엑셀의 정렬 기능에 대한 설명으로 옳지 않은 것은?

① 오름차순 정렬과 내림차순 정렬 모두 빈 셀은 항상 마지막으로 정렬된다.
② 영숫자 텍스트는 왼쪽에서 오른쪽 방향으로 문자 단위로 정렬된다.
③ 사용자가 [정렬 옵션] 대화상자에서 대/소문자를 구분하도록 변경하여, 오름차순으로 정렬하면 대문자가 소문자보다 우선순위를 갖는다.
④ 공백으로 시작하는 문자열은 오름차순 정렬일 때 숫자 바로 다음에 정렬되고, 내림차순 정렬일 때는 숫자 바로 앞에 정렬된다.

전문가의 조언
대/소문자를 구분하여 오름차순으로 정렬하면 소문자가 대문자보다 우선순위를 갖습니다.

03210522

등급 A

22. 다음 중 셀에 입력된 데이터에 사용자 지정 표시 형식을 설정한 후의 표시 결과로 옳은 것은?

① 0.25 → 0#.#% → 0.25%
② 0.57 → #.# → 0.6
③ 90.86 → #,##0.0 → 90.9
④ 100 → #,###;@"점" → 100점

전문가의 조언
사용자 지정 표시 형식의 표시 결과로 옳은 것은 ③번입니다.
① 0.25 → 0#.#% → 25.%
② 0.57 → #.# → .6
④ 100 → #,###;@"점" → 100(@는 문자 데이터의 표시 위치를 지정할 때 사용하므로 "점"은 표시되지 않습니다.)

등급 B

23. 다음 중 부분합에 대한 설명 중 옳지 않은 것은?

① 그룹화할 항목으로 선택된 필드는 자동으로 오름차순 정렬하여 부분합이 계산된다.
② 부분합에서는 합계, 평균, 개수 등의 함수 이외에도 다양한 함수를 선택할 수 있다.
③ 부분합에서 데이터 아래에 요약을 표시할 수 있다.
④ 부분합에서 그룹 사이에 페이지를 나눌 수 있다.

전문가의 조언
부분합을 작성하려면 먼저 그룹화할 항목을 기준으로 반드시 오름차순이나 내림차순으로 정렬한 후 부분합을 실행해야 합니다.

03210524

등급 A

24. 다음과 같은 이벤트를 실행시켰을 때 나타나는 결과로 옳은 것은?

```
Private Sub
Range("B2:C3").Select
Selection.Delete Shift:=xlToLeft
End Sub
```

① [B2:C3] 영역을 셀의 왼쪽에 복사한다.
② [B2:C3] 영역을 삭제한 후 왼쪽에 있는 셀을 오른쪽으로 이동한다.
③ [B2:C3] 영역을 삭제한 후 오른쪽에 있는 셀을 왼쪽으로 이동한다.
④ [B2:C3] 영역을 셀의 오른쪽에 복사한다.

전문가의 조언
이벤트 실행의 결과로 옳은 것은 ③번입니다.

```
Private Sub
❶ Range("B2:C3").Select
❷ Selection.Delete Shift:=xlToLeft
End Sub
```

❶ [B2:C3] 영역을 선택합니다.
❷ 선택한 영역을 삭제한 후 오른쪽에 있는 셀을 왼쪽으로 이동합니다.

등급 A

25. 다음 중 아래 차트에 대한 설명으로 옳지 않은 것은?

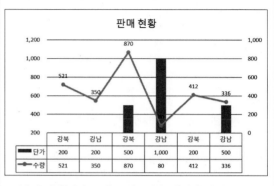

① '판매 현황'이라는 차트 제목이 표시되어 있다.
② '수량' 계열을 보조 축으로 지정하였다.
③ 데이터 테이블에 범례 표지가 표시되어 있다.
④ '수량' 계열에 데이터 레이블이 '가운데'로 표시되어 있다.

전문가의 조언
• 문제에 제시된 그림은 데이터 레이블이 '위쪽'으로 설정되어 있습니다.
• 데이터 레이블을 '가운데'로 설정하면 다음과 같이 표시됩니다.

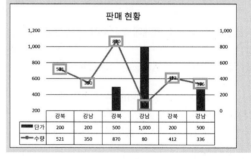

● ROW(A3:A6) : ROW(셀)는 주어진 '셀'의 행 번호를 반환하는 함수입니다. 'ROW(A3:A6)'과 같이 ROW 함수의 인수를 특정 셀이 아닌 범위를 지정하면 범위의 첫 번째 셀인 'A3' 셀의 행 번호를 반환하므로 3을 반환합니다.

❷ =CHOOSE(❶, "동", "서", "남", 2015) → =CHOOSE(3, "동", "서", "남", 2015) : CHOOSE(인수, 첫 번째, 두 번째, …)는 '인수'가 1이면 '첫 번째'를, '인수'가 2이면 '두 번째'를 반환하는 함수입니다. "동", "서", "남", 2015 중 세 번째에 있는 값인 "남"을 반환합니다.

④ =REPLACE("February", SEARCH("U", "Seoul-Unesco"), 5, " ")
                            ❶

                           ❷

❶ SEARCH("U", "Seoul-Unesco") : SEARCH(텍스트1, 텍스트2, 시작 위치)는 '텍스트2'에서 '시작 위치'부터 '텍스트1'을 찾아 위치를 반환하는 함수로 영문 대·소문자를 구분하지 않습니다. "Seoul-Unesco"에서 "U"를 찾아 위치인 4를 반환합니다.

※ 시작 위치를 생략하면 첫 번째 글자부터 찾아 표시합니다.

❷ =REPLACE("February", ❶, 5, " ") → =REPLACE("February", 4, 5, " ") : REPLACE(텍스트1, 시작 위치, 개수, 텍스트2)는 '텍스트1'의 '시작 위치'에서 '개수'로 지정된 문자를 '텍스트2'로 변경하는 함수입니다. "February"에서 네 번째 글자부터 다섯 글자를 빈 칸으로 변경한 "Feb"를 반환합니다.

---

26. 다음 중 조건부 서식에 대한 설명으로 옳지 않은 것은?

① 조건부 서식의 조건은 결과가 TRUE(1) 또는 FALSE(0)가 나오도록 작성한다.

② 같은 통합 문서의 특정 셀을 이용하여 조건을 지정할 수 있다.

③ 새로운 규칙을 수식으로 작성할 경우, 워크시트의 특정 셀을 클릭하면 상대 참조로 작성된다.

④ 이동 옵션을 이용하여 조건부 서식이 지정된 셀을 찾을 수 있다.

전문가의 조언

조건부 서식에서 조건 지정 시 마우스로 특정 셀을 클릭하면 절대 참조로 작성됩니다.

03210527

27. 다음 중 수식의 결과가 옳지 않은 것은?

① =FIXED(3456.789, 1, FALSE) → 3,456.8

② =EOMONTH(DATE(2015, 2, 25), 1) → 2015-03-31

③ =CHOOSE(ROW(A3:A6), "동", "서", "남", 2015) → 남

④ =REPLACE("February", SEARCH("U", "Seoul-Unesco"), 5, " ") → Febru

전문가의 조언

④번의 결과는 "Feb"입니다.

① =FIXED(3456.789, 1, FALSE) : FIXED(인수, 자릿수, 논리값)는 '인수'를 반올림하여 지정된 '자릿수'까지 텍스트로 반환하는 함수입니다. '논리값'이 FALSE이거나 생략되면 텍스트에 쉼표가 포함되므로 3456.789를 소수점 첫째 자리로 반올림한 값 3,456.8을 반환합니다.

② =EOMONTH(DATE(2015, 2, 25), 1)
                 ❶

❶ DATE(2015, 2, 25) : 2015-02-25를 반환합니다.

❷ EOMONTH(❶) → EOMONTH(2015-02-25) : EOMONTH(날짜, 월수)는 지정한 '날짜'를 기준으로 몇 개월 이전 또는 이후 달의 마지막 날짜의 일련번호를 반환하는 함수입니다. 2015-02-25를 기준으로 1개월 이후 달의 마지막 날짜인 2015-03-31을 반환합니다.

③ =CHOOSE(ROW(A3:A6), "동", "서", "남", 2015)
                       ❶

                       ❷

---

28. 다음 중 [페이지 설정] 대화상자에 대한 설명으로 옳지 않은 것은?

① 용지 방향, 용지 크기, 인쇄 품질을 설정할 수 있다.

② '머리글/바닥글' 탭의 '머리글' 영역에서 행/열 머리글의 인쇄 여부를 설정한다.

③ 여백은 사용자가 직접 값을 입력할 수 있다.

④ 워크시트에서 차트를 마우스로 선택한 후 [페이지 설정] 메뉴를 선택하면, '시트' 탭이 '차트' 탭으로 바뀐다.

전문가의 조언

행/열 머리글의 인쇄 여부는 '페이지 설정' 대화상자의 '시트' 탭에서 설정할 수 있습니다.

29. 다음 중 워크시트 이름으로 적절하지 않은 것은?

① _매출실적   ② 매출실적?

③ #매출실적   ④ 매출실적&

전문가의 조언

시트 이름에 * / : ? [ ] 등의 문자는 사용할 수 없습니다.

30. 다음 중 아래 [시나리오 관리자] 대화상자의 각 버튼에 대한 설명으로 옳지 않은 것은?

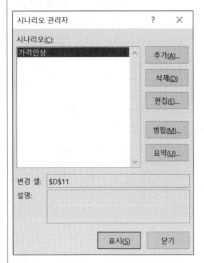

① 표시 : 선택한 시나리오에 대해 결과를 표시한다.
② 편집 : 선택한 시나리오를 변경한다.
③ 병합 : '시나리오 관리자'에 표시된 시나리오를 병합한다.
④ 요약 : 시나리오에 대한 요약 보고서나 피벗 테이블을 작성한다.

전문가의 조언
'병합'은 다른 통합 문서나 워크시트에 저장된 시나리오를 가져와 통합하여 요약할 때 사용하는 기능입니다.

31. 아래 워크시트와 같이 시상내역[A13:D16] 표를 이용하여 시상내역[D2:D10]을 계산하였다. 다음 중 [D2] 셀에 입력된 배열 수식으로 옳은 것은?

	A	B	C	D
1	이름	공모대상	점수	시상내역
2	김남희	독창	91	대상
3	남궁민	창작동화	65	-
4	이수남	독창	75	-
5	서수남	독창	50	-
6	홍길동	독창	88	최우수상
7	이숙희	창작동화	69	-
8	양종국	창작동화	87	차상
9	김호명	독창	79	-
10	김영희	창작동화	93	장원
11				
12	시상내역			
13	점수	0	80	90
14		80	90	100
15	독창	-	최우수상	대상
16	창작동화	-	차상	장원
17				

① {=INDEX($B$15:$D$16, MATCH(B2, $A$15:$A$16, 0), MATCH(C2, $B$13:$D$13, −1))}
② {=INDEX($B$15:$D$16, MATCH(B2, $A$15:$A$16, 0), MATCH(C2, $B$13:$D$13, 1))}
③ {=INDEX($B$15:$D$16, MATCH(B2, $A$15:$A$16, 0), MATCH(C2, $B$14:$D$14, −1))}
④ {=INDEX($B$15:$D$16, MATCH(B2, $A$15:$A$16, 0), MATCH(C2, $B$14:$D$14, 1))}

전문가의 조언
[D2] 셀에 입력된 배열 수식으로 옳은 것은 ②번입니다.

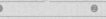

{=INDEX($B$15:$D$16, MATCH(B2, $A$15:$A$16, 0), MATCH(C2, $B$13:$D$13, 1))}

❶ MATCH(B2, $A$15:$A$16, 0) : [A15:A16] 영역에서 [B2] 셀, 즉 "독창"과 동일한 값을 찾은 후 상대 위치인 1을 반환합니다.
❷ MATCH(C2, $B$13:$D$13, 1) : [B13:D13] 영역에서 [C2] 셀, 즉 91보다 작거나 같은 값 중에서 가장 근접한 값(90)을 찾은 후 상대 위치인 3을 반환합니다.
❸ =INDEX($B$15:$D$16, ❶, ❷) → =INDEX($B$15: $D$16, 1, 3) : [B15:D16] 영역에서 1행 3열, 즉 [D15] 셀의 값 "대상"을 반환합니다.

32. 다음 중 아래 설명에 해당하는 기능은?

등급 B

- 잠긴 셀 또는 잠기지 않은 셀로 이동하거나 셀 서식을 변경하지 못하도록 막는다.
- 워크시트 요소를 삽입하거나 변경하는 것을 막는다.

① 시트 보호
② 통합 문서 보호
③ 통합 문서 공유
④ 잠금

전문가의 조언

지문의 설명에 해당하는 기능은 시트 보호로, 시트 보호를 지정한 시트에서는 셀을 선택하는 것 이외의 작업은 불가능합니다.

- **통합 문서 보호** : 통합 문서의 시트 삭제, 이동, 숨기기, 이름 바꾸기 등을 할 수 없도록 보호하는 기능
- **통합 문서 공유** : 네트워크로 연결된 환경에서 하나의 통합 문서를 여러 사람이 공동으로 작업할 수 있게 하는 기능

33. 다음 중 아래 그림과 같이 기간과 이율의 변화에 따른 월불입액을 계산하려고 한다. 이때 적용한 데이터 표의 내용으로 옳은 것은? (월불입액 계산 수식은 '=PMT(B3/12, B2*12, −B4)'임)

등급 B

	A	B	C	D	E	F
1						
2	기간	5				
3	이율	3%				
4	대출금액	₩10,000,000				
5	월불입액	₩179,687				
6					기간	
7			₩179,687	3	4	5
8			2%	₩ 286,426	₩ 216,951	₩ 175,278
9		이율	3%	₩ 290,812	₩ 221,343	₩ 179,687
10			4%	₩ 295,240	₩ 225,791	₩ 184,165
11			5%	₩ 299,709	₩ 230,293	₩ 188,712
12						

① 입력값 : [행 입력 셀] : $B$2
② 입력값 : [열 입력 셀] : $A$2
③ 입력값 : [행 입력 셀] : $B$2　　[열 입력 셀] : $B$3
④ 입력값 : [행 입력 셀] : $B$3　　[열 입력 셀] : $B$2

전문가의 조언

데이터 표의 입력값으로 옳은 것은 ③번입니다. 변화되는 값은 기간과 이율이므로 '데이터 테이블' 대화상자에 다음과 같이 지정하면 됩니다.

- **행 입력 셀** : 기간의 변경 값이 한 행(7)에 입력되어 있으므로 [B2] 셀을 지정함
- **열 입력 셀** : 이율의 변경 값이 한 열(C)에 입력되어 있으므로 [B3] 셀을 지정함

34. 다음 중 이름 상자에 대한 설명으로 옳지 않은 것은?

등급 C

① Ctrl 을 누르고 여러 개의 셀을 선택한 경우 마지막 선택한 셀 주소가 표시된다.
② 셀이나 셀 범위에 이름을 정의해 놓은 경우 이름이 표시된다.
③ 차트가 선택되어 있는 경우 차트의 종류가 표시된다.
④ 수식을 작성 중인 경우 최근 사용한 함수 목록이 표시된다.

전문가의 조언

차트를 선택하면 이름 상자에 차트 이름이 표시됩니다.

35. 다음 중 차트에서 사용하는 축에 대한 설명으로 옳지 않은 것은?

등급 B

① 방사형 차트와 거품형 차트에서는 기본 가로 축만 표시된다.
② 가로(항목) 축에서 [축 위치] 옵션은 데이터 표시와 레이블이 축에 표시되는 방식에 영향을 주며 2차원 영역형 차트, 세로 막대형 차트 및 꺾은선형 차트에 사용할 수 있다.
③ 가로(항목) 축이 날짜 값인 경우 [축 종류]에서 '날짜 축'을 선택하여 [단위]를 '일', '월', '년' 중 선택하여 지정할 수 있다.
④ 3차원 꺾은선형 차트는 세 개의 축(가로, 세로, 깊이 축)에 따라 데이터 요소를 비교한다.

전문가의 조언

방사형 차트는 기본 세로 축만 표시되고, 거품형 차트는 기본 가로 축과 기본 세로 축이 모두 표시됩니다.

36. 아래 시트와 같이 고급 필터를 실행했을 경우 추출되지 않는 이름은?

▲	A	B	C
1	이름	직급	근무년수
2	김소리	과장	15
3	박진정	대리	20
4	이향진	부장	25
5	김민정	대리	23
6	이인호	차장	21
7			
8	이름	근무년수	
9	김*	<=20	
10	이*	>=20	
11			

① 김소리
② 이향진
③ 김민정
④ 이인호

37. 다음 중 [머리글/바닥글] 기능에 대한 설명으로 옳지 않은 것은?

① 머리글이나 바닥글의 텍스트에 앰퍼샌드(&) 문자 한 개를 포함시키려면 앰퍼샌드(&) 문자를 두 번 입력한다.
② 여러 워크시트에 동일한 [머리글/바닥글]을 한 번에 추가하려면 여러 워크시트를 선택하여 그룹화 한 후 설정한다.
③ [페이지 나누기 미리 보기] 상태에서는 워크시트에 머리글과 바닥글 영역이 함께 표시되어 간단히 머리글/바닥글을 추가할 수 있다.
④ 차트 시트인 경우 [페이지 설정] 대화상자의 [머리글/바닥글] 탭에서 머리글/바닥글을 추가할 수 있다.

38. 다음 중 1부터 10까지의 합을 구하는 VBA 모듈로 옳지 않은 것은?

①
```
no = 0
sum = 0
Do While no <= 10
    sum = sum + no
    no = no + 1
Loop
MsgBox sum
```

②
```
no = 0
sum = 0
Do
    sum = sum + no
    no = no + 1
Loop While no <= 10
MsgBox sum
```

③
```
no = 0
sum = 0
Do While no < 10
    sum = sum + no
    no = no + 1
Loop
MsgBox sum
```

④
```
sum = 0
For no = 1 To 10
    sum = sum + no
Next
MsgBox sum
```

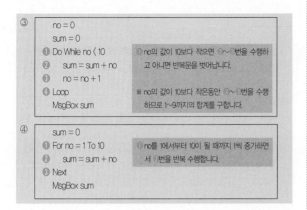

③
```
no = 0
sum = 0
❶ Do While no < 10
❷   sum = sum + no
❸   no = no + 1
❹ Loop
MsgBox sum
```
❶ no의 값이 10보다 작으면 ❷~❸번을 수행하고 아니면 반복문을 벗어납니다.

※ no의 값이 10보다 작은동안 ❷~❸번을 수행하므로 1~9까지의 합계를 구합니다.

④
```
sum = 0
❶ For no = 1 To 10
❷   sum = sum + no
❸ Next
MsgBox sum
```
❶ no를 1에서부터 10이 될 때까지 1씩 증가하면서 ❷번을 반복 수행합니다.

03210540 등급 A

40. 아래 워크시트에서 순위[G2:G10]는 총점을 기준으로 구하되 동점자에 대해서는 국어를 기준으로 순위를 구하였다. 다음 중 [G2] 셀에 입력된 수식으로 옳은 것은?

	A	B	C	D	E	F	G
1	성명	국어	수학	영어	사회	총점	순위
2	홍길동	92	50	30	10	182	1
3	한민국	80	50	20	30	180	3
4	이대한	90	40	20	30	180	2
5	이나래	70	50	30	30	180	4
6	마상욱	80	30	10	50	170	7
7	박정인	90	40	20	20	170	6
8	사수영	70	40	30	30	170	8
9	고소영	85	40	30	20	175	5
10	장영수	70	50	10	5	135	9

① {=RANK.EQ($F2, $F$2:$F$10)+RANK.EQ($B2, $B$2:$B$10)}

② {=RANK.EQ($B2, $B$2:$B$10)*RANK.EQ($F2, $F$2:$F$10)}

③ {=RANK.EQ($F2, $F$2:$F$10)+SUM(($F$2:$F$10=$F2)*($B$2:$B$10>$B2))}

④ {=SUM(($F$2:$F$10=$F2)*($B$2:$B$10>$B2))*RANK.EQ($F2, $F$2:$F$10)}

전문가의 조언

[G2] 셀에 입력된 수식으로 옳은 것은 ③번입니다.

• '총점'으로 순위를 구한 후 동점자에 대해 '국어'로 순위를 구하려면 우선 총점을 기준으로 순위를 구한 다음 이 순위에 동점자들의 국어 점수를 비교하여 기준이 되는 국어 점수보다 높은 점수의 개수를 구해 더해주면 됩니다.
=RANK.EQ($F2, $F$2:$F$10)+SUM(($F$2:$F$10=$F2)*($B$2:$B$10>$B2))
　　　　　　❶　　　　　　　　　　　❷

❶ RANK.EQ($F2, $F$2:$F$10) : [F2:F10] 영역에서 [F2] 셀의 순위를 구합니다. 여러 셀에 결과를 구해야 하므로 범위는 절대 참조로 지정해야 하지만, [F2] 셀의 경우는 F3, F4 등으로 변경되어야 하므로 F2 또는 $F2로 지정하면 됩니다.

❷ SUM(($F$2:$F$10=$F2)*($B$2:$B$10>$B2))

• 조건이 두 개일 때 배열 수식을 이용하여 개수를 구하는 방법은 다음의 3가지 방법이 있습니다.

  • 방법1 : =SUM((조건1) * (조건2))
  • 방법2 : =SUM(IF(조건1, IF(조건2, 1)))
  • 방법3 : =COUNT(IF(조건1, IF(조건2, 1)))

1. 조건 찾기
  – 조건1 : 총점이 동점인지를 비교해야 합니다. 비교 대상이 될 총점이 있는 범위(F2:F10)와 비교할 기준이 되는 [F2] 셀을 "="으로 연결하여 적어주면 됩니다(F2:F10=F2).

등급 B

39. 다음 중 엑셀의 틀 고정에 대한 기능 설명으로 옳지 않은 것은?

① 틀 고정 방법으로 첫 행 고정을 실행하면 선택된 셀의 위치와 상관없이 첫 행이 고정된다.

② 틀 고정은 특정 행 또는 열을 고정할 때 사용하는 기능으로, 주로 표의 제목 행 또는 제목 열을 고정한 후 작업할 때 유용하다.

③ 선택된 셀의 왼쪽 열과 바로 위의 행이 고정된다.

④ 틀 고정 구분선을 마우스로 잡아끌어 틀 고정 구분선을 이동시킬 수 있다.

전문가의 조언

창 나누기 기준은 마우스로 위치를 조정할 수 있으나 틀 고정 기준은 마우스로 위치를 조정할 수 없습니다.

- 조건2 : 동점자 중 국어 점수가 기준이 되는 국어 점수보다 높은 점수를 찾아야 합니다. 비교 대상이 될 국어가 있는 범위(B2:B10)와 비교할 기준이 되는 [B2] 셀을 ")"로 연결하여 적어주면 됩니다(B2:B10)B2).

2. 위의 조건을 개수 구하기 배열 수식에 대입하면 다음과 같습니다.

- 방법1 : =SUM((F2:F10=F2)*(B2:B10)B2))
- 방법2 : =SUM(IF(F2:F10=F2, IF(B2:B10)B2, 1)))
- 방법3 : =COUNT(IF(F2:F10=F2, IF(B2:B10)B2, 1)))

- 여러 셀에 결과를 구해야 하므로 범위는 절대 참조로 지정해야 하고, [F2]와 [B2] 셀은 F2 또는 $F2, B2 또는 $B2로 지정하면 됩니다. '방법1'로 수식을 입력한 후 Ctrl + Shift + Enter를 누르면 중괄호 { }가 자동으로 붙여져 {=RANK.EQ($F2, $F$2 :$F$10)+SUM(($F$2:$F$10=F2)*(($B$2:$B$10)$B2))}로 표시됩니다.

3 과목 데이터베이스 일반

41. 다음 중 하위 보고서에 대한 설명으로 옳지 않은 것은?

① 관계 설정에 문제가 있을 경우, 하위 보고서가 제대로 표시되지 않을 수 있다.

② 디자인 보기 상태에서 하위 보고서의 크기 조절 및 이동이 가능하다.

③ 테이블, 쿼리, 폼 또는 다른 보고서를 이용하여 하위 보고서를 작성할 수 있다.

④ 하위 보고서에는 그룹화 및 정렬 기능을 설정할 수 없다.

전문가의 조언
주 보고서와 하위 보고서에 모두 그룹화 및 정렬 기능을 설정할 수 있습니다.

42. 다음 중 참조 무결성에 대한 설명으로 옳지 않은 것은?

① 참조 무결성은 참조하고 참조되는 테이블 간의 참조 관계에 아무런 문제가 없는 상태를 의미한다.

② 다른 테이블을 참조하는 테이블 즉, 외래 키 값이 있는 테이블의 레코드 삭제 시에는 참조 무결성이 위배될 수 있다.

③ 다른 테이블을 참조하는 테이블의 레코드 추가 시 외래 키 값이 널(Null)인 경우에는 참조 무결성이 유지된다.

④ 다른 테이블에 의해 참조되는 테이블에서 레코드를 추가하는 경우에는 참조 무결성이 유지된다.

전문가의 조언
- 레코드 삭제 시 참조 무결성이 깨질 수 있는 경우는 다른 테이블에 의해 참조되는 테이블의 레코드를 삭제할 때입니다.
- 다른 테이블을 참조하는 테이블의 레코드를 삭제하는 것은 참조 무결성에 영향을 주지 못합니다.

43. 〈상품〉 폼에 있는 '재고' 필드를 참조하고자 한다. 참조 형식이 바르게 설정된 것은?

① [Forms]![상품]![재고]
② [Forms]@[상품]@[재고]
③ [Forms]![상품]@[재고]
④ [Forms]@[상품]![재고]

전문가의 조언
컨트롤 원본에 다른 개체에 있는 필드를 지정할 경우에는 =[개체]![개체이름]![필드이름]과 같은 형식으로 지정합니다.

등급 A

44. 다음 보고서에 대한 설명으로 옳지 않은 것은?

거래처별보고서			
시네마			
순번	날짜	수량	공급가액
1	2019-11-19	61	28548
2	2018-09-06	56	20160
시공테크			
순번	날짜	수량	공급가액
1	2020-12-06	36	22680
2	2018-09-09	39	20709
스피드 PC방			
순번	날짜	수량	공급가액
1	2020-06-29	57	13338
2	2020-03-22	39	27027
3	2018-12-27	70	7560

5 / 8

① 음영으로 표시된 "거래처별보고서"는 페이지 머리글에 작성되었다.
② 거래처별로 그룹이 설정되었고 날짜를 기준으로 내림차순 정렬이 설정되었다.
③ '순번'은 컨트롤 원본에 "=1"이 입력되고 '누적 합계' 속성이 "그룹"으로 설정되었다.
④ 보고서 바닥글에 표시된 페이지 번호는 전체 페이지 번호와 현재 페이지 번호가 레이블을 이용하여 작성되었다.

등급 C

45. 다음 중 데이터베이스에서 인덱스를 사용하는 목적으로 가장 적절한 것은?

① 데이터 검색 및 정렬 작업 속도 향상
② 데이터의 추가, 수정, 삭제 속도 향상
③ 데이터의 일관성 유지
④ 최소 중복성 유지

등급 A

46. 다음 중 기본 보기 속성을 통해 설정하는 폼의 종류에 대한 설명으로 가장 옳지 않은 것은?

① 단일 폼은 한 번에 한 개의 레코드만을 표시한다.
② 연속 폼은 현재 창을 채울 만큼 여러 개의 레코드를 표시한다.
③ 연속 폼은 매 레코드마다 폼 머리글과 폼 바닥글이 표시된다.
④ 데이터시트 형식은 스프레드시트처럼 행과 열로 정렬된 폼 필드를 표시한다.

등급 C

47. 다음 중 [홈] → 레코드 → Σ 요약에 대한 설명으로 옳지 않은 것은?

① 'Σ 요약' 기능이 설정된 상태에서 '텍스트' 데이터 형식의 필드에는 '개수' 집계 함수만 지정할 수 있다.
② 'Σ 요약' 기능은 데이터시트 형식으로 표시되는 테이블, 폼, 쿼리, 보고서 등에서 사용할 수 있다.
③ 'Σ 요약' 기능을 실행했을 때 생기는 요약 행을 통해 집계 함수를 좀 더 쉽고 빠르게 사용할 수 있다.
④ 'Σ 요약' 기능이 설정된 상태에서 'Yes/No' 데이터 형식의 필드에 '개수' 집계 함수를 지정하면 체크된 레코드의 총 개수가 표시된다.

48. 다음과 같이 '제품' 테이블의 레코드는 모두 표시되고, '구매' 테이블에서는 '제품번호' 필드가 일치하는 레코드만 표시하는 조인 형식은 무엇인가?

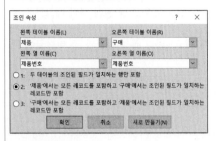

① 내부 조인(Inner Join)
② 왼쪽 외부 조인(Left Join)
③ 오른쪽 외부 조인(Right Join)
④ 카테션 곱(Cartesian Project Join)

49. 다음 중 기본키(Primary Key)에 대한 설명으로 옳은 것은?

① 모든 테이블에는 기본키를 반드시 설정해야 한다.
② 액세스에서는 단일 필드 기본키와 일련 번호 기본키만 정의 가능하다.
③ 데이터가 이미 입력된 필드도 기본키로 지정할 수 있다.
④ OLE 개체나 첨부 파일 형식의 필드에도 기본키를 지정할 수 있다.

50. 다음 중 액세스에서 보고서를 출력(미리보기/인쇄)하기 위한 VBA 개체와 메서드로 옳은 것은?

① Docmd.OpenReport
② Report
③ Docmd.ReportPrint
④ Report.Open

51. 다음 중 정규화에 대한 설명으로 옳지 않은 것은?

① 정규화를 통해 테이블 간의 종속성을 높이기 위한 것이다.
② 대체로 더 작은 필드를 갖는 테이블로 분해하는 과정이다.
③ 데이터 중복을 최소화하기 위한 작업이다.
④ 추가, 갱신, 삭제 등 작업 시의 이상(Anomaly) 현상이 발생하지 않도록 하기 위한 것이다.

52. 다음 중 현재 폼에서 'cmd숨기기' 단추를 클릭하는 경우, DateDue 컨트롤이 표시되지 않도록 하기 위한 이벤트 프로시저로 옳은 것은?

① Private Sub cmd숨기기_Click( )
　　Me.[DateDue]!Visible = False
End Sub
② Private Sub cmd숨기기_DblClick( )
　　Me!DateDue.Visible = True
End Sub

③ Private Sub cmd숨기기_Click( )
　　Me![DateDue].Visible = False
　End Sub
④ Private Sub cmd숨기기_DblClick( )
　　Me.DateDue!Visible = True
　End Sub

전문가의 조언

DateDue 컨트롤이 표시되지 않도록 하기 위한 이벤트 프로시저로 옳은 것은 ③번입니다.

• 특정 컨트롤을 마우스로 클릭했을 때 발생하는 이벤트는 Click 이벤트입니다. 'cmd숨기기' 단추를 클릭했을 때 발생하는 이벤트 프로시저는 **Private Sub cmd숨기기_Click( )**으로 시작해야 합니다.
• 폼, 보고서 컨트롤 등의 표시 여부를 결정하는 속성은 Visible이며, **Visible = False**와 같이 Visible 속성을 'False'로 설정하면 표시하지 않고 'True'로 설정하면 표시합니다.
• 개체명과 컨트롤명은 느낌표(!)로 구분하고, 컨트롤에 속성을 지정할 때는 점(.)으로 연결합니다.

등급 **C**

54. 다음 중 찾기나 바꾸기를 수행할 때 사용하는 와일드카드에 대한 설명으로 잘못된 것은?

① 1#3 : 103, 113, 123 등을 찾을 수 있다.
② 소[!유비]자 : 소유자, 소개자 등을 찾을 수 있다.
③ 소?자 : 소비자, 소유자, 소개자 등을 찾을 수 있다.
④ a[b-d]d : abd, acd 등을 찾을 수 있다.

전문가의 조언

소[!유비]자에서 !는 대괄호([ ]) 안에 있는 문자를 제외하므로, 중간에 '유'나 '비'가 포함되지 않는, 즉 '소유자'나 '소비자'가 아닌 '소'로 시작하고 '자'로 끝나는 3글자를 대상으로 합니다.

등급 **B**

53. 다음 중 폼 디자인 보기에서의 작업에 대한 설명으로 옳지 않은 것은?

① [필드 목록] 창을 이용하여 원본으로 사용하는 테이블이나 쿼리의 필드를 디자인 창에 추가할 수 있다.
② 각 구역의 구분선을 마우스로 드래그하여 구역의 크기를 조절할 수 있다.
③ 폼 왼쪽 상단의 폼 선택기(■)를 더블클릭하면 폼의 전체 컨트롤이 선택된다.
④ 폼 머리글이나 바닥글 구역에 포함된 컨트롤들은 해당 구역을 삭제하면 함께 삭제된다.

전문가의 조언

폼 왼쪽 상단의 폼 선택기(■)를 더블클릭하면 폼 속성 시트 창이 표시됩니다.

등급 **A**

55. 다음과 같은 폼을 만드는 폼 작성 도구는?

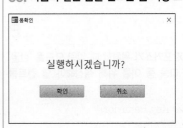

① 여러 항목　　　　② 폼 분할
③ 새 폼　　　　　　④ 모달 대화 상자

전문가의 조언

문제의 그림과 같이 〈확인〉과 〈취소〉 버튼이 자동으로 생성되는 폼은 모달 대화상자입니다.

• **여러 항목** : 테이블 형식의 폼이 작성됨
• **폼 분할** : 하나의 원본 데이터를 이용하여 상단에는 열 형식으로, 하단에는 데이터 시트 형식으로 2개의 폼이 한 화면에 작성됨
• **새 폼** : 빈 폼이 작성됨

등급 A

56. 다음 질의문에 대한 설명으로 옳은 것은?

```
SELECT 학과번호, 학과명
FROM 학과
WHERE 학과번호 LIKE "C*";
```

① 학과번호가 C로 시작하는 학과번호 두 글자와 학과명을 표시한다.
② 학과번호가 C를 포함하는 학과번호와 학과명을 표시한다.
③ 학과번호가 C로 시작하는 한 글자 이상의 학과번호와 학과명을 표시한다.
④ 학과번호가 C로 끝나는 학과번호와 학과명을 표시한다.

전문가의 조언
질의문에 대한 설명으로 옳은 것은 ③번입니다. 질의문을 각 절별로 살펴보면 다음과 같습니다.
• SELECT 학과번호, 학과명 : '학과번호'와 '학과명' 속성을 표시합니다.
• FROM 학과 : 〈학과〉 테이블에서 검색합니다.
• WHERE 학과번호 LIKE "C*"; : '학과번호'가 "C"로 시작하는 레코드만을 대상으로 검색합니다.

등급 B

57. 폼의 각 컨트롤에 포커스가 위치할 때 입력 모드를 '한글'로 지정하고자 한다. 다음 중 이를 위해 설정해야 할 컨트롤 속성은?

① 엔터키 기능(Enter Key Behavior)
② 상태 표시줄 텍스트(Status Bar Text)
③ 탭 인덱스(Tab Index)
④ 입력 시스템 모드(IME Mode)

전문가의 조언
컨트롤에 포커스가 위치할 때 사용할 입력 모드를 지정하는 속성은 입력 시스템 모드(IME Mode)입니다.
• 〈Enter〉 키 기능 : 텍스트 상자 컨트롤에서 Enter를 눌렀을 때 수행할 작업을 설정함
• 상태 표시줄 텍스트 : 컨트롤이 포커스를 가질 때 상태 표시줄에 표시할 메시지를 설정함
• 탭 인덱스 : 컨트롤의 탭(Tab) 순서를 설정함

등급 A

58. 다음 중 아래 SQL 문에 대한 설명으로 옳은 것은?

```
UPDATE 학생
SET 주소='서울'
WHERE 학번=100;
```

① [학생] 테이블에 주소가 '서울'이고 학번이 100인 레코드를 추가한다.
② [학생] 테이블에서 주소가 '서울'이고 학번이 100인 레코드를 검색한다.
③ [학생] 테이블에서 학번이 100인 레코드의 주소를 '서울'로 갱신한다.
④ [학생] 테이블에서 주소가 '서울'인 레코드의 학번을 100으로 갱신한다.

전문가의 조언
SQL 문에 대한 설명으로 옳은 것은 ③번입니다. 질의문은 각 절을 분리하여 이해하면 쉽습니다.
• Update 학생 : 〈학생〉 테이블의 레코드를 수정합니다.
• Set 주소 = '서울' : '주소' 필드의 값을 "서울"로 변경합니다.
• Where 학번 = '100' : '학번' 필드의 값이 "100"인 레코드만을 대상으로 합니다.

등급 A

59. 다음 중 폼 작성 시 사용하는 컨트롤에 대한 설명으로 옳지 않은 것은?

① 바운드 컨트롤 : 폼이나 보고서에서 테이블이나 쿼리의 필드를 컨트롤 원본으로 사용하는 컨트롤이다.
② 탭 컨트롤 : 탭 형식의 대화상자를 작성하는 컨트롤로, 다른 컨트롤을 탭 컨트롤로 복사하거나 추가할 수 있다.
③ 레이블 컨트롤 : 날짜나 시간을 표시하는 용도로 사용하는 컨트롤이다.
④ 계산 컨트롤 : 원본 데이터로 필드를 사용하지 않고 식을 사용하는 컨트롤이다.

전문가의 조언
• 날짜나 시간은 함수를 사용해서 표시하는데, 이와 같이 함수의 결과 값을 표시하려면 텍스트 상자를 사용해야 합니다.
• 레이블은 제목이나 캡션, 설명 등을 표시하는 용도로 사용됩니다.

03210560 등급 A

60. 보고서 머리글의 텍스트 박스 컨트롤에 다음과 같이 컨트롤 원본을 지정하였다. 보고서 미리 보기를 하는 경우 어떠한 결과가 나타나는가? (단, 현재 날짜와 시간이 2021년 1월 2일 오후 3시 4분 5초라고 가정한다.)

=Format(Now( ), "mmmm ampm h:n")

① Jan 3:4
② January 오후 3:4
③ Jan pm 3:4:5
④ January pm 3:4:5

전문가의 조언
보고서 미리 보기의 결과는 **January 오후 3:4**입니다.
• Format(식, 형식)은 계산 결과에 표시 형식을 지정하는 함수입니다.

나는 시험에 나오는 것만 공부한다!
이제 시나공으로 한 번에 정복하세요!

기본서 (필기/실기)

기초 이론부터 완벽하게 공부해서 안전하게 합격하고 싶어요!

특징

자세하고 친절한 이론으로 기초를 쌓은 후 바로 문제풀이를 통해 정리한다.

구성

본권
기출문제
토막강의

실기
온라인 채점 서비스
• 워드프로세서
• 컴퓨터활용능력
• ITQ

출간종목

컴퓨터활용능력1급 필기/실기
컴퓨터활용능력2급 필기/실기
워드프로세서 필기/실기
정보처리기사 필기/실기
정보처리산업기사 필기/실기
정보처리기능사 필기/실기
사무자동화산업기사 실기
ITQ 엑셀/한글/파워포인트
GTQ 1급/2급

Quick & Easy (필기/실기)

필요한 내용만 간추려 빠르고 쉽게 공부하고 싶어요!

특징

큰 판형, 쉬운 설명으로 시험에 꼭 나오는 알짜만 골라 학습한다.

구성

본권
기출문제
토막강의

필+실기
온라인 채점 서비스
• 컴퓨터활용능력

출간종목

컴퓨터활용능력1급 필기/실기
컴퓨터활용능력2급 필기/실기
정보처리기사 필기/실기

총정리 (필기/실기)

이론은 공부했지만 어떻게 적용되는지 문제풀이를 통해 감각을 익히고 싶어요!

특징

간단하게 이론을 정리한 후 충분한 문제풀이를 통해 실전 감각을 향상시킨다.

구성

핵심요약
기출문제
모의고사
토막강의

실기
온라인 채점 서비스
• 컴퓨터활용능력

출간종목

컴퓨터활용능력1급 필기/실기
컴퓨터활용능력2급 필기/실기
사무자동화산업기사 필기

기출문제집 (필기/실기)

이론은 완벽해요! 기출문제로 마무리하고 싶어요!

특징

최신 기출문제를 반복 학습하며 최종 마무리한다.

구성

핵심요약(PDF)
기출문제
토막강의

실기
온라인 채점 서비스
• 컴퓨터활용능력

출간종목

컴퓨터활용능력1급 필기/실기
컴퓨터활용능력2급 필기/실기
정보처리기사 필기/실기

한 번에 합격,
자격증은 이기적

이렇게
기막힌
적중률

함께 공부하고 특별한 혜택까지!

이기적 스터디 카페   🔍

구독자 13만 명, 전강 무료!

이기적 유튜브   🔍

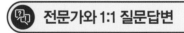
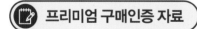
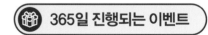

인증만 하면, 고퀄리티 강의가 무료!

100% 무료 강의

STEP 1
이기적
홈페이지
접속하기

STEP 2
무료동영상
게시판에서
과목 선택하기

STEP 3
ISBN 코드
입력 & 단어
인증하기

STEP 4
이기적이 준비한
명품 강의로
본격 학습하기

1년 365일 이기적이 쏜다!

365일 진행되는 이벤트에 참여하고 다양한 혜택을 누리세요.

EVENT ❶ 기출문제 복원

- 이기적 독자 수험생 대상
- 응시일로부터 7일 이내 시험만 가능
- 스터디 카페의 링크 클릭하여 제보

이벤트 자세히 보기 ▶

EVENT ❷ 합격 후기 작성

- 이기적 스터디 카페의 가이드 준수
- 네이버 카페 또는 개인 SNS에 등록 후 이기적 스터디 카페에 인증

이벤트 자세히 보기 ▶

EVENT ❸ 온라인 서점 리뷰

- 온라인 서점 구매자 대상
- 한줄평 또는 텍스트 & 포토리뷰 작성 후 이기적 스터디 카페에 인증

이벤트 자세히 보기 ▶

EVENT ❹ 정오표 제보

- 이름, 연락처 필수 기재
- 도서명, 페이지, 수정사항 작성
- book2@youngjin.com으로 제보

이벤트 자세히 보기 ▶

N Pay 20,000원

영진닷컴 쇼핑몰 30,000원

- N페이 포인트 5,000~20,000원 지급
- 영진닷컴 쇼핑몰 30,000원 적립
- 30,000원 미만의 영진닷컴 도서 증정

※이벤트별 혜택은 변경될 수 있으므로 자세한 내용은 해당 QR을 참고하세요.

이렇게
기막힌
적중률

컴퓨터그래픽기능사
필기 절대족보

1권 · 핵심이론

"이" 한 권으로 합격의 "기적"을 경험하세요!

YoungJin.com Y.
영진닷컴

차례

⬇ 구매인증 PDF

더 공부하고 싶다면?
그래서 이기적이 준비했습니다!
[이기적 스터디 카페]에 접속한 후 구매 인증을 하면 더 많은 추가 자료를 보내드립니다.
이기적은 여러분의 합격을 응원합니다!

이 책의 구성

01 손에 잡히는 핵심이론

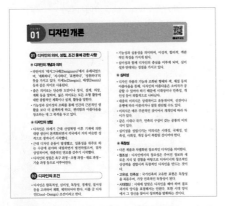

POINT별 기적의 TIP과 예제들을 통해 시험에 꼭 나오는 핵심이론을 공부하세요.

02 단답형&객관식 문제

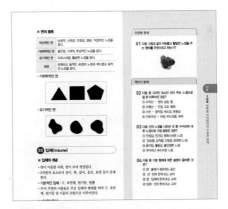

단답형 문제와 객관식 문제로 이론에서 공부한 내용을 확실하게 복습하세요.

03 자주 출제되는 기출문제 100선

자주 출제되는 개념을 다시 확인하고, 문제를 함께 풀어보면서 내용을 숙지하세요.

04 최신 기출문제 10회

새로운 출제기준을 반영한 기출 유형문제와 과년도 기출을 풀어보면서 실력을 점검하세요.

01 응시 자격 조건

남녀노소 누구나 응시 가능

02 원서 접수하기

- http://www.q-net.or.kr에서 접수
- 정기 검정 : 1년에 4회

03 시험 응시

- 신분증과 수험표 지참
- 60분 동안 지시사항과 문서를 보고 답안 제출

04 합격자 발표

정기 검정 : 시행일에 맞추어 발표

01 응시 자격

자격 제한 없음

02 원서 접수

필기 : 14,500원, 실기 : 23,700원

(원서 접수 마감일 18시까지 계좌이체 및 카드결제 가능)

03 합격 기준

필기 시험	100점을 만점으로 하여 60점 이상
실기 시험	100점을 만점으로 하여 60점 이상

04 합격자 발표

최종 답안 제출 후 바로 점수 확인 가능

05 자격증 수령

- 상장형 자격증을 원칙으로 하며 수첩형 자격증도 발급
- 자격 취득 사실 확인이 필요한 경우 취득사항확인서 발급

형태	상장형 및 수첩형
신청 절차	공단이 본인 확인용 사진을 보유한 경우, 인터넷 배송 신청 가능(q-net.or.kr)
수수료	• 인터넷 접수 수수료 : 3,100원 • 우편 배송 요금 : 3,010원
수령 방법	• 상장형 자격증은 인터넷을 통해 무료 발급 가능(1회 1종목) • 수첩형 자격증은 우편 배송만 가능 • 신분 미확인자는 공단에 직접 방문하여 수령
신청 접수 기간	합격자 발표 이후

06 필기 출제 기준

- 적용 기간 : 2025.1.1.~2027.12.31.
- 시각 디자인 일반, 컴퓨터 그래픽

비주얼 아이데이션 구상과 전개	• 아이디어 구상 및 전개 • 아이디어 스케치 구상 및 전개 • 비주얼 방향 구상 및 전개
비주얼 아이데이션 적용	• 아이디어 적용 • 아이디어 스케치 적용 • 비주얼 방향 적용
시안 디자인 개발 기초	• 시안 개발계획 수립 • 아트워크 • 베리에이션
시안 디자인 개발 응용	• 시안 개발 응용 • 아트워크 응용 • 베리에이션 좁히기
조색	• 목표색 분석 및 색 혼합 • 조색 검사 및 완성
배색	• 색채계획서 작성 및 배색 조합 • 배색 적용 의도 작성
2D 그래픽 제작	• 2D 이미지 제작 • 2D 이미지 합성 · 보정 • 타이포그래피

1과목 산업 디자인 일반 — 2025년부터 제외된 과목, 고득점하기 쉬운 과목!

이 과목은 2025년부터 출제 기준에서 제외된 과목입니다. 다만, 변경된 출제 기준으로 시행되는 첫 해이므로 출제 가능성을 완전히 배제할 수 없으므로 이론을 파악하는 정도로 학습하시기 바랍니다.

2과목 색채 및 도법 — 조금은 어려운 과목! 꼼꼼한 학습이 필요!

색채학은 디자인 전반에 걸쳐 상호 연계되어 활용되므로 빠짐없이 이해하면서 학습해야 합니다. 도법 부분은 처음 접하면 생소할 수 있지만 기본적인 사항을 이해하고, 암기를 병행하면 충분히 정복할 수 있습니다.

빈출태그

항목	비율	빈출태그
01. 색의 기본 원리	14%	색의 의미, 색의 분류, 색의 3속성, 가시광선, 푸르킨예 현상
02. 색의 혼합 및 표시방법	18%	색의 혼합, 현색계·표색계, 먼셀의 표색계, 오스트발트의 색입체, 관용색명, 일반색명
03. 색의 지각과 심리	20%	색의 대비·동화·잔상·명시도·주목성, 진출과 후퇴, 팽창과 수축색
04. 색채조화	14%	대비조화, 색채조화론, 배색심리, 색채조절
05. 제도일반	8%	제도의 정의와 규격, 제도 문자, 제도 용구, 선의 종류와 용도
06. 평면도법	8%	직선, 각, 다각형에 관한 도법·원과 원호, 타원, 소용돌이, 원추곡선 작도법
07. 투상도법	10%	제3각법, 제1각법, 축측 투상도, 온 단면도
08. 투시도법	8%	부호와 용어, 원리, 소점에 의한 투시

3과목 **디자인 재료** 2025년부터 제외된 과목, 적은 빈도수!

이 과목은 2025년부터 출제 기준에서 제외된 과목입니다. 다만, 변경된 출제 기준으로 시행되는 첫 해이므로 출제 가능성을 완전히 배제할 수 없으므로 이론을 파악하는 정도로 학습하시기 바랍니다.

4과목 **컴퓨터그래픽** 비교적 쉽게 점수를 얻을 수 있는 과목! 합격에 유리한 과목!

컴퓨터그래픽은 디자이너에게 기본이 되는 과목이므로 전체 내용을 충분히 이해하고, 중요한 부분을 암기해 두어야 합니다. 특히, 출제 비중이 높아지고 있는 디자인과 컴퓨터그래픽, 컴퓨터 응용 디자인 부분을 충분히 학습해 주세요.

빈출 태그

항목	비중	빈출 태그
01. 컴퓨터그래픽 일반	17%	세대별 주요 소자, 정보 표현 단위, 기억 용량 단위, 극좌표계
02. 컴퓨터그래픽의 시스템 구성	17%	입력 장치, 중앙 처리 장치, ROM, RAM, 필름 레코더
03. 디자인과 컴퓨터그래픽	32%	비트맵/벡터 방식, 컴퓨터그래픽 색상, 앨리어싱/안티앨리어싱
04. 컴퓨터 응용 디자인	26%	포토샵, 일러스트레이터, 모델링의 종류, 셰이딩, 애니메이션
05. 기타 컴퓨터에 관한 지식	8%	하드웨어 관련 지식, 소프트웨어 관련 지식, 인터넷 관련 지식

01 CBT란?

CBT는 시험지와 필기구로 응시하는 일반 필기시험과 달리, 컴퓨터 화면으로 시험 문제를 확인하고 그에 따른 정답을 클릭하면 네트워크를 통하여 감독자 PC에 자동으로 수험자의 답안이 저장되는 방식의 시험입니다.

오른쪽 QR코드를 스캔해서 큐넷 CBT를 체험해 보세요!

큐넷 CBT
체험하기

02 CBT 필기시험 진행 방식

본인 좌석
확인 후 착석
→
수험자
정보 확인
→
화면 안내에
따라 진행
→
검토 후
최종 답안 제출
→
퇴실

03 CBT 응시 유의사항

- 수험자마다 문제가 모두 달라요, 문제은행에서 자동 출제됩니다!
- 답지는 따로 없어요!
- 문제를 다 풀면, 반드시 '제출' 버튼을 눌러야만 시험이 종료되어요!
- 시험 종료 안내방송이 따로 없어요.

04 Q&A

Q CBT 시험이 처음이에요! 시험 당일에는 어떤 것들을 준비해야 좋을까요?

A 시험 20분 전 도착을 목표로 출발하고 시험장에는 주차할 자리가 마땅하지 않은 경우가 많으므로, 대중교통을 이용하는 것을 추천합니다. 무사히 시험 장소에 도착했다면 수험자 입장 시간에 늦지 않게 시험실에 입실하고, 자신의 자리를 확인한 뒤 착석하세요.

Q 기존보다 더 어려워졌을까요?

A 시험 자체의 난이도 차이는 없지만, 랜덤으로 출제되는 CBT 시험 특성상 경우에 따라 유독 어려운 문제가 많이 출제될 수는 있습니다. 이러한 돌발 상황에 대비하기 위해 이기적 CBT 온라인 문제집으로 실제 시험과 동일한 환경에서 미리 연습해두세요.

05 CBT 진행 순서

좌석번호 확인
수험자 접속 대기 화면에서 본인의 좌석번호를 확인합니다.
↓

수험자 정보 확인
시험 감독관이 수험자의 신분을 확인하는 단계입니다.
신분 확인이 끝나면 시험이 시작됩니다.
↓

안내사항
시험 안내사항을 확인하고, 다음을 클릭합니다.
↓

유의사항
시험과 관련된 유의사항을 확인합니다.
↓

문제풀이 메뉴 설명
시험을 볼 때 필요한 메뉴에 대한 설명을 확인합니다.
메뉴를 이용해 글자 크기와 화면 배치를 조정할 수 있습니다.
남은 시간을 확인하며 답을 표기하고, 필요한 경우 아래의 계산기를 이용할 수 있습니다.
↓

문제풀이 연습
시험 보기 전, 연습을 해 보는 단계입니다.
직접 시험 메뉴화면을 클릭하며, CBT가 어떻게 진행되는지 확인합니다.
↓

시험 준비 완료
문제풀이 연습을 모두 마친 후 [시험 준비 완료] 버튼을 클릭하면 시험 감독관의 지시에 따라 시험이 시작됩니다.
↓

시험 시작
시험이 시작되었습니다. 수험자는 제한 시간에 맞추어 문제풀이를 시작합니다.
↓

답안 제출
시험을 완료하면 [답안 제출] 버튼을 클릭합니다. 답안을 수정하기 위해 시험화면으로 돌아가고 싶으면 [아니오] 버튼을 클릭합니다.
↓

답안 제출 최종 확인
답안 제출 메뉴에서 [예] 버튼을 클릭하면, 수험자의 실수를 방지하기 위해 한 번 더 주의 문구가 나타납니다. 완벽히 시험 문제 풀이가 끝났다면 [예] 버튼을 클릭하여 최종 제출합니다.
↓

합격 발표
CBT 시험이 모두 종료되면, 퇴실할 수 있습니다.

이제 완벽하게 CBT 필기시험에 대해 이해하셨나요?
그렇다면 이기적이 준비한 CBT 온라인 문제집으로 학습해 보세요!

이기적 온라인 문제집 : https://cbt.youngjin.com

이기적 CBT
바로가기

손에 잡히는
핵심이론

※ 그래프는 2024년 12월 31일까지의 출제 경향입니다.

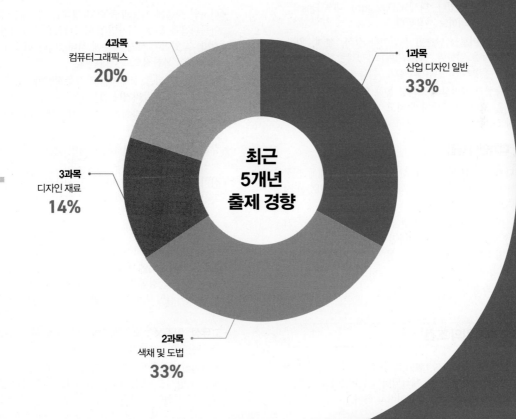

4과목
컴퓨터그래픽스
20%

1과목
산업 디자인 일반
33%

3과목
디자인 재료
14%

최근
5개년
출제 경향

2과목
색채 및 도법
33%

▶합격 강의

01 디자인의 의미, 성립, 조건 등에 관한 사항

◎ 디자인의 개념과 의미

- 라틴어의 '데지그나레(Designare)'에서 유래되었으며, '계획하다', '지시하다', '표현하다', '성취하다'의 뜻을 가지고 있다. 디세뇨(Disegno), 데셍(Dessin) 등과 같은 의미로 사용된다.
- 좁은 의미로는 단순한 도안이나 장식, 설계, 의장, 계획 등을 말하며, 넓은 의미로는 모든 조형 활동에 대한 종합적인 계획이나 설계, 활동을 말한다.
- 기능성과 심미성의 조화를 통해 인간의 근본적인 생활을 보다 더 윤택하게 하고, 편리함과 아름다움을 창조하는 데 그 목적을 두고 있다.

◎ 디자인의 성립

- 디자인은 19세기 근대 산업혁명 이후 기계에 의한 대량 생산이 본격화되면서 각국에서 거의 비슷한 성격으로 생겨나기 시작했다.
- 근대 디자인 운동이 발생했고, 일품성을 위주로 하는 수공예 분야와 대립하면서 발전하였으며, 점차 상업적이며, 대중적인 면모를 갖추기 시작했다.
- 디자인의 성립은 욕구 과정−조형 과정−재료 과정−기술 과정 등으로 이루어진다.

02 디자인의 조건

- 디자인은 합목적성, 심미성, 독창성, 경제성, 질서성 등을 고려하여 계획, 제작되어야 한다. 이를 굿 디자인(Good−Design) 조건이라고 한다.

◎ 합목적성

- 디자인 목적에 부합되는 성질로서 1차 조건이 된다.
- 디자인이 대상과 용도, 목적에 맞게 이루어져 있는가를 의미한다.

- 기능성과 실용성을 의미하며, 이성적, 합리적, 객관적인 특징을 가지게 된다.
- 심미성과 함께 디자인의 중심을 이루게 되며, 심미성과 반대되는 성질을 가지고 있다.

◎ 심미성

- 디자인 작품의 기능과 조화된 형태와 색, 재질 등의 아름다움을 뜻해. 디자인의 아름다움은 소비자가 공감할 수 있어야 하기 때문에 시대성이나 민족성, 개인성 등이 복합적으로 나타난다.
- 대중의 미의식은 상대적이고 유동적이며, 선전이나 유행에 따라 이끌리거나 잘못 판단될 수도 있다.
- 미의식은 매우 주관적인 것이어서 개개인에 따라 차이가 있다.
- 같은 시대나 국가, 민족의 구성이 갖는 공통의 미의식이 있다.
- 심미성을 성립시키는 미의식은 시대성, 국제성, 민족성, 사회성, 개성 등이 복합된 것이어야 한다.

◎ 독창성

- 다른 제품과 차별화된 창조적인 디자인을 의미한다.
- **창조성** : 디자인에서의 창조성은 주어진 정보와 새로운 지식 및 경험을 바탕으로 디자이너의 창조적인 상상력을 결합시켜 독창적인 디자인을 만드는 것이다.
- **고유성, 민족성** : 국가민족의 고유한 표현은 독창성을 북돋우며, 가장 민족적인 독창성이 된다.
- **시대정신** : 시대에 알맞은 디자인을 해야 하며 결코 과거의 양식을 표절해서는 안된다. 또한 시대 양식에서 그 정신을 찾아서 창의력을 발휘하는 것이다.

● 경제성

- 재료의 선택부터 제품이 완성되는 전 과정에 걸쳐 가장 합리적이고 경제적인 효과를 얻을 수 있어야 한다.
- 최소의 비용으로 최대의 효과를 얻고자 하는 것은 경제 활동의 기본이 되는 원칙이다.
- 허용된 비용 안에서 가장 뛰어난 디자인을 한다는 의미이다.
- 재료의 선택에서 형태와 구조의 성형방법, 제작기술과 공정의 선택에 이르기까지 가장 합리적이고 효율적이며, 경제적인 효과를 얻을 수 있도록 노력하여야 한다.
- 합목적성과 심미성의 조화 위에 경제성을 추구하여야 한다.

● 질서성

디자인의 4대 조건인 합목적성, 심미성, 독창성, 경제성 등이 서로 조화를 이루도록 유지하는 것을 말한다.

03 굿디자인(Good-Design) 제도

- 1946년 영국에서 만국박람회를 통하여 굿 디자인 상품을 선정한 것이 국가차원에서 전개된 굿 디자인 제도의 효시이다.
- 1950~1955년, 뉴욕 MOMA(Museum of Modern Art)에 의해 행해진 소비자 교육프로그램인 굿디자인(Good Design) 전시회에 의해 그 용어는 현대적으로 사용되었다.
- 우리나라의 우수디자인상품선정제도는 산업디자인진흥법에 의거해 1985년부터 매년 선정하는 대한민국 대표 디자인 인증제도로써 심사를 통해 디자인이 우수한 상품에 정부 인증 심벌인 GD(Good Design) 심벌을 부여한다.

우리나라 굿디자인 마크

디자인의 분류

▶합격 강의

01 디자인의 분류 및 특징

◉ 디자인 분류

• 디자인은 크게 산업 디자인, 건축 디자인, 복식 디자인, 공예 등으로 분류된다.
• 표현 및 전달되는 방법에 따라 2차원, 3차원, 4차원 디자인으로도 구분한다.

◉ 산업 디자인 분류

• 산업 디자인은 근대 산업사회 이후 공업적인 생산 방식에 의해 만들어지는 디자인 분야이다.
• 복제 양산적이며, 대량 생산을 목적으로 하는 디자인 전 분야를 의미한다.
• 산업 디자인은 크게 시각 디자인, 제품 디자인, 환경 디자인으로 구분된다.

구분	시각 디자인	제품 디자인	환경 디자인
2차원 디자인	• 그래픽 디자인 • 상업 디자인 • 광고 디자인 • 편집 디자인 • 일러스트레이션 • 타이포그래피 • 레터링 • CI 작업 • 심볼, 로고 디자인 • 지도 및 통계 도표	• 벽지 디자인 • 텍스타일 디자인 • 인테리어 패브릭디자인	–
3차원 디자인	• 포장 디자인 • POP 디자인	• 가구 디자인 • 전기/전자 제품 디자인 • 주방용품 디자인 • 운송기기 디자인 • 액세서리 디자인	• 실내(Interior) 디자인 • 점포 디자인 • 디스플레이 • 도시계획 • 조경 디자인 • 스트리트 퍼니처 • 정원 디자인
4차원 디자인	• TV CF • 애니메이션	–	무대 디자인

◉ 디자인 영역

• 디자인의 영역은 기본적으로 인간의 근본적인 생활 양태, 즉 시각디자인, 제품디자인, 환경디자인으로 나누어지지만, 디자인의 영역은 현대의 세분화된 산업만큼이나 그 영역이 다양하다.
• 모던디자인 측면의 디자인 분류 개념

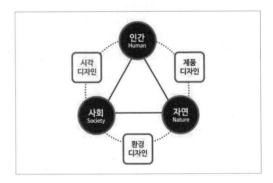

기적의 TIP

디자인 컨버전스
오늘날의 디자인은 디자인 분야를 나누지 않고 제품, 멀티미디어, 공간, 환경, 패션 등 다양한 분야의 디자인이 조화를 이뤄 디자인되고 있다. 계속해서 새로운 명칭과 새로운 디자인 분야가 생성되고 있다.

02 시각 디자인(Visual Design)

- 조형적 요소를 바탕으로 시각에 의존하여 정보를 전달하는 디자인 분야로서 다양한 시각 요소들로 구성되며, 평면적인 2차원 디자인이 주류를 이루고 있다.
- 세분류 : 그래픽디자인, 일러스트레이션, 편집디자인, 광고디자인, 포장디자인, CIP 등

03 제품 디자인(Product Design)

- 대량 생산되는 산업 제품의 기능성과 심미성을 추구하는 디자인 분야를 말한다.
- 제품의 생산 방식에 따라 수작업으로 이루어지는 공예(Craft)와 기계를 이용하여 대량 생산되는 공업 디자인(Industrial Design)으로 구분된다.
- 세분류 : 생활용품 디자인, 정보기기 디자인, 조명기기 디자인, 운송기기 디자인, 의료기 디자인 등

기적의 TIP

제품 디자인의 특징
- 과학, 기술, 인간, 환경 등이 공존하는 분야
- 생산 가능한 형태, 구조, 재료 등을 잘 선택한 설계여야 함
- 인간과 자연의 매개 역할

04 환경 디자인(Environmental Design)

- 인간 생활의 환경적인 부분을 조형적으로 구성하는 활동으로, 모든 디자인 분야를 포괄적으로 포함하는 상위 개념이다.
- 쾌적하고 윤택한 환경 조성을 목적으로 하며, 주변 환경과 질서, 통합, 조화를 이루어야 한다.
- 세분류 : 도시 디자인, 실내 디자인, 디스플레이 디자인, 스트리트 퍼니처, 슈퍼 그래픽, 그린 디자인 등

단답형 문제

01 다음 빈칸에 알맞은 내용은?

산업디자인의 영역은 기본적으로 (   )디자인, (   )디자인, (   )디자인으로 나누어진다.

객관식 문제

02 다음 중 성격이 다른 디자인 분야는 무엇인가?
① 편집디자인
② 포장디자인
③ 아이덴티티 디자인
④ 전시디자인

03 다음 중 2차원 평면 디자인에 속하지 않는 것은?
① 일러스트레이션
② 텍스타일 디자인
③ 디스플레이 디자인
④ 편집디자인

정답 01 시각, 제품, 환경 02 ④ 03 ③

이론

1 과목 디자인 일반

01 평면디자인 매체

◉ 포스터 디자인

• 시각디자인의 기본 형식으로서 일정한 지면 위에 가장 효과적인 표현을 통해 원하는 내용을 전하는 매체이다.

• 일반적인 주제는 간략한 문안과 그림에 의해 조형적으로 표현한다.

• 광고, 홍보를 위한 대표적인 매체로써 사진 이미지, 상징적인 그래픽 및 간략한 글귀로 강한 인상을 표현하는 것이 특징이다.

• 함축적 문안과 함께 이미지의 조화를 위한 형태와 색체, 구도 등을 고려한다.

• 장점 : 부착하는 위치를 자유롭게 할 수 있으며, 연속적인 부착으로 주목성을 높일 수 있다. 고급 인쇄가 가능하므로, 크기와 색상 선택이 자유롭다.

• 단점 : 수명이 짧고, 인쇄 광고이기 때문에 훼손되기 쉬우며, 지역과 소구 대상이 한정되어 있다.

◉ 신문

• 전통적인 정보전달 및 광고매체의 대표적 형태이다.

• 이미지와 텍스트를 효과적으로 구성하여 정보전달 기능을 극대화한다.

  – 이미지 : 사진, 일러스트, 인포그래픽 등

  – 텍스트 : 타이틀, 소제목, 내용, 글자체, 크기, 자간 등 세부적인 설정 필요

• 가장 중요한 것은 가독성, 다양한 변화 속에 일관성을 유지하는 것이다.

• 디자인적 신선함을 동시에 추구하여 차별성을 두는 신문도 있다.

◉ 잡지

• 특정한 주제와 제목, 콘셉트를 가지고 일정한 간격으로 출판되는 매체이다.

• 주간지, 월간지, 기관지, 전문지 등으로 구분된다.

• 잡지의 표지는 구매를 결정짓는 중요한 부분이다.

• 내용과 콘셉트에 맞는 다양한 이미지와 색상, 레이아웃을 사용한다.

◉ 책

• 일정한 목적, 내용에 따라 정보, 지식 및 감정 등을 글과 그림으로 표현하여 적거나 인쇄한 묶음을 뜻한다.

• 표지 디자인 : 독자가 책을 구매하는 요인 중 하나이다.

• 내지 디자인 : 목차, 본문, 이미지, 삽화 디자인 등으로 세분할 수 있다.

◉ 브로슈어

• 기업의 안내서, 제품의 설명서 등의 소책자이다.

• 다양한 정보와 사진, 그림 등 포함한다.

• 일관성, 통일성 유지하되, 다양한 변화를 줄 수 있다.

◉ 리플렛

• 광고나 홍보를 목적으로 하는 한 장짜리 인쇄물이다.

• 손에 쥐고 읽을 수 있는 크기의 높은 휴대성이 특징이다.

• 접는 횟수 (2단, 3단, 4단에 따른 디자인 레이아웃 필요)

02 편집디자인 개요

◉ 편집디자인 개요

• 출판 디자인(Publication Design) 또는 에디토리얼디자인(Editorial Design)이라고도 하며, 신문, 잡지, 서적 등의 인쇄물들을 시각적으로 구성하는 디자인 분야를 말한다.

• 편집 디자인은 기획 단계에서부터 레이아웃, 출력, 인쇄, 배포까지 모든 과정을 포함한다.

◉ 편집 디자인 역사

- 출판물에 디자인의 원리가 적용되기 시작한 것은 대중들에게 배포되기 시작한 시기로 1930년대 미국 '포춘지'를 들 수 있다.
- 국내에서는 1976년에 그리드를 적용한 월간지 '뿌리 깊은 나무'를 편집 디자인의 시초로 보고 있다.

◉ 편집 디자인의 분류

형태	낱장(Sheet) 형식	한 장짜리의 인쇄물. 명함, DM, 안내장, 레터헤드, 카드, 리플릿 등
	스프레드 (Spread) 형식	펼치고 접는 형식. 신문, 카탈로그, 팸플릿, 리플릿 등
	서적 형식	제본되어 있는 책자 형식. 잡지, 화보, 카탈로그, 매뉴얼, 브로슈어, 단행본 등
발행 주기	정기 간행물	일간(하루), 주간(일주일), 순간(10일), 월간(1달), 계간(분기/계절), 연간(1년)
	비정기 간행물	제품 카탈로그, 단행본, 시집 등

◉ 편집 디자인의 구성 요소

시각 디자인 분야의 편집, 광고 등을 제작할 때 사용되는 문자, 기호, 그림, 사진, 일러스트레이션 등 시각적 구성 요소들을 효과적으로 배치, 구성하는 것을 말한다.

포맷 (Format)	외형적인 형식을 의미하며, 출판물의 형태, 분량, 크기, 페이지 수 등을 들 수 있음
라인업 (Line-up)	출판물 전체의 흐름을 알 수 있도록 내용적인 요소와 조형적 요소를 간단히 배치, 구성하는 작업
마진 (Margin)	여백이라는 뜻으로 이미지, 서체 등 내용이 구성된 나머지 부분을 말하며, 전체의 주목성과 가독성, 심미성을 위해 필요한 요소

단답형 문제

01 여백이라는 뜻으로 이미지, 서체 등 내용이 구성된 나머지 부분 또는 문서의 가장자리를 뜻하는 것을 무엇이라고 하는가?

객관식 문제

02 평면디자인 매체가 <u>아닌</u> 것을 고르시오.
① 포스터디자인
② 브로슈어 디자인
③ 패키지 디자인
④ 리플렛 디자인

03 다음 중 편집 디자인의 분야가 <u>아닌</u> 것은?
① 신문 디자인
② 패키지 디자인
③ 잡지 디자인
④ 책 디자인

04 포스터의 기능과 거리가 가장 <u>먼</u> 깃은?
① 장식적 효과를 위한 것
② 상품광고를 위한 것
③ 계몽선전을 위한 것
④ 광고주가 직접 소비자에게 메시지를 전하는 것

정답 **01** 마진 **02** ③ **03** ② **04** ④

01 광고 디자인

◉ 광고 디자인 개요

- 광고 매체를 통해 소비자들에게 특별한 목적을 가진 메시지를 제작하는 디자인 분야이다.
- 소비자는 광고를 통해 기업이나 제품을 기억하게 되며, 구매 활동을 통해 소비를 하는 것이다.

◉ 광고 매체의 종류

광고 매체는 크게 인쇄 매체, 전파 매체, 온라인 매체, 기타 매체로 구분한다.

02 신문 광고

◉ 신문광고 개요

- 신문 지면을 통해 전달되는 신문 광고는 신속하고 정확한 정보를 전달할 수 있다.
- 정보의 신뢰도가 높고, 구독률이 높기 때문에 안정성 높은 광고를 할 수 있다.

① 신문광고 장점

- 광고의 신뢰도와 주목률이 높다.
- 소구 대상이 다양하고 구독층이 많아 안정적이다. 전국적 광고 및 지역적 광고가 가능하다.
- 설득력이 뛰어나 기업이나 상업 광고에 적합하다.
- 기록성과 보존성을 가지고 있다.
- 전파매체에 비해 광고비가 저렴하다.
- 신속, 정확한 정보를 전달할 수 있다.
- 광고의 크기를 선택하여 광고할 수 있다.

② 신문광고 단점

- 광고의 생명이 짧다(일간, 주간).
- 다른 광고나 기사에 영향을 받는다.
- 특정 계층 등을 선택하여 전달할 수 없다.
- 종이 질이 우수하지 않아 고급스러운 광고가 어렵다.

03 잡지 광고

◉ 잡지광고 개요

잡지는 성별, 연령, 학력, 직업, 취미 등에 따른 특정한 내용을 가지고 제호(잡지 명)를 만들어 정기적으로 발행되는 출판물이다.

① 잡지광고 장점

- 특정 층을 대상으로 광고를 할 수 있다. 보관이 가능하여 매체의 생명이 길다.
- 고급 컬러 광고가 가능하다.
- 회람률이 높아 많은 독자를 얻을 수 있다.
- 구체적이고 자세한 내용을 전달할 수 있다.
- 연속 광고를 통한 감정 광고나 무드 광고에 적합하다.
- 광고비가 저렴하다.

② 잡지광고 단점

- 빠른 정보를 전달하기 어렵다.
- 각 잡지의 규격이 다르므로 광고비가 상승할 수 있다.
- 옆 면의 광고에 영향을 받는다.
- 페이지 위치에 따라 광고 효과에 많은 차이가 있다.

04 기타광고

◉ SP(Sales Promotion) 광고

- 마케팅 커뮤니케이션의 한 수단으로써 제품의 판매촉진을 위한 모든 활동 수단을 말한다.
- 4대 매체 광고(TV, 라디오, 신문, 잡지 광고)를 제외한 모든 광고, 홍보 활동이다.
- 이벤트, 디스플레이, 실연 판매, 전시, 박람회, 옥외, 교통, POP, 프리미엄, 쿠폰 등이 포함된다.

◉ DM(Direct Mail) 광고

- 특정 회사가 회원에게 직접 보내는 우편물에 포함되는 광고를 말한다.
- 회원제의 운영으로 예상 고객을 선별할 수 있으며, 시기와 빈도를 조절할 수 있다.
- 광고의 주목성, 오락성이 부족하고, 지면이 적어 조잡해 보일 수 있다.

◉ 옥외(Outdoor) 광고

- 옥외에 설치하는 광고로 불특정 다수에게 장기적으로 정보를 전달하는 광고를 밀한다.
- 벽면 포스터, 간판(사인보드), 광고탑, 네온사인, 슈퍼그래픽, 현수막, 플래카드, 애드벌룬 등이 있다.

◉ 교통 광고

- 제5의 광고로 불리우는 교통 광고는 이동 수단, 즉 교통에 관련된 모든 매체에 사용할 수 있는 광고이다.
- 공공 수송 기관이나 정거장, 역 구내 등에 설치하는 광고로써 교통 기관을 이용하는 고객을 대상으로 한다.

객관식 문제

01 잡지에 대한 설명 중 틀린 것을 고르시오.
① 특정한 주제와 제목 콘셉트를 가짐
② 표지는 구매를 결정짓는 중요 요소 중 하나임
③ 개성적인 표현 보다는 일관성을 위주로 한 정보지
④ 내용과 콘셉트에 따라 다양한 레이아웃 사용

02 신문 광고의 장점이 아닌 것은?
① 인쇄나 컬러의 질이 높고, 소구 대상이 뚜렷하다.
② 다수인을 상대로 광고하므로 광고효과가 크다.
③ 매일 발행되므로 때에 맞게 광고를 할 수 있다.
④ 지역별 광고가 용이하며 효과적이다.

03 사전에 계획된 예상 고객에게 직접 전달할 수 있으므로 소구 대상을 정확하게 선정하여 직접 발송할 수 있는 장점을 가진 광고는?
① 직접우송 광고(DM)
② 구매시점 광고(POP)
③ 신문 광고
④ 잡지 광고

04 옥외 광고 중 상점의 입구 또는 처마 끝 등에 설치하는 간판은?
① 가로형간판
② 점두간판
③ 입간판
④ 야립간판

정답 **01** ③ **02** ① **03** ① **04** ②

01 포장 디자인

◉ 포장 디자인 (Package Design)

- 포장 디자인은 소비자에게 상품을 알리고, 구매 의욕을 증가시키며, 상품을 안전하게 보호하고 운반할 수 있도록 하는 입체 디자인 분야이다.
- 말 없는 세일즈맨(Silent Salesman)으로 일컬어지고 있다.
- 환경보호를 위한 절감, 재생 가능한 소재도 고려하는 것이 좋다.

◉ 포장 디자인의 기능

보호 보존성	포장의 가장 기본적인 기능으로 상품과 제품을 보호해야 한다.
편리성	모든 상품은 운반과 적재가 용이하도록 구조가 간단해야 한다.
심미성	제품의 용도에 맞는 적절한 아름다움이 있어야 한다.
상품성	상품이나 제품이 가지는 성격을 잘 표현해야 한다.
구매 의욕	소비자들의 시선을 자극시켜 구매 의욕을 높일 수 있어야 한다.
재활용성	환경 보존을 위한 재사용, 절감, 재생 부분을 고려해야 한다.

◉ 패키지 디자인의 분류

① 형태별 분류

- **단위 패키지** : 물품 개개의 패키지를 말하며 물품의 상품 가치를 높이거나 물품 개개를 보호하기 위해서 적합한 재료 및 용기로 물품을 가공하는 방법 및 시공 상태를 말한다.
- **내부 패키지** : 패키지된 화물 안쪽에 사용되고 있는 패키지를 말하며 습기, 빛과 열 및 충격 등을 방지하기 위하여 적합한 용기나 재료 등을 사용한 패키지 상태를 말한다.
- **외부 패키지** : 화물의 외부 패키지를 가리키는 것으로 물품을 상자, 푸대, 나무통, 캔 플라스틱, 비닐, 폴리에틸렌(PE) 등의 용기에 넣거나 또는 기타 재료를 써서 결속시킨 후 기호, 상품명, 상표명, 구성비, 라벨(label) 등을 표시하는 패키지이다.

② 기능별 분류

- **상업 패키지** : 패키지 기능의 중점을 판매 촉진에 두는 것이므로 심미성 위주로 고찰하는 것이다.
- **공업 패키지** : 수송과 보관 관리상의 안전을 위한 원래의 목적대로 효율적으로 기능을 발휘하도록 패키지된 것이다.

③ 사용 재료별 분류

상자형	나무, 종이, 알루미늄, 플라스틱 등의 재질을 이용한 것
봉투형	종이, 천, 비닐 등의 재질을 이용한 것
원통형	금속제를 이용한 캔, 종이 통 등
기타 재료	유리, 도자기 등을 이용한 패키지가 있으며 현대에 이르러 더욱 다양한 재료들이 개발되고 있다.

02 라벨 디자인(Label Design)

- 라벨 : 각종 상품에 부착되어 상품 판매와 직접적으로 관련 있는 상표, 태그 등이다.
- 제품의 이름, 특징 등 아이덴티티를 표현한다.
- 제품의 이미지나 가독성이 잘 드러나도록 디자인한다.

03 POP(Point Of Purchase advertising)

◉ POP 디자인

- 구매 시점 광고로 구입 장소에서 소비자의 시선을 유도하기 위한 광고매체이다.
- 포스터, 상품설명 안내판, 가격표 등 디스플레이류를 총칭한다.
- 판매를 유도하며 제품의 특성과 매장 전체의 디스플레이를 고려한 디자인이 필요하다.
- 눈에 잘 띄는 색채나 인지도가 높은 인물, 캐릭터 등을 주로 사용하는 것이 특징이다.
- 소비자의 구매 심리를 직접 자극하여 구매 의욕을 극대화할 수 있으며, 판매원의 설명을 대신할 수 있다.

◉ POP 디자인 종류

점두 POP	• 상점 밖에서 제품과 브랜드의 이미지를 전달하고 고객을 상점 내로 유도하는 역할 • 현수막, 간판 등
점내 POP	• 상점 내에서 고객이 매장으로 보고 매장안내와 상품 코너 안내를 같이 해줄 수 있게 연출 • 사인보드, 일러스트 모빌류, 행거 안내 사인, 상품 코너 포스터 등
진열 POP	• 가격, 제품 비교, 제품 정보 등을 안내하는 목적 • 제품 안내카드, 가격표 등

01 구입 장소에서 소비자의 시선을 유도하기 위한 광고매체를 무엇이라고 하는가?

02 포장 디자인의 기능과 가장 거리가 먼 것은?
① 보호성
② 편리성
③ 상품성
④ 교환성

03 다음 포장 디자인에서 갖추어야 할 내용 중 거리가 먼 것은?
① 쌓기 쉽게 디자인되어야 한다.
② 여러 조건하에서도 필요한 정보를 전달할 수 있어야 한다.
③ 어떤 상태에서든지 매혹적으로 보이도록 디자인되어야 한다.
④ 상표명과 내용물에 관한 표현보다는 전시 효과가 더 중시되어야 한다.

정답 01 구매시점광고(POP) 02 ④ 03 ④

01 제품디자인

◉ 제품디자인 개요

- 제품 디자인은 통신, 전자, 컴퓨터 관련 제품에서 생활용품(그릇이나 팬시용품, 사무용품 등) 등을 디자인하는 분야이다.
- 어떤 제품을 개발하여 생산, 판매하기 위해서 제품을 디자인하며 시장에서 잘 팔릴 수 있는 제품, 생산이 용이하고 판매가격이 소비자에게 충분히 공감을 줄 수 있도록 안정된 가격으로 만들 수 있는 제품을 디자인해야 한다.
- 제품 디자인의 영역은 제품의 외형뿐 아니라 각 제품의 구조, 기능까지 포함하고 있어 매우 넓어지고 있는 추세이다.
- 제품 디자인을 할 때는 기획, 디자인 개발, 마케팅 등 제품 전 과정에 대한 이해가 필요하다.

◉ 제품 디자인 발상 방법

- 제품 디자인에서의 아이디어 발상은 제품에 대한 이해와 인간공학적인 측면을 이해해야 한다.
- 단순히 제품의 형태와 구조 등은 물론이고 인간의 생리적, 심리적인 특성에 맞도록 하는 것이 중요하다.
- 제품 디자인이 나오기까지는 제품의 선정부터 개발에 이르기까지 다양한 아이디어 발상법을 활용해야 한다.
- 디자이너는 다양한 경험과 사고의 폭을 넓혀야 하며 항상 양면성을 생각하며 열려있는 의식이 중요하다.

02 디자인 발상 방법 및 아이디어 전개

◉ 디자인 발상의 발전 단계

모방	초기의 디자인 발상과 전개 단계로써 후진국에서 이루어짐
수정	개발도상국에서 이루어지는 단계로써 모방을 통한 수정 과정이 주류를 이룸
적응	선진국에서 시도되는 디자인 단계로써 수정 단계를 넘어 새로운 창조적 디자인을 만들어 내는 과정
혁신	유행이나 트렌드를 이끌 수 있는 선진국에서 진행되는 디자인 단계로써, 혁신적인 디자인을 만듦

◉ 신제품 개발 유형

① 모방 디자인
신제품 개발 시 초기에 많이 사용되는 방법으로, 기존의 기능과 성능을 바탕으로 새로운 용도와 형태 등을 창조하는 디자인을 말한다.

② 리디자인(Redesign)
- 기존 제품의 형태, 기능, 색채, 재료 등을 새롭게 개선하거나 개량하는 디자인을 말한다.
- 같은 제품의 성능과 디자인을 조금씩 수정, 보완하는 것을 의미한다.

③ 스타일링(Styling)
외형적인 부분만을 주력하여 디자인하는 방법이다.

03 제품 디자인 계획 및 프로세스

◉ 제품 디자인의 아이디어 전개 과정

발의 → 확인 → 연구 조사 → 분석 → 종합 평가 → 개발 →
전달

◉ 제품 디자인 프로세스

계획 수립 → 컨셉 수립 → 아이디어 스케치 → 렌더링 →
목업 → 도면화 → 모델링 → 결정 → 상품화

◉ 제품 디자인의 조건

• 제품의 기능과 형태 등을 통하여 제품이 지녀야 하는 특
  정한 목적을 충족시켜야 한다.
• 기본적인 제품 디자인의 조건으로는 기능성, 심미성, 독
  창성, 경제성, 안정성 등이 있다.

04 제품 디자인의 종류

◉ 활용도에 따른 분류

전자 · 가전 제품 디자인	정보화 사회의 도래에 따른 정보의 활용과 관련된 전자 · 가전제품
가구 디자인	신체의 편리성과 물건의 수납 및 보관을 위한 제품
액세서리(보석) 디자인	액세서리(보석)는 복장의 조화를 도모하는 장식품
잡화 디자인	일상생활에 필요한 생활용품
문구 · 완구 디자인	지능개발과 정서 함양에 필수적인 문구류와 완구용품
운송수단 디자인	장소를 이동하는데 필요한 이동 수단

01 기존 제품의 형태, 기능, 색채, 재료 등을 새
롭게 개선하거나 개량하는 디자인은 무엇인
가?

02 제품 디자인의 설명 중 잘못된 것은?
① 과학, 기술, 인간, 환경 등이 공존하는 분
  야이다.
② 생산 가능한 형태, 구조, 재료 등을 잘 선
  택한 설계이어야 한다.
③ 인간과 자연의 매개 역할로서 구조적 장
  비이다.
④ 인간의 감성에 맞춘 순수한 예술이어야
  한다.

03 디자인 발상의 발전단계 순서로 올바르게 나
열된 것은?
① 혁신 – 모방 – 변형 – 적용
② 모방 – 수정 – 저응 – 혁신
③ 응용 – 수정 – 결합 – 혁신
④ 모방 – 변형 – 가공 – 혁신

정답 **01** 리디자인 **02** ④ **03** ②

실내, 전시 디자인

01 실내 디자인의 요소

◎ 실내 디자인 영역

- 인간의 기본 생활과 밀접한 부분이므로 실내 공간의 목적이나 기능에 적합하도록 디자인되어야 한다.
- 실내 디자인의 영역으로는 주거용 공간, 상업용 공간, 작업용 공간, 공용 공간 등이 있다.

◎ 실내 디자인의 조건

- 실내 디자인은 인간이 생활하기에 필요한 기본적인 기능을 가지고 있어야 한다.
- 환경적 조건, 정서적 조건, 기능적 조건 등으로 이들 조건에 적합해야 한다.

◎ 실내 디자인의 기본적 요소

실내 디자인의 기본적 요소에는 바닥, 벽, 천장, 기둥, 보, 개구부 등이 있다.

① 바닥(Floor)
- 실내 공간에서 가장 기초적인 요소로 수평적인 성격을 가지며, 인간의 접촉 빈도가 가장 많은 요소이다.
- 인간의 몸과 직접 접촉하는 수평적 요소로 실내의 하중을 지탱하는 역할을 한다.

② 벽(Wall)
- 실내 공간의 형태와 크기, 규모를 결정하는 기본적인 요소이다.
- 수직적인 성격을 띠고 있으며, 실내 공간 중 사용자의 시선이 많이 머무는 곳이다.

③ 천장(Ceiling)
- 실내 공간의 윗부분에서 외부의 빛과 열을 반사 및 흡수를 통해 보호한다.
- 다양한 형태로 공간의 형태를 변화시킬 수 있다.

④ 기둥 및 보(Column & Beam)
- 기둥은 상징과 강조의 수직적 요소로 실내 디자인에 있어서는 동선의 흐름을 차단하는 역할을 한다.
- 보는 천장에 위치하여 하중을 받치는 구조재로, 장식과 조명을 가미할 수 있는 수평적 요소이다.

⑤ 개구부(Opening)
- 벽의 일부를 뚫어 외부와 통하는 부분을 말한다.
- 대표적으로 문과 창문이 있다.
- 문은 공간의 이동을 연결하며, 창문은 실내 공간에 환기, 조명, 채광 효과를 줄 수 있다.

◎ 실내 디자인의 장식적 요소

- 실내 공간의 기본 요소를 제외하면 대부분은 장식적인 요소에 해당한다.
- 장식적인 요소는 크게 가구, 조명, 색채, 액세서리, 디스플레이 등으로 구분된다.

02 실내 디자인 프로세스

◎ 실내 디자인 계획

기획 → 기본 계획 → 기본 설계 → 실시 설계 → 감리

◎ 실내 디자인 프로세스

프로그래밍 → 디자인 → 시공 → 사용 후 평가

03 전시디자인

◉ 전시디자인 개요

- 전시란 특정한 목적을 가지고 전달하는 공간 연출을 말한다.
- 공간이나 장소에 존재하는 정보를 전달하는 수단으로써 보여 주는 행위를 의미한다.
- 동선이란 사람이 실내 공간에서 걸어 다니는 흔적을 말한다.

◉ 전시 공간의 형태

① 직사각형
가장 기본적인 전시 형태로 공간 형태가 단순하고, 확실한 성격을 가지고 있다.

② 원형
- 원형의 전시 형태는 중앙을 중심으로 전시가 가능한 형태이다.
- 고정되는 축이 없기 때문에 방향감을 잡기 어렵다.

③ 부채꼴형
- 관람자에게 다양하고 많은 선택의 가능성을 제시하는 전시 형태이다.
- 관람자의 빠른 판단이 요구되는 형태이기도 하다.
- 소규모 전시에 적합한 전시 형태이다.

④ 자유형
- 형태가 복잡하여 한눈에 전체를 파악한다는 것이 어려워 규모가 큰 전시 공간에는 부적합하다.
- 전체적인 조망이 가능한 한정된 공간에 적합하다.

◉ 전시 방법(특수 전시)

디오라마 전시	• 현실감 있게 공간감과 시간 상황을 연출하는 전시 방법 • 모형이나 현물로 전시하거나 일러스트레이션이나 영상 등을 원근법을 통하여 전시
파노라마 전시	크거나 긴 주제를 연속적으로 이어서 전경으로 펼쳐지도록 전시하는 방법
아일랜드 전시	전시물을 중심으로 공간적인 전시공간을 만들어 내는 방법
하모니카 전시	크기, 비례가 동일한 전시물을 반복하여 통일되게 전시하는 방법

01 현실감 있게 공간감과 시간 상황을 연출하는 전시 방법으로 모형이나 현물로 전시하거나 일러스트레이션이나 영상 등을 원근법을 통하여 전시하는 특수전시를 무엇이라고 하는가?

02 다음 중 실내 디자인에서 추구하는 궁극적인 목표와 일치하는 것은?
① 유행성, 보편성, 개성
② 효율성, 아름다움, 개성
③ 기능성, 효율성, 보편성
④ 재료성, 아름다움, 유행성

03 실내 디자인을 구성하는 실내의 기본 요소로만 연결된 것은?
① 가구 – 조명 – 문
② 바닥 – 벽 – 천장
③ 바닥 – 벽 – 차양
④ 가구 – 바닥 – 창

04 실내 디자인의 4단계 과정에 관한 설명 중 틀린 것은?
① 기획 과정은 실내 디자인 작업과 관련되어 있는 모든 정보를 수집하는 단계이다.
② 설계 과정은 기획 과정에서 수집한 정보를 활용하여 대상 공간에 실제 가구를 배치하는 단계이다.
③ 시공 과정은 설계 과정의 결과를 기초로 하여 실제 작업을 하는 단계이다.
④ 사용 후 평가 과정은 결과를 기초로 하여 디자인을 시정하거나 시공상의 문제점을 해결하는 단계이다.

정답 01 디오라마 전시 02 ② 03 ② 04 ②

01 환경 디자인

◉ 환경디자인 개요

• 디자인 전반에 있어서 환경적인 문제 인식을 갖고 인간의 생활환경과 자연과의 조화, 사회와 자연을 맺는 환경적인 장비를 통하여 쾌적하고 윤택한 환경 조성을 목적으로 하는 모든 디자인 분야를 포괄하는 상위 개념이다.

• 환경 디자인은 건축 디자인, 옥외 디자인, 인테리어 디자인, 산업 디자인, 조경 디자인 등을 통합한 디자인 개념으로 주변 환경과의 질서, 통합, 조화를 강조한다.

◉ 환경 디자인의 역할

• 자연을 보호·보전하여 공해·재해로부터 인간을 보호한다.

• 인공 구조물을 관리, 유지하여 사회와 개인의 질서를 유지한다.

• 환경을 편리하고 아름답게 꾸며 생활을 풍요롭고 쾌적하게 한다.

◉ 환경 디자인의 조건

• 자연미 + 인공미 + 조화

• 문화유산의 보존과 계승

• 자연의 보호와 보존

• 도로, 교량의 배치와 산업 교통 효과도 고려

• 공공 기관의 배치를 기능적으로 배치

02 환경 디자인의 분야

◉ 도시 디자인

• 1960년대 미국에서 도시계획이라는 분야에서 시작하였다.

• 기존 도시의 설계가 건축, 토목, 행정관에서 이루어졌다면, 환경 디자인적으로서의 도시 디자인은 복잡한 구조를 가지는 도시 전체를 디자인적 측면으로 접근하여 환경적인 문제 인식으로 계획, 설계한다.

◉ 실내 디자인(Interior Design)

• 건축물의 내부 공간을 용도와 인간의 생활 목적에 따라 기능적·정서적인 충족이 되도록 한다.

• 안전하고 편리하며 쾌적하게 하여 보다 능률적인 공간이 되도록 계획·설계하는 작업이다.

• 실내 디자인의 내부 공간은 현실적이고 실질적인 생활 공간을 의미한다.

◉ 디스플레이 디자인(Display Design)

• 상품 진열장이나 진열실, 전람회장 등 특정 계획과 목적에 따라 상품과 작품을 전시하는 기술, 평면적인 진열뿐만 아니라 전시용의 방이나 건물의 설계까지를 포함한다.

• PR 활동의 일환으로서 소비자에게 상품을 선전하고 혹은 판매할 목적으로, 쇼윈도나 매장 등의 일정 공간 내에 효과적·미적으로 상품을 진열하기 위한 디자인이다.

◉ 스트리트 퍼니처(Street Furniture)

- '거리'와 '가구'의 합성어로 공원, 광장 등에 설치된 의자, 휴지통, 재떨이, 수도, 전화박스, 안내판, 공중화장실 등의 시설을 스트리트 퍼니처라고 한다. 박스, 안내판, 공중화장실 등의 시설을 스트리트 퍼니처라고 한다.
- 기능, 편리, 심미적 측면뿐만 아니라 경제성, 견고성, 안전성, 호환성, 안락성 등을 고려해서 디자인해야 한다.

◉ 슈퍼 그래픽(Super Graphic)

- 1960년대 후반부터 건축 벽면 전체의 사인이나 건축 외벽 전체의 그래픽 디자인이 등장했다.
- 내부 공간에서도 문자나 화살표 등의 방향을 벽면에 나타내기도 하는 디자인이 전개되었다.
- 슈퍼 그래픽은 지하철 벽면이나 학교의 담, 건물의 외벽 및 내부 벽면에 그래픽적 요소를 사용하여 표현하고 있다.

단답형 문제

01 건축 벽면 전체의 사인이나 건축 외벽 전체의 그래픽 디자인을 무엇이라고 하는가?

객관식 문제

02 도시환경 디자인에서 거리 시설물 디자인 시 고려해야 할 사항과 가장 거리가 먼 것은?
① 편리성
② 상품성
③ 경제성
④ 안전성

03 다음 중 스트리트 퍼니처가 아닌 것은?
① 조경 디자인
② 공공 휴지통 디자인
③ 버스정류장 디자인
④ 소화전 디자인

정답 01 슈퍼그래픽 02 ② 03 ①

아이디어 구상

▶합격 강의

01 아이디어 구상

◎ 창의성

• 새롭고, 독창적이고, 유용한 것을 만들어 내는 능력을 뜻한다.
• 전통적 사고유형에서 벗어나 새로운 유형으로 사고(思考)하는 능력이다.
• 선천적으로 타고나는 능력도 있고, 다양한 지식과 경험을 바탕으로 후천적으로 발현될 수도 있다.
• 모든 지식과 정보, 다양한 사고들이 종합적으로 결합되어 나타나는 고차원적인 사고 능력이다.

◎ 아이디어

• 관념, 상징, 이상, 이념을 뜻하는 말로 어떤 일에 대한 구상을 말한다.
• 넓은 뜻으로는 의견, 신념, 설계, 도식(圖式), 사고를 포함하며, 그리스어의 이데아와 근본이 같다.

◎ 아이디어 발상

문제에 대한 정확한 인식을 바탕으로 잠재된 아이디어를 표출하고, 이를 환경과 상황에 맞게 체계화하고 구체화시키는 과정이다.

◎ 창의적 아이디어 구상

디자인 개발 단계에서 콘셉트를 위한 아이디어를 발상하기 위해서는 조사 자료에 대한 정확한 파악과 유의미한 정보를 추출하여 보다 구체적인 아이디어를 발상할 수 있어야 하며 디자이너 개인의 아이디어와 협업을 통한 팀 아이디어가 적절히 융합되어야 한다.

◎ 아이디어 구상의 영역

① 자유로운 연상에 의한 아이디어 구상

• 온라인 검색을 통해 자료를 검색하거나 마인드맵과 브레인스토밍을 통하여 자유로운 발상을 한다.
• 관련 키워드와 단문 형식의 문장 등을 도출하여 아이디어에 대한 기록을 하거나 스케치를 진행한다.

② 설정된 콘셉트에 의한 아이디어 구상 : 수립된 콘셉트를 기반으로 아이디어 구상 및 스케치를 진행하는 방식이다.

02 창의적 아이디어 발상

◎ 창의적 아이디어 발상 영역

디자인 개발 단계와 매체 특성에 의하여 선택적으로 진행할 수 있지만 일반적으로 초기 아이디어는 자유로운 연상에 의한 발상을 진행하며 콘셉트 구체화 단계에서는 조사 데이터를 근거로 한 아이데이션으로 진행한다.

① 아이데이션을 위한 사전 정보가 적은 상태에서 자유로운 연상을 통하여 도출하는 발상 영역
② 디자인개발 목표를 설정하고 관련 리서치를 진행하여 데이터를 모아 계열화함으로서 최적의 아이디어를 수렴하는 발상 영역

◎ 창의적 발상을 위한 태도

① 폭넓은 관심과 이해

• 창의적인 아이디어 발상을 하기 위해서는 평소에 가져야 할 여러 가지 태도들이 있다.
• 사회, 경제적 이슈, 문화적 흐름 등 디자인을 둘러싼 환경과 이슈들에 대해 폭넓은 관심과 이해가 필요하다.
• 연상하기 위해 오랜 시간동안 조금씩 축적된 풍부한 재료가 필요하다.
• 평소 포용적인 태도를 가지고 다양한 분야에 대한 관심과 이해가 필수적이다.

② 다양한 시각과 관점

• 기존에 이미 알고 있던 사실이나 현상들을 다양한 시각과 관점에서 바라보고자 하는 노력이 필요하다.
• 남들과 다르게, 새롭고 독창적이게, 입장을 바꿔서 생각한다.
• 의도적으로 다른 시선, 다른 생각으로 상황을 바라보기위해 노력한다.
• 다르게 사고하는 습관과 태도를 지녀야 새로운 생각이 도출된다.

③ 최신 디자인 트렌드에 대한 조사
- 평소 디자인 동향이나 시장 분석, 사용자의 니즈 등에 대해 조사하여 다양한 정보를 구축한다.
- 디자인 트렌드에 대한 분석과 이해가 필요하다.
- 다양하고 정확한 정보와, 최신 동향에 대한 파악은 필수이다.

④ 메모의 습관
- 일상생활 속에서 느낀 생각이나 아이디어를 간단한 스케치나 글로 메모한다.
- 아이디어 구상에 단서가 된다.
- 시간이 지난 후에 기억하는 것과 차이가 있다.

단답형 문제

01 사전적 정의로 관념, 상징, 이상, 이념을 뜻하는 말로 어떤 일에 대한 구상하는 정신적 활동을 무엇이라고 하는가?

객관식 문제

02 아이디어 발상 방법으로 적당하지 않은 것은 무엇인가?
① 메모한다.
② 스크랩한다.
③ 조사비교 분석표를 만든다.
④ 많은 이야기를 한다.

03 설정된 콘셉트를 반영한 아이디어 구상방법으로 가장 적절한 것은?
① 아이디어 스케치
② 프레젠테이션 구상
③ 키워드 모티브 설정
④ 프로토타입 설계

04 창의적 발상을 위한 태도로 거리가 먼 것은?
① 다양한 시각과 관점
② 메모의 습관
③ 폭넓은 관심과 이해
④ 역사적 유행에 대한 조사

정답 01 아이디어 02 ④ 03 ① 04 ④

아이디어 발상법-1

▶합격 강의

01 아이디어 발상법

◉ 디자인 아이디어 발상 배경

- 디자인의 명사적 의미로는 디자인을 하고자하는 문제 또는 원인에 대해서 체계화하고 해결안을 제시하는 일련의 프로세스를 뜻한다.
- 디자인은 현대에 동사적 의미로 개념 확대되었다.
- 동사적 프로세스에는 창의적 아이디어 발상 사고 기법이 적용된다.

◉ 아이디어 발상법 개요

- 아이디어를 드러내고 비교하며 분류하거나 결합하는 등의 형태를 뜻한다.
- 기존에 알고 있던 개념이나 색각들도 다양한 각도에서 살펴보며 새로운 점을 발견할 수 있다.
- 확산기법, 수렴기법, 통합기법으로 나눌 수 있다.

02 아이디어 발상법의 유형

◉ 대표적인 아이디어 발상법의 분류

확산 기법	브레인스토밍법, 브레인라이팅법, 마인드맵, 열거법
	체크리스트법, 매트릭스법
	시네틱스법
수렴기법	상하위관계 분석법, 계통도, 연관도, 시나리오 라이팅법, 카드 분류법
통합기법	워크 디자인법, 매트릭스, 구조화 분석법 등

◉ 확산기법

- 기존에 구축된 논리만을 의존하지 않고 아이디어 발상자가 다양한 관점에서 가능한 많은 아이디어를 도출하기 위하여 비교적 빠른 속도로 진행하는 방법이다.
- 자유로운 분위기와 사고를 통해 보다 많은 아이디어를 창출해 내기 위한 발상법이다.
- 대표적 기법 : 브레인스토밍, 마인드맵, 체크리스트법 등

◉ 수렴기법

- 확산 기법에 의해 수집된 다양한 데이터를 정리하고 집약하여 의미 있는 정보 구조를 수렴적으로 만들어 가는 방법이다
- 대표적 기법 : 상하위관계 분석법, 시나리오 라이팅 등

◉ 통합기법

- 확산 기법과 수렴 기법을 반복하면서 목적에 맞는 아이디어를 구체화 하는 방법이다.
- 대표적 기법 : 워크디자인, 매트릭스 등

◉ 창의적 사고

심리학자 조이 길포드(Joy Paul Guilford)는 인간의 사고에는 방향성을 넓혀가는 '확산적 사고'와 방향성을 좁혀가는 '수렴적 사고'가 있으며 창의적 사고는 이 두 가지를 반복하면서 일어난다고 하였다.

◉ 아이디어 발상법의 필요성

- 풍부한 아이디어 도출을 도와준다.
- 다양한 관점, 새로운 점 발견할 수 있다.
- 보다 쉽고 효율적으로 문제해결에 접근이 가능하다.

03 콘셉트에 의한 아이디어 구상

◉ 디자인 콘셉트 수립 과정과 아이디어 구상 과정의 관계

브레인스토밍

▼

키워드 추출

▼

핵심키워드 도출

▼

디자인콘셉트 수립

04 디자인 사고 프로세스

◉ 일반적인 디자인 사고 프로세스

- 영감 생성(Inspiration) → 아이디어 발상(Concepting) → 아이디어 평가(Evaluation)

◉ 창의적 아이디어 발상 시스템

- 배우고(Learning) → 영감 생성 → 아이디어 발상(Ideation) → 아이디어 선택(Selection) → 아이디어 협업(Collaboration) → 배우기
- 지속성을 가져갈 필요가 있다.
- 창의적 아이디어 발상 프로세스가 필요하다.

◉ 창의적 아이디어 발상 시스템

- 디자인 시각화 = 창의적 아이디어 프로토타이핑 과정
- 브레인스토밍
- 이미지맵(마인드맵)
- 문제해결기법

05 디자인 아이디어 발상 트렌드

- 오픈소싱(Open Sourcing), 크라우드 소싱(Crowd Sourcing)을 활용한 아이디어 발상이 이루어지고 있다.
- 특정 요구에 대한 아이디어나 해결책을 제시하는 온라인 커뮤니티가 활성화 되고 있다.
- 온라인의 발달로 아이디어 발상 과정에 변화를 가져왔다.
- 테크놀로지 발달은 협업을 통해 창의적 아이디어 생산이 필요한 시기를 만들어 아이디어 발상도 협업시대가 시작되었다.

단답형 문제

01 다음 빈칸에 알맞은 내용은?

> 아이디어 발상법 중 통합기법은 ( )기법과
> ( )기법을 반복하면서 목적에 맞는 아이디어
> 를 구체화 하는 방법이다.

객관식 문제

02 디자이너의 창의적 발상을 위한 태도가 <u>아닌</u> 것은?
① 융합적 사고
② 다양한 시각과 관점
③ 전통적 사고 강화
④ 최신 디자인 트렌드에 대한 조사

03 아이디어 발상법 중 확산기법 분류에 속하지 <u>않는</u> 것은?
① 시나리오 라이팅법
② 브레인스토밍
③ 스캠퍼
④ 체크리스트법

정답 01 확산, 수렴 02 ③ 03 ①

▶합격강의

01 발상법을 이용한 아이디어 구상

◉ 브레인스토밍(Brainstorming)

① 브레인스토밍 개요
- 1953년 알렉스 오스본(Alex Osborn, 1888~1966)이 창안했다.
- 일정한 주제에 대한 참석자의 자유로운 발언을 통해 창조적인 아이디어 도출을 하는 것이다.
- 좋은 아이디어를 많이 생산하는 것이 목적이다.
- 복잡한 문제를 여러 사람이 단시간에 해결 가능하다.
- 구성원 모두가 창의적 사고의 경험 가능하다.

② 브레인스토밍 특징
- 아이디어 발상 과정의 모든 영역에서 사용된다.
- 6명에서 10명 정도의 구성원들이 모여 아이디어를 도출하는 방법이다.
- 자유롭고 유쾌한 회의를 통해 아이디어 발상에서 연쇄반응을 일으켜보자는 것이다.
- 특정한 주제에 대한 참석자의 자유로운 발언을 통해 창조적인 아이디어를 도출한다.

③ 브레인 스토밍 4원칙
- **평가의 지양 및 보류** : 아이디어를 도출하는 동안에는 타인의 아이디어를 비판하지 않는다.
- **자유분방한 사고** : 문제 해결을 위한 고정관념에서 벗어나기 위해 특성이나 성향을 구분하지 않고 자유롭게 표현한다.
- **아이디어의 양산** : 짧은 시간에 조사단계 없이 수집하여 아이디어의 총량을 늘인다.
- **결합과 개선** : 제안된 아이디어를 조합해서 더 좋은 아이디어로 발전시킨다.

◉ 브레인라이팅(Brainwriting)

① 브레인라이팅 개요
- 1968년 독일의 베른트 로르바흐(Bernd Rohrbach)가 창안했다.
- 브레인스토밍의 단점을 보완하여 소극적인 사람, 표현에 서투른 사람들에게 효과적이다.

② 브레인라이팅 특징
- 아이디어를 말 대신 시트에 기록한다.
- 개인사고의 특징을 최대한 살릴 수 있는 집단 발상 기법으로 6-3-5기법이라고도 불린다.

> **기적의 TIP**
>
> **6-3-5 기법**
> 6명이 둘러앉아 3가지의 아이디어를 5분내에 기록하고, 옆사람에게 건네주고, 여기에다시 자신의 아이디어를 첨가해 나가는 방법으로 6-3-5 기법이라고도 한다.

◉ 어피니티 다이어그램(Affinity Diagram)

① 어피니티 다이어그램 개요
- 1960년대 일본의 카와키타 지로(Kawakita Jiro)가 창안하였다.
- 방대한 아이디어를 정리, 분류할 때 활용되는 방법으로 '친화도 분석'이라 해석된다.

② 어피니티 다이어그램 특징
- 도출된 아이디어를 관련성에 따라 아이디어를 그룹화한 다음, 핵심 키워드를 도출한다.
- 브레인스토밍의 결과를 정리하는 데 유용하다.

③ 어피니티 다이어그램의 진행 단계
  - ㉠ 적절한 시행 장소 확보 및 팀 구성
  - ㉡ 키워드를 개별적으로 카드에 기입
  - ㉢ 관련된 카드 그룹핑
  - ㉣ 카드 그룹에 대표 키워드 부여
  - ㉤ 키워드 그룹을 압축하며 그룹명을 조정
  - ㉥ 그룹핑한 어피니티 다이어그램 최종 확인
  - ㉦ 완성된 다이어그램에 대한 최종 리뷰 및 기록

◉ 마인드맵

① 마인드맵 개요

- 영국의 터니 부진(Tony Buzan)에 의해 개발되었다.
- 창의성의 인지적 요소 중 기초적으로 사고를 촉진시킬 수 있는 기법이다.
- 아이디어를 체계화하고 간결화 해 확산적 사고를 촉진시키는 방법이다.
- 사고 능력을 정밀하고 질서정연하게 시각적으로 표현 가능하다.

② 마인드맵 특징

- 강력한 그래픽 기술을 동반한다.
- 이미지와 상징적 기호를 사용하여 생각을 강조하고, 두 뇌가 다른 연결을 만들어 내도록 자극한다.

③ 마인드맵의 장점

- 사고의 영역을 한 눈에 살펴 볼 수 있는 기법이다.
- 창조적 사고의 전 과정을 외형상으로 분명히 명시한다.
- 새로운 통찰력을 얻을 수 있는 가능성을 높여주는 사고 방식이다.
- 새로운 생각의 창조 가능성을 증대시킨다.

④ 마인드맵 형성 방법과 규칙

- 정 중앙에 메인 테마를 쓰고 사방으로 가지를 뻗어 나가듯이 아이디어를 2차원으로 표현한다.
- 핵심어로 생각을 표현한다.
- 하나의 핵심어에 하나의 선을 부여한다.
- 핵심어들은 선으로 중앙의 중심어와 연결한다.
- 색상을 이용해서 중요한 아이디어를 눈에 띄도록 강조한다.
- 이미지와 상징적 기호를 사용해서 생각을 강조한다.

⑤ 마인드맵 응용

- 방사형 사고 학습(Radiant Mind)
- 창의력 배양 학습(Creative Mind)
- 사고의 유연성 확대(Flexible Mind)
- 전뇌 발달(Harmony Mind)
- 열린 학습(Open Mind) 기법 활용

객관식 문제

01 자유로운 분위기 속에서 많은 아이디어를 끌어내는 기법은 무엇인가?

① 마인드맵
② 스캠퍼 기법
③ 브레인스토밍 기법
④ 시네틱스 기법

02 브레인스토밍의 규칙으로 부적절한 것은?

① 비평을 배제한다.
② 자유롭게 움직이는 것을 환영한다.
③ 다양한 양이 필요하다.
④ 다른 사람의 아이디어를 결합하거나 개선하지 않는다.

03 다음 중 브레인 라이팅의 특징이 아닌 것은?

① 말을 하지 않으면서 아이디어 활동을 하는 것이다.
② 소극적인 사람들도 아이디어 도출에 적극적으로 참여할 수 있다.
③ 다른 사람의 아이디어에서 힌트를 얻어 사고의 자극을 받거나 발전시킬 수 있다.
④ 타인의 아이디어가 노출되지 않도록 진행한다.

04 창의적 아이디어를 체계화하고 간결화함으로 사고의 성과를 촉진하는 방법은 무엇인가?

① 마인드맵
② 스캠퍼 기법
③ 브레인스토밍 기법
④ 시네틱스 기법

정답 01 ③ 02 ④ 03 ④ 04 ①

이론
2과목 비주얼 아이데이션 구상과 전개

▶합격강의

◉ 스캠퍼(SCAMPER)

① 스캠퍼 개요

• 1971년 밥·에벌(Bob Eberle)이 오스본의 체크리스트 기법을 보완·발전시킨 방법이다.
• 구체적인 문제의 해결책을 찾기 위하여 질문을 통해 아이디어를 도출하는 방법이다.
• 사고의 영역을 일정하게 제시함으로써 구체적인 안이 나올 수 있도록 유도하는 아이디어 창출 기법이다.

기적의 TIP

오스본의 체크리스트법
아이디어를 구상할 때 고려해야 할 것들을 적어놓고 스스로 자문하는 과정을 통해 아이디어를 도출하는 방법이다.

② 스캠퍼 특징

• 7개의 질문을 던지고 7개의 답을 찾아낸 뒤 가능한 최적의 대안을 골라 낸다.
• 업무 적용 시 팀을 만들어 대안을 찾는 것이 중요한 포인트이다.
• 다각적인 사고를 전개함으로써 능률적인 아이디어를 얻는 방법이다.

◉ 스캠퍼 7가지 체크리스트

약어	사고 유형	질문 내용
S	대체 (Substitute)	무엇으로 대신 사용할 수 있을까?
C	결합 (Combine)	다르거나 비슷한 것을 결합할 수 있을까?
A	적용/변경 (Adapt)	조건이나 목적에 알맞게 적용할 수 있을까?
M	수정 (Modify)	모양, 형태, 색 등을 어떻게 바꿀 수 있을까?
P	용도변경 (Put to Other Uses)	다른 용도로 사용할 수는 없을까?
E	제거 (Eliminate)	기능이나 일부분을 뺄 수 없을까?
R	순서 바꾸기 (Rearrange)	방법이나 모양을 다르게 바꿀 수 없을까?

◉ 시네틱스

① 시네틱스 개요

• 서로 무관한 것들을 강제적으로 결합하여 아이디어를 도출해내는 방법이다.
• 조금 더 구체적이고 현실적인 문제를 해결해 나갈 때 활용한다.
• 은유적으로 표현하거나, 유추를 통해 창의적인 아이디어 발상이다.

② 사고 유형

• **이질 순화** : 유사성이 없는 것을 유사성 있게 만들어 내는 방법
• **순이질화** : 기존에 익숙하게 생각했던 것을 다르게 생각하는 방법

③ 유추 방법

• **의인적 유추**
  – 개인적 유추
  – 주어진 문제의 요소를 인격화하거나 의인화하여 생각하는 것
  – 자신이 주어진 문제의 일부라고 생각
  – 자신이 스스로 해결해야 할 대상이 되었다고 상상 의인화 하여 새로운 아이디어 유추
    문제의 대상이 되고 있는 것에 완전히 일치해버리는 발상

• **상징적 유추**
  – 문제 요소와 유사한 사상, 지식, 기술 등 직접 조사한 후 말, 그림 등을 써서 '어떻게 상징되는가'를 검토
  – 어떤 대상의 추상적 원리나 특성이 되는 상징 유추
  – 두 개의 서로 모순, 반대되는 상징을 하나의 의미로 형성
  – 새로운 이미지 의미를 만들어 내는 방법

- 직접적 유추
  - 이질순화
  - 닮지 않은 두 개의 이념을 객관적으로 비교하여 유추
  - 주어진 문제를 전혀 다른 사물이나 현상에 객관적으로 직접 비교
  - 우리 주변에 있는 사상과 사물을 과제와 연결
- 공상적 유추
  - 환상적이고 비현실적인 내용까지 문제에 대한 희망사항을 작성하고 그에 대한 방법을 작성하는 방식
  - 다른 기법과 혼용하여 추진 가능
  - 발상의 원칙을 욕구에 맞추어 수립하고 접근하면 효과적
④ 유추 과정
- 이질순화 6단계 과정 : 현재의 조건 → 직접적 유추, 의인적 유추 → 압축된 갈등 → 직접적 유추 → 처음의 과제 재검토
- 순이질화 6단계 과정 : 실제적인 것 정보 제시 → 직접적 유추, 의인적 유추 → 유추의 비교 → 차이점 설명 → 탐색

01 서로 관련이 없는 요소들 간의 결합을 의미하는 것으로 상상력을 동원하여 실질적인 문제 전략을 이끌어 내는데 유용하게 사용되는 방법은 무엇인가?
  ① 마인드맵
  ② 스캠퍼 기법
  ③ 브레인스토밍 기법
  ④ 시네틱스 기법

02 기존의 제품을 개조나 개선하여 신제품을 발명해 내는데 유용하게 활용되는 질문기법은 무엇인가?
  ① 마인드맵
  ② 스캠퍼 기법
  ③ 브레인스토밍 기법
  ④ 시네틱스 기법

03 다음 중 스캠퍼(SCAMPER) 발상법의 사고유형이 아닌 것은?
  ① 대체(Substitute)
  ② 결합(Combine)
  ③ 통합(Merge)
  ④ 수정(Modify)

정답 **01** ④ **02** ② **03** ③

01 자료수집

◉ **자료수집의 개념**

- 자료수집
  - 자료를 얻기 위한 수집활동이나 이를 지원하는 모든 과정이다.
  - 매체의 특성에 따라 적절한 수단과 방법을 통해 이루어진다.
- 자료수집은 창의적인 아이데이션에 도움을 주며, 콘셉트 도출의 지식자원이다.
- 초기단계에서 아이디어 발상에 도움을 준다.

◉ **자료수집의 유형**

수집할 자료들의 범위와 종류에 따라 유형을 구분할 수 있다.
① 넓은 범위의 자료수집
- 사회 문화적 환경 조사, 시장동향, 소비성향 및 최신 트렌드 등
- 아이디어를 보다 구체화할 수 있음
- 아이데이션의 기본방향과 범위를 세우기 위해 주변 환경에 대한 폭넓은 자료를 수집하는 것
② 좁은 범위의 자료수집
- 유사사례, 디자인형태, 색상, 재료, 패턴, 타이포그래피 등
- 프로젝트나 특정한 주제에 직접적으로 관련이 있는 구체적인 자료의 수집
- 전체적인 디자인 경향 파악, 세부적인 디자인에 반영할 자료로 삼을 수 있음

02 아이디어 전개를 위한 자료수집

- 일상생활에서 다양한 자료를 수집하여 창의적인 아이디어를 도출 할 수 있다.
  - 일상적 사진촬영, 메모하기, 스케치하기, 신문잡지 읽기, 웹 검색 등
- 이미지 자료뿐만 아니라 신문과 잡지의 기사, 스크랩 등 텍스트 자료도 포함된다.
- 신뢰할 수 있는 자료를 바탕으로 적절한 수단과 방법을 사용하여 수집해야 한다.

03 아이디어 자료수집 방법

◉ **문헌을 통한 자료수집**

① 문헌 자료수집의 특징
- 신문, 잡지, 서적, 간행물, 논문, 공·사 기관의 통계자료 등
- 전통적이며, 가장 일반적인 방법이다.
- 비교적 짧은 시간과 적은 비용으로 많은 자료수집이 가능하다.
- 경우에 따라 자료 입수를 위해 먼 물리적인 이동이 필요할 때가 있어 접근성이 높지 않다.
② 문헌 자료 종류 : 신문, 잡지, 서적, 간행물, 논문, 공·사 기관의 통계자료 등
③ 문헌 자료 수집방법
- 주제와 관련된 이미지나 텍스트를 복사, 촬영 또는 스캐닝한다.
- 스크랩 북을 이용한 스크랩이나 컴퓨터에 파일로 저장한다.
- 스크랩한 자료들은 출처, 날짜, 특징, 유형 및 키워드 등을 메모한다.

◉ 인터넷을 통한 자료수집

① 인터넷 자료수집의 특징
- 시간과 공간의 제약을 받지 않는다.
- 언제 어디서나 자료검색, 수집이 가능하다.
- 원하는 자료에 쉽게 접근할 수 있다.
- 디자인 매거진, 포털, 블로그 등 다양한 멀티미디어 자료 수집 가능하다.

② 인터넷 자료 종류 : 디자인 매거진, 디자인 포털, 블로그, 관련기사가 포함된 웹페이지 등

③ 인터넷 자료 수집방법
- 북마크 설정
  - 자료의 내용을 쉽게 연상할 수 있도록 이름을 부여한다.
  - 저장된 북마크는 다시 항목별로 분류한다.
- 다운로드 자료
  - 유형이나 콘셉트 별로 폴더를 만들어 저장한다.
  - 출처, 날짜, 특징, 유형 및 키워드 등을 메모한다.

◉ 방송, 전시 및 박람회, 강연을 통한 자료수집
- 최근 이슈 및 트렌드에 대한 정보를 얻을 수 있다.
- 다양한 전시물을 보고 강연을 들으며 생생한 정보를 얻을 수 있다.
- 주제와 관련된 방송을 시청하며 정보를 메모하며 자료를 수집한다.
- 전시 및 박람회, 강연 현장에서 배포되는 책자, 인쇄물을 스크랩 또는 컴퓨터에 파일 형태로 보관한다.

◉ 수집된 자료의 분류
- 디자인 콘셉트의 연관성, 시안의 방향을 고려하여 적합 여부를 판단하여 크게 3가지로 분류한다.
  - 메시지와 유기적인 조화를 이루는 자료 : 메시지의 성격, 분위기, 톤, 감성 무게감 등
  - 목표수용자의 개인 특성을 고려한 자료 : 목표수용자의 나이, 성별, 사회적 계급, 소비자 인지 가치 등
  - 부적합자료 : 부적합한 자료도 별도로 분류하여 추후 디자인 작업에서 활용할 수 있도록 분류한다.
- 다양한 분류 기준에 따라 정리가 가능하며 프로젝트의 목적과 방향에 따라 분류 기준이 달라질 수 있다.

---

01 자료 수집의 방법으로 적합하지 <u>않은</u> 것은?
① 관련 사이트 리서치
② 트렌드 관련 잡지 외 인쇄물 활용
③ 관련 분야 전문 서적 활용
④ 심도있게 한정요인만 조사

02 자료수집 분류 기준으로 적합하지 <u>않은</u> 것은?
① 콘셉트 연관성별
② 자료 유형별
③ 키워드별
④ 문서크기별

03 인터넷 자료수집의 특징이 <u>아닌</u> 것은?
① 시간 제약이 없다.
② 공간의 제약이 없다.
③ 저작권문제가 발생하지 않는다.
④ 멀티미디어 자료수집이 가능하다.

정답 **01** ④ **02** ④ **03** ③

POINT 14 자료수집 체계화

01 수집된 자료의 체계화

◉ 수집된 자료의 구체화 및 체계화

- 프로젝트 진행단계에 맞는 자료 및 샘플을 정리한다.
- 시각디자인의 자료수집은 크게 이미지수집, 폰트수집, 컬러정보 수집으로 분류한다.
- 체계화는 자료 수집의 용도와 수집자의 특성에 따라 구축된다.
- 인구통계학적 분류 체계, 디자인 트렌드, 주요 사회 이슈, 조형적 특성 등 다양한 분류 체계를 만들 수 있다.
- 자료 검색의 편의성, 디자인 콘셉트 명확성, 새로운 아이디어 도출 가능성의 장점이 있다.

◉ 자료수집과 체계화의 필요성

- 아이디어 도출을 위한 영감을 얻을 수 있다.
- 수집한 자료들을 유형별로 분류·체계화할 수 있다.
- 프로젝트진행의 각 단계마다 적용할 수 있는 자료로 활용할 수 있다.
- 유사한 제품이나 서비스에 대한 장단점 및 개선점을 파악할 수 있다.
- 디자인 프로젝트 관련 업무의 협업을 위한 커뮤니케이션 자료로 활용할 수 있다.

02 이미지 자료

◉ 이미지 자료수집

① 이미지
- 디자인의 콘셉트를 구체적으로 형상화 시킬 수 있는 디자인 요소이다.
- 비언어적 커뮤니케이션의 시각적 메시지를 전달할 수 있는 특징이 있어 풍부한 정보들을 전달하는데 유연하게 이용할 수 있다.

② 이미지 수집 시 고려사항
- 프로젝트 디자인 요소의 이미지
  - 프로젝트 일정과 예산을 고려하여 제작 여부를 결정한다.
  - 이미지에는 사진과 일러스트가 있으며 프로젝트 일정과 예산에 따라 제작 또는 사용 권한을 구매할지 결정한다.
- 해당 이미지의 라이선스
  - 인터넷에서 검색되는 창작자의 이미지는 저작권의 제약 범위를 확인해야 한다.
  - 이미지 수집 시 수정 후 상업적 용도 재사용 가능 여부를 파악한다.

◉ 이미지 자료 카테고리 기획

① 컴퓨터 폴더 생성을 통한 자료 정리 : 디지털 이미지 자료를 체계화하기 위해 폴더명은 일련번호, 알파벳 등을 활용한 순차적 구성과 파일명 원칙을 설정하여 저장한다.
② 이미지 스크랩북 작성 : 촬영인화지, 프린트, 복사, 인쇄물 등의 자료를 스크랩북에 부착하고 자료출처와 필요설명을 첨부한다.
③ 파일 철 활용
- 전통적이며 대표작인 자료 저장 방법으로 조사자가 세밀하게 자료를 확보하고, 안정적으로 보관할 수 있다.
- 자료의 출처 및 날짜, 자료에 대한 관련지식, 정서적 판단 등을 기록하여 자료와 함께 보관한다.

◉ 이미지 자료 무드보드 작성

- 수집된 이미지를 특정한 카테고리에 의해 그룹핑 하고 배치하는 것이다.
- 이미지 그룹의 전체적인 감성 표현과 감성 카테고리를 파악하고 그룹핑 할 수 있다.
- 콘셉트 개발을 위해 수집된 이미지의 가치를 높이는 방안으로 활용된다.

◉ 무드보드의 이점

- 디자인의 방향성을 보여준다.
- 아이디어를 알기 쉽게 이미지화 할 수 있다
- 프로젝트 비전을 시각화할 수 있다.
- 새로운 아이디어의 영감이 될 수 있다.

03 폰트 자료

◉ 폰트 수집

- 스타일 형태, 두께 등을 기준으로 디자인 콘셉트와 조화를 이루는 것으로 선택한다.
- 서체의 품질이나 저작권 문제에서 자유롭기 위해 정식으로 구입한다.
- 인터넷에서 다운받을 경우 신뢰할 수 있는 사이트를 이용한다.
- 폰트마다 사용 규약이 있으므로 다운로드 전에 반드시 확인이 필요하다.

04 컬러 자료

◉ 컬러정보 수집

- 디자인 콘셉트 설정에 활용한다.
- 전달하고자 하는 이미지를 빠르고 쉽게 인지시킬 수 있는 중요한 수단이다.
- 배색은 조화롭고 아름답게 긍정적인 이미지를 효과적으로 디자인에 반영하는 데 활용할 수 있다.

◉ 색채 정보수집 순서

조사 대상의 선정 → 조사 내용의 결정 → 조사 분야 및 방법 선정 → 자료준비 → 정보분석 → 분석 결과의 활용

단답형 문제

01 수집된 이미지를 특정한 카테고리에 의해 그룹핑 하고 배치하여 디자인의 방향성을 보여주는 것은 무엇인가?

객관식 문제

02 색채 정보수집을 위한 진행 과정에 해당되지 않는 것은?
① 조사 대상의 선정
② 조사 분야 및 방법 선정
③ 매체의 특성
④ 분석 결과의 활용 과정

03 자료수집 관련 사항 중 적합하지 않은 것은?
① 수집한 자료들을 유형별로 분류하고 체계화한다.
② 일러스트 이미지는 반드시 자체 제작하여야 한다.
③ 폰트는 사용규약을 확인한다.
④ 디자인 콘셉트에 적합한 컬러와 배색 방법을 수집한다.

정답 01 무드보드 02 ③ 03 ②

POINT 15 아이디어 스케치

▶합격강의

01 아이디어 스케치

◉ 아이디어 표현

- 창의적인 아이디어를 시각적으로 구체화시키기 위한 작업이다.
- 디자이너가 생각하고 있는 아이디어 또는 이미지에 대한 시각적 표현의 기초적 단계이다.
- 디자인 콘셉트와 관계가 있는 상징적 이미지들을 다양한 아이디어로 표현한다.
- 추상적 아이디어를 구체적인 형태로 표현 할 수 있다.
- 글자와 이미지들을 결합하고 의미를 부여하여 디자이너의 생각을 전달 할 수 있다.

◉ 아이디어 스케치 개념

- 디자이너가 구상한 생각을 구체화하는 디자이너의 시각 언어라고 할 수 있다.
- 신속한 아이디어의 전달 및 확인, 검토 등을 위해 효용성이 높은 표현법이다.
- 보이지 않는 아이디어를 그림, 문자 등을 이용해 이미지로 표현하는 것이다.
- 아이디어를 시각화하여, 자신의 아이디어를 상대방에게 전달, 공유할 수 있다.
- 초기 아이디어를 표현하는 역할 뿐만 아니라 디자인 개발의 단계적 계획이나 개발 범위를 구체화할 수 있는 과정이다.
- 개발자와 기획자가 아이디어를 함께 공유하여, 더 나은 방향을 함께 모색 개선할 수 있다.
- 완성된 결과물을 대략적으로 예측하기 위해서 사용할 수 있다.

◉ 아이디어 스케치의 목적

- 아이디어 스케치를 통해서 자유롭고 창의적인 사고를 표현하기 위한 것이다.
- 완성도의 기준을 두지 않고 풍부한 아이디어를 간단한 스케치를 통해서 가시화하여 도출할 수 있다. 의사소통을 도와주는 기본 도구로 사용할 수 있다.

- 아이디어 스케치 결과물 중 발전시킬 수 있는 아이디어를 선택하고 검토하여 디자인콘셉트를 탐구할 수 있는 핵심 역할을 할 수 있다.

◉ 아이디어 스케치의 장점

- 생성된 아이디어에 대한 창의성을 보존할 수 있다.
- 아이디어의 제시 단계 또는 체계적인 완성 상태와 상관없이 시각화를 통해 풍부한 아이디어를 생산해 낼 수 있다.
- 생성된 아이디어를 빠른 속도로 표현 할 수 있으므로 디자인 개발에 적합한 콘셉트를 풍부한 양으로 표현할 수 있다.
- 스케치를 위한 도구가 간편하고 휴대하기 쉬워 상시로 아이디어를 기록할 수 있다.
- 용지와 출력물 등을 이용해 다른 구성원들과 쉽게 공유 할 수 있어 자신의 아이디어에 대한 평가 기회를 쉽게 조성할 수 있다.
- 시각화로 인하여 전개할 수 있는 아이디어를 직관적으로 선택할 수 있다.
- 스케치한 아이디어 안을 보관해 두었다가 추후에 다시 검토할 수 있다.
- 디자인 개발 창의성 발전을 위한 학습을 일상적으로 수행할 수 있다.

◉ 창의적 발상 단계를 통한 아이디어 스케치 단계도

- 아이디어 발상을 통해 디자인 콘셉트와 핵심 키워드를 도출하는 과정에서 초기스케치인 썸네일 스케치를 구상한다.
- 키워드는 시각화를 위한 디자인 콘셉트 설정으로 이어지며 아이디어스케치를 통해 콘셉트 이미지를 위한 아이데이션과 시안을 구상한다.

02 아이디어 스케치 활용 범위

◉ 아이디어 스케치 활용 범위

- 스케치는 주로 대상을 간략하게 묘사하는 방식을 지칭하며 아이디어 스케치는 머릿 속에 있는 개념을 시각화 하여 드러내는 방식을 지칭한다.
- 시각디자인 프로젝트에서는 보다 체계화된 아이디어 스케치 분류를 통해 아이디어 스케치의 역할을 확장해 나아갈 수 있다.
- 다양한 분야에서 창의적 발상이나 구체화가 필요한 여러 단계에서 유용하게 사용된다.
- **활용범위** : 광고, 제품, 편집, 웹디자인, 건축, 인테리어, 패션, 영상제작 등

◉ 아이디어 스케치 분류

① 개념 스케치

- 썸네일 스케치와 같이 일차적 연상을 시각화하는 것이다.
- 키워드나 콘셉트를 즉시적으로 인지 할 수 있도록 정보의 형태소와 이들을 연결시키는 관계의 시각화가 중요한 표현 요소이다.

② 사물 스케치

- 개념 스케치를 구체적으로 형상화하는 것이다.
- 사물의 형태 뿐 아니라 사물의 구조, 결합방식, 공간 등 다양한 아이디어들을 시각화한다.
- 여러 개의 사물일 경우, 배치를 위한 기능적, 심미적 아이디어를 적용하여 스케치한다.

③ 체험(경험) 스케치

- 특정한 체험 상황이나 시간의 흐름에 따라 발생하는 상황을 스케치하는 것이다.
- 환경, 상황, 스토리를 스케치로 표현한다.
- 영상 제작을 위한 스토리보드로도 활용된다.

01 스케치의 특징으로 거리가 먼 것은?
① 눈에 보이는 물체의 성질이나 형태를 알 수 있다.
② 서로의 관계 등을 이해하는 힘이 생긴다.
③ 시간이 많이 소요되며 상상력은 감소된다.
④ 물체를 구성하고 있는 요소를 알 수 있다.

02 아이디어 스케치의 장점으로 옳지 <u>않은</u> 것을 고르시오.
① 풍부한 아이디어를 생산해 낼 수 있다.
② 스케치도구가 간편하여 언제 어디서나 쉽게 드로잉 할 수 있다.
③ 완성된 아이디어를 도출하여 스케치로 표현할 수 있다.
④ 스케치안을 보관해 두었다가 추후에 다시 검토할 수 있다.

03 스케치를 구체적으로 표현하기 위한 사항이 <u>아닌</u> 것을 고르시오.
① 전체적인 이미지
② 질감
③ 입체감
④ 색상

이론

2과목 비주얼 아이데이션 구상과 전개

아이디어 스케치 종류

▶합격 강의

01 스케치 분류

- 사용목적과 정밀도에 따라 분류할 수 있다.
- 썸네일 스케치, 러프 스케치, 콤프 스케치 3가지로 분류한다.

02 썸네일 스케치(Thumbnail Sketch)

◉ 썸네일 스케치 개요

- 아이디어 발상 과정에서 다양한 아이디어를 구상할 때 이용한다.
- '엄지 손톱'이라는 뜻으로 작은 크기로 대략적으로 그리는 간략한 스케치이다.
- 볼펜, 연필 등의 도구를 이용하여 자유롭게 가벼운 마음으로 순간적으로 떠오르는 아이디어를 빠른 시간에 표현한다.

◉ 썸네일 스케치의 특징

- 계열화 되지 않은 창의성을 최대한 발현할 수 있다.
- 짧은 시간에 표현하므로 디자인 개발자의 의식 흐름을 따라 갈 수 있다.
- 구체적인 표현을 생략하고, 약화스타일로 선을 주로 사용한 프리핸드 드로잉이다.
- 특별한 드로잉 기술이 없이도 쉽게 표현 할 수 있어 스케치 접근성이 높다.
- 수첩과 연필 등 휴대 간편한 도구로 표현 할 수 있어 수시로 떠오르는 아이디어를 즉각적으로 기록 할 수 있다.
- 작은 공간에 많은 양을 스케치 할 수 있어 핵심 아이디어뿐만 아니라, 스케치 전개 순서에 따른 체계적 연결을 통한 아이디어의 계열화가 가능하다.

◉ 썸네일 스케치 방법

- 키워드 이미지 연상을 중심으로 빠른 시간에 여러 개의 스케치를 진행한다.
- 수집한 자료 이미지, 텍스트 등을 보고 형식과 크기의 제약 없이 간략하게 표현한다.
- 크기는 일반적인 스케치북의 1/2, 1/3 크기로 짧은 시간에 신속하게 진행한다.
- 펜과 연필 등 단색 드로잉 툴을 한 개만 사용하여 스케치 시간을 최소화 한다.
- 여러 개의 스케치들의 연계성을 고려하지 않고 연상되는 대로 진행한다.

03 러프 스케치(Rough Sketch)

◉ 러프스케치 개요

- 썸네일 스케치를 기반으로 콘셉트가 시각화 된 개략적인 스케치이다.
- 아이디어 채택 과정에서 디자인 개발자들의 논의를 위해서 제작한다.
- 간단한 음영, 색상 및 재질을 표현한다.
- 썸네일 스케치 보다는 좀 더 명확하게 아이디어를 가시화할 수 있다.

◉ 러프 스케치의 특징

- 콘셉트 구체화로 진전된 아이디어를 가시화 시킬 수 있다.
- 디자인 개발자의 표현 스타일을 어느 정도 반영할 수 있다.
- 디자인 시안을 예측할 수 있는 적절한 크기로 구현할 수 있다.
- 시각적 연출을 구체화하기 전에 표현 매체에 대한 일차적인 계획을 할 수 있다.
- 형태의 음영과 컬러 연출 등을 함으로서 스케치를 바탕으로 하는 시안 제작결과에 대해 어느 정도 예측할 수 있다.

◉ 러프 스케치의 방법

- 썸네일 스케치 중에서 디자인 콘셉트 표현에 가장 적절한 스케치를 선택하여 상세하고 개략적으로 표현한다.
- 구체적인 디자인 완료 상태를 예측 할 수 있는 수준으로 드로잉을 진행한다.
- 컬러펜과 마카 색채를 적용하여 드로잉의 디자인 완료 실재감을 높인다.
- 여러 개 진행할 때 개별 드로잉의 관계성 및 형태 베리에이션을 부여하도록 한다.
- 이미지 스케치와 함께 아이디어를 설명할 수 있는 간단한 정보와 함께 적절한 메모를 첨부한다. 아이디어 출처나 기록 날짜, 이와 관련 있는 모든 정보를 기록한다.

04 콤프 스케치(Comprehensive Sketch)

◉ 콤프 스케치 개요

- 디자인의 제작의도를 정확하게 알리기 위하여 충실하게 묘사된 스케치이다.
- 완성물과 같은 수준으로 정밀하게 표현된 시안용 스케치이다.

◉ 콤프 스케치의 특징

- 그래픽 소프트웨어를 이용하여 스케치를 하는 경우가 많다.
- 형태, 컬러, 입체감 등이 정밀하게 묘사한다.
- 콤프 스케치 자체가 시안의 역할을 하기도 한다.

◉ 콤프 스케치의 진행방법

① 러프 스케치 중 시안 제작을 위한 스케치 안을 선정하여 표현 방법을 구상한다.
② 단색으로 형태 및 이미지 바탕 스케치 한 후 형태 및 이미지를 수정, 보완한다.
③ 컬러펜과 색상 툴을 정밀하게 적용하여 색, 질감, 양감 등을 연출한다.
④ 시안으로서 역할을 할 수 있도록 세부 드로잉을 완성한다.

단답형 문제

01 디자인의 제작의도를 정확하게 알리기 위하여 충실하게 묘사된 스케치를 무엇이라고 하는가?

객관식 문제

02 아이디어 발상과정에서 떠오르는 생각이나 콘셉트를 최초로 표현하는 방법을 고르시오.
① 썸네일 스케치
② 러프스케치
③ 콤프 스케치
④ 시안 디자인

03 발전 가능한 스케치안을 선별해서 구체적으로 표현할 때 필요한 스케치 형식은 무엇인가?
① 썸네일 스케치
② 러프 스케치
③ 콤프 스케치
④ 시안 디자인

04 스케치의 정밀도가 낮은 것부터 높은 순서대로 올바르게 나열된 것은?
① 러프 – 썸네일 – 콤프
② 썸네일 – 콤프– 러프
③ 콤프 – 러프 – 썸네일
④ 썸네일 – 러프 – 콤프

정답 01 콤프 스케치 02 ① 03 ② 04 ④

POINT 17 스케치 도구

01 스케치 기본 도구

◉ 스케치북

- 여러 가지 아이디어를 스케치할 때 주로 사용하는 도구이다.
- 여러 아이디어를 한눈에 비교할 수 있는 8절 정도의 크기가 적당하다.

◉ 연필

- 가장 간편하고 부담스럽지 않은 도구이다.
- 선의 두께나 강약을 조절하여 다양한 질감 표현이 가능하다.
- 심의 단단함과 진하기에 따라 여러 단계로 구분된다.
  - H : Hard(딱딱한)의 뜻이며 숫자가 높을수록 딱딱하고 단단하며 연하다.
  - B : Black(검은)을 나타내며 숫자가 높을수록 무르고 진하다.
  - HB : H와B의 중간정도로 표준굵기를 나타내며 일반필기용 연필입니다.

◉ 펜

- 펜 드로잉은 수정이 어렵다.
- 익숙하게 사용하기 위해서는 반복적인 선 긋기 연습이 필요하다.
- 끝에 둥근 볼이 달린 볼펜과 단단한 원기둥처럼 생긴 펜 축을 가진 라인 펜 등 종류가 매우 다양하다.
- 명확하고, 강한 느낌의 선을 그릴 수 있으며, 굵기가 매우 다양하다.
- 보통은 0.5mm 이하의 펜을 사용한다.
- 부분적으로 강조하거나 원근감을 주기 위해 굵은 펜을 혼용하기도 한다.

◉ 색연필

- 누구나 쉽게 접하고 사용할 수 있는 익숙한 채색 도구이다.
- 12색에서부터 24색, 36색, 40색, 60색, 72 색 등 다양한 컬러를 가지고 있다.
- 부드럽고 번지지 않는 유성 색연필과 물에 녹아 물감처럼 사용할 수 있는 수성 색연필로 구분한다.
- 부드럽고 실감나게 표현 가능, 휴대하기 편하고, 정밀하게 표현할 수 있다.
- 브랜드마다 색감과 질감의 차이가 있다.

◉ 마카

- 유성매직, 형광펜, 보드마카에서부터 디자인 및 드로잉에 특화된 마카 등 종류가 매우 다양하다.
- 디자인 스케치에 가장 많이 사용되는 도구이다.
- 잘 번져서 마르기 전에 다른 색과 섞는 것이 가능하여 그라데이션 효과 연출이 가능하다.
- 잘 번지고 휘발성이 강하기 때문에, 연습을 통해 익숙하게 다루는 노하우가 필요하다.
- 마카 전용지 사용시 번짐이나 뒷면에 스며드는 현상이 없어 선명한 발색과 섬세한 라인 표현이 가능하다.

02 기본 스케치 연습

◉ 선의 표현방법

- 수평, 수직 및 사선 등 다양한 방향으로 반듯하게 선을 긋는다.
- 힘을 조절하여 강약에 변화를 주면서 다양한 방향으로 선을 그린다.
- 다양한 형태의 곡선도 그린다.
- 재료를 다루는 것에 대해 익숙함이 느껴질 때까지 반복하여 연습한다.

◉ 선 음영 표현

- 빛의 연출은 대상물에 입체감과 사실감을 부여한다.
- 명암 단계를 나누고, 밝은 단계에서부터 점진적으로 어두워질 수 있도록 한다.
- 밝은 단계에서 어두운 단계로 갈수록 선의 간격을 좁게, 겹쳐서 명암을 표현한다.
- 선에 힘을 조절하여 밝고 어두움의 다양한 명암 단계 표현한다.

03 입체와 명암

◉ 명암의 개념 및 특성

- 빛에 의한 밝음과 어두움을 뜻한다.
- 빛의 방향과 강약에 따라 다른 느낌을 준다.
- 명암 표현으로 입체감, 양감을 표현하여 대상을 실재감 있게 나타낸다.

◉ 빛과 그림자

- 빛의 연출은 대상물에 입체감과 사실감을 부여한다.
- 조명과 같이 인공적인 빛과 태양과 같은 자연광으로 구분한다.
- 빛이 대상에 닿으면 밝은 부분, 중간부분, 어두운 부분이 생기는데 이것을 명암이라고 한다.
- 빛의 방향과 각도에 따라 명암과 그림자의 모양이 달라진다.
- 그림자는 빛의 반대쪽에 생긴다.

◉ 하이라이트와 반사광

- 하이라이트 : 빛이 물체에 닿아 생기는 가장 밝게 보이는 부분
- 반사광 : 대상의 어두운 부분과 그림자 사이에 나타나고, 이 표현에 의해 입체감이 더 뚜렷해진다.

객관식 문제

01 빛이 대상을 비출 때, 빛이 오는 반대 방향에 생기는 것이 무엇인가?
① 하이라이트
② 그림자
③ 반사광
④ 명암

02 스케치를 위한 재료 중 펜의 장점을 고르시오.
① 수정이 가능하다.
② 명확하고 강한 선을 그릴 수 있다.
③ 선의 두께가 일정하다.
④ 잘 번진다.

03 스케치 도구로 사용하기에 부적절한 것은?
① 연필
② 마카
③ 볼펜
④ 수채화 물감

04 마카의 특징이 아닌 것을 고르시오.
① 잘 번진다.
② 덧칠할 경우 색이 잘 섞인다.
③ 물에 녹는 성질 때문에 물감처럼 사용할 수 있다.
④ 휘발성이 강하다.

정답 **01** ② **02** ② **03** ④ **04** ③

이론 2 과목 비주얼 아이데이션 구상과 전개

아이디어 발상

01 스케치 작업 단계

◉ 스케치 방법

- 드로잉 도구를 쥐고 생각을 하며 여러 가지 선택 가능성을 신속히 시각화시킨다.
- 스케치에서 정해진 크기는 없으며, 썸네일의 경우 작은 크기로 전개된다.
- 크기를 실제 크기의 절반이나 1/3로 줄이면 좀 더 편리하게 스케치 할 수 있다.
- 표현하는 드로잉 방법에 대한 특별한 제약은 없다.
- 작업의 성격상 빠르고 동일하게 아이디어를 시각화 해야 하므로 숙련도가 필요하다.

◉ 스케치 훈련법

- 간단한 스케치 도구를 항상 소지한다.
- 아이디어가 떠오를 때마다 즉시 드로잉한다.
- 다양한 아이디어를 한 페이지에 그리면 아이디어간의 비교를 할 수 있다.
- 이미지 표현이 어려운 경우, 메모형식으로 기록한다.
- 아이디어와 함께 간단한 정보, 출처, 날짜를 기록한다.
- 아이디어에 호감이 가지 않거나 의도와 다르게 표현되었다 하더라도 스케치를 지우지 않고 보관해 둔다.
- 스케치는 쓰임새 및 기대 효과에 따라 단순화 한 스케치, 입체형태 스케치로 표현 영역을 나눌 수 있다.

02 2차원 형태로 스케치하기

◉ 단순화하여 스케치하기

- 깊이를 가지지 않는 평면적인 형태의 스케치이다.
- 디자인 콘셉트를 위한 아이디어 구상 단계로써 스케치는 단순하게 드로잉 하여 콘셉트를 명확하게 드러내도록 한다.
- 디자인 콘셉트를 이해한 후, 간단명료한 선화드로잉 방식을 적용하여 스케치 한다.
- 러프스케치에서 윤곽선으로 형태와 구조를 설명하는 스케치 방법이며 정보그래픽이나 평면적 상세 시뮬레이션 이미지를 필요할 때 적합하다.
- 모션그래픽을 위한 스케치에서는 아이템의 양감과 명암 등 사물의 구체적 표현 보다는 스토리에 따른 변화하는 동세를 간결하게 선화드로잉으로 표현하는 것이 우선적이다.

03 입체 형태로 스케치하기

◉ 라인 드로잉에서 양감 연출

- 최종 결과물의 형태를 개념적으로 예측하거나 시안 제작 전에 팀원들과 제작을 위한 커뮤니케이션을 하기 위하여 라인드로잉을 구체화 하는 단계의 스케치 표현 방법이다.
- 기본적인 양감과 명암 표현이 특징이다.
- 사물과 상황의 특징을 단순 명료하게 드로잉 하는 역량과 양감 표현을 위한 드로잉 능력이 요구된다.

◉ 기본 입체형을 기반으로 한 구조 연출

- 패키지 구조물이나 입체적 사인물의 구조 스케치에 활용된다.
- 원기둥, 사각기둥 등 입체 형 밑그림을 그리고 그 위에 형태를 깎아 내거나 첨가하여 점차 구체화 하는 방식으로 표현하는 것이다.
- 사물의 구조적 특징을 우선적으로 파악하여 드로잉 하는 역량과 조각 혹은 입체 모델링의 양감 연출을 위한 드로잉 역량을 갖추어야 한다.

◉ 결과물에 근접한 상세 연출

• 상세 스케치는 예상 결과물을 상세하게 예측 할 수 있는 콤프 스케치로서 역할을 한다.
• 시안 제작 단계에서 발생할 수 있는 조형적이거나 구조적인 문제 발생 가능성을 미리 찾아 낼 수 있다.
• 결과물의 구조적 형태뿐만 아니라 색채와 질감까지도 어느 정도 예상하여 결과물에 대한 커뮤니케이션을 원활하게 할 수 있는 스케치로서 유용하다.
• 디자인 아이데이션의 최종 단계로서 사물의 구조적 특징 뿐만 아니라 대상의 양감, 색채, 질감까지 상세하게 표현할 수 있는 드로잉 역량을 필요로 한다.

◉ 종이 프로토타이핑 연출

• 종이를 이용하여 그려진 라인에 따라 접거나 접착하여 제본 혹은 구조체를 만들어 아이디어를 구체화하고 발상된 아이디어에 대한 커뮤니케이션을 할 수 있는 아이데이션 방법이다.
• 개발자가 사용자의 시점과 경험을 유추하여 디자인 결과물을 개발할 수 있다.
• 패키지디자인, UI 및 UX디자인 개발을 위한 아이데이션, 구조물 등의 초기 프로토타입에 활용될 수 있다.

단답형 문제

01 UIUX디자인 개발에서 자주 쓰이는 방법으로 종이를 이용하여 접거나 부착, 구조체 생성 등의 방법으로 아이디어를 구체화시키는 방법은?

객관식 문제

02 다양한 스케치안을 정리할 때 그 기준으로 적절하지 <u>않은</u> 것을 고르시오.
① 기능
② 형태
③ 색상
④ 완성도

03 스케치 훈련법으로 적절하지 <u>않은</u> 것은?
① 간단한 스케치 도구를 항상 소지한다.
② 이미지 표현이 어려운 경우, 메모형식으로 기록한다.
③ 스케치는 반드시 입체형태로 그린다.
④ 아이디어와 함께 간단한 정보, 출처, 날짜를 기록한다.

정답 01 종이 프로토타이핑 **02** ④ **03** ③

이론

2 과목 비주얼 아이데이션 구상과 전개

POINT 19 투시도법 스케치

01 원근법

◉ 원근법 개념

- 실제 공간에 있는 3차원적 사물을 평면위에 구현하는 것
- 자연물 재현, 입체물 설계 표현에 중요한 이론
- 종류 : 선원근법, 대기원근법

02 선 원근법

◉ 선 원근법

- 사물과 공간의 가까운 곳과 멀어지는 곳의 크기를 다르게 하여 거리감과 입체감을 극대화하는데 쓰인다.
- 소실점의 갯수에 따라 '1점 투시', '2점 투시', '3점 투시'
- 소실점 : 르네상스시대 부르넬레스키가 만들어낸 개념이다.
- 최초의 선원근법 : 마사초 '성 삼위일체'(1427년)

◉ 눈높이와 소실점

눈높이와 소실점 : 눈높이 = 지평선
- 소실점은 반드시 눈높이에 위치한다.
- 높은 눈높이 : 대상을 내려다 본 경우
- 중간 눈높이 : 대상과 마주 본 경우
- 낮은 눈높이 : 대상을 올려다 본 경우

03 대기 원근법(Aerial Perspective)

◉ 대기 원근법

눈과 대상간의 공기층이나 빛의 작용 때문에 생기는 대상의 색채 및 윤곽의 변화를 포착하여 거리감을 표현하는 기법이다.

◉ 대기 원근법 표현 특징

① 원근
- 물체 윤곽선 선명도가 흐려진다.
- 색상차가 약해지고 흐려진다.

② 전경
- 명암의 대비가 강해진다.
- 톤의 범위가 늘어난다.
- 표현방법은 따뜻한 색, 명도가 높은 색, 채도가 높은 색으로 분명한 경계를 가지도록 묘사한다.

기적의 TIP

스푸마토 기법
레오나르도 다 빈치가 명명한 기법으로 '연기와 같은'을 뜻하는 이탈리아어의 형용사로 회화에서는 물체의 윤곽선을 자연스럽게 번지듯 그리는 명암법에 의한 대기원근법

04 투시도법

◉ 투시도법

- 디자이너의 아이디어를 구체화적으로 표현하는 방법이다.
- 3차원의 입체를 2차원의 평면에 정확히 옮기는 것이다.
- 사실감 있는 입체표현에 매우 유용하다.
- 가까운 곳과 먼 곳의 크기를 조절하여 사물의 거리감과 입체감을 극대화하기 위해 투시도법 사용한다.
- 대상을 바라보는 위치와 높이에 따라 1점 투시, 2점 투시, 3점 투시로 구분한다.

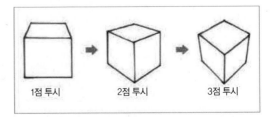

1점 투시   2점 투시   3점 투시

⦿ 1점투시도(Single Point Perspective)

- 원근법에서 소실점(Vanishing Point)이 1개 있는 원근법을 1점 투시라고 한다.
- 대상물의 정면 선들은 평행하다.
- 공간의 깊이감을 표현하는 데 유용하다.

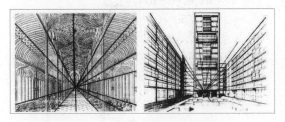

⦿ 2점 투시도(Two-point Perspective)

- 원근법에서 소실점(Vanishing Point)이 좌우 2개 있는 원근법이다.
- 먼 거리 풍경에서 관찰자가 바라보는 방향과 대상(사물 혹은 공간)의 방향이 어긋나 있다.

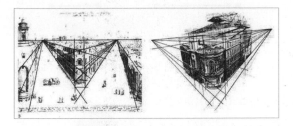

⦿ 3점 투시도(Three-point Perspective)

원근법에서 소실점(Vanishing Point)이 2개 있는 투시에 사물의 위나 아래쪽에 세 번째 소실점을 두어 사물을 올려다보거나 내려다보는 투시이다.

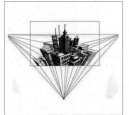

단답형 문제

01 눈과 대상간의 공기층이나 빛의 작용 때문에 생기는 대상의 색채 및 윤곽의 변화를 포착하여 거리감을 표현하는 기법은?

객관식 문제

02 대상물이 화면에 평행하게 놓인 투시방법으로 주로 제품 투시와 실내 투시도 등에 많이 사용되는 도법은?
① 1소점법
② 2소점법
③ 3소점법
④ 등각 투상법

03 높은 빌딩을 위에서 내려다볼 경우 가장 알맞은 투시도는?
① 1소점 투시도
② 2소점 투시도
③ 3소점 투시도
④ 유각 투시도

04 입체적 디자인을 평면에 표현하기 위한 방법이 아닌 것을 고르시오.
① 전개도
② 투상도
③ 투시도
④ 배치도

정답 **01** 대기원근법 **02** ① **03** ③ **04** ④

POINT 20 디자인요소 - 점

01 디자인요소

조형을 이루는 기본 요소이다.

◎ 디자인요소 분류

- **개념 요소** : 점, 선, 면, 부피
- **시각 요소** : 형, 크기, 형태, 재질, 색상
- **상대적 요소** : 방향, 위치, 공간

기적의 TIP

개념적 요소

시각적으로 지각할 수 없는 것으로 실존하는 것이 아니라 존재하는 것처럼 보일 뿐이다.

02 점(Point)

◎ 점의 개념 및 특성

- 형태를 지각하는 최소의 단위이다.
- **기하학에서의 개념** : 위치가 있고 크기가 없다.
- **디자인에서의 개념** : 크기와 형태가 있으며, 기능을 갖고 있다.
- 점의 구성을 통해 다양한 메시지를 연출
- 점은 선의 양끝(한계), 선의 교차, 선의 굴절 , 면과 선의 교차에서 나타난다.

◎ 점의 표현에 따른 효과

- 점이 평면 위에 하나가 있을 경우에는 무게가 생기고 주의력이 집중된다.

- 두 점이 간격을 두고 떨어져 있을 경우 심리적으로 장력을 느낀다.

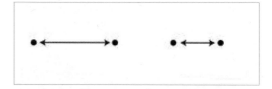

- 대소관계에 있어서 작은 것은 큰 것으로 흡수되기 쉽고, 시선의 순서가 큰 것에서 작은 것으로 옮겨진다.

- 점과 점 사이에는 육안으로 볼 수 없으나 심리적으로는 연결되는 직선으로 작용한다. 따라서 세 점은 심리적으로 삼각형으로 느낀다.

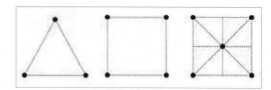

- 일직선 상의 점이 일정한 간격으로 떨어져 있으면 집합, 분리가 생긴다.

- 점이 일정한 간격을 가지고 계속되면 선으로 느껴진다.

- 점이 사방으로 일정한 간격을 유지하면 면으로 느껴진다.

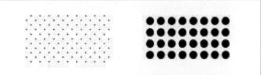

- 점의 크기의 변화는 원근감을 나타내기도 한다.

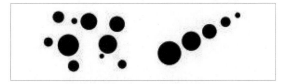

- 점의 크기와 배치되는 주위 상태에 따라 느낌이 다양할 수 있다.
  (시원함, 따뜻함, 치밀함, 대담함)

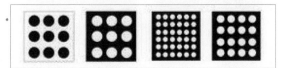

기적의 TIP

회화에서의 점, 점묘화
- 회화 등에서 선 대신 점 집합과 매우 짧은 터치로 표현하는 기법이다.
- 신인상주의 작가들이 사용한 기법이다.
- **대표작 작가** : 조르주피에르 쇠라, 폴 시냑크

01 직접적으로 지각하여 얻지 못하며, 가시적으로 표현되는 시각 요소를 무엇이라고 하는가?

02 다음 디자인요소 중 개념요소끼리 짝지어진 것은?
① 점, 선
② 면, 형태
③ 선, 질감
④ 점, 크기

03 신인상주의 화풍으로 선 대신 점 집합과 매우 짧은 터치로 표현하는 점묘법을 사용한 화가는?
① 피트 몬드리안
② 조르주 쇠라
③ 바실리 칸딘스키
④ 폴 세잔

04 디자인의 기본 요소인 것은?
① 면(Plane)
② 질감(texture)
③ 색상(Color)
④ 문자(Text)

정답 01 개념요소 02 ① 03 ② 04 ①

선, 면, 입체

01 선(Line)

◉ 선의 개념

- 1차원적인 요소로 점이 이동한 자취나 흔적을 말한다.
- 선은 두께나 폭은 없으며, 길이와 방향을 나타낸다.
- 대상의 윤곽이나 형상 표현하는 가장 기본적인 요소이다.
- 면을 구성하는 기본 요소가 된다.

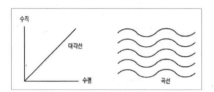

◉ 선의 종류

① 직선

딱딱하고 완고하며, 명확하고, 단순하고, 남성적이다.

수평선	평온, 안정, 정적, 고요, 평화, 무한함 등
수직선	존엄, 권위, 상승, 숭고, 힘, 영구, 열망 등
대각선	운동감, 움직임, 속도감, 불안함 등
지그재그	에너지, 혼란, 뒤흔들림, 불안감, 소란, 격분 등

② 곡선

부드러움, 움직임, 활동, 안락, 안전, 이완, 편안함, 여성적이다.

기하곡선	원 타원, 포물선과 같이 기하학적으로 그려질 수 있는 곡선
자유곡선	여성적이며, 아름답고, 자유분방하며, 무질서한 느낌
나선	발전적, 가장동적(아르키메데스 나선)
쌍곡선	균형미

- **기하학적인 선** : 딱딱하고, 기계적이며, 긴장감
- **유기적인 선** : 물체의 외형을 따라 흐르는 선으로, 부드러우며 자유로운 느낌

02 면(Plane)

◉ 면(Surface)의 개념

- 선이 이동한 자취, 공간을 구성하는 기본 단위이다.
- 선들의 교차 및 집합으로 이루어진다.
- 2차원적 요소로서 입체를 생성하는 기본적인 요소이다.
- 깊이가 없고 길이와 넓이를 가지며 선으로 경계 지어진 표면을 말한다.
- 두께, 색, 재질이 있는 표면이나 사물의 외곽을 나타내는 것이다.

◉ 면의 속성

- 셋 이상의 점이 연결된 변에 의해 정의된 내부 공간이다.
- 점이 확대되거나 선의 폭이 넓어지면 면이 된다.
- 2차원의 면은 외형의 이미지를 전달하고 3차원이 면은 전체 형상을 에워싸는 표면이다.
- 미술, 건축, 디자인에서 면은 형태를 생성하는 중요한 요소이다.

◉ 면의 종류

직선적인 면	남성적, 신뢰감, 안정감, 명료, 직접적인 느낌을 준다.
기하학적인 면	불안정, 기계적, 추상적인 느낌을 준다.
유기적인 면	자유스러움, 활발한 느낌을 준다.
곡면	온화하고 동적인 표정의 느낌과 부드럽고 동적인 느낌을 준다.

• 기하학적인 면

• 유기적인 면

03 입체(Volume)

◉ 입체의 개념

• 면이 이동한 자취, 면이 모여 생성된다.
• 3차원적 요소로서 길이, 폭, 깊이, 공간, 표면 등이 존재한다.
• **기본적인 입체** : 구, 육면체, 원기둥, 원뿔
• 우리 주변의 사물들은 주로 입체의 형태를 띠며 구, 육면체, 원기둥 및 이들의 조합으로 이루어진다.

◉ 입체의 형성

• 면이 이동한 자취이다.
• 길이, 너비, 깊이, 형태와 공간, 표면, 방위, 위치 등을 갖는다.
• 면이 각도를 이루는 방향으로 이동하거나 회전에 의해서 생긴다.

단답형 문제

01 다음 그림과 같이 자유롭고 활발한 느낌을 주는 형태를 무엇이라고 하는가?

객관식 문제

02 다음 중 디자인 요소인 선이 주는 느낌으로 잘못 이루어진 것은?
  ① 수직선 – 권위, 상승, 힘
  ② 수평선 – 안정, 고요, 평화
  ③ 사선 – 움직임, 속도감, 운동감
  ④ 자유곡선 – 여성, 부드러움, 권위

03 다음 선의 느낌을 나타낸 것 중 수직선에 대한 느낌으로 가장 알맞은 것은?
  ① 안정감, 진근감, 평화스러운 느낌
  ② 엄숙함, 강직함, 긴장감, 준엄한 느낌
  ③ 움직임, 활동감, 불안정한 느낌
  ④ 우아하고 부드러운 느낌

04 다음 중 기본 형태에 대한 설명이 올바른 것은?
  ① 면 : 물체가 점유하는 공간
  ② 선 : 면의 한계 또는 교차
  ③ 점 : 입체의 한계 또는 교차
  ④ 입체 : 선의 한계 또는 교차

정답 01 유기적인 면 02 ④ 03 ② 04 ②

01 시각 요소(Visual Element)

◉ 시각요소 개념

- 실제로 우리의 눈을 통해서 전달되는 요소로, 시각적으로 물체를 인식하는 데 필요한 요소이다.
- 물체를 지각하는 데 필요한 형태, 크기, 색채, 빛, 질감 등의 요소를 말한다.

02 형(Shape)

◉ 형(shape)의 개념

- 우리 눈에 보이는 사물의 모습
- 점, 선, 면이 모여 구성하는 사물의 모양
- 형은 어떤 형체의 윤곽이나 경계선을 의미한다.

◉ 형의 의미

사각형	안정, 신뢰, 안정, 견고, 땅
원형	움직임, 주의, 주목, 완성, 조화, 완전함, 에너지
삼각형	방향, 균형, 도전, 역동성, 행동
다각형	구조적, 유일함, 개성
유기적인 형	자연, 명랑, 예측불가능

◉ 형의 종류

기하직선형	안정, 신뢰, 확실, 강력, 명료, 질서, 간결
기하곡선형	수리적인 질서, 명료, 자유, 이행, 확실, 정연
자유곡선형	우아, 여성적, 불명료, 무질서
자유직선형	강렬, 예민, 직접적, 남성적, 대담, 활발, 명쾌

◉ 형을 활용한 디자인

① 원형(Circle)
- 주의와 주목을 의미하여 집중할 수 있는 효과를 낼수 있다.
- 레이아웃에 항목을 표시할 때 요소로서 적용하면 전체적으로 부드럽고 조화롭게 배치되는 디자인을 할수 있다.

② 사각형(Square, Rectangle)
- '간단한', '균형 잡힌', '단단한', '안전한'을 의미한다.
- PC와 스마트폰 환경에 맞춰서 웹 페이지의 레이아웃이 변화하는 반응형 웹 디자인을 위해 사각형의카드 형식으로 레이아웃을 구성하는 경우가 많다.

③ 삼각형(Triangle)
- 삼각형에서 주의할 사항은 정삼각형(▲)과 역삼각형(▼)은 상반되는 의미를 지닌다.
- 위를 향하는 정삼각형(▲)은 안정과 균형의 느낌을주고, 아래를 향하는 역삼각형(▼)은 불안정, 위험, 긴장감을 심리적으로 느끼게 한다.

④ 다각형(Polygon)
- 다각형은 유니크한 형태로 유일하고 독특한 의미를지닌다.
- 육각형의 경우, 벌집을 연상하여 육각형들로 구성된모양을 보면 매우 구조적으로 느낀다.

03 형태(Form)

◉ 형태의 개념

- 형태(form)는 형에 원근과 깊이가 포함된 3차원 입체 상태이다.
- 형태는 이념적 형태와 현실적 형태로 구분된다.
- 현실적 형태는 자연형태와 인공형태로 분류한다.

◉ 이념적 형태

- 실제적인 지각으로 얻을 수 없는 순수 형태 또는 추상 형태를 말한다.
- 이념적 형태는 점, 선, 면, 입체의 기본 형식으로 구성되어 있다.

◉ 현실적 형태

실제적인 지각으로 얻을 수 있는 형태로서 자연 형태와 인위 형태가 있다.

◉ 자연 형태

- 우리가 자연에서 볼 수 있는 형태
- 자연형태는 디자인에 있어서 형태 연구의 중요한 근원이다.
- 자연적 형태의 종류
  - 무생물의 형태 : 모래, 돌, 산 등의 생명이 없는 것
  - 생물의 형태 : 식물, 동물 등 생명이 있는 것

◉ 기하학적 형태

- 반드시 수학적인 법칙과 함께 생기며 뚜렷한 질서를 가지고 있다.
- 규칙적이며 단순 명쾌한 감각을 준다.
- 자연적 형태보다 훨씬 인공적 형태의 특징을 느끼게 한다.

◉ 유기적 형태

- 유기적이 지닌 의미에 근거하여 자연과 생명체의 표상을 뜻한다.
- 보편적인 감성적 시각으로 자유롭게 유동하는 곡선으로 표현되고, 정형의 직선적인 기하학 형상과는 대별된다.

기적의 TIP

폴 세잔
사물의 본질적인 구조와 형상에 주목하여 자연의 모든 형태를 원기둥과 구, 원뿔로 해석한 독자적인 화풍을 개척했다.

01 형(shape)과 형태(form)에 대한 설명으로 옳은 것은?
① 형태는 단순히 우리 눈에 비쳐지는 모양(윤곽)이다.
② 형은 일정한 크기, 색채, 질감을 가진 모양이다.
③ 형은 2차원적인 표현이고, 형태는 3차원적인 표현이다.
④ 디자인에서 형(shape)을 구성하는 것은 점이다.

02 모든 사물은 구, 원기둥 및 원뿔 형태와 같은 기하학적 형태로 구성되어 있다고 주장한 사람은?
① 피터 파파넥
② 빈센트 반 고호
③ 폴 세잔
④ 파블로 피카소

03 디자인의 요소에 해당하지 <u>않는</u> 것은?
① 질감
② 색채
③ 형태
④ 채도

04 다음 형태의 분류 중 성격이 <u>다른</u> 하나는?
① 이념적인 형태
② 순수 형태
③ 기하학 형태
④ 현실적 형태

정답 01 ③ 02 ③ 03 ④ 04 ④

01 공간(Space)

◉ 공간의 개념 및 속성

- 묘사되지 않은 부분과 물체가 놓이지 않은 여백을 뜻한다.
- 공간은 실제공간, 허상공간, 조형공간, 물리공간으로 나뉜다.
  - 실제 공간 : 2차원, 3차원 공간
  - 허상 공간 : 4차원공간(3차원의 공간을 원근법에 따라 일루전을 부여하여 2차원에 표현하는 공간)
  - 조형 공간 : 작품내에 존재하는 공간
  - 물리 공간 : 작품과 둘러싼 주변의 공간

◉ 2차원 공간과 3차원 공간

① 평면 공간

- 2차원의 작업으로 높이와 넓이로 구성된다. 깊이감은 없다.
- 단순하고 직접적인 표현으로 구현한다.
- 양식화된 문양을 평면의 공간에 사용함으로써 평면에 독특한 특징들을 나타낸다.
- 평면디자인에서의 공간은 여백을 의미한다.
- 형태와 배경이 거의 같은 비율로 나누어진 평면공간은 시각적인 모호함을 만든다.

② 입체 공간

- 건축을 비롯한 천, 보석, 금속공예, 직조, 조각 등에서 입체 공간을 만든다.
- 평면미술에서도 공간감이나 깊이감을 표현하는데, 이것은 본질적으로 평면이고, 공간감을 환영일 뿐이다.
- 시각적 공간 환영을 표현하기 위해 중첩, 크기, 색채, 질감의 변화 등의 방법이 사용되고 있다.

02 질감(Texture)

◉ 질감의 개념 및 속성

- 서로 다른 재료가 가지는 표면의 느낌
- 시각적 질감과 촉각적 질감으로 나눔
  - 시각적 질감(2차원) : 색, 명암등을 통해 눈으로 느낄 수 있는 질감
  - 촉각적 질감(3차원) : 눈 뿐만 아니라 손으로 만져서 느낄 수 있는 질감
- 디자인에서의 질감은 텍스트의 내용과 동조될 수 있도록 시각적 기능을 발휘한다.(상징적 의미 내포)
- 질감의 대비로 주제를 명확하게 표현하기도 한다.(거침/부드러움, 촉촉함/건조함)

03 크기(Size)

◉ 크기의 개념

- 비교에 의해 측정되는 상대적 크기와 기준척도에 의해 측정되는 절대적 크기로 구분
- 길이, 폭 그리고 깊이와 높이 등으로 표현

◉ 크기의 속성

- 스케일은 상대적이다.
- 그래픽 요소들은 각 요소의 크기나 위치, 색 등에 의존하여 작거나 커 보인다.
- 구성요소들의 크기가 동일하면 디자인은 무미건조해 보인다.
- 스케일의 대비는 운동감이나 깊이뿐만 아니라 긴장감 또한 유발한다.
- 작은 형태는 뒤에 있는 것처럼 보이고 큰 형태는 앞으로 돌출되어 보인다.

◉ 크기의 표현

① **크기를 암시하는 크로핑(Cropping)** : 거대한 원의 형태
는 화면의 모서리에 잘려 더욱 커 보인다.

② **친숙한 물체들과 스케일** : 사람들은 대부분 모든 물체가
사실과 같은 스케일로 유지되어 있다고 예상한다. 이러
한 예상을 바탕으로 공간적 착시와 관념상의 관계를 창
조하는 디자인이 가능하다.

③ **스케일, 깊이 그리고 움직임** : 스케일의 대비는 서로 다
름을 표현하고 깊이감이나 움직임을 암시할 수 있다.

④ **모호한 스케일** : 사진에 담긴 공간적 단서들은 보는 이가
착각을 일으킬 부가적 물체들을 등장시켜 인체의 크기
를 암시한다.

⑤ **시점**

• 비록 작은 물체라도 가까이서 그리고 낮은 위치에서 촬
영하면 기념비적인 느낌의 착각을 불러일으킨다.

• **로우(Low) 앵글** : 피사체를 낮은 곳에서 높은 곳으로 올
려다보는 각도로 극적이고 역동적인 분위기를 나타낸다.

• **하이(High) 앵글** : 피사체보다 높은 위치에서 아래를 내려
다보는 각도로 외로운 느낌, 무력감, 약화된 지배력 등의
느낌을 보여 준다.

단답형 문제

01 아래에서 피사체를 바라본 장면을 촬영할 때
사용하는 앵글이며, 피사체의 높이와 깊이가
강조되기에 건물이나 나무 등의 촬영에 이용
되는 경우가 많고, 인물 촬영할 경우 다리를
길게 보이는 왜곡 효과가 생기는 이 앵글을
무엇이라고 하는가?

객관식 문제

02 다음 중 크기의 속성을 잘못 설명한 것은?
① 구성요소들의 크기가 동일하면 디자인은
무미건조해 보인다.
② 스케일의 대비는 운동감이나 깊이뿐만 아
니라 긴장감 또한 유발한다.
③ 착시현상이 나타나지 않도록 사물간의 비
례를 정확히 지켜서 디자인 한다.
④ 작은 형태는 뒤에 있는 것처럼 보이고 큰
형태는 앞으로 돌출되어 보인다.

03 가죽이미지를 이용한 신용카드 디자인에서
느껴지는 질감은?
① 시각적 질감
② 촉각적 질감
③ 청각적 질감
④ 후각적 질감

정답 01 로우(low)앵글 02 ③ 03 ①

01 시각화 조형 원리

조형원리 개념

- 조형요소를 효과적으로 구성하고 조합하는 원리이다.
- 디자인 요소들이 결합되어 미적 조화를 이룬다.
- 아이디어를 나타내기 위해서는 디자인 요소들을 결합하여 조화, 균형, 강조 등 조형적인 시각화가 필요하다.

조형원리 분류

① 동질성
- 조형요소를 '유사'해 보이게 하는 원리
- 통일, 반복, 조화, 리듬, 점이, 대칭
② 상이성
- 조형요소를 서로 '달라' 보이게 하는 원리
- 변화, 대비, 강조, 긴장, 변형, 착시, 동세

02 조화와 대비

조화(harmony)

두 개 이상의 요소 또는 전체와 부분의 상호 관계에서 그것들이 분리되거나 충돌하지 않고 서로를 보완하며 심미적으로 상승작용을 이루는 상태를 뜻한다.
① 유사조화
- 같은 성격의 요소들의 조합에 의해 이루어짐
- 안정감, 단순함, 명쾌함
- 조화가 부족하면 산만하고, 지나치면 단조롭다
- **유사의 종류** : 형태의 유사, 색상의 유사, 질감의 유사, 연상의 유사 등
② 대비조화
- 색상이나 형태 등 대상을 표현하는 요소들의 변화를 활용해 서로 어울리도록 하는 표현
- 강렬함, 화려함, 강조, 주목성, 존재감
- 지나치면 통일성을 깨트린다.

대비(contrast)

- 전혀 다른 요소의 조합으로 발생한다.
- 대립과 긴장, 극적인 효과, 강렬한 인상을 준다.
- 조화보다 강렬한 느낌으로 극적인 즐거움이 있다.
- 과도한 이질적인 구성요소의 대비는 전반적인 효과가 반감될 수 있어 절제해서 사용해야 한다.
- **동양미술** : 조형적 대비, 음양사상

03 통일

통일(unity) 개념

- 시각적, 형태적인 유사성의 조화, 일치, 일관성 등을 통일원리라고 한다.
- 통일성에는 조형적 질서가 내포되어 있다(형태, 색, 명암, 재료, 기법, 방향 등).
- 기하학 형태(원, 삼각형, 사각형)는 쉽게 통일성을 갖출 수 있다.

통일성을 고려한 디자인

- 디자인 제작 시간 단축 효과가 있다.
- 협업시 서로 다른 디자인들의 동일한 기준에 의거한 제작으로 이질감을 감소시킨다.
- UIUX적인 측면에서 일관성 있는 구조와 통일된 규칙은 사용자의 편의성, 사용성을 높인다.

● 통일성을 표현하는 방법

① 근접

- 각기 분리된 요소들이 서로 연결되어 있는 것처럼 보이게 만드는 방법
- 근접은 상대적인 느낌이기 때문에 다른 요소와의 상대적 거리감이 중요

② 반복

- 동일하거나 유사한 단위형태 unit를 1회 이상 사용하는 것
- **반복의 요소** : 형태, 색채, 질감, 방향, 각도 등
- 디자인에서 가장 오래된 조형구성 방법
- 단순하면서도 통일된 시각 이미지를 창출하는데 효과적
- 시각적으로 일련된 연속성과 강한 힘을 갖고 있으나, 변화가 없는 경우 단조롭고 지루하다.
- 대각선 방향으로 규칙적인 비율에 의한 반복 형태는 지루한 느낌을 감소하고 다이내믹한 율동감을 준다.
- 방향의 반복
  - 형태들이 방향성을 가지고 반복 될 때 방향의 반복이 발생한다.
  - 방향의 운동성을 강화시킨다.

③ 연속

- 끊어지지 않고 계속 이어지거나 지속된다.
- 선 또는 하나의 방향이 또 다른 방향으로 바뀌는 것이다.
- 보는 사람의 눈길이 어떤 요소에서 그 다음의 요소로 자연스럽게 옮겨간다.
- 연속은 강약의 변화를 통하여 생동감을 주며 반복의 경우와 구분된다.

기적의 TIP

바자랠리의 옵아트 작품
부분적인 변형, 반복, 전환 등에 의해 시각적 착시현상을 일으킨다.

객관식 문제

01 다음 중 동질성(Similar)을 나타내는 조형원리가 아닌 것은?
① 대비(Contrast)
② 통일(Unity)
③ 대칭(Symmetry)
④ 반복(Repetition)

02 다음 중 평면 디자인의 원리에서 가시적인 시각 요소와 거리가 가장 먼 것은?
① 중량
② 형태
③ 색채
④ 질감

03 다음 중 시지각의 원리에 근거를 둔 추상적, 기계적 형태의 반복과 연속 등을 통한 시각적 환영, 지각, 색채의 물리적 및 심리적 효과와 관련한 디자인 사조는?
① 아르누보
② 미술공예운동
③ 팝디자인 운동
④ 옵 아트

04 다음 중 조형원리의 통일성을 표현하는 방법이 아닌 것은?
① 근접
② 강조
③ 반복
④ 연속

정답 01 ① 02 ① 03 ④ 04 ②

변화와 균형

01 변화(Variation)

- 변화는 질서를 파괴하는 것으로서 시각적 자극에 속한다.
- 요소의 강조
  - 사용자의 시선을 유도하는 중요한 표현 기법
  - 동시에 너무 많은 변화가 일어나면 변화의 효과는 반감되고 혼란이 가중됨.
- 구성요소가 가진 특징적 차이를 강조 (성질, 모양, 상태 등)
- 방향성과 역동성, 불규칙성, 속도감, 공간감

02 균형(Balance)

◉ 균형 개념

- 작품에서 무게나 힘이 어느 한쪽으로 기울거나 치우치지 않아 안정감을 주는 것이다.
- 균형을 이루는 형태 : 대칭적 균형, 비대칭적 균형
- 시각요소의 균형 : 물리적 균형, 시각적 균형

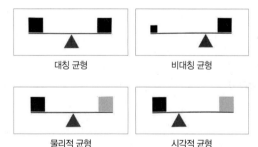

대칭 균형 　　　　 비대칭 균형

물리적 균형 　　　　 시각적 균형

◉ 대칭적 균형

- 균형 중에 가장 단순한 형태는 대칭적 균형이다.
- 대칭 디자인은 본질적으로 안정감을 준다. 자연의 생물체는 대부분 균형적인 형태를 갖고 있다(예: 사람의 몸, 불가사리, 나무 등).
- 대칭형의 시각적인 안정성을 지나치게 표현하면 엄숙하면서도 권위 있게 보인다.
- 대칭은 중심축을 기준으로 좌우대칭 또는 상하대칭 구조로 이루어진다.
  - 선 대칭 : 대칭축을 중심으로 좌우나 상하가 같은 형태가 되는 것으로, 두 형을 서로 겹치면 포개짐
  - 방사 대칭 : 도형을 한 점 위에서 일정한 각도로 회전시켰을 때 생기는 방사상의 형태
  - 이동 대칭 : 도형이 일정한 규칙에 따라 평행으로 이동했을 때 생기는 형태
  - 확대 대칭 : 도형이 일정한 비율과 크기로 확대되는 형태

좌우 대칭 　 점 대칭 　 방사 대칭 　 확대 대칭 　 역 대칭

◉ 대칭구조의 단점

- 안정성은 강하지만 변화의 요소가 적기 때문에 지루하거나 답답하게 느껴진다.
- 대칭 형태에 변화를 주기 위해서는 대칭되는 형태의 실루엣을 단조롭지 않게 해준다.

◉ 비대칭의 균형

- 서로 다른 요소라도 시각적인 비중이 안정되어 균형을 이루는 것을 말한다.
- 강한 쪽은 좁고 작게 구성하고, 약한 쪽은 넓고 크게 구성하면 비대칭을 이루게 된다.
- 비대칭은 대칭보다 개성적이며, 감각적이므로 활용도가 높다.

◉ 시각적 균형의 표현

- 색채에 의한 균형
- 명도에 의한 균형
- 형에 의한 균형
- 질감에 의한 균형
- 위치에 의한 균형
- 시선의 방향에 의한 균형

◉ 방사형 균형

- 중앙의 한 점에서 방사되거나 중심점으로부터 원형을 이루는 균형
- 방사형 구도의 그림은 원근감을 표현하기도 한다.
- 방사의 중심부는 강렬한 촛점을 가지고, 구도의 중심, 중심에서 부터의 동세를 나타낸다.
- 초점의 중심에서 대칭적 균형과 비대칭적 균형으로 나눠진다.
  - 대칭적 균형 : 완전한 비례에 입각한 기계적이고 딱딱함, 지루함을 줄 수 있다.
  - 비대칭 균형 : 세련된 느낌, 자유로움을 표현 한다.

단답형 문제

01 도형을 한 점 위에서 일정한 각도로 회전시켰을 때 생기는 대칭 형태는?

객관식 문제

02 시각적 균형과 가장 거리가 먼 것은?
① 명암에 의한 균형
② 경험에 의한 균형
③ 질감에 의한 균형
④ 위치에 의한 균형

03 다음 중 대칭과 비대칭 구조의 설명으로 **잘못**된 것은?
① 대칭구조는 안정성은 강하지만 변화의 요소가 적기 때문에 지루하게 느껴질 수 있다.
② 역동적이거나 형태의 중요성을 강조하기 위해 비대칭 구조를 활용한다.
③ 대칭구조는 중세시대에 권위적이고 엄숙한 느낌을 주기 위해 많이 사용되어 졌다.
④ 비대칭 구조에 비해 대칭 구조 디자인은 본질적으로 긴장감을 준다.

정답 01 방사대칭 02 ② 03 ④

율동, 강조, 비례

01 율동

◉ 율동(Rhythm)의 개념과 특성

조형의 요소들 간에 강약이나 단위의 장단이 반복되고, 그에 따라 규칙성 혹은 주기성을 띤다. 이러한 연속성에 의해 운동감이 느껴지게 되는 것이다.

- 크기의 변화를 이용한 리듬감 표현
- 형태의 변화를 이용한 리듬감 표현
- 규칙적인 반복으로 리듬감 표현

◉ 반복

- 이미지, 색상, 형태, 텍스처, 방향, 각도 등의 변화로 리듬감을 만들어 낸다.
- 포장지, 벽지, 직물의 패턴 디자인에 많이 이용된다.

◉ 점이(점층)

- 시각적인 점진적 변화를 '점이'라 한다.
- 형태가 점점 작아지거나 커지는 현상이나 어떤 색상에서 다른 색상으로 변화하는 현상이다.
- 전환단계의 과정이 적을 때에는 점이의 속도가 빠르게 진행되고, 단계가 많으면 느린 속도로 진행된다.

◉ 율동과 동세

- 율동은 동세와 연계성이 있다.
- 이미지의 표현에 따라 시각적 움직임이 발생한다.

02 강조

◉ 강조의 개념 및 특성

- 크기, 모양, 색 등 특정 부분을 두드러지게 하는 요소이다.
- 강조의 표현은 변화, 변칙, 불규칙을 의도적으로 구성하여 긴장감을 조성하는 것이다.
- 디자인에서 강조는 필요성과 목적성을 가질 때 적용된다.
- 강조의 효과적인 사용
  - 주의를 환기시킬 때
  - 단조로움을 덜거나 규칙성을 깨뜨릴 때
  - 관심의 초점을 만들거나 움직이는 효과와 흥분을 조성시킬 때

◉ 다중강조

- 한 가지 이상을 강조하거나 초점을 나타내는 것이다.
- 동일한 강조를 지닌 초점을 여러 개 설정하면 시각적 집중도와 낮아져 강조의 효과가 미비해진다.

◉ 다중강조 방법

① 대비에 의한 강조
- 어떤 요소가 지배적 구성에 대비되어 초점을 이루는 것이다.
- 색채, 명도를 활용하는 경우가 많다.

② 분리에 의한 강조
- 하나의 요소가 다른 것들과 분리되어 나머지 다른 요소들이나 그룹으로부터 떨어져 있을 때 나타난다.
- 떨어져 있는 것은 나머지와 다른 형태일 필요는 없다.

③ 방향 강조
- 여러 요소들이 어떤 하나의 요소를 가리킬 때 나타난다.
- 모든 형태가 하나의 초점으로 방사될 때 눈길을 중앙으로 모아주는 역할을 한다.

03 비례

◉ 비례의 개념과 특성

- 부분과 전체, 부분과 부분 사이의 크기에 대한 차이이다.
- 시간, 공간, 명암, 색채 같은 구성요소 사이의 상대적 크기와 양의 관계이다.
- 조형미를 규정하는 요인 중 하나이다.

◉ 황금비례

- 고대 그리스부터 내려온 미적 구성 분할 법칙이다.
- 정사각형의 한 변을 이등분한 점을 중심으로 마주보는 모서리까지의 거리를 반지름으로 원을 그려 직사각형을 만들면 1 : 1.618의 비례를 갖는 황금비 직사각형이 만들어진다.

◉ √2 비례

- 분할을 반복해도 항상 같은 비율이 유지되는 특징이 있다.
- 1917년 독일의 물리학자 발터 포츠만 박사의 제안으로 선정된 독일공업 규격으로 현재 국제표준 규격으로 사용되고 있다.
- 20세기 들어 종이의 사용량이 증가하며 종이의 분할과 활용에 효과적인 비례법으로 사용되었다.
- A0의 크기는 1m^2의 넓이를 가진 841×1,189mm이다.
- 루트 2의 값 $\sqrt{2}$ =1.41421… 에 가깝다

04 모듈(Module)

- 측정 단위 혹은 기준치수(단위)
- 동일한 평면의 반복으로 만들어 낼 때의 기본단위(Unit)

◉ 모듈러(Modulor) 시스템

- 스위스 출신 프랑스 건축가 르 꼬르뷔지에가 창안했다.
- 인간의 신체를 분석하여 건축물에 내제된 공간의 크기를 결정하는 요인으로 활용된다.
- 정수비, 황금비, 피보나치 수열의 비례를 인체치수에 대응시킨 것이다.
- 모듈러 디자인 시스템은 아름다움의 근원인 인간 신체의 척도와 비율을 기초로 황금 분할을 찾아 무한한 수학적 비례 시리즈를 만들었다.
- 직사각형으로 된 모듈러 디자인은 기하학적이며 규칙적이고 단순명쾌한 조형적 감정을 나타낸다.

---

01 다음 중 유사, 대비, 균일, 강약 등이 포함되어 나타내는 디자인의 원리는?
① 통일
② 조화
③ 균형
④ 리듬

02 다음 중 황금분할의 비로 알맞은 것은?
① 1 : 1.618
② 1 : 1.414
③ 1 : 1.518
④ 1 : 1.418

03 디자인의 원리 중 율동(Rhythm)과 관련된 조형 방법과 관련이 먼 것은?
① 대칭
② 점이
③ 점증
④ 반복

04 디자인의 조형 원리 중에서 변화와 변칙, 불규칙성을 의도적으로 연출하여 시각적 강약을 조성하는 것은 무엇인지 고르시오.
① 변화
② 통일
③ 율동
④ 강조

정답 **01** ② **02** ① **03** ① **04** ④

▶합격 강의

01 게슈탈트 (Gestalt) 심리법칙

◉ 게슈탈트 심리법칙 개요

- 게슈탈트 심리학의 창시자는 베르트하이머(M. Wertheimer)이다.
- 게슈탈트 심리학은 사물을 있는 그대로의 형이나 형태로 지각하지 않고 더욱 단순하고 규칙적이고 대칭적인 것으로 사물이 지각되는 방식에 대한 인간의 시지각에 대한 원리를 게슈탈트의 4가지 법칙으로 이론적인 설명을 하고 있다.
- 형태를 통한 인간의 지각심리를 객관적으로 연구하여 보편적인 의사소통체계를 확립하였다.
- 조형예술의 의미소통체계에 많은 기여를 하였다.

기적의 TIP

게슈탈트
'형태·형상'을 뜻하는 독일어로 심리학파가 제시한 심리학의 법칙으로 형태 심리학의 중추 개념이다.

◉ 게슈탈트 그루핑 법칙

형태를 실제 있는 그대로가 아니라 수정된 형태로 인식하려는 경향이 있다.

① 근접성의 법칙

- 형태를 실제 있는 그대로가 아니라 수정된 형태로 인식하려는 경향이 있다.
- 멀리 떨어져 있는 두 물체보다는 서로 근접해 있는 물체들을 밀접하게 연관시킨다는 내용이다.
- 시간과 공간 차원에서 근접해 있는 자극 요소들을 함께 묶어서 지각한다.

② 유사성의 법칙

- 우리는 유사한 자극 요소들을 함께·묶어서 지각하는 경향이 있다.
- 비슷한 요소들을 하나의 집합적인 전체나 총합으로 인식하는 것이다.
- 이러한 유사성은 형태, 색, 크기, 밝기 등의 관계에 따르게 된다.

③ 연속성의 법칙

- 형이나 형의 그룹이 방향성을 지니고 연속되어 보이는 방식으로 배열된 것이다.
- 형이나 형의 그룹이 지닌 고유한 특성이 될 수 있다.
- 뇌는 가능한 한 선의 부드러운 연속을 추구한다는 것이다.

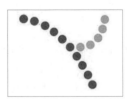 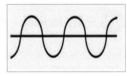

④ 폐쇄성의 법칙

- 벌어진 도형을 완결시켜 보려는 경향을 갖는 성질이다.
- 형상에 어떤 틈이나 간격이 있으면 그것을 완전히 메우거나 닫아서 완성된 형상으로 보며 안정적인 형태의 대칭성 같이 형태를 일반화하여 특징짓는 것이다.

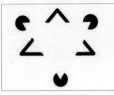 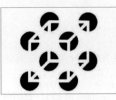

◉ 지각 항상성

- 망막에 자극되어 비춰지는 모습이 바뀌어도 그 물체를 일정한 모습으로 지각하는 현상을 말한다.
- 인간이 가지는 사물의 지각에 대한 고정 관념이나 편견을 말한다.
- 지각 항상성에는 크기 · 형태 · 방향 · 위치 · 색채 항상성 등이 있다.

크기 항상성	크기가 변해도 항상 같은 크기로 인지하는 것
형태 항상성	형태가 변해도 본래의 형태로 인지하는 것
방향 항상성	수직, 수평, 사선 등의 같은 방향으로 인지하는 것
위치 항상성	위치가 변해도 본래의 위치로 인지하는 것
색채 항상성	조명이나 빛에 의해서 색채가 변해도 원래의 색으로 인지하는 것

단답형 문제

01 망막에 자극되어 비춰지는 모습이 바뀌어도 그 물체를 일정한 모습으로 지각하는 현상을 무엇이라고 하는가?

객관식 문제

02 게슈탈트(Gestalt)의 시각에 관한 기본 법칙이 <u>아닌</u> 것은?
① 근접성 요인
② 방향성 요인
③ 연속성 요인
④ 유사성 요인

03 비슷한 성질을 가진 요소들은 비록 떨어져 있다 하더라도 덩어리져 보이는 경향이 있다. 이 법칙은?
① 근접의 법칙
② 유사의 법칙
③ 폐쇄의 법칙
④ 연속의 법칙

04 다음 로고 이미지에서 발견되는 게슈탈트 법칙은?

① 근접의 법칙
② 유사의 법칙
③ 폐쇄의 법칙
④ 연속의 법칙

정답 **01** 지각 항상성 **02** ② **03** ② **04** ③

▶합격강의

01 도형과 바탕의 착시

◉ 착시

사물을 그대로 지각하는 것이 아니라 다르게 지각하는 현상으로, 시각적인 착각을 말한다.

◉ 도형과 바탕의 법칙 특징

• 두 개의 영역이 같은 외곽선을 가질 때 모양을 가진 것처럼 보이는 것이 도형이고 다른 하나는 바탕이다.
• 바탕은 도형의 뒤쪽에 펼쳐져 있는 것처럼 보인다.
• 도형은 추상적이든 아니든 사물처럼 보이지만 바탕은 그렇지 않다.
• 도형의 색채는 바탕의 색채보다 확실하고 실질적으로 보인다.
• 관찰자가 도형과 바탕을 같은 거리에서 보더라도 도형은 가깝게 느껴지고 바탕은 멀게 느껴진다.
• 도형은 바탕보다 지배적이고 인상적이며 쉽게 기억에 남는다.
• 도형과 바탕이 동시에 공유하는 선을 윤곽선이라고 하며 윤곽선은 도형의 속성을 나타낸다.
• CI와 BI에 많이 사용된다.

◉ 도형과 바탕의 반전(反戰)

• 서로 근접하는 두 가지의 영역이 동시에 도형으로 되어, 자극 조건을 충족시키고 있는 경우는 어느 쪽 하나는 도형이 되고 다른 것은 바탕으로 되어 보인다.
• 경우에 따라 바탕쪽의 영역이 도형으로 되는 경우가 있는데 이것을 '반전도형'이라 한다.

◉ 애드거 루빈, 루빈의 꽃병

◉ 도형으로 되기 쉬운 영역의 예

• 기울어진 방향보다 수직, 수평 방향으로 된 영역이다.
• 비칭형의 영역보다 대칭형을 가진 영역이다.
• 위로부터 내려오는 형보다 아래로 부터 올라가는 형의 영역이다.
• 폭이 불규칙한 영역보다 폭이 일정한 영역 등이 도형으로 되기 쉽다.

02 시지각 착시

① 길이의 착시
• 실제로는 같은 길이지만 조건에 따라 길이가 다르게 보이는 것을 말한다.
• 뮐러–라이어 도형에서는 화살표 안의 직선은 길이가 같으나 안쪽으로 향한 화살표의 조건 쪽이 바깥쪽으로 향한 화살표의 조건 쪽에 비해 길어 보인다.

② 면적, 크기 착시
• 주위의 조건에 따라 도형의 크기나 면적이 다르게 보이는 것을 말한다.
• 흰색 원이 검은 원보다 커보인다.
• 주변조건에 따라 안에 있는 원의 크기가 달라 보인다.

③ **분할의 착시** : 같은 길이가 분할되었을 때 더 길어 보이는 현상이다.

④ **각도, 방향의 착시** : 같은 방향을 가진 수평선 위에 각도가 다른 선이 놓이면 그 선의 각도에 영향을 받아 수평선이 수평으로 보이지 않는 현상이다.

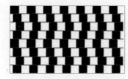 

⑤ **각도의 착시** : 같은 각을 이루는 것이라도 주위의 각도에 영향을 받아 각이 서로 달라 보이는 현상이다.

⑥ **수평, 수직의 착시** : 같은 수직선과 수평선의 길이가 다르게 보이는 현상이며, 면적은 수직면보다 수평면이 넓어 보인다.

⑦ **위 방향 과대시** : 같은 크기를 위와 아래로 놓았을 때 위에 놓인 형태가 더 커 보이는 현상이다.

01 착시현상 중 주위 도형의 조건에 따라 특정한 도형의 크기나 면적이 더욱 커 보이거나 작아 보이는 현상은?

① 길이의 착시
② 면적과 크기의 착시
③ 방향의 착시
④ 양면시의 입체

02 착시에 대한 설명으로 틀린 것은?

① 지각의 항상성과 반대되는 현상으로 원격 자극을 왜곡해서 지각하는 것을 말한다.
② 흔히 말하는 착시란 기하학적 착시를 뜻한다.
③ 객관적인 상태로 놓여 있는 어떤 기하학적 도형이 실측한 객관적인 크기나 형과는 다르게 지각되는 현상이다.
④ 사물을 지각하는데 있어 과거의 경험, 연상, 욕구, 상상 등이 착시를 만드는 것과는 무관하다.

03 다음 그림과 관계가 있는 것은?

① 군화의 법칙
② 도형과 바탕의 반전
③ 객관적 태도의 법칙
④ 공동운명의 법칙

정답 01 ② 02 ④ 03 ②

아이데이션 구체화

▶합격 강의

01 스케치 적용을 통한 아이데이션의 구체화

◉ 아이데이션의 구체화

비가시적인 콘셉트를 가시화시키기 위한 아이디어로 시각적 구체화를 구현하는 것이다.

- 시각적 직관성을 적용한 아이데이션 : 키워드에서 연상되는 이미지를 직관적으로 지시하는 아이디어를 도출한다.
- 이미지 연출을 예측할 수 있는 아이데이션 : 이미지의 형태묘사, 색채 연출, 질감과 밀도 연출 등 다각적인 시각화 요소에 대한 아이디어를 도출한다.
- 콘텐츠의 정보 체계 및 위계를 시각화할 수 있는 아이데이션 : 다층적인 정보구조를 연출해야 할 경우, 체계적으로 시각화하기 위한 표현 방안으로서 콘텐츠의 위계를 정하여 가시화는 아이디어를 도출한다.
- 아이디어스케치의 고려 항목

가치 중심	– 아이디어의 독창성 – 아이디어의 실현 가능성 – 아이디어의 창의성
기능 중심	– 콘셉트에 맞는 아이디어 전개 – 아이디어의조형성 – 아이디어의 경제성
진행 단계 중심	– 콘셉트에 맞는 아이디어 선정 – 콘셉트에 맞는 스케치 전개 – 디자인 개발 목적에 맞는 콘셉트 설정 – 트렌드에 맞는 비주얼 전개 – 콘셉트를 위한 아이디어 스케치의 일관성 있는 전개

02 콘셉트 시각화를 위한 아이데이션

◉ 콘셉트 키워드를 통한 아이데이션 단계

단계	내용
키워드	• 마인드맵을 통한 핵심 키워드 • 브랜드 퍼스널리티를 통한 에센스 키워드 • 관련시장 트렌드조사를 통한 트렌드 키워드
아이데이션	• 키워드의 직접적인 시각화 • 키워드간의 연관관계를 개념화하여 시각화 • 키워드들을 바탕으로 연상하여 아이디어 시각화

◉ 콘셉트 키워드 도출 방법

① 마인드맵을 통한 핵심 키워드

단계	키워드 도출 방법
키워드 그룹 추출	마인드맵핑을 통해 추출한 키워드 중 빈도와 유사성이 높은 키워드를 선정
키워드 범위 압축	경쟁사 조사 보드를 통해 국내외 브랜드 아이덴티티 트렌드 파악을 통하여 키워드 그룹의 범위를 압축
핵심 키워드 도출	클라이언트의 브랜드 아이덴티티 개발 방향에 대한 니즈 키워드를 파악

② 브랜드 퍼스널리티를 통한 브랜드 키워드

- 설문조사나 FGD 등을 통해 브랜드 퍼스널리티 키워드군을 추출한다.
- 시각 아이데이션을 위한 키워드로 활용하거나 브랜드 특성이 축약된 키워드를 활용한다.

③ 관련시장 조사를 통한 트렌드 키워드

• 문헌자료, 인터넷 자료검색 내용에서 추출한 마켓 트렌드와 소비자 라이프스타일 트렌드는 아이데이션을 위한 단서가 된다.
• 조사 내용을 콘셉트 설정을 위한 아이디어로 연결시켜 키워드를 도출한다.

기적의 TIP

FGD(Focus Group Discussion)

• 집단심층면접법
• 타겟이 되는 응답자를 6~8명 내외로 선정하여 사회자의 가이드에 따라 정해진 주제에 대해 그 토론의 과정을 통해서 연구자는 필요한 정보나 아이디어를 수집하는 조사방법

◉ 아이데이션 구체화 수행순서

① 디자인 기획 의도 및 클라이언트의 요구사항을 파악한다.
② 마인드맵핑을 통한 핵심 키워드를 도출한다.
③ 키워드를 바탕으로 콘셉트를 위한 핵심키워드와 주제어를 정한다
④ 시안 디자인 콘셉트 구체화를 위한 이미지 자료를 수집한다.
⑤ 비주얼 모티브 시안 개발을 을 통하여 디자인 콘셉트의 시각화 방안을 제시한다.

01 아이디어 스케치할 때 가치 중심 고려 대상이 아닌 것은?
① 아이디어의 독창성
② 아이디어의 실현 가능성
③ 아이디어의 창의성
④ 아이디어의 경제성

02 콘셉트 키워드 도출 방법으로 미흡한 것은?
① 유사성 있는 키워드를 그룹화하여 추출
② 구체적이고 사실적인 키워드만 추출
③ 경쟁사 조사를 통해 키워드 범위 압축
④ 클라이언트의 니즈를 파악하여 핵심 키워드 도출

03 타겟이 되는 응답자 소수를 선정하여 토론의 과정을 통해 연구자가 원하는 정보나 아이디어를 수집하는 조사방법은?
① FGD
② FGI
③ IDI
④ BLT

정답 01 ④ 02 ② 03 ①

3 과목 비주얼 아이데이션 적용

이론

아이디어 프레젠테이션

▶합격강의

01 프레젠테이션 준비하기

◎ 프레젠테이션
- 시각과 청각을 이용한 설명회
- 듣는 이에게 정보, 기획, 안건을 제시하고 설명하는 행위

◎ 아이디어 프레젠테이션
- 디자이너가 수행한 아이디어 스케치에 대해 팀 구성원 및 관계자들에게 설명하는 것이다.
- 스케치의 활용도를 높이고 다음 단계로 진행하기 위해서는 아이디어 선정을 위한 단계이다.
- 프레젠테이션 시 나온 피드백을 수렴하여 아이디어 개선 및 선정에 반영한다.

◎ 프레젠테이션 준비과정
- 썸네일 스케치를 진행한다.
- 발전 가능안 선정하여 러프스케치 형태로 구체화한다.
- 구체적으로 표현된 스케치 안을 가지고 프레젠테이션을 준비한다.

◎ 프레젠테이션 내용
- 트렌드 분석 내용
- 유사 사례
- 아이디어 스케치 전개과정
- 상세 스케치

◎ 프레젠테이션 작성 도구
- 프레젠테이션 소프트웨어 : 파워포인트, 키노트 → 페이지 구성
- 문서작성 소프트웨어 : 한글, 워드 프로세서 → 평가지 형식 작성

02 프레젠테이션 구성방법

◎ 프레젠테이션의 목적과 효과
- 디자인은 사용자에 대한 이해와 다양한 조건들을 충족시켜야함
- 프레젠테이션은 디자인 개발에서 꼭 필요한 절차
- 프레젠테이션의 목적
  - 디자이너의 핵심 아이디어를 명확히 설명 전달
  - 프레젠테이션을 통해 문제에 대한 개선안을 논의 반영
- 프레젠테이션의 효과
  - 아이디어에 대한 다양한 질문을 통해 영감을 얻음
  - 질문과 답변을 진행하는 동안 새로운 아이디어 생성
  - 예상하지 못했던 문제점 발견

◎ 프레젠테이션의 구성
- 콘텐츠(Content) : 내용구성
- 비주얼(Visual) : 시각적 효과
- 전달(Dilivery) : 전달방법
① 콘텐츠(Content)
- 명확한 메시지의 전달이 핵심
- 정보 제공 설득 구분
- 모두가 알고 있는 내용에서부터 시작
- 정해진 시간 안에 끝낼 수 있는 내용 준비
- 아이디어 스케치가 도출된 배경 근거
- 디자인 전개과정 단계별로 표현
- 아이디어 스케치에 대한 구체적 설명
② 비주얼(Visual)
- 슬라이드 내용은 간단 명료하게 작성
- 가독성이 높은 글자체 사용
- 절제된 색상 사용
- 일관성 있는 슬라이드 디자인
- 이미지와 텍스트의 적절한 배치

③ 전달(Delivery)
- 핵심 메시지는 한 문장으로 요약
- 프레젠테이션 구성에 따른 시간을 배분하여 정해진 시간 엄수

03 프레젠테이션평가

◉ 참여자의 태도와 자세
- 객관적인 자세 유지
- 다양한 피드백 이끌어내기
- 다양한 의견 수렴
- 다양한 평가 기록

◉ 평가자의 태도와 자세
- 합리적인 피드백 제시
- 다양한 의견 제시 : 강점과 약점, 문제와 그 대안, 개선책에 대한 의견이나 조언

◉ 아이디어 선정
- 피드백 취합
  - 다양한 피드백 취합 정리
  - 질문과 답변을 진행하는 과정 속에서 떠오른 아이디어나 대안들이 있다면 이러한 내용을 함께 기록해 두어 아이디어를 개선하는데 활용
- 아이디어 선정
  - 결과물을 모두가 쉽게 볼 수 있는 장소에 일정기간 게시
  - 프레젠테이션에서 나오지 않은 아이디어나 해결책들이 떠오를 때마다 추가

01 프레젠테이션 구성요소가 <u>아닌</u> 것은?
① 전달방법
② 기업비전
③ 시각적 효과
④ 콘텐츠

02 아이디어 프레젠테이션의 설명으로 맞지 <u>않</u>은 것을 고르시오.
① 아이디어의 핵심 메시지를 설명하는 것이다.
② 다양한 피드백을 아이디어에 개선에 적용할 수 있다.
③ 썸네일 스케치안을 중심으로 진행한다.
④ 상세 스케치안을 중심으로 진행한다.

03 프레젠테이션 구성을 위해 고려해야 할 요소가 <u>아닌</u> 것을 고르시오.
① 혁신성
② 콘텐츠
③ 비주얼
④ 선날력

정답 01 ② 02 ③ 03 ①

POINT 31 아이디어 선정

▶합격 강의

01 아이디어 선정

◉ 아이디어 선정

- 디자이너의 의도 디자인의 방향 , 클라이언트의 니즈 등 문제 해결에 관련된 다양한 조건을 가장 만족시키는 디자인 안을 선별하는 것이다.
- 전체적인 디자인 개발과정에서 매 단계마다 일어난다.

◉ 디자인 개발단계에서의 아이디어 선정

초기 아이디어 선별	최종 디자인 안 선정
• 다양한 아이디어 도출 • 주제와 거리가 먼 아이디어는 제외 적합한 아이디어 선별	• 선별된 아이디어 구체화 • 구체화된 아이디어 중 가장 적절한 안 선정

- 선별된 아이디어를 구체화 하는 과정에서 새로운 아이디어들이 도출될 수 있다.
- 검토, 선별하여 다시 구체화 시키는 과정들이 반복되며 최종 콘셉트를 도출한다.
- 아이디어를 도출하고 선정하는 과정은 지속적으로 발생한다.
- 아이디어 선정과정은 아이디어 스케치를 통한 시각화에 의해 이루어진다.

◉ 필터링

- 어떠한 조건에 적절하지 않은 것들을 걸러낸다는 뜻으로 더 좋은 아이디어를 선정한다고 하기도 함
- 디자인의 의도와 목적 등 다양한 조건들에 부합하지 않는 아이디어들을 걸러내고, 보다 적합한 아이디어들을 선별하는 것
- 여러 과정 후 선정된 아이디어와 제외된 아이디어가 구분
- 제외된 아이디어라 할지라도 삭제하지 않고 보관해 두는 것이 좋음

02 아이디어 선정의 조건

썸네일 스케치가 진행되었다면, 스케치 중 더 발전 가능성이 있는 안을 선정한다.

◉ 스케치안을 정리하는 기준

- 기능
- 형태
- 색상
- 재료

◉ 스케치안의 분류

- 기능적 유사성
- 형태적 유사성
- 색상의 유사성
- 재료의 유사성

◉ 스케치안 비교 및 검토 조건

- 합목적성
  - 최신 트렌드, 소비자 성향, 클라이언트 니즈
  - 실용성, 기능성
  - 디자인 콘셉트
- 독창성
  - 유사제품, 서비스와 비교할 때 창의적인 아이디어
- 심미성
  - 기능과 연관된 형태, 색상, 재질의 개성적 표현
  - 대중적으로 공감을 얻을 수 있는 아름다움
- 경제성
  - 가격의 조건 안에서 우수한 디자인과 경제적인 효과 창출

03 아이디어의 분류

◉ 아이디어 종류

① 혁신적인 아이디어
- 혁신적인 발상에 의한 아이디어
- 실효성이 없고, 위험도가 따름
- 예상 외로 큰 효과를 얻을 수 있음

② 참신한 아이디어
- 창의적이고 실현 가능한 아이디어
- 문제점을 해결하고 개선시킬 수 있는 아이디어

③ 후보 아이디어
- 아이디어는 좋지만, 실현 가능성이 낮은 아이디어
- 발전 가능 안으로 선택하지는 않지만, 남겨두는 아이디어

④ 제외할 아이디어
- 아이디어가 참신하지 않고, 실현 가능성이 낮은 아이디어

◉ 아이디어 선정 시 유의사항

- 팀원 및 클라이언트와 아이디어 공유
- 피드백을 통한 수정과 보완
- 방어적인 태도 보다는 다양한 의견 수용
- 프레젠테이션을 통해 스케치에 대한 생각을 명확히 전달
- 발전 가능한 안 도출 및 구체화

객관식 문제

01 아아이디어 선정 시 유의사항이 <u>아닌</u> 것을 고르시오.
① 팀원과의 공유, 합의에 의해 선정한다.
② 디자이너가 주도적으로 결정한다.
③ 피드백을 반영하여 수정 보완한다.
④ 프레젠테이션을 통해 디자인 컨셉에 대해 명확히 전달한다.

02 아이디어의 종류 중 아이디어는 좋으나 실현 가능성이 다소 낮아 남겨두는 아이디어를 가리키는 말은?
① 혁신적이 아이디어
② 후보 아이디어
③ 참신한 아이디어
④ 제외할 아이디어

03 스케치안의 유사성 분류체계로 적절하지 <u>않</u>은 것은?
① 형태적
② 기능적
③ 질감적
④ 색상적

정답 **01** ② **02** ② **03** ③

이론

3과목 비주얼 아이디에이션 적용

POINT 31 아이디어 선정 1-73

POINT
32 콘셉트 시각화

▶합격 강의

01 콘셉트의 이해와 표현

◎ 콘셉트

- 디자이너는 창의적이고 깊이 있는 생각으로, 남들이 생각하지 못한 아이디어를 발상한다.
- 다양한 경험과 지식을 축척하고, 이를 바탕으로 창의적인 디자인 콘셉트를 도출한다.
- 사전적 의미로 개념 또는 아이디어를 뜻한다.
- 어떤 작품이나 제품, 공연, 행사 따위에서 드러내려고 하는 주된 생각을 의미한다.

◎ 소구점(Appealing Point)

- 상품이나 서비스에 대한 강점을 호소하여 공감을 구하는 것이다.
- 소구하는 바가 여러 가지인 경우 호소력이 약해질 수 있으므로 단일한 메시지를 전달해야 한다.

◎ 콘셉트의 도출

- 풍부한 경험과 지식, 직관과 통찰력에서 비롯한다.
- 주제에 관련된 다양한 정보를 수집하고, 이를 기록해 두는 것이 기본이다.
- 축척된 정보들을 바탕으로 브레인 스토밍 과정을 통해 여러 가지 아이디어를 구상한다.
- 도출된 다양한 아이디어 중에서, 보다 명확하게 문제를 해결할 수 있는 아이디어를 선택한다.
- 수집된 다양한 정보가 지식으로 전환되고, 지식은 아이디어로 전환한다.

◎ 키워드의 의미

- 내용을 표현하기 위해 제목이나 내용에서 추출한 핵심 단어나 구절을 뜻한다.
- 디자인 키워드 : 콘셉트를 구체화하기 위한 함축적 단어

◎ 키워드의 도출

- 다양한 시각으로 도출
- 함축적이고 의미가 분명한 단어
- 명사나 형용사의 형태로 표현

◎ 콘셉트의 시각화 순서

① 콘셉트 설정
② 키워드 추출
③ 아이디어 스케치

02 콘셉트 시각화를 위한 아이데이션

◎ 콘셉트 키워드를 통한 아이데이션 단계

콘셉트 키워드	아이데이션
• 마인드맵을 통한 핵심 키워드 • 브랜드 퍼스널리티를 통한 에센스 키워드 • 관련시장 트렌드조사를 통한 트렌드 키워드	• 키워드의 직접적인 시각화 • 키워드간의 연관관계를 개념화하여 시각화 • 키워드들을 바탕으로 연상하여 아이디어 시각화

◎ 핵심적인 키워드 도출

- 구상한 아이디어로부터 연관성 있는 아이디어들을 카테고리 별로 정리한다.
- 시안 제작을 위해 디자인 콘셉트를 이루는 구체적인 키워드를 도출한다.
- 카테고리별 대표 키워드를 도출하여 콘셉트를 구체화한다.

◎ 핵심 키워드 기반의 디자인 콘셉트 설정

- 구상한 아이디어를 소구 대상에게 전달하려는 메시지를 정의한다.

◉ 디자인 콘셉트를 표현할 비주얼 자료 수집

클라이언트에게 제공받는 이미지, 지적재산권에 저해되는 이미지, 유료 이미지 등을 확인하여 영역별로 정리한다.

◉ 최종 결과물과 유사한 수준의 시안 제작용 시각화 자료 활용을 위한 분석 방법

• 비주얼 소재로 검색한 이미지 자료를 분류 및 분석
• 전달하고자 하는 메시지의 의미를 표현하기에 적절한 비주얼 이미지를 분류 및 분석

◉ 디자인개발 방향 및 콘셉트의 구체화

• 분석한 비주얼 이미지로부터 디자인 주제를 대표할 수 있는 비주얼 이미지를 도출
• 디자인 전달 메시지를 적절하게 표현할 수 있는 대표 이미지를 도출
• 디자인 주제를 자연스럽게 표현할 수 있는 이미지 형용사 도출
• 도출된 이미지 형용사들로부터 디자인 개발 방향을 설정

◉ 콘셉트 구현에 적절한 폰트 정보 수집

• 디자인 콘셉트가 효과적으로 전달될 수 있는 폰트 정보를 수집
• 지적재산권에 저해되지 않는 폰트 정보 수집 → 라이센스
• 수집된 폰트의 매체 적합성 확인 → OS

◉ 콘셉트에 맞는 색채 계획

• **색채계획** : 콘셉트의 시각화와 커뮤니케이션 정보의 구조 기획, 시안의 심미성을 높이기 위해 유용한 단계
• 메인컬러와 보조 컬러로 구성된 컬러 팔레트와 색채 코드를 구성하여 시안의 완성도를 높이며 시안 베리에이션에 활용한다.
• 디자인 콘셉트에 매칭시킬 수 있는 테마별 컬러배색 정보로 활용한다.

객관식 문제

01 콘셉트에 대한 설명으로 틀린 것은?
① 디자인에서 드러내고자 하는 주된 생각
② 디자인의 의도와 메시지
③ 제품이나 서비스의 장점과 단점 부각
④ 소비자에게 소구하고자 하는 개념

02 다음 중 디자인 콘셉트를 시각화하는 단계에서 이루어지는 작업이 <u>아닌</u> 것은?
① 시각 키워드 도출
② 핵심 키워드 도출
③ 비주얼 편 제작
④ 비주얼 모티브 시안

03 콘셉트의 시각화 순서로 올바르게 나열된 것은?
① 콘셉트 설정〉 키워드 추출〉 아이디어 스케치
② 아이디어 스케치〉 콘셉트 설정〉 키워드 추출
③ 키워드 추출〉 아이디어 스케치〉 콘셉트
④ 콘셉트 설정〉 아이디어 스케치〉 키워드 추출

04 콘셉트를 설정하기 위한 사항이 <u>아닌</u> 것을 고르시오
① 주제와 연관성 있는 정보의 수집
② 아이디어 브레인 스토밍을 진행
③ 여러 문장으로 다양하게 표현
④ 콘셉트 설정 후 키워드를 도출할 수 있음

정답 01 ③ 02 ③ 03 ① 04 ③

콘셉트 전개 방안

▶합격 강의

01 콘셉트 구체화를 위한 이미지 구상

◉ 콘셉트 구체화를 위한 이미지 제작 단계

- 디자인 프로젝트와 매체의 특성에 따라, 마인드맵과 같은 브레인스토밍 단계, 콘셉트 아이데이션을 위한 키워드 추출 단계를 통해 구체화와 연결되는 디자인 콘셉트를 추출한다.
- 콘셉트는 간단한 문장이나 다이어그램, 비주얼 모티브의 형태로 정리 한다.
- 아이디어 스케치와 표현기법 및 소재 선정, 비주얼 스타일을 선정하여하여 시안을 작성한다.

◉ 콘셉트 이미지의 역할

- 메시지를 직접적으로 설명하는 역할
- 의미 형성을 위한 상징으로 사용
- 감성적 연출 수단으로 사용

◉ 이미지 표현기법 선택 기준

- 동일한 대상을 표현하는 이미지라도 표현하는 방식에 따라 메시지가 달라진다.
- 각 영역의 이미지 표현기법 중 디자인 콘셉트에 적합한 표현 기법을 선택한다.
- 메시지 전달 오류를 방지하기 위해 지나친 장식이나 변화는 지양한다.
① 사진 이미지 표현
② 정보그래픽 이미지 표현
③ 드로잉 이미지(일러스트레이션) 표현

◉ 콘셉트 표현 조건

연관성, 차별성, 독창성

◉ 이미지 소재의 선택 기준

- 전달 매체의 특성 고려 : 매체 화면 크기, 노출 장소, 출력 해상도, 이미지 크기 등
- 매력 요소와 심미성의 고려 : 소비자의 호응도, 친밀도, 매력적 요소의 결합
- 정보 커뮤니케이션의 효율성 고려 : 정보선명성, 주목성
- 제작자의 독창성 반영 고려 : 개성, 창의성, 독창성, 아이덴티티

02 이미지 스타일로서 비주얼 펀(Visual Fun)

◉ 비주얼 펀의 개요

- 시각적 유희는 이미지를 포함한 언어유희를 말한다.
- 언어적(Verbal)인 개념의 유머와 위트를 시각적 표현으로 변환 할 때에는 '비주얼펀' 으로 전개할 수 있다.
- 일러스트레이션, 사진, 브랜드 아이덴티티와 같이 메시지 전달력이 큰 매체에서는 그 역할이 크다.
- 유머러스한 효과는 설득과 공유를 위한 커뮤니케이션에서 중요한 요소이다.
- 능률적인 아이디어를 창조할 수 있게 하고 즐거움을 제공하기도 한다.

◉ 비주얼 펀의 유형

- 이미지의 합성
- 이미지의 변용
- 이미지의 배치 변화
- 이미지의 왜곡

"독사"

03 이미지의 기호적 접근

◉ 이미지와 키워드의 결합 관계

• 이미지와 키워드의 결합은 콘셉트를 구체화할 수 있는 '콘셉트의 시각화'이다.
• 디자인 개발자는 콘셉트와 이미지, 키워드의 관계를 파악하고 구조화 하는데 창의적 역량을 발휘해야 한다.

04 기표와 기의

◉ 의미와 기호

20세기 인쇄와 영상의 발달로 시각적 기호체계가 확대되기 시작하였다.
• 언어 기호(Verbal Sign) : 음성과 문자에 따른 언어기호.
• 비언어 기호(Non-verbal Sign) : 표정, 몸짓, 손짓을 포함하는 비언어 기호

◉ 기호, 기표, 기의

• 기호학자 롤랑 바르트는 이미지가 의미를 발산하는 방법을 기호학적으로 해석하였다.
• 기호 : 소통을 위해 어떤 대상이나 대상체를 대신하는 기호체이다.
• 기호는 기표와 기의로 나누어진다.
  – 기표 : 의미를 지닌 대상을 표현하는 명칭
  – 기의 : 대상이 지닌 의미를 표현하는 명칭

◉ 기호의 의미 작용

• 기표는 의미를 운반하고, 기의는 기표를 지시한다.
  – 기표 + 기의 = 의미화
• 기호는 사회적, 문화적으로 해석되고 의미전달이 된다.
  – 개념적 의미 : 언어 표현단위의 개념이나 속성을 분석해 표현해 주는 것, 의사전달의 중심요인
  – 연상적 의미 : 표현단위의 개념적 의미 이외에 부여되는 특성, 함축적 의미

단답형 문제

01 언어적(Verbal)인 개념의 유머와 위트를 시각적 표현으로 변환하여 표현하는 것은?

객관식 문제

02 콘셉트를 표현하기 위한 조건이 <u>아닌</u> 것은?
① 연관성
② 구체성
③ 차별성
④ 독창성

03 콘셉트 이미지의 역할로 적절하지 <u>않은</u> 것은?
① 의미 형성을 위한 상징으로 사용
② 감성적 연출 수단으로 사용
③ 구체적이고 사실적인 의사전달
④ 메시지를 직접적으로 설명하는 역할

04 기호이론 상 대상이 지닌 의미를 표현하는 명칭은 무엇인가?
① 기호
② 기표
③ 기의
④ 기술

정답 01 비주얼 펀 **02** ② **03** ③ **04** ③

이론 3과목 비주얼 아이데이션 적용

01 유니버설 디자인

◉ 유니버설 디자인 개념

장애의 유무나 연령, 성별 등에 상관없이 모든 사람들이 제품, 건축, 환경, 서비스 등을 보다 편리하고 안전하게 이용할 수 있도록 설계하는 디자인 원리이다.

◉ 배리어 프리(Barrier Free)

고령자나 장애인들도 살기 좋은 사회를 만들기 위해 물리적, 제도적 장벽을 허물자는 운동이다.

◉ 유니버설 디자인 원칙

- **공평한 사용** : 누구라도 차별감이나 불안감, 열등감을 느끼지 않고 공평하게 사용할 수 있어야 한다.
- **사용상의 융통성** : 서두르거나, 다양한 생활환경 조건에서도 정확하고 자유롭게 사용 가능하여야 한다.
- **간단하고 직관적인 사용** : 사용자의 경험, 지식 등과 무관하게 사용할 수 있어야 한다.
- **정보 이용의 용이** : 정보구조가 간단하고, 복수의 전달수단을 통해 정보입수가 가능해야 한다.
- **오류에 대한 포용력** : 사고를 방지하고, 잘못된 명령에도 원래 상태로 쉽게 복귀가 가능해야 한다.
- **적은 물리적 노력** : 무의미한 반복 동작이나 무리한 힘을 들이지 않고 자연스런 자세로 사용이 가능해야 한다.
- **접근과 사용을 위한 충분한 공간** : 이동이나 수납이 용이하고, 다양한 신체조건의 사용자가 도우미와 함께 사용이 가능해야 한다.

◉ 유니버설 디자인 적용

- 시각디자인, 제품디자인, 환경디자인 등 영역에서 사용자의 범위를 확장하여 '모두를 위한 디자인(Design for All)'가치가 적용되어 왔다.
- 시각디자인에서 유니버설디자인 적용은 대표적으로 타이포그래피, 픽토그램 디자인 영역을 들 수 있다.
  - 타이포그래피 유니버설 디자인 : 시각적 약자인 약시자, 색맹자를 위해 가독성, 주목성, 시인성을 높이는 타이포그래픽 디자인 방식이다.
  - 픽토그램 유니버설 디자인 : 기능성을 중요시하는 디자인으로 시각적, 인지적 취약계층을 위해 함축적이고 직관적인 디자인과 색상배색을 한다.

02 지속가능 디자인

◉ 지속가능 디자인 개념

- 원재료 채취, 제조, 포장, 운송, 사용, 광고, 폐기(또는 재활용) 등 제품·서비스와 관계된 전 과정의 환경적, 사회적, 경제적 영향을 고려하는 디자인이다.
- 자연 생태계와 자원을 보호하면서 경제적 생산성을 높이고, 윤리적, 사회적 기반 구축을 통해 현재의 환경을 다음 세대가 향유할 수 있도록 지속할 수 있는 해결책을 제시하는 디자인이다.
- 지구를 지키고 소비자 삶의 질적인 만족감을 충족시킬 수 있는 환경적 디자인이다.
- 제품의 수명연장, 사용빈도의 강화 등을 유도할 수 있는 경제적 디자인이다.
- 제품의 기획 단계에서 제품의 경제성, 환경성, 사회성을 고려한 통합적 디자인이다.

◉ 지속가능디자인 적용

- **용지절약을 지향하는 방식** : 인쇄매체 종이사용을 줄이기 위한 방안으로 판형, 제본방식 등을 고려한다.
- **잉크 절약을 지향하는 방식** : 잉크를 절약하는 디자인 아크웍, 디지털 매체를 이용한 디자인 시안 검토방안을 활용한다.
- **리사이클링 방식** : 종이 재사용에 저해되는 후가공(코팅)을 최소화하여 종이 리사이클링이 가능하도록 제작한다.

03 어메니티 디자인

- 제품디자인과 환경디자인에서 말하는 어메니티는 제품 사용자에게 편의성을 제공하고 물리적인 환경의 쾌적함을 제공하는 것이다.
- 시각디자인 매체인 포스터, 생활환경과 산업적 환경을 형성하는 패키지, 배너, 월 그래픽 등을 통해서 일상 환경에서 정서적인 쾌적함을 경험할 수 있다.
- 디자인 개발자는 인쇄매체 제작 시 심미성과 시각적 쾌적성을 높일 수 있는 창의적 연출을 지향해야 한다.

01 고령자나 장애인들도 살기 좋은 사회를 만들기 위해 물리적, 제도적 장벽을 허물자는 운동은?

02 유니버설디자인의 7대원칙에 포함되지 않는 것은?
① 공평한 사용
② 사용상의 융통성
③ 제작, 유통 구조 편의 추구
④ 적은 물리적 노력

03 제품·서비스와 관계된 전 과정의 환경적, 사회적, 경제적 영향을 고려하는 디자인으로 현재의 환경을 다음 세대가 향유할 수 있도록 지속할 수 있는 해결책을 제시하는 디자인은?
① 유니버설 디자인
② 지속가능 디자인
③ 에코디자인
④ 어메니티 디자인

정답 01 베리어 프리 02 ③ 03 ②

이론

3과목 비주얼 아이데이션 적용

시각화 방안 전개

▶합격강의

01 시각화 방안을 위한 키워드 설정 방안

◉ 키워드 설정 방안

- 키워드 설정은 디자인 콘셉트에 부합하는 시각적 소재를 찾아낼 수 있는 근거를 제공한다.
- 디자인 개발자가 전달하고자 하는 메시지와 시각적 표현과의 연관성을 강화하는 필수 과정이다.
- 키워드는 디자인 개발을 위한 각종조사의 내용을 정리하고 디자인 콘셉트 전개를 위한 시각적 자료를 수집하는 기준이 된다.
- 콘셉트를 구체화하기 위한 연상성, 유추성, 지시성이 있어 시각화하기에 유용한 요소로 활용할 수 있다.

◉ 키워드 도출 단계

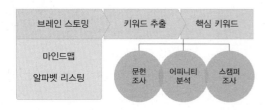

◉ 콘셉트를 지시하는 키워드 수렴

- 콘셉트에 따라 효과를 최대화할 수 있는 창의적인 이미지를 구성한다.
- 콘셉트는 명확한 메시지가 담겨 있어야 한다.

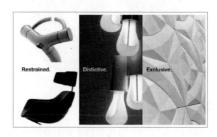

02 키워드의 시각화의 사례

◉ 아이디어 전개를 위한 핵심 키워드의 설정

- 브레인스토밍을 활용하여 그래픽 모티브 제작을 위한 키워드 그룹 추출
- 그래픽 모티브를 위한 핵심 키워드 설정

◉ 이미지 자료 수집

- 핵심 키워드를 시각화하기 위한 이미지 자료 수집 : 유·무료 사이트를 활용하여 키워드 이미지 자료수집
- 형태소 추출을 위해 수집 자료의 시각적 특성 추출
  - 형태소 개발 위한 이미지의 시각적 특성 추출
  - 그래픽 모티브 적용가능 요소 및 특성 추출

◉ 콘셉트의 시각화를 위한 형태소의 아이데이션

- 콘셉트의 표현 방법을 결정하기 위하여 2차 이미지 검색 실시
- 도출한 표현 방식에 따라 그래픽 모티브의 1차적 개발

◉ 콘셉트 시각화 이미지 수집 고려사항

프로젝트 개요(과제명, 개발기간, 개발내용 등의 세부 내용을 포함), 일정, 예산 등을 파악한 후, 이미지의 제작을 직접 할 것인지, 다른 곳에서 조달할 것인지를 결정한다.

03 비주얼 모티브 요소 조합 시각화 프로세스

① 심벌 형태소 역할을 하는 비주얼 모티브
- 아이덴티티의 적극적 활용을 위해 비주얼 모티브와 심벌을 유사하게 개발
- 그래픽 모티브를 조합하여 심벌을 구성하기 위한 테스트 실시

② 그래픽 모티브의 형태소 역할을 하는 비주얼 모티브
- 브랜드 아이덴티티 베이직 시스템인 그래픽 모티브의 심벌과의 차별화
- 차별화된 그래픽 모티브의 다양한 어플리케이션 적용

물의 비주얼 모티브

◉ 아이디어 시각적 구체화 특성

- 시각적 직관성을 적용한 아이데이션 : 키워드에서 연상되는 이미지를 직관적으로 지시하는 아이디어를 도출
- 이미지 연출을 예측할 수 있는 아이데이션 : 이미지의 형태 묘사, 색채 연출, 질감과 밀도 연출 등 다각적인 시각화 요소에 대한 아이디어를 도출
- 콘텐츠의 정보 체계 및 위계를 시각화할 수 있는 아이데이션

01 디자인 프로젝트에서 사용되는 이미지 수집에서 우선적으로 고려해야 할 사항이 아닌 것은?
① 프로젝트 개발 인력
② 프로젝트 개발 기간
③ 프로젝트 개발 내용
④ 프로젝트 개발 예산

02 콘셉트 시각화에 고려할 사항이 아닌 것은?
① 연상성
② 유추성
③ 지시성
④ 유행성

정답 **01** ① **02** ④

사진, 이미지 전개

▶합격강의

01 사진, 이미지 전개 방안

◉ 콘셉트 이미지 사진 특성

- 이미지 사진은 개발자 촬영, 전문 포토그래퍼 촬영, 온라인 대여 서비스를 통해 준비한다.
- 콘셉트의 직접적인 묘사보다는 지시, 유추, 상징하는 방안으로 활용한다.

① 실제대상 신뢰감 형성

- 글이나 그림을 통한 메시지보다 신뢰감이 높다.
- 설득적 커뮤니케이션 매체(광고, 포스터, 패키지)에 주로 활용된다.

② 상세 이미지 요소 확장

고도의 광학기기를 이용한 촬영이미지는 육안을 통한 이미지보다 세밀한 이미지를 생산하여 제품의 매력요소를 극대화하여 소유욕망을 키울 수 있다.

③ 다이내믹 형성

순간적 이미지, 시간분절 이미지 등 동적, 정적 이미지 구현이 가능하여 순간포착 및 역동적 이미지를 연출할 수 있다.

④ 카메라 앵글의 변화를 통한 시점의 확장

◉ 사진이미지의 사용 요건

① 해상도 점검

- 인쇄 매체에 사용될 사진 이미지의 경우 고해상도인 300dpi로 제공한다.
- 확대 시 이미지 해상도 변경으로 인한 문제가 발생하므로 제작판형 배치 전 프린트 출력을 하여 인쇄 시 나타나는 이미지 정세도 상태를 미리 확인해야 한다.

② 디자인 결과물 적용을 위한 연출 범위

- 메시지의 전달 의도와 연출 수준에 따라 밝기, 선명도, 질감, 색감 등을 적절하게 조절한다.
- 원본 이미지는 적용하는 대상 결과물의 컬러 아이덴티티, 컬러 톤과의 동질감을 조성하기 위하여 컬러 톤과 밝기, 채도 등을 어느 정도 조정하게 된다.
- 사진이미지의 일부를 잘라 내어 사용하는 트리밍(Trimming)은 정해진 비율을 벗어남으로써 자유로운 구성이 가능하고 사진 이미지의 메시지를 더 강하게 부각시키기도 한다.
- 전체 색상과 톤을 재조하는 컬러링 변형, 사진이미지를 겹치게 하는 오버레이, 외곽선을 분리하는 컷아웃, 사진을 합성하는 블렌딩 등 여러 방식으로 이미지에 변화를 줄 수 있다.

02 일러스트레이션이미지 전개 방안

◉ 콘셉트 이미지 일러스트레이션의 특성

- 다양한 매체에서 전달하고자 하는 메시지의 콘셉트를 구체화하는 이미지로서 대표적으로 활용되고 있다.
- 단행본이나 잡지, 신문, 기업 홍보물 등에서 사진으로는 표현할 수 없는 복잡하거나 다양한 메시지 표현의 수단으로 사용된다.
- 상상력과 작가의 개성을 중요시 하며, 수용자는 단순히 묘사된 이미지의 내용뿐만 아니라 이미지에 담긴 정서까지 교감한다.
- 사진 이미지로는 담아내기 어려운 추상적인 내용들을 창의적으로 표현할 수 있다.

● 일러스트레이션의 유형

① 추상적 일러스트레이션

- 기하 도형이나 자연적 질서에서 찾을 수 있는 유기적인 형태 패턴 등을 의미로 정형화 되지 않은 대상을 구성하여 묘사하는 방법이다.
- 형태의 질서, 다이내믹 등을 콘셉트로 표현할 수 있다.

② 구상적 일러스트레이션

- 특정 대상이나 상황을 보이는 사실 형상대로 묘사하는 드로잉 방법이다.
- 사실감에 의한 신뢰를 수용자에게 전달한다
- 사실감을 표현하지만 카메라 렌즈를 통해서 할 수 없는 과장이나 생략, 부분적인 왜곡을 연출하기도 한다.

③ 초현실적 일러스트레이션

- 현실에서 경험할 수 없는 비현실적이고 비논리적인 사물의 결합이나 상황을 묘사한다.
- 환상적인 분위기를 연출하기도 하며 상상을 통한 사물의 조합과 합성 이미지를 제시하기도 하며 잠재된 무의식을 드러내기도 한다.

● 초현실주의 일러스트레이션 종류

① 몽타주 일러스트레이션

- 여러 가지 사물 형상을 하나의 화면에 조합하여 형성함으로서 복합적 이미지를 인지할 수 있는 방식이다.
- 메시지의 주목성을 높이거나 유추적인 이미지를 활용하는 광고의 콘셉트 이미지에 쓰이는 경우가 많다.

② 데페이즈망 일러스트레이션

- 몽타주가 외형적인 합성 방식이라면 데페이즈망은 이미지에 내재된 메시지의 구조의 표현이다.
- 일상적인 사물에 낯선 사물과 상황을 병치하여 꿈과 무의식과 같은 이미지를 만들어 내는 방식이다.
- 초현실적 메시지를 함축적으로 표현할 때 적합하다.

③ 콜라주 일러스트레이션

- 입체파 화가들이 처음으로 시도한 이미지
- 합성 기법으로서 단일 화면에 이질적인 이미지와 텍스트 요소를 다량으로 병치 하거나 연접시켜 현실 공간감을 넘어선 초현실적 공간감을 제공한다.
- 몽타주 보다는 이미지의 밀도를 높임으로서 메시지에 대한 시각적 표현을 연역적으로 하기에 적절한 이미지 표현 방법이다.

POINT 37 정보그래픽 이미지

▶합격 강의

01 정보그래픽

◉ 콘셉트 이미지로서 정보그래픽

- 정보그래픽은 정보의 가치를 높이기 위한 시각화로 활용된다.
- 디자인 콘셉트와 콘텐츠의 성향에 따라 콘셉트 이미지로 활용되기도 한다.
- 다이어그램은 신뢰도와 신용 관련 콘텐츠에 활용도가 높다.
- 정보구조도의 구조미와 심미성이 메시지의 주목성을 높인다.
- 시각적 아이덴티티를 구현하는 이미지로 활용할 수 있다.

◉ 데이터 종류

정보그래픽을 위한 데이터는 정량적 데이터와 정성적 데이터로 구분된다.

① 정량적 데이터
- 수치, 도형, 기호 등 바로 측정할 수 있는 데이터
- 서베이 등을 통해 얻을 수 있다.
- 정형화 된 데이터로 비용소모가 적음

② 정성적 데이터
- 언어나 문자 등 '설명'이 필요한 데이터
- 언론, 인터뷰, 이메일, 관찰 등을 통해 얻을 수 있다.
- 저장, 검색, 분석에 많은 비용이 소모된다.
- 비정형데이터

◉ 데이터 시각화

- 데이터 시각화란 다양한 분야에서 축적되는 가공되지 않은 데이터를 통계와 알고리즘을 통해 시각화하는 것을 말한다.
- 의미보다는 현상 그 자체를 시각적으로 표현한 것으로, 데이터의 패턴이나 구조를 분석하여 관계성을 밝히는 것에 목적을 둔다.

- 사용자는 데이터 시각화를 통해 데이터 변화에 대한 통찰과 앞으로 벌어질 일에 대한 예측을 하여 신속하게 필요한 조치를 하며 대응할 수 있다.

◉ 인포그래픽

데이터를 단순히 시각화하는 것에서 벗어나, 명확한 목적을 갖고 정보의 관계, 패턴, 구조를 파악한 다음, 파악한 내용을 정확한 메시지로 구체화하고 스토리를 중심으로 새롭게 가공하여 만드는 것이다.

◉ 정보그래픽 활용 장점

- 정보그래픽의 매체 노출량 증가에 따른 메인 이미지 활용
- 메시지의 신뢰감을 높이기 위한 이미지로 활용
- 정보구조의 심미성 활용

02 정보그래픽의 대상 영역

◉ 정량적 데이터

- 객관적인 데이터를 수치로 표현하는 분석 방법으로 통계 자료와 같이 대규모 조사를 통해 규격화된 결과를 도출하는 방법이다.
- 색이나 형태 등을 적절히 사용하여 내용을 직관적으로 이해할 수 있도록 시각적으로 구성한다.

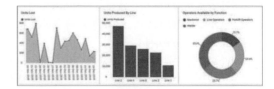

● 정성적 데이터

- 도표와 그래프 등의 수치로 데이터화하지 못하는 사용자의 감성, 느낌, 분위기 등의 형용사적인 표현을 시각화하는 방법이다.
- 분석의 시각화에서는 형용사를 수치로 환산하여 전환하는 방법이나, 느낌을 색, 형태, 크기 등으로 구분하여 표현하는 방법이 있다.

① **구체적 이미지 표현 다이어그램** : 실사이미지, 상세이미지, 아이콘이미지를 활용

② **데이터 특성 비교 정보그래픽** : 대비되는 요건들을 크기, 밀도 등을 시각화한 다이어그램

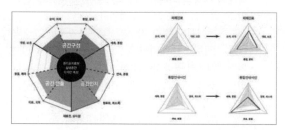

단답형 문제

01 정보, 데이터, 지식을 시각적으로 표현한 것으로, 정보를 빠르고 쉽게 표현하기 위해 제작된 그래픽은 무엇인가?

객관식 문제

02 데이터 종류에 대한 설명으로 잘못된 것은?

① 정량적 데이터는 수치, 도형, 기호 등 바로 측정할 수 있는 데이터
② 정성적 데이터는 언어나 문자로 설명이 필요한 데이터이다.
③ 정량적 데이터는 그래프는 사용자의 감성, 느낌 분위기를 내포한 그래프로 제작한다.
④ 정성적 데이터는 구체적 이미지를 표현하기 위해 상세이미지, 아이콘 등을 활용하기도 한다.

이론

3과목 비주얼 아이데이션 적용

정답 **01** 인포그래픽 **02** ③

아이콘과 픽토그램

▶합격 강의

01 정보그래픽

◉ 아이콘의 개념

- 아이콘이란 표현되는 대상체의 물리적 특성을 닮은 기호이다.
- 어떤 분야의 대표적 사례, 사물의 핵심적 특징을 시각화 하여 정제된 표현을 한 형상을 의미 한다.
- 기표가 곧 기의로 인식되는 기호이다.

◉ 메타포 이미지 아이콘의 전개

- 메타포 : 은유라는 뜻으로 일반적으로 사물이나 개념을 설명할 때 수사적인 표현을 뜻한다.
- 간결한 형태를 통해 짧은 시간에 정보와 의미를 파악하기 위해 시각적 연상성이 강한 이미지로 구현한다.

◉ 아이콘 활용

① 디지털 매체에서 활용되는 아이콘
- 인터렉션 버튼, 정보체계 아이콘
- 작은 크기로 배치함으로 간결성, 명확성 요구
- 형태, 색상, 라인 등의 스타일 그룹핑

② 콘셉트 이미지로서 활용되는 아이콘
- 단일 아이콘 혹은 아이콘 그룹으로 정보 그래픽 이미지 연출
- 사용 편의성, 심미성 부각

③ 아이덴티티 시스템 아이콘
- 아이덴티티 시스템을 이루는 주요 구성 요소로 제작
- 그래픽 모티브의 형태소를 중심으로 각종 상황이나 대상, 정보 지시체 역할
- 아이콘만 노출이 되어도 해당 브랜드 아이덴티티를 인지할 수 있도록 제작

기적의 TIP

이모티콘
감정(Emotion)과 아이콘(Icon)의 합성어다. 문자 텍스트에 감정을 가미한 이모티콘을 덧붙이면서 사람들은 더 생동감 있는 의사소통을 해왔다. 말로 표현하기 힘든 미세한 감정까지 이모티콘이 역할을 대신한다.

02 픽토그램

◉ 픽토그램 개념

- 사물, 시설, 행위, 개념 등을 상징적인 그림으로 나타내어 대상의 의미를 시각적으로 쉽고 빠르게 인식할 수 있도록 하는 상징 문자이다.
- 생활환경에서 특정한 장소와 상황을 간결한 그래픽으로 전달하는 이미지이다.
- 언어체계로서 공공성이 강한 이미지이다.
- 픽토그램은 픽토(Picto)와 텔레그램(Telegram)의 합성어로서 사물·시설·행위·개념 등을 상징화하는 그림문자 또는 상징 문자의 성향이 좀 더 강하다.

◉ 픽토그램의 유래

- 픽토그래프는(Pictograph) 문자체계가 확립되기 전, 전달에 관한 최상의 수단으로 조각이나 그림 등의 상형문자를 가리킨다.
- 오스트리아 사회학자 오토 노이라트(Otto Neurath)가 교육을 받지 못한 이들에게 사회나 경제에 관한 정보를 쉽게 전달하기 위해 아이소타입 형태로 개발되었다.

기적의 TIP

아이소타입(Isotype)
시각적인 교육에 사용할 수 있도록 간략화된 그림 언어를 의미한다.

◉ 국제 표준 규격(ISO)

- 픽토그램은 다수의 국가에서 국제 표준 규격으로 지정한 픽토그램 표지판 사용을 의무화하여 설치, 운영하고 있다.
- 우리나라에서는 한국산업규격으로 제정해 사용한다. 이 중 32종이 국제 표준규격으로 선정되어 있다.

단답형 문제

01 감정(Emotion)과 아이콘(Icon)의 합성어로 문자 텍스트에 감정을 가미한 의사소통 용도로 활용되는 것은?

객관식 문제

02 대상의 의미를 시각적으로 쉽고 빠르게 인식할 수 있도록 하는 상징 문자는 무엇인가?
① 기호
② 이모티콘
③ 픽토그램
④ 아이콘

03 오스트리아 사회학자 오토 노이라트가 개발한 것으로 정보를 쉽게 전달하기 위한 목적으로 개발된 것은?
① 픽토그램
② 엠블럼
③ 이모티콘
④ 이모지

정답 01 이모티콘 **02** ③ **03** ①

POINT 39 아이디어 발상

▶합격 강의

01 아이디어 구상

◎ 창의성

- 새롭고, 독창적이고, 유용한 것을 만들어 내는 능력을 뜻한다.
- 전통적 사고유형에서 벗어나 새로운 유형으로 사고(思考)하는 능력이다.
- 선천적으로 타고나는 능력도 있고, 다양한 지식과 경험을 바탕으로 후천적으로 발현될 수도 있다.
- 모든 지식과 정보, 다양한 사고들이 종합적으로 결합되어 나타나는 고차원적인 사고 능력이다.

◎ 아이디어

- 관념, 상징, 이상, 이념을 뜻하는 말로 어떤 일에 대한 구상을 말한다.
- 넓은 뜻으로는 의견, 신념, 설계, 도식(圖式), 사고를 포함하며, 그리스어의 이데아와 근본이 같다.

◎ 아이디어 발상

문제에 대한 정확한 인식을 바탕으로 잠재된 아이디어를 표출하고, 이를 환경과 상황에 맞게 체계화하고 구체화시키는 과정이다.

◎ 창의적 아이디어 구상

디자인 개발 단계에서 콘셉트를 위한 아이디어를 발상하기 위해서는 조사 자료에 대한 정확한 파악과 유의미한 정보를 추출하여 보다 구체적인 아이디어를 발상할 수 있어야 하며 디자이너 개인의 아이디어와 협업을 통한 팀 아이디어가 적절히 융합되어야 한다.

◎ 아이디어 구상의 영역

① 자유로운 연상에 의한 아이디어 구상
- 온라인 검색을 통해 자료를 검색하거나 마인드맵과 브레인스토밍을 통하여 자유로운 발상을 한다.
- 관련 키워드와 단문 형식의 문장 등을 도출하여 아이디어에 대한 기록을 하거나 스케치를 진행한다.

② 설정된 콘셉트에 의한 아이디어 구상
- 수립된 콘셉트를 기반으로 아이디어 구상 및 스케치를 진행하는 방식이다.

02 창의적 아이디어 발상

◎ 창의적 아이디어 발상 영역

- 디자인 개발 단계와 매체 특성에 의하여 선택적으로 진행할 수 있지만 일반적으로 초기 아이디어는 자유로운 연상에 의한 발상을 진행하며 콘셉트 구체화 단계에서는 조사 데이터를 근거로 한 아이데이션으로 진행한다.

① 아이데이션을 위한 사전 정보가 적은 상태에서 자유로운 연상을 통하여 도출하는 발상 영역
② 디자인개발 목표를 설정하고 관련 리서치를 진행하여 데이터를 모아 계열화함으로서 최적의 아이디어를 수렴하는 발상 영역

◎ 창의적 발상을 위한 태도

① 폭넓은 관심과 이해
창의적인 아이디어 발상을 하기 위해서는 평소에 가져야 할 여러 가지 태도들이 있다.

- 사회, 경제적 이슈, 문화적 흐름 등 디자인을 둘러싼 환경과 이슈들에 대해 폭넓은 관심과 이해가 필요하다.
- 연상하기 위해 오랜 시간동안 조금씩 축적된 풍부한 재료가 필요하다.
- 평소 포용적인 태도를 가지고, 다양한 분야에 대한 관심과 이해가 필수적이다.

② 다양한 시각과 관점
- 기존에 이미 알고 있던 사실이나 현상들을 다양한 시각과 관점에서 바라보고자 하는 노력이 필요하다.
- 남들과 다르게, 새롭고 독창적이게, 입장을 바꿔서 생각한다.
- 의도적으로 다른 시선, 다른 생각으로 상황을 바라보기 위해 노력한다.
- 다르게 사고하는 습관과 태도를 지녀야 새로운 생각이 도출된다.

③ 최신 디자인 트렌드에 대한 조사
- 평소 디자인 동향이나 시장 분석, 사용자의 니즈 등에 대해 조사하여 다양한 정보를 구축한다.
- 디자인 트렌드에 대한 분석과 이해가 필요하다.
- 다양하고 정확한 정보와, 최신 동향에 대한 파악은 필수이다.

④ 메모의 습관
- 일상생활 속에서 느낀 생각이나 아이디어를 간단한 스케치나 글로 메모한다.
- 아이디어 구상에 단서가 된다.
- 시간이 지난 후에 기억하는 것과 차이가 있다.

01 관념, 상징, 이상, 이념을 뜻하는 말로 어떤 일에 대한 구상을 뜻하는 것은?

02 디자인 작업 중 이미지를 포착하기 위한 목적으로 표현하는 기법은?
① 아이디어 스케치
② 렌더링
③ 제도
④ 모델링

03 창의성에 대한 설명으로 옳지 않은 것은?
① 새롭고, 독창적이고, 유용한 것을 만들어내는 능력을 뜻한다.
② 선천적으로 타고나야 하는 능력이다.
③ 후천적으로 그 능력을 키울 수 있다.
④ 모든 지식과 정보, 다양한 사고들이 종합적으로 결합되어 나타난다.

04 창의적인 아이디어 발상을 위한 태도로 옳지 않은 것은?
① 일상생활에서 아이디어를 간단한 스케치로 기록한다.
② 최신 트렌드에 대한 자료조사를 지속적으로 한다.
③ 일정기간이 지난 아이디어자료나 정보는 삭제한다.
④ 사회적, 경제적, 문화적 이슈에 대한 뉴스를 자주 접한다.

이론

3과목 비주얼 아이디에이션 적용

정답 01 아이디어 02 ① 03 ② 04 ③

비주얼 방향

▶합격강의

01 효과적 메시지 전달

◉ 비유

• 표현하고자 하는 대상을 다른 대상에게 비유하여 표현하는 것이다.
  • 예: '내 마음은 호수요'
    – 자신의 깊고 넓은 마음을 호수에 비유

◉ 표현

• 어떤 사물의 의미나 특징을 직접 드러내지 않고, 다른 사물에 비유하여 표현하는 방법이다.
• 유추관계를 통해 메시지의 의미를 더욱 강조하거나 확장시키는 것이다.
• 예: '별을 노래하는 마음으로 모든 죽어가는 것을 사랑해야지'
    – 희망이라는 것을 직접적으로 드러내지 않으면서 별을 통해 이를 상징
    – 시인은 자신이 말하고자 하는 바, 감성, 느낌 등을 다른 대상에 빗대어 표현
    – 표현하고자 하는 의도나 메시지를 보다 쉽고, 생생하게 그리고 보다 구체적으로 느낄 수 있도록 표현

02 비주얼 방향과 소재

◉ 비주얼 방향

효과적인 메시지 전달을 위하여, 다양한 디자인 요소들(이미지, 색상, 텍스트)이 추구할 시각적 주요 방향을 설정한다.

◉ 비주얼 방향 설정

• 디자인 콘셉트에 맞는 비주얼 방향을 설정한다.
• 전달하고자 하는 메시지에 부합하는 비주얼 소재를 찾아 활용한다.
• 비주얼 소재를 이용함으로써, 그 메시지를 한층 강화하고, 보다 효과적으로 메시지를 전달한다.

◉ 비주얼 소재

• 디자인 메시지를 빗대어 표현할 수 있는 구체적인 대상, 매개체를 선정한다.
• 대상을 통해 의도한 바를 보다 쉽게, 구체적으로 표현할 수 있다.

◉ 비주얼 소재의 선택 기준

① 동질성
• 두 대상의 형태나 특성이 같거나 비슷한 성질
• 콘셉트와 비주얼 소재가 형태나 특성이 비슷하여 연관성을 쉽게 이해할 수 있어야 한다.
② 보편성
• 다양한 구성요소들이 공통적으로 가지고 있는 특성
• 선택한 소재에 대한 개념을 일반적으로 공유해야 한다.
③ 독창성
• 다른 것을 모방하지 않음
• 고유의 능력과 개성을 살려 새로운 것을 만드는 것
• 소재에 대한 새롭고 강한 인상을 주어야 한다.
④ 단일성
• 여러 가지가 아닌 통일된 하나의 특성을 가지는 것
• 소재를 통해 하나의 메시지를 강조한다.

03 비주얼 방향 설정 과정

① 키워드와 개념 추출
- 메시지를 함축적으로 표현할 수 있는 키워드와 개념을 추출한다.

② 비주얼 소재 찾기 및 선정
- 키워드와 소재가 서로 유사한 특성이 있는지 고려한다.
- 독창적으로 표현할 수 있는 소재인가 고려한다.
- 소재를 통해 전달하고자 하는 메시지를 정리한다.
- 키워드나 개념을 잘 드러낼 수 있는 비주얼 소재 찾는다.

③ 채택된 소재에 대한 다양한 스케치
- 채택된 소재를 중심으로 다양하게 아이디어 스케치를 전개한다.
- 비교, 연상 등 여러 가지 방법을 통해 다양하게 시각적으로 표현한다.

④ 스케치 선택 및 보완
- 전개된 스케치 중 가장 적합한 것을 선택
- 구체화된 형태로 표현
- 부가적으로 아이디어를 보완

01 표현하고자 하는 대상을 다른 대상에게 비유하여 표현하는 것은?

02 비주얼 방향에 대한 설명으로 맞는 것을 고르시오.
① 콘셉트와는 구별되는 시각적인 방향
② 디자인 요소들이 나가야 할 시각적 방향
③ 다양한 메시지를 복합적으로 표현하기 위한 시각적 방향
④ 메시지를 드러낼 수 있는 다양한 소재들을 선택하고 나아가는 것

03 비주얼 소재가 갖추어야 할 조건이 <u>아닌</u> 것을 고르시오.
① 동질성
② 보편성
③ 독창성
④ 복합성

정답 **01** 비유 **02** ② **03** ④

시안 개발

01 시안디자인 개발의 개요

클라이언트에게 최종 디자인 결과물의 후보 안을 제시하여 최종 결정 안을 선택할 수 있도록 복수의 디자인 안을 개발하는 직무 단계이다.

◉ 시안 제작을 위한 그래픽 소프트웨어 활용

① 그래픽 프로그램 숙련의 고도화 필요
- 완성도 높은 최종 디자인 결과물을 개발하기 위하여 필요한 프로그램들을 능숙하게 활용할 수 있어야 한다.
- 업데이트되는 그래픽 디자인 소프트웨어의 새로운 기능들을 숙지해야 하며, 작업 파일이 상호 호환되는 그래픽 프로그램들의 호환 방식을 이용할 수 있어야 한다.

② 활용 그래픽 프로그램
- **일러스트레이터** : 일러스트레이션, 로고, 캐릭터, 패키지디자인 등
- **포토샵** : 이미지합성, 사진 수정, 타이포그래피, 타이틀디자인 등
- **인디자인** : 레이아웃, 문서편집, E-Book제작 등

◉ 시안 디자인 개발 요건

- 디자인 개발자 요건 : 디자인 콘셉트와 제작 목적, 클라이언트의 요구사항이 반영된 시안을 개발하여 클라이언트가 최적의 선택을 할 수 있도록 제공한다.
- 클라이언트 요건 : 디자인 개발자의 시안 디자인을 통해 콘셉트의 시각화 방식, 표현과 연출 방법의 적정성, 완료 시 인쇄 매체를 통해 얻을 수 있는 효과 등을 파악하여 디자인 개발자에게 명확히 전달하여야 한다.

02 결과물 특성에 따른 시안 제작

◉ 시안제작 특성

시각디자인 시안은 프로젝트의 규모와 결과물의 활용 행태에 따라 1차시안, 2차 시안을 제작하여 보다 심화된 디자인 개발을 전개하게 된다.

① 1차 시안제작 특성
- 디자인 프로젝트의 규모가 작거나 짧은 시일 내에 디자인 경우이다.
- 디자인 콘셉트를 명확하게 표현 할 뿐만 아니라, 디자인 완료 상태를 최대한 정확하게 예측할 수 있도록 제작의 정밀도가 높을수록 효용성이 높아진다.
- 1차 제작 시안을 통해 최종안을 선정하고 디자인결과물 제작으로 이어진다.

② 2차 시안제작 특성
- 디자인 프로젝트의 규모가 크거나 작업 기간을 적절히 확보 한 경우이다.
- 클라이언트와 디자인 개발자의 커뮤니케이션 기회를 늘려 디자인 완료 수준을 최대한 높일 수 있는 효용성을 지닌다.
- 디자인 개발자는 클라이언트의 충분한 피드백의 반영을 전제로 한다.
- 2차 시안은 디자인 콘셉트의 명확성, 디자인 완료 상태에 대한 예측성을 위한 제작의 정밀도를 확보해야 한다.
- 프로젝트의 특성상 2차이상의 시안제작이 필요한 경우도 있다.

03 시안 제작을 위한 콘셉트 구체화 자료 수집

◉ 이미지 자료 수집

- 포털 웹사이트 검색을 통한 이미지 수집
- 스톡 이미지(Stock Image) 사이트를 통한 이미지 대여

◉ 폰트 수집

- 폰트는 디자인 매체에의 사용 목적과 콘셉트에 적합한 종류를 선택해야 한다.
- 디자인 개발자는 일반적으로 유료폰트를 사용하며, 오픈 소스로 제작된 일부 공공기관이나 기업용 폰트를 활용하기도 한다.
- 폰트의 규약이나 조건을 확인하도록 한다.

◉ 컬러이미지 계획 정보 수집

- 브랜드 아이덴티티를 위한 컬러계획 정보 수집 : 기본 시스템의 전용 색채에 대한 이해를 바탕으로 매체 특성에 맞는 컬러를 시안에 적용함으로서 아이덴티티를 유지하도록 한다.
- 컬러계획 정보 수집 지원 도구 : 컬러 이미지 계획에 적합한 배색을 적용하기 위하여 컬러 배색을 지원하는 웹사이트를 활용할 수 있다.

01 최종 결과물과 유사한 수준의 시안 제작을 위해서 수집하는 자료와 거리가 먼 것은 무엇인가?

① 이미지
② 폰트
③ 컬러
④ 실사 촬영환경

02 로고디자인 시안 작업용으로 가장 적합한 소프트웨어는?

① 일러스트레이터
② 포토샵
③ 페인터
④ 3d MAX

03 시안제작용 자료로 적절하지 않은 것은 무엇인가?

① 클라이언트에게 전달받은 이미지
② 사용범위가 결정되지 않은 이미지
③ 디자이너가 제안하는 슬로건
④ 유료이미지

정답 01 ④ 02 ① 03 ②

이론

4과목 시안 디자인 개발 기초

매체의 종류와 디자인

01 평면적 디자인 매체

◉ 신문

- 이미지와 텍스트를 효과적으로 구성하여 정보전달 기능을 극대화한다.
- **이미지** : 사진, 일러스트, 인포그래픽 등
- **텍스트** : 타이틀, 소제목, 내용, 글자체, 크기, 자간 등 세부적인 설정이 필요하다.
- 가독성, 일관성을 유지하는 것이 중요하다.
- 디자인적 신선함을 동시에 추구하여 차별성을 두는 신문도 있다.

◉ 잡지

- 특정한 주제와 제목, 콘셉트를 가지고 일정한 간격으로 출판되는 매체이다.
- 잡지의 표지는 구매를 결정짓는 중요한 요소이다.
- 트렌드를 반영하여 자유롭고 개성적인 표현 가능하다.
- 내용과 콘셉트에 맞는 다양한 이미지와 색상, 레이아웃을 사용한다.

◉ 책

- 표지 디자인
  - 독자가 책을 구매하는 요인 중 하나
  - 저자의 언어메시지를 독자들에게 상징적으로 표현
- 내지 디자인 : 목차, 본문, 이미지, 삽 화 디자인 등으로 세분

◉ 포스터

- 전달하고자 하는 메시지가 일반 대중들이 한 눈에 알 수 있도록 문자, 그림, 사진 등을 사용하여 제작한다.
- 전달하고자 메시지에 함축된 문안과 그림, 사진 등을 결합하여 제작한다.
- 이미지와 텍스트가 간결하고 명료해야 하며 일관성 있는 주제로 전개되어야 소구 효과가 증가한다.

◉ 브로슈어

- 다양한 정보와 사진, 그림 등 포함하여 제작한다.
- 일관성, 통일성 유지하되, 레이아웃의 다양한 변화를 줄 수 있다.

◉ 리플렛

- 접는 횟수 (2단, 3단, 4단에 따른 디자인 레이아웃 필요하다.
- 포스터의 축소판으로 포스터에 삽입하기 어려운 문구들로 구성한다.
- 휴대 편리성, 정보표현 즉각성, 보관 용이성, 광고효과 지속성을 고려하여 디자인 한다.

02 입체디자인 매체

◉ 패키지 디자인

- 상품이나 제품이 가지는 특성을 잘 표현해야 한다.
- 환경보호를 위한 절감, 재생 가능한 소재도 고려한다.
- 로고 타입, 타이포그래피, 이미지, 컬러, 레이아웃 등이 시각적 표현 요소로 활용한다.

◉ 라벨디자인

- 제품의 이름, 특징 등 아이덴티티 정보를 소비자에게 정확하게 전달되도록 표현한다.
- 제품의 이미지나 가독성이 잘 드러나도록 디자인한다.
- 라벨의 시각적인 요소가 브랜드에 대한 인지와 소비자의 구매 결정에 영향을 준다.
- 소비자의 기억, 인지, 심리적 요인을 통해서 라벨 디자인의 내용을 인식한다.

◉ POP

- 판매를 유도하며 제품의 특성과 매장 전체의 디스플레이를 고려하여 디자인한다.
- 눈에 잘 띄는 색채나 인지도가 높은 인물, 캐릭터 등을 주로 사용하는 것이 특징이다.

◉ 배너(현수막)

① 외부용 배너

- 외부 공간 가로에 게시되는 깃발 형태의 배너는 가로를 따라 반복하여 배열되는 경우를 고려하여 내용이나 색상 등을 단순한 시각적 표현의 디자인이 효과적이다.
- 배너 디자인의 형태와 색상은 단순한 것이 효과적이다.

② 내부용 배너

- POP(Point of Purchase) 배너로 활용할 수 있다.
- 탁상용 및 실내 디스플레이를 위한 배너로 다양한 위치에서 정보 전달의 기능을 갖고 있다.

01 신문 디자인에서 가장 중요하게 고려해야 하는 사항은?

① 심미성, 독창성
② 가독성, 일관성
③ 경제성, 창의성
④ 호환성, 기능성

02 책디자인에 대한 설명 중 적합하지 <u>않은</u> 것은?

① 표지디자인은 책 구매요인 중에 하나이다.
② 표지는 책 내용을 함축적이고 상징적인 이미지로 표현해야 한다.
③ 내지 디자인은 일관성과 가독성을 고려하여 디자인해야 한다.
④ 내지는 레이아웃의 변화를 자주 주어 다이나믹한 느낌을 주도록 한다.

03 다음 중 포장디자인의 조건과 거리가 가장 먼 것은?

① 유통 시 취급 및 보관의 유의점을 고려한다.
② 제품의 보호기능을 고려한다.
③ 제품의 성격을 충분히 고려한다.
④ 시장 경기의 흐름을 충분히 고려한다.

정답 01 ② 02 ④ 03 ④

이론

4 과목 시안 디자인 개발 기초

시안제작 계획

▶합격강의

01 시안제작 계획

◉ 시안제작의 개요

• 콘셉트 설정 → 아이데이션 → 시안디자인 → 최종 디자인의 단계가 공통적으로 요구된다.
• 클라이언트가 최종 디자인을 결정할 수 있도록 복수의 디자인 예상 안을 제시하는 단계이다.
• 디자인 제작자와 클라이언트가 시안을 대상으로 한 논의를 통하여 최종 디자인 안을 예상할 수 있다.
• 이미지 요소와 텍스트 요소 그밖에 각종 그래픽 소스 요소를 종합하여 레이아웃 하고 편집을 거쳐야 하며, 최종 디자인과 거의 동일하거나 유사한 수준으로 제작 되어야 한다.

아이데이션	• 키워드를 다양한 시각화 방안을 위한 시안제작 준비 • 아이디어를 시각화 하기 위한 핵심비주얼 아이디어 스케치
시안제작을 위한 자료수집	아이디어의 시각화를 위한 사진 이미지, 일러스트레이션, 정보그래픽, 아이콘 셋트 자료 수집
디자인 확정을 위한 시안제작	• 디자인 시안 다양화를 위한 아이디어 베리에이션 시안 • 최종디자인 확정을 위한 시각적 구체화 시안

02 시안제작의 단계

◉ 시안제작 준비 사항

① **핵심 키워드 콘셉트 구체화 아이데이션** : 시안 제작을 위해서는 디자인 콘셉트를 이루는 핵심 어휘를 기본으로 하여 시각화할 수 있는 구체적 어휘나 문장을 도출한다.
② **시안 제작용 이미지, 텍스트 자료 수집** : 시안제작에 사용될 이미지는 적용 영역별로 정리하고, 폰트는 구입을 확보하거나 오픈소스 폰트를 다운받아 텍스트에 적용한다.
③ **콘셉트를 구현하기 위한 비주얼 모티브 개발** : 비주얼 모티브의 적용이 필요한 경우, 이를 위한 키워드를 도출하고 아이디어 스케치를 한 후 그래픽 소프트웨어로 비주얼 모티브 시안을 우선적으로 제작하여 준비한다.
④ **콘셉트에 맞는 색채 계획** : 메인 컬러와 보조 컬러로 구성된 컬러 팔레트와 색채코드를 구성하여 시안의 완성도를 높이며 시안 베리에이션에 활용하도록 한다.
⑤ **판형 및 텍스트 요소 배치** : 스케치를 바탕으로 한 판형을 구성하여 이미지 요소, 텍스트 요소, 정보 그래픽 요소를 스케치와 유사하게 배치하여 레이아웃을 조정한다.

03 판형 기반의 이미지와 텍스트 요소 배치

◉ 판형과 텍스트 배치

- 판형 기반의 이미지와 텍스트 요소들의 배치로 시안 작업을 계획한다.
- 스케치를 통해 판형을 기반으로 이미지와 텍스트 요소들의 레이아웃을 조정한다.
- 시안 제작을 위한 판형 기반의 이미지와 텍스트 요소들의 배치로 디자인 콘셉트를 시각적으로 구체화한다.

◉ 레이아웃의 조정

스케치를 바탕으로 한 판형을 구성하여 이미지 요소, 텍스트 요소, 정보그래픽 요소를 스케치와 유사하게 배치한다.

◉ 레이아웃의 시안 제작

이미지에 텍스트를 판형 기반의 아트 보드에 추가하여 스타일, 위치를 조정하고 다양한 레이아웃의 시안을 제작한다.

◉ 인쇄용지 판형

A4	국배판	210x297	8절(16p)	여성지, 주간지
A5	국판	148x210	16절(32p)	교과서, 단행본
A6	국반판	105x148	32절(64p)	문고판
B4	타블로이드	257x364	8절(16p)	신문
B5	사륙배판	182x257	16절(32p)	노트

◉ 종이 평량

- 종이의 단위 면적당 무게를 표시하는 것이다.
- 종이의 품질을 표시하는 가장 대표적인 단위이다.
- 단위는 g/m^2로 $1m^2$당의 무게로 표시한다.

◉ 종이강도

- **파열강도** : 종이를 눌러 찢는 힘을 표시한 것
- **인장강도** : 종이를 양쪽으로 잡아 당겨서 찢어질 때의 힘을 표시한 것
- **신축률** : 종이를 잡아 당겨서 파단(찢어짐)될 때까지의 신장률을 표시한 것
- **내절강도** : 종이를 일정한 장력으로 접거나 구부릴 때 종이가 저항하는 세기

01 시안 개발을 위해 계획하는 단계에서 수행하는 일이 아닌 것은?
① 자료수집
② 아이디어 카테고리별 정리
③ 핵심 키워드 도출
④ 시안 베리에이션

02 시안제작 준비단계에서 수행해야 하는 것이 아닌 것은?
① 콘셉트를 이루는 핵심 어휘 및 문장 도출
② 비주얼 모티브 개발
③ 색채계획
④ 인쇄 프로세스 점검

03 종이 성질 중 종이를 일정한 장력으로 접거나 구부릴 때 종이가 저항하는 세기를 뜻하는 것은?
① 평량
② 내절강도
③ 파열강도
④ 인장강도

정답 01 ④ 02 ④ 03 ②

비주얼 모티브

01 키워드를 통한 비주얼 모티브 개발

◉ 시안 제작을 위한 비주얼 모티브

• 비주얼 모티브는 개발하고자 하는 디자인의 콘셉트를 시각화 한다.
• 브랜드 아이덴티티 개발에서부터 각종 그래픽 포스터, 사이니지 등에 적용되어 디자인 개발의 차별화를 이루며 아이덴티티 적용의 특화 요소를 지닌다.

① 비주얼 모티브의 요건
• 간결한 2차원적 형태와 컬러
• 다양한 배치와 반복, 크기의 대비, 구성의 다이내믹을 통해 활용될 수 있는 시각의 확장성이 있는 요소

② 비주얼 모티브의 1차적 적용 방안
• 디자인 매체에서 모티브 원래의 형태감을 유지하면서 베리에이션한다.
• 반복과 크기 대비는 베리에이션을 위해 유용한 방안이다.

◉ 비주얼 모티브 개발 순서

키워드 도출 → 아이디어 스케치 → 비주얼 모티브 시안 제작

◉ 비주얼 모티브 구상

• 기본 비주얼 모티브 형태를 유지하면서 시안 제작의 다양화가 가능한 비주얼 모티브 구상
• 비주얼 모티브의 1차적 적용 방안
  – 비주얼 모티브를 활용하기 위해서는 디자인 매체에서 모티브 원래의 형태감을 유지하면서 베리에이션
  – 반복과 크기 대비는 베리에이션을 위해 유용한 방안

◉ 비주얼 모티브의 확장 적용

① 다양한 비주얼 커뮤니케이션의 활용
• 비주얼 모티브의 베리에이션 확장
  – 비주얼 모티브 자체가 핵심적인 콘셉트 이미지로 적용
  – 단일 모티브가 아닌, 콘셉트 키워드를 여러 개로 적용하여 각 키워드에 해당하는 비주얼 모티브의 활용성을 높일 수 있는 효과

② 비주얼 커뮤니케이션의 수행
• 아이덴티티의 특징을 강화시켜 주는 역할을 하는 그래픽 모티브는 다양한 비주얼 커뮤니케이션을 수행
• 모티브 : 다채로운 결합을 가능케 하는 형태적 특성을 발견하여 다양한 매체에 커뮤니케이션을 위한 중심 이미지로 적용
• 그래픽 모티브 : 응용 매체에 활용 가능하도록 확장한 디자인 요소로서 다양한 활용이 가능
• 비주얼 모티브 : 세트를 이루는 로고타입, 그래픽 패턴 등에 베리에이션을 하는 것을 기본

02 비주얼 방향과 소재 선택

◉ 효과적인 메시지 전달

- **비유** : 표현하고자 하는 대상을 다른 대상에 비유하여 표현하는 기법
- **상징** : 어떤 사물의 의미나 특징을 직접 드러내지 않고, 다른 사물에 비유하여 표현하는 수법

◉ 비주얼 방향과 소재

- **비주얼 방향** : 효과적인 메시지 전달을 위하여, 이미지, 색상, 텍스트 등 다양한 디자인 요소들이 추구할 시각적 주요 방향
- **비주얼 방향 설정** : 디자인 콘셉트에 맞는 비주얼 방향을 설정, 전달하고자 하는 메시지에 부합하는 비주얼 소재를 찾아 활용
- **비주얼 소재** : 디자인 메시지를 빗대어 표현할 수 있는 구체적인 대상, 매개체

◉ 비주얼 소재 선택의 기준

- **동질성** : 두 대상의 형태나 특성이 같거나 비슷한 성질
- **보편성** : 다양한 구성요소들이 공통적으로 가지고 있는 특성
- **독창성** : 다른 것을 모방하지 않고, 고유의 능력과 개성을 살려 새로운 것을 만들어내는 것
- **단일성** : 여러 가지가 아닌 통일된 하나의 특성을 가지는 것

◉ 비주얼 방향 설정 과정

① 아이디어 구상과 메시지 요약
② 키워드와 개념 추출
③ 비주얼 소재 찾기 및 선정
④ 채택된 소재에 대한 다양한 스케치
⑤ 스케치 선택 및 보완

단답형 문제

01 아이덴티티 특징을 강화하기 위해 응용 매체에 활용 가능하도록 확장한 디자인 요소로서 다양한 활용이 가능하도록 제작된 모티브는?

객관식 문제

02 비주얼 모티브 시안 작업에서 사전 수행하는 작업이 아닌 것은?
① 키워드 도출
② 3D디자인으로 확장
③ 아이디어 스케치
④ 비주얼 모티브 시안

03 비주얼 소재 선택의 기준이 아닌 것은?
① 동질성
② 독창성
③ 다양성
④ 단일성

이론

4 과목 시안 디자인 개발 기초

정답 01 그래픽 모티브 **02** ② **03** ③

POINT 45 입체표현

01 디자인 제도의 개요

◉ 디자인 제도의 목적

- 디자이너가 결과물의 형상, 구조, 크기, 재료, 가공법 등을 제작자에게 전달하기 위하여 제도 규칙에 맞추어 간단, 명료하게 도면을 작성한다.
- 누구든지 보면 이해할 수 있도록 쉽고 정확하게 작성한다.
- 제도 규격에 맞추어 작성된 도면은 해당 분야의 기술자와 제작자에게 통용된다.
- 수정 및 편집, 판매 등 여러 가지 목적으로 사용된다. 도면 작성 시 적용되는 디자인 제도 규격은 표준규격(KS)에 맞춘다.

◉ 디자인 도면의 종류

용도별 분류	내용별 분류	형식별 분류
• 계획도 • 제작도 • 주문도 • 견적도 • 승인도 • 설명도	• 부품도 • 조립도 • 기초도 • 배치도 • 배근도 • 치도 • 스케치도	• 외관도 • 전개도 • 곡면선도 • 선도 • 입체도

◉ 척도의 종류 및 척도의 기입방법

실제 치수에 대해 도면에 표시한 대상물의 비율의 척도에 따라 분류한다.

실척(현척)	실물과 동일한 크기로 그린 것(1:1)
배척	실제보다 확대해서 그린 것(2:1, 50:1)
축척	실제보다 축소해서 그린 것(1:2, 1:50, 1:100)
NS	Non Scale로 비례척이 아닌 도면

◉ 선의 종류 및 용도

분류	굵기	모양	용도
외형선	굵은 실선	——	물품의 외형선
치수선, 치수보조선, 지시선	가는 실선	——	치수 기입을 위해 나타내는 선
은선(숨은선)	파선	----------	보이지않는 부분의 형상을 나타내는 선
중심선	일점 쇄선	—·—·—	도형의 중심을 표시하는 선
해칭선	평행 사선의 가는 실선	//////////	절단된 부분을 나타낼 때 사용되는 선

02 투상도

◉ 투상도 개념

하나의 평면 위에 물체의 한 면 또는 여러 면을 그리는 방법으로 정투상도, 사투상도, 투시도 등이 있다.

◉ 정투상도

- 정투상도는 물체를 직교하는 두 투상면에 투사시켜 그리는 복면 투상으로, 물체의 형상을 가장 간단하고 정확하게 나타낼 수 있다.
- 제1각법 : 건축, 토목, 선박 설계에 사용
- 제3각법 : 일반제품 설계에 사용, 정면도 표현에 적합

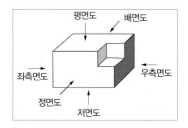

◉ 정투상도법의 3각법

- 물체를 보는 위치에 4각 중에서 3각에 물체를 배치하고 투영하는 입체 디자인 요소
- 3각법의 순서는 눈(시점) → 화면 → 물체의 순으로 진행되며, 보는 위치 면에 상이 나타난다.
- 미국에서 발달하여 빠른 속도로 보급되었다.
- 한국산업규격의 제도 통칙에 적용한다.

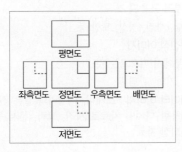

◉ 입체의 투상

- 입체의 투상 표현은 육면체를 기준으로 변형된 형태로 파악한다.
- 입체 투상은 육면체를 기준으로 변형된 형태로 인식한다.
- 육면체의 각 면은 투영면으로 설정한다.
- 화살표의 방향에서 입체를 보고 투상한다.
- 변형된 입체의 특징적인 요소를 잘 나타내고 있는 면을 정면으로 설정한다.

01 다음 중 디자인 도면 요소설계에서 굵은 실선으로 표시하는 선은 무엇인가?
① 치수선
② 치수 보조선
③ 지시선
④ 외형선

02 척도에 대한 설명 중 틀린 것은?
① 물체의 실제 크기와 도면에서의 크기비율을 말한다.
② 실물보다 축소하여 그리는 것을 축척이라고 한다.
③ 실물과 같은 크기로 그리는 것은 현척이라고 한다.
④ 실물보다 2배로 확대한 것을 등척이라고 한다.

03 한국산업규격의 제도통칙에 의거한 정 투상도법은 어느 것을 사용함을 원칙으로 하는가?
① 제1각법
② 제2각법
③ 제3각법
④ 제4각법

정답 01 ④ 02 ④ 03 ③

아트워크

01 시안 아트워크

◎ 시안아트워크 개념

아트워크(Artwork) : 설정된 디자인 콘셉트에 맞게 준비된 시각 자료를 활용하여 창의적으로 디자인 이미지를 만들어 내는 과정이다.

◎ 시안아트워크 구현요소

• 디자인 소프트웨어를 활용한 이미지 표현
• 콘셉트에 적합한 타이포그래피 사용
• 컬러의 적용
• 레이아웃의 구성

◎ 결과물 특성에 따른 시안 제작

• 결과물 특성에 따라 다양한 형태의 시안디자인 제작한다.
• 시안디자인은 디자인 개발자와 클라이언트의 커뮤니케이션을 원활하게 만들어 준다.
• 시안은 1차 제작으로 완료할 수 있으나 프로젝트의 규모와 결과물의 활용 행태에 따라 2차 시안으로 보다 심화된 수준으로 디자인을 전개하게 된다.

02 아트워크 요소

◎ 이미지

• 시각적인 형상으로 추상적 상징적으로 표현이 가능하다.
• 시각적인 형상으로 재현된 사물과 대상 그 자체를 의미한다.
• 추상적 상징적 아이디어를 아트웍 작업을 통해 구체적인 형태로 표현한다.

◎ 이미지의 유형

① 시각적 이미지
• 외부로 표출된 것
• 그림, 사진, 영상, 도안 등
② 정신적 이미지
• 내부에서 떠오르는 것
• 꿈, 기억, 관념 등
③ 데이터 이미지 : 스캐너, 카메라와 같은 전자기기를 이용한 디지털 자료로 사진, 그림, 문서 등을 데이터화한 자료

◎ 사진

• 객관적인 이미지를 전달하는 요소이다.
• 이미지를 극대화시킬 수 있고 상징적이고 암시적인 방식으로 사물의 특징을 다양하게 표현할 수 있다.
• 현장을 그대로 담아낸다고 인식되어 있어 보다 확실한 신뢰감을 부여한다.
• 구체적이고 알기 쉬운 소구력으로 대상자에게 지각시킬 수 있다.

◎ 일러스트

• 창의적인 발상과 표현 방법이 돋보이는 시각적 표현이다.
• 디자이너의 아이디어를 다양한 표현 방법으로 제작하여 시각정보를 전달할 수 있다.
• 단행본, 잡지, 신문, 홍보물 등에서 보이지 않는 것과 존재하지 않는 것을 시각화한다.
• 실재감과 현장감을 중시하는 사진과 달리 디자이너의 상상력과 창의력이 돋보이는 커뮤니케이션 방법이다.
• 이미지에 대한 정보를 쉽고 빠르게 인지하도록 단순화된 일러스트로 표현 가능하다.

◉ 배색

- 색이 상징하는 의미, 이미지 활용하여 배색한다.
- 매체와 재료의 특성을 고려하여 색상을 구성한다.
- 색의 가독성, 대비, 조화를 고려하여 배색한다.

◉ 레이아웃 구성

구체적으로 이미지를 시각화시키고 설득력을 가지게 하려면 아트웍 구성요소를 체계적으로 배치한다.

◉ 매체에 따른 표현방법

- 선정된 디자인 콘셉트를 충분히 표현
- 매체 별 변화 속에서 일관된 아이덴티티 유지
- 각 매체의 특성에 따라 다양한 레이아웃 활용

단답형 문제

01 준비된 자료를 활용하여 창의적인 아이디어를 디자인 이미지로 구체화 시키는 과정은 무엇인가?

객관식 문제

02 아트웍하기에서 이미지의 역할이 <u>아닌</u> 것은 무엇인가?
① 시각언어의 일부분의 역할
② 추상적 또는 상징적으로 사용
③ 담아내기 어려운 추상적인 내용을 전달
④ 사람의 관심과 흥미를 이끌어 내는 역할

03 시안아트워크 구현요소가 <u>아닌</u> 것은?
① 컬러의 적용
② 다양한 매체 활용성
③ 콘셉트에 적합한 타이포그래피 사용
④ 디자인 소프트웨어를 활용한 이미지 표현

이론

4과목 시안 디자인 개발 기초

정답 01 아트워크 02 ③ 03 ②

01 시안 레이아웃 설정

◉ 레이아웃(Layout)의 개념

• '배치하다', '배열하다', '계획하다' 등의 의미로 쓰인다.
• 디자인을 구성하는 여러 가지 요소들을 목적에 맞게 아름답게 배치하는 것이다.
• 효과적인 시각적 소통을 가능하게 한다.
• 다양한 편집디자인, 웹디자인, 영상디자인 등 모든 매체에 적용되는 필수적 요소이다.
• 매체가 다르면 적용되는 레이아웃도 변화를 주어야 한다.

◉ 화면 레이아웃의 원리

① 일관성 적용

• 시각적 아이덴티티를 구현하는 공통적인 레이아웃의 적용이 우선되어야 한다.
• 레이아웃이 일관성은 각 페이지별 공간의 이미지와 텍스트 요소들에 동일한 배치 방식을 적용함으로서 구현할 수 있다.

② 집중과 분산 조절

• 정보의 중요성, 디자인 콘셉트에 따라 텍스트와 이미지 요소의 적절한 집중과 분산을 연출하여 시선 이동이나 운동감, 율동감을 부여할 수 있다.
• 집중과 분산은 상대적인 레이아웃 연출로서 특정한 요소 그룹의 간격이 집중되어 있으면 시각적 밀도감으로 인하여 주목성이 높아진다.
• 주요 요소 주변 공간이나 여백이 조성되어야 집중 효과를 높일 수 있다.
  개별적 요소가 분산되면 여유 있는 공간감을 형성한다.
• 개별요소 인근에 밀도감 있는 요소가 그룹핑되어 분산 효과를 높일 수 있다.

③ 위계적 구조 연출

• 시각디자인 결과물은 텍스트와 이미지 요소의 결합을 통해 정보 구조를 체계적으로 형성하고 있다.
• 정보의 파악을 위하여 시선을 두는 순서를 순간적으로 결정하게 되는데 이를 위해 디자이너는 중요성과 연계성을 고려하여 위계적 구조를 연출하는 것이다.
• 위계적 연출은 요소의 크기와 그룹핑, 위치, 색채 등으로 조정한다.

④ 스토리 진행형 구조 연출

• 이미지와 텍스트 요소의 흐름을 구성하는 다양한 배치방식을 통해 레이아웃을 전개한다.
• 사용자의 순차적 정보흐름 인지를 위해 정보 요소와 화살표와 같이 연결하는 시각적 요소의 결합에 의하여 정보 혹은 스토리를 인지할 수 있는 구조를 연출한다.

02 레이아웃의 유형

◉ 축 레이아웃

아트웍 구성요소들이 하나의 축을 중심으로 좌우 대칭으로 정렬되는 레이아웃으로 시각적 주목성을 높이는 유형

◉ 방사형 레이아웃

평면상의 한 점에서 방사형으로 화면상에서 다양한 크기의 트리밍을 하여 위치 변화를 연출하는 유형

◉ 확장형 레이아웃

아트웍 구성요소가 페이지 중심에서 둥글게 퍼져나가는 형태로 동심원의 불규칙한 분절을 통해 조형적 리듬감을 연출

◉ 불규칙 레이아웃

• 특정한 규칙성 없이 각도 길이, 크기 등이 불규칙하게 배치되어
• 시각적으로 동적인 느낌을 연출

◉ 그리드 레이아웃

수평, 수직으로 일정하게 교차되는 격자형 스타일로 일반적으로 편집디자인 레이아웃에 활용

◉ 전이적(Transitive) 레이아웃

그리드를 벗어난 구성으로 모든 구성요소가 쌓이는 형태를 이루고 있으나 특정한 배치 질서가 없는 레이아웃

◉ 모듈 시스템 레이아웃

구성 요소의 크기와 모양이 동일한 크기로 배치되었지만 규칙성을 나타내지 않는 레이아웃

◉ 양단 시스템 레이아웃

모든 요소가 하나의 축을 사이에 두고 대칭으로 배치된 형태로 비대칭적 레이아웃과 공간 구성면에서 차이가 있는 레이아웃

단답형 문제

01 '배치하다', '배열하다', '계획하다' 등의 뜻으로 디자인을 구성하는 여러 가지 요소들을 목적에 맞게 아름답게 배치하는 것을 무엇이라고 하는가?

객관식 문제

02 다음 중 레이아웃(Layout)의 설명으로 <u>틀린</u> 것은?
① '배치하다', '배열하다' 등의 뜻이 있다.
② 문자만을 사용해 정해진 틀 안에 배치하는 것이다.
③ 가독성, 전달성, 주목성, 심미성, 조형 구성 등을 효과적으로 구성하는 것이다.
④ 레이아웃은 프리(Free) 방식과 그리드(Grid) 방식으로 나눌 수 있다.

03 다음 중 레이아웃의 중요성이 <u>아닌</u> 것은?
① 다른 광고와의 차별화 및 주목성을 높일 수 있다.
② 광고의 목적을 달성하도록 유도한다.
③ 안정감을 줄 수 있도록 한다.
④ 화려함을 강조하여야 한다.

04 수평, 수직으로 일정하게 교차되는 격자형 스타일로 일반적으로 편집디자인 레이아웃에 활용되는 그리드 유형은?
① 전이적 레이아웃
② 그리드 레이아웃
③ 확장적 레이아웃
④ 축 레이아웃

정답 **01** 레이아웃 **02** ② **03** ④ **04** ②

그리드 레이아웃

01 그리드(Grid)

◉ 그리드 개념

• 사전적 의미는 격자는 뜻으로 바둑판 모양의 눈금으로 수직 방향과 수평 방향으로 일정한 거리의 간격으로 면이 분할되면서 교차해서 이루어진 집합체이다.
• 디자인 문서작업에서 레이아웃 격자로 가상의 격자 형태의 안내선 역할을 한다.
• 페이지 단위에서의 요소들과 콘텐츠를 이용하는 이용자와의 커뮤니케이션에서 가장 근본적인 질서와 규칙이다.

◉ 그리드 구성 요소

• **컬럼(Column)** : 글자나 이미지를 배열하기 위해 나눈 세로 형태의 공간
• **모듈(Module)** : 가로, 세로가 일정한 간격으로 분할된 면으로 공간을 나누는 기본 단위
• **마진(Margin)** : 그리드 외곽의 빈 공간으로 화면에 균형과 긴장을 부여하여 내용과 이미지를 제외한 나머지 부분
• **플로우 마진(Flow Margin)** : 공간을 수평으로 분할하는 가상의 기준선
• **스페셜 존(Special Zone)** : 몇 개의 모듈이 모인 별도의 틀
• **마커(Marker)** : 표제와 페이지 번호와 함께 사용되어 동일한 위치에서 반복 사용
• **컬럼 마진(Column Margin)** : 컬럼과 컬럼 사이의 공간

02 그리드 종류

◉ 블록 그리드

• 단 그리드라고 불리며 그리드의 기본으로 하나의 블록만을 사용하는 디자인
• 설명서, 보고서, 단행본 등 연속적인 글에서 텍스트 위주의 레이아웃에서 많이 활용

• 텍스트가 대부분 서적, 논문, 보고서에 주로 사용 되며 반복적으로 사용될 경우 지루한 느낌을 줄 수 있는 스타일

◉ 컬럼 그리드

• 두 개 이상의 단으로 나누어져 구성된 그리드로 단의 수의 구성에 따라 2단, 3단으로 분류
• 텍스트양이 많거나 정보의 성격이 다양할 때 단을 나누어 배치
• 다양한 형태의 단으로 구성될 수 있어 신문이나 잡지에서 많이 사용

◉ 모듈 그리드

• 다단 그리드에 수평의 프로라인이 추가되어 체스판처럼 분할되면서 사각형의 공간으로 이루어진 유니트가 생성
• 유니트 형태의 레이아웃은 레아아웃의 구성 요소가 많을 경우 주로 사용
• 모듈 그리드를 이용하면 다양한 형태의 서체나 그림의 조합이 용이
• 여백 활용이 용이하고 규칙적이며 반복적이어서 다이나믹한 리듬감을 보여주고 질서 있는 레이아웃 표현에 적절한 유형
• 다양한 단을 조합한 다단 그리드는 활용도가 더 높아 패션 잡지, 차트, 양식, 스케줄, 네비게이션 시스템 등에 활용

◉ 계층 그리드

• 서로 다른 위치에 있는 디자인 요소들이 상호 시각적으로 영향을 주고 보완할 수 있는 구조로 개발된 그리드
• 한 면에 대해 각각의 기능에 맞는 공간을 분할
• 규칙적이고 반복적으로 사용되는 평범한 그리드를 벗어나므로 디자이너의 직관적 사고를 매우 중요시
• 주로 수평형으로 웹 페이지에서 많이 사용
• 포스터, 리플릿, 북디자인 등의 제작물에 자주 사용

03 그리드 활용

◉ 그리드가 존재하지 않는 레이아웃(Non Grid Layout)

• 페이지 여백도 없고 텍스트들이 잘려나가며 비대칭적인 레이아웃으로 페이지의 구성이 전체적으로 산만한 편이다.
• 그리드를 활용하지 않아 허물어진 공간만큼 구성요소의 자유로운 배열속에서 새로운 관계를 이어나가는 질서가 필요하다.

◉ 혼합 그리드(Complex Grid)

• 칼럼의 수가 다른 2개 이상의 그리드를 함께 사용하여 복잡한 제작물을 작업할 때 사용한다.
• 역동적인 공간 구성이 가능하다.
• 하나의 그리드로 복잡한 여러 구성요소들을 모두 해결하려는 방식에서 벗어나 여러 개의 그리드를 적재적소에 활용해 긴장감을 높일 수 있다.

◉ 플렉서블 그리드(Flexible Grid)

• 사선과 곡선의 형태까지 수용하여 디자이너의 직관력과 개성을 표현할 수 있다.
• 공간에 엄격한 규칙에서 벗어나 자유로운 표현과 해식이 가능하다.
• 자유로운 표현과 감각을 추구하는 포스터 모더니즘 이후에 예술과 문화 전반에 나타난 해체적 경향의 결과이다.

단답형 문제

01 편집디자인에서 글자나 이미지를 배열하기 위해 나눈 세로 형태의 공간을 무엇이라고 하는가?

객관식 문제

02 그리드의 구성요소가 <u>아닌</u> 것을 고르시오.
① 단(Column)
② 모듈
③ 마진
④ 타이틀존

03 다음 설명 중 그리드(Grid)의 설명이 <u>아닌</u> 것은?
① 원래의 뜻은 격자이며 그래프나 바둑판 모양의 구조를 말한다.
② 하나의 시각적 작품을 응결시켜 주는 하부 구조이다.
③ 하나의 조직이며 시간을 절약하고 지속감을 부여하는 데 도움을 준다.
④ 곡선을 많이 사용하고 디자이너의 직관력에 의존하는 것이다.

정답 01 칼럼 02 ④ 03 ④

POINT 49 타이포그래피 아트워크

01 타이포그래피 아트워크

◉ **타이포그래피 아트워크**

• 타이포그래피는 정보이자 이미지의 융합된 대상으로서 시각 커뮤니케이션 디자인을 위한 핵심적 역할을 담당한다.
• 타이포그래피를 통해 텍스트 정보는 시각적 형태를 갖추게 되고 디자인 콘셉트를 직접적으로 구현하는 요소로 작용한다.
• 시각적 조형원리와 스타일에 따라 서체의 종류와 크기, 공간 등을 연출하여 배치된 시각 커뮤니케이션 매체의 공간 속에서 정보와 콘셉트를 정확하게 전달해야 한다.

◉ **서체를 이용한 이미지 표현**

• 타이포그래피와 함께 구성하는 요소들과의 조화를 이루도록 서체를 선택한다.
• 사진의 느낌, 크기, 분량, 일러스트의 스타일과 컬러 등과 적절히 조화를 이루는 서체를 선택한다.
• 전체디자인의 일관성과 조화를 위해 많은 종류의 서체를 사용하는 것은 자제한다.

02 서체를 이용한 이미지 표현

◉ **이미지로 표현되는 타이포 이미지 디자인 방법**

• 손글씨를 가져오는 방법
• 일러스트로 그리는 방법
• 이미지를 활용해 글자를 조합하는 방법

◉ **그래픽 프로그램을 활용한 타이포 이미지 디자인 방법**

• 의도적인 변화로 표현
• 그래픽 프로그램 내의 서체를 활용한 시각적 배치
• 윤곽선 처리로 분해
• 형태와 비율의 왜곡
• 실루엣이나 음영 효과
• 입체감 부여

◉ **타이포그래피의 기능적 특징**

• 조형적 기능
  – 소리의 언어를 시각적으로 표현하여 전달하는 것
  – 객관적으로 이해할 수 있는 시각적 형태로 표현하면 언어로 전달할 때보다 더 높음 지각 반응을 기대
• 언어적 기능
  – 전달 메시지와 수신자 사이에 장애가 없는 논리적인 구성의 문자로 표현하는 것
    시각적인 가독성에 영향을 미치는 요소들이 일관성 있는 스타일을 적용하여 정보를 정확하게 전달하는 역할

◉ **타이포그래피의 심미적 특징**

• 심미적 경험을 전달
  – 타이포그래피의 구성 요소들의 추상적 상징적 표현
  – 역동적이면서 자유로운 표현은 수용자 측면에서 지각의 반응을 다양화
• 언어적 전달 기능과 이미지 역할을 동시에 수행
  – 실험적인 시각전달 언어 이미지로 미적 긴장감을 유도
  – 문자를 조형적인 도구로 사용하여 이미지를 표현하므로 다양한 시각적 표현으로 자유로운 정보를 전달

03 편집디자인 시안 제작을 위한 프로세스

◉ 기획 단계

- 시안을 제작하기 위한 첫 단계로 판형, 페이지 분량, 인쇄 부수, 작업 기간, 인쇄 방법, 용지 등 인쇄물 형태 계획과 디자인 콘셉트를 기획한다.
- 디자인 작업은 클라이언트와 상호작업으로 이루어져 진행되므로 클라이언트의 요구 사항을 정확히 파악하고 분석하여 디자인 방향을 결정한다.

◉ 콘셉트 개발

- 기본적인 초안 원고는 클라이언트에게 받은 원고를 사용하고 자료가 없을 경우에는 전문 에디터에게 의뢰하여 원고를 작성한다.
- 원고와 더불어 기획한 콘셉트에 맞는 이미지와 다양한 자료를 수집하고 분석한다.

◉ 디자인 개발

- 기본적인 구상을 먼저 스케치 하고 이를 바탕으로 편집 프로그램에서 이미지와 텍스트를 불러와서 레이아웃을 한다.
- 선택한 콘셉트를 발전시켜 보기 좋은 형태로 요소들을 배치하여 시각적인 효과를 이끌어내는 디자인을 한다.

◉ 디자인 교정

시안 작업이 완료된 파일을 프린트하여 클라이언트에게 제시하여 시안물을 검토한다.

◉ 제작 단계

- 완성된 데이터를 출력소에 보내서 디지털 인쇄를 한다.
- 오프셋 인쇄는 필름 출력 한 후 인쇄판으로 옮긴 후 인쇄기에 걸어 인쇄를 한다면 디지털 인쇄는 중간 과정을 거치지 않고 파일을 직접 종이로 인쇄한다.
- 대량으로 인쇄할 경우에는 오프셋 인쇄를 하지만 소량으로 제작할 경우에는 필름 출력 없이 디지털 인쇄를 한다.

객관식 문제

01 타이포그래피의 배치 작업에 관한 설명 중 가장 거리가 먼 것은 무엇인가?
① 균형과 조화를 이루기 위해 시각적인 조정이 필요하다.
② 글자의 상호 관계 등을 고려, 균형을 유지해야 한다.
③ 시각 정보 전달을 위해 공간 안에 텍스트를 배치하는 것은 중요하다.
④ 타이포그래피는 캘리그래피에 카테고리에 포함된다.

02 다음 중 편집디자인 요소로서 가독성과 불가분의 관계를 갖는 것은?
① 타이포그래피
② 포토그래피
③ 컬러 디자인
④ 플래닝

03 타이포그래피의 기능으로 적합하지 않은 것은?
① 언어적 기능
② 조형적 기능
③ 심미적 기능
④ 유도적 기능

정답 01 ④ 02 ① 03 ④

베리에이션

▶합격강의

01 베리에이션 구현

◉ 비주얼 중심의 시각디자인 매체

• 표현의 특징
  – 시각적 표현물을 중심
  – 카피 사용이 적은 편
  – 카피가 없어도 내용 전달이 가능

• 광고 소구 유형
  – 감성적 소구
  – 분위기 형
  – 정서적 소구

◉ 카피 중심의 시각디자인 매체

• 표현의 특징
  – 카피의 사용이 많은 편
  – 시각적 표현물은 보조적인 수단으로 활용

• 광고 소구 유형
  – 이성적 소구
  – 직접 정보전달형
  – 사실적 제품 소구

◉ 광고를 위한 시각디자인 매체

• 시각적 구성과 조합의 질서가 느껴져야 좋은 레이아웃을 가진 광고디자인으로 인식

• 표현의 특징
  – 감성적 요소의 표현
  – 정서적 현상을 일으키는 표현을 사용

• 광고 소구 유형
  – 감정적 소구
  – 형용사를 사용

◉ 베리에이션 과정

① 디자인 콘셉트 반영 확인
② 창의적인 아이데이션 반영 확인
③ 콘셉트에 맞는 비주얼 전개 여부 확인
④ 아이디어의 구체적 실현 가능 여부 확인
⑤ 레이아웃의 조화로운 적용 여부 확인
⑥ 이미지의 콘셉트 부합 여부 확인
⑦ 타이포그래피의 활용 적절성 확인
⑧ 색채의 조화로운 사용 여부 확인

02 인쇄매체 시안 베리에이션 기획

◉ 레이아웃 베리에이션

• 레이아웃 베리에이션은 중심이 되는 시안을 바탕으로 이미지와 텍스트 요소의 배치를 부분적으로 변경함으로서 시각정보의 인지를 위한 순서를 재배열하는 데 적합하다.

• 그리드 구조를 바탕으로 한 레이아웃 베리에이션

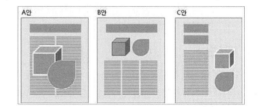

◉ 컬러 베리에이션

- 컬러 베리에이션은 중심이 되는 시안의 레이아웃을 유지한 상태에서 부분적 컬러 혹은 주조색을 바꿈으로서 시각적 임팩트와 분위기 연출을 베리에이션 하는데 적합하다.
- 색상의 유사성과 대비를 활용한 컬러 베리에이션

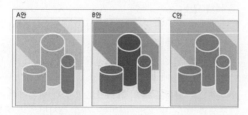

◉ 이미지 베리에이션

- 보는 사람의 시선을 유도할 수 있고 흥미를 유발하는 주목 효과 와 기억의 효과를 높일 수 있다.
- 주제에 맞는 이미지 표현은 전달 메시지를 쉽고 빠르게 전달해주는 역할을 한다.
- 비언어적인 형태이지만 표현할 수 있는 조형 요소로 다양한 그리드 레이아웃 표현이 가능하다.

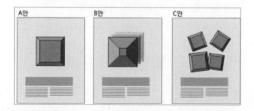

① 사진이미지
- 사실성과 진실성 표현에 유용
- 시선 유도의 주목성을 높일 수 있음

② 일러스트레이션 이미지
- 주제에 맞는 이미지로 본문의 내용을 시각화함으로써 설득력을 갖게 함.
- 단일 이미지와 결합형 이미지의 베리에이션

객관식 문제

01 아이디어가 구체적으로 실현 가능한지 베리에이션 구현으로 알 수 없는 것은?
① 도출된 아이디어를 시각화하여 제시
② 디자인 의도를 표현할 수 있는 능력
③ 디자인 전개를 위한 디자인 소프트웨어 활용
④ 매체 선택에 기준

02 칼라 베리에이션을 통한 아이디어 발상 장점이 아닌 것은 무엇인가?
① 고정관념을 깨고 상상 속에서 소리를 만들어 냄으로써 창의적인 아이디어가 생성
② 융통성과 민감성 증진
③ 자신만의 독창성을 증진
④ 짧은 시간에 다량의 아이디어 획득

03 비주얼 중심의 시각디자인 매체 표현의 특징으로 적합하지 않은 것은?
① 카피 없어 내용전달이 어렵다.
② 감성적 소구에 적합하다.
③ 시각적 표현물을 중신으로 표현한다.
④ 카피사용이 적은 편이다.

정답 01 ③ 02 ④ 03 ①

01 사인시스템 시안 디자인 계획

◉ 사인시스템의 구분

- **유도사인** : 방향 지시 정보와 장소 정보가 포함되어 있으며 경로에 연속적으로 배치
- **위치사인** : 사용자가 목적지에 도달하였을 때, 장소를 최종적으로 확인할 수 있도록 장소 명을 강조하는 사인
- **안내사인** : 특정한 장소나 상황을 장소명과 단문으로 제시하는 사인
- **설명사인** : 특정한 상황이나 태도를 설명하는 사인
- **규제사인** : 특정한 장소에서 위험이나 규제 사항을 알리는 사인

◉ 사인시스템 개발을 위한 디자인 원칙

- 쉽게 이해되고 경로 결정 등 행동에 쉽게 옮길 수 있는 정보의 제공을 핵심으로 한다.
- 공간의 아이덴티티를 바탕으로 공간 환경과 시각적 조화가 잘 이루어져야 한다.
- 색채와 텍스트 정보는 정보 인지, 차별성, 심미적 임팩트를 높일 수 있는 요소이므로 단일색 선정 및 배색 계획 시 사인의 가치를 높일 수 있도록 개발해야 한다.
- 길찾기 기능 효과를 높이기 위하여 인지성, 예측성, 일관성, 확장성, 심미성 등이 충족되어야 한다.
- 정보 요소의 일관성을 통해 보행자가 쉽게 경로찾기를 실행할 수 있도록 시각정보를 개발해야 한다.

◉ 사인 정보요소 디자인 원칙

① 색채 요소

- 주조색은 공간의 주조색과 톤의 유사성을 위하여 차분한 저채도를 적용한다.
- 보조색은 색채 정보의 연속성을 바탕으로 각 층 및 존 별 그룹핑에 적용한다.
- 강조색은 화살표 등의 유도정보에 주로 활용하며 주조색과 명도 및 채도 차이를 키워 즉시성을 높이고 중/고채도를 사용하여 명시성을 높인다.
- 플레이트와 사인정보요소의 색은 문자의 정보 시인성 및 가독성을 높이기 위하여 3.5 이상의 명도 대비를 권장한다.
- 하나의 사인 안에 여러 가지 색을 배색하지 않도록 한다.

② 문자 요소

- 서체의 조합(국문 + 국문, 국문 + 영문 등), 크기, 레이아웃 등을 일관되게 적용한다.
- 문자요소는 산세리프와 단순한 형태로 가독성 및 명료성을 높인다.
- 문자요소는 서체의 자간을 조정하여 주목성 및 시인성을 확보한다.

③ 그래픽 요소

- 분기점에 문자정보에 화살표를 보조 병기하여 연속적 인지를 향상시킨다.
- 설명사인과 규제사인 등에 사용하는 픽토그램은 판독성 및 시인성을 높이기 위하여 친근하고 익숙한 형태의 그래픽 요소를 활용한다.
- 공간 아이덴티티와 여건에 따라 사인 플레이트를 사용하지 않고 벽면에 그래픽사인을 적용하여 심미적인 실내공간을 연출할 수 있다.

02 시안 제작 마무리

◉ 출력하여 점검

완성된 시안 결과물을 인쇄하여 디자인 상태를 점검하고 수정하여 완성도를 높이는 과정이다.

① 용지의 종류와 크기 선택

- 시안 작업 출력은 프린터 전용지를 주로 사용한다.
- 프로젝트에 따라 특수 용지를 사용할 수도 있으므로 적합한 용지를 준비한다.
- 프린터의 종류에 따라 지원하는 용지가 다르므로 미리 확인하도록 한다.
- 출력물의 크기나 페이지 양은 작업물의 성격을 고려하여 지정한다.

② 해상도와 컬러 확인

- 프린터 별로 지원하는 컬러 옵션을 확인하고, 적절한 해상도를 지정한다.
- 시안 작업물이 정밀한 실사 이미지 위주일 경우에는 반드시 고해상도로 출력하여 컬러와 질감 표현을 상세 확인한다.

◉ 시안 출력물 가공

출력된 시안은 포스터, 브로슈어, 패키지 등 매체 형태에 따라 재단, 접지하여 완성한다.

① 단면 시안 : 포스터, 광고, 아이덴티티 기본 시스템, 패키지 라벨 등은 단면으로 프린트된 시안으로서 표시된 재단선을 따라 단순 재단한다.

② 양면 시안

- 리플릿, 브로슈어 등은 양면 시안으로서 양면의 접착을 위해 일정한 여백을 지정하여 재단한다.
- 여러 페이지로 구성되어 있으므로 제본을 필요로 한다.
- 재단한 출력물은 앞뒤 페이지를 맞추어 접착한 후 재단선을 따라 재단한다.

③ 입체구조 시안

- 지기구조 패키지, 쇼핑백, POP 광고 등은 시안을 제작하는 단계에서 재단선 및 접지선 등 구조를 만들기 위한 작업을 필요로 한다.
- 입체 구조의 재단선을 따라 재단한 다음, 칼등을 이용하여 접지 부분을 표시하고 접어 접착제로 접착면을 붙인다.

객관식 문제

01 방향 지시 정보와 장소 정보가 포함되어 있으며 경로에 연속적으로 배치하는 사인은?

① 유도사인
② 위치사인
③ 안내사인
④ 설명사인

02 사인시스템의 색채요소에 대한 설명으로 잘못 설명한 것은?

① 조색은 색채 정보의 연속성을 바탕으로 각 층 및 존 별 그룹핑에 적용한다.
② 플레이트와 사인정보요소의 색은 문자의 정보 시인성 및 가독성을 높이기 위하여 3.5 이상의 명도 대비 권장한다.
③ 강조색은 주조색과 명도 차이를 줄이고, 눈의 피로도를 줄이기 위해 저채도를 사용한다.
④ 주조색은 공간의 주조색과 톤의 유사성 위하여 차분한 저채도를 적용한다.

정답 01 ① 02 ③

정보의 가시화

01 정보그래픽

◉ 정보그래픽 목적

• 정보그래픽은 정보를 구성하여 효율적으로 사용할 수 있게 하는 디자인 기술 및 업무를 말한다.
• 복잡하거나 구조화 되지 않은 데이터를 시각적으로 표현하여 그 뜻을 명확하고 분명하게 보이게 하는데 목적을 둔다.

◉ 시각화를 위한 정보와 그래픽의 관계

특정 정보 체계를 쉽고 명확하게 이해할 수 있도록 시각화 하는 다양한 연출 방식의 정보그래픽을 활용한다.
• 데이터 : 의미체계로 연결되기 이전의 개별적 정보 단서로서 정량데이터, 정성데이터로 구성됨
• 정보 : 데이터들 중 서로 연관된 것을 선별하여 의미 체계로 만든 구조
• 지식 : 정보가 축적이 되어 타 정보 및 연결 정보 체계의 생성 및 유추, 파악을 가능케 하는 의미 체계

◉ 데이터 시각화

• 데이터 시각화란 다양한 분야에서 축적되는 가공되지 않은 데이터를 통계와 알고리즘을 통해 시각화하는 것을 말한다.
• 의미보다는 현상 그 자체를 시각적으로 표현한 것으로, 데이터의 패턴이나 구조를 분석하여 관계성을 밝히는 것에 목적을 둔다.
• 사용자는 데이터 시각화를 통해 데이터 변화에 대한 통찰과 앞으로 벌어질 일에 대한 예측을 하여 신속하게 필요한 조치를 하며 대응할 수 있다.

◉ 인포그래픽

• 다이어그램, 차트, 그래프 등 정보의 시각화를 말한다.
• 데이터를 단순히 시각화하는 것에서 벗어나, 명확한 목적을 갖고 정보의 관계, 패턴, 구조를 파악한 다음, 파악한 내용을 정확한 메시지로 구체화하고 스토리를 중심으로 새롭게 가공하여 만드는 것이다.

◉ 시각화를 위한 데이터의 유형

• 사실(Facts) : 사실에 대한 정량적 데이터로서 별도의 설명이 없더라도 사용자가 이해할 수 있도록 간단명료한 형태소로 표현
• 개념(Concepts) : 특정 대상의 이해를 돕기 위해 사용되는 정의를 형태 및 테스트 요소로 간단명료한 형태소로 표현
• 절차(Procedures) : 순차적인 진행 과정에 대해 설명하는 데이터로서 수행의 순차적인 행위를 인지할 수 있는 연속적 형태로 표현
• 원리(Principles) : 특정 구조의 작동 원리 및 진행 과정을 간단명료한 형태로 표현
• 이야기(Stories) : 이야기의 전개 상황을 시각화할 수 있도록 전환 지점에서 간명한 형태소를 배치한 구조로 표현

02 정보그래픽 시안 개발

◉ 정보의 시각화 아이데이션 단계

① 정보데이터의 구조 구상
② 유기적 정보 축 설정
③ 정보 형태소를 계열화하기 위한 배치

◉ 정보 비주얼 모티브 제작 단계

① 시각화 방식, 매체의 특성을 고려한 비주얼 모티브 제작
② 아이콘 및 그래픽 모티브 제작

◉ 비주얼 모티브 연출 정교화 단계

① 다이어그램 구조 정교화
② 다이어그램의 정보컬러 체계 적용

◉ 다이어그램 시안 제작 단계

① 다이어그램의 구조와 컬러 등을 베리에이션 하여 최적의 다이어그램 시안을 제작함
② 정보체계를 명확히 파악할 수 있는지 검토함

◉ 정보 구조화

• 정보를 엮어 새로운 의미를 부여하기 전에, 즉 스토리텔링을 하기 전에 기획자 혹은 디자이너가 할 일은 정보를 구조화하는 것이다.
• 정보를 한눈에 파악할 수 있도록 구조화하면, 정보는 더 간결해지면서 강력해진다.
• 같은 정보라도 어떻게 해석하고 편집하느냐에 따라 전혀 다른 메시지를 전달할 수 있다.

단답형 문제

01 다양한 분야에서 축적되는 가공되지 않은 데이터를 통계와 알고리즘을 통해 시각화하는 것은?

객관식 문제

02 데이터 시각화를 하는 이유로 가장 적합한 것은?
① 정보를 쉽고 명확하게 이해할 수 있도록 시각화하기 위해서
② 글로 표현하기 어려워서
③ 데이터 정보가 적고 미흡해서
④ 심미적 요소를 강화하기 위해서

03 시각화를 위한 데이터 유형으로 적합하지 않은 것은?
① 개념(Concepts)
② 절차(Procedures)
③ 허구(Fiction)
④ 이야기(Stories)

정답 01 데이터 시각화 02 ① 03 ③

인포그래픽

01 인포그래픽 특성

◉ 흥미유발

• 다양한 정보를 해당 정보에 맞는 그래픽으로 구성한 인포그래픽은 빼곡하게 차 있는 글 속에서 사람들의 눈길을 잡기에 충분하다.

• 인포그래픽은 사람들의 호기심을 자극하면서 행동을 하게 만드는 힘을 가진 것이다.

◉ 정보 습득 시간 절감

• 산발적인 정보들을 효율적으로 배열하여 효과적으로 전달한다.

• 정보를 읽게 하는 것이 아니라 직관적으로 느끼게 하는 것에 가까우므로 더 빠르게 전달 할 수 있다.

◉ 빠른 확산

• 사람들의 관심사를 잘 파악한 인포그래픽, 시사성을 갖는 인포그래픽은 정보 제공자가 특별한 노력을 하지 않아도 사람들이 SNS 등을 이용해 스스로 정보를 유포한다.

• SNS 특성상 인포그래픽은 매우 빠른 속도로 광범위하게 확산되고 파괴력있는 효과를 가진다.

◉ 기억 지속 시간 연장

정보가 이미지와 결합할 경우 더 오래 남는다.

02 인포그래픽 유형

◉ 나열형 인포그래픽

• 작성된 목록들을 활용하여 메시지를 전달하는 정보형 그래픽이다.

• 풍부한 데이터가 포함된 텍스트를 이용하여 독자들에게 정보를 전달할 수 있다.

◉ 통계 기반 인포그래픽

• 가장 일반적인 인포그래픽 유형이다.

• 파이 차트, 막대 그래프 및 기타 데이터의 시각적 표현을 포함하는 인포그래픽이다.

◉ 사용법 (How-to) 인포그래픽

문제를 해결하는 방법, 과제를 수행하는 방법들에 대해 안내할 때 활용된다.

긴 문장들을 장황하게 제시하며 단계별 진행방법을 설명하는 방식의 대안으로 활용된다.

◉ 타임라인 기반 인포그래픽

• 시간 순서대로 정보를 보여주는 형태로, 기업이나 제품의 역사, 프로젝트 일정 등 시간성을 가진 정보를 표현하기에 적합하다.

• 시간흐름에 따라 선 형태로 표현하는 경우가 많으며, 문자, 선, 숫자, 레이블 등을 디자인 요소로 활용한다.

◉ 비교 인포그래픽

• 제품이나 서비스가 경쟁업체보다 얼마나 유리한지를 보여주기 위해 자주 사용된다.

• 차트 또는 표를 아이콘, 일러스트레이션과 함께 사용하여, 독자가 유사점과 차이점을 시각화하여 이해를 높인다.

◉ 프로세스 기반 인포그래픽

• 한 장 안에서 일의 과정을 이해하기 쉽게 나타낸 것으로, 복잡한 업무 처리 과정이나 무엇인가를 만드는 과정을 보여줄 때 효과적으로 사용할 수 있다.

• 생각 또는 일의 과정을 표현하거나, 새로운 서비스 사용법을 쉽게 보여주기 위해 사용하기도 한다.

◉ 위치, 지리 기반 인포그래픽

- 위치, 지리 기반 인포그래픽은 정보를 지도 위에 나타내는 것이 일반적이다. 국가별 혹은 지역별로 비교할 때나, 건물 층별 안내도를 보여 줄 때, 학문 영역 범위를 나타낼 때 등 다양한 경우에 사용한다.
- 선거 때 지역별 지지율을 나타내거나 인구 분포 등을 나타낼 경우에도 유용하다.

03 인포그래픽 제작

◉ 디자인 기획

- 인포그래픽을 만들 때, 디자인 능력보다도 더 중요한 것은 데이터를 해석하고 기획하는 능력이다.
- '디자인 기획'은 디자인을 하기 위한 계획을 세우는 일이고, '인포그래픽 기획'은 인포그래픽을 만들기 위해 계획을 세우는 일이다.
- 인포그래픽을 만들 때 디자인 기술보다 더 중요한 것은 데이터를 해석, 기획하는 일이다.
- 전달하고자하는 핵심메시지 분석, 목표를 명확하게 설정한다.

◉ 인포그래픽 제작 주요사항

- 명확하고 간결한 텍스트: 텍스트는 읽기 쉽고 이해하기 쉬워야 하며, 제한적으로 사용해야 한다.
- 시각 자료의 효과적인 사용: 시각 자료는 주제와 관련이 있어야 하며 정보를 전달하는 데 도움이 되어야 한다.
- 일관적인 디자인: 인포그래픽의 색상 구성표, 레이아웃 및 글꼴 스타일은 일관적이어야 한다.
- 강력한 계층 구조: 가장 중요한 정보가 가장 눈에 띄게 제공되어야 한다.
- 행동 촉구: 인포그래픽에는 시청자에게 다음에 무엇을 하기를 원하는지 알려주는 명확한 행동 촉구가 있어야 한다.

객관식 문제

01 인포그래픽 특성이 <u>아닌</u> 것은?
① 흥미유발
② 기억 지속 시간 연장
③ 정보 습득 시간 절감
④ 플렉서블 데이터 적용

02 다음 선거 인포그래픽 유형은?

① 타임라인 기반 인포그래픽
② 프로세스 기반 인포그래픽
③ 위치, 지리 기반 인포그래픽
④ 비교 형식 인포그래픽

03 인포그래픽 제작에서 고려할 사항이 <u>아닌</u> 것은?
① 다양한 텍스트 선정과 칼라베리에이션
② 일관적인 디자인
③ 강력한 계층구조
④ 행동 촉구

정보그래픽 스토리 구조

01 스토리 구조

정보그래픽은 데이터 간 연결, 정보요소의 유형화, 체계화, 비교 등 다양한 구조를 시각화 하는 작업으로 정보구조는 스토리 구조로 변환하여 적용할 수 있다.

◉ 선형적 스토리 구조

- 시각정보 요소가 순차적으로 선형 배치된 구조이다.
- 아이콘의 단순한 연결 구조를 이루어 사용자가 쉽게 정보의 단계 및 순차적인 실행 방법을 파악할 수 있다.

◉ 위계적 스토리 구조

- 시각정보 요소가 계열화 하여 위계적인 트리 구조를 이룬다.
- 정보그래픽에서 위계적 스토리는 상위 정보와 하위 정보가 다양한 구조를 이루어 사용자가 일목요연하게 전체정보 위계 및 구조를 파악할 수 있다.

◉ 유기적 스토리 구조

- 시각정보가 일정한 구조를 이루지 않고 인과관계에 의하여 불규칙하게 연결된 구조이다.
- 고정적인 구조의 예측 보다는 상호 연결되어 사용자가 역동적인 정보요소의 관계를 파악할 수 있다.

02 이미지와 스토리

이미지를 통해 우선적으로 전달하고자 하는 메시지를 표현하며 시각적 즐거움과 감성적 경험을 할 수 있다.

◉ 즉시적(Iconic) 이미지

- 표현된 이미지와 담고 있는 의미가 동일한 상태를 말한다.

- 의미와 대상체가 언어적인 동일성을 약속하고 있음을 전제로 하기 때문에 광고와 패키지 디자인에서 제품에 신뢰감과 명확한 정보 전달을 위하여 대표적으로 사용한다.

◉ 상징적(Symbolic) 이미지

- 상징적 이미지는 표현되는 이미지와 의미가 별개이며 사회적으로나 관습적으로 이미 약속된 관계, 혹은 특정 문화에서 학습된 관계를 전제로 한다.
- 포스터나 책표지 디자인과 같이 의미를 유추하기 위한 상징 이미지로 활용된다.

◉ 지시적(Index) 이미지

- 표현되는 이미지가 특정 의미를 지시하는 신호의 역할을 하여 의미와 지시대상으로서의 이미지 관계를 형성한다.
- 광고 및 포스터 이미지에서 주로 활용된다.

03 스토리 중심의 이미지 적용

◉ 시점 중심의 이미지 전개

① 원근 시점
- 원근법으로 구현되는 시점에서는 대상체 정면, 반측면이 연출되어 대상체의 두께, 거리감을 경험할 수 있다.
- 원근 시점의 이미지는 대부분 카메라 시점인 촬영컷을 활용하고 있지만 공간감을 나타내는 일러스트레이션이나 투시도법을 이용한 3D시뮬레이션 모델링을 활용하기도 한다.
- 원근 시점의 이미지는 공간감을 통한 심도를 형성하기 때문에 이미지 대상을 실제 공간으로 인지하여 몰입감을 높일 수 있다.
- 시각적 위계를 원근 시점의 그래픽 이미지 표현이 가능하다.

② 평면적 시점

- 이미지 대상의 정면만을 나타내며 두께와 거리감을 느낄 수 없는 평면적인 시점의 이미지를 표현한다.
- 대상체에 담긴 내용을 세밀히 설명하거나 카메라의 시점이 개입되지 않는 사물의 존재감을 부각시키기 위해 활용된다.
- 대상의 내용과 표현 방식에 집중할 수 있으므로 보는 사람에게 이미지 정보에 대한 신뢰감을 제공한다.
- 사실적 표현의 정보 그래픽, 설명적 도해, 상황 설명이 필요한 일러스트레이션과 같은 이미지 제작에 적합하다.

◉ 이미지의 내용와 표현의 층위

- '내용'은 시각화된 이미지에 내재된 개념, 이야기, 주장, 설득 메시지로서 보이지 않은 층위를 형성한다.
- '표현'은 이미지를 보는 시점에 따른 형상, 연출된 분위기와 스타일, 질감, 색조 등 보이는 대상으로서 분위기를 형성한다.

① 내용과 표현이 유사한 이미지

- 광고나 패키지 매체에서 제품과 서비스의 정보를 명확히 전달하기 위해서는 이미지의 내용과 표현이 유사하게 연출되는 경우가 대부분이다.
- 이미지와 스토리의 직접적 연관성을 위해서는 도상적 이미지(Iconic Image)로서 내용과 특성을 사실적으로 표현한다.

② 내용과 표현이 상이한 이미지

- 광고, 책 표지 이미지, 포스터 이미지에서는 특정 이미지가 다른 의미나 대상의 상징물이 되거나 다른 대상을 지시하는 전달 내용과 대상의 표현 방식이 상이한 경우가 많다.
- 소비자 및 사용자는 내용과 표현 사이에서 의미를 해석하기 위한 인지적인 노력을 기울이기 때문에 이미지에 대한 창의적 해석이 가능하다.

아이덴티티 디자인

▶합격강의

01 아이덴티티 디자인

◉ 아이덴티티 디자인 개요

- 기업이나 단체 조직 등의 고유한 '이미지'를 형성하는 영역
- 다국적 기업 IBM(International Business Machines Corporation)이 1956년 CI적 발상을 도입

◉ 아이덴티티 디자인의 분류

① C.I.(Coporate Identity)
- 기업 이미지를 통합하는 작업
- 내부적으로는 기업이 추구하는 가치를 공유하여 유대감을 강화하고, 외부적으로 이를 표현하는 것을 목적으로 한다.
- 주로 시각 이미지로 표현할 수 있는 기업 로고나 상징 (Symbol) 마크를 통해 나타난다.
- CI 구성요소
  - MI(mind Identity, 의식통일화): 기업 철학, 기업이념
  - BI(behavioral Identity, 행동통일화): 주체성 확립과 목표달성을 위한 기업의 행동, 사회적 행위
  - VI(visual Identity, 시각통일화): 기업의 시각디자인 요소

② B.I.(brand Identity)
- 제품의 특성을 시각적으로 디자인하여 내외 경쟁력 강화 및 차별화를 꾀하는 브랜드 이미지 통일화 작업이다.
- 다른 상품이나 서비스와 차별화, 브랜드의 개성을 드러내고 신뢰성을 주기 위한 디자인
- 브랜드의 고유한 매력을 부여하면서 소비자에게 브랜드를 강하게 인식시킨다.

- 브랜드에 대한 선호도를 높일 수 있고, 마케팅 효과 극대화할 수 있다.

현대자동차의 CI/BI

02 CI(Corporate Identity)

◉ CI 디자인

- Corporate Image에서 출발한 CI는 기업 이미지 통일화 정책을 의미하며, 주로 시각적인 통일성과 주체성을 체계적으로 만드는 작업을 뜻한다.
- CI의 궁극적인 목표는 기업의 이미지 상승과 이윤추구에 있다.

기본 시스템	심벌 마크, 로고타입, 시그니처, 전용 색상, 전용 서체, 전용 문양, 캐릭터
응용 시스템	서식류(명함, 봉투 등), 사인물, 차량류, 포장류, 유니폼, 사기, 배너

◉ 심벌 디자인(Symbol Design)

- 시각 디자인 중에서 상징성이 가장 높은 분야로 특정한 목적을 가지는 표상을 디자인하는 것이다.
- 기업, 회사, 단체 등의 이념이나 방침을 시각적으로 상징화한 것을 뜻한다.

코퍼레이트 마크	기업이나 회사를 상징하는 심벌 마크
픽토그램	세계 공통으로 사용할 수 있는 그림 문자로서 표시의 기능
로고타입	기업, 회사의 명칭이나 이름을 상징성 있게 디자인한 것

시그니처	사인의 의미로 심벌 마크와 로고 타입의 여러 조합 형태
엠블럼	행사, 캠페인 등의 상징성 있는 휘장

◉ 심벌디자인 유형

① 로고타입, 워드마크

- **로고타입** : 텍스트로만 구성된 로고
- **워드마크** : 로고타입에 상징성을 높여서 이미지화시킨 것
- 브랜드가 한 번에 잘 읽힐 수 있도록 심플하고 간략하게 제작

② 심볼, 브랜드 마크

- 이미지로만 표현된 로고
- 텍스트가 없기 때문에 인지도 있는 기업들이 주로 사용하는 방법

③ 콤비네이션 마크

- 심볼과 워드마크의 조합
- 심볼과 워드마크를 따로 사용하거나 필요한 경우에 콤비네이션으로 사용하는 경우도 있음

④ 엠블럼 마크 : 텍스트와 심볼을 도형이나 원에 그려 넣어 하나의 문양처럼 보이는 로고

로고타입, 워드마크	olleh kt
심볼, 브랜드 마크	
콤비네이션 마크	NIKE
엠블럼 마크	

이론

5과목 시안 디자인 개발 응용

단답형 문제

01 기업, 회사, 단체 등의 이념이나 방침을 시각적으로 상징화한 것은?

객관식 문제

02 브랜드 아이덴티티(BI)에 대한 설명으로 맞지 <u>않는</u> 것을 고르시오.
① 다른 상품이나 서비스와 차별적인 특징
② 브랜드의 개성을 나타내고 신뢰성을 줄 수 있음
③ 마케팅 효과를 기대할 수 있음
④ 각 매체마다 표현되는 BI의 형식이 모두 동일해야 함

03 CI에 대한 설명으로 맞지 <u>않는</u> 것을 고르시오.
① 한 기업의 CI는 다양하게 존재할 수 있다.
② 기업이 추구하는 가치를 표현한다.
③ 기업의 로고나 상징으로 나타난다.
④ CI하에 다양한 BI가 존재할 수 있다.

04 로고타입에 상징성을 높여서 이미지화시킨 것을 브랜드 네임의 가독성, 시인성이 높은 심벌디자인 유형은?
① 엠블럼 마크
② 워드마크
③ 콤비네이션 마크
④ 플렉서블 마크

정답 01 심벌디자인 02 ④ 03 ① 04 ②

POINT 56 아이덴티티 시안디자인

01 아이덴티티 시안 제작

◉ 브랜드 아이덴티티 시안 제작 사전 단계

① 브랜드 포지셔닝 기획
• 클라이언트의 브랜드 요구사항 파악
• 시장과 소비 트렌드
• 사용자 조사
• 현재 포지셔닝을 파악

② 핵심 키워드 도출
• 기업의 미션과 비전, 지향점
• 브랜드 퍼스널리티를 도출
• 시각적 콘셉트 설정 및 반영

③ 아이디어 구상 및 스케치
• 브레인스토밍과 아이데이션에서 핵심 키워드 도출
• 썸네일스케치와 러프스케치
• 비주얼 모티브 개발요소

④ 심벌마크
• 경쟁 브랜드와 비교하여 시각적 포지셔닝설정
• 비주얼 모티브와 키워드의 융합체로서 디자인 콘셉트 도출

⑤ 로고타입
• 통합성, 어플리케이션 확장성을 고려한 크리에이티브 스타일 설정
• 다수의 시안 제작

◉ BI 시안의 다각화와 계열화

① BI 시안 제작의 다각화 필요
• 심벌과 로고타입을 제작하기 위하여 타 영역보다 많은 분량의 시안 디자인을 제시하여야 한다.
• 시안 제시의 효용성과 디자인 콘셉트를 충실히 반영한 시안을 제작한다.
• 비주얼 모티브와 핵심 키워드가 융합된 시안용 모티브 제작를 제작한다.

② BI 시안의 계열화 필요
• 단일 형태 심벌의 경우, 콘셉트 전개 방식이 한정적이기 때문에 시안의 체계적 계열화를 위한 형태 계열화 방안이 유용하다.

◉ BI 베이직 시스템의 구성

• 베이직 시스템은 브랜드 콘셉트를 시각적 상징으로 하는 원칙으로서 심벌마크와 로고타입으로 구성된 시그니처를 중심으로 한다.
• 브랜딩의 다양한 활용을 위한 어플리케이션 시스템에 일관성을 부여하여야 한다.
• 활용 매체에 따라 최적화된 사용성을 구현하기 위해서는 베이직 시스템의 일관되고 체계화된 정립이 중요하다.

심벌마크	• 기본형(매체의 적용에 항상 기본이 되는 성격) • 응용형(매체의 조건에 용이하게 적용하는 플렉서블 아이덴티티) • 장식형(엠블럼 등)
로고타입	• 국·영문 조건(공식적 명칭, 활용형로고타입, 축약형 로고타입) • 기타 외국어 로고타입
시그니처	• 상하 조합(국·영문) • 좌우 조합(국·영문) • 기타 조합(국·영문 혼용 등)
지정컬러	• 전용색상 팔레트 및 색 정보(CMYK, 먼셀코드 등) • 컬러 사용 규정 • 활용 규정 • 사용 금지 규정 등
지정서체	• 일반적 매체 적용에 필요한 국문 폰트 • 일반적 매체 적용에 필요한 영문 폰트
그래픽 모티브	• 심벌 이미지를 확장시키는 그래픽 패턴 • 어플리케이션에 활용할 수 있는 별도의 그래픽 패턴
캐릭터	• 별도의 상징적인 기능으로 사용하는 마스코트 • 다양한 동작의 이미지 표현이 가능한 단일 캐릭터

02 브랜드 심벌(Symbol) 개발

◉ 심벌의 개요

- 마크나 상표를 의미하는 상징물로서 강력한 브랜드 아이덴티티를 시각적으로 구현하는 핵심 요소이다.
- 브랜드를 상징하는 형태 이미지로서 브랜드 의미와 철학, 비전, 차별화된 특성을 담는다.

◉ 심벌의 스타일 트렌드

기업과 단체의 특성뿐만 아니라 형태와 색채 등 스타일 트렌드를 반영한다.

- 연결/오버랩 유형 심벌 스타일
- 심플/미니멀 유형 심벌 스타일
- 유기적/다이내믹 유형 심벌 스타일

01 심벌과 기호를 통하여 정보를 전달하는 커뮤니케이션의 역할을 하는 디자인 분야는?
① 환경 디자인
② 제품 디자인
③ 시각 디자인
④ 패션 디자인

02 심벌(Symbol)이 가져야 하는 특성 중 가장 거리가 먼 것은?
① 확대, 축소하여도 느낌이 변하지 않아야 한다.
② 도형과 바탕의 관계에서 균형이 유지되어야 한다.
③ 문자와의 관계를 생각하여 각종 서체와 적응될 수 있는 것이어야 한다.
④ 상징성 보다는 특수한 분위기를 연출할 수 있어야 한다.

03 심벌마크를 디자인할 때 가장 유의해야 할 사항은?
① 이미지의 표현
② 상징성의 강조
③ 단순화 형태
④ 전체의 조화

04 CI(Corporate Identity)는 기업 이미지 통일화를 의미하는 계획적 경영 전략이다. 다음 중 CI의 기본 디자인 요소인 베이직 시스템(Basic System)과 관계가 먼 것은?
① 매체 광고
② 마크, 로고타입
③ 기업 색상
④ 전용 서체

정답 01 ③ 02 ④ 03 ② 04 ①

아이덴티티 베리에이션

01 심벌 형태 베리에이션 제작 도구

◉ 형태 제너레이터의 유용성

- 최적화된 심벌을 개발하기 위해서는 다수의 심벌 시안 개발을 통한 클라이언트와 커뮤니케이션이 필요하다.
- 콘셉트 키워드에 근거한 심벌 형태를 개발하기 위해서는 형태 베리에이션을 위한 도구를 활용하는 것이 유용하다.
- 형태 베리에이션 도구는 핵심 키워드에 해당하는 기본 형태를 대입하여 두 가지 형태소가 다양하게 융합되는 양상을 형태와 시키는 위계도이다.

◉ 형태 제너레이터의 생성 구조

- 형태 제너레이터를 활용하기 위해서 두 개의 핵심 키워드를 교차 축으로 배치한다.

① 핵심 키워드의 병렬을 통한 수평 축 배치

- 핵심 키워드 중 두 개의 서로 다른 키워드를 선정하여 이를 표현하는 기본 형태를 만들고 수평 축으로 배치한다.

② 키워드를 시각화하기 위한 기본 형태 대입 및 융합 형태 생성

- 'Simplicity'와 'Flexibility'키워드를 시각화할 수 있도록 간결한 비주얼 모티브를 제시하여 이 두 개념의 융합 방식을 통하여 다양한 형태로 전개한다.
  - Diffusion, Hub 스타일 : 첨단 산업 중심의 기술의 확산 및 집합의 개념을 메타포화 한 스타일로서 미래지향적인 브랜드 아이덴티티로 구체화한다.
  - Incubate, Repetition, Reflect, Shear 스타일 : 간결한 조형 요소가 중첩되거나 반복, 반사, 변형되는 다양한 방안을 제공할 수 있는 형태 속성으로서 브랜드 아이덴티티에 적용하여 다양하게 구체화한다.
  - Fusion 스타일 : 비정형적인 비주얼 모티브를 바탕으로 하여 서로 중첩하거나 확산, 융합되는 다양한 브랜드 아이덴티티의 베리에이션으로 구체화한다.

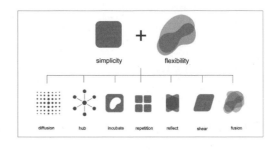

02 브랜드 로고타입(Logotype) 개발

◉ 로고타입의 개요

- 기업과 단체, 제품 브랜드의 명칭(Naming)에 시각적 아이덴티티를 적용하고 단순화한 워드마크(Word Mark)이로서 의미를 시각적으로 연상을 할 수 있다.
- 브랜드 심벌과 함께 구성되어 대상을 가장 상징적이고 직관적으로 이미지화 한 아이덴티티와 정보 전달의 집약체이다.
- 로고타입은 문자, 워드마크를 포함하며, 소비자나 사용자에게 노출되는 다양한 브랜드 어플리케이션을 통해 브랜드 인지도나 브랜드 선호도를 높인다.

◉ 로고타입 개발 역량

- 브랜드네임을 새로운 서체로 개발하거나 기존 서체를 참고로 브랜드 퍼스널리티와 시각적 콘셉트에 맞게 개발하기 위하여 가독성, 주목성을 높이는 서체 디자인 역량이다.
- 콘셉트를 구체화 하기위하여 심벌과 조화를 이운 시각적 아이데티티를 적용하며 심미적 형태감을 조성하는 역량이다.
- 콘셉트를 구체화 하기위하여 심벌과 조화를 이운 시각적 아이데티티를 적용하며 심미적 형태감을 조성하는 역량이다.

◉ 로고타입의 활용 요건

- 고유의 아이덴티티를 바탕으로 경쟁 브랜드들과 차별화 되어야 한다.
- 브랜드 네임과 연계성을 갖고 높은 가독성과 식별성을 전달하여 신뢰감을 형성해야 한다.

① 사용자 측면의 요건

- 선호도와 호감도를 통하여 브랜드에 대한 긍정적적인 이미지를 형성하고 친근하게 인지되며 여타 브랜드 로고타입과 차별화된 형태적 특성을 가지고 있어야 한다.
- 로고타입은 심벌과 함께 시그니처 형태로 어플리케이션을 통해 사용자에게 노출되기 때문에 시그니처의 적용 일관성 또한 중요한 고려 요건이다.

② 기업 측면의 요건

- 기업과 브랜드 가치체계의 집약체로서 내재된 의미가 명확하게 전달 될 수 있는 의미 적합성을 가지고 있어야 한다.
- 다양한 어플리케이션에 일관된 이미지로 활용하기 위하여 지속적 관리가 가능한 형태로 개발한다.

01 기업과 단체, 제품 브랜드의 명칭을 단순한 구조의 시각적 아이덴티티 요소로 만든 것은?

02 아이덴티티 베리에이션 작업에 유용한 제너레이터로 거리가 먼 것은?
- ① 서로 중첩시킨다.
- ② 모티브 요소를 반복시킨다.
- ③ 반사시켜 대칭구조를 만든다.
- ④ 시각적 질감을 부여하여 장식성을 키운다.

03 로고타입의 활용요건을 적절하게 설명한 것은?
- ① 고유의 아이덴티티 보다는 시대적 트렌드를 반영한 로고타입으로 자주 변경하여야 한다.
- ② 가독성보다는 심미성과 독창성을 강화하어 제작해야 한다.
- ③ 경쟁브랜드와 차별화된 형태로 소비자에게 각인시켜야 한다.
- ④ 어플리케이션은 다양한 이미지로 제작하여 개별요소들의 개성을 강화시켜야 한다.

이론

5과목 시안 디자인 개발 응용

정답 01 로고타입 02 ④ 03 ③

BI 모티브 확장

01 비주얼 모티브의 개발 및 응용

◉ 브랜드 심벌을 위한 비주얼 모티브의 활용

- 시안 제작 단계에서 그래픽 모티브를 중심으로 유사한 형태의 심벌 베리에이션을 다양하게 진행해야 한다.
- 시안 제작의 시각적 구현 방안을 제시하여 보다 심화된 시안 디자인 개발을 필요로 한다.

◉ 비주얼 모티브 개발 단계

① 기업조사, 시장조사, 사용자조사
② 키워드 그룹
③ 핵심 키워드
④ 비주얼 모티브

◉ 비주얼 모티브를 바탕으로 한 그래픽 모티브 시안 개발

- 브랜드 심벌 시안을 효율적으로 개발하기 위한 도구로서 형태 제너레이터을 통해서 비주얼 모티브를 추출한다.
- 베이직 시스템에서는 전용 색상, 전용 서체와 함께 그래픽 모티브를 개발한다.
- 그래픽 모티브는 비주얼 모티브를 참조하되 결과물로서 어플리케이션에 적용되는 요소로서 비주얼 모티브와 구분된다.

◉ 비주얼 모티브를 활용한 그래픽 모티브의 개발 단계

- **1단계** : 디자인 콘셉트 추출을 통한 핵심 키워드의 시각화 방안을 아이데이션한다.
- **2단계** : 전개한 아이디어 스케치 중 브랜드 아이덴티티로서 통합성과 플렉서블 형태로 전개할 수 있는 조형적 특성을 지닌 스케치를 선정하여 정교화한다.
- **3단계** : 그래픽 모티브 형태 이미지를 시안디자인으로 개발한다.

02 플렉서블 아이덴티티 개발 및 적용

◉ 플렉서블 아이덴티티의 등장

- 플렉서블 아이덴티티는 가변성을 가지고 변화하는 아이덴티티를 말한다.
- 브랜드 수용자들의 다양한 커뮤니케이션 욕구와 기업 간의 다이내믹한 커뮤니케이션의 필요성은 브랜드 아이덴티의 'Flexibility'을 구현하는 계기가 되고 있다.
- 통일성과 유연성의 범위 내에서 변화 되는 아이덴티티 시스템이다.
- 사용자와의 상호작용과 같은 경험적 요소 또한 포함한다.

◉ 플렉서블 아이덴티티의 가변적 특성

- 구성요소들이 상호연관을 가지고 아이덴티티 통일성을 유지하는 범위에서 여러 형태로 동시에 또는 순차적으로 변형되거나 다른 이미지를 등장시키는 방법을 활용한다.
- 스토리를 설정하여 시·공간적 변화를 만들어 낼 수 있다.
- 가변적 요소로서 심벌마크의 형태 요소를 활용하여 다양한 이미지로 전개 될 수 있다.
- 심벌마크는 독립적으로 사용하거나 로고타입이나 그래픽 모티브와 조합을 통해 다양하게 활용된다.

03 플렉서블 아이덴티티의 표현 유형

◉ 내적 유연성의 표현

• 심벌의 외형을 통일 요소로 고정하고 내부 색상이나 패턴 및 이미지 등 표현 요소를 변화시켜 동적인 아이덴티티를 형성한다.
• 고정된 외형으로 인하여 아이덴티티의 통일성이 유지된다.

◉ 외적 유연성의 표현

• 심벌을 단일 형태로 규정짓지 않으며 상황에 따라 기본형에 보조 표현요소가 첨가되거나 전체 구조만 유지한 상태에서 다양하게 변화하는 방안이다.
• 플렉서블 아이덴티티는 어플리케이션이나 브랜드 매체와 공간이 확장됨에 따라 보다 자유로운 아이덴티티 표현 범위를 제공하고 있다.
• 아이덴티티로서 원형을 지향하는 경향이 있으며 시각적 일관성을 동시에 제공해야 한다.
• 내적 유연성의 표현보다 배치에 의한 변화의 폭을 더 넓힐 수 있기 때문에 다이내믹의 정도가 더욱 크게 나타나는 특성이 있다.

◉ 동적 유연성의 표현

• 연속성이나 운동성을 가지고 모듈의 조합의 '동적 유연성'으로서 색채, 형태, 질감, 리듬, 방향 등을 포함해 빛, 운동, 공간 등을 변형시켜 적용한다.
• 심벌의 이미지가 시간 경과에 따라 연속적 또는 순차적으로 변화 하거나 공간 안에서 위치와 형태를 변형할 수 있다.
• 브랜드 어플리케이션이 영상 매체일 때 적용 효용성이 더욱 높아진다.
• 내적 형태 변화와 외적 형태 변화의 양상을 모두 포함한다.

단답형 문제

01 가변성을 가지고 변화있는 아이덴티티를 구현하는 것을 무엇이라고 하는가?

객관식 문제

02 플렉서블 아이덴티티가 활성화된 이유로 가장 적합한 것은?
① 변화하는 미디어 환경과 다양하고 다이나믹한 커뮤니케이션이 필요해서
② 단순한 아이덴티티에 식상함을 느껴서
③ 기업내부의 문제를 화려한 외부로 소비자 인식변화를 주려고
④ 기업의 오랜 전통성을 각인시키려고

03 플렉서블 아이덴티티에서 발견할 수 있는 표현으로 보기 어려운 것은?
① 유연성
② 점이성
③ 운동성
④ 정체성

정답 01 플렉서블 아이덴티티 02 ① 03 ④

이론

5 과목 시안 디자인 개발 응용

POINT 58 BI 모티브 확장 1-127

색의 기본 원리

▶ 합격강의

01 색 개요

◉ 색

- 색이란 빛이 눈을 자극함으로써 생기는 지각 현상이다.
- 물체의 형상을 인식시키고, 지각시켜 주는 시각의 근본이다.
- 반사, 흡수, 투과, 분해, 굴절 등을 통해 눈의 망막을 자극함으로써 생기는 물리적 지각 현상이다.

◉ 색채

- 색채는 물리적, 화학적, 생리적, 심리적 현상에 의하여 성립되는 시감각의 일종으로, 지각되어진 모든 색과 지각을 배제한 순수 색감각이다.
- 색채는 의미성, 질감, 상징성, 대조와 대비, 착시현상, 거리감 등을 일으켜 디자인을 하는데 있어서 디자인 원리를 한층 더 느끼게 한다.

◉ 색지각의 3요소

- 인간이 색을 지각하는 것은 색지각의 3요소인 광원(빛), 물체(반사, 투과), 시각(눈)의 작용에 의한 것이다.
- 물체 표면에서 반사되는 빛이 눈의 망막을 자극하여 지각될 때 빛 에너지가 전기화학적 에너지로 바뀌어 대뇌로 전달되고 개인의 주관적인 색 경험을 바탕으로 신호와 정보를 해석한다.

◉ 가시광선과 스펙트럼

① 가시광선

- 우리가 지각할 수 있는 빛의 범위로, 380nm~780nm(나노미터)의 파장이다.
- 380nm 이하의 짧은 파장은 자외선, X선 등으로 주로 의료기기에 사용된다.
- 780nm 이상의 긴 파장은 적외선, 레이더, 라디오 및 TV용 전파 등에 사용된다.

② 스펙트럼(Spectrum)

- 백광을 프리즘을 통해 분광시키면 빨강, 주황, 노랑, 녹색, 파랑, 남색, 보라의 연속 띠가 생기게 되는데 이것을 스펙트럼이라고 한다.
- 1666년 아이작 뉴턴이 빛은 파장에 따라 굴절하는 각도가 다르다는 성질을 이용하여 분광기인 프리즘을 통하여 순수한 가시광선의 색을 얻는 데 성공하였다.

02 눈의 구조 및 기능

◉ 추상체

- 원추세포라고도 하며 밝은 곳(명소시)에서 대부분의 색과 명암을 모두 구별한다.
- 추상체에 이상이 생기면 색맹, 색약 등의 이상 현상이 생겨서 정상적인 색 구분이 어려워진다.
- 추상체는 해상도가 뛰어나고 색채 감각을 일으킨다.

◉ 간상체

- 막대세포라고도 하며 어두운 곳(암소시)에서 흑백의 명암만을 구별한다.
- 고감도의 흑백필름과 같다.
- 간상체는 빛에 민감하여 어두운 곳에서 주로 활동한다.

◉ 박명시

해질 무렵 명소시에서 암소시로 변화되는 시점에 추상체와 간상체가 동시에 작용되는 상태를 말한다.

◉ 명소시

색을 느끼는 추상체가 주로 작동하는 시각 상태를 말한다.

03 물체의 색

빛의 반사, 투과, 흡수, 굴절, 편광 등에 의해 나타나는 물체의 고유색을 물체색이라고 한다.

◉ 물체 색의 종류

- **표면색** : 불투명한 물체의 표면에서 느끼는 색으로 사물의 재질, 형태, 위치 등을 나타낸다.
- **평면색** : 주위의 지각 요소(질감, 환경)를 배제한 순수 색자극으로 부드럽고 미적인 상태를 나타낸다.
- **경영색** : 거울색이라고도 하며, 완전 반사에 가까워 거울에 비친 대상에 영향을 거의 주지 않으나, 고유한 거울면의 색이 있을 경우에는 거울면의 색이 지각되고 그 배후에 대상이 있다고 지각된다.
- **금속색** : 금속의 표면에 나타나는 색으로 금, 은색 등을 의미한다.
- **투명색** : 유리와 같이 투명한 물체를 투과해서 보이는 색을 말한다.
- **광원색** : 광원에서 느껴지는 색으로 일반적으로 주황색으로 느껴진다.
- **공간색** : 유리병 안의 액체와 같이 투명하거나 반투명한 물체에서 주로 볼 수 있는 것으로 삼차원적 공간의 부피감을 느낄 수 있는 것을 말한다.
- **간섭색** : 표면막의 빛 반사에 의해 일어나는 무지개 현상으로 반사되는 두 빛의 간섭 효과로 인해 채색된 줄무늬가 일어나는 색으로, 비누거품, 물 위의 기름, 전복 껍데기 등에서 느껴지는 색 등이 있다.

01 백광을 프리즘을 통해 분광시키면 빨강, 주황, 노랑, 녹색, 파랑, 남색, 보라의 연속 띠가 생기게 되는데 이것을 무엇이라고 하는가?

02 780nm에서 380nm의 파장 범위에 해당하는 것은?
① 자외선
② 가시광선
③ 적외선
④ 전파

03 불투명한 물체의 표면에서 느끼는 색으로 사물의 재질, 형태, 위치 등을 나타내는 것은?
① 투명색
② 공간색
③ 경영색
④ 표면색

04 다음 중 색지각의 3요소가 <u>아닌</u> 것은?
① 빛
② 파장
③ 물체
④ 시각

이론

6과목 조색

정답 01 스펙트럼 02 ② 03 ④ 04 ②

POINT 60 색의 삼속성

▶합격강의

01 색의 분류

◉ 유채색

- 유채색은 무채색 이외의 색으로 색상을 갖는 모든 색을 말한다.
- 색의 3속성인 색상, 명도, 채도를 가지고 있다.
- 일반적으로 말하는 색은 모두 유채색에 속하며, 인간의 정서적인 면에서 강하게 작용한다.
- 원색은 빨강, 녹색, 파랑과 같이 더 이상 쪼갤 수 없거나 다른 색의 혼합에 의해서 나올 수 없는 1차색을 의미한다.
- 순색은 색상 중에서 무채색이 섞이지 않은 순수한 색으로, 동일 색상 중에서 채도가 가장 높은 색을 말한다.

◉ 무채색

- 흰색, 검정, 회색과 같이 오직 명도만 존재하는 색을 말한다.
- 색을 밝고 어두운 명암 단계(그레이스케일)만으로 표현할 수 있다.

02 색채 삼속성

색은 색상, 명도, 채도의 세 가지 지각성질을 가지고 있으며, 이를 색의 3속성이라고 한다. 인간이 물체색을 느낄 때 명도, 색상, 채도의 순서로 지각하게 된다.

◉ 색상(Hue)

- 사물을 보았을 때에 색채를 구별하는 기준이 되는 속성이다.
- 색상은 Hue의 약호인 H로 표기한다.
- 빨강, 노랑, 파랑 등과 같이 다른 색과 구분되는 그 색 고유의 성질이다.

- 색상의 변화를 고리 모양으로 배열한 것을 '색상환'이라고 한다.
- 색상환에서 서로 가까이 있는 색을 유사색, 거리가 먼 색은 반대색(보색)이라고 한다.

◉ 명도(Value)

- 물체의 밝고 어두움을 나타낸 속성이다.
- 명도는 Value의 약호인 V로 표기한다.
- 명도의 단계를 그레이 스케일(Gray Scale)이라고 한다.
- 색의 삼속성 중 가장 민감하게 반응한다.
- 색채의 무게감과 가장 관계가 있다.
- 흰색부터 검정색까지의 밝고 어두움을 나타내는 명암단계이며 그레이스케일이라고도 한다.
- 명도는 가장 어두운 흑색 명도를 0, 백색을 10으로 총 11단계로 나눈다.
- 밝기 정도에 따라 고명도, 중명도, 저명도로 구분한다.

그레이 스케일(Gray Scale)

● 채도(Chroma)

- 색의 선명도를 의미하며 색의 맑기, 탁함, 흐림 등을 채도라고 한다.
- 채도는 Chroma의 약호인 C로 표기한다.
- 동일 색상 중에서 가장 채도가 높은 색을 순색이라고 한다.
- 순색에 무채색이나 다른 색을 혼합할수록 채도는 낮아진다.
- 채도는 3 속성 중 가장 둔하게 작용한다.
- 채도는 색상마다 차이가 있는데 채도가 가장 높은 14단계의 색은 빨강과 노랑이다.

순색	동일 색상 계열 중에서 가장 채도가 높은 색
청색	• 순색에 흰색 혹은 검정을 혼합한 색 • **명청색** : 순색 + 흰색 = 명청색 • **암청색** : 순색 + 검정 = 암청색
탁색	순색에 회색을 혼합한 색으로 채도가 매우 낮음 • 순색 + 회색 / 명청색 + 검정 / 암청색 + 흰색 = 탁색

01 색상환에서 서로 마주보고 있는 위치의 색을 무엇이라고 하는가?

객관식 문제

02 색의 3속성에 대한 설명 중 틀린 것은?
① 색상, 명도, 채도를 말한다.
② 색상을 둥글게 배열한 것을 색상환이라고 한다.
③ 순색에 무채색을 섞으면 채도가 낮아진다.
④ 먼셀 표색계의 채도는 0~10단계이다.

03 유채색이 가지고 있는 성질은?
① 색상만 가지고 있다.
② 채도와 명도만 가지고 있다.
③ 채도와 투명도만 가지고 있다.
④ 색상, 명도, 채도를 가지고 있다.

04 동일 색상 중에서 가장 채도가 높은 색을 무엇이라고 하는가?
① 순색
② 청색
③ 탁색
④ 강채색

정답 01 보색 **02** ④ **03** ④ **04** ①

01 색 혼합의 원리

색의 혼합은 크게 가산혼합, 감산혼합, 중간혼합으로
나뉜다.

◉ 가법혼색(색광혼합)

- 빛의 색이 더해질수록 점점 밝아지는 원리이다.
- 가법혼색의 삼원색은 Red, Green, Blue이다.
- TV모니터, 액정모니터, 무대조명 등과 같이 빛으로
색을 표현할 때 응용된다.
- 빛의 삼원색을 혼색하면 백색광이 된다.
- 빨강(Red)+초록(Green) = 노랑(Yellow)
- 초록(Green)+파랑(Blue) = 사이안(Cyan)
- 빨강(Red)+파랑(Blue) = 마젠타(Magenta)
- 빨강(Red)+초록(Green)+파랑(Blue) = 하양
(White)(백색광)

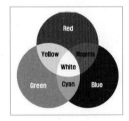

가법혼색

◉ 감법혼색(색료혼합)

- 색료의 색이 더해질수록 점점 어두워지는 원리이다.
- 감법혼색의 삼원색은 Cyan, Magenta, Yellow이
다.
- 색료의 삼원색을 혼색하면 검정이 된다.
- 감산혼합은 그림물감, 염료, 인쇄 잉크 등의 혼합에
서 나타나는 현상이다.
- 컬러 사진 및 각종 출판, 인쇄물 등에서 찾아볼 수
있다.

- 마젠타(Magenta)+노랑(Yellow) = 빨강(Red)
- 마젠타(Magenta)+사이안(Cyan) = 파랑(Blue)
- 노랑(Yellow)+파랑(Blue) = 초록(Green)
- 마젠타(Magenta)+노랑(Yellow)+사이안(Cyan)
= 검정(Black)

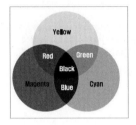

감법혼색

◉ 중간혼합

- 실제로 색이 혼합되는 것이 아니라 시각적으로 혼합
되어 보이는 착시현상이다.
- 혼합된 색의 색상은 두 색의 중간이 된다.
- 혼합된 색의 채도는 혼합 전 색의 채도보다 약해진
다.
- 보색관계의 혼합은 중간명도의 회색이 된다.

① 회전혼합

- 두 가지 색을 원판 위에 붙인 후 빠르게 회전하면 두
색이 혼합되어 보이는 현상이다.
- 영국의 물리학자인 맥스웰에 의해 발견된 것으로 '맥
스웰의 회전판'이라고도 한다.
- 명도와 채도가 중간 정도의 색으로 보이게 된다.
- 두 색 중에서 명도와 채도가 높은 색 쪽으로 보인다.
- 색료가 혼합된 것이 아니므로 계시가법혼색에 속한
다.
- 색팽이, 바람개비 등에서 회전혼합을 찾아볼 수 있
다.

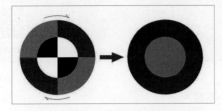

중간혼합

② 병치혼합

- 직접적인 색료혼합이 아닌 밀접된 여러 옆의 색들에 의해 영향을 받아 혼합되어 보인다.
- 직물의 짜임, 점묘화 등 색을 병치시켰을 때 혼합된 것처럼 보이는 시각적인 현상이다.
- 병치혼합의 원리를 이용한 효과를 '베졸드 효과(Bezold Effect)'라고 한다.
- 신인상파(쇠라, 시냐크 등)의 점묘화, 모자이크, 직물, 인쇄, TV영상, 옵아트 등이 있다.

병치혼합

기적의 TIP

베졸드 효과(Bezold Effect)

대비에 의해 색의 변화를 일으키는 현상으로 직물에서 하나의 색을 변화시키면 직물 전체의 색조를 변화시킬 수 있다는 현상이다.

단답형 문제

01 빛의 색이 더해질수록 점점 밝아지는 원리의 가법혼색의 3원색은?

객관식 문제

02 다음 중 가법혼합의 예로 적절한 것은?
① 신인상파 화가의 점묘화
② 2가지 색 이상으로 짜인 직물
③ 컬러 TV의 영상화면
④ 잡지책의 표지 인쇄물

03 회전원판을 이용하여 실현할 수 있으며, 결과는 혼합색의 평균치가 되는 혼색방법은?
① 색광혼합
② 중간혼합
③ 병치가법혼합
④ 감법혼합

04 빨간색과 노란색을 감산혼합을 했을 때의 색은?
① 녹색
② 파랑
③ 주황
④ 보라

정답 **01** Red, Green, Blue **02** ④ **03** ② **04** ③

POINT 62 색체계

01 표색계

- 정량적이고 계통적으로 색을 표시하는 체계를 표색계라고 한다.
- 표색계는 심리적, 물리적인 색채를 정량적으로 표시하는 현색계와 빛의 혼합을 기초로 색을 표시하는 혼색계로 구분된다.

◉ 현색계(Color Appearance System)

- 물체색을 표시하는 표색계이다.
- 3속성과 색표에 의한 방법으로 색을 규정한다.
- 대표적인 현색계로는 먼셀 표색계, NCS, PCCS, DIN 등이 있다.
- 우리나라의 공업 규격으로는 먼셀 표색계를 채택하여 사용하고 있다.
- 장점
  - 시각적, 감각적 느낌을 나타내기 적절하다.
  - 색표, 개수 임의조절 가능하다.
- 단점
  - 광원의 영향을 받는다.
  - 변색과 오염의 정도 파악 어렵다.
  - 빛의 색을 표시하기 어렵다.

◉ 혼색계(Color Mixing System)

- 색광을 측정하는 표색계이다.
- 심리적, 물리적인 빛의 혼합을 기초로 하여 색을 표시하는 체계이다.
- CIE(국제 조명 위원회) 표준 표색계는 혼색계의 대표적인 표색계이다.
- C.I.E 표색계
  - XYZ 표색계라고도 한다.
  - 스펙트럼에 나타나는 색들이 활모양의 곡선으로 표시된다.
  - 백색광은 색 삼각형의 중심에 놓이게 된다.

- 장점
  - 정확한 수치의 개념으로 표현이 가능하다.
  - 탈, 변색의 물리적 영향이 없다.
- 단점
  - 색의 감각적 느낌이 없다.
  - 측정기계가 있어야 한다.

02 먼셀의 색체계

1898년에 미국의 먼셀(Albert H. Munsell)이 창안한 표색계이다.

◉ 먼셀의 기본 원리

물체의 색지각을 색의 3속성에 따라 색상을 휴(Hue), 명도를 밸류(Value), 채도를 크로마(Chroma)라고 규정하여 3차원적인 색입체를 구성하고 있다.

① 색상(Hue)
- 빨강(R), 노랑(Y), 녹색(G), 파랑(B), 보라(P)의 주요 5색을 기준으로 한다.
- 5색 사이에 간색을 추가하여 기본 10색으로 나누고 있다.
- 색을 이어지도록 둥글게 구성한 것을 색상환이라고 한다.
- 색상환에서 서로 인접한 색을 유사색, 먼 거리에 있는 색을 반대색, 정반대에 색을 보색이라고 한다.
- 보색은 색상차가 가장 많이 나며, 두 색을 섞으면 무채색에 가까운 회색이 된다.

② 명도(Value)
- 맨 위에 흰색을 두고 맨 아래에 검정을 두어 0~10 단계까지 총 11단계로 구분하고 있다.
- 저명도, 중명도, 고명도로 규정하고 있으며 기호 'N'을 숫자 앞에 붙여 무채색을 표시한다.

③ 채도(Chroma)

- 무채색을 채도가 없는 '0'으로 보고, 채도가 가장 높은 색을 14로 규정하고 있다.
- 번호가 커지면 채도가 높아지지만, 색상에 따라 채도는 다르다.
- 채도가 가장 높은 14단계는 빨강과 노랑이다.

◉ **먼셀의 색입체**

- 색상, 명도, 채도를 조합하여 색의 체계를 입체로 표현한 것이다.
- 색입체를 세로축에 명도, 입체의 원을 따라 색상, 중심의 가로축을 채도로 구성한 것이다.

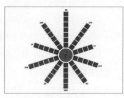

먼셀 색입체 수직단면 / 수평단면

03 오스트발트 표색계

- 1923년 독일의 오스트발트가 발표한 색량에 따라 규정한 표색계로, 먼셀 표색계와 함께 대표적인 표색계이다.
- 검정량을 B, 흰색량을 W, 완전한 컬러의 순색량을 C라고 규정하고 이 세 가지의 혼합 비율에 따른 색채를 규정하였다.
- **유채색** : W(흰색량) + B(검은색량) + C(순색량) = 100%
- 색상환은 헤링의 4원색설인 노랑, 빨강, 파랑, 청록을 기본으로 하여 24색상을 만든다.
- 색입체는 삼각형의 회전체인 원뿔을 위아래로 겹쳐 놓은 복원뿔의 형태를 띠고 있다.

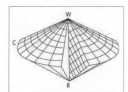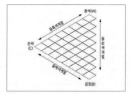

오스트발트 색입체 / 동일 색상면

01 색의 대비

색의 대비는 하나의 색이 그 주위에 있는 다른색 또는 인접색, 배경색의 영향으로 본래의 색과 다르게 지각되는 시각 현상이다.

◉ 동시대비

- 두 색을 동시에 볼 때 서로에 영향을 주어 색이 다르게 보이는 현상이다.
- 디자인 작업 시 색 선정에 효과적으로 응용한다.

① 색상 대비

- 하나의 색이 그 주위에 있는 색의 영향을 받아 실제의 색과는 다르게 지각되는 현상이다.
- 색이 가지고 있는 보색 잔상의 영향을 많이 받게 되면서 나타나는 현상이다. 색상이 다른 두 색이 서로 대비되어 색상차가 크게 보인다. 색상의 대비를 강하게 하면 주목성을 높일 수가 있다.
- 우리나라의 전통의상, 건축물의 단청, 오방색에서 쉽게 찾아볼 수 있다.
- 색상대비는 명도와 채도가 비슷할수록 차이가 크게 나타난다.
- **예** : 같은 연두색이라도 파란색 위에 놓인 연두색은 좀 더 노랗게 보이며, 노란색 위의 연두색은 좀 더 파랗게 보인다.

② 명도대비

- 동시대비 중에서 가장 인간의 눈에 예민하게 지각된다.
- 명도가 다른 두 색이 서로 대비가 되어 두 색 간의 명도차가 크게 보이는 현상이다.
- 명도대비가 강하면 명쾌하고 산뜻한 느낌을 준다.
- 명도가 높은 색끼리의 대비는 가볍고 부드러운 느낌을, 명도가 낮은 색끼리의 대비는 무겁고 차분한 느낌을 준다.
- 수묵화나 동판화에서는 명암 표현을 많이 하므로 명도대비 현상이 일어난다.
- 유채색의 경우 명도대비가 최소가 될 때 색상대비는 최대가 된다.

- **예** : 같은 회색을 흰색 바탕과 검은색 바탕에 놓았을 때 흰색 바탕의 회색은 더 어둡게, 검은색 바탕의 회색은 더 밝게 느껴진다.

③ 채도대비

- 채도가 서로 다른 두 색이 서로의 영향에 의해서 채도 차가 더욱 크게 일어나는 현상이다.
- 무채색 바탕의 유채색은 더욱 채도가 높아 보이고 원색 바탕의 유채색은 상대적으로 채도가 낮아 보인다.
- 하나의 색이 그보다 탁한 색 옆에 위치할 때 실제보다 더 선명하게 보인다.

④ 보색대비

- 보색 관계인 두 색이 서로의 영향으로 더욱 선명하게 보이는 현상이다.
- 서로의 보색 잔상이 일치하기 때문에 더욱 선명하게 보인다.
- 색의 대비 중에서 가장 강한 대비이다.
- 보색대비를 잘못 사용하면 색상이 너무 튀어서 촌스러운 배색이 되므로 주의해서 사용해야 한다.

◉ 계시대비

- 어떤 색을 본 후 시간 차를 두고 다른 색을 보았을 때 먼저 본 색의 영향으로 뒤에 본 색이 다르게 보이는 현상이다.
- 먼저 본 색의 보색 잔상에 의한 영향으로 뒤에 본 색이 다르게 보이는 현상이므로 잔상과 관계가 있다.
- **예** : 빨간색을 잠시 본 후 노란색을 보게 되면 노란색이 황록색으로 보인다.

◉ 연변대비

- 경계면, 즉 색과 색이 접해 있는 부분의 대비로 경계대비라고도 한다.
- 인접한 두 색은 그 경계 부분에서 색상, 명도, 채도대비가 강하게 일어나게 되고 경계가 몽롱하게 보이게 되는데, 이러한 현상을 헬레네이션 현상 혹은 눈부심(Glare)효과라고 한다.
- 연변대비의 현상을 막기 위해서 무채색의 테두리를 주어 분리시키는 것을 분리배색이라고 한다.

◉ 면적대비

- 색이 차지하고 있는 면적에 따라 색이 다르게 보이는 현상이다.
- 면적이 큰 색은 명도와 채도가 높아 보여 실제보다 좀 더 밝고, 맑게 보인다.
- 면적이 작은 색은 명도와 채도가 낮아져 실제보다 어둡고, 탁하게 보인다.
- 같은 색상이라도 큰 면적의 색이 작은 면적의 색보다 화려하고 박력 있어 보이는 현상을 매스효과(Mass Effect)라고 한다.

◉ 한난대비

- 차가운 색과 따뜻한 색이 대비되었을 경우 서로에게 영향을 주어 더욱 따뜻하거나 차갑게 느껴지는 현상이다.
- 중성색인 경우에는 한색과 대비되었을 때 차갑게 느껴지며, 난색과 대비되었을 때 따뜻하게 느껴진다.
- 무채색 중에서는 흰색이 차갑게 느껴지고 검정이 따뜻하게 느껴진다.

01 색의 대비 중에서 가장 강한 대비이며, 서로의 보색 잔상이 일치하기 때문에 더욱 선명하게 보이는 대비방법은?

02 다음 색의 대비 중 동시대비와 거리가 먼 것은?
① 색상대비
② 연변대비
③ 명도대비
④ 보색대비

03 어떤 두 색이 맞붙어 있을 때 그 경계 언저리에 대비가 더 강하게 일어나는 현상은?
① 면적대비
② 한난대비
③ 보색대비
④ 연변대비

04 동시대비에 관한 설명으로 틀린 것은?
① 색의 3속성 차이에 의한 변화가 일어나는 것이다.
② 자극과 자극 사이가 멀수록 대비현상은 약해진다.
③ 시점을 한곳에 집중시키려는 지각과정에서 일어나는 현상이다.
④ 일정한 자극이 사라진 후에도 지속적으로 자극을 느끼는 현상이다.

이론

7 과목 배색

정답 **01** 보색대비 **02** ② **03** ④ **04** ④

POINT 64 색의 현상

01 동화현상

◉ 동화현상

- 어떤 색이 옆에 있는 색에 의해서 옆의 색과 비슷한 색으로 보이는 현상이다.
- 한 가지 색이 다른 색에 둘러싸여 있을 때 둘러싸고 있는 색에 가깝게 보이는 현상이다.
- 좁은 시야에 색채들이 복잡하게 구성되어 있을 때 많이 생겨난다.
- 직물 디자인, 텍스타일 디자인, 의상 디자인, 벽지 디자인, 그래픽 디자인 등의 배색에 중요한 요소로 작용한다.

◉ 베졸드 효과

- 색을 직접 혼합하지 않고 색점을 배열함으로써 전체 색조를 변화시키는 효과이다.
- 문양이나 선의 색이 배경색에 영향을 주어 원래의 색과 다르게 보이는 현상을 말한다.

02 색의 잔상

◉ 잔상

망막의 피로 현상으로서 어떤 자극을 받았을 경우 원래의 자극을 없애도 그 없어진 다음에도 상이 그대로 남아 있거나 반대 상이 남아 있는 현상이다.

① 정의 잔상

- 자극이 없어진 후에도 망막이 흥분되어 본래의 색이 계속 느껴지는 현상이다.
- 강한 자극에 의해 발생되며 부의 잔상보다 오랫동안 지속된다.
- 주로 쥐불놀이, 도로 표지판, 영화, TV, 네온사인, 스펙터클 전광판 등에서 볼 수 있다.

② 부의 잔상

- 자극이 사라진 후 원자극의 정반대의 상이 보이는 잔상효과이다.
- 왼쪽에 있는 검은 큰 원을 보다가 오른쪽의 검은 작은 원을 보면 흰색보다 더 선명한 잔상을 느낄 수 있는데 이를 음성적 잔상이라 한다.
- 원자극의 형상과 닮았지만 밝기는 반대로 되는 현상이다.

03 명시도와 주목성

◉ 명시도

- 어떤 색이 인접한 주변색에 영향을 받아 멀리서도 눈에 잘 보이거나 판독하기 쉬워서 정보를 빨리 이해하게 되는 것을 색의 명시성 또는 시인성이라고 한다.
- 명시성은 색의 색상, 명도, 채도의 차이에 따라 다르게 나타나지만 특히 명도 차이를 높이면 명시도가 높다.
- 명시성을 가장 중요하게 고려하여 색상을 배색해야 하는 것이 바로 교통 표지판이다.
- 빨강, 노랑 등과 같은 원색일수록 주목성이 높다.
- 명시도가 가장 높은 배색은 검정과 노랑 배색이다.

바탕색	명시성
흰색	검정 〉 보라 〉 파랑 〉 청록 〉 노랑
검은색	노랑 〉 주황 〉 빨강 〉 녹색 〉 파랑

◉ 주목성

- 사람의 눈에 자극을 주어 눈길을 끄는 색의 성질을 뜻한다.
- 난색이나 명도와 채도가 높은 원색(빨강, 노랑 등)일수록 주목성이 높다.
- 주목성이 높은 경우는 난색, 고명도, 고채도, 색의 면적이 크고 노출시간이 길 때이다.
- 주목성이 낮은 경우는 한색, 저명도, 저채도, 색의 면적이 작고 노출시간이 짧을 때이다.
- 색의 진출, 후퇴, 팽창, 수축 현상에 따라서 주목성이 달라진다.
- 강한 고채도의 색은 주목성이 높아 다른 색과 반발하기 쉽다. 이럴 때는 주변에 중성색(연두, 녹색, 자주, 보라 등)을 배색하면 효과적이다.
- 표지판, 포스터, 광고 등에 사용된다.
- 일반적으로 명도가 높으면 주목성도 높다.

◉ 진출색과 후퇴색(팽창색과 수축색)

- 앞으로 튀어나와 보이거나 가깝게 보이는 색을 진출색이라고 한다.
- 뒤로 물러나 보이거나 멀리 있어 보이는 색을 후퇴색이라고 한다.
- 실제보다 크게 보이는 색을 팽창색이라고 하며, 실제보다 작게 보이는 색을 수축색이라고 한다.

진출색	• 가까이 있는 것처럼 앞으로 나와 보이는 색 • 고명도, 고채도, 난색계열 • 유채색이 무채색보다 진출되어 보임
후퇴색	• 멀리 있어 보이는 색 • 저명도, 저채도, 한색계열 • 조명, 배경색에 영향을 받음 • 좁은 공간에 후퇴색을 칠하면 조금 넓어 보임

01 다음 중 동화현상에 대한 특징으로 **잘못된** 것은?
 ① 자극이 오래 지속되는 색의 정의잔상에 의해 생겨난다.
 ② 주위에 비슷한 색이 많이 배치된 경우 발생한다.
 ③ 좁은 시야의 색채들이 복잡하게 구성되어 있을 때 많이 생겨난다.
 ④ 면적이 큰 색이 면적이 작은 색에 영향을 받아 색이 다르게 보인다.

02 흰색(White) 배경 위에서 명시성이 높은 색 → 낮은 색 순으로 배열된 것은?
 ① 녹색-파랑-보라
 ② 주황-노랑-빨강
 ③ 노랑-빨강-파랑
 ④ 보라-주황-노랑

03 강하고 짧은 자극 후에도 계속 보이는 것으로, 어두운 곳에서 빨간 불꽃을 빙빙 돌리면 길고 선명한 빨간 원을 볼 수 있는데 이것은 어떤 현상이 계속해서 일어나기 때문인가?
 ① 부의 잔상
 ② 정의 잔상
 ③ 보색 효과
 ④ 도지반전 효과

04 주위의 색과 명도, 색상, 채도의 차를 크게 주어 배색하였을 때 나타나는 가장 큰 효과는?
 ① 색의 주목성
 ② 색의 경중성
 ③ 색의 한난성
 ④ 색의 음양성

정답 01 ④ 02 ④ 03 ② 04 ①

색채와 공감각

01 색채 공감각

공감각(共感覺)이란 색채가 시각뿐만 아니라 인간의 다른 감각인 미각, 후각, 청각, 촉각 등을 함께 느끼는 현상을 말한다.

◉ 촉각

부드러움	• 명도가 높은 난색은 부드럽게 느껴짐 • 밝은 핑크, 밝은 노랑, 밝은 하늘색 등
거침	• 저명도 저채도의 한색 • 어두운 무채색, 무광택 소재
촉촉함	• 고명도의 한색은 촉촉하게 느껴짐 • 파랑, 청록 등 한색계열
건조함	• 고명도의 난색은 건조하게 느껴짐 • 빨강, 주황 등 난색계열

◉ 미각

• 미각은 주로 색상의 영양을 많이 받으며 난색계열은 식욕을 돋우고 한색계열은 식욕을 저하시킨다.
• 난색은 단맛을 한색은 쓴맛을 나타낸다.
• 비렌의 색채 공감각에 의하면 가장 식욕을 돋우는 대표적인 색은 주황색이다.

단맛	빨강, 분홍, 주홍
신맛	노랑, 연두
쓴맛	올리브 그린, 갈색
짠맛	연녹색, 연파랑, 회색
매운맛	빨강, 주황, 자주
달콤한 맛	핑크색, 연보라색

◉ 후각

경험에 의해 연관된 냄새가 연상되며 순색과 고명도 고채도의 색은 향기롭게 느껴지며 저명도 저채도의 난색계열의 색에서는 나쁜 냄새를 느낀다.

맑고 순수한 고명도의 색	좋은 냄새를 느끼게 함
어둡고 흐린 난색 계열 색	나쁜 냄새를 느끼게 함
자색이나 라일락색	은은한 향기를 느끼게 함
오렌지색	톡 쏘는 냄새를 느끼게 함
코코아색, 포도주색	깊은 맛의 미각을 느끼게 함

◉ 청각

색채는 청각과 심리적으로 연결되어 소리의 높고 낮음에 따라 각각 다른 색이 연상되는 지각현상이다.

높은 음	고명도 고채도의 강한 색상
낮은 음	저명도, 저채도의 어두운 색상
거친 음	저명도 저채도의 한색과 어두운 무채색
부드러운 음	고명도 난색계열
예리한 음	고채도의 선명한 색
탁음	회색

02 색채치료

- 색채치료는 컬러 테라피(Color Therapy)라는 용어로 사용되고 있다.
- 색채와 심리적인 관계를 통해서 정신적인 스트레스와 심리적인 불안증세 등을 치유하는 치료방법이다.
- 1930년대에 들어와서 이탈리아와 미국에서 인정받기 시작했다.
- 색채치료에는 벽, 옷, 생필품 등의 물체색을 비롯하여 광원색이 사용된다.

빨강	• 혈압을 상승시키고 근육계에도 영향을 미침으로써 심장과 혈액순환에 자극을 줌 • 노쇠, 빈혈, 무활력, 화재, 방화, 정지, 긴급
주황	• 성적 감각을 자극하고 소화계에 영향을 줌 • 체액을 분비시키는 역할을 함 • 강장제, 무기력, 저조
노랑	• 신경계를 강화시켜 정신을 맑게 하며 근육에너지를 생성함 • 소화계를 깨끗하게 해주는 역할을 함 • 신경질, 염증, 고독, 피로회복, 위로
초록	• 심장기관에 도움을 주며 신체적 균형을 유지시켜 줌 • 혈액순환을 도와서 교감신경 계통에 영향을 주어 심호흡을 할 수 있게 함 • 안전, 해독, 피로회복, 구호
파랑	• 진정효과가 크고 호흡계 · 골격계 · 정맥계에 영향을 주며 자율신경계를 조절하여 혈압을 낮추는 역할을 함 • 침정제, 눈의 피로 회복, 맥박 저하
남색	마취와 연관성을 가지고 있어 마취 효과의 색으로 사용되고 있음
보라	두뇌와 신경계에 영향을 미치고 있어 신경을 진정시키는 작용을 하며 신진대사의 균형을 이루도록 도와줌

01 색채와 심리적인 관계를 통해서 정신적인 스트레스와 심리적인 불안증세 등을 치유하는 치료방법을 무엇이라고 하는가?

02 색의 감정을 설명한 것 중 올바른 것은?
① 채도가 높은 색은 탁하고 우울하다.
② 채도가 낮을수록 화려하다.
③ 명도가 낮은 배색은 어두우나 활기가 있다.
④ 명도가 높은 색은 주로 밝고 경쾌하다.

03 다음 중 식욕을 촉진하는 음식점 색채계획으로 가장 적합한 것은?
① 무채색 중명도 계열
② 고명도 난색 계열
③ 중채도 난색계열
④ 저채도 한색계열

04 신경계 강화와 소화계의 컬러테라피 색상으로 적합한 것은?
① 보라
② 초록
③ 노랑
④ 빨강

정답 01 컬러테라피 02 ④ 03 ② 04 ③

이론

7과목 배색

▶합격강의

01 색채조화

- 두 가지 이상의 색채는 서로 융합하여 미적효과를 나타내며, 일상생활에 활용된다.
- 색채조화는 배색을 기본으로 조형적이고 미적인 디자인 원리들을 활용하여 목적에 맞게 구성한다.

◎ 색채조화의 공통원리

- 질서의 원리
- 비모호성의 원리
- 동류의 원리
- 유사의 원리
- 대비의 원리

◎ 유사조화

색상환에서 인접한 색상들이 배색되었을 때 서로 잘 어울리는 것이다.

- **색상 조화** : 명도가 비슷한 색들을 동시에 배색하여 얻어지는 조화
- **명도 조화** : 한 개의 색상에 무채색을 혼합하여 단계를 표현하는 배색
- **주조색 조화** : 여러 가지 색들 중 한 색이 주조색으로 보이는 효과

◎ 대비조화

색상환에서 색상이 서로 반대되는 성격으로 배색되었을 때 서로 잘 어울리는 것이다.

- **색상대비 조화** : 색상환에서 색상의 간격을 크게 하여 얻어지는 조화
- **명도대비 조화** : 같은 색상에서 명도의 차이를 크게 하여 얻어지는 조화
- **보색대비 조화** : 색상환에서 정반대편에 있는 색상끼리 배색하여 얻어지는 조화

02 색채조화론

◎ 슈브럴의 색채조화론

① **대비조화** : 대립되는 두 색상에 의해서 대비적 조화를 얻을 수 있다.
② **도미넌트 컬러** : 전체를 주도하는 색이 있음으로써 조화된다.
③ **세퍼레이션 컬러** : 슈브럴은 흑색 윤곽이 있으므로 더 이상적인 조화가 이루어지며, 두 색이 부조화일 때에는 그 사이에 백색 혹은 흑색을 더하면 조화된다고 하였다.
④ **보색배색의 조화** : 슈브럴은 두 색의 대비적 조화는 대립 색상에 의해 얻게 된다.
⑤ **인접색의 조화** : 색상환에서 인접 색채끼리의 조화는 안정감을 준다.
⑥ **반대색의 조화** : 반대색의 조화는 강도를 높여주며, 쾌적감을 준다.
⑦ **등간격 3색의 조화**
- 색상환에서 등간격 3색의 배열에 있는 3색의 배합을 말한다.
- 근접 보색의 배열보다 더욱 선명하고 원색의 강한 효과를 가질 수 있다.

◎ 저드의 색채조화론

- **질서의 원리** : 규칙적인 색채의 요소가 일정하면 조화한다.
- **친근감의 원리** : 자연계와 같이 사람들에게 익숙하고 잘 알려진 색은 조화한다.
- **유사성의 원리** : 공통된 속성을 가지고 있는 색은 조화한다.
- **명료성의 원리** : 색의 관계가 애매하지 않고 명쾌하면 조화한다.

◉ 문·스펜서의 색채조화론

- 기존의 경험적, 주관적인 색채를 먼셀 시스템을 기초로 정량적 색좌표상에서 색채조화를 수학적 공식에 따라 구하고 있다.
- 조화이론을 질량적으로 판단하며, 색채에 대한 연상, 기호 및 색의 적합성 등은 고려하지 않는다.
- 조화를 크게 쾌감과 불쾌감을 주는 것으로 구별하였다.
- 부조화 영역을 서로 판단하기 어려운 배색을 제1부 불명료와 유사조화, 대비조화의 사이에 있는 것을 제2부 불명료로 구분하였다.
- 색채조화의 기하학적 표현과 면적에 따른 색채조화론을 주장하였다.
- 지각적으로 고른 감도의 오메가 공간(색공간)을 통한 색채조화론을 주장하였다.

◉ 비렌의 색채조화론

- 오스트발트 조화론을 기본으로 시각적, 심리학적, 정신적 반응을 연구하였다.
- 비렌의 색채조화론의 근간이 되는 색인 흰색(White), 검정(Black), 순색(Color)을 꼭짓점으로 하는 비렌의 색삼각형을 제시하였다.
- 붉은 색채의 실내에서 시간이 길게 느껴지는 등 색의 속도감을 강조하였다.
- 색채의 지각은 단순반응이 아니라 정신적인 반응에 지배된다는 색채조화론을 주장하였다.

흰색, 회색, 검정	순색과 상관없는 무채색의 자연스러운 조화
순색, 명색조, 흰색	부조화를 찾기 어려우며, 깨끗하고 신선하게 보임
순색, 암색조, 검정	색채의 깊이와 풍부함이 있음
명색조, 톤, 암색조	색 삼각형에서 가장 세련되고 감동적인 배색

◉ 요하네스 이텐의 색채조화론

- 독일의 미술교육가이자 예술가인 요하네스 이텐(Johannes Itten : 1888-1967)은 12색상환을 기초로 한 조화론을 주장하였다.
- 보색대비를 기초로 12색상환에서 삼각형이나 사각형 등의 다각형을 활용하여 2색 조화, 3색 조화, 4색 조화, 5색 조화, 6색 조화의 이론을 발표하였다.

POINT

67 배색

▶합격 강의

01 배색

◉ 배색 개념

- 색의 속성을 바탕으로 목적과 기능에 따라 미적 표현을 위한 색과 색의 조합을 배색이라고 한다.
- 설정된 디자인 콘셉트를 적절하게 표현하는데 효과적으로 응용한다.

◉ 배색의 역할

- 시선의 집중
- 흥미를 유발시켜 주목
- 정보를 효과적으로 전달
- 구성요소들의 조화로운 배치

◉ 배색의 조건

- 사용 목적과 기능에 맞아야 한다.
- 색의 심리적인 작용을 고려한 배색이어야 한다.
- 유행성을 고려해야 한다.
- 실생활에 맞게 한다.
- 미적, 안정감을 주어야 한다.
- 주관적 배색을 배제하고 객관성을 띠어야 한다.
- 재료의 질감과 형태를 고려한다.
- 광원에 어울리게 한다.
- 면적 효과를 고려하여 배색해야 한다.

02 색상에 의한 배색

◉ 동일색상 배색

- 동일한 색을 이용한 배색으로 명도와 채도의 차이를 두어 배색하는 방법이다.
- 정적이고 정리되어 보이는 느낌을 연출할 때 효과적이다.
- 간결함, 차분함, 정적
- 통일감이 있는 배색이지만 단조로워질 우려가 있다.

◉ 유사색상 배색

- 색상환의 인접한 색을 이용하여 배색하는 방법이다.
- 색상 차가 적은 유사색 배색은 톤의 차이를 두어 명쾌한 배색을 표현한다.
- 협조적, 온화함, 상냥함, 부드러움, 친근감
- 유사색 배색을 사용하여 톤의 변화를 가져오면 전통적, 온화함의 느낌을 표현한다.

◉ 대조색상 배색

- 색상환에서 색상 간의 거리가 큰 위치에 있는 색을 배색하는 방법으로 '보색 대비'라고도 한다.
- 색상 차가 나는 두 색은 서로의 영향으로 원래의 색보다 채도가 더 높고 선명하게 표현한다.
- 화려함, 율동적인, 흥미로운 느낌
- 색상차가 많이 나는 두 색이 서로 영향을 받아서 강렬하고 화려한 배색에 효과적이다.
- 두 색의 차이로 경직된 이미지는 면적에 변화를 주어 배색한다.

03 색조에 의한 배색

명도와 채도의 상태에 따라 배색의 효과를 결정한다.

◉ 동일색조 배색

- 동일한 색조들이 조합한 배색을 기초로 색상의 변화를 주는 배색 방법이다.
- 통일감 있는 이미지 표현에 효과적이다.
- 안정적, 일관성, 통일성
- 선택한 색상의 대비가 클 경우 통일감을 주기 위해 이용되는 배색기법이다.

◉ 유사색조 배색

- 거리가 인접한 색조 간의 배색 방법으로 친숙하고 편안한 이미지 표현이 특징다.
- 차분함, 화합적, 온화함, 친근함, 편안함
- 동일색조 배색보다 다양한 배색 표현이 가능하다.

◉ 대조색조 배색

- 거리가 먼 색조 간의 배색
- 경쾌한, 생동감이 있는 이미지 표현
- 명도대비는 명도가 다른 두 색이 서로 영향을 받아서 명도가 다르게 느껴지는 것
- 두 색의 명도 차가 클수록 대비 효과가 크게 나타난다.

04 효과 배색

◉ 톤인톤(Tone in Tone) 배색

- 동일 또는 유사톤의 조합에 의한 배색기법으로 명도 차가 적게 나타나도록 배색
- 부드러움, 차분한, 안정적, 온화한 느낌

◉ 톤온톤(Tone on Tone) 배색

- 톤을 겹친다 라는 의미로 동일 색상으로 톤의 명도 차가 크게 나타나도록 배색
- 깨끗함, 발랄함, 화려함

◉ 그라데이션 배색

- 색상, 명도, 채도, 톤이 점차적으로 변하는 연속 배색
- 서로의 영향을 받아 원래의 색보다 채도가 더 높고 선명하게 보인다.

◉ 반복배색

- 색을 하나의 단위로 반복적으로 배열하여 리듬감을 주는 배색
- 명도차가 클수록 대비 효과가 크게 나타난다.

◉ 세퍼레이션 배색

여러 가지 색상이 있을 경우 블랙이나 화이트를 써서 색의 개념을 강하게 하는 배색

단답형 문제

01 색의 속성을 바탕으로 목적과 기능에 따라 미적 표현을 위한 색과 색의 조합하는 것은?

객관식 문제

02 모델이 청자켓에 청바지를 입고 있다. 연상되는 배색으로 적합한 것은?
① 톤인톤 배색
② 톤온톤 배색
③ 그라데이션 배색
④ 세퍼레이트 배색

03 유사색상 배색의 특징이 아닌 것은?
① 시각적 자극이 강하다.
② 온화하고 상냥한 느낌이 있다.
③ 밝고 화려한 느낌을 준다.
④ 원래의 색보다 채도가 더 높아 보인다.

04 빨강, 주황, 노랑과 같은 배색 또는 녹색, 청록, 파랑과 같은 배색과 가장 관계가 깊은 것은?
① 중성색상의 배색
② 동일색조의 배색
③ 유사색상의 배색
④ 반대색조의 배색

이론

7 과목 배색

정답 01 배색 02 ① 03 ② 04 ③

POINT 68 색채조절

01 색채조절

◉ 색채조절 개념

- 색채조절이란 심리학, 색채학, 생리학, 조명학, 미학 등에 근거를 두고 색을 과학적으로 선택하여 사용하는 것을 말한다.
- 색채조절은 주로 병원, 회사, 공공장소 등 생활공간에서 응용된다.
- 색채를 기능적으로 활용하여 작업능률 향상 및 피로감의 경감을 유도하여 쾌적한 환경을 제공하는 것을 목적으로 하고 있다.

◉ 색채조절의 효과

- 밝고 맑은 환경색채를 제공하여 기분이 좋아진다.
- 신체의 피로와 눈의 피로를 줄여 준다.
- 일에 대한 집중력이 높아지며 실패가 줄어든다.
- 안전색채 사용으로 안정성이 높아지며 사고가 줄어든다.
- 쾌적한 환경의 제공으로 일의 능률이 향상되어 생산력이 높아진다.
- 깨끗한 환경 제공으로 청결 및 정리정돈이 쉬워진다.
- 건물의 내 · 외 보호, 유지에 효과적이다.

02 심리 효과를 이용한 색채조절

◉ 대소의 감각

- 공간을 넓게 보이도록 진출과 후퇴색으로 색채조절을 한다.
- 노랑, 흰색, 빨강, 녹색, 파랑의 순으로 진출되어 보인다(난색=진출, 한색=후퇴).

◉ 색의 수반 감정

- 인간이 색을 볼 때 색지각과 함께 수반하는 심리적, 감정적 효과를 말한다.

- 색의 3속성인 색상, 명도, 채도 등의 영향에 따라 감정적인 효과가 각각 다르게 느껴진다.

① 온도감
- 난색 : 빨강, 주황, 노랑 등과 같이 따뜻하게 보이는 색이다.
- 한색 : 청록, 파랑, 남색 등과 같이 차가워 보이는 색이다.
- 중성색 : 난색과 한색에 포함되지 않는 색으로 따뜻하지도 차갑지도 않은 연두, 녹색, 보라, 자주 등의 색이다.

② 중량감
- 색에 따라 무겁거나 가볍게 느껴지는 현상이다.
- 저명도의 어두운 색은 무겁게 느껴진다.
- 고명도의 밝은 색은 가볍게 느껴진다.

③ 강약감
- 색의 강하고 약함을 나타내는 말로써 대부분 순도를 나타내는 채도에 의해서 좌우된다.
- 빨강, 파랑 같은 원색은 강한 느낌을 주며, 회색 같은 중성색은 약한 느낌을 준다.

④ 흥분과 진정
- 흥분색 : 명도와 채도가 높은 색이나 난색 계통의 색이다.
- 진정색 : 명도가 낮은 색이나 한색은 진정감을 준다.

⑤ 색의 시간성
- 파장이 긴 난색 계열은 시간이 길게 느껴지며, 속도감에서는 빠르게 느껴진다.
- 파장이 짧은 한색 계열은 시간이 짧게 느껴지며, 속도감은 느리게 느껴진다.

⑥ 경연감
- 부드러움과 딱딱함을 느껴지는 현상이다.
- 채도가 낮고 명도가 높은 색은 부드럽게 보인다.
- 채도가 높고 명도가 낮은 색은 딱딱하게 보인다.
- 난색 계통은 안정되고 부드럽게, 한색 계통은 긴장되고 딱딱하게 보인다.

⑦ 팽창, 수축
- 난색계열 고명도 색은 진출되어 보인다.
- 한색계열 저명도 색은 후퇴되어 보인다.

⑧ 흥분감
- 장파장의 색인 빨강, 주황 난색은 맥박을 증가시키고 흥분감을 유발한다.
- 한색은 혈압과 흥분감을 떨어뜨리고 진정 효과를 유도한다.

◉ **환경색**
- 물건의 색상과 반사에 의해 생기는 피로도를 줄이기 위하여 많이 사용한다.
- 항상 보는 물건은 중성 색상이나 채도가 낮은 색상을 선택한다.

03 안전과 색채

- 색채치료(Color Therapy)는 색채를 사용하여 물리적 · 정신적인 영향을 줌으로써 환자의 상태를 호전시키기 위한 치료방법을 말한다. 색채치료에는 벽, 옷, 생필품 등의 물체색을 비롯하여 광원색이 사용된다.

색상	의미 및 사용 예시
빨강	금지, 정지, 소화설비, 화약류, 고도위험
주황	위험, 항해 항공의 보안시설, 구명보트, 구명대, 구급차
노랑	경고, 주의, 장애물, 위험물, 감전경고
초록	안전, 안내, 진행, 비상구, 피난소, 구급장비, 의약품, 차량의 통행
파랑	특정행위의 지시, 의무적 행동, 수리 중, 요주의
보라(자주)	방사능과 관계된 표지, 방사능 위험물 경고표시
흰색	문자, 파랑이나 초록의 보조색, 정돈, 청결, 방향지시
검정	문자, 빨강이나 노랑의 보조색

01 다음 중 색채의 중량감에 대한 설명으로 옳은 것은 무엇인가?
① 저명도의 색은 주로 무겁게 느껴진다.
② 색채의 중량감은 채도에 영향을 받는다.
③ 중명도 무채색보다 노란색이 무겁게 느껴진다.
④ 난색계열의 색보다 한색계열의 색이 가볍게 느껴진다.

02 색채의 온도감에 대한 설명 중 맞는 것은?
① 파장이 긴 쪽이 따뜻하게 느껴진다.
② 보라색, 녹색 등은 한색계이다.
③ 단파장이 따뜻하게 느껴진다.
④ 색채의 온도감은 색상에 의한 효과가 가장 약하다.

03 경고, 주의, 위험물을 알리기 위한 색상으로 적합한 것은?
① 빨강
② 노랑
③ 초록
④ 파랑

정답 01 ① 02 ① 03 ②

01 색채자극과 반응

◉ 순응

환경의 변화에 적응하여 익숙해지거나 적응하는 현상이다.

① 명암순응
- **명순응** : 어둠 속에서 갑자기 밝은 곳으로 나왔을 때 서서히 빛에 적응하는 현상이다.
- **암순응** : 밝은 곳에서 어두운 곳으로 들어갈 때 서서히 보이기 시작하는 현상이다.

② 색순응
- 어떤 조명광이나 색을 오랫동안 보면 그 색에 순응하여 색지각이 약해지는 현상으로 색광에 대하여 순응하는 것이다.
- 노란 선글라스를 착용하고 푸른 물체를 보았을 때 처음에는 노란 기미가 보이지만 시간이 지나면서 원래의 푸른색으로 보이게 된다.

◉ 연색성

- 동일한 물체색이라도 광원의 분광에 따라 다른 색으로 지각되는 현상이다.
- 빨간색일 경우 백열전구 조명 아래에서는 더욱 밝고 선명하게 보이지만 푸른색의 수은등 아래에서는 어두운 빨강으로 보이게 된다.

◉ 조건등색

분광 반사율이 서로 다른 두 종류의 색이 특정한 광원에서 같은 색으로 보이는 현상으로 실내조명에서 더욱 심하게 일어난다.

◉ 항상성

조명이 되는 빛의 강도와 조건이 달라져도 색이 본래의 모습을 유지하려는 특성이다.

◉ 푸르킨예 현상

- 밝은 빛(명소시)에서 어두운 빛(암소시)으로 옮겨가는 박명시에 일어나는 색지각 현상이다.
- 어두울 경우에는 빛의 에너지양에 따라 파란색 계열의 색이 더 선명하게 보이게 된다.
- **예** : 비상구 표시등

◉ 색음 현상(Colored Shadow)

- 색을 띤 그림자라는 의미(괴테 현상)로 괴테는 저서 '색채론'에서 불타는 양초와 석양 사이에 연필을 세워두면 연필의 그림자가 아름다운 파란색을 띠었다고 한다.
- 양초의 빨간빛에 의해 생기는 그림자가 보색인 청록으로 보이는 것이다.

02 색의 심리적 작용

◉ 보색 심리

- **물리 보색** : 혼합해서 무채색이 되는 색으로 이때의 혼합은 회전혼색판을 이용한 것이다.
- **심리적 보색** : 인간의 생리적 특성에 의한 보색잔상에 의한 보색이다.

◉ 애브니 효과(Abney Effect)

색의 채도와 관계되며 같은 색이라도 채도를 높이면 색상이 다르게 보이는 현상이다.

◉ 베졸드 효과(Bezold Effect)

같은 명소시 상태라도 빛의 강도가 변화하면 색광의 색상이 다르게 보이는 것을 말한다. 단색광의 색상이 휘도에 의해 변화하는 현상이다.

03 공간적 지각 효과

◉ 면적 효과(Mass Effect)

- 면적의 크기에 따라 색이 다르게 보이는 현상이다.
- 같은 색이라도 면적이 큰 색은 명도가 높아 보여 밝고 화려하고 선명하며, 면적이 작은 색은 명도가 낮아 보여 어둡고 탁하게 보인다.
- 윤곽 처리 방법에 따라 색의 면적 효과를 변화시킬 수 있다.
- 면적 대비는 색상을 선택할 때 중요한 역할을 하므로 작은 견본을 보고 선택하면 정확한 색상을 고를 수 없다.

◉ 소면적 3색각 이상

- 눈으로 보기 어려운 상태. 즉, 색상의 크기가 아주 작을 경우 색지각의 혼란으로 인해 작은 색들이 일반적인 색으로 보이게 되는 이상 현상이다.
- 정상적인 눈을 가지고 있어도 흰색에 가까운 색은 흰색으로, 검정에 가까운 색은 검정으로, 빨강에 가까운 색은 빨강으로 보이는 것처럼 미세한 색을 볼 때는 색각 이상자와 같은 색각의 혼란이 오는 것이다.
- 메기로 효과 : 보색을 번갈아 본 후 다른 곳을 보면 원래의 색이 연한 색으로 보이는 현상을 말한다.

04 색 지각설

◉ 영 · 헬름홀츠의 3원색설

- 인간의 망막에는 세 종류의 시신경 세포가 있으며, 빨강, 초록, 청자를 3원색으로 하여 색지각을 느낀다는 학설이다.
- RGB 이론의 중심이 되고 있다.

◉ 헤링의 반대색설

- 무채색을 제외한 빨강, 초록, 노랑, 파랑 등의 4원색을 통하여 여러 가지 색지각을 느낀다는 색지각설이다.
- 빨강과 초록, 노랑과 파랑, 흰색과 검정의 색지각 경로를 통하여 색을 지각한다는 주장이다.

객관식 문제

01 어떤 조명광이나 물체색을 오랫동안 보면 그 색은 선 명해 보이지만 그 밝기는 낮아지는 현상은?
① 색순응
② 색반응
③ 색조절
④ 명시성

02 푸르킨예 현상에 대한 설명 중 잘못된 것은?
① 낮에는 추상체로부터 밤에는 간상체로 이동하는 현상이다.
② 파장이 짧은 색이 먼저 사라지고, 파장이 긴 색이 나중에 사라진다.
③ 이 현상을 이용한 것이 비상구 표시. 계단 비상 등 등이다.
④ 빨간 사과가 밤이 되면 검게 보인다.

03 영 · 헬름홀츠의 3원색설과 관련 있는 색은?
① 백, 흑, 순색
② 적, 녹, 청자
③ 적, 황, 청자
④ 황, 녹, 청자

04 양탄자 디자인의 예를 들어 하나의 색만을 변화시키거나 더함으로써 전체의 배색을 변화시킬 수 있다는 사실을 발견한 사람은?
① 애브니
② 피사로
③ 세브뢸
④ 베졸트

정답 01 ① 02 ② 03 ② 04 ④

이론

7 과목 배색

▶합격 강의

POINT 70 색채 상징과 연상

01 색채의 상징성

◉ 색의 상징성

- 색에 대한 개인의 연상적 이미지와 집단이 보편적으로 느껴서 공통적인 공감대를 형성하는 이미지이다.
- 개인의 생활경험, 기억, 지식 등에 영향을 받는다.
- 성별, 나이, 직업, 성격, 생활환경, 시대, 민족성에 따라 다르게 의미를 부여한다.
- 일정한 의미 또는 메시지를 전달하는 수단으로서의 역할이다.

◉ 색채 상징의 역할

- 공간감, 추상적 개념의 표현
  - 언어로 표현하기
  - 어려운 공간 감각, 사회적 · 종교적 규범같은 추상적 개념을 색으로 표현
- 전달 기호로서의 역할
  - 사인이나 심볼 등 다양한 상황에서 역할
  - 교통신호의 색, 안전색채 등

◉ 색의 정서적 반응

- 색은 공통적으로 연상되는 이미지와 정서적 반응을 통해 의미와 특징을 지닌다.
- 각 색이 갖는 고유한 감성 이미지이다.
- 적절하지 못한 색을 사용할 경우 어두움, 진부함, 공포감, 집중도를 떨어뜨린다.

붉은색 계열	강렬함
푸른색 계열	평온함, 안정감
황색 계열	발랄함, 화려함
무채색 계열	현대적, 세련됨, 경건함, 모던함

02 색채의 상징

◉ 신분의 구분

- 염료가 발달하기 전까지 의상의 색으로 신분과 계급을 상징한다.
- 왕족들은 권위를 상징하는 색으로 황금색이나 자주색의 옷을 즐겨 입었다.

◉ 방위의 표시

동양권에서는 방위를 색으로 표시하였는데 이를 오방색이라고한다.

- 적(赤) : 남
- 청(靑) : 동
- 황(黃) : 중앙
- 백(白) : 서
- 흑(黑) : 북

◉ 지역의 구분

올림픽의 오륜기는 5개의 대륙을 상징한다.

- 파랑 : 유럽
- 검정 : 아프리카
- 빨강 : 아메리카
- 노랑 : 아시아
- 초록 : 오세아니아

◉ 종교의 상징

- 기독교 : 빨강, 파랑
- 천주교 : 하양, 검정
- 불교 : 황금색, 노란색
- 이슬람교 : 초록
- 힌두교 : 노란색

03 색의 연상

◉ 색채의 연상 개념

- 색을 보았을 때 떠올리는 연관된 이미지로 색채지각 과정에서 색채에 대해 가지는 인상이다.
- 색에 대한 개인의 생활경험, 기억, 지식 등에 영향을 받는다.

- 성별, 나이, 직업, 성격, 생활환경, 시대, 민족성에 따라 다르게 의미가 부여된다.
- 일정한 의미 또는 메시지를 전달하는 수단으로서의 역할을 한다.

◉ 색채 연상의 종류

① 추상적 연상
- 색의 상징으로 생활에서 체험 가능한 내용을 추상적인 개념으로 연결한다.
- 성인이 되면서 추상적 연상이 많아진다.

② 구체적 연상
- 생활주변의 동식물, 음식, 의복, 장신구, 자연현상 등 구체적인 사물과 연결한다.
- 유년기에는 구체적 연상을 한다.

◉ 색채선호

- 좋아하는 색과 싫어하는 색은 개인별, 연령별, 지역적·문화적 영향, 구체적 대상에 따라 달라진다.
- 서구 문화권의 영향을 받은 대부분의 국가에서 성인의 절반 이상이 청색을 선호한다. → 청색은 민주화를 상징한다.

◉ 색의 연상

① 무채색의 이미지

색상	연상 언어
하양	결백, 소박, 청순, 신성, 순결, 웨딩드레스, 청정
회색	소극적, 평범, 중립, 차분, 쓸쓸함, 안정, 스님
검은색	밤, 죽음, 공포, 침묵, 부패, 죄, 악마, 슬픔, 모던, 장엄함

② 유채색의 이미지
유채색은 일반적으로 구체적 연상이 많으며 채도가 높을수록 연상이 강하다.

색상	연상 언어
빨강	기쁨, 정열, 강열, 위험, 혁명
주황	화려함, 약동, 무질서, 명예
노랑	황제, 환희, 발전, 노폐, 경박, 도전
연두	생명, 사랑, 산뜻, 소박
초록	희망, 휴식, 위안, 지성, 고독, 생명
파랑	희망, 이상, 진리, 냉정, 젊음
보라	고귀, 섬세함, 퇴폐, 권력, 도발

객관식 문제

01 색에 대한 고정관념의 주된 원인이 <u>아닌</u> 것은?
① 계절적 요인
② 지역적 요인
③ 시대적 요인
④ 성별적 요인

02 색채의 선호 원리 중 옳지 않은 것은?
① 서구 문화권의 영향을 받은 대부분의 국가에서는 성인의 절반 이상이 청색을 선호한다.
② 어린 시절에는 빨강과 노랑 등 장파장의 색을 선호한다.
③ 일반적으로 아프리카에서는 파랑, 보라 등 단파장의 색을 선호한다.
④ 일반적으로 성인의 선호색이 파랑이라고 하지만 성별, 연령별 집단에 따라서 다른 특성을 보이기도 한다.

03 다음 중 색의 연상과 상징이 잘못 연결된 것은?
① 노랑 – 희망, 광명, 유쾌, 경박
② 녹색 – 엽록소, 안식, 중성, 이상
③ 자주 – 애정, 복숭아, 발정적, 창조적
④ 검정 – 겸손, 우울, 점잖음, 무기력

04 색채의 연상에 관한 설명과 거리가 <u>먼</u> 것은 무엇인가?
① 경험과 연령에 따라서 변화하지 않는다.
② 구체적 연상과 추상적 연상이 있다.
③ 경험적이기 때문에 기억색과 밀접한 관련을 갖는다.
④ 생활양식이나 문화적인 배경, 그리고 지역과 풍토 등에 따라서 개인차가 있다.

정답 01 ④ 02 ③ 03 ④ 04 ①

▶합격강의

01 색조(Tone)

◉ 색조의 개념

• 색조는 명도와 채도의 복합개념이다.
• 무채색의 혼합정도에 따라 색의 밝고 어둡기와 무채색과 유채색의 혼합비율에 따라 색의 강약 등의 차이가 생긴다.

◉ KS기본색조표

• 유채색 13단계, 무채색 5단계로 구성되어 있다. 색조표가 위로 올라갈수록 명도가 높아지고 아래로 내려갈수록 명도가 낮아진다.
• 오른쪽으로 갈수록 채도가 높아져 색이 선명해지고 반대로 갈수록 채도가 낮아지면서 탁한 색으로 보여진다.
• 무채색의 명도 유채색의 명도와 채도의 상호 관계는 기본색의 경우 수식어를 사용하지 않고 기본 색 이름 및 조합색 이름만으로 표기한다.

① 명색조 특징
• 검정색이 가미되지 않은 색
• Vivid, Bright, Pale, Very pale 톤
• 주로 밝은 색상 계열

② 회색조 특징
• 미묘하고 빛 바랜 듯한 차분한 색
• Strong, Light, Light grayish, Grayish, Dull톤

③ 암색조 특징
• 강하고 딱딱한 색으로 깊이감 존재
• Deep, Dark 톤

색조 대응	영어	약호
선명한	vivid	vv
흐린	soft	sf
탁한	dull	dl
밝은	light	lt
어두운	dark	dk
진(한)	deep	dp
연(한)	pale	pl

02 색명법

◉ 관용색명

• 옛날부터 전해오는 습관적인 색 이름이나 고유한 이름을 붙여 놓은 색명이다.
• 지명, 자연, 광물, 식물, 인명 등에 따라서 이름이 붙여진다.
• 청자색, 나무색, 흙색, 하늘색, 호박색, 쥐색, 바다색, 감색 등이 있다.

◉ 일반색명

- 계통색명이라고도 하며 색채를 부를 때 색의 3속성인 색상, 명도, 채도에 최대한 가깝도록 표현하는 색명이다.
- 원색에 형용사 수식어를 붙여 사용한다. 즉 빨강 기미의 노랑, 검파랑, 연보라 등으로 부르는 것으로 감성적으로 이해하기 쉽고, 전달이 빨라진다.

◉ 기본색명

① 유채색

기본색이름	대응 영어	약호
빨강	Red	R
주황	Yellow Red	YR
노랑	Yellow	Y
연두	Green Yellow	GY
초록	Green	G
청록	Blue Green	BG
파랑	Blue	B
남색	Purple Blue	PB
보라	Purple	P
자주	Red Purple	RP

② 무채색

기본색이름	대응 영어	약호
하양(백)	White	Wh
회색(회)	Grey(영), Gray(미)	Gy
검정(흑)	Black	Bk

◉ 기본색명의 조합 방법

- 두 개의 기본색이름을 조합하여 조합색 이름을 구성한다.
- 조합색 이름의 앞에 붙는 색이름을 색이름 수식형, 뒤에 붙는 색이름을 기준색이름이라 부른다.
- 조합색 이름은 기준색이름 앞에 색이름 수식형을 붙여 만든다.
- 색이름 수식형에는 3가지 유형이 있다.
  - 기본색이름의 형용사 (예: 빨간, 노란, 파란)
  - 기본색이름의 한자 단음절 (예: 적, 황, 청)
  - 수식형이 없는 2음절 색이름에 '빛'을 붙인 수식형 (예: 초록빛, 보랏빛, 분홍빛, 자줏빛)

객관식 문제

01 색채를 색의 삼속성에 따라 분류하여 표현한 색 이름은?
  ① 관용색명
  ② 고유색명
  ③ 순수색명
  ④ 계통색명

02 색명에 관한 설명 중 가장 올바른 것은?
  ① 색명은 체계화되고 정확성을 가질 필요가 없다.
  ② 모든 색명은 인명 또는 지명에서 나온 것이다.
  ③ 색명의 어원은 모두다 동물, 식물 등 자연을 대상으로 하여 명칭 지워졌다.
  ④ 색명은 크게 관용 색명과 일반 색명으로 구분된다.

03 명색조에 해당하지 <u>않는</u> 것은?
  ① Vivid,
  ② Very pale
  ③ Light
  ④ Bright

정답 01 ④ 02 ④ 03 ③

색체계 표기법

▶합격강의

01 먼셀의 색 표기법

◉ 색상(Hue)

- 기본색상은 빨강(R), 노랑(Y), 초록(G), 파랑(B), 보라(P)이다.
- 중간색상은 주황(YR), 연두(GY), 청록(BG), 청보라(PB), 자주(RP)이다.
- 10색상의 순서는 R, YR, Y, GY, G, BG, B, PB, P, RP이다.
- 10색상을 시각적으로 등간격이 되도록 10등분하여 100색상까지 나타낼 수 있다.
- 기준이 되는 색상을 5로 표기한다. 예를 들어 빨강의 기준 색상은 5R이다.

◉ 명도(Value)

- 0~10 단계 11 개 중 가장 어두운 0 과 가장 밝은 10을 빼고 1.5~9.5 단계까지 표현된다.
- 디지털 색체에서는 8bit 컬러로 가장 어두운 0에서 가장 밝은 255까지 256 단계까지 표현 가능하다.
- 무채색 명도 표기 : N1, N2, N3…

◉ 채도(Chroma)

- 무채색을 0으로 하여 순색까지 최고 16단계로 표기한다.
- 숫자가 높을수록 선명(고채도)하고 숫자가 낮을수록 탁(저채도)하다.
- 색상마다 채도의 단계가 다르며, 5R·5YR·5Y는 채도 14, 5GY·5PB·5P·5RP는 채도 8이다.

◉ 색 표기법

- 표기는 H V/C(색상 명도/채도)로 한다.
- 빨강은 '5R 4/14'로 기록하고 '5R4의 14'라고 읽으며 색상은 5R, 명도는 4, 채도는 14를 나타낸다.
- 무채색의 경우는 색상과 채도값은 생략해서 N7.5와 같이 명도만을 나타내고 앞에 N을 표기하여 무채색임을 명시한다.

먼셀 색표기
- 5GY 6/3 = 색상 연두, 명도 6, 채도3
- 5R 4/14 = 색상 빨강, 명도 4, 채도 14
- N5 = 무채색 명도 5

02 오스트발트 색체계의 기호 표기법

- 색각의 생리, 심리원색을 바탕으로 하는 기호표시법이다.
- W–B, W–C, B–C의 각 변에 각각 8단계로 등색상 삼각형을 형성하고 이것에 기호를 붙여서 표기한다.
- a, c, e, g, i, l, n, p와 같이 8단계의 알파벳을 하나씩 건너뛰어 표기하며, a는 가장 밝은 색표의 '백'이며, p는 가장 어두운 색표의 '흑'이다.
- 오스트발트 기호와 흑색량, 백색량

기호	a	c	e	g	i	l	n	p
흑색량	89	56	35	22	14	8.9	5.6	3.5
백색량	11	44	65	78	86	91.1	94.4	96.5

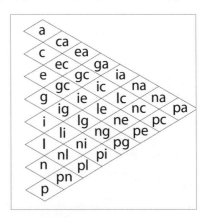

오스트발트 등색상 삼각형의 기호표시

03 NCS표색계

◉ NCS표색계 개념

- NCS는 심리적인 비율척도로 색 지각량을 표현하며 보편적인 자연색을 기본으로 그 순간 인간이 어떻게 색채를 보느냐에 기초한다.
- NCS표색계의 색상은 4가지 기본색인 노랑(Y), 빨강(R), 파랑(B), 초록(G)을 심리보색의 원리에 따라 노랑(Y) - 파랑(B), 빨강(R) - 초록(G)을 각각 반대편에 배치하여 그 사이를 혼합비율에 따라 10개단위로 나누어 40개의 색상으로 구성되어 있다.

◉ NCS표색계의 뉘앙스

- 뉘앙스(nuance)는 색조와 같은 개념으로 백색량, 흑색량, 순색량의 혼합비율을 뜻하며 이런 속성들의 합은 항상 100(W+S+C=100)이 된다.
- NCS표색계의 표기법은 S검정의 양과 C순색의 양 - 색상 순으로 표기한다.
- 무채색의 경우는 하양은 0500-N, 검정은 9000-N으로 표기한다.

기적의 TIP

NCS표색계 색표기

- 2060-Y30R
  - 빨강30%, 노랑 70%인 노란 색상이다.
  - 흑색량 20% 채도 60인 뉘앙스이다.

---

01 '빨강, 명도 5, 채도 6'인 색의 먼셀 색 표기가 올바른 것은?
  ① R5 5/6
  ② 5R 6/5
  ③ R5 6/5
  ④ 5R 5/6

02 먼셀의 색채기호 표시법 중 옳은 것은?
  ① HV/C
  ② VH/C
  ③ H/VC
  ④ CH/V

03 오스트발트 색표기가 아래와 같다면 색 함유량은 얼마인가?

> • 20ne = 색상 20, 백색량 5.6%, 흑색량 65%

  ① 29.4%
  ② 39.4%
  ③ 71.6%
  ④ 59.4%

04 다음 색에 대한 설명 중 옳은 것은?
  ① 진한색, 연한색, 흐린색, 맑은색 등의 표현은 명도의 고저를 가리키는 것이다.
  ② 색입체에서 명도는 수치가 높을수록 저명도이다.
  ③ 무채색은 색의 3속성을 모두 지닌다.
  ④ 먼셀의 색표기는 HV/C로 한다.

정답 01 ④ 02 ① 03 ① 04 ④

목표색 분석

01 목표색 주문

목표색 분류

- 물성 확인 : 유성, 수성
- 고려사항 : 채색법, 건조방식, 마감 보호처리, 보존 환경 등
- 색재료의 분류의 대표적인 기준은 전색제에 있는 고착성분에 의한 분류이다.

명칭	전색제(고착성분)
수성페인트	아크릴 에멀션 합성수지
유성페인트	오일
유화	식물성 오일
투명수채물감	아라빅 검
불투명수채물감	아라빅 검
아크릴컬러	아크릴 에멀션 합성수지
한국화	아교
프레스코화	석회질 물질에 물

제조 데이터

- 주문요청서(접수)를 받아서 작성하고 결재가 완료되면 연구실에서 제조 데이터를 만든다.
- 배합 표기

안료	P
물	W
습윤제	WA
분산제	DA

02 색채표준의 조건

색채표기의 국제기호화

영어 · 독일어 · 프랑스어의 3개 국어를 사용하여 표기하며, 색상 · 명도 · 채도의 표기는 알파벳 기호를 따른다.

색표 간의 지각적 등보성

배열된 색표가 특정한 색상이나 톤에 치우쳐 분포되지 않고 지각적으로 일정한 간격을 유지하여야 한다.

색채의 속성표기

배열된 색채의 속성을 체계적으로 알 수 있도록 색상 · 명도 · 채도 · 색조(Tone) 등이 표기되어야 한다.

규칙적인 배열

표준색표집의 사용목적은 색의 관리, 재현, 선택에 있다. 따라서 색의 3속성 등이 규칙적으로 배열되어야 사용이 편리하다.

색채 속성배열의 과학적 근거

색채의 속성에 의한 배열일 경우에 색상 · 명도 · 채도의 단계가 과학적인 근거에 의하여배열되어야 한다.

실용화의 용이

색의 재현이 불가능하거나 해독 · 전달이 어렵게 설계되면 실용성이 없다.

특수 안료를 제외, 재현 가능한 일반 안료 사용

가시광선 범위 내의 색료로 제작하는 것이 일반적이다. 그러나 특수 안료를 사용할 경우, 일반 표준이 아니므로 반드시 색채 속성을 명기한다.

03 CIE 색채표준

◉ CIE(국제조명위원회)

- 국제조명위원회는(Commission Inernationale De L'eclairage) 색채의 명확한 재현과 전달을 위한 표준안을 제시하였다.
- 물체의 색을 표현하는 데 국제적인 표시방법에 의해 사용하는 사용하여야 한다.

① CIE 삼자극치

- 빛의 삼원색인 R·G·B 색광의 혼합으로 모든 색광을 만들 수 없어 이를 해결하기 위하여 임의의 가상 삼원색광에 기초한 삼자극치 표기를 채택하였다.
- 가상 삼원색 광에 의한 삼자극치를 X·Y·Z로 표기하였다.

② CIE 표준관측자

- 물체의 크기로 인한 시각이 바뀌면 색감각은 변하므로 표준관측자를 2°시야와 10°시야로 정의하였다.
- 2°시야가 10°시야로 변화될 때 가장 큰 차이점은 명도가 높아진다.

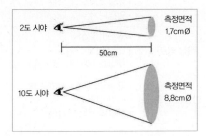

◉ CIE 표준광

- 표준광원 A : 상관색온도 2,856K
- 표준광원 B : 상관색온도 4,874K
- 표준광원 C : 상관색온도 6,774K
- D65 : 상관색온도 6,500K. 현재 가장 많이 쓰인다.

◉ 측색계 측색 순서

① 백색교정판에 Yxy값을 입력한다.
② 백색교정판을 측정한다.
③ 측정할 표색계를 선택한다.
④ 목표색을 측정한다.
⑤ 측정결과를 기록한다.
⑦ 작업지시서를 작성한다.

---

01 목표색을 분류할 때 일반적으로 제일 먼저 확인해야 하는 사항은?
① 물성 확인
② 보존환경 확인
③ 생산업체 확인
④ 마감처리 확인

02 다음 중 색재료와 전색제가 올바르게 짝지어진 것은?
① 유화 – 아교
② 수성페인트 – 아크릴 에멀전
③ 프레스코화 – 식물성 오일
④ 수채물감 – 석회물

03 빛, 조명, 빛깔, 색 공간을 관장하는 국제 위원회로, 측광과 측색에 관한 국제적 결정을 하는 기관은?
① CIE
② Pantone
③ ICC
④ ISO

정답 01 ① 02 ② 03 ①

POINT 74 색료

◉ 색료

- 색료는 물체가 색을 띠는데 바탕이 되는 물질로 크게 염료와 안료로 나눌 수 있다.
- 염료는 물과 유기용제에 녹아 섬유에 침투하여 착색되고, 안료는 물과 유기용제에 녹지 않는 성질로 인해 전색제를 사용하여 물체표면에 착색시킨다.

01 염료

◉ 염료 개념

- 영국의 화학자인 퍼킨이 1856 년에 개발
- 물과 기름에 녹아 섬유 물질이나 가죽 분자와 결합하여 착색하는 색을 가진 유색 물질이다.
- **가장 오래된 염료** : BC 2000 년경 시작된 쪽 염색이다.
- 초기 천연 염료는 자연에서만 얻을 수 있었다.
- 우아하고 부드러운 색감에 비해 견뢰도(굳고 튼튼한 정도)는 낮다.
- 현재는 천연 염료 단점을 보완하는 합성 염료가 개발되어 이를 대체하고 있다.

◉ 천연염료

① 식물성

적색 계열	꼭두서니 뿌리, 소목 뿌리, 홍화 꽃
황색 계열	신나무 잎, 울금 뿌리, 치자 열매, 황백 나무 껍질, 황련 뿌리
청색 계열	쪽 잎

② 동물성

- **오징어 먹물** : 갈색계 염료로 세피아(sepia)라고 하며, 오징어의 장(腸)에서 채취한다.
- **코치닐(cochineal)** : 적색계 염료로 선인장에 기생하는 벌레에서 채취한다.
- **패자(貝紫)** : 자색계 염료로 조개류의 내장에서 채취한다.

◉ 합성염료

- 유기화학 (Organic Chemistry) 즉, 제조법, 성질, 반응, 용도 등 인공적으로 얻어지는 염료이다.
- **타르 염료 합성 염료** : Synthetic 라고도 한다.
- 톨루엔 (Toluene), 벤젠 (Benzene), 나프톨 (Naphthol) 등의 원료로 제조한다.
- 1856년 W.H.퍼킨이 최초의 합성염료인 모브(모베인)의 합성에 성공하며 발전하기 시작하였다.

산성 염료	• 물에 잘 용해 • 산성에 강함 • 염색 속도에 유념해야 함
염기성 염료	• 모브(Mauve)가 염기성 염료의 시작 • 착색력 우수 . 색이 선명 • 햇빛과 세탁에 약함 • 얼룩지기 쉬움
직접 염료	• 혼색이 용이 • 대량 염색 가능 • 햇빛과 세탁에 약한 단점
반응성 염료	• '안료수지 염료'라고도 함 • 색이 선명 • 햇빛과 세탁에 강함

02 안료

◉ 안료 개념

- 물, 오일 등 용제에 용해되지 않는 미립자 분말 또는 불용성 유채
- 전색제(Vehide)의 도움으로 착색, 고착되어 색을 나타내는 색소
- 색조, 선명도, 은폐력, 착색력, 견뢰도 등이 다르다.
- 입자 크기에 따라 각 색강의 채도가 달라진다.
- 입자가 미세할수록 착색력이 높아지지만 내광성은 낮아진다.

① 무기안료
- 인류가 사용한 가장 오래된 색재
- 암석, 광물을 빻아 그린 동굴벽화에서 볼 수 있다.
- 아연, 납, 철, 구리 등의 금속화학물의 원료로 만든다.
- 내열성, 내광성이 우수하다.
- 도료, 인쇄 잉크 등의 원료로 사용된다.
- 건축 재료, 통신기계, 고무 크레용, 합성수지 등에 사용된다.

② 유기안료
- 제 2차 세계대전 이후 출현하였다.
- 빛깔이 선명 착색력이 높다.
- 인쇄 잉크로 많이 사용된다.
- 고무, 플라스틱의 착색, 섬유수지날염 등 넓은 범위에 사용된다.
- 다양한 색이 많아 수요가 점점 증가하고 있다.

03 특수 재료

◉ 카본 안료

- 검정 색채를 만들 때 사용되는 중요 안료
- **카본 블랙 (Carbon Black)** : 천연 가스에서 만들어지는 그을음을 말한다.
- **본 블랙(Bone Black)** : 동물의 뼈 재료로 만든 것이다.

◉ 특수안료

- 특수한 색채 효과를 증가시키기 위해 만들어진 안료
- **종류** : 형광 안료, 금속분말 안료, 진주광택 안료

단답형 문제

01 다음 가로안에 들어갈 말은?

> 색료는 물체가 색을 띠는데 바탕이 되는 물질로 크게 ( )와 ( )로 나눌 수 있다.

객관식 문제

02 다음 중 안료(Pigment)에 대한 설명으로 옳은 것은?
① 물질에 잘 흡착되는 성질을 지닌 광물 색소다.
② 물이나 대부분의 유기용제에 용해되는 분말상의 착색제다.
③ 가장 대표적인 색소에는 플라보노이드가 있다.
④ 동물의 생채활성작용에 의해 만들어지는 생채 색소다.

03 염료(Dye)에 대한 설명으로 바른 것은?
① 인디고는 가장 최근의 염료 중 하나로 인디고를 인공합성하게 되면서 청바지의 색을 내는 데 이용하게 되었다.
② 염료를 이용하여 염색하는 구체적인 방법은 피염제의 종류, 흡착력 등에 의해 정해지는 것은 아니다.
③ 직물 섬유의 염색법과 종이, 털, 피혁, 금속, 표면에 대한 염색법은 동일하다.
④ 효율적인 염색을 위해서 염료가 잘 용해되어야 하고 분말의 염료에 먼지가 없어야 한다.

정답 **01** 염료, 안료 **02** ① **03** ④

▶합격강의

---

01 조색

◉ 조색

- 흰색, 검정색을 포함하여 2가지 이상의 색재료를 색상, 명도, 채도에 맞추어 섞는 과정이다.

◉ 조색의 기본 원리

① 지정색 만들기

- 각 색이 재현될 수 있는 원색을 찾는다.
- 명도와 채도를 조절한다.
- 지정색
  - 중간색을 만들어야 할 때 기준색이 되므로 되도록 많은 양을 조색한다.
  - 중간색을 혼합할 때 기준색이 부족하면 정확한 등간격의 중간색을 만들기 어렵다.

② 중간색 조색 순서

- 양쪽 기준색 조색
- 왼쪽 기준색 → 오른쪽 기준색으로의 변화 과정
- 밝은 쪽부터 어두운 색으로 조색

◉ 조색작업 시 주의사항

- 목표색에 가장 근접한 원색을 선택한 후 명도, 채도를 맞추고 색상을 맞춘다.
- 색상을 변화시킬 때는 근접 색상을 사용한다.
- 목표색보다 명도와 채도를 높게 시작하는 것이 색을 맞추어 나가기가 쉽다.
- 혼색하는 원색의 수는 적을수록 좋다.
- 착색 전과 건조 후의 도막은 색이 다르므로 반드시 건조 후에 색 비교를 한다.
- 솔리드 색은 건조되면 짙어지고, 메탈릭 색은 밝아진다.

◉ 혼색의 기본원리

- 사용량이 많은 원색부터 혼합한다.
- 혼합하는 색이 많아질수록 명도와 채도가 낮아진다.
- 보색 간의 혼색은 무채색에 가까운 색이 된다. 즉, 채도가 급격하게 낮아진다.
- 순수한 원색만 사용하고 혼색된 색은 사용하지 않는다. 혼색된 색을 사용할 경우 색감을 예측하기 어렵다.
- 색상환에서 근접한 색상(유사색상) 간에 혼합하는 것이 채도가 높다.
- 목표색과 동일하게 조색하였더라도 착색방법에 따라 색의 변화가 생길 수 있다.

◉ 색의 혼합 순서

① 주색 선정 : 지정색의 특징을 가장 많이 포함한 색상 선택

② 첨가색 선정 : 주색에 포함되어 영향을 주는 색상 부가색

③ 명도 조절 : 흰색 , 검정을 사용하여 명도 맞춤

④ 톤 조절 : 주색 , 첨가색 , 흰색 , 검정을 사용하여 톤 맞춤 회색 사용

02 색 혼합에 따른 삼속성 변화

◎ 2색 혼합

① 무채색 + 무채색
- 채도가 없다.
- 흰색, 검정을 사용해 명도를 맞춘다.

② 유채색 + 흰색 : 명도는 높아지고 채도는 낮아진다.

③ 유채색 + 검정색 : 명도와 채도가 낮아진다.

④ 유채색 + 유채색 : 두 색의 중간 색상, 두 색의 평균 명도, 채도는 낮아진다.

◎ 3색 혼합

① 유채색 + 유채색 + 흰색 : 유채색의 중간 색상, 명도는 높아지고 채도는 낮아진다.

② 유채색 + 유채색 + 검정색 : 유채색의 중간 색상, 명도와 채도가 낮아진다.

③ 유채색 + 흰색 + 검정색
- 흰색과 검정의 혼합 양에 따라 명도 변화
- 채도는 낮아진다.

03 CIE L*a*b* 색공간

- CIE L*a*b* 색공간은 오차 보정 시 가장 많이 사용한다.

① L*(스타, Star)
- 명도
- 0(블랙)에서 100(화이트)까지 표기

② a*
- Red ~ Green의 정도
- +쪽일수록 빨강, −쪽일수록 초록

③ b*
- Yellow ~ Blue의 정도
- +쪽일수록 노랑, −쪽일수록 파랑

01 수치데이터를 이용하거나 주어진 색표를 가지고 색을 만드는 작업은?

02 노랑과 보라를 조색하면 나타나는 색의 계열은?
① 빨강계열
② 남색계열
③ 초록계열
④ 갈색계열

03 L*a*b* 색공간의 설명으로 맞지 않는 것은?
① L*(스타, Star)는 명도를 나타내며 0(블랙)에서 100(화이트)까지 표기할 수 있다.
② a*는 Red ~ Green의 정도로 a*가 +쪽일수록 빨강, −쪽일수록 초록을 나타낸다.
③ L*a*b* 색공간은 오차판단 시 가장 많이 사용한다.
④ b*는 Yellow ~ Blue의 정도로 b*가 +쪽일수록 노랑, −쪽일수록 파랑을 나타낸다.

이론

7과목 배색

POINT 76 시료색 측색

01 육안 검색

◉ 색 비교를 위한 시환경

① 조도
- 작업면 조도 : 1,000Lx~4,000Lx
- 균제도 : 80% 이상
- 어두운 색을 비교하는 경우에는 작업면의 조도가 4,000Lx에 가까울수록 좋다.

② 부스의 내부 색
- 부스 내부의 명도는 약 N4~N5의 무광택 무채색으로 한다.
- 고명도의 색을 비교하는 경우에는 약 N6, 또는 그 이상으로 한다.
- 저명도의 색을 비교하는 경우에는 무광택 검정으로 한다.
- 부스 내의 작업면은 비교하려는 시료면과 가까운 휘도율을 갖는 무채색으로 한다.

③ 작업면의 색
- 작업면의 색은 원칙적으로 무광택이며, N5인 무채색으로 한다.

◉ 검사원

- 미묘한 색의 차이를 판단하는 능력과 정상의 색각을 가진 사람으로 한다.
- 눈의 피로에서 오는 영향을 막기 위해 고채도의 색을 검색한 후, 저채도의 색을 검색하면 안 된다.
- 밝고 선명한 색이 신속하게 결과가 판단되지 않을 경우에는 무채색을 보고 눈을 순응시킨 후 검색한다.
- 관찰자가 연속해서 비교작업을 실시하면, 시감판정 능력이 저하되므로 휴식을 취한 후 검색한다.

◉ 색면의 크기

- 시료색 및 표준색은 평평하고 보기 쉬운 크기로 한다.
- 비교하는 색면의 크기와 관찰거리는 약 2°시야 또는 약 10°시야로 한다.

- 색면의 크기가 2°시야 또는 10°시야보다 큰 경우에는 마스크를 사용하여 약 2°시야 또는 약 10°시야의 관찰조건으로 조정한다.

◉ 색채 비교용 조명

① 자연광 조명
- 직사광선을 사용하면 안 된다.
- 북반구의 약간 흐린 북쪽 하늘, 남반구의 약간 흐린 남쪽 하늘에서 오는 자연광을 사용한다.
- 조건을 만족시키기 어려운 경우에는 인공광원을 사용한다.

② 색채 비교 부스의 인공광원
- 외부의 빛이 차단되어야 한다.
- CIE 표준 D65광원 또는 A광원으로 조명한다.
- 색채 비교 위치의 조명수준은 1,000 ~ 4,000Lx, 어두운 색일수록 밝은 조명 아래에서 하는 것이 좋다.
- 일반 용도의 색채 비교 부스 내부는 명도 L*이 45~55인 무광택 중간 회색(a*와 b*의 값이 1.0이하)으로 도장한다.

02 측색계

◉ 측색계의 종류와 사용용도

종류	특징	정확성
스펙트로 포토미터	• 물체색, 액체, 투명체 • 분광측색계 • 이동용, 고정용	1급
비접촉 스펙트로 포토미터	• 물체색 • 분광측색계 • 액체, 투명체 측정불가	3급
2차원 크로마티어	• 물체색, 분말, 흙, 머리칼 등 • 삼자극치 측정	3급
스펙트로 레디오미터	• 모니터, 전구, 광원, 휘도 • 분광측색계	1급

덴시토미터	• 인쇄 필름, 인쇄교정물 기준색 CMYK 측정 • RGB 방식	2급
글로스미터	• 광택도 • 반사측정 방식 • 20°, 60°, 85° 세 각도 측정	2급
컬러리미터	• 투명체 • 삼자극치	2급

◉ **측색계의 측색조건 표기법**

표색계, 측정 광원, 관찰 시야, 수광방식을 반드시 표기하고 필요에 따라서는 사용한 기기의 종류, 제조사, 파장간격을 표기한다.

Target Value

L*= 78.10
a*= + 12.33 ⎫ 표색계
b*= + 22.19 ⎭

D65   10   0/8
측정광원 관찰시야 수광방식

◉ **색차계산**

• 분광측색계로 목표색을 측색한 후 시료색를 측색하여 두 색의 색차를 계산한다.
• 색차는 색 공간에 위치하는 두 색 간의 거리로 표현한다.
• 거리가 멀수록 색차가 크고 가까울수록 색차가 작은 것이다.
• 목표색과 시료색의 총 차이는 $\Delta E*ab$는 $CIEL*a*b*$(1976) 색 공간에서 두색 위치 간의 기하학적 거리로 계산한다.

객관식 문제

01 색 비교를 위한 시환경에 대한 설명으로 잘못된 것은?
① 작업면 조도는 1,000Lx~4,000Lx 정도로 한다.
② 균제도는 80% 이하로 맞춘다.
③ 어두운 색을 비교하는 경우에는 작업면의 조도가 4,000Lx에 가깝게 조정한다.
④ 부스 내부의 명도는 약 N4~N5의 무광택 무채색으로 한다.

02 측색계의 측색조건 표기사항에 포함되지 않는 것은?
① 표색계
② 측정광원
③ 수광방식
④ 측색일 온도, 습도

03 측색계 중 물체색, 액체, 투명체를 측정할 수 있으며, 정확성이 1급인 것은?
① 컬러리미터
② 스펙트로포토미터
③ 덴시토미터
④ 2차원 크로마티터

정답 **01** ② **02** ④ **03** ②

01 조색 평가

◉ 색차 계산

- 분광측색계로 목표색을 측색한 후 시료색를 측색하여 두 색의 색차를 계산한다.
- 색차는 색 공간에 위치하는 두 색 간의 거리로 표현한다.
- 거리가 멀수록 색차가 크고 가까울수록 색차가 작은 것이다.
- 목표색과 시료색의 총 차이는 $\Delta E*ab$는 CIEL$*$a$*$b$*$색 공간에서 두색 위치 간의 기하학적 거리로 계산한다.

$$\Delta E*ab = \sqrt{(\Delta L*)^2 + (\Delta a*)^2 + (\Delta b*)^2}$$
$$\sqrt{(L-L')^2 + (a-a')^2 + (b-b')^2}$$

- 두 색 간의 색차는 $\Delta E*$로 표시한다. 소수점 셋째 자리에서 반올림하여 둘째 자리까지 표기한다.
- NIST의 색차구분

색차($\Delta E*$)	색감 차이
0 ~ 0.5	Trace(미약)
0.5 ~ 1.5	Slight(근소)
1.5 ~ 3.0	Noticeable(눈에 띔)
3.0 ~ 6.0	Appreciable(상당)
6.0 ~ 12.0	Much(많음)
12.0 이상	Very Much(매우 많음)

◉ 시료색 색차 계산

	목표색	시료색
①	L : 50 a : 10 b : 30	L : 50 a : 20 b : 40

– Red가 10 높음, Yellow가 10 높음

	목표색	시료색
②	L : 50 a : −30 b : −10	L : 50 a : −40 b : 0

– Green가 10 낮음, Blue가 10 높음

	목표색	시료색
③	L : 50 a : 30 b : 10	L : 60 a : 40 b : 0

– 명도가 10 높음, R가 10 높음, Y가 10 낮음

◉ 조색 결과 평가

① 편색판정
- 시료색을 오차범위 내로 유도하는 작업이다.
- 시료색이 목표색에 대하여 어떤 색의 속성(색상, 명도, 채도)이 어떻게 다른지를 정확하게 판단할 필요가 있다.

② 메타머리즘의 평가
- 일반적으로 중간톤의 색을 조색할 때 많이 발생한다.
- 눈으로 보면 같은 색이지만 분광반사율자체가 달라 광원이 바뀔 때마다 두 색이 달라 보이는 경우를 메타머리즘이라 한다.
- 표준광 D65와 표준광 A를 사용한다.

③ 컬러 어피어런스(Appearance)
- 색은 보이는 것에 따라 인지되는 심리적 현상으로 색의 제시 조건이나 재질 등의 차이에 따라 변화를 보이게 되는 것을 뜻한다.
- 색의 삼속성 외에, 광택감이나 재질감에 관계하는 물리적인 여러 요소를 찾아내어 이를 계량화하고, 개선해 나가는 것이 중요하다.

④ 광택의 평가
- 같은 색이라도 물체 표면의 광택(매끄러움의 정도)에 따라 그 인상이 달라지므로 색채계획 또는 색채관리에 있어 중요한 문제가 된다.

02 보정

◎ **색차보정 작성**
- 색차 보정 방향을 "(①)를 (②)만큼 추가한다."라고 작성한다.
- CIE L*a*b* 색 공간에서의 +, −는 '양수와 음수'가 아닌 '색상'을 나타내므로 오차보정내용 작성 시 혼동하지 않도록 한다.

① L*값을 보정하는 경우
- 'White'를 ( )만큼 추가한다.
  - 시료색의 L*값을 올릴 경우
- 'Black'을 ( )만큼 추가한다.
  - 시료색의 L*값을 내릴 경우

② a*값을 보정하는 경우
- 'Red'를 ( )만큼 추가한다.
  - 시료색의 a*값을 올릴 경우
  - 시료색의 −a*값을 내릴 경우
- 'Green'을 ( )만큼 추가한다.
  - 시료색의 −a*값을 올릴 경우
  - 시료색의 a*값을 내릴 경우

③ b*값을 보정하는 경우
- 'Yellow'를 ( )만큼 추가한다.
  - 시료색의 b*값을 올릴 경우
  - 시료색의 −b*값을 내릴 경우
- 'Blue'를 ( )만큼 추가한다.
  - 시료색의 −b*값을 올릴 경우
  - 시료색의 b*값을 내릴 경우

※시료색 A를 보정하시오.

구분	L*	a*	b*
목표색	72	−20	−10
시료색 A	75	−24	−8

01 L* : ( )을 ( )만큼 추가한다.

02 a* : ( )을 ( )만큼 추가한다.

03 b* : ( )을 ( )만큼 추가한다.

정답 **01** Black, 3 **02** Red, 4 **03** Blue, 2

색채계획서

01 색채 계획의 개념

◉ **색채 계획**

• 예술 문화적 측면, 심리적 측면, 물리적 기능을 포함한 종합적인 색채 업무이다.
• 기본적으로 색채 계획은 이미지 연상, 상징, 기능성, 안전색, 금지색 등 복합적인 분야를 적용하여 계획하고 의도와 미적인 감각이 더해져서 종합색채 계획이 된다.
• 단순한 색채의 사용을 넘어 기능성, 심미성, 문화성으로 색채의 사용이 필수적 요소가 된다.

◉ **색채 계획의 필요성**

디자인에서 전달하고자 하는 정보를 누구나 쉽게 이해할 수 있도록 시각화하기 위해 아이디어를 좀 더 시각적으로 구체화 시키는 역할이다.

02 색채계획서 구성

◉ **색채계획서**

• 디자인의 대상이나 용도에 적합한 재료를 바탕으로 기능적·심미적으로 효과적인 배색효과를 얻을 수 있도록 계획하는 것을 말한다.
• 색채계획은 다양한 분야에서 중요시되고 있으며, 목적과 대상에 따라 다양한 방법으로 적용된다.
• 클라이언트 미팅, 정보수집 및 분석, 소비자조사, 시장조사, 마케팅 조사에 의한 색채계획 개요, 방향, 과정 등이 포함된다.

• **색채계획서의 구성**

클라이언트 미팅 정보수집 및 분석

▼

현장조사, 소비자조사, 시장조사, 마케팅조사

▼

색채계획서
색채계획 개요, 색채계획의 목적 및 방향, 색채계획의 진행과정

◉ **주조색, 보조색, 강조색**

① 주조색

• 주조색은 배색의 기본이 되는 색으로 70~75% 차지하며 전체적인 분위기와 느낌을 좌우하는 색을 말한다.
• 주조색 선정 시 재료, 대상, 목적 등을 고려해야 한다.

② 보조색

• 보조색은 전체 면적의 20~25%를 차지하며 주조색과 유사색상 및 톤을 사용하여 보완해 주는 색을 말한다.
• 보조색에 의해 배색 전체에 리듬감을 줄 수 있다.

③ 강조색

• 강조색은 포인트 색상으로 전체 면적의 5~10%를 차지하며 주조색 및 보조색과 비교하여 색상 및 명도와 채도를 대비적 사용으로 강조한다.
• 강조색을 사용하여 전체 배색에 활력을 넣어 줄 수 있다.

03 색채마케팅

◉ 마케팅의 구성요소

4P의 조화를 통하여 마케팅 효과를 높이는 것을 마케팅 믹스(Marketing Mix)라고 한다

- 제품(Product)
- 가격(Price)
- 유통(Place)
- 촉진(Promotion)

◉ 경쟁사 분석

경쟁사 분석은 경쟁업자와 잠재적 경쟁업자가 누구인지를 파악하는 것이다.

◉ 소비자 분석

- 시장 분석의 대표적 분석 방법으로 최종 소비자의 개요를 파악하려는 것이다.
- 소비자를 소득계층별, 지역별, 속성별 등으로 분류하고 사회적 의식, 생활 태도, 구매 태도, 구매 습관 등을 분석한다.

◉ 시장세분화

- 공통된 속성을 지닌 시장끼리 나누는 작업을 말한다.
- 소비자의 요구조건, 구매반응 등의 여러 요인에 의해 이루어지기 때문에 먼저 소비자와 그들의 행동에 대한 분석과 충분한 이해가 있어야 한다.

◉ 색채 마케팅

- 기업경영에 있어 마케팅 기법을 색채와 접목시켜 소비자의 구매 욕구를 증가시키는 요소를 색으로 정해서 판매를 극대화하는 것이다.
- 1950년대 중반부터 색채마케팅이란 용어를 사용하기 시작하였으며, 우리나라에서는 1980년대 컬러텔레비전이 등장함에 따라 활성화 되었다.
- 색채기획 및 조사, 분석 단계에서 클라이언트 · 소비자 요구사항과 마케팅 전략을 고려하여 최종적인 배색 적용안을 도출할 수 있다.

객관식 문제

01 마케팅에 대한 설명 중 틀린 것은?
① 고객의 필요에 초점을 두어야 한다.
② 소비자 중심에서 기업 중심으로 가야 한다.
③ 기업의 제품개발, 광고전개, 유통설계를 중심으로 한 활동이다.
④ 고객의 필요, 충족을 통해서 이익을 획득한다.

02 다음 중 마케팅 믹스에 속하지 않는 것은?
① 제품
② 가격
③ 매장
④ 촉진

03 색채 마케팅 발생에 대한 설명으로 옳은 것은?
① 대한민국은 1950년대 후반 컬러 TV 광고를 중심으로 색채를 강조한 제품 광고를 시작하였다.
② 색이 인간에게 미치는 영향, 효과 기능이 입증은 되지 못하였다.
③ 매스마케팅에서 표적 마케팅, 틈새 마케팅으로 이는 전체 맞춤 마케팅이다.
④ 산업화의 영향으로 기업은 소비자에게 생산, 분배, 판촉을 하는 마케팅이 시작되었다.

04 색채계획서에 포함되지 않는 것은?
① 색채계획 운용 비용
② 색채계획 개요
③ 색채계획 목적
④ 색채계획 방향

정답 01 ② 02 ③ 03 ④ 04 ①

01 색채 이미지 스케일

◉ 색채 이미지 스케일 개념

• 객관적인 분석 및 조사로 특정한 언어로 객관화 하여 이미지 공간을 구형한 것이다.
• 감성 배색이나 색채 계획과 디자인 진행 → 색에 대한 객관성과 정확성 향상
• 개인, 국가, 문화, 양식, 환경 등에 따라서 이미지 스케일은 모두 다르게 나타난다.
  → 주제와 특성에 맞게 이미지 공간을 제작하여 활용해야 한다.

◉ 색채 조사 분석 방법

• SD법 색채이미지에 관한 연구법
  – 1959년 미국의 심리학자 오스굿 (C.E. Osgoods에 의해 고안됨
  – 색, 경관, 제품, 유행색 경향 및 선호도 비교 분석 등 여러 대상의 인상을 파악하는 방법
  – 요인 분석으로 의미 공간 해석
• 한국인의 색채이미지 공간 구현을 위한 Hue & Tone 체제의 130 색의 이미지 조사
  – SD법으로 실시 → SPSSPC+ 통계 패키지요인 분석 → 색채 기호 조사, 디자인 과정에 사용한다.

기적의 TIP

색채 SD법

• Semantic Differential Method
• 색채 조사 방법 중 상반되는 형용사군 10~50 개를 이용하여 이미지 맵과 이미지 프로필과 같은 좌표계로 결과를 볼 수 있음
• 색채심리를 분석하여 정서를 언어스케일로 나타낼 수 있음

02 형용사 이미지 스케일

◉ 색채 이미지 스케일

• 색에 대한 감성적인 부분을 객관적 · 심리적으로 분류하여 시각적으로 전달하는 역할을 한다.
• 유행색 경향 및 선호도 비교분석에 사용된다.

◉ 단색 이미지 스케일

• 색채가 가지고 있는 느낌의 차이에 따라 단색 이미지 공간 안에서 부드러운, 딱딱한, 동적인, 정적인 영역으로 분류한다.
• 가까운 거리의 색들은 비슷한 이미지 거리가 먼 색들은 이미지 차이도 멀어진다.
• 어둡고 탁한 색들은 딱딱하고 정적이다.
• 밝고 선명한 색들은 부드럽고 동적인 느낌을 준다.

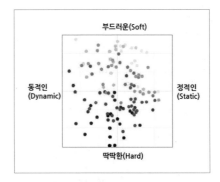

◉ 배색 이미지 스케일의 특징

• 둘 이상의 색이 조합되었을 때의 느낌 차이로 배색되어 이미지 스케일 공간 안에서 부드러운, 딱딱한, 동적인, 정적인 영역으로 분류한다.
• 배색 이미지는 형용사를 배색이미지의 그룹명으로 분류하여 각 배색이 의미하는 특징을 12가지로 구별하였다.

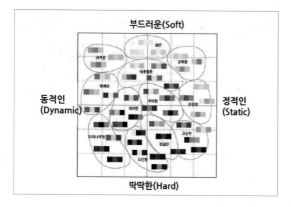

◉ 형용사 이미지 스케일

- 색채이미지를 표현하는 형용사적 표현 방법으로 비슷한 의미의 형용사들을 묶어서 대표 카테고리의 형용사로 다시 분류한 것이다.
- 형용사 이미지 공간에서 각 형용사가 위치하고 있는 곳에 따라 색이 갖는 이미지를 구별한다.
- 형용사 공간 : 귀여운, 맑은, 온화한, 내추럴한, 경쾌한, 화려한, 우아한, 은은한, 다이나믹한, 모던한, 점잖은, 고상한

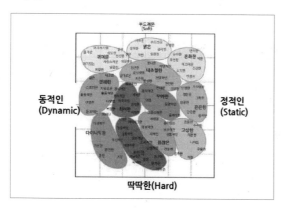

01 색채에 대한 객관적인 분석 및 조사로 특정한 언어로 객관화 하여 이미지 공간을 구성한 것은?

02 색채 이미지 스케일에 대한 설명으로 옳지 않은 것은 무엇인가?
① 색채가 주는 느낌, 정서를 언어 스케일로 나타낸 것이다.
② 색채의 속성을 체계적으로 이미지화한 것이다.
③ 난색계열의 색보다 한색 계열의 색이 가볍게 느껴진다.
④ 색채 이미지를 어휘로 표현하여 좌표계를 구성한 것이다.

03 단색 이미지 스케일에 대한 설명으로 옳지 않은 것은 무엇인가?
① 부드러운, 딱딱한, 동적인, 정적인 영역으로 분류한다.
② 어둡고 탁한 색들은 딱딱하고 정적이다.
③ 밝고 선명한 색들은 부드럽고 동적인 느낌을 준다.
④ 부드럽고 정적인 색상은 채도가 높고, 명도는 낮은 편이다.

정답 01 색채 이미지 스케일 02 ② 03 ④

POINT 80 색채디자인 역할

01 디자인 영역별 색채디자인

◉ 시각디자인

- **편집디자인** : 편집물의 내용을 상징화 할 수 있으며 유사 출판물과의 차별성을 높일 수 있는 배색이 요구된다.
- **패키지디자인** : 상품을 안전하게 보관할 수 있는 보호의 기능을 고려하며 상품의 특성을 명확하게 전달하는 배색이 요구된다.
- **캐릭터디자인** : 애니메이션, 팬시, 문구, 문화상품등의 상징물로 활용되고 있어 용도와 성격에 적합한 배색이 요구된다.
- **웹디자인** : 사용자의 시각적 피로감을 유발 할 수 있는 고채도의 형광 색조나 지나치게 대비되는 색채는 지양하는 배색이 요구된다.
- **CI · BI** : 기업 및 상표의 이미지를 부각 시킬 수 있는 독창적인 배색이 요구된다.

◉ 제품디자인

- **전기 · 전자제품** : 사용자 중심의 인간공학적 측면과 실내 인테리어와의 조화를 고려한 배색이 요구된다.
- **디지털 제품** : 트렌드에 민감한 제품으로 소비자의 기호색과 유행색을 고려한 배색이 요구된다.
- **생활용품** : 일생생활에서 다양하게 접할 수 있는 제품의 용도와 특성을 고려한 배색이 요구된다.
- **가구디자인** : 사용자의 개인적 성향과 선호도 및 실내 마감재와의 조화를 고려한 배색이 요구된다.

◉ 환경디자인

- **건축디자인** : 건물의 형태, 성격, 주변 환경 등 기능과 목적을 고려한 조화로운 배색이 요구된다.
- **실내디자인** : 건축물 내부공간의 용도별 특성에 맞는 심미성을 고려한 배색이 요구된다.

◉ 패션디자인

- 패션디자인은 옷과 장신구에 관한 디자인을 뜻하며 지역, 기후, 생활양식 등의 사회 문화적 영향을 받는다.
- 시간과 장소에 따라 다양하다.
- 패션의 필수 조건 중 색채는 미적 상승효과를 극대화 시키는 요소로 계절별 유행색을 고려해야 한다.

◉ 미용디자인

- **메이크업** : 개인의 피부색과 모발색 등의 신체적 특징을 파악하여 트렌드, 계절별 색채 및 신체의 부분과의 조화를 고려한 배색이 요구된다.
- **헤어** : 연령과 선호하는 이미지, 목적, 의상과의 조화를 고려한 배색이 요구된다.

02 유행색과 트렌드

◉ 유행색

- 일정 기간 동안 시장을 점유한 색 또는 디자인 및 산업계에서 전문가에 의해 발표되는 유행 예측색을 의미한다.
- 경제와 문화의 흐름과 밀접한 관계가 있으며, 관련단체에서 상품의 유행 예측색을 계절에 앞서 제안한다.
- 유행 예측색은 1963년 설립된 국제유행색협회에서 연 2회 협의회를 개최하며, 제안색을 바탕으로 2년 후의 색채 경향 및 시즌 별 유행색을 선정한다.
  - 예측 유행색(Forecast Color) : 유행이 예측되는 색
  - 스탠더드 컬러(Standard Color) : 기본색으로 받아들여진 색
  - 전위색(Trial Color) : 유행의 징조가 보이는 색
  - 화제색(Topic Color) : 소수의 주목을 받는 색
  - 시장 인기색(Popular Color) : 다량 유통색(Style Color)
  - 트렌드 컬러(Trend Color) : 유행의 경향을 상징하는 색

◉ 트렌드

- 트렌드는 유행과 비슷한 성향을 가지지만 일반적으로 유지되는 기간이 5~10년으로 길기 때문에 트렌드를 파악하는 것은 색채디자인 작업에서 큰 비중을 차지한다.
- 트렌드는 사회, 문화, 디자인 등 여러 분야에 걸친 복합적인 영역에서 나타나는 현상이기 때문에 한 가지 트렌드 자료만으로는 디자인을 도출하기에 어려움이 있다.
- 다양한 기관에서 발행하는 트렌드에 관련된 연구보고서 및 자료를 지속적으로 수집하고 스크랩 하는 것이 중요하다.

객관식 문제

01 고감도 산업인 제품의 부가가치를 높이기 위한 색채의 적용은 매우 중요하므로 현재 사용되고 있는 색채에 대한 정보의 수집과 시대 및 상황에 맞는 색채 정보의 분석을 토대로 한 합리적인 색체계획이 요구되는 디자인 분야는?
  ① 환경디자인
  ② 제품디자인
  ③ 패션디자인
  ④ 시각디자인

02 유행색 정보와 지난 시즌 인기색상을 토대로 자사의 브랜드 이미지에 맞게 색상을 설정하는 작업은?
  ① 색채디자인
  ② 컬러트렌드
  ③ 색채기획
  ④ 색채마케팅

03 유행의 징조가 보인다고 판단되는 색은?
  ① 예측 유행색
  ② 전위색
  ③ 화제색
  ④ 트렌드 컬러

정답 01 ③ 02 ③ 03 ②

POINT 81 컴퓨터그래픽의 역사

◉ 컴퓨터그래픽의 발달 과정

세대	소자	발전 단계
제1세대 (1946년~ 1950년대 말)	진공관	프린터, XY 플로터
제2세대 (1950년대 말~ 1960년대 말)	트랜지스터	리플레시형 CRT
제3세대 (1960년대 말~ 1970년대 말)	IC(집적회로)	벡터 스캔형 CRT
제4세대 (1980년대)	고밀도 집적회로 (LSI)	래스터 스캔 CRT
제5세대 (1990년대 이후)	바이오 소자와 SVLSI	멀티미디어, 인터넷, 인공지능, GUI

◉ 제1세대 : 진공관 시대

• 컴퓨터의 초기 단계로 최초의 컴퓨터인 에니악의 출현 시기인 1946년부터 1950년대 말까지를 말한다.
• 미국 국방성의 요구에 의하여 1946년 미국의 에커트와 모클리에 의해 최초의 컴퓨터인 에니악(ENIAC)이 탄생하였다.
• 충격식 프린터기인 라인 프린터와 캘컴사의 565드럼 플로터(Plotter)를 통한 문자, 기호의 출력이 가능해졌다.

◉ 제2세대 : 트랜지스터 시대

• 1950년대 말에서 1960년대 중반까지의 시기로, 컴퓨터 소자로 트랜지스터와 파라메트론, 다이오드 등이 사용되었다. 진공관의 단점인 처리 속도, 비용, 크기 등을 보완할 수 있었다.
• CRT를 이용하여 1960년 보잉 737의 설계를 하였으며, 오늘날 CAD(컴퓨터 응용 설계)의 기반을 구축하였다.

• 1963년 MIT에서 스케치 패드(Sketch Pad) 시스템을 실용화하여 오늘날의 CAD와 사용자 환경에 많은 영향을 주었으며, 화면을 보면서 직접 작업하고, 수정하는 대화형 환경을 구축하였다.

◉ 제3세대 : 집적회로(IC) 시대

• 컴퓨터그래픽이 실용화, 활성화된 시기로 1960년대 후반부터 1970년대 말까지 집적회로(IC)와 MSI(중규모 집적회로)를 컴퓨터의 소자로 사용한 시기를 말한다.
• CRT는 벡터 스캔(Vector Scan)형의 등장으로 컴퓨터그래픽스의 적용 범위가 확대되었다.
• 마이크로프로세서의 개발로 CPU가 하나의 칩에 놓이게 되었으며, 반도체 메모리, 캐시 메모리를 사용하였고, 운영체제와 가상 메모리 등의 개념이 확립되었다.
• 제조업 전 분야에 CAD/CAM 시스템이 도입되었으며, 와이어 프레임에 의한 방법이 사용되었다.
• 서덜랜드와 에반스에 의하여 최초의 애니메이션 작품인 하프톤 애니메이션으로 컴퓨터에 의한 애니메이션이 발전하게 되었다.

◉ 제4세대 : LSI(고밀도 집적회로) 시대

• 1970년대 말부터 1980년대에 걸쳐 컴퓨터 소자를 LSI(고밀도 대규모 집적회로)와 VLSI(초고밀도 집적회로)로 사용한 시기를 말한다.
• 1978년 애플사의 최초 개인용 컴퓨터인 애플이 개발되었으며, IBM사에서는 1981년 개인용 컴퓨터인 PC(Personal Computer)를 개발하여 OA(Office Automation)시대가 개막되었다.
• 래스터 스캔 CRT를 이용하여 빛에 의한 가산혼합방식으로 컬러를 표현할 수 있어 현실과 가까운 색상, 선, 면 표시까지 가능해졌다.
• 컴퓨터그래픽의 소프트웨어와 CAD 프로그램, 애니메이션 프로그램이 개발되었으며, 2D, 3D를 이용한 광고, 디자인, 정보, 통신 분야 등에 급격한 발전을 가져왔다.

- 출판 분야에서는 전자출판을 의미하는 DTP의 시대를 열었다.
- 컴퓨터그래픽스를 이용한 애니메이션 기법의 발달로 영화 제작에 큰 변화를 가져왔다.

◉ 제5세대 : GUI, 인공지능 시대

- 1980년대 말부터 1990년대를 거쳐 현재까지의 기간으로, 바이오 소자와 SVLSI(Super VLSI) 등이 사용되었으며, 인공지능(Artificial Intelligence)의 기능이 발전된 시기를 말한다.
- 바이오 소자와 광소자가 개발되었으며, 인공지능 컴퓨터가 등장하였다.
- GUI(Graphical User Interface)가 발전되어 컴퓨터 환경이 사용자 중심의 환경으로 발전하게 되었다.
- 컴퓨터를 통해 영상, 음성, 매체 등의 정보를 각 개인이 자유롭게 이용할 수 있는 종합적인 컴퓨터 기술인 멀티미디어(Multimedia)가 발전하였다.
- 1990년대에 들어서면서 인터넷이 대중화, 개인화되어 정보의 활용도와 홈페이지의 중요성이 높아졌다.
- 1990년대 초반 우리나라에 컴퓨터그래픽스가 도입되면서 영화, 광고, 디자인, 출판, 설계 등에 많은 발전을 가져왔다.

01 컴퓨터그래픽의 개념

◉ 컴퓨터그래픽의 정의

- 컴퓨터그래픽(Computer Graphic)이란 컴퓨터 하드웨어와 소프트웨어를 이용하여 도형이나 그림, 화상 등을 작성하고 만들어 내는 작업과 일련의 기술을 총칭한다.
- 디자인 작업에 맞는 하드웨어와 프로그램을 선정하고, 그 프로그램을 통하여 결과물을 만들어 내는 것을 말한다.
- 컴퓨터그래픽은 2D, 3D, 애니메이션 등의 의미를 모두 포함하고 있다.

◉ 컴퓨터그래픽의 특징

① 장점
- 수작업으로 불가능한 표현이나 효과를 낼 수 있다.
- 상상의 세계를 자유롭게 표현할 수 있으며, 빛에 의한 컬러로 색채 표현이 가능하다.
- 실제와 같은 형태, 음영, 질감 표현이 가능하다.
- 제작물의 형태와 컬러의 수정, 반복, 변형 등 작업이 자유롭다.
- 정확성과 정밀도를 높일 수 있다.
- 시간과 비용을 줄일 수 있으며, 대량 생산이 가능하다.
- 영구 보존이 가능하다.

② 단점
- 디자이너의 도구로써 존재하며, 창조성이나 아이디어를 제공하지는 않는다.
- 자연적인 표현이나 기교의 순수함이 없다.
- 모니터 크기의 제한이 있어 큰 작업물을 한 눈에 볼 수 없다.
- 모니터, 출력, 인쇄의 컬러가 동일하지 않아 교정이 필요하다.

02 컴퓨터그래픽의 원리

◉ 정보의 표현 단위

① 비트(Bit) : 비트(Binary Digit)는 2진수인 0과 1의 조합으로 표현하는 단위로써 디지털 컴퓨터의 최소 연산 단위이다.

② 바이트(Byte)
- 숫자나 영문, 한글 등을 나타낼 수 있는 최소 단위이다.
- 한글은 2바이트로 표현이 가능하다.

③ 워드(Word)
- 하나의 단어를 의미하는 것으로 연산의 기본 단위이다.
- 몇 개의 바이트를 묶어 사용하는 워드는 컴퓨터 CPU의 특성에 따라 다르게 나타나게 된다.

④ 필드(Field)
- 레코드를 구성하는 기본 단위이다.
- 데이터 처리의 최소 단위이다.

⑤ 레코드(Record)
- 연관성 있는 데이터들을 묶어놓은 단위이다.
- 하나 이상의 필드로 구성되어 있다.

⑥ 처리 속도와 기억 용량 단위 : 정보의 크기는 Bit-Byte-KB-MB-GB-TB-PB 순으로 표현되며, 각 단위는 2의 제곱 단위로 상승하기 때문에 정확히 1,024단위로 상승한다.

◉ 기억 용량 단위

- 1Byte = 8Bits
- 1Kilo Byte(KB) = 1,024Bytes(2^{10})
- 1Mega Byte(MB) = 1,024Kilo Bytes(2^{20})
- 1Giga Byte(GB) = 1,024Mega Bytes(2^{30})
- 1Tera Byte(TB) = 1,024Giga Bytes(2^{40})
- 1Peta Byte(PB) = 1,024Tera Bytes(2^{50})

◉ 컬러 시스템

- 컴퓨터그래픽스에서 기본적으로 사용되는 컬러 시스템은 RGB 방식이다.
- RGB 방식은 빛의 3원색인 빨강(Red), 녹색(Green), 파랑(Blue)의 전자총으로 구성되어 있다.
- 인쇄용으로는 CMYK모드로 변경해서 사용해야 한다.
- 컬러 모드의 작업 속도와 색 표현 영역 크기는 LAB 〉 RGB 〉 CMYK 순이다.

03 좌표계

◉ 직교 좌표계

- 각 축의 교차점을 원점(x, y, z)이라고 하며, 원점의 좌표 값은 모두 0, 0, 0의 값으로 표현된다.
- 좌표계에 나타난 점은 원점으로부터의 x, y, z의 값으로 표현되어 정확한 위치를 표시할 수 있다.

◉ 극 좌표계

임의의 점의 위치를 원점으로부터의 거리와 각도의 크기에 따라 정하는 좌표계를 말한다.

객관식 문제

01 정보 용량의 단위를 작은 단위에서 큰 순위로 옳게 나타낸 것은?
① 1KB 〈1GB 〈1MB 〈1TB
② 1KB 〈1MB 〈1TB 〈1GB
③ 1KB 〈1MB 〈1GB 〈1TB
④ 1GB 〈1MB 〈1KB 〈1TB

02 다음 중 원점으로부터의 거리와 각도를 사용하여 좌표를 나타내는 좌표계는?
① 극 좌표계(Polar Coordinate System)
② 모델 좌표계(Model Coordinate System)
③ 원동 좌표계(Cylindrical Coordinate System)
④ 직교 좌표계(Cartesian Coordinate System)

03 다음 컴퓨터 연산의 기본단위의 크기가 바르게 설정된 것은?
① Byte<Bit<Kilobyte<Megabyte
② Kilobyte<Terabyte<Megabyte<Gigabyte
③ Bit<Byte<Kilobyte<Megabyte
④ Kilobyte<Megabyte<Terabyte<Gigabyte

정답 01 ③ 02 ① 03 ③

8과목 2D 그래픽제작

POINT 82 컴퓨터그래픽 1-175

POINT 83 컴퓨터그래픽 시스템 구성

01 입력 장치

컴퓨터로 정보를 전달해주는 장치로, 그림, 도형, 화상, 컬러, 문자 등을 컴퓨터에서 처리가 가능하도록 디지털화하여 전달하는 도구이다.

◉ 키보드(Keyboard)

- 대표적인 입력 장치로 각각의 정보를 가지고 있는 키를 눌러 입력하는 장치이다.
- 숫자, 문자, 기호, 한글, 영문, 한문 등 다양한 기호와 문자 정보를 입력할 수 있다.

◉ 마우스(Mouse)

- 조작이 간단한 마우스는 포인터라고 하는 화살표 모양의 커서를 조정하는 입력 장치이다.
- 볼 마우스, 휠 마우스, 광 마우스 등이 있다.

◉ 디지타이저(Digitizer)와 태블릿(Tablet)

- 디지타이저는 도표, 그림, 설계 도면 등의 좌표 데이터를 컴퓨터로 하여금 읽어들일 수 있도록 하기 위한 입력 장치이다.
- 태블릿은 특수 판 위에 스타일러스 펜과 같은 특수 광학 장치를 이용하여 좌표를 입력하는 장치로써 그림, 그래픽 등에 가장 많이 사용되는 입력 장치이다.

◉ 조이스틱(Joystick)

게임, 시뮬레이터 등에 자주 쓰이는 입력 장치로, 스틱을 움직여서 화면상의 위치를 조정하는 간편한 입력 장치이다.

◉ 스캐너(Scanner)

- 종이, 필름 등에 인쇄되거나 현상된 그림, 문자, 글자 등을 읽어 들여 컴퓨터 내의 프로그램으로 볼 수 있도록 변환시켜 주는 입력 장치이다.
- OCR(광학 문자 판독기) 프로그램을 이용하여 스캔 받은 이미지에서 텍스트 추출 및 변환 작업이 가능하다.

02 중앙 처리 장치

◉ CPU

- CPU(Central Processing Unit)는 크게 기억, 제어, 연산의 기능을 가지고 있으며, 컴퓨터에서 가장 핵심적이고 중요한 부분이다.
- 중앙 처리 장치는 산술논리 연산 장치(ALU)와 제어 장치(Control Unit), 레지스터(Register), 기억장치 인터페이스 등으로 구성되어 있다.

◉ 주기억 장치

컴퓨터 또는 마이크로프로세서에서 직접 연결이 가능한 기억 장치이다.

① ROM(Read Only Memory)

- 비휘발성 메모리로 전원이 끊어져도 지워지지 않고 보관되는 읽기 전용 기억 장치이다.
- 읽는 기능만을 가질 뿐 데이터를 쓰거나 기록하고 삭제하지는 못한다.
- 한 번 내용을 기억시키면 변경이 불가능하기 때문에 컴퓨터 제조 시 기록된다.

② RAM(Random Access Memory)

- 일시적인 휘발성 메모리로 임의 접근 기억 장치이다.
- 데이터를 기록하고, 읽고, 쓰고, 삭제하는 작업을 모두 할 수 있는 기억 장치이다.
- 전원이 끊어지면 동시에 그 기억 내용도 지워지므로 보조 기억 장치에 저장해 놓아야 한다.

◉ 기타 기억 장치

① 가상 메모리(Virtual Memory)
사용하고 있는 프로그램의 메모리가 하드웨어에 내장되어 있는 메모리보다 크거나 더 필요할 때 하드 디스크를 메모리처럼 사용하는 기능을 말한다.

② 캐시 기억 장치(Cache Memory)
고속의 기억 장치로 속도가 느린 주 기억 장치와 속도가 빠른 중앙 처리 장치 사이에서 원활한 정보 교환을 위한 기억 장치이다.

③ 기억 장치의 처리 속도와 용량 순서
- **처리 속도** : 중앙 처리 장치(CPU) 〉 캐시 기억 장치 〉 주 기억 장치(RAM) 〉 보조 기억 장치(하드 디스크/자기 테이프)
- **저장 용량** : 보조 기억 장치 〉 주기억 장치 〉 캐시 기억장치 〉 중앙 처리 장치

01 중앙 처리 장치(CPU)에 대한 설명 중 잘못된 것은?
① 컴퓨터의 속도는 CPU의 속도에 의해 좌우된다.
② CPU는 사람으로 치면 두뇌에 해당하는 구성요소이며 마이크로프로세서라고도 한다.
③ CPU는 크게 제어장치, 연산장치, 출력장치로 구성되어 있다.
④ CPU는 계산 작업을 수행하는 장치로써 명령어를 실행하고 데이터를 처리한다.

02 다음 RAM(Random Access Memory)의 기능에 대한 설명 중 틀린 것은?
① 정보를 읽기만 하는 기억 장치이다.
② 저장 혹은 지움 등의 명령에 의해서만 읽혀지는 휘발성 메모리이다.
③ 정보를 교환, 처리하는 기능이다.
④ 입력장치로부터 제공된 데이터를 처리하는 기능이다.

03 기억된 정보를 읽어낼 수는 있으나 변경시킬 수 없는 메모리이며, 주로 부팅 시 필요한 프로그램이나 변경될 소지가 없는 데이터 메모리로 사용되는 것은?
① RAM
② ROM
③ Hard Disk
④ WebHard

04 어떤 프로그램의 권장 메모리가 시스템 내의 실제 RAM보다 커서 사용할 수 없을 경우, 올바른 해결 방법은?
① RAM Disk를 사용한다.
② ROM(Read Only Memory)을 증가시킨다.
③ 가상메모리(Virtual Memory)를 이용한다.
④ 비디오 램(Video RAM)을 증가시킨다.

정답 **01** ③ **02** ① **03** ② **04** ③

POINT 84 출력 장치

01 모니터(Monitor)

- 흑백 또는 컬러로 된 CRT(음극선관-Cathod Ray Tube) 표시 화면을 갖춘 장치이다.
- TV화면보다 고밀도의 선명한 영상을 만들어내는 디스플레이 장치를 모니터라고 할 수 있다.

◉ CRT 모니터

- 퍼스널 컴퓨터가 생기면서부터 가장 많이 사용되고 있는 브라운관 구조의 모니터로 가장 일반적이다.
- CRT 모니터는 LCD 모니터보다 디스플레이되는 속도가 빠르며, 가격이 저렴하다.
- 화면이 커서 그래픽 작업에 용이하지만 눈의 피로가 많고, 부피가 크며, 전력이 많이 소모된다.

◉ LCD 모니터

- LCD 형식이란 액체와 고체의 중간적인 성질인 액정을 이용한 화면 표시 장치이다.
- LCD 모니터는 부피와 크기가 작아 휴대용 노트북, 멀티미디어 PC 등에 많이 쓰이고 있다.
- LCD나 플라즈마 모니터는 CRT 모니터보다 작고 얇으며, 전력이 적게 들어 작은 구조로도 가능한 것이 특징이다.
- 화면이 각도와 빛의 밝기에 따라 다르게 보이므로 정밀한 작업에 어려움이 있다.

◉ PDP 모니터

- 플라즈마 가스의 발광을 이용하여 화면을 표시하는 장치이다.
- 고해상도이며, 화면 떨림이 없어 눈의 피로가 덜하고, 대형 표시가 가능하다.
- 가격이 비싸고 전력소모가 많으며 많은 열이 발생한다.

◉ LED 모니터

- 발광 다이오드를 이용하여 화면을 표시하는 장치이다.
- 전등에 비해 전력 소모가 적고, 내구성이 우수하며, 회로가 간단하여 컴퓨터, 프린터, 오디오, VTR 등 각종 가전제품 전면판의 표시등으로 사용한다.
- 가격이 비싸다.

02 프린터(Printer)

- 프린터는 사용자가 작업한 문서, 이미지, 그림, 문자 등의 데이터를 종이나 필름 등에 인쇄할 때 사용되는 출력 장치를 말한다.
- 흑백과 컬러, 충격식과 비충격식으로 분류한다.

◉ 흑백 프린터

컬러가 아닌 흑백의 명암(그레이스케일)으로만 출력하는 것을 말하며, 도트 매트릭스 방식, 잉크젯 방식, 레이저 방식으로 구분할 수 있다.

◉ 컬러 프린터

- 컬러 프린터기는 흑백의 명암(그레이스케일)과 여러 색으로 표현될 수 있는 각종 문서, 문자, 그림, 이미지 등을 출력하는 장치이다.
- 잉크젯 방식, 열 전사 방식, 레이저 방식, 디지털 방식으로 구분할 수 있다.

◉ 출력 장치의 기능과 현상

- **스풀** : 입출력 데이터를 고속의 보조 기억 장치에 일시 저장해 두어 중앙 처리 장치가 보다 빠르게 프로그램의 처리를 계속하게 하는 방법이다.
- **모아레 현상** : 스크린의 각도가 맞지 않아 망점이 서로 겹치면서 발생되는 노이즈 현상이다.
- **트랩** : 4도 분판 출력 시 각 필름을 미세하게 겹쳐서 흰 여백을 없애도록 조절하는 기능이다.

◉ 플로터(Plotter)

- 대형 인쇄물을 출력할 수 있는 출력기로 도면, 건축용 CAD 등을 출력하는 장치이다.
- A0(841×1189mm) 이상까지 출력이 가능하고 C, M, Y, K의 잉크 뿐만 아니라, 8색까지도 프린트한다.
- 사인물이나 현수막 등의 글자 및 도안에 사용된다.

◉ 필름 레코더(Film Recorder)

- 컴퓨터에서 나온 최종 디지털 이미지 데이터를 컬러 필름에 출력하는 장치이다.
- 필름의 출력 사이즈는 35mm부터 가능하다.

01 스크린의 각도가 맞지 않아 망점이 서로 겹치면서 발생되는 노이즈 현상을 무엇이라고 하는가?

02 다음 컴퓨터그래픽 시스템 구성 중 출력 장치는?
① 키보드
② 플로터
③ 스캐너
④ 디지타이저

03 다음 중 모아레 현상에 관한 설명으로 **틀린** 것은?
① TV에서 가는 줄무늬 의상을 촬영할 때 모아레 현상이 생긴다.
② 하프톤 스크린이 잘못 설정되었을 때 나타난다.
③ 인쇄물 이미지를 스캔할 경우에는 필터를 이용하여 모아레 현상을 막을 수 있다.
④ 하프톤 도트 모아레 패턴은 모니터 상에서 교정이 가능하다.

04 다음 중 화상 이미지를 표현하는 출력장치로써 그래픽 카드의 신호를 받아들여 시각적 형태의 영상물로 나타내주는 것은?
① 모니터
② 프린터
③ 플로터
④ 스캐너

정답 01 모아레 현상 02 ② 03 ④ 04 ①

이론

8과목 2D 그래픽 제작

01 2D 이미지

◉ 픽셀(Pixel)

- 컴퓨터 이미지를 구성하는 최소 단위의 점을 픽셀이라고 한다.
- 모니터를 통해서 보는 모든 이미지는 픽셀 단위로 매우 작은 사각형의 점들로 구성된다.
- 비트맵 이미지를 처리하는 그래픽 프로그램에서 표현하는 이미지를 확대하면 최종 정사각형 픽셀들로 구성되어 있다.
- 바둑판 같은 그리드를 형성하고 그리드로 된 픽셀 전체에 각각의 값이 할당되어 완전한 이미지를 형성한다.

◉ 해상도

- 화면 또는 인쇄에서 이미지의 정밀도를 나타내는 지표이다.
- 디지털 이미지를 구성하는 픽셀의 수를 뜻한다.
- 해상도가 높을수록 이미지가 깨끗하고 선명하게 보인다.

① dpi(dots per inch) 해상도
- 1인치 당 점(dot)의 개수
- 인쇄를 목적으로 이미지를 편집할 때 사용
- **출판을 위한 컬러 이미지** : 300dpi,

② ppi(pixels per inch) 해상도
- 1인치 당 픽셀(pixel)의 개수
- **모니터용 컬러 이미지** : 72 또는 96ppi 등으로 사용

02 디지털 이미지 최적화

◉ 벡터 이미지(Vector Image)

- 그래픽 화면에서 각 선분이나 곡선 요소, 위치, 두께 등을 수학적 연산에 의해 표현하는 방식이다.
- 벡터 이미지는 패스라는 각각의 점으로 구성되어 있으며, 이 점들은 베지어 곡선으로 형성된다.
- 심벌마크, 로고타입, 문자, 캐릭터 등 명확한 형태의 도형 표현에 사용된다.
- 일러스트레이터, 프리핸드, 코렐드로우, CAD 등에 사용하고 있는 방식이다.

① 벡터이미지 장점
- 수학적인 도형으로 수정과 변형이 쉽다.
- 출력하거나 확대해도 이미지의 손상이 없다.
- 파일의 크기가 작다.

② 벡터 이미지 단점 : 비트맵 이미지처럼 자연스러운 이미지와 색상 표현에 한계가 있다.

◉ 비트맵 이미지(Bitmap Image)

- 픽셀로 구성된 이미지로 래스터 이미지라고도 부른다.
- 픽셀마다 색 정보를 가지고 있으므로 사진이나 그림을 표시하는데 적합하다.
- 픽셀의 양에 의해 이미지의 품질이 결정되므로 벡터 이미지에 비해 용량이 크다.
- 비트맵 방식에서 이미지의 상태는 해상도와 크기로 결정되기 때문에 사용 목적을 고려하여 디자인을 수행한다.
- 포토샵이나 페인터, 페인트샵 프로 등에서 사용되는 방식으로, 픽셀이 모여서 표현되는 방식이다.

03 그래픽 파일 포맷의 최적화

◉ 벡터 파일포맷

AI	벡터 이미지 소프트웨어의 기본 파일 포맷
EPS	• 인쇄할 때 사용하는 파일 포맷 • 고해상도 그래픽 이미지를 표현
PICT	• 매킨토시용 표준 그래픽 파일 포맷으로 16 또는 32비트 색상을 처리 • 비트맵과 벡터 이미지를 동시에 저장 가능
SVG	• 가변 벡터 도형 처리 포맷 • 2 차원 벡터 그래픽을 표현하기 위한 XML 기반의 파일 형식

◉ 비트맵 파일 포맷

PSD	• 비트맵 이미지 소프트웨어인 포토샵의 기본 파일 포맷 • 이미지 뿐만 아니라 레이어, 채널, 패스 등의 정보를 모두 저장할 수 있으며 파일 용량이 큰 포맷
JPEG(JPG)	• 이미지의 손상을 최소화시켜 압축할 수 있는 포맷 • 높은 압축률과 작은 파일 용량, 정교한 색상 표현으로 그래픽 파일 포맷 중 가장 널리 사용되는 방법
TIFF(TIF)	• 고해상도 출력, 이미지 스캐닝 및 전송을 위해 사용하는 포맷 • PC 와 매킨토시에서 공통으로 사용
BMP	• 24 비트 색상을 포함하는 윈도우 시스템의 기본 그래픽 파일 포맷 • 윈도우에서 호환성이 좋으나 용량이 다른 포맷들에 비해 큼

◉ 기타 파일 포맷

GIF	• 배경이 투명한 이미지와 애니메이션 파일 제작이 가능 • 웹 상에서 가장 많이 사용하는 파일
PNG	• 인터넷 환경에서 사용하는 GIF와 JPEG의 장점을 합친 것 • GIF의 8비트 컬러를 극복하고 32 비트 트루컬러를 표현
PDF	• 아크로벳의 파일 포맷 • 서체, 프린팅 기술을 지원하기 위해 국제 표준 페이지 기술 언어인 포스트스크립트를 기반으로 개발한 소용량 형식

2D 그래픽 프로그램

▶합격 강의

01 소프트웨어를 활용한 이미지 표현

◎ 2차원 그래픽

그래픽 관련 프로그램이란 컴퓨터상에서 그림이나 문자, 도형, 편집 등을 작업할 수 있는 프로그램을 말한다.

① 드로잉 프로그램(Drawing Programs)

- 넓은 의미로 회화, 사진, 도표, 도형 등 문자 외의 시각화된 이미지로 벡터 방식의 드로잉 프로그램을 이용하여 제작한다.
- 좌표 값을 이용하여 정확하게 도형과 문자를 제작하고 편집과 수정이 용이하다.
- 확대, 축소 변형에도 이미지 왜곡이 없고 윤곽선이 명료하다.
- 대표 소프트웨어
  - 일러스트레이터(Illustrator)
  - 코렐드로우(CorelDRAW)

② 이미지 프로세싱

- 이미지를 구성하는 픽셀의 값을 변화시키는 비트맵 계열의 이미지 편집 프로그램에서 사용한다.
- 이미지를 수정, 보완, 합성하거나 색상 값을 조절하여 디자인에 필요한 소스로 제작한다.
- 타 프로그램 간의 호환성이 뛰어나므로 광고, 출판, 웹, 영상 등의 다양한 분야에서 사용한다.
- 대표 소프트웨어
  - 포토샵(Photoshop)
  - 페인터(Painter)

③ 편집 프로그램(Editing Program)

- 1984년 미국 알더스 사가 발표한 개인 수준의 전자 출판 편집 시스템이다.
- 서적이나 신문, 브로슈어 등의 인쇄 매체나 웹진, 전자책과 같은 전자 매체의 편집 디자인을 위해 전문적인 출판 프로그램을 이용한다.
- 원고 집필에서 레이아웃, 교정 및 출력에 이르는 전 과정을 컴퓨터 시스템으로 진행한다.

- 대표 소프트웨어
  - 인디자인(InDesign)
  - 쿼크익스프레스(QuarkXPress)

02 그래픽 소프트웨어

◎ 일러스트레이터(Illustrator)

- 벡터 방식인 일러스트레이터에서는 그래프나 도형, 문자, 글자 등의 드로잉 작업이 가능하다.
- 수정 보완이 자유로우며, 축소, 확대, 변형에도 이미지의 왜곡이 없는 것이 장점이다.
- 해상도의 영향을 받지 않는다.
- 작업 범위로는 일러스트, 심벌 마크 작업, 캐릭터, 패턴, 문양 등이 포함된다.

◎ 포토샵(Photoshop)

- 비트맵 방식의 프로그램인 포토샵은 현재 세계에서 가장 많이 쓰일 정도로 활성화되어 있다.
- 디자인에 관련된 모든 작업에도 포토샵을 많이 사용한다.
- 실제 사진 이미지를 수정 보완하거나 변형, 합성 등으로 또 다른 이미지를 만들 수 있으며, 원하는 색상과 효과 등을 적용할 수 있다.
- 각종 웹 디자인, 광고 디자인, 편집 디자인 등에 많이 사용된다.
- 72DPI : 화면용 이미지, 홈페이지, CD-ROM 타이틀, 게임 등
- 150~200DPI : 신문이나 저해상도 이미지, 시안 작업 등
- 300~350DPI : 고해상도 이미지, 고급 출판물, 서적, 잡지 등

◉ 페인터(Painter)

- 일러스트레이션을 전문적으로 제작하는 사람들이 주로 사용하는 소프트웨어이다.
- 연필, 지우개, 붓, 펜파스텔, 목탄, 수채화 등 다양한 도구들이 지원된다.

◉ 인디자인

- 어도비 시스템즈에서 제작한 출판 레이아웃 소프트웨어이다.
- 레이아웃 조정 기능을 이용하여 기존 레이아웃을 빠르고 간단하게 변경할 수 있다.
- 그래픽, PDF, 영상, 텍스트 파일을 가져올 수 있다.
- 커닝과 자간을 사용하여 글자 간격을 정확하게 조정하고 문자 및 단락 스타일을 작업에 적용하여 글꼴 및 대량의 텍스트 서식을 빠르게 지정할 수 있다.
- Publish Online 기능을 사용하여 버튼, 슬라이드 쇼, 애니메이션 등 다양한 요소가 포함된 인터랙티브한 버전으로 문서를 변환할 수 있다.

기적의 TIP

안티 앨리어싱(Anti-aliasing)
- 픽셀과 픽셀로 이어지는 가장자리 부분에 중간색을 넣어 부드럽게 보이게 하는 방식을 안티 앨리어싱이라고 한다.
- 중간 계조를 없애고 표현한 방식을 앨리어싱이라고 한다. 이때는 중간의 데이터가 없기 때문에 이미지가 지그재그의 계단 형태로 보인다.

객관식 문제

01 다음 중 2D 그래픽 소프트웨어가 <u>아닌</u> 것은?
① 포토샵(Photoshop)
② 페인터(Painter)
③ 일러스트레이터(Illustrator)
④ 스트라타 스튜디오 프로(Strata Studio Pro)

02 그래픽 소프트웨어의 벡터 프로그램 중 일러스트레이터에 대한 설명이 <u>잘못된</u> 것은?
① Adobe사에서 만든 드로잉 프로그램이다.
② 마이크로소프트의 대표적인 프로그램이다.
③ 로고 및 심플 디자인에 많이 쓰인다.
④ 포토샵과 더불어 2D 프로그램의 대표적인 소프트웨어이다.

03 일러스트레이터에서 두 오브젝트 간의 색채 및 모양의 단계적 변화를 위한 명령은?
① Blend
② Shear
③ Skew
④ Effects

04 그래픽 프로그램 사용 시 고려사항으로 적절하지 <u>않은</u> 것은?
① 컬러모드
② 해상도
③ 이미지 크기
④ 프로그램 크기

정답 01 ④ 02 ② 03 ① 04 ④

8과목 2D 그래픽제작

POINT 86 2D 그래픽 프로그램 1-183

POINT 87 2D 그래픽 제작

01 2D 그래픽 구성 요소

◉ 일러스트레이션

일러스트레이션은 전달 내용이나 주제를 상징적, 풍자적, 해학적, 설명적, 장식적으로 표현할 때 매우 효과적이다.

◉ 사진

- 사진은 전달하고자 하는 내용을 사실적으로 보여 줄 때 매우 효과적인 요소이다.
- 사실성과 현장성이 강해 정보 전달의 신뢰도를 높일 수 있다.

◉ 타이포그래피

- 정보전달을 위해 가독성을 고려한다.
- 심미적 기능의 타이포그래피를 위해 서체, 크기, 위치, 색상 등의 미적요소를 조율하고, 이미지와의 관계를 고려하여 표현기법을 정하고 배치한다.

02 2D 이미지 합성 보정

◉ 이미지 레이어

여러 장의 이미지를 중첩되게 쌓아서 위에 있는 이미지의 부분을 오리고 또는 블렌드모드로 색상값을 합치는 등, 새로운 이미지 조합에 사용되는 필수 기능이다.

◉ 알파채널

- 흑백의 이미지를 말하여 마스크로 사용된다.
- 마스크란 작업영역을 분할하고 선택하며 레이어 상에서는 이미지를 오려내서 투명하게 보이게 된다.

▲ 선택을 마스크로 전환한 모습 /
선택부분을 지운 모습(알파채널 추가)

◉ 블렌드모드 개념 및 종류

- Normal : 상하위 두 이미지 합성을 하지 않은 상태
- Multiply : 상위 색상값을 곱하는 방식으로 어두운 색이 합쳐지는 효과를 냄
- Darken : 상위 레이어의 어두운 부분 중심으로 하위 레이어에 합성되는 방식
- Lighten : 상위 레이어의 밝은 부분 중심으로 하위 레이어에 합성되는 방식
- Screen : 상하위 두 이미지의 밝은 색이 합쳐져서 이미지가 밝아짐
- Difference : 상위 이미지를 리벌스 합성하는 방식으로 보색으로 표현됨
- Grain merge : 상하 이미지의 질감 합치기 방식으로 이미지들이 합성됨

◉ 이미지의 음영 및 색상 보정하기

이미지 수정 방법 : 포토샵 Image 메뉴의 Adjust-ment에 있는 세부 메뉴에서 여러 조절 방식을 사용하여 한다.

- Brightness/Contrast : 이미지를 수정할 때 많이 활용하는 메뉴로, 밝고 어둡게 하거나 색상의 대비를 조절하여 전체적인 이미지를 수정한다.
- Levels : 이미지의 어두운 톤, 중간 톤, 밝은 톤의 밝기를 조절하여 이미지 수정을 한다.
- Curves : 곡선 그래프를 이용하여 색상의 대비와 밝기를 조절할 수 있다. Levels에 비해 정교한 수정이 가능하고, 채널을 설정하여 색상 조절도 할 수 있다.
- Hue/Saturation : 명도, 채도, 색상을 조정할 수 있다.
- Color Balance : 수정하고자 하는 이미지의 색상을 조절하면서 변경할 수 있다.
- Variations : 이미지의 색상을 조절할 수 있는 메뉴이며, 여러 개의 창으로 되어 있어 색상 변화의 결과를 바로 알 수 있다.

단답형 문제

01 이미지, 텍스트 또는 벡터 그래픽을 서로 다른 픽셀 위에 겹치지 않고 편집하여 품질 저하 없이 편집할 수 있도록 하는 것은?

객관식 문제

02 작업영역을 분할하고 선택하며 레이어 상에서는 이미지를 오려내서 투명하게 보이게 되는 기능은?
① Blend Mode
② Opacity Layer
③ Path
④ Mask

03 블렌드 모드 중 상위 색상값을 곱하는 방식으로 어두운색이 합쳐지는 효과는?
① Darken
② Multiply
③ Lighten
④ Grain merge

04 포토샵에서 이미지의 어두운 톤, 중간 톤, 밝은 톤의 밝기를 조절하여 이미지 수정하는 색상 보정 기능은?
① Levels
② Curves
③ Hue/Saturation
④ Color Balance

정답 01 레이어 02 ④ 03 ② 04 ①

이론

8
과목
2D 그래픽 제작

POINT 88 레이아웃 구성

01 레이아웃 구성요소

◉ 타이포그래피

- 메시지 전달이라는 측면에서 중요한 레이아웃 구성 요소이다.
- 타이포그래피의 적절한 선택과 표현은 독자와의 커뮤니케이션을 보다 쉽고 명확하게 한다.

◉ 사진 및 일러스트

- 내용을 쉽고 빠르게 전달하면서 이해되도록 도와주는 역할을 한다.
- 독자들의 호기심을 유발시키고 시선을 끄는 도구로 사용된다.
- 사진과 일러스트는 비언어적 수단으로써 그 자체로 커뮤니케이션의 수단이 된다.

◉ 색상

- 독자의 시선과 흥미, 주목을 끌고 기억하는데 중요한 역할을 한다.
- 구성요소들과의 조화를 이루게 하고, 판면을 정리해 줌으로써 레이아웃의 산만함을 배제시키고 통일감을 유지시킨다.

◉ 여백

- 지면의 비워진 흰 공간을 의미하며 레이아웃 구성요소 간의 조화와 통일감을 주기 위해 적절한 여백이 요구된다.
- 여백은 다른 구성요소들을 배치하고 남은 공간이 아닌 다른 구성요소들과 같은 비중으로 취급되어 레이아웃 시작하는 단계에서부터 여백을 미리 염두에 두는 것이 좋다.

01 레이아웃 배치

◉ 레이아웃 배치 원리

① 통일과 변화
- 구성요소들이 질서를 이루는 것
- 독자가 쉽게 내용을 파악
- 지나친 통일감은 딱딱하고 지루함을 줄 수 있음

② 변화
- 적절한 변화는 메시지 전달에 효과적
- 극단적 변화는 산만한 느낌을 줄 수 있음

③ 균형
- 어느 한 쪽으로 치우치지 않은 안정감

④ 율동
- 통일을 바탕으로 한 움직임, 리듬감을 줌
- 생기를 불어넣어 경쾌한 느낌을 줌

⑤ 강조
- 공간의 단조로움을 피하고, 힘의 강약을 조절하는 것
- 내용을 강조하고, 시각적으로 주목을 유도

◉ 레이아웃 구성요소 배치 특성

- 상단 위치 : 주목도가 가장 높음
- 하단 위치 : 가장 안정적이고 무거움과 정지감이 함께 느껴짐
- 중간 위치 : 균형적으로 느껴지고 안정적인 분위기와 주목성은 보통 수준임

◉ 그리드 레이아웃의 필요성

- 다양한 디자인 요소들을 일관성있게 배치하기 위한 가이드라인 역할을 한다.
- 디자인의 모든 요소들을 서로 융화시킬 수 있고 디자인에 질서를 적용할 수 있는 하나의 수단이다.
- 매체의 지면을 구성하는 요소들이 시각적 질서와 일관성을 유지할 수 있도록 하기 위한 도구이다.

03 그리드의 종류

편집디자인 작업 시 디자인 형태에 목적에 맞게 컬럼(단)의 수를 선택하여 사용한다.

• **1단 그리드** : 설명문, 보고서, 논문, 단행본에서 많이 볼 수 있는 기본적인 그리드 형태로서 내용이 연속적인 글에 적용한다.

• **2단 그리드** : 카탈로그, 소책자에서 볼 수 있는 형태로서 텍스트의 양이 많거나 구성요소가 다양할 때 단을 나누어 적용한다.

• **다단 그리드**
  - 잡지나 신문에서 볼 수 있는 가장 많이 사용하는 형태로서 2단 그리드 보다 많은 구성요소들을 배치 할 때 사용한다.
  - 칼럼(단)의 수가 많아지면 그리드 활용도와 가독성이 높아진다.

• **모듈 그리드** : 달력, 그래프, 졸업 앨범에서 볼 수 있는 단을 여러 개로 나눈 형태로서 구성요소가 많고 복잡한 정보에 적용한다.

• **계층 그리드** : 웹사이트에서 볼 수 있는 형태로서 스크롤 바를 내려가면서 읽기 편하도록 여러 개의 가로 단으로 분할하여 적용한다.

1단 그리드

2단 그리드

다단 그리드

모듈 그리드

계층 그리드

---

01 디자인 콘셉트에 맞는 이미지 레이아웃 구성 방법과 거리가 먼 것은 무엇인가?
  ① 사람의 시선이 이동되는 순서를 고려하여 순서대로 읽힐 수 있도록 유도되는 배치
  ② 이미지는 텍스트와 일치하는 이미지를 선택하고 배치
  ③ 구성요소들을 조형원리에 의해 체계적인 질서를 가지고 배치
  ④ 아트웍 요소들의 파일 포맷을 고려하여 선택

02 편집 디자인에서 레이아웃의 형태로는 크게 프리(Free)방식과 그리드(Grid)방식으로 나눌 수 있는데 다음 설명 중 그리드(Grid)의 설명이 **아닌** 것은?
  ① 원래의 뜻은 그물이며 그래프지나 바둑판 모양의 구조를 말한다.
  ② 하나의 시각적 작품을 응결시켜주는 하부 구조이다.
  ③ 하나의 조직이며 시간을 절약하고 지속감을 부여하는 데 도움을 준다.
  ④ 곡선을 많이 사용하고 디자이너의 직관력에 의존하는 것이다.

03 편집 디자인의 레이아웃 요소 중에서 계획된 편집물들을 지면 안에 배치하는 작업으로 내용과 중요도에 따라 각각 분할하여 배열하는 것을 무엇이라고 하는가?
  ① 포맷
  ② 라인 업
  ③ 타이포그래피
  ④ 마진

정답 01 ④ 02 ④ 03 ②

01 사진과 일러스트

◉ 사진

• 사진은 단지 기록, 보존의 수단을 벗어나 이미지 연출의 개성화 또는 계획된 시각 표현 등 다각도의 표현 방법이다.
• 사진만으로 구현이 어려운 내용일 경우 보다 풍부한 표현이 가능한 일러스트를 사용한다.

◉ 일러스트

• 일러스트는 과학적으로 증명이 어려운 내용이거나 현실 재현이 불가능한 내용을 소개할 때 매우 효과적이다.
• 현실성을 직접 보여주기보다는 가볍고 재미있는 묘사로 표현하기도 한다.
• 개성이 없고 기성의 일러스트는 화면의 긴장도를 낮추는 방해요소로 작용될 수 있으므로 선택에 주의해야 한다.

◉ 사진과 일러스트의 효과

• 글의 내용을 쉽게 이해되도록 도와주는 역할과 함께 독자들의 호기심과 시선을 끄는 도구로 사용된다.
• 기사의 내용을 빠르고 쉽게 전달하는 중요한 역할을 수행한다.
• 이미지로 보여 주는 효과는 독자에게 주목 받고 선호도가 더 크게 나타난다.
• 사진과 일러스트는 레이아웃을 잡을 때 시선 이동의 중요한 요소이다.
• 사진과 일러스트의 크기, 위치, 명암, 방향, 개성의 강도에 따라 시선이 우선적으로 가는 곳이 결정된다.
• 잘 배치된 이미지는 본문의 내용을 구체적으로 시각화시키고 설득력을 갖게 하는 역할을 하여 레이아웃에 큰 효과를 준다.

◉ 사진, 일러스트레이션 이미지 사용 시 주의 사항

① CMYK 컬러 모드

• 컴퓨터 모니터에 보이는 색상은 RGB(Red, Green, Blue) 모드이기 때문에 인쇄 매체에 사용될 이미지를 작업할 때는 반드시 CMYK(Cyan, Megenta, Yellow, Black) 모드로 설정한다.

② 해상도 설정

• 해상도는 텔레비전이나 컴퓨터 화면 또는 인쇄물에서 이미지를 표현하는 데 1인치당 도트(Dot)의 개수로 나타낸 선명도를 말한다.
• 컴퓨터 화면에 사용하려면 72dpi, 인쇄 매체에 사용하려면 300dpi로 설정한다.

③ 트리밍

• 트리밍은 이미지의 주제를 강조하거나 약하게 하기 위해 이미지를 확대 또는 축소하면서 불필요한 부분을 잘라 내거나 없애는 것을 말한다.
• 품질이 떨어지거나 지나치게 작은 사진을 사용할 경우에는 최소 50% 이하 축소, 최대 120% 이상 확대하는 것을 지양하고 명암, 질감, 색상 등에서 약간의 보정이나 수정을 한다.

④ 기타

• 이미지가 많이 들어가는 지면을 디자인할 때는 지면 사이즈의 외곽선을 흰색으로 지정한다.
• 출력 과정에서 이미지 위치나 순서가 바뀔 수가 있으니 그룹으로 묶어 주어야 한다.
• 이미지 외곽선이 들어갈 때는 반드시 선이 들어간다고 체크를 해 주어야 한다.

02 이미지 외주 제작

- 직접 제작하기 어려운 시각화 이미지를 전문적인 외부 제작사에 의뢰하여 제작하게 하는 것을 말한다.
- 사진작가, 일러스트레이터, 캘리그래퍼, 3D 모델링 디자이너 등이 이에 해당된다.

◉ 외주 작가 섭외 방법

필요한 이미지를 제작할 수 있는 디자인 관련 전문 회사를 검색하여 문의 후 진행한다.

◉ 이미지 의뢰 방법

- 구두로 전달하기보다는 문서 형태로 된 작업 의뢰서를 최대한 자세하게 작성하여 업무 작업 사항을 명확히 제시한다.
- 의뢰서에는 의뢰자, 의뢰일, 제품명, 제작 기간, 이미지 컷 수, 크기, 내용 또는 줄거리, 특징, 유의 사항 등을 명시한다.
- 의뢰서와 별도로 이미지 제작 진행 시 계약서를 작성하여 비용, 기간, 저작권 문제, 수정, 보안 등에 대한 구체적인 사항도 명시하고 협의하여 진행하는 것이 바람직하다.

이론

8 과목 2D 그래픽 제작

01 컴퓨터그래픽스 색상

◉ 컴퓨터그래픽스 색상 표현

- 컴퓨터그래픽스에서 표현할 수 있는 색 체계는 크게 RGB, CMYK, Grayscale, Lab 등을 들 수 있다.
- 기본적인 컬러 시스템은 RGB를 기준으로 하고 있다.
- 컬러의 표현 영역 크기는 CIE Lab 컬러 → RGB 컬러 영역 → CMYK 컬러 영역 순이다.

◉ 캘리브레이션(Calibration)

모니터와 실제 인쇄물과의 색상이 일치하지 않을 때 여러 과정을 통해 일치하도록 조정해 주는 작업을 말한다.

02 컬러 모드

◉ RGB 모드

- RGB 모드는 비트맵 방식의 기본이 되는 색상이다.
- 빛의 3원색, 빨강(Red), 남색(Blue), 녹색(초록–Green)의 3색을 기본으로 색상을 표현한다.
- 모니터, 영상, 홈페이지 등 화면용 작업에 많이 활용된다.

◉ CMYK 모드

- 인쇄(4도 분판)나 프린트에 사용되는 모드이다.
- CMYK 모드는 혼합할수록 어두워지는 감산혼합이며, RGB 모드에 비하여 색상 표현이 제한적이다.
- RGB모드에서 볼 때 보다 색상이 더 탁하거나 표현하지 못하는 색상도 있다.
- 4도 분판은 하나의 이미지를 인쇄하기 위해 4도를 분리, 출력하며 각각의 분판은 컬러 값이 흑색 망점으로 표현된다.

◉ HSB 모드

- 색의 3속성인 색상Hue 채도Saturation 명도Brightness를 이용하여 색을 혼합한다.
- 알파 값이 0에 가까우면 투명해지고 1에 가까울수록 불투명해진다.
- 색조인 Hue는 표준색상환의 위치로 측정하여 0~360도 각도로 표시해준다.
- 채도인 Saturation은 색상에 포함된 회색의 양을 0~100%의 퍼센트로 측정해준다.
- 명도인 Brightness는 0(검정)~100%(흰색)로 표현한다.

◉ Lab 모드

- CIE(국제조명위원회)에서 제안한 모델을 기반으로 서로 다른 환경에서도 이미지의 색상을 유지해 주기 위한 컬러 모드이다.
- L(명도), ab는(빨강/초록, 노랑/파랑)의 값으로 색상을 정의한다.
- PSD, EPS, PDF, TIFF, DCS 1.0 또는 DCS 2.0 형식으로 저장할 수 있다.

◉ Grayscale 모드

- 이미지에 여러 가지 회색 음영을 사용한다.
- 8비트 이미지에는 최대 256가지의 회색 음영을 사용할 수 있다.
- 회색 음영 값은 검정 잉크 적용 비율(0%는 흰색, 100%는 검정에 해당)로도 측정할 수 있다.
- 회색음영모드에서는 컬러적용이 구현되지 않는다.

◉ Duotone 모드

1-4가지 사용자 정의 잉크를 사용하여 단일톤, 이중톤(2색), 삼중톤(3색) 및 사중톤(4색)의 회색 음영 이미지를 만든다.

● Indexed Color 모드

- 최대 256가지의 색상을 사용하여 8비트 이미지 파일을 만든다.
- 인덱스 색상으로 변환할 경우 Photoshop은 색상 검색표(CLUT)를 만들어 이미지의 색상을 저장하고 인덱스화 한다.
- 색상 검색표에 원본 이미지의 색상이 없는 경우에는 프로그램에서 가장 비슷한 색상을 선택하거나 디더링을 이용하여 원본 색상을 시뮬레이션 한다.
- 색상 팔레트는 제한적이지만 인덱스 색상을 사용하면 파일 크기를 줄이면서 멀티미디어 프레젠테이션, 웹 페이지 등에 필요한 화질을 유지할 수 있다.
- 편집이 제한되어 편집 범위를 넓히려면 임시로 RGB 모드로 변환해야 한다.
- PSD, BMP, DICOM, GIF, Photoshop EPS, PDF, PNG 등의 형식으로 저장할 수 있다.

기적의 TIP

디더링
- 제한된 색을 이용하여 음영이나 색을 나타내는 것이며, 여러 컬러의 색을 최대한 맞추는 과정이다.
- 수치와 색상에 따라 나소 거칠게 보일 수 있다.

단답형 문제

01 비트맵 방식의 기본이 되는 색상이며, 빛의 3원색으로 컬러를 구현하는 모드는?

객관식 문제

02 다음 HSB 컬러 모드에 대한 설명으로 틀린 것은?
① 채도는 색의 강도 또는 순수한 정도를 나타낸다.
② 색상(Hue), 채도(Saturation), 명도(Brightness)에 의해 색을 표현하는 방식이다.
③ 명도 0%는 흰색이며, 명도 100%는 순수한 검정이다.
④ 색상은 일반적 색체계에서 360°의 단계로 표현된다.

03 24비트 컬러 중에서 정해진 256컬러의 컬러표를 사용하는 컬러 시스템은?
① Gray Mode
② Bitmap Mode
③ CMYK Mode
④ Index Color Mode

04 모니터의 출력 시스템 간의 색상 차이를 보정하기 위한 작업을 지칭하는 말은?
① 디티피(DTP)
② 하프톤 스크린(Halftone Screen)
③ 캘리브레이션(Calibration)
④ 리터칭(Retouching)

정답 **01** RGB 모드 **02** ③ **03** ④ **04** ③

01 판형과 판면

◉ 판형(判型)

- 판형은 책의 크기를 말한다.
- 4×6판, 4×6배판, 국판, 국배판 등이 있다.
- 종이를 어떻게 자르는가에 따라 책의 크기가 결정된다.
- 시중에서 유통되고 있는 종이 규격은 4×6전지, 국전지이다.
- 4×6전지는 한 변이 788mm, 다른 한 변이 1,090mm이다.
- 국전지는 한 변이 636mm, 다른 한 변이 939mm이다.
- 종이의 크기와 자르는 방법을 잘 알고 있어야 불필요한 종이의 낭비를 줄이고 원하는 크기로 책을 만들 수 있다.

국전지

46전지

① 판면
- 정보요소가 들어있는 부분과 정보가 있지 않은 부분을 판면이라고 한다.
- **정보가 들어가지 않은 부분** : 윗여백, 아랫여백, 오른쪽 여백, 왼쪽 여백, 또는 안쪽 여백 등
- **정보요소 부분** : 문자와 사진, 일러스트레이션 등

② 편집 판면 명칭

펼친면	책이나 잡지 판면의 펼쳐진 양면 두 쪽의 연결. 가로짜기의 책에서는 왼쪽 면이 짝수, 오른쪽 면은 홀수 페이지
면주	책 판면의 맨 위쪽이나 아래쪽에 표제, 편, 장, 절 제목 등을 넣어 독자의 편람을 돕도록 한 머리글 및 꼬리글
큰 제목	책이나 잡지 등의 본문 제목이 둘 이상일 경우의 첫째 제목. '대제목'이라고도 함
부제목	책이나 잡지 등의 본문 제목을 더 보충 설명해주는 제목. '부표제'라고도 함
전문	잡지나 신문 등의 인쇄 매체에서 제목 밑에 해당 내용을 간결하게 설명한 요약문
쪽번호	책 판면의 위나 아래에 붙이는 페이지 숫자로 인쇄소에서는 프랑스어인 농브르(nombre)라고도 하나 컴퓨터의 전자 편집 용어로 통일 표준
캡션	판면에 편집된 사진이나 그림을 설명하는 글로 본문체의 크기보다 작은 글자로 편집
단	판면을 가로나 세로로 나눈 구획. 책 판면이 둘 이상으로 나뉠 경우, 각각 행 길이가 기존 길이의 2분의 10나 3분의 1 등으로 짧게 편집

02 콘텐츠 구성 요소 배치

◉ 콘텐츠 구조

- 텍스트가 지면에 구성될 때는 일반적으로 크게 부, 편, 장, 절, 관, 항, 목으로 구분된다.
- 제1부, 제1편, 제1장, 제1절… 등으로 구성되는 것이 일반적이다.
- 텍스트도 지면에서 가정의 순서와 같은 계층별 구조를 가지고 있다.
- 출판물을 펼쳐보면 큰제목, 부제목, 중간 제목, 소제목, 본문, 캡션 등의 순서로 문자의 크기를 점점 작게 하는 것이 텍스트의 계층별 질서를 유지하는 데 중요한 원칙이 된다.

◉ 문자 이미지 표현

- 출판물에 표현되는 문자는 출판물의 특징이나 성격을 살리기 위해 캘리그래피(Calligraphy)를 사용하는 방법이 있다.
- 캘리그래피는 고객이 쉽게 인지할 수 있게 표현되어야 하고 상호, 책 제목, 상품명 등의 표현에만 제한적으로 사용되는 것이 좋다.
- 가시성과 가독성에 지장을 줄 수 있기 때문이다.

단답형 문제

01 책, 잡지, 신문 등 인쇄물에서 여백을 포함한 문자와 사진 등 실제로 인쇄되는 부분을 무엇이라 하는가?

객관식 문제

02 판형을 기반으로 하는 디자인요소들의 배치 작업사항이 아닌 것은?
① 구체적 스케치 작업
② 문서 출력 요소 배치
③ 텍스트 요소 배치
④ 이미지 요소 배치

03 편집 판면 명칭의 설명 중 올바르지 않은 것은?
① 단은 판면을 가로나 세로로 나눈 구획이다.
② 면주는 맨 위쪽이나 아래쪽의 머리글 및 꼬리글이다.
③ 캡션은 제목 밑에 해당 내용을 간결하게 설명한 요약문이다.
④ 부제목은 본문 제목을 더 보충 설명해 주는 제목이다.

04 판형과 관련된 설명으로 올바르지 않은 것은?
① 판형은 종이를 어떻게 자르는가에 따라 결정된다.
② 판형은 책의 최종 크기를 나타낸다.
③ 판형의 이해는 종이 낭비를 줄이는 데 도움이 된다.
④ 판형은 디자인 작업 후 인쇄 전에 결정한다.

정답 01 판면 **02** ② **03** ③ **04** ④

이론

8과목 2D 그래픽 제작

POINT 92 출판물

01 출판물의 분류

◉ 주기별 분류

① 정기 간행물
- 정기적으로 발행되는 간행물로 일간지(하루), 주간지(일주일), 월간지(1달), 계간지(3달), 연간지(1년) 등으로 구분한다.
- 간행물 : 종이에 인쇄되어 출판된 서적, 신문, 잡지 등을 통틀어 이르는 말이다.

② 비정기 간행물 : 기간과 관계없이 발행되는 간행물로서 단행본, 카탈로그, 브로슈어 등이 있다.

◉ 형태별 분류

① 낱장(Sheet) 형태 : 한 장으로 된 인쇄물로 DM (Direct Mail), 안내장, 명함, 카드, 전단지 등이 있다.

② 스프레드(Spread) 형태 : 펼치고 접는 형태로 신문, 카탈로그, 팸플릿 등이 있다.

③ 책 형태 : 한 쪽이 제본되어 있는 책자 형태로 서적, 단행본, 잡지 등이 있다.

◉ 출판물의 종류

단행본	소설책, 시집 등과 같은 비정기 간행물 책자를 말한다.
잡지	여러 가지 내용과 정보를 모아서 펴내는 정기 간행물 책자를 말한다.
신문	새로운 사건이나 사실을 알리고 기사 내용을 신속하고 정확하게 전달하는 정기 간행물을 말한다.
카탈로그 (Catalogue)	상품의 견본 책으로 영업용이나 소개를 목적으로 제작된 것을 말한다.
매뉴얼 (Manual)	특정 제품에 대한 기능과 사용 방법을 알기 쉽게 정리해 놓은 것을 말한다.
팸플릿 (Pamphlet)	제본된 작은 책자로 행사 안내에 사용된다.
브로슈어 (Brochure)	고급스러운 안내 책자로 기업 업무 및 소개용으로 사용된다.
리플릿 (Leaflet)	한 장으로 구성된 고급스러운 전단지로서 접지 형태로 구성된 것을 말한다.

02 출판물의 기획 의도 파악

◉ 콘셉트(How)

어떻게 표현할 것인지 자료 검토 및 분석을 한 후에 독자의 니즈와 원츠를 파악하여 디자인 방향을 결정한다.

◉ 대상(Who)

대상이 누구인지 알아야 내용을 잘 전달하고 설득할 수 있는 것이다. 효과적인 메시지 전달을 위하여 독자의 연령대, 성향, 취향, 유행 등을 파악하는 것이 중요하다.

◉ 주제(What)

무엇을 전달하려고 하는지 기획의 주제와 내용을 파악하고 시대적 상황을 고려하여 최신 트렌드를 반영한다.

◉ 편집디자인 개요

- 신문·잡지·서적 등의 인쇄물을 시각적으로 구성하여 제작하는 시각 디자인의 한 분야이다.
- 출판 디자인(Publication Design) 또는 에디토리얼 디자인(Editorial Design)으로 불린다.
- 편집 디자인의 역사는 1920년대 미국의 잡지 「포춘」과 1976년 국내의 「뿌리 깊은 나무」 월간지를 들 수 있다.
- 컴퓨터 그래픽의 발전으로 인하여 인쇄물뿐만 아니라 컴퓨터상에서 구현될 수 있는 방향으로 발전하고 있다.
- 소형 인쇄물을 시각적으로 구성한 시각 커뮤니케이션 표현에 중점을 둔 디자인이다.

◉ 편집 디자인의 분류

- 편집 디자인은 그래픽 디자인의 분야에 해당되는 넓은 범위를 갖는데 이는 시각을 통해서 전달되는 모든 인쇄물이 편집 디자인의 대상이 되기 때문이다.
- 편집 디자인은 크게 형태별, 표현 양식별, 간행 주기별로 분류할 수 있다.

낱장(Sheet) 형식	한 장짜리의 인쇄물(DM, 레터헤드, 리플릿, 전단지, 안내장, 카드 등)
스프레드 (Spread) 형식	펼치고 접는 형식(리플릿, 신문, 팸플릿, 카탈로그 등)
서적 형식	제본된 책자 형식(매뉴얼, 단행본, 화보, 잡지, 브로슈어 등)

객관식 문제

01 다음 중 에디토리얼 디자인의 형태별 분류가 잘못된 것은?
① 서적 스타일 – 잡지, 화보, 단행본
② 스프레드(Spread) 스타일 – 카탈로그, 팜플렛
③ 카드 스타일 – 브로슈어, 매뉴얼
④ 쉬트(Sheet) 스타일 – 명함, 안내장

02 출판물의 기획 의도 파악에서 주제(What)에 해당하는 작업은?
① 자료를 검토하고 분석한다
② 독자의 니즈와 원츠를 파악한다.
③ 무엇을 전달할 것인지 기획의 내용을 파악한다.
④ 독자의 성향, 취향, 유행 등을 파악한다.

03 편집디자인에 대한 설명으로 옳지 <u>않은</u> 것은?
① 컴퓨터 그래픽의 발전으로 디지털 매체에서도 구현될 수 있다.
② 신문·잡지·서적 등의 인쇄물을 시각적으로 구성하여 제작하는 디자인이다.
③ 크게 형태별, 표현 양식별, 간행 주기별로 분류할 수 있다.
④ 시각을 통해서 전달되는 소형 인쇄물에만 적용된다.

정답 01 ③ 02 ③ 03 ④

POINT 93 디자인 검수

01 서체 및 이미지 유실

◎ 데이터 포맷에 따른 서체의 분류

- 디지털 폰트를 표현하는 방식에는 비트맵(Bitmap) 과 아웃라인(Outline)이 있다.
- 비트맵은 문자를 점의 집합으로 표현하기 때문에 복잡한 연산 과정을 거치지 않고 표시된다.
- 웹상의 디스플레이용으로 12pt, 14pt, 24pt 등 정해진 글자 크기를 제외하고는 픽셀이 보이는(앨리어싱) 형태로 나타난다.
- 아웃라인은 특정 연산 과정을 거쳐 글자의 테두리를 먼저 만들고 안을 채우는 방식이기 때문에 글자를 확대해도 화면상 매끈하게 나타나서 디자인하기에 적합하다.

◎ 아웃라인 폰트

① 포스트스크립트 폰트(.ps) : 비트맵 형식으로 보이는 폰트를 고품질의 폰트로 인쇄할 수 있도록 립(Rip)을 거쳐 도와주는 프로그램 언어의 일종으로 포스트스크립트 폰트가 설치된 프린터에서만 출력이 가능해 '프린트 서체'라고도 불린다.

② 트루타입 폰트(.ttf)

- 애플사와 마이크로소프트사가 공동 개발한 포맷으로 현재 일반적으로 널리 사용되고 있다.
- 화면에 나타나는 글꼴과 인쇄 글꼴이 거의 비슷해 전자 출판에 유용하며 매킨토시와 윈도우 운영체제에서 모두 사용된다.

③ 오픈타입 폰트(.otf)

- 마이크로소프트사와 어도비사가 협력해 개발한 포맷으로 화면의 글꼴과 인쇄 글꼴이 비슷해 전자 출판에 유용하게 사용된다.
- 조합 글자를 사용하는 한중일 문화권 서체에서 발생하는 다양한 문제점을 해결하는 등 편집디자이너에게 편리함을 준다.

◎ 유실 서체 발생 및 해결

- 유실서체 발생 원인
  - 서체를 사용하다가 굵기를 잘못 설정한 경우
  - 서체가 지원하지 않는 글리프(도형기호, 구두점, 괄호 등)를 선택 또는 설정했을 경우
  - 작업 중간에 컴퓨터 환경이 바뀐 경우
  - 타 컴퓨터에서 작업을 한 경우
- 유실서체 해결방법
  - 유실된 서체를 새로 설치
  - 비슷한 느낌의 다른 서체로 교체

기적의 TIP

유실 글꼴 찾기

[문자]-[글꼴 찾기]를 클릭하면 '글꼴 찾기' 대화창이 나타나고 유실된 서체가 있으면 글꼴 항목에 노란색 느낌표 경고 표시( )가 나타난다.

◎ 유실이미지 발생

- 파일 정리하면서 폴더가 변경된 경우
- 파일을 유실한 경우
- 파일경로 및 파일명이 변경된 경우

◎ 유실이미지 해결방법

- 작업파일의 시본을 별도 저장한다.
- 포토샵 작업은 원본 레이어를 보전하면서 작업한다.
- 시안용으로 사용했던 이미지나 소스를 만들기 위한 이미지는 보관해 둔다.

02 출력용 파일 정리

프리플라이트

- 프리플라이트(Preflight)는 시험 비행이라는 뜻이다.
- 문서가 인쇄 가능한 문서인지를 수시로 체크하여 사용자에게 알려주는 기능이다.
- 문서 메뉴 바에서 [창]—[출력]에서 패널패널을 활성화하여 구체적인 오류 내용과 페이지를 확인하여 문제를 해결한다
- 실행된 문서의 하단에 붉은색 표시는 문서 하단에 오류가 있다는 것을 알려주고, 문서의 서체 또는 이미지가 인쇄 또는 출력에
적합하지 않은 상태임을 나타낸다.
- 초록색 표시는 인쇄 또는 출력에 아무 문제가 없음을 알려준다.

출력용 파일 모으기

- 인쇄를 하기 위해서는 먼저 출력소에 데이터를 넘겨야 하는 단계가 있다.
- 최종 데이터를 대부분 출력소에 PDF 파일 형식으로 만들어서 보낸다.
- 최종 PDF 파일을 만들기 전에 작업에 사용된 모든 파일을 모으는 것은 나중에 작업을 마치고 최종 데이터를 보관하기 쉽고, 혹시 누락된 데이터 유실을 방지하기 위함이다.
- 인디자인 프로그램에서는 패키지 기능을 사용하면 쉽게 파일을 한 폴더에 모을 수가 있다.

기적의 TIP

인디자인 패키지 기능
패키지를 실행하면 새 폴더를 만든 후 함께 사용하였던 이미지와 글꼴이 각 폴더별로 복사되어 작업자가 사용한 데이터를 한눈에 알아볼 수 있다.

01 아웃라인 폰트 중에 비트맵 형식으로 보이는 폰트를 고품질로 인쇄할 수 있도록 도와주는 프로그램 언어를 무엇이라 하는가?

객관식 문제

02 서체 유실의 발생 원인으로 옳지 <u>않은</u> 것은?
① 작업 중 서체를 굵기를 잘못 설정한 경우
② 서체가 지원하지 않는 글리프를 선택한 경우
③ 작업 중간에 컴퓨터 환경이 바뀐 경우
④ 서체를 새로 설치한 경우

03 출력용 파일 모으기와 관련된 설명으로 올바르지 <u>않은</u> 것은?
① 최종 PDF 파일을 만들기 전에 작업에 사용된 모든 파일을 모아야 한다.
② 최종 데이터를 PDF 파일 형식으로 출력소에 전달한다.
③ 인디자인에서는 패키지 기능을 사용하여 파일을 모을 수 있다.
④ 인디자인에서는 패키지 기능을 사용하여 파일을 모을 수 있다.

04 프리플라이트(Preflight) 설명으로 올바르지 <u>않은</u> 것은?
① 인쇄 가능한 문서인지를 수시로 체크하여 알려주는 기능이다.
② 문서의 하단에 붉은색 표시로 오류가 있음을 알려준다.
③ 메뉴 바의 [창]—[출력]에서 패널을 활성화하고 오류를 확인하여 문제를 해결할 수 있다.
④ 문서의 하단에 초록색 표시로 인쇄 또는 출력에 적합하지 않은 상태임을 나타낸다.

정답 01 포스트스크립트 폰트 02 ④ 03 ④ 04 ④

01 인쇄 색상

◉ CMYK 방식

• 이론적으로 모든 색은 CMY 3원색으로 만들 수 있어야 하지만 현실적으로 안료자체의 불순물과 농도의 문제 등의 문제로 채도가 높은 색상이나 어두운 색상 등의 표현에 문제가 발생한다.

• 인쇄물에 사용할 때 감산 혼합 방식은 완벽한 검정색을 만들어 내는데 한계가 있으므로 검정색을 따로 추가하여 인쇄한다.

◉ 별색(Spot Color)

• CMYK를 통해 다 표현될 수 없는 색과 모니터, 프린터에 따라 다르게 표현되는 인쇄결과에 대한 한계를 보완하기 위해 별색을 사용한다.

• 색마다 별도의 독립적인 색으로 인쇄과정에서 별도의 인쇄판으로 추가하여 인쇄한다.

• 별색 특징 : 팬톤(PANTONE), DIC 컬러 차트 등

• 금박 , 은박 , 형광색 등

• 별색은 독립적인 색으로 망점 없이 깨끗하게 표현 가능

• 견본 컬러집을 이용하면 인쇄 색상 오차를 줄이는데 도움

◉ 일러스트레이터에서 별색 지정

① 일러스트레이터에서 윈도우 / 견본 패널 생성

② 견본 패널 우측 버튼을 클릭하여 별색 선택

③ 컬러북 중 원하는 컬러를 더블 클릭하여 지정

④ 견본 패널에 등록된 색은 컬러 타입에서 별색으로 선택하고 확인

⑤ 색상 패널에서 CMYK 모드에서 TINT 모드로 변경

⑥ 견본 패널에서 보면 별색으로 바뀌면서 아이콘도 별색 컬러 박스 표시로 사각형에서 검은 점이 붙여짐

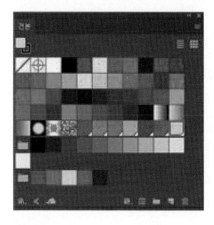

02 인쇄 기법

인쇄의 5대 요소로는 원고, 판, 인쇄기, 피인쇄기, 인쇄 잉크가 있다.

◉ 활판 인쇄(볼록판 인쇄)

활판 인쇄는 가장 오래된 인쇄 기법으로, 볼록 인쇄 또는 양각 인쇄 기법이다.

◉ 옵셋 인쇄(평판 인쇄)

• 대표적인 평판 인쇄로, 오늘날 고급 인쇄에 가장 많이 사용하고 있는 인쇄 방법이다.

• 평요판을 사용하는 간접 인쇄로 화학 작용(물과 기름의 반발 원리)에 의해 잉크를 흡수하는 방식으로 인쇄한다.

• 4도 인쇄는 Cyan(밝은 청색), Magenta(선분홍색), Yellow(노란색), Black(검정색) 등의 4원색으로 이루어진다.

◉ 그라비어 인쇄(오목판 인쇄)

- 대표적인 오목 인쇄로서 잉크와 양에 따라 농도 조절을 하는 고급 인쇄 기법이다.
- 색채의 농담이 풍부하여 정밀한 표현이 가능하며, 종이, 비닐 등 인쇄 용지에 제한을 받지 않는다.

◉ 실크 인쇄(공판 인쇄)

- 실크 스크린, 스크린 인쇄라고 불리며 대표적인 공판 인쇄 기법이다.
- 망사(Silk) 구멍으로 잉크를 통과시켜 종이에 인쇄하는 방식이다.

03 출판 프로세스

◉ 도련

- 인쇄물을 작업할 때 재단시 오차를 감안하기 위해 마련된 여분의 공간을 말한다.
- 어떤 인쇄물이라도 정확한 크기로 인쇄물을 재단하기란 불가능하기 때문에 문서 밖으로 사방 3~5mm정도 여백을 만들어 문서 안의 요소를 연장해서 작업 한다.

◉ 스크린 선 수와 인쇄 선 수

- 스크린 선 수란 인쇄에 필요한 선 수로 사방 1inch 안에 들어 있는 선의 개수를 말한다.
- 신문 인쇄와 같이 낮은 질은 80~100선 정도가 사용되며, 카탈로그나 책자 등의 고급 인쇄에는 133선 또는 150선 수가 사용된다.
- 선 수는 이미지 해상도의 2배로 계산된다. 150선 수의 인쇄물 이미지는 300DPI의 해상도로 작업되어야 한다.

◉ 출판/편집 디자인 프로세스

기획 → 자료 수집 → 아이디어 → 시안 → 제작(편집 및 레이아웃) → 필름 출력 → 교정 → 교정 인쇄 → 인쇄 판 작업 → 인쇄 → 제본 → 재단 → 가공 → 납품

이론

8과목 2D 그래픽제작

타이포그래피

▶합격 강의

01 타이포그래피의 의미

◉ 타이포그래피 개념

• 타이포그래피는 타입(Type)과 그래피(Graphy)의 합성어로, 활판 인쇄술에서 출발하였다.
• 디자인되어 있는 활자(폰트)를 운용하는 미적 기술력을 말한다.
• 시각적으로 표현된 예술과 기술이 합해진 영역이다.

02 타이포그래피의 기능적 요건

◉ 정보 커뮤니케이션 방안

• 객관적 정보 전달 : 타입페이스의 배치와 크기, 레이아웃, 그룹핑과 합성 등 조형적인 아트워크를 가독성을 고려하여 정보전달력을 높여 작업한다.
• 감성적 요인 전달 : 정보 전달의 정확성과 함께 타입페이스를 이용한 조형의 감성적 연출 방식으로 진행된다.

◉ 매체별 요구 기능

• 매체의 시각적 특성을 규정하는 크기, 해상도, 사용자의 접근성 등 매체 특성 때문에 잡지, 신문, 포스터 등 매체에 따라 타입페이스를 달리 적용해야 한다.
• 전달하고자 하는 대상에 따라 타입페이스의 배치, 색, 크기, 밀도 등 시각적 최적화 요소들을 선택하여 사용해야 한다.

◉ 가독성과 판독성

① 가독성
• 글자의 형태와 디자인을 통해 독자가 내용을 빠르고 쉽게 이해할 수 있는 정도
• 가독성을 고려하여 제목, 본문, 캡션 등은 차별성이 있는 서체를 선택한다.
• 자간, 사이즈, 행간, 행 길이, 정렬 등에 영향을 받는다.
② 판독성
• 글자가 가지는 외형적 특징으로 한 글자와 다른 글자를 구분하기 쉬운 정도를 의미한다.
• 가독성처럼 정보를 얼마나 쉽고 빨리 판독하여 읽을 수 있는지에 영향을 미친다.
• 헤드라인, 목차, 로고 타입 등과 같이 짧은 양의 텍스트를 독자가 과연 얼마나 많이 인식하고 알아차리는가와 같은 효율을 의미한다.

◉ 주목성 조절

• 성격이 강한 타이포그래피는 다른 구성 요소보다 우선적으로 주목성을 확보하여 표현한다.
• 서체의 스타일, 컬러, 이미지와의 병합을 고려하여 디자인 콘셉트를 구체화한다.

◉ 시인성 적용

• 서체 형태, 컬러, 그룹핑이 여타 시각적 요소들 사이에서 식별이 쉬운 유목성 혹은 주목성과 구별되는 속성이다.
• 시인성 강화 방안
  - 타입페이스는 크고 밀도가 높을수록 시인성이 높다.
  - 서체들 간의 명도, 채도 차이가 클수록 시인성이 높다.

03 타이포그래피의 심미적 요건

◉ 구성 요소들과의 조화

- 타이포그래피와 함께 구성하는 요소들과의 조화를 이루도록 서체를 선택한다.
- 사진의 느낌, 크기, 분량, 일러스트의 스타일과 컬러 등과 적절히 조화를 이루는 서체를 선택한다.
- 선택한 서체 수가 적어도 패밀리 서체 사용, 크기, 밀도, 배치, 컬러 등의 변화만으로 디자인 개발자가 의도하는 시각적 스타일을 창의적으로 구현할 수 있다.

◉ 콘셉트의 심미적 연출

- 조형적 스타일, 폰트 구조체로서의 미감으로 인하여 사용자에게 풍부한 정서적 효과가 있다.
- 타이포그래피의 심미성은 단지 서체의 조합을 아름답게 구현 할 뿐만 아니라, 메시지의 심미적 스타일을 고려하여 감성적으로 연출을 고려한다.

객관식 문제

01 타이포그래피를 구성하는 과정에서 고려하지 않아도 되는 항목은 무엇인가?
① 가독성
② 주목성
③ 판독성
④ 경제성

02 타이포그래피의 심미적 요건이 아닌 것은?
① 사진의 느낌, 크기와 컬러를 고려하여 서체를 선택한다.
② 선택한 서체 수가 많을수록 다채롭고 심미적이다.
③ 서체 크기, 밀도, 배치, 컬러 등의 변화만으로 창의적인 구현이 가능하다.
④ 함께 구성하는 요소들과의 조화를 이루도록 서체를 선택한다.

03 가독성과 판독성의 설명으로 올바르지 <u>않은</u> 것은?
① 가독성은 내용을 빠르고 쉽게 이해할 수 있는 정도를 말한다.
② 판독성을 위해 제목, 본문, 캡션 등에 다른 서체를 사용한다.
③ 가독성은 자간, 사이즈, 행간, 행 길이 등에 영향을 받는다.
④ 판독성은 글자가 가지는 외형적 특징으로 글자들의 구분하기 쉬운 정도를 의미한다.

정답 01 ④ 02 ② 03 ②

▶합격 강의

01 서체의 종류

◉ 서체

- 정보를 전달하는 중요한 디자인 요소
- Typeface = 글자의 모양, 생김새를 의미한다.
- 글자를 쓰는 목적이나 취향, 품격 등에 따라 모양과 스타일에 차이가 있다.
- 정보를 전달하는 중요한 디자인 요소의 하나로 정보를 전달하는 방법으로 사용한다.
- 사용 목적에 따라 신중하게 서체를 선택한다.

◉ 영문 타입 기본 분류

① 세리프/로만

- 세리프(Serif)는 글자 획 끝부분에서 돌출되어 튀어나온 부분을 말한다.
- 세리프를 가진 글자는 로만체로 분류하며 가독성이 뛰어나고 본문용으로 가장 선호된다.
- 섬세함, 우아함, 품격있는 감성적인 느낌이다.
- 서적, 신문과 같은 본문용 서체로 사용된다.
- **대표폰트** : Times New Roman, Garamond, Bodoni

② 산세리프/고딕

- '없다'를 뜻하는 Sans가 결합되어 세리프가 없다는 뜻, 고딕이라고도 부른다.
- 깔끔하고 간결한 것이 특징, 본문용보다는 제목용에 적합하다.
- 획 굵기가 일정하고 형태가 단순하며 공간을 최대한 이용하는 서체로 장식선이 없는 명쾌하고 모던하며 강한 느낌이다.
- PC, 모바일에서 본문용 서체로 사용된다.
- **대표폰트** : Helvetica, Arial, Gillsans

Serif   San-Serif

③ 블렉레터/블록

- 중세에 유행했던 장식성 강한 필기체 양식을 기초로 한다.
- 구텐베르크 성경에 활자로 사용된 서체이다.
- 고풍스러움, 복잡함, 무거움, 장식성

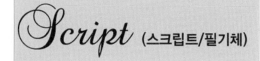

④ 스크립트/필기체

- 손글씨를 모방해 만든 활자체로 부드럽고 마무리 획이 길게 뻗어 나와 연결성이 강하다.
- 전통적이고 우아한 아름다움이 느껴지는 곳에 사용한다.
- 필기체와 비슷한 느낌이 나도록 개발된 서체이다.
- 문자를 보다 아름답고 장식적으로 활용한 서체이다.
- 컴퓨터에서 개발한 서체와 상대되는 개념의 서체로 개인의 개성과 감성적 요소가 특징이다.
- 텍스트가 많은 본문에서 사용할 경우 시각적으로 피로감과 가독성이 떨어진다.
- 우아한 곡선미, 친근함, 화려함, 전통적, 격식 있는 느낌

Script (스크립트/필기체)

◉ 한글 타입 기본 분류

① 바탕체/명조체
- 조선 여인들이 다듬어 온 궁체 중 해서체를 기본으로 정리한 것
- 중국 서체를 닮아 명조체라고 불려왔으나 1991년 '바탕체'로 이름을 바꾸었다.

② 돋움체/고딕체
- 획 굵기가 거의 일정하며 좌우대칭이 특징이다.
- 1991년 '고딕체'를 우리말로 표현하여 '돋움체'로 지정하였다.

③ 필사체/손글씨체
- 손글씨체라고도 하며 손으로 쓴 글씨 모양을 일컫는다.
- 인간미 넘치는 수작업 느낌이 난다.
- 따뜻한 정서를 반영한다.
- 모양과 재료가 불규칙하고 다양하다.
- 가독성이 떨어진다.

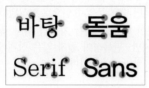

▲ 바탕체와 돋움체

◉ 타입 특성별 활용

잡지, 신문, 포스터 등 매체의 특성에 맞는 서체를 선택하여 사용한다.

세리프(Serif)	신문 , 잡지 , 포스터 , 단행본 본문용
산세리프(Sans-Serif)	타이틀용 , 사진 설명
스크립트(Script)	카드 인사장 , 광고

▶합격 강의

01 가독성과 판독성

◉ **가독성(Readability)**

① 가독성 개념
- 글을 쉽게 읽고 이해할 수 있는 능률의 정도를 뜻한다.
- 가독성은 기본적으로 익숙함과 관련이 있으며 글자뿐 아니라 글자가 놓이는 공간의 모든 디자인 요소에 영향을 받는다.
- 가독성에는 판독성이 전제되어 있으므로 정확히 글자의 식별에 대한 것으로 의미를 한정할 필요가 없는 경우에는 가독성으로 통칭하기도 한다.
- 가독성이 높다/낮다, 좋다/떨어진다 같은 식으로 사용된다.

② 가독성 구현 요소
- 글자의 형태와 크기
- 글자와 글자 사이의 간격
- 글줄과 글줄 사이의 간격
- 한 문단 안에 들어가는 글자의 양과 위치
- 관련된 정보를 가진 문단과 문단 사이의 관계
- 다른 내용을 가진 문단과 문단을 구분하는 것 등

◉ **가독성과 색의 대비**
- 디자인에서 색은 전체적인 분위기를 좌우하며 주위를 끄는 적극적 수단이다.
- 강렬한 색 대비는 시선을 끌고 집중 시킬 수 있다.
  - 흰색 바탕에 검은색 글자의 조합은 가독성이 가장 좋다.
  - 검은 바탕에 흰색 글자는 가독성은 떨어지지만 주로 강한 주목을 주기 위해 사용한다.

◉ **판독성(Legibility)**
- 글자의 식별을 통해 의미를 해석하는 것이다.
- 글에서 글자와 낱말 글줄 등의 단위를 쉽게 구별하여 읽을 수 있는 능률의 정도이다.
- 판독성은 가독성과 달리 글자의 식별을 통한 의미 해석에 초점을 둔다.
- 글자의 식별은 글자 형태 구별, 단어와 글줄 단락, 글의 의미 단위 등의 요인으로 인식된다.
- 판독성이 높다고 해서 가독성 역시 높다고 판단할 수 없지만, 판독성이 높지 않은 상태에서 가독성이 높기는 거의 불가능하다.

02 활자 형태에 따른 감성

활자의 감정 곡선을 살려 적절히 사용하면 쉽게 타이포그래피 작업을 할 수 있다.

◉ **획의 굵기**
- **획이 가는 글자**
  - 여성스러움, 가벼움
  - 지면 공간이 많다.
  - 밝은 느낌을 준다.
- **획이 굵은 글자**
  - 무거움, 튼튼함, 남성적
  - 지면공간이 적다.
  - 어두운 느낌이 굵은 글자

무거움 | 가벼움

◉ 획의 외형

- 둥근 형태
  - 성격이 부드러워 보인다.
  - 활기차며 동적이다.
- 각진 형태 · 날카로운 인상
  - 둔탁함
  - 무게감, 적은 움직임

둥근 | 뾰족

- 평체(가로폭이 세로폭 보다 긴 서체) : 안정감 있고 무거움
- 장체 : 가로폭이 세로폭 보다 짧음, 젊음, 세련되고 모던한 느낌
- 이탤릭(Italic)
  - 한쪽으로 비스듬히 기울어진 서체
  - 가독성을 방해하기 때문에 보다 사용에 신중해야 한다.
  - 텍스트 전체에 적용하는 것 보다 텍스트 안에서 특정 내용을 강조할 때 사용하는 것이 바람직하다.

slow | FAST

넓은서체   좁은서체

◉ 낱자 크기 균형

- 도형 착시를 반영하여 크기를 조절해 디자인한다.
- 영문과 한글 낱자를 지각화하는 과정에서 발생하는 착시를 줄이고, 글자의 균형을 맞춰 시각적으로 안정되어 보이도록 조절한다.
- 도형이 서로 영향을 주어 생기는 착시를, 시각적 일관성을 갖게 조절하여 가독성을 높여야 한다.

단답형 문제

01 글을 쉽게 읽고 이해할 수 있는 능률의 정도를 뜻하는 것은?

객관식 문제

02 글자의 식별을 통해 의미를 해석하는 것을 뜻하며 글에서 글자와 낱말 글줄 등의 단위를 쉽게 구별하여 읽을 수 있는 능률의 정도는 나타내는 것은?
① 가독성
② 판독성
③ 설득성
④ 인지성

03 타이포그래피를 구성하는 과정에서 고려하지 않아도 되는 항목은 무엇인가?
① 가독성
② 주목성
③ 판독성
④ 경제성

04 활자 형태에 대한 설명으로 틀린 것은?
① 획이 가늘면 여성스럽고 가벼워 보인다.
② 평체는 세련되고 모던해 보인다.
③ 획이 굵은 글자는 남성적이고 무겁게 보인다.
④ 둥근형태의 글자는 활기차고 동적으로 보인다.

정답 01 가독성 02 ② 03 ④ 04 ②

타이포그래피 구조

▶합격 강의

01 공간의 조절

◉ 공간의 특징

- 정보를 쉽게 읽어나갈 수 있도록 해주는 역할을 한다.
- 텍스트를 구성하는 공간은 디자인 요소들의 간격 및 여백을 의미한다.
- 정보를 쉽게 읽어나갈 수 있도록 해주는 역할을 한다.
- 적절하지 못한 공간은 가독성을 떨어뜨리고, 심미적인 완성도가 낮으므로 공간에 있어 시각적 중량감을 맞추는 것이 중요하다.

◉ 자간

- 글자와 글자 사이 간격을 말한다.
- 글자 사이 값을 적절하게 조절하여 소통 효과를 증대시켜야 한다.
- 글자 사이 조절 방법
  - 트래킹(Tracking) : 글자 사이 전체를 조절하는 것
  - 커닝(Kerning) : 특정한 글자와 글자 사이를 조절하는 것

◉ 어간

- 단어 사이에 존재하는 공간이다.
- 단어를 행 속으로 자연스럽고 리듬감 있게 조화시키는 요소이다.
- 지나치게 넓은 어간은 행의 시각적 질감을 파괴하고, 연속적 흐름을 방해한다.
- 너무 좁은 어간은 양 옆의 단어들을 너무 가깝게 달라붙게 만들어 단어의 분별력을 떨어뜨린다.

기적의 TIP

흰강 현상(White River)

어간들의 흰 여백이 상하로 이어져 마치 흰색의 강줄기처럼 보이는 것으로, 어간이 넓게 설정되었거나 행간이 너무 좁을 경우에 나타나는 것이다.

◉ 행폭

- 행의 가로 글자수를 정하는 수치이다.
- 행폭이 너무 긴 행은 시선의 이동 폭이 너무 커서 피로감을 느낄 수 있고, 다음 행의 서두를 찾기 어려워 읽기가 불편하며 지루한 인상을 준다.
- 너무 짧은 행은 빈번한 눈운동을 야기시켜 피로감을 준다.
- 적당한 행폭은 단어들을 편안히 읽을 수 있는 리듬감을 준다.
- 일반적으로, 한 행에 약 60~70자 정도의 알파벳을 기준한 것임)가 놓이는 것이 가장 이상적으로 알려져 있다.
- 텍스트가 들어가는 공간의 좌우 폭이 너무 넓을 경우에는 다중 칼럼 (Multi Column)을 사용한다.

◉ 행간

- 행과 행 사이에 존재하는 공간이다.
- 독서 시에 끊임 없이 진행되는 눈운동을 원활하게 도와주는 요소이다.
- 행과 행 사이에 좁거나 넓으면, 다음 행을 찾는 데 어려움을 겪는다.
- 행간의 변화를 주는 요소
  - x-높이
  - 수직 강세
  - 세리프
  - 타입 크기
  - 행폭
  - 심미성

02 텍스트요소 배치

◎ 양 끝 맞추기

- 단락의 양끝 모두가 직선상에 나란히 정렬된 상태이다.
- 일상에서 많이 접하는 글줄 정렬 방법이다.
- 모든 글줄의 길이가 같고 여백 또한 같다
- 안정감, 집중, 편안함, 흰강 현상 우려

◎ 왼 끝 맞추기(오른 끝 흘리기)

- 양끝 맞추기 다음으로 많이 사용된다.
- 왼쪽을 일직선으로 정렬하고 오른쪽은 흘려진 상태이다.
- 각 글줄의 길이가 모두 다르지만 일정한 낱말 사이를 얻을 수 있다.
- 단의 폭이 좁은 경우 적합하다.
- 높은 가독성, 편안함, 하이픈 불필요, 디자인의 번거로움

◎ 오른 끝 맞추기(왼 끝 흘리기)

- 오른쪽이 일직선으로 정리되고 왼쪽이 흘려진 상태이다.
- 적은 양의 텍스트에 적합하다.
- 일정한 어간을 유지할 수 있다.
- 시각적 흥미는 있으나 가독성이 떨어짐

◎ 가운데 맞추기

- 가운데를 기준으로 양끝 글줄을 리듬감 있게 만들어 대칭 시키는 정렬이다.
- 품위 있고 고급스러운 느낌, 위엄 있는 느낌이다.
- 많은 양의 텍스트를 다룰 때는 부적합하다
- 시각적으로 흥미로운 형태 고려

◎ 비대칭

- 일정한 규칙 없이 자유롭게 활자를 배열하는 방법이다.
- 획일적인 디자인으로부터 탈피하기 위함이다.
- 창의적이며 실험적 인상을 부여한다.
- 포스터, 책 표지, 광고 등에서 독자의 주의를 환기하려는 의도로 적합하다.

단답형 문제

01 어간이 너무 넓게 설정되었거나 아니면 행간이 너무 좁을 경우에 나타나는 것으로, 수직적 방향성을 일으켜 수평으로움직이는 시선의 흐름을 방해하는 현상은?

객관식 문제

02 글자와 글자 사이의 간격을 조정하는 것을 자간이라고 하는데, 특정한 글자에서 발생하는 시각적 공간감을 해소하기 위한 글자사이의 간격조정을 무엇이라고 하는가?
① 어간
② 행간
③ 칼럼
④ 커닝

03 행간의 변화를 주는 요소로 적하지 <u>않은</u> 것은?
① x-높이
② 수평강세
③ 세리프
④ 타입 크기

04 품위있고 고급스러운 느낌이며, 양끝 글줄을 리듬감 있게 만들어 대칭 시키는 정렬은?
① 오른 끝 맞추기
② 가운데 맞추기
③ 왼 끝 맞추기
④ 양 끝 맞추기

정답 **01** 흰강 현상(White River) **02** ④ **03** ② **04** ②

글자의 배치

▶합격강의

01 글자의 배치

◉ 본문용 타입과 제목용 타입

① 본문용 타입
- 가독성이 가장 중요하다.
- 8~12pt사이즈가 일반적으로 사용된다.
- 글자의 식별이 어려운 아동이나 시력이 불편한 노인의 경우에는 큰 글자를 사용해야 한다
- 복잡하고 장식적인 폰트는 피해야 한다.
- 글줄 길이나 자간과 행간도 가독성에 큰 영향을 준다.

② 제목용 타입
- 판독성이 가장 중요하다.
- 책 제목이나 헤드라인 등에 사용된다.
- 목적에 어울리는 적절한 서체를 선택해야 한다
- 적당한 무게감과 비례감을 고려해야 한다.

◉ 텍스트 배치 시 결정 사항

전달내용, 독자, 미디어에 따라 그 방법을 다르게 사용한다.
① 표지 : 제목과 간단한 글 정도만 들어가는 경우가 많아 비교적 정렬방식을 자유롭게 선택한다.
② 본문
- 텍스트를 가장 많이 담아낼 수 있는 양쪽정렬을 가장 많이 사용한다.
- 양쪽 정렬은 자간이 고르지 않아 세심한 조절이 필요하다.

◉ 단락구분

① 들여쓰기
- 문단의 첫줄을 오른쪽으로 들여쓰는 방식을 말한다.
- 단행본이나 신문 등에 주로 사용한다.
- 시각 효과를 중시하는 잡지 등에서는 사용되지 않을 수 있다.

② 내어쓰기
- 문단의 첫줄을 왼쪽으로 내어쓰는 방식을 말한다.
- 과도하게 시각적으로 강조되는 들여쓰기와 내어쓰기는 가독성이 떨어지므로 명확하게 표현하기 위해 일정한 간격을 설정한다.

③ 첫글자 강조
- 중세시대에 사용하는 장식적인 방법이다.
- 첫글자에 포인트를 준다.
- 첫글자는 같은 폰트페이스를 사용하기도 하고, 그렇지 않을 수도 있다.
- 줄은 2~3줄 까지 사용하거나 가독성을 해치지 않는 범위에서 자유롭게 사용한다.

◉ 방향, 위치, 도형

- 점유하고 있는 위치나 고유한 형태감에 따라 방향을 느끼게 하는 속성이다.
- 본질적으로 문자는 가지런히 늘어선 수평적 방향성을 나타내지만 각도가 달라지거나 회전하면 여러 종류의 에너지가 탄생한다.
- 문자가 지면의 중앙에 위치하면 엄숙하고 확신에 차 보인다.
- 지면의 가장자리 또는 외곽선에 닿아 있으면 어설프고 신뢰감이 떨어져 보인다.
- 문자를 도형과 함께 사용하면 타이포그래피의 효과를 강화시킬 수 있다.

기적의 TIP

타이포그래피 이미지를 표지로 활용할 경우, 텍스트의 가독성과 시인성보다는 그래픽 이미지로서 타이포그래피 역할을 중심적으로 한다.

02 서체 선택 고려 사항

◉ 메시지의 성격

- 내용을 감성적인 메시지로 분류하여 메시지의 성격을 파악한다.
- 진지한, 가벼운, 심각한 유머러스한 긍정적인 냉소적인, 차분한 격정적인 등 담긴 메시지를 분석한다.
- 디자인 콘셉트의 맞는 서체를 선택
  - 진지, 가벼움, 심각, 냉소적, 차분을 표현할 경우 → 세리프 서체
  - 가벼움, 긍정적, 격정적임을 표현할 경우 → 산세리프 서체
  - 유머러스를 표현할 경우 → 산세리프 서체, 스크립트 서체

◉ 타이포그래피 베리에이션

- 기존 타입을 대상으로 재배치한다.
- 서체를 분해한다.
- 형태와 비율을 왜곡한다.
- 실루엣, 음영효과, 입체감을 부여한다.
- 캘리그라피를 활용한다.
- 이미지 요소와 결합한다.

◉ 타이포그래피 사용 시 고려 사항

- 한 지면에 많은 서체를 사용하지 않는다.
- 가독성 높인다.
- 적절한 글자 사이(자간), 글줄 사이(행간)를 사용한다.
- 적절한 글줄 길이를 결정한다.
- 디자인 콘셉트에 맞는 서체를 사용한다.

객관식 문제

01 본문용타입에 대한 설명으로 옳지 <u>않은</u> 것은?
① 8~12pt 사이즈가 일반적으로 사용된다.
② 판독성이 가장 중요하다.
③ 복잡하고 장식적인 폰트는 피해야 한다.
④ 가독성을 고려하여 자간, 행간을 조정한다.

02 진하고 차분한 느낌의 책표지에 적절한 서체는?
① 세리프
② 산세리프
③ 블랙레터
④ 스크립트

03 타이포그래피 사용 시 고려 사항이 <u>아닌</u> 것은?
① 한 지면에 많은 서체를 사용한다.
② 제목용 폰트와 본문용 폰트의 특성을 파악해 선정한다.
③ 디자인 콘셉트에 맞는 서체 사용한디.
④ 적절한 글줄 길이 결정한다.

정답 01 ② 02 ① 03 ①

캘리그라피

01 캘리그라피의 개념

◉ 캘리그래피 의미

- 캘리그래피는(Calligrapy)는 "아름답게 쓰다."라는 뜻이다.
- 캘리그래피라는 용어를 처음으로 사용한 사람은 기욤 아뽈리네르이다.
- **좁은 의미** : 서예(書藝, 문자를 소재로 하는 조형예술)
- **넓은 의미** : 활자 이외의 모든 '서체'

◉ 캘리그라피 특징

- 아날로그적 느낌과, 독특하고 창조적인 표현을 할 수 있다.
- 누구나 쉽게 글씨를 창조할 수 있다.
- 인간의 다양한 감성을 인간적이고 따뜻하게 감각적으로 표현해 낼 수 있다.
- 유연하고 동적인 선, 독특한 번짐, 스쳐가는 효과, 여백의 균형미 등

02 캘리그래피 요소

◉ 가독성

글자가 정확히 보이고, 문장의 내용이 쉽게 전달될 수 있어야 한다. 추가 설명이 없어도 읽고 이해하는데 불편함이 없어야 한다.

◉ 주목성

어느 특정 부분에 시선이 집중되어야 한다. 디자인 공간 영역에서 중심 내용과 관련이 있다. 따라서, 사람들의 시선이 중심내용에 고정될 수 있도록 공간 안에서 차별을 두어야 한다. 캘리그래피가 시각적인 디자인에서 많이 사용되는 이유이다.

◉ 율동성

- 글자에서 보이는 흐르는 듯한 유연함과 리듬감을 포함해야 한다.
- 타이포와 같이 일정한 규칙을 가지는 글씨가 아닌, 손글씨의 불규칙함을 장점으로 가져야 한다.

◉ 조형성

캘리그래피 자체가 조형적 요소이기 때문에 선의 움직임과 형태가 아주 중요하다.

◉ 독창성

글씨를 쓰는 사람에 따라 다양한 글씨체로 새로운 느낌을 표현해 낼 수 있다.

◉ 협업성

글씨를 쓰는 사람과 디자이너와의 교감과 협업에 의해 이루어진다.

03 캘리그라피 표현

◉ 문화권에 따른 표현방식

구분	서양	아라비아	동양
미의식	장식적 표현	신성의 표현	정신적 표현
표현 도구	평필, 펜, 한정적 표현	평필, 한정적 표현	모필, 표현이 자유롭고 농담표현도 가능
표현 유형	기능적	기하학적	감성적

◉ 캘리그라피의 표현

① 속도

- 붓 속도에 따라 밝음, 느림, 정적임 등 다양한 느낌을 표현한다.
- 속도에 따라 달라지는 번짐을 이용해 촉촉한 느낌을 표현할 수 있다.

② 농도 : 종이와 먹의 농도 변화로 번짐, 투명도를 펴현할 수 있다.

③ 필압 : 붓과 종이에 가하는 힘에 따라 무거움, 가벼움 등 획의 느낌을 변화시킬 수 있다.

④ 결구법

- 초성, 중성, 종성의 변화를 주어 글씨를 쓰는 방법
- 초성의 크기가 커지면 귀엽고 재미있는 느낌을 준다.
- 중성의 짧아지면 초성이 커보이고 길어지면 초성은 작고 멀어져 보인다.
- 종성이 커지면 안정적으로 보인다.

한 한 한 한

◉ 캘리그라피 도구

- 붓, 화선지, 먹물 : 서예 기본 도구로써 양감, 필압의 변화로 다양한 감성으로 표현한다.
- 매직펜 : 경쾌한 느낌을 연출한다.
- 수채화도구 : 부드럽고 여성스러운 느낌을 준다.
- 목탄, 머메이드지 : 거친 느낌을 준다.
- 다양한 재료를 활용하여 감성적 캘리그라피 표현이 가능하다.

단답형 문제

01 글씨나 글자를 아름답게 쓰는 기술. 좁게는 서예에서 나아가는 모든 활자 이외의 서체를 가리키는 용어는?

객관식 문제

02 캘리그래피(Calligraphy)의 사용에 대한 설명으로 옳지 않은 것은?
① 출판물의 특징이나 성격을 살리기 위해
② 상호, 책 제목, 상품명 등에 제한적으로 사용
③ 고객이 쉽고 빠르게 인지할 수 있게 표현
④ 가시성과 가독성을 높이기 위해 모든 텍스트에 사용

03 캘리그라피에서 초성, 중성, 종성의 변화를 주어 글씨를 쓰는 방법을 무엇이라고 하는가?
① 결구법
② 쌍구법
③ 회완법
④ 단구법

정답 01 캘리그래피 02 ④ 03 ①

MEMO

MEMO

내가 깨면 병아리가 되지만
남이 깨면 달걀 프라이가 된다.

강호동

이렇게
기막힌
적중률

컴퓨터그래픽기능사
필기 절대족보

2권 · 기출문제

"이" 한 권으로 합격의 "기적"을 경험하세요!

YoungJin.com Y.
영진닷컴

차례

구매인증 PDF

더 공부하고 싶다면?
그래서 이기적이 준비했습니다!
[이기적 스터디 카페]에 접속한
후 구매 인증을 하면 더 많은
추가 자료를 보내드립니다.
이기적은 여러분의 합격을 응원
합니다!

손에 잡히는 기출문제

CBT 온라인 문제집

시험장과 동일한 환경에서
문제 풀이 서비스

- QR 코드를 찍으면 원하는 시험
  에 응시할 수 있습니다

- 풀이가 끝나면 자동 채점되며, 해
  설을 즉시 확인할 수 있습니다.

- 마이페이지에서 풀이 내역을 분
  석하여 드립니다.

- 모바일과 PC로 이용 가능합니다.

과목 01 산업 디자인 일반

001 디자인의 목적

POINT 01 참조

인간의 행복을 위하여 물질적인 생활환경을 개선하고 창조하여 인간의 삶의 질을 향상시키는 데 있다.

05.5/2
01 디자인의 궁극적인 목적을 가장 바르게 기술한 것은?

① 용도나 기능을 목표로 하는 생산행위에 목적이 있다.
② 인간의 행복을 위한 물질적 생활환경의 개선 및 창조를 목적으로 한다.
③ 대중의 미의식보다는 개인의 취향을 전제로 디자인하는 데 목적이 있다.
④ 경제 발달을 목적으로 한다.

10.2
02 디자인의 본질적 의미를 옳게 설명한 것은?

① 아름다움만을 추구하는 조형 활동이다.
② 기능적인 면만을 고려하는 행위이다.
③ 실용적이고 미적인 조형의 가시적인 표현이다.
④ 기존의 디자인을 수정 개선하여 모방하는 활동이다.

기적의 TIP

디자인이란 실용적이고 미적인 조형으로 인간의 삶의 질을 향상시키는 것이다.

002 합목적성

POINT 01 참조

• 디자인의 목적 자체가 합리적으로 설정되어야 한다.
• 실용성과 기능성을 충족시켜야 한다.

13.2, 01.2
03 디자인의 조건에서 합목적성이 가장 잘 표현된 내용은?

① 중명도, 저채도로 그려진 포스터가 시인도가 크다.
② 아름다운 곡선의 주전자가 물 따르기가 좋다.
③ 주로 장식적인 의자의 형태가 앉기에 편리하다.
④ 크고 화려한 집이 살기에 가장 편리하다.

18.1, 11.5, …
04 다음 디자인 조건 중 기능성과 실용성이 중요시 되는 것은?

① 합목적성
② 경제성
③ 심미성
④ 독창성

08.5
05 다음 설명에 해당하는 디자인의 조건은?

포스터는 정보를 전달하기 위하여 제작되고, 의자는 휴식이나 어떤 작업을 위하여 형태를 구성하고 있으며, 집은 사람이 살기 위하여 존재한다.

① 심미성
② 합목적성
③ 독창성
④ 경제성

기적의 TIP

합목적성이란 목적 자체에 기능성과 실용성이 있어야 한다.

심미성

POINT 01 참조

- 심미성은 개인이 느끼는 아름다움을 말하는 것으로 주관적이며 개인의 차이가 있으나 디자인에서의 미(美)는 개인차보다는 대중에 의하여 공감되는 미(美)이어야 한다.
- 미의식은 시대성, 국제성, 민족성, 사회성, 개인성에 따라서 차이가 있으며 스타일이나 유행과도 밀접하게 나타난다.
- 심미성은 제품 소재에 따라서 큰 차이를 느끼므로 소재를 찾을 때 가장 먼저 고려해야 한다.

07.5, 04.4

06 다음 문장 속에 들어갈 가장 적절한 말은?

"인테리어 디자인은 개인 기호와 (   )이 강하게 작용하므로 색채 이미지의 자유로운 선택이 요구된다."

① 심미성   ② 경제성
③ 시간성   ④ 성별성

18.2, 04.5

07 디자인의 기능적 조건 중 감성공학 측면의 기능에 해당하는 것은?

① 물리적 기능   ② 생리적 기능
③ 심리적 기능   ④ 사회적 기능

굿 디자인

POINT 01 참조

- 디자인 조건을 고루 갖춘 디자인이다.
- 합목적성(기능성, 실용성), 심미성, 독창성, 경제성, 질서성

15.4, 10.1, 09.4, …

08 굿 디자인(Good Design)의 조건이 <u>아닌</u> 것은?

① 합목적성   ② 심미성
③ 종합성   ④ 독창성

기적의 TIP

굿 디자인에 포함되지 않는 것에는 시장성, 종합성, 보편성, 욕구성, 모방성, 복합성 등이 있다.

산업 디자인의 분류

POINT 02 참조

- 시각 디자인 : 그래픽 디자인, 편집 디자인, 광고 디자인, 타이포그래피, 레터링, 일러스트레이션, C.I(Corporate Identity), 심볼, 로고 디자인, 포장 디자인, POP 디자인, 영상 디자인
- 제품 디자인 : 벽지 디자인, 텍스타일 디자인, 직물 디자인, 태피스트리 디자인, 인테리어 패브릭 디자인, 액세서리 디자인, 패션 디자인, 가구 디자인, 공예 디자인, 전기/전자제품 디자인, 주방용품 디자인, 운송기기 디자인
- 환경 디자인 : 실내(Interior) 디자인, 점포 디자인, 디스플레이, 도시계획, 조경 디자인, 스트리트 퍼니처, 정원 디자인

13.4/1, 12.4, …

09 디자인의 분류상 인간과 사회를 맺는 정신적 장비에 해당하는 디자인은?

① 제품 디자인(Product Design)
② 시각전달 디자인(Visual Communication Design)
③ 공간 디자인(Space Design)
④ 실내 디자인(Interior Design)

19.1, 07.2, …

10 인간은 자연과 함께 생활하면서 생활에 필요한 여러 가지 도구를 창안하였는데, 이와 관련된 디자인 분야는?

① 제품 디자인
② 환경 디자인
③ 시각 디자인
④ 그래픽 디자인

기적의 TIP

디자인의 분류를 분야별과 1차원, 2차원, 3차원으로 분류하여 학습해야 한다.

006 기업이미지 통합계획 (C.I.P)과 브랜드 통일 계획(B.I)

POINT 55 참조

- C.I.P.(Corporate Identity Program) : 기업 이미지를 통일시키는 작업이다. 내적인 요소는 기업의 이념, 경영이념, 마케팅 환경 등 총체적인 것들을 다루며, 외적인 요소로는 주로 시각적인 통일성을 만드는 작업이다.
- B.I(Brand Identity) : 브랜드는 제품의 상표로써 한 회사의 같은 업종의 상표를 통일시키는 작업으로 회사만의 컬러와 서체, 레이아웃 등을 통일시키는 작업이다. 고려할 사항은 신뢰감, 판매 촉진, 좋은 이미지 창출이 되도록 해야 한다.

13.4, 08.5/4, …

11 기업의 이미지(시각적 특징) 통합을 광고매체를 이용하여 불특정 다수의 사람들에게 표현하는 것은?

① CF
② BI
③ CI
④ DM

11.5, 10.5

12 다음 중 브랜드 아이덴티티 디자인(BI)의 고려 요소 중 가장 거리가 먼 것은?

① 브랜드의 성격을 모두 다 보여 주어야 한다.
② 신뢰감을 주어야 한다.
③ 판매를 촉진시켜야 한다.
④ 좋은 이미지를 창출하여야 한다.

기적의 TIP

C.I.P는 이미지 통합 계획이며, B.I는 제품을 통일시키는 작업이다.

007 POP 디자인

POINT 05 참조

- 구매시점 광고로 소비자가 구매하는 장소인 매장에서 일어나는 광고의 형태를 총칭하는 말이다. 소비자로 하여금 제품을 구매하는 데 동기 부여를 일으켜 제품을 구매하게끔 유도하는 광고물이다.
- 간판, 윈도, 디스플레이, 포스터, 배너, 안내사인 등이 있다.

13.2/1, 09.4, 08.2

13 '구매시점 광고'라고도 하는 것으로 소비자가 상품을 구매하는 장소에서 이루어지는 광고는?

① 디스플레이
② P.O.P광고
③ 신문광고
④ 상품광고

008 선

POINT 21 참조

- 점이 이동하면서 이루는 흔적이나 궤적을 말하며, 기하학에서는 무수히 많은 점들의 집합을 선이라고 한다. 선은 길이, 위치, 방향을 갖고 있으나 두께나 폭은 없다. 두께를 가지면 입체가 되고, 폭이 있거나 이동하면 면이 된다. 선의 주체 요소로는 운동의 속도, 운동의 강약, 운동의 방향 등이 있다.
- 수평선 : 평온, 평화, 정지, 무한함, 정적인 느낌
- 수직선 : 강직, 엄숙, 존엄, 희망, 상승, 권위, 숭고한 느낌, 엄격
- 사선(대각선) : 동적이고 불안정한 느낌을 주지만 사용에 따라 강한 표현을 나타낼 수 있는 선으로 생동감, 긴장감, 운동감, 속도감, 불안한 느낌

17.2, 13.2, 10.5/2/1, 09.4, 06.5, 03.2/1, 02.4

14 선의 유형별 특징에 관한 설명 중 잘못된 것은?

① 직선은 경직, 명료, 확실, 남성적 성격을 나타낸다.
② 곡선은 고결, 희망을 나타내며 상승감, 긴장감을 높여준다.
③ 사선은 동적이고, 불안정한 느낌을 주지만 강한 표현을 나타내기도 한다.
④ 수평선은 평화, 정지를 나타내고 안정감을 더해준다.

15 동적이고 불안정한 느낌을 주지만 사용에 따라 강한 느낌을 나타낼 수 있는 선은?

① 곡선
② 수평선
③ 포물선
④ 사선

기적의 TIP

선의 종류와 그 특징에 대하여 숙지해야 한다.

---

009 면 POINT 21 참조

• **면의 종류**

수직면	고결, 엄숙, 상승, 긴장감
수평면	정지, 안정감
기하직선형 평면	질서가 있는 간결함, 확실, 명료, 강함, 신뢰, 안정
곡면	온화하고 유연한 동적 표정

13.1, 09.2, 08.2, 03.5/4

16 면에 관한 설명 중 가장 올바른 것은?

① 평면은 곧고 평활한 표정을 가지며, 간결성을 나타낸다.
② 수직면은 동적인 상태로 불안정한 표정을 주어 공간에 강한 표정을 더한다.
③ 수평면은 고결한 느낌을 주고, 긴장감을 높여준다.
④ 사면은 정지 상태를 주고 안정감을 나타낸다.

기적의 TIP

면의 종류와 그 특징에 대하여 숙지해야 한다.

---

010 시각 요소 POINT 22 참조

우리가 눈으로 보고, 느낄 수 있게 만드는 요소로 형과 형태, 크기, 색채, 질감, 명암, 빛 등이 있다.

11.5, 10.5, 04.4

17 다음 중 평면 디자인의 원리에서 가시적인 시각 요소와 거리가 가장 먼 것은?

① 중량 ② 형태
③ 색채 ④ 질감

기적의 TIP

중량은 시각 요소가 아니라 상관 요소이다.

---

011 대칭 POINT 25 참조

선 대칭	하나의 선을 기준으로 상하, 좌우로 대칭을 이루는 것이다.
방사 대칭	한 점을 기준으로 일정한 거리로 회전하면서 대칭을 이루며, 여성적이고 우아하며, 상징적이고 화려하다.
이동 대칭	일정한 규칙에 따라 평행으로 이동했을 때 생기는 형태이다.
확대 대칭	일정한 비율로 확대되는 형태이다.

19.2, 10.4, …

18 다음 그림과 같은 대칭은?

① 역 대칭 ② 방사 대칭
③ 점 대칭 ④ 선 대칭

기적의 TIP

중심선을 기준으로 좌 · 우 대칭이다.

012 비례

POINT 26 참조

- 요소들 간의 상대적 크기를 말하며 부분과 부분, 부분과 전체 사이의 수량적인 관계이다.
- 인체비례, 황금비례, 모듈, 피보나치 수열, 루트비, 금강비례 등이 있다.

03.1, 00.1

19 미적 형식원리에서 비례에 대한 설명으로 가장 올바른 것은?

① 한 선을 축으로 하여 서로 마주 보게끔 형상하는 것이다.
② 부분과 부분 또는 부분과 전체의 수량적 관계이다.
③ 2개 이상의 요소 또는 부분적인 상호관계의 통일이다.
④ 동일한 요소나 대상을 둘 이상 배열하는 것을 말한다.

013 피보나치 수열

하단 문제 참조

- 앞의 두 항을 합하면 다음 항이 되는 수열이며 자연이나 식물의 구조에서 번식의 문제로 많이 응용된다.
- 1, 1, 2, 3, 5, 8, 13, 21, 34........

08.2, 01.2

20 다음 중 1:2:3:5:8:13...과 같은 수열에 의한 비례는?

① 등비수열
② 루트비
③ 정수비
④ 피보나치 수열

014 점이

POINT 26 참조

점증이라고도 하며 어떤 도형이나 형태가 점점 커지거나 작아지는 현상이다.

11.2, 10.2, …

21 시각적인 힘의 경쾌한 율동감을 주는 것은?

① 반복
② 점이
③ 강조
④ 대비

기적의 TIP

율동감 있게 점점 순차적으로 변화가 나타나는 것이다.

015 이념적인 형태

POINT 22 참조

이념적인 형태 = 순수 형태 = 추상 형태 = 기하학 형태

17.3, 11.4, 09.1, …

22 다음 형태의 분류 중 성격이 <u>다른</u> 하나는?

① 이념적인 형태
② 순수 형태
③ 기하학 형태
④ 현실적 형태

016 게슈탈트(Gestalt)의 심리법칙

POINT 27 참조

- 근접성의 원리 : 서로 근접해 있는 것은 하나의 무리를 지어 보인다.
- 유사성의 원리 : 서로 비슷한 것들은 하나의 무리를 지어 보인다.
- 연속성의 원리 : 일정한 흐름을 갖는 것들은 하나의 무리를 지어 보인다.
- 폐쇄성의 원리 : 선이 끊어져 있어도 닫혀진 하나의 형태로 보인다.

16.1, 13.4, 10.1, ...

23 게슈탈트(Gestalt)의 시각에 관한 기본 법칙이 아닌 것은?

① 근접성 요인
② 방향성 요인
③ 연속성 요인
④ 유사성 요인

기적의 TIP

근접성, 유사성, 연속성, 폐쇄성 각각의 원리도 함께 알아두어야 한다.

017 착시(반전 도형)

POINT 28 참조

바탕과 도형 모두 형태가 있어 바탕을 보면 바탕의 형태가 보이고, 형태를 보면 형태가 인지되는 현상을 말한다.

17.1, 05.4, 04.4

24 다음 그림에서 보이는 가장 큰 효과는?

① 정의 잔상
② 반전
③ 리듬 효과
④ 매스 효과

018 옵 아트

POINT 24 참조

- '시각적 미술(Optical Art)'이란 뜻으로 1960년대 미국에서 발달한 추상 미술의 한 경향이다.
- 선과 면의 구성으로 발생하는 착시 현상을 최대한 이용한 작품으로 추상적, 기계적인 형태의 반복과 연속 등을 통한 시각적 환영, 지각, 색채의 물리적 및 심리적 효과와 관련된 사조이다.

13.4, 10.1, 07.5, ...

25 다음 중 시지각의 원리에 근거를 둔 추상적, 기계적 형태의 반복과 연속 등을 통한 시각적 환영, 지각, 색채의 물리적 및 심리적 효과와 관련한 디자인 사조는?

① 아르누보
② 미술공예운동
③ 팝디자인 운동
④ 옵 아트

기적의 TIP

옵 아트는 점, 선, 면을 이용하여 시각적인 착시 현상을 일으키게 한다.

019 편집 디자인의 형태별 분류

POINT 92 참조

- 낱장(Sheet) 형식 : 한 장짜리의 인쇄물
  예 명함, DM, 안내장, 레터헤드, 카드, 리플릿 등
- 스프레드(Spread) 형식 : 펼치고 접는 형식
  예 신문, 카탈로그, 팸플릿, 리플릿 등
- 서적 형식 : 제본되어 있는 책자 형식
  예 잡지, 화보, 카탈로그, 매뉴얼, 브로슈어, 단행본 등

13.4, 11.1, 01.5

26 다음 중 에디토리얼 디자인의 형태별 분류가 잘못된 것은?

① 서적 스타일 – 잡지, 화집, 단행본
② 스프레드(Spread) 스타일 – 카탈로그, 팸플릿
③ 카드 스타일 – 브로슈어, 매뉴얼
④ 시트(Sheet) 스타일 – 명함, 안내장

020 레이아웃

POINT 47 참조

- '배치하다', '배열하다' 등의 뜻으로 문자, 기호, 그림 등을 디자인적 요소 및 원리를 이용하여 정해진 틀(사이즈)에 조형적으로 배치한다.
- 가독성, 전달성, 주목성, 심미성, 조형 구성 등을 주기 위해 효과적으로 구성하는 것이다.

11.1, 04.1

27 편집 디자인에서 레이아웃의 형태로는 크게 프리 (Free) 방식과 그리드(Grid) 방식으로 나눌 수 있는데 다음 설명 중 그리드(Grid)의 설명이 <u>아닌</u> 것은?

① 원래의 뜻은 그물이며 그래프나 바둑판 모양의 구조를 말한다.
② 하나의 시각적 작품을 응결시켜 주는 하부 구조이다.
③ 하나의 조직이며 시간을 절약하고 지속감을 부여하는 데 도움을 준다.
④ 곡선을 많이 사용하고 디자이너의 직관력에 의존하는 것이다.

021 타이포그래피

POINT 95 참조

- 타입(Type)과 그래피(Graphy)의 합성어로 가독성을 높이기 위하여 활자의 형태, 문자의 크기, 글의 줄 사이, 띄어쓰기 등이 그 요소로 사용된다.
- 내용 전달이 잘 되도록 해야 하며 타이포그래피는 메시지를 가장 잘 전달하는 중요한 요소 중의 하나이다.

17.3, 05.1, …

28 다음 중 편집 디자인 요소로써 가독성과 불가분의 관계를 갖는 것은?

① 타이포그래피 ② 포토그래피
③ 컬러 디자인   ④ 플래닝

기적의 TIP

기존의 글자로 가독성을 높이기 위하여 사용한다.

022 인쇄 기법

POINT 94 참조

볼록판 인쇄	볼록 부분에 잉크를 묻혀 인쇄하는 방법. 활판, 목판, 선화철판, 고무판 등에 사용
평판 인쇄	물과 기름의 반발로 인쇄하는 방법. 옵셋(Off-Set), 석판 등에 사용
오목판 인쇄	오목한 부분에 잉크가 들어가 인쇄하는 방법. 그라비어(Gravure), 조각요판 등에 사용
공판 인쇄	인쇄되는 곳만 구멍을 내고 나머지 부분은 가려서 인쇄하는 방법. 실크스크린 등에 사용

07.2, 04.5

29 다음 인쇄 판식에 관한 설명 중 <u>잘못된</u> 것은?

① 평판 : 물과 기름의 반발 원리를 이용한 것으로 옵셋 인쇄가 대표적이다.
② 볼록판 : 화선부가 볼록부이며 볼록부에만 잉크가 묻기 때문에 문자가 선명치 못하고 박력이 없다.
③ 오목판 : 평평한 판면을 약품이나 조각으로 패이게 하는 방법으로 그라비어 인쇄가 대표적이다.
④ 공판 : 인쇄하지 않을 부분의 구멍을 막아 제판하여 인쇄하며 인쇄량이 비교적 적은 인쇄에 사용된다.

기적의 TIP

인쇄의 방법과 용도, 종류를 숙지해야 한다.

023 인쇄의 4색분판

POINT 94 참조

밝은 청색(Cyan, 시안), 선분홍색(Magenta, 마젠타), 노란색(Yellow, 옐로우), 검정색(Black, 블랙)이며 검정색은 'K'로 표시한다.

07.1, 03.5

30 인쇄의 4색분판 작업 시 해당되지 <u>않는</u> 색상은?

① 녹색   ② 마젠타
③ 검정색   ④ 노랑색

기적의 TIP

C, M, Y, K로 표시한다.

024 광고의 내용적 구성요소

POINT 04 참조

헤드라인 (Head Line)	헤드 카피(Head Copy)라고도 하며, 광고의 제목이나 표제
서브 헤드라인 (Sub-Head Line)	헤드라인을 설명하는 글 또는 바디 카피의 핵심이 되는 글
바디 카피 (Body Copy)	본문 문구로 구체적인 내용의 글
캡션(Caption)	그림, 사진, 일러스트 등을 설명하는 짧은 글
캐치프레이즈 (Catch-Phrase)	제품의 광고, 선전, 행사 따위에서 남의 주의를 끌기 위한 문구나 표어. '구호'
슬로건(Slogan)	기업의 메시지를 전달하기 위하여 지속적으로 광고에 반복해서 사용되는 간결한 문장

02.5, 01.1

31 광고 디자인의 구성요소가 <u>아닌</u> 것은?

① 레이아웃
② 바디 카피
③ 헤드라인
④ POP 디자인

06.1, 00.5/1

32 신문 광고의 내용적 요소로써, 기업이 광고에 반복해서 사용하는 간결한 문장은?

① 헤드라인
② 바디 카피
③ 슬로건
④ 캡션

기적의 TIP

광고의 내용적 구성요소란 전반적인 글의 내용을 말하는 것이다.

025 신문 광고의 장점

POINT 04 참조

- 매일 발행되므로 때에 맞는 광고를 할 수 있어 주목률이 좋다.
- 여러 독자층에게 소구할 수 있다.
- 광대한 보급으로 매체의 도달 범위가 넓다.
- 지역별 광고에 편리하다.
- 시리즈 광고에 적당해서 계속적이고 누적된 인상을 줄 수 있다.
- 광고 효과가 빠르다.
- 상세한 카피로 제품에 대한 심층 정보를 마련할 수 있다.
- 기록성과 보존성이 있다.
- 광고의 크기를 자유로이 선택할 수 있다.
- 광고의 상품과 서비스에 대한 확실한 결과를 얻을 수 있다.

13.4, 06.4, 04.2, ...

33 신문 광고의 장점이 <u>아닌</u> 것은?

① 인쇄나 컬러의 질이 높고, 소구 대상이 뚜렷하다.
② 다수인을 상대로 광고하므로 광고 효과가 크다.
③ 매일 발행되므로 때에 맞게 광고할 수 있다.
④ 지역별 광고가 용이하며 효과적이다.

기적의 TIP

신문 광고의 장점과 잡지 광고의 장점을 서로 비교하여 알아 두어야 한다.

기출

자주 출제되는 기출문제

026 잡지 광고의 특성 POINT 04 참조

- 특정한 독자층을 갖는다.
- 매체로서의 생명이 길다.
- 회람률이 높다.
- 컬러인쇄 효과가 크다.
- 감정적 광고나 무드 광고에 적당하다.
- 스페이스 독점이 가능하다.
- 구체적으로 전문적인 내용을 전달할 수 있다.
- 광고비가 저렴하다.

11.4, 08.1, 07.5, …

34 잡지 광고의 특성과 가장 거리가 먼 것은?

① 특정한 독자층을 갖는다.
② 매체로서의 생명이 짧다.
③ 대부분 월간지 형태로 출간된다.
④ 감정적 광고나 무드 광고를 하는 데 적당하다.

기적의 TIP

잡지 광고와 신문 광고의 장점 및 단점을 서로 비교하여 알아 두어야 한다.

027 포스터의 종류 POINT 03 참조

문화행사 포스터	연극, 영화, 전람회, 박람회 등 문화행사의 정보를 알리는 포스터
공공 캠페인 포스터	각종 사회 캠페인 매체로써 기능을 수행하며, 단체적인 행동을 유도해 내기 위한 포스터
상품광고 포스터	상품을 알리는 포스터로 다양한 내용과 움직이는 정보전달의 매체로써의 기능을 함
관광 포스터	관광객들로 하여금 관광동기와 욕구를 유발시켜 관광 행위를 하도록 유도하는 시각광고 포스터
장식 포스터	고지적 소구의 목적이 아닌 새로운 시각적 예술성을 지닌 것으로, 장식성을 강조한 포스터

10.4, 05.2, 03.5

35 포스터의 종류에서 연극, 영화, 음악회, 전람회 등의 고지적 기능을 가진 포스터는?

① 상품광고 포스터
② 계몽 포스터
③ 문화행사 포스터
④ 공공 캠페인 포스터

기적의 TIP

포스터의 종류는 그림과 함께 출제되는 경우도 있다.

028 DM(Direct Mail) POINT 04 참조

- 우송 광고 또는 직송 광고의 뜻이다.
- 특정 회사가 회원에게 직접 보내는 우편물에 포함되는 광고이다.
- 회원제의 운영으로 예상 고객을 선별할 수 있으며 시기와 빈도를 조절할 수 있다.
- 광고의 주목성, 오락성이 부족하고, 지면이 적어 조잡할 수 있다.

08.5, 04.5, 01.3

36 사전에 계획된 예상 고객에게 직접 전달할 수 있으므로 소구 대상을 정확하게 선정하여 발송할 수 있는 장점을 가진 광고는?

① 직접 우송 광고(DM)
② 구매시점 광고(POP)
③ 신문 광고
④ 잡지 광고

기적의 TIP

DM은 직접 우편으로 수신자의 이름이 있는 우편물이다.

029 사인보드의 종류 POINT 04 참조

옥상간판	건물의 옥상 위에 설치하는 간판
점두간판	상점의 입구에 설치하는 간판
평간판	처마 끝에 설치하는 간판
수간판	세로로 설치하는 간판
돌출간판	도로 쪽으로 돌출되게 설치하는 간판
입간판	점두나 옥외에 세워서 설치하는 간판
전주간판	전주에 직접 광고를 기재하는 간판
야외간판	철도노선 또는 간선도로변의 산기슭이나 논밭에 세운 간판

10.2, 01.2

37 옥외 광고 중 상점의 입구 또는 처마 끝 등에 설치하는 간판은?

① 가로형간판
② 점두간판
③ 입간판
④ 야립간판

030 포장 디자인의 기능 POINT 05 참조

보호와 보존성, 편리성, 상품성, 심리성

15.4, 10.1, 08.1, …

38 포장 디자인의 기능과 가장 거리가 먼 것은?

① 보호성
② 편리성
③ 상품성
④ 교환성

031 포장 디자인의 조건

POINT 05 참조

- 제품을 보호할 수 있어야 하고 제품의 정보나 성격이 잘 전달되어야 한다.
- 유통 시 취급 및 보관이 용이해야 한다.
- 구매의욕을 느낄 수 있도록 해야 한다.
- 경쟁 상품과 차별화될 수 있도록 해야 한다.

13.2/1, 11.2, 10.5, …

39 다음 포장 디자인에서 갖추어야 할 내용 중 거리가 먼 것은?

① 쌓기 쉽게 디자인되어야 한다.
② 여러 조건하에서도 필요한 정보를 전달할 수 있어야 한다.
③ 어떤 상태에서든지 매혹적으로 보이도록 디자인되어야 한다.
④ 상표명과 내용물에 관한 표현보다는 전시효과가 더 중시되어야 한다.

032 브레인스토밍법

POINT 11 참조

- 1930년대 후반 미국의 알렉스 오즈번(Alex Osborn)이 제창한 집단 토의식 아이디어 발상법이다.
- **브레인스토밍 시 명심해야 할 원칙**
  - 자유분방한 아이디어를 적극적으로 권장한다.
  - 타인의 발언을 일체 비난하지 않는다.
  - 다른 사람의 아이디어를 발전시켜 연쇄반응을 시도한다.
  - 될 수 있는 한 많은 아이디어를 내게 한다.
  - 많은 아이디어가 나온 후 아이디어의 조합을 생각한다.
  - 아이디어의 정리는 최후에 한다.

16.1, 13.2, 11.1, …

40 다음 중 브레인스토밍법을 가장 잘 설명한 것은?

① 회의 중에는 절대 비평하지 않는 개인 위주의 토의법
② 집단사고에 의한 자유분방한 아이디어를 창출하는 방법
③ 모든 아이디어를 간결하고 명백하게 하는 방법
④ 다른 사람의 아이디어를 결합하여 개선하도록 노력하는 방법

기적의 TIP

브레인스토밍에서 중요한 것은 다른 사람의 의견을 존중해 주는 것이다.

033 스크래치 스케치

POINT 16 참조

- 디자이너가 아이디어 발상 초기 단계에 즉흥적으로 떠오르는 생각을 적은 메모의 성격을 띤 스케치이다.
- 아이디어 발상 과정의 초기 단계에서 사용한다.
- 아이디어 스케치, 크로키, 썸네일 스케치(Thumbnail Sketch) 등이 있다.

11.2/4, 10.1/2, …

41 난필의 의미로 아이디어 발상 과정의 초기 단계에서 사용하며, 프리핸드 선에 의한 약화 형식의 스케치는?

① 러프 스케치
② 스타일 스케치
③ 퍼스펙티브 스케치
④ 스크래치 스케치

기적의 TIP

아이디어를 주목적으로 하는 스케치로 아이디어 스케치라고도 한다.

034 실내 디자인의 목적

POINT 07 참조

- 인간의 정서 함양과 보다 나은 삶의 가치로 승화시키며, 인간생활의 물리적, 심리적, 미적 기능을 만족시켜야 한다.
- 심미성과 기능성이 동시에 이루어질 수 있도록 해야 한다.
- 전반적으로는 경제성 등을 고려해야 한다.

17.1, 15.4, 13.2/1, …

42 다음 중 실내 디자인의 목적과 거리가 가장 먼 것은?

① 실내 공간을 문화적, 경제적 측면으로 고려한 합리적인 계획
② 실내 공간을 보다 기능적이고, 쾌적한 환경으로 창조하는 계획
③ 실내 공간을 독창적이고, 합리적인 공간으로 창조하는 계획
④ 실내 공간을 기능적 설계 요소보다 미적인 요소를 중시하는 계획

기적의 TIP

단순하게 효율성, 경제성, 심미성 등으로 출제되기도 하나 문장으로 출제되는 경우가 많으므로 보기의 문제를 꼼꼼히 이해해야 한다.

과목 02 색채 및 도법

035 가시광선

POINT 59 참조

- 빛은 광범위한 전자파로 이루어져 있다.
- 눈으로 인지될 수 있는 380nm~780nm의 범위의 파장을 가진 전자파를 가시광선이라 한다.
- 380nm 이하의 짧은 파장(단파장)은 의료기기에 사용하는 자외선, 렌트겐에 사용하는 X선 등으로 사용된다.
- 780nm의 긴 파장(장파장)은 열선으로 알려진 적외선, 라디오, TV 등에 사용하는 전파 등으로 사용된다.

17.2, 10.4/1, 08.5/4, …

43 다음 중 ( ) 안에 들어갈 내용을 알맞게 짝지은 것은?

인간이 볼 수 있는 ( )의 파장은 약( )nm이다.

① 적외선, 560~960
② 가시광선, 380~780
③ 적외선, 380~780
④ 가시광선, 560~960

기적의 TIP

가시광선의 범위에 대한 내용은 자주 출제되므로 가시광선의 범위, 파장별 용도 등을 잘 숙지해야 한다.

036

추상체와 간상체   POINT 59 참조

- 추상체 : 원추세포라고도 하며, 밝은 곳(명소시)에서 대부분의 색과 명암을 모두 구별한다. 추상체에 이상이 생기면 색맹, 색약 등의 이상 현상이 생겨서 정상적인 색 구분이 어려워진다.
- 간상체 : 막대세포라고도 하며, 어두운 곳(암소시)에서 흑백의 명암만을 구별한다. 고감도의 흑백필름과 같다.

13.2, 11.2/1, 10.4, 09.4/1, …

44 인간의 시세포가 밤과 낮의 각기 다른 조건에서도 잘 활동할 수 있는 것은 무엇 때문인가?

① 간상체와 추상체
② 수평세포
③ 수정체와 홍채
④ 양극세포

037   **색순응**   POINT 69 참조

어떤 조명광이나 색을 오랫동안 보면 그 색에 순응하여 색지각이 약해지는 현상으로 색광에 대하여 순응하는 것이다. 예를 들어 노란 선글라스를 착용하고 푸른 물체를 보았을 때 처음에는 노란 기미가 보이지만 시간이 지나면서 원래의 푸른색으로 보이게 된다.

19.2, 17.1

45 사진 암실의 빨강 안전광 아래에서는 흰색이나 노랑, 빨강이 잘 구별되지 않고, 빨강 잉크는 무색의 물처럼 보이는 현상은?

① 명암순응
② 색순응
③ 항상성
④ 빛의 감도

038   **푸르킨예 현상**   POINT 69 참조

- 밝은 곳에서는 적이나 황이, 어두운 곳에서는 청이나 보라가 밝게 보이는 현상이다.
- 추상체와 간상체의 움직임의 교차에 의한 것이다.
- 명소시에서 암소시로 옮겨갈 때 붉은 계통은 어둡게 되고, 파란 계통은 시감도가 높아져 밝게 보이는 시지각적인 성질이다.
- 낮에 빨간 물체가 밤이 되면 검게, 낮에 파랑 물체가 밤이 되면 밝은 회색으로 보인다.

10.5/4, 07.5, 06.4, …

46 푸르킨예 현상에 대한 설명 중 <u>잘못된</u> 것은?

① 낮에는 추상체로부터 밤에는 간상체로 이동하는 현상이다.
② 파장이 짧은 색이 먼저 사라지고, 파장이 긴 색이 나중에 사라진다.
③ 이 현상을 이용한 것이 비상구 표시, 계단 비상등 등이다.
④ 빨간 사과가 밤이 되면 검게 보인다.

기적의 TIP

푸르킨예 현상은 출제 빈도가 매우 높다. 개념과 특성을 잘 이해해야 한다.

039 색채지각설

POINT 69 참조

- 영·헬름홀츠의 3원색설은 인간의 망막에는 적, 녹, 청자의 색각세포와 색광을 감지하는 수용기인 시신경섬유가 있다는 가설을 통해 혼색과 색각이상을 잘 설명하는 이론이다.
- 헤링의 반대색설은 인간의 눈에는 빨강-녹색물질, 노랑-파랑물질, 그리고 흰색-검정물질의 세 가지 유형의 시세포가 있고 각각의 물질은 빛에 따라 동화와 이화라는 합성 작용과 분해 작용에 의해 색을 지각할 수 있다는 이론이다.

15.4, 10.5, …

47 영·헬름홀츠의 3원색설을 설명한 것 중 틀린 것은?

① 3원색은 빨강, 녹색, 청자이다.
② 노랑은 빨강과 녹색의 수용기가 같이 자극되었을 때 지각된다.
③ 정상인과 색맹자의 색각현상을 설명하기 어려운 점이 있다.
④ 감산 혼합의 이론과 일치되는 점이 있다.

기적의 TIP

영·헬름홀츠의 3원색설과 헤링의 반대색설의 개념 및 특성에 대하여 잘 숙지해야 한다.

040 색의 삼속성

POINT 60 참조

- 색은 색상, 명도, 채도의 세 가지 지각성질을 가지고 있다.
- 인간이 물체색을 느낄 때 명도가 가장 우선시되고 색상, 채도의 순서로 지각하게 된다.
- 색상이란 사물을 봤을 때 빨강, 노랑, 파랑 등의 색채를 구별하는 특성을 말하며 명도, 채도에 관계없이 색채만을 구별하는 것을 의미한다.
- 명도란 흰색부터 검정색까지의 밝고 어두움을 나타내는 명암단계이다.
- 채도란 색의 선명도를 의미하며 색의 맑기, 탁함, 흐림 등이다.

16.1, 11.4, 09.5, 08.4/2/1, …

48 색의 3속성에 대한 설명 중 틀린 것은?

① 색상, 명도, 채도를 말한다.
② 색상을 둥글게 배열한 것을 색환이라고 한다.
③ 순색에 무채색을 섞으면 채도가 높아진다.
④ 먼셀표색계에서 무채색의 명도는 0~10단계로 나눈다.

041 가산혼합

POINT 61 참조

- 빛의 3원색인 빨강(Red), 녹색(Green), 파랑(Blue)을 혼합하는 것으로, 혼합이 될수록 점점 맑고 밝은 색을 얻을 수가 있으며, 3원색을 모두 혼합하면 흰색이 된다.
- 가산혼합의 종류는 동시가법혼색(무대조명), 계시가법혼색(회전혼합), 병치가법혼색(TV) 등으로 나뉘어 일상생활에서 널리 활용된다.
- Red + Blue = Magenta, Red + Green = Yellow, Green + Blue = Cyan이 된다.

03.1, 01.2

49 다음 중 가산혼합은?

① 혼합할수록 명도, 채도가 낮아진다.
② 색료 혼합이라고도 한다.
③ 3원색을 모두 섞으면 검정이 된다.
④ 혼합할수록 명도가 높아진다.

기적의 TIP

가산혼합의 개념 및 특성에 대하여 이해하고 Red, Green, Blue의 혼합색에 대하여 숙지해야 한다.

기출 자주 출제되는 기출문제

042 감산혼합 POINT 61 참조

- 색료의 3색색인 시안(Cyan), 마젠타(Magenta), 노랑(Yellow)을 혼합하는 것으로, 혼합이 될수록 명도, 채도가 낮아지며, 3원색을 모두 혼합하면 검정에 가까운 무채색이 된다.
- 감산혼합은 컬러슬라이드 필름, 영화 필름, 사진 및 각종 출판, 인쇄물 등의 여러 분야에서 널리 활용된다.
- Magenta + Yellow = Red, Magenta + Cyan = Blue, Yellow + Cyan = Green이 된다.

13.4, 11.4, 07.1, …

50 빨간색과 노란색을 감산혼합을 했을 때의 색은?

① 녹색　　　　　　② 파랑
③ 주황　　　　　　④ 보라

기적의 TIP

감산혼합의 개념 및 특성에 대하여 이해하고 Cyan, Magenta, Yellow의 혼합색에 대하여 잘 숙지해야 한다.

043 중간혼합 POINT 61 참조

평균혼합이라고도 하며 실제로 색이 혼합되는 것이 아니라 시각적으로 혼합되어 보이는 것으로 병치혼합과 회전혼합이 있다.

10.4/2, 09.1, 08.5, …

51 중간혼합에 대한 설명으로 틀린 것은?

① 혼합된 색의 색상은 두 색의 중간이 된다.
② 혼합된 색의 채도는 혼합 전 채도가 강한 쪽보다는 약해진다.
③ 보색관계의 혼합은 중간명도의 회색이 된다.
④ 혼합된 색의 명도는 혼합 전 색의 명도보다 높아진다.

044 병치혼합 POINT 61 참조

- 여러 가지 색이 조밀하게 분포되어 있을 경우 멀리서 보면 주위 색들의 영향을 받아 혼합되어 보이는 현상이다.
- 색료 자체의 직접적인 혼합이 아니기 때문에 병치가법혼색에 속한다.
- 병치혼합의 원리를 이용한 효과를 '베졸드 효과(Bezold Effect)'라고 한다.
- 신인상파(쇠라, 시냐크 등)의 점묘화, 모자이크, 직물, 인쇄, TV영상, 옵 아트 등에서 찾아볼 수 있다.

16.9, 09.2, 07.4, …

52 병치혼합의 예가 <u>아닌</u> 것은?

① 신인상파 화가의 점묘화
② 2가지 색 이상으로 짜여진 직물
③ 컬러 TV의 영상화면
④ 아파트 벽면의 그림과 배경색

045 현색계와 혼색계 POINT 62 참조

- 현색계 : 색채를 표시하는 표색계로써 심리적인 색의 3속성에 따라 일정한 표준을 정하여 번호, 기호 등을 사용하여 정량적으로 표시하는 체계이다. 현색계로는 먼셀표색계, NCS, DIN, 오스트발트 표색계가 있으며, 우리나라는 먼셀표색계를 표준으로 쓰고 있다.
- 혼색계 : 색광을 표시하는 표색계로써 심리적, 물리적인 빛의 혼합을 기초로 색을 표시하는 체계를 말하며, 현재 측색학의 근본이 되고 있다. CIE(국제조명위원회) 표준 표색계는 혼색계의 대표적인 표색계이다.

10.2, 07.2, 06.5/4/1, …

53 다음 내용 중에 알맞은 말은?

> "표색계에는 심리 물리적인 빛의 혼색실험에 기초를 두고 색을 표시하는 (A)와 지각색을 표시하는 (B)가 있다."

① 심리계, 지각계
② 혼색계, 현색계
③ 현색계, 혼색계
④ 물리계, 지각계

- 기본색명 : 기본적인 색을 구별하기 위해서 한국산업규격 (KS)에서는 빨강, 주황, 노랑, 연두, 녹색, 청록, 파랑, 남색, 보라, 자주색을 기본 10색으로 사용하고 있다.
- 일반색명 : 계통색명이라고도 하며, 색의 3속성에 따라 분류하고, 쉽게 이해하기 위해서 기본색명에 수식어를 붙여 '빨강 띤(Reddish)', '노랑 띤(Yellowish)', '해맑은(Vivid)', '맑은(Light)' 등으로 표시한다.
- 관용색명 : 옛날부터 전해오는 습관적인 색이름이나 동물, 식물, 광물, 원료, 인명, 지명, 자연대상 등의 고유한 이름을 붙여 놓은 색이다.

13.2/1, 10.4/1, 08.4/2, …

54 색명법에 의한 일반색명과 관용색명에 관한 설명 중 잘못된 것은?

① 일반색명은 계통색명이라고도 한다.

② KS 규격에서 일반색명 중 유채색의 기본색명은 오스트발트 10색상에 준하여 색명을 정하였다.

③ 관용색명은 관습적으로 쓰이는 색명으로써 식물, 광물, 지명 등을 빌려서 표현한다.

④ KS 규격에서는 일반색명으로 나타내기 어려운 경우에 관용색명을 쓰도록 하였다.

기적의 TIP

일반색명과 관용색명의 특성과 개념을 이해하고 구체적인 색상 예를 숙지해야 한다.

- 색의 3속성인 색상, 명도, 채도를 세로축에 명도, 입체의 원을 따라 색상, 중심의 가로축을 채도로 구성한 것이다.
- 각 색의 3속성이 다르므로 색입체의 모양은 불규칙한 타원이 된다.
- 색입체를 수직(종단면)으로 자르면 동일 색상면이, 수평(횡단면)으로 자르면 동일 명도면이 나온다.

11.1, 10.2, 04.2/1, …

55 먼셀의 색입체에 대한 설명 중 틀린 것은?

① 수평으로 자르면 동일 명도면이 나타난다.

② 수직으로 자르면 동일 채도면이 나타난다.

③ 중심축으로 가면 저채도, 바깥둘레로 나오면 고채도가 된다.

④ 색의 3속성에 따라 배열되어 있다.

기적의 TIP

색입체의 개념과 특히 횡단면도와 종단면도에 나오는 단일면의 출제 경향이 높다.

POINT 62 참조

048 먼셀 표색계

- 빨강(R), 노랑(Y), 녹색(G), 파랑(B), 보라(P)의 주요 5색을 같은 간격으로 배치하고, 그 사이에 간색을 추가하여 기본 10색을 만든다.
- 우리나라 KS에서는 10색상환, 교육부에서는 20색상환을 사용한다.
- 명도란 빛에 의한 색의 밝고 어두움을 말하며, 먼셀은 이러한 명도를 맨 위에 흰색을 두고 맨 아래에 검정을 두어 총 11단계로 구분하고 있다.
- 색상환에서 중심의 무채색 축을 채도가 없는 0으로 하고, 채도가 가장 높은 색을 14로 규정하여, 중심축에서 수평방향으로 번호가 커진다.
- 색상을 Hue, 명도를 Value, 채도를 Chroma라고 규정하고, 기호를 H, V, C로 표기하여 'HV/C'로 표시한다.
- 각 색들의 3속성이 다르게 나타나므로 색입체가 불규칙한 타원의 모양을 한다.

13.4/2/1, 09.5, 08.4/2/1, …

56 우리나라 산업규격(KS)에서 제정되어 교육용으로 채택되어 사용되고 있는 표색계는?

① 오스트발트 표색계
② 먼셀 표색계
③ NCS 표색계
④ P.C.C.S 표색계

기적의 TIP

먼셀 표색계는 출제 비중이 매우 높다. 먼셀의 색상, 명도, 채도, 색입체의 개념과 특성을 잘 이해해야 한다.

POINT 62 참조

049 오스트발트 표색계

- 색입체의 정삼각형 꼭짓점에 모든 빛을 완전히 반사하는 이상적인 백색(W), 모든 빛을 완전히 흡수하는 이상적인 흑색(B), 이상적인 완전색(C)을 가상으로 정하고, 이 3가지 색의 혼합량을 기호화하여 색 삼각 좌표 안쪽의 각 좌표 색들을 그 세 가지 성분의 혼합비로 표시함으로써 오스트발트 표색계를 완성하였다.
- 혼합량의 합계에서 무채색은 '흰색량(W) + 검정량(B) = 100%'이고, 유채색은 '흰색량(W) + 검정량(B) + 순색량(C) = 100%'가 되어 언제나 일정한 공식에 의해 쌍원추체(복원추체) 형태의 색입체를 만든다.

18.4, 10.5/1, 07.4

57 오스트발트 표색계의 색채 개념은?

① Red + Green + Blue = 100%
② White + Black + Color = 100%
③ Red + Yellow + Blue = 100%
④ White + Blue + Green = 100%

POINT 63 참조

050 동시대비

- 자극을 부여하는 크기가 작을수록 대비 효과가 강해진다.
- 자극과 자극 사이가 멀어질수록 대비 효과가 약해진다.
- 색의 차이가 클수록 대비 효과는 강해진다.
- 오랫동안 계속해서 볼 경우 대비 효과는 약해진다.
- 색의 3속성 차이에 의한 변화이다.

13.4, 08.5, 07.4/2/1, …

58 동시대비에 관한 설명으로 틀린 것은?

① 색의 3속성 차이에 의한 변화가 일어나는 것이다.
② 자극과 자극 사이가 멀수록 대비현상은 약해진다.
③ 시점을 한 곳에 집중시키려는 지각과정에서 일어나는 현상이다.
④ 일정한 자극이 사라진 후에도 지속적으로 자극을 느끼는 현상이다.

051 **보색대비**

POINT 63 참조

- 보색관계인 두 색이 서로의 영향으로 더욱 선명하게 보이는 현상이다. 이는 서로의 보색 잔상이 일치하기 때문에 더욱 뚜렷하게 보이는 것이다. 또한 색의 대비 중에서 가장 강한 대비이다.
- 대표적인 보색대비는 빨강과 청록의 대비이며, 이러한 보색대비는 조형 구성의 기본이 되는 중요한 대비이다.

16.1, 07.1, 03.2, 01.2

59 다음 중 먼셀의 20색상환에서 보색대비의 예가 아닌 것은?

① 빨강(Red) – 청록(Blue Green)
② 파랑(Blue) – 주황(Orange)
③ 노랑(Yellow) – 남색(Purple Blue)
④ 파랑(Blue) – 초록(Green)

052 **연변대비**

POINT 63 참조

- 경계대비라고도 하며, 어떤 두 색이 맞붙어 있을 때 그 경계 부분에서 색상, 명도, 채도대비가 강하게 일어나게 되고 경계가 몽롱하게 보이게 되는 현상을 말한다. 이러한 현상을 헬레네이션 현상 혹은 눈부심(Glare) 효과라고 한다.
- 색상을 색상, 명도, 채도 단계별로 배치할 때 나타난다.
- 연변대비의 반발성을 막기 위해서는 무채색의 테두리를 적용하여 분리시켜야 하는데 이를 분리배색이라고 한다. 주로 만화영화에서 이러한 분리배색을 볼 수 있다.

10.1, 09.2, 08.4, …

60 어떤 두 색이 맞붙어 있을 경우, 그 경계의 언저리가 멀리 떨어져 있는 부분보다 색상대비, 명도대비, 채도대비의 현상이 더욱 강하게 일어나는 것은?

① 면적대비   ② 한난대비
③ 보색대비   ④ 연변대비

053 **동화현상**

POINT 64 참조

- 자극이 오래 지속되는 색의 정의(긍정적) 잔상에 의해 생겨난다.
- 주위에 비슷한 색이 많이 배치된 경우, 좁은 시야에 색채들이 복잡하게 구성되어 있는 경우 발생한다.
- 동일한 회색 배경 위에 검은색 선을 그리면 배경의 회색은 검고 어둡게 보이고, 백색 선을 그리면 배경의 회색은 밝게 보인다.

11.1, 09.4, 07.4, 06.1, …

61 색의 동화현상에 관한 설명 중 틀린 것은?

① 주변색과 동화되어, 색이 만나는 부분이 좀 더 색상대비 효과가 강하게 나타난다.
② 어떤 색이 다른 색에 둘러싸여 있을 때, 둘러싸고 있는 색에 가깝게 보이는 현상이다.
③ 베졸드가 이 효과에 흥미를 갖고 패턴을 고안한 것이 베졸드 효과이다.
④ 일반적으로 색상 면적이 작을 때나, 그 색 주위의 색과 비슷할 경우 동화가 일어난다.

054 **정의 잔상**

POINT 64 참조

- 자극이 사라진 뒤에도 망막의 흥분 상태가 계속적으로 남아있어 본래의 상의 밝기와 색이 그대로 느껴지는 현상이다.
- 강한 자극에 의해 발생되며, 부의 잔상보다 오랫동안 지속되어 주로 쥐불놀이, 도로 표지판, 영화, TV, 네온사인, 스펙터클 전광판 등에서 볼 수 있다.

13.1, 06.2/1, 04.4, …

62 어두운 곳에서 빨간 불꽃을 돌리면 불꽃이 빨간 원으로 보이는데, 이는 어떤 현상 때문인가?

① 정의 잔상   ② 부의 잔상
③ 도지 반전   ④ 보색 잔상

기적의 TIP

정의 잔상의 특성과 적용 범위에 대해서 숙지해야 한다.

055 부의 잔상

POINT 64 참조

- 자극이 사라진 후 원자극의 정반대의 상이 보이는 잔상 효과이다.
- 원자극의 형상과 닮았지만 밝기는 반대로 되는 현상이다.

07.4, 06.4, 05.5, 04.1

63 자극이 사라진 후 원자극의 정반대의 상이 보이는 잔상 효과는?

① 부의 잔상
② 정의 잔상
③ 정지 잔상
④ 변화 잔상

기적의 TIP

부의 잔상의 특성과 적용 범위에 대해서 숙지해야 한다.

056 명시도(명시성/시인성)

POINT 64 참조

- 어떤 색이 주변 인접색의 영향을 받아 멀리서도 확실히 눈에 잘 보이거나 판독하기 쉬워서 정보를 빨리 이해하게 되는 것을 색의 명시성 또는 시인성이라 한다.
- 명시성은 색의 3요소의 차이에 따라 다르게 나타나지만 특히 명도 차이를 높이면 명시도가 높다.
- 명시도가 가장 높은 배색은 검정과 노랑의 배색이다.
- 우리 주변에서 명시성을 가장 중요하게 고려하여 색상을 배색해야 하는 것이 바로 교통 표지판이다.

13.2/1, 07.5, 06.1, …

64 다음 배색 중 명시도가 가장 높은 것은?

① 흰색, 파랑
② 검정, 노랑
③ 흰색, 녹색
④ 검정, 녹색

057 진출색과 후퇴색

POINT 64 참조

- 가까이 있어 보이거나 앞으로 튀어나와 보이는 색을 진출색, 멀리 떨어져 보이거나 뒤로 물러나 보이는 색을 후퇴색이라고 한다.
- 고명도, 고채도, 난색은 진출되어 보인다.
- 저명도, 저채도, 한색은 후퇴되어 보인다.
- 유채색이 무채색보다 진출되어 보이지만, 조명이나 배경색의 영향에 따라 다르게 나타난다.

16.1, 13.1, 10.4, 05.1, …

65 다음 중 진출색과 후퇴색에 대한 설명으로 틀린 것은?

① 따뜻한 색은 차가운 색보다 진출하는 느낌을 준다.
② 무채색은 유채색보다 진출하는 느낌을 준다.
③ 밝은 색은 어두운 색보다 진출하는 느낌을 준다.
④ 고채도 색은 저채도 색보다 진출하는 느낌을 준다.

058 온도감

POINT 65 참조

- 색상에 따라서 따뜻함과 차가움 또는 따뜻하지도 차갑지도 않은 중간 온도를 느끼는 시감각으로써 일반적으로 적색계통이 따뜻하게, 청색계통이 차갑게 느껴진다.
- 적색계통의 난색, 청색계통의 한색, 연두 · 보라계통의 중성색으로 구분한다.

11.5/4/1, 10.5/1, 08.1, …

66 색채의 온도감에 대한 설명 중 맞는 것은?

① 파장이 긴 쪽이 따뜻하게 느껴진다.
② 보라색, 녹색 등은 한색계이다.
③ 단파장이 따뜻하게 느껴진다.
④ 색채의 온도감은 색상에 의한 효과가 가장 약하다.

기적의 TIP

최근 들어 자주 출제되는 문제로 온도감의 개념 중 난색, 한색, 중성색을 구분하여 숙지해야 한다.

059 중량감
POINT 68 참조

- 색의 느낌에서 오는 무겁고 가볍게 느끼는 현상을 중량감이라고 하며, 색의 명도에 의해 중량감을 다르게 느낄 수 있다.
- 고명도의 밝은 색은 가볍게, 저명도의 무거운 색은 무겁게 느껴진다.
- 중량감이 느껴지는 순서로는 검정, 파랑, 빨강, 보라, 주황, 초록, 노랑, 흰색의 순이다.
- 복장이나 상품에서도 권위를 상징할 때에는 명도가 낮은 검정이나 남색을 사용한다.
- 산업체에서 운반도구나 큰 작업 도구들을 가벼운 노랑, 주황 등으로 칠하는 것은 작업자와 보는 사람들의 시각적 중량감을 줄이고, 주의를 표시하여 피로도를 줄여 작업의 능률을 높이기 위함이다.

13.2/1, 10.5, 09.5, 07.1, 06.2, …

67 다음 중 색채의 중량감에 대한 설명으로 옳은 것은?

① 주로 채도에 의하여 좌우된다.
② 중명도의 회색보다 노란색이 무겁게 느껴진다.
③ 난색계통보다 한색계통이 가볍게 느껴진다.
④ 주로 고명도의 색은 가볍게 느껴진다.

060 색의 공감각
POINT 65 참조

색채는 시각 이외의 다른 감각 기관인 미각, 청각, 후각, 촉각 등을 함께 느낄 수가 있는데, 이러한 공통된 특성이 감각 기관과 서로 교류하는 현상을 말한다.

10.5, 06.5, 04.2, …

68 색에서 냄새를 느낄 수 있는 공감각의 설명 중 잘못된 것은?

① 좋은 냄새가 나는 것 같은 색은 맑고 순수한 고명도 색상의 색이다.
② 나쁜 냄새가 나는 듯한 색은 밝고 맑은 한색계통의 색이다.
③ 깊은 맛의 미각을 느끼게 하는 색은 코코아색, 포도주색, 올리브 그린 등이다.
④ 은은한 향기가 나는 것 같은 색은 보라 또는 연보라의 라일락색 등이다.

기적의 TIP

색의 공감각 중 미각, 후각, 청각의 개념에 대하여 잘 이해하고 구분지어 숙지해야 한다.

---

061 색의 연상과 상징
POINT 70 참조

- 색을 지각할 때 개인의 경험과 심리적 작용에 의해 색과 관계된 사물, 분위기, 이미지 등을 떠올리는 것을 색의 연상이라고 한다.
- 색의 상징은 하나의 색을 보았을 때 특정한 형상이나 뜻이 상징되어 느껴지는 것이다.

09.2, 07.5/2, 05.1, …

69 다음 중 색의 연상과 상징이 잘못 연결된 것은?

① 노랑 – 희망, 광명, 유쾌, 경박
② 녹색 – 엽록소, 안식, 중성, 이상
③ 자주 – 애정, 복숭아, 발정적, 창조적
④ 검정 – 겸손, 우울, 점잖음, 무기력

062 색채치료
POINT 65 참조

빨강	노쇠, 빈혈, 무활력, 화재, 방화, 정지, 긴급
주황	강장제, 무기력, 저조, 공장의 위험표시
노랑	신경질, 염증, 고독, 위로, 방부제
녹색	안전, 해독, 피로회복, 구호
파랑	침정제, 눈의 피로회복, 맥박저하, 피서

19.3, 10.2, 07.1

70 다음 중 정신질환자의 치료에 도움이 되는 병실 색채로 적합한 것은?

① 고채도의 빨강   ② 고채도의 연두
③ 고채도의 주황   ④ 중간채도의 파랑

기적의 TIP

정신질환자에게는 안정적인 색채가 효과적이다.

기
출

자
주
출
제
되
는
기
출
문
제

063 저드의 색채조화 원리 `POINT 66 참조`

질서의 원리	규칙적으로 선택된 색들끼리는 잘 조화됨
친근성의 원리	사람들이 친근감 있는 배색일 때 조화를 이룰 수 있음
유사성의 원리	유사한 색끼리의 배색, 3속성의 차이가 적은 배색은 조화가 잘 됨
명료성의 원리 (비모호성의 원리)	색상, 명도, 채도 차가 큰 배색은 색채조화를 이룸

13.2, 11.2, 03.5, …

71 다음 중 색채조화의 공통적 원리가 <u>아닌</u> 것은?

① 질서의 원리
② 명료성의 원리
③ 색조의 원리
④ 친근성의 원리

기적의 TIP

저드의 색채조화 원리의 개념과 내용을 숙지해야 하며, 구분을 지을 수 있어야 한다.

064 색채조화론 `POINT 66 참조`

- 셰브럴의 색채조화론 : 프랑스의 화학자로 현대 색채조회 이론의 기초를 만들었다. 색의 3속성을 근본으로 한 색채 체계를 만들었고, 유사 및 대비의 관계를 통해 색의 조화를 규명하였다. 셰브럴은 "모든 색채조화는 유사성의 조화와 대비에서 이루어진다."라고 주장하였다.
- 문·스펜서의 색채조화론 : 작은 면적의 강한 색과 큰 면적의 약한 색은 어울린다는 면적 효과와 조화와 부조화의 관계를 '미도계산'으로 산출하여 '오메가 공간'에서 정량적인 색좌표에 의해서 과학적으로 설명하였다.
- 비렌의 색채조화론 : 시각적이고 심리학적 의미인 흰색(White), 검정(Black), 순색(Color)을 꼭짓점으로 하는 비렌의 색삼각형을 제시하였고, 이러한 색삼각형의 연속된 선상에 위치한 색들을 조합하면 그 색들 간에는 관련된 시각적 요소가 포함되어 있기 때문에 서로 조화를 이루게 된다.

13.4, 10.2, 08.5/2, 07.1, …

72 색채조화의 기하학적 표현과 면적에 따른 색채조화론을 주장한 사람은?

① 셰브럴(Chevreul)
② 오스트발트(Ostwald)
③ 문(Moon)과 스펜서(Spencer)
④ 비렌(Birren)

기적의 TIP

색채조화론을 주장한 인물과 해당 내용을 잘 숙지하여 구분을 지을 수 있어야 한다.

065 비렌의 색채조화론

POINT 66 참조

- 미국의 색채 연구가 파버 비렌(Faber Birren)은 장파장 계통의 난색계열은 시간이 길게 느껴지고, 속도감을 빠르게 느껴지게 하며, 단파장 계통의 한색계열은 시간의 경과가 짧게 느껴지게 한다고 강조했다.
- 단기간에 쓰이는 장소 혹은 빠른 회전률을 느끼게 하는 장소에서는 난색계열을 사용한다(음식점).
- 장기간 기다리거나 사용하는 장소에서는 한색계열을 사용한다(대합실, 병원, 역).
- 운동을 할 때는 빨강계열의 색을 사용하면 속도감을 높일 수 있다.

07.2, 06.5, 05.5

73 붉은 색채의 실내에서 시간이 길게 느껴지는 등 색의 속도감을 강조한 사람은?

① 비렌
② 문 · 스펜서
③ 먼셀
④ 저드

066 배색심리

POINT 67 참조

동일색상의 배색	• 같은 색상에서 명도나 채도의 차이를 이용한 배색 • 동일성이 있기 때문에 차분하고 정적인 질서성, 간결성이 있음
유사색상의 배색	• 색상환에서 색상의 차이가 적은 배색 • 친근감, 평온감, 온화함, 안정감, 건전함 등을 느낄 수 있음
반대색상의 배색	• 색상환에서 보색 관계의 배색(예 빨강과 청록, 노랑과 남색 등) • 똑똑함, 생생함, 화려함, 강함, 동적인 느낌을 가짐
난색계의 배색	동적, 정열, 따뜻함 등을 느낄 수 있음
한색계의 배색	정적, 차분함, 시원함, 이성적인 느낌을 느낄 수 있음
중성색계의 배색	녹색계는 평화적, 조용함을 느끼며, 보라색계는 부드러움을 느낄 수 있음
보색의 배색	• 선명하면서도 풍부한 조화를 이룸. 각 색마다 독특한 특성을 살릴 수 있어 활기와 긴장감을 나타낼 수 있음 • 명도, 채도에 의한 배색은 강한 느낌을 얻을 수 있음

13.4, 11.2, 10.5, 06.5, 04.5

74 다음 중 배색에 따른 느낌이 <u>잘못</u> 짝지어진 것은?

① 유사색상의 배색 – 완화함, 상냥함, 건전함
② 반대색상의 배색 – 똑똑함, 생생함, 화려함
③ 유사색상의 배색 – 차분함, 시원함, 일관됨
④ 반대 색조의 배색 – 강함, 예리함, 동적임

정투상도 POINT 45 참조

- 정투상도는 제1각법과 제3각법이 있다. 한국산업규격 (KS)에서는 일반적으로 제3각법을 원칙으로 사용하고 있으나, 토목이나 선박의 경우 제1각법을 사용한다.
- 정면도는 입체물의 형태, 기능을 가장 잘 표현한다.

13.2, 08.1, 03.4
75 한국산업규격의 제도통칙에 의거한 정 투상도법은 어느 것을 사용함을 원칙으로 하는가?

① 제1각법
② 제2각법
③ 제3각법
④ 제4각법

1소점 투시도 POINT 19 참조

- 평행 투시도라고도 하며, 물체가 화면에 평행하게 놓이고 기선에 수직인 투시도이다.
- 하나의 소점이 모이게 되며, 이 소점의 거리에 따라서 투시도의 깊이가 달라진다.
- 한쪽 면에 물체의 특징이 집중되어 있는 물체를 표현하기에 좋다.
- 기계의 내부 물체나 실내 투시에 많이 사용된다.
- 긴 복도, 곧게 뻗은 철길, 가로수 등을 표현하기에 적합하다.

10.4, 09.5/4, 08.1, 06.4/1, …
76 대상물이 화면에 평행하게 놓인 투시방법으로 주로 제품 투시와 실내 투시도 등에 많이 사용되는 도법은?

① 1소점법
② 2소점법
③ 3소점법
④ 등각 투상법

3소점 투시도(사각 투시도) POINT 19 참조

- 소점이 3개인 투시도를 말한다.
- 위에서 아래를 내려다보는 면을 강조하기에 좋으나, 물체가 과장되어 보이기도 한다.
- 좌우의 소점을 높이면 조감도에 가까워진다.
- 투시도법 중에서 최대의 입체감을 살릴 수 있어 복합건물, 아파트 단지, 공장, 조경 등에 많이 이용된다.

05.2, 03.1, 00.1
77 높은 빌딩을 위에서 내려다볼 경우 가장 알맞은 투시도는?

① 1소점 투시도
② 2소점 투시도
③ 3소점 투시도
④ 유각 투시도

조감도 POINT 19 참조

- 공중의 높은 곳에서 내려다 본 투시도이다.
- 소점에 의한 투시도법으로 알릴 수 없는 공장, 아파트, 부지 등의 넓은 지역을 투시할 때 사용한다.

11.1, 07.4, 03.2
78 눈 아래에 넓고 멀리 펼쳐진 세상을 비스듬히 굽어 본 형상대로 그리는 것은?

① 지도
② 렌더링
③ 평면도
④ 조감도

071 평량

POINT 43 참조

- 평량은 종이의 단위 면적당 무게를 표시하는 것으로 종이의 품질을 표시하는 가장 대표적인 단위이다.
- 단위는 g/m²로 1m²당의 무게로 표시한다.

18.2, 10.2, 02.2

79 종이의 단위 면적당 무게를 표시하는 것으로 종이의 품질을 표시하는 대표적인 단위는?

① 평량
② 인장강도
③ 파열강도
④ 인열강도

기적의 TIP

종이의 무게와 강도의 단위를 확실하게 알아 두어야 한다. 강도의 단위는 kg/cm²로 표시한다.

072 강도의 종류

POINT 43 참조

파열강도	종이를 눌러 찢는 힘을 표시한 것
인장강도	종이를 양쪽으로 잡아당겨서 찢어질 때의 힘을 표시한 것
신축률	종이를 잡아당겨서 파단(찢어짐)될 때까지의 신장률을 표시한 것
인열강도	종이를 일정한 길이만큼 찢는 데 필요한 에너지를 표시한 것
충격강도	순간적인 힘이 가해졌을 때 종이의 강도를 표시한 것
내절강도	종이를 일정한 장력으로 접거나 구부릴 때 종이가 저항하는 세기

11.4, 09.1, …

80 종이의 장편을 일정한 장력으로 접어 개거나, 집어 구부릴 때 종이가 저항하는 세기를 알기 위한 강도는?

① 파열강도
② 인열강도
③ 내절강도
④ 인장강도

073 컴퓨터그래픽스 세대별 주요소자

POINT 81 참조

- 제1세대 : 진공관
- 제2세대 : 트랜지스터
- 제3세대 : IC(집적회로)
- 제4세대 : LSI(고밀도 집적회로)
- 제5세대 : SVLSI와 바이오 소자

09.5, 06.5, 04.2, …

81 다음 중 컴퓨터 세대를 나누는 기억소자의 순서를 바르게 나열한 것은?

① 트랜지스터 – 진공관 – IC – LSI
② IC – 진공관 – 트랜지스터 – LSI
③ LSI – 트랜지스터 – 진공관 – IC
④ 진공관 – 트랜지스터 – IC – LSI

074 가상 메모리

POINT 83 참조

- 프로그램이 사용할 수 있는 주소 공간의 크기가 실제 주기억장치의 기억공간보다 클 경우에 사용한다.
- 사용하는 응용프로그램이 내장되어 있는 메모리보다 클 경우 하드 디스크를 메모리처럼 사용하는 기능이다.

15.4, 13.2/1, 03.4

82 어떤 프로그램의 권장 메모리가 시스템 내의 실제 RAM보다 커서 사용할 수 없을 경우, 올바른 해결 방법은?

① RAM Disk를 사용한다.
② ROM(Read Only Memory)을 증가시킨다.
③ 가상 메모리(Virtual Memory)를 이용한다.
④ 비디오 램(Video RAM)을 증가시킨다.

- 그래프나 도형, 건축용 CAD, 도면 등을 출력하기 위한 대형 출력장치이다.
- 대형 출력이기 때문에 A0(841×1189mm) 이상까지 출력이 가능하고 C(시안), M(마젠타), Y(노랑), K(검정)의 잉크로 프린트를 한다.
- 사인물이나 현수막 등의 글자 및 도안에 사용된다.

09.5, 06.2
83 다음은 어떤 출력장치에 대한 설명인가?

- 그래프, 지도, 도표, 도형, 건축용 CAD, 도면 등을 출력하기 위한 특수 목적으로 사용된다.
- 깨끗한 선과 면으로 출력 결과가 깨끗하다.
- 보통 A0 크기까지의 대형 출력이 가능하다.

① 필름 레코더
② 잉크젯 프린터
③ 열전사 프린터
④ 플로터

드로잉 프로그램	일러스트레이터, 프리핸드, 파이어웍스, 코렐드로우, 오토캐드
이미지 프로그램	포토샵, 페인터, 페인트샵프로, 코렐포토페인트
편집 프로그램	쿼크 익스프레스, 페이지메이커, 인디자인, 코렐드로우

11.2
84 다음 중 2D 그래픽 소프트웨어가 아닌 것은?

① 포토샵(Photoshop)
② 페인터(Painter)
③ 일러스트레이터(Illustrator)
④ 스트라타 스튜디오 프로(Strata Studio Pro)

- 컴퓨터의 모니터에 픽셀들이 모여서 그림을 표현하는 방식으로 픽셀 이미지 또는 래스터 이미지라고도 한다.
- 다양한 픽셀들이 각각의 정보를 가지고 있으므로 상세한 명암과 색상을 필요로 하는 사진이나 그림을 표시하는 데 매우 적합하다.
- 확대 및 축소할 경우 이미지의 화질이 떨어지고 용량이 늘어날 수 있다.
- 비트맵 방식에서 이미지의 상태는 해상도와 크기로 결정이 되기 때문에 사용목적에 맞는 해상도와 1 : 1 작업이 되어야 한다.
- 비트맵 방식은 포토샵, 페인터, 코렐포토페인트 등에서 사용된다.

10.5/4/1, 06.4/1, 04.5
85 비트맵 이미지의 특징이 아닌 것은?

① 깊이 있는 색조와 부드러운 질감을 나타낼 수 있다.
② 이미지의 크기에 따라 출력에 영향을 준다.
③ 압축을 통해 해상도와 파일 크기의 조절이 가능하다.
④ 베지어 곡선의 오브젝트로 구성된다.

기적의 TIP

최근 출제 비중이 높아진 부분으로, 반드시 비트맵 방식의 특성에 대해 숙지해야 한다.

078 벡터 방식

POINT 85 참조

- 그래픽 화면에 나타나는 도형, 글자, 문양의 모양을 각 선분이나 곡선 요소, 위치, 두께 등으로 수학적 연산에 의해 기억하여 연산하는 방식이다.
- 수학적 연산에 의해 이미지를 만들기 때문에 비트맵 방식보다 파일 용량이 작다.
- 이미지 크기에 상관없이 축소, 확대하여도 이미지에 손상이 전혀 없으며, 수정과 변형이 자유롭다.
- 선과 면에 색상을 표현하는 방식을 사용하므로 부드럽고 정교한 선을 표현하는 데 적합하나, 비트맵처럼 상세한 명암과 풍부한 색감표현을 할 수 없다.
- 객체지향적 이미지, 오브젝트 이미지, 포스트스크립트 이미지라고도 한다.
- 벡터 방식은 일러스트레이터, 코렐 드로우, 프리핸드, CAD 등에서 사용된다.

13.2, 10.5/1, 08.5, 07.4, …

86 벡터 이미지의 특성에 대한 설명으로 틀린 것은?

① 선과 면이 깔끔하고 정갈하다.
② 다양한 질감과 사실적인 효과의 연출이 가능하다.
③ 글자, 로고, 캐릭터 디자인에 적합하다.
④ 축소, 확대하여도 이미지의 실에 영향을 주지 않는다.

기적의 TIP

해마다 출제되는 부분으로, 벡터 방식의 특성에 대해 숙지해야 한다.

079 INDEX 모드

POINT 90 참조

- 24비트 컬러 중 정해진 256컬러의 컬러표를 사용하는 단일 채널 이미지이다.
- 부족한 컬러를 표현하기 위해 디더링 기법이 사용된다.
- 대부분 웹상에서 이미지 전송용, 게임 그래픽용으로 사용하며, 대표적인 포맷은 GIF 이미지가 있다.

15.4, 09.1, 06.4

87 24비트 컬러 중에서 정해진 256컬러의 컬러표를 사용하는 컬러 시스템은?

① Gray Mode
② Bitemap Mode
③ CMYK Mode
④ Index Color Mode

080 HSB 모드

POINT 90 참조

- 인간이 색을 인지하는 방식을 기초로 색상, 채도, 명도에 의해 색을 표현하는 모드이다.
- 일반적으로 디자이너나 색채를 다루는 사람들이 보통 사용하는 방식이다.

13.4, 11.1, 08.4

88 다음 HSB 컬러 모드에 대한 설명으로 틀린 것은?

① 채도는 색의 강도 또는 순수한 정도를 나타낸다.
② 색상(Hue), 채도(Saturation), 명도(Brightness)에 의해 색을 표현하는 방식이다.
③ 명도 0%는 흰색이며, 명도 100%는 순수한 검정이다.
④ 색상은 일반적 색체계에서 360°의 단계로 표현된다.

081 해상도
POINT 85 참조

- 해상도는 모니터 화면에 그래픽을 얼마나 선명하고 정밀하게 표현할 수 있는지를 결정하는 요소다.
- 모니터상의 작은 점이 화면을 구성하는 최소 단위이며, 픽셀(Pixel)이라고 한다.
- 해상도가 클수록 선명하게 표현되지만 파일의 용량은 늘어난다.
- 해상도와 이미지의 크기는 반비례의 관계로 이미지 크기가 커지면 해상도는 감소하고, 이미지 크기가 작아지면 해상도는 증가한다.
- 그래픽 작업을 하기 위해서는 반드시 목적에 맞는 해상도로 작업을 해야 한다. 화면용일 경우 72dpi의 저해상도로 작업하고, 인쇄용일 경우 200~300dpi의 고해상도로 작업하는 것이 좋다.

07.1
89 디지털 해상도에 대한 설명 중 적합하지 <u>않은</u> 것은?

① 한 이미지의 해상도는 측정 단위당 픽셀의 수를 의미한다.
② 비트 해상도는 각 픽셀에 저장되는 색 정보의 양과 관련이 있다.
③ 고해상도로 스캔하면 데이터 크기도 커진다.
④ 모니터 해상도는 보통 72dpi이며, 고해상도 이미지인 경우 모니터 해상도를 수시로 변경한다.

082 앨리어싱과 안티앨리어싱
POINT 86 참조

- 앨리어싱 : 비트맵 이미지는 픽셀 단위로 처리되기 때문에 곡선이나 사선을 표현할 때 계단모양으로 나타나는 현상을 말한다.
- 안티앨리어싱 : 픽셀과 픽셀로 이어지는 계단모양의 가장자리 부분에 주변 색상과 혼합한 중간 색상을 넣어 계단 현상의 외형을 부드럽게 처리해 주는 방식을 말한다.

15.4, 13.4, 11.5, 07.4, 06.4, …
90 톱니 모양의 우둘투둘한 비트맵 이미지의 가장자리 픽셀들을 주변색상과 혼합한 중간 색상을 넣어 매끄럽게 처리하는 방식은?

① 질감전사(Mapping)
② 렌더링(Rendering)
③ 모델링(Modeling)
④ 안티앨리어싱(Anti-Aliasing)

083 GIF 포맷
POINT 85 참조

투명도, 인터레이스, 애니메이션 지원이 가능한 파일 포맷으로 파일의 압축률이 좋고, Index 모드에서 최대 256 컬러의 색상표를 이용하여 압축하는 비손실 압축방식이다.

13.1, 11.1, 10.1, 08.2/1, 05.4/1, …
91 온라인 전송을 위한 압축파일로 용량이 적고 투명도, 인터레이스, 애니메이션 지원이 가능한 그래픽 파일 포맷은?

① JPEG
② TIFF
③ EPS
④ GIF

POINT 85 참조

084 PDF 포맷

Portable Document Format의 약자로 미국 Adobe사가 서체, 프린팅 기술을 지원하기 위해 PostScript를 기반으로 개발한 소용량의 전자 문서 작성용 파일 포맷이다.

06.1, 05.1

92 하이퍼텍스트 기능과 전자 목차 기능을 제공하고 인쇄 상태 그대로를 컴퓨터에서 보여주므로 전자책과 디지털 출판에 적합한 파일 포맷 형식은?

① PCX
② TIFF
③ TGA
④ PDF

085 PSD 포맷

POINT 85 참조

포토샵 전용 파일 포맷으로 레이어, 채널, 패스 등을 모두 저장할 수 있는 파일 포맷이다.

19.4, 16.1, 10.1, 08.4, …

93 포토샵에서의 레이어와 알파 채널 등을 모두 저장할 수 있는 파일 포맷은?

① JPG
② PSD
③ GIF
④ EPS

086 픽셀

POINT 85 참조

그래픽 화면을 구성하는 최소 단위로 화소라고 하며, 컴퓨터 모니터를 통해 문자나 그림을 표시할 때 작은 점들로 표현된다.

11.2, 10.5, 07.2, 05.4

94 다음 중 픽셀의 설명으로 틀린 것은?

① 픽셀은 이미지를 구성하는 최소 단위이다.
② 종횡으로 많은 수의 픽셀이 모여 문자 또는 그림을 형성한다.
③ 픽셀은 각각의 위치 값을 가진다.
④ 픽셀은 색에 따라 다양한 크기를 가진다.

087 일러스트레이터의 기능

POINT 86 참조

Blend	두 개의 오브젝트 사이에 컬러나 모양을 연속적으로 만들어 주는 기능
Gradient	선택 영역에 2가지 이상의 색을 점진적으로 흔합히여 영역을 채울 때 사용
Distort	오브젝트를 변형하거나 왜곡시켜 주는 기능
Reflect	오브젝트를 선택하는 방향에 따라 반전시켜 주는 기능

13.1, 11.1

95 일러스트레이터에서 두 오브젝트 간의 색채 및 모양의 단계적 변화를 위한 명령은?

① Blend
② Shear
③ Skew
④ Effects

088 포토샵

- 포토샵은 어도비사가 발표한 2차원 그래픽 소프트웨어로써 전문 사진 편집을 위한 비트맵 방식의 소프트웨어이다.
- 디자인에 관련된 모든 작업에서 포토샵을 폭 넓게 사용하고 있다.
- 사진 등의 이미지를 수정 보완하거나 색상, 변형, 합성 등의 디자인에 필요한 소스로 제작이 가능하며, 타 프로그램 간의 호환성도 뛰어나다.
- 그림이나 문자를 화소로 나타내며 비트맵 방식으로 데이터를 처리한다.
- 웹디자인, 영화, 광고, 출판 등의 다양한 분야에서 이용되고 있다.

10.4/2, 06.4, 05.5, 04.5

96 다음 중 픽셀로 구성되어 있는 사진 이미지의 편집, 수정에 가장 적합한 프로그램은?

① 일러스트레이터
② 3D 스튜디오 맥스
③ 포토샵
④ 쿼크 익스프레스

089 캘리브레이션

입출력 시스템인 스캐너, 모니터, 프린터와 같은 장치들의 특성과 성질에 따라 색온도, 컬러 균형 및 기타 특성을 조절하여 일정한 표준으로 보이도록 하는 과정이다.

13.1, 11.5, 10.5/1, …

97 모니터의 출력 시스템 간의 색상 차이를 보정하기 위한 작업을 지칭하는 말은?

① 디티피(DTP)
② 하프톤 스크린(Halftone Screen)
③ 캘리브레이션(Calibration)
④ 리터칭(Retouching)

090 GUI

Graphical User Interface의 약자로 사용자가 컴퓨터와 정보를 교환할 때, 그래픽을 통해 작업할 수 있는 환경을 말한다. 마우스 등을 이용하여 화면에 있는 메뉴를 선택하여 작업을 할 수 있다.

09.4, 08.4/2, …

98 현재의 컴퓨터 운영체제에서 대부분 사용되고 있는 방식으로, 그림을 기반으로 사람과 컴퓨터를 연결해 주는 일종의 맨-머신 인터페이스(Man-Machine Interface)는?

① CUI(Character User Interface)
② GUI(Graphical User Interface)
③ VRUI(Virtual Reallity User Interface)
④ CAI(Computer Assisted Instruction)

091 모아레

전자출판 시 4원색의 분해과정 중에 색의 스크린 각도가 맞지 않아 생기는 물결모양의 현상이다.

13.2, 07.1, 04.2

99 전자출판의 4원색 분해 인쇄 과정에서 각 색상의 스크린 각도가 일치하지 않아서 생기는 물결모양의 현상은?

① 모아레(Moire)
② 디더링(Dithering)
③ 트래핑(Trapping)
④ 캘리브레이션(Calibration)

래스터라이징

POINT 85 참조

벡터 방식의 이미지를 비트맵 방식의 이미지로 전환시키는 작업이다.

18.1, 13.2, 10.4, …

100 벡터 방식의 이미지를 비트맵 방식의 이미지로 전환시키는 과정을 나타내는 용어는?

① 드로잉(Drawing)
② 페인팅(Painting)
③ 래스터라이징(Rasterising)
④ 이미지 프로세싱(Image Processing)

기출 유형문제 01회

※ 2025년 시험부터 출제기준이 전면 개정되어 해당 기준에 맞게 예상문제를 재구성하였습니다.

과목 01 디자인 기초

01 디자인의 궁극적인 목적을 가장 바르게 기술한 것은?

① 용도나 기능을 목표로 하는 생산행위에 목적이 있다.
② 인간의 행복을 위한 물질적 생활환경의 개선 및 창조를 목적으로 한다.
③ 대중의 미의식보다는 개인의 취향을 전제로 디자인하는 데 목적이 있다.
④ 경제 발달을 목적으로 한다.

02 다음 중 디자인의 조건과 거리가 먼 것은?

① 합목적성
② 보편성
③ 경제성
④ 심미성

03 디자인의 원리에 대한 설명 중 잘못된 것은?

① 통일감은 다양한 디자인 요소들을 하나로 묶어준다.
② 대상의 의미나 내용을 강조하는 수단으로 반복이 쓰인다.
③ 디자인이나 회화의 구도를 결정하는 데 황금비가 많이 쓰였다.
④ 각 부분이 동일하고 간격이 일정할 때 강한 리듬감이 생긴다.

04 다음 중 스트리트 퍼니처(Street Furniture)에 속하지 않는 것은?

① 쓰레기통
② 가로등
③ 버스정류장
④ 공공 조형물

05 아름답고 매력적이나 불명료하고 무질서한 느낌을 주는 형은?

① 자유곡선형
② 자유직선형
③ 기하직선형
④ 기하곡선형

06 제조자와 소비자를 연결해 주는 촉진제가 되며, 유통과정에서 제품을 보호하는 기능을 가져야 하는 디자인은?

① 편집 디자인
② 포장 디자인
③ 광고 디자인
④ 기업 이미지 디자인

07 디자인 요소 사이에 시각적 통일성과 반복적인 리듬감을 표현하여 시각적 통일성과 동적인 느낌이 나도록 하는 원리는 무엇인가?

① 율동
② 균형
③ 강조
④ 통일

08 디자인의 심미성을 성립시키는 미의식에 대한 설명으로 틀린 것은?

① 매우 주관적인 것으로 개개인에 따라 차이가 있다.
② 시대나 국가, 민족에 따라 공통의 미의식이 있다.
③ 디자인할 때 모든 사람의 미의식이 일치되도록 해야 한다.
④ 스타일이나 색의 유행 등도 대중이 공통적으로 느끼는 미의식이라 할 수 있다.

09 게슈탈트(Gestalt)의 시각에 관한 기본 방침이 아닌 것은?

① 근접성 요인
② 방향성 요인
③ 연속성 요인
④ 유사성 요인

10 착시에 대한 설명으로 옳은 것은?

① 눈에 의한 생리적 작용에 따라 형태나 색재 등이 실제와 다르게 지각되는 것을 말한다.
② 각 부분 사이에 강한 힘과 약한 힘이 규칙적으로 연속될 때 생기는 것을 말한다.
③ 시각상 힘의 안정을 주면 보는 사람에게 안정감을 주고 명쾌한 감정을 느끼게 하는 것을 말한다.
④ 부분과 전체 사이에 디자인 요소들이 잘 어울려서 균형을 유지하는 상태를 느끼게 하는 것을 말한다.

11 선(Line)에 대한 설명으로 잘못된 것은?

① 유기적인 선은 정확하고 긴장되며 기계적인 느낌을 준다.
② 수직선은 세로로 된 선으로 숭고한 느낌을 준다.
③ 수평선은 가로로 된 선으로 편안한 느낌을 준다.
④ 사선은 비스듬한 선으로 동적인 움직임과 불안한 느낌을 준다.

12 디자인의 조건 중 합목적성에 해당하는 것은?

① 아름다운 미적인 요소를 추구하는 요소
② 사물이 일정한 목적에 적합한 방식으로 존재하는 성질
③ 최소의 경비로 최대의 효과를 얻는 원칙
④ 독특한 것을 처음으로 고안해 내려는 성향

13 다음이 설명하고 있는 디자인 원리는?

- 요소들 사이의 평형상태를 말한다.
- 각 요소들이 디자인 공간 속에서 통일감과 안정감을 가지게 한다.
- 대칭과 비대칭, 방사대칭으로 크게 구분할 수 있다.

① 반복   ② 균형   ③ 조화   ④ 대비

14 디자인 조건 중 최소의 재료에 의해 최대의 효과를 얻고자 하는 인간의 활동과 가장 밀접한 관계가 있는 것은?

① 심미성
② 질서성
③ 경제성
④ 독창성

15 다음이 설명하고 있는 형태는?

- 반드시 수학적 법칙과 함께 새기며, 가장 뚜렷한 질서를 가진다.
- 18세기 중반에 시작된 산업혁명과 더불어 선구적인 디자이너들은 기계화에 의해 대량생산을 목적으로 합리적이고 실용적인 형태로 디자인하게 되었다.
- 세잔(Cezanne)이 이 형태를 주장하였다.

① 유기적 형태
② 기하학적 형태
③ 윤곽형 형태
④ 추상적 형태

16 시각적 균형과 가장 거리가 먼 것은?

① 명암에 의한 균형
② 경험에 의한 균형
③ 질감에 의한 균형
④ 균형에 의한 균형

17 원근에 의한 공간표현으로 색채와 명암을 활용하는 방법은?

① 직선원근법
② 대기원근법
③ 과장원근법
④ 다각원근법

18 게슈탈트 이론 중 비슷한 모양이 서로 가까이 놓여 있을 때 그 모양들이 동일한 형태의 그룹으로 보이는 경향을 무엇이라고 하는가?

① 근접성의 법칙
② 유사성의 법칙
③ 연속성의 법칙
④ 폐쇄성의 법칙

과목 **02** 비주얼 아이데이션

19 콤프 스케치에 대한 내용으로 옳지 않은 것은?

① 최종적으로 하나의 디자인 안을 선택하기 위한 스케치이다.
② 스케치의 사이즈는 크면 클수록 좋다.
③ 정밀도의 측면에서 디자인 시안의 역할을 하기도 한다.
④ 마커, 컬러펜을 이용하여 색상, 질감, 입체감을 연출한다.

20 브레인스토밍에 대한 설명 중 가장 부적합한 것은?

① 오스본에 의해 1930년대 후반에 제안된 아이디어 발상법이다.
② 토의 그룹을 만들어 제약이 없는 상태에서 자유롭게 아이디어를 내는 방법이다.
③ 각자의 아이디어를 토의를 통해 선별하고 기존의 아이디어를 보완하는 역할로 사용된다.
④ 이 방법을 진행하는데 필요한 기본원칙에는 비평은 금물, 많은 양의 아이디어 요구 등이 있다.

21 디자인 콘셉트의 시각화를 위해 사용되는 이미지를 제작할 경우 고려하지 않아도 되는 항목은?

① 프로젝트 일정
② 프로젝트 예산
③ 프로젝트 개요
④ 프로젝트 장소

22 복합기는 '복사'와 '팩스' 그리고 '스캔'의 기능이 결합되어 만들어진 대표적 사례이다. 이는 스캠퍼 질문 중 어느 부분에 파생했다고 볼 수 있는가?

① S(Substitute): 대체하기
② C(Combine): 결합하기
③ A(Adapt): 응용하기
④ E(Eliminate): 제거하기

23 디자이너의 창의적인 아이디어를 시각적으로 구체화시키기 위해서 진행되는 가장 간략하고 기초적인 단계의 작업은 무엇인가?

① 썸네일 스케치(Thumbnail Sketch)
② 러프 스케치(Rough Sketch)
③ 스타일 스케치(Style Sketch)
④ 콤프 스케치(Comprehensive Sketch)

24 수집된 자료를 활용하기에 가장 거리가 먼 항목은?

① 컬러 배색
② 긍정적인 이미지
③ 재료의 품질
④ 디자인 콘셉트 아이데이션

25 수집된 자료마다 분류하지 않아도 되는 항목은?

① 출처
② 수집 날짜
③ 카메라 모델
④ 부적합 자료

26 개발 과정에서 아이디어 스케치를 진행하는 목적과 거리가 먼 것은 무엇인가?

① 추상적인 아이디어를 구체적인 형태로 표현하기 위해서
② 디자이너의 생각을 전달하기 위해서
③ 완성된 디자인 결과물에 대한 자료화를 위해서
④ 아이디어를 시각적으로 담아내기 위해서

27 고령자나 장애인들도 살기 좋은 사회를 만들기 위해 물리적, 제도적 장벽을 허물자는 운동을 무엇이라고 하는가?

① 유니버설 디자인
② 베리어프리 디자인
③ 스텐다드 디자인
④ 어메니티 디자인

28 디자인 콘셉트에 맞는 이미지 레이아웃 구성 방법과 거리가 먼 것은 무엇인가?

① 사람의 시선이 이동되는 순서를 고려하여 순서대로 읽힐 수 있도록 유도되는 배치
② 이미지는 텍스트와 일치하는 이미지를 선택하고 배치
③ 구성요소들을 조형원리에 의해 체계적인 질서를 가지고 배치
④ 아트웍 요소들의 파일 포맷을 고려하여 선택

과목 **03** 시안디자인

29 시안을 계획하는 과정에서 진행하지 않아도 되는 단계는 무엇인가?

① 핵심 키워드 도출
② 구상한 아이디어 카테고리별 정리
③ 만족도 조사
④ 디자인 콘셉트 구체화

30 다음은 디자인 전개 과정을 나타낸 것이다. (가) 단계에 대한 설명으로 적절한 것은?

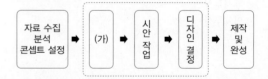

① 프레젠테이션을 통하여 최종 디자인을 방향을 결정한다.
② 아이디어 전개를 위해 썸네일 스케치를 한다.
③ 콘셉트 이미지 자료를 수집한다.
④ 매체의 특성을 파악하여 판형 제작을 한다.

31 정투상법 중 제3각법에 대한 설명으로 올바르지 않은 것은?

① 3각에 놓고 투상하는 방법이다.
② 눈-물체-투영면의 순서로 놓고 투상한다.
③ 눈-투영면-물체의 순서로 놓고 투상한다.
④ KS에서는 제3각법으로 투상하는 것을 원칙으로 한다.

32 그리드 레이아웃 구성의 특징으로 옳지 않은 것은 무엇인가?

① 페이지에서 상단에 요소가 위치할 때 가장 주목도가 높다.
② 중간 면에 설정될 때 페이지가 균형적으로 느껴지지 않는다.
③ 정지감이 느껴지는 경우는 요소들이 하단에 배치될 경우이다.
④ 주요요소가 하단에 있는 경우 가장 안정적이다.

33 입체 디자인의 각 방향 면에 투영된 면을 전개하는 투상 방법은 무엇인가?

① 정투상
② 투시투상
③ 입체투상
④ 사투상

34 유사색상 배색의 특징은 무엇인가?

① 친근감 있고 부드러운 느낌을 준다.
② 자극적인 효과를 준다.
③ 대비가 강하다.
④ 명쾌하고 동적인 느낌을 준다.

35 그림은 먼셀의 색입체 개념도이다. (가)~(마)에 대한 설명으로 옳은 것은?

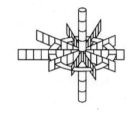

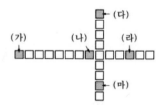

① (나)는 무채색이다.
② (라)는 원색이다.
③ (다)와 (마)의 배색은 채도 대비가 나타난다.
④ (가)와 (라)의 배색은 색상 대비가 나타난다.

36 동일색상 배색에서 명도와 채도의 차를 강조한 배색에 해당하는 것은 무엇인가?

① 하늘색 + 남색
② 분홍색 + 하늘색
③ 남색 + 흑갈색
④ 분홍색 + 노랑색

37 염료(Dye)에 대한 설명으로 바른 것은?

① 인디고는 가장 최근의 염료 중 하나로 인디고를 인공합성하게 되면서 청바지의 색을 내는 데 이용하게 되었다.
② 염료를 이용하여 염색하는 구체적인 방법은 피염제의 종류, 흡착력 등에 의해 정해지는 것은 아니다.
③ 직물 섬유의 염색법과 종이, 털, 피혁, 금속, 표면에 대한 염색법은 동일하다.
④ 효율적인 염색을 위해서 염료가 잘 용해되어야 하고 분말의 염료에 먼지가 없어야 한다.

38 먼셀 표색계에서 색의 3속성에 대한 설명으로 틀린 것은?

① 색의 3속성은 색상, 명도, 채도이다.
② 빨강의 순색은 5R4/14 로 표기한다.
③ 명도가 2인 무채색은 N2로 표기한다.
④ 색의 선명도와 채도는 반비례 관계에 있다.

39 진출색이 지니는 조건이 아닌 것은?

① 따뜻한 색이 차가운 색보다 진출색이다.
② 밝은색이 어두운색보다 진출색이다.
③ 채도가 낮은 색이 채도가 높은 색보다 진출색이다.
④ 유채색이 무채색보다 진출색이다.

40 다음 중 색의 연상과 상징이 잘못 연결된 것은?

① 노랑 – 희망, 광명, 유쾌, 경박
② 녹색 – 엽록소, 안식, 중성, 이상
③ 자주 – 애정, 복숭아, 발전적, 창조적
④ 검정 – 겸손, 우울, 점잖음, 무기력

41 져드의 조화론 중 '질서의 원리'를 설명한 것은?

① 사람들에게 쉽게 어울릴 수 있는 색이 조화감을 준다.
② 규칙적으로 선택된 색들끼리 잘 조화된다.
③ 색의 속성이 비슷할 때 조화감을 준다.
④ 색의 속성 차이가 분명할 때 조화감을 준다.

42 붉은 색채의 실내에서 시간이 길게 느껴지는 등 색의 속도감을 강조한 사람은?

① 비렌
② 문.스펜서
③ 먼셀
④ 져드

43 날이 저물어 엷은 어둠이 되면 추상체와 간상체의 양쪽이 작용하여 상이 흐릿하게 보기 어렵게 되는 때를 무엇이라 하는가?

① 명소시
② 암소시
③ 박명시
④ 시감도

44 어두운 곳에서 빨간 불꽃을 돌리면 선명한 빨간 원을 볼 수 있는 것은 어떤 현상 때문인가?

① 도지 반전
② 면적 효과
③ 정의 잔상
④ 매스 효과

45 다음이 설명하고 있는 색의 대비로 옳은 것은?

- 인접한 경계면이 다른 부분보다 더 강한 색상, 명도, 채도대비를 나타내는 것을 말한다.
- 맞닿아 있는 면은 물론이고, 떨어져 있는 면들에서도 상호 영향을 미치는 대비효과를 나타낸다.

① 채도대비
② 명도대비
③ 연변대비
④ 반복대비

46 동일한 색광을 오래 보고 있으면 그 색은 선명해지나 밝기가 낮아지는 현상은?

① 색순응
② 잔상
③ 암순응
④ 명시성

47 먼셀 표색계의 색입체를 무채색 축으로 수직 절단하였을 때에 관한 설명 중 잘못된 것은?

① 무채색 좌우의 색은 보색관계에 있다.
② 명도 단계를 알 수 있다.
③ 채도 단계를 알 수 있다.
④ 색상에 따라 순색의 위치가 같다.

> 과목 **05** 2D 그래픽 제작

48 컴퓨터의 디지털 이미지를 구성하는 최소의 단위는 무엇인가?

① 픽셀(Pixel)
② 블록(Block)
③ 파일(File)
④ 채널(Channel)

49 컴퓨터로 제작한 컬러이미지를 출력하면, 모니터상의 색상과 출력된 지면상의 색상이 상당한 차이가 있는 이유와 가장 거리가 먼 내용은?

① 모니터의 칼라와 인쇄시 칼라 잉크의 차이
② 육안의 색상구분 범위가 컬러 인쇄되는 범위보다 좁기 때문에 생기는 차이
③ 모니터의 색상 개멋(Color Gamut)과 컬러 분판 출력의 색상 표현 영역의 차이
④ 컬러 출력 시 CMY 컬러가 혼합되는 부분을 검정색으로 대치되는 변수 차이

50 포스트스크립트와 유사하고 벡터와 비트맵 그래픽 모두를 표현할 수 있으며 어도비사의 아크로뱃(Acrobat)에서 사용되는 문서 포맷은?

① TIFF
② PDF
③ JPEG
④ EPS

51 이미지를 화면에 표시할 때 이미지의 윤곽을 먼저 보여주고 서서히 구체적으로 나타나도록 하는 효과는?

① 쉐이딩(Shading)
② 앨리어싱(Aliasing)
③ 투명 인덱스(Transparency Index)
④ 인터레이스(Interace)

52 인덱스드 컬러(Indexed Color) 모드의 컬러 팔레트에 대한 설명 중 틀린 것은?

① 이미지에 사용된 색은 256색 이하로 줄여야 한다.
② 컬러 색감을 유지하면서 이미지의 용량을 줄일 수 있어 웹, 게임 그래픽용 이미지를 제작하는 데 사용한다.
③ 사실적인 이미지의 다양한 음영 단계를 표현하기에 좋다.
④ 부족한 컬러를 표현하기 위해 디더링(Dithering)이라는 기법이 사용된다.

53 다음 벡터 그래픽스에 대한 설명 중 맞는 것은?

① 가장 일반적인 벡터 언어는 포스트스크립트(Post Script)이다.
② 벡터 방식의 프로그램으로는 어도비 포토샵, 페인터, 코렐 포토 페인트 등이 있다.
③ 벡터 그래픽스 작업에서 중요한 것은 해상도이며 크기가 해상도와 용량에 큰 영향을 준다.
④ 벡터 방식의 이미지를 5배 축소한 후 다시 5배로 크게하면 본래의 이미지를 갖지 못한다.

54 컴퓨터 모니터상의 컬러와 인쇄, 출력물의 컬러 차이가 생기는 원인이 아닌 것은?

① 모니터의 색상을 구성하는 컬러와 인쇄잉크의 컬러 구성이 다르기 때문에
② 모니터의 색상표현영역(Color Gamut)과 인쇄잉크의 표현영역이 다르기 때문에
③ 모니터와 프린터의 캘리브레이션(Calibration)이 부정확하기 때문에
④ 모니터의 이미지 전송속도와 프린터의 처리속도가 다르기 때문에

55 비트맵 이미지의 특징이 아닌 것은?

① 깊이 있는 색조와 부드러운 질감을 나타낼 수 있다.
② 이미지의 크기에 따라 출력에 영향을 준다.
③ 압축을 통해 해상도와 파일 크기의 조절이 가능하다.
④ 베지어 곡선의 오브젝트로 구성된다.

56 웹용으로 이미지를 디자인할 때 고려해야 할 사항으로 거리가 먼 것은?

① 이미지의 색상
② 이미지 해상도
③ 파일 포맷 형식
④ 인쇄 설정

57 타이포그래피에 대한 설명 중 옳지 않은 것은 무엇인가?

① 타입(Type)과 그래피(Graphy)의 조합으로 활자를 시각적 형태로 기록하거나 표현하기 위한 방법으로 해석할 수 있다.
② 타이포그래피는 글자와 언어를 시각 요소로 전환시켜 읽고 해석하기 쉽게 만드는 것이 목적이다.
③ 타이포그래피는 활자 서체의 배열을 말하는데 오목판 보다는 평판에 의한 타이포그래피 표현 기술을 말한다.
④ 타이포그래피는 모든 시각 커뮤니케이션에서 중요한 역할을 담당한다.

58 타이포그래피에서 가독성의 향상을 위해 고려해야 되는 사항으로 가장 거리가 먼 것은?

① 글자의 크기
② 행의 길이
③ 문단 정렬
④ 폰트의 심미성

59 타이포그래피에 대한 설명으로 틀린 것은?

① 전달하려는 메시지와 의미의 효과적 표현을 위한 수단이다.
② 활판 인쇄술에서 유래한 말로 커뮤니케이션을 위한 문자 조형의 총칭이다.
③ 포토그래피를 달리 표현하는 말이다.
④ 좁은 뜻에서는 이미 디자인된 활자를 가지고 디자인하는 것을 의미한다.

60 영문 서체(Typeface)중 세리프(Serif) 스타일은?

① Arial, Futura
② Bodoni, Garamond
③ Franklin Gothic, Helvetica
④ Gill Sans, Univers

기출 유형문제 01회
빠르게 정답 확인하기!

스마트폰으로 QR 코드를 찍어 보세요.
정답표를 통해 편리하게 채점할 수 있습니다.

※ 2025년 시험부터 출제기준이 전면 개정되어 해당 기준에 맞게 예상문제를 재구성하였습니다.

과목 01 디자인 기초

01 디자인의 본질적 의미를 옳게 설명한 것은?

① 아름다움만을 추구하는 조형 활동이다.
② 기능적인 면만을 고려하는 행위이다.
③ 실용적이고 미적인 조형의 가시적인 표현이다.
④ 기존의 디자인을 수정 개선하여 모방하는 활동이다.

02 디자인의 조건에서 합목적성이 가장 잘 표현된 내용은?

① 중명도, 저채도로 그려진 포스터가 시인도가 크다.
② 아름다운 곡선의 주전자가 물 따르기가 좋다.
③ 주로 장식적인 의자의 형태가 앉기에 편리하다.
④ 크고 화려한 집이 살기에 가장 편리하다.

03 다음 형태의 분류 중 성격이 다른 하나는?

① 이념적인 형태
② 순수 형태
③ 기하학 형태
④ 현실적 형태

04 기능성과 실용성은 다음 디자인 조건 중 어느 것에 포함되는가?

① 심미성
② 경제성
③ 합목적성
④ 독창성

05 동적인 느낌을 주어 표현하는 방법으로 포장지, 벽지, 직물 등의 무늬와 같이 한 번 이상 사용하는 표현방법은?

① 점이
② 강조
③ 반복
④ 유사

06 디자인의 기본 요소가 아닌 것은 무엇인가?

① 면(Plane)
② 선(Line)
③ 점(Point)
④ 문자(Text)

07 착시현상 중 주위 도형의 조건에 따라 특정한 도형의 크기나 면적이 더욱 커 보이거나 작아 보이는 현상은?

① 길이의 착시
② 면적과 크기의 착시
③ 방향의 착시
④ 양면시의 입체

08 다음 설명 중 적합하지 않은 것은?

① 일반적으로 평면은 두 개의 수평선과 두 개의 수직선이 이루는 사각형을 의미한다.
② 입체물을 단순화하는 방법은 평면화하는 것이다.
③ 모든 면 중에서 가장 단순한 면은 곡면이다.
④ 곡면은 단곡면과 복곡면으로 구별된다.

09 디자인의 시각요소와 관련이 먼 것은?

① 질감
② 색
③ 형
④ 입체

10 다음 그림과 같은 대칭형은?

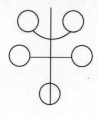

① 방사대칭
② 이동대칭
③ 선대칭
④ 역대칭

11 디자인의 원리에 대한 설명 중 잘못된 것은?

① 통일감은 다양한 디자인 요소들을 하나로 묶어준다.
② 대상의 의미나 내용을 강조하는 수단으로 반복이 쓰인다.
③ 디자인이나 회화의 구도를 결정하는데 황금비가 많이 쓰였다.
④ 각 부분이 동일하고 간격이 일정할 때 강한 리듬감이 생긴다.

12 다음 중 황금 분할의 비로 가장 근사치 값은?

① 1 : 1.618
② 1 : 1.414
③ 1 : 3
④ 16 : 9

13 다음 중에서 반드시 수학적 법칙과 함께 생기며, 가장 뚜렷한 질서를 가지는 형태는?

① 자연적 형태
② 비구상적 형태
③ 공간적 형태
④ 기하학적 형태

14 게슈탈트(Gestalt)의 시각에 관한 기본 법칙이 아닌 것은?

① 근접성 요인
② 방향성 요인
③ 연속성 요인
④ 유사성 요인

15 디자인의 조형요소와 거리가 먼 것은?

① 유행
② 형태
③ 색채
④ 재질감

16 착시에 대한 설명으로 틀린 것은?

① 지각의 항상성과 반대되는 현상으로 원격 자극을 왜곡해서 지각하는 것을 말한다.
② 흔히 말하는 착시란 기하학적 착시를 뜻한다.
③ 객관적인 상태로 놓여 있는 어떤 기하학적 도형이 실측한 객관적인 크기나 형과는 다르게 지각되는 현상이다.
④ 사물을 지각하는 데 있어 과거의 경험, 연상, 욕구, 상상 등이 착시를 만드는 것과는 무관하다.

17 디자인(Design)의 의미를 설명한 것으로 틀린 것은?

① 디자인이란 프랑스어로 '데셍'에서 유래되었다.
② 도안, 밑그림, 그림, 소묘, 계획, 설계, 목적이란 의미를 기술하고 있다.
③ 디자인은 De(이탈)와 Sign(형상)의 합성어로 기존 것을 파괴하고 새로운 재화를 창출한다는 의미가 포함된다.
④ 디자인은 기존의 것을 유지하며 실용적 가치보다는 예술적 가치의 기준을 말한다.

18 선에 대한 설명으로 바른 것은?

① 면의 한계나 교차에 의해 생기는 선은 적극적인 선이다.
② 수평선은 고결, 희망, 상승감을 나타낸다.
③ 점과 점이 이어져 생기는 선은 소극적인 선이다.
④ 고딕 건축의 고결함은 수직선을 대표한다.

과목 02 비주얼 아이데이션

19 도출된 아이디어의 연관성을 근거로 그룹화하는데 사용되는 발상기법은?

① 브레인스토밍
② 브레인라이팅
③ 어피니티 다이어그램
④ 스캠퍼

20 마인드맵 제작 시 고려 사항이 아닌 것은 무엇인가?

① 강조기법을 활용한다.
② 연상 · 결합 기법을 활용한다.
③ 시각화는 활용해서는 안 된다.
④ 명료화 기법을 활용한다.

21 디자인 콘셉트의 시각화를 위해 사용되는 이미지를 제작할 경우 고려하지 않아도 되는 항목은?

① 프로젝트 일정
② 프로젝트 예산
③ 프로젝트 개요
④ 프로젝트 장소

22 수집된 자료를 활용하기에 가장 거리가 먼 항목은?

① 컬러 배색
② 긍정적인 이미지
③ 재료의 품질
④ 디자인 콘셉트 아이데이션

23 다음 중 유니버설 디자인의 원칙이 아닌 것은?

① 공평한 사용
② 간단하고 직관적 사용
③ 인지하기 쉬운 정보 전달
④ 제품들의 규칙성

24 판형을 기반으로 하는 디자인 요소들의 배치 작업에서 이루어지는 작업이 아닌 것은 무엇인가?

① 이미지 배치
② 텍스트 배치
③ 구체적인 스케치 작업
④ 적합한 자료 수집

25 배너의 시각 디자인 매체로써의 기능으로 올바르지 않은 것은?

① 외부 공공 캠페인 배너는 화려하고 선명해야 홍보 효과가 있다.
② 도시 가로에 게시되는 배너는 단순한 것이 효과적이다.
③ 내부용 배너는 탁상용 POP 배너로 활용 가능하다.
④ 배너는 천, 종이, 비닐 등으로 제작 가능하다.

26 다음 중 스크랩에 대한 설명으로 거리가 먼 것은?

① 특정 주제, 콘셉트를 표현하기 위해 필요한 기사, 잡지 내용, 이미지 자료, 소스 등을 분류한 것이다.
② 복사, 옮김의 또는 삭제 마크가 붙어 있는 문서 데이터의 보전을 위해 유지되는 응용 파일이다.
③ 디지털 기기의 색차를 계산할 수 있다.
④ 스크랩 이미지는 폴더별로 정리하여 한눈에 찾아볼 수 있도록 정리하고 보관한다.

27 아이디어 발상 방법으로 적당하지 않은 것은 무엇인가?

① 메모한다.
② 스크랩 한다.
③ 조사비교 분석표를 만든다.
④ 많은 이야기를 한다.

28 키워드를 시각화하기 위한 아이디어 스케치에 대한 내용 중 바른 것은?

① 시간을 들여 구체적으로 표현한다.
② 완성을 예측할 수 있는 하나의 스케치로 표현한다.
③ 빠른 속도로 다양한 스케치를 표현한다.
④ 그래픽 이미지를 중심으로 표현한다.

29 최종 결과물과 유사한 수준의 시안 제작을 위해서 수집하는 자료와 거리가 먼 것은?

① 이미지
② 폰트
③ 컬러
④ 실사 촬영환경

30 비주얼 소재에 대한 설명으로 맞는 것은?

① 키워드 개념과는 직접적인 관련이 없음
② 디자인 메시지를 빗대어 표현할 수 있는 대상
③ 구체적인 사물보다는 추상적 개념으로 표현됨
④ 여러 가지 메시지를 담고 있어야 함

31 아트웍하기에서 이미지의 역할이 아닌 것은 무엇인가?

① 시각언어의 일부분의 역할
② 추상적 또는 상징적으로 사용
③ 담아내기 어려운 추상적인 내용을 전달
④ 사람의 관심과 흥미를 이끌어내는 역할

32 그리드에 관한 설명과 거리가 먼 것은 무엇인가?

① 그리드의 뜻은 격자, 바둑판 모양의 눈금이다.
② 수직 방향과 수평 방향으로 불규칙한 거리의 간격으로 면이 분할되면서 이루어진다.
③ 디자인 문서작업에서 레이아웃 격자로 가상의 격자 형태의 안내선 역할이다.
④ 디자인의 모든 요소를 융화시키며 디자인 질서를 적용할 수 있는 하나의 수단이다.

33 시안제작용 자료로 적절하지 않은 것은 무엇인가?

① 클라이언트에게 전달받은 이미지
② 사용범위가 결정되지 않은 이미지
③ 디자이너가 제안하는 슬로건
④ 유료 이미지

34 Design 기획 과정 속 인포그래픽의 역할이 아닌 것은?

① 경제적인 데이터 정리
② 임팩트 있는 내용 전달
③ 입체적인 정보 구성
④ 소비자의 경험 강조

과목 **04** 조색 및 배색

35 다음 중에서 물체의 형태나 크기가 같아도 후퇴, 수축되어 보이는 색은 무엇인가?

① 고명도의 색
② 한색계의 색
③ 고채도의 색
④ 난색계의 색

36 색채의 연상에 관한 설명과 거리가 먼 것은 무엇인가?

① 색채의 연상은 경험과 연령에 따라서 변화하지 않는다.
② 색채의 연상에는 구체적 연상과 추상적 연상이 있다.
③ 색채의 연상은 경험적이기 때문에 기억색과 밀접한 관련이 있다.
④ 색채의 연상은 생활양식이나 문화적인 배경, 그리고 지역과 풍토 등에 따라서 개인차가 있다.

37 색채 이미지 스케일에 대한 설명으로 옳지 않은 것은 무엇인가?

① 색채가 주는 느낌, 정서를 언어 스케일로 나타낸 것이다.
② 색채의 속성을 체계적으로 이미지화한 것이다.
③ 난색계열의 색보다 한색계열의 색이 무겁게 느껴진다.
④ 색채 이미지를 어휘로 표현하여 좌표계를 구성한 것이다.

38 정지, 금지, 위험, 경고의 의미를 전달하는데 가장 적절한 색채는 무엇인가?

① 흰색
② 파랑
③ 검정
④ 빨강

39 색채의 선호 원리 중 옳지 않은 것은?

① 서구 문화권의 영향을 받은 대부분의 국가에서는 성인의 절반 이상이 청색을 선호한다.
② 어린 시절에는 빨강과 노랑 등 장파장의 색을 선호한다.
③ 일반적으로 아프리카에서는 파랑, 보라 등 단파장의 색을 선호한다.
④ 일반적으로 성인의 선호색이 파랑이라고 하지만 성별, 연령별 집단에 따라서 다른 특성을 보이기도 한다.

40 겨울철 직물은 여러 색의 실로 직조되어 있다. 이처럼 멀리서 보면 하나의 색상으로 보이게 되는 혼색 방법은 무엇인가?

① 가산혼합
② 병치 혼합
③ 계시 혼합
④ 감산 혼합

41 빨강색광, 녹색광, 파랑색광을 같은 양으로 혼합하면 어떤 색광이 되는가?

① 백색
② 마젠타
③ 보라
④ 노랑

42 어느 시간 내에 일정한 자극을 주어 색각이 생긴 후에, 그 자극을 제거해도 계속해서 상이 보이는 현상은?

① 정의 잔상
② 보색 잔상
③ 부의 잔상
④ 면적 효과

43 다음 중 인접색의 조화에 해당하는 것은?

① 노랑 – 다홍 – 빨강
② 노랑 – 남색 – 자주
③ 다홍 – 연두 – 남색
④ 녹색 – 주황 – 보라

44 교통표지판의 색상을 결정할 때에 가장 고려하여야 할 사항은?

① 심미성
② 경제성
③ 양질성
④ 명시성

45 영.헬름홀츠의 3원색설과 관련 있는 색은?

① 백, 흑, 순색
② 적, 녹, 청자
③ 적, 황, 청자
④ 황, 녹, 청자

46 저드(D. Judd)의 색채 조화의 원리에 해당하지 않는 것은?

① 질서의 원리
② 유사의 원리
③ 친근감의 원리
④ 기호의 원리

47 다음의 색채조화에 대한 설명 중 틀린 것은?

① 강한 대비를 보이는 색 사이에 회색을 삽입하면 대립을 약화시킬 수 있다.
② 서로 잘 안 어울리는 색 사이에 회색을 삽입하면 대립이 더욱 심화된다.
③ 서로 대비되는 색 사이에 삽입되는 회색의 명도가 변함에 따라 전체 이미지가 변한다.
④ 같은 대비라도 놓여지는 위치에 따라 전체 이미지가 달라진다.

> **과목 05** **2D 그래픽 제작**

48 화면을 표현하기 위한 최소단위이며, 화소라고 불리는 것은?

① 비트맵(Bitmap)
② 벡터(Vector)
③ 해상도(Resolution)
④ 픽셀(Pixel)

49 다음 중 컴퓨터 그래픽스의 기본적인 컬러 시스템이 아닌 것은?

① RGB
② CMY
③ CRT
④ HSB

50 컬러인쇄나 컴퓨터의 작업 결과를 잉크젯(Ink-jet) 프린터로 출력할 때 컬러를 표현하는 기본색과 혼합 방식은?

① Cyan, Magenta, Yellow, Black의 가산 혼합
② Red, Blue, Yellow의 감산 혼합
③ Cyan, Magenta, Yellow, Black의 감산 혼합
④ Red, Green, Blue의 가산 혼합

51 화소 자체의 정보만을 담고 있는 그래픽 포맷 방식은?

① RAW
② EPS
③ TGA
④ BMP

52 일러스트레이터에서 두 오브젝트 간의 색채 및 모양의 단계적 변화를 위한 명령은?

① blend
② shear
③ skew
④ effects

53 다음 중 크기를 변화시켜 출력해도 이미지 데이터의 해상도가 손상되지 않는 이미지는?

① Bit-Map Image
② Vector Image
③ TIFF Image
④ PICT Image

54 다음 컴퓨터 그래픽 소프트웨어 중 비트맵 그래픽 파일과 관계가 깊은 것은?

① 오토 캐드(Auto CAD)
② 일러스트레이터(Adobe Illustrator)
③ 포토샵(Adobe Photoshop)
④ 코렐 드로우(Corel Draw)

55 다음 설명 중 일러스트레이터나 포토샵의 메뉴 중 Layer의 정의는?

① 여러 개의 이미지를 순차적으로 포개어 놓는 것
② 각 페이지를 여러 개의 페이지로 나누는 것
③ 각 각의 이미지를 그룹(Group)시켜 단순화시키는 것
④ 두 개의 이미지를 합성하는 것

56 일러스트레이터 프로그램에서 타입(Type) 툴을 사용하여 입력한 문자들을 도형으로 전환하여 변형하고자 할 때 사용하는 기능은?

① Adjust Colors
② Make Wrap
③ Desaturate
④ Create Outline

57 타이포그래피에 대한 설명으로 틀린 것은?

① 글자를 재료로 하는 디자인을 말한다.
② 글자의 의미 전달만을 목적으로 하고 있다.
③ 커뮤니케이션 시각디자인의 요체로서 다양한 디자인 행위를 모두 포괄하는 개념으로 확대되었다.
④ 무빙 타입인 움직이는 타이포그래피로 의미가 확대되었다.

58 타이포그래피의 배치 작업에 관한 설명 중 가장 거리가 먼 것은 무엇인가?

① 균형과 조화를 이루기 위해 시각적인 조정이 필요하다.
② 글자의 상호 관계 등을 고려하여 균형을 유지해야 한다.
③ 시각 정보 전달을 위해 공간 안에 텍스트를 배치하는 것이 중요하다.
④ 타이포그래피는 캘리그래피에 카테고리에 포함된다.

59 타이포그래피의 가독성에 관한 설명으로 옳은 것은?

① 판독성이 높은 활자꼴이라도 짜임이나 배치가 좋지 못하면 읽기 어려워질 수도 있다.
② 한글의 경우는 영문의 경우보다 조금 더 행간을 좁혀야 가독성이 높아진다.
③ 영문의 경우 모두 다 대문자로 이루어진 문장보다 대소문자 섞여있는 문장이 가독성을 떨어뜨린다.
④ 본문의 오른쪽 맞추기 정렬 방법을 취했을 때 가독성이 높아진다.

60 수직과 수평으로 면이 분할하여 인쇄물의 시각적 질서와 일관성을 유지시키는 레이아웃 수단으로서, 논리 정연한 질서감을 통해 독자들에게 정보에 강한 신뢰성과 안정감을 주고 전달력을 높이는 디자인 레이아웃 방법을 무엇이라고 하는가?

① 그리드
② 커닝
③ 블리드
④ 테이블

과목 01 디자인 기초

01 디자인의 기능적 조건 중 감성공학 측면의 기능에 해당하는 것은?

① 물리적 기능
② 생리적 기능
③ 심리적 기능
④ 사회적 기능

02 동적이고 불안정한 느낌을 주지만 사용에 따라 강한 느낌을 나타낼 수 있는 선은?

① 곡선
② 수평선
③ 포물선
④ 사선

03 다음 중 기본 형태에 대한 설명이 올바른 것은?

① 면 : 물체가 점유하는 공간
② 선 : 면의 한계 또는 교차
③ 점 : 입체의 한계 또는 교차
④ 입체 : 선의 한계 또는 교차

04 색이나 명암이 점점 밝아지거나 어두워질 때 생기는 조형요소는?

① 점증(Gradation)
② 대비(Contrast)
③ 대칭(Symmetry)
④ 비례(Proportion)

05 다음은 사람과 사람 간에 시그널, 사인, 심벌이라는 기호에 의해서 의미를 전달하는 디자인 분야는?

① 시각 디자인
② 제품 디자인
③ 환경 디자인
④ 공예 디자인

06 디자인 요소 사이에 시각적 통일성과 반복적인 리듬감을 표현하여 시각적 통일성과 동적인 느낌이 나도록 하는 원리는 무엇인가?

① 율동
② 균형
③ 강조
④ 통일

07 나무의 형상에서 가습기 디자인으로 개발된 과정으로 적절하게 설명한 것은?

① 기능적 형태를 유기적 형태로 디자인하였다.
② 이념적 형태를 구상적 형태로 디자인하였다.
③ 추상적 형태를 이미지 과정으로 시각화하였다.
④ 유기적 형태를 실체화 과정으로 시각화하였다.

08 비슷한 성질을 가진 요소들은 비록 떨어져 있다 하더라도 덩어리져 보이는 경향이 있다. 이 법칙은?

① 근접의 법칙
② 유사의 법칙
③ 폐쇄의 법칙
④ 연속의 법칙

09 시각디자인의 구성원리인 균형에 관한 설명 중 틀린 것은?

① 균형은 안정감을 창조하는 질(Quality)로서 정의된다.
② 의도적으로 불균형을 구성할 때도 있다.
③ 좌우의 무게는 시각적 무게로 균형을 맞춰야 한다.
④ 전체적인 조화를 위해서 불균형이 강조되어야 한다.

10 다음 중 온화하고 유연한 동적인 표정을 가지는 것은?

① 수직면
② 수평면
③ 곡면
④ 사선

11 다음 선의 느낌을 나타낸 것 중 수직선에 대한 느낌으로 가장 알맞은 것은?

① 안정감, 친근감, 평화스러운 느낌
② 엄숙함, 강직함, 긴장감, 준엄한 느낌
③ 움직임, 활동감, 불안정한 느낌
④ 우아하고 부드러운 느낌

12 다음 중 유사, 대비, 균일, 강약 등이 포함되어 나타내는 디자인의 원리는?

① 통일
② 조화
③ 균형
④ 리듬

13 형태심리학자들이 연구해 낸 형태에 관한 시각의 기본 법칙에 대한 설명이 잘못 연결된 것은?

① 근접성 – 근접한 것끼리 짝지어진 것
② 유사성 – 유사한 요소들이 연관되어 보이는 것
③ 연속성 – 유사한 배열이 하나의 묶음으로 되는 것
④ 폐쇄성 – 시지각의 항상성을 의미하는 것

14 그림에 해당하는 착시는?

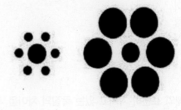

① 길이의 착시
② 크기의 착시
③ 방향의 착시
④ 명도의 착시

15 게슈탈트 심리학의 창시자 베르트하이머(M.Wer-theimer)가 제창한 형태변화 법칙의 요인과 거리가 먼 것은?

① 근접성의 요인
② 유사성의 요인
③ 연속성의 요인
④ 심미성의 요인

16 다음 그림과 같이 일부분이 끊어진 상태이지만 문자로 인식되는 것은 어떤 원리 때문인가?

① 대칭성
② 유사성
③ 폐쇄성
④ 연속성

17 물체의 표면이 가지고 있는 특징의 차이를 시각과 촉각을 통하여 느낄 수 있는 성질을 의미하는 것은?

① 색감
② 항상성
③ 고유성
④ 질감

18 디자인(Design)의 의미를 설명한 것으로 틀린 것은?

① 디자인이란 프랑스어로 '데생'에서 유래되었다.
② 도안, 밑그림, 그림, 소묘, 계획, 설계, 목적이란 의미를 기술하고 있다.
③ 디자인은 De(이탈)와 Sign(형상)의 합성어로 기존 것을 파괴하고 새로운 재화를 창출한다는 의미가 포함된다.
④ 디자인은 기존의 것을 유지하며 실용적 가치보다는 예술적 가치의 기준을 말한다.

과목 **02** 비주얼 아이데이션

19 아이디어 스케치를 하는 이유가 아닌 것은?

① 디자이너의 창의적인 아이디어를 시각적으로 표현하기 위해서
② 초기에 다양한 아이디어를 시각화하고, 이를 보존하기 위해서
③ 디자이너의 계획안을 효과적으로 전달하기 위해서
④ 그래픽 프로그램을 이용해 스케치하는 것은 어려우므로

20 도출된 콘셉트와 키워드를 중심으로 아이디어를 다양하고 풍부하게 표현하는 스케치의 종류는?

① 썸네일 스케치
② 러프 스케치
③ 콤프 스케치
④ 시안 디자인

21 시안 디자인에서 준비된 자료를 활용하여 창의적인 아이디어를 디자인 이미지로 구체화시키는 과정은 무엇인가?

① 아트웍
② 디자인 요소 수집
③ 컬러 정보 수집
④ 베리에이션

22 수집된 자료마다 분류하지 않아도 되는 항목은?

① 출처
② 수집 날짜
③ 카메라 모델
④ 부적합 자료

23 개발 과정에서 아이디어 스케치를 진행하는 목적과 거리가 먼 것은 무엇인가?

① 추상적인 아이디어를 구체적인 형태로 표현하기 위해서
② 디자이너의 생각을 전달하기 위해서
③ 완성된 디자인 결과물에 대한 자료화를 위해서
④ 아이디어를 시각적으로 담아내기 위해서

24 디자인 콘셉트를 시각화하는 단계에서 이루어지는 작업과 거리가 먼 것은 무엇인가?

① 키워드 도출
② 아이디어 스케치
③ 아트웍 제작
④ 비주얼 모티브 시안 제작

25 비주얼 중심의 광고를 위한 시각디자인 매체의 표현 특징이 아닌 것은?

① 카피 사용은 작게
② 카피 없이 비주얼 표현으로 내용 전달이 가능
③ 시각적 표현물은 보조 수단으로 활용
④ 시각적 표현 중심

26 자료 수집의 방법이 아닌 것은?

① 관련 사이트 리서치
② 트렌드 관련 잡지 외 인쇄물 활용
③ 관련 분야 전문 서적 활용
④ 색차를 고려하여 특정한 부분만 조사

27 디자인의 원리에 대한 설명으로 틀린 것은?

① 대비는 시각적 힘의 강약에 의한 형의 감정 효과다.
② 비대칭은 형태상으로 불균형이지만 시각적으로 힘의 정돈에 의하여 균형이 잡힌다.
③ 강조는 단조로움을 덜거나 규칙성을 깨뜨릴 때, 관심의 초점을 만들 때 이용하면 효과적이다.
④ 등비수열에 의한 비례는 1:47:10:13 과 같이 이웃하는 두 항의 차이가 일정한 수열에 의한 비례다.

28 지속 가능한 디자인 목적의 기준과 거리가 먼 것은?

① 경제적 목적
② 사회적 목적
③ 환경적 목적
④ 범죄예방적 목적

과목 **03** 시안디자인

29 서로 다른 위치에 있는 디자인 요소들이 상호 시각적으로 영향을 주고 보완할 수 있는 구조로 개발된 그리드는?

① 계층 그리드
② 대칭 그리드
③ 모듈 그리드
④ 플렉서블 그리드

30 아이디어가 구체적으로 실현 가능한지 베리에이션 구현으로 알 수 없는 것은?

① 도출된 아이디어를 시각화하여 제시
② 디자인 의도를 표현할 수 있는 능력
③ 디자인 전개를 위한 디자인 소프트웨어 활용
④ 매체 선택의 기준

31 가로, 세로가 일정한 간격으로 분할된 면으로, 공간을 나누는 기본단위는 무엇인가?

① 칼럼
② 마진
③ 존
④ 모듈

32 디자인 콘셉트와 시안의 방향을 고려하여 수집된 자료의 적합 여부를 판단할 때 고려하지 않아도 되는 분류 기준은 무엇인가?

① 목표 수용자의 성별
② 목표 수용자의 사회적 계급
③ 메시지의 성격
④ 적합한 자료만 수집

33 그래픽 프로그램 사용 시 고려사항으로 적절하지 않은 것은?

① 컬러모드
② 해상도
③ 이미지 크기
④ 프로그램 크기

과목 **04** 조색 및 배색

34 푸르킨예 현상의 설명과 거리가 먼 것은?

① 새벽녘의 물체들이 푸르스름하게 보인다.
② 조명이 어두워지면 적색보다 청색이 먼저 사라진다.
③ 비상구 표시를 초록으로 한다.
④ 낮에는 파란 공이 밤이 되면 밝은 회색으로 보인다.

35 다음 중 가법혼색의 특징이 아닌 것은 무엇인가?

① 빛과 빛이 겹침에 의해 생성되는 혼색 현상이다.
② 컴퓨터 모니터, 컬러TV, 스포트라이트 등의 조명이 해당된다.
③ 혼합된 색은 명도가 낮아진다.
④ 가법혼색은 RGB 모드를 기반으로 한다.

36 다음 중 색채의 중량감에 대한 설명으로 옳은 것은 무엇인가?

① 색채의 중량감은 채도에 영향을 받는다.
② 중명도의 회색보다 난색계열의 주황색이 무겁게 느껴진다.
③ 난색계열의 색보다 한색계열의 색이 가볍게 느껴진다.
④ 고명도의 색은 주로 가볍게 느껴진다.

37 색의 정서적 반응 설명으로 적합하지 않은 것은 무엇인가?

① 주황색은 따뜻하고 친밀한 성격을 담고 있다.
② 녹색은 희망, 안정을 느끼게 한다.
③ 자주색은 겸손과 고독감, 가벼운 느낌을 준다.
④ 노랑색은 활동적이며 화려한 느낌을 준다.

38 색에 대한 고정관념의 주된 원인이 아닌 것은?

① 계절적 요인
② 지역적 요인
③ 시대적 요인
④ 성별적 요인

39 다음은 색의 3속성에 대한 설명이다. 바르게 설명한 것은?

① 색의 선명도, 색의 맑고 탁함, 색의 강하고 약함, 포화도, 순도 등을 명도(Lightness, Value)라고 한다.
② 색을 규정하는 지각 성질을 색상, 명도, 채도라고 하며 이것을 색의 3속성이라고 한다.
③ 사물을 봤을 때 각각의 색이 가지고 있는 독특한 성질, 명칭을 말하는 것은 채도(Saturation, Chroma)이다.
④ 사람은 채도에 가장 민감하게 반응을 한다.

40 주제와 배경과의 강한 대비효과를 잘 나타낸 것은?

① 파랑색 하늘에 노랑색 나비를 그렸다.
② 노랑색 병아리에 주황색을 배경으로 처리하였다.
③ 흰색 얼음에 배경은 회색으로 처리하였다.
④ 파란 하늘에 바다는 초록으로 처리하였다.

41 오스트발트의 색입체를 수평으로 잘랐을 때 나타나는 것은?

① 동일 채도면
② 동일 명도면
③ 동일 색상면
④ 명도의 11단계

42 문·스펜서(P.Moon, D.E.Spencer)의 색채 조화 이론에서 조화의 관계가 아닌 것은?

① 유사 조화
② 대비 조화
③ 입체 조화
④ 동일 조화

43 오스트발트와 먼셀 색체계의 공통점은?

① 20 색상환을 사용한다.
② 색상환에서 마주보는 색은 서로 보색관계이다.
③ 색입체를 수직으로 절단하면 등명도면의 배열이 된다.
④ 순색들의 채도단계는 각기 다르다.

44 다음 색상 중 후퇴, 수축색은?

① 노랑
② 파랑
③ 주황
④ 빨강

45 먼셀의 표색계에서 색의 표시 방법인 HV/C에 대한 설명으로 맞는 것은?

① 색상의 머리글자는 V이다.
② 명도의 머리글자는 H이다.
③ 채도의 머리글자는 C이다.
④ 표기 순서가 HV/C일 때 HV는 색상이다.

46 색채의 일반적인 감정 효과에 대한 설명으로 틀린 것은?

① 장파장 계통의 색은 따뜻한 색이다.
② 연두, 자주, 녹색 등은 중성색이다.
③ 명도가 낮은 색은 무겁게 느껴진다.
④ 채도는 높고 명도가 낮은 색은 부드러운 느낌을 준다.

47 다음 색의 혼합 중 색료의 혼합에 해당하는 것은?

① 빨강(R) + 녹색(G) = 노랑(Y)
② 파랑(B) + 빨강(R) = 자주(M)
③ 자주(M) + 노랑(Y) = 빨강(R)
④ 빨강(R) + 녹색(G) + 파랑(B) = 흰색(W)

과목 **05** 2D 그래픽 제작

48 인쇄 시 CMYK 4도 분판을 목적으로 하는 그래픽 포맷 방식은?

① EPS   ② RAW
③ TIFF   ④ JPEG

49 포토샵에서 CMYK 모드로 작업할 때 활성화되지 않아 실행 할 수 없는 필터는?

① Gaussian Blur
② Sharpen Edge
③ Difference Clouds
④ Lighting Effects

50 그래픽 소프트웨어 중 오브젝트 방식의 벡터 값으로 이루어진 소프트웨어는?

① 일러스트레이터
② 포토샵
③ 페인터
④ 페인트샵프로

51 JPEG 포맷과 GIF 포맷에 대한 설명 중 잘못된 것은?

① JPEG 포맷과 GIF 포맷에는 압축 기능이 있다.
② JPEG 압축은 손실압축으로 이미지 데이터가 상실된다.
③ JPEG 포맷은 반복 압축/압축 풀기해도 이미지의 품질은 전혀 저하되지 않는다.
④ GIF는 비손실 압축이지만 256 색상 이하만 나타낼 수 있다.

52 저해상도에서 곡선이나 사선을 표현할 때 생기는 계단현상을 완화하기 위해 사용하는 기법은?

① 모핑(Morphing)
② 앤티앨리어싱(Anti-aliasing)
③ 스위핑(Sweeping)
④ 미러(Mirror)

53 벡터방식의 이미지를 비트맵 방식의 이미지로 전환시키는 과정을 나타내는 용어는?

① 드로잉(Drawing)
② 페인팅(Painting)
③ 래스터라이징(Rasterising)
④ 이미지 프로세싱(Image Processing)

54 비트맵 파일에 관한 설명으로 맞는 것은?

① 큰 이미지를 비트맵 방식으로 저장할 경우 파일 용량이 줄어든다.
② 그림의 질감을 특수 그래픽 처리하여 저장한다.
③ 한정된 색상을 사용하여 그림을 표현한다.
④ 이미지를 확대할 경우 원래의 이미지보다 화질이 떨어진다.

55 컬러모드 중 인간이 보통 색을 인지하는 방식을 기초로 한 모델로, 색의 3가지 기본 특성인 색상, 채도, 명도에 의해 색을 표현하는 방식은?

① RGB
② CMYK
③ HSB
④ Lab

56 Illustrator 작업에서 문자를 Create Outlines으로 변환하는 이유가 아닌 것은?

① 사용한 서체가 없는 컴퓨터에서 출력할 때도 서체가 깨지지 않도록 한다.
② 사용한 글자를 오브젝트로 변환하여 그래픽 효과를 줄 수 있다.
③ 글자를 마스크용 오브젝트로 만들 수 있다.
④ 레이어의 개수를 줄여 용량을 줄일 수 있다.

57 텍스트의 내용을 쉽게 이해할 수 있도록 텍스트를 구성하는 과정에서 고려하지 않아도 되는 항목은 무엇인가?

① 가독성
② 주목성
③ 판독성
④ 독창성

58 타입페이스(Typeface) 중 가장 단순하며 획의 굵기가 일정하여 웹, 모바일 환경에 적합한 타입 종류는?

① 세리프
② 산세리프
③ 블랙레터
④ 스크립트

59 타이포그래피의 가독성에 관한 설명으로 옳은 것은?

① 판독성이 높은 활자꼴이라도 짜임이나 배치가 좋지 못하면 읽기 어려워질 수도 있다.
② 한글의 경우는 영문의 경우보다 조금 더 행간을 좁혀야 가독성이 높아진다.
③ 영문의 경우 모두 다 대문자로 이루어진 문장보다 대소문자가 섞인 문장이 가독성을 떨어뜨린다.
④ 본문의 오른쪽 맞추기 정렬 방법을 취했을 때 가독성이 높아진다.

60 다음 중 캘리그라피 특징으로 거리가 먼 것은?

① 아날로그적 느낌과 독특하고 창조적인 표현을 할 수 있다.
② 인간의 다양한 감성을 인간적이고 따뜻하게 감각적으로 표현해낼 수 있다.
③ 설명적이고, 이성적인 메시지 전달에 효과적이다
④ 누구나 쉽게 글씨를 창조할 수 있다.

기출 유형문제 03회
빠르게 정답 확인하기!
스마트폰으로 QR 코드를 찍어 보세요.
정답표를 통해 편리하게 채점할 수 있습니다.

과목 01 산업 디자인 일반

01 굿 디자인(Good Design)의 조건이 아닌 것은?

① 합목적성
② 심미성
③ 종합성
④ 독창성

02 실내 디자인의 목적과 거리가 가장 먼 것은?

① 문화적, 경제적 측면을 고려한 합리적인 실내 공간 계획
② 기능적이고, 쾌적한 환경을 창조하기 위한 실내 공간 계획
③ 독창적이고, 합리적인 공간으로 창조하기 위한 실내 공간 계획
④ 기능적 설계요소보다 미적인 요소를 중시하는 실내 공간 계획

03 제품 디자인의 프로세스로 가장 적합한 것은?

① 계획 – 분석 – 조사 – 평가 – 종합
② 조사 – 분석 – 계획 – 평가 – 종합
③ 계획 – 조사 – 분석 – 종합 – 평가
④ 조사 – 계획 – 분석 – 종합 – 평가

04 다음 중 제품 디자인 영역이 아닌 것은?

① 가구 디자인
② 완구 디자인
③ 자동차 디자인
④ 디스플레이 디자인

05 고객분석 및 경쟁업자 분석을 하는 것은 다음 제품 디자인 프로세스 중 어디에 속하는가?

① 제품 스케치　　　② 계획
③ 드로잉　　　　　④ 모델링

06 원시인들이 사용하였던 흙의 사용 용도로 볼 수 없는 것은?

① 집을 짓는 재료
② 수렵용 도구
③ 물을 담는 용기
④ 종교적인 토우

07 포장 디자인(Package Design)의 주요 기능이 아닌 것은?

① 보호성　　　　　② 생산성
③ 명시성　　　　　④ 환경성

08 일반적으로 유연성과 우아함, 부드러움과 운동감이 있으며 사람의 내면을 나타내는 선은?

① 자유곡선형
② 자유직선형
③ 기하직선형
④ 기하곡선형

09 마케팅의 원칙에 속하지 않는 것은?

① 수요전제의 원칙
② 판매촉진의 원칙
③ 수요창조의 원칙
④ 적정배분의 원칙

10 다음 중 면에 대한 설명이 틀린 것은?

① 길이와 너비를 가진다.
② 공간을 구성하는 단위이다.
③ 수직면은 동적이면서도 안정감을 준다.
④ 넓이는 있으나 두께는 없다.

11 시각 디자인의 주요 분야가 아닌 것은?

① 텍스타일 디자인
② 편집 디자인
③ 일러스트레이션
④ 패키지 디자인

12 디자인에서 최종적으로 생명을 불어 넣을 수 있는 요소는?

① 독창성
② 유행성
③ 재료성
④ 성실성

13 인테리어 실내 공간의 기본적 요소가 아닌 것은?

① 바닥
② 가구
③ 벽
④ 천장

14 편집 디자인의 요소로 가장 거리가 먼 것은?

① 타이포그래피
② 레이아웃
③ 포토그래피
④ 스토리보드

15 다음 중 객실 인테리어(Private Interior)에 해당되는 것은?

① 기숙사의 침실, 교실
② 사무실, 병원의 병실
③ 연구실, 나이트클럽
④ 주택의 거실, 호텔의 객실

16 질감에 대한 설명으로 틀린 것은?

① 빛에 의해 만들어지므로 명암효과에 따라 다르게 보일 수 있다.
② 명도의 대비나 시각적 거리감과 함께 표현된다.
③ 물체의 무게와 안정감을 부여하는 기능이 없다.
④ 촉각적 질감과 시각적 질감으로 나누어진다.

17 마케팅에 대한 설명 중 틀린 것은?

① 고객의 필요에 초점을 두어야 한다.
② 고객의 필요, 충족을 통해서 이익을 획득한다.
③ 기업의 제품개발, 광고전개, 유통설계를 중심으로 한 활동이다.
④ 소비자 중심에서 기업 중심으로 가야 한다.

18 DM(Direct Mail) 광고라고 볼 수 없는 것은?

① 폴더(Folder)
② 리플릿(Leaflet)
③ 포스터(Poster)
④ 카탈로그(Catalogue)

19 디자인과 건축 분야에서 "형태는 기능을 따른다." 라고 기능미를 처음 주장한 사람은?

① 루이스 설리반
② 프랭크 로이드 라이트
③ 윌리엄 모리스
④ 월터 그로피우스

20 디자인 과정 중에서 스케치의 역할이 아닌 것은?

① 기존의 형태를 모방한다.
② 아이디어를 빠르게 표현한다.
③ 의도된 형태를 발전, 전개시킨다.
④ 프레젠테이션을 통해 최종 디자인을 결정할 때 쓰인다.

과목 02 색채 및 도법

21 어두워지면 가장 먼저 사라져서 보이지 않는 색은?

① 노랑
② 빨강
③ 녹색
④ 보라

22 그림은 무엇을 구하기 위한 것인가?

① 원주에 근사한 직선 구하기
② 원에 내접하는 정5각형 그리기
③ 원에 내접하는 반원형 그리기
④ 한 변이 주어진 정5각형 그리기

23 그림의 투상도는?

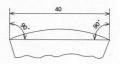

① 2등각 투상도
② 1소점 투시도
③ 사투상도
④ 2소점 투시도

24 오스트발트의 색입체에서 등가색환 계열에 관한 설명으로 잘못된 것은?

① 링스타(Ring Star)라고 부른다.
② 20개의 등가색환 계열로 되어 있다.
③ 이 계열 속에서 선택된 색은 모두 조화된다.
④ 무채색을 축으로 백색량과 흑색량이 같은 등가색환 계열이다.

25 채도를 낮추지 않고 어떤 중간색을 만들어 보자는 의도로 화면에 작은 색점을 많이 늘어 놓아 사물을 묘사하려고 한 것에 속하는 것은?

① 가산혼합
② 감산혼합
③ 병치혼합
④ 회전혼합

26 다음은 무엇을 나타낸 도면인가?

① 현의 치수 기입 방법
② 반지름의 치수 기입 방법
③ 원호의 치수 기입 방법
④ 곡선의 치수 기입 방법

27 다음 색상 중 후퇴, 수축색은?

① 노랑
② 파랑
③ 주황
④ 빨강

28 안내표지의 바탕이 흰색일 때 멀리서도 인지하기 쉬운 문자의 색으로 가장 적합한 것은?

① 초록
② 빨강
③ 파랑
④ 주황

29 색의 삼속성에 따라 분류하여 표현하는 색이름은?

① 관용색명
② 고유색명
③ 순수색명
④ 계통색명

30 투시도법의 기호와 용어가 틀린 것은?

① GP – 기선
② PP – 화면
③ HL – 수평신
④ VP – 소점

31 도면에서 치수의 단위에 대한 설명으로 틀린 것은?

① 길이의 단위는 cm를 사용한다.
② 길이의 단위는 mm를 사용하나, 단위 mm는 기입하지 않는다.
③ 각도는 필요에 따라 분, 초의 단위도 함께 사용할 수 있다.
④ 각도의 단위는 도(°)를 사용한다.

32 자연광에 의한 음영 작도에서 화면에 평행하게 비칠 때의 광선은?

① 측광
② 배광
③ 역광
④ 음광

33 색의 분류 중 무채색에 속하는 것은?

① 황토색
② 어두운 회색
③ 연보라
④ 어두운 회녹색

34 색채조화에 대한 연구를 통하여 이론을 제시한 사람 중 관련이 없는 사람은?

① 레오나르도 다빈치
② 뉴턴
③ 슈브릴
④ 맥스웰

35 등각 투상도(Isometric Projection Drawing)에서 등각축의 각도는?

① 45°
② 90°
③ 120°
④ 150°

36 색료를 혼합해서 만들 수 없는 색은?

① 주황
② 노랑
③ 녹색
④ 남색

37 색채, 질감, 형태, 무늬 등이 어떤 체계를 가지고 점점 커지거나 강해져 동적인 리듬감이 생겨나는 것은?

① 스케일
② 비례
③ 대비
④ 점이

38 선의 종류 중 은선의 용도는?

① 물품의 보이는 외형을 표시하는 선
② 보이지 않는 부분의 형상을 표시하는 선
③ 치수를 기입하는 데 쓰는 선
④ 도형의 중심을 표시하는 선

39 색채의 공감각과 거리가 가장 먼 것은?

① 맛
② 냄새
③ 촉감
④ 대비

40 영·헬름홀츠 지각설에서 주장한 3원색이 아닌 것은?

① Red
② Yellow
③ Green
④ Blue

과목 **03** 디자인 재료

41 안료와 접착제를 종이 표면에 발라 강한 광택을 입힌 것으로 원색판의 고급인쇄에 적합한 종이는?

① 모조지
② 아트지
③ 갱지
④ 켄트지

42 다음 중 무기재료로 짝지어진 것은?

① 도자기, 플라스틱
② 유리, 피혁
③ 금속, 유리
④ 목재, 종이

43 에어브러시(Air Brush)에 관한 설명 중 틀린 것은?

① 거칠고 대담한 표현에 가장 적합하다.
② 공기의 압력을 이용해서 잉크나 물감을 내뿜어 그려진다.
③ 사실적이고 환상적인 일러스트레이션 표현에 알맞은 기법이다.
④ 가장 중요한 것은 컴프레서와 스프레이건의 취급법이다.

44 특수 목적의 렌즈 중 꿈 같은 환상적 분위기를 연출하는 데 사용하는 것은?

① 줌렌즈
② 마이크로렌즈
③ 시프트렌즈
④ 연초점렌즈

45 아트지, 바리타지 등에 많이 쓰이는 가공지는?

① 변성 가공지
② 적층 가공지
③ 도피 가공지
④ 흡수 가공지

46 도료의 구성성분이 아닌 것은?

① 안료
② 중합체
③ 첨가제
④ 향료

47 완성된 원고를 인쇄하기 위해서는 정확한 색 지정이 중요하다. 다음 중 미국 색채 연구소에서 개발되어 세계적으로 통용되는 컬러 가이드는?

① 팬톤 컬러 가이드
② DIC 컬러 가이드
③ 오스트발트 색표집
④ 한국표준 색표집

48 열경화성 수지를 대표하는 플라스틱으로 절연성이 커서 전기 재료로 많이 사용되며 베이클라이트라고도 하는 수지는?

① 요소수지
② 멜라민수지
③ 페놀수지
④ 푸란수지

과목 04 컴퓨터그래픽스

49 다음 중 비트맵 파일 포맷이 아닌 것은?

① GIF
② PSD
③ AI
④ BMP

50 컴퓨터그래픽스 파일 포맷에 대한 설명으로 틀린 것은?

① BMP : 마이크로소프트사에서 지원하는 파일 포맷으로 압축방법을 사용하지 않는다.
② EPS : 포스트스크립트 형태의 파일 형식으로 비트맵 이미지와 벡터 그래픽 파일을 함께 저장할 수 있다.
③ GIF : 사진이미지 압축에 가장 유리한 포맷으로 정밀한 이미지 저장에 적합한 파일이다.
④ PNG : JPG와 GIF의 장점만을 가진 포맷으로 투명성과 관련된 알파채널에서 향상된 기능을 제공한다.

51 저해상도에서 곡선이나 사선을 표현할 때 생기는 계단현상을 완화하기 위해 사용하는 기법은?

① 모핑(Morphing)
② 안티앨리어싱(Anti-Aliasing)
③ 스위핑(Sweeping)
④ 미러(Mirror)

52 컴퓨터의 모니터나 TV에서는 모든 컬러를 3개의 기본색으로 구성한다. 다음 중 그 기본색이 아닌 것은?

① Yellow
② Grccn
③ Blue
④ Red

53 컴퓨터그래픽스의 도입 효과에 대한 설명으로 가장 거리가 먼 것은?

① 다양한 대안의 제시가 비교적 쉽다.
② 여러 가지 수정이 용이하며 변형이 자유롭다.
③ 컴퓨터그래픽 기기를 쉽게 익힐 수 있다.
④ 정보들의 축적으로 나중에 다시 이용할 수 있다.

54 반사율과 굴절률을 계산하여 투영감과 그림자까지 완벽하게 표현하는 렌더링 기법은?

① 레이트레이싱 방식
② 세이딩 방식
③ 텍스처 매핑 방식
④ 리코딩 방식

55 컴퓨터에 내장된 실제 RAM이 사용하려고 하는 프로그램의 권장 메모리보다 작을 때 취해야 할 옳은 방법은?

① Video Ram(비디오 램)을 증가시킨다.
② Hard Disk(내장 하드디스크) 용량을 증가시킨다.
③ ROM(Read Only Memory)을 이용한다.
④ Virtual Memory(가상 메모리)를 사용한다.

56 인덱스 색상 모드에 관한 설명으로 틀린 것은?

① 인터넷 데이터 포맷으로 널리 쓰이는 포맷 방식은 BMP 포맷 방식이다.
② 원본 이미지의 색상이 표에 없으면 색상표에서 가장 근접한 색상으로 표시한다.
③ 팔레트 색상을 제한하여 일정한 품질을 유지하면서 이미지의 파일 크기를 줄일 수 있다.
④ 256색을 사용하여 색상을 변환하고 이미지의 색을 저장한다.

57 작업 도중 명령을 취소하고 싶을 때 쓰는 명령은?

① save ② place
③ group ④ undo

58 움직이지 않는 배경 그림 위에 투명한 셀로판을 올려놓고 한 컷 한 컷 촬영하는 방법은?

① 투광 애니메이션
② 컷 아웃 애니메이션
③ 클레이 애니메이션
④ 셀 애니메이션

59 컴퓨터에 관한 설명 중 잘못된 것은?

① 컴퓨터에서 CPU는 사람 두뇌에 해당된다.
② CPU는 데이터의 연산 및 컴퓨터 각각의 부분을 제어하는 기능을 갖고 있다.
③ 레지스터(Register)는 CPU의 임시 기억 장치로 컴퓨터의 중앙처리장치에서 사용되는 고속의 기억장치이다.
④ 제어장치(Control Unit)에서 덧셈, 뺄셈 등과 같은 산술 연산과 AND, OR 등과 같은 논리 연산을 수행한다.

60 3차원 컴퓨터그래픽스에서 물체의 투명도를 조절할 수 있는 셰이딩 기법은?

① Transparency
② Bump
③ Refraction
④ Glow

2024년 최신 기출문제 01회
빠르게 정답 확인하기!
스마트폰으로 QR 코드를 찍어 보세요.
정답표를 통해 편리하게 채점할 수 있습니다.

기
출

최
신
기
출
문
제

• **제한시간** : 1시간   • **소요시간** :   분   • **전체 문항 수** : 60문항   • **맞힌 문항 수** :   문항

과목 01 산업 디자인 일반

01 마케팅 조사의 실사 방법이 아닌 것은?

① 개인 면접법   ② 우편 조사법
③ 관찰 조사법   ④ 확대 조사법

02 이념적 형태 요소의 동적인 형태에 관한 설명 중 올바른 것은?

① 점은 위치는 없지만 크기가 있다.
② 선은 선의 한계 또는 교차이다.
③ 면은 선이 이동한 것이다.
④ 입체는 점과 선이 이동한 것이다.

03 그림의 입체는 어느 면이 이동하여 만들어진 것인가?

 ①   ②

 ③   ④

04 게슈탈트의 그루핑 법칙 중 비슷한 모양이 서로 가까이 놓여 있을 때 관찰자가 그 모양들을 합하여 동일한 형태 그룹으로 보는 특성은?

① 유사성   ② 근접성
③ 연속성   ④ 친숙성

05 환경 분야에서 디스플레이 개념이 적용되는데 그 분야 중 공적 분야에 속한다고 볼 수 없는 것은?

① 박람회   ② 페스티벌
③ 쇼 윈도우   ④ 기념행사

06 그림과 같은 대칭형은?

① 방사대칭   ② 이동대칭
③ 선대칭   ④ 역대칭

07 바우하우스 운동의 창시자는?

① 윌리엄 모리스   ② 헨리 반 데 벨데
③ 루이스 설리반   ④ 월터 그로피우스

08 소비자가 광고의 시각전달에 의해 인지할 수 없는 것은?

① 제품의 신뢰성   ② 가치관
③ 현대인의 감정   ④ 제품가격

09 형태지각의 심리가 아닌 것은?

① 애매모호한 형태보다 익숙한 형태가 쉽게 인식된다.
② 단순한 형태는 복잡한 형태보다 우선 기억된다.
③ 형태를 지각할 때 항상 불변하게 지각된다.
④ 과거의 경험과 기억은 지각에 영향을 준다.

10 의미하는 내용의 형태를 상징적으로 시각화한 것으로 언어를 초월해서 직감적으로 이해할 수 있도록 만들어진 그래픽 심벌을 무엇이라고 하는가?

① 로고타입(Logotype)
② 타이포그래피(Typography)
③ 픽토그램(Pictogram)
④ 일러스트레이션(Illustration)

11 다음 용어 설명 중 적합하지 않은 것은?

① 멀티미디어란 복합매체로서 동영상, 애니메이션, 사운드, 이미지, 텍스트 등의 매체를 혼합한 것이다.
② HDTV는 텔레비전 해상도를 발전시킨 고품질의 텔레비전이다.
③ 뉴미디어란 신문, 방송 등의 기존 매체에 최고의 정보통신 기술이 결합된 미디어 또는 그들을 조합한 네트워크를 총칭한다.
④ 아이덴트(Ident)는 TV프로그램이나 영화제작에 참여한 연기자와 작가, 연출가 등의 명단을 말한다.

12 렌더링에 관한 설명 중 옳은 것은?

① 머리에 떠오르는 이미지를 그리는 것을 말한다.
② 디자인의 개념을 나타내는 이미지 스케일을 말한다.
③ 목업을 제작하기 위하여 그리는 도면의 일종이다.
④ 실제 제품과 같은 상태의 형태, 재질감, 색상 등을 실감나게 표현하는 것이다.

13 디자인 실무의 전개 순서가 바르게 된 것은?

① 스케치 – 렌더링– 제도 – 모델링
② 제도 – 스케치 – 렌더링 – 모델링
③ 모델링 – 제도 – 렌더링 – 스케치
④ 스케치 – 모델링 – 제도 – 렌더링

14 디자인의 실체화 과정에서 가장 먼저 전개되어야 할 것은?

① 용도
② 재료와 가공기술
③ 색상
④ 형태

15 디자인을 최종 결정하여 관계자들에게 제시용으로 제작되는 모형(Presentation Model)의 재질로 적합하지 않은 것은?

① 목재 모형
② 모래 모형
③ 석고 모형
④ 금속 모형

16 윌리엄 모리스의 미술공예운동이 전개되게 된 동기가 되었던 세계 최초의 산업 대박람회가 열린 곳은?

① 런던
② 파리
③ 시카고
④ 프랑크푸르트

17 심볼(Symbol)의 종류 중 비교적 거리가 먼 것은?

① 로고타입(Logotype)
② 픽토그램(Pictogram)
③ 컬러(Color)
④ 엠블럼(Emblem)

18 편집 디자인에서 레이아웃(Lay-Out)의 4대 요소가 아닌 것은?

① 타이포그래피(Typography)
② 라인업(Line-up)
③ 포맷(Format)
④ 디스플레이(Display)

19 인테리어 디자인에서 내부생활 공간을 구성하는 요소와 가장 거리가 먼 것은?

① 인간
② 익스테리어 공간
③ 쉘터의 스킨과 에워싸인 공간
④ 장치

20 '마케팅 믹스'라고 하는 마케팅의 구성 요소인 4P에 해당되지 않는 것은?

① 제품
② 가격
③ 기업
④ 유통

과목 **02** 색채 및 도법

21 유사색조의 배색은 어떤 느낌을 주로 주는가?

① 화려함
② 자극직임
③ 안정감
④ 생생함

22 다음 색 중 가장 진출 및 팽창이 큰 색은?

① 5GY 4/4
② 5GY 8/8
③ 5YR 4/4
④ 5YR 8/8

23 박명시 시기에 일시적으로 잘 보여지지 않는 색과 반대로 밝게 보이기 시작하는 색의 순으로 옳게 짝지어진 것은?

① 노랑 – 빨강
② 빨강 – 파랑
③ 흰색 – 검정
④ 파랑 – 노랑

24 2소점 유각 투시도에서 H.L(Horizontal Line)을 높이면 물체가 어떻게 보이는가?

① 물체의 아래 면이 더욱 확대되어 보인다.
② 물체의 우측면이 더욱 확대되어 보인다.
③ 물체의 윗면이 더욱 확대되어 보인다.
④ 물체가 실제보다 크게 확대되어 보인다.

25 색의 대비현상에 대한 일반적인 설명으로 잘못된 것은?

① 보색대비 – 보색이 대비되면 본래의 색보다 채도가 높아지고 선명해진다.
② 색상대비 – 색상이 다른 두 색을 인접시키면 서로의 영향으로 색상차가 나지 않게 된다.
③ 면적대비 – 옷감을 고를 때 작은 견본에 비하여 옷이 완성되면 색상이 뚜렷해졌다.
④ 채도대비 – 무채색 바탕 위의 유채색은 본래의 색보다 선명하게 보인다.

26 절단된 곳의 단면을 명시하기 위해 쓰이는 선은?

① 피치선
② 파단선
③ 은선
④ 해칭선

27 유사색 조화에 해당되는 것은?

① 연두 – 초록 – 청록
② 주황 – 파랑 – 자주
③ 주황 – 초록 – 보라
④ 노랑 – 연두 – 남색

28 한국산업표준에서 일반색명은 어느 색명법에 근거를 두고 있는가?

① KS – SOS
② DIN – JIS
③ ISCC – NBS
④ IUSA – NAS

29 그림과 같은 전개도의 다면체는?

① 정사면체
② 정팔면체
③ 정십면체
④ 정십이면체

30 다음 그림과 같은 평면도법은?

① 직선을 2등분하기
② 직선을 n등분하기
③ 직선을 주어진 비례로 분할하기
④ 직선을 황금비로 분할하기

31 두 정점에서 거리의 차가 일정한 점의 궤적은?

① 쌍곡선
② 와선
③ 대칭선
④ 사이클로이드

32 투상도의 제3각법에 대한 설명으로 잘못된 것은?

① 기준이 눈으로부터 눈, 화면, 물체의 순으로 되어 있다.
② 미국에서 발달하여 빠른 속도로 보급되었다.
③ 한국산업표준의 제도 통칙에 이를 적용하였다.
④ 유럽에서 발달하여 독일을 거쳐 우리나라에 보급되었다.

33 색각(色覺)에 대한 설명 중 잘못된 것은?

① 영·헬름홀츠의 3원색설은 망막에 적·녹·청의 시신경 섬유가 있다는 이론이다.
② 헤링의 4원색설은 청–자, 황–녹, 적–청의 반대되는 수용체가 있다는 이론이다.
③ 영·헬름홀츠의 3원색설은 색광혼합인 가산혼합과 일치된다.
④ 색각이상은 3색형에서 1색형까지 분류된다.

34 다음 중 가산혼합에 해당하는 것은?

① 무대조명의 혼합　② 물감의 혼합
③ 페인트의 혼합　④ 잉크의 혼합

35 혼합하기 이전의 색의 명도보다 혼합할수록 색의 명도가 높아지는 혼합은?

① 가산혼합
② 감산혼합
③ 중간혼합
④ 병치혼합

36 다음 중 제도의 표시 기호가 올바른 것은?

① 지름 : ⊙
② 반지름 : R
③ 정사각형 : ▣
④ 두께 : ☰

37 지면과 투상면에 대해 육면체의 각 면이 각기 임의의 경사를 가지도록 놓은 경사의 투시는?

① 평행투시　② 유각투시
③ 사각투시　④ 수평투시

38 회전원판의 두 가지 이상 색이 혼합되어 평균치가 되는 혼색방법은?

① 색광혼합
② 계시혼합
③ 병치혼합
④ 감법혼합

39 동시대비의 지각조건이 아닌 것은?

① 색차가 클수록 대비현상이 강해진다.
② 시각차에 의해서 발생한다.
③ 자극과 자극 사이의 거리가 멀어질수록 대비현상은 약해진다.
④ 자극을 부여하는 크기가 작을수록 대비의 효과가 커진다.

40 색에 관한 설명 중 틀린 것은?

① 물리보색과 심리보색은 반드시 일치한다.
② 색상이나 채도보다 명도에 대한 반응이 더 민감하게 느껴진다.
③ 무채색끼리는 채도대비가 일어나지 않는다.
④ 보색을 대비시키면 채도가 높아지고, 색상을 강조하게 된다.

과목 **03** 디자인 재료

41 아트필름 또는 스크린 톤의 착색재료를 사용하여 지정된 부분에 압착시켜 표현하는 렌더링 기법은?

① 에어브러시 렌더링
② 마크 렌더링
③ 아크릴 렌더링
④ 필름 오버레이 렌더링

42 다음 중 PVDC란?

① 폴리염화비닐수지
② 폴리아미드수지
③ 폴리스티렌
④ 폴리염화비닐리덴수지

43 밤이나 어두운 불빛, 실내의 흐린 빛에서 유용하며 빠른 셔터 속도를 사용할 수 있는 가장 적합한 것은?

① ISO, ASA 50
② ISO, ASA 100
③ ISO, ASA 200
④ ISO, ASA 400

44 천연의 유기체 고분자 화합물에 속하지 않는 것은?

① 단백질
② 알루미늄
③ 녹말
④ 글리코겐

45 용해점이 낮은 금속을 용해한 도금탱크에 도금될 소자를 통과 또는 침지시켜 도금층을 얻는 도금법은?

① 용융도금
② 용사도금
③ 동도금
④ 니켈도금

46 원의 기울기에 따라 여러 변형의 타원으로 구성되어 있으며 원형이 많아 문자 레터링에 사용하기 적합한 도구는?

① 컴퍼스
② 타원형 템플릿
③ 디바이더
④ T자

47 종이의 밀도가 높을수록 나타나는 장점은?

① 기계적 강도가 증가한다.
② 함수율의 변화가 심하다.
③ 가공성이 좋아진다.
④ 평활도가 좋아지며 흡수성이 좋다.

48 원색판을 이용한 캘린더를 제작하려고 한다. 가장 적합한 종이 재료는?

① 아트지
② 신문지
③ 모조지
④ 크라프트지

과목 **04** **컴퓨터그래픽스**

49 컴퓨터그래픽스의 장점이라고 볼 수 없는 것은?

① 화면과 출력물에 동일한 컬러를 항상 얻을 수 있다.
② 아주 미세한 부분까지 표현이 가능하다.
③ 작업 데이터의 이동 및 보관이 간편하다.
④ 색상, 재질의 수정이 자유로워 비용이 절감된다.

50 인간의 오감(五感) 중 컴퓨터그래픽의 발전을 가져오게 된 영향이 가장 큰 감각은?

① 시각
② 청각
③ 촉각
④ 미각

51 스캔할 이미지의 해상도를 지정하는 항목은?

① Document Source
② Image Type
③ Destination
④ Resolution

52 포토샵의 기능 중 이미지에서 원하는 부분만 남기고 나머지 부분을 잘라 없애는 명령은?

① 선택 툴(Marquee Tool)
② 크롭 툴(Crop Tool)
③ 펜 툴(Pen Tool)
④ 올가미 툴(Lasso Tool)

53 다음 중 TIFF에 관한 설명으로 잘못된 것은?

① 애플리케이션과 컴퓨터 플랫폼 간의 파일을 교환할 때 사용되는 파일 포맷이다.
② 기본적으로 OS에 의존하지 않고 사용할 수 있어서 해상도나 압축 방식 등을 기술할 수 있다.
③ 단색에서 컬러까지의 화상데이터를 보존하기 위한 포맷 방식이다.
④ 256색을 이용하여 웹 사이트의 아이콘으로 많이 사용되고 있다.

54 와이어 프레임 모델링(Wire-Frame Modeling)의 특징과 가장 거리가 먼 내용은?

① 회전 이동이 신속하다.
② 비교적 데이터량이 적다.
③ 추가 삭제가 신속하다.
④ 물체의 면을 잘 표현한다.

55 멀티미디어의 매체적 요소만으로 구성된 것은?

① 시나리오, 그래픽스, 콘티, 영상
② 동영상, 애니메이션, 사운드, 텍스트
③ 공간, 시간, 비디오, 타이틀
④ 스토리, 콘티, 이미지, 음향

56 컴퓨터 애니메이션 제작에 있어 영상에서 기본이 되는 단위는?

① 이미지(Image)
② 프레임(Frame)
③ 픽셀(Pixel)
④ 카툰(Cartoon)

57 PC에서 데이터를 호환하기 위해 사용하는 주변장치 연결방식이 아닌 것은?

① IDE
② SCSI
③ VDSL
④ USB

58 컴퓨터 시스템에서 하드웨어 장치를 별도의 설정 없이 입출력 포트에 꽂기만 하면 바로 사용할 수 있는 것을 뜻하는 것은?

① Cable
② Network
③ PnP
④ Node

59 컴퓨터 운영체제(OS : Operation System)가 아닌 것은?

① DOS
② Windows7
③ UNIX
④ TARGA

60 한글 한 문자를 표현하기 위해 필요한 비트(Bit)는 몇 개인가?

① 1
② 2
③ 8
④ 16

2024년 최신 기출문제 02회
빠르게 정답 확인하기!
스마트폰으로 QR 코드를 찍어 보세요.
정답표를 통해 편리하게 채점할 수 있습니다.

과목 01 산업 디자인 일반

01 아이덴티티 디자인 중 기본시스템에 해당하지 않는 것은?

① 로고타입
② 서체
③ 시그니처
④ 광고

02 제품 디자인 개발과정 중 디자인 해결안 모색단계에서 주로 이루어지는 작업은?

① 시장조사
② 렌더링
③ 아이디어 스케치
④ 디자인 목업

03 아이디어 스케치에 대한 설명이 틀린 것은?

① 자유로운 이미지의 표현
② 신속한 아이디어 전개
③ 이미지를 포착하기 위한 방법
④ 정확도와 정밀성이 높은 그림

04 포장 디자인의 조건과 거리가 가장 먼 것은?

① 유통 시 취급 및 보관의 유의점을 고려한다.
② 제품의 보호기능을 고려한다.
③ 제품의 성격을 충분히 고려한다.
④ 시장 경기의 흐름을 잘 고려한다.

05 디자인 전개 과정의 분석내용 중 디자인 문제의 범위 내에서 제품을 이루는 부품을 하나하나 분류하여 각각에 대해 평가, 분석하여 과도한 부분이 있으면 줄이거나 제거하는 분석은?

① 사용 과정 분석
② 관계 분석
③ 원인 분석
④ 가치 분석

06 실내 디자인에 있어서 벽에 대한 설명으로 가장 옳은 것은?

① 공간의 구분, 공기의 차단, 소리의 차단, 보온 등의 기능을 갖고 있으며 인간의 시선이 가장 많이 머무르는 공간 요소이다.
② 대지와 차단 시켜주고, 걸어 다닐 수 있고 가구를 놓을 수 있도록 고른 면을 제공한다.
③ 시선이 별로 가지 않으므로 시각적 요소가 약하다.
④ 건축에서 마감한 공간을 내부에서 재마감하여 전기조명설치, 방음, 단열, 흡음, 통신 등의 기능을 담당한다.

07 아르누보에 관한 설명 중 옳은 것은?

① 회화, 건축, 공예, 인테리어, 그래픽 등의 분야에 영향을 주었다.
② 기본적인 형태의 반복, 동심원 등의 기하학적인 문양을 선호하였다.
③ 대량생산을 위한 합리적인 기능성 장식을 사용하였다.
④ 시대를 앞선 기발하고 점진적인 디자인을 사용하였다.

08 연극, 영화, 음악회, 전람회 등 고지적 기능의 포스터는?

① 상품 광고 포스터 ② 계몽 포스터
③ 문화 행사 포스터 ④ 공공 캠페인 포스터

09 수직 · 수평의 화면 분할, 3원색과 무채색의 구성 특성을 보이는 근대 디자인 운동은?

① 아르누보(Art nouveau)
② 데 스틸(De Stijl)
③ 유겐스틸(Jugendstil)
④ 시세션(Secession)

10 다음 중 제품 디자인에서 아이디어를 탐색하는 방법으로 적합하지 않은 것은?

① 브레인스토밍
② 상관표 작성
③ 시네틱스
④ 형태학적 차트 작성

11 게슈탈트(Gustalt) 요인이 아닌 것은?

① 시각성의 요인
② 유사성의 요인
③ 폐쇄성의 요인
④ 근접성의 요인

12 보기의 (   ) 안에 공통적으로 들어갈 용어는?

> 바탕과 구별되는 형의 인식은 (   )에 의존한다. 즉, 명암, 색, 질감 또는 깊이 등의 단서들의 (   )가(이) 바탕으로 지각되는 것과 형으로 지각되는 것들을 구별하게 해준다.

① 연속 ② 대비
③ 조화 ④ 강조

13 기업이 일관된 이미지를 부여함으로써 어디서나 시각적으로 이미지가 구별될 수 있도록 한 체계적인 이미지 전략은?

① CF ② BI
③ CI ④ DM

14 실내 디자인에 있어 미적 효용성을 더해주는 액센트적 역할을 하는 실내 소품 선택 시 고려할 사항으로 거리가 먼 것은?

① 실내 소품은 개인의 개성을 잘 나타낼 수 있어야 한다.
② 소품을 지나치게 많이 사용하면 혼란을 주기 때문에 주의해야 한다.
③ 소품은 주변 물건과의 디자인 성격을 잘 고려하여 적절하게 배치해야 한다.
④ 소품을 거는 벽은 되도록 진한 원색이나 무늬가 많은 것을 사용하여 주의를 끌어야 한다.

15 마케팅 시스템의 목표와 거리가 먼 것은?

① 소비자 만족 증진 ② 소비의 확대
③ 생산의 극대화 ④ 생활의 질 증진

16 새로운 디자인으로 인하여 나타나는 제품의 발전 기본 요소와 거리가 먼 것은?

① 침체된 시장에서 활로 개척
② 구성 요소(부품)의 대형화
③ 변형된 형태의 개념(새로운 스타일 개발)
④ 제품 이용자의 욕구 변화

17 다음 중 율동을 구성하는 형식과 가장 거리가 먼 것은?

① 반복 ② 방사
③ 점이 ④ 대칭

18 형태를 분류할 때 기하학적 도형과 같은 조형 요소로 이루어지는 형태는?

① 현실적 형태
② 이념적 형태
③ 자연 형태
④ 유기적 형태

19 실내 디자인은 여러 단계에 걸쳐 진행된다. 디자인 의도를 확인하고 공간의 재료나 가구, 색채 등에 대한 계획을 시각적으로 제시(Presentation)하는 과정은?

① 기획 단계
② 설계 단계
③ 시공 단계
④ 사용 후 평가 단계

20 인간과 도구의 상호작용(Interaction)이 중요한 연구 대상인 디자인 분야는?

① 스페이스 디자인(Space Design)
② 커뮤니케이션 디자인(Communication Design)
③ 프로덕트 디자인(Product Design)
④ 인테리어 디자인(Interior Design)

과목 **02** 색채 및 도법

21 다음 중 축측 투상도에 해당되는 것은?

① 투시 투상도　　② 등각 투상도
③ 사투상도　　　④ 복면 투상도

22 중간혼합으로 병치혼합에 대한 설명 중 틀린 것은?

① 다른 색광이 망막을 동시에 자극하여 혼합하는 현상이다.
② 주로 인쇄의 망점, 직물, 컬러TV 등에서 볼 수 있다.
③ 색점이 주로 인접해 있으므로 명도와 채도가 저하되지 않는다.
④ 색을 혼합하기 때문에 명도와 채도가 낮아진다.

23 배색의 조건과 거리가 가장 먼 것은?

① 사물의 성질, 기능, 용도에 부합되도록 해야 한다.
② 전달성을 염두에 두어야 한다.
③ 단색의 이미지만을 고려한다.
④ 재질과의 관계를 고려해야 한다.

24 다음 중 색채의 대비에 대한 설명으로 옳은 것은?

① 흰색 바탕 위의 회색은 검정 바탕 위의 회색보다 어둡게 보인다.
② 빨간색 바탕 위의 보라색은 파란색 바탕 위의 보라색보다 붉게 보인다.
③ 회색 바탕 위의 빨간색은 분홍색 바탕 위의 빨간색보다 탁하게 보인다.
④ 빨간색은 청록색과 인접하여 있을 때, 명도 차이가 두드러지게 강조된다.

25 색감각을 일으키는 빛의 특성을 나타내는 색체계는?

① 혼색계　　　　② 색지각
③ 현색계　　　　④ 등색상

26 먼셀의 기본 5색상을 옳게 나열한 것은?

① R, Y, O, B, P　　② R, G, B, W, Y
③ R, Y, G, B, P　　④ Y, G, B, Bk, P

27 투시도법으로 얻은 상이 작아서 그대로 사용할 수 없을 경우, 그것을 임의의 크기대로 확대하여 사용하는 도법에 해당하는 것은?

① 　②

③ 　④

28 입체 각 방향의 면에 화면을 두어 투영된 면을 전개하는 투상 방법은?

① 정투상
② 2점 투시투상
③ 사투상
④ 표고 투상

29 일반 제도에서 Φ30은 무엇을 나타내는가?

① 반지름 30mm
② 모따기 30mm
③ 두께 30mm
④ 지름 30mm

30 제도용 문자의 크기는 문자의 무엇을 기준으로 하는가?

① 너비
② 굵기
③ 높이
④ 간격

31 다음 중 시인성이 가장 낮은 배색은?

① 검정 – 노랑
② 파랑 – 주황
③ 빨강 – 흰색
④ 연두 – 파랑

32 색의 동화현상에 대해 설명이 틀린 것은?

① 바탕에 비해 도형이 작고 촘촘하면 잘 일어난다.
② 선분이 가늘고 간격이 좁을수록 잘 일어난다.
③ 배경색과 도형색의 명도차가 적을수록 잘 일어난다.
④ 배경색과 도형색의 색상차가 클수록 잘 일어난다.

33 색의 3속성이 아닌 것은?

① 명도
② 채도
③ 대비
④ 색상

34 1점 쇄선의 용도에 대한 설명 중 옳은 것은?

① 가공 전후의 모양을 표시하는 선
② 도형의 중심을 표시하는 선
③ 대상물의 일부를 파단한 경계를 표시히는 선
④ 대상물의 보이지 않는 부분을 표시하는 선

35 감광요인에 대한 설명 중 틀린 것은?

① 황–청, 적–녹 등의 차이를 볼 수 있는 것은 추상체의 역할이다.
② 추상체와 간상체가 동시에 함께 활동하는 것을 박명시라고 한다.
③ 닭은 추상체만 있어 야간에는 활동할 수가 없다.
④ 색순응은 물체색을 오랫동안 보면 색의 지각이 강해지는 현상이다.

36 그림의 기본도법은 무엇을 구하는 것인가?

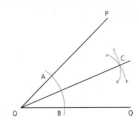

① 각의 2등분
② 사선 긋기
③ 중심 구하기
④ 삼각형 그리기

37 채도에 관한 설명 중 틀린 것은?

① 색은 무채색에 이를수록 채도가 낮아진다.
② 색의 맑기와 선명도이다.
③ 채도가 높은 색을 청(淸)색, 낮은 색을 탁(濁)색이라 한다.
④ 먼셀 색체계에서는 밸류(Value)로 표시한다.

38 다음의 2색 배색 중 동적인 이미지를 주는 배색이 아닌 것은?

① 빨강 – 청록
② 연두 – 자주
③ 노랑 – 어두운 빨강
④ 하늘색 – 연한 보라

39 장축과 단축이 주어질 때 타원을 그릴 수 있는 방법이 아닌 것은?

① 직접법
② 4중심법
③ 대 · 소부원법
④ 평행사변형법

40 다음 표기된 색 중 가장 무겁게 느껴지는 색은?

① 10R 4/7
② 6P 7/6
③ 10RP 2/2.5
④ 5B 5/2

과목 **03** 디자인 재료

41 재료 사이클의 3요소가 아닌 것은?

① 물질
② 에너지
③ 환경
④ 기술

42 다음 중 필름의 감도를 나타내는 기호가 아닌 것은?

① DIN
② ASA
③ ISO
④ KS

43 식물의 원료로 발효하는 종이제법을 최초로 발명한 사람은?

① 루이 로베로
② 채륜
③ 디킨스
④ 케일러

44 종이에 내수성을 가지게 하고, 잉크 번짐을 막기 위해 종이의 표면 또는 섬유에 아교물질을 피복시키는 공정은?

① 고해
② 사이징
③ 충전
④ 착색

45 열경화성 플라스틱의 특징은?

① 150℃를 전후로 변형하는 것이 대부분이다.
② 사출성형 등 능률적인 연속적 가공방법을 쓸 수 있다.
③ 성형 시 화학적 변화를 일으키지 않기 때문에 다시 사용할 수 있다.
④ 거의 전부가 반투명 또는 불투명 제품이다.

46 도료의 필요조건으로 가장 거리가 먼 것은?

① 색깔의 변색과 퇴색이 없어야 한다.
② 될 수 있는 한 고가의 제품이어야 한다.
③ 지정된 색상과 광택을 유지해야 한다.
④ 모재에 부착성이 양호하여야 한다.

47 다음 중 중금속에 속하지 않는 것은?

① 구리
② 아연
③ 알루미늄
④ 텅스텐

48 연필의 심도에 따라 무른 심 → 단단한 심의 순서 대로 옳게 나열한 것은?

① 2B → HB → 2H
② 2H → HB → 2B
③ HB → 2B → 2H
④ 2B → 2H → HB

과목 **04** 컴퓨터그래픽스

49 모니터의 색상과 출력물 간의 색상 차이를 최소화 하는 작업은?

① 로토스코핑(Rotoscoping)
② 트림(Trim)
③ 캘리브레이션(Calibration)
④ 새츄레이션(Saturation)

50 X–Y 플로터가 개발되면서 종이 위에 정확한 그림 표현(설계도면, 곡선, 복잡한 도형 등)이 가능하였으며, 또한 플로터의 시기라고 칭하기도 한 컴퓨터그래픽스 세대는?

① 제1세대
② 제2세대
③ 제3세대
④ 제4세대

51 도면상에서 CAD 프로그램을 사용함으로써 갖는 장점이 아닌 것은?

① 정밀한 도면 및 데이터 작성이 가능하다.
② 풍부한 아이디어가 제공된다.
③ 규격화와 데이터 관리가 용이하다.
④ 입력 및 수정이 편리하다.

52 스캐너(Scanner)에 대한 설명 중 틀린 것은?

① 스캐너의 해상도는 X, Y 좌표 값으로 나타난다.
② 컴퓨터그래픽스 작업 시 이미지를 입력한다.
③ 화소(Pixel)의 방출이 많을수록 해상도가 높다.
④ 드럼 스캐너는 원색분해 시스템에서 많이 사용된다.

53 3차원 형상 모델링 중, 속이 꽉 차있어 수치 데이터 처리가 정확하여 제품생산을 위한 도면제작과 연계된 모델은?

① 와이어프레임 모델
② 서페이스 모델
③ 솔리드 모델
④ 곡면 모델

54 여러 개의 단면 형상을 배치하고 여기에 막을 입혀 3차원 입체를 만드는 방법은?

① 스키닝(Skinning)
② 스위핑(Sweeping)
③ 블렌딩(Blending)
④ 라운딩(Rounding)

55 동작의 목록을 아이콘이나 메뉴로 보여주고 사용 자가 마우스로 작업을 수행하는 방식을 뜻하는 것은?

① CLI
② LCD
③ GPS
④ GUI

56 포토샵 작업 중 처음에 설정한 페이지의 크기를 조절하는 방법이 아닌 것은?

① 이미지의 크기를 변경한다.
② 컨버스의 크기를 변경한다.
③ Crop 툴을 사용하여 변경한다.
④ Magic Wand 툴로 선택하여 변경한다.

57 다음 중 입력장치에 해당되지 않는 것은?

① 플로터
② 마우스
③ 스캐너
④ 디지타이징 태블릿

58 고품질 인쇄출력에 가장 적합한 파일 포맷은?

① EPS
② BMP
③ PNG
④ JPEG

59 모니터 화면에서 그림이나 글자가 입력되거나 출력될 위치에 깜박거리는 표시는?

① 아이콘(Icon)
② 커서(Cursor)
③ 픽셀(Pixel)
④ 패턴(Pattern)

60 다음 중 3차원 컴퓨터그래픽스의 기하학적 원형(Geometric Primitive)이 아닌 것은?

① Torus
② Cone
③ Boolean
④ Cylinder

과목 **01** 산업 디자인 일반

01 실내 공간 중 시선이 많이 머무는 곳으로 실내 분위기 형성에 가장 큰 영향을 미치는 실내 디자인 요소는?

① 바닥　　　　　　② 벽
③ 천장　　　　　　④ 마루

02 다음 중 조화의 원리에 속하지 않는 것은?

① 유사　　　　　　② 율동
③ 균일　　　　　　④ 대비

03 다음 중 잠재고객들의 관심을 끌고 구매를 자극해야 하는 제품수명주기는?

① 도입기　　　　　② 성장기
③ 성숙기　　　　　④ 쇠퇴기

04 TV 광고 중 프로그램 중간에 삽입되는 광고는?

① 블록(Block) 광고
② 스폿(Spot) 광고
③ 프로그램(Program) 광고
④ 네트워크(Network) 광고

05 다음 중 디자인의 의미와 거리가 가장 먼 것은?

① 심적 계획으로 정신 속에서 싹이 터서 실현으로 이끄는 것
② 사용하기 쉽고 안전하며, 아름답고 쾌적한 생활환경을 창조하는 조형 행위
③ 디자인의 기본적 의미를 계획 혹은 설계라고 할 수 있음
④ 기존사물에 대해서 행해지는 단순 미화 또는 장식

06 신문광고의 특성이 아닌 것은?

① 즉각적으로 광고가 가능하고 적시성을 갖는다.
② 신뢰성과 설득력이 가능하다.
③ 자세한 정보를 실을 수 있어 전문성이 있다.
④ 지면의 선정과 광고 효과는 무관하다.

07 바우하우스 디자이너들이 가장 강조한 것은?

① 실용성　　　　　② 장식성
③ 율동성　　　　　④ 경제성

08 능률화, 쾌적성, 신뢰감, 친근감, 통일성 등의 디자인 방침 중 신뢰와 친절을 가장 중요시해야 할 공간은?

① 극장　　　　　　② 미술관
③ 은행　　　　　　④ 학교

09 디자인의 요소 중 점에 대한 설명으로 틀린 것은?

① 기하학적으로 점은 눈에 보이지 않는 비물질적인 존재이다.
② 상징적인 면에서의 점은 조형 예술의 최소 요소로 규정지을 수 있다.
③ 점은 기하학적으로는 크기가 없고 위치만을 가지고 있다.
④ 점이 확대되면 선으로 느껴지기도 하며, 공간에서 여러 가지 표정을 지닌다.

10 보기의 디자인 특징과 관련이 있는 나라는?

- 완벽주의와 극소주의 디자인
- 전통 수공예에 관한 이미지로 부각
- 1970년대 후반부터 기술혁신과 세련되고 경쟁력이 우수한 제품인 전자 제품, 카메라, 자동차 등 하이테크 산업제품에 관한 이미지로 세계적 부각

① 미국
② 일본
③ 프랑스
④ 독일

11 다음 디자인 분야 중 편집 디자인의 전문분야라 할 수 있는 것은?

① 패키지 디자인
② POP 디자인
③ 로고타입 디자인
④ 브로슈어 디자인

12 C.I.P. 란 무엇의 약자인가?

① Company Institute Program
② Cooperation Institute Program
③ Corporate Identity Program
④ Coordination Identity Program

13 브레인스토밍(Brainstorming)의 아이디어 개발회의 규칙이라 볼 수 없는 것은?

① 질보다 양을 철저히 추구한다.
② 다른 사람의 의견을 비판하는 데서 아이디어를 얻는다.
③ 자유분방하고 기발한 것을 환영한다.
④ 다른 사람의 아이디어와 결합, 개선하여 발전시킨다.

14 디자인 리서치(Design Research)란?

① 디자인 제조원가
② 디자인 조사연구
③ 디자인 특허권
④ 디자인 평가

15 실내 디자인의 설계단계에서 특수한 기술 분야의 부분적 설계를 전문 업체가 작성하여 제시하는 도면은?

① 러프 드로잉(Rough Drawing)
② 컴퓨터 드로잉(Computer Drawing)
③ 프리핸드 드로잉(Freehand Drawing)
④ 샵 드로잉(Shop Drawing)

16 패키지 디자인 중 포장관리상 형태별 분류에 속하지 않는 것은?

① 단위포장
② 방열포장
③ 내부포장
④ 외부포장

17 다음 중 제품 디자인에서 작업 시 고려해야 할 일반적인 조건이 아닌 것은?

① 기능성   ② 성실성
③ 심미성   ④ 경제성

18 다음 중 마케팅 믹스에 속하지 않는 것은?

① 제품
② 기업
③ 가격
④ 유통

19 고결, 희망을 나타내며 상승감을 주는 선은?

① 수직선
② 수평선
③ 곡선
④ 사선

20 부분과 부분, 부분과 전체 사이에 시각적 힘의 안정을 주며, 안정감과 명쾌한 감정을 느끼게 하는 디자인 원리는?

① 조화
② 균형
③ 율동
④ 통일

과목 **02** 색채 및 도법

21 병원 수술실 벽면을 밝은 청록색으로 칠하는 가장 큰 이유는?

① 수술 시 잔상을 막기 위해
② 수술 시 피로를 덜기 위해
③ 색상대비로 인하여 잘 보이기 위해
④ 환자의 정서적인 안정을 위해

22 난색 계통의 채도가 높은 색에서 느낄 수 있는 감정은?

① 흥분
② 진정
③ 둔함
④ 우울

23 깊이가 있게 하나의 화면에 그려지므로 원근법이라고도 하며, 광학적인 원리와 흡사하기에 사진 기하학이라고도 하는 도법은?

① 투시도법
② 투상도법
③ 기본도법
④ 평면도법

24 인간이 사물을 보고 대뇌에서 느낄 수 있으려면, 빛 에너지가 전기적인 에너지로 바뀌어야 한다. 이를 담당하는 수용기관은?

① 수정체
② 망막
③ 시신경
④ 각막

25 대칭형인 물체의 외형과 내부의 구조 및 형태를 동시에 표시하는 단면도는?

① 전 단면도
② 한쪽 단면도
③ 부분 단면도
④ 회전 단면도

26 다면체 중 꼭짓점에서 이루는 입체각이 똑같고 옆면이 합동이 되는 다각형으로 이루어지는 입체를 정다면체라 한다. 다음 중 정다면체가 아닌 것은?

① 정24면체
② 정20면체
③ 정12면체
④ 정6면체

27 채도란 무엇인가?

① 색의 심리
② 색의 맑기
③ 색의 명칭
④ 색의 밝기

28 일반적으로 색채 조화가 잘 되도록 배색을 하기 위해서 종합적으로 고려해야 할 사항이 아닌 것은?

① 색상 수는 너무 많지 않도록 한다.
② 모든 색을 동일한 면적으로 배색한다.
③ 주제와 배경과의 대비를 생각한다.
④ 환경의 밝고 어두움을 고려한다.

29 빛이 물체에 닿아 대부분의 파장을 반사하면 그 물체는 어떤 색으로 보이는가?

① 하양   ② 검정
③ 회색   ④ 노랑

30 다음 중 그림의 원 중심을 구할 때 가장 먼저 해야 할 것은?

① 선분 AB의 수직 2등분선을 그린다.
② 선분 BC의 수직 2등분선을 그린다.
③ 임의의 점 O를 정한다.
④ 주어진 원주에 임의의 점 A, B, C를 정한다.

31 표현하고자 하는 물체를 투상 화면에 비스듬히 놓고, 수직 투상하는 도법은?

① 사투상
② 정투상
③ 축측 투상
④ 투시 투상

32 저드의 조화론 중 '질서의 원리'에 대한 설명이 옳은 것은?

① 사용자의 환경에 익숙한 색이 잘 조화된다.
② 색채의 요소가 규칙적으로 선택된 색들끼리 잘 조화된다.
③ 색의 속성이 비슷할 때 잘 조화된다.
④ 색의 속성 차이가 분명할 때 잘 조화된다.

33 색의 팽창과 수축을 설명한 것 중 틀린 것은?

① 팽창색은 진출색의 조건과 비슷하며 실제 크기보다 크게 보인다.
② 수축색은 후퇴색의 조건과 비슷하며 실제 크기보다 작게 보인다.
③ 따뜻한 색 쪽이 차가운 색보다 크게 보인다.
④ 밝은 색 쪽이 어두운 색보다 작게 보인다.

34 먼셀 휴(Munsell Hue)에서 기본 5색에 속하지 않는 것은?

① 5Y   ② 5P
③ 5B   ④ 5YR

35 정투상도에 대한 설명 중 틀린 것은?

① 물체의 각 면을 마주 보는 화면에 투상시키는 방법이다.
② 주로 제1각법과 제3각법을 사용한다.
③ 한국산업표준에서는 제1각법을 사용하도록 규정하고 있다.
④ 입체를 위에서 투상한 것을 평면도라 한다.

36 영·헬름홀츠의 3원색설을 설명한 것 중 틀린 것은?

① 영·헬름홀츠의 3원색은 빨강, 초록, 파랑이다.
② 노랑은 빨강과 초록의 수용기가 같이 자극되었을 때 지각된다.
③ 3종류 빛 수용기의 반응 양에 따라 무한의 색이 느껴진다.
④ 감산혼합의 이론과 일치되는 점이 있다.

37 다음 중 색체계의 종류가 나머지와 다른 하나는?

① 먼셀 색체계   ② NCS 색체계
③ 오스트발트 색체계   ④ DIN 색체계

38 다음 중 차가운 느낌의 색으로만 나열된 것은?

① 빨강, 주황, 노랑   ② 빨강, 파랑, 노랑
③ 청록, 파랑, 남색   ④ 주황, 빨강, 남색

39 투시도법에서 기호 GL은 무엇을 뜻하는가?

① 시선   ② 지평선
③ 기선   ④ 소점

40 정다면체의 전개도를 그리는 방법에 관한 설명 중 틀린 것은?

① 실제길이와 실형을 구한다.
② 작도를 할 때는 내부치수보다 외부치수를 택한다.
③ 작도 후 다시 접을 부분에서는 어느 정도의 여유를 준다.
④ 투상도를 그리고 면에 대한 예견을 한다.

41 다음 중 목재의 주요 성분이 아닌 것은?

① 리그닌
② 셀룰로오스
③ 아세테이트
④ 헤미셀룰로오스

42 용제에 대한 설명으로 옳은 것은?

① 도막을 결성하는 성분이다.
② 도막에 방습효과를 준다.
③ 도료에 여러 가지 색상을 나타낸다.
④ 도막에 평활성을 부여한다.

43 종이를 양지, 판지, 기계로 만든 화지로 분류할 때 양지에 속하는 것은?

① 신문지
② 골판지
③ 창호지
④ 습자지

44 유성계 도료의 특징이 아닌 것은?

① 휘발성이 적어 도막의 살오름이 양호하다.
② 피도장물과 밀착이나 부착성이 양호하다.
③ 가격이 비교적 저렴하고 색상이 선명하다.
④ 건조가 빠르고 도장 시간이 짧다.

45 신문용지가 가져야 할 특성이 아닌 것은?

① 종이의 질이 균일해야 한다.
② 평활도와 불투명도 등 인쇄 적성을 지녀야 한다.
③ 인장력과 흡유성이 있어야 한다.
④ 종이가 빳빳하고, 강한 광택이 있어야 한다.

46 필름이 피사체의 밝고 어두움을 나타내는 데 있어서 어느 정도로 검고 희게 또는 진하고 연하게 나타내느냐 하는 정도의 차를 무엇이라고 하는가?

① 콘트라스트
② 감색성
③ 관용도
④ 입상성

47 항공기, 자동차, 기차 등의 차체 중량감소를 목적으로 사용되는 재료는?

① 알루미늄
② 구리
③ 철
④ 스테인리스 스틸

48 보기의 특성 중 금속의 일반적인 성질에 해당하는 것을 모두 고른 것은?

> ⓐ 비중이 작다.
> ⓑ 열 및 전기의 양도체이다.
> ⓒ 녹이 슬기 쉽다.
> ⓓ 전성과 연성이 좋다.
> ⓔ 이온화했을 때에는 음이온이 된다.

① ⓐ, ⓓ
② ⓑ, ⓔ
③ ⓐ, ⓑ, ⓓ
④ ⓑ, ⓒ, ⓓ

과목 04 컴퓨터그래픽스

49 2차원 그래픽용 프로그램에서 일반적으로 그림을 그릴 페이지의 크기 및 종이 방향을 설정하는 기능은?

① Preferences
② Document Setup
③ Export
④ Unit

50 단순한 모양에서 출발하여 점차 더 복잡한 형상으로 구축되는 기법으로 산, 구름 같은 자연물의 불규칙적 움직임을 표현하는 모델링 기법은?

① 파라메트릭 모델(Parametric Model)
② 프랙탈 모델(Fractal Model)
③ 서페이스 모델(Surface Model)
④ 와이어 프레임 모델(Wire Frame Model)

51 디스플레이 화면 표시를 두루마리 형식을 볼 때와 같이 상하좌우로 움직이는 것으로, 윈도우 방식의 프로그램 우측과 하단에 있는 표시의 이름은?

① 아이콘(Icon)
② 포인터(Pointer)
③ 스크롤 바(Scroll bar)
④ 룰러(Rulers)

52 지방과 지방, 국가와 국가, 전 세계에 걸쳐 형성되는 통신망으로 지리적으로 멀리 떨어져 있는 넓은 지역을 연결하는 통신망을 의미하는 약어는?

① VAN
② LAN
③ WAN
④ RAN

53 다음 중 포토샵 프로그램만의 고유한 파일 포맷은?

① PSD
② AI
③ EPS
④ TIF

54 포토샵(Photoshop)의 색상 모드에 대한 설명 중 틀린 것은?

① 이미지를 비트맵 모드로 변환하려면 일단 이미지가 그레이스케일 상태이어야 한다.
② RGB 이미지는 포토샵이 지원하는 모든 형식으로 저장할 수 있다.
③ Lab 모드에서의 이미지 수정은 CMYK 모드보다 훨씬 느리다.
④ 그레이스케일 모드는 256단계의 회색 음영으로 표현되며 어느 모드에서든 변환할 수 있고, 다른 모드로의 변환도 가능하다.

55 어느 화상을 얼마나 세밀하게 표시할 수 있는지 그 정밀도를 나타내는 척도는?

① 리플렉트(Reflect)
② 디더링(Dithering)
③ 하프톤(Halftone)
④ 레졸루션(Resolution)

56 컴퓨터에서 그래픽 작업을 마친 후 인쇄를 위해 인쇄소로 파일을 보낼 경우 색상체계로 적합한 것은?

① CMYK 모드
② Bitmap 모드
③ RGB 모드
④ HSV 모드

57 다음 용어에 대한 설명 중 틀린 것은?

① 일반적으로 PC에서 캐시 메모리로 사용되는 것은 DRAM이다.
② ROM은 기록된 데이터를 단지 읽을 수만 있는 메모리를 말한다.
③ RAM은 컴퓨터 작동 정보를 기억할 수 있고 전원이 꺼지면 지워지는 메모리이다.
④ SRAM은 DRAM보다 빠른 속도를 가진다.

58 집합 연산 방법으로 모델링 시, 두 물체가 겹쳐지는 부분만 남기고 나머지 부분을 지우게 하는 방식은?

① Union(합집합)
② Intersection(교집합)
③ Subtraction(차집합)
④ Extrusion(압출)

59 전자 출판에 대한 설명 중 가장 거리가 먼 것은?

① 컴퓨터나 전자기기를 이용한 문서 출판을 의미한다.
② DTP(Desk Top Publishing)라고 한다.
③ InDesign이나 Quark Xpress와 같은 프로그램에서 주로 작업할 수 있다.
④ 스캔 받은 이미지에 특수효과를 줄 때 효과적이다.

60 중앙처리장치(CPU)에 대한 설명 중 틀린 것은?

① 컴퓨터의 속도는 CPU의 속도에 의해 좌우된다.
② CPU는 사람으로 치면 두뇌에 해당하는 구성요소이며 마이크로프로세서라고도 한다.
③ CPU는 크게 제어 장치, 연산 장치, 출력 장치로 구성되어 있다.
④ CPU는 계산 작업을 수행하는 장치로서 명령어를 실행하고 데이터를 처리한다.

과목 01 산업 디자인 일반

01 기하학적 도형의 기본 3가지 형에 포함되지 않는 것은?

① 삼각형
② 다각형
③ 정원
④ 정사각형

02 입체를 적극적 입체와 소극적 입체로 분류하는 데 있어 적극적 입체에 해당하는 것은?

① 순수형
② 이념적 형
③ 크기, 폭이 없는 형
④ 현실적 형

03 밤거리를 지나다니는 일반 대중의 눈을 끌어 강렬한 자극을 주고 인상을 깊게 함으로써 광고 효과를 올리는 옥외광고의 종류는?

① 광고탑
② 네온사인
③ 애드벌룬
④ 빌보드

04 실내 디자인의 구성 요소 중 시선이 가장 많이 머무는 곳으로 주로 장식의 초점이 되는 것은?

① 바닥
② 벽
③ 천정
④ 담장

05 다음 중 디자인 경영자의 역할과 거리가 먼 것은?

① 디자인의 조형적 문제 해결에 대한 스페셜리스트
② 조직운영에 관한 모든 의사 결정 시 결단적 역할 수행
③ 디자인 조직의 내 · 외부로부터 정보를 받아들이고 전달해주는 역할
④ 디자인 조직 내 · 외부의 사람들과 원만한 인간관계 구축

06 다음 중 제품 디자인(Product Design)에 해당하는 것은?

① 주방기기 디자인
② 전시 디자인
③ 조경 디자인
④ 웹 디자인

07 보기의 설명에 해당하는 제품 수명주기는?

> 매출액이 안정된 상태를 유지하는 상태로, 이 시기 마케팅 전략의 초점은 제품을 조금씩 개선하여 이 시기를 연장시키는 것이다.

① 도입기
② 성장기
③ 성숙기
④ 쇠퇴기

08 주거용 실내 디자인을 계획할 때 고려해야 할 사항과 가장 거리가 먼 것은?

① 집주인의 요구
② 방문객의 수준
③ 가족들의 생활양식
④ 주위환경

09 편집 디자인의 레이아웃 요소 중 하나로, 책의 내용을 잘 파악하여 그 내용과 중요도에 따라 배열과 분할을 하는 것은?

① 여백(Margin)
② 라인 업(Line-up)
③ 포맷(Format)
④ 폰트 디자인(Font Design)

10 1909년 이탈리아에서 마리네티를 중심으로 결성된 예술가 집단으로 기존 예술에 반대하여 물질문명, 속도, 운동감을 추구하고 표현한 사조는?

① 미니멀리즘   ② 구성주의
③ 표현주의   ④ 미래파

11 디자인에서 기초 조형의 목적이 아닌 것은?

① 조형에 대한 감각 훈련
② 창조성 개발
③ 마케팅 활동 능력 배양
④ 표현 기술의 습득

12 DM(Direct Mail) 광고의 설명 중 틀린 것은?

① 광고 대상을 선택할 수 있는 집약적 광고이다.
② 시기와 빈도를 자유롭게 조절할 수 있다.
③ 구매 장소에서 직접적인 판매촉진 효과가 있다.
④ 소비자에게 직접 우송하는 광고 방법이다.

13 면을 포지티브(Positive)한 면과 네거티브(Negative)한 면으로 구분할 때, 다음 중 포지티브한 면이 성립되는 것은?

① 점의 확대   ② 선의 집합
③ 선의 둘러싸임   ④ 점의 밀집

14 다음 중 공간 디자인을 도면으로 제시하고 재료, 가구 색채계획을 시각적으로 제시하는 실내 디자인 단계는?

① 사용 후 평가 단계   ② 프로그래밍 단계
③ 설계 단계   ④ 시공 단계

15 니콜라우스 페브스너가 새로운 양식의 특성이 잘 나타나 있다고 평가한 아래의 작품(맥머도의 표지 디자인)과 관련된 디자인 양식은?

① 미술공예운동   ② 아르누보
③ 아르데코   ④ 데스틸

16 제품의 가치판단 기준을 경제적 측면과 디자인 측면으로 구분할 때 디자인 측면과 거리가 먼 것은?

① 시장성
② 독창성
③ 심미성
④ 합리성

17 광고 디자인 제작 시 우선적으로 고려해야 할 사항과 가장 거리가 먼 것은?

① 무엇을 알릴까 하는 소구점
② 어떻게 표현하느냐의 시각적 표현
③ 회사의 규모와 광고 매체의 안정성에 관한 표현
④ 어떠한 매체로 누구에게 호소할 것인가 하는 매체 선정

18 디자인 문제해결의 과정을 올바르게 나열한 것은?

① 계획 → 조사 → 분석 → 평가 → 종합
② 조사 → 계획 → 분석 → 종합 → 평가
③ 계획 → 조사 → 분석 → 종합 → 평가
④ 조사 → 계획 → 분석 → 평가 → 종합

19 서로 다른 부분의 조합에 의하여 생기는 것으로, 시각상 힘의 강약에 의한 형태의 감정효과는?

① 통일　　　　　② 리듬
③ 반복　　　　　④ 대비

20 통일된 기업 이미지, 기업문화, 미래의 모습과 전략 등을 일컫는 용어로, 기업의 이미지나 행동을 하나로 통일시키는 작업은?

① PI(President Identity)
② CI(Corporate Identity)
③ IMC(Integrated Marketing Communication)
④ POP(Point of Purchase)

과목 **02** 색채 및 도법

21 낮에는 빨간 물체가 밤이 되면 검게, 낮에는 파란 물체가 밤이 되면 밝은 회색으로 보이는 현상은?

① 푸르킨예 현상　　② 색각조절 현상
③ 베졸트 현상　　　④ 변색 현상

22 현색계에 대한 설명이 틀린 것은?

① 색편의 배열 및 색채 수를 용도에 맞게 조절할 수 있다.
② 지각적으로 일정하게 배열되어 있다.
③ 수치로 표기되어 변색, 탈색 등의 물리적 영향이 없다.
④ 관측하는 사람에 따라 색좌표를 주관적으로 정할 수 있다.

23 투시도법의 부호와 용어의 연결이 잘못된 것은?

① PP : 화면　　　② MP : 시선
③ SP : 입점　　　④ VP : 소점

24 문 · 스펜서의 색채조화론에서 조화의 관계가 아닌 것은?

① 유사 조화　　　② 대비 조화
③ 입체 조화　　　④ 동일 조화

25 그림은 어떤 원을 그리는 작도법인가?

① 주어진 각에 내접하는 원
② 삼각형의 내접원
③ 삼각형의 외접원
④ 원주상에 있는 한 점에서의 접선

26 다음 색의 혼합 방법 중 그 방법이 나머지와 다른 것은?

① 무대 조명　　　② 점묘 화법
③ 직물의 씨실과 날실　④ 컬러 TV

27 색채 조화의 원리 중 틀린 것은?

① 두 가지 이상의 색채가 서로 어우러져 미적 효과를 나타낸 것이다.
② 서로 다른 색들이 대립하면서도 통일적 인상을 주는 것이다.
③ 두 가지 이상의 색채에 질서를 부여하는 것이다.
④ 전문가의 주관적인 미적 기준에 기초한다.

28 다음 중 망막에서 무수히 많은 색 차이를 지각하는 작용을 하는 시세포는?

① 상피체   ② 추상체
③ 모양체   ④ 간상체

29 주위의 색과 명도, 색상, 채도의 차를 크게 주어 배색 하였을 때 나타나는 가장 큰 효과는?

① 색의 친화성   ② 색의 안정성
③ 색의 대비성   ④ 색의 동화성

30 다음 중 치수 보조선 기입이 가장 옳게 표현된 것은?

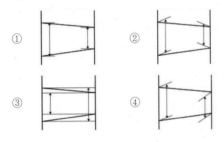

31 투상법의 종류 중 투사선이 투상화면에 경사져 있을 때의 평행투상을 말하며, 입체도를 그릴 때에 주로 사용하는 방법은?

① 중투상법   ② 사투상법
③ 축측 투상법   ④ 투시 투상법

32 먼셀 색채계에서 보색의 관계가 아닌 것은?

① R – BG   ② Y – PB
③ G – RP   ④ B – GY

33 다음 중 가장 가볍고 부드러운 느낌을 주는 색조는?

① Soft Tone
② Dark Tone
③ Pale Tone
④ Vivid Tone

34 같은 밝기의 회색을 흰색 바탕과 검정 바탕에 각각 놓았을 때 흰색 바탕의 회색은 어둡게, 검정 바탕의 회색은 밝게 보이는 대비는?

① 명도대비
② 색상대비
③ 채도대비
④ 보색대비

35 색의 3속성에 대한 설명으로 틀린 것은?

① 색의 3속성은 빛의 물리적 3요소인 주파장, 분광률, 포화도에 의해 결정된다.
② 명도는 빛의 분광률에 의해 다르게 나타나고, 완전한 흰색과 검정색은 존재한다.
③ 인간이 물체에 대한 색을 느낄 때는 명도가 먼저 지각되고 다음으로 색상, 채도의 순이다.
④ 채도는 색의 선명도를 나타내는 것으로 순색일수록 채도가 높다.

36 1소점 투시도법에 관한 설명으로 틀린 것은?

① 한쪽 면에 특징이 집중되어 있는 물체를 표현하기에 적합하다.
② 평행 투시도법이라고도 한다.
③ 화면에 대한 경사각의 따라 45°, 30°~60° 등의 표현방법이 있다.
④ 도학이나 건축분야에서 평면도와 입면도에 의하여 투시도를 그리는 형식이다.

37 치수를 기입할 때의 유의사항 중 틀린 것은?

① 외형선, 은선, 중심선, 치수 보조선으로 사용하지 않는다.
② 180° 이하인 호의 반지름은 R로 표기한다.
③ 치수는 될 수 있는 대로 정면도에 집중적으로 기입한다.
④ 치수는 도면 여러 개의 중복 기입하여 정확도를 높인다.

38 채도가 높은 색들의 배색에서 얻을 수 있는 느낌은?

① 어둡고 무겁다.
② 서늘하고 정적이다.
③ 온화하고 부드럽다.
④ 화려하고 자극적이다.

39 다음 중 가는 실선을 사용하는 선은?

① 피치선
② 회전 단면선
③ 상상선
④ 절단선

40 다음 중 유치원 어린이들의 유니폼 색으로 노랑을 가장 많이 선택하는 이유는?

① 중량감
② 온도감
③ 명시도
④ 잔상

과목 **03** 디자인 재료

41 다음 목재 중 비중이 가장 큰 것은?

① 오동나무
② 졸참나무
③ 후박나무
④ 전나무

42 감도에 따른 필름의 종류 중 저감도 필름의 기준은?

① ISO, ASA 50이나 그 이하의 감도
② ISO, ASA 80이나 그 이하의 감도
③ ISO, ASA 100이나 그 이하의 감도
④ ISO, ASA 120이나 그 이하의 감도

43 보기의 설명에 해당되는 종이는?

> • 화학펄프를 점상으로 두드려 분해하여 만듦
> • 강한 광택과 표면이 매끈함
> • 질기며 지질이 균일하고, 파라핀 가공을 함
> • 식품, 담배, 약품들의 포장에 사용

① 인디아지
② 글라싱지
③ 라이스지
④ 콘덴서지

44 다음 중 수지 또는 멜라민, 요소, 염화 비닐 등을 재료로 가공하여 제조한 것으로 지도용지, 종이 타월 등의 용도로 사용되는 종이는?

① 온상지
② 감압지
③ 박리지
④ 습윤강력지

45 다음 중 열전도율이 가장 높은 재료는?

① 세라믹
② 알루미늄
③ 플라스틱
④ 구리

46 다음 중 색상의 수가 많고 색채가 선명하며, 건조가 빠르고 사용이 간편하여 렌더링 등 디자인 작업에 많이 사용되는 재료는?

① 포스터 컬러
② 파스텔
③ 유성 마커
④ 유화 물감

47 원래 상태로는 물체에 염착되는 성질이 없지만 전 색제에 의해 물체에 고착되는 재료는?

① 염료
② 안료
③ 용제
④ 첨가제

48 다음 중 수성암에 속하지 않는 것은?

① 사암
② 응회암
③ 안산암
④ 석회암

과목 **04** 컴퓨터그래픽스

49 다음 중 벡터(Vector) 이미지에 관한 설명 중 틀린 것은?

① 축소, 확대, 회전과 같은 변형이 용이하다.
② 그림이 복잡할수록 파일의 크기가 증가한다.
③ 점, 선, 면을 각각 수학적 데이터로 인식하여 표현한다.
④ 픽셀들의 집합이다.

50 초당 25프레임의 주사율을 갖는 방송방식으로 주로, 유럽, 호주, 중국 등지에서 사용하는 방송방식은?

① BETACAM
② PAL
③ VHS
④ NTSC

51 1,024MB와 같은 크기는?

① 1KB
② 1GB
③ 100TB
④ 1,000,000B

52 3차원 입체 형상을 애니메이션 할 때 뼈대에 외부 형태를 입혀 동작모델을 형성시키는 기능은?

① 라운딩(Rounding)
② 스위핑(Sweeping)
③ 스키닝(Skinning)
④ 로프팅(Lofting)

53 보기에서 설명하는 빛의 반사와 굴절에 관한 법칙은?

> 매끄러운 평면에 광선이 비치면 일부는 반사하고 일부는 내부를 향하여 나아가며, 내부로 향하는 광선의 방향은 물체의 굴절률에 따라 다르다.

① 람베르트의 법칙
② 스넬의 법칙
③ 영·헬름홀츠의 법칙
④ 헨리 고로우드 법칙

54 다음 중 비트맵 이미지를 구성하는 픽셀의 개수를 나타내는 것은?

① 모니터 해상도
② 이미지 해상도
③ 출력 해상도
④ 컬러 해상도

55 컬러 모드 중 인간이 보통 색을 인지하는 방식을 기초로 한 모델로, 색의 3가지 기본 특성인 색상, 채도, 명도에 의해 색을 표현하는 방식은?

① RGB
② CMYK
③ HSB
④ Lab

56 도표와 차트를 작성하고 문서 편집, 그래픽 삽입 기능 등을 수행하여, 한정된 시간에 효과적으로 정보를 전달하는데 가장 적절하게 활용되는 소프트웨어는?

① Power Point
② Photoshop
③ Painter
④ 3D MAX

57 이미지를 화면에 표시할 때 이미지의 윤곽을 먼저 보여주고 서서히 구체적으로 나타나도록 하는 효과는?

① 쉐이딩(Shading)
② 앨리어싱(Aliasing)
③ 투명 인덱스(Transparency Index)
④ 인터레이스(Interlace)

58 포토샵(Adobe Photoshop) 프로그램에서 이미지를 튀어나오거나 움푹 들어가 보이게 만드는 효과의 필터는?

① Shear
② Pinch
③ Twirl
④ Ripple

59 입·출력 장비마다 색공간이 다르고 설정에 따라 색재현성이 다르기 때문에 색차를 최소화하기 위한 과정은?

① 캘리브레이션(Calibration)
② 세츄레이션(Saturation)
③ 모드(Mode)
④ 메모리(Memory)

60 모니터 화면에 보여지는 이미지나 영상을 크게 확대하여 보여주는 출력장치는?

① HMD(Head Mounted Display)
② 버츄얼 워크벤치(Virtual Workbench)
③ 필름 레코더(Film Recorder)
④ 프로젝터(Projector)

2024년 최신 기출문제 05회
빠르게 정답 확인하기!
스마트폰으로 QR 코드를 찍어 보세요.
정답표를 통해 편리하게 채점할 수 있습니다.

- 제한시간 : 1시간   • 소요시간 :   분   • 전체 문항 수 : 60문항   • 맞힌 문항 수 :   문항

과목 01 산업 디자인 일반

01 디자인의 조건이 아닌 것은?

① 독창성   ② 욕구성
③ 경제성   ④ 심미성

02 합목적성과 관련된 설명으로 가장 옳은 것은?

① 중명도, 저채도로 그려진 포스터가 시인도가 크다.
② 기능적인 곡선의 주전자가 물 따르기가 좋다.
③ 주로 장식적인 의자의 형태가 앉기에 편리하다.
④ 크고 화려한 집이 살기에 가장 편리하다.

03 다음 중 광고 디자인에서 전략적 입장의 DM(Direct Mail)과 가장 거리가 먼 것은?

① 단발성 DM   ② 반복성 DM
③ 단계적 DM   ④ 속성 DM

04 기업의 제품 경쟁에서 판정자 역할을 하는 사람은?

① 생산자   ② 소비자
③ 디자이너   ④ 기업주

05 다음 중 TV 광고의 분류에 속하지 않는 것은?

① DM 광고   ② 시보 광고
③ 스폿(Spot) 광고 ④ 프로그램 광고

06 포장 디자인의 기능에 속하지 않는 것은?

① 보호의 보존성   ② 단위포장
③ 관리성   ④ 상품성

07 선에 대한 설명 중 옳은 것은?

① 기하학에서는 무수히 많은 점들의 집합을 선이라 한다.
② 선은 명암의 차이, 면과 면의 교차에서만 느낄 수 있다.
③ 수평선은 동적이고, 곡선은 불안정하다.
④ 사선은 안정되고, 운동감이 있다.

08 그림이 나타내는 주된 디자인의 원리는?

① 조화   ② 강조
③ 균형   ④ 율동

09 마케팅 믹스(Marketing Mix)의 구성 요소가 아닌 것은?

① 유행(Fashion)   ② 제품(Product)
③ 가격(Price)   ④ 촉진(Promotion)

10 다음 중 게슈탈트(Gestalt)의 시각원리와 가장 거리가 먼 것은?

① 근접의 원리 ② 유사의 원리
③ 폐쇄의 원리 ④ 음영의 원리

11 미리 인쇄된 광고물을 신문지 사이에 끼워서 배달하는 광고는?

① 디스플레이 광고 ② 간지 광고
③ 분류 광고 ④ 변형 광고

12 기존의 제품을 바탕으로 새로 디자인을 고치거나 개선하는 것은?

① 모델링(Modeling)
② 렌더링(Rendering)
③ 리디자인(Redesign)
④ 스타일링(Styling)

13 인테리어 디자이너의 역할을 설명한 것으로 거리가 먼 것은?

① 시공보다는 디자인에 중점을 둔다.
② 내부 공간, 가구, 조명, 주위환경 등을 디자인하고 기획한다.
③ 디자인 의뢰자의 의견을 최대한 고려하여 디자인한다.
④ 신체 부자유자를 위한 세심한 디자인 고려가 필요하다.

14 주거공간의 구성 중 개인공간이 아닌 것은?

① 서재
② 침실
③ 아동실
④ 식사실

15 모더니즘의 기능성을 거부하고 문화적 다양성의 가치를 인정하고 역사적 소재, 화려한 색상, 장식을 볼 수 있는 디자인 사조는?

① 아르누보
② 포스트모더니즘
③ 바우하우스
④ 미술공예운동

16 디자이너가 즉흥적으로 떠오르는 여러 가지 생각을 메모하기 위한 최초의 스케치는?

① 스크래치 스케치
② 러프 스케치
③ 스타일 스케치
④ 콘셉트 스케치

17 다음 중 18세기말 영국에서 일어난 산업혁명의 디자인사적 의의로 가장 거리가 먼 것은?

① 양산제품의 고급화
② 디자인의 민주화
③ 제품의 질 저하
④ 대량생산의 실현

18 디자인 요소에 해당되지 않는 것은?

① 형 ② 빛
③ 개성 ④ 색

19 다음 중 형태에 대한 루이스 설리반(L. H. Sullivan)의 이론은?

① 형태는 감정에 지배된다.
② 자연에서 형태를 배운다.
③ 형태는 지역적 특성을 수반한다.
④ 형태는 기능을 따른다.

20 다음 중 아이디어를 전개하고 확인하는 데 이용되는 가장 정밀한 모델(모형)은?

① 스터디 모델(Study Model)
② 프레젠테이션 모델(Presentation Model)
③ 스케치 모델(Sketch Model)
④ 러프 모델(Rough Model)

과목 **02** **색채 및 도법**

21 한 변 AB가 주어진 정오각형을 그릴 때의 순서가 바르게 나열된 것은?

> 가. 선분 AB = 선분 CD의 점 D를 잡는다.
> 나. 선분 AD의 연장선에서 선분 AC = 선분 DE인 점 E를 잡는다.
> 다. 점 A를 중심으로 선분 AE를 반지름으로 하는 원호를 그려 교점 F를 정한다.
> 라. 선분 AB의 2등분 점 C에서 수선을 세운다.

① 라 → 다 → 나 → 가
② 라 → 가 → 나 → 다
③ 라 → 가 → 다 → 나
④ 라 → 나 → 가 → 다

22 도법의 변형에서 투시도법으로 얻은 상이 작아서 그대로 사용할 수 없을 경우 사용하는 도법은?

① 확대도법
② 연장도법
③ 축소도법
④ 분할도법

23 아래의 정면도를 기준으로 3각도법에 의한 평면도와 측면도를 순서대로 바르게 표현한 것은?

①   ②

③   ④

24 그림 중 두 원을 교차시킨 타원 그리기의 작도법은?

①   ②

③   ④

25 다음 유채색의 수식형용사 중 명도가 가장 낮은 수식어는?

① 흐린
② 어두운
③ 탁한
④ 연한

26 도면의 형태가 치수와 비례하지 않을 때에 표제란에 기입하는 것은?

① A.S
② K.S
③ 1 : 2
④ N.S

27 다음 중 굵은 실선으로 표시하는 선은?

① 외형선   ② 치수선
③ 지시선   ④ 치수보조선

28 다음 중 같은 크기의 형태라도 실제보다 더 크게 보이는 색은?

① 저채도색   ② 한색
③ 난색   ④ 중성색

29 색상에 부합되는 연상과 상징이 옳게 연결된 것은?

① 노랑 – 위험, 혁명, 분노, 희열
② 빨강 – 명랑, 유쾌, 냉담, 신뢰
③ 파랑 – 명상, 냉정, 성실, 추위
④ 녹색 – 숭고, 영원, 신비, 혁명

30 명시성에 대한 설명 중 가장 옳은 것은?

① 사물에 색이 맑고 작게 보인다.
② 사물의 색이 밝고 하얗게 보인다.
③ 두 색상을 같이 배열하면 색상이 다르게 보인다.
④ 멀리서도 사물이 눈에 잘 보인다.

31 조명이나 관측조건이 달라도 주관적 색채 지각으로는 물체색의 변화를 느끼지 못하는 현상은?

① 매스 효과   ② 색각 항상
③ 등색 잔상   ④ 동화 현상

32 일반적인 색의 응용에 관한 설명 중 틀린 것은?

① 가장 넓은 부분을 차지하는 색을 보조색이라고 한다.
② 주조색에 이어 면적비가 큰 색을 보조색이라고 한다.
③ 대체로 강조색은 작은 면적에 사용한다.
④ 강조색은 눈에 띄는 포인트 컬러를 주로 사용한다.

33 물체의 앞면 모서리는 수평선과 평행하게 앞면 모서리는 수평선과 임의의 각도 α로 하여 그린 투상도는?

① 부등각 투상도
② 등각 투상도
③ 사투상도
④ 축측 투상도

34 보기의 (   )에 들어갈 용어로 옳은 것은?

> "색채계에는 심리 · 물리적인 빛의 혼색실험에 기초를 두고 색을 표시하는 (A)와 지각색을 표시하는 (B)가 있다."

① A–심리계, B–지각계
② A–혼색계, B–현색계
③ A–현색계, B–혼색계
④ A–물리계, B–지각계

35 상점 쇼 윈도우에 동일한 크기의 색광 3개를 사용하여 가장 밝은 조명을 비추었다. 이 현상을 옳게 설명한 것은?

① 감법혼색의 원리를 사용한 것이다.
② 컬러인쇄와 동일한 원리를 이용한 것이다.
③ 빨강, 초록, 파랑의 색광을 사용한 것이다.
④ 시안, 마젠타, 옐로우의 색광을 사용한 것이다.

36 위에서 내려다보는 느낌을 주는 투시도법은?

① 1점 투시   ② 2점 투시
③ 3점 투시   ④ 유각 투시

37 먼셀의 색채계를 기초로 오메가 공간이라는 색입체를 설정하여 성립된 색채조화이론은?

① 문 · 스펜서 색채조화론
② 오스트발트 색채조화론
③ 저드의 색채조화론
④ 비렌의 색채조화론

38 명소시와 암소시의 중간 밝기에서 추상체와 간상체 양쪽이 작용하고 있는 시각의 상태는?

① 황혼시
② 박명시
③ 저명시
④ 약명시

39 색의 3속성 중 색의 강약이나 맑기를 의미하는 것은?

① 명도
② 채도
③ 색상
④ 색입체

40 가법혼색에 대한 설명 중 옳은 것은?

① Cyan, Magenta, Red를 기본 3색으로 한다.
② 색을 혼합할수록 명도가 높아진다.
③ 3원색을 혼합하면 검정에 가까운 갈색이 된다.
④ 일반적으로 색료혼합이라고도 부른다.

과목 **03** 디자인 재료

41 플라스틱 중 투명성과 내충격성, 광택이 특히 좋아서 화장품과 생활용품의 용기로 주로 이용되는 것은?

① 폴리에틸렌 테레프탈레이트
② 폴리카보네이트
③ 폴리아미드
④ 폴리우레탄수지

42 불투명도가 높고, 지질이 균일하여 성서나 사전의 본문 인쇄에 많이 사용되는 종이는?

① 로루지(Machine Glazed Paper)
② 크라프트지(Kraft Paper)
③ 인디아지(India Paper)
④ 아트지(Art Paper)

43 목재의 심재에 대한 설명이 옳은 것은?

① 무르고 연하며 수액이 많고 탄력성이 크다.
② 껍질 쪽의 옅은 부분을 말한다.
③ 무거우며 내구성이 풍부하고 일반직으로 질이 좋다.
④ 변형이 심한 편이나 갈라짐은 심하지 않다.

44 매직 마커의 장점으로 볼 수 없는 것은?

① 색상이 다양하고 풍부하다.
② 색상이 선명하고 아름답다.
③ 수채화의 붓 자국 표현에 효과적이다.
④ 건조시간이 빠르다.

45 다음 중 전처리의 불완전으로 인한 도막의 결함이 아닌 것은?

① 도금막이 약하다.
② 재료의 성질이 바뀐다.
③ 표면에 얼룩이 생긴다.
④ 표면에 부식이 생긴다.

46 종이의 제조공정 중 내수성을 주고, 잉크의 번짐을 방지하기 위하여 종이의 표면 또는 섬유를 아교물질로 피복시키는 공정은?

① 고해
② 사이징
③ 충전
④ 착색

47 다음 중 유화의 성질과 비슷하여 합성수지로 만들어 접착성과 내수성이 강한 디자인 표현 재료는?

① 스크린 톤
② 스텐실
③ 픽사티브
④ 아크릴 컬러

48 플라스틱에 관한 일반적인 설명 중 옳은 것은?

① 가공이 용이하고 다양한 재질감을 낼 수 있다.
② 표면 경도가 높아 목적에 알맞은 여러 형태로 바꿀 수 있다.
③ 열전도율이 높고 강도 및 전연성이 약하다.
④ 산, 알칼리 등 화학약품에 약하지만 자외선에 강하다.

과목 **04** 컴퓨터그래픽스

49 컬러 모드에 대한 설명 중 옳은 것은?

① CMYK 모드는 가산혼합의 색상구현 원리로 사용하고 있다.
② 비트맵 모드는 검정색과 흰색으로만 이미지를 표현한다.
③ HSB 모드는 명도 요소와 2가지 색상 축을 기준으로 정의된다.
④ 인덱스 색상 모드는 일반적인 컬러 색상을 픽셀 밝기 정보만 가지고 이미지를 구현한다.

50 1,600만 컬러 모드로 저장 가능하고, 비손실 압축을 사용하여 이미지 변형 없이 이미지를 웹상에 그대로 표현할 수 있고, 이미지의 투명성과 관련된 알파 채널에서 향상된 기능을 제공하는 파일 포맷은?

① JPEG
② TIFF
③ EPS
④ PNG

51 컴퓨터 운영체제나 브라우저의 종류와 상관없이 공통적으로 사용되는 웹 안전색의 색상 수는?

① 256
② 255
③ 236
④ 216

52 메모리의 종류 중 기억 내용을 삭제하기 위하여 데이터의 재입력이 항시 필요하기 때문에 다이내믹 램이라고 불리는 것은?

① SRAM
② DRAM
③ EDO RAM
④ DDR-SDRAM

53 VGA를 대체하는 32비트 컴퓨터용 그래픽 카드로 멀티미디어를 고려하여 만들어진 것은?

① CGA
② SVGA
③ TVGA
④ XVGA

54 컴퓨터를 이용한 영상정보의 처리기법으로 기존의 이미지를 새로운 이미지로 창작하거나 수정하는 일반적 작업과정은?

① Image Compressing
② Image Processing
③ Morphing
④ Texture Mapping

55 벡터 파일 포맷이 아닌 것은?

① TGA
② AI
③ CDR
④ EPS

56 심벌, 로고, 캐릭터 등의 디자인 시 가장 많이 사용되는 프로그램은?

① Quark Xpress
② Illustrator
③ Painter
④ Photoshop

57 포토샵 프로그램에서 이미지를 흐릿하고 부드럽게 하는 기능은?

① Stylize
② Sharpen
③ Blur
④ Texture

58 Adobe Illustrator에서 여러 오브젝트를 하나로 합치는 기능이 있는 팔레트(패널) 혹은 도구는?

① 그라디언트
② 패스파인더
③ 블랜드
④ 패치 웍

59 3차원 모델링 중 물체를 점과 선만으로 표현하는 방식은?

① 목업 모델링(Mock-up Modeling)
② 매핑(Mapping)
③ 와이어 프레임 모델링(Wire Frame Modeling)
④ 서페이스 모델링(Surface Modeling)

60 이미지의 페인팅에 사용하는 브러시의 크기 및 특성에 따른 툴의 종류가 아닌 것은?

① 연필 툴(Pencil Tool)
② 에어브러시 툴(Airbrush Tool)
③ 크롭핑 툴(Cropping Tool)
④ 도장 툴(Rubber Stamp Tool)

- **제한시간** : 1시간
- **소요시간** :   분
- **전체 문항 수** : 60문항
- **맞힌 문항 수** :   문항

과목 01 산업 디자인 일반

01 다음 중 실내 디자인의 대상 공간이 아닌 것은?

① 도서관
② 사무실
③ 도시조경
④ 상점

02 POP 광고의 기능에 관한 설명이 틀린 것은?

① 판매점에 온 소비자에게 브랜드나 브랜드 네임을 알릴 수 있다.
② 신제품을 알리는 데 좋으며 신제품의 기능, 가격을 강조한다.
③ 상품에 대한 자세한 설명은 충동구매를 방지한다.
④ 점원의 설명보다 우수한 대변인이 될 수 있다.

03 디자인에서 이미지를 전달하기 위한 표현기법의 첫 단계는?

① 모델링(Modeling)
② 포토 리터칭(Photo Retouching)
③ 렌더링(Rendering)
④ 아이디어 스케치(Idea Sketch)

04 잡지 광고의 종류 중 뒷 표지에 실리는 광고는?

① 표지 1면 광고
② 표지 2면 광고
③ 표지 3면 광고
④ 표지 4면 광고

05 디자인 조건과 특성이 옳게 나열된 것은?

① 합목적성, 심미성 : 지적 활동, 합리적 요소 형성
② 경제성, 독창성 : 지적 활동, 합리적 요소 형성
③ 심미성, 독창성 : 감성적 활동, 비합리적 요소 형성
④ 합목적성, 경제성 : 감성적 활동, 비합리적 요소 형성

06 잘 그려진 포스터인데도 불구하고 보기 어렵고 내용 전달이 모호하다면 그 포스터는 무엇이 문제인가?

① 경제성
② 기능성
③ 독창성
④ 심미성

07 바코드(Bar Code)는 각 포장 표면에 굵기가 다른 수직선과 그 밑에 숫자로 인쇄된 기호이다. 바코드에 대한 설명이 틀린 것은?

① 계산서의 보관이 용이하다.
② 상품의 가격을 수동으로 찍는 방법보다 정확하다.
③ 상점 경영에 합리성이 있다.
④ 계산하는 번거로움이 있어 시간이 늦다.

08 다음 중 유사, 대비, 균일, 강화 등이 포함되어 나타내는 디자인의 원리는?

① 통일
② 조화
③ 균형
④ 리듬

09 일정한 모듈(Module)을 이용하여 만든 가구로, 소비자의 취향에 따라 다양한 형태와 크기의 가구를 만들 수 있어 주거 이동이 잦은 현대인의 생활에 적합한 구조별 가구의 종류는?

① 이동식 가구   ② 붙박이식 가구
③ 조립식 가구   ④ 고정식 가구

10 제품 디자인에 대한 설명 중 틀린 것은?

① 과학, 기술, 인간, 환경 등이 공존하는 분야이다.
② 생산 가능한 형태, 구조, 재료 등을 고려하여 설계해야 한다.
③ 인간과 자연의 매개 역할로서의 도구이다.
④ 인간의 감성에 맞춘 순수 예술이어야 한다.

11 선의 조형적 표현 방법 중 단조로움을 없애주고 흥미를 유발시켜 활동적인 분위기를 조성하지만 지나치게 많이 사용하면 불안정한 느낌을 주는 것은?

① 수직선   ② 수평선
③ 사선   ④ 포물선

12 다음 중 스케치의 역할이 아닌 것은?

① 아이디어를 구상에 따라 다양하게 표현한다.
② 형태나 색채, 재질감을 실물과 같이 충실하게 표현한다.
③ 이미지(Image)를 구체적으로 표현하는 작업이다.
④ 의도된 형태를 발전, 전개시킨다.

13 기계제품의 질을 향상시키기 위해 독일공작연맹을 결성한 중심인물은?

① 윌리엄 모리스(W. Morris)
② 무테지우스(H. Muthesius)
③ 이텐(J. Itten)
④ 몬드리안(P. Mondrian)

14 실내 디자인을 구성하는 실내의 기본 요소로만 연결된 것은?

① 가구, 조명, 문
② 바닥, 벽, 천장
③ 바닥, 벽, 차양
④ 가구, 바닥, 창

15 그림에 해당되는 착시는?

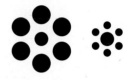

① 길이의 착시   ② 크기의 착시
③ 방향의 착시   ④ 명도의 착시

16 다음 중 시장의 확보 및 확대를 위한 전략과 관련이 없는 것은?

① 시장의 세분화   ② 제품의 차별화
③ 제품의 다양화   ④ 제품의 단순화

17 패키지의 기능 및 역할 중 '개폐의 용이, 쉬운 조작, 적절한 무게, 누구나 사용' 등과 관련한 것은?

① 편의성   ② 보호성
③ 명시성   ④ 안전성

18 유사한 배열이 방향성을 지니고 하나의 묶음처럼 지각되어 공동운명의 법칙이라고도 부르는 게슈탈트 원리는?

① 근접성의 원리
② 친숙성의 원리
③ 폐쇄성의 원리
④ 연속성의 원리

19 선의 조형 효과에 대한 설명 중 틀린 것은?

① 선의 조밀한 변화로 깊이를 느낀다.
② 많은 선의 연속된 근접으로 면을 느낀다.
③ 선을 끊음으로서 입체를 느낀다.
④ 선을 일정하게 반복하면 패턴을 얻을 수 있다.

20 흑백의 강렬한 조화와 이국적 양식, 쾌락적, 생체적, 여성적, 유기적 곡선, 비대칭 구성이 특징이며 윌리엄 브레들리, 오브리 비어즐리, 가우디 등이 대표작가인 디자인 사조는?

① 옵아트　　　　　② 구성주의
③ 아르누보　　　　④ 아르데코

과목 **02** 색채 및 도법

21 동시대비에 대한 설명 중 틀린 것은?

① 두 색 이상을 동시에 볼 때 생기는 대비이다.
② 색의 3속성 차이에 의해서 나타나는 대비 현상이다.
③ 동일한 공간 영역에서 먼저 본 색의 영향으로 생기는 대비이다.
④ 자극과 자극 사이의 거리가 멀어질수록 대비 현상은 약해진다.

22 대칭형인 물체의 외형과 내부의 구조 및 형태를 동시에 표시하는 단면도는?

① 반 단면도　　　　② 계단 단면도
③ 온 단면도　　　　④ 부분 단면도

23 푸르킨예 현상의 설명과 거리가 먼 것은?

① 새벽녘의 물체들이 푸르스름하게 보인다.
② 조명이 어두워지면 적색보다 청색이 먼저 사라진다.
③ 푸르킨예 현상을 이용해 비상구 표시를 초록으로 한다.
④ 낮에는 파란 공이 밤이 되면 밝은 회색으로 보인다.

24 치수기입 시 치수 숫자와 기호의 표현이 잘못된 것은?

① 354.62　　　　② 3t
③ 185°　　　　　④ □10

25 빛을 감지하는 감광 세포인 간상체가 지각할 수 있는 색은?

① 빨강　　　　　② 노랑
③ 보라　　　　　④ 회색

26 다음 중 일반색명은?

① 베이지　　　　② 복숭아색
③ 어두운 회색　　④ 밤색

27 색의 감정에 대한 설명이 옳은 것은?

① 채도가 높은 색은 탁하고 우울하다.
② 채도가 낮을수록 화려하다.
③ 명도가 낮은 배색은 어두우나 활기가 있다.
④ 명도가 높은 색은 주로 밝고 경쾌하다.

28 빨강의 색상 기호를 먼셀 색체계에서 '5R 4/14'이라고 표시할 때, '5R'이 나타내는 것은?

① 명도　　　　　② 색상
③ 채도　　　　　④ 색명

29 T자와 삼각자를 이용하는 방법으로 틀린 것은?

① T자는 왼손으로 머리부분을 잡고 제도판에 대어 이동한다.
② 기준을 잡은 T자 위쪽으로 삼각자를 놓고 사용한다.
③ 수직선은 T자 위에 삼각자를 놓고 위에서 아래로 긋는다.
④ 빗금을 그을 때는 T자와 2개의 삼각자를 이용하여 사선방향으로 긋는다.

30 명도와 채도가 유사한 동일 색상 배색에서 나타나는 이미지는?

① 동적인 이미지
② 화려한 이미지
③ 정적인 이미지
④ 명쾌한 이미지

31 동일한 주황색이라도 빨간색 배경 위의 주황색은 노란색 기미가, 노란색 배경 위의 주황색은 붉은 색 기미가 많이 보이는 것과 관련한 대비현상은?

① 보색대비
② 색상대비
③ 채도대비
④ 명도대비

32 다음 중 생동감, 열정, 활력으로 정열적인 이미지의 배색은?

① 검정, 회색　　② 녹색, 파랑
③ 빨강, 주황　　④ 노랑, 하양

33 두 색이 서로의 영향으로 본래의 색보다 채도가 높아지고 선명해지며, 서로 상대방의 색을 강하게 드러내 보이게 되는 대비는?

① 동시대비　　② 계시대비
③ 연변대비　　④ 보색대비

34 가시광선 중 파장범위가 가장 긴 색은?

① 빨강　　② 노랑
③ 파랑　　④ 보라

35 투시도법의 기본 요소는?

① 대상, 형상, 거리
② 색채, 명암, 음영
③ 형태, 그늘, 그림자
④ 시점, 대상물, 거리

36 현재 한국산업표준으로 채택하여 사용되고 있는 색체계는?

① 오스트발트 색체계
② 먼셀 색체계
③ CIE 표준 색체계
④ 문 · 스펜서 색체계

37 그림과 같이 물체를 표현하는 투시법은?

① 사각투시　　② 유각투시
③ 평행투시　　④ 삼각투시

38 그림과 같이 원기둥에 감긴 실의 한 끝을 늦추지 않고 풀어나갈 때, 이 실의 끝이 그리는 곡선은?

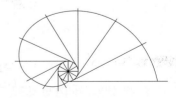

① 등간격 곡선
② 인벌류트 곡선
③ 사이클로이드 곡선
④ 아르키메데스 곡선

39 그림 중 회전 단면도는?

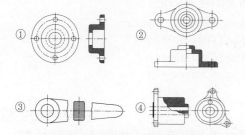

40 다음 평면도법 중 '같은 면적 그리기'가 아닌 것은?

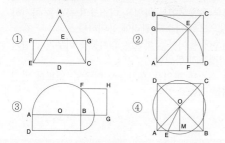

과목 **03** 디자인 재료

41 다음 중 불규칙한 곡선을 그릴 때 사용하는 것은?
① 템플릿
② 운형자
③ 비례 디바이더
④ 비임 컴퍼스

42 인쇄물의 표면에 박막을 씌워 오염을 방지하고, 내수성과 광택을 향상시키는 후가공은?
① 엠보싱(Embossing)
② 라미네이팅(Laminating)
③ 핫 스탬핑(Hot Stamping)
④ 오버 코팅(Over Coating)

43 입자가 거칠고 점력이 부족하나 불순물 함량이 적어 백색이 많은 1차 점토는?
① 내화점토
② 석기점토
③ 벤토나이트
④ 고령토

44 옥외 등의 내수합판이나 목제품의 접합에 널리 사용되는 접착제로, 사용가능 시간이 길며 고온에서 즉시 접합되는 접착제는?
① 페놀계 접합제
② 에폭시계 접합제
③ 아크릴계 접합제
④ 멜라민계 접합제

45 펄프의 제조 방법에 의한 분류 중 원료를 약품처리와 기계적 처리를 병용하여 만든 펄프는?
① 세미케미컬 펄프
② 쇄목 펄프
③ 화학 펄프
④ 기계 펄프

46 다음 중 유기재료에 속하는 것은?
① 목재　　　　② 강철
③ 유리　　　　④ 도자기

47 필름을 인화하였을 때 검은 흠집선이 생기는 원인은?
① 네거티브 캐리어 위의 먼지
② 필름의 유제층이나 필름 뒷면의 흠집
③ 오랜 시간 현상액에 둔 경우
④ 외부에서 암실로 들어온 빛

48 스트리퍼블(Strippable) 페인트의 설명으로 틀린 것은?

① 도장재의 더러움 방지를 위해 일시적으로 사용한다.
② 필요할 때 간단히 벗겨낼 수 있다.
③ 비닐계 수지이다.
④ 얇게 도장해야 한다.

과목 **04** 컴퓨터그래픽스

49 파일 포맷에 대한 설명이 틀린 것은?

① PostScript – 어떤 출력장치에도 왜곡됨 없이 그래픽 이미지를 자유롭게 표현해 줄 수 있는 저장 방식
② PICT – 윈도우즈 운영체제에서 지원해주는 방식으로 비트맵 이미지의 저장 방식
③ PNG – 256 컬러 외에 1600만 컬러 모드로 저장이 가능하고 GIF보다 10~30% 뛰어난 압축률을 제공
④ TIFF – 무손실 압축방식을 사용하며, OS에 의존하지 않고 사용 가능

50 애니메이션과 동영상 파일 포맷이 아닌 것은?

① CPT
② FLC
③ GIF
④ SWF

51 명도 요소와 빨강~녹색, 노랑~파랑에 이르는 2가지의 색상 축을 기준으로 색상을 표시하는 컬러 방식은?

① Lab 모드
② RGB 모드
③ HSB 모드
④ CMYK 모드

52 컴퓨터 작동 시 정보를 기억할 수 있고 전원이 꺼지면 지워지는 메모리는?

① Random Access Memory
② Read Only Memory
③ Hard Disk Memory
④ Floppy Memory

53 GUI를 바탕으로 하는 운영체제에서 제공하는 휴지통의 설명 중 틀린 것은?

① 시스템에서 완전히 삭제하기 전에 잠시 보관하는 장소이다.
② 휴지통에 들어있는 파일은 디스크의 공간을 차지하지 않으므로 디스크 관리에 용이하다.
③ 휴지통에 들어있는 파일은 휴지통을 비우기 전까지는 언제든지 복원할 수 있다.
④ 일부 시스템 파일은 휴지통에 버릴 수 없도록 안전 장치를 해놓고 있다.

54 컴퓨터 디지털 신호의 기본적인 0과 1의 전기적 신호체계를 의미하는 용어는?

① Binary
② Bit Map
③ Frame
④ Vector

55 다음 중 스캐너에 대한 설명으로 틀린 것은?

① 스캐너는 반사된 빛을 측정하기 위해 CCD라는 실리콘칩을 사용한다.
② 해상도의 단위는 LPI이다.
③ 입력된 파일의 크기를 작게 하거나 원하는 영역만 스캔할 수도 있다.
④ 색상과 콘트라스트를 더욱 정확하게 조절하기 위해 감마보정이라는 방법을 사용한다.

56 입력장치에 대한 설명이 틀린 것은?

① 컴퓨터 작업의 첫 단계이다.
② 컴퓨터 내부로 외부의 데이터를 전달한다.
③ 정보를 기억하고, 기억한 정보를 처리한다.
④ 키보드, 마우스, 스캐너 등이 입력장치이다.

57 3D 오브제의 표면을 사실적으로 표현하기 위하여 프로그램상 만들어진 무늬와 2D 이미지를 적용하여 사실적인 이미지를 만들 수 있도록 하는 작업은?

① 포토리얼(Photoreal)
② 안티앨리어싱(Anti-Aliasing)
③ 매핑(Mapping)
④ 패치(Patch)

58 해상도(Resolution)에 관한 설명 중 옳은 것은?

① 화면에 이미지를 얼마나 선명하게 표현할 수 있는지를 결정한다.
② 화면을 구성하는 최소 화소 단위를 말한다.
③ 해상도가 높을수록 이미지의 질은 떨어진다.
④ 해상도는 포스트스크립트 방식에서만 적용된다.

59 베지어 곡선(Bezier Curve)에 대한 설명이 틀린 것은?

① 만들어지는 선분은 양 끝의 제어점(Control Point)을 통해 만들어진다.
② 제어점의 위치만으로 정의되기 때문에 제어성이 양호하다.
③ 1개 조정점(Control Point)의 변경은 곡선 전체에 영향을 미친다.
④ 수학적 데이터로 이미지 처리 및 리터칭에 주로 사용된다.

60 C.I.P(Corporate Identity Program)를 제작할 때 가장 유용하게 쓰이는 벡터 이미지용 소프트웨어는?

① 포토샵(Photoshop)
② 스트라타 스튜디오(Strata Studio)
③ 일러스트레이터(Illustrator)
④ 페인터(Painter)

2023년 최신 기출문제 02회
빠르게 정답 확인하기!
스마트폰으로 QR 코드를 찍어 보세요.
정답표를 통해 편리하게 채점할 수 있습니다.

01 ②	02 ②	03 ④	04 ④	05 ①
06 ②	07 ①	08 ③	09 ②	10 ①
11 ①	12 ②	13 ②	14 ③	15 ②
16 ②	17 ②	18 ①	19 ②	20 ③
21 ④	22 ②	23 ①	24 ③	25 ③
26 ③	27 ②	28 ④	29 ③	30 ①
31 ②	32 ②	33 ①	34 ①	35 ②
36 ①	37 ④	38 ④	39 ③	40 ④
41 ②	42 ①	43 ③	44 ③	45 ③
46 ①	47 ④	48 ①	49 ②	50 ②
51 ④	52 ③	53 ①	54 ④	55 ④
56 ④	57 ③	58 ④	59 ③	60 ②

과목 01 디자인 기초

01 ②

디자인의 궁극적인 목적은 경제적, 예술적인 창작, 장식적인 수단에 있는 것이 아니라 인간의 행복을 위하여 물질적인 생활환경을 개선하고 창조하여 인간의 삶의 질을 향상시키는 데 있다.

02 ②

디자인 조건은 합목적성, 심미성, 경제성, 독창성, 질서성이 있다.

03 ④

어떤 사물이나 도형에게 강한 리듬감을 주려면 크기의 변화나 강약의 변화, 선의 강약 등이 있어야 한다.

오답 피하기

리듬감은 일정할 때 생기는 것이 아니라 서로의 변화를 규칙적으로 줄 때 생긴다.

04 ④

공공 조형물은 스트리트 퍼니처에 속하지 않는다.

05 ①

자유곡선형은 아름답고 매력적이나 불명료하고 무질서한 느낌을 준다.

06 ②

포장디자인의 기능에는 보호보존성, 편리성, 심미성, 상품성, 구매의욕 등이 있다.

07 ①

디자인 요소 각 부분 사이에 규칙적으로 형태와 크기, 방향, 색 등의 요소를 반복 패턴으로 표현하여 시각적으로 동적인 느낌의 율동감을 표현할 수 있다.

08 ③

디자인할 때 모든 사람의 미의식이 일치하지 않아도 된다.

09 ②

게슈탈트 원리에는 근접성의 원리, 유사성의 원리, 연속성의 원리, 폐쇄성의 원리가 있다.

10 ①

착시란 눈에 의한 생리적 작용에 따라 형태나 색채 등이 실제와 다르게 지각되는 것을 말한다.

11 ①

기하학적인 선은 정확하고 긴장되며 기계적인 느낌을 준다.

12 ②

사물이 일정한 목적에 적합한 방식으로 존재하는 성질을 합목적성이라고 한다.

13 ②

균형에 대한 설명이다.

14 ③

경제성은 최소의 재료에 의해 최대의 효과를 얻고자 하는 인간의 활동과 관계가 깊다.

15 ②

기하학적 형태에 관한 설명이다.

16 ②

명암에 의한 균형, 질감에 의한 균형, 균형에 의한 균형은 시각적 균형과 관련이 있다.

17 ②

대기원근법은 원근에 의한 공간표현으로 색채와 명암을 활용하는 방법이다.

18 ①

근접성의 법칙은 게슈탈트 이론 중 비슷한 모양이 서로 가까이 놓여 있을 때 그 모양들이 동일한 형태의 그룹으로 보이는 경향을 말한다.

과목 **02** 비주얼 아이데이션

19 ②

콤프 스케치는 썸네일 스케치보다는 아이디어가 보다 구체화되어 정밀하게 표현된 스케치이며, 큰 사이즈의 스케치를 목적으로 하지 않는다.

20 ③

선별의 시기가 최종에 이루어져야 하며, 아이디어를 보완하는 방법이 아니라 새로운 아이디어를 연결짓는 방법이다.

21 ④

디자인 콘셉트의 시각화를 위해 사용되는 이미지를 제작할 경우 프로젝트 일정, 예산, 개요 등을 고려해야 한다.

22 ②

'복사, 팩스, 스캔', '연필과 지우개', '에어컨과 온풍기' 등의 기능이 결합되어 만들어진 제품들은 결합하기 질문 유형에 의해 만들어진 것이다.

23 ①

러프 스케치는 선 그리기, 간단한 음영, 색상 등을 표현하여 썸네일 스케치 보다 구체적이고 명확하게 아이디어를 표현하고, 콤프 스케치는 스케치 중에서 가장 완성도가 높은 수준의 스케치이다.

24 ③

재료의 품질은 수집된 자료 활용과 관련이 없다.

25 ③

카메라 모델은 수집된 자료마다 분류하지 않아도 된다.

26 ③

아이디어 스케치의 목적
- 아이디어 스케치를 통해서 자유롭고 창의적인 사고를 표현하기 위한 것이다.
- 완성도의 기준을 두지 않고 풍부한 아이디어를 간단한 스케치를 통해서 가시화하여 도출할 수 있다.
- 의사소통을 도와주는 기본 도구로 사용할 수 있다.
- 아이디어 스케치 결과물 중 발전시킬 수 있는 아이디어를 선택하고 검토하여 디자인 콘셉트를 탐구할수 있는 핵심 역할을 할 수 있다.

27 ②

'배리어프리'와 '유니버설 디자인'은 모두 모든 사람들이 더욱 편리하게 이용할 수 있는 환경을 조성하는 것을 목표로 하고 있으나, 주로 장애인들의 편의성을 고려한 설계를 의미하는 것을 '베리어프리 디자인'이라고 한다.

28 ④

레이아웃의 목적은 제한된 공간 안에서 아트웍 요소들을 효율적으로 배치 구성하여 조형성과 가독성을 갖추어서 가장 효과적으로 전달한다.

과목 **03** 시안디자인

29 ③

시안 개발을 위해 계획하는 단계에서는 아이디어를 시각화하기 위한 자료수집, 구상한 아이디어 카테고리별 정리, 핵심 키워드 도출, 디자인 콘셉트 구체화로 시안 작업 방법을 계획할 수 있다.

30 ①

(가) 단계에서는 프레젠테이션을 통하여 최종 디자인을 방향을 결정한다.

31 ②

정입체 디자인 요소의 3각법은 물체를 보는 위치에 4각 중에서 3각에 물체를 배치하고 투영하는 입체 디자인 요소로 눈−투영면−물체의 순서로 놓고 투상하며, 한국산업규격의 제도 통칙에 적용된다.

32 ②

그리드 레이아웃 구성의 특징은 페이지에서 상단에 요소가 위치할 때 가장 주목도가 높으며, 중간에 있는 경우 주목성은 보통이며, 하단에 요소가 있는 경우 가장 안정적이고 무거움과 정지감이 느껴진다.

33 ①

정투상도는 화면에 수직인 평행 투상선에 의해 물체를 투상하여 면을 전개하는 방법으로 3각법에 의하여 작도하는 것이 원칙이다.

34 ①

유사색상은 색상환의 인접한 색을 이용하여 배색하는 방법으로 색상 차가 적어 온화함, 상냥함, 부드러움, 친근감의 느낌을 준다.

35 ②

오답 피하기

③ (다)와 (마)의 배색은 명도 대비가 나타난다.
④ (가)와 (라)의 배색은 채도 대비가 나타난다.

36 ①

동일한 색을 이용한 배색은 명도와 채도의 차이를 두어 배색하는 방 법으로 정적이고 정리되어 보이는 느낌을 연출할 때 효과적이다.

37 ④

염료(Dye)는 물에 녹아 섬유 표면에 염착되며, 내부까지 착색되는 재료이다. 마찰, 세탁, 습기에 대하여 대체적으로 안정적인 성질을 지니고 있다. 물체 표면에 착색되는 안료의 특성과는 다른 것으로 구분된다.

38 ④

색의 선명도와 채도는 비례 관계에 있다.

39 ③

유채색이 무채색보다 진출되어 보인다.

40 ④

검정 – 밤, 죽음, 공포, 침묵 등

41 ②

저드의 조화론에서 질서의 원리는 규칙적으로 선택된 색들끼리 잘 조화된다는 내용이다.

42 ①

비렌은 붉은 색채의 실내에서 시간이 길게 느껴지는 등 색의 속도감을 강조하였다.

43 ③

박명시에 대한 설명이다.

44 ③

정의 잔상에 대한 설명이다.

45 ③

연변대비(경계대비)에 대한 설명이다.

46 ①

색순응은 동일한 색광을 오래 보고 있으면 그 색은 선명해지나 밝기가 낮아지는 현상으로, 색광에 대해 순응하는 것이다.

47 ④

색상에 따라 순색의 위치가 다르다.

과목 05 2D 그래픽 제작

48 ①

이미지를 구성하는 가장 최소단위는 사각형 모양의 작은 점인 픽셀로 디지털 이미지는 픽셀의 집합으로 이미지를 형성한다.

49 ②

육안의 색상구분 범위가 컬러 인쇄되는 범위보다 넓기 때문에 생기는 차이이다.

50 ②

PDF에 대한 설명이다.

51 ④

이미지를 화면에 표시할 때 이미지의 윤곽을 먼저 보여주고 서서히 구체적으로 나타나도록 하는 효과는 인터레이스이다.

52 ③

사실적인 이미지의 다양한 음영 단계를 표현하기에 어려운 편이다.

53 ①

벡터 그래픽스에서 가장 일반적인 벡터 언어는 포스트스크립트(Post Script)이다.

54 ④

모니터의 이미지 전송속도와 프린터의 처리속도가 다른 것과 컴퓨터 모니터상의 컬러와 인쇄, 출력물의 컬러 차이가 생기는 현상은 관계가 없다.

55 ④

베지어 곡선으로 형성된 것은 벡터 이미지이다.

56 ④

웹용으로 이미지를 디자인할 때 이미지의 색상, 해상도, 파일 포맷 형식을 고려해야 한다.

57 ③

타이포그래피의 의미는 사전적으로는 타이포와 그래피의 조합으로 활판술, 즉 글자를 기록하거나 그리는 기법으로 글자의 그래픽적 표현으로 해석한다.

58 ④

가독성의 향상과 폰트의 심미성은 관계가 없다.

59 ③

포토그래피의 사전적 의미는 '사진술'이란 용어로 사진을 그래픽적 요소와 함께 표현하여 메시지를 주는 것이다.

60 ②

Bodoni, Garamond가 Serif 스타일에 속한다.

기출 유형문제 02회   2~42쪽

01 ③	02 ②	03 ④	04 ③	05 ③
06 ④	07 ②	08 ③	09 ④	10 ③
11 ④	12 ①	13 ④	14 ②	15 ①
16 ④	17 ④	18 ④	19 ③	20 ③
21 ④	22 ③	23 ④	24 ④	25 ①
26 ③	27 ④	28 ③	29 ④	30 ②
31 ④	32 ②	33 ②	34 ④	35 ②
36 ①	37 ③	38 ②	39 ④	40 ②
41 ①	42 ③	43 ①	44 ④	45 ②
46 ④	47 ②	48 ④	49 ①	50 ③
51 ①	52 ①	53 ②	54 ③	55 ①
56 ④	57 ②	58 ④	59 ①	60 ①

과목 01 디자인 기초

01 ③

디자인은 실용적이고 미적인 조형의 가시적인 표현이다.

02 ②

"물 따르기가 좋다."라는 내용이 합목적성에 부합한다.

03 ④

이념적인 형태와 순수 형태, 기하학 형태, 추상형태는 모두 동일한 의미이다.

04 ③

기능성과 실용성은 디자인 조건 중 합목적성에 속한다.

05 ③

반복에 해당하는 내용이다.

06 ④

문자(Text)는 디자인의 요소에 속하지 않는다.

07 ②

면적과 크기의 착시에 대한 설명이다.

08 ③

모든 면 중에서 가장 단순한 면은 평면이다.

09 ④

입체는 디자인의 시각 요소에 속하지 않는다.

10 ③

문제의 그림은 선대칭을 나타낸다.

11 ④

크기나 강약의 변화가 있어야 강한 리듬감이 생긴다.

12 ①

황금비는 1 : 1.618이다.

13 ④

기하학적 형태는 반드시 수학적 법칙과 함께 생기며, 가장 뚜렷한 질서를 가지는 형태이다.

14 ②

근접성 요인, 연속성 요인, 유사성 요인은 게슈탈트(Gestalt)의 시각에 관한 기본 법칙에 속한다.

15 ①

유행은 디자인의 조형요소와 관계가 없다.

16 ④

과거의 경험, 연상, 욕구, 상상 등은 착시를 만드는 데 많은 영향을 끼친다.

17 ④

디자인은 예술적 가치 외에도 실용적 가치또한 중요시해야 한다.

18 ④

고딕 건축의 고결함은 수직선을 대표한다.

과목 02 비주얼 아이데이션

19 ③

어피니티 다이어그램은 아이디어를 정리, 분류할 때 활용할 수 있는 분석방법이며, 연관성이 높은 키워드를 그룹화하여 핵심 키워드를 도출하는 데 사용된다.

20 ③

시각화를 활용하는 것도 마인드맵 제작에 도움이 된다.

21 ④

디자인 프로젝트에서 사용되는 이미지 수집에서 우선적으로 고려해야 할 사항은 프로젝트의 과제명, 개발 기간, 개발내용 등의 세부 내용을 포함하고 있는 프로젝트 개요, 일정, 예산 등을 파악한 후 이미지의 제작을 직접 할 것인지, 다른 곳에서 조달할 것인지를 결정하면 된다.

22 ③

디자인 작업에서 컬러 정보는 디자인 콘셉트의 표현, 컬러 배색에 참조할 수 있으며, 색의 연상 효과를 이용하여 프로젝트 디자인의 호감도를 더 높일 수 있다.

23 ④

유니버설 7원칙은 공평성, 융통성, 단순성, 정보성, 안전성, 편리성, 공간성이다.

24 ④

판형을 기반으로 하는 디자인 요소들의 배치 작업에서는 이미지 요소 및 텍스트 요소들을 배치하거나 구체적인 스케치 작업으로 시안 제작을 위한 레이아웃을 조정한다.

25 ①

배너는 외부 공간에 게시될 때 가로의 구성요소로 외부 공간 가로에 게시되는 깃발 형태의 배너는 가로를 따라 반복하여 배열되는 경우를 고려하여 내용이나 색상 등을 단순한 시각적 표현의 디자인이 효과적이다.

26 ③

오답 피하기

스크랩(Scrap)이란 특정 주제, 콘셉트를 표현하기 위해 필요한 기사, 잡지 내용, 이미지 자료, 소스 등을 분류한 것으로 복사, 옮김의 또는 삭제 마크가 붙어 있는 문서 데이터의 보전을 위해 유지되는 응용 파일이다. 스크랩 이미지는 폴더별로 정리하여 한눈에 찾아볼 수 있도록 정리하고 보관한다.

27 ④

아이디어 발상 방법으로 메모하고 스크랩한다. 그리고 조사비교 분석표를 만들 필요도 있으며, 모든 것을 시각화해 나가야 한다.

28 ③

키워드를 시각화하기 위한 아이디어 스케치는 빠른 속도로 다양한 썸네일 스케치로 표현하고, 이후 시안으로 발전시킬 스케치는 구체적으로 표현한다.

29 ④

최종 결과물과 유사한 수준의 시안 제작용 시각화를 위해 이미지, 폰트, 색채 등의 정보들을 수집한다.

30 ②

비주얼 소재는 키워드나 개념을 잘 드러내면서 단일한 메시지를 전달할 수 있는 명확한 대상을 말한다.

31 ③

아트웍하기에서 이미지는 시각적인 형상으로, 추상적 또는 상징적으로 사용되며 사람의 관심과 흥미를 이끌어내어 전달메시지의 가치를 강조시켜주는 역할을 한다.

32 ②

디자인 문서작업에서 레이아웃 격자로, 수직 방향과 수평 방향으로 규칙적인 거리의 간격으로 면이 분할되며 가상의 격자 형태의 안내선 역할을 한다.

33 ②

시안제작용 자료로 이용되는 것은 클라이언트에게서 전달받은 이미지, 유료 이미지, 디자인 콘셉트에 적합한 슬로건 등의 자료들이 사용된다.

34 ④

소비자의 경험을 강조하는 것은 인포그래픽의 역할이 아니다.

35 ②

팽창, 수축은 색상, 명도에 의해서 영향을 받으며 난색 계열 고명도 색은 진출, 한색 계열의 저명도 색은 후퇴되어 보인다.

36 ①

색의 연상은 색채지각 과정에서 색채에 대해 가지는 인상으로 색에 대한 개인의 생활경험, 기억, 지식 등에 영향을 받으며, 성별, 나이, 직업, 성격, 생활환경, 시대, 민족성에 따라 차이가 있다.

37 ②

색채 이미지 스케일은 색채의 3속성을 체계적으로 이미지화한 것이 아니라 색에 대한 느낌, 정서 등 감성적인 부분을 객관적 · 심리적으로 분류하여 시각적으로 전달하는 역할을 하는 것이다.

38 ④

빨강색이 연상되는 긍정적 이미지는 태양, 열정, 열애, 일출, 활력, 사랑, 용기, 힘 등이며, 부정적 이미지는 죽음, 전쟁, 흥분, 고통, 경고, 공격성, 분노, 불, 위험 등이다.

39 ③

일반적으로 아프리카 문화권에서는 빨강, 주황, 노랑을 선호한다.

40 ②

병치 혼합은 색을 인접시켜 배치함으로써 여러 색이 혼합되어 하나의 색상으로 보이는 현상을 말한다. 섬유에서 실을 짜낼 때 다른 실이 섞이는 것을 섬유에 의한 병치 혼합이라고 한다.

41 ①

색광을 두 가지 이상 혼합할 경우 색이 밝아지는 현상을 가법 혼색이라고 하며, 색광의 3원색(빨강, 녹색, 파랑)을 동시에 비추면 밝은 백색광이 된다.

42 ③

부의 잔상에 대한 설명이다.

43 ①

노랑 – 다홍 – 빨강이 인접색의 조화에 해당한다.

44 ④

우리 주변에서 명시성을 가장 중요하게 고려하여 색상을 배색해야 하는 것이 바로 교통 표지판이다.

45 ②

영 · 헬름홀츠의 3원색설은 인간의 망막에는 세 종류의 시신경 세포가 있으며, 빨강, 초록, 청자를 3원색으로 하여 색지각을 느낀다는 학설로, 현재 RGB 이론의 중심이 되고 있다.

46 ④

저드의 색채조화론의 4가지는 질서성, 유사성, 동류성, 비모호성(명료성)이다.

47 ②

서로 잘 안 어울리는 색 사이에 회색을 삽입하면 대립이 약화된다.

과목 05 2D 그래픽 제작

48 ④

픽셀(Pixel)에 대한 설명이다.

49 ③

CRT는 컴퓨터그래픽의 기본적인 컬러시스템이 아니다.

50 ③

인쇄의 4색분판은 밝은 청색(Cyan), 선분홍색(Magenta), 노란색(Yellow), 검정색(Black)이다.

51 ①

RAW는 이미지상에서 화소 자체의 정보만을 담고 있는 그래픽 포맷 방식이다.

52 ①

두 개 이상의 오브젝트 사이에 컬러나 모양을 연속적으로 만들어 주는 기능은 blend이다.

53 ②

벡터 이미지에 대한 설명이다.

54 ③

포토샵은 어도비사가 발표한 2차원 그래픽 소프트웨어로, 전문 사진 편집을 위한 비트맵 방식의 소프트웨어이다.

55 ①

레이어는 여러 개의 이미지를 순차적으로 포개어 놓는 것이다.

56 ④

Create Outline에 대한 설명이다.

57 ②

활판 인쇄술에서 시작된 타이포그래피는 기존에 디자인된 활자나 문자를 활용하여 디자인하는 조형적인 분야를 가리키며, 언어적 · 조형적 · 심미적으로 다양한 기능을 한다.

58 ④

시각 정보 전달을 위해 공간 안에 텍스트를 배치하는 것이 중요하며, 텍스트 정렬 방식은 가독성에 영향을 받으므로 정렬 방식에 따라 균형과 조화를 이루기 위해 시각적 조정이 필요하고, 글자의 상호 관계를 고려하여 균형을 유지할 수 있도록 타이포그래피의 배치 작업을 진행한다.

59 ①

아무리 보기 좋은 활자라도 짜임이나 배치가 좋지 못하면 가독성이 떨어질 수 있다.

60 ①

그리드에 대한 설명이다.

01 ③	02 ④	03 ②	04 ①	05 ①
06 ①	07 ④	08 ②	09 ④	10 ③
11 ②	12 ②	13 ④	14 ②	15 ④
16 ③	17 ④	18 ①	19 ④	20 ①
21 ①	22 ③	23 ③	24 ③	25 ③
26 ④	27 ④	28 ④	29 ①	30 ④
31 ④	32 ④	33 ④	34 ②	35 ③
36 ④	37 ③	38 ①	39 ②	40 ①
41 ②	42 ③	43 ②	44 ②	45 ③
46 ④	47 ④	48 ①	49 ④	50 ①
51 ③	52 ②	53 ③	54 ④	55 ③
56 ④	57 ④	58 ②	59 ①	60 ③

과목 01 디자인 기초

01 ③

디자인의 심리적 기능에 대한 설명이다.

02 ④

사선은 동적이고 불안정한 느낌을 주지만 사용에 따라 강한 느낌을 나타낼 수 있다.

03 ②

오답 피하기
- 면 : 공간을 구성하는 단위, 물체를 생성하는 기본 요소
- 점 : 조형 요소 중 형태를 지각하는 최소 단위
- 입체 : 면이 이동한 자취, 면이 모여서 생성된 것

04 ①

색이나 명암이 점점 밝아지거나 어두워질 때 생기는 조형요소는 점증(점이, Gradation)이다.

05 ①

시각 디자인에 대한 설명이다.

06 ①

디자인 요소 사이에 시각적 통일성과 반복적인 리듬감을 표현하여 시각적 통일성과 동적인 느낌이 나도록 하는 원리는 율동이다.

07 ④

사진은 나무 모양을 본딴 모양의 가습기로, 유기적 형태를 실체화 과정으로 시각화하였다고 볼 수 있다.

08 ②

유사의 법칙에 대한 설명이다.

09 ④

전체적인 조화를 위해서 불균형이 반드시 강조될 필요는 없다.

10 ③

곡면은 온화하고 부드러우며 동적인 표정을 가진다.

11 ②

수직선은 엄숙함, 강직함, 긴장감, 준엄한 느낌을 준다.

12 ②

조화에 해당하는 내용이다.

13 ④

폐쇄성은 닫혀 있지 않은 도형을 연결시켜 보거나 무리 지어서 하나의 형태로 보이는 것을 말한다.

14 ②

크기의 착시에 대한 그림이다.

15 ④

게슈탈트 심리학 요인에는 근접성의 요인, 유사성의 요인, 연속성의 요인, 폐쇄성의 요인이 있다.

16 ③

문자 인식은 폐쇄성 원리에 의해 이루어진다. 폐쇄성 원리란, 일부분이 끊어져 있어도 그 형태가 유추 가능하다는 원리를 말한다. 즉, 문자의 형태가 유사하거나 규칙적이며 연속성이 있기 때문에 일부분이 끊어져 있어도 인식이 가능하다.

17 ④

물체의 표면이 가지고 있는 특징의 차이를 시각과 촉각을 통하여 느낄 수 있는 성질은 질감이다.

18 ①

디자인에서도 실용적인 가치는 중요하다.

과목 02 비주얼 아이데이션

19 ④

아이디어는 스케치는 그래픽 프로그램을 대신하기 위함이 아니라, 다양한 아이디어를 도출하고 확정된 아이디어를 그래픽 프로그램으로 정밀하게 스케치하기 위한 과정에서 필수적인 요소이다.

20 ①

썸네일 스케치에 대한 설명이다.

21 ①

시안 디자인 과정에서 아트워은 설정된 디자인 콘셉트에 맞게 준비된 자료를 활용하여 창조적인 디자인 이미지를 만들어 내는 작업을 한다.

22 ③

수집한 디자인 자료는 자료마다 주제에 맞는 태그를 붙여주고, 자료들은 수집 출처와 날짜, 메모를 달아서 정리하며, 부적합 자료도 별도로 분류하여 추후 디자인 작업에서 활용할 수 있도록 한다.

23 ③

아이디어 스케치는 자유롭고 창의적인 사고를 표현하기 위한 것이다.

24 ③

디자인 콘셉트를 시각화하는 단계에서 비주얼 모티브 시안 작업에서는 키워드를 도출하고, 아이디어 스케치를 한 후 비주얼 모티브 시안을 우선적으로 제작한다.

25 ③

비주얼 중심의 광고를 위한 시각디자인 매체 표현의 특성
• 카피 사용은 작게 할 것
• 카피 없이도 비주얼 표현으로 내용이 전달 가능할 것
• 시각적 표현을 중심으로 할 것

26 ④

자료 수집 방법으로는 관련 사이트 리서치, 트렌드 관련 잡지 외 인쇄물 활용, 관련 분야 전문 서적 활용 등이 있다.

27 ④

등비수열(Geometric Sequence)이란 각항이 그 앞의 항에 일정한 수를 곱한 것으로 이루어진 수열이다. 기하수열이라고도 한다.

28 ④

지속 가능한 디자인의 목적에는 경제적 목적, 사회적 목적, 환경적 목적 등이 있다.

과목 **03** 시안디자인

29 ①

서로 다른 위치에 있는 디자인 요소들이 상호 시각적으로 영향을 주고 보완할 수 있는 구조로 개발된 그리드는 계층 그리드이다. 계층 그리드를 자주 활용하는 제작물은 포스터, 리플릿, 북디자인 등이 있다.

30 ④

아이디어가 구체적으로 실현 가능한지 확인하기 위해 베리에이션을 구현할 때는 도출된 아이디어를 시각화하여 제시, 디자인 의도를 표현할 수 있는 능력, 디자인 전개를 위한 디자인 소프트웨어 활용 정도를 확인할 수 있다.

31 ④

가로, 세로가 일정한 간격으로 분할된 면으로 공간을 나누는 기본 단위는 모듈이다.

32 ④

수집된 자료는 메시지의 성격, 분위기, 감성 등 메시지와 유기적인 조화를 이룰 수 있는 자료를 찾아야 하며, 목표 수용자의 나이, 성별, 사회적 계급, 정보의 명확성, 소비자의 인지 가치 등을 고려하여 적합한 자료를 선택해야 한다. 부적합 자료도 별도로 분류하여 나중에 활용할 수 있도록 분류한다.

33 ④

그래픽 프로그램을 이용할 경우, 디자인 결과물의 형태에 따라 컬러모드를 설정해주어야 하며, 또한 해상도와 이미지 사이즈를 정확하게 설정한 후 작업에 들어가는 것이 중요하다.

과목 **04** 조색 및 배색

34 ②

• 밝은 빛(명소시)에서 어두운 빛(암소시)으로 옮겨 가는 박명시에 일어나는 색지각 현상이다.
• 어두울 경우에는 빛의 에너지양에 따라 파란색 계열의 색이 더 선명하게 보이게 된다.

35 ③

가법혼색은 RGB 모드를 기반으로 빨강, 초록, 파랑으로 혼색되는 현상으로 3원색이 모두 겹치게 되면 흰색이 생성된다.

36 ④

가벼운 느낌은 명도에 의해서 느껴지며 고명도의 색은 가볍게, 저명도의 색은 무겁게 느껴진다.

37 ③

자주색은 긍정적인 의미로 애정, 면모, 창조적, 중후함, 신비, 양보, 친절, 여성적인 의미를 담고 있고, 부정적 의미로 권력, 허영, 고뇌, 칙칙함, 경건함, 압박감의 느낌을 나타낸다.

38 ①

사람에 따라 좋아하는 색과 싫어하는 색이 있으며 성별적 요인, 연령별 요인, 지역적 요인, 시대적 요인, 개인적 요인의 영향 등이 색에 대한 고정관념의 주된 원인으로 작용한다.

39 ②

- 색의 선명도, 색의 맑고 탁함, 색의 강하고 약함, 포화도, 순도 등을 채도(Saturation, Chroma)라고 한다.
- 사물을 봤을 때 각각의 색이 가지고 있는 독특한 성질, 명칭을 말하는 것은 색상(Hue)이다.
- 사람은 명도에 가장 민감하게 반응한다.

40 ①

파랑색과 노랑색이 강한 대비효과를 나타낸다.

41 ②

색입체를 수직(종단면)으로 자르면 동일 색상면이, 수평(횡단면)으로 자르면 동일 명도면이 나온다.

42 ③

문·스펜서의 색채조화론에서는 부조화 영역을 서로 판단하기 어려운 배색을 제1부 불명료와 유사조화, 대비조화의 사이에 있는 것을 제2부 불명료로 구분하였다.

43 ②

44 ②

파랑은 후퇴색(수축색)이며, 나머지 선택지들은 모두 진출색(팽창색)이다.

45 ③

- 색상의 머리글자는 H이다
- 명도의 머리글자는 V이다.

46 ④

명도가 높은 색은 부드러운 느낌을 준다.

47 ③

① 색광의 혼합
② 색광의 혼합
④ 색광의 혼합

과목 05 2D 그래픽 제작

48 ①

EPS에 대한 설명이다.

49 ④

Lighting Effects는 포토샵에서 RGB 모드로 작업할 때 활성화된다.

50 ①

벡터 방식은 일러스트레이터, 코렐 드로우, 프리래스터라이징 핸드, CAD 등에서 사용한다.

51 ③

반복 압축/압축 풀기하면 이미지의 품질 등이 저하된다.

52 ②

안티앨리어싱(Anti-aliasing)에 대한 설명이다.

53 ③

래스터라이징은 벡터 방식의 이미지를 비트맵 방식의 이미지로 전환시키는 과정을 말한다.

54 ④

비트맵 이미지는 확대할 경우 원래의 이미지보다 화질이 떨어진다.

55 ③

HSB에 대한 설명으로, 일반적으로 디자이너나 색채를 다루는 사람들이 사용하는 방식이다.

56 ④

레이어의 개수를 줄여 용량을 줄이는 것은 일러스트레이터에서 문자를 Create Outlines으로 변환하는 이유에 해당하지 않는다.

57 ④

- 가독성 : 글자의 형태와 디자인을 통해 독자가 내용을 빠르고 쉽게 이해할 수 있는 정도
- 주목성 : 핵심 내용을 강조하여 사람들의 시선을 끄는 힘이 강한 정도
- 판독성 : 글자가 가지는 외형적 특징으로 한 글자와 다른 글자를 구분하기 쉬운 정도

58 ②

세리프가 없다는 뜻으로 고딕이라고도 부르며 깔끔하고 간결한 것이 특징이다.

59 ①

판독성이 높은 활자꼴이라도 짜임이나 배치가 좋지 못하면 읽기 어려워질 수도 있다.

60 ③

캘리그라피는 감성적 메시지를 전달하는 데 효과적이다.

최신 기출문제 정답 & 해설

01 ③	02 ④	03 ③	04 ④	05 ②
06 ②	07 ②	08 ①	09 ④	10 ③
11 ①	12 ①	13 ②	14 ④	15 ④
16 ③	17 ④	18 ③	19 ①	20 ①
21 ②	22 ②	23 ①	24 ②	25 ③
26 ①	27 ②	28 ①	29 ④	30 ①
31 ①	32 ①	33 ②	34 ①	35 ③
36 ①	37 ④	38 ②	39 ④	40 ②
41 ②	42 ③	43 ①	44 ④	45 ③
46 ④	47 ①	48 ③	49 ③	50 ③
51 ②	52 ①	53 ②	54 ①	55 ④
56 ①	57 ④	58 ④	59 ④	60 ①

과목 01 산업 디자인 일반

01 ③

굿 디자인의 조건은 합목적성, 심미성, 독창성, 경제성, 질서성이 있다.

오답 피하기

굿 디자인에 포함되지 않는 것에는 시장성, 종합성, 보편성, 욕구성, 모방성, 복합성 등이 있다.

02 ④

심미성과 기능성이 동시에 이루어질 수 있도록 해야 한다.

03 ③

제품 디자인의 프로세스는 계획 → 조사 → 분석 → 종합 → 평가이다.

04 ④

제품 디자인에는 가구, 완구, 자동차, 선박, 항공기, 레저, 사무용품 등이 있다.

오답 피하기

디스플레이 디자인은 환경 디자인의 한 종류이다.

05 ②

계획 단계는 디자인 개발 사항을 검토하여 개발 계획과 일정, 컨셉 등 '필요성을 제시'하는 단계이다.

06 ②

수렵용 도구는 주로 돌을 깨서 날카롭게 만들어 사용했다.

07 ②

포장 디자인의 주요 기능으로 보호와 보존성, 편리성, 상품성, 심미성 등이 있다.

08 ①

자유곡선은 여성적이며 아름답고, 자유분방하며 무질서한 느낌을 주는 선이다.

09 ④

마케팅의 원칙
- 수요전제의 원칙
- 판매촉진의 원칙
- 유통계열화의 원칙
- 기업주체성의 원칙
- 판매중추성의 원칙
- 과학적 시장인식의 원칙

10 ③

수직면은 고결, 엄숙, 상승, 긴장감을 준다.

오답 피하기

안정감을 주는 것은 수평면이다.

11 ①

오답 피하기

텍스타일은 제품 디자인에 속한다.

12 ①

독창성 : 예술표현의 모든 면에 있어서 모방적 태도를 버리고 자기 고유의 능력과 개성에 의거하여 새로운 것을 만들어내는 성질을 말한다.

13 ②

실내 공간의 기본적 요소에는 바닥, 벽, 천장, 기둥, 보, 개구부 등이 있다.

오답 피하기

실내 공간의 장식적인 요소에는 가구, 조명, 액세서리, 디스플레이 등이 있다.

14 ④

편집 디자인 요소로는 문자의 조합, 도안, 일러스트레이션, 사진 등이 있다.

15 ④

객실은 주로 생활하는 사람들의 생활공간으로부터 분리된 것으로 내부의 다른 공간, 칸막이 또는 벽으로 분리된 공간을 말한다.

16 ③

- 질감은 물체의 표면에 가지고 있는 특징으로 시각적 질감과 촉각적 질감으로 구분된다.
- 빛에 의하여 만들어지므로 명암의 효과에 따라서 다르게 보일 수도 있으며, 무게와 안정감을 부여하는 기능을 가지고 있다.

17 ④

마케팅의 조건
- 고객의 필요에 초점을 두어야 한다.
- 고객의 필요, 충족을 통해서 이익을 획득한다.
- 기업의 제품개발, 광고전개, 유통설계를 중심으로 진행한다.
- 기업 중심에서 소비자 중심으로 전개되어야 한다.

18 ③

DM 광고의 종류 : 엽서, 폴더, 소책자, 리플릿, 세일즈 레터, 보로사이드, 노벨티, 블로터 등이 있다.

19 ①

- 프랭크 로이드 라이트 : "형태는 기능을 계시한다."고 주장했다.
- 윌리엄 모리스 : 예술은 대중을 위해서 대중에 의해서 대중의 예술이어야 한다고 주장했다.
- 월터 그로피우스 : 기계를 부정하려 하지 않고 기계에 의해서 성립되는 현대산업을 인정하고 산업과 예술을 통합하려 했다.

20 ①

스케치의 역할
- 상상의 아이디어를 이미지화한다.
- 의도된 형태를 발전, 전개시켜 고착시킨다.
- 상호 이해할 수 있게 프리젠테이션의 역할을 한다.
- 아이디어 구상에 따라 다양하게 표현한다.
- 의도한 형태의 명암, 재질감의 표현으로 평면화한 작업이다.

과목 02 색채 및 도법

21 ②

푸르킨예 현상이란 암소시가 되면 장파장인 적색이 제일 먼저 보이지 않고, 단파장인 보라색이 마지막까지 보이게 되는 현상이다.

22 ②

원에 내접하는 정오각형은 주워진 원 안에 정오각형을 작도하는 방법이다.

23 ①

2등각 투상은 두 개의 축의 각도와 길이가 같은 투상이다.

24 ②

오스트발트의 색상환은 빨강, 노랑, 초록, 남색의 4색의 중간에 주황, 청록, 보라, 황록을 넣어 8색을 만들고 이를 다시 3등분하여 24색상을 만든다.

25 ③

- 가산혼합 : 색광의 혼합으로 빛의 3원색인 빨강, 녹색, 파랑을 혼합하는 것으로, 혼합이 될수록 점점 맑고 밝은 색을 얻을 수가 있으며, 3원색을 모두 혼합하면 흰색이 된다.
- 감산혼합 : 색료의 3원색인 시안, 마젠타, 노랑을 혼합하는 것으로, 혼합이 될수록 명도와 채도가 낮아지며, 3원색을 모두 혼합하면 검정에 가까운 무채색이 된다.
- 회전혼합 : 두가지 색을 원판 위에 붙인 후 빠르게 회전하면 두 색이 혼합되어 보이는 현상이다.

26 ①

- 원호의 치수 기입 : 원호의 크기는 반지름 치수로 나타낸다.
- 곡선의 치수 기입 : 원호의 반지름을 그 중심 또는 그 원호의 접선의 위치로 나타낸다.

27 ②

수축색은 후퇴색과 비슷한 성향을 가지고 있으며 한색, 저명도, 저채도의 색이 축소되어 보인다.

28 ①

바탕이 흰색일 경우 검정 → 보라 → 파랑 → 청록 → 노랑의 순서지만, 안내 표지판의 경우엔 눈의 피로와 착시현상을 줄이기 위해 초록색을 사용한다.

29 ④

관용색명(고유색명) : 옛날부터 전해오는 습관적인 색이름이나 지명, 장소, 식물, 동물 등의 고유한 이름을 붙여 놓은 색이다.

30 ①

GP는 기면이다.

31 ①

길이의 단위는 mm를 사용한다.

32 ①

측광이란 관찰자의 기준에서 측면에서 빛이 비출 때 물체에 생기는 그림자를 말한다.

33 ②

무채색은 색상과 채도가 없고 단순히 명암만 있는 흰색, 회색, 검정색 등을 말한다.

34 ④

맥스웰은 색의 회전혼합을 발견한 영국의 물리학자이다.

35 ③

등각 투상은 3좌표 축의 투상이 120°인 투상이다.

36 ②

색료의 3원색은 혼합하여 만들 수 없다.

37 ④

오답 피하기

- 비례 : 요소의 전체와 일부분을 연관시켜 상대적으로 설명한 것이다.
- 대비 : 서로 다른 요소가 대립되는 것이다.

38 ②

점선(파선, 은선)은 물체의 보이지 않는 부분을 표시할 때 사용하며, 굵기는 굵은 선의 1/2로 가는 실선보다는 굵어야 한다.

39 ④

색채는 시각 이외의 다른 감각 기관인 미각, 청각, 후각, 촉각 등을 함께 느낄 수가 있는데, 색의 공감각이란 이러한 공통된 특성을 감각 간에 서로 교류하는 현상을 말한다.

40 ②

영 · 헬름홀츠는 인간의 망막에는 적, 녹, 청의 색각세포와 색광을 감지하는 수용기인 시신경 섬유가 있다는 3원색설의 가설을 만들어 혼색과 색각이상을 설명하였다.

과목 **03** 디자인 재료

41 ②

오답 피하기

- 모조지 : 화지라고도 하며 아류산 펄프를 원료로 만든 용지이다.
- 갱지 : 거칠고 얇은 용지이다.
- 켄트지 : 그림이나 제도 등에 사용하는 빳빳한 용지이다.

42 ③

무기재료에는 금속, 석재, 점토, 유리, 시멘트, 도자기 등이 있다.

43 ①

물감을 분사하기 때문에 거친 표현보다는 섬세하고 정밀한 표현에 효과적이다.

44 ④

연초점렌즈란 부드러운 느낌의 화상을 표현하기 위하여 특별히 설계한 렌즈를 말한다.

오답 피하기

- 줌렌즈 : 초점이나 조리개 값이 변하지 않은 채로 초점거리를 연속해서 바꿀 수 있는 렌즈이다.
- 마이크로렌즈 : 초점거리 55mm인 35mm용 사진의 표준렌즈이다.
- 시프트렌즈 : 건축물 촬영 시 왜곡현상을 없애거나 파노라마 사진을 촬영할 때 유용한 렌즈이다.

45 ③

오답 피하기

- 흡수 가공 : 내화지, 내수지, 리트머스 시험지에 사용한다.
- 변성 가공 : 유산지, 벌커나이즈드 파이버, 크레프트지에 사용한다.
- 배접 가공 : 두꺼운 판지, 골판지에 사용한다.

46 ④

도료의 구성성분에는 전색제, 안료, 용제, 건조제, 첨가제, 중합체가 있다.

47 ①

팬톤 컬러는 인쇄 및 소재별 잉크를 혼합하여 제작한 색상 가이드이다.

48 ③

오답 피하기

- 요소수지 : 펄프, 착색제 등을 첨가시켜 만든 것으로 무색이며 착색 효과가 자유롭다.
- 멜라민수지 : 멜라민과 포르말린을 반응시켜 만든 것으로 표면 강도가 크고 내수성, 내약품성, 내용제성이 좋다.

과목 **04** 컴퓨터그래픽스

49 ③

비트맵 파일 포맷에는 PSD, GIF, JPG, PNG, TIFF, ESP, TGA, BMP, PICT, RAW가 있다.

50 ③

GIF는 웹상의 이미지를 제작할 때 많이 사용하는 방식이다.

51 ②

안티앨리어싱은 픽셀과 픽셀로 이어지는 계단모양의 가장자리 부분에 주변 색상과 혼합한 중간 색상을 넣어 계단 현상의 외형을 부드럽게 처리해주는 방식이다.

52 ①

RGB 모드는 빛의 3원색(Red, Green, Blue)을 혼합하여 색을 표현하며 모니터, 영상, 홈페이지 등 화면용 작업에 많이 활용된다.

53 ③

컴퓨터그래픽스의 특징
• 상상의 이미지를 자유롭게 표현할 수 있다.
• 시간과 비용을 줄일 수 있고 대량 생산이 가능하다.
• 수정, 반복, 변형 등이 자유롭다.
• 정보들의 축적으로 나중에 다시 이용이 가능하다.
• 다양한 대안의 제시가 비교적 쉽다.

54 ①

광선추적법(Ray Tracing)은 가상적인 광선이 물체의 표면에 반사되어 카메라를 거쳐 다시 돌아오는 과정을 모두 추적하여 모든 빛을 매우 정확하게 계산하는 반사 기법이다.

55 ④

가상 메모리란 프로그램이 사용할 수 있는 주소 공간의 크기가 실제 주기억 장치의 기억 공간보다 클 경우에 사용하며, 사용하는 응용 프로그램의 메모리가 내장되어 있는 메모리보다 클 경우 하드디스크를 메모리처럼 사용하는 기능이다.

56 ①

인터넷에서 가장 많이 사용하는 포맷은 GIF이다.

57 ④

작업을 취소하는 명령은 undo이다.

58 ④

셀 애니메이션이란 초창기 만화 영화를 만드는 제작 기법으로 움직이지 않는 배경 그림 위에 투명한 셀룰로이드 필름에 수작업으로 그려진 그림을 겹쳐 놓고 촬영, 편집하는 방법이다.

59 ④

연산 장치란 중앙 처리 장치의 핵심이 되는 기능을 수행하는 장치로서 자료를 입력받아 사칙연산, 논리연산, 편집, 비교와 판단 등을 수행하는 장치이다.

60 ①

오답 피하기

• Bump : 요철이 있는 면을 표현하기 위한 질감 전사 방법이다.
• Refraction : 물체에 빛이 비추어진 부분에 반사되는 것을 표현하는 기법이다.

2024년 최신 기출문제 02회   2-66쪽

01 ④	02 ③	03 ③	04 ②	05 ③
06 ③	07 ④	08 ④	09 ③	10 ③
11 ④	12 ④	13 ①	14 ①	15 ②
16 ①	17 ③	18 ④	19 ②	20 ③
21 ③	22 ④	23 ②	24 ②	25 ②
26 ④	27 ①	28 ②	29 ④	30 ④
31 ①	32 ④	33 ②	34 ①	35 ①
36 ②	37 ③	38 ②	39 ②	40 ①
41 ④	42 ④	43 ④	44 ②	45 ①
46 ②	47 ①	48 ①	49 ③	50 ①
51 ④	52 ②	53 ③	54 ④	55 ②
56 ②	57 ③	58 ③	59 ④	60 ④

과목 01 산업 디자인 일반

01 ④

실사 방법에는 개인 면접법, 전화 면접법, 우편 조사법, 관찰 조사법, 그룹 인터뷰 등이 있다.

02 ③

오답 피하기

① : 점은 위치만 있다.
② : 면은 선의 한계 또는 교차이다.
④ : 면은 점과 선이 이동한 것이다.

03 ③

그림은 원기둥으로 하나의 면이 원으로 이동한 흔적이다.

오답 피하기

④ 원으로 이동한 것이 아니라 타원으로 이동이 되어 타원의 원기둥이 된다.

04 ②

근접성의 원리 : 서로 근접해 있는 것은 하나의 무리를 지어 보인다.

오답 피하기

• 유사성의 원리 : 서로 비슷한 것들은 하나의 무리를 지어 보인다.
• 연속성의 원리 : 일정한 흐름을 갖는 것들은 하나의 무리를 지어 보인다.
• 폐쇄성의 원리 : 선이 끊어져 있어도 닫혀진 하나의 형태로 보인다.

05 ③

쇼 윈도우 : 사람들이 상점 안의 진열대에 있는 상품을 볼 수 있도록 유리를 댄 창으로 주로 상품을 판매의 목적으로 전시를 한다.

06 ③

중심선을 기준으로 좌우 대칭이 되는 선대칭이다.

07 ④

- 윌리엄 모리스 : 미술공예운동을 주도했다.
- 헨리 반 데 벨데 : 아르누보, 유겐트스틸의 대표적인 예술가이다.
- 루이스 설리반 : 기능주의 예술가이다.

08 ④

제품의 가격은 마케팅에서 이루어지는 것이다. 광고를 통한 시각적인 인지로 그 제품의 브랜드에서 신뢰성을 얻을 수 있으며, 디자인적 측면에서 현대인의 감성적인 면을 느낄 수 있다.

09 ③

형태를 지각할 때 항상 불변하게 지각된다면 형태는 하나의 형태로만 인지될 것이다.

10 ③

픽토그램(Pictogram) : 그림 문자로서 그림으로 장소나 행동을 알리는 표시이며 아이소타입(ISOTYPE)이라고도 한다.

11 ④

아이덴트(Ident) : 증명의 뜻으로 TV프로그램이나 영화제작에 참여한 연기자와 작가, 연출가 등은 제작진, 스텝이라는 말을 사용한다.

12 ④

렌더링은 디자인 평면 표현기법 중 최종 디자인을 결정하려는 표현전달의 단계로 실물과 같이 충실하게 표현해야 한다. 실제 제품과 같은 상태의 형태, 재질감, 색상 등을 실감 있게 표현하는 것이다.

13 ①

리서치를 통하여 컨셉이 정해지면 컨셉에 맞는 아이디어 스케치를 통하여 디자인이 결정되고, 이를 실제와 같은 형태로 렌더링을 한 다음 실물과 같게 만들기 위해 제도를 통하여 제작하게 된다.

14 ①

디자인의 실체화 과정에서 가장 먼저 해야 할 것은 용도이며, 그다음 어떤 형태로 할 것인지를 생각하며, 형태에 따라서 재료와 가공기술을 결정하게 된다.

15 ②

제시용 제작 모형에는 목재 모형, 석고 모형, 금속 모형 등이 있다.

16 ①

런던 박람회 : 1851년에 영국에서 개최된 박람회이다.

17 ③

- 심볼 : 회사나 단체를 그래픽적으로 표현하는 것으로 그 회사의 얼굴이라고도 할 수 있다.
- 로고 : 회사명을 레터링하여 표현하는 것을 말한다.
- 픽토그램 : 그림(그래픽)으로 표현하는 언어(화장실, 주차징, 비상구 등)이다.
- 엠블럼 : 일정기간에 사용되는 마크(행사, 올림픽, 전국체전 등)를 말한다.

이 문제는 엄밀히 보면 답이 없다. 그런데 그래픽적으로 표현한다는 공통점으로 보면 컬러가 가장 거리가 멀다.

18 ④

그리드, 포맷, 여백 등이 레이아웃의 요소이며 디스플레이는 실내 디자인에서 주로 사물 등의 배치를 할 때 사용한다.

19 ②

익스테리어 : 건물의 외부구조, 장치를 말한다.

20 ③

4P는 제품, 가격, 유통, 촉진을 말한다.

과목 **02** 색채 및 도법

21 ③

유사색조의 배색은 비슷한 성격을 가진 색들이 배색되었을 때 서로 잘 어울리는 것으로 안정감을 줄 수 있다.

대비조화는 색상환에서 색상의 간격을 크게 하여 얻어지는 조화로 자극적인 효과를 얻을 수 있다.

22 ④

고명도와 고채도일수록 진출과 팽창이 크며, 색상환에서 5GY(연두), 5YR(주황)으로 따뜻한 난색계열이 팽창되는 색상이다.

23 ②

푸르킨예 현상은 밝은 곳에 있다가 어두운 곳으로 갈 때 적색은 어두움으로 다가오지만 청색계열은 밝게 다가와 회색계열로 보이는 것을 말한다. 지하에 있는 비상구 색이 청/록색 계열인 원리이다. 그리고 이런 시간대가 하루 중 오후 해가 질 때인데, 그 시기가 박명시이다.

24 ③

유각 투시도에서 H.L(Horizontal Line)을 높이면 기선에서 올라오는 물체의 높이와 H.L선과의 남는 공간이 많아지므로 윗면이 더 넓게 보인다.

25 ②

색상대비 : 하나의 색이 그 주위에 있는 다른색 또는 인접색, 배경색의 영향으로 본래의 색과 다르게 지각되는 시각 현상을 말한다.

26 ④

오답 피하기
- 피치선 : 반복 도형의 피치를 잡는 선이다.
- 파단선 : 물체의 일부를 파단하거나 떼어낸 경계를 표시하는 선이다.
- 은선 : 보이지 않는 부분의 현상을 표시하는 선이다.

27 ①

- 유사색 : 색상환에서 서로 인접해 있는 색을 말한다.
- 20색상환 : 빨강 – 다홍 – 주황 – 귤 – 노랑 – 노랑연두 – 연두 – 풀색 – 녹색 – 초록 – 청록 – 바다색 – 파랑 – 감청 – 남색 – 남보라 – 보라 – 붉은보라 – 자주 – 연지

오답 피하기
- 주황 – 파랑 – 자주 : 주황과 파랑은 보색관계로 멀리 있다.
- 주황 – 초록 – 보라 : 3색이 삼각형 구도를 이루고 있다.
- 노랑 – 연두 – 남색 : 노랑과 연두는 가까우나 연두와 8단계를 이루고 있다.

28 ③

ISCC–NBS 색명법은 먼셀의 색입체를 267 블록으로 구분하여 W(white), ltGy(light gray), medGy(medium Grayark gray), BK(black)으로 하고 인접된 블록의 색명은 greenish black(dkgGy)처럼 색상을 나타내는 수식어를 붙여 칭하고 있다.

29 ④

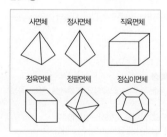

30 ④

1) 선분AB에서 중심M을 구한다.
2) B를 중심으로 MB를 반지름으로 하는 원을 그려 B의 수직선과 만나는 C를 구한다.
3) C와 A를 연결한다.
4) C를 중심으로 선분BC를 반지름으로 D를 구한다.
5) A를 중심으로 선분AD를 반지름으로 E를 구한다.
즉) BE : AE = 1 : 1.618

31 ①

쌍곡선(雙曲線)은 평면 위에 있는 두 정점으로부터의 거리의 차가 일정한 점들의 집합으로 만들어지는 곡선을 말한다.

32 ④

제3각법
- 가장 많이 사용되는 정투상도법으로 한국산업규격(KS)의 제도 통칙으로 사용한다.
- 물체를 볼 때 물체 앞쪽에 물체의 형상을 수평, 수직하게 나타낸다.
- 제3각법의 원리는 눈 → 화면 → 물체의 순서로 진행되며, 보는 위치면에 상이 나타난다.
- 미국에서 발달하여 빠른 속도로 보급되었다.

33 ②

헤링은 인간의 눈에는 빨강–녹색물질, 노랑–파랑물질, 그리고 흰색–검정물질의 세 가지 유형의 시세포가 있고 빛의 합성 작용(동화)과 분해 작용(이화)에 의해 색을 지각할 수 있다고 주장하였다.

34 ①

가산혼합은 색광혼합을 말한다.

35 ①

가산혼합은 광원의 혼합으로 광원을 혼합하면 밝아지고, 감산혼합은 색료의 혼합으로 색을 혼합하면 탁해진다.

36 ②

오답 피하기
지름 : Φ, 정사각형 : □, 두께 : t

37 ③

3소점 투시도(사각 투시도) : 지평선상의 2개의 소점과 시점을 지나는 수선상의 위나 아래에 정하여지는 1개의 소점과 합해 3개의 소점을 갖는 투시도를 말한다.

오답 피하기
2소점 투시도(유각 투시도, 성각 투시도) : 건물이나 가구를 비스듬히 볼 때의 투시도로 수직 방향의 선은 각기 수직으로 평행하지만 수평의 선은 모두 각기 좌우의 소점으로 모이면서 생기는 투시도를 말한다.

38 ②

계시가법혼색은 회전혼합이라고도 하며, 하나의 면에 두 개 이상의 색을 붙인 후 빠른 속도록 회전하면 두 색이 혼합되어 보이는 현상을 말한다. 영국의 물리학자인 맥스웰에 의해 발견된 것으로 '맥스웰의 회전판'이라고도 한다.

오답 피하기
병치혼합 : 여러 가지 색이 조밀하게 분포되어 있을 경우 멀리서 보면 각각의 색들이 주위 색들의 영향을 받아 혼합되어 보이는 현상을 말한다.

39 ②

동시대비의 특징

- 비교 사물의 크기가 작을수록 대비 효과가 강해진다.
- 자극 효과가 멀어질수록 대비 효과가 약해진다.
- 인접색의 색의 차이가 클수록 대비 효과는 강해진다.
- 오랫동안 계속해서 볼 경우 대비 효과는 약해진다.

40 ①

물리보색과 심리보색은 반드시 일치하지는 않는다.

과목 03 디자인 재료

41 ④

필름 오버레이 렌더링 : 아트필름 또는 스크린 톤의 착색재료를 사용하여 지정된 부분에 압착시켜 표현하는 렌더링 기법이다.

42 ④

오답 피하기

① : 폴리염화비닐수지는 PVC이다.
② : 폴리아미드수지는 PA이다.
③ : 폴리스티렌은 PS이다.

43 ④

ISO, ASA값이 높을수록 적은 빛에서도 촬영이 가능하므로 셔터속도를 빠르게 하려면 ISO, ASA값이 높은 것을 사용해야 한다.

44 ②

천연의 유기체 고분자 화합물에는 단백질, 녹말, 글리코겐 등이 있다.

45 ①

용융도금 : 다른 종류의 금속 · 합금의 층을 만드는 도금으로 도금하고자 하는 금속 용융액 속에 금속제품을 담그어 표면에 용융액을 부착하게 한 후 꺼냄으로써 만든다. 피도금물보다 용융점이 낮은 금속 · 합금의 얇은 층을 입히는 데 사용된다.

46 ②

컴퍼스는 원을 그리는 도구로 타원을 그릴 때는 타원형 템플릿을 사용한다.

47 ①

밀도 : 일정한 면적이나 공간 속에 포함된 물질이나 대상의 빽빽한 정도를 말한다.

오답 피하기

밀도가 높으면 함수율(수분의 양)의 변화가 심하지 않으며, 가공하기가 어렵고, 흡수성(물이 흡수하는 성질)이 나빠진다.

48 ①

인쇄용지에는 상질지, 중질지, 그라비어 용지, 아트지, 모조지 등을 사용하나 캘린더를 제작할 때는 아트지를 주로 사용한다.

오답 피하기

- 신문지 : 신문에 사용하는 용지이다.
- 모조지 : 화지라고도 하며 아류산 펄프를 원료로 만든 용지(잡지 표지, 사무용, 포장용)이다.
- 크라프트지 : 대표적인 포장용지(중포장, 경포장용)이다.

과목 04 컴퓨터그래픽스

49 ①

컴퓨터의 화면은 RGB로 이루어져 있으므로 출력물을 얻을 때는 출력하는 기계에 따라서 달라진다.

50 ①

컴퓨터그래픽은 시각디자인에 영향을 많이 주어 시각적인 작업을 할 때 매우 빠르게 효과를 얻을 수 있다.

51 ④

Resolution : 해상도를 말한다.

52 ②

크롭 툴(Crop Tool) : 이미지를 원하는 사이즈로 잘라내는 기능을 말한다.

53 ④

256색을 이용하여 웹 사이트의 아이콘으로 많이 사용되고 있는 것은 GIF파일이다.

54 ④

와이어 프레임 모델링의 특징

- 물체를 표현하는 가장 기본이 되는 모델링으로 물체를 직선, 곡선으로만 나타낸다.
- 면과 면이 만나는 선만으로 입체를 생성하는 방법이다.
- 물체의 표면, 부피, 무게, 실제감 등을 나타낼 수는 없다.

오답 피하기

물체의 면을 잘 표현하는 것은 솔리드 모델이다.

55 ②

문자 이외에도 음성, 도형, 영상 등으로 이루어진 다양한 매체를 처리할 수 있게 되었는데 이를 멀티미디어라 한다.

56 ②

동작 속도는 프레임 간의 변화량에 따라 달라진다. 자연에 가장 가까운 움직임의 표현인 1초당 24프레임으로 만드는 풀 애니메이션 (Full Animation)과 프레임의 가감, 즉 1초에 24프레임을 쓰지 않고 경우에 따라 프레임의 수를 조절하는 리미티드 애니메이션(Limited Animation)이 그것이다.

57 ③

VDSL : 초고속디지털가입자망. ADSL에 이어 등장한 초고속 디지털 전송기술의 하나로, 일반적인 가입자 전화선을 이용해 양방향으로 빠른 속도로 많은 데이터를 전송하는 초고속 인터넷 서비스를 의미한다.

58 ③

PnP : 컴퓨터에 주변기기를 추가할 때 별도의 물리적인 설정을 하지 않아도 설치만 하면 그대로 사용할 수 있도록 하는 기능을 말한다.

59 ④

개인용 컴퓨터 운영체제로 CP/M, MS-DOS, Windows 등이 개발되었으며, 슈퍼미니컴퓨터 · 워크스테이션용으로 이식성이 우수한 UNIX 시스템이 보급되었다.

60 ④

- 비트는 수학이나 컴퓨터 분야의 이진법의 최소의 단위를 말한다.
- 한 문자를 표현하는데 영문은 1바이트(8비트), 한글은 2바이트(16비트)가 필요하다.

---

01 ④	02 ③	03 ④	04 ④	05 ④
06 ①	07 ①	08 ③	09 ②	10 ②
11 ①	12 ②	13 ③	14 ④	15 ③
16 ②	17 ④	18 ②	19 ②	20 ③
21 ②	22 ④	23 ③	24 ①	25 ①
26 ③	27 ①	28 ①	29 ④	30 ③
31 ④	32 ④	33 ③	34 ②	35 ④
36 ①	37 ④	38 ②	39 ①	40 ③
41 ④	42 ④	43 ④	44 ②	45 ④
46 ②	47 ③	48 ①	49 ③	50 ①
51 ②	52 ①	53 ③	54 ①	55 ④
56 ④	57 ①	58 ①	59 ②	60 ③

과목 01 산업 디자인 일반

01 ④

기본시스템에는 심볼, 로고, 칼라, 서체, 시그니처(심볼과 로고의 조합), 그래픽모티브 등이 있다.

02 ③

시각 표현의 기초 드로잉으로 개략적인 밑그림이나 단순한 약화, 아이디어를 수집하거나 검토, 협의, 평가하기 위한 목적을 지녔다. 디자인 해결안을 모색하기 위한 방법이다.

03 ④

조형 처리, 색채 처리 등의 세부적인 입체 표현에 구애받지 않는 스케치를 말한다.

오답 피하기

정확도와 정밀성이 높은 그림은 러프 스케치(Rough Sketch) 중에서 최종적으로 선택하여 요구자의 승인을 얻기 위하여 정밀하게 스케치하는 것으로, 주로 외관상의 상태에 대하여 상세한 연구를 하며, 전체 및 부분에 대한 형상 및 재질, 비례 등의 정확함이 요구되는 스케치로 컴프리헨시브(Comprehensive)에 해당된다.

04 ④

포장 디자인의 주요 기능에는 보호와 보존성, 편리성, 상품성, 심미성 등이 있다.

오답 피하기

경기의 흐름을 고려한다면 경기에 따라 매번 포장 디자인을 바꾸어야 한다.

05 ④

오답 피하기

• 사용 과정 분석 : 순서대로 분석하여 현재의 해결 방법을 평가한다.
• 관계 분석 : 복잡한 문제를 상호 관계의 분석을 통해 단순화 시키고 해결을 용이하게 한다.
• 원인 분석 : 일어난 사건의 배경원인과 동기를 분석한다.

06 ①

②는 바닥, ③은 기둥이나 보, ④는 천장에 대한 설명이다.

07 ①

아르누보 양식은 사회 전반에 영향을 주었다.

08 ③

오답 피하기

상품 광고 포스터는 제품에 대한 광고를 위한 포스터이고, 계몽 포스터는 사회 공공질서 유지와 이익을 위한 포스터이다.

09 ②

데 스틸(De Stijl)은 모든 조형 분야의 일체화를 목표로 하고 수직, 수평의 화면 분할, 추상적 형태, 삼원색과 흙, 백, 회색만을 사용하여 기하학적인 형태가 가장 기능적인 것을 주장하는 신조형주의이다.

10 ②

상관표 작성 방법은 문제의 구조를 조사하는 방법이다.

11 ①

게슈탈트(Gustalt) 요인

• 근접성의 원리 : 서로 근접해 있는 것은 하나의 무리로 보인다.
• 유사성의 원리 : 서로 비슷한 것들은 하나의 무리로 보인다.
• 연속성의 원리 : 일정한 흐름을 갖는 것들은 하나의 무리로 보인다.
• 폐쇄성의 원리 : 선이 끊어져 있어도 닫혀진 하나의 형태로 보인다.

12 ②

• 서로 다른 요소들이 상반되게 나타나는 현상을 대비라고 한다.
• 대비는 형태, 크기, 색채, 질감, 방향, 위치, 공간, 중량감의 대비 등이 있다.

13 ③

C.I.P(Corporate Identity Program)의 약자로 사용되고 있으며 기업 이미지를 통일시키는 작업을 말한다.

14 ④

실내 소품의 선택과 배치

• 좋은 것이라도 많은 것을 진열하면 혼란을 주기 때문에 주의한다.
• 형태, 스타일, 색상 등이 위치와 잘 어울리도록 선택해야 한다.
• 주변 물건과의 디자인 성격을 잘 고려하여 적절하게 배치해야 한다.
• 오브제의 배치는 다소 변화를 줄 수 있는 여지를 남겨두는 것이 좋다.
• 실사용자의 개인의 개성을 나타낼 수 있어야 한다.
• 그림을 가구의 위나 벽의 중앙에 설치할 때 회화는 안정감을 주고 가구는 동적인 느낌을 준다.
• 공간에서 효과적인 위치를 선택하여 설치하고 국부조명을 하면 그림도 돋보이고 공간의 입체감도 생긴다.

오답 피하기

④ 소품이 잘 보이지 않을 수 있다.

15 ③

마케팅의 정의 : 소비자의 욕구를 철저히 조사, 탐지하여 소비자가 원하는 상품 및 서비스를 개발하고 최적의 유통경로를 통해 소비자에게 합리적인 가격으로 제공하며, 판매촉진을 일으켜 소비자 만족과 기업의 이윤을 추구하는 기업의 총체적인 활동이다.

오답 피하기

마케팅의 목표는 기업이 소비자에게 제공하는 것으로 ①, ②, ④는 소비자의 측면이며 ③의 경우는 기업 측면을 말하는 것이다.

16 ②

새로운 디자인으로 인한 제품들은 소형화 되어가는 추세이다.

17 ④

율동에는 반복, 교차, 방사, 점이 등이 있다.

오답 피하기

균형에는 대칭, 비대칭, 비례 등을 들 수 있다.

18 ②

형태는 크게 이념적인 형태와 현실적인 형태로 구분되며 이념적인 형태는 점, 선, 면, 입체 등과 같이 디자인요소 중 개념요소에 해당하는 것으로 이런 형태를 순수형태라고 말한다.

19 ②

설계 단계

• 디자인 의도를 확인하고 공간의 재료나 가구, 색채 등에 대한 계획을 시각적으로 제시하는 과정이다.
• 대상 공간에 대한 모든 계획을 도면화하여 실내 디자인 프로젝트를 확정하는 단계이다.

20 ③

프로덕트 디자인(Product Design) : 일반적으로 생활에 필요한 도구를 디자인하는 것을 말한다.

21 ②

축측 투상도에는 등각 투상도, 2등각 투상도, 부등각 투상도 등이 있다.

22 ④

중간혼합은 혼합되어 보이면서도 원색들의 채도가 떨어지지 않아 물 감을 섞었을 때보다 훨씬 선명하고 밝아보이게 된다.

오답 피하기

색을 혼합하는 것이 아니라 색을 나란히 배치해서 보는 사람의 눈의 망막 위에서 색이 서로 섞여져 보이는 것이다.

23 ③

배색의 조건
• 사용 목적과 기능에 맞는 배색이 되어야 한다.
• 색의 심리적 작용을 고려한다.
• 유행성을 고려한 배색이 되어야 한다.
• 실생활에 맞는 배색이 되어야 한다.
• 미적인 부분과 안정감을 주어야 한다.
• 주관적인 배색은 배제해야 한다.
• 면적의 효과를 고려해야 한다.

오답 피하기

배색은 두 가지 이상의 색을 혼합하는 것을 말하는 것으로 단색의 이 미지만을 고려해서는 안된다.

24 ①

명도대비 : 같은 회색이라도 흰색 바탕 위의 회색은 더욱 어둡게 느껴 지고, 검정 바탕 위의 회색은 더욱 밝게 느껴진다.

25 ①

혼색계 : 색광을 표시하는 표색계로서 심리적, 물리적인 빛의 혼합 을 기초로 색을 표시하는 체계를 말하며, 현재 측색학의 근본이 되고 있다.

26 ③

먼셀의 기본 5색상은 빨강(R), 노랑(Y), 녹색(G), 파랑(B), 보라(P)이다.

27 ①

임의의 크기로 확대하려면 육면체의 중심에서 각 모서리로 연결한 점 들을 연결하면 된다.

28 ①

정투상 : 서로 직각으로 교차되는 세 개의 화면, 즉 평화면, 입화 면, 측화면 사이에 물체를 놓고 각 화면에 수직되는 평행광선으로 투상하여 얻은 도형이다.

오답 피하기

• 2점 투시투상 : 시점과 대상물을 연결한 투사선에 의해 얻는 투 상을 말한다.
• 사투상 : 투상선이 투상면을 사선으로 지나는 평행 투상을 말한다.
• 표고 투상 : 기준면을 정한 후 지형의 높고 낮음을 표시하는 것과 같이 기준면과 평행하게 평면으로 자른 수평면을 수직으로 투상하 여 그린 수직투상을 말한다.

29 ④

Φ은 지름, R은 반지름, t는 두께, 45°는 모따기를 나타낸다.

30 ③

제도 문자기입의 원칙
• 제도에 사용되는 문자는 한자, 한글, 숫자, 로마자이다.
• 문자는 정확하게 기입하여야 하며, 상단 가로쓰기를 원칙으로 한다.
• 글자체는 고딕체를 사용하며, 수직 또는 15° 경사로 쓰는 것을 원칙 으로 한다.
• 가로쓰기는 왼쪽에서 오른쪽 방향을 원칙으로 하고, 가로쓰기가 곤 란할 경우는 세로쓰기를 사용한다.
• 같은 도면 내에서는 동일한 글자체를 사용해야 한다.
• 숫자는 아라비아 숫자를 원칙으로 한다.
• 문자의 크기는 문자의 높이로 표시되며 2, 2.24, 3.15, 4.5, 6.3, 9mm 등의 높이를 기준으로 사용한다.
• 네 자리 이상의 숫자는 세 자리마다 콤마(,)를 표기한다.
• 문자의 크기는 문자의 높이로 한다.

31 ④

오답 피하기

파랑 – 주황은 연두 – 파랑보다 색상차이가 더 크므로 시인성이 좋 다.

32 ④

동화현상 : 한가지 색이 다른 색에 둘러싸여 있을 때 둘러싸여 있 는 색이 주위의 색과 비슷해져 보인다. 이러한 현상을 동화현상 (Assimilation Effect) 혹은 폰–베졸트 효과라고 한다.

오답 피하기

• 자극이 오래 지속되는 색의 정의(긍정적) 잔상에 의해 생겨난다.
• 주위에 비슷한 색이 많이 배치된 경우 발생한다.
• 좁은 시야의 색채들이 복잡하게 구성되어 있을 때 많이 생겨난다.
• 동일한 회색 배경 위에 검은색 선을 그리면 배경의 회색은 어둡게 보이고, 백색 선을 그리면 배경의 회색은 밝게 보인다.

33 ③

색의 3속성은 색상, 명도, 채도이다.

34 ②

1점 쇄선은 중심선, 기준선, 피치선으로 사용된다.

정답
정답&해설

35 ④

색순응 : 어떤 색을 오랫동안 보면 그 색에 순응하여 색의 지각이 약해지는 현상으로 색광에 대하여 순응하는 것이다.

36 ①

주어진 ∠POQ를 2등분 하는 방법
1) ∠POQ의 O를 중심으로 임의의 원호를 그리고 OP, OQ의 교점 A와 B를 구한다.
2) 교점 A, B를 중심으로 하여 임의의 반지름으로 하는 원호를 그린다.
3) 두 원호의 교점 C를 구하고, OC를 연결하면 된다.

37 ④

먼셀의 색 표기법은 색상, 명도/채도로 표기한다. 즉, HV/C이다.

38 ④

색상과 명도의 차이가 높을수록 동적인 느낌을 느낄 수 있다.

오답 피하기

- 빨강 – 청록 : 보색대비로 선명하게 보인다.
- 연두 – 자주 : 거의 보색에 가까운 색이다.
- 노랑 – 어두운 빨강 : 명도 차이가 커서 동적인 느낌을 얻을 수 있다.

39 ①

장축과 단축이 주어질 때 타원을 그릴 수 있는 방법은 집점법, 대 · 소 부원법, 4중심법, 평행사변형법 등이 있다.

40 ③

색이 무겁거나 가볍게 느껴지는 것을 중량감이라 하며, 이는 명도에 의해 좌우된다.

과목 **03** 디자인 재료

41 ④

재료 사이클의 3요소는 물질, 에너지, 환경이다.

42 ④

오답 피하기

- DIN : 독일표준기준을 나타낸다.
- ASA : 미국표준기준을 나타낸다.
- ISO : 국제표준기준을 나타낸다.

43 ②

채륜 : 105년경 물속에서 부드러워진 나무껍질, 헝겊 등을 이용하여 종이를 만들어낼 방법을 생각해냈다.

오답 피하기

- 루이 로베르 : 근대적인 종이제조의 시초는 19세기경으로 1799년 무한궤도의 금망을 이용한 종이제조법을 발명했다.
- 디킨스 : 1809년 영국의 디킨슨은 원통형 철망으로 초지하는 환망 초지기를 개발하였다.

44 ②

사이징 : 아교물질로 섬유의 표면에 피막을 형성시켜 내수성을 높이는 작업으로 잉크의 침투, 번짐 등을 막기 위한 작업을 말한다.

45 ④

열경화성 플라스틱의 특징
- 열에 안정적이다.
- 거의 전부가 반투명 또는 불투명이다.
- 압축, 적층성형 등의 가공법에 의하기 때문에 비능률적이다.
- 가열하면 경화하여 3차원적 구조를 가지며, 화학적인 변화로 재사용이 어렵다.
- 열변형 온도가 150℃ 이상으로 높다.
- 열가소성 플라스틱보다 강도가 높다.

46 ②

도료의 일반적인 조건
- 색깔의 변색과 퇴색이 없어야 한다.
- 색깔의 광택이 지정된 것과 일치해야 한다.
- 여러가지 성능도 구비할수록 좋다.
- 강인한 도막을 형성할 수 있어야 한다.
- 부착성이 좋아야 한다.
- 도막의 경도가 높아야 한다.

47 ③

중금속 : 비중이 4~5 이상인 금속을 통틀어 이르는 말이며, 금, 백금, 은, 구리, 수은, 납, 철, 니켈, 비소, 안티몬, 카드뮴, 크롬, 주석, 바륨, 비스무트, 코발트, 망간 등이 해당한다.

48 ①

- 연필의 심은 B의 숫자가 클수록 무르고 진하며, H의 숫자가 클수록 단단하다.
- 무른 심부터 단단한 심의 순서는 2B → B → HB → H → 2H → 3H → 4H이다.

49 ③

캘리브레이션(Calibration) : 모니터와 실제 인쇄했을 때의 색상이 일치하지 않을 때 여러 시험을 통해 일치하도록 조정하는 작업이다.

50 ①

오답 피하기
- 제2세대 : IBM사와 GM사가 공동으로 자동차 설계를 위한 시스템 DAC-1을 개발하여 세계 최초의 CAD/CAM 시스템을 만들었다.
- 제3세대 : 미국의 벨 연구소에서 집적회로(IC) 개발에 성공했다.

51 ②

CAD 프로그램을 사용함으로써 도면을 쉽게 그릴 수 있는 장점이 있는 것이지 아이디어를 제공하는 것은 아니다.

52 ①

스캐너의 해상도는 300DPI, 600DPI와 같이 평방인치당 읽어 들일 수 있는 데이터를 DPI로 나타낸 것으로 이 수치가 높을수록 더욱 세밀한 스캐닝이 가능하여 고품질의 이미지를 얻을 수 있다.

53 ③

솔리드 모델(Solid Model) : 물체의 내·외부를 명확히 표현하고 부품 간의 간섭과 물리적인 성질 등의 계산이 가능하다.

오답 피하기
- 와이어프레임 모델 : 물체의 표면, 부피, 무게, 실제감 등을 나타낼 수는 없다.
- 서페이스 모델 : 속은 비어 있고 겉면만 생성되어 있는 상태로 표면은 대부분 다각형으로 구성된다.

54 ①

스키닝(Skinning) : 스키닝은 말 그대로 피부를 붙이는 것이다. 3차원 메시는 관절과 관절 사이가 사람과 달리 끊김 현상이 발생할 수 있는데, 이를 막는 기법을 스키닝이라고 한다.

55 ④

GUI(Graphical User Interface) : 사용자가 컴퓨터와 정보를 교환할 때, 그래픽을 통해 작업할 수 있는 환경을 말한다. 마우스 등을 이용하여 화면에 있는 메뉴를 선택하여 작업할 수 있다.

56 ④

Magic Wand를 사용하는 것은 이미지를 선택하여 이미지의 크기, 색채, 변형을 하기 위한 것이지 작업 사이즈를 조절하는 것이 아니다.

57 ①

입력장치에는 키보드, 마우스, 태블릿, 디지타이저, 스캐너 등이 있고, 출력장치에는 모니터, 프린터, 플로터, 필름레코더 등이 있다.

58 ①

EPS : Encapsulated Post Script의 약자로 전자출판이나 고해상도의 그래픽을 지원하는 파일 포맷이다.

오답 피하기
- BMP : 24비트 비트맵 파일 포맷으로 윈도우 등에서 사용하는 압축하지 않은 표준 그래픽 형식이다.
- PNG : GIF와 JPG의 장점을 합친 것으로 8비트 컬러를 24비트 컬러처럼 저장할 수 있다.
- JPEG : 손실압축방식으로 압축률이 가장 뛰어나다.

59 ②

커서(Cursor) : 컴퓨터의 모니터 화면에서 정보나 신호의 입력 위치를 나타내는 표시를 말한다.

오답 피하기
- 아이콘 : 컴퓨터에 주는 명령을 문자나 기호, 그림 따위로 화면에 표시한 것을 말한다.
- 픽셀(Pixel) : 색 또는 휘도를 독립적으로 할당할 수 있는 화면상의 가장 작은 단위를 말한다.

60 ③

Boolean은 연산자 용어이다.

01 ②	02 ②	03 ①	04 ②	05 ④
06 ④	07 ①	08 ③	09 ④	10 ②
11 ④	12 ③	13 ②	14 ②	15 ④
16 ②	17 ②	18 ②	19 ①	20 ②
21 ①	22 ①	23 ①	24 ②	25 ②
26 ①	27 ②	28 ②	29 ①	30 ④
31 ③	32 ②	33 ④	34 ④	35 ③
36 ④	37 ③	38 ③	39 ③	40 ②
41 ③	42 ④	43 ①	44 ④	45 ④
46 ①	47 ①	48 ④	49 ②	50 ④
51 ③	52 ③	53 ①	54 ③	55 ④
56 ①	57 ①	58 ②	59 ④	60 ③

과목 01 산업 디자인 일반

01 ②
벽은 사람의 눈높이에 있기 때문에 시선이 가장 많이 머무는 곳이다.

02 ②
조화에는 유사조화, 대비조화, 균일조화 등이 있다.
오답 피하기
율동 : 반복, 교차, 방사 등이 있다.

03 ①
도입기에는 새로운 제품을 출시해서 인지도를 높이는 단계로 새로운 고객을 확보하기 위한 광고를 해야 한다.

04 ②
오답 피하기
• 블록(Block) 광고 : 일정한 시간을 정하여 계속 방송하는 형태의 광고이다.
• 프로그램(Program) 광고 : 드라마 형식으로 프로그램 안에 광고를 삽입하여 제작한다.
• 네트워크(Network) 광고 : 전국적인 네트워크망을 갖고 있는 방송국에서 전국에 알리는 광고이다.

05 ④
디자인은 단순 미화가 아닌 계획을 세우고 이를 실현시키는 것이다.

06 ④
신문은 지면에 따라서 그 효과가 달라진다.

07 ①
바우하우스는 합목적성인 기능과 실용성으로 새로운 미를 추구하였다.

08 ③
극장, 학교, 미술관 등은 공용 공간으로 능률화, 쾌적성, 신뢰감, 친근감, 통일성 등이 중요한 요소다. 위 문제에서 신뢰적인 측면을 보면 직접적으로 화폐거래가 이루어지는 은행일 것이다.

09 ④
점이 확대되면 면으로 느껴진다.

10 ②
극소주의 디자인하면 일본을 말할 수 있다.

11 ④
편집 디자인과 광고 디자인은 서로 겹치는 부분이 있으나 글의 내용이 주가 되는 것을 편집 디자인이라 말할 수 있다.
오답 피하기
• 패키지 디자인 : 글보다는 지기구조, 평면의 조형적인 요소를 디자인하여야 한다.
• POP 디자인 : 시각 디자인의 한 분야로 구매시점에서 이루어지는 광고물들을 말한다.
• 로고 디자인 : 서체를 이용하는 경우도 있겠지만 로고 자체는 서체가 아닌 고유 대명사로서 하나의 그래픽으로 봐야 한다.

12 ③
C.I.P : Corporate Identity Program의 약자이다.

13 ②
브레인스토밍(Brainstorming)의 최우선은 다른 사람의 의견을 존중하는 것이므로 어떠한 경우에도 비판해서는 안 된다.

14 ②
Research란 조사의 뜻으로 디자인 리서치(Design Research)는 디자인을 연구하는 것이다.

15 ④
오답 피하기
• 러프 드로잉 : 아이디어를 다른 사람과 커뮤니케이션하기 위한 드로잉을 말한다.
• 컴퓨터 드로잉 : 컴퓨터로 드로잉 하는 작업을 말한다.
• 프리핸드 드로잉 : 손으로 자연스럽게 드로잉 하는 작업을 말한다.

16 ②
방열포장은 용도별 분류에 속한다.

17 ②

디자인의 조건 : 합목적성, 심미성, 경제성, 독창성, 질서성이 있다.

18 ②

마케팅 믹스에는 제품(Product), 가격(Price), 유통(Place), 촉진(Promotion)이 있다.

19 ①

- 수평선 : 평온, 평화, 정지, 무한함, 정적인 느낌을 준다.
- 곡선 : 호선, 포물선, 쌍곡선, 와선, 자유곡선, 유기적인 선 등이 있으며, 직선에 비해 여성적이며, 아름답고, 부드러우며 자유로운 느낌을 준다.
- 사선 : 생동감, 긴장감, 운동감, 속도감, 불안한 느낌을 준다.

20 ②

균형 : 균형은 안정감을 창조하는 질(Quality)로써 정의되며 시각적인 무게의 동등한 힘의 분배를 말한다. 디자인 요소들 간의 긴장감과 안정감을 유지하는 상태를 말한다. 균형에는 대칭, 비대칭, 비례 등을 들 수 있다.

과목 02 색채 및 도법

21 ①

보색대비는 보색 관계인 두 색이 서로의 영향으로 더욱 선명하게 보이는 현상이다. 이는 서로의 보색 잔상이 일치하기 때문에 더욱 뚜렷하게 보이는 것이다. 또한 색의 대비 중에서 가장 강한 대비이다.

③의 경우는 색상대비가 아니라 보색대비로 잘 보이는 것이다.

22 ①

흥분색 : 난색 계통의 색으로서 명도와 채도가 높은 색은 흥분감을 준다. 눈의 자극을 통한 피로감을 주기 때문에 주로 자극을 주거나 강조할 때 사용한다. 패스트푸드점, 스포츠 등과 같이 활발한 움직임을 요구하는 곳에서 활용된다.

23 ①

투시도법 : 투시도는 한 점을 시점으로 하여 물체를 원근법에 따라 눈에 비친 그대로 그리는 기법을 말한다.

24 ②

눈의 구조는 카메라 렌즈와 비교할 수 있다. 렌즈 = 수정체, 조리개 = 홍채, 필름 = 망막으로 구분 지을 수 있으며, 망막에는 색을 지각하는 시세포가 존재하는데 이는 추상체와 간상체로 구분된다.

25 ②

- 온(전) 단면도 : 대칭 형태의 물체의 중심선을 경계로 반으로 절단하여 나타내는 단면도를 말한다.
- 부분 단면도 : 물체의 외형도에서 필요한 부분만을 절단하여 표시하는 단면도를 말한다. 단면 부위는 파단선으로 표현한다.
- 회전 단면도 : 절단면을 90° 회전하여 그린 단면도를 말한다. 핸들이나 바퀴 등의 암 및 림, 리브, 축 등의 단면을 표시하기 쉽다.

26 ①

정다면체의 각 면의 중심을 잡아 이웃한 중심끼리 연결하면 다른 모양의 정다면체를 만들 수 있는데, 정육면체와 정팔면체, 정십이면체와 정이십면체가 서로 짝을 이루고, 정사면체는 그 자신과 짝이 된다.

27 ②

- 명도 : 색의 밝기를 나타낸다.
- 채도 : 색의 맑기를 나타낸다.

28 ②

동일한 면적의 경우 면적대비가 없어 조화롭지 못하다.

29 ①

- 표면색은 반사한 빛의 파장 범위를 색으로 보는 것이다.
- 빛의 파장을 모두 반사하면 흰색으로 보인다.

30 ④

원의 중심 구하기 순서
1) 주어진 원주에 임의의 점 A, B, C를 정한다.
2) 선분 AB의 수직 2등분선을 그린다.
3) 선분 BC의 수직 2등분선을 그린다.
4) 임의의 점 O를 정한다.

31 ③

축측 투상 : 대상물의 좌표면이 투상면에 대하여 직각이거나 물체가 경사를 가지는 투상이다.

- 사투상 : 투상선이 투상면을 사선으로 지나는 평행 투상을 말한다.
- 정투상 : 서로 직각으로 교차되는 세 개의 화면, 즉 평화면(平畵面), 입화면(立畵面), 측화면(側畵面) 사이에 물체를 놓고 각 화면에 수직되는 평행광선으로 투상하여 얻은 도형이다.
- 투시 투상 : 시점과 대상물을 연결한 투사선에 의해 얻는 투상을 말하며 눈으로 물체를 보는 것과 같이 원근감을 통하여 사실적인 표현을 할 수 있다. 일반적으로 투시도라고 말하며 1, 2, 3점 투시 투상이 있다.

32 ②

저드의 조화론

- 질서의 원리 : 색 공간에서 일정한 법칙에 따라 선택한 색은 조화롭다.
- 친근감의 원리 : 인간에게 친숙한 자연색은 아름답다.
- 유사성의 원리 : 공통성이 있는 색채는 조화롭다.
- 명료성의 원리 : 색채, 명도, 채도가 분명하면 조화롭다.

33 ④

밝은 색 쪽이 어두운 색보다 크게 보인다.

34 ④

먼셀 휴(Munsell Hue)의 기본 5색은 빨강(R), 노랑(Y), 녹색(G), 파랑(B), 보라(P)이다.

35 ③

한국산업표준에서는 제3각법을 사용하도록 규정하고 있다.

36 ④

색채지각설은 혼색과 색각이상을 잘 설명하는 이론으로써, 현재 사용되는 빛의 혼합(가산혼합)의 이론과 일치한다.

37 ③

오스트발트 색체계 : 색입체의 정삼각형 꼭지점에 모든 빛을 완전히 반사하는 이상적인 백색(W), 모든 빛을 완전히 흡수하는 이상적인 흑색(B), 이상적인 완전색(C)을 가상으로 정하고 있다.

- 먼셀의 표체계 : 영·헬름홀츠의 3원색설을 바탕으로 색의 3속성인 색상, 명도, 채도에 따라서 3차원 색입체를 구성하였다.
- NCS 색체계 : Natural Color System의 약자로, 자연색을 바탕으로 한 색체계이므로 먼셀 시스템의 한계점을 보완한 색체계이다.
- DIN 색체계 : 색상(T, Bunton), 포화도(S, Sattigung), 암도(D, Dunkelstufe)의 3속성으로 나타내어 색상(T)은 오스트발트 표색계와 같은 24색상이나, 포화도(S) 0~15의 범위로 표시하고, 암도(D)는 0~10의 범위로 표시한다. D=10의 색을 이상적인 흑으로 하여 D=0,S=0의 색은 이상적인 백색이며, D=0,S=7의 색은 그 색상의 가장 선명한 색(순색)이 된다.

38 ③

①은 전부 따듯한 느낌의 색이며 ②는 빨강이, ④는 주황과 빨강이 따듯한 느낌의 색이다.

39 ③

기선 GL(Ground Line) : 화면과 지면이 만나는 선이다.

- 시선 VL(Visual Line) : 물체와 시점을 연결하는 선이다.
- 소점 VP(Visual Point) : 물체의 각 점이 수평선상에 모이는 지점이다.

40 ②

작도를 할 때는 외부치수보다 내부치수를 택한다.

과목 **03** 디자인 재료

41 ③

목재의 주성분은 셀룰로오스, 헤미셀룰로오스, 리그닌이다.

42 ④

용제 : 도막 원료를 용해하거나 묽게 하여 바르기 쉽게 한다. 수지를 용해하여 도막에 평활성을 부여하는 성분으로 도료의 점도, 유동성, 증발속도를 조절해 주는 물질이다.

43 ①

신문용지, 인쇄용지, 필기용지, 도화지, 포장용지, 박엽지, 잡종지 모두 양지에 속한다.

44 ④

유성계 도료는 수성계 도료에 비해 건조 시간이 길다.

45 ④

신문용지는 고속의 윤전기로 인쇄되기 때문에 찢어지지 않을 정도의 인장력과 흡유성, 평활도, 불투명도 등의 인쇄 적성을 지녀야 한다.

46 ①

- 감색성 : 필름이 빛과 색에 대하여 느끼는 성질을 감색성이라 한다. 감색성은 백광 안의 색, 즉 빨강, 초록, 파랑, 노랑 등 색광에 대한 느낌을 말한다.
- 관용도 : 필름이 빛을 감지하는 정도를 말한다.
- 입상성 : 입상성은 할로겐화은이 젤라틴막 안에 얼마나 분포되어 있는지를 나타내는 것이다.

47 ①

알루미늄은 보오크사이트 광석에서 정련, 제련되어 가벼운 경금속으로 잘 부식되지 않는 내식성이 강하고, 전기의 양도체이다. 전성과 연성이 풍부하며, 성형성이 좋고, 강도가 높아 항공기, 자동차, 기차 등에 사용된다.

48 ④

금속의 일반적인 성질
- 비중이 크다.
- 열 및 전기의 양도체이다.
- 경도가 크며, 내마멸성이 풍부하다.
- 전성과 연성이 좋다.
- 외력의 저항과 내구력이 크다.
- 이온화했을 때 양이온이다.
- 불에 타지 않는다.
- 상온에서 고체 상태이다.

과목 04 컴퓨터그래픽스

49 ②

> **오답 피하기**

- Preferences : 환경설정 기능이다.
- Export : 내보내기 기능이다.
- Unit : 단위 기능이다.

50 ②

> **오답 피하기**

- 파라메트릭 모델(Parametric Model) : 수학적으로 계산되는 '곡면 모델'이라고 하며 항공기, 자동차, 선박 등의 설계에 사용된다.
- 서페이스 모델(Surface Model) : 기본적인 와이어 프레임 위에 표면만을 입히는 방식이다.
- 와이어 프레임 모델(Wire-Frame Model) : 물체를 표현하는 가장 기본이 되는 모델링으로 물체를 직선, 곡선으로만 나타낸다.

51 ③

스크롤 바를 움직여 이동할 수 있다.

52 ③

광역 통신망(Wide Area Network, WAN)은 국가, 대륙 등과 같은 넓은 지역을 연결하는 네트워크를 뜻한다.

53 ①

> **오답 피하기**

- AI : 일러스트레이터 확장자이다.
- EPS : Encapsulated Post Script의 약자로 전자출판이나 고해상도의 그래픽을 지원하는 파일 포맷을 말한다.
- TIF : 인쇄 시 4도 분판 기능이 있어 편집 프로그램이나 고해상도의 출력물을 얻을 때 사용하는 방식이다.

54 ③

Lab 모드 : L(명도), ab는 (빨강/초록, 노랑/파랑)값으로 색상을 정의하므로 CMYK 모드보다 훨씬 빠르다.

55 ④

레졸루션(Resolution) : 해상도를 나타내는 것으로 값이 높을수록 이미지가 정교하게 나타난다.

56 ①

> **오답 피하기**

- Bitmap 모드 : 흑, 백 모드이다.
- RGB 모드 : 영상 작업 시 많이 활용된다.
- HSV 모드 : 색상(Hue), 채도(Saturation), 명도(Brightness, Value)의 좌표로 일반적으로 디자이너나 색채를 다루는 사람들이 보통 사용하는 방식이다.

57 ①

캐시 메모리는 기억 용량은 작으나 고속 접근이 가능한 SRAM을 사용한다.

58 ②

> **오답 피하기**

- Union(합집합) : 두 도형을 합친다.
- Subtraction(차집합) : 겹치는 도형을 빼준다.

59 ④

④는 포토샵에 대한 설명이다.

60 ③

CPU는 크게 제어 장치, 연산 장치, 레지스터(Register)로 구성되어 있다.

01 ②	02 ④	03 ②	04 ②	05 ①
06 ①	07 ③	08 ②	09 ②	10 ④
11 ③	12 ③	13 ①	14 ③	15 ②
16 ①	17 ③	18 ③	19 ④	20 ②
21 ①	22 ③	23 ②	24 ③	25 ①
26 ①	27 ④	28 ②	29 ③	30 ④
31 ③	32 ④	33 ③	34 ①	35 ②
36 ③	37 ④	38 ③	39 ②	40 ③
41 ②	42 ①	43 ②	44 ④	45 ④
46 ③	47 ②	48 ③	49 ④	50 ②
51 ②	52 ③	53 ②	54 ④	55 ③
56 ①	57 ④	58 ②	59 ①	60 ④

과목 01 산업 디자인 일반

01 ②

형을 표현하는 것은 기본적으로 면의 개념이다. 형의 기본은 삼각형, 사각형, 정원이며 그 외의 형은 다각형의 응용이라고 생각하면 된다.

02 ④

• 소극적인 입체 : 이념적인 형으로 크기, 폭 등이 없는 지각될 수 없는 형을 말한다.
• 적극적인 입체 : 현실적인 형으로 시각적으로 확실하게 지각될 수 있는 형을 말한다.

03 ②

오답 피하기

• 광고탑 : 광고를 위하여 탑처럼 높이 만들어 세운 구조물로 행사 등을 알리기 위하여 설치한다.
• 애드벌룬 : 광고하는 글이나 그림 등을 매달아 공중에 띄우는 풍선을 말한다.
• 빌보드광고 : 야립 간판이라고도 불리는데 도로변 등에 대형으로 설치하는 광고판을 말한다.

04 ②

벽은 사람의 눈높이에 있기 때문에 시선이 가장 많이 머무는 곳이다.

05 ①

경영자의 역할

• 조직운영에 관한 모든 의사 결정 시 결단적 역할 수행을 해야 한다.
• 디자인 조직의 내·외부로부터 정보를 받아들이고 전달해주며, 사람들과 원만한 인간관계 구축에 노력을 기울여야 한다.

오답 피하기

①은 디자이너의 의식으로서 스페셜리스트적인 사고를 없애야 한다.

06 ①

제품 디자인은 우리가 사용하는 제품을 디자인하는 것이다.

오답 피하기

②와 ③은 환경 디자인에 속한다.

07 ③

매출액이 안정된 상태를 유지하는 상태는 성숙기이다.

오답 피하기

• 도입기 : 매출액이 낮다.
• 성장기 : 판매량, 이윤이 높아지는 시기이다.
• 쇠퇴기 : 매출이 급격히 감소되는 시기이다.

08 ②

주거용 실내 디자인이므로 방문객이 아닌 사용자의 요구 및 생활양식을 고려해야 한다.

09 ②

라인 업 : 라인으로 전체적인 레이아웃을 정하는 것을 말한다.

오답 피하기

• 여백 : 글이나 그림이 들어가는 단과 재단선과의 간격을 말한다.
• 포맷 : 컴퓨터 작업의 저장하는 방식이다.
• 폰트 디자인 : 서체의 종류 및 크기를 디자인하는 것을 말한다.

10 ④

미래파는 기계, 자동차, 비행기 등 속도감과 반복성 등의 물질문명을 찬양하였다.

11 ③

기초 조형이란 디자인할 때 기본이 되는 조형적인 요소를 말하는 것으로 디자인의 요소 및 원리를 어떻게 구성할 것인가의 문제이다. 이는 감각적인 훈련이며 미적인 개념을 창조적으로 표현하는 기술이 필요하다.

12 ③

③은 POP 광고에 대한 설명이다.

13 ①

• 포지티브(Positive)한 면 : 적극적인 면을 말하는 것으로 확대, 이동 등이 있다.
• 네거티브(Negative)한 면 : 소극적 면으로 밀집, 집합 등이 있다.

14 ③

설계 단계 : 디자인 의도를 확인하고 공간의 재료나 가구, 색채 등에 대한 계획을 시각적으로 제시하는 과정을 말한다.

15 ②

아르누보 : 전 조형 분야에 걸쳐 곡선적이고 화려한 장식이 풍미하여, 건축의 외관이나 일상 생활용품에 자연물의 유기적 형태(Oranic Form)에서 비롯된 장식을 이용했다.

16 ①

디자인의 조건을 말하는 것으로, 디자인의 조건에는 합목적성, 심미성, 독창성, 경제성, 질서성 등이 있다.

17 ③

광고 콘셉트에 따라서 회사의 규모를 표현할 수는 있으나 매체의 안정성은 매체 선정 시 고려할 사항이며 안정성을 표현할 필요는 없다.

18 ③

디자인 문제해결 과정은 계획 → 조사 → 분석 → 종합 → 평가로 이루어진다.

19 ④

서로 다른 요소들이 상반되게 나타나는 현상을 대비라고 한다. 서로 다른 부분의 조합에 의하여 생기는 것으로 시각적 형태 강약에 의한 형의 감정 효과이다. 대비는 형태, 크기, 색채, 질감, 방향, 위치, 공간, 중량감의 대비 등이 있다.

20 ②

C.I.P(Corporate Identity Program)의 약자로, 기업 이미지를 통일시키는 작업을 말한다.

과목 02 색채 및 도법

21 ①

푸르킨예 현상 : 적과 청의 투톤 칼라의 우편 포스트가 낮에는 붉은 부분 쪽이, 저녁 때는 푸른 부분의 쪽이 밝게 보이는 것을 발견했다.

22 ③

현색계 : 색채를 표시하는 표색계로서 심리적인 색의 3속성에 따라 일정한 표준을 정하여 번호, 기호 등을 사용하여 정량적으로 표시하는 체계를 말한다.

23 ②

VL(Visual Line)은 시선을 뜻한다.

24 ③

문 · 스펜서의 색채조화론 : 조화의 관계를 동일 조화, 유사 조화, 대비 조화로 분류하고, 애매모호한 배색인 부조화는 제1불명료, 제3불명료, 눈부심으로 분류하였다.

25 ①

각 안에 원이 있으므로 주어진 각에 내접하는 원을 작도하는 방법이다.

26 ①

무대 조명은 가산혼합이며, ②, ③, ④는 병치혼합이다.

27 ④

색채 조화는 객관적인 미적 기준에 기초한다.

28 ②

추상체 : 원추세포라고도 하며, 밝은 곳(명소시)에서 대부분의 색과 명암을 구별한다. 추상체에 이상이 생기면 색맹, 색약 등의 이상 현상이 생겨서 정상적인 색 구분이 어려워진다.

29 ③

색의 대비 : 하나의 색이 그 주위에 있는 다른색 또는 인접색, 배경색의 영향으로 본래의 색과 다르게 지각되는 시각 현상을 말한다. 망막의 생리적 현상에서 생겨나며, 일반적으로 시간의 경과에 따른 계시대비와 동시에 경험하는 동시대비로 나뉘게 되며, 세부적으로는 색의 3속성에 차이에 따른 명도대비, 채도대비, 색상대비 및 보색, 면적, 한난대비로 구분할 수 있다.

30 ④

치수 보조선은 같은 각도로 표시하여 시선이 분산되지 않게 해야 한다.

31 ②

사투상도법
• 투상선이 투상면을 사선으로 지나는 평행 투상을 말한다.
• 투사선이 서로 평행하고 투상되는 면은 경사지게 그린다.
• 경사축과 수평선을 이루는 각도는 30°, 45°, 60°의 각도를 많이 사용한다.

32 ④

보색관계 : R−BG, YR−B, Y−PB, GY−P, G−RP가 있다.

33 ③

• 중량감 : 검정, 파랑, 빨강, 보라, 주황, 초록, 노랑, 흰색 순으로 중량감이 느껴진다.
• 경연감(부드러운 느낌을 주는 색) : 고명도, 저채도의 난색계통의 색을 말한다.

34 ①

- 색상대비는 색상이 다른 두 색이 서로 대조가 되어 색상차가 크게 보이는 현상을 말한다.
- 색상 간의 대비가 가장 강하게 느껴지는 색은 3원색이며, 이러한 경우 명도, 채도가 비슷할수록 색상의 차이가 크게 된다.
- 색상의 대비가 강하면 생명력과 힘이 있으며, 시각적 자극이 강하게 되어 시선 집중 및 주목성을 높일 수가 있다.

35 ②

②는 색상을 설명하고 있다. 명도란 색의 밝고 어두운 정도를 나타내는 명암단계를 말하며, 그레이스케일이라고도 한다.

36 ③

③은 2소점 투시에서 유각투시도에 해당하는 경사각이다.

37 ④

치수는 되도록 중복을 피하며, 계산하지 않고서도 알 수 있도록 쓴다.

38 ④

"채도가 높다."라고 말하는 것은 순색을 말하는 것으로 순색의 배색은 화려하고 자극적이다.

오답 피하기

① : 명도 차이에서 느끼는 중량감을 설명하고 있다.
② : 온도감을 나타내며, 난색은 따뜻한 느낌, 한색은 차가운 느낌을 준다.
③ : 한색계통의 명도와 채도가 낮은 색은 진정감을 준다.

39 ②

- 가는 실선 : 치수선, 치수 보조선, 지시선, 회전 단면선에 사용한다.
- 가는 일점쇄선 : 피치선, 절단선에 사용한다.
- 가는 이점쇄선 : 상상선(가상선)에 사용한다.

40 ③

어떤 색이 주변 인접색의 영향을 받아 멀리서도 확실히 눈에 잘 보이거나 판독하기 쉬워서 정보를 빨리 이해하게 되는 것을 색의 명시성 또는 시인성이라 한다.

과목 03 디자인 재료

41 ②

- 졸참나무는 일명 참나무라고도 하며 비중이 0.80이다.
- 비중이 큰 나무 순서 : 오동나무 0.3 〈 전나무 0.5 〈 후박나무 0.7 〈 졸참나무 0.8
- 대부분의 나무는 밀도가 1 이하이다.

42 ①

- 저감도 필름 : ISO 50 이하의 감도이다.
- 중감도 필름 : ISO 100~200 이하의 감도이다.
- 고감도 필름 : ISO 200 이상의 감도이다.

43 ②

글라싱지 : 화학펄프를 분해해서 만든 종이로 종이의 질이 균일하고 질기며 강도가 강하며, 파라핀 가공을 한다(약품, 식품, 담배 등의 간지로 사용).

44 ④

오답 피하기

- 감압지 : 압력에 의해 복사할 수 있도록 만든 종이(영수증, 세금계산서)를 말한다.
- 박리지 : 한쪽이나 양쪽에 실리콘을 발라 접착성 물질을 보호하기 위한 종이를 말한다.

45 ④

열전도율이 높은 순서는 '은 〉 구리 〉 알루미늄 〉 금'이다.

46 ③

유성 마커의 장점
- 색상이 다양하고 풍부하다.
- 색상이 선명하고 아름답다.
- 건조시간이 빠르다.

47 ②

안료 : 물 및 대부분의 유기용제에 녹지 않는 분말상의 착색제이다.

48 ③

- 수성암 : 응회암, 사암, 석회암, 점판암이 속한다.
- 화성암 : 화강암, 안산암, 감람석, 섬록암, 부석이 속한다.

과목 04 컴퓨터그래픽스

49 ④

④는 비트맵 방식(Bitmap Format)이다.

50 ②

PAL 방식 : 초당 25프레임의 주사율을 갖는 방송방식으로 주로, 유럽, 호주, 중국 등지에서 사용하는 방송방식이다.

오답 피하기

NTSC 방식 : 초당 29.9프레임의 주사율을 갖는 방송방식으로 주로 미국, 캐나다, 일본, 우리나라 등에서 사용하는 방송방식이다.

51 ②

단위	크기	단위	크기
Bit(비트)	0.1	MB(메가바이트)	1,024KB(2^{20})
Byte(바이트)	1Byte=8Bit	GB(기가바이트)	1,024MB(2^{30})
KB(킬로바이트)	1KB=1,024Byte(2^{10})	TB(테라바이트)	1,024GB(2^{40})

52 ③

오답 피하기

• 스위핑(Sweeping) : 애니메이션 작업 시 프레임에 블러효과 등을 주어 부드럽게 애니메이션 되도록 하는 작업을 말한다.
• 로프팅(Lofting) : 폐곡선이나 다각형에 대해 임의의 축 방향으로 높이를 주는 방식, 즉 컵을 만들 때 아래의 작은 원에서 위쪽의 큰 원을 연결시켜 주는 기능이다.

53 ②

오답 피하기

• 람베르트의 법칙 : 광흡수에서 입사광의 강도와 투과광의 강도의 비를 로그로 표시한 것이 흡수 물질의 두께에 비례함을 표현한 법칙을 말한다.
• 영 · 헬름홀츠의 법칙 : 가시광은 그들 3요소를 모두 자극하는데 파장의 차이에 의해 자극의 비율이 다르며, 3요소의 배합의 차에 의해서 다른 색의 감각이 생긴다는 가설을 세웠다.

54 ②

포토샵에서 이미지의 해상도를 나타내는 것은 이미지 사이즈의 Resolution에서 Pixels/Inch이다.

55 ③

HSB는 색상(Hue), 채도(Saturation), 명도(Brightness)를 바탕으로 한다.

56 ①

오답 피하기

• Photoshop : 사진을 수정 및 보정작업을 하는 툴
• Painter : 그림을 그리는 툴
• 3D MAX : 3D 및 애니메이션을 하는 툴

57 ④

오답 피하기

• 쉐이딩(Shading) : 물체에 입체감을 더하기 위해 빛으로 음영의 밝기를 조절하는 것을 말한다.
• 앨리어싱(Aliasing) : 저해상도 곡선이나 사선을 표현할 때 생기는 계단 현상을 말한다.

58 ②

오답 피하기

• Shear : 수직방향으로 좌 · 우 휘어지게 만드는 필터를 말한다.
• Twirl : 시계방향, 반시계방향으로 회전시키면서 이미지를 변형시키는 필터를 말한다.
• Ripple : 파도처럼 상 · 하 굴곡을 만드는 필터를 말한다.

59 ①

오답 피하기

• 세츄레이션(Saturation) : 색상의 채도 값을 말한다.
• 모드(Mode) : 색상의 체계를 말한다.
• 메모리(Memory) : 기억 장치에 들어갈 수 있는 데이터의 최대량을 나타내는 수치를 말한다.

60 ④

오답 피하기

필름 레코더(Film Recorder) : 이미지를 필름으로 만들거나, 필름을 이미지로 만드는 장치를 말한다.

01 ②	02 ②	03 ④	04 ②	05 ①
06 ②	07 ①	08 ④	09 ①	10 ④
11 ②	12 ③	13 ①	14 ④	15 ②
16 ①	17 ①	18 ③	19 ④	20 ②
21 ②	22 ①	23 ①	24 ④	25 ②
26 ④	27 ①	28 ③	29 ③	30 ④
31 ②	32 ①	33 ③	34 ②	35 ③
36 ③	37 ①	38 ②	39 ②	40 ②
41 ①	42 ③	43 ③	44 ③	45 ②
46 ②	47 ④	48 ①	49 ②	50 ④
51 ④	52 ②	53 ④	54 ②	55 ①
56 ②	57 ③	58 ②	59 ③	60 ③

과목 01 산업 디자인 일반

01 ②
디자인의 조건 : 합목적성, 심미성, 독창성, 경제성, 질서성이 있다.

02 ②
합목적성 : 기능성과 실용성을 충족시켜야 한다.

03 ④
DM : 다이렉트 메일로 광고의 타겟이 분명하다. 그리고 광고 시기도 미리 정해 놓으므로 '속성'이라는 말은 어울리지 않으며, 계획적으로 광고하는 것이 DM 광고이다.

04 ②
제품을 사용하는 사람은 소비자이다. 그러므로 소비자에 맞추어 제품을 만들도록 해야 한다.

05 ①
• DM 광고는 소비자에게 우편을 통해서 광고하는 것을 말한다.
• TV 광고의 종류에는 스폿 광고, 프로그램 광고, 스폰서십 광고, 네트워크 광고, 로컬 광고, 자막 광고, 블록 광고 등이 있다.

06 ②
단위포장은 기능이 아니라 포장의 종류이다.

07 ①
• 선은 점이 이동하면서 이루는 흔적이나 궤적을 말하며, 기하학에서는 무수히 많은 점들의 집합을 선이라 한다.
• 선은 길이, 위치, 방향은 가지나 두께나 폭은 없다.

• 두께를 가지면 입체가 되고, 폭이 있거나 이동하면 면이 된다.
• 선의 주체 요소로는 운동의 속도, 운동의 강약, 운동의 방향 등이 있다.

08 ④
• 원이 서로 붙어서 점점 작아지고 있다. 즉 점증적으로 이동하고 있으므로 율동에 대한 설명이다.
• 율동에는 반복, 교차, 방사 등이 있다.

09 ①
마케팅 믹스(Marketing Mix)의 구성 요소에는 제품, 가격, 유통, 촉진이 있다.

10 ④
게슈탈트(Gestalt)의 시각원리에는 유사의 원리, 근접의 원리, 연속의 원리, 폐쇄성의 원리가 있다.

11 ②
오답 피하기
• 디스플레이 광고 : 전시를 통해서 하는 광고이다.
• 변형광고 : 정해진 사이즈 이외의 사이즈로 광고하는 것이다.

12 ③
오답 피하기
• 모델링 : 제품을 실제의 크기로 제작하는 것이다.
• 렌더링 : 완성 예상도로 평면에 제작하는 것이다.

13 ①
실내디자이너의 역할
• 주어진 공간의 용도에 적합한 재창조적 해결 방안을 모색·제시함으로써 쾌적한 환경을 조성하여 사용자로 하여금 인간답게 생활할 수 있도록 그 역할을 충실히 하여야 한다.
• 내부 공간, 가구, 조명, 주위환경 등을 디자인하고 기획한다.
• 디자인 의뢰자의 의견을 최대한 고려하여 디자인한다.
• 신체 부자유자를 위한 세심한 디자인 고려가 필요하다.

14 ④
식사실 : 가족 전체가 사용하는 공간으로 거실과 부엌이 연계될 수 있도록 하며, 독립된 동선을 가져야 한다.

15 ②
포스트모더니즘은 모더니즘 이후라는 뜻으로 '탈현대주의', 즉 현대주의 혹은 현대성을 이탈하거나 비판적으로 뛰어넘고 극복한다는 뜻을 담고 있다.

16 ①

스크래치 스케치(Scratch Sketch) : 디자이너가 아이디어 발상 초기 단계에 즉흥적으로 떠오르는 여러 가지 생각을 그린 메모의 성격을 띤 스케치로 일반적으로 빨리 그리는 스케치이기에 조형 처리, 색채 처리 등의 세부적인 입체 표현에 구애 받지 않는다.

17 ①

기계의 발명으로 제품이 기계화되어 갔으나 기존의 수공예 제품보다 질이 떨어져 수공예를 부흥시키고자 하는 운동이 일어났다.

18 ③

• 개념 요소 : 점, 선, 면, 입체 등이 있다.
• 시각 요소 : 형, 형태, 크기, 색, 질감, 빛 등이 있다.
• 상관 요소 : 방향감, 위치감, 공간감, 중량감 등이 있다.
• 실제 요소 : 표현재료, 목적기능, 메시지 전달을 위한 대상(의미) 등이 있다.

19 ④

• 루이스 설리반(Sullivan, Louis) : "형태는 기능을 따른다."라고 주장했다.
• 오토 와그너 : "예술은 필요에 의해서 창조된다."라고 주장했다.
• 르꼬르 뷔제 : "집은 살기 위한 기계이다."라고 주장했다.
• 빅터 파파넥(Papanek, Victor) : "디자인은 가장 강력한 도구이며, 이를 통하여 인간은 다른 도구와 환경을 구체화한다."라고 주장했다.
• 라이트(Wright, Frank Lloyd) : "형태는 기능을 계시한다."라고 주장했다.
• 그리노(Greenough, Horatio) : "최고의 형태란 쾌속정의 기능의 형태다."라고 주장했다.

20 ②

프리젠테이션 모델(제시용, 더미모델) : 디자인 전달에 사용되는 모델로서 제시형 모델이라고도 하며, 외관상으로는 최종 제품의 이미지에 가장 가까운 모델로 제품 디자인의 최종 의사결정을 내려야 하는 디자인 관계자에게 제시용으로 만들어지는 모델이다.

과목 **02** 색채 및 도법

21 ②

1) 주어진 한 변 AB의 수직이등선 CF를 구한다.
2) 교점 C에서 AB와 동일한 길이의 점 D를 구한다.
3) A와 D를 연결하여 연장한다.
4) 직선 AC의 원호를 D를 중심으로 그려 AD의 연장선과의 교점 E를 구한다.
5) AE의 원호를 A를 중심으로 그려 직선 CF와의 교점 F를 구한다.
6) AB를 반경하는 원호를 F를 중심으로 그려 G와 H를 구한다.
7) 이들의 점들을 순차직선으로 연결하여 AB를 한 변으로 하는 정오각형을 구한다.

22 ①

작아서 그대로 사용할 수 없을 때는 확대해서 그 비율을 표시하여 그리는 도법을 확대도법이라 한다.

23 ①

3각도법은 평면도를 기준으로 아래에 정면도, 우측에 우측면도로 그린다.

24 ④

오답 피하기
① : 두 원을 연접시킨 타원
② : 분리된 두 원을 이용한 타원
③ : 장축과 단축이 주어진 타원

25 ②

흐린, 탁한, 연한의 표현은 채도에 관한 수식어이고, 어두운은 명도의 수식어이다.

26 ④

N.S(Not to Sale) : 도면의 형태가 치수와 비례하지 않을 때의 도면이다.

27 ①

• 굵은 실선 : 외형선에 사용한다.
• 가는 실선 : 치수선, 치수보조선, 지시선, 회전 단면선에 사용한다.

28 ③

진출색 : 고명도, 고채도, 난색이 속한다.

29 ③

오답 피하기
• 노랑 : 명랑, 쾌활, 광명, 신성, 영광, 성실을 상징한다.
• 녹색 : 평화, 청춘, 이상, 휴식, 지성, 안전을 상징한다.

30 ④

어떤 색이 인접한 주변색에 영향을 받아 멀리서도 눈에 잘 보이거나 판독하기 쉬워서 정보를 빨리 이해하게 되는 것을 색의 명시성이라 한다.

31 ②

• 색각 : 빛의 파장 차이에 의해 망막에서 색을 구별하는 감각을 말한다.
• 항상 : 색을 그대로 느끼는 현상을 말한다.

32 ①

보조색 : 면적비가 작은 것을 말한다.

33 ③

오답 피하기

• 부등각 투상 : 물체의 3면의 각도가 모두 다른 각을 가진 투상이다.
• 등각 투상 : 3좌표 축의 투상이 120°인 투상이다.
• 2등각 투상 : 두 개의 축의 각도와 길이가 같은 투상이다.

34 ②

• 혼색계 : 빛의 색을 나타낸다.
• 현색계 : 물체의 색을 나타낸다.

35 ③

조명은 색광의 3요소인 빨강, 녹색, 파랑이다.

36 ③

• 1점 투시 : 소점이 1개 있으므로 대부분은 물체보다 위쪽에 있어 물체의 윗면이 많이 보인다.
• 2점 투시 : 소점이 좌, 우측에 두 개 있는 것으로 좌우측면이 많이 보이게 되고 소점의 위치와 높이에 따라서 윗면을 보이게 된다.
• 3점 투시 : 소점이 3개 있는 것으로 사물을 내려다 보거나 올려다 보이게 되어 조감도 등에 많이 사용된다.

37 ①

문·스펜서는 오메가 공간에 색입체를 구성하였다.

38 ②

박명시 : 추상체와 간상체가 동시에 작용, 흐려지는 현상을 말한다.

39 ②

채도는 색의 맑기를 말하며, 명도는 밝기를 나타낸다.

40 ②

가법혼색은 색광의 3원색을 혼합한 것으로 혼합할수록 명도가 높아지고, 감법혼합은 색료의 혼합으로 혼합할수록 명도가 낮아진다.

과목 **03** 디자인 재료

41 ①

오답 피하기

• 폴리카보네이트 : 유리질의 수지로 가장 높은 내충격성을 가지고 있으며, TV, VTR새시, 카메라 바디에 이용한다.
• 폴리아미드 : 강도, 내마모성, 내유성이 우수하여 공업용, 식품, 포장 재료에 이용한다.

• 폴리우레탄 : 내약품성과 접착성이 우수하여 건재, 전기기구, 자동차, 스포츠 용품에 사용한다.

42 ③

오답 피하기

• 로루지, 크라프트지 : 포장용지에 사용된다.
• 아트지 : 고급인쇄에 사용된다.

43 ③

오답 피하기

• 변재 : 무르고 연하며 수액과 탄력성이 많다.
• 수피 : 껍질 쪽의 옅은 부분을 말한다.
• 수심 : 변형이 심한 편이나 갈라짐은 심하지 않다.

44 ③

수채화의 붓 자국은 물의 양에 따라서 붓 자국이 난다. 그러나 마커는 물을 사용하지 않기 때문에 면에 일정하게 채색된다.

45 ②

도막 : 모재의 표면에 피막의 밀착도를 더욱 높이기 위해서 표면을 거칠게 하는 작업 전처리로 재료의 성질이 바뀌지는 않는다.

46 ②

오답 피하기

• 고해 : 강도, 투명도, 촉감 등이 결정된다.
• 충전 : 종이를 유연하게 한다.

47 ④

아크릴 컬러 : 물을 사용하여 채색을 하지만 물이 마르면 물로 지워도 안 지워진다. 그래서 수채화의 느낌과 유화의 느낌을 줄 수 있다.

48 ①

플라스틱의 특징 : 경도와 열전도율이 낮으며, 자외선에 약하다.

과목 **04** 컴퓨터그래픽스

49 ②

오답 피하기

• CMYK 모드 : 혼합할 수록 어두워지는 감산혼합이다.
• HSB 모드 : Hue(색상), Saturation(채도), Brightness(명도) 색상의 3요소에 의한 색상 모드이다.

50 ④

PNG : 이 포맷은 24비트의 이미지를 처리하면서 어떤 경우는 GIF보다 작은 용량으로 이미지 표현이 가능하고 원 이미지에 전혀 손상을 주지 않는 압축과 완벽한 알파 채널(Alpha Channel)을 지원한다.

51 ④

216색은 운영체제나 브라우저의 차이에 무관하게 공통으로 사용되는 색으로 어떤 경우에서도 똑같은 색으로 재현된다.

52 ②

DRAM : 전력소비가 적고, 동작 속도가 느리며, 전원이 공급되어도 일정 시간이 지나면 방전되어 기억 내용이 지워진다.

오답 피하기

SRAM : 동작 속도가 빨라 캐시메모리로 사용되며, 대량의 기억을 저장하기 어렵다.

53 ④

XVGA : 32비트 컴퓨터용 그래픽 카드로, 멀티미디어를 생각하여 만들어졌다. 메인보드에 내장이 가능하며, 1024×768 해상도에서 동작하는 것을 기본으로 한다.

54 ②

Image Processing : 기존의 이미지를 컴퓨터로 이용하여 새로운 이미지로 하거나 수정하는 과정을 말한다.

55 ①

TGA는 타가보드를 위하여 개발된 래스터 그래픽 파일 포맷이다.

56 ②

오답 피하기

• Quark Xpress : 편집 프로그램이다.
• Painter, Photoshop : 이미지를 수정하거나, 변형할 수 있다.

57 ③

오답 피하기

Sharpen : 이미지를 또렷하게 하는 명령어이다.

58 ②

오답 피하기

• 그라디언트 : 그라데이션을 표현하는 툴을 말한다.
• 블랜드 : 두 이미지의 공간에 변형되어가는 형태 및 컬러를 넣어 변화시키는 툴을 말한다.

59 ③

와이어 프레임 모델링 : 물체를 표현하는 가장 기본이 되는 모델링으로 물체를 직선, 곡선으로만 나타낸다.

60 ③

크롭핑 툴 : 이미지를 원하는 크기로 자르는 툴이다.

---

01 ③	02 ③	03 ④	04 ④	05 ③
06 ②	07 ④	08 ②	09 ③	10 ④
11 ③	12 ②	13 ④	14 ②	15 ②
16 ④	17 ①	18 ④	19 ③	20 ④
21 ③	22 ①	23 ②	24 ②	25 ③
26 ③	27 ④	28 ②	29 ③	30 ③
31 ②	32 ③	33 ④	34 ①	35 ④
36 ②	37 ②	38 ③	39 ③	40 ②
41 ②	42 ②	43 ④	44 ④	45 ①
46 ①	47 ②	48 ④	49 ②	50 ①
51 ①	52 ②	53 ②	54 ④	55 ②
56 ③	57 ③	58 ①	59 ④	60 ③

과목 **01** 산업 디자인 일반

01 ③

도시조경은 환경디자인에 속한다.

02 ③

POP 광고는 구매시점 광고로 충동구매를 유도할 수 있는 광고물을 가리킨다.

03 ④

아이디어 스케치 → 렌더링 → 모델링 순서로 진행된다.

04 ④

앞 표지 → 앞 표지 뒷면 → 뒷 표지 전면 → 뒷 표지 순으로, 표지 1면 → 표지 2면 → 표지 3면 → 표지 4면이다.

05 ③

• 지적 활동, 감성적 활동, 합리적, 비합리적 관점에서 디자인 조건을 말하고 있다.
• 지적 활동 : 합목적성(기능, 실용)을 조건으로 한다.
• 감성적 활동 : 심미성을 조건으로 한다.
• 합리적 요소 : 경제성을 조건으로 한다.
• 비합리적 요소 : 독창성을 조건으로 한다.

06 ②

포스터의 기능 중 중요한 것은 고지적 기능이다.

오답 피하기

내용 전달이 안 된다는 것은 포스터의 기능을 못하는 것이다.

07 ④

바코드를 이용하면 계산 시 빠르게 계산할 수 있다.

08 ②

조화는 비슷한 것끼리의 조화와 서로 대비에서 오는 조화 등이 있다.

> **오답 피하기**

통일은 질서의 문제이며, 균형은 힘의 균제, 리듬은 율동을 말하는 것이다.

09 ③

조립식 가구는 유닛으로 구성되어 있어서 소비자의 취향에 맞게 다양한 형태로 만들 수 있다.

10 ④

제품 디자인은 소비자에 초점을 두어 디자인되어야 한다.

11 ③

활동적인 느낌의 선은 사선이다.

12 ②

스케치의 역할은 이미지를 구체적으로 펼쳐나가는 작업으로 아이디어를 이미지화하는 것이다.

> **오답 피하기**

형태나, 색채, 재질감 등 실물과 같이 충실하게 표현하는 것은 렌더링이다.

13 ②

> **오답 피하기**

- 윌리엄 모리스(W. Morris) : 미술공예운동을 주도했다.
- 이텐(J. Itten) : 바우하우스 초기 교육을 담당했다.
- 몬드리안(P. Mondrian) : 추상표현주의 예술가이다.

14 ②

실내 디자인의 구성요소 : 바닥, 천장, 벽, 기둥, 보, 개구부, 문(창문)가 있다.

15 ②

주위의 큰 것이 있으면 더 작아 보이고, 주위에 작은 것이 있으면 더 커 보인다.

16 ④

- 시장을 확대하기 위해서는 제품을 다양하게 하여야 여러 소구층에게 소구할 수 있다.
- 제품을 단순화 시키면 그만큼 소구층을 확보하기 힘들다.

17 ①

편의성은 점원이나 소비자가 패키지를 사용할 때 쌓기 쉽고, 개폐하기 쉬워야 한다.

18 ④

- 연속성의 원리 : 일정한 흐름을 갖는 것들은 하나의 무리를 지어 보인다.
- 근접성의 원리 : 가까이 있는 것은 하나의 무리를 지어 보인다.
- 유사성의 원리 : 서로 비슷한 것들은 하나의 무리를 지어 보인다.
- 폐쇄성의 원리 : 선이 끊어져 있어도 닫혀진 하나의 형태로 보인다.

19 ③

선을 작게 끊으면 점이 된다.

20 ③

여성적, 유기적 곡선이란 말이 나오면 아르누보를 생각하면 된다. 아르누보는 당초무늬, 물결무늬, 꽃 등에서 곡선적인 미를 찾고자 하였다.

> **과목 02 색채 및 도법**

21 ③

③은 계시대비로써 어떤 색을 먼저 본 후 다른 색을 보면 그 색의 영향으로 보색잔상으로 보이게 된다.

22 ①

- 한쪽 단면도(반 단면도) : 대칭형의 물체를 중심선에서 1/4만 절단한 후 1/4은 단면도로 나머지 부분은 외형도로 나타내는 단면도이다.
- 온 단면도 : 대칭형의 물체 중심선을 경계로 반으로 절단하여 나타내는 단면도이다.
- 부분 단면도 : 물체의 외형에서 필요한 부분만 절단하여 표시하는 단면도이다.

23 ②

푸르킨예 현상

- 적과 청의 투톤 칼라는 낮에는 붉은 부분, 저녁때는 푸른 부분이 밝게 보인다.
- 밝은 곳에서는 적이나 황, 어두운 곳에서는 청, 보라가 밝게 보인다.
- 암소시가 되면 적색이 제일 먼저 보이지 않고, 보라색이 마지막까지 보인다.
- 조명이 밝아지면 청자색이 제일 먼저 보인다.
- 낮에 빨간 물체가 밤이 되면 검게, 낮에 파랑 물체가 밤이 되면 밝은 회색으로 보인다.

24 ②

t3과 같이 t기호가 앞으로 와야 한다.

25 ④

간상체 : 막대세포라고도 하며 어두운 곳(암소시)에서 흑백의 명암만을 구분한다(고감도의 흑백필름과 같다).

26 ③

- 일반색명 : 계통색명이라고도 하며 색의 삼속성에 따라 분류하며 '빨강 띤', '노랑 띤', '해맑은', '밝은', '연한' 등으로 표시한다.
- 관용색명 : 동물, 식물, 광물, 원료, 인명, 지명, 자연대상 등의 고유한 이름을 붙인 색을 말한다.

27 ④

오답 피하기

- 채도가 낮은 색은 탁하고 우울하다.
- 채도가 높을수록 화려하다.
- 명도가 낮은 배색은 어두우며 활기가 없다.

28 ②

5R은 색상, 4는 명도, 14는 채도를 나타낸다.

29 ③

수직선 : 밑에서 위로, 왼쪽에서 오른쪽으로 긋는다.

30 ③

동일 색상의 배색
- 동일한 색상에서 명도와 채도의 차이를 이용한 것이다.
- 동일성이 있기 때문에 차분하고 정적인 질서성, 간결성이 있다.

31 ②

색상대비 : 색상이 다른 두 색이 서로 대조가 되어 색상차가 크게 보이는 현상이다.

오답 피하기

주황색이 배경의 색에 따라서 노란색 기미나 붉은색 기미를 많이 보이는 것은 주황색 자체의 색상의 변화가 일어난 것이다.

32 ③

오답 피하기

- 검정 : 공포, 허무, 불안, 증오를 나타낸다.
- 회색 : 겸손, 평범, 소극적, 우울을 나타낸다.
- 녹색 : 평화, 청춘, 이상, 휴식을 나타낸다.
- 노랑 : 명랑, 쾌활, 광명, 신성을 나타낸다.
- 하양 : 순수, 순결, 평화, 진실을 나타낸다.

33 ④

오답 피하기

- 동시대비 : 두 색을 옆에 같이 놓았을 때 서로 영향을 주어 색이 다르게 보이는 현상이다.
- 계시대비(연속 대비) : 어떤 색을 보다가 다른 색을 보았을 때 먼저 색의 영향으로 나중 색이 다르게 보이는 현상이다.

34 ①

장파장부터 단파장 : 빨강, 주황, 노랑, 초록, 파랑, 남색, 보라 순서이다.

35 ④

투시도법의 3가지 기본 요소 : 위치(시점), 대상물, 거리이다.

36 ②

우리나라 KS에서는 10색상환, 교육부에서는 20색상환을 사용한다.

37 ②

- 1소점 투시는 평행투시도이다.
- 2소점 투시도는 유각투시도이다.
- 3소점 투시도는 사각투시도이다.

38 ②

오답 피하기

- 사이클로이드 곡선 : 원을 굴렸을 때 원에 찍은 점이 그리는 곡선이다.
- 아르키메데스 곡선 : 중심으로부터의 거리가 회전각에 비례하여 커지는 소용돌이와 같은 곡선이다.

39 ③

①은 온단면도, ②는 반단면도, ③은 회전단면도, ④는 부분단면도이다.

40 ②

②는 '같은 비례로 그리기'이다.

과목 03 디자인 재료

41 ②

오답 피하기

- 템플릿 : 원, 타원, 사각형 등의 형태를 일정한 비율로 크기의 변화를 주어 구멍을 뚫어 통일되게 그릴 수 있다.
- 비례 디바이더 : 축척의 눈금을 제도지에 옮길 때 사용한다.
- 빔임 컴퍼스 : 큰 원을 그릴 때 사용한다.

42 ②

오답 피하기

- 엠보싱 : 종이를 도톰하게 돋아 오르도록 하는 인쇄이다.
- 핫 스탬핑 : 전기제어 기술을 활용해 900℃ 이상의 고온 가열 후 금형에서 성형과 동시에 급냉각을 통해 강도를 개선한다.

43 ④

- 1차 점토에는 고령토가 있고, 2차 점토에는 볼크레이가 있다.
- 내화점토 : 1차 점토와 2차 점토로 나눈다.

44 ④

- 페놀계 접합제 : 접착력이 크고, 내수, 내열, 내구성이 뛰어나지만 사용기능 시간의 온도에 의한 영향이 크다.
- 에폭시계 접합제 : 접착력이 가장 우수하며 금속, 항공기, 플라스틱 등 다양한 분야에 사용한다.

45 ①

- 쇄목 펄프 : 원료를 기계적으로 만든 펄프(기계펄프의 대표적인 펄프)이다.
- 화학 펄프 : 사용하는 약품에 따라서 아황산, 유산염, 소오다 펄프 등이 있다.

46 ①

재료의 분류는 생체를 가지고 있으면 유기재료, 생체를 가지지 못하면 무기재료로 구분한다. 유기재료는 천연재료와 합성재료로 구분하며, 천연재료에는 목재, 대나무, 가죽, 아스팔트, 석탄 등이 있다.

47 ②

- 검은 흠집선이 생길 때 : 필름의 뒷면에 흠집이 있다는 것이다.
- 가느다란 선이 생길 때 : 유제면이 스크래치되어 있는 경우이다.
- 화상이 흐릴 때 : 현상 시간이 짧은 경우와 교반이 충분히 이루어지지 않는 경우이다.
- 노란 얼룩이 생길 때 : 따뜻한 현상액을 사용했을 때 발생한다.

48 ④

스트리퍼블 페인트는 막의 두께가 얇게 되면 탈거할 때에 1장의 시트가 되어 탈거하기 어렵기 때문에 두꺼운 막으로 도장한다.

과목 **04** 컴퓨터그래픽스

49 ②

PICT : 매킨토시용 표준 그래픽 파일 포맷으로 화면용 파일 포맷이다.

50 ①

- FLC : 'Animation PRO'용 동영상 파일이다.
- GIF : 애니메이티드 지프(홈페이지 등에서 표시하는 간단한 동화의 파일)를 뜻한다.
- SWF : 어도비사의 플래시 소프트웨어가 만들어 내는 벡터 그래픽 파일 포맷을 말한다.

51 ①

Lab 모드
- CIE(국제조명위원회)에서 제안한 모델을 기반으로 서로 다른 환경에서도 이미지의 색상을 유지시켜 주기 위한 컬러 모드이다.
- L(명도), ab는 (빨강/초록, 노랑/파랑)의 값으로 색상을 정의한다.

52 ①

Random Access Memory : 전원 공급이 중단되면 모든 데이터가 지워지는 휘발성 메모리이며, 읽기와 쓰기가 자유롭다. 일반적으로 주기억 장치라 하면 RAM을 의미한다.

53 ②

휴지통에 있는 데이터는 휴지통 비우기를 하지 않는 한 디스크 공간을 차지하고 있다.

54 ①

Binary : 0과 1에 의해 표기되는 2진수를 말한다.

55 ②

사진, 그림 등을 이미지 처리 프로그램인 포토샵 등에서 사용 가능하도록 입력할 수 있다. 그러므로 해상도를 나타낼 때는 픽셀로 나타난다.

56 ③

③은 중앙처리장치에 대한 설명으로 CPU(Central Processing Unit)는 컴퓨터의 머리에 해당하며 모든 자료와 정보를 교환, 분석, 처리하는 장치이다.

57 ③

매핑(Mapping) : 3차원 물체에 컬러와 셰이딩을 입히고 마지막으로 사실감을 높이기 위해 표면에 질감을 표현하는 것을 말한다. 2D 이미지를 3D오브젝트의 표면에 투영시켜주는 것으로 크게 이미지(텍스처) 매핑과 범프 매핑으로 구분하며, 질감전사라고도 한다.

58 ①

비트맵에서 이미지를 구성하는 최소의 단위가 픽셀인데 해상도는 그 픽셀이 1인치 안에 얼마나 있느냐에 따라서 결정된다.

화면의 구성하는 최소의 단위가 아니라 이미지를 구성하는 최소의 단위이다.

59 ④

베지어 곡선은 펜툴을 이용하여 원하는 도형 및 이미지를 그리는 도구로 이미지를 처리하거나 리터칭하는 것은 아니다.

이미지 처리 및 리터칭 툴은 포토샵의 브러시 툴이다.

60 ③

일반적으로 C.I.P를 제작할 때는 2D로 작업을 하는 경우가 대부분이다. 심볼, 로고, 시그니쳐, 캐릭터 등을 작업할 때는 일러스트레이터를 주로 사용한다.